Datenreport 2013

Ein Sozial-
bericht für die
Bundesrepublik
Deutschland

Bundeszentrale für
politische Bildung

Datenreport 2013

Ein Sozial-bericht für die Bundesrepublik Deutschland

Bundeszentrale für
politische Bildung

Herausgeber:

Statistisches Bundesamt (Destatis)

**Wissenschaftszentrum Berlin für Sozialforschung (WZB),
Zentrales Datenmanagement**

in Zusammenarbeit mit

**Das Sozio-oekonomische Panel (SOEP)
am Deutschen Institut für Wirtschaftsforschung (DIW Berlin)**

Bonn 2013 in der Reihe Zeitbilder
Copyright dieser Ausgabe:
Bundeszentrale für politische Bildung/bpb,
Adenauerallee 86, 53113 Bonn
www.bpb.de

Redaktionell verantwortlich
Bundeszentrale für politische Bildung (bpb):
Gernot Dallinger
Statistisches Bundesamt (Destatis):
Kerstin Hänsel, Renate Martin, Marion Petter
Wissenschaftszentrum Berlin für Sozialforschung (WZB):
Roland Habich, Martin Wettig

Diese Veröffentlichung stellt keine Meinungsäußerung
der Bundeszentrale für politische Bildung dar.
Für die inhaltlichen Aussagen tragen die Autorinnen und
Autoren die Verantwortung.

Grafische Konzeption und Layout, Umschlaggestaltung:
Leitwerk. Büro für Kommunikation
Umschlagfoto: René Schiffer,
Leitwerk. Büro für Kommunikation

ISBN 978-3-8389-7100-1

Die elektronische Fassung finden Sie auf den Webseiten
der beteiligten Institutionen
www.bpb.de
www.destatis.de/publikationen
www.wzb.eu/publikationen/datenreport

Vorwort

Der Datenreport als wichtiges Instrument zur politischen Bildung

Thomas Krüger

Der Präsident der Bundeszentrale für politische Bildung

Der Datenreport, den die Bundeszentrale für politische Bildung zusammen mit dem Statistischen Bundesamt (Destatis), dem Wissenschaftszentrum Berlin (WZB) und dem Sozio-oekonomischen Panel (SOEP) des Deutschen Instituts für Wirtschaftsforschung (DIW Berlin) 2013 in der 14. Auflage herausgibt, gehört mittlerweile zu den Standardwerken für all jene, die sich schnell und verlässlich über statistische Daten und sozialwissenschaftliche Analysen zu den aktuellen gesellschaftlichen Entwicklungen in der Bundesrepublik Deutschland informieren wollen. Die Statistik ermöglicht es, sich einen Überblick etwa über die Bevölkerungsentwicklung, den Arbeitsmarkt, den Gesundheitssektor bis hin zu Fragen politischer Partizipation zu verschaffen. Durch die wissenschaftliche Einordnung ergibt sich ein Gesamtbild der Lebensverhältnisse unserer Gesellschaft. Damit sind zwar

die Grundlagen für einen rationalen politischen Diskurs gelegt, die Lösungen gesellschaftlicher Probleme aber nicht vorgegeben – sie müssen im demokratischen Willensbildungsprozess gefunden werden.

Journalisten, Studierende, aber auch Fachleute aus Wissenschaft, Politik, Wirtschaft und Verwaltung erhalten mit dem „Datenreport 2013" ein übersichtlich gestaltetes Handbuch, das sie mit den notwendigen Zahlen, Fakten und Argumenten versorgt, um an den öffentlichen Debatten zu den wirtschaftlichen, sozialen und politischen Trends in unserem Lande teilzunehmen.

Der Datenreport ist damit nicht nur ein Sozialbericht über den Zustand der Republik, sondern ein wichtiges Instrument politischer Bildung. Er stellt den Nutzerinnen und Nutzern Material zur Verfügung, das sie benötigen, um sich ein eigenes begründetes Urteil bilden zu können.

Einleitung

Statistische Daten und sozialwissenschaftliche Analysen

Die Herausgeber

Destatis / WZB

Noch nie seit der deutschen Vereinigung waren so viele Menschen erwerbstätig wie heute. Die Zahl der Erwerbstätigen ging nach 1991 bis zum Jahr 1997 zunächst stark zurück, stieg danach aber wieder deutlicher an. Selbst die erhebliche negative konjunkturelle Entwicklung des Krisenjahres 2009 konnte der weiteren Zunahme der Erwerbstätigen in Deutschland nur wenig anhaben. Im Jahr 2012 hatten gut 41,5 Millionen Personen eine bezahlte Arbeit – nahezu drei Millionen mehr als 1991. Dieses sogenannte „Jobwunder" der letzten Jahre relativiert sich allerdings, wenn nicht die Zahl der Erwerbstätigen, sondern das durch sie geleistete Arbeitsvolumen, also die Summe der Arbeitsstunden, betrachtet wird. Dieses hat noch nicht wieder das Ausgangsniveau von 1991 erreicht – aber der kurzfristige Einbruch im Jahr 2009 ist inzwischen mehr als ausgeglichen.

Dies ist die eine Seite der gesellschaftlichen Entwicklung in Deutschland. Betrachtet man die Einkommenssituation der Menschen und insbesondere die ungleiche Verteilung der Einkommen und das Risiko, in eine finanzielle Armutslage zu geraten, zeichnet sich ein anderes Bild. Dann kann man schwerlich von einem allgemeinen Wohlstandszuwachs sprechen, wie er sich hinter den Zahlen zum genannten „Jobwunder" vermuten ließe. Wie können zwei solche Entwicklungen parallel existieren und welches übergreifende Bild kann von der deutschen Gesellschaft gezeichnet werden?

Wesentliche Daten und Fakten dafür finden sich im vorliegenden „Datenreport 2013 – Ein Sozialbericht für die Bundesrepublik Deutschland". So kann seit der

deutschen Vereinigung eine beachtenswerte Zunahme der atypischen Beschäftigung (Teilzeitbeschäftigung, geringfügige Beschäftigung sowie Zeit- und Leiharbeit) beobachtet werden. Zudem zeigt ein regionaler Vergleich, dass atypische Beschäftigung nicht in allen deutschen Regionen in gleichem Ausmaß zu finden ist. Beschäftigungschancen sind Lebenschancen und ebenso ungleich verteilt wie das Niveau des erreichbaren Lebensstandards der Bevölkerung. Wohlstandsgewinne im Einkommen der privaten Haushalte der letzten 15 Jahre sind überwiegend in jenen Regionen anzutreffen, in denen auch bisher eher höhere Einkommensniveaus zu finden waren. Einkommen und auch Armutsrisiken sind aber nicht nur zwischen Regionen, sondern insbesondere auch zwischen Bevölkerungsgruppen ungleich verteilt. Und Armut bedeutet nicht nur eine kurzzeitige finanzielle Beeinträchtigung der Personen und ihrer Familien, sondern verhindert gleiche Lebenschancen bis hin zur Reduzierung von Lebenserwartung.

Solche Daten und Fakten sind gut geeignet, ein allzu schnelles Urteil über den Zustand und die Entwicklung unserer Gesellschaft zu revidieren. Dazu bedarf es jedoch einer spezifischen Kombination unterschiedlicher Datenquellen. Um die Lebensbedingungen und Lebensqualität in Deutschland auf der Grundlage der besten zur Verfügung stehenden empirischen Informationen umfassend und differenziert zu untersuchen, vereinigt der Datenreport die Ergebnisse der amtlichen Statistik und die Befunde der sozialwissenschaftlichen Sozialberichterstattung. Die amtliche Statistik ist mit ihren umfangreichen, vielfältigen und kontinuierlich durchgeführten Erhebungen nach wie vor der wichtigste Anbieter von Informationen über die Lebensverhältnisse und die Entwicklung der deutschen Gesellschaft. Die Erfahrung hat aber auch gezeigt, dass eine leistungsfähige sozialwissenschaftliche Datengrundlage für eine aktuelle und differenzierte Sozialberichterstattung ebenso notwendig ist. Mit ihren speziell für die gesellschaftliche Dauerbeobachtung konzipierten sozialwissenschaftlichen Erhebungen stellt die wissenschaftliche Sozialberichterstattung nicht nur Informationen zu Themen und Fragestellungen bereit, die außerhalb des gesetzlich festgelegten Erhebungsprogramms der amtlichen Statistik liegen, wie zum Beispiel subjektive Wahrnehmungen, Einstellungen und Bewertungen, sondern sie ergänzt und bereichert das Informations- und Analysepotential auch in konzeptioneller und methodischer Hinsicht.

Mit der Ausgabe des Datenreport 2008 wurde die bis dahin strikte Zweiteilung des Sozialberichtes in die der Beiträge der amtlichen Statistik und die der wissenschaftlichen Sozialberichterstattung aufgegeben und eine integrierte, nach Themenbereichen strukturierte Gliederung vorgelegt.

Die institutionelle Einbindung der Abschnitte und Kapitel wird seither durch eine farbige Zuordnung zu amtlicher Statistik (blau) und wissenschaftlicher Sozialberichterstattung (gelb) unterstützt.

Neu in der vorliegenden Ausgabe 2013 sind Abschnitte zur Geburtenentwicklung, zur Alterung der Gesellschaft und zu Lebenslagen im Alter.

Im gesamten Datenreport handelt es sich bei den Bevölkerungsdaten um Fortschreibungsergebnisse auf Grundlage der Volkszählung von 1987 (im Westen Deutschlands) sowie des Auszugs aus dem zentralen Einwohnerregister der DDR vom 3. Oktober 1990 (im Osten Deutschlands).

Die Ergebnisse der ersten gesamtdeutschen Zählung seit der deutschen Vereinigung am 9. Mai 2011 wurden erst nach Redaktionsschluss des Datenreports veröffentlicht. Danach hatte Deutschland rund 80,2 Millionen Einwohnerinnen und Einwohner und damit 1,5 Millionen oder 1,8 % weniger als in der bisherigen Bevölkerungsfortschreibung nachgewiesen. Besonders auffällig ist, dass bei den Ausländerinnen und Ausländern die Differenz mit −14,9 % deutlich größer ist, als bei den Deutschen (−0,6 %). Ausführliche Informationen und der Zugang zur Zensusdatenbank finden sich auf www.zensus2011.de.

Der Datenreport, der mit dieser Ausgabe 2013 seit nahezu drei Jahrzehnten erscheint, ist ein bisher einzigartiges Gemeinschaftsprojekt von amtlicher Statistik und wissenschaftlicher Sozialberichterstattung, das im Veröffentlichungsprogramm der Bundeszentrale für politische Bildung einen besonderen Stellenwert einnimmt.

Mit seiner umfassenden Bilanzierung der Lebensverhältnisse in Deutschland zielt der Datenreport auch darauf ab, den Entscheidungsträgern in Politik und Wirtschaft handlungsrelevante Informationen zur Verfügung zu stellen, aber mehr noch stellt er sich – als ein im Programm der Bundeszentrale für politische Bildung veröffentlichter Sozialbericht – der Aufgabe, dem Informationsbedürfnis einer interessierten Öffentlichkeit in einer demokratischen Gesellschaft gerecht zu werden.

Obwohl seit der deutschen Vereinigung inzwischen mehr als zwanzig Jahre vergangen sind, verdient die Beobachtung des Zusammenwachsens und der Herstellung gleichwertiger Lebensverhältnisse in Ost- und Westdeutschland weiterhin besondere Aufmerksamkeit. Der Datenreport informiert daher über noch vorhandene Disparitäten in verschiedenen Bereichen der Lebensbedingungen sowie über Unterschiede in Verhaltensweisen, Einstellungen und Wertorientierungen, aber auch über die bisher erzielten Erfolge des Vereinigungsprozesses und die sukzessive Angleichung der Lebenslagen in Ost- und Westdeutschland.

Auf der Internetseite der beteiligten Institutionen steht der Datenreport auch in elektronischer Form ganz oder kapitelweise zum Download zur Verfügung. Weiterführende Informationen zu den Daten, die der Veröffentlichung zugrunde liegen und zum Datenangebot des Statistischen Bundesamtes finden Sie im Anhang.

Inhalt

■ Statististisches Bundesamt
(Destatis)

■ Wissenschaftszentrum Berlin
für Sozialforschung (WZB)/
Sozio-oekonomisches Panel
(SOEP)

Zeichenerklärung

In den Tabellen wurden folgende Zeichen verwendet:

–   nichts vorhanden
0   weniger als die Hälfte von 1 in der letzten besetzten Stelle, jedoch mehr als nichts
.   Zahlenwert unbekannt oder geheim zu halten
…   Angabe fällt später an
x   Tabellenfach gesperrt, weil Aussage nicht sinnvoll
/   keine Angabe, da Zahlenwert nicht sicher genug
( )   Aussagewert eingeschränkt, da der Zahlenwert statistisch relativ unsicher ist

Abweichungen in den Summen ergeben sich
durch Runden der Zahlen.

Erläuterungen und Fußnoten
Zusatzangaben, die sich auf die gesamte Tabelle beziehen,
stehen als Anmerkung direkt unter der Tabelle. Angaben,
die sich nur auf einzelne Merkmale beziehungsweise Zahlen-
felder der Tabelle beziehen, stehen als Fußnoten.

1
Bevölkerung und Demografie

1.1
Bevölkerungsstand und Bevölkerungsentwicklung

Claire Grobecker, Elle Krack-Roberg, Olga Pötzsch, Bettina Sommer

Destatis

 Allgemeine Information
Zensus 2011 – Deutschland hat Inventur gemacht

Zensusdaten sind für viele gesellschaftspolitische Entscheidungen und gesetzliche Regelungen wichtig, zum Beispiel für den Finanzausgleich, die Einteilung der Wahlkreise oder für Infrastrukturplanungen, denn das Besondere an den Zensusergebnissen ist, dass sie nicht nur für Bund, Länder, Regierungsbezirke und Kreise, sondern auch für Kommunen aussagekräftige Planungsdaten bereitstellen.

Darüber hinaus bilden die Zensusergebnisse aber auch die Grundlage und den Hochrechnungsrahmen für viele amtliche Statistiken, wie zum Beispiel den Mikrozensus oder das Bruttoinlandsprodukt pro Kopf. Damit diese Statistiken zuverlässig sind, benötigt man eine verlässliche Datengrundlage.

Deshalb war es dringend notwendig, dass Deutschland wieder eine Inventur macht, denn die letzten Volkszählungen liegen sehr lange zurück: Im früheren Bundesgebiet gab es 1987 eine Volkszählung, in der DDR wurde 1981 zuletzt gezählt. Seitdem werden die Daten mithilfe von Informationen über Geburten, Todesfälle und Ummeldungen kontinuierlich aktualisiert. Doch diese sogenannte Bevölkerungsfortschreibung wird umso ungenauer, je älter die grundlegenden Daten sind. Und seit den letzten Volkszählungen ist viel passiert: der Mauerfall, der Umzug vieler Menschen von Ost nach West, eine rasant fortschreitende europäische Integration.

Die ersten Ergebnisse aus dem Zensus 2011 wurden am 31. Mai 2013 veröffentlicht, also nach Redaktionsschluss des Datenreports 2013 und stehen unter www.zensus2011.de für individuelle Auswertungen bereit.

Auf Grundlage des Zensus lebten am 9. Mai 2011 rund 80,2 Millionen Einwohnerinnen und Einwohner in Deutschland und damit 1,5 Millionen oder 1,8 % weniger als in der bisherigen Bevölkerungsfortschreibung auf Grundlage von Volkszählungen nachgewiesen. Die Mehrheit sind Deutsche – nämlich rund 74 Millionen. Knapp 6,2 Millionen Einwohnerinnen und Einwohner waren ausländische Staatsbürger (7,7 %), nahezu 1,1 Millionen oder 14,9 % Ausländerinnen und Ausländer weniger als bislang angenommen.

Nach und nach werden auch die bestehenden amtlichen Statistiken an die Zensusergebnisse angepasst werden. Die ersten Daten, die auf Basis des Zensus 2011 aktualisiert werden, sind die Daten der Bevölkerungsfortschreibung zum 31. Dezember 2011.

Beim Mikrozensus – der größten amtlichen Repräsentativstatistik über die Bevölkerung und den Arbeitsmarkt in Deutschland – werden die Zensusergebnisse ab dem Mikrozensus 2013 im Rahmen der Hochrechnung berücksichtigt. Bis dahin baut der Mikrozensus noch auf der Bevölkerungsfortschreibung von 1987 auf.

Was die makroökonomischen Ergebnisse der Volkswirtschaftlichen Gesamtrechnungen (VGR) wie zum Beispiel das Bruttoinlandsprodukt (BIP), die privaten Konsumausgaben oder Erwerbstätige angeht, so haben die Zensusergebnisse keine unmittelbaren Auswirkungen. Die Wirkung der neuen Bevölkerungszahlen auf Pro-Kopf-Angaben (zum Beispiel BIP je Einwohner) ist aber evident. Eine Einbeziehung der Zensusergebnisse in die Volkswirtschaftlichen Gesamtrechnungen wird im Zuge der nächsten Generalrevision der VGR erfolgen, die am 1. September 2014 veröffentlicht wird. Eine komplette Revision der Pro-Kopf-Angaben für die gesamten Zeitreihen wird voraussichtlich ab 2015 möglich sein.

Bis zur Aktualisierung der verschiedenen amtlichen Statistiken auf Basis der Zensusergebnisse können mitunter unterschiedliche Ergebnisse zu einem Thema existieren. Das ist leider unvermeidlich, denn das Wesen eines Zensus ist es, die Unstimmigkeiten, die sich in einem Vierteljahrhundert seit der letzten »Inventur« eingeschlichen haben, herauszufinden und die statistischen Basisdaten auf eine neue und solide Grundlage zu stellen. Daher ist es auch üblich, das lange Zeitreihen typischerweise in Zensusjahren einen Bruch erfahren.

Für einen Vergleich der Zensusergebnisse mit veröffentlichten Zahlen anderer amtlicher Statistiken müssen außerdem die Unterschiede in Definition, Methodik und Verfahren berücksichtigt werden. Ergebnisse, die sich bei bestimmten Merkmalen deutlich voneinander unterscheiden, können ebenso aus verschiedenen Befragungszeiträumen resultieren wie aus abweichenden Frageformulierungen und den damit verbundenen Auswertungsmöglichkeiten. Anhand der Merkmalsdefinitionen, die in der Zensusdatenbank aufgeführt sind, können mögliche definitorische Unterschiede zu anderen Statistiken nachvollzogen werden.

Daten über Struktur und Entwicklung der Bevölkerung gehören zum grundlegenden Informationsbedarf für fast alle Bereiche von Staat, Wirtschaft und Gesellschaft. Die Politik benötigt sie, weil viele Entscheidungen – beispielsweise im Bildungs- und Gesundheitswesen – nur auf der Grundlage gesicherter bevölkerungsstatistischer Angaben getroffen werden können. Für das wirtschaftliche Geschehen sind demografische Gegebenheiten von Bedeutung, weil sie Grundinformationen über die Menschen als Arbeitskräfte, Einkommensbezieher und Konsumenten liefern.

Hinter den Zahlen verbergen sich aber auch Werthaltungen und Lebenseinstellungen, die ihrerseits wieder Rückwirkungen auf die Bevölkerungsstruktur haben. So spiegelt sich zum Beispiel in der Zahl der Eheschließungen und -scheidungen, der Geburtenentwicklung und der Familiengröße die Einstellung der Gesellschaft zur Familie und zu Kindern wider. Der Altersaufbau wird von diesen Lebenseinstellungen mitbestimmt und hat zugleich direkte Auswirkungen auf die Bildungs- und Beschäftigungsmöglichkeiten der Bevölkerung und beeinflusst daher unmittelbar ihre Lebensweise.

Aufgrund dieser vielfältigen Wechselwirkungen und des weitreichenden Bedarfs an demografischen Daten gehört die Bevölkerungsstatistik zu den traditionsreichsten Arbeitsgebieten der amtlichen Statistik. Die Statistiken werden seit 1950 in der jetzigen Form geführt, die Zeitreihen gehen teilweise bis ins 19. Jahrhundert zurück. ▶ Info 1

1.1.1 Bevölkerungsstand

Bei den vorliegenden Bevölkerungszahlen für 2011 handelt es sich um Fortschreibungsergebnisse auf Basis der Volkszählung von 1987 (im Westen) beziehungsweise eines Auszugs des Zentralregisters der DDR vom 03.10.1990 (im Osten), siehe Infokasten 1. Auf Basis dieser Fortschreibung lebten Ende 2011 in Deutschland rund 81,8 Millionen Personen, davon waren 49 % Männer und 51 % Frauen. Gegenüber 2010 ist die Bevölkerung damit um 92 000 Einwohnerinnen und Einwohner beziehungsweise um 0,1 % gewachsen. Rund 65,5 Millionen (80 %) lebten in den alten Bundesländern, 12,8 Millionen (rund 16 %) in den neuen Bundesländern und 3,5 Millionen (rund 4 %) in Berlin. Die bevölkerungsreichsten Länder waren Nordrhein-Westfalen (17,8 Millionen), Bayern (12,6 Millionen) und Baden-Württemberg (10,8 Millionen). In diesen drei Bundesländern lebte 50 % der Bevölkerung Deutschlands. Die Hälfte der Bundesländer hatten dagegen weniger als drei Millionen Einwohnerinnen und Einwohner. ▶ Tab 1

Mit 81,8 Millionen hatte Deutschland Ende 2011 rund 12,5 Millionen Einwohnerinnen und Einwohner mehr als 1950. In West- und Ostdeutschland hat sich die Bevölkerungszahl seit 1950 jedoch sehr unterschiedlich entwickelt. Im früheren Bundesgebiet stieg sie zwischen 1950 und 1973 von 50,9 Millionen auf 62,1 Millionen, gleichzeitig ging sie in der ehemaligen DDR von 18,4 Millionen auf 17,0 Millionen zurück. Die Bevölkerungszahl stabilisierte sich danach zwischen 61 Millionen und 62 Millionen im Westen und zwischen 16 Millionen und 17 Millionen im Osten.

Seit der deutschen Vereinigung Ende 1990 nahm die Bevölkerung Deutschlands bis Ende 2002 zuerst von 79,8 Millionen Personen auf 82,5 Millionen (+ 2,8 Millionen) zu. Bis 2010 folgte dann ein Rückgang der Bevölkerungszahlen. Im Jahr 2011 setzte wieder eine Bevölkerungszunahme ein. Die Entwicklung in diesem Zeitraum war allerdings zwischen Ost und West unterschiedlich: Während die neuen Bundesländer seit 1990 durchgehend einen Bevölkerungsrückgang verzeichneten, nahm die Bevölkerung in den alten Bundesländern – mit Ausnahme der Jahre 2006 bis 2009 – zu. Berlin verzeichnete abwechselnde Phasen von Zuwachs und Rückgang. ▶ Tab 2

Regionale Bevölkerungsverteilung

Der Bevölkerungszahl entsprechend veränderte sich auch die Bevölkerungsdichte in beiden Teilen Deutschlands. Im früheren Bundesgebiet und Berlin-West stieg die Einwohnerzahl je Quadratkilometer im Zeitraum von 1950 bis 1973 von 202 auf 250 an, ging danach bis 1984/85 auf 245 leicht zurück und stieg nach der Wende bis auf 270 Einwohner je Quadratkilometer im Jahr 2000. Seit 2001 stagnierte die Bevölkerungsdichte im früheren Bundesgebiet (ohne Berlin-West) zwischen 263 und 264 Einwohner je Quadratkilometer. In den neuen Ländern und Berlin-Ost verringerte sich dieser Wert zwischen 1950 und 1990 von 171 auf 148 Einwohner je Quadratkilometer. Seit 2001 sank die Bevölkerungsdichte in den neuen Ländern (ohne Berlin-Ost) stetig von 127 auf 119 Einwohner je Quadratkilometer im Jahr 2011.

Für Deutschland insgesamt lag die Einwohnerdichte Ende 2011 bei 229 Einwohnern je Quadratkilometer. Am dichtesten besiedelt waren die Stadtstaaten

---

▶ Info 1

Datenquelle der Bevölkerungsstatistik und Gebietsstände

Die Bevölkerungszahl wird mittels der Bevölkerungsfortschreibung nachgewiesen. Auf den Ergebnissen der letzten Zählungen aufbauend (Volkszählung von 1987 im früheren Bundesgebiet und Auswertung des zentralen Einwohnerregisters zum 03.10.1990 in der ehemaligen DDR), führen die statistischen Ämter auf Gemeindeebene die Fortschreibung des Bevölkerungsstandes durch Bilanzierung der Ergebnisse der Statistiken über Geburten und Sterbefälle sowie der Wanderungsstatistik durch. Die Bevölkerungsfortschreibung liefert demografische Grunddaten über die gesamte Bevölkerung wie Geschlecht, Alter und Familienstand sowie über die deutsche beziehungsweise nicht deutsche Staatsangehörigkeit.

Für die ehemalige DDR liegen in der Bevölkerungsstatistik im Wesentlichen vergleichbare Angaben vor. Seit 2001 werden grundsätzlich in der amtlichen Statistik nur noch Daten für Berlin insgesamt nachgewiesen, sodass bei Bevölkerungsangaben für das frühere Bundesgebiet und für die neuen Länder, soweit noch ein getrennter Nachweis erfolgt, Berlin nicht enthalten ist.

▶ Tab 1 **Bundesländer nach Fläche, Bevölkerung und Bevölkerungsdichte 2011**

	Regierungssitz	Fläche in 1 000 km²	Bevölkerung			Einwohner/-innen je km²/Land
			insgesamt	Männer	Frauen	
			in 1 000			
Baden-Württemberg	Stuttgart	35,8	10 786	5 320	5 466	302
Bayern	München	70,6	12 596	6 200	6 396	179
Berlin	Berlin	0,9	3 502	1 718	1 784	3 927
Brandenburg	Potsdam	29,5	2 496	1 237	1 259	85
Bremen	Bremen	0,4	661	323	339	1 577
Hamburg	Hamburg	0,8	1 799	881	918	2 382
Hessen	Wiesbaden	21,1	6 092	2 994	3 098	289
Mecklenburg-Vorpommern	Schwerin	23,2	1 635	809	826	70
Niedersachsen	Hannover	47,6	7 914	3 896	4 018	166
Nordrhein-Westfalen	Düsseldorf	34,1	17 842	8 718	9 124	523
Rheinland-Pfalz	Mainz	19,9	3 999	1 967	2 032	201
Saarland	Saarbrücken	2,6	1 013	494	520	394
Sachsen	Dresden	18,4	4 137	2 028	2 109	225
Sachsen-Anhalt	Magdeburg	20,5	2 313	1 134	1 179	113
Schleswig-Holstein	Kiel	15,8	2 838	1 392	1 446	180
Thüringen	Erfurt	16,2	2 221	1 097	1 124	137
Deutschland	**Berlin**	**357,1**	**81 844**	**40 207**	**41 637**	**229**

Ergebnisse des Zensus 2011 sind hier nicht berücksichtigt.

▶ Tab 2 **Bevölkerungsentwicklung — in Tausend**

	Deutschland	Früheres Bundesgebiet[1]	Neue Länder[2]	Berlin
1950	69 346	50 958	18 388	–
1960	73 147	55 958	17 188	–
1970	78 069	61 001	17 068	–
1980	78 397	61 658	16 740	–
1990	79 753	63 726	16 028	3 434
2000	82 260	67 140	15 120	3 382
2005	82 438	65 698	13 345	3 395
2006	82 315	65 667	13 244	3 404
2007	82 218	65 664	13 137	3 416
2008	82 002	65 541	13 029	3 432
2009	81 802	65 422	12 938	3 443
2010	81 752	65 426	12 865	3 461
2011	81 844	65 540	12 802	3 502

Ergebnisse des Zensus 2011 sind hier nicht berücksichtigt. Ergebnisse jeweils am 31. Dezember.
1 Seit 2001 ohne Berlin-West.
2 Seit 2001 ohne Berlin-Ost.
– nichts vorhanden.

(Berlin: 3 927, Hamburg: 2 382, Bremen: 1 577). Die geringste Besiedlung je Quadratkilometer wiesen die Bundesländer Mecklenburg-Vorpommern (70), Brandenburg (85), Sachsen-Anhalt (113), Thüringen (137) und Niedersachsen (166) auf (siehe Tabelle 1).

Ende 2011 gab es in Deutschland 11 292 politisch selbstständige Gemeinden und damit 150 oder 1,3 % weniger als Ende 2010. Davon lagen 8 466 im früheren Bundesgebiet und 2 825 in den neuen Bundesländern. Aufgrund von Gebietsreformen hat sich vor allem in den neuen Bundesländern die Gemeindeanzahl verringert. Sie sank von 2 960 um 135 Gemeinden (−4,6 %).

Aus der Verteilung der Einwohnerinnen und Einwohner auf Gemeindegrößenklassen ergibt sich für 2011, dass 6 % der Bevölkerung Deutschlands in

Gemeinden mit weniger als 2 000 Einwohnern, 35 % in Gemeinden mit 2 000 bis unter 20 000 Einwohnern und 27 % in Gemeinden mit 20 000 bis unter 100 000 Einwohnern lebten. Auf die Großstädte (Gemeinden mit 100 000 oder mehr Einwohnern) entfielen 31 % der Bevölkerung. Die Städte mit den höchsten Einwohnerzahlen waren in abnehmender Reihenfolge Berlin, Hamburg und München, bei

Betrachtung der Städte mit der höchsten Bevölkerungsdichte lagen an vorderster Stelle München, Berlin und Herne. ▶ Tab 3

1.1.2 Altersaufbau, Geburten und Sterbefälle

Altersaufbau
Der Altersaufbau der Bevölkerung wird unmittelbar von der Zahl der Geburten

beeinflusst. Außerdem besteht eine Wechselwirkung zwischen der Stärke eines Altersjahrgangs und den Geburten- und Sterbezahlen: Zum einen beeinflusst die Stärke der einzelnen Altersjahrgänge die Zahl der Geburten und Sterbefälle in bestimmten Zeiträumen, gleichzeitig wirken sich aber wiederum die Veränderungen von Geburtenhäufigkeit oder Sterblichkeit auch auf die Stärke der

▶ Tab 3 **Einwohnerzahlen und Bevölkerungsdichten in ausgewählten Großstädten 2011**

	Stadt	Einwohner/-innen in 1 000	Stadt	Einwohner/-innen pro km²
1	Berlin	3 502	München	4 436
2	Hamburg	1 799	Berlin	3 927
3	München	1 378	Herne	3 195
4	Köln	1 017	Stuttgart	2 958
5	Frankfurt am Main	692	Frankfurt am Main	2 785
6	Stuttgart	613	Oberhausen	2 757
7	Düsseldorf	592	Nürnberg	2 740
8	Dortmund	581	Offenbach am Main	2 733
9	Essen	573	Essen	2 726
10	Bremen	548	Düsseldorf	2 725
11	Leipzig	532	Hannover	2 576
12	Dresden	530	Bochum	2 567
13	Hannover	526	Köln	2 510
14	Nürnberg	511	Gelsenkirchen	2 446
15	Duisburg	488	Hamburg	2 382

Ergebnisse des Zensus 2011 sind hier nicht berücksichtigt.

▶ Tab 4 **Entwicklung der Altersstruktur**

	Bevölkerung in 1 000	Davon im Alter von … bis … Jahren				Jugendquotient[1]	Altenquotient[2]
		unter 20	20–64	65–79	80 und älter		
		in %					
1950	69 346	30,4	59,9	8,7	1,0	50,8	16,3
1960	73 147	28,4	60,0	10,0	1,6	47,3	19,3
1970	78 069	30,0	56,2	11,8	2,0	53,4	24,6
1980	78 397	26,8	57,7	12,8	2,7	46,3	26,9
1990	79 753	21,7	63,4	11,2	3,8	34,2	23,6
2000	82 260	21,1	62,2	12,9	3,8	34,0	26,8
2010	81 752	18,4	60,9	15,3	5,3	30,3	33,8
2011	81 844	18,2	61,2	15,2	5,4	29,8	33,7

Ergebnisse des Zensus 2011 sind hier nicht berücksichtigt. Ergebnisse jeweils am 31. Dezember.
1 Altersgruppe der unter 20-Jährigen bezogen auf die Altersgruppe der 20- bis 64-Jährigen.
2 Altersgruppe der 65-Jährigen und Älteren bezogen auf die Altersgruppe der 20- bis 64-Jährigen.

jeweiligen Jahrgänge aus. Langfristig führen solche Veränderungen zu einer Verschiebung der Anteile der einzelnen Altersgruppen an der Gesamtbevölkerung. Einen zusätzlichen Faktor stellt die Zu- und Abwanderung dar, da die meisten Zu- und Abwanderer im jungen Erwachsenenalter sind. In Deutschland führen diese verschiedenen Faktoren dazu, dass die Gruppe der Kinder und Jugendlichen kleiner wird und die Gruppe der Personen im Rentenalter wächst, während sich der Anteil der Personen im erwerbsfähigen Alter – derzeit – wenig verändert.

Um den Altersaufbau der Bevölkerung zu veranschaulichen, verwendet die Statistik eine grafische Darstellungsform, die als Alterspyramide bezeichnet wird, auch wenn sie – für Deutschland betrachtet – längst keine Pyramidenform mehr hat. So gleicht sie heute eher einer »zerzausten Wettertanne«, wie sie einmal bildhaft beschrieben wurde. ▶ Abb 1

In Tabelle 4 werden die Wandlungen des Bevölkerungsaufbaus verdeutlicht: Im Jahr 2011 betrug in Deutschland der Anteil der Heranwachsenden (unter 20-Jährige) rund 18 %. Auf die Bevölkerung im erwerbsfähigen Alter (20 bis 64 Jahre) entfielen 61 % und der Seniorenanteil (65-Jährige und Ältere) lag bei 21 %. Rund 5 % der Bevölkerung waren hochbetagt (80 Jahre oder älter). Der Jugendquotient (Zahl der unter 20-Jährigen bezogen auf die Zahl der 20- bis 64-Jährigen) lag bei 30 und somit unter dem Altenquotient (Zahl der 65-Jährigen und Älteren bezogen auf die Zahl der 20- bis 64-Jährigen) mit 34. Anfang 1955 lag der Jugendquotient noch bei 50 und der Altenquotient bei 18, seit 2006 jedoch übersteigt der Altenquotient den Jugendquotienten. ▶ Tab 4

In Deutschland werden etwa 5 % mehr Jungen als Mädchen geboren. Im Jahr 2011 kamen im Durchschnitt auf 100 neugeborene Mädchen 105 Jungen. Weil Männer statistisch gesehen nicht so alt werden wie Frauen, verändern sich die Anteile von Frauen und Männern mit den Altersgruppen. Während also bis zum Alter unter 50 Jahren in der heutigen Bevölkerung der Männeranteil überwiegt, sind in der Altersgruppe der 50- bis unter 60-Jährigen ungefähr so viele Männer wie Frauen enthalten. In den höheren Altersgruppen überwiegen dann zunehmend Frauen: Von den 60- bis 69-jährigen Personen sind 51 % weiblichen Geschlechts. In den obersten Altersgruppen beträgt der Frauenanteil bei den 70- bis 79-Jährigen 55 % und bei den 80-jährigen oder älteren Personen sogar 66 %. Grund für den geringeren Männeranteil in den höchsten Altersgruppen sind neben der höheren Lebenserwartung von Frauen auch heute noch die starken Männerverluste durch den Zweiten Weltkrieg. So steigt mittlerweile mit den nachlassenden demografischen Auswirkungen des Krieges auch der Anteil der Männer an den Hochbetagten (27 % im Jahr 2000; 34 % im Jahr 2011).

Geburten, Sterbefälle

Die Jahre nach dem Zweiten Weltkrieg waren in der Bundesrepublik durch hohe Geburtenzahlen geprägt (sogenannter Baby-Boom). Ab 1947 wurden deutlich mehr Geburten als Sterbefälle registriert. Diese Situation änderte sich Ende der 1960er- und Anfang der 1970er-Jahre mit einem rapiden Rückgang der Geburten. Die Geburtzahl ging vom Höchststand im Jahr 1964 (1,36 Millionen) bis auf 782 000 im Jahr 1975 zurück. Danach gab es von 1976 bis 1990 einen Anstieg der jährlichen Geburtenzahlen von 798 000

▶ Abb 1   **Altersaufbau der Bevölkerung Deutschlands 2011 — in Tausend je Altersjahr**

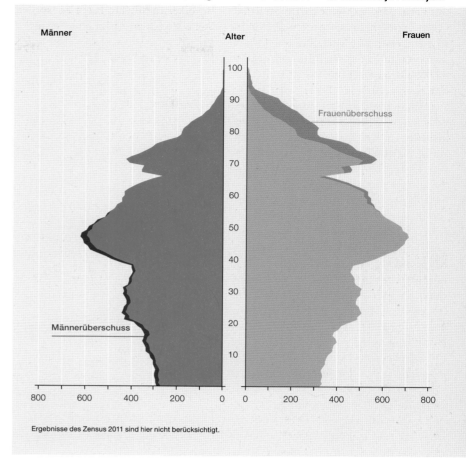

Ergebnisse des Zensus 2011 sind hier nicht berücksichtigt.

auf 906 000. Seit 1997 (812 000 Geburten) war wieder ein kontinuierlicher Geburtenrückgang zu beobachten. Im Jahr 2005 wurden erstmals unter 700 000 Kinder geboren und im Jahr 2011 wurde mit 663 000 Neugeborenen die niedrigste Geburtenzahl seit 1946 registriert. ▶ Abb 2 , Tab 5

Der Geburtenrückgang bewirkte, dass seit 1972 jedes Jahr weniger Kinder geboren wurden als Menschen starben. Im Jahr 2011 lag die Zahl der Gestorbenen um 190 000 höher als die Zahl der (lebend) geborenen Babys.

Mit der im Jahr 2011 in Deutschland rechnerisch ermittelten durchschnittlichen Kinderzahl von 1,36 Kindern je Frau wird die zur Erhaltung der Bevölkerungszahl auf längere Sicht erforderliche Zahl von 2,1 Kindern je Frau deutlich unterschritten. Gleichzeitig nimmt in Deutschland die durchschnittliche Lebenserwartung weiter zu. Sie beträgt heute für einen neugeborenen Jungen 78 Jahre und für ein neugeborenes Mädchen 83 Jahre. Gegenüber dem Stand von Mitte der 1980er-Jahre entspricht dies einer Zunahme bei den Jungen um rund sechs Jahre und bei den Mädchen um annähernd fünf Jahre. Ein 60-jähriger Mann hat heute rechnerisch noch eine Lebenszeit von durchschnittlich 21 Jahren vor sich. Eine gleichaltrige Frau hat rechnerisch noch eine Lebenszeit von 25 Jahren zu erwarten (siehe auch Abschnitt 1.1.4). Die durchschnittliche Kinderzahl 2011 und die aktuelle durchschnittliche Lebenserwartung sind mit Daten zum Bevölkerungsstand vor dem Zensus 2011 berechnet worden.

1.1.3 Wanderungsbewegungen
Neben der natürlichen Bevölkerungsbewegung (Geburten und Sterbefälle) kommt bei der Beobachtung und Analyse der Einwohnerzahl den sogenannten Wanderungen (räumliche Bevölkerungsbewegung) eine zentrale Bedeutung zu. Bei den Wanderungen wird zwischen den Wohnsitzwechseln von Personen in eine andere Gemeinde innerhalb Deutschlands (Binnenwanderung) und solchen über die Grenzen Deutschlands (Außenwanderung) unterschieden. Die Außenwande-

▶ Abb 2   **Lebendgeborene und Gestorbene in Deutschland 1946–2011 — in Tausend**

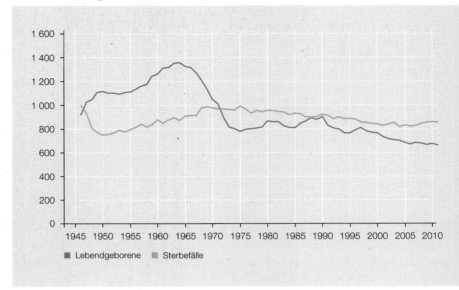

▶ Info 2
Wanderungsstatistik

In der Wanderungsstatistik werden die Zu- und Fortzüge erfasst, die von den Meldebehörden an die statistischen Ämter gemeldet werden. Der Wanderungssaldo wird als Differenz der Zu- und Fortzüge gebildet. Das Wanderungsvolumen bezeichnet die Summe aus der Binnenwanderung zuzüglich der Zuzüge aus und der Fortzüge ins Ausland.

Die auf ein Jahr bezogene Wanderungsstatistik weist die jeweiligen Wanderungsfälle, das heißt die Zu- oder Fortzüge über die Gemeindegrenzen, nicht die wandernden Personen nach. Die Wanderungen zwischen dem früheren Bundesgebiet und der ehemaligen DDR wurden bis zum 3. Oktober 1990 in den Wanderungen über die Grenzen des Bundesgebiets erfasst, ab diesem Zeitpunkt handelt es sich um Binnenwanderungsfälle, die als Ost-West-Wanderung bezeichnet werden.

Durch die Binnenwanderung ändert sich die regionale Verteilung der Bevölkerung, aber im Gegensatz zur Außenwanderung nicht die Einwohnerzahl Deutschlands.

rung und die Binnenwanderung bilden zusammen die Gesamtwanderung. ▶ Info 2

Gesamtwanderung
Die Gesamtwanderung kann für Deutschland, für die Bundesländer, für die Landkreise und für die Gemeinden ermittelt werden. Im früheren Bundesgebiet stieg das Wanderungsvolumen von 1960 bis 1971 von 4,1 Millionen bis auf 5,3 Millionen Wanderungsfälle an. Zu dieser Entwicklung trugen die Außenwanderung sowie die Binnenwanderung bei, wobei

die Außenwanderung schneller anstieg als die Binnenwanderung. Ab 1971 ging das Wanderungsvolumen wieder zurück und pendelte sich von 1975 bis 1988 auf jährlich 3,5 bis 4,2 Millionen Fälle ein. Die Wende in der ehemaligen DDR löste erneut eine Wanderungswelle aus: Mit rund 5,7 Millionen Wanderungsfällen jährlich blieb die Gesamtwanderung für das vereinte Deutschland Anfang der 1990er-Jahre auf hohem Niveau. Nach 1995 ging das Wanderungsvolumen zurück und lag von 2005 bis 2010 bei rund

▶ Tab 5 **Lebendgeborene und Gestorbene in Deutschland**

	Lebendgeboren		Gestorbene		Überschuss der Geborenen (+) beziehungsweise der Gestorbenen (−)	
	Anzahl in 1 000	je 1 000 Einwohner/-innen	Anzahl in 1 000	je 1 000 Einwohner/-innen	Anzahl in 1 000	je 1 000 Einwohner/-innen
Deutschland						
1950	1 117	16,3	748	10,9	+368	+5,4
1960	1 262	17,3	877	12,0	+385	+5,3
1970	1 048	13,5	976	12,6	+72	+0,9
1980	866	11,0	952	12,1	−87	−1,1
1990	906	11,4	921	11,6	−16	−0,2
2000	767	9,3	839	10,2	−72	−0,9
2010	678	8,3	859	10,5	−181	−2,2
2011	663	8,1	852	10,4	−190	−2,3
Früheres Bundesgebiet[1]						
1950	813	16,3	529	10,6	+284	+5,7
1960	969	17,4	643	11,6	+326	+5,9
1970	811	13,4	735	12,1	+76	+1,3
1980	621	10,1	714	11,6	−93	−1,5
1990	727	11,5	713	11,3	+14	+0,2
2000	656	9,8	679	10,1	−23	−0,3
2010	542	8,3	672	10,3	−129	−2,0
2011	530	8,1	667	10,2	−137	−2,1
Neue Länder[2]						
1950	304	16,5	220	11,9	+84	+4,6
1960	293	16,9	234	13,5	+59	+3,4
1970	237	13,9	241	14,1	−4	−0,2
1980	245	14,6	238	14,2	+7	+0,4
1990	178	11,1	208	12,9	−30	−1,8
2000	111	7,3	160	10,5	−49	−3,2
2010	102	7,9	155	12,0	−53	−4,1
2011	99	7,7	154	12,0	−55	−4,3

Ergebnisse des Zensus 2011 sind hier nicht berücksichtigt.
1 Bis 2000 einschließlich Berlin-West, seit 2001 ohne Berlin-West.
2 Bis 2000 einschließlich Berlin-Ost, seit 2001 ohne Berlin-Ost.

5 Millionen. Im Jahr 2011 stieg es wieder auf 5,4 Millionen an.

Binnenwanderung

Im Jahr 2011 wechselten 3,7 Millionen Personen ihren Wohnsitz über die Gemeindegrenzen innerhalb Deutschlands. Bezieht man diese Zahl auf 1 000 Einwohner, erhält man die sogenannte Mobilitätsziffer. Sie gibt Aufschluss über die Häufigkeit, mit der Einwohnerinnen und Einwohner eines Gebiets ihre Wohnsitzgemeinde wechseln. Im Jahr 2011 betrug die Mobilitätsziffer rund 46, das heißt mehr als jeder zwanzigste Einwohner zog im Jahr innerhalb Deutschlands von einer Gemeinde in eine andere um.

Die räumliche Mobilität der Bevölkerung in Deutschland entwickelte sich seit 1970 sehr unterschiedlich. In den 1970er-Jahren verringerten sich die Wanderungen über die Gemeindegrenzen im früheren Bundesgebiet von 3,6 Millionen auf 2,9 Millionen. Die Mobilitätsziffer sank im gleichen Zeitraum von 60 auf 48. Dieser Rückgang dürfte auch eine Folge der Gebietsreform in den alten Bundesländern sein: Im Zuge dieser Reform wurden Nahwanderungsfälle durch Eingemeindungen häufig zu Ortsumzügen und wirkten sich deshalb in der Mobilitätsziffer nicht aus. Bis Ende der 1980er-Jahre sank die Zahl der Wanderungen über die Gemeindegrenzen weiter auf 2,5 Millionen Umzüge (41 Umzüge je 1 000 Einwohner). Mit der Öffnung der Grenzen im Osten und der deutschen Vereinigung stieg die Binnenwanderung bis 1997 wieder an auf über 4 Millionen Umzüge pro Jahr

▶ Tab 6   **Wanderungen innerhalb Deutschlands über die Gemeinde-, Kreis- und Landesgrenzen**

	Wanderungen über die					
	Gemeindegrenzen		Kreisgrenzen		Landesgrenzen	
	Anzahl in 1 000	je 1 000 Einwohner/-innen[1]	Anzahl in 1 000	je 1 000 Einwohner/-innen[1]	Anzahl in 1 000	je 1 000 Einwohner/-innen[1]
	Früheres Bundesgebiet					
1970	3 662	59,8	2 942	48,1	1 118	18,5
1980	3 024	49,2	2 304	37,5	820	13,4
1985	2 572	42,1	1 850	30,3	640	10,5
1990	2 970	47,4	2 185	34,9	841	13,4
	Deutschland					
1991	3 402	42,8	2 494	31,4	1 127	14,2
1995	3 951	48,5	2 722	33,4	1 069	13,1
2000	3 892	47,3	2 700	32,9	1 137	13,8
2005	3 655	44,3	2 548	30,9	1 071	13,0
2010	3 576	43,7	2 538	31,1	1 062	13,0
2011	3 739	45,7	2 661	32,5	1 113	13,6

Ergebnisse des Zensus 2011 sind hier nicht berücksichtigt.
1   Jeweils am 31. Dezember des Vorjahres.

▶ Tab 7   **Wanderungen zwischen dem früheren Bundesgebiet und den neuen Ländern**

	Zuzüge aus den neuen Ländern und Berlin-Ost ins frühere Bundesgebiet	Zuzüge in die neuen Länder und Berlin-Ost aus dem früheren Bundesgebiet	Wanderungssaldo des früheren Bundesgebietes gegenüber den neuen Ländern und Berlin-Ost
1950	302 808	39 986	+ 262 822
1960	247 751	25 429	+ 222 322
1970	20 664	2 082	+ 18 582
1980	15 774	1 560	+ 14 214
1989	388 396	5 135	+ 383 261
1990	395 343	36 217	+ 359 126
1991	249 743	80 267	+ 169 476
1992	199 170	111 345	+ 87 825
1994	163 034	135 774	+ 27 260
1996	166 007	151 973	+ 14 034
1998	182 478	151 750	+ 30 728
2000	214 456	153 179	+ 61 277
2002[1]	216 165	139 412	+ 76 753
2004[1]	185 878	133 349	+ 52 529
2006[1]	173 602	122 918	+ 50 684
2008[1]	173 996	132 577	+ 41 419
2010[1]	146 071	136 188	+ 9 883
2011[1]	150 617	141 732	+ 8 885

Ergebnisse des Zensus 2011 sind hier nicht berücksichtigt.
1   Früheres Bundesgebiet ohne Berlin-West; neue Länder und Berlin.

▶ Tab 8 **Zuzüge von Aussiedlerinnen und Aussiedlern**

	Insgesamt	Darunter aus		
		der ehemaligen Sowjetunion[1]	Polen	Rumänien
1950–1959	438 225	13 604	292 157	3 454
1960–1969	221 516	8 571	110 618	16 294
1970–1979	355 381	56 583	202 718	71 417
1980–1989	984 087	176 565	632 803	151 161
1990–1994	1 291 112	911 407	199 614	171 900
1995–1999	738 064	718 634	4 455	14 440
1999–2004	417 493	413 596	2 382	1 396
2005	35 522	35 396	80	39
2006	7 747	7 626	80	40
2007	5 792	5 695	70	21
2008	4 362	4 301	44	16
2009	3 360	3 292	45	23
2010	2 350	2 297	34	15
2011	2 148	2 092	33	21

Seit 1993 einschließlich nicht deutscher Angehöriger von Aussiedlern.
1 Beziehungsweise Nachfolgestaaten.
Quelle: Bundesverwaltungsamt Köln.

(49 Umzüge je 1 000 Einwohner). Es folgten bis 2006 ein Rückgang und in den folgenden fünf Jahren eine Stabilisierung bei jährlich rund 44 bis 46 Umzügen je 1 000 Einwohner.

Im Jahr 2011 fanden etwa 23 % der Umzüge (rund 1,1 Millionen) zwischen Gemeinden innerhalb eines Kreises, 33 % (rund 1,5 Millionen) zwischen Kreisen eines Bundeslandes und 24 % (rund 1,1 Millionen) zwischen Bundesländern statt. ▶ Tab 6

Bei der Binnenwanderung kommt den Wanderungsströmen zwischen dem früheren Bundesgebiet und den neuen Ländern eine besondere Bedeutung zu. Zwischen 1989 und 1991 war eine hohe Abwanderung von Ost nach West festzustellen. In den Folgejahren bis 1996 war die Entwicklung der Wanderungen zwischen dem früheren Bundesgebiet und den neuen Ländern gegenläufig: Die Zuzüge aus den neuen Ländern verringerten sich, die Wanderungen nach Osten stiegen, sodass der Wanderungssaldo 1997 nur noch 10 000 Personen betrug. Ab 1998 kam eine neue Wanderungswelle von Ost nach West (Wanderungssaldo 2001:

98 000), die nach 2001 langsam zurückging. Im Jahr 2011 betrug der Wanderungssaldo nur noch 8 900 Personen. ▶ Tab 7

Außenwanderung

Die Außenwanderung war kurz nach dem Zweiten Weltkrieg vor allem durch die Aufnahme von Vertriebenen aus den Ostgebieten des ehemaligen Deutschen Reiches und den deutschen Siedlungsgebieten im Ausland geprägt. Zwischen 1950 und 1961 folgte eine Zuwanderung aus der ehemaligen DDR: So wurden von 1950 bis zum Mauerbau am 13. August 1961 rund 2,6 Millionen Menschen aus Ostdeutschland als Übersiedlerinnen und Übersiedler im früheren Bundesgebiet aufgenommen. Ferner kamen zwischen 1950 und 2006 rund 4,5 Millionen (Spät-)Aussiedlerinnen und Aussiedler in das frühere Bundesgebiet beziehungsweise seit 1990 nach Deutschland. Davon waren rund 2,3 Millionen Personen aus der ehemaligen Sowjetunion sowie deren Nachfolgestaaten, 1,4 Millionen kamen aus Polen und weitere 430 000 aus Rumänien. Im Jahr 1990 wurde mit rund 397 000

Personen die mit Abstand höchste Zahl von Aussiedlerinnen und Aussiedlern aufgenommen. In den folgenden Jahren bis 1995 waren es jährlich zwischen 220 000 und 230 000 Personen. Danach gingen die Zahlen stetig zurück. Im Jahr 2011 wurden nur noch rund 2 000 Aussiedlerinnen und Aussiedler aufgenommen. ▶ Tab 8

Durch die Zuwanderung aus dem Osten (aus den früheren deutschen Gebieten im Osten, der ehemaligen DDR sowie durch Aussiedlerinnen und Aussiedler) gab es für die Bundesrepublik bis Anfang des zweiten Jahrtausends einen Zuwanderungsgewinn von Deutschen. Seit 2005 werden allerdings Wanderungsverluste beobachtet; es wandern also mehr Deutsche ins Ausland ab, als Deutsche nach Deutschland zuziehen. Ein wesentlicher Grund dafür ist der oben beschriebene Rückgang der Spätaussiedlerinnen und Spätaussiedler, die nach Deutschland kamen. Zeitgleich stiegen die Fortzüge deutscher Personen ins Ausland. Allerdings hat sich die Abwanderung seit Beginn der Finanzmarkt- und Wirtschaftskrise im Jahr 2008 wieder reduziert. In den 1990er-Jahren bewegten sich die Fortzüge bei den Deutschen um 110 000 Fälle pro Jahr. Im Jahr 2008 lagen sie bei 175 000 und 2011 bei 140 000.

Aus den Abwanderungszahlen lassen sich keine Aussagen zum Hintergrund der Fortzüge ableiten, da die Gründe für die Fortzüge bei den Meldeämtern nicht erfasst werden. So ist keine Differenzierung möglich, ob der Fortzug eine Auswanderung auf Dauer oder nur eine befristete Ausreise ist. Es wird auch nicht erfasst, ob es sich bei den Abwandernden um Spätaussiedlerinnen und Spätaussiedler, Eingebürgerte oder Deutsche ohne Migrationshintergrund handelt. Hauptzielländer von auswandernden Deutschen waren im Jahr 2011 die Schweiz, die Vereinigten Staaten und Österreich. ▶ Tab 9

Seit Anfang der 1960er-Jahre hatte die Zu- und Abwanderung von ausländischen Personen zuerst durch die Anwerbung ausländischer Gastarbeiter erheblich an Bedeutung gewonnen. Die Wanderungsströme ausländischer Staatsangehöriger zwischen dem früheren Bundes-

▶ Tab 9   **Wanderungen zwischen Deutschland und dem Ausland**

	Zuzüge			Fortzüge		
	insgesamt	Deutsche	Ausländer/-innen	insgesamt	Deutsche	Ausländer/-innen
1950–1953	374 177	.	.	462 279	.	.
1954–1959	1 038 759	477 414	561 345	955 190	638 657	316 533
1960–1969	6 257 185	724 624	5 532 561	4 239 458	789 119	3 450 339
1970–1979	7 002 667	783 306	6 219 361	5 439 852	543 843	4 896 009
1980–1989	6 145 117	1 323 089	4 822 028	4 685 932	635 814	4 050 118
1990–1999	10 890 238	2 755 154	8 135 084	7 023 809	1 147 745	5 876 064
2000–2005	4 819 420	1 043 329	3 776 091	3 856 148	761 183	3 094 965
2006	661 855	103 388	558 467	639 064	155 290	483 774
2007	680 766	106 014	574 752	636 854	161 105	475 749
2008	682 146	108 331	573 815	737 889	174 759	563 130
2009	721 014	114 700	606 314	793 796	154 988	578 808
2010	798 282	114 752	683 530	670 605	141 000	529 605
2011	958 299	116 604	841 695	678 969	140 132	538 837

Ergebnisse des Zensus 2011 sind hier nicht berücksichtigt.
Bis einschließlich 1990 Angaben für das frühere Bundesgebiet.
. Zahlenwert unbekannt oder geheim zu halten.

gebiet und dem Ausland verzeichneten ein relativ hohes Wanderungsvolumen mit jährlich hohen Zu- und Fortzugszahlen. Dabei war der Wanderungssaldo zeitweilig positiv und zeitweilig negativ und spiegelte den Konjunkturverlauf in Deutschland wider.

Seit Mitte der 1970er-Jahre wird das Wanderungsverhalten der Ausländerinnen und Ausländer von anderen Faktoren beeinflusst, zum Beispiel dem Familiennachzug oder der politischen, wirtschaftlichen oder sozialen Situation in den Herkunftsländern. Dies zeigt sich aktuell in der Zunahme der Zuzüge aus den Ländern, die von der Finanzmarktkrise besonders betroffen sind. So stiegen die Zuzüge zwischen 2009 und 2011 aus Griechenland um 173 % und aus Spanien um 76 %.

Zudem wirkten sich die Maßnahmen der Bundesregierung zur Steuerung der Wanderungsströme aus. Von besonderer Bedeutung sind in diesem Zusammenhang der 1973 erlassene Anwerbestopp, das Rückkehrhilfegesetz von 1983 sowie asylrechtliche Neuregelungen wie die des Jahres 1993. Die letzteren Regelungen bewirkten zum Beispiel, dass Einreisen zum Zweck der Asylsuche nach 1993 erheblich zurückgingen. Zunehmend wurde die Zuwanderung auch durch Beschlüsse

auf Ebene der Europäischen Union (EU) beeinflusst, unter anderem durch EU-Erweiterungen, Freizügigkeitsregelungen, Abkommen mit EFTA-Ländern, also Ländern der Europäischen Freihandelszone oder veränderten Visa-Regelungen. Dies zeigt sich beispielsweise in der schnellen Zunahme der Zuzüge aus vielen Ländern, die 2004 beziehungsweise 2007 der EU beigetreten sind. Auch haben 2011 – nach Ablauf der letzten Einschränkungen zum Arbeitsmarktzugang für die 2004 beigetretenen Länder – die Zuzüge von dort stark zugenommen.

Im Jahr 1992 hatte die Zuwanderung ausländischer Staatsangehöriger mit 1,2 Millionen ihren bisher höchsten Stand erreicht. Gründe waren die Öffnung der Grenzen zu Osteuropa und die Flucht vieler Menschen vor dem Bürgerkrieg im ehemaligen Jugoslawien. Danach war die Tendenz mit einigen Schwankungen bis 2006 eher rückläufig. So kamen 2006 rund 558 000 Menschen nach Deutschland. In den Folgejahren stieg die Zuwanderung erheblich, zuletzt wurden 2011 rund 842 000 Zuzüge ausländischer Personen verzeichnet.

Die Hauptherkunftsländer waren 2011 mit Abstand Polen (163 000 Zuzüge), gefolgt von Rumänien (95 000 Personen) und

Bulgarien (51 000 Personen). Fast zwei Drittel der Personen (64 % beziehungsweise 542 000) kamen aus der EU, 22 % (188 000 Personen) aus dem außereuropäischen Ausland und 13 % aus einem sonstigen Land aus Europa (111 000 Personen).

Die Abwanderung von Ausländerinnen und Ausländern erreichte 1993 mit 711 000 Personen ihren höchsten Stand. Danach war die Tendenz bis 2007 rückläufig, abgesehen von einem vorübergehenden Anstieg in den Jahren 1997, 1998 und 2004 infolge der Rückkehr bosnischer Bürgerkriegsflüchtlinge.

Die Fortzugszahlen zwischen 2008 und 2010 sind durch bundesweite Bereinigungen der Melderegister überhöht und mit den Vor- und Folgejahren nicht vergleichbar. Die Bereinigungen führten zu zahlreichen Abmeldungen von Amts wegen, die sich in den Fortzugszahlen niedergeschlagen haben.

Der Wanderungssaldo, also die Differenz zwischen den Zuzügen und Fortzügen, war seit Beginn der Statistik in den 1950er-Jahren überwiegend positiv. Lediglich in konjunkturell schlechten Zeiten der 1960er- und 1970er-Jahre, in der Zeit des Rückkehrhilfegesetzes in den 1980er-Jahren und nach Kriegsende in Bosnien 1997/98 fiel der Saldo negativ aus.

Die höchsten Wanderungsüberschüsse (mehr als 600 000 Personen Zugewinn pro Jahr) wurden um die Wende in der ehemaligen DDR zwischen 1989 und 1992 verzeichnet – als Folge der hohen Zuwanderung in diesen Jahren.

1.1.4 Demografischer Wandel

Der demografische Wandel in Deutschland wird in den nächsten Jahrzehnten große Herausforderungen für Wirtschaft und soziale Sicherungssysteme mit sich bringen. Seit etwa 40 Jahren reicht die Zahl der geborenen Kinder nicht aus, um die Elterngeneration zu ersetzen. Es sterben mehr Menschen, als Kinder geboren werden. Ohne Zuwanderung aus dem Ausland würde Deutschlands Bevölkerung bereits seit langem rapide schrumpfen und noch schneller »altern«. Langfristig wird die immer weiter aufgehende Schere zwischen der Zahl der Geborenen und der Zahl der Gestorbenen nicht durch Zuwanderung zu schließen sein. Dazu wären weit höhere Wanderungsüberschüsse nötig als in der Vergangenheit. Bereits jetzt hat der demografische Wandel starke Spuren am Altersaufbau der Bevölkerung hinterlassen: Auf die geburtenstarken Jahrgänge der 1950er-und 1960er-Jahre folgen weit geringer besetzte jüngere Jahrgänge. Mit dem fortschreitenden Alter der sogenannten »Baby-Boomer-Generation« wird deshalb auch die Bevölkerung Deutschlands stärker als bisher »altern«. Dieser Effekt wird durch die zunehmende Lebenserwartung der älteren Menschen noch verstärkt.

Die jährliche Geburtenhäufigkeit nahm in den alten Bundesländern ab Mitte der 1960er-Jahre stark ab und stabilisierte sich seit Ende der 1970er-Jahre auf niedrigem Niveau. Die sogenannte zusammengefasste Geburtenziffer beträgt hier seit fast 40 Jahren rechnerisch 1,3 bis 1,4 Kinder je Frau. In der ehemaligen DDR war es in den 1970er-Jahren auch zu einem starken Rückgang der durchschnittlichen Kinderzahl gekommen, dem aber bald ein Anstieg folgte. Bis Mitte der 1980er-Jahre nahm die Geburtenhäufigkeit wieder ab. Anfang der 1990er-Jahre kam es nach der deutschen Vereinigung im Osten Deutschlands zu einem vorübergehenden starken Einbruch der Geburtenzahlen. Inzwischen liegt die durchschnittliche Kinderzahl in den neuen Ländern mit 1,43 Kindern je Frau über der durchschnittlichen Kinderzahl im Westen (1,36). ▶ Abb 3

Die Lebenserwartung ist in den letzten hundert Jahren beträchtlich gestiegen. Hierbei spielte lange die Verringerung der Säuglings- und Kindersterblichkeit eine entscheidende Rolle. Im Deutschen Reich betrug im Zeitraum 1871/1881 die durchschnittliche Lebenserwartung für neugeborene Jungen 36 Jahre und für neugeborene Mädchen 38 Jahre. Aber schon für Zehnjährige, die die Risiken der frühkindlichen Phase hinter sich gelassen hatten, lag die weitere Lebenserwartung bei 47 Jahren (Jungen) beziehungsweise bei 48 Jahren (Mädchen). Gegenwärtig beträgt die durchschnittliche Lebenserwartung – nach der sogenannten Sterbetafel 2009/2011 – für Jungen 78 Jahre beziehungsweise 83 Jahre für Mädchen. Innerhalb von etwa 130 Jahren hat sich die Lebenserwartung neugeborener Jungen und Mädchen in Deutschland somit mehr als verdoppelt. In den letzten Jahrzehnten ist auch die Lebenserwartung der älteren Menschen deutlich angestiegen. Heute haben 60-jährige Männer im Durchschnitt noch weitere 21 Jahre, gleichaltrige Frauen 25 Jahre vor sich. Das sind 9 Jahre mehr bei den Männern und 12 Jahre mehr bei den Frauen als 1871/1881. ▶ Tab 10

In den kommenden Jahrzehnten werden der Rückgang der Bevölkerungszahl und die Alterung kennzeichnend für die demografische Entwicklung sein. Dies lässt sich anhand von Bevölkerungsvorausberechnungen darstellen. ▶ Info 3

Im Folgenden werden Ergebnisse der 12. koordinierten Bevölkerungsvorausberechnung anhand von zwei Varianten zur »mittleren« Bevölkerung dargestellt. Diese ergeben sich unter folgenden Annahmen:
1) annähernd konstante Geburtenhäufigkeit von etwa 1,4 Kindern je Frau bei einem steigenden durchschnittlichen Alter der Mütter bei der Geburt,
2) Zunahme der Lebenserwartung gegenüber dem Basiszeitraum (2007 bis 2009) um etwa acht Jahre für neugeborene Jungen und sieben für neugeborene Mädchen,
3) Wanderungsgewinne von jährlich 100 000 beziehungsweise 200 000 Personen.

▶ Abb 3 **Zusammengefasste Geburtenziffer — Kinder je Frau**

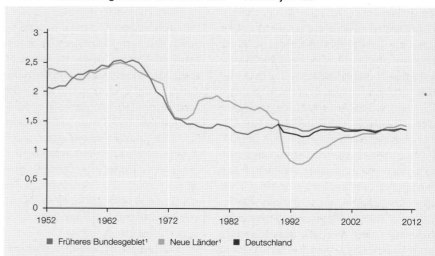

■ Früheres Bundesgebiet[1]   ■ Neue Länder[1]   ■ Deutschland

Ergebnisse des Zensus 2011 sind hier nicht berücksichtigt.
Geburtenziffer = Durchschnittliche Zahl der lebendgeborenen Kinder je Frau in einem Kalenderjahr.
1 Seit 2001 ohne Berlin.

▶ Tab 10 **Durchschnittliche Lebenserwartung 1871/1881 und 2009/2011 — in Jahren**

Alter in Jahren	Jungen/Männer		Mädchen/Frauen	
	1871/1881	2009/2011	1871/1881	2009/2011
0	35,6	77,7	38,5	82,7
1	46,5	77,0	48,1	82,0
5	49,4	73,1	51,0	78,0
10	46,5	68,1	48,2	73,1
20	38,4	58,3	40,2	63,2
30	31,4	48,6	33,1	53,3
40	24,5	38,9	26,3	43,5
50	18,0	29,7	19,3	34,0
60	12,1	21,3	12,7	25,0
70	7,3	13,9	7,6	16,5
80	4,1	7,8	4,2	9,1
90	2,3	3,8	2,4	4,3

Ergebnisse des Zensus 2011 sind hier nicht berücksichtigt.
1871/1881: Deutsches Reich; 2009/2011: Deutschland.

▶ Info 3

Bevölkerungsvorausberechnung

Das Ziel von Bevölkerungsvorausberechnungen ist es, mit Fortschreibungsverfahren zu zeigen, wie sich die Bevölkerungszahl und -struktur unter bestimmten Annahmen langfristig entwickeln werden. Da der Verlauf der maßgeblichen Einflussgrößen – wie das Geburtenverhalten, die Sterblichkeit und das Wanderungsgeschehen – mit zunehmendem Abstand vom Basiszeitpunkt immer schwerer vorhersehbar ist, haben solche langfristigen Rechnungen Modellcharakter.

Die 12. koordinierte Bevölkerungsvorausberechnung für Bund und Länder basiert auf dem Stand zum Jahresende 2008 und zeigt die Bevölkerungsentwicklung bis zum Jahr 2060. Die Vorausberechnung beruht dabei auf Annahmen zur künftigen Geburtenhäufigkeit, zur Lebenserwartung und zum Saldo der Zuzüge nach und der Fortzüge aus Deutschland (Wanderungssaldo). Insgesamt ergeben sich aus drei Annahmen zur Geburtenhäufigkeit und jeweils zwei Annahmen zur Lebenserwartung und zum Wanderungssaldo zwölf Varianten der künftigen Entwicklung.

Eine ausführliche Beschreibung der Annahmen und Ergebnisse der 12. koordinierten Bevölkerungsvorausberechnung ist unter www.destatis.de abrufbar.

Diese beiden Varianten markieren die Grenzen eines Korridors, in dem sich die Bevölkerungsgröße und der Altersaufbau entwickeln werden, wenn sich die aktuellen demografischen Trends fortsetzen. Die beiden Varianten werden als Unter- und Obergrenze der »mittleren« Bevölkerung bezeichnet.

Aus der 12. koordinierten Bevölkerungsvorausberechnung ergibt sich für die nächsten Jahrzehnte folgendes Bild: Die Bevölkerungszahl nimmt ab, die Anzahl der älteren Menschen wächst über lange Zeit. Die Zahl der Jüngeren geht außerdem zurück, sodass sich die Verhältnisse zwischen den Altersgruppen erheblich verschieben. Zu diesem Bevöl-

kerungsrückgang kommt es, weil – wie schon seit fast 40 Jahren – voraussichtlich auch in den nächsten Jahrzehnten mehr Menschen sterben werden, als Kinder zur Welt kommen. Die angenommenen Zuwanderungen aus dem Ausland reichen nicht aus, um den sogenannten Sterbefallüberschuss auszugleichen. Das Geburtendefizit wird sich künftig erheblich vergrößern. Zurzeit beträgt es etwa 190 000. Im Jahr 2020 wird es auf mehr als 280 000 steigen und 2060 rund 550 000 betragen. Die Zahl der jährlichen Geburten wird von heute etwa 660 000 auf rund 500 000 sinken. Die Zahl der Sterbefälle wird von 850 000 auf fast 1,1 Millionen Anfang der 2050er-

Jahre steigen und im Jahr 2060 rund 1 Million betragen.

Die künftig sinkenden Geburtenzahlen folgen auch aus der von Generation zu Generation sinkenden Anzahl junger Frauen: Bei einer Geburtenhäufigkeit unter dem sogenannten Reproduktionsniveau von 2,1 Kindern je Frau bringen heute Frauen weniger Kinder zur Welt, als es für den zahlenmäßigen Ersatz ihrer Generation erforderlich wäre. Die jetzt geborenen Mädchenjahrgänge sind also zahlenmäßig kleiner als die ihrer Mütter. Sind diese Mädchen einmal erwachsen, wird die künftige Kinderzahl weiter sinken, weil dann auch weniger potenzielle Mütter leben. Die Zahl der Frauen im geburtsfähigen Alter (statistisch gesehen von 15 bis 49 Jahren) wird bis zum Jahr 2060 um etwa ein Drittel abnehmen: auf 11,5 Millionen nach der Untergrenze der »mittleren« Bevölkerung und auf 12,7 Millionen nach der Obergrenze der »mittleren« Bevölkerung.

Die Zahl der Sterbefälle hängt einerseits von der Lebenserwartung und anderseits vom Altersaufbau der Bevölkerung ab. Die Lebenserwartung steigt zwar weiter an, da aber immer mehr Menschen aus den stark besetzten Jahrgängen ins hohe Alter wechseln und schließlich sterben werden, wird die Zahl der Sterbefälle steigen.

Der Bevölkerungsrückgang wird zunächst moderat ausfallen. Im Jahr 2020 werden nach beiden Varianten der »mittleren« Bevölkerung voraussichtlich etwa 2 % weniger Menschen als heute in Deutschland leben, 2030 etwa 5 % (Untergrenze) beziehungsweise 3 % weniger (Obergrenze). Im Jahr 2060 schließlich werden es rund 21 % beziehungsweise 14 % weniger sein. Absolut wird sich die Einwohnerzahl von 81,8 Millionen Anfang des Jahres 2013 auf 64,7 beziehungsweise 70,1 Millionen im Jahr 2060 vermindern.

Auch die Relation zwischen Alt und Jung wird sich stark verändern: Ende 2009 waren noch fast 19 % der Bevölkerung jünger als 20 Jahre, etwa 21 % waren 65 Jahre und älter. Personen im sogenannten Erwerbsalter (20 bis 64 Jahre) stellten etwa 61 %. Im Jahr 2060 wird dagegen nur etwa die Hälfte der Bevölkerung im Erwerbsalter, etwa ein Drittel 65 Jahre oder älter und rund 16 % unter 20 Jahren alt sein. ▸ Abb 4

Schon bis zum Jahr 2020 wird es voraussichtlich im Vergleich zu 2009 über 1,5 Millionen oder rund 11 % unter 20-Jährige weniger geben und ihre Anzahl wird dann weiter deutlich abnehmen. Während dabei die Zahl der Kinder im Vorschulalter (unter sechs Jahren) nur um etwa 3 % sinkt, fallen die Zahlen der 6- bis 15-Jährigen wie auch die der 16- bis 19-Jährigen erheblich stärker, und zwar um 12 % beziehungsweise sogar 17 %.

Auch die Bevölkerung im Erwerbsalter »altert« und »schrumpft« langfristig. Heute gehören etwa 50 Millionen der Altersgruppe von 20 bis 64 Jahren an. Ihre Zahl wird voraussichtlich nach 2020

deutlich zurückgehen. Im Jahr 2035 wird sie zwischen 39 und 41 Millionen liegen und 2060 zwischen 33 und 36 Millionen (Unter- beziehungsweise Obergrenze der »mittleren« Bevölkerung). Zusätzlich wird die Bevölkerung im Erwerbsalter immer älter werden: Ende 2009 gehörten 20 % der Menschen im erwerbsfähigen Alter zur jüngeren Gruppe der 20- bis 29-Jährigen, 48 % zur mittleren Altersgruppe von 30 bis 49 Jahren und 32 % zur älteren von 50 bis 64 Jahren. Während die junge Gruppe schrumpfen wird, bleibt ihr Anteil an allen Personen im Erwerbsalter fast konstant. Anders entwickeln sich die beiden anderen Gruppen der Bevölkerung im Erwerbsalter. Eine besonders einschneidende Veränderung der Altersstruktur erwartet die deutsche Wirtschaft bereits in etwa zehn Jahren. Dann wird das Erwerbspotenzial jeweils zu etwa 40 % aus den 30- bis 49-Jährigen

und aus den 50- bis 64-Jährigen bestehen. Anschließend, wenn die stark besetzten 1960er-Jahrgänge das Rentenalter erreichen, verschiebt sich der Altersaufbau der Bevölkerung im Erwerbsalter wieder geringfügig zugunsten der mittleren Altersgruppe. Eins ist jedenfalls sicher: das Erwerbspersonenpotenzial wird in den kommenden Jahrzehnten zu einem erheblichen Teil aus Menschen bestehen, die älter als 50 Jahre sind.

Auch die Zahl der 65-Jährigen und Älteren wird ansteigen, bis zum Ende der 2030er-Jahre voraussichtlich um über 40 %: von etwa 17 Millionen im Jahr 2009 auf rund 24 Millionen Personen. Danach wird sie vermutlich leicht zurückgehen. Die Bevölkerung ab 80 Jahren wird von etwa 4 Millionen im Jahr 2009 auf rund 10 Millionen im Jahr 2050 zunehmen und dann auf etwa 9 Millionen im Jahr 2060 absinken. Das bedeutet, dass

▸ Abb 4 **Altersaufbau der Bevölkerung in den Jahren 2009 und 2060 — in Millionen (in Prozent)**

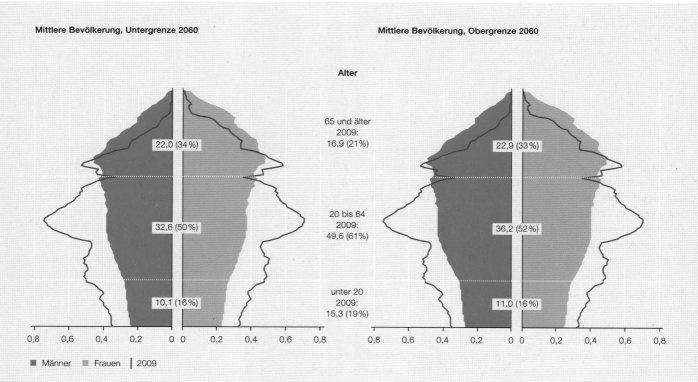

Mittlere Bevölkerung, Untergrenze 2060

Mittlere Bevölkerung, Obergrenze 2060

Alter

65 und älter
2009:
16,9 (21 %)

22,0 (34 %)

22,9 (33 %)

20 bis 64
2009:
49,6 (61 %)

32,6 (50 %)

36,2 (52 %)

unter 20
2009:
15,3 (19 %)

10,1 (16 %)

11,0 (16 %)

0,8 0,6 0,4 0,2 0 0 0,2 0,4 0,6 0,8   0,8 0,6 0,4 0,2 0 0 0,2 0,4 0,6 0,8

■ Männer ■ Frauen | 2009

2009: Ergebnisse der Bevölkerungsfortschreibung 2009.
2060: Ergebnisse der 12. koordinierten Bevölkerungsvorausberechnung (»mittlere« Bevölkerung Unter- und Obergrenze); animierte Variante unter www.destatis.de/bevoelkerungspyramide/

▶ Abb 5   **Entwicklung des Alten- und Jugendquotienten**

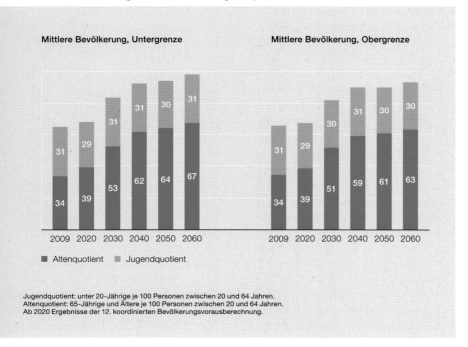

Jugendquotient: unter 20-Jährige je 100 Personen zwischen 20 und 64 Jahren.
Altenquotient: 65-Jährige und Ältere je 100 Personen zwischen 20 und 64 Jahren.
Ab 2020 Ergebnisse der 12. koordinierten Bevölkerungsvorausberechnung.

dann beinahe jeder siebte Mensch in Deutschland 80 Jahre oder älter sein wird.

Der Alterungsprozess wird auch deutlich, wenn man die Entwicklung der Jugend-, Alten- und Gesamtquotienten betrachtet. Auf 100 Personen im Erwerbsalter (20 bis 64 Jahre) entfallen heute 31 unter 20-Jährige. Dieser sogenannte Jugendquotient wird voraussichtlich auch im Jahr 2060 bei 31 liegen. ▶ Abb 5

Der Bevölkerung im Erwerbsalter werden jedoch künftig immer mehr Seniorinnen und Senioren gegenüberstehen. Im Jahr 2009 entfielen auf 100 Personen im Erwerbsalter (20 bis 64 Jahre) 34 Ältere (65 oder mehr Jahre). Im Jahr 2030 wird dieser Altenquotient 53 beziehungsweise 51 und im Jahr 2060 dann 67 beziehungsweise 63 betragen. Auch bei einer Heraufsetzung des Renteneintrittsalters wäre der Altenquotient für 67-Jährige und Ältere 2060 deutlich höher (59 beziehungsweise 56), als es heute der Altenquotient für 65-Jährige und Ältere ist.

Der Gesamtquotient, das heißt das Verhältnis zwischen den Menschen, die

noch nicht oder nicht mehr im Erwerbsalter stehen, zu den Personen im Erwerbsalter wird durch die Entwicklung des Altenquotienten geprägt sein. Im Jahr 2009 kamen 65 Personen außerhalb des Erwerbsalters (unter 20-Jährige sowie ab 65-Jährige) auf 100 im Erwerbsalter (Personen zwischen 20 und 64 Jahren), 2030 werden es 84 beziehungsweise 82 und 2060 dann 98 beziehungsweise 94 sein.

Die 12. koordinierte Bevölkerungsvorausberechnung zeigt, dass die Alterung der Bevölkerung in den nächsten Jahrzehnten nicht zu vermeiden ist. Die aktuelle Altersstruktur führt dazu, dass ab den 2020er-Jahren sehr starke Jahrgänge im Rentenalter verhältnismäßig schwach besetzten Jahrgängen im Erwerbsalter gegenüberstehen werden. Der geburtenstärkste Jahrgang der Nachkriegszeit 1964 wird 2029 die Grenze von 65 Jahren erreicht haben.

Von diesen Veränderungen werden viele Lebensbereiche betroffen sein. Sie werden nicht erst in 50 Jahren spürbar

werden, sondern auch schon in den nächsten Jahrzehnten eine große Herausforderung darstellen.

1.1.5 Zusammenfassung

Nach dem Zweiten Weltkrieg beruhte die Zunahme der Bevölkerungszahl des früheren Bundesgebiets zunächst vor allem auf der Aufnahme von Vertriebenen aus den Ostgebieten des ehemaligen Deutschen Reiches und den deutschen Siedlungsgebieten im Ausland. Im Jahr 1950 betrug die Zahl der Vertriebenen im früheren Bundesgebiet rund 8 Millionen, was einem Anteil an der Bevölkerung von 17 % entsprach. Zwischen 1950 und 1961 trug die Zuwanderung aus der ehemaligen DDR maßgeblich zum Bevölkerungszuwachs bei. So fanden von 1950 bis zum Mauerbau am 13. August 1961 etwa 2,6 Millionen Menschen aus Ostdeutschland als Übersiedlerinnen und Übersiedler Aufnahme im früheren Bundesgebiet. Zeitgleich gab es von 1947 bis Anfang der 1970er-Jahre erheblich mehr Geburten als Sterbefälle, die ebenfalls zur Bevölkerungszunahme im früheren Bundesgebiet beitrugen.

Seit Mitte der 1960er-Jahre wird die Bevölkerungsentwicklung im früheren Bundesgebiet beziehungsweise (ab November 1990) in Deutschland entscheidend durch die Zu- und Abwanderungen von Ausländerinnen und Ausländern beeinflusst.

Im Gebiet der ehemaligen DDR stieg die Bevölkerungszahl nach dem Ende des Zweiten Weltkriegs ebenfalls als Folge der Aufnahme von Vertriebenen zunächst an, und zwar bis auf rund 19 Millionen im Jahr 1948. Die Zahl der Vertriebenen in der ehemaligen DDR – dort als »Neubürger« oder »Umsiedler« bezeichnet – betrug 1950 etwa 4,1 Millionen. Dies entsprach einem Anteil an der Bevölkerung von 22 %. Nach 1948 ging die Einwohnerzahl bis zum Mauerbau 1961 – hauptsächlich als Folge der starken Abwanderung in das frühere Bundesgebiet – Jahr für Jahr zurück. Im Jahr 1961 lag sie bei 17,1 Millionen.

Durch die hermetische Abriegelung konnte der Bevölkerungsrückgang jedoch nur vorübergehend gestoppt werden. Im Jahr 1973 sank die Einwohnerzahl auch bedingt durch Geburtendefizite unter die 17-Millionen-Grenze. Zwischen 1990 und 2011 bewirkten hohe Abwanderungszahlen in die westlichen Bundesländer, in Kombination mit gesunkenen Geburtenzahlen nach der Wende und einer schwachen Außenwanderung im Osten einen weiteren Rückgang der Bevölkerung um 1,9 Millionen Personen.

Kennzeichnend für den demografischen Wandel werden in den kommenden Jahrzehnten der Rückgang der Bevölkerung und ihre Alterung sein. Ausgehend von einer Bevölkerungszahl von etwa 81,8 Millionen wird nach der 12. koordinierten Vorausberechnung (Varianten zur »mittleren« Bevölkerung) die Bevölkerungszahl bis ins Jahr 2060 auf 65 Millionen beziehungsweise 70 Millionen Menschen absinken. Die Relation zwischen Alt und Jung wird sich stark verändern. Ende 2009 waren etwa 19 % der Bevölkerung jünger als 20 Jahre, auf die 65-Jährigen und Älteren entfielen etwa 21 %. Rund 61 % stellten Personen im Erwerbsalter (20 bis 64 Jahre). Im Jahr 2060 wird dagegen nur etwa die Hälfte der Bevölkerung im Erwerbsalter sein, während ein Drittel 65 Jahre oder älter und etwa 16 % jünger als 20 Jahre sein werden.

1.2 Demografischer Wandel: Sterblichkeit und Hochaltrigkeit

Rembrandt Scholz

Max-Planck-Institut für demografische Forschung Rostock

WZB / SOEP

1.2.1 Einleitung

Demografischer Wandel ist auch in Deutschland mit der Alterung und Schrumpfung der Bevölkerung verbunden. Beide Entwicklungen werden hauptsächlich durch den Rückgang und das anhaltend niedrige Niveau der Fertilität (circa 1,4 Kinder je Frau) verursacht (siehe auch Kapitel 1.1.2 und 1.3). Seit etwa 40 Jahren wird die Elterngeneration nur zu zwei Dritteln durch Geburten ersetzt. Somit verschiebt sich die Altersstruktur der Bevölkerung in das höhere Alter. Eine weitere Ursache der Alterung der Bevölkerung ist die Lebensverlängerung durch Verschiebung des Sterbens in ein höheres Alter. Die Zunahme der Lebenserwartung und die Zunahme von Hochaltrigen in der Bevölkerung ist das Thema des folgenden Beitrages.

In den letzten 100 Jahren hat sich die Lebenserwartung in Deutschland verdoppelt; in den letzten 50 Kalenderjahren gab es eine Zunahme von elf Lebensjahren. Die Entwicklung der Sterblichkeit ist das Resultat der Verbesserung des Lebensniveaus und des medizinischen Fortschrittes. Die allmähliche Angleichung der Lebensbedingungen zwischen Ost- und Westdeutschland konnte sich auch in der Angleichung der Lebenserwartung abbilden. Frauen aller Altersgruppen und Männer im Alter oberhalb von 60 Jahren haben von den Veränderungen nach der Wende am stärksten profitieren können. Die Lebenserwartung ist ein demografischer Indikator, der die Sterblichkeit mit Hilfe von Sterbetafeln bewertet. Mit der Sterbetafel werden die kumulative Wirkung der Einflüsse der Vergangenheit und die aktuelle Wirkung der Sterblichkeit auf die Lebenserwartung abgebildet. ▶ Info 1

Die wesentlichen Gründe für die Steigerung der Lebenserwartung sind Fortschritte durch bessere Ernährung, gesündere Wohnsituationen, Verbesserung der sozialen Sicherheit und der medizinischen Versorgung. Trotz der relativen

---

▶ Info 1

Sterbetafel

Die Sterbetafel zeigt die Altersverläufe der Sterblichkeit in einer Modellbevölkerung, welche nicht mehr von der realen Altersstruktur der Bevölkerung abhängig ist (Standardisierung). Mit der Sterbetafel werden standardisierte Alterungsmaße berechnet (zum Beispiel mittlere Lebenserwartung, normale Lebensdauer, wahrscheinliche Lebensdauer).

Das Rechenprinzip: Ein Anfangsbestand von 100 000 Personen wird der altersspezifischen Sterblichkeit der realen Bevölkerung ausgesetzt. Für jedes Altersjahr werden die Gestorbenen berechnet durch Multiplikation der Sterbewahrscheinlichkeiten (der realen Bevölkerung) mit dem Anfangsbestand. Die jeweils überlebenden Personen sind der Anfangsbestand des nächsten Altersjahres. Daraus ergeben sich die Altersverteilung der Überlebenden, der Gestorbenen und der verlebten Zeit. Mit steigendem Alter verringert sich die Zahl der Überlebenden, bis der gesamte Anfangsbestand gestorben ist.

Beziehen sich die Sterbewahrscheinlichkeiten auf ein Kalenderjahr (oder mehrere Jahre), spricht man von einer Periodentafel (Querschnitt), beziehen sie sich auf Geburtsjahrgänge, spricht man von Generationen- oder Kohortensterbetafel (Längsschnitt).

Während die Beobachtung der Sterblichkeit der Periodentafel sich auf den Querschnitt bezieht, hat die Kohortensterbetafel einen Beobachtungszeitraum von über 100 Jahren. Nicht vollständig beobachtete Geburtsjahrgänge werden durch Modellrechnungen und Annahmen ergänzt. Eine vollständige Generationensterbetafel würde gegenwärtig nur für Geburtsjahrgänge vorliegen, sofern der gesamte Jahrgang inzwischen auch tatsächlich verstorben ist.

Jede Sterbetafel hat die Einheit Personen-Jahre und kann in zwei Richtungen interpretiert werden: zum Zeitpunkt, dann entsprechen die Spalten der Sterbetafel einer Bevölkerung (Einheit: Personen; Sterblichkeitsmaß = Gestorbene der Sterbetafel / mittlere Bevölkerung der Sterbetafel) oder im Zeitverlauf dann sind die Altersjahre (Einheit: Jahre; Sterblichkeitsmaß = e0 = verlebte Zeit der Bevölkerung / Anfangsbestand).

Einheitlichkeit der Trends im internationalen Vergleich gibt es Unterschiede im Niveau zu verschiedenen Zeitpunkten. Es zeigt sich, dass die Lebensverlängerung bei Verschlechterung der Lebensbedingungen auch rückläufig sein kann. Es gibt keine Garantie für langes Leben – die individuelle Lebensspanne ist das Ergebnis eines komplexen Zusammenspiels individueller Faktoren, zum Beispiel der genetischen Disposition, der aktuellen Lebens- und Verhaltensweise und der allgemeinen Lebensbedingungen in früheren Lebensjahren. Es gibt Hinweise, dass Bildung eine wesentliche Rolle spielt. Menschen mit guter Bildung haben größere Chancen, bessere Lebensbedingungen und ein höheres Alter bei besserer Gesundheit zu erreichen (siehe Kapitel 8.3). Es ist auch bekannt, dass Frauen eine höhere Lebenserwartung haben als Männer. Dieser Sachverhalt führt zu einem höheren Anteil von Frauen im hohen Alter in Deutschland. Im Alter von 80 Jahren und älter kommen auf einen Mann etwa drei Frauen und im Alter von 100 Jahren und älter 7,5. Ursache dafür sind die unterschiedliche Sterblichkeit durch unterschiedliche biologische und soziale Risiken im Lebensverlauf.

Für die Sterblichkeit kann weltweit ein stetiger Trend festgestellt werden, bei dem die »Rekordlebenserwartung« linear ansteigt. Bei Lebensverlängerung wird die Sterblichkeit systematisch nach dem Alter in höhere Alter verschoben. Dieser Prozess hatte mit der Säuglings- und Kindersterblichkeit begonnen und setzte sich in den höheren Altersgruppen fort. Heute ist das Potential der weiteren Lebensverlängerung im jungen und mittleren Alter weitgehend ausgeschöpft, so dass nunmehr die Vermeidung von Sterblichkeit im hohen und höchsten Alter im Vordergrund steht. Seit den 1960er-Jahren ist die Zunahme der Bevölkerung im höchsten Alter empirisch sichtbar. Bislang sind für die menschliche Alterung keine biologischen Grenzen erkennbar. Es werden für die zukünftige Entwicklung stetige Verläufe vorausgesagt und in 100 Jahren könnte über die Hälfte eines Geburtsjahrganges das Alter von 100 Jahren erreichen.

1.2.2 Entwicklung der Lebenserwartung

In der Abbildung 1 sind die Trends der durchschnittlichen Lebenserwartung (e0) in Deutschland nach Geschlecht und den Regionen nach Ost- und Westdeutschland dargestellt. Bis Mitte der 1960er-Jahre gibt es kaum Unterschiede, ab Anfang 1990 kommt es zu einer starken Angleichung der Lebenserwartung zwischen Ost- und Westdeutschland. Bei Frauen geht seit der Mitte der 1970er-Jahre eine Schere auf, nach 1990 beginnt eine Angleichung, seit 2003 ist die Sterblichkeit weitgehend angeglichen. Bei Männern waren die Lebenserwartungswerte im Zeitraum zwischen 1961 und 1976 im Osten Deutschlands günstiger, seit 1977 geht eine Schere auf, die sich nach 1991 zu schließen beginnt, ab 2003 bis heute verbleibt eine konstante Differenz von einem Lebensjahr.

Es zeigt sich, dass die Berücksichtigung der Merkmale Beschäftigung, Arbeitslosigkeit, Krankenversicherung und Staatsbürgerschaft geeignet sind, eine bis zu 50 % erhöhte Sterblichkeit der ostdeutschen Männer im Altersbereich von 35 bis 54 Jahre zu erklären. Die höhere Sterblichkeit in den neuen Ländern ist die Konsequenz einer im Vergleich zu den alten Ländern ungünstigeren Zusammensetzung der Bevölkerung hinsichtlich Altersstruktur, Ausländeranteil und sozioökonomischen Faktoren (Beschäftigungsstatus, Arbeitslosigkeit, Art der Tätigkeit). Werden diese Merkmale kontrolliert, kann nahezu die gesamte Differenz der Mortalität der Männer zwischen den beiden Regionen erklärt werden.

In Ost- und Westdeutschland haben offensichtlich unterschiedliche Arbeitsmarktlagen, selektive Zuwanderung aus dem Ausland sowie die Ost-West-Wanderungen einen Einfluss auf die Differenz

▶ Abb 1 **Trend der mittleren Lebenserwartung (e0) in Deutschland 1956–2011 in Ost- und Westdeutschland nach Geschlecht — in Jahren**

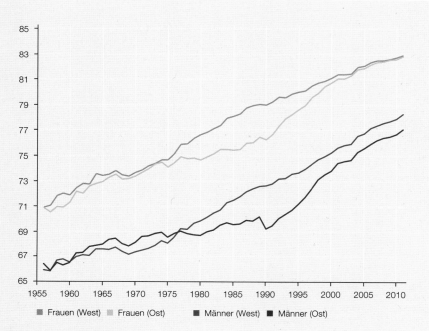

■ Frauen (West) ■ Frauen (Ost) ■ Männer (West) ■ Männer (Ost)

Datenbasis: Human Mortality Database (HMD).

der Sterblichkeit. Es zeigt sich, dass Männer in Arbeitslosigkeit ein zweifach höheres Sterberisiko haben. Bei einer Angleichung der Arbeitsmarktsituation in Ost- und Westdeutschland wird ein Rückgang der Differenzen der Mortalität bei Männern erwartet. ▶ Abb 1

Die Rahmenbedingungen der medizinischen Versorgung waren in Ost- und Westdeutschland unterschiedlich und haben sich nach der deutschen Vereinigung angeglichen, was die Ausstattung des ambulanten und stationären Bereiches, die Erbringung ärztlicher Leistungen, die medizintechnologischen Möglichkeiten und das Finanzierungsvolumen betrifft. Die Begrenzung der ökonomischen Ressourcen wirkte sich im Osten Deutschlands vor allem für Personen im höheren Alter ungünstig aus. Die Unterschiede im Bereich der medizinischen Versorgung sind heute vollständig ausgetrifft.

glichen. Weitere die Lebenserwartung beeinflussende Merkmale sind Bildung und Einkommen, die mit der Rentenhöhe (kumuliertes Lebenszeiteinkommen) korrelieren. Bei Männern, die 32 und mehr Entgeltpunkte der gesetzlichen Rentenversicherung (siehe auch Kapitel 8.5) erworben haben, ergibt sich ein linearer Zusammenhang mit der Lebenserwartung; zudem gibt es keinen Unterschied zwischen Ost- und Westdeutschen im Alter ab 65 Jahre.

1.2.3 Verschieben von Sterblichkeit in das höhere Alter

In Abbildung 2 werden die Sterbewahrscheinlichkeiten von Männern ab dem Alter von 50 Jahren aus sogenannten »Periodensterbetafeln« zu verschiedenen Zeitpunkten für Deutschland (1871 bis 2010) dargestellt, zusätzlich für den Geburtsjahrgang 1953 die Generationensterbetafel (Statistisches Bundesamt

Variante 2). Mit dieser Darstellung kann man die Sterbeverhältnisse einzelner Altersjahre über den Zeitraum von 1871 bis heute nachzeichnen. Dabei zeigt sich zum Beispiel für das Alter von 60 Jahren eine Verschiebung der Sterbeverhältnisse zwischen 1871 und 2010 um insgesamt 15 Jahre; bei der Berücksichtigung der künftigen Sterblichkeitsreduktion für den Geburtsjahrgang 1953 sind es dann insgesamt 18 Jahre. Die altersspezifischen Sterbeverhältnisse der 80-Jährigen von 1871 werden von dem Geburtsjahrgang 1953 im Kalenderjahr 2045 erst im Alter von 92 Jahren erreicht. ▶ Abb 2

In der Tabelle 1 werden die verschiedenen Mittelwerte von Sterbetafelfunktionen dargestellt, die geeignet sind, die Sterblichkeit und die Lebensdauer einer Bevölkerung zu beschreiben. Die Parameter der Sterbetafel hängen nicht von der Altersstruktur der Bevölkerung ab. ▶ Tab 1

▶ Abb 2   **Altersverteilung der Sterbewahrscheinlichkeiten ab dem Alter von 50 Jahren (Männer) in Deutschland 1871–2010 und Geburtsjahr 1953**

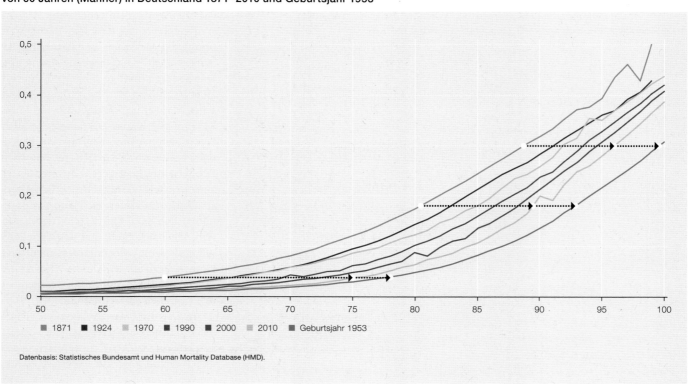

1871   1924   1970   1990   2000   2010   Geburtsjahr 1953

Datenbasis: Statistisches Bundesamt und Human Mortality Database (HMD).

Über 50 % aller Sterbefälle finden heute im Alter oberhalb von 80 Jahren statt. Der arithmetische Mittelwert der Gestorbenen dx nach dem Alter ist die mittlere Lebenserwartung. Die normale Lebensdauer ist das sogenannte Dichtemittel der Altersverteilung der Gestorbenen dx, womit dasjenige Alter gemeint ist, in dem die meisten Personen des Anfangsbestandes versterben. Der Modal- oder Zentralwert der Überlebenden lx der Sterbetafel schließlich ist das Alter, bei dem 50 % des Anfangsbestandes verstorben sind. Die letztgenannte Kennziffer wird in Abbildung 3 für Frauen in Deutschland 1871 bis 2011 dargestellt, ergänzt um je eine Kurve für Schweden 1770/74 und Japan 2005/2008. Im historischen Vergleich verschiedener Zeiträume lassen sich die Veränderungen der Sterblichkeit durch die Änderung der Altersverteilungen an den Mittelwerten

▶ Abb 3   **Überlebende (lx) von 100 000 eines Geburtsjahrganges nach Alter (Frauen), Ländern und Kalenderzeiträumen**

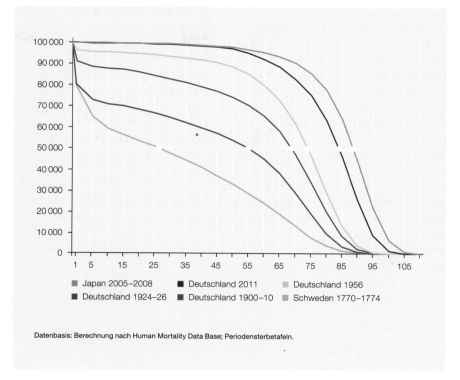

Datenbasis: Berechnung nach Human Mortality Data Base; Periodensterbetafeln.

▶ Abb 4   **Gestorbene (dx) von 100 000 eines Geburtsjahrganges nach Alter (Frauen), Ländern und Kalenderzeiträumen**

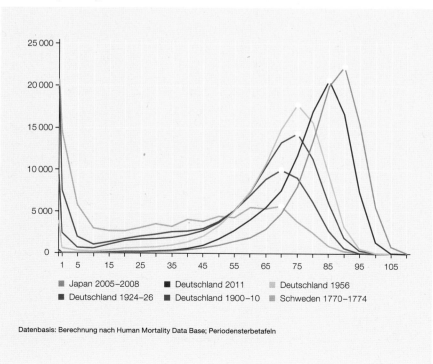

Datenbasis: Berechnung nach Human Mortality Data Base; Periodensterbetafeln

▶ Tab 1   **Kennziffern zur Beschreibung von Lebensverlängerung in Deutschland 2009/11 nach Geschlecht, Lebensdauer — in Jahren**

	Männer	Frauen
Mittlere Lebenserwartung[1] (Arithmetisches Mittel von dx)	77,7	82,7
Wahrscheinliche Lebensdauer (Zentralwert, 50 % Wert von lx)	80,7	85,6
Normale Lebensdauer (Dichtemittel von dx)	83,0	89,0
Bereinigte Sterblichkeit (1 000/ex) (in = 0/000)	12,9	12,1

1 Synonym: Fernere Lebenserwartung (e0) oder Lebenserwartung der Nulljährigen oder der Neugeborenen.
Datenbasis: Statistisches Bundesamt, Periodensterbetafeln für Deutschland. Eigene Berechnung.

nachvollziehen. Der historische Prozess der Lebensverlängerung ist in allen Ländern sehr ähnlich. ▶ Abb 3

In der Abbildung 4 wird dieser Darstellung die Altersverteilung der Sterbefälle dx in den verschiedenen Zeiträumen gegenübergestellt. Es zeigen sich deutliche Verschiebungen der Sterbefälle in ein immer höheres Alter und die entsprechenden Änderungen der Dichtemittel. Bislang gibt es keine Anzeichen, dass sich diese Dynamik des Lebensverlängerungsprozesses abschwächt. Man kann also durchaus davon ausgehen, dass sich der Modalwert im Durchschnitt in den nächsten 100 Kalenderjahren in ein Alter von über 100 Lebensjahren verschiebt. ▶ Abb 4

Mit der Alterung der Bevölkerung steigt der Bedarf an verlässlichen Daten für das hohe Alter. Die amtliche Statistik liefert über die Bewegungsmengen der Bevölkerung wie Geburten und Gestorbene sowie Wanderungen verlässliche Daten, nicht aber über den Bevölkerungsbestand im höchsten Alter. Die Fortschreibung des Bevölkerungsbestandes wird schnell ungenau, wenn nicht in regelmäßigen Abständen Volkszählungen durchgeführt werden (siehe aber auch die entsprechende Bemerkung in Kapitel 1.1). Die hohen Altersklassen sind auch heute noch sehr schwach besetzt und daher anfällig für Fortschreibungsfehler. Das Problem wird in der Bevölkerungsstatistik nicht augenscheinlich, da mit einer

nach oben offenen großen Altersklasse gearbeitet wird. Das führt dazu, dass die Entwicklungen der Sterblichkeit zum größten Teil in dieser hohen Altersgruppe stattfinden und nicht sichtbar sind.

Bis Mitte der 1990er-Jahre war über die Sterblichkeit von Personen, die älter als 80 Jahre sind, sehr wenig bekannt. Mit Modellannahmen des Sterblichkeitsverlaufes wurde über die empirische Unwissenheit hinweggeholfen. Erst durch die systematischen Sammlungen der Bevölkerungsdaten von Väinö Kannisto und Roger Thatcher erfolgte über den hohen Altersbereich eine international vergleichbare Sammlung und Aufbereitung dieser Daten. Die Bemühungen zielen darauf, den ungenauen Bestand der

▶ Abb 5   **Relative Zunahme der Personen im Alter von 80 Jahren und älter 1960–2009 (1960 =1) für ausgewählter Länder in Europa**

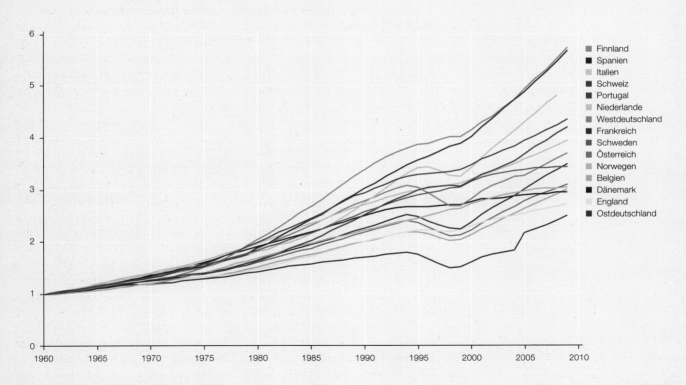

Datenbasis: Kannisto-Thatcher-Database. Eigene Berechnungen.

Bevölkerung im höchsten Alter durch systematische Schätzungen zu ersetzen, die auf den Altersangaben der Sterbefälle beruhen. Die hohe Qualität der Bevölkerungsregister beispielsweise in den skandinavischen Ländern zeigt die Validität dieser Vorgehensweise.

Heute stehen diese Bevölkerungsdaten als Forschungsdatenbanken »Kannisto Thatcher Database« über die Population im hohen Alter und »Human Mortality Database« als internetverfügbare Datenbanken für die wissenschaftlich interessierte Öffentlichkeit unentgeltlich zur Verfügung (http://www.human mortality.de und http://www.demogr. mpg.de/databases/ktdb). Für 38 Länder mit guter Bevölkerungsstatistik liegen detaillierte Daten auch für den höchsten Altersbereich vor, dabei auch für Deutschland nach Regionen.

In der Abbildung 5 ist die relative Entwicklung der Personen im Alter von 80 Jahren und älter relativ zum Bestand von 1960 dargestellt. Es zeigen sich für alle Länder starke absolute Zunahmen. Für einige Länder sind auch die Auswirkungen der Weltkriege sichtbar. Die wichtigste Ursache des Anstieges der Bevölkerungsanteile im höheren Alter ist der Sterblichkeitsrückgang nach dem Zweiten Weltkrieg, besonders nach 1960. Bei den Hundertjährigen und Älteren ist die relative Zunahme am stärksten. Das extrem hohe Alter ist heute nach wie vor

sehr selten und der Anteil dieser Altersgruppe an der Gesamtbevölkerung ist sehr gering: sie beträgt weniger als ein halbes Prozent. ▶ Abb 5

Die Sterblichkeitsentwicklungen gehen bei beiden Geschlechtern systematisch vom hohen Alter in ein noch höheres Alter über. Im Jahr 1960 erreichen 20 % der Frauen und 15 % der Männer, die den 80. Geburtstag feiern konnten, das Alter von 90 Jahren. 40 Jahre später sind es 45 % der Frauen und 30 % der Männer. Die Anteile derer, die sogar die 100 Lebensjahre erreichen, sind deutlich geringer. Die Trends der Erhöhungen bei den Hundertjährigen setzen um 15 bis 20 Jahre später ein. In absoluten Zahlen gemessen ist das höchste Alter in der Bevölkerung sehr gering besetzt, hat sich aber stetig vervielfacht und wird auch in Zukunft weiter ansteigen.

Das individuelle Interesse alt zu werden und die Vermeidung von gesundheitlichen Risiken wirken sich auf die Lebenserwartung erhöhend aus. Allerdings gibt es eine Reihe von Verhaltensweisen und Gesundheitsrisiken, die von Teilen der Bevölkerung als erhöhtes Risiko in Kauf genommen werden (Alkohol, Rauchen, Übergewicht). Solange die betroffenen Bevölkerungsgruppen keiner Ausweitung unterliegen, ist auch in Zukunft von einem weiteren Lebenserwartungszuwachs auszugehen. Die sozialen Verbesserungen werden sich auch in einer Verbesserung des Gesundheitszustandes umsetzen. Es erreichen mehr Personen ein höheres Alter, aber diese Personen sind nicht unbedingt gesund.

Wer sehr lange lebt, unterliegt mit steigender Lebensdauer verstärkten Risiken von körperlichen und kognitiven Einschränkungen und Erkrankungen. Es liegen oft mehrere Krankheiten (Multimorbidität) vor. Generell bleiben ältere Menschen heute länger gesund und ihr Wohlbefinden hat sich erhöht. Auch künftig ist zu erwarten, dass die gesunden Lebensjahre und die behinderungsfreie Lebenserwartung zunehmen werden. Da gleichzeitig jedoch mehr Menschen davon betroffen sind, ist mit mehr

Pflegefällen zu rechnen, vor allem, wenn größere Geburtsjahrgänge das höhere Alter erreichen. Es lässt sich eine zunehmende Lebenserwartung erkennen, die auf der Zunahme durch Lebenszeit in und außerhalb der Pflege beruht (Tabelle 2). Der größte absolute Zuwachs an Lebensjahren erfolgt dabei außerhalb der Pflege bei beiden Geschlechtern; die relative Zunahme ist bei der Pflegedauer besonders hoch. ▶ Tab 2

1.2.4 Bevölkerungsvorausberechnungen und zukünftige Entwicklung

In der realen Bevölkerungsentwicklung sind die Prozesse der Alterung durch unterschiedlich starke Besetzungen der einzelnen Geburtsjahrgänge nicht so deutlich sichtbar. Die Konfiguration der Alterspyramide einer Bevölkerung wird sowohl durch die Bewegungsmengen Geburt, Migration und Tod beeinflusst als auch durch epochale Ereignisse wie Kriege und Änderungen des sozialen Systems. Die Änderung der absoluten Anzahl von Personen im Altersverlauf und die Anzahl von Gestorbenen können daher verschiedene Ursachen haben.

Die Bevölkerungsvorausberechnungen (siehe auch Infokasten »Bevölkerungsvorausberechnung« in Kapitel 1.1.4) ermöglichen es, künftige Veränderungen im Altersaufbau der Bevölkerung darzustellen.

Aufgrund der Stetigkeit der Bevölkerungsentwicklung können Aussagen mit großer Genauigkeit über einen langen Zeitraum getroffen werden. Bei Personen im höheren Alter sind die Unsicherheiten der Vorhersagen besonders gering, weil sie fast nur von der heutigen Altersstruktur und von der Entwicklung der Mortalität abhängen. Da die tatsächliche empirische Entwicklung der Einflussgrößen über den Vorausberechnungszeitraum nicht bekannt ist, werden meist mehrere Annahmen zum Verlauf einzelner Komponenten getroffen. Die Ergebnisse einer Vorausberechnung sind immer nur im Zusammenhang der jeweils getroffenen Annahmen interpretierbar. Da die Wanderungen mit Unsicherheiten behaftet

▶ Tab 2 **Lebenserwartung nach pflegefreier Lebenszeit und Lebenszeit in Pflege 1999 und 2009 — in Jahren**

	1999	2009
Lebensdauer ohne Pflege	75,79	77,65
Pflegedauer	2,16	2,53
Lebenserwartung	77,95	80,18

Datenbasis: Pflegestatistik Deutschland und Human Mortality Database (HMD). Eigene Berechnungen.

▶ Abb 6   **Anteil der Personen nach Altersgruppen in Deutschland 2010–2060 — in Prozent**

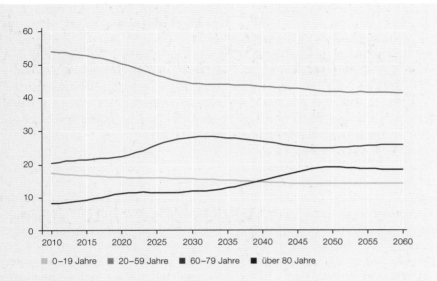

Datenbasis: Amtliche Statistik des Bundes und der Länder,
12. Koordinierte Bevölkerungsprognose, mittlere Variante ohne Wanderungen.

▶ Abb 7   **Personen im Alter von 80 Jahren und älter nach Altersgruppen in Deutschland: Relative Zunahme 2010–2060 (2010=1)**

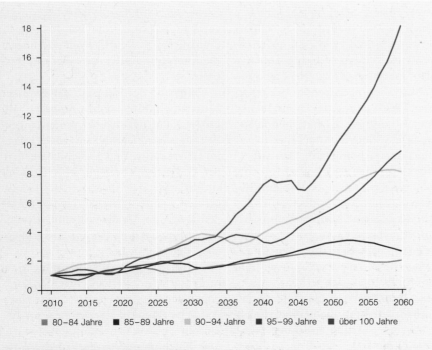

Datenbasis: Amtliche Statistik des Bundes und der Länder,
12. Koordinierte Bevölkerungsprognose, mittlere Variante, ohne Wanderungen.

sind, werden hier nur Trendaussagen ohne Wanderung getroffen (Variante: mittleres Szenario, ohne Wanderungen).

In der Abbildung 6 sind die Änderungen der Besetzung der Altersklassen für den Prognosezeitraum 2010 bis 2060 in Deutschland dargestellt (siehe auch Kapitel 1.1.4). Es ist erkennbar, dass dem Rückgang der Bevölkerung im Alter von 20 bis 59 Jahren ein Zuwachs im Alter von 60 bis 79 Jahren und im Alter von 80 Jahren und älter gegenübersteht. Während die Altersklasse 80 und älter besonders im Zeitraum 2010 bis 2020 und 2032 bis 2050 wächst, ist der Zuwachs in der Altersklasse 60 bis 79 besonders im Zeitraum 2020 bis 2030 zu verzeichnen. Der Anteil der 80-Jährigen und Älteren wird sich von knapp 10 % Bevölkerungsanteil auf fast 20 % verdoppeln. Im Gesamtzeitraum kommt es zu einem stetigen Rückgang der Bevölkerung im Alter 0 bis 19, da die Elterngeneration nicht durch deren Kinder ersetzt wird. Nach dem Kalenderjahr 2050 ist die Dynamik der Strukturveränderungen weitgehend abgeschlossen.

Die Unterteilung der Personen über 80 Jahre nach Altersklassen zeigt für die Jüngeren eine stärkere Besetzung als für die Älteren. Die in der Altersstruktur vorhandene Variation in der Besetzung wird in immer höhere Altersgruppen weitergegeben. Die Altersgruppe der 95- bis 99- Jährigen erreicht im Jahr 2055 einen Anteil von einem Prozent und die Altersgruppe »100 Jahre und älter« wird im Jahr 2060 noch unter einem halben Prozentpunkt liegen. ▶ Abb 6

Wenn man die relative Veränderung der einzelnen Altersgruppen untersucht, zeigt sich, dass die besonders schwach besetzten höchsten Altersgruppen die höchsten Veränderungen zu erwarten haben (Abbildung 7). Bei den 100-Jährigen und Älteren haben wir eine 18-mal größere Anzahl zu erwarten (bei der Altersklasse der 90–99-Jährigen um den Faktor Neun vergrößert) gemessen an den Beständen von heute. Diese Befunde ergeben sich aus der Gegenüberstellung der aktuellen Altersstruktur mit den

Ergebnissen der aktuellen 12. koordinierten Bevölkerungsvorausberechnung für Deutschland. Zur systematischen bewertenden Analyse der bisherigen Entwicklung in diesem Altersbereich müssen die Daten der Trends der Sterblichkeit im höheren Alter benutzt werden. ▶ Abb 7

1.2.5 Zusammenfassung

Die Verbesserung des sozialen und medizinischen Versorgungssystems führt dazu, dass für einen großen Teil der Bevölkerung die Sterblichkeit in das höhere Alter verschoben wird und die Lebenserwartung steigt. Es gibt Anzeichen dafür, dass sich dieser Prozess in der Zukunft fortsetzt, da er mit dem medizinischen Fortschritt verbunden ist. Bislang ist der Lebensverlängerungsprozess davon begleitet, dass auch die Anzahl der zusätzlichen Lebensjahre in einem besseren Gesundheitszustand verlebt werden. Der Gesundheitszustand der Bevölkerung im hohen Alter war noch nie so gut wie heute, da der medizinische Fortschritt viele Innovationen gerade für diesen Altersbereich hervorbrachte. Es gibt keine Hinweise, dass dieser Prozess der bewussten Teilhabe am medizinischen Fortschritt und des individuellen Interesses alt zu werden gebremst ist. Daher werden von der Bevölkerung auch in Zukunft die Risiken vermieden, welche die Lebenserwartung mindern könnten.

1.3 Demografischer Wandel: Geburtenentwicklung und Lebensformen

Michaela Kreyenfeld, Sandra Krapf
Max-Planck-Institut für demografische
Forschung Rostock

WZB/SOEP

1.3.1 Die langfristige Geburtenentwicklung in Ost- und Westdeutschland

Die zusammengefasste Geburtenziffer (total fertility rate) ist eine der zentralen Kennziffern, die regelmäßig verwendet wird, um das generative Verhalten abzubilden. Ähnlich wie in anderen westeuropäischen Ländern ist die zusammengefasste Geburtenziffer in den 1960er-Jahren in Deutschland drastisch zurückgegangen und scheint sich in Westdeutschland seit den 1970er-Jahren bei einem Wert von 1,4 Kindern eingependelt zu haben. In Ostdeutschland ist die jährliche Geburtenziffer, in Reaktion auf die besonderen familienpolitischen Maßnahmen, die die DDR-Regierung Anfang und Mitte der 1970er-Jahre lancierte, wieder kurzfristig angestiegen, lag aber zum Zeitpunkt der deutschen Vereinigung auf einem ähnlichen Niveau wie die westdeutsche Ziffer. Der Einbruch der jährlichen Geburtenziffern nach der Wende, auf einen Wert von nur 0,8 Kindern pro Frau im Jahr 1993, ist besonders augenfällig. Seit 2007 liegen die ost- und westdeutschen Geburtenziffern auf einem ähnlichen Niveau. ▶ Abb 1

Die zusammengefasste Geburtenziffer wird häufig als durchschnittliche Kinderzahl, die eine Frau im Laufe ihres Lebens zur Welt bringt, interpretiert. Unter Demographen gilt sie jedoch als höchst problematische Kennziffer. Der wesentliche Grund für diese Skepsis besteht darin, dass die zusammengefasste Geburtenziffer nur ein Schätzwert für die durchschnittliche Kinderzahl pro Frau ist, der verzerrt wird, sobald es zu Veränderungen im Alter bei Geburt kommt. Diese Veränderungen im Alter, in dem Frauen ihre Kinder bekommen, werden unter dem Begriff Tempo-Effekte zusammengefasst. Tempo-Effekte sind vor allem problematisch für die Beurteilung der ostdeutschen Entwicklung, da mit der deutschen Vereinigung das Alter bei Familiengründung rapide angestiegen ist. Lag im Jahr 1989 das durchschnittliche Alter bei Familiengründung noch bei 22,7 Jahren in Ostdeutschland,

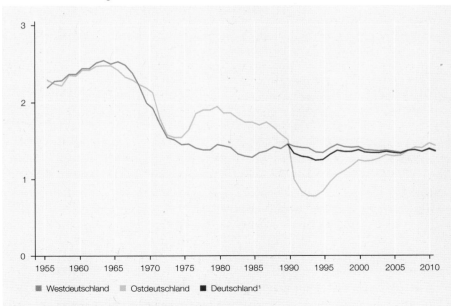

▶ Abb 1   **Zusammengefasste Geburtenziffer 1956–2011**

■ Westdeutschland ■ Ostdeutschland ■ Deutschland[1]

1 Ab 1989 wurde Berlin aus der Ost-West-Darstellung ausgeschlossen.
Datenbasis: Human Fertility Database (http://www.humanfertility.org).

liegt es mittlerweile bei fast 28 Jahren und damit nur noch etwa ein Jahr unter dem westdeutschen Durchschnittsalter bei Erstgeburt. In Westdeutschland können wir seit den 1970er-Jahren einen kontinuierlichen Anstieg des Alters bei Erstgeburt beobachten, der bislang noch nicht zum Stillstand gekommen ist. ▶ Tab 1

Vor dem Hintergrund der kontinuierlichen Veränderungen im Alter bei Geburt, ist die zusammengefasste Geburtenziffer kein verlässlicher Schätzwert, um das Geburtengeschehen abzubilden. Ein solider Indikator des Geburtenverhaltens ist die Kohortenfertilität, das heißt die Kinderzahl pro Geburtsjahrgang von Frauen. Hierbei handelt es sich nicht um einen Schätzwert, sondern um die tatsächliche Kinderzahl je Frauenjahrgang. Für Westdeutschland liegen offizielle Angaben ab dem Geburtsjahrgang 1930 vor. Der aktuellste Frauenjahrgang, für den die finale Kohortenfertilität berechnet werden kann, ist der Jahrgang 1965, da es für diesen unwahrscheinlich ist, dass Frauen dieser Kohorte in Zukunft noch Kinder zur Welt bringen werden. Wie aus Abbildung 2 ersichtlich, ist die Kinderzahl ab dem Jahrgang 1934 in Westdeutschland kontinuierlich zurückgegangen. Für den Jahrgang 1965 liegt die durchschnittliche Kinderzahl bei 1,5 Kindern pro Frau. In Ostdeutschland ist der Rückgang noch deutlicher ausgeprägt, jedoch liegt die durchschnittliche Kinderzahl des Jahrgangs 1965 weiterhin etwas über den westdeutschen Werten. Die Kohortenbetrachtung zeigt, dass die tatsächliche Kinderzahl bislang für keinen Frauenjahrgang den Wert von 1,4 Kindern pro Frau, der durch die zusammengefasste Geburtenziffer seit den 1970er-Jahren suggeriert wird (Abbildung 1), erreicht hat. Demnach wurde bislang die Geburtenintensität, die auf Basis der zusammengefassten Geburtenziffer angezeigt wurde, systematisch unterschätzt. Der Nachteil der Kohortenperspektive ist jedoch, dass Aussagen zum Geburtengeschehen erst dann getroffen werden können, wenn ein Geburtsjahrgang das Ende seiner reproduktiven Phase

– also etwa das Alter 50 – erreicht hat. Um Aussagen über den aktuellen Trend machen zu können, sind Kohortenprognosen vorgelegt worden. Generell zeigen sie, dass die durchschnittliche Kinderzahl ab dem Jahrgang 1968 nicht weiter rückläufig zu sein scheint. ▶ Abb 2

▶ Tab 1   **Durchschnittsalter der Frau bei Geburt und bei Geburt des ersten Kindes 1960–2011 — in Jahren**

	1960	1970	1980	1989	2000	2010	2011
Erste Kinder							
Westdeutschland	24,9	23,8	25,0	26,6	–	29,1	29,2
Ostdeutschland	23,0	22,5	22,2	22,7	–	27,3	27,4
Deutschland [1]	–	–	–	–	–	28,8	29,0
Alle Kinder							
Westdeutschland	27,9	27,0	27,1	28,3	29,0	30,5	30,7
Ostdeutschland	26,4	25,4	24,5	25,2	27,7	29,3	29,4
Deutschland [1]	–	–	–	–	28,8	30,3	30,5

1 Ab 1989 wurde Berlin aus der Ost-West-Darstellung ausgeschlossen.
– nichts vorhanden.
Datenbasis: Human Fertility Database sowie Kreyenfeld (2002): Parity Specific Birth Rates for West Germany.
An Attempt to Combine Survey Data and Vital Statistics. Zeitschrift für Bevölkerungswissenschaft 27: 327–357.

▶ Abb 2   **Kinderzahl pro Frauenjahrgang (Kohortenfertilität) 1930–1965**

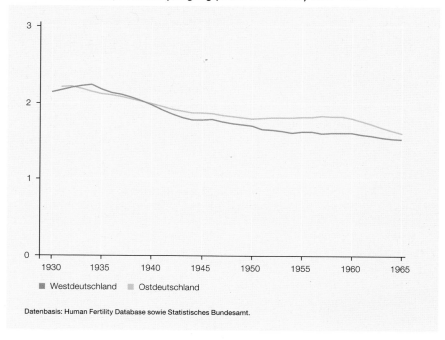

Datenbasis: Human Fertility Database sowie Statistisches Bundesamt.

1.3.2 Kinderlosigkeit und Unterschiede nach Geburtsordnung

Obwohl die durchschnittliche Kinderzahl nicht weiter rückläufig zu sein scheint, liegt die Geburtenintensität in Deutschland im Vergleich zu anderen europäischen Ländern, vor allem im Vergleich zu

▶ Abb 3   **Verteilung der Kinderzahl nach Frauenjahrgängen 1940–1964 — in Prozent**

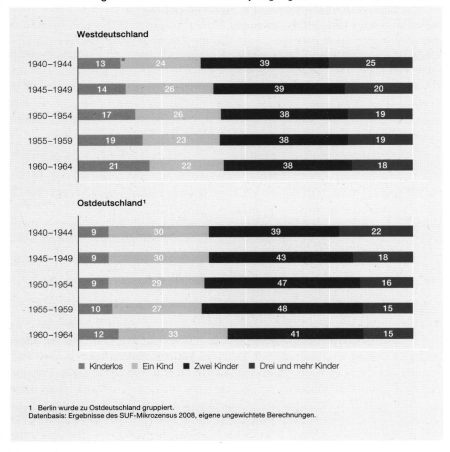

Westdeutschland

Jahrgang	Kinderlos	Ein Kind	Zwei Kinder	Drei und mehr Kinder
1940–1944	13	24	39	25
1945–1949	14	26	39	20
1950–1954	17	26	38	19
1955–1959	19	23	38	19
1960–1964	21	22	38	18

Ostdeutschland[1]

Jahrgang	Kinderlos	Ein Kind	Zwei Kinder	Drei und mehr Kinder
1940–1944	9	30	39	22
1945–1949	9	30	43	18
1950–1954	9	29	47	16
1955–1959	10	27	48	15
1960–1964	12	33	41	15

■ Kinderlos   ■ Ein Kind   ■ Zwei Kinder   ■ Drei und mehr Kinder

1 Berlin wurde zu Ostdeutschland gruppiert.
Datenbasis: Ergebnisse des SUF-Mikrozensus 2008, eigene ungewichtete Berechnungen.

▶ Tab 2   **Durchschnittlicher Geburtsabstand 2011 — in Jahren**

	Durchschnittswert
Abstand zwischen erstem und zweitem Kind	
Westdeutschland	4,0
Ostdeutschland	5,1
Deutschland	4,2
Abstand zwischen zweitem und drittem Kind	
Westdeutschland	4,8
Ostdeutschland	5,3
Deutschland	4,9

Angaben zu Ost- und Westdeutschland ohne Berlin.
Datenbasis: Statistisches Bundesamt.

den nordischen Ländern oder im Vergleich zu Frankreich, weiterhin auf einem niedrigen Niveau. Ein Charakteristikum des Fertilitätsverhaltens in Deutschland, welches zum Teil die niedrige durchschnittliche Kinderzahl erklärt, ist die relativ hohe Kinderlosigkeit. Seit den Geburtsjahrgängen, die um 1950 geboren wurden, ist die Kinderlosigkeit in Westdeutschland kontinuierlich angestiegen und liegt für die Frauenjahrgänge, die 1960 bis 1964 geboren wurden, bei etwa 20 Prozent (siehe Abbildung 3). In Ostdeutschland lag die Kinderlosigkeit bislang deutlich unter dem westdeutschen Niveau. Für die Frauen, die nach der Wende in das reproduktive Alter getreten sind, scheint sie jedoch auch dort anzusteigen. ▶ Abb 3

Im Vergleich zu Ländern wie Frankreich oder den nordischen Ländern fällt zudem der niedrige Anteil von Frauen mit drei oder mehr Kindern auf. Für die Jahrgänge 1960 bis 1964 waren es nur 18 Prozent der westdeutschen und 15 Prozent der ostdeutschen Frauen, die drei und mehr Kinder zur Welt gebracht haben. Zum Vergleich: In Frankreich sind es deutlich mehr als 20 Prozent der Frauen dieser Jahrgänge, die drei und mehr Kinder haben. Für die jüngeren Jahrgänge, die nach 1965 geboren wurden, lässt sich die Verteilung der Kinderzahl noch nicht abschließend klären, da diese Frauen noch im reproduktiven Alter sind. Es deutet sich jedoch an, dass die Neigung zwei oder drei und mehr Kinder zu bekommen in Ostdeutschland niedriger ist als in Westdeutschland. Dies wird auch durch Kinderwunschstudien bestätigt, die aufzeigen, dass sich Ostdeutsche häufiger nur ein Kind wünschen als Westdeutsche.

Mittlerweile wird in der amtlichen Geburtenstatistik für Deutschland auch der Geburtsabstand »Spacing« zwischen den Kindern erhoben. Demnach betrug der durchschnittliche Abstand zwischen dem ersten und dem zweiten Kind im Jahr 2010 für Westdeutschland 4,0 Jahre und für Ostdeutschland (ohne Berlin) 5,1 Jahre. Damit zeichnet sich Ostdeutschland im internationalen Vergleich durch einen auffallend langen Geburtsabstand zwischen den ersten beiden Kindern aus. Da in der Geburtenstatistik der durchschnittliche Geburtenabstand erst seit 2010 ausgewiesen wird, (vormals wurde dieser nur für eheliche Geburten erfasst), liegen keine Zeitreihen über die langfristige Entwicklung des »Spacings« vor. Schätzungen auf Basis nicht-amtlicher Datenquellen deuten jedoch darauf hin, dass der Geburtenabstand zwischen dem ersten und zweiten Kind sich in Westdeutschland über die Zeit hinweg nur wenig verändert hat. In Ostdeutschland fällt vor allem auf, dass Frauen, die unmittelbar vor der deutschen Vereinigung ein erstes Kind bekommen haben, im Zuge der gesellschaftlichen und ökonomischen Umbrüche während der Jahre nach der Wende, das zweite Kind im Lebenslauf erheblich aufgeschoben haben. ▶ Tab 2

1.3.3 Lebensformen und die Bedeutung nichtehelichen Zusammenlebens

Abgesehen vom Wandel des generativen Verhaltens sind auch die Lebens- und Familienformen in Deutschland Veränderungen unterworfen, welche in der Vergangenheit häufig mit der Begrifflichkeit der »Pluralisierung« auf den Punkt gebracht worden sind. Ausgehend vom Bezugspunkt der ehelichen Familien sind demnach »alternative«, »nicht-traditionelle« oder »neue« Lebensformen hinzugetreten. In der familiensoziologischen Forschung existieren eine Vielzahl von Vorschlägen zur Operationalisierung von Lebens- und Familienformen. Zentrale Dimensionen, die bei der Bestimmung von Lebens- und Familienformen herangezogen werden, sind der Familienstand und das Zusammenleben mit einem Partner beziehungsweise einer Partnerin. Letztere Information erlaubt es nichteheliche Lebensgemeinschaften abzugrenzen. Die Anzahl der Kinder und der Beziehungsstatus zu den Kindern (leibliche Kinder, Stiefkinder, Adoptiv- und Pflegekinder) stellen weitere zentrale Dimensionen dar, auf deren Basis Lebens- und Familienformen operationalisiert werden können. In der familiensoziologischen Forschung ist zudem in der jüngeren Vergangenheit das Vorhandensein einer Paarbeziehung als Unterscheidungskriterium herangezogen worden, um so genannte LAT-Beziehungen (Living-Apart-Together-Beziehungen) abzugrenzen. Mit den amtlichen Daten, wie dem Mikrozensus, lassen sich allerdings diese Lebensformen nicht identifizieren, da nur Beziehungsgefüge innerhalb eines Haushalts erfasst werden. Auch lassen sich

Stieffamilien mit den amtlichen Daten nicht abgrenzen beziehungsweise können von Kernfamilien nicht unterschieden werden. Angemerkt sei, dass in der familiensoziologischen Forschung als Untersuchungseinheit zumeist das Individuum verwendet wird, das heißt es wird dargestellt, wie viele Männer und Frauen in bestimmten Lebensformen leben. Dieses Vorgehen ist auch in diesem Kapitel gewählt worden. In der amtlichen Statistik hingegen wird häufig die Familie als Untersuchungseinheit herangezogen, um den Wandel der Familienformen abzubilden.

Eine der wesentlichen Veränderungen in den Lebens- und Familienformen stellt die wachsende Bedeutung nichtehelichen Zusammenlebens dar. Ähnlich wie in anderen europäischen Ländern ist auch in Deutschland der Anteil der Personen, die »direkt«, das heißt ohne voreheliches Zusammenleben, heiraten, seit den 1970er-Jahren rapide zurückgegangen. Die Eheschließung ist zunehmend auf ein späteres Alter verschoben worden, und es hat sich eine Phase im Lebenslauf herausgebildet, in der Paare nichtehelich zusammenleben. Abbildung 4 gibt vor diesem Hintergrund die Lebensformen von Personen nach Alter und Geschlecht im Jahr 2010 wieder. Vor allem im frühen Lebensalter stellt die nichteheliche Lebensgemeinschaft (NEL) eine relevante Lebensform dar. Etwa 20 Prozent der 25 bis 29-jährigen westdeutschen Männer und Frauen leben in dieser Lebensform. Bei den ostdeutschen Frauen sind es in diesem Alter sogar fast 30 Prozent, die nichtehelich mit ihrem Partner zusammenleben. Bei den ostdeutschen Männern ist es vor allem die Altersklasse 30 bis 34, in der die NEL mit 25 Prozent Relevanz besitzt.

Abbildung 4 suggeriert, dass mit zunehmendem Alter die nichteheliche Lebensgemeinschaft (NEL) an Bedeutung verliert und zunehmend von der Ehe als dominante Lebensform verdrängt wird. So sind es im Alter 45 bis 49 nur etwa 10 Prozent der Frauen und Männer, die noch in der NEL leben. Hingegen ist die weite

Mehrzahl der Personen in diesem Alter verheiratet. Prinzipiell zeigt sich in diesem Muster, dass Eheschließungen im späteren Lebenslauf vollzogen werden. Dennoch ist hier zu beachten, dass sich bei dieser Querschnittsbetrachtung Kohorten- und Alterseffekte vermischen. Dies ist vor allem für die Beurteilung der ostdeutschen Situation relevant, da die heute 45- bis 49-Jährigen zum Teil noch vor der deutschen Vereinigung geheiratet haben. Die Lebensformen der Personen, die heute 45 Jahre und älter sind, reflektieren damit zum Teil noch die demografischen Verhaltensweisen, die in der DDR typisch waren. ▶ Abb 4

1.3.4 Unverheiratete Elternschaft

Ein Kristallisationspunkt familiensoziologischer Debatten ist vor allem die Frage, inwiefern die nichteheliche Lebensgemeinschaft das eheliche Lebensmodell verdrängt hat oder ob es beim Rückgang der Heiratsneigung sich in erster Linie um »Timingeffekte« handelt, also Eheschließungen im Lebenslauf nur aufgeschoben werden und spätestens dann geheiratet wird, wenn das erste Kind geboren wird. Der deutliche Anstieg der Nichtehelichenquote (Anteil der nichtehelich geborenen Kinder an allen Kindern) deutet zumindest darauf hin, dass die Kopplung von Eheschließung und Familiengründung sich in den letzten Jahrzehnten deutlich gelockert hat. Demnach waren es im Jahr 2011 fast 30 Prozent der Geburten in Westdeutschland und rund 60 Prozent der Geburten in Ostdeutschland, die nichtehelich sind. Bei den Erstgeburten ist der Anteil mit fast 40 Prozent in Westdeutschland und etwa 75 Prozent in Ostdeutschland deutlich höher. Beim zweiten Kind reduziert sich die Nichtehelichenquote auf etwa 50 Prozent in Ost- und 20 Prozent in Westdeutschland. Dieser Rückgang deutet zum einen darauf hin, dass ein relevanter Anteil von Personen zwischen der Geburt des ersten und zweiten Kindes heiratet, zum anderen ist der Unterschied darauf zurückzuführen, dass verheiratete Frauen häufiger zweite und weitere Kinder bekommen als jene, die unverheiratet sind. ▶ Tab 3

▶ Abb 4   **Lebensform nach Lebensalter und Geschlecht 2010 — in Prozent**

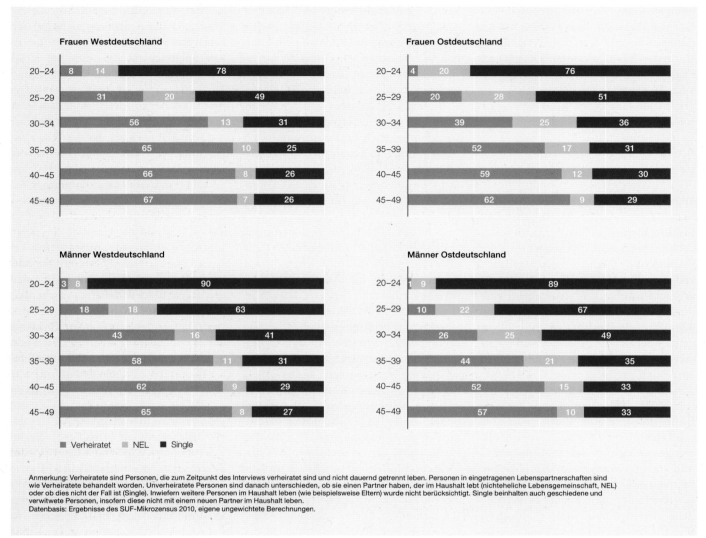

Anmerkung: Verheiratete sind Personen, die zum Zeitpunkt des Interviews verheiratet sind und nicht dauernd getrennt leben. Personen in eingetragenen Lebenspartnerschaften sind wie Verheiratete behandelt worden. Unverheiratete Personen sind danach unterschieden, ob sie einen Partner haben, der im Haushalt lebt (nichteheliche Lebensgemeinschaft, NEL) oder ob dies nicht der Fall ist (Single). Inwiefern weitere Personen im Haushalt leben (wie beispielsweise Eltern) wurde nicht berücksichtigt. Single beinhalten auch geschiedene und verwitwete Personen, insofern diese nicht mit einem neuen Partner im Haushalt leben.
Datenbasis: Ergebnisse des SUF-Mikrozensus 2010, eigene ungewichtete Berechnungen.

Mit einer Nichtehelichenquote von rund 60 Prozent in Ost- und einem Wert von fast 30 Prozent in Westdeutschland existieren auch mehr als zwanzig Jahre nach der deutschen Vereinigung noch deutliche Ost-West-Unterschiede im familialen Verhalten. Während die Verhaltensweisen in Westdeutschland noch weitgehend dem Muster der »kindorientierten Eheschließung« (Nave-Herz) entsprechen und die Mehrzahl vor der Geburt des ersten Kindes heiratet, ist die Kopplung von Eheschließung und Familiengründung in Ostdeutschland eher lo-

cker ausgeprägt. Als Ursachen für diese spezifischen Muster wird unter anderem auf die geringe konfessionelle Bindung in Ostdeutschland und auf die hohe Erwerbsneigung ostdeutscher Frauen verwiesen, für die die ökonomischen Vorteile einer Eheschließung weniger relevant sind als für westdeutsche Frauen. Als weitere Ursachen werden unsichere Beschäftigungsoptionen und hohe Arbeitslosenquoten angeführt, die sich in internationalen Studien ebenfalls als Faktoren erwiesen haben, welche sich negativ auf die Heiratsneigung auswirken. Angemerkt sei,

dass im Jahr 2012 die ostdeutsche Nichtehelichenquote erstmalig leicht zurückgegangen ist. Zwar liegt sie mit 59 Prozent (nicht in Tabelle 3 ausgewiesen, da die paritätsspezifischen Daten für 2012 noch nicht zur Verfügung stehen) im internationalen Vergleich weiterhin sehr hoch, vergleichbar mit Werten in den nordischen Ländern Europas.

1.3.5 Familienformen und unverheiratete Elternschaft

Inwiefern es sich bei den nichtehelichen Geburten um Geburten von Frauen in

▶ Tab 3 **Anteil der nichtehelich Lebendgeborenen an allen Lebendgeborenen 1989, 2000, 2010 und 2011 und nach Geburtsordnung im Jahr 2011 — in Prozent**

	Alle Kinder				1. Kind	2. Kind
	1989	2000	2010	2011	2011	2011
Ostdeutschland[1]	34	51	61	62	74	51
Westdeutschland	10	19	27	29	39	20
Deutschland	–	23	33	34	44	25

1 Berlin wurde ab 1989 zu Ostdeutschland gruppiert.
– nichts vorhanden.
Datenbasis: Statistisches Bundesamt.

▶ Tab 4 **Lebensformen von Frauen (Alter 18–55) mit Kindern unter 18 Jahren im Haushalt 1996, 2000 und 2010 — in Prozent**

	1996	2000	2010
Westdeutschland			
Verheiratet	85	83	77
Nichteheliche Lebensgemeinschaft	4	4	7
Single (alleinerziehend)	12	12	17
Ostdeutschland			
Verheiratet	75	68	55
Nichteheliche Lebensgemeinschaft	11	13	19
Single (alleinerziehend)	14	19	26
Deutschland			
Verheiratet	83	80	73
Nichteheliche Lebensgemeinschaft	5	6	9
Single (alleinerziehend)	12	14	18

Anmerkung: Verheiratete sind Personen, die zum Zeitpunkt des Interviews verheiratet sind und nicht dauernd getrennt leben. Personen in eingetragenen Lebenspartnerschaften sind wie Verheiratete behandelt worden. Unverheiratete Personen sind danach unterschieden, ob sie einen Partner haben, der im Haushalt lebt (nichteheliche Lebensgemeinschaft, NEL) oder ob dies nicht der Fall ist (single). Inwiefern weitere Personen im Haushalt leben (wie beispielsweise Eltern) wurde nicht berücksichtigt. Singles beinhalten auch geschiedene und verwitwete Personen, insofern diese nicht mit einem neuen Partner im Haushalt leben. Berlin wurde zu Ostdeutschland gruppiert.
Datenbasis: Ergebnisse des SUF-Mikrozensus 1996, 2000, 2010, eigene ungewichtete Berechnungen.

nichtehelichen Lebensgemeinschaften handelt und inwiefern auch nach der Familiengründung noch geheiratet wurde, kann auf Basis der Bevölkerungsstatistik, die für die Berechnung der Nichtehelichenquote herangezogen wurde, nicht geklärt werden. Analysen mit den Daten des Mikrozensus können zumindest Aufschluss über die Familienformen geben, in denen Frauen mit Kindern leben. Da es bereits seit 1996 möglich ist, nichteheliche Lebensformen im Mikrozensus abzugrenzen, lässt sich mit den Daten ebenfalls eine Entwicklung über die Zeit darstellen.

Wie aus Tabelle 4 ersichtlich, ist die Mehrzahl der Frauen, die Kinder unter 18 Jahren im Haushalt haben, verheiratet. Jedoch geht dieser Anteil seit 1996 deutlich zurück. Waren es 1996 noch 83 Prozent der Mütter, die in einer ehelichen Lebensgemeinschaft lebten, waren es 2010 mit 73 Prozent zehn Prozentpunkte weniger. Hingegen ist der Anteil an Frauen mit Kindern in nichtehelichen Lebensgemeinschaften (NEL) gestiegen. Lag er im Jahr 1996 bei nur fünf Prozent, sind es im Jahr 2010 neun Prozent. In Ostdeutschland ist die NEL mit etwa 20 Prozent im Jahr 2010

deutlich häufiger vertreten als in Westdeutschland. Obwohl ein beachtlicher Anstieg in der Bedeutung nichtehelicher Elternschaft zu verzeichnen ist, ist der Anteil alleinerziehender Mütter (unter den Frauen mit Kindern unter 18 Jahren) weiterhin höher als der Anteil an Frauen in nichtehelichen Lebensgemeinschaften. Im Jahr 2010 waren es etwa ein Viertel aller ostdeutschen Frauen, die Kinder unter 18 Jahren hatten und alleinerziehend waren. In Westdeutschland waren es 17 Prozent der Frauen mit Kindern unter 18 Jahren, die keinen Partner hatten, der mit ihnen im selben Haushalt lebte. Während es sich in Westdeutschland bei den alleinerziehenden Frauen mehrheitlich um geschiedene beziehungsweise verheiratet und getrennt lebende Frauen handelt, sind es in Ostdeutschland mehrheitlich ledige Frauen. Unter den alleinerziehenden Frauen, die Kinder unter 18 Jahren im Haushalt hatten, waren 59 Prozent der ostdeutschen, aber nur 34 Prozent der westdeutschen Frauen ledig (nicht in Tabelle 4 ausgewiesen). ▶ Tab 4

1.3.6 Erwerbsverhalten von Müttern und Vätern

Parallel zu den Veränderungen in den Familienstrukturen hat sich das Erwerbsverhalten von Frauen und insbesondere jenen mit Kindern gewandelt. In Westdeutschland ist die Erwerbsquote von Frauen seit den 1980er-Jahren kontinuierlich angestiegen (siehe Kapitel 5.1.4) und liegt mittlerweile bei über 70 Prozent und damit auf einem ähnlichen Niveau wie die Erwerbsquoten von Frauen in den nordischen Ländern Europas. Die Erwerbsquote ist jedoch kein hinreichender Indikator, um die Erwerbsbeteiligung von Frauen, insbesondere jenen mit Kindern, abzubilden, da sie nicht die Variationen im Erwerbsumfang berücksichtigt. Diese sind gerade für die Beurteilung der Erwerbsmuster in Deutschland relevant, da hier der Anstieg der Erwerbsquote von Frauen vor allem mit einem Anstieg des Anteils in Teilzeit und marginal beschäftigter Frauen mit Kindern zusammenfällt, während sich der Anteil der Vollzeit erwerbstätigen Frauen mit Kindern bislang wenig verändert hat.

Abbildung 5 gibt vor diesem Hintergrund die Erwerbsbeteiligung von Frauen nach Alter des jüngsten Kindes, das im Haushalt lebt, wieder. In Westdeutschland dominiert demnach mittlerweile die Teilzeiterwerbstätigkeit unter Frauen mit Kindern. 44 Prozent der Frauen, die Kinder unter 18 Jahren haben, sind teilzeiterwerbstätig. Nur etwa 21 Prozent gehen einer Vollzeiterwerbstätigkeit nach. Obwohl die Bedeutung der Nichterwerbspersonen über die Zeit deutlich zurückgegangen ist, sind es im Jahr 2010 immerhin noch 25 Prozent der westdeutschen Frauen, die als »Nichterwerbspersonen« klassifiziert werden, also weder eine Erwerbstätigkeit angegeben haben, noch in Elternzeit oder erwerbslos sind. Bei Frauen mit Kindern unter drei Jahren

sind es sogar 40 Prozent. In Ostdeutschland ist dieser Anteil mit 32 Prozent vergleichsweise gering. Im Unterschied zu Westdeutschland sind 29 Prozent der Mütter mit Kindern unter drei Jahren Vollzeit berufstätig. Betrachtet man Mütter mit Kindern unter 18 Jahren, sind 50 Prozent der ostdeutschen Frauen Vollzeit erwerbstätig. Auffallend im Ost-West-Vergleich ist zudem der relativ hohe Anteil von Frauen in Ostdeutschland, die erwerbslos sind. Insgesamt kommt der Teilzeiterwerbstätigkeit von Müttern in Ostdeutschland zwar (mit 18 Prozent) eine geringere Rolle zu als in Westdeutschland, dennoch ist der Anteil teilzeiterwerbstätiger Frauen in Ostdeutschland nach der Wende deutlich angestiegen. ▶ Abb 5

Betrachtet man die Erwerbsmuster von Männern, die mit Kindern unter 18 Jahren im Haushalt leben, dominiert in

West- wie in Ostdeutschland die Vollzeiterwerbstätigkeit. Weniger als fünf Prozent der Männer in beiden Landesteilen gehen einer Teilzeiterwerbstätigkeit nach. Während Frauen, die in Teilzeit arbeiten, am häufigsten die Betreuung von Kindern für die Teilzeiterwerbstätigkeit angeben, sind es bei den Männern andere Gründe (vor allem der Grund, dass sie keine Vollzeiterwerbstätigkeit finden konnten). Nur 15 Prozent der teilzeiterwerbstätigen Männer geben als Grund die »Betreuung von Kindern oder pflegebedürftigen/behinderten Personen« an, was einem Anteil von weniger als einem Prozent an allen Männern mit Kindern unter 18 Jahren entspricht.

Ebenfalls gering erscheint der Anteil der Väter, die in Elternzeit sind. Bei den Vätern mit Kindern im Alter von null bis zwei Jahren sind es in beiden Landesteilen

▶ Abb 5 **Erwerbsbeteiligung von Frauen und Männern mit Kindern (unter 18 Jahren im Haushalt) nach Alter des jüngsten Kindes 2010 — in Prozent**

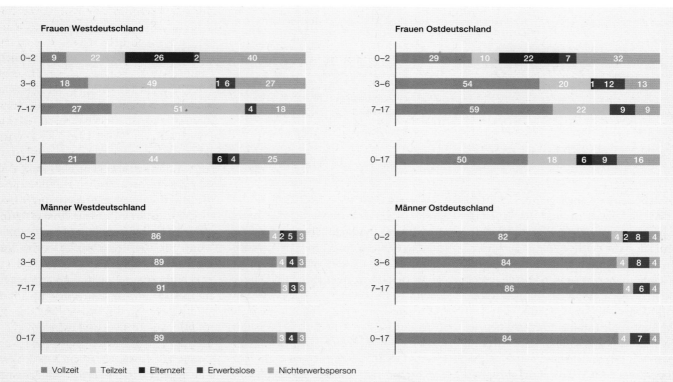

Anmerkung: Für Personen, die in Elternzeit sind, aber gleichzeitig eine Erwerbstätigkeit oder Erwerbslosigkeit angegeben haben, wurde nur die Elternzeit berücksichtigt.
Teilzeit (0–29 Stunden) und Vollzeit (30 Stunden und mehr) bezieht sich auf die normalerweise geleistete Wochenarbeitszeit.
Datenbasis: Ergebnisse des SUF Mikrozensus 2010, eigene ungewichtete Berechnungen.

nur zwei Prozent, die zum Zeitpunkt des Interviews ihre Erwerbstätigkeit unterbrochen oder reduziert haben, da sie in Elternzeit sind. Hier muss zum einen beachtet werden, dass die Altersgruppe relativ breit gewählt ist. Bei kleinen Kindern (unter einem Jahr) erhöht sich der Anteil von Vätern in Elternzeit auf etwa drei Prozent. Zum anderen muss beachtet werden, dass es sich um Personen handelt, die »in der Berichtswoche«, also in der Woche vor dem Interviewzeitpunkt, in Elternzeit gewesen sind. Dies entspricht dem Anteil an Vätern in Elternzeit zu einem bestimmten Beobachtungspunkt und ist nicht mit dem Anteil der Väter, die jemals in Elternzeit waren, gleichzusetzen. Es entspricht auch nicht dem Anteil an Vätern, die Elterngeld beziehen, da Elterngeldbezug auch für Nichterwerbspersonen und Erwerbslose möglich ist, was nicht für die Inanspruchnahme von Elternzeit der Fall ist. Laut Angaben des Statistischen Bundesamtes lag der Anteil der Väter der im Jahr 2011 geborenen Kinder, die jemals Elterngeld bezogen

haben, bei 27 Prozent. Dieser Wert ist deutlich höher als der Anteil der Väter, die in der Berichtswoche in Elternzeit sind. Ein Grund dafür ist, dass Väter zumeist nur relativ kurz (zumeist bis zu zwei Monate) Elternzeit nehmen. Ein weiterer Grund ist, dass für einen erheblichen Teil der Väter (20 Prozent), die Elterngeld beziehen, das Elterngeld keinen Einkommensersatz darstellt, da diese in der Regel vormals nicht erwerbstätig waren und somit keine Elternzeit in Anspruch nehmen können.

1.3.7 Erwartungen an familienpolitische Maßnahmen

In den vergangenen Jahren wurden von der Bundesregierung einige familienpolitische Instrumente eingeführt. Eine wichtige Reform bestand in der Einführung der Elternzeit und dem Elterngeld im Jahr 2007. Außerdem hat seit dem 1. August 2013 jedes Kind ab vollendetem erstem Lebensjahr einen Rechtsanspruch auf einen Betreuungsplatz (vergleiche Kapitel 2.1.6). Zentrale Motivation hinter

diesen Politiken ist die Förderung der Erwerbstätigkeit von Eltern sowie die Schaffung von Bedingungen, in denen sich Paare einfacher für Kinder entscheiden können. Tabelle 6 gibt vor diesem Hintergrund aktuelle Ergebnisse zu den Einstellungen von Befragten zur Wirkungsweise familienpolitischer Maßnahmen wieder. Als Datengrundlage dient das Deutsche Familienpanel (pairfam), in dem Personen dazu befragt wurden, inwiefern verschiedene familienpolitische Maßnahmen sie in ihrer Entscheidung ein Kind beziehungsweise ein weiteres Kind zu bekommen, positiv beeinflussen würden. Aus einer Liste mit acht Politikmaßnahmen durften die Befragten höchstens zwei auswählen. Im Durchschnitt waren die befragten Personen 29,3 Jahre alt und wurden danach unterschieden, ob sie bereits Kinder hatten oder zum Zeitpunkt des Interviews kinderlos waren. Die Daten wurden in den Jahren 2009 und 2010 erhoben.

Die Ergebnisse in Tabelle 6 zeigen, dass 29 Prozent der Befragten angaben, dass eine garantierte Betreuung von unter Dreijährigen sie darin bestärken würde, ein Kind zu bekommen. 32 Prozent der Teilnehmer gaben flexiblere Arbeitszeiten als Faktor an, welcher die Entscheidung für ein weiteres Kind positiv beeinflussen würde. 17 Prozent nannten konkret bessere Möglichkeit der Teilzeiterwerbstätigkeit. 22 Prozent der Befragten schrieben der Erhöhung des Kindergeldes und 18 Prozent einer Senkung der Steuerlast für Eltern eine unterstützende Wirkung zu. Insgesamt scheint für junge Erwachsene die Vereinbarkeit von Beruf und Familie, welche durch institutionelle Betreuung, aber vor allem durch flexible Arbeitszeiten und Teilzeiterwerbstätigkeit gewährleistet werden kann, besonders relevant zu sein, wenn sie über ein (weiteres) Kind nachdenken. Im Großen und Ganzen ähneln sich die Antwortmuster für Kinderlose und Eltern, was darauf hindeutet, dass auch Befragte ohne Kinder sich im Vorfeld mit der antizipierten Situation nach der Geburt auseinandersetzen. ▶ Tab 6

▶ Tab 6 **Familienpolitische Maßnahmen und ihre erwartete Wirkung auf die Entscheidung, ein Kind zu bekommen, 2010 — in Prozent**

»Bitte sagen Sie mir, welche der folgenden familienpolitischen Maßnahmen bei Ihnen am ehesten eine Entscheidung zugunsten eines (weiteren) Kindes beeinflussen könnten. Bitte nennen Sie maximal zwei Maßnahmen.«				
	Gesamt	Kinderlos	1 Kind	2 Kinder
(1) Gesicherte Ganztagsbetreuung für Kinder unter 3 Jahren	29	34	31	16
(2) Flächendeckende Einführung von Ganztagsschulen	12	12	13	11
(3) Erhöhung des Kindergeldes von jetzt durchschnittlich etwa 170 Euro auf 300 Euro je Kind	22	23	24	19
(4) Erhöhung des Elterngeldes von jetzt 67 % auf 80 % des letzten Nettoeinkommens	12	13	15	6
(5) Stärkere Berücksichtigung der Kindererziehung bei späteren Rentenzahlungen	8	8	10	9
(6) Bessere Regelungen zu flexiblen Arbeitszeiten für berufstätige Eltern mit kleinen Kindern	32	38	28	21
(7) Mehr Möglichkeiten für Teilzeitarbeit von Müttern und Vätern	17	20	15	11
(8) Stärkere steuerliche Entlastung von Eltern	18	18	19	16
Keine der genannten Maßnahmen hätte einen Einfluss	11	11	10	14
Ich will in keinem Fall ein (weiteres) Kind	11	3	10	31
Fallzahl	**5 746**	**3 248**	**1 075**	**1 053**

Anmerkungen: Personen mit drei und mehr Kindern wurden auf Grund kleiner Fallzahlen nicht separat ausgewiesen.
Datenbasis: pairfam Welle 2. Eigene gewichtete Berechnungen.

2 Familie, Lebensformen und Kinder

2.1 Lebensformen in der Bevölkerung, Kinder und Kindertagesbetreuung

Elle Krack-Roberg, Sascha Krieger, Bettina Sommer, Julia Weinmann

Destatis

Allein oder zu zweit? Mit Trauschein oder in »wilder Ehe«? Als Familie oder ohne Kinder? Das menschliche Zusammenleben bietet vielfältige Möglichkeiten. Neben der traditionellen Familienform, den Ehepaaren mit Kindern, entstehen alternative Familienformen wie Lebensgemeinschaften mit Kindern und alleinerziehende Elternteile. Gleichzeitig prägen nicht familiale Lebensformen wie Alleinstehende zunehmend das Bild der Gesellschaft.

Zunächst wird die Entwicklung der unterschiedlichen Formen des Zusammenlebens in den Jahren 2001 bis 2011 beschrieben (Abschnitt 2.1.1). Anschließend werden Eheschließungen und Scheidungen im Zeitverlauf beleuchtet (Abschnitt 2.1.2). In Abschnitt 2.1.3 und 2.1.4 richtet sich der Fokus auf Familien mit minderjährigen Kindern und die Lebenssituation von Kindern. ▶ Info 1, Abb 1

Eine wesentliche Voraussetzung zur zufriedenstellenden Vereinbarkeit von Familie und Erwerbstätigkeit für Mütter und Väter (Abschnitt 2.1.5) ist ein ausreichendes Angebot zur Betreuung von Kindern unterschiedlicher Altersstufen. Alleinerziehenden ermöglicht eine Tagesbetreuung häufig erst eine eigene Erwerbstätigkeit, ohne die nicht selten andere Leistungen (zum Beispiel Arbeitslosengeld I) oder staatliche Transferleistungen wie Arbeitslosengeld II (»Hartz IV«) in Anspruch genommen werden müssen (siehe auch Kapitel 5.1 und 7.3). Im Abschnitt 2.1.6 wird die Betreuungssituation von Kindern thematisiert: Wie viele Kinder werden von Tageseinrichtungen oder von Tagesmüttern beziehungsweise -vätern betreut? Ist die Betreuungssituation in den Ländern unterschiedlich? Abschließend wird das pädagogische Personal der Betreuungseinrichtungen in den Blick genommen: Wie viele Menschen beschäftigt der »Arbeitsmarkt der Kinderbetreuung«? Welche berufliche Qualifikation haben die Beschäftigten?

2.1.1 Formen des Zusammenlebens

Grundlage für die Bestimmung einer Lebensform im Mikrozensus sind die sozialen Beziehungen zwischen den Mitgliedern eines Haushalts. Im Jahr 2011

▶ Info 1

Was ist der Mikrozensus?

Die Datenbasis für die Abschnitte 2.1.1, 2.1.3, 2.1.4, 2.1.5 und Kapitel 2.2 bildet der Mikrozensus, die größte jährlich durchgeführte Haushaltsbefragung Europas, an der ein Prozent der Haushalte in Deutschland teilnehmen. Die hier dargestellten Ergebnisse beziehen sich auf Familien beziehungsweise andere Lebensformen am Hauptwohnsitz. Familien und Lebensformen am Nebenwohnsitz und Menschen in Gemeinschaftsunterkünften (zum Beispiel Wohnheimen) werden hier nicht berücksichtigt.

Da sich der Mikrozensus als Haushaltsbefragung auf das Beziehungsgefüge der befragten Menschen in den »eigenen vier Wänden«, also auf einen gemeinsamen Haushalt konzentriert, bleiben Eltern-Kind-Beziehungen, die über Haushaltsgrenzen hinweg bestehen, oder Partnerschaften mit getrennter Haushaltsführung, das sogenannte »Living apart together«, unberücksichtigt.

Bei Zeitvergleichen ist zu beachten, dass der Mikrozensus seit 2005 kontinuierlich über das Jahr verteilt erhoben wird. Das heißt, dass sich das gesamte Befragungsvolumen seitdem gleichmäßig auf alle Kalenderwochen des Jahres verteilt. Die Ergebnisse des Mikrozensus geben nun Aufschluss über die Entwicklung im Durchschnitt des ganzen Erhebungsjahres. Bis einschließlich 2004 war die Erhebung auf eine feste Berichtswoche – üblicherweise die letzte feiertagsfreie Woche im April – festgelegt.

▶ Abb 1 **Familien- und Lebensformen im Mikrozensus**

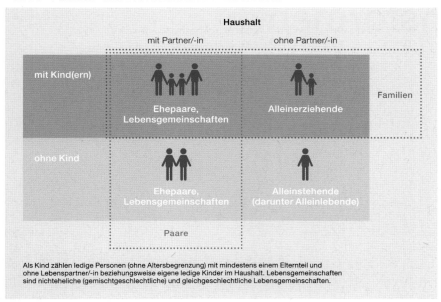

Als Kind zählen ledige Personen (ohne Altersbegrenzung) mit mindestens einem Elternteil und ohne Lebenspartner/-in beziehungsweise eigene ledige Kinder im Haushalt. Lebensgemeinschaften sind nichteheliche (gemischtgeschlechtliche) und gleichgeschlechtliche Lebensgemeinschaften.

▶ Tab 1 **Lebensformen der Bevölkerung — in Tausend**

	2001	2011
Paare	21 561	20 808
↳ Ehepaare	19 358	18 008
↳ Lebensgemeinschaften	2 203	2 800
↳ nichtehelich[1]	2 154	2 732
↳ gleichgeschlechtlich	50	67
Alleinerziehende	2 355	2 685
Alleinstehende	14 995	17 607
↳ Alleinlebende[2]	13 505	15 898

1 Gemischtgeschlechtlich.
2 Einpersonenhaushalte.
Ergebnisse des Mikrozensus – Bevölkerung in Familien/Lebensformen am Hauptwohnsitz.

▶ Abb 2 **Paare nach Bildungsstand 2011 — in Prozent**

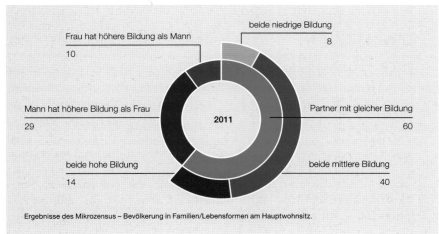

Frau hat höhere Bildung als Mann
10

beide niedrige Bildung
8

Mann hat höhere Bildung als Frau
29

2011

Partner mit gleicher Bildung
60

beide hohe Bildung
14

beide mittlere Bildung
40

Ergebnisse des Mikrozensus – Bevölkerung in Familien/Lebensformen am Hauptwohnsitz.

lebten 18,0 Millionen Ehepaare und 2,8 Millionen gemischt- oder gleichgeschlechtliche Lebensgemeinschaften in Deutschland, zusammen also rund 20,8 Millionen Paare. Daneben gab es 17,6 Millionen alleinstehende Personen, die ganz überwiegend (90 %) allein wohnten oder sich in eher seltenen Fällen den Haushalt mit anderen Mitbewohnern teilten (10 %). Rund 2,7 Millionen Menschen waren als Mütter oder Väter alleinerziehend.

Im Vergleich zu 2001 haben alternative Lebensformen zahlenmäßig an Bedeutung gewonnen. So erhöhte sich die Zahl der Alleinstehenden um 2,6 Millionen, was einem Anstieg von 17 % entspricht. Die Zahl der Lebensgemeinschaften stieg innerhalb der betrachteten zehn Jahre um 597 000 (+ 27 %), die der Alleinerziehenden um 330 000 (+ 14 %). Eine rückläufige Entwicklung zeigt sich hingegen bei den Ehepaaren. Im Jahr 2011 gab es in Deutschland rund 1,4 Millionen Ehepaare weniger als noch vor zehn Jahren. Das entspricht einem Rückgang von 7 %. ▶ Tab 1

Paare

Wer heiratet wen? Wer lebt mit wem zusammen? Ein altes Sprichwort sagt zu diesem Thema: »Gleich und gleich gesellt sich gern.« Die Ergebnisse des Mikrozensus zeigen, dass diese Volksweisheit tatsächlich zutrifft. Zumindest wenn man den Bildungsstand, den Altersunterschied zwischen beiden Partnern oder die Staatsangehörigkeit betrachtet. Die nachfolgenden Ausführungen konzentrieren sich auf Ehepaare und nichteheliche (gemischtgeschlechtliche) Lebensgemeinschaften.

Paare nach Bildungsstand

Die meisten Menschen wählen eine Partnerin oder einen Partner mit gleichem Bildungsniveau. So hatten 2011 bei mehr als der Hälfte (61 %) der 21 Millionen Paare in Deutschland die Lebensgefährten einen gleichen oder ähnlichen Bildungsabschluss. Wenn sich das Bildungsniveau unterscheidet, dann verfügt meistens der Mann über einen höheren Abschluss. Das war bei immerhin fast einem Drittel der Paare (29 %) der Fall. Die umgekehrte Situation – dass die Frau einen höheren Bildungsstand hatte – gab es lediglich bei etwa jedem zehnten Paar (10 %). Im Vergleich zu 2001 zeigt sich hier eine Veränderung. Damals hatte nur bei 7 % der Paare die Frau einen höheren Bildungsabschluss als der Mann. ▶ Abb 2, Info 2

Unterschiede zeigen sich bei einer separaten Betrachtung der Ehepaare und nichtehelichen Lebensgemeinschaften. Bei rund jedem dritten Ehepaar (30 %) hatte der Mann einen höheren Bildungsstand als seine Frau und nur in 9 % der Fälle war dies umgekehrt. Die dem klassischen Rollenbild entsprechende Bildungskonstellation – der Mann ist höher gebildet als die Frau – ist bei den Lebensgemeinschaften, die ohne Trauschein in einem Haushalt zusammenleben, weniger stark ausgeprägt. Bei den unverheirateten Paaren verfügte der Mann nur in 21 % der Fälle über einen höheren Bildungsabschluss als die Frau, wohingegen in 15 % der Fälle der Abschluss der Frau höher war als der des Mannes. ▶ Abb 3

Paare nach Alter
Beziehungen von älteren Männern und Frauen zu wesentlich jüngeren Partnerinnen oder Partnern werden von der Presse gerne aufgegriffen. Statistisch gesehen sind solche hohen Altersunterschiede jedoch nicht die Regel, sondern eher die Ausnahme, denn lediglich 6 % aller Paare trennte 2011 ein Altersunterschied von mehr als zehn Jahren. Fast die Hälfte (47 %) hatte nur einen geringen Altersunterschied zwischen einem und drei Jahren. Genau gleich alt war immerhin jedes zehnte Paar. Unabhängig von der Höhe des Altersunterschiedes gilt jedoch im Großen und Ganzen die traditionelle Altersverteilung – der Mann ist älter als die Frau. Bei rund drei Vierteln (73 %) traf dies zu, nur bei 17 % der Paare war es umgekehrt. Rund 10 % der Paare waren gleich alt.

Betrachtet man verheiratete und nicht verheiratete Paare getrennt voneinander hinsichtlich des Alters in der Paarkonstellation, stellt sich diese Struktur noch einmal anders dar. Auch hinsichtlich der Altersverteilung weichen nichteheliche Lebensgemeinschaften eher von gängigen Klischees ab: Zwar herrschte im Jahr 2011 auch bei unverheirateten Paaren überwiegend (67 %) eine traditionelle Altersverteilung. Doch in fast jeder vierten Beziehung war die Frau älter als ihr Partner (23 %). Der Rest (10 %) war gleich alt. Unter den Verheirateten war die klassische Verteilung der Alterskonstellation stärker ausgeprägt: Bei drei von vier Ehepaaren (73 %) war der Mann älter als seine Frau. In jeder zehnten Ehe waren beide Partner gleich alt. In 16 % der Ehen war die Frau älter. ▶ Abb 4

Paare nach Staatsangehörigkeit
Studium und Urlaub im Ausland, der Zuzug von Ausländerinnen und Ausländern nach Deutschland – mit zunehmender Globalisierung und Mobilität im privaten und geschäftlichen Umfeld der Menschen könnte man vermuten, dass auch Paarbeziehungen immer internationaler würden. Zwar steigt der Anteil von Paaren mit verschiedenen Staatsangehörigkeiten, dennoch haben die allermeisten Paare nach wie vor den gleichen Pass. So überwogen unter den Paaren 2011 in Deutschland klar die deutsch-deutschen Verbindungen (87 %). Das waren jedoch rund zwei Prozentpunkte weniger als 2001. Deutsch-ausländische Paare machten 7 % (2001: 4 %) und ausländische Paare 6 % (2001: 6 %) aus. Auch unter ausländischen Paaren besitzen meist beide Partner die gleiche Staatsangehörigkeit (91 %). ▶ Abb 5

Auch wenn bei der Partnerwahl häufig die Gemeinsamkeiten im Vordergrund stehen, sind es manchmal gerade die Unterschiede, die sich anziehen: Wenn deutsche Männer eine ausländische Partnerin wählten, dann kam sie am häufigsten aus Polen (11 %), der Türkei (11 %) oder

▶ Info 2
Bildungsstand

Der Bildungsstand basiert auf der international vergleichbaren Klassifikation für das Bildungswesen »International Standard Classification of Education« (ISCED). Der höchste erreichte Bildungsstand wird danach aus den Merkmalen »allgemeiner Schulabschluss« und »beruflicher Bildungsabschluss« kombiniert. Grundsätzlich wird zwischen drei Kategorien für den Bildungsstand unterschieden: »hoch«, »mittel« und »niedrig«. Personen mit einem hohen Bildungsstand verfügen über einen akademischen Abschluss oder einen Meister-/Techniker- oder Fachschulabschluss. Berufsqualifizierende Abschlüsse und/oder das Abitur beziehungsweise die Fachhochschulreife gehören zur Kategorie »mittlerer Bildungsstand«. Personen mit ausschließlich einem Haupt-/Realschulabschluss und ohne schulischen oder beruflichen Abschluss fallen in die Kategorie »niedriger Bildungsstand«.

▶ Abb 3   **Ehepaare und nichteheliche Lebensgemeinschaften nach Bildungsstand der Partner 2011 — in Prozent**

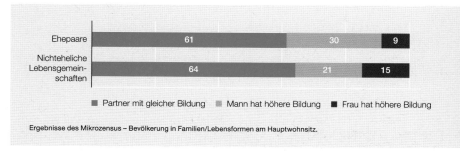

Ergebnisse des Mikrozensus – Bevölkerung in Familien/Lebensformen am Hauptwohnsitz.

▶ Abb 4   **Paare nach Altersunterschied 2011 — in Prozent**

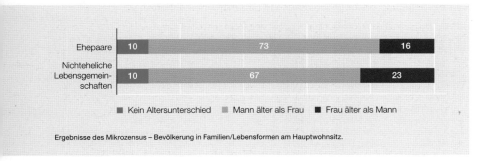

Ergebnisse des Mikrozensus – Bevölkerung in Familien/Lebensformen am Hauptwohnsitz.

▶ Abb 5   **Paare nach Staatsangehörigkeit 2011 — in Prozent**

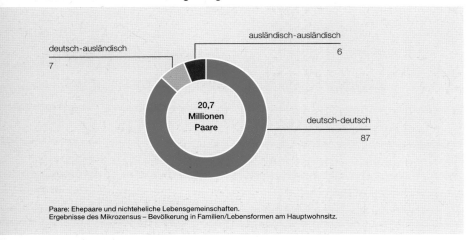

Paare: Ehepaare und nichteheliche Lebensgemeinschaften.
Ergebnisse des Mikrozensus – Bevölkerung in Familien/Lebensformen am Hauptwohnsitz.

Geschlechts leben, die keine Ehegatten im Haushalt haben beziehungsweise nicht verheiratet und beide familienfremd sind. Nach diesem Schätzkonzept gab es im Jahr 2011 in Deutschland 186 000 gleichgeschlechtliche Lebensgemeinschaften, also fast dreimal so viele gleichgeschlechtliche Lebensgemeinschaften wie nach dem Fragekonzept. Auch die Ergebnisse des Schätzkonzepts sind jedoch eingeschränkt aussagekräftig. Sie dürften vor allem auch deshalb eine obere Grenze der gleichgeschlechtlichen Lebensgemeinschaften sein, weil in den geschätzten Werten auch Wohngemeinschaften von Studenten ohne partnerschaftlichen Hintergrund enthalten sind.

Fazit: Auch wenn die Ergebnisse des Frage- und des Schätzkonzepts zur Verbreitung gleichgeschlechtlicher Paare vorsichtig zu interpretieren sind, zeigt sich nach beiden Konzepten, dass seit 2001 die Zahl gleichgeschlechtlicher Lebensgemeinschaften gestiegen ist.

Alleinerziehende

Es gibt immer mehr Alleinerziehende in Deutschland. Im Jahr 2011 lebten insgesamt 2,7 Millionen Personen als alleinerziehende Mütter und Väter, von denen 1,6 Millionen (59 %) minderjährige Kinder hatten. Die nachfolgenden Ergebnisse beziehen sich ausschließlich auf diese Gruppe: die alleinerziehenden Mütter und Väter, die mindestens ein im Haushalt lebendes, minderjähriges Kind betreuten. Gegenüber 2001 ist ihre Zahl um rund 8 % gestiegen.

Zu den alleinerziehenden Elternteilen zählen im Mikrozensus alle Mütter und Väter, die ohne Ehe- oder Lebenspartner/ -in mit ledigen Kindern im Haushalt zusammenleben. Unerheblich ist dabei, wer im juristischen Sinn für das Kind sorgeberechtigt ist. Im Vordergrund steht der aktuelle und alltägliche Lebens- und Haushaltszusammenhang.

Das Alleinerziehen betrifft zum größten Teil Frauen: Im Jahr 2011 waren 1,4 Millionen Mütter und 157 000 Väter alleinerziehend. Damit war in neun von zehn Fällen (90 %) der alleinerziehende

der Russischen Föderation (8 %). Deutsche Frauen lebten 2011 vor allem mit Türken (16 %), Italienern (13 %) und Österreichern (7 %) zusammen.

Gleichgeschlechtliche Lebensgemeinschaften

Unter einer gleichgeschlechtlichen Lebensgemeinschaft wird im Mikrozensus eine Lebenspartnerschaft verstanden, bei der zwei Lebenspartner gleichen Geschlechts mit oder ohne Trauschein beziehungsweise notarieller Beglaubigung in einem Haushalt zusammenleben und gemeinsam wirtschaften. ▶ Info 3

Anhand der Frage zur Lebenspartnerschaft (nach dem sogenannten Fragekonzept) weist der Mikrozensus für das Jahr 2011 rund 67 000 gleichgeschlechtliche Lebensgemeinschaften aus. Sechs

von zehn (60 %) gleichgeschlechtlichen Lebensgemeinschaften wurden von Männern geführt. Rund 27 000 (40 %) aller gleichgeschlechtlichen Lebensgemeinschaften waren zugleich eingetragene Lebenspartnerschaften. Aufgrund geringer Fallzahlen und der Freiwilligkeit dieser Auskünfte sind die Ergebnisse jedoch mit Vorsicht zu interpretieren. Gleichwohl können sie als eine untere Grenze für die Zahl der gleichgeschlechtlichen Lebensgemeinschaften in Deutschland gelten. ▶ Tab 2

Eine obere Grenze für die Zahl gleichgeschlechtlicher Paare kann im Mikrozensus mit einem Schätzverfahren bestimmt werden. Hierbei werden alle Haushalte, in denen mindestens zwei Personen leben, näher betrachtet. In diesen Haushalten müssen (mindestens) zwei nicht verwandte 16-jährige oder ältere Personen gleichen

Elternteil die Mutter. Seit 2001 ist der Anteil der alleinerziehenden Väter zudem leicht zurückgegangen, und zwar von 13 % im Jahr 2001 auf 10 % im Jahr 2011.

Am häufigsten werden Mütter und Väter mit minderjährigen Kindern infolge einer Scheidung zu Alleinerziehenden: Im Jahr 2011 waren 56 % dieser Frauen und 69 % dieser Männer geschieden oder noch verheiratet, lebten aber bereits getrennt vom Ehepartner beziehungsweise der Ehepartnerin. Ledig waren darüber hinaus 40 % der alleinerziehenden Mütter, verwitwet 5 %. Von den alleinerziehenden Vätern waren 18 % ledig. Allerdings waren sie mit 12 % mehr als doppelt so häufig bereits verwitwet wie die alleinerziehenden Mütter. ▸ Abb 6

Rund ein Drittel (34 %) der alleinerziehenden Väter betreuten Kinder im Alter von 15 bis 17 Jahren. Alleinerziehende Mütter versorgten – relativ betrachtet – deutlich seltener Kinder dieses Alters (19 %). Sie waren häufiger für jüngere Kinder verantwortlich. So lebten bei 31 % der alleinerziehenden Mütter Kinder im Krippen- oder Vorschulalter von unter sechs Jahren. Nur 12 % der alleinerziehenden Väter betreuten Kinder dieser Altersgruppe. ▸ Abb 7

Alleinstehende

Als Alleinstehende werden im Mikrozensus ledige, verheiratet getrennt lebende, geschiedene oder verwitwete Personen bezeichnet, die ohne Lebenspartner/-in und ohne Kinder in einem Privathaushalt wohnen. Diesen können sie sich jedoch mit anderen (zum Beispiel Geschwistern, Freunden, Arbeitskollegen) teilen oder dort allein wohnen. Im Jahr 2011 war jede fünfte Person (22 %) in Deutschland alleinstehend (17,6 Millionen). Seit 2001 ist die Zahl der Alleinstehenden um 17 % gestiegen.

Etwas mehr als die Hälfte (53 %) der Alleinstehenden waren 2011 Frauen, insgesamt rund 9,4 Millionen. Die übrigen Alleinstehenden (8,2 Millionen beziehungsweise 47 %) waren Männer. Seit 2001 ist die Zahl alleinstehender Frauen um 8 % gestiegen, die Zahl alleinstehender

▸ Info 3

Nichteheliche und gleichgeschlechtliche Lebensgemeinschaften

In den letzten Jahren hat in Deutschland – neben dem Zusammenleben als Ehepaar – das Zusammenleben in Lebensgemeinschaften ohne staatliche Eintragung an Bedeutung gewonnen. Im Mikrozensus wird zwischen nichtehelichen und gleichgeschlechtlichen Lebensgemeinschaften unterschieden. Eine nichteheliche Lebensgemeinschaft ist ein unverheiratet zusammenlebendes, gemischtgeschlechtliches Paar. Entscheidend für die Klassifizierung als Lebensgemeinschaft im Mikrozensus ist die Einstufung der Befragten selbst. Eine dahin gehende Frage wird seit 1996 gestellt. Auch wenn sie nicht der gesetzlichen Auskunftspflicht unterliegt – ihre Beantwortung ist den befragten Personen also freigestellt – sind die Antwortausfälle relativ gering.

▸ Tab 2 **Entwicklung der gleichgeschlechtlichen Lebensgemeinschaften**

	Schätzkonzept	Fragekonzept		
		zusammen	männlich/männlich	weiblich/weiblich
2001	147 000	50 000	29 000	21 000
2005	173 000	60 000	36 000	24 000
2009	177 000	63 000	37 000	27 000
2011	186 000	67 000	40 000	27 000

Bezug Schätzkonzept: Bevölkerung in Privathaushalten am Haupt- und Nebenwohnsitz.
Bezug Fragekonzept: Bevölkerung in Familien/Lebensformen am Hauptwohnsitz.
Ergebnisse des Mikrozensus.

▸ Abb 6 **Alleinerziehende mit Kindern unter 18 Jahren nach Familienstand und Geschlecht 2011 — in Prozent**

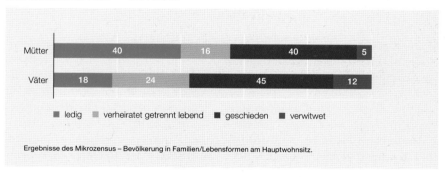

Ergebnisse des Mikrozensus – Bevölkerung in Familien/Lebensformen am Hauptwohnsitz.

▸ Abb 7 **Alleinerziehende nach Alter des jüngsten Kindes 2011 — in Prozent**

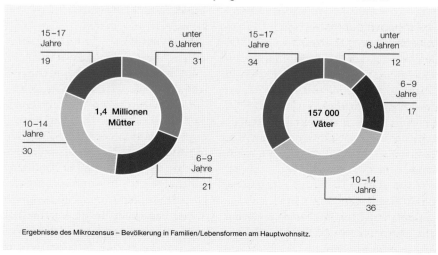

Ergebnisse des Mikrozensus – Bevölkerung in Familien/Lebensformen am Hauptwohnsitz.

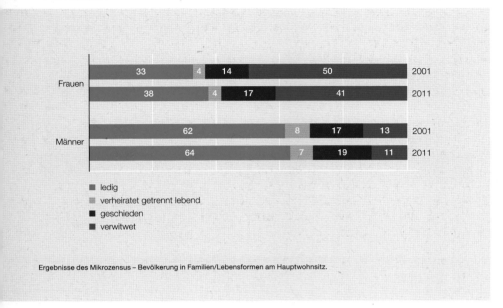

▶ Abb 8   **Alleinstehende nach Familienstand und Geschlecht**
— in Prozent

- ■ ledig
- ■ verheiratet getrennt lebend
- ■ geschieden
- ■ verwitwet

Ergebnisse des Mikrozensus – Bevölkerung in Familien/Lebensformen am Hauptwohnsitz.

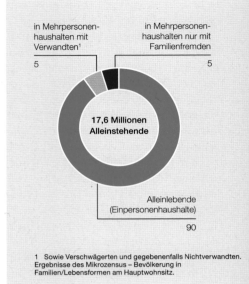

▶ Abb 9   **Alleinstehende nach Haushaltsform 2011 — in Prozent**

in Mehrpersonen-haushalten mit Verwandten[1]
5

in Mehrpersonen-haushalten nur mit Familienfremden
5

17,6 Millionen Alleinstehende

Alleinlebende (Einpersonenhaushalte)
90

1 Sowie Verschwägerten und gegebenenfalls Nichtverwandten.
Ergebnisse des Mikrozensus – Bevölkerung in Familien/Lebensformen am Hauptwohnsitz.

Männer jedoch erhöhte sich um knapp ein Drittel (31 %). Im Jahr 2001 hatte der Frauenanteil unter den Alleinstehenden noch bei 58 % gelegen.

Unterschiede zwischen alleinstehenden Frauen und Männern zeigen sich unter anderem beim Familienstand. Im Jahr 2011 waren 41 % der alleinstehenden Frauen verwitwet, 38 % ledig, 17 % geschieden und 4 % verheiratet, aber getrennt lebend. Bei den alleinstehenden Männern war die Reihenfolge eine andere: Hier überwogen mit 64 % die Ledigen, gefolgt von den Geschiedenen mit 19 %, den Verwitweten mit 11 % und den verheiratet Getrenntlebenden mit 7 %. Im Jahr 2001 waren alleinstehende Frauen noch deutlich häufiger verwitwet (50 %). Seitdem gestiegen ist damit der Anteil der Ledigen und der Geschiedenen an allen alleinstehenden Frauen. Bei den alleinstehenden Männern gibt es im Zeitverlauf von 2001 zu 2011 nur geringfügige Veränderungen. ▶ Abb 8

Von den 17,6 Millionen Alleinstehenden lebten im Jahr 2011 90 % allein in einem Einpersonenhaushalt. Rund 5 % teilten sich den Haushalt mit Verwandten, beispielsweise der Schwester oder dem Bruder, und gegebenenfalls weiteren nicht verwandten Personen. Weitere rund 5 % wohnten in Haushalten mit ausschließlich nicht verwandten oder verschwägerten Haushaltsmitgliedern, beispielsweise in einer Wohngemeinschaft von Studierenden. Damit lebten insgesamt 10 % der Alleinstehenden mit anderen Menschen unter einem Dach zusammen. ▶ Abb 9

Alleinlebende

Alleinlebende sind Alleinstehende, die allein in einem Einpersonenhaushalt wohnen und wirtschaften. Alleinlebende sind im Durchschnitt älter als Alleinstehende: So waren 2011 in Deutschland von den Alleinlebenden 35 % älter als 65 Jahre, bei den Alleinstehenden in Mehrpersonenhaushalten betrug dieser Anteil lediglich 25 %. Umgekehrt verhielt es sich in der Altersgruppe der unter 25-Jährigen: Lediglich 8 % der Alleinlebenden waren jünger als 25 Jahre, bei den Alleinstehenden in Mehrpersonenhaus-

halten hingegen waren es 18 %. Alleinstehende in Mehrpersonenhaushalten waren zu 58 % ledig und zu 20 % verwitwet, für Alleinlebende betrugen die entsprechenden Anteile 49 % beziehungsweise 28 %. Der Frauenanteil bei den Alleinstehenden in Mehrpersonenhaushalten war mit 52 % fast genauso hoch wie bei den Alleinlebenden (53 %).

Jüngere Frauen und Frauen mittleren Alters (25 bis 54 Jahre) lebten 2011 seltener allein als gleichaltrige Männer. So lag die Quote der Alleinlebenden bei Frauen dieser Altersgruppe mit durchschnittlich 16 % deutlich unter der entsprechenden Quote für Männer (26 %). Umgekehrt ist es in der Altersgruppe ab 55 Jahren: Frauen in dieser Altersgruppe lebten wesentlich häufiger allein als gleichaltrige Männer. Bei älteren Frauen steigt der Anteil der Alleinlebenden mit zunehmendem Alter rasch und stark an. Hier wirkt sich unter anderem die deutlich höhere Lebenserwartung von Frauen aus. Für Männer bleibt die Alleinlebendenquote bis zum 74. Lebensjahr relativ konstant und nimmt erst dann deutlich zu. ▶ Abb 10

▶ Abb 10 **Alleinlebende nach Alter und Geschlecht 2011 — in Prozent der Bevölkerung der jeweiligen Altersgruppe**

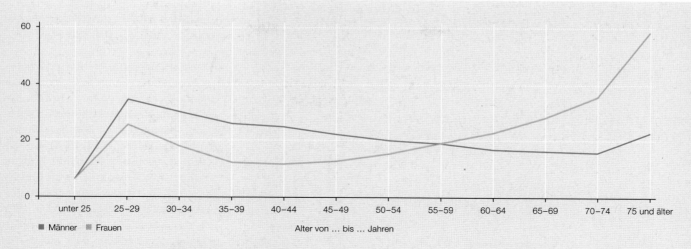

■ Männer ■ Frauen   Alter von … bis … Jahren

Ergebnisse des Mikrozensus – Bevölkerung in Familien/Lebensformen am Hauptwohnsitz.

2.1.2 Eheschließungen und Scheidungen

Die folgenden Angaben sind der Statistik der Eheschließungen und der Statistik der rechtskräftigen Beschlüsse in Eheauflösungssachen (Scheidungsstatistik) entnommen. Die Meldung der Eheschließungen an die Statistik erfolgt über Angaben der Standesämter und die der Scheidungsfälle durch die Justizgeschäftsstellen der Familiengerichte. In Deutschland heirateten im Jahr 2011 insgesamt 377 800 Paare. Damit sank die Zahl der Eheschließungen gegenüber dem Vorjahr um 1,1 %. Anfang der 1960er-Jahre lag die Zahl der jährlichen Eheschließungen noch bei rund 700 000. Sie ist seitdem mit gelegentlichen Schwankungen tendenziell gesunken und liegt seit 2001 unter 400 000.

Unter den 377 800 standesamtlich geschlossenen Ehen des Jahres 2011 waren bei rund 326 500 Ehen beide Ehepartner deutscher Nationalität (86 %). Von den Ehen mit ausländischen Partnern schlossen bei 24 800 Ehen (48 %) deutsche Männer mit einer ausländischen Frau den Bund

fürs Leben. Bei rund 18 700 dieser Ehen (36 %) heirateten deutsche Frauen einen Mann mit ausländischer Staatsangehörigkeit. Bei den verbleibenden 7 800 der geschlossenen Ehen (15 %) besaßen beide Partner eine ausländische Staatsangehörigkeit, 5 200 von ihnen hatten die gleiche Staatsangehörigkeit.

Mit der Eheschließung warten junge Menschen immer länger: Seit Mitte der 1970er-Jahre ist in Deutschland das durchschnittliche Heiratsalter Lediger kontinuierlich gestiegen. Betrug 1975 das durchschnittliche Heiratsalter bei ledigen Männern noch 24 Jahre und 11 Monate und bei ledigen Frauen 22 Jahre und 6 Monate, stieg es bis 1999 auf 31 Jahre beziehungsweise 28 Jahre und 4 Monate. Im Jahr 2011 waren ledige Männer bei der Hochzeit im Durchschnitt 33 Jahre und 4 Monate und ledige Frauen 30 Jahre und 6 Monate alt. Bei insgesamt 64 % der Hochzeiten waren beide Personen zuvor ledig. Bei 14 % der Ehen war es für beide bereits der (mindestens) zweite Versuch: sie wurden zwischen einem geschiedenen Mann und einer geschiedenen Frau ge-

schlossen. Bei 19 % der Eheschließungen war ein Ehepartner ledig und der andere Ehepartner verwitwet oder geschieden. Zehn Jahre früher waren bei 61 % der Hochzeiten die Ehepartner vorher ledig und bei 15 % zuvor geschieden gewesen.

Das Auflösen einer Ehe erfolgt entweder durch gerichtliche Scheidung, gerichtliche Aufhebung oder den Tod des Ehepartners, wobei der letzte Fall anteilsmäßig bei weitem überwiegt (2011: 65 %). Im Jahr 2011 belief sich die Zahl der gerichtlichen Scheidungen auf 187 600, das entspricht einem Anteil von 35 % an allen Ehelösungen. Auf 10 000 bestehende Ehen kamen 2011 rund 107 Ehescheidungen, zehn Jahre früher waren es noch 104 Scheidungen gewesen. Bei einer angenommenen Ehedauer von 25 Jahren wird mehr als jede dritte Ehe im Laufe der Zeit wieder geschieden.

Bei der Mehrzahl aller Ehescheidungen sind die Ehepartner bereits ein Jahr getrennt: 153 700 Ehen (82 %) wurden 2011 nach dieser Trennungszeit geschieden, dies waren 2 580 Ehen oder 1,7 % mehr als 2010. In 2 600 Fällen (1,4 %) waren die

▶ Tab 3   **Eheschließungen und Ehescheidungen**

	Eheschließungen		Ehescheidungen	
	insgesamt in 1 000	je 1 000 Einwohner	insgesamt in 1 000	je 1 000 Einwohner
1950	750	11,0	135	2,0
1960	689	9,5	73	1,0
1970	575	7,4	104	1,3
1980	497	6,3	141	1,8
1990	516	6,5	155	2,0
1995	431	5,3	169	2,1
2000	419	5,1	194	2,4
2005	388	4,7	202	2,5
2010	382	4,7	187	2,3
2011	378	4,6	188	2,3

Berechnungen je 1 000 Einwohner ohne Berücksichtigung des Zensus 2011.

▶ Info 4

Familien mit Migrationshintergrund

Zu den Familien mit Migrationshintergrund zählen alle in einem Haushalt zusammenlebenden Eltern-Kind-Gemeinschaften, bei denen mindestens ein Elternteil eine ausländische Staatsangehörigkeit besitzt oder die deutsche Staatsangehörigkeit durch Einbürgerung oder – wie im Fall der Spätaussiedler – durch einbürgerungsgleiche Maßnahmen erhalten hat.

Partner weniger als ein Jahr getrennt. Die Zahl der Scheidungen nach dreijähriger Trennung ist mit 29 900 im Vergleich zum Vorjahr leicht gefallen (−5 %). Außer 2010 setzt sich die Tendenz der vergangenen Jahre zur längerer Ehedauer, bevor es zur Scheidung kommt, fort: im Jahr 2011 betrug die durchschnittliche Ehedauer bei der Scheidung 14 Jahre und 6 Monate. Im Jahr 2001 waren die Partner im Durchschnitt nur 12 Jahre und 11 Monate verheiratet gewesen.

Mit der deutschen Vereinigung am 3. Oktober 1990 ist auch in den neuen Ländern das bundesdeutsche Scheidungsrecht in Kraft getreten. Ähnlich wie bei der Reform des Scheidungsrechts 1977 im früheren Bundesgebiet hatte dies zunächst einen starken Rückgang der Scheidungszahlen zur Folge: Im Jahr 1990 wurden in den neuen Ländern etwa ein Drittel weniger

Ehen geschieden als 1989, und 1991 waren es im Vergleich zu 1989 ein Fünftel weniger. Von 1993 bis einschließlich 2003 ist die Zahl der Ehescheidungen im Osten Deutschlands dann sprunghaft angestiegen und erreichte 2003 mit 30 200 Ehescheidungen einen vorläufigen Höhepunkt. Ab dem Folgejahr sanken die Scheidungszahlen und pendelten sich 2008 und 2009 bei rund 25 000 Fällen pro Jahr ein. Nach einem vorläufigen Tiefststand 2010 mit nur 24 300 Fällen, stieg 2011 die Zahl wieder leicht auf 24 900 an. ▶ Tab 3

Von einer Scheidung sind häufig nicht nur die Ehepartner, sondern auch deren minderjährige Kinder betroffen. Fast die Hälfte der 187 600 geschiedenen Ehepaare 2011 hatte Kinder unter 18 Jahren. Insgesamt erlebten rund 148 200 minderjährige Kinder im Jahr 2011 die Scheidung ihrer Eltern. Das waren zwar 2 % mehr als im

Vorjahr, aber 3 % weniger als zehn Jahre zuvor. Die Scheidungen von Ehen mit Kindern sind im 10-Jahres-Vergleich rückläufig: Im Jahr 2011 betrug der Anteil 52 %, 2001 lag er bei 55 %.

2.1.3 Familien und ihre Strukturen

Als Familie werden im Mikrozensus alle Eltern-Kind-Gemeinschaften definiert. Im Einzelnen sind das Ehepaare, Lebensgemeinschaften sowie alleinerziehende Mütter und Väter mit ledigen Kindern im Haushalt. In diesem Abschnitt liegt der Schwerpunkt auf Familien mit minderjährigen Kindern. Das bedeutet, dass mindestens ein minderjähriges Kind im elterlichen Haushalt aufwächst, gegebenenfalls gemeinsam mit minder- oder volljährigen Geschwistern. Dabei ist es unerheblich, ob es sich um leibliche Kinder, Stief-, Pflege- oder Adoptivkinder handelt.

Im Jahr 2011 gab es in Deutschland 8,1 Millionen Familien mit minderjährigen Kindern. Im Jahr 2001 waren es noch 9,2 Millionen Familien gewesen. Innerhalb von zehn Jahren ist die Zahl der Familien um knapp 1,1 Millionen gesunken. Das entspricht einem Rückgang von 12 %.

Bei einigen Familien in Deutschland besitzt mindestens ein Elternteil einen Migrationshintergrund: Im Jahr 2011 waren das 2,4 Millionen Familien. Das entspricht einem Anteil von 29 % an allen Familien mit Kindern unter 18 Jahren. Im Vergleich zu 2005 – hier wurde erstmals der Migrationsstatus im Mikrozensus abgefragt – ging die Zahl der Familien mit Migrationshintergrund nur leicht zurück, nämlich um 23 000 beziehungsweise 1 %. Bei den Familien ohne Migrationshintergrund war der Rückgang kontinuierlich und deutlich stärker ausgeprägt, und zwar von 6,5 Millionen im Jahr 2005 auf 5,7 Millionen im Jahr 2011 (−12 %). ▶ Info 4

Familienformen

Hinter den rückläufigen Familienzahlen stehen unterschiedliche Entwicklungen der einzelnen Familienformen. Während die Zahl traditioneller Familien (Ehepaare) kontinuierlich gesunken ist, stieg die Zahl alternativer Familienformen (Alleinerziehende und Lebensgemeinschaften). Gab es 2001 noch 7,1 Millionen Ehepaare mit minderjährigen Kindern, so waren es zehn Jahre später nur noch 5,8 Millionen (–19 %). Umgekehrt hat sich die Zahl der Alleinerziehenden – wenn auch nicht kontinuierlich – von knapp 1,5 Millionen im Jahr 2001 auf fast 1,6 Millionen im Jahr 2011 erhöht (+8 %). Die Zahl der Lebensgemeinschaften mit minderjährigen Kindern stieg in diesem Zeitraum ebenfalls, und zwar von 586 000 auf 743 000 (+27 %).

Die wachsende Bedeutung alternativer Familienformen führte zu einer Verschiebung der Familienstrukturen, bei der allerdings nach wie vor die Ehepaare mit Kindern deutlich überwiegen. Im Jahr 2011 waren gut sieben von zehn Familien (71 %) Ehepaare (2001: 78 %). Alleinerziehende Mütter und Väter machten 20 % aller Familien aus (2001: 16 %). Weitere 9 % aller Familien waren Lebensgemeinschaften mit Kindern (2001: 6 %).

Unter den Familien mit Migrationshintergrund war 2011 die eher traditionelle Familienform der Ehepaare mit Kindern – relativ gesehen – mit 80 % deutlich weiter verbreitet als unter den Familien ohne Migrationshintergrund (68 %). Nur 15 % der Familien mit Migrationshintergrund waren alleinerziehende Mütter und Väter (ohne Migrationshintergrund: 22 %). Weitere 6 % waren Lebensgemeinschaften mit minderjährigen Kindern (ohne Migrationshintergrund: 11 %). ▶ Abb 11

Familiengröße

Etwas mehr als die Hälfte (53 %) der 8,1 Millionen Familien betreute 2011 ein minderjähriges Kind. Zwei minderjährige Kinder lebten in 36 % der Familien. Drei und mehr minderjährige Kinder wuchsen in 11 % der Familien auf. ▶ Abb 12

In den vergangenen zehn Jahren hat sich die Verteilung der Familien nach der Zahl der Kinder nur geringfügig verändert. Dennoch ist im Vergleich zu 2001 sowohl die Zahl der Familien mit minderjährigen Kindern als auch die Anzahl der in diesen Familien lebenden minderjährigen Kinder gesunken. Diese

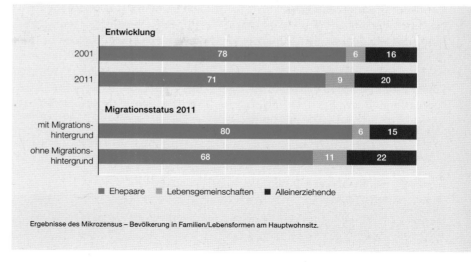

▶ Abb 11 **Familien mit Kind(ern) unter 18 Jahren nach Familienform — in Prozent**

Ergebnisse des Mikrozensus – Bevölkerung in Familien/Lebensformen am Hauptwohnsitz.

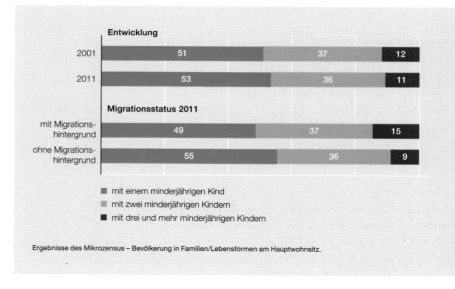

▶ Abb 12 **Familien nach Zahl der Kinder unter 18 Jahren — in Prozent**

Ergebnisse des Mikrozensus – Bevölkerung in Familien/Lebensformen am Hauptwohnsitz.

Entwicklung lässt sich folgendermaßen zusammenfassen: Rein rechnerisch zogen die Familien 2001 durchschnittlich 1,65 minderjährige Kinder groß. Im Jahr 2011 waren es mit 1,60 minderjährigen Kindern etwas weniger.

Deutliche Unterschiede hinsichtlich der Kinderzahl zeigen sich zwischen Familien mit und ohne Migrationshintergrund. Bei Familien mit Migrationshintergrund leben häufiger drei und mehr minderjährige Kinder im Haushalt. Im Jahr 2011 war das in 15 % der Familien mit Migrationshintergrund der Fall. Dieser Anteil betrug bei den Familien ohne Migrationshintergrund nur 9 %. Demgegenüber war der Anteil der Familien, die nur ein im Haushalt lebendes minderjähriges Kind versorgten, bei den Familien mit Migrationshintergrund geringer (49 %) als bei den Familien ohne Migrationshintergrund (55 %).

Monatliches Familiennettoeinkommen

Nach den Ergebnissen des Mikrozensus hatten im Jahr 2011 in Deutschland 11 % der Familien ein monatliches Familiennettoeinkommen von weniger als 1 300 Euro. Rund 36 % der Familien verfügten monatlich über 1 300 bis unter 2 600 Euro, 38 % über 2 600 bis unter 4 500 Euro und 15 % über 4 500 Euro und mehr. Bei den Familien mit Migrationshintergrund lagen die Anteile der Familien in den beiden unteren Einkommensstufen (unter 1 300 Euro: 13 %; 1 300 bis unter 2 600 Euro: 47 %) höher als bei den Familien ohne Migrationshintergrund (11 % beziehungsweise 31 %). Umgekehrt waren dort die Anteile der Familien in den beiden oberen Einkommensklassen (2 600 bis unter 4 500 Euro: 41 %; 4 500 Euro und mehr: 18 %) höher als bei den Familien mit Migrationshintergrund (32 % beziehungsweise 9 %). ▶ Tab 4

Ehepaare sowie Lebensgemeinschaften mit minderjährigen Kindern hatten 2011 in Deutschland mehrheitlich (Ehepaare 77 %, Lebensgemeinschaften 81 %) ein monatliches Familiennettoeinkommen zwischen 1 300 und 4 500 Euro. Bei den Alleinerziehenden zeigt sich ein anderes Bild: Vier von zehn Alleinerziehenden (42 %) lebten von einem monatlichen Familiennettoeinkommen von unter 1 300 Euro. Während nur 24 % der alleinerziehenden Väter mit Kindern unter 18 Jahren ein monatliches Familiennettoeinkommen von weniger als 1 300 Euro hatten, mussten 44 % der alleinerziehenden Mütter mit einem Monatseinkommen in dieser Höhe zurechtkommen. ▶ Abb 13

2.1.4 Lebenssituation von Kindern

Im Jahr 2011 lebten 19,0 Millionen minder- und volljährige Kinder in den privaten Haushalten Deutschlands. Gut zwei Drittel (13,0 Millionen beziehungsweise 68 %) davon waren minderjährig. Vor zehn Jahren war die Zahl der Kinder noch deutlich höher: Damals gab es 21,1 Millionen minder- und volljährige Kinder, davon 15,1 Millionen beziehungsweise 72 % Minderjährige.

Zu den Kindern gehören im Mikrozensus alle ledigen Personen, die ohne Lebenspartner/-in und ohne »eigene Kinder« mit mindestens einem Elternteil in einem Haushalt zusammenleben. Neben leiblichen Kindern zählen auch Stief-, Adoptiv- und Pflegekinder dazu. Eine allgemeine Altersbegrenzung für die Zählung als Kind besteht nicht. Da die Lebenssituation von Kindern unter 18 Jahren aus familien- und sozialpolitischer Sicht besonders interessant ist, werden hier vorrangig Daten zu minderjährigen Kindern untersucht.

Drei Viertel (75 %) der insgesamt 13,0 Millionen minderjährigen Kinder

▶ Tab 4 **Familien mit Kind(ern) unter 18 Jahren nach monatlichem Nettoeinkommen und Migrationsstatus 2011**

Monatliches Nettoeinkommen der Familie von ... bis unter ... Euro	Familien		
	insgesamt	ohne Migrationshintergrund	mit Migrationshintergrund
	in 1 000		
Insgesamt	8 080	5 718	2 362
mit Angabe	7 582	5 370	2 213
unter 1 300	857	572	283
1 300–2 600	2 707	1 675	1 032
2 600–4 500	2 879	2 179	700
4 500 und mehr	1 140	943	196
Sonstige[1]	498	348	150
	in %		
mit Angabe	100	100	100
unter 1 300	11,3	10,7	12,8
1 300–2 600	35,7	31,2	46,6
2 600–4 500	38,0	40,6	31,6
4 500 und mehr	15,0	17,6	8,9

Abweichungen in den Summen ergeben sich durch Runden der Zahlen.
1 »Sonstige« sind Familien, in denen mindestens eine Person in ihrer Haupttätigkeit selbständige/r Landwirt/-in ist sowie Familien ohne Angabe oder ohne Einkommen.
Ergebnisse des Mikrozensus – Bevölkerung in Familien/Lebensformen am Hauptwohnsitz.

▶ Abb 13 **Familien mit Kind(ern) unter 18 Jahren nach monatlichem Nettoeinkommen und Familienform 2011 — in Prozent**

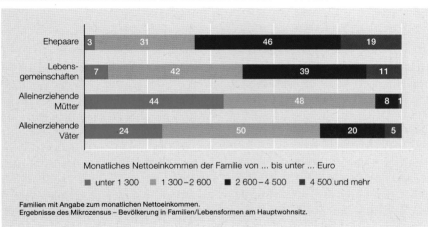

Monatliches Nettoeinkommen der Familie von ... bis unter ... Euro

■ unter 1 300 ■ 1 300–2 600 ■ 2 600–4 500 ■ 4 500 und mehr

Familien mit Angabe zum monatlichen Nettoeinkommen.
Ergebnisse des Mikrozensus – Bevölkerung in Familien/Lebensformen am Hauptwohnsitz.

wurden 2011 bei verheirateten Eltern groß. Rund 17 % der minderjährigen Kinder wuchsen bei einem alleinerziehenden Elternteil auf und 8 % lebten mit Eltern in einer Lebensgemeinschaft. Vor zehn Jahren wuchsen noch mehr minderjährige Kinder bei verheirateten Eltern auf (81 %). Rund 14 % der Minderjährigen lebten damals bei Alleinerziehenden und 5 % bei Eltern in Lebensgemeinschaften. ▶ Abb 14

Geschwisterzahl

Die meisten minderjährigen Kinder leben mit mindestens einem minder- oder volljährigen Geschwisterkind gemeinsam in einem Haushalt. Da sich der Mikrozensus bei der Befragung auf die aktuellen Verhältnisse im Haushalt konzentriert, bleiben Geschwister, die bereits ausgezogen sind, außer Acht. Fast die Hälfte der minderjährigen Kinder (47 %) wuchs 2011 gemeinsam mit einer minder- oder volljährigen Schwester beziehungsweise einem Bruder heran. Gut ein Viertel (27 %) hatte mindestens zwei Geschwister und ein weiteres Viertel (26 %) lebte 2011 ohne weitere Geschwister im Haushalt.

Mit Geschwistern im Haushalt wachsen minderjährige Kinder vor allem dann auf, wenn sie bei ihren verheiratet zusammenlebenden Eltern leben. Vier von fünf minderjährigen Kindern bei Ehepaaren (80 %) hatten 2011 minder- oder volljährige Geschwister. Demgegenüber wurden nur 58 % der minderjährigen Kinder bei alleinerziehenden Elternteilen mit Geschwistern groß. Der entsprechende Anteil bei Lebensgemeinschaften lag nur geringfügig darunter (55 %). ▶ Abb 15

Altersstruktur der Kinder

Rund 31 % der minderjährigen Kinder in Deutschland waren 2011 im Vorschulalter, 51 % der Minderjährigen waren im Alter von 6 bis 14 Jahren und 18 % bereits 15 Jahre oder älter.

Die Hälfte (50 %) der minderjährigen Kinder in Lebensgemeinschaften war im Vorschulalter. Bei den Alleinerziehenden überwogen die 6- bis 14-Jährigen mit einem Anteil von 54 %. Lediglich 24 % der

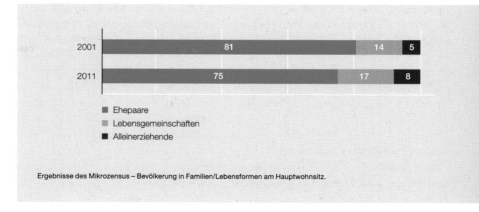

▶ Abb 14   **Minderjährige Kinder nach Familienform — in Prozent**

Ergebnisse des Mikrozensus – Bevölkerung in Familien/Lebensformen am Hauptwohnsitz.

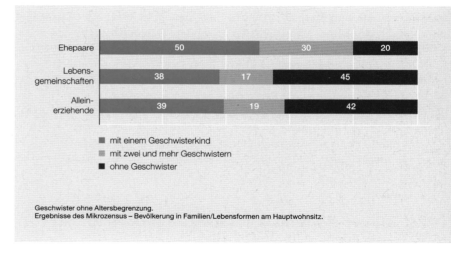

▶ Abb 15   **Minderjährige Kinder mit und ohne Geschwister nach Familienform und Zahl der Geschwister 2011 — in Prozent**

Geschwister ohne Altersbegrenzung.
Ergebnisse des Mikrozensus – Bevölkerung in Familien/Lebensformen am Hauptwohnsitz.

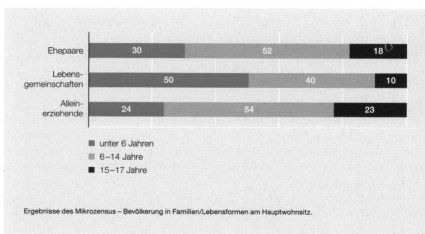

▶ Abb 16   **Minderjährige Kinder nach Altersgruppen und Familienform 2011 — in Prozent**

Ergebnisse des Mikrozensus – Bevölkerung in Familien/Lebensformen am Hauptwohnsitz.

minderjährigen Kinder, die von Alleinerziehenden betreut wurden, waren noch im Vorschulalter. Dies dürfte damit zusammenhängen, dass das Alleinerziehen in erster Linie eine ungeplante Lebensform ist, die durch Trennung, Scheidung oder Verlust des Partners beziehungsweise der Partnerin »mitten« in der Familienphase eintritt. ▶ Abb 16

Auszug der Kinder aus dem Elternhaus

Die eigenen vier Wände sind der große Traum vieler Jugendlicher. Dem gegenüber steht das sogenannte »Hotel Mama«, also der Verbleib der jungen Erwachsenen im Elternhaus. Im Jahr 2011 wohnten von den 25-Jährigen noch 29 % im Haushalt der Eltern. Junge Frauen verlassen den elterlichen Haushalt dabei früher als ihre männlichen Altersgenossen. Mit 25 Jahren wohnte nur noch jede fünfte junge Frau (20 %) als lediges Kind bei den Eltern. Mit 30 Jahren waren es noch 6 % und mit 40 Jahren nur noch 1 % der Frauen. ▶ Abb 17

Bei den jungen Männern verzögert sich das durchschnittliche Auszugsalter. Mit 25 Jahren nahmen 2011 noch 37 % der männlichen Bevölkerung die Vorzüge des »Hotel Mama« in Anspruch. Mit 30 Jahren gehörten noch 14 % und mit 40 Jahren noch 4 % der Männer als lediges Kind dem Haushalt der Eltern an. Langfristig gesehen verlassen Kinder heute später das Elternhaus. Lebten 1972 zwei von zehn (20 %) der 25-Jährigen im früheren Bundesgebiet (einschließlich Berlin-West) noch bei den Eltern, waren es 2011 deutlich mehr, nämlich drei von zehn (29 % für das frühere Bundesgebiet ohne Berlin).

2.1.5 Vereinbarkeit von Familie und Beruf

Arbeit und Karriere auf der einen, Familienleben und Kinderbetreuung auf der anderen Seite: Beides miteinander zu verbinden, stellt für viele Eltern eine besondere Herausforderung dar. Nach wie vor sind es vor allem Frauen, die durch eine verminderte Beteiligung am Erwerbsleben versuchen, beiden Seiten gerecht zu werden.

Im Jahr 2011 gab es in Deutschland 6,7 Millionen Mütter und 5,6 Millionen Väter im erwerbsfähigen Alter (von 15 bis 64 Jahren), die mit mindestens einem leiblichen Kind oder einem Stief-, Pflege- oder Adoptivkind unter 15 Jahren in einem gemeinsamen Haushalt lebten. Kinder, die jünger als 15 Jahre sind, bedürfen in höherem Maß einer Betreuung als ältere Kinder. Dementsprechend werden in diesem Abschnitt nur Mütter und Väter mit mindestens einem Kind unter 15 Jahren betrachtet.

Rund 58 % dieser Mütter und 85 % dieser Väter waren 2011 aktiv erwerbstätig, das heißt, sie haben in der Berichtswoche – das ist die Woche vor der Befragung – gearbeitet und waren nicht beurlaubt oder in Elternzeit. In Abhängigkeit vom Alter des jüngsten Kindes verändert sich die Erwerbstätigenquote insbesondere der Mütter deutlich. Fast ein Drittel (32 %) der Mütter, deren jüngstes Kind im Krippenalter von unter drei Jahren war, war berufstätig. Erreichte das jüngste Kind das Kleinkindalter von drei bis fünf Jahren, gingen bereits fast doppelt so viele (61 %) einer Erwerbstätigkeit nach. Die höchste Erwerbstätigenquote von 72 % wurde bei Müttern mit 10- bis 14-jährigen Kindern erreicht. Bei den Vätern ist die Beteiligung am Erwerbsleben weitgehend unabhängig vom

▶ Abb 17   **Kinder im elterlichen Haushalt nach Alter und Geschlecht 2011**
— in Prozent der Bevölkerung des jeweiligen Alters

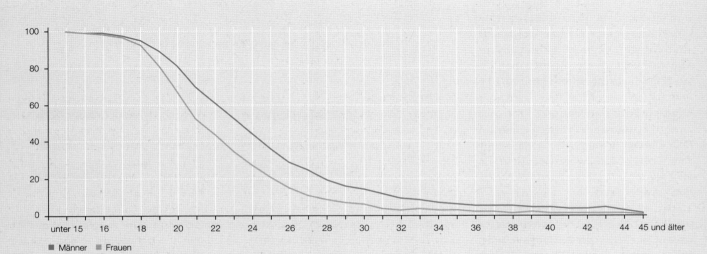

■ Männer ■ Frauen

Ergebnisse des Mikrozensus – Bevölkerung in Familien/Lebensformen am Hauptwohnsitz.

Heranwachsen der Kinder. Sie lag im Jahr 2011 – je nach Alter des jüngsten Kindes – zwischen 83 % und 86 %. Mit der Familiengründung gibt somit ein beträchtlicher Teil der in Deutschland lebenden Mütter ihren Beruf vorübergehend auf und kehrt erst mit zunehmendem Alter der Kinder wieder in das Erwerbsleben zurück. ▶ Abb 18

Die Ausübung einer beruflichen Tätigkeit ist nicht nur für die finanzielle Situation der Familie von großer Bedeutung. Sie bestimmt auch den zeitlichen Rahmen, der für das Familienleben zur Verfügung steht. Bei der Erwerbsbeteiligung zeigen sich zunächst keine großen Unterschiede zwischen alleinerziehenden Müttern und Müttern in Paarfamilien. Rund 59 % der alleinerziehenden Mütter und 58 % der Ehefrauen mit Kindern unter 15 Jahren gingen 2011 aktiv einer Erwerbstätigkeit nach. Lebenspartnerinnen mit Kindern unter 15 Jahren waren mit 56 % fast genauso häufig berufstätig. Deutliche Unterschiede zeigen sich hingegen beim Umfang der ausgeübten Tätigkeit. Ehefrauen waren von allen Müttern am seltensten vollzeitberufstätig. Nur jede vierte Ehefrau (24 %) übte ihre Erwerbstätigkeit in Vollzeit aus. Deutlich höher waren die Vollzeitquoten der alleinerziehenden Mütter (40 %) und der Lebenspartnerinnen (42 %). Bei der Ausübung einer Teilzeitbeschäftigung ist das entsprechend umgekehrt. ▶ Abb 19

Väter sind nicht nur häufiger erwerbstätig, sie üben ihre berufliche Tätigkeit auch öfter in Vollzeit aus als Mütter. Dennoch gibt es auch hier Unterschiede je nach Familienform: Ehemänner waren mit Abstand am häufigsten erwerbstätig (86 %). Von den Lebenspartnern übten 80 % eine berufliche Tätigkeit aus. Mit 71 % waren alleinerziehende Väter am seltensten von allen Vätern mit Kindern unter 15 Jahren berufstätig. Die Reihenfolge ist unverändert, vergleicht man die Vollzeitquoten der Väter: 95 % der erwerbstätigen Ehemänner waren vollzeittätig, 91 % der Lebenspartner und 85 % der alleinerziehenden Väter.

▶ Abb 18   **Erwerbstätigenquoten von Müttern und Vätern nach Alter des jüngsten Kindes 2011 — in Prozent**

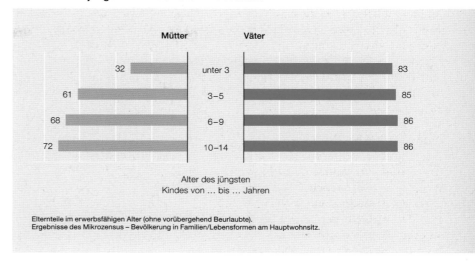

Elternteile im erwerbsfähigen Alter (ohne vorübergehend Beurlaubte).
Ergebnisse des Mikrozensus – Bevölkerung in Familien/Lebensformen am Hauptwohnsitz.

▶ Abb 19   **Vollzeitquoten von Müttern und Vätern nach Familienform 2011 — in Prozent**

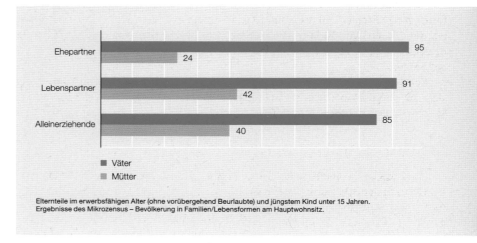

Elternteile im erwerbsfähigen Alter (ohne vorübergehend Beurlaubte) und jüngstem Kind unter 15 Jahren.
Ergebnisse des Mikrozensus – Bevölkerung in Familien/Lebensformen am Hauptwohnsitz.

Für Mütter und Väter, die als Paar zusammen leben, stellt sich nicht nur die Frage, wie beide Elternteile für sich betrachtet Familie und Beruf vereinbaren. Von hohem Interesse ist bei Paaren mit Kind(ern) zudem das Zusammenspiel der Partner bei der Balance von Familie und Beruf. Die dargestellten Ergebnisse konzentrieren sich dabei auf Ehepaare und nichteheliche Lebensgemeinschaften. Insbesondere der Zeitumfang der Erwerbsbeteiligung unterscheidet sich deutlich. Bei fast drei Vierteln (73 %) der Ehepaare mit Kindern unter 15 Jahren war der Vater vollzeit- und die Mutter teilzeiterwerbstätig. Auch über die Hälfte der Paare, die in nichtehelicher Lebensgemeinschaft lebten, wählten diese »traditionelle« Arbeitszeitkombination (52 %). Bei 21 % der Ehepaare gingen beide Elternteile einer Vollzeittätigkeit nach, bei den Lebensgemeinschaften lag dieser Anteil mit 40 % fast doppelt so hoch. Andere mögliche Arbeitszeitaufteilungen spielten eine eher untergeordnete Rolle. ▶ Abb 20

▶ Abb 20   **Paarfamilien nach Vollzeit-/Teilzeittätigkeit der Partner 2011 — in Prozent**

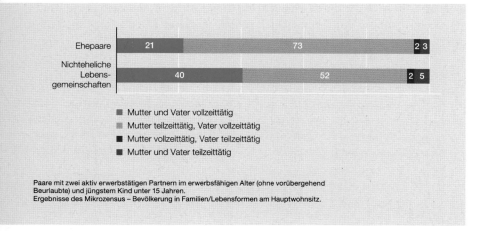

Paare mit zwei aktiv erwerbstätigen Partnern im erwerbsfähigen Alter (ohne vorübergehend Beurlaubte) und jüngstem Kind unter 15 Jahren.
Ergebnisse des Mikrozensus – Bevölkerung in Familien/Lebensformen am Hauptwohnsitz.

▶ Abb 21   **Paarfamilien nach Migrationsstatus und Erwerbsbeteiligung der Partner 2011 — in Prozent**

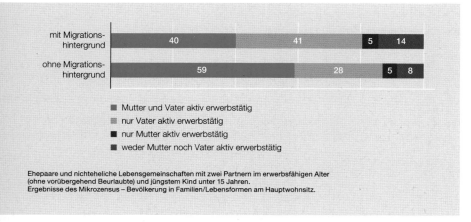

Ehepaare und nichteheliche Lebensgemeinschaften mit zwei Partnern im erwerbsfähigen Alter (ohne vorübergehend Beurlaubte) und jüngstem Kind unter 15 Jahren.
Ergebnisse des Mikrozensus – Bevölkerung in Familien/Lebensformen am Hauptwohnsitz.

Wie vereinbaren Paarfamilien mit Migrationshintergrund im Vergleich zu Paarfamilien ohne Migrationshintergrund Familie und Beruf? Unterschiede zeigen sich hier weniger im Umfang der Erwerbsbeteiligung, sondern vielmehr bei der Ausübung einer beruflichen Tätigkeit. Während bei 59 % der Paarfamilien ohne Migrationshintergrund Mutter und Vater 2011 aktiv erwerbstätig waren, traf das auf vergleichsweise nur 40 % der Paare mit Migrationshintergrund zu. Bei ihnen war die eher »traditionelle« Rollenverteilung – ausschließlich der Vater geht einer beruflichen Tätigkeit nach – mit 41 % deutlich

häufiger verbreitet als bei den Paarfamilien ohne Migrationshintergrund (28 %). Fast doppelt so hoch war bei den Paaren mit Migrationshintergrund der Anteil derjenigen Paare, bei denen sich weder Mutter noch Vater am Erwerbsleben beteiligten (14 % gegenüber 8 % bei den Paaren ohne Migrationshintergrund). ▶ Abb 21

2.1.6 Kindertagesbetreuung: Betreuungsangebot und Inanspruchnahme

Der Ausbau der Kindertagesbetreuung steht derzeit im Mittelpunkt der öffentlichen Diskussion. Neben anderen familien-

politischen Leistungen (unter anderem Elterngeld, Kindergeld) gilt der Ausbau der Infrastruktur in der Kindertagesbetreuung als eine wichtige Voraussetzung, um Paare bei dem Entschluss, Kinder zu bekommen, zu unterstützen. Zusätzlich zu dem damit verbundenen Ziel, die Geburtenrate in Deutschland zu erhöhen, können wichtige arbeitsmarktpolitische Anforderungen erreicht werden. Es gilt, gut ausgebildeten und qualifizierten Müttern – und Vätern – bessere Chancen als bislang auf dem Arbeitsmarkt zu ermöglichen.

Eine qualitativ hochwertige Kindertagesbetreuung umfasst auch die Aspekte Erziehung und Bildung. Außerdem vermittelt Kindertagesbetreuung Kindern wichtige Sozialisationserfahrungen auch außerhalb ihrer Familien.

Auf dem sogenannten »Krippengipfel« von Bund, Ländern und Kommunen im Jahr 2007 wurde vereinbart, bis zum Jahr 2013 bundesweit für 35 % der Kinder unter drei Jahren ein Angebot zur Betreuung in einer Kindertageseinrichtung oder durch eine Tagesmutter beziehungsweise einen Tagesvater (sogenannte Tagespflege) zu schaffen. Die damalige Planungsgröße lag bei 750 000 Plätzen. Mittlerweile wird der Bedarf sogar auf rund 780 000 Plätze für unter 3-Jährige geschätzt, was einer Betreuungsquote von gut 39 % entspricht. Da der Bedarf regional unterschiedlich hoch sein wird, kann es in einzelnen Regionen zu deutlichen Abweichungen nach oben oder auch nach unten kommen.

Neben dem Ziel, bis zum Jahr 2013 bundesweit für nun 39 % der Kinder unter drei Jahren ein Betreuungsangebot zur Verfügung zu stellen, gibt es seit dem Kindergartenjahr 2013/2014 (1. August) zudem einen Rechtsanspruch auf einen Betreuungsplatz für Kinder ab Vollendung des ersten Lebensjahres.

Von den rund 2,5 Millionen Kindern unter sechs Jahren in Tagesbetreuung wurden zum Stichtag 1. März 2012 in der Altersgruppe der unter 3-Jährigen bundesweit gut 558 000 Kinder in einer Kindertageseinrichtung oder durch eine Tagespflegeperson betreut. Dies entspricht einem Anteil von 28 % an allen Kindern in dieser Altersgruppe (Betreuungsquote). Im März 2007 lag die Betreuungsquote bei den unter 3-Jährigen noch bei 15 %. Regional gibt es große Unterschiede hinsichtlich der Betreuungsquote. Bei den nachfolgenden Ausführungen zu Ost- und Westdeutschland ist Berlin in den Daten von Ostdeutschland enthalten.

Während die Betreuungsquote 2012 in den westdeutschen Bundesländern bei 22 % lag, war sie in den neuen Bundesländern mit 49 % mehr als doppelt so hoch. Die höchsten Betreuungsquoten für Kinder unter drei Jahren gab es in Sachsen-Anhalt (58 %), gefolgt von Mecklenburg-Vorpommern (54 %) und Brandenburg (53 %). Unter den westdeutschen Flächenländern hatte Rheinland-Pfalz mit 27 % die höchste Betreuungsquote. Die bundesweit niedrigste Betreuungsquote gab es im März 2012 in Nordrhein-Westfalen (18 %). ▶ Abb 22, Tab 5

In Ostdeutschland wurde der allergrößte Teil der Kinder – knapp 90 % – in einer Kindertageseinrichtung betreut. Der Anteil lag in Westdeutschland mit 82 % etwas darunter. Hier hat die Kindertagespflege als Betreuungsform (18 %) eine größere Bedeutung.

Rund 1,9 Millionen Kinder zwischen drei und fünf Jahren wurden zum Stichtag 1. März 2012 in Kindertagesstätten oder in Kindertagespflege betreut. Obwohl die Zahl der betreuten Kinder in dieser Altersgruppe im Vergleich zum März 2007 um rund 5 000 Kinder gesunken ist, stieg die Betreuungsquote um über vier Prozentpunkte auf aktuell 93 % an. Ursache hierfür ist, dass bundesweit die Zahl aller Kinder in dieser Altersgruppe um fast 108 000 Kinder zurückging. Anders als bei den unter 3-Jährigen spielt die Kindertagespflege in dieser Altersgruppe kaum eine Rolle.

Ganztagsbetreuung

Neben dem generellen Angebot an Kinderbetreuungsplätzen ist auch die Möglichkeit, Kinder ganztags betreuen zu lassen, ein wichtiger Beitrag für die Vereinbarkeit von Familie und Beruf. Ganztagsbetreuung bedeutet, dass Kinder durchgehend mehr als sieben Stunden pro Tag in einer Tageseinrichtung oder bei einer Tagespflege verbringen können.

Bei Kindern im Alter unter drei Jahren sind Ganztagsbetreuungsplätze nach wie vor wenig verbreitet. So wurde im März 2012 im bundesweiten Durchschnitt nur knapp jedes siebte Kind (15 %) unter drei Jahren (296 000) ganztags betreut. Das waren jedoch doppelt so viele wie 2007 – da lag der Anteil bei 7 %.

Auch hier unterscheiden sich die Quoten zwischen Ost- und Westdeutschland: Während in Westdeutschland die Ganztagsbetreuungsquote bei 9 % aller Kinder unter drei Jahren lag, war in Ostdeutschland mehr als jedes dritte Kind (36 %) in dieser Altersgruppe in Ganztagsbetreuung. Die Ganztagsbetreuungsquote im Osten war damit viermal höher als im Westen Deutschlands.

Für die Altersgruppe der 3- bis 5-Jährigen werden Ganztagsplätze bundesweit wesentlich häufiger in Anspruch genommen als bei den unter 3-Jährigen. Im März 2012 lag die Quote bei 37 %, im Jahr 2007 waren es noch 24 %. In den ostdeutschen Bundesländern stieg die Ganztagsbetreuungsquote im gleichen Zeitraum von 58 % auf 68 %. In den westdeutschen Bundesländern erhöhte sie sich von 17 % auf 30 %.

▶ Abb 22   **Kinder unter 3 Jahren in Tagesbetreuung 2012 — in Prozent der entsprechenden Altersgruppe**

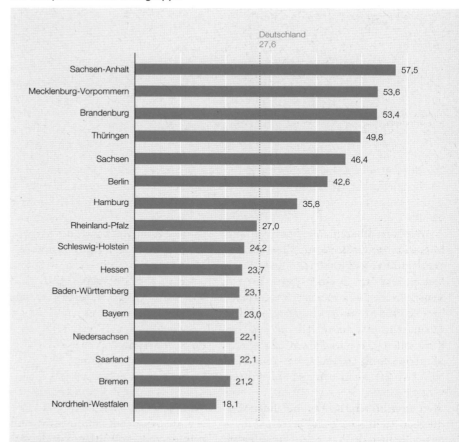

Deutschland 27,6

Sachsen-Anhalt	57,5
Mecklenburg-Vorpommern	53,6
Brandenburg	53,4
Thüringen	49,8
Sachsen	46,4
Berlin	42,6
Hamburg	35,8
Rheinland-Pfalz	27,0
Schleswig-Holstein	24,2
Hessen	23,7
Baden-Württemberg	23,1
Bayern	23,0
Niedersachsen	22,1
Saarland	22,1
Bremen	21,2
Nordrhein-Westfalen	18,1

Kinder in Kindertageseinrichtungen zuzüglich der Kinder in öffentlich geförderter Kindertagespflege, die nicht zusätzlich eine Kindertageseinrichtung besuchen.

▶ Tab 5   **Kinder unter 6 Jahren in Tagesbetreuung 2012**

	Insgesamt	Davon im Alter von ... bis ... Jahren					
		unter 3			3–5		
		Anzahl	Betreuungsquote	Ganztagsquote	Anzahl	Betreuungsquote	Ganztagsquote
			in %			in %	
Baden-Württemberg	330 630	62 732	23,1	7,4	267 898	95,2	16,1
Bayern	369 022	73 003	23,0	7,7	296 019	91,0	27,0
Berlin	128 080	41 820	42,6	28,7	86 260	93,9	58,7
Brandenburg	87 779	30 708	53,4	37,7	57 071	96,3	59,1
Bremen	17 800	3 432	21,2	11,3	14 368	89,1	26,6
Hamburg	59 143	17 738	35,8	21,0	41 405	87,4	38,4
Hessen	183 878	36 729	23,7	13,5	147 149	93,4	41,4
Mecklenburg-Vorpommern	58 086	21 025	53,6	37,5	37 061	95,9	62,6
Niedersachsen	226 628	41 772	22,1	7,2	184 856	92,6	19,0
Nordrhein-Westfalen	501 917	79 118	18,1	8,9	422 799	92,9	37,9
Rheinland-Pfalz	121 498	25 589	27,0	12,4	95 909	97,4	44,7
Saarland	25 218	4 670	22,1	14,1	20 548	94,6	34,8
Sachsen	144 988	48 244	46,4	36,9	96 744	96,0	76,5
Sachsen-Anhalt	78 828	29 559	57,5	37,6	49 269	95,6	63,5
Schleswig-Holstein	81 404	16 295	24,2	8,9	65 109	90,7	21,6
Thüringen	75 114	25 774	49,8	42,9	49 340	96,9	87,4
Deutschland	**2 490 013**	**558 208**	**27,6**	**14,6**	**1 931 805**	**93,4**	**37,1**
Früheres Bundesgebiet ohne Berlin-West	1 917 138	361 078	22,3	9,3	1 556 060	92,9	29,8
Neue Länder und Berlin	572 875	197 130	49,0	36,0	375 745	95,6	68,0

Kinder in Kindertageseinrichtungen zuzüglich der Kinder in öffentlich geförderter Kindertagespflege, die nicht zusätzlich eine Kindertageseinrichtung besuchen.
Betreuungsquote: Anteil der Kinder in Tagesbetreuung an allen Kindern derselben Altersgruppe.
Ganztagsquote: Anteil der Kinder mit einem Betreuungsumfang von mehr als 7 Stunden pro Betreuungstag an allen Kindern derselben Altersgruppe.

Kinder mit Migrationshintergrund in Kindertagesbetreuung

Etwa 95 000 der bundesweit rund 558 000 Kinder unter drei Jahren in Kindertagesbetreuung hatten 2012 einen Migrationshintergrund; das heißt sie hatten mindestens ein Elternteil mit ausländischer Herkunft. Das waren rund 17 %. In den westdeutschen Bundesländern hatte jedes fünfte Kind (22 % beziehungsweise rund 79 000 Kinder) dieser Altersgruppe in Kindertagesbetreuung einen Migrationshintergrund, in Ostdeutschland waren es nur 8 % der Kinder unter drei Jahren (16 000 Kinder).

Der Anteil der Kinder in Kindertagesbetreuung, die einen Migrationshintergrund haben, ist in der Altersgruppe der 3- bis 5-Jährigen höher als bei den unter 3-jährigen Kindern. Bundesweit hatte in dieser Altersgruppe mehr als jedes vierte betreute Kind (29 % beziehungsweise 556 000 Kinder) einen Migrationshintergrund. Auch hier lag der Anteil der Kinder in Kindertagesbetreuung mit Migrationshintergrund in Westdeutschland mit 33 % (507 000 Kinder) deutlich über dem in Ostdeutschland (13 % beziehungsweise 49 000 Kinder).

Personal in der Kindertagesbetreuung

Zusätzlich zu den rund 2,5 Millionen Kindern unter 6 Jahren wurden rund 800 000 Kinder zwischen 6 und 14 Jahren in Kindertageseinrichtungen oder -pflege betreut. Zusammen waren das 3,3 Millionen Kinder, rund 233 000 mehr als 2007.

Die Zahl der Kindertageseinrichtungen lag bei 52 000, das waren 7 % mehr als vor fünf Jahren.

Für alle betreuten Kinder bis zum Alter von 14 Jahren waren zum 1. März 2012 mehr als 468 000 Personen bundesweit in Kindertageseinrichtungen als pädagogisches Personal oder als Leitungsbeziehungsweise Verwaltungspersonal beschäftigt. Das waren gut 102 000 Personen (28 %) mehr als 2007. Die Zahl der Beschäftigten, die unmittelbar mit der Betreuung von Kindern betraut waren, belief sich im März 2012 auf fast 444 000 Personen. Dies entspricht einem Anteil von rund 95 % an allen Beschäftigten. Der Anteil der Personen, die ausschließlich Leitungsfunktionen hatten, lag bei rund 4 %, der Anteil von Beschäftigten mit

Verwaltungsaufgaben bei 1 %. Seit 2007 sind diese Anteile konstant geblieben. Darüber hinaus gab es in Kindertageseinrichtungen rund 76 000 Mitarbeiterinnen und Mitarbeiter im hauswirtschaftlich/technischen Bereich.

Nach wie vor ist die berufliche Kinderbetreuung in Deutschland eine Frauendomäne. Unter allen Beschäftigten, die unmittelbar mit der Betreuung von Kindern betraut waren, waren lediglich rund 18 000 Männer. Das entspricht einem Anteil von 4 %.

In der Kindertagesbetreuung verändert sich in den letzten Jahren die Altersstruktur der Beschäftigten: Die Ergebnisse zeigen, dass der Anteil der Älteren steigt: So waren 41 % der Beschäftigten im Jahr 2012 in der Altersgruppe 45 Jahre oder älter, im Jahr 2007 waren es noch 38 %. Der Anteil in der »mittleren« Altersgruppe zwischen 25 und 44 Jahren verringerte sich um rund vier Prozentpunkte von 50 % auf 46 %. Nur in der Altersgruppe der unter 25-Jährigen blieb der Anteil mit 12 % gegenüber 2007 konstant.

Da im Zusammenhang mit der Kindertagesbetreuung zunehmend die Aspekte der Erziehung und der frühkindlichen Förderung betont werden, muss in den Einrichtungen ausreichend qualifiziertes Betreuungspersonal zur Verfügung stehen. Erzieherinnen bilden den Kern der Beschäftigten in Kindertageseinrichtungen. Im März 2012 verfügten 324 000 (69 %) der insgesamt mehr als 468 000 Beschäftigten über eine Ausbildung zur Erzieherin oder zum Erzieher. Kinderpflegerinnen und -pfleger stellten mit 56 000 Beschäftigten rund 12 % des Personals. Akademisch Ausgebildete fand man im Bereich Kindertagesbetreuung kaum. Nur rund 22 000 Beschäftigte beziehungsweise 5 % der Mitarbeiterinnen und Mitarbeiter verfügten über einen Fachhochschul- oder Hochschulabschluss. Damit war der Anteil der akademisch Ausgebildeten ähnlich hoch wie der Anteil der Beschäftigten, die über keine abgeschlossene Berufsausbildung verfügten oder noch in Ausbildung waren (4 %). Sonstige Berufsausbildungen hatten eine geringe Bedeutung.

Zusätzlich zu den Beschäftigten in Kindertageseinrichtung waren rund 43 400 Tagesmütter und Tagesväter in der öffentlich geförderten Kindertagespflege tätig, das war rund ein Drittel (31 %) mehr als 2007. Zur »Förderung mit öffentlichen Mitteln« gehört bei der Kindertagespflege jedoch nicht nur die Gewährung einer laufenden Geldleistung des Jugendamtes an die Kindertagespflegepersonen. Vielmehr umfasst die öffentliche Förderung – unter Bezug auf die Regelungen im Sozialgesetzbuch SGB VIII – noch mehr Leistungen: Zum Beispiel die Vermittlung des Kindes an eine geeignete Kindertagespflegeperson, die Beratung der Kindertagespflegeperson oder der Eltern, die Praxisbegleitung der Kindertagespflegeperson durch das Jugendamt, Kurse oder Veranstaltungen zur weiteren Qualifizierung von Kindertagespflegepersonen und spezielle, im Landesrecht vorgesehene Förderungen mit öffentlichen Mitteln.

Wie auch in Kindertageseinrichtungen war die Kindertagespflege fest in Frauenhand. Von den insgesamt gut 43 400 Tagespflegepersonen waren etwa 1 200 Männer, was einem Anteil von 3 % entsprach. Gut 21 000 Tagespflegepersonen waren zwischen 25 und 44 Jahre alt (49 %). Ebenfalls 49 % waren 45 Jahre und älter. Unter 25 Jahren waren nur 900 Personen (2 %).

In den letzten fünf Jahren hat es bei der Entwicklung des Personals in der Kindertagespflege nicht nur einen quantitativen Anstieg, sondern vielmehr auch eine qualitative Verbesserung gegeben. So verfügen mittlerweile rund 36 600 der insgesamt 43 400 Tagespflegepersonen über einen abgeschlossenen Qualifizierungskurs. Gegenüber dem Jahr 2007 ist der Anteil damit von 58 % auf 84 % gestiegen. Bei den Berufsausbildungsabschlüssen hingegen gab es keine nennenswerten Veränderungen. Der Anteil der Pflegepersonen mit einem fachpädagogischen Abschluss liegt nach wie vor bei rund einem Drittel (32 %).

Der Anstieg an Tagesmüttern und -vätern, die über einen abgeschlossenen Qualifizierungskurs für Kindertages-pflege verfügen und der Pflegepersonen, die einen fachpädagogischen Berufsausbildungsabschluss haben, führt zu einer zunehmenden Professionalisierung der Kindertagespflege.

Mittlerweile verfügt jede fünfte Tagespflegeperson (20 %) über einen fachpädagogischen Berufsausbildungsabschluss und gleichzeitig über einen abgeschlossenen Qualifizierungskurs für Kindertagespflege; im Jahr 2007 waren es 15 %.

2.1.7 Zusammenfassung

Das traditionelle Zusammenleben als Ehepaar war 2011 – trotz rückläufiger Zahlen – noch die häufigste Lebensform der Bevölkerung. Allerdings gab es fast genauso viele Alleinstehende. Die Zahl der Alleinstehenden ist in den letzten zehn Jahren deutlich angestiegen. Auch alternative Lebensformen wie das Alleinerziehen oder das Zusammenleben ohne Trauschein nahmen zu.

Auch bei den Familien (hier definiert als Eltern-Kind-Gemeinschaften) gewinnen alternative Formen des Zusammenlebens (Lebensgemeinschaften mit Kindern, alleinerziehende Mütter und Väter) zunehmend an Bedeutung. Nach wie vor ist jedoch die traditionelle Familie die mit Abstand häufigste Familienform: Im Jahr 2011 bestanden fast drei Viertel der Familien aus Ehepaaren mit Kind(ern). Familien mit Migrationshintergrund wählen noch häufiger die traditionelle Familienform.

Hinter den insgesamt rückläufigen Familienzahlen stehen unterschiedliche Entwicklungen. Während die Zahl traditioneller Familien sank, stieg die Zahl alternativer Familienformen.

In den Familien werden immer weniger Kinder betreut. Im Jahr 2011 versorgte über die Hälfte der Familien in Deutschland nur ein minderjähriges Kind im Haushalt. Familien mit Migrationshintergrund betreuten häufiger eine größere Anzahl minderjähriger Kinder.

Obwohl die Zahl der alternativen Familienformen steigt, leben die meisten minderjährigen Kinder nach wie vor bei ihren verheirateten Eltern, wo sie überwiegend gemeinsam mit mindestens einer minder- oder volljährigen Schwester oder einem Bruder im Haushalt leben. Töchter verlassen den elterlichen Haushalt früher als Söhne.

Mütter vereinbaren Familie und Beruf – anders als die Väter – in erster Linie durch eine verminderte Beteiligung am Erwerbsleben. Mit der Familiengründung gibt ein beträchtlicher Teil der in Deutschland lebenden Mütter ihren Beruf vorübergehend auf und kehrt erst mit zunehmendem Alter der Kinder wieder in das Erwerbsleben zurück. Paarfamilien, in denen beide Elternteile einem Beruf nachgehen, wählen mehrheitlich die »traditionelle« Arbeitszeitkombination: vollzeiterwerbstätiger Vater und teilzeiterwerbstätige Mutter.

Der Ausbau der Kindertagesbetreuung hat zwischen 2007 und 2012 deutlich an Dynamik gewonnen. So stieg die Zahl der betreuten Kinder unter drei Jahren in diesem Zeitraum von gut 320 000 auf rund 558 000 Kinder. Die Betreuungsquote kletterte von 15 % auf 28 %, bei den 3- bis 5-Jährigen von 89 % auf 93 %. Auch die Ganztagsbetreuung gewinnt an Bedeutung sowohl bei den unter 3-Jährigen als auch bei den 3- bis 5-Jährigen. Die Inanspruchnahme ist bei den 3- bis 5-Jährigen mit 37 % jedoch nach wie vor deutlich höher als bei den unter 3-Jährigen (15 %). Bundesweit hatten zum Stichtag 1. März 2012 rund 17 % der unter 3-jährigen Kinder in Kindertagesbetreuung einen Migrationshintergrund – bei den 3- bis 5-Jährigen lag der Anteil bei 29 %.

2.2 Kinderlosigkeit

Olga Pötzsch

Destatis

Nach wie vor haben die meisten Frauen in Deutschland Kinder. Wenn Frauen Kinder bekommen, dann bringen sie während ihres Lebens durchschnittlich zwei Kinder zur Welt. Der Anteil der Frauen ohne Kind ist allerdings im Laufe der letzten Jahrzehnte kontinuierlich angestiegen und das Leben ohne Kind ist zu einem gesellschaftlichen Phänomen geworden. Bei Frauen, die heute im Alter zwischen 40 und 50 Jahren sind, ist das Ausmaß der Kinderlosigkeit sogar der bestimmende Faktor für das niedrige Geburtenniveau.

Für Frauen ab 50 Jahren wird die Kinderlosigkeit in Bezug auf leibliche Kinder als endgültig betrachtet. Auch für die 40- bis 49-Jährigen wird sich die jetzt ausgewiesene Kinderlosigkeit kaum noch ändern. Die Zahl der über 40-Jährigen, die zweite und weitere Kinder zur Welt bringen, nimmt zwar zu, ihr erstes Kind bekommen jedoch Frauen nach wie vor sehr selten im Alter von über 40 Jahren. Bei den jüngeren Frauen wird der Anteil der Frauen ohne Kind an allen Frauen des entsprechenden Jahrgangs als eine Momentaufnahme betrachtet, da die Kinderlosenquote sich künftig noch verringern wird.

Die ersten ausführlichen Daten zur Kinderlosigkeit in Deutschland wurden in der Mikrozensuserhebung 2008 gewonnen. Zu diesem Zeitpunkt ermöglichte eine Änderung des Mikrozensusgesetzes, dass erstmals alle am Mikrozensus teilnehmenden Frauen im Alter zwischen 15 und 75 Jahren nach der Zahl der von ihnen geborenen Kinder gefragt wurden. Vor dieser Gesetzesänderung lagen der amtlichen Statistik lediglich die Angaben über die Zahl der in der Familie oder in der Lebensgemeinschaft wohnenden Kinder vor. Die Angabe zur Geburt der leiblichen Kinder ist freiwillig und wird lediglich alle vier Jahre erfragt. Die Ergebnisse der Mikrozensuserhebung von 2012 werden im Herbst 2013 veröffentlicht.

Die Mikrozensusbefragung 2008 zeigte, dass der Anteil der kinderlosen Frauen in Deutschland bei den Jahrgängen 1933 bis 1948, den ältesten hier betrachteten Jahrgängen, mit 11 % bis 12 % relativ niedrig war. In den folgenden Jahrgängen gab es immer mehr Frauen ohne Kinder. Bei den zwischen 1964 und 1968 Geborenen (Alter 40 bis 44 Jahre im Jahr 2008) hatten 21 % keine Kinder, bei den 35- bis 39-Jährigen waren 26 % kinderlos und bei den 30- bis 34-Jährigen hatten 43 % (noch) keine Kinder zur Welt gebracht.

Regionale Unterschiede

Bei den Geburtsjahrgängen 1933 bis 1938 lag der Anteil der kinderlosen Frauen im Westen Deutschlands bei 11 % und im Osten bei 9 %. Unter den Frauen der Jahrgänge 1939 bis 1963 vergrößerte sich dieser Abstand allmählich. Im früheren Bundesgebiet nahm die endgültige Kinderlosigkeit von 12 % auf 19 % zu, wohingegen sie in den neuen Ländern auf etwa 7 % sank. In diesen Zahlen werden nicht nur unterschiedliche familienpolitische Ansätze sichtbar, sondern verschiedene Lebensentwürfe und -einstellungen, die durch die getrennte gesellschaftliche Entwicklung im früheren Bundesgebiet und in der ehemaligen DDR bis 1989 mit bestimmt wurden. Bei den zwischen 1964 und 1968 geborenen Frauen nahm in den neuen Ländern der Anteil der Kinderlosen erstmals – auf 11 % – zu. In den alten Ländern setzte sich in dieser Jahrgangsgruppe (den zum Zeitpunkt der Erhebung 40- bis 44-jährigen Frauen) der Anstieg fort und es blieben 22 % der Frauen dieser Jahrgänge kinderlos. Für diese Frauen ist ebenso wie für die älteren zu erwarten, dass sich ihr Kinderlosenanteil nicht mehr verändert. ▶ Abb 1

Bei den jüngeren Jahrgängen ist der Anteil der Frauen ohne Kind in beiden Teilen Deutschlands erwartungsgemäß höher. Der Abstand im Niveau der Kinderlosigkeit zwischen den Frauen in den alten und neuen Ländern bleibt aber erhalten. Die nach wie vor niedrigere Kinderlosigkeit im Osten deutet darauf hin, dass neben den Annäherungstendenzen im

▶ Abb 1   **Anteil der Frauen ohne Kind an allen Frauen der entsprechenden Jahrgänge 2008 — in Prozent**

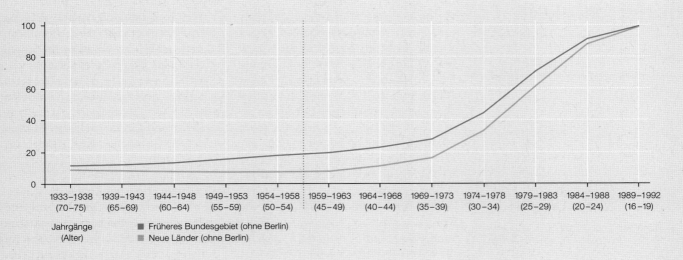

Jahrgänge (Alter)

■ Früheres Bundesgebiet (ohne Berlin)
■ Neue Länder (ohne Berlin)

Ab Jahrgang 1959 vorläufiger bis zum Jahr 2008 erreichter Stand.
Ergebnisse des Mikrozensus.

Geburtsverhalten auch Prägungen aus der Zeit vor 1990 fortwirken.

Kinderlosigkeit und Bildungsstand

Für Westdeutschland gilt: je höher der Bildungsstand, desto häufiger sind Frauen kinderlos. Betrachtet man Frauen ab 40 Jahren, die ihre Familienplanung größtenteils bereits abgeschlossen haben, hatten 26 % der Frauen mit hoher Bildung keine Kinder. Dieser Anteil ist deutlich höher als bei den Frauen mit mittlerer Bildung (16 %) und mehr als doppelt so hoch wie bei den Frauen mit niedriger Bildung (11 %); Bildungsstand siehe Kapitel 2.1, Infokasten 2, Seite 45.

Im Gegensatz zu den westdeutschen Frauen entscheiden sich ostdeutsche Frauen mit hoher Bildung häufiger für Nachwuchs. Nur 9 % der ostdeutschen Frauen mit hohem Bildungsstand hatten keine Kinder. Von den Frauen mit mittlerer Bildung waren 7 % kinderlos und von den Frauen mit niedriger Bildung 12 %. Der für Westdeutschland gültige Zusammenhang, dass die Kinderlosigkeit mit dem Bildungsniveau zunimmt, trifft für

Ostdeutschland also nicht pauschal zu. Ostdeutsche Frauen sind generell seltener kinderlos und das weitestgehend unabhängig von den hier betrachteten Bildungskategorien. Hierzu dürften unter anderem die familienpolitischen Maßnahmen in der ehemaligen DDR wie das auch heute gut ausgebaute Betreuungsangebot für Kinder beigetragen haben. Dabei profitierten Frauen von einer guten Vereinbarkeit von Familie und Beruf, möglicherweise insbesondere diejenigen mit mittlerer oder höherer Bildung.

Besondere Aufmerksamkeit der Politik und Öffentlichkeit gilt der Gruppe der Akademikerinnen. Dazu zählen Frauen mit einem Hochschul- oder einem Fachhochschulabschluss sowie mit einer Promotion. 2008 waren von den 40- bis 75-jährigen Frauen in West- und Ostdeutschland jeweils 11 % Akademikerinnen. Hinsichtlich ihres Nachwuchses unterscheiden sich west- und ostdeutsche Akademikerinnen deutlich. Rund 28 % der westdeutschen Frauen mit akademischem Grad hatten (noch) keine Kinder geboren. Von den ostdeutschen Akademikerinnen ab

40 Jahren waren nur 11 % kinderlos. Die westdeutschen Akademikerinnen waren damit deutlich häufiger kinderlos als der Durchschnitt aller Frauen. Dieser lag im früheren Bundesgebiet bei 16 % und in den neuen Ländern bei 8 %. ▶ Abb 2

Veränderung des Kinderlosenanteils bei Frauen im gebärfähigen Alter

Neben den Angaben zur Entwicklung der endgültigen Kinderlosigkeit ist es von Interesse, wie sich die sogenannte temporäre, oder vorübergehende, Kinderlosigkeit innerhalb der gebärfähigen Phase (zwischen 15 und 49 Jahren) verändert. Es scheint naheliegend, dass unter den 25-Jährigen mehr Frauen erstmals Mutter werden als unter den 45-Jährigen. In welchem Alter jedoch die meisten zuvor kinderlosen Frauen ein Baby bekommen, bedarf einer genaueren Betrachtung.

Aus dem Mikrozensus 2008 konnte erstmals die Anzahl der kinderlosen Frauen je Altersstufe zwischen 16 und 49 Jahren abgeleitet werden. Diese Frauen stellten die Gruppe der potenziellen Mütter dar, die theoretisch im nächsten

▶ Abb 2   **Anteil der Frauen ohne Kind an allen Frauen mit akademischen Abschlüssen 2008 — in Prozent**

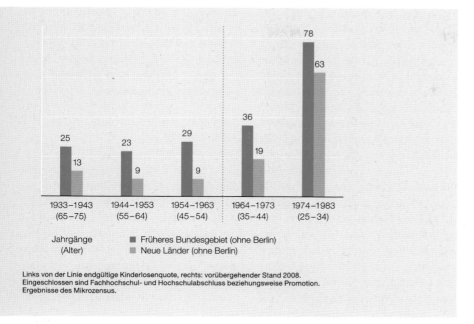

	1933–1943 (65–75)	1944–1953 (55–64)	1954–1963 (45–54)	1964–1973 (35–44)	1974–1983 (25–34)

Jahrgänge (Alter)

■ Früheres Bundesgebiet (ohne Berlin)
■ Neue Länder (ohne Berlin)

Links von der Linie endgültige Kinderlosenquote, rechts: vorübergehender Stand 2008.
Eingeschlossen sind Fachhochschul- und Hochschulabschluss beziehungsweise Promotion.
Ergebnisse des Mikrozensus.

Jahr 2009 ihr erstes Kind bekommen konnten. Durch die Kombination der Angaben zur Anzahl der Kinderlosen im Jahr 2008 einerseits und der Zahl der Erstgeborenen im Jahr 2009 andererseits konnte dieser Übergang jahrgangsweise nachvollzogen werden. Die Anzahl der kinderlosen Frauen eines Jahrgangs im Jahr 2009 wurde ermittelt, indem die Anzahl der Kinderlosen des gleichen Jahrgangs im Jahr 2008 um die Anzahl der ersten Geburten im Jahr 2009 (das heißt um die Übergänge zur Mutterschaft) reduziert wurde.

Die Hälfte aller 2009 Geborenen waren die ersten Kinder im Leben ihrer Mütter. Der Kinderlosenanteil sank dabei im Vergleich zu 2008 je nach Alter der Frauen unterschiedlich stark. Besonders deutlich war der Rückgang bei den Frauen, die im Jahr 2009 zwischen 27 und 31 Jahren alt waren. Der Kinderlosenanteil sank in dieser Altersgruppe um fünf Prozentpunkte: von 64 % im Jahr 2008 auf 59 % im Jahr 2009. Bei den jüngeren, 15- bis 26-jährigen Frauen und bei den älteren, 32- bis 41-jährigen Frauen,

gab es 2009 weniger Erstgebärende. Deshalb fiel der Rückgang des Kinderlosenanteils in den entsprechenden Jahrgängen geringer aus.

Bei den Frauen, die im Jahr 2009 im Alter von 42 Jahren und älter waren, veränderte sich die Kinderlosenquote im Vergleich zu 2008 gar nicht mehr. Zwar schieben immer mehr Frauen die Geburt eines Kindes auf, aber nach wie vor werden nur wenige von ihnen im fünften Jahrzehnt erstmals Mutter. So haben lediglich drei von 1000 zuvor kinderlosen Frauen im Alter ab 42 Jahren ihr erstes Kind bekommen. Der Kinderlosenanteil bei Frauen, die 2009 41 Jahre alt waren, kann damit statistisch als quasi endgültig betrachtet werden. Er betrug etwa 22 % und war damit um sechs Prozentpunkte höher als vor zehn Jahren (16 %).

Neben der Veränderung des Kinderlosenanteils ist auch die statistische Wahrscheinlichkeit relevant, mit welcher die noch kinderlosen Frauen im jeweils erreichten Alter erstmals Mutter werden. Wie hoch diese Wahrscheinlichkeit ist, zeigt die Relation zwischen der Anzahl

der Mütter der Erstgeborenen eines Jahres und der Anzahl der kinderlosen Frauen desselben Jahrgangs im Jahr zuvor.

Im Jahr 2009 hatten die Frauen im Alter zwischen 30 und 34 Jahren die höchste Wahrscheinlichkeit erstmals Mutter zu werden. Sie lag bei 9 % der bisher kinderlosen Frauen der jeweiligen Jahrgänge. Bei den Frauen im Alter von 37 Jahren waren es 6 %. Ab dem Alter von 38 Jahren sank die Wahrscheinlichkeit, das erste Kind zu bekommen, rapide und lag für 42-jährige Frauen lediglich bei 1 %.

Berücksichtigt man beide Indikatoren – die Veränderung des Anteils der Kinderlosen an allen Frauen des Jahrgangs und die Wahrscheinlichkeit, erstmals Mutter zu werden – so fand im Jahr 2009 der Übergang zum ersten Kind vor allem bei den Frauen statt, die im Alter zwischen 27 und 34 Jahren waren. Diese Ergebnisse bestätigen, dass die meisten Mütter im bundesdeutschen Durchschnitt bis zum Alter von 35 Jahren ihr erstes Kind bekommen. Trotzdem war 2009 jede dritte 34-jährige Frau noch kinderlos. Zum Vergleich: Bei Frauen, die heute Mitte fünfzig sind, hatte nur jede Fünfte im Alter von 34 Jahren (noch) kein Kind, während 80 % bereits Mutter waren.

Aus heutiger Sicht gibt es noch keine empirischen Ansatzpunkte, die auf eine Trendwende in der Entwicklung der Kinderlosigkeit hindeuteten. Wie weit die Einführung des Elterngelds, die Verbesserung der Kleinkinderbetreuung oder die gegenwärtige Diskussion über die Familie zu einem Einstellungswandel in der Zukunft führen werden, kann heute noch nicht beurteilt werden. Klar ist jedoch, dass die künftige Geburtenentwicklung entscheidend vom Niveau der Kinderlosigkeit abhängen wird.

2.3 Einstellungen zu Familie und Lebensformen

Stefan Weick
GESIS Mannheim
Roland Habich
(Aktualisierung)
WZB

WZB / SOEP

In der Politik und den Medien werden im Zusammenhang mit der Familie eine Reihe von Problemfeldern zum Teil kontrovers diskutiert. Die Familienfreundlichkeit von Arbeitswelt, Kinderbetreuungseinrichtungen und Schule wird in Frage gestellt. Die Verbindung von Erwerbstätigkeit und der Erziehung von Kleinkindern erweist sich für viele Frauen als schwer vereinbar. Weiterhin wirft der steigende Anteil alter Menschen erhebliche Probleme für das System der sozialen Sicherung auf und bringt auch hohe Anforderungen in Form von Hilfeleistungen und Unterstützung für alte Familienmitglieder in den privaten Haushalten mit sich. Aus der zunehmenden Verbreitung nichtehelicher Lebensformen, den rückläufigen Geburtenraten und hohen Scheidungszahlen wird auch auf einen Bedeutungsverlust der Familie in der Bevölkerung geschlossen.

Vor diesem Hintergrund wird im Folgenden dargestellt, welche Einstellungen zu Familie, Lebensformen und Kindern zu beobachten sind. Ergänzt wird die Darstellung durch die Untersuchung des Zusammenhangs von Lebensformen und subjektivem Wohlbefinden.

2.3.1 Stellenwert von Ehe und Familie

Sinkende Heiratsneigung und Ehestabilität werden häufig als Ergebnis einer abnehmenden subjektiven Bedeutung der Familie in der Bevölkerung gewertet. Es stellt sich daher die Frage, welche subjektive Bedeutung der Familie in der Bundesrepublik zugeschrieben wird. Zwischenmenschliche Beziehungen im privaten Bereich haben in Ost und West einen besonders hohen Stellenwert. Eine eigene Familie und Kinder stehen in der Wichtig-

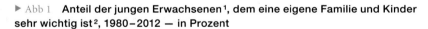

▶ Abb 1   **Anteil der jungen Erwachsenen[1], dem eine eigene Familie und Kinder sehr wichtig ist[2], 1980–2012 — in Prozent**

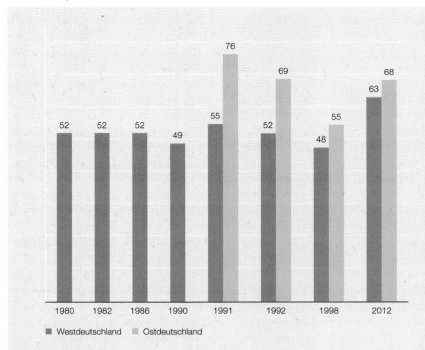

1   Im Alter von 18 bis 30 Jahren.
2   Sehr wichtig auf Skala 1 »unwichtig« bis 7 »sehr wichtig«.
Datenbasis: Allbus 1980–2008; Allbus 2012.

keitsrangfolge sowohl bei der westdeutschen als auch bei der ostdeutschen Bevölkerung an erster Stelle.

Andere Bereiche wie Beruf und Arbeit werden zwar auch überwiegend als »wichtig« eingestuft, aber seltener als »sehr wichtig«. Die überwiegende Mehrheit der Befragten, das heißt jeweils mindestens drei Viertel der Erwachsenen in Ost- und Westdeutschland erachten eine eigene Familie als »sehr wichtig« für ihr Leben. Nur in der Altersgruppe bis 30 Jahre wird der Familie eine etwas geringere Bedeutung zugemessen. Die Beobachtung über die Zeit weist sogar auf eine zunehmende Bedeutung von Familie und Kindern in der jüngsten Altersgruppe seit den 1990er-Jahren hin.

Bei jungen Bürgern in Ostdeutschland ist damit sogar ein Wiederanstieg zu erkennen, allerdings wird der hohe Anteil von 76 % aus dem Jahr 1992 noch nicht erreicht. ▶ Tab 1, Abb 1

Dass Verheiratete glücklicher sind als Ledige, glaubt nur knapp ein Drittel der Bevölkerung in West- und Ostdeutschland. Vor allem in der Altersgruppe über 60 Jahre ist diese Ansicht stärker vertreten. Ein besonders geringer Anteil ist bei Ostdeutschen in den beiden jüngsten Altersgruppen zu beobachten. Der Familie und Kindern kommt damit zwar ein hoher Stellenwert zu, aber die Mehrheit der Bevölkerung glaubt nicht, dass man mit Familie glücklicher sein muss als ohne. Beim Auftreten von Problemen erwartet man nicht, dass eine Ehe unbedingt aufrechterhalten werden muss. Etwa 70 % der Erwachsenen in West- und Ostdeutschland sind der Meinung, dass eine Scheidung die beste Lösung ist, wenn man Eheprobleme nicht lösen kann.

Nur in der jüngsten Altersgruppe bis 30 Jahre ist die Zustimmung hierzu etwas geringer. Im Zusammenhang mit der gestiegenen Bedeutung von Familie und Kindern könnte dies als ein Indiz für einen Einstellungswandel in der jüngeren deutschen Bevölkerung aufgefasst werden.

2.3.2 Einstellungen zu Heirat und Elternschaft

Eheschließungen stehen häufig im Zusammenhang mit der Geburt oder auch dem Wunsch nach Kindern. Wie verbindlich erachten die Bürger eine Heirat, wenn der Wunsch nach Kindern bei einem Paar vorliegt? Immerhin 40 % der Westdeutschen stimmen der Aussage zu, dass Menschen, die Kinder wollen, heiraten sollten.

In Ostdeutschland liegt der entsprechende Anteil mit 29 % merklich niedriger. Vor allem bei älteren Menschen über 60 Jahren ist diese Ansicht stärker vertreten als bei jüngeren, insbesondere in Westdeutschland. Bei vielen Bundesbürgern stehen Zukunftssorgen dem Wunsch nach Kindern oder weiteren Kindern entgegen. So schließen sich in Westdeutschland gut ein Drittel der Erwachsenen und in Ostdeutschland 46 % der Bürger der Meinung an, dass man es, so wie die Zukunft aussieht, kaum noch verantworten kann, Kinder auf die Welt zu bringen. Nur bei der jüngsten Altersgruppe in Westdeutschland wird diese Meinung seltener vertreten. Auf die Frage nach der idealen Kinderzahl zeigt sich eine Präferenz für die Familie mit zwei Kindern. Die jeweiligen Mittelwerte der Angaben zur idealen Kinderzahl unterscheiden sich mit 2,3 in den alten und 2,2 in Ostdeutschland nur wenig und auch über die Altersgruppen hinweg sind die Angaben sehr homogen. ▶ Tab 2

Dass Paare auch unverheiratet zusammenleben, wird in der Bevölkerung als Normalität erachtet. So stimmen 80 % der Westdeutschen und 77 % der Ostdeutschen der Aussage zu, dass es in Ordnung ist, dass ein Paar zusammenlebt, ohne zu heiraten.

▶ Tab 1 **Einstellungen zu Ehe und Familie 2012 — in Prozent**

	Familie und Kinder sehr wichtig [1]		Verheiratete glücklicher [2]		Scheidung beste Lösung bei Problemen [2]	
	West	Ost	West	Ost	West	Ost
18–30 Jahre	63	68	25	22	63	56
31–45 Jahre	79	79	27	16	72	71
46–60 Jahre	78	86	31	35	71	70
61 Jahre und älter	77	82	41	42	78	77
Insgesamt	**75**	**81**	**32**	**31**	**72**	**70**

1 Sehr wichtig auf Skala 1 »unwichtig« bis 7 »sehr wichtig«.
2 Stimme voll zu/stimme zu.
Datenbasis: ISSP 2012.

▶ Tab 2 **Einstellungen zu Heirat und Elternschaft 2012**

	Bei Kinderwunsch heiraten [1]		Ideale Kinderzahl		Bei dieser Zukunft keine Kinder mehr [2]	
	West	Ost	West	Ost	West	Ost
	%		Durchschnittswert		%	
18–30 Jahre	30	20	2,3	2,2	26	44
31–45 Jahre	32	16	2,3	2,1	30	42
46–60 Jahre	35	27	2,4	2,1	37	43
61 Jahre und älter	60	45	2,3	2,2	38	52
Insgesamt	**40**	**29**	**2,3**	**2,2**	**34**	**46**

1 Sehr wichtig auf Skala 1 »unwichtig« bis 7 »sehr wichtig«.
2 Stimme voll zu/stimme zu.
Datenbasis: ISSP 2012.

Dies wirft die Frage auf, wie Kinder beziehungsweise Kindererziehung in Lebensformen außerhalb der Ehe beziehungsweise eines Paares von Mann und Frau bewertet werden? Weit verbreitet sind vor allem Alleinerziehende mit minderjährigen Kindern. Diese Erziehungsform wird im Vergleich zur vollständigen Familie nicht sonderlich negativ bewertet. Der Aussage, dass ein alleinstehendes Elternteil sein Kind genauso gut erziehen kann, wie beide Eltern zusammen, stimmen mehr als die Hälfte der Westdeutschen und sogar gut zwei Drittel der Ostdeutschen zu. Eine höhere Zustimmung in Ostdeutschland ist bei allen Altersgruppen außer der Gruppe bis 30 Jahre zu beobachten. ▶ Tab 3

Die Pluralisierung familialer Lebensformen geht auch mit einer erhöhten Aufmerksamkeit gegenüber homosexuellen Partnerschaften einher. In der öffentlichen Diskussion stehen die Rechte von gleichgeschlechtlichen Paaren auf der Tagesordnung. Im familienpolitischen Kontext kommt dem Adoptionsrecht eine wichtige Rolle zu. Werden in der Bevölke-

rung Defizite gleichgeschlechtlicher Paare bei der Kindererziehung wahrgenommen? Eine deutliche Mehrheit der Bevölkerung sieht diesbezüglich bei dieser Lebensform keine Nachteile gegenüber heterosexuellen Paaren. Nur bei älteren Westdeutschen über 60 Jahren scheint es vermehrt Vorbehalte gegenüber gleichgeschlechtlichen Männern mit Kindern zu geben. Trotzdem glauben auch in dieser Bevölkerungsgruppe noch fast 40 %, dass ein Paar, bei dem beide Männer sind, ein Kind genauso gut großziehen kann wie ein Mann und eine Frau. Insgesamt äußern die Deutschen, was die Erziehung von Kindern angeht, wenig Vorbehalte gegenüber den verschiedenen Konstellationen von Partnerarrangements.

Vor dem Hintergrund der geringen Geburtenrate in der Bundesrepublik, stellt sich auch die Frage, welche subjektive Bedeutung Kindern für das eigene Leben zugemessen wird. Dies ist offenbar weit weniger negativ, als man aufgrund der geringen Neigung zur Elternschaft vermuten könnte. So stimmt eine über-

wiegende Mehrheit der Bundesbürger von über 90 % der Aussage zu, dass es die größte Freude im Leben ist, zu beobachten, wie Kinder groß werden. Andererseits stimmen immerhin ein Viertel der Befragten in Westdeutschland und ein Fünftel in Ostdeutschland der Aussage zu, dass die Freiheit der Eltern durch Kinder zu sehr eingeschränkt wird. Auffallend ist, dass der entsprechende Anteil gerade bei jüngeren Ostdeutschen bis 30 Jahre mit 27 % vergleichsweise hoch ausfällt und damit das Niveau der jüngeren Westdeutschen aufweist. Stärker als die Freiheitseinschränkung werden die finanzielle Belastung durch Kinder sowie Einschränkungen der Beschäftigungs- und Karrieremöglichkeiten wahrgenommen. Eine wichtige Funktion, die von der deutschen Bevölkerung auch im Wohlfahrtsstaat geschätzt wird, ist die Unterstützungsleistung durch die Kinder im Alter. So stimmen in West- und Ostdeutschland etwa drei Viertel der Befragten der Aussage zu, dass Kinder eine wichtige Hilfe sind, wenn Eltern alt geworden sind. ▶ Tab 4

▶ Tab 3   **Einstellungen zu Lebensformen außerhalb der Ehe und Elternschaft¹ 2012 — in Prozent**

	Alleinerziehen gleich gut wie Elternpaar		Zwei Frauen gleich gut wie heterosexuelle Eltern		Zwei Männer gleich gut wie heterosexuelle Eltern		Zusammenleben ohne Ehe in Ordnung	
	West	Ost	West	Ost	West	Ost	West	Ost
18–30 Jahre	57	58	60	65	58	58	86	86
31–45 Jahre	49	68	58	75	54	69	84	90
46–60 Jahre	58	67	67	71	58	66	81	78
61 Jahre und älter	52	72	53	67	39	54	70	62
Insgesamt	**54**	**67**	**59**	**70**	**52**	**62**	**80**	**77**

1 Stimme voll zu/stimme zu.
Datenbasis: ISSP 2012.

▶ Tab 4   **Einstellungen zur Bedeutung von Kindern für das eigene Leben¹ 2012 — in Prozent**

	Größer werden größte Freude		Freiheitseinschränkung zu groß		Finanzielle Belastung		Weniger Karrieremöglichkeiten		Hilfe für alternde Eltern	
	West	Ost	West	Ost	West	Ost	West	Ost	West	Ost
18–30 Jahre	92	94	27	27	45	40	59	53	88	89
31–45 Jahre	91	90	25	18	54	45	65	51	73	81
46–60 Jahre	92	98	28	16	62	41	56	45	71	74
61 Jahre und älter	96	98	25	20	54	41	52	47	66	71
Insgesamt	**93**	**96**	**26**	**20**	**55**	**41**	**57**	**48**	**73**	**77**

1 Stimme voll zu/stimme zu.
Datenbasis: ISSP 2012.

2.3.3 Familie, Partnerschaft und Subjektives Wohlbefinden

Das subjektive Wohlbefinden ist nicht unabhängig von der Lebensform der Menschen. Die allgemeine Lebenszufriedenheit, gemessen auf der Skala von 0 »ganz und gar unzufrieden« bis 10 »ganz und gar zufrieden«, ist in Ostdeutschland mit einem Wert von 7,3 im Durchschnitt geringer als in Westdeutschland mit 7,8. ▶ Tab 5

Differenzen zeigen sich auch zwischen den einzelnen Familien- und Lebensformen. Eine niedrige Lebenszufriedenheit äußern sowohl in West- als auch in Ostdeutschland Geschiedene beziehungsweise getrennt Lebende und Alleinerziehende: Die durchschnittliche Zufriedenheit mit dem Leben beträgt bei den Geschiedenen und getrennt Lebenden 6,9 im Westen und 6,5 im Osten Deutschlands. In Westdeutschland sind die Alleinerziehenden mit 6,8 Skalenpunkten etwa so unzufrieden wie die Geschiedenen und getrennt lebend Verheirateten. Auch in Ostdeutschland liegt die durchschnittliche Lebenszufriedenheit der Alleinerziehenden unter dem ostdeutschen Durchschnitt. Weiterhin liegt die Lebenszufriedenheit der ledigen Personen vor allem in Westdeutschland mit 7,1 Skalenpunkten unter dem Durchschnittswert von 7,8.

Der Familie kommt nicht nur in der Einschätzung der Bevölkerung eine zentrale Bedeutung zu, sie wird auch überwiegend mit einer hohen Zufriedenheit bewertet. Der Anteil der Befragten, der völlig oder sehr zufrieden mit dem Familienleben angibt, liegt in West- und Ostdeutschland bei über 50 %. Der Anteil der mit dem Familienleben Zufriedenen ist bei Ehepaaren ohne Kinder und bei Ehepaaren mit kleineren Kindern am höchsten. Insbesondere Geschiedene und getrennt Lebende, aber auch Ledige äußern eine geringe Familienzufriedenheit. Während Zufriedenheiten stärker die kognitiv bewertende Komponente des subjektiven Wohlbefindens erfassen, zielt die Frage nach dem Glück stärker auf die emotionale Komponente. Betrachtet man, wie glücklich Personen in den verschiedenen Lebensformen mit ihrem Leben sind, so fallen vor allem getrennt Lebende und Geschiedene mit einem besonders geringen Anteil Glücklicher auf. Während westdeutsche Verwitwete bei der Lebenszufriedenheit sogar über dem Durchschnitt lagen, äußern sich in dieser Gruppe nur 28 % als glücklich. Die Betroffenen konnten sich bei der kognitiven Bewertung ihrer Lebensumstände mit der Zeit offenbar an den Tod des Ehepartners anpassen und sind mit ihrem Leben durchaus nicht unzufrieden, der Anpassung im emotionalen Bereich sind bei einem derartigen Verlust aber offenbar engere Grenzen gesetzt.

Die deutsche Bevölkerung weist der Familie nicht nur einen hohen Stellenwert zu, sie äußert sich auch als mit dem Familienleben sehr zufrieden. Partnerschaften außerhalb der Ehe werden mittlerweile überwiegend als Normalität wahrgenommen. Mit der Pluralisierung von familialen Lebensformen geht auch auf der Einstellungsebene ein hohes Maß an Akzeptanz für Erziehungsleistungen Alleinerziehender und gleichgeschlechtlicher Paare einher. Eigene Kinder werden überwiegend mit positiven emotionalen Aspekten für das eigene Leben sowie möglichen Hilfeleistungen im Alter in Verbindung gebracht, allerdings werden auch die Einschränkungen in der persönlichen Freiheit und im materiellen und beruflichen Bereich wahrgenommen, die mit einer Elternschaft einhergehen.

▶ Tab 5   **Subjektives Wohlbefinden nach Familienformen 2012**

	Lebens-zufriedenheit		Zufriedenheit mit Familienleben[1]		Glücklich mit Leben[2]	
	West	Ost	West	Ost	West	Ost
	Durchschnittswert		%			
Allein lebend						
Ledig	7,1	6,9	33	33	27	24
Geschieden/ getrennt lebend	6,9	6,5	34	25	18	8
Verwitwet	7,9	7,1	49	30	28	27
(Ehe-)Paare						
Ohne Kinder im Haushalt	8,0	7,5	65	64	42	34
Mit Kindern bis 6 Jahre	7,9	7,8	65	70	51	46
Mit Kindern 7 bis 17 Jahre	7,9	7,7	61	63	44	29
Mit Kindern ab 18 Jahren	8,0	7,2	66	32	36	29
Alleinerziehende	6,8	7,0	38	17	27	25
Sonstige	7,8	7,3	52	43	43	31
Insgesamt	7,8	7,3	57	52	39	31

1 Anteil völlig und sehr zufrieden (1,2 auf Skala 1–7) (ISSP).
2 Anteil völlig und sehr glücklich (1,2 auf Skala 1–7) (ISSP).
Kursiv: N < 40.
Datenbasis: Allbus 2012; ISSP 2012.

3
Bildung

3.1
Bildungsbeteiligung, Bildungsniveau und Bildungsbudget

Christiane Krüger-Hemmer

Destatis

Die Bildungspolitik in Deutschland steht auch in diesem Jahrzehnt im Blickpunkt der Öffentlichkeit. Die Ergebnisse der PISA-Studie (Programme for International Student Assessment) 2009 zeigten eine signifikante Verbesserung der Lesekompetenz seit dem Jahr 2000 und eine Verbesserung der mathematischen Kompetenz seit 2003. Trotzdem zählen deutsche Schülerinnen und Schüler im internationalen Kompetenzvergleich noch nicht zur Spitzengruppe. Die Ursachen dafür sowie mögliche Konsequenzen daraus werden noch immer heftig diskutiert. Es bleibt abzuwarten, wie die Ergebnisse der PISA-Studie 2012 ausfallen werden. Die Studie wird voraussichtlich im Dezember 2013 veröffentlicht. Die Verkürzung der Gymnasialzeit von neun auf acht Jahre, unter dem Kürzel G8 bekannt, wird viel diskutiert. Teilweise gibt es Bestrebungen, diese Reform wieder rückgängig zu machen oder der Schule und den Eltern die Wahl zwischen G8 und G9 zu lassen.

Die Situation auf dem Ausbildungsmarkt hat sich aufgrund der demografischen und wirtschaftlichen Entwicklung zugunsten der jungen, ausbildungssuchenden Menschen verbessert. Zunehmend können Unternehmen inzwischen ihre angebotenen Ausbildungsstellen nicht besetzen.

Die Erweiterung der Hochschulkapazitäten sowie die adäquate Ausstattung der Hochschulen mit Personal und Finanzen wird auch in Zukunft ein zentrales Thema der Bildungspolitik sein, denn der Trend zum Gymnasium als zahlenmäßig bedeutendste Schulform, die Aussetzung der Wehrpflicht, die doppelten Abiturientenjahrgänge infolge der Umstellung von G9 auf G8 und die demografische Entwicklung lassen bis 2017 ein weiteres Ansteigen der Studierendenzahlen erwarten.

Die in diesem Kapitel dargestellten Bildungsdaten stammen aus der amtlichen Schulstatistik (Schülerinnen und Schüler, Absolventen, Abgänger und Lehrkräfte), der Berufsbildungsstatistik (Auszubildende, Abschlussprüfungen), der Hochschulstatistik (Studierende, Studienanfänger, Hochschulabsolventen und -personal), dem Adult Education Survey (Teilnahme der Bevölkerung im Erwachsenenalter an unterschiedlichen Formen von Lernaktivitäten), dem Mikrozensus (Bildungsstand der Bevölkerung) sowie der Jahresrechnungsstatistik und der Hochschulfinanzstatistik (Bildungsausgaben). ▸ Abb 1

Die demografische Entwicklung ist für das Bildungswesen von besonderer Bedeutung. Der Altersaufbau der Bevölkerung ist geprägt durch die geburtenstarken Jahrgänge der 1960er-Jahre (mit zum Teil deutlich mehr als einer Million Neugeborenen pro Jahr), die geburtenschwachen Jahrgänge von 1974 bis 1989 (mit durchschnittlich etwa 834 000 Neugeborenen) und insbesondere die Geburtenentwicklung in den 1990er-Jahren. Seit 1998 sind die Geburtenzahlen in Deutschland tendenziell rückläufig. Im Jahr 2011 wurde mit knapp 663 000 Neugeborenen der bisher niedrigste Wert registriert. (Siehe auch Kapitel 1.1.2, Seite 15).

Zeitversetzt ergeben sich hierdurch unterschiedliche Jahrgangsstärken bei Schülerinnen und Schülern, Auszubildenden und Studierenden. Die Bevölkerungsentwicklung ist allerdings nicht der einzige Einflussfaktor auf das Bildungsangebot und die Bildungsnachfrage. Die individuellen Bildungsentscheidungen der Menschen und die Maßnahmen, die zur Umsetzung bildungspolitischer Ziele getroffen werden, sind ebenfalls von großer Bedeutung.

▶ Abb 1   **Das Bildungssystem in Deutschland**

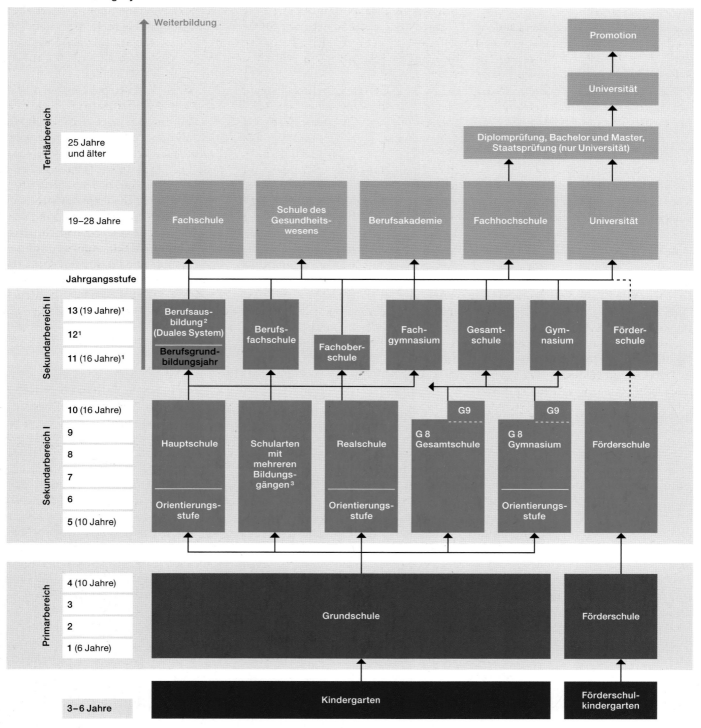

1 Durch die Einführung von G8 an Gymnasien und Gesamtschulen beginnen die Klassenstufen im Sekundarbereich II ein Jahr früher, diese Schüler/-innen sind ein Jahr jünger.
 Bei G8 bedeutet dies zum Beispiel, dass die Einführungsstufe (E1) in der 10. Klassenstufe mit einem Alter von durchschnittlich 15 Jahren beginnt.
2 In Berufsschule und Betrieb (Duales System).
3 Einschließlich Bildungsgangübergreifende Klassen, Mittelschulen, Sekundarschulen und Erweiterte Realschulen, Kombinierte Klassen an Sekundarschulen, Regelschulen,
 Regionale Schulen und Duale Oberschulen.

3.1.1 Allgemeinbildende und berufliche Schulen

Das Grundgesetz überlässt den Ländern im föderalen System die Gesetzgebungskompetenz für das Schulwesen. Im Rahmen ihrer Kulturhoheit gestalten die Länder ihr Bildungssystem entsprechend den regionalen Erfordernissen sowie den gesellschaftlichen und politischen Wertvorstellungen.

Schülerinnen und Schüler

Zu Beginn des Schuljahres 2011/2012 wurden in Deutschland 711 000 Kinder eingeschult. Dies entspricht einer geringen Zunahme von 0,5 % im Vergleich zum Vorjahr, in dem 707 000 Schülerinnen und Schüler ihren Ranzen zum ersten Mal packten. Gegenüber dem Jahr 2001 nahm die Zahl der Schulanfängerinnen und -anfänger in Deutschland um 9 % ab. Hintergrund hierfür sind demografische Entwicklungen: Ende 2000 lag die Zahl der Fünf- bis Sechsjährigen in Deutschland insgesamt bei 774 000, Ende 2010 bei nur noch 691 000. Dabei gibt es große regionale Unterschiede. Während die Zahl der Kinder im einschulungsrelevanten Alter im früheren Bundesgebiet zwischen Ende 2000 und Ende 2010 um 15 % gesunken ist, stieg sie in den neuen Bundesländern und Berlin um 19 % an. Das führte dazu, dass im Jahr 2011 im früheren Bundesgebiet 14 % weniger Kinder eingeschult wurden als im Jahr 2001, in den neuen Bundesländern und Berlin 23 % mehr.

Die Einschulungen wirkten sich entsprechend zeitversetzt auf die Schülerzahlen in allen Bildungsbereichen aus. Die Anzahl der Schülerinnen und Schüler in allgemeinbildenden Schulen sank in den vergangenen zehn Jahren kontinuierlich von 9,9 Millionen im Jahr 2001 auf 8,7 Millionen im Jahr 2011. Deutliche Unterschiede gab es zwischen Ost- und Westdeutschland: In den neuen Ländern sind die Schülerzahlen aufgrund des starken Geburtenrückgangs zu Beginn der 1990er-Jahre beständig gesunken und lagen 2011 um 29 % unter dem Stand von 2001. Im Westen dagegen stiegen die Schülerzahlen in allgemeinbildenden Schulen bis 2003 an. Danach setzte ein leichter Rückgang ein, der dazu führte, dass 2011 die Zahl der Schülerinnen und Schüler um 8 % unter dem Stand von 2001 lag. ▸ Abb 2

Während die Schülerinnen und Schüler eines Wohnbezirks in der Regel gemeinsam in der Grundschule unterrichtet werden, richtet sich im Anschluss daran die weitere Schullaufbahn der Kinder nach den schulischen Leistungen, der Empfehlung der Grundschule sowie dem Wunsch der Eltern. Der größte Teil der Schülerinnen und Schüler in weiterführenden Schulen des Sekundarbereichs besuchte ein Gymnasium. Ihr Anteil stieg von 37 % im Jahr 2001 auf 45 % im Jahr 2011. In demselben Zeitraum sank der Anteil der Jugendlichen, die in Hauptschulen unterrichtet wurden, von 18 % auf 12 %. Aufgrund der länderspezifischen Bildungspolitik gab es allerdings Unterschiede in der Struktur der weiterführenden Schulen. Sowohl in den westdeutschen als auch in den ostdeutschen Bundesländern wurde 2011 der größte Teil der Schülerinnen und Schüler in der Sekundarstufe in Gymnasien unterrichtet. Auch hielt der Trend weiterhin an, dass die Jugendlichen in den westdeutschen Bundesländern am zweithäufigsten in Realschulen (24 %) lernten, während sie in den ostdeutschen Bundesländern Schularten mit mehreren Bildungsgängen (32 %) besuchten. Diese Schularten (mit länderspezifisch unterschiedlichen Bezeichnungen) führen zum Hauptschulabschluss oder zum Realschulabschluss. Diese Schulstruktur trägt auch dazu bei, dass trotz der demografischen Entwicklung – insbesondere

▸ Abb 2 **Schülerinnen und Schüler in allgemeinbildenden Schulen — in Millionen**

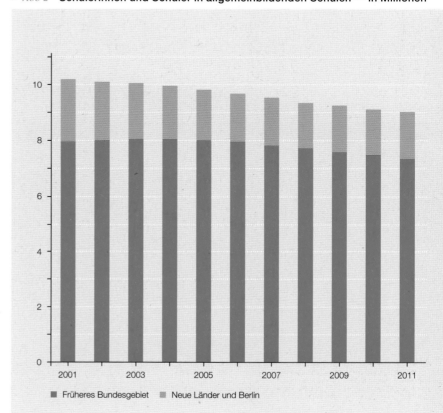

■ Früheres Bundesgebiet ■ Neue Länder und Berlin

in den Flächenländern – ein wohnortnahes Schulangebot erhalten werden kann. ▸ Tab 1

Neben den bereits genannten Schularten gibt es Förderschulen, in denen körperlich, geistig oder seelisch benachteiligte oder sozial gefährdete Kinder unterrichtet werden. Im Jahr 2011 besuchten 366 000 Kinder eine Förderschule, dies sind gut 4 % der Schülerinnen und Schüler in allgemeinbildenden Schulen. Die Zahl der Schülerinnen und Schüler mit sonderpädagogischem Förderbedarf, die außerhalb von Förderschulen in den übrigen allgemeinbildenden Schulen (insbesondere in Grundschulen) unterrichtet werden, hat sich in den vergangenen zehn Jahren verdoppelt. Während im Jahr 2001 bundesweit lediglich 59 000 sogenannte Integrationsschüler sonstige allgemeinbildende Schulen besuchten, waren es im Jahr 2011 bereits 114 000 Integrationsschülerinnen und -schüler. Das entspricht einem Anteil von 1 % an der Gesamtzahl der Schülerinnen und Schüler in allgemeinbildenden Schulen.

In den Grundschulen, in denen in der Regel alle Kinder gemeinsam unterrichtet werden, waren entsprechend etwa Mädchen (49 %) und Jungen (51 %) gleich verteilt. In den weiterführenden Schularten war der Jungenanteil unterschiedlich: Die Spanne reichte im Jahr 2011 von 47 % in Gymnasien über 51 % in Realschulen bis zu 56 % in Hauptschulen. In Förderschulen betrug der Anteil der männlichen Schüler 64 %.

Ein großer Teil der Jugendlichen beginnt nach dem Verlassen der allgemeinbildenden Schulen eine Berufsausbildung im dualen System von Teilzeit-Berufsschule und Betrieb. Die Berufsschule ergänzt im dualen Ausbildungssystem die gleichzeitige praktische Ausbildung im Betrieb. Daneben wird die Teilzeit-Berufsschule auch von Jugendlichen unter 18 Jahren ohne Ausbildungsvertrag besucht, die noch der Schulpflicht unterliegen und sofern sie keine andere Schule besuchen. Insgesamt wurden 2011 in Deutschland 1,6 Millionen Jugendliche in Teilzeit-Berufsschulen unterrichtet. In den vergangenen zehn Jahren nahm ihre Zahl um 13 % ab. ▸ Tab 2

Neben den Berufsausbildungen im dualen System gibt es Formen der schulischen Berufsausbildung, die im Wesentlichen in Berufsfachschulen und Schulen des Gesundheitswesens angeboten werden. Dabei handelt es sich neben den Gesundheits- und Sozialberufen vor allem um Assistenzberufe, wie zum Beispiel kaufmännische/r Assistent/-in, Wirtschaftsassistent/-in oder Technische/r Assistent/-in für Informatik. Rund 477 000 Jugendliche befanden sich 2011 in einer schulischen Berufsausbildung; das waren 24 % aller Jugendlichen, die eine Berufsausbildung absolvierten. ▸ Abb 3

In beruflichen Schulen können auch allgemeinbildende Abschlüsse erworben werden. Eine Studienberechtigung strebten

▸ Tab 1   **Schülerinnen und Schüler in allgemeinbildenden Schulen nach Schularten — in Tausend**

	2001	2005	2009	2010	2011
Vorklassen und Schulkindergärten	63	30	28	29	28
Primarbereich	3 251	3 212	2 953	2 877	2 832
↳ Grundschulen	3 211	3 176	2 915	2 838	2 790
Sekundarbereich	6 083	5 784	5 478	5 454	5 393
↳ Hauptschulen	1 114	1 024	767	704	657
↳ Realschulen	1 278	1 325	1 221	1 167	1 130
↳ Gymnasien	2 284	2 431	2 475	2 475	2 433
↳ Integrierte Gesamtschulen	531	510	519	571	616
Förderschulen	425	416	388	378	366
Abendschulen und Kollegs	48	62	60	60	59
Insgesamt	**9 870**	**9 504**	**8 906**	**8 797**	**8 678**

▸ Tab 2   **Schülerinnen und Schüler in beruflichen Schulen nach Schularten — in Tausend**

	2001	2005	2009	2010	2011
Teilzeit-Berufsschulen	1 784	1 656	1 682	1 614	1 559
Berufsvorbereitungsjahr	76	78	55	52	49
Berufsgrundbildungsjahr in vollzeitschulischer Form	40	50	34	32	30
Berufsaufbauschulen	1	1	1	1	0
Berufsfachschulen	425	561	500	478	455
↳ Berufsausbildung	211	279	256	250	244
Fachoberschulen	99	126	140	140	137
Fachgymnasien	103	121	159	163	168
Berufsoberschulen/ Technische Oberschulen	11	19	24	25	25
Fachschulen und Fachakademien	155	159	175	183	189
Insgesamt	**2 694**	**2 771**	**2 769**	**2 688**	**2 612**
Nachrichtlich: Schulen des Gesundheitswesens	112	121	128	132	135

2011 rund 331 000 Jugendliche mit dem Besuch von Fachoberschulen, Fachgymnasien oder Berufsoberschulen beziehungsweise Technischen Oberschulen an. Im Vergleich zu 2001 hat die Zahl der Schülerinnen und Schüler an diesen Schularten um 55 % zugenommen. Fachschulen (einschließlich Fachakademien) werden in der Regel nach einer bereits erworbenen Berufsausbildung und praktischer Berufserfahrung besucht und vermitteln eine weitergehende fachliche Ausbildung im Beruf. Im Jahr 2011 gab es 189 000 Fachschülerinnen und -schüler. Die übrigen Schüler in beruflichen Schulen versuchten durch den Besuch berufsvorbereitender Schulen (Berufsvorbereitungsjahr, Berufsgrundbildungsjahr oder Berufsfachschulen, soweit sie nicht berufsausbildend sind), durch das Erreichen eines Haupt- oder Realschulabschlusses oder durch den Erwerb beruflicher Grundkenntnisse ihre Chancen auf einen Ausbildungsplatz zu verbessern.

In den letzten Jahren ist das Interesse an Privatschulen deutlich gestiegen. Den rechtlichen Rahmen für die Gründung und den Betrieb von Privatschulen legen die jeweiligen Schulgesetze der Länder fest. In der Regel können Privatschulen von natürlichen sowie juristischen Personen (wie zum Beispiel Kirchen, Vereinen) errichtet und betrieben werden. Im Jahr 2011 besuchten 726 000 Schülerinnen und Schüler private allgemeinbildende Schulen und 241 000 private berufliche Schulen. Das entsprach einem Anteil von 8 % der Schülerinnen und Schüler an allgemeinbildenden und von 9 % an beruflichen Schulen. Im Vergleich dazu lag 2001 der Anteil der Privatschulen an allen Schülerinnen und Schülern der allgemeinbildenden Schulen bei 6 % und der beruflichen Schulen bei 7 %. ▸ Abb 4

Allgemeinbildende und berufliche Abschlüsse

Im Jahr 2011 wurden 883 000 junge Menschen (mit und ohne Schulabschluss) aus den allgemeinbildenden Schulen entlassen. Das sind 5 % weniger als 2001. Knapp 6 % der Schulentlassenen blieben

▸ Abb 3 **Berufsausbildung nach Institutionen 2011 — in Prozent**

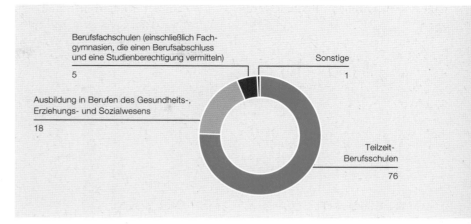

▸ Abb 4 **Anteil der Privatschülerinnen und -schüler — in Prozent**

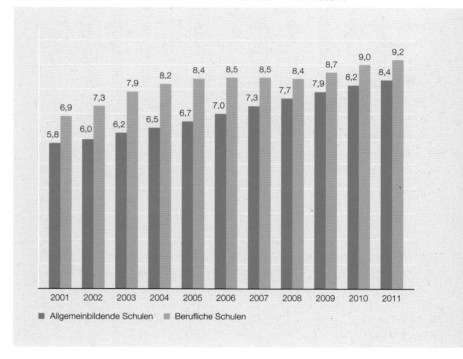

2011 ohne Abschluss, 19 % erwarben den Hauptschulabschluss und 37 % die Hochschul- beziehungsweise Fachhochschulreife. Diese Struktur hat sich in den vergangenen Jahren erheblich verändert. Vor zehn Jahren verließen noch 10 % der Jugendlichen die allgemeinbildenden

Schulen ohne einen Abschluss und 25 % mit einem Hauptschulabschluss. Lediglich 24 % erwarben 2001 die Hochschulbeziehungsweise Fachhochschulreife. Im Bereich der Realschulabschlüsse ist ein relativ leichter Rückgang zu verzeichnen. Im Vergleich zu 2001 (41 %) sank die

▶ Abb 5   **Absolventinnen/Absolventen und Abgängerinnen/Abgänger nach Abschlussarten — in Tausend**

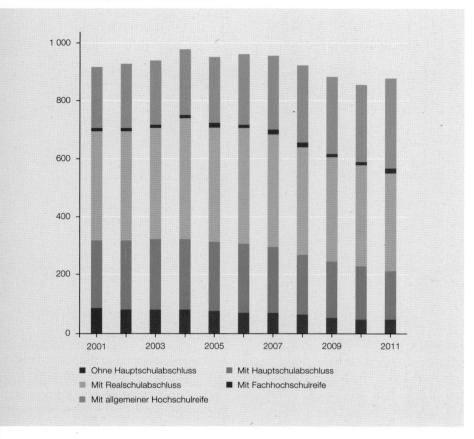

- ■ Ohne Hauptschulabschluss
- ■ Mit Hauptschulabschluss
- ■ Mit Realschulabschluss
- ■ Mit Fachhochschulreife
- ■ Mit allgemeiner Hochschulreife

124 000 in beruflichen Schulen. In allgemeinbildenden Schulen waren 39 % der hauptberuflichen Lehrerinnen und Lehrer teilzeitbeschäftigt. In beruflichen Schulen betrug dieser Anteil nur 31 %. Auch die Geschlechterverteilung ist bei allgemeinbildenden und beruflichen Schulen unterschiedlich. Rund 71 % der hauptberuflichen Lehrkräfte in allgemeinbildenden Schulen waren Frauen. In beruflichen Schulen betrug der Frauenanteil an den hauptberuflichen Lehrkräften 2011 nur 48 %. Den höchsten Frauenanteil hatten Vorklassen mit 84 %, Schulkindergärten mit 96 % sowie Grundschulen mit 87 %. Mit ansteigendem Bildungsziel der Schularten sank der Frauenanteil an den Lehrkräften, lag aber dennoch über 50 %: in Gymnasien betrug er im Jahr 2011 rund 56 %, in Abendschulen und Kollegs 55 %.

Ausgaben je Schülerin und Schüler

Die Ausgaben je Schülerin und Schüler in öffentlichen Schulen sind ein Maß dafür, wie viele Mittel jährlich im Durchschnitt für die Ausbildung zur Verfügung gestellt werden. Die Ausgaben ergeben sich aus der Addition von Personalausgaben (einschließlich Zuschlägen für Beihilfen und Versorgung), laufendem Sachaufwand und Investitionsausgaben.

Die öffentlichen Haushalte gaben 2010 bundesweit durchschnittlich 5 800 Euro für die Ausbildung einer Schülerin beziehungsweise eines Schülers an öffentlichen Schulen aus. Die Ausgaben je Schüler schwankten stark nach Schularten. So waren die allgemeinbildenden Schulen mit 6 400 Euro teurer als die beruflichen Schulen (4 000 Euro).

Innerhalb der allgemeinbildenden Schulen lagen Grundschulen (5 200 Euro) und Realschulen (5 300 Euro) unter dem Durchschnitt, Hauptschulen mit 7 100 Euro, Integrierte Gesamtschulen und Gymnasien mit jeweils 6 600 Euro darüber. Die vergleichsweise niedrigen Aufwendungen von 2 500 Euro je Schüler bei den Berufsschulen im dualen Ausbildungssystem sind auf den dort praktizierten Teilzeitunterricht zurückzuführen. ▶ Abb 6

Zahl der Realschulabschlüsse 2011 um drei Prozentpunkte (38 %). ▶ Abb 5

Junge Männer verließen 2011 die allgemeinbildenden Schulen im Durchschnitt mit einem niedrigeren Abschlussniveau als junge Frauen: 7 % der männlichen Schulentlassenen erreichten keinen Abschluss gegenüber 4 % bei den jungen Frauen. Von den männlichen Absolventen erhielten 33 % die Studienberechtigung, bei den Frauen waren es 41 %.

Im Zuge der Bildungsreform in den 1970er-Jahren wurde die Möglichkeit geschaffen, auch in beruflichen Schulen allgemeinbildende Abschlüsse zu erwerben. Rund 33 000 Jugendliche bestanden 2011 den Hauptschulabschluss in beruflichen Schulen. Neben den rund 324 000 Absolventinnen und Absolventen, die die

Studienberechtigung im Jahr 2011 in allgemeinbildenden Schulen erlangten, erreichten diesen Abschluss auch 182 000 Jugendliche in beruflichen Schulen. Somit betrug 2011 die Studienberechtigtenquote, die den Anteil der Studienberechtigten an der gleichaltrigen Bevölkerung misst, 57 %. Die Studienberechtigtenquote 2001 belief sich noch auf 37 %. Hier zeigt sich ein deutlicher Trend zur Höherqualifizierung. Teilweise schlagen sich allerdings auch doppelte Abiturjahrgänge infolge der Umstellung von G9 auf G8 in diesem Wert nieder.

Lehrkräfte

Im Jahr 2011 unterrichteten in Deutschland 670 000 hauptberufliche Lehrkräfte in allgemeinbildenden Schulen und

▶ Abb 6   Ausgaben je Schülerin und Schüler
nach Schularten 2010 — in Tausend Euro

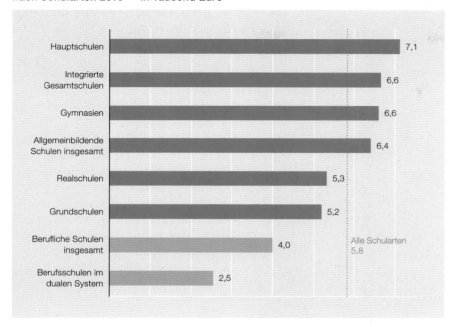

▶ Tab 3   **Ausbildungsförderung für Schülerinnen und Schüler (BAföG)**

	Geförderte (durchschnittlicher Monatsbestand)	Finanzieller Aufwand	Durchschnittlicher Förderungsbetrag je Person
	in 1 000	in Millionen Euro	in Euro je Monat
2001	143	493	288
2003	179	651	303
2005	199	726	304
2007	193	697	301
2009	199	827	346
2011	197	910	385

Ausbildungsförderung für Schülerinnen und Schüler

Im Jahr 2011 wurde durchschnittlich 197 000 Schülerinnen und Schülern eine Ausbildungsförderung gewährt. Darunter besuchten rund 112 000 eine Berufsfachschule (einschließlich aller Formen der beruflichen Grundbildung) und 23 000 eine Fachschule. Zwei Drittel (66 %) aller Schülerinnen und Schüler, die »Schüler-BAföG« erhielten, bekamen eine Vollförderung, also den Förderungshöchstbetrag. Ein Drittel (34 %) erhielt eine Teilförderung. Insgesamt wurden 910 Millionen Euro für die Schülerförderung aufgewendet. Im Durchschnitt erhielt ein geförderter Schüler beziehungsweise eine geförderte Schülerin 385 Euro pro Monat. Die durchschnittliche Zahl der Geförderten lag 2011 um 38 % höher als 2001. Im gleichen Zeitraum erhöhte sich der Finanzaufwand um 85 %. Im Jahr 2011 wohnten 45 % der Geförderten bei ihren Eltern und 55 % außerhalb des Elternhauses. Zehn Jahre zuvor (2001) waren die Anteile mit 49 %, die bei ihren Eltern wohnten und 51 % außerhalb des Elternhauses nahezu ausgeglichen. ▶ Info 1, Tab 3

3.1.2 Der sozioökonomische Status der Schülerinnen und Schüler

Aufgrund der demografischen Entwicklung, des Strukturwandels sowie der zunehmenden Technologisierung und Globalisierung rechnen viele Experten in naher Zukunft mit einem Fachkräftemangel. Diesem kann nur begegnet werden, wenn das Bildungsniveau der Bevölkerung weiter ansteigt und die Begabungsreserven ausgeschöpft werden, indem alle gesellschaftlichen Schichten die gleichen Zugangschancen zur Bildung erhalten.

▶ Tab 4a   **Schülerinnen und Schüler nach besuchter Schulart und höchstem allgemeinen Schulabschluss der Eltern 2011**

	Insgesamt	Höchster allgemeiner Schulabschluss der Eltern [1]					Ohne Schulabschluss
		Haupt- (Volks-) schulabschluss	Abschluss der polytechnischen Oberschule	Realschul- oder gleichwertiger Abschluss	Fachhochschul- oder Hochschulreife	ohne Angabe	
	in 1 000	in %					
Grundschule	2 840	18,2	6,0	29,5	42,3	0,3	3,8
Hauptschule	637	45,9	3,4	27,8	12,2	/	10,3
Realschule	1 497	24,4	7,8	38,0	26,0	/	3,7
Gymnasium	2 670	8,2	5,1	24,2	61,0	/	1,3
Sonstige allgemeinbildende Schule	1 262	24,7	10,0	27,5	30,8	/	6,7
Berufliche Schule, die einen mittleren Abschluss vermittelt	86	39,9	/	29,0	18,6	/	7,9
Berufliche Schule, die zur (Fach-)Hochschulreife führt [2]	266	23,9	5,8	34,5	31,8	/	3,7
Berufsschule	1 298	33,2	12,0	31,2	19,7	/	3,8
Sonstige berufliche Schule [3]	270	32,3	10,4	28,5	21,8	/	6,8
Insgesamt	**10 825**	**21,4**	**7,1**	**29,3**	**37,9**	**0,2**	**4,0**

1 Elternteil mit höchstem Schulabschuss.
2 Zum Beispiel Fachoberschule, berufliches Gymnasium, Wirtschaftsgymnasium, Berufsoberschule.
3 Zum Beispiel Berufsvorbereitungsjahr, Berufsgrundbildungsjahr, Berufsfachschule, die einen Abschluss in einem Beruf vermittelt, einjährige Schule des Gesundheitswesens.
/   keine Angabe, da Zahlenwert nicht sicher genug.
Ergebnisse des Mikrozensus.

Internationale Vergleichsstudien wie PISA (Programme for International Student Assessment) und IGLU (Internationale Grundschul-Lese-Untersuchung) haben jedoch gezeigt, dass in Deutschland der Bildungserfolg und die Bildungschancen von Kindern stark von ihrer sozialen Herkunft beziehungsweise dem Migrationshintergrund abhängen (Migration siehe Kapitel 2.1, Infokasten 4, Seite 50). Auch die Schulwahl wird stark vom familiären Hintergrund bestimmt. Ein wichtiger Indikator für den soziöokonomischen Status von Kindern ist der Bildungsabschluss der Eltern, der aus dem Mikrozensus, einer jährlich durchgeführten Haushaltsbefragung, hervorgeht (Mikrozensus siehe Kapitel 2.1, Infokasten 1, Seite 43).

Im Jahr 2011 lebten 38 % der Kinder und Jugendlichen, die eine allgemeinbildende oder berufliche Schule besuchten, in Familien mit mindestens einem Elternteil, der Abitur oder Fachhochschulreife besaß. Gut ein Fünftel (21 %) der Eltern wies einen Hauptschulabschluss als höchsten allgemeinen Abschluss auf. Rund 4 % der Schülerinnen und Schüler lebten in Familien, in denen kein Elternteil einen allgemeinen Schulabschluss vorweisen konnte. Betrachtet man den höchsten beruflichen Bildungsabschluss in der Familie, so wuchs gut ein Fünftel (22 %) der Schülerinnen und Schüler in Familien auf, in denen mindestens ein Elternteil einen Universitäts- oder Fachhochschulabschluss besaß. Rund 13 % der Kinder lebten in Familien, in denen kein beruflicher Bildungsabschluss vorhanden war.

Die Verteilung der Kinder und Jugendlichen auf die Schularten macht den Einfluss des familiären Hintergrunds deutlich. Generell gilt: Je höher der allgemeine oder berufliche Abschluss der Eltern, desto geringer waren die Schüleranteile an Hauptschulen und desto höher waren die Schüleranteile an Gymnasien.

Während nur 10 % der Gymnasiasten in Familien aufwuchsen, in denen die Eltern einen Hauptschulabschluss oder keinen allgemeinen Schulabschluss als höchsten Schulabschluss besaßen, war der Anteil der Schülerinnen und Schüler mit diesem sozialen Status an Hauptschulen mit 56 % fast sechsmal so hoch. Dagegen fanden sich an Gymnasien hauptsächlich Kinder, deren Eltern die (Fach-)Hochschulreife aufwiesen (61 %). An Hauptschulen war diese Schülergruppe mit nur 12 % vertreten. ▶ Tab 4a

Ähnliche herkunftsbedingte Muster zeigt auch die Verteilung der Kinder und Jugendlichen auf die Schularten anhand des höchsten beruflichen Bildungsabschlusses in der Familie. Auch hier stammten die wenigsten Kinder (5 %) an Hauptschulen aus Familien mit hohem Bildungsniveau. Sechsmal höher war

▶ Tab 4b **Schülerinnen und Schüler nach besuchter Schulart und höchstem beruflichen Bildungsabschluss der Eltern 2011**

	Insgesamt	Höchster beruflicher Bildungsabschluss der Eltern[1]				Ohne beruflichen Abschluss
		Lehre/ Berufsausbildung im dualen System	Fachschulabschluss[2]	(Fach-) Hochschulabschluss	ohne Angabe	
	in 1 000	in %				
Grundschule	2 840	48,2	14,4	23,9	/	13,3
Hauptschule	637	56,5	9,2	4,8	/	29,1
Realschule	1 497	61,2	14,6	11,6	/	12,4
Gymnasium	2 670	37,8	17,0	39,6	/	5,5
Sonstige allgemeinbildende Schule	1 262	53,0	12,8	15,5	/	18,5
Berufliche Schule, die einen mittleren Abschluss vermittelt	86	58,3	10,8	7,3	/	23,3
Berufliche Schule, die zur (Fach-)Hochschulreife führt[3]	266	52,9	18,1	15,8	/	12,9
Berufsschule	1 298	63,0	14,8	9,2	/	12,8
Sonstige berufliche Schule[4]	270	56,8	12,3	11,1	/	19,6
Insgesamt	**10 825**	**50,7**	**14,6**	**21,5**	**0,2**	**13,0**

1 Elternteil mit höchstem Abschluss.
2 Einschließlich Meister-/Technikerausbildung, Abschluss einer Schule des Gesundheitswesens sowie Fachschulabschluss der ehemaligen DDR.
3 Zum Beispiel Fachoberschule, berufliches Gymnasium, Wirtschaftsgymnasium, Berufsoberschule.
4 Zum Beispiel Berufsvorbereitungsjahr, Berufsgrundbildungsjahr, Berufsfachschule, die einen Abschluss in einem Beruf vermittelt, einjährige Schule des Gesundheitswesens.
/ keine Angabe, da Zahlenwert nicht sicher genug.
Ergebnisse des Mikrozensus.

▶ Tab 4c **Schülerinnen und Schüler nach besuchter Schulart und Migrationshintergrund 2011**

	Insgesamt	Ohne Migrationshintergrund	Mit Migrationshintergrund					
			insgesamt	Herkunftsregion[1]				
				Türkei	sonstige ehemalige Anwerbestaaten	sonstige Staaten der Europäischen Union	sonstige europäische Länder	sonstige nicht europäische Länder
	in 1 000	in %						
Grundschule	2 840	67,9	32,1	6,9	5,4	5,4	3,2	7,8
Hauptschule	637	55,4	44,6	14,1	10,4	4,7	3,7	8,7
Realschule	1 497	70,2	29,8	7,5	5,7	5,0	3,1	6,4
Gymnasium	2 670	76,0	24,0	4,0	3,8	5,5	2,8	5,9
Sonstige allgemeinbildende Schule	1 262	70,4	29,6	8,5	5,2	4,8	2,3	7,1
Berufliche Schule, die einen mittleren Abschluss vermittelt	86	59,7	40,3	12,3	7,7	5,8	/	8,6
Berufliche Schule, die zur (Fach-)Hochschulreife führt[2]	266	70,6	29,4	7,3	5,2	4,6	3,5	6,7
Berufsschule	1 298	76,0	24,0	6,0	5,1	3,8	2,9	4,6
Sonstige berufliche Schule[3]	270	66,5	33,5	8,7	5,4	5,8	4,2	7,7
Insgesamt	**10 825**	**70,7**	**29,3**	**6,9**	**5,3**	**5,1**	**3,0**	**6,7**

1 Elternteil mit höchstem Schulabschluss.
2 Zum Beispiel Fachoberschule, berufliches Gymnasium, Wirtschaftsgymnasium, Berufsoberschule.
3 Zum Beispiel Berufsvorbereitungsjahr, Berufsgrundbildungsjahr, Berufsfachschule, die einen Abschluss in einem Beruf vermittelt, einjährige Schule des Gesundheitswesens.
/ keine Angabe, da Zahlenwert nicht sicher genug.
Ergebnisse des Mikrozensus.

dagegen der Anteil der Kinder (29 %) aus sogenannten bildungsfernen Familien, in denen kein Elternteil einen beruflichen Abschluss hatte. An Gymnasien waren die Verhältnisse – wie auch beim höchsten allgemeinen Schulabschluss – entgegengesetzt: 40 % der Schülerinnen und Schüler stammten hier aus Familien mit einem Universitäts- oder Fachhochschulabschluss. Nur 6 % der Gymnasiasten lebten in Familien, in denen kein Elternteil über einen beruflichen Abschluss verfügte. ▸ Tab 4b

Neben dem elterlichen Bildungsabschluss hat auch der Migrationshintergrund einen großen Einfluss auf die Art der besuchten Schule. Im Jahr 2011 wiesen insgesamt 29 % der Schülerinnen und Schüler einen Migrationshintergrund auf. Die größte Herkunftsgruppe (7 %) waren dabei türkischstämmige Schülerinnen und Schüler. Die deutlichsten Unterschiede der Zusammensetzung der Schülerschaft fanden sich erneut zwischen Hauptschulen und Gymnasien: Der Anteil der Schülerinnen und Schüler mit Migrationshintergrund war mit 45 % an Hauptschulen fast doppelt so hoch wie an Gymnasien (24 %). Die Zusammensetzung der Kinder mit Migrationshintergrund nach Herkunftsgruppen unterscheidet sich auch zwischen den Schularten deutlich. Schülerinnen und Schüler mit türkischen Wurzeln (14 %) bildeten an Hauptschulen mit Abstand die größte Herkunftsgruppe. Dagegen stammten die meisten Gymnasiasten mit Migrationshintergrund aus Staaten der Europäischen Union beziehungsweise aus sonstigen nicht europäischen Ländern. ▸ Tab 4c

3.1.3 Betriebliche Berufsausbildung

Im dualen Ausbildungssystem besuchen Jugendliche die Berufsschule und werden zusätzlich aufgrund der mit den ausbildenden Stellen beziehungsweise Betrieben abgeschlossenen Ausbildungsverträge auch praktisch am Arbeitsplatz ausgebildet. Dieses System hat den Vorteil, dass theoretischer und praktischer Lernstoff verknüpft wird. Für die Unternehmen dient die Ausbildung von Jugendlichen auch der Sicherstellung des eigenen Fachkräftenachwuchses. Das System ist im deutschsprachigen Raum sehr stark verbreitet.

Im Jahr 2011 haben rund 566 000 Jugendliche einen Ausbildungsvertrag neu abgeschlossen. Das sind gut 7 000 mehr Verträge als im Vorjahr. Die weltweite Wirtschafts- und Finanzkrise 2009 führte auch in Deutschland zu einem Rückgang des Ausbildungsplatzangebotes. Da gleichzeitig demografiebedingt die Zahl der Jugendlichen sank, die an einer Ausbildungsstelle interessiert sind, führte dies im Ergebnis zu einer Entspannung auf dem Ausbildungsmarkt. ▸ Abb 7

Die Chancen der Jugendlichen hängen neben der regionalen Wirtschaftsstruktur und Wirtschaftsentwicklung auch von individuellen Qualifikationen ab, unter anderem auch von den erreichten Schulabschlüssen. Von den Jugendlichen, die 2011 einen neuen Ausbildungsvertrag abgeschlossen haben, besaß fast jede beziehungsweise jeder Vierte (23 %) Abitur oder Fachhochschulreife. Mehr als zwei Fünftel (42 %) verfügten über einen Realschul- oder gleichwertigen Abschluss und 35 % blieben mit ihrem erreichten Abschluss darunter. Ungefähr jede/r neunte Jugendliche, die beziehungsweise der einen neuen Ausbildungsvertrag abgeschlossen hat (11 %), hatte vor Abschluss des Ausbildungsvertrages an einer berufsvorbereitenden Qualifizierung oder beruflichen Grundbildung zum Beispiel Berufsfachschule, schulisches Berufsgrundbildungsjahr oder Berufsvorbereitungsjahr teilgenommen, um die Chancen auf einen Ausbildungsplatz durch einen höherwertigen Schulabschluss zu verbessern oder um die Zeit bis zur nächsten Bewerberrunde im folgenden Jahr zu überbrücken. Mehr als die Hälfte der Jugendlichen (54 %) mit neuem Ausbildungsvertrag, die vor ihrer Ausbildung an einer berufsvorbereitenden Qualifizierung oder beruflichen Grundbildung teilgenommen haben, besitzen einen Hauptschulabschluss oder keinen Schulabschluss. Im Gegensatz dazu haben nur 12 % dieser Jugendlichen Abitur oder Fachhochschulreife.

▸ Abb 7   **Angebot und Nachfrage von Ausbildungsplätzen sowie Absolventinnen/ Absolventen und Abgängerinnen/Abgänger aus allgemeinbildenden Schulen — in Tausend**

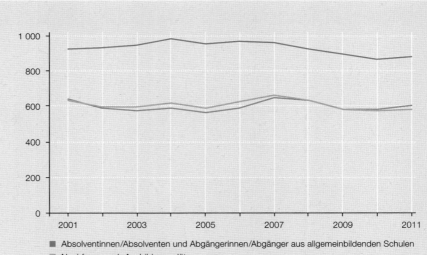

■ Absolventinnen/Absolventen und Abgängerinnen/Abgänger aus allgemeinbildenden Schulen
■ Nachfrage nach Ausbildungsplätzen
■ Angebot an Ausbildungsplätzen

Quelle: Bundesagentur für Arbeit, Statistisches Bundesamt.

Die Verteilung der Auszubildenden auf die Ausbildungsberufe ließ deutliche Schwerpunkte erkennen: Im Jahr 2011 konzentrierten sich 36 % der Ausbildungsplätze männlicher und 52 % der Ausbildungsplätze weiblicher Auszubildender auf jeweils zehn von insgesamt 344 anerkannten Ausbildungsberufen. Bei den jungen Männern rangierte der Beruf des Kraftfahrzeugmechatronikers mit fast 7 % der männlichen Auszubildenden in der Beliebtheitsskala eindeutig an erster Stelle. Dann folgten die Berufe Industriemechaniker (5 %) und Elektroniker (4 %). Bei den jungen Frauen waren die Berufe Medizinische Fachangestellte, Bürokauffrau oder Kauffrau im Einzelhandel mit jeweils fast 7 % der weiblichen Auszubildenden am stärksten

besetzt. Frauen erlernen neben den Berufen im dualen Ausbildungssystem häufig auch Berufe im Sozial- und Gesundheitswesen, wie zum Beispiel Gesundheits- und Krankenpflegerin oder Altenpflegerin, deren Ausbildung meistens rein schulisch erfolgt. Da die Wahl des Ausbildungsberufes stark von den am Ausbildungsmarkt vorhandenen Stellen abhängt, kann man bei den genannten, am stärksten besetzten Berufen nicht zwingend von den »beliebtesten Berufen« sprechen. ▶ Abb 8

Von den 1,46 Millionen Jugendlichen, die sich 2011 in einer Berufsausbildung im dualen Ausbildungssystem befanden, waren rund 78 000 Ausländerinnen beziehungsweise Ausländer. Ihr Anteil an den Auszubildenden ist seit Mitte der 1990er-

Jahre von 8 % auf 5 % im Jahr 2011 gesunken. Im Vergleich zum Ausländeranteil an den Absolventinnen und Absolventen allgemeinbildender Schulen (2011: 9 %) waren Ausländerinnen und Ausländer im dualen System unterrepräsentiert. Von den ausländischen Auszubildenden besaßen im Jahr 2011 rund 41 % einen türkischen Pass, 13 % die Staatsangehörigkeit eines der Nachfolgestaaten des früheren Jugoslawiens, 11 % die italienische und 4 % die griechische Staatsangehörigkeit.

Nicht alle Jugendlichen, die ihre Ausbildung beginnen, bringen diese auch zum Abschluss. Rund ein Viertel (24 %) löste den Ausbildungsvertrag 2011 vor Erreichen der Abschlussprüfung auf. Die Gründe für diese vorzeitigen Lösungen können bei dem beziehungsweise der

▶ Abb 8 **Auszubildende in den zehn am stärksten besetzten Berufen**

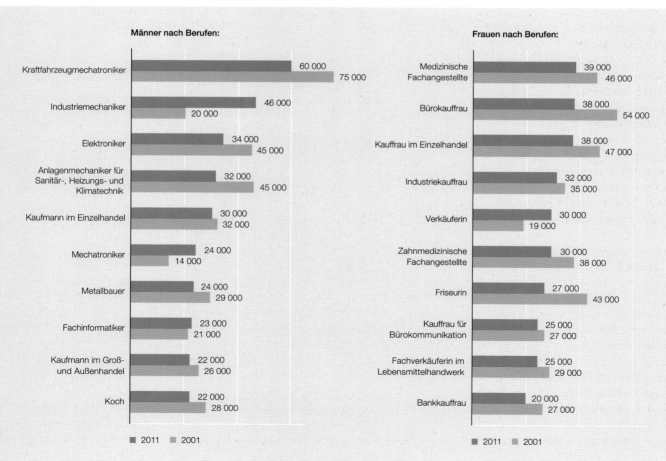

Auszubildenden liegen, bedingt zum Beispiel durch einen Betriebs- oder Berufswechsel. Ebenso gibt es Gründe auf Ausbilderseite, etwa bei Aufgabe des Betriebes oder Wegfall der Ausbildereignung. Ein großer Teil dieser Jugendlichen beginnt anschließend erneut eine Ausbildung im dualen System.

Im Jahr 2011 haben rund 477 000 Jugendliche ihre Ausbildung erfolgreich mit einer bestandenen Abschlussprüfung beendet. Davon waren rund 27 000 externe Prüfungsteilnahmen (5 % aller erfolgreichen Prüfungsteilnahmen). Als »Externe« können Personen ohne Ausbildungsvertrag zu den Abschlussprüfungen zugelassen werden, wenn sie die entsprechenden Kenntnisse und Fertigkeiten durch mehrjährige Tätigkeiten in dem jeweiligen Ausbildungsberuf oder aufgrund eines abgeschlossenen schulischen Bildungsganges erworben haben. Abschlussprüfungen im dualen Ausbildungssystem können zwei Mal wiederholt werden. Im Jahr 2011 haben 90 % der Teilnehmerinnen und Teilnehmer an Abschlussprüfungen die Prüfung bestanden. ▶ Tab 5

3.1.4 Hochschulen

Der Hochschulbereich ist der Teil des Bildungssystems, in dem eine akademische Ausbildung vermittelt wird. Die Hochschulen sind von besonderer Bedeutung für die wirtschaftliche Entwicklung und die Stellung Deutschlands im internationalen Wettbewerb, da sie wissenschaftlichen Nachwuchs qualifizieren und mit ihren Forschungsergebnissen die Grundlagen für Innovationen schaffen. Im Wintersemester 2011/2012 gab es in Deutschland insgesamt 421 staatlich anerkannte Hochschulen, darunter 182 Universitäten (einschließlich Theologischer und Pädagogischer Hochschulen sowie Kunsthochschulen) und 239 Fachhochschulen (einschließlich Verwaltungsfachhochschulen).

Studierende, Studienanfänger und -anfängerinnen

Mitte der 1960er-Jahre wurden, angesichts eines im internationalen Vergleich drohenden Bildungsrückstands der deut-

▶ Tab 5   **Ausbildungsverträge und bestandene Abschlussprüfungen — in Tausend**

	Neu abgeschlossene Ausbildungsverträge	Vorzeitig gelöste Ausbildungsverträge	Bestandene Abschlussprüfungen[1]
2001	610	156	514
2002	568	151	513
2003	564	133	504
2004	572	127	493
2005	559	118	478
2006	581	119	480
2007	624	/	/
2008	608	139	455
2009	561	141	469
2010	559	142	479
2011	566	150	477

Durch die Neukonzeption der Statistik im Jahr 2007 ist die Vergleichbarkeit der Ergebnisse vor und nach der Umstellung eingeschränkt.
1 Bis 2006 einschließlich externer Abschlussprüfungen.
/ keine Angabe, da Zahlenwert nicht sicher genug.

▶ Tab 6   **Studierende, Studienanfängerinnen und -anfänger — in Tausend**

	Insgesamt		Universitäten		Fachhochschulen	
	Studierende	1. HS	Studierende	1. HS	Studierende	1. HS
2001	1 869	345	1 382	237	486	108
2002	1 939	359	1 423	244	517	115
2003	2 020	378	1 468	256	552	122
2004	1 964	359	1 403	240	560	119
2005	1 986	356	1 418	238	568	118
2006	1 979	345	1 409	228	571	117
2007	1 942	361	1 369	234	573	127
2008	2 026	397	1 397	244	628	153
2009	2 121	424	1 449	258	673	166
2010	2 218	445	1 504	273	714	172
2011	2 381	519	1 605	320	776	199

Studierende im Wintersemester, Studienanfänger/-innen im ersten Hochschulsemester (1. HS) im Studienjahr (Sommer- und nachfolgendes Wintersemester).

schen Bevölkerung, die Hochschulen breiteren Schichten geöffnet. Seitdem sind die Studierendenzahlen in Deutschland drei Jahrzehnte lang angestiegen. Sie erreichten 1994 einen zwischenzeitlichen Höchststand. In den nachfolgenden Jahren ging die Zahl der Eingeschriebenen stetig zurück, bevor im Jahr 2000 eine erneute Trendwende einsetzte. Im Wintersemester 2003/2004 erreichten mit mehr als 2 Millionen die Studierendenzahlen

einen neuen Rekordwert. In den nachfolgenden Jahren sank sie wieder leicht unter die Zwei-Millionen-Marke und erreichte diese dann erneut im Wintersemester 2008/2009. Im Wintersemester 2011/2012 waren mit fast 2,4 Millionen Studierenden so viele wie nie zuvor an deutschen Hochschulen eingeschrieben.

Die Zahl der Studienanfängerinnen und -anfänger stieg bis zum Studienjahr 2003 kontinuierlich an, ging in den Studien-

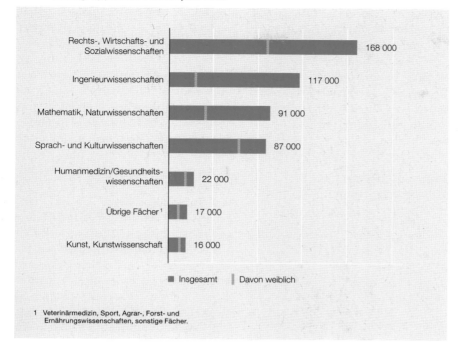

▶ Abb 9   **Studienanfängerinnen und -anfänger (erstes Hochschulsemester) nach Fächergruppen im Studienjahr 2011**

1 Veterinärmedizin, Sport, Agrar-, Forst- und Ernährungswissenschaften, sonstige Fächer.

▶ Info 2

Der Bologna-Prozess

Im Juni 1999 unterzeichneten die Wissenschaftsministerinnen und -minister aus 29 europäischen Ländern die sogenannte »Bologna-Erklärung« zur Schaffung eines einheitlichen europäischen Hochschulraums. Als wichtigstes Ziel dieses Reformprozesses gilt die Einführung des zweistufigen Studiensystems mit den neuen Abschlüssen Bachelor und Master, die die herkömmlichen Abschlüsse an Universitäten und Fachhochschulen bis 2010 (bis auf wenige Ausnahmen) ablösen sollten. Durch die internationale Vereinheitlichung der Studienabschlüsse sollten Studierende und Absolventinnen und Absolventen innerhalb Europas mobiler und die Attraktivität der Hochschulen über die europäischen Grenzen hinaus gesteigert werden.

jahren 2004 bis 2006 zunächst zurück und erhöhte sich erneut in den Folgejahren. Insgesamt schrieben sich im Studienjahr 2011, das heißt im Sommer- und nachfolgenden Wintersemester rund 519 000 Studienanfängerinnen und -anfänger an deutschen Hochschulen ein. ▶ Tab 6

Die Wahl eines Studienfaches wird von unterschiedlichen Faktoren, zum Beispiel von den persönlichen Interessen der Studienanfängerinnen und -anfänger,

vom Studienangebot der Hochschulen oder von Zulassungsbeschränkungen (zum Beispiel Numerus-Clausus-Regelungen und hochschulinterne Zulassungsverfahren) beeinflusst. Eine wichtige Rolle bei der Wahl des Studiengangs spielen auch die zum Zeitpunkt der Einschreibung wahrgenommenen und künftig erwarteten Chancen, die ein Studienabschluss auf dem Arbeitsmarkt bietet. Die meisten Erstsemester (32 %) schrieben

sich 2011 in der Fächergruppe Rechts-, Wirtschafts- und Sozialwissenschaften ein. Dies war bereits vor zehn Jahren mit 34 % der Erstsemester der Fall. Im Jahr 2011 betrug der Anteil der Studienanfängerinnen und -anfänger in den Ingenieurwissenschaften 22 %, was einen Anstieg um fast sechs Prozentpunkte im Vergleich zu 2001 bedeutete. Auf die Fächergruppe Mathematik/Naturwissenschaften entfiel 2011 ein Anteil der Studienanfängerinnen und -anfänger von knapp 18 %. Er sank in den letzten zehn Jahren leicht um einen Prozentpunkt. Das Gewicht der Sprach- und Kulturwissenschaften (17 %) ist innerhalb der vergangenen zehn Jahre um vier Prozentpunkte gesunken.

Im Jahr 2011 war fast die Hälfte (47 %) der Studienanfänger Frauen. Die Frauenanteile variierten allerdings je nach fachlicher Ausrichtung des Studiums. In den Fächergruppen Veterinärmedizin (81 %), Sprach- und Kulturwissenschaften (72 %), Humanmedizin/Gesundheitswissenschaften (67 %) sowie Kunst/Kunstwissenschaft (62 %) waren die Studienanfängerinnen deutlich in der Mehrheit. In den Rechts-, Wirtschafts- und Sozialwissenschaften stellte sich das Geschlechterverhältnis mit einem Frauenanteil von 52 % nahezu ausgeglichen dar. In der Fächergruppe Ingenieurwissenschaften (21 %) waren Studienanfängerinnen hingegen deutlich unterrepräsentiert. ▶ Abb 9

Die Umstellung des Studienangebots im Zuge des Bologna-Prozesses zeichnet sich zunächst in den Studienanfängerzahlen ab, setzt sich bei der Zahl der Studierenden fort und wirkt sich zeitverzögert auf die Absolventenzahlen aus. Die Einführung von Bachelor- und Masterabschlüssen hat seit 1999 erhebliche Fortschritte gemacht. ▶ Info 2

Im Wintersemester 2011/2012 begannen 79 % der Studienanfängerinnen und -anfänger (im ersten Fachsemester) ein Bachelor- oder Masterstudium (ohne Lehramts-Bachelor und -Master). Rund 37 % (231 000) aller Studienanfängerinnen und -anfänger im Wintersemester 2011/2012 strebten einen Bachelorabschluss an einer Universität an, 11 %

(66 000) einen Masterabschluss. Nur noch 9 % (57 000) aller Studienanfänger begannen ein Diplomstudium an einer Universität; 1 % (9 000) an einer Fachhochschule. Rund 28 % (173 000) der Studienanfängerinnen und -anfänger strebten den Bachelorabschluss an der Fachhochschule an und 4 % (23 000) den Masterabschluss. ▶ Abb 10

Hochschulabsolventinnen und -absolventen

Die Zahl der bestandenen Prüfungen an Hochschulen stieg seit 2001 kontinuierlich an und erreichte 2011 mit 392 000 den aktuellen Höchststand. Mehr als die Hälfte (51 %) der im Jahr 2011 bestandenen Hochschulabschlüsse wurden von Frauen erworben.

Von den Absolventinnen und Absolventen des Jahres 2011 erwarben 39 % (152 000) einen Bachelorabschluss und weitere 11 % (41 000) einen Masterabschluss. Im Jahr 2011 verließen 24 % (94 000) der Absolventinnen und Absolventen die Hochschule mit einem Universitätsdiplom und 10 % (39 000) mit einem traditionellen Fachhochschulabschluss. Den Doktortitel erlangten im Jahr 2011 rund 7 % (27 000) der Absolventinnen und Absolventen und weitere 10 % (39 000) legten eine Lehramtsprüfung ab. ▶ Tab 7

Hochschulabsolventinnen und -absolventen, die 2011 ihr Erststudium erfolgreich abgeschlossen haben, waren durchschnittlich 27 Jahre alt. Die Studiendauer ist abhängig von der Art des erworbenen akademischen Grades. Die Erstabsolventen, die ein Universitätsdiplom oder einen entsprechenden Abschluss erwarben, schlossen ihr Studium im Prüfungsjahr 2011 in elf Fachsemestern ab. Angehende Lehrerinnen und Lehrer brauchten im Durchschnitt neun Semester bis zum ersten Staatsexamen. Die mittlere Fachstudiendauer der Erstabsolventen, die ein Fachhochschuldiplom erwarben, lag bei fast neun Semestern; bei Bachelorabsolventen, deren Abschluss in der Wertigkeit dem »klassischen« Fachhochschuldiplom entspricht, war diese mit sechs Semestern deutlich kürzer.

Das Masterstudium baut auf ein vorangegangenes Studium (in der Regel das Bachelorstudium) auf. Die mittlere Gesamtstudiendauer bei Masterabsolventinnen und -absolventen lag bei fast elf Semestern, wobei die Gesamtstudiendauer beim Masterabschluss auch die im Bachelorstudium verbrachten Semester umfasst.

Personelle und finanzielle Ressourcen

Im Jahr 2011 waren rund 619 000 Menschen an deutschen Hochschulen beschäftigt, davon zählten über die Hälfte (337 000) zum wissenschaftlichen und künstlerischen Personal. Zu beachten ist, dass das Hochschulpersonal nicht nur

▶ Abb 10   **Studienanfängerinnen und -anfänger (erstes Fachsemester) nach angestrebtem Abschluss, Wintersemester 2011/12 — in Prozent**

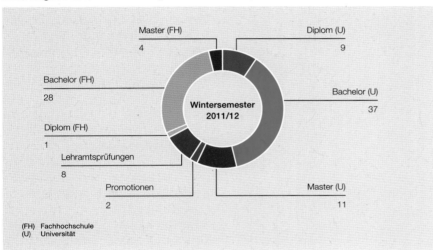

Master (FH) 4
Diplom (U) 9
Bachelor (FH) 28
Bachelor (U) 37
Diplom (FH) 1
Lehramtsprüfungen 8
Promotionen 2
Master (U) 11

Wintersemester 2011/12

(FH) Fachhochschule
(U) Universität

▶ Tab 7   **Bestandene Prüfungen an Hochschulen — in Tausend**

	Insgesamt	Darunter					
		Universitärer Abschluss[1]	Promotionen	Lehramtsprüfungen	Fachhochschulabschluss[2]	Bachelorabschluss	Masterabschluss
2001	208	91	25	25	66	0	1
2002	209	92	24	24	66	1	2
2003	218	95	23	22	72	2	3
2004	231	98	23	23	76	6	6
2005	252	102	26	24	81	10	9
2006	266	106	24	26	82	15	11
2007	286	113	24	29	84	23	14
2008	309	112	25	33	83	40	17
2009	339	112	25	36	73	72	21
2010	362	103	26	38	56	112	27
2011	392	94	27	39	39	152	41

1 Einschließlich der Prüfungsgruppen »Künstlerischer Abschluss« und »Sonstiger Abschluss«;
   ohne Lehramts-, Bachelor- und Masterabschlüsse.
2 Ohne Bachelor- und Masterabschlüsse.

lehrt, sondern in einem beträchtlichen Umfang Aufgaben in den Bereichen Krankenbehandlung (Universitätskliniken) sowie Forschung und Entwicklung wahrnimmt. Etwas weniger als die Hälfte der Beschäftigten (282 000) war in der Hochschulverwaltung oder in technischen und sonstigen Bereichen tätig. Zwei Drittel (65 %) des wissenschaftlichen Personals waren hauptberuflich beschäftigt. Das hauptberufliche wissenschaftliche Personal setzt sich zusammen aus Professorinnen und Professoren, wissenschaftlichen oder künstlerischen Mitarbeiterinnen und Mitarbeitern, Dozenten und Assistenten sowie Lehrkräften für besondere Aufgaben. Lehrbeauftragte, wissenschaftliche Hilfskräfte und Gastprofessorinnen und -professoren gehören zum nebenberuflichen wissenschaftlichen und künstlerischen Personal. ▶ Tab 8

In den letzten zehn Jahren hat die Zahl der Beschäftigten an den Hochschulen in Deutschland um insgesamt 25 % zugenommen. Das wissenschaftliche und künstlerische Personal wuchs im gleichen Zeitraum sogar um insgesamt 50 % (112 000). Während sich in der Gruppe des hauptberuflichen wissenschaftlichen Personals die Zahl der Professorinnen und Professoren seit 2001 um 14 % erhöhte, waren in der Gruppe der wissenschaftlichen und künstlerischen Mitarbeiter deutlichere Zuwächse (+ 60 %) zu verzeichnen. Der Anteil der Teilzeitbeschäftigten ist in der Gruppe des hauptberuflichen wissenschaftlichen und künstlerischen Personals von 25 % im Jahr 2001 auf 36 % im Jahr 2011 gestiegen.

Die Gruppe des nebenberuflichen wissenschaftlichen Personals ist in den letzten zehn Jahren um 85 % gewachsen. Im Jahr 2011 waren 120 000 Personen in dieser Gruppe beschäftigt. Im Jahr 2001 waren es noch 65 000 gewesen. Der Zuwachs ist vor allem auf die wachsende Zahl der Lehrbeauftragten zurückzuführen (+ 80 %), die seit 2001 von 48 000 auf 86 000 im Jahr 2011 gewachsen ist. Aber auch die Zahl der wissenschaftlichen Hilfskräfte hat sich von 15 000 im Jahr 2001 auf 32 000 im Jahr 2011 mehr als verdoppelt.

Der Bereich des Verwaltungs- sowie technischen und sonstigen Personals hat sich in den letzten zehn Jahren nur geringfügig erhöht und lag im Jahr 2011 bei rund 282 000 Personen (+ 5 %).

Die Hochschulen in öffentlicher und privater Trägerschaft in Deutschland gaben im Jahr 2010 für Lehre, Forschung und Krankenbehandlung insgesamt 41,2 Milliarden Euro aus. Die Ausgaben setzen sich zusammen aus den Ausgaben für das Personal, für den laufenden Sachaufwand sowie für Investitionen. Die Ausgaben der Hochschulen werden in besonderem Maße durch die Fächerstruktur bestimmt. Rund 46 % der Ausgaben entfielen auf die medizinischen Einrichtungen. Der Anteil der eingeschriebenen

▶ Tab 8 **Hochschulpersonal — in Tausend**

	Insgesamt	Wissenschaftliches und künstlerisches Personal		Verwaltungs-technisches und sonstiges Personal
		Zusammen	darunter Professorinnen/ Professoren	
2001	494	225	38	269
2002	501	232	38	270
2003	505	237	38	268
2004	499	236	38	263
2005	497	240	38	257
2006	504	249	38	255
2007	519	260	38	259
2008	537	275	39	263
2009	573	301	40	272
2010	602	324	41	277
2011	619	337	43	282

Ohne studentische Hilfskräfte.

▶ Abb 11 **Laufende Grundmittel je Studierenden 2010 nach Fächergruppen — in Tausend Euro**

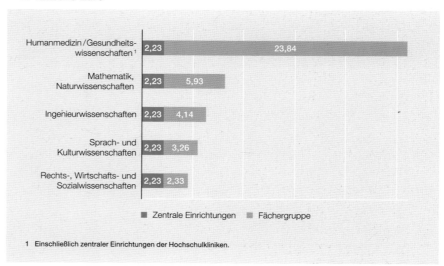

1 Einschließlich zentraler Einrichtungen der Hochschulkliniken.

Studierenden in Humanmedizin beziehungsweise Gesundheitswissenschaften lag im Wintersemester 2010/2011 aber nur bei knapp 6 %. Demgegenüber waren in den Fächergruppen Rechts-, Wirtschafts- und Sozialwissenschaften sowie Sprach- und Kulturwissenschaften zusammen im Jahr 2010 über die Hälfte (rund 50 %) aller Studierenden eingeschrieben. Ihr Anteil an den gesamten Ausgaben im Hochschulbereich betrug allerdings lediglich gut 11 %.

Die Finanzierung dieser Ausgaben erfolgt einerseits durch die Finanzausstattung, die die Hochschulen von Seiten des Trägers erhalten (sogenannte Grundmittel), andererseits durch Verwaltungseinnahmen sowie durch Drittmittel, die primär für Forschungszwecke eingeworben werden. Bei den laufenden Grundmitteln für Lehre und Forschung handelt es sich um den Teil der Hochschulausgaben, den der Einrichtungsträger den Hochschulen für laufende Zwecke zur Verfügung stellt. Im Jahr 2010 betrugen die laufenden Grundmittel an deutschen Hochschulen durchschnittlich 7 200 Euro je Studierenden.

Die laufenden Zuschüsse waren in den Fächergruppen unterschiedlich. Sie differierten im Jahr 2010 zwischen 4 600 Euro je Studierenden der Rechts-, Wirtschafts- und Sozialwissenschaften bis zu 26 100 Euro je Studierenden der Humanmedizin beziehungsweise Gesundheitswissenschaften. ▶ Abb 11

Frauen auf der akademischen Karriereleiter

Die Verwirklichung von Chancengleichheit von Männern und Frauen in Wissenschaft und Forschung ist ein wichtiges Thema in der deutschen Bildungspolitik. Auf den ersten Blick scheinen die Barrieren für den Zugang junger Frauen zur akademischen Ausbildung abgebaut: Fast die Hälfte (47 %) der Studierenden im ersten Hochschulsemester und etwas über die Hälfte (51 %) der Hochschulabsolventen im Jahr 2011 waren weiblich. Auch der Frauenanteil auf weiterführenden Qualifikationsstufen ist in den vergangenen Jahren gestiegen, allerdings nimmt er mit steigendem Qualifikationsniveau und Status der einzelnen Positionen auf der akademischen Karriereleiter kontinuierlich ab. Während im Jahr 2011 immerhin bereits 45 % der Doktortitel von Frauen erworben wurden, lag die Frauenquote bei den Habilitationen erst bei rund 25 %.

Fast 52 % der im Jahr 2011 an deutschen Hochschulen Beschäftigten waren weiblich (321 000), was in etwa dem Frauenanteil an der Gesamtbevölkerung entspricht. Im Bereich Forschung und Lehre sind Frauen allerdings immer noch unterrepräsentiert: Ihr Anteil lag in der Gruppe des wissenschaftlichen und künstlerischen Personals und in der Gruppe der hauptberuflich Beschäftigten jeweils bei 36 %. Unter der Professorenschaft ist der Frauenanteil traditionell niedrig, aber in den vergangenen zehn Jahren angestiegen und erreichte 2011 mit 20 % einen Höchstwert. In der höchsten Besoldungsstufe der Professoren (C4) lag der Anteil der Professorinnen bei 11 %. ▶ Tab 9

Bei der Interpretation der Daten ist zu beachten, dass sich selbst ein starker Anstieg des Frauenanteils bei den Hochschulabsolventen zunächst nicht direkt auf den Anteil bei den Habilitationen oder Professuren auswirkt, da der Erwerb von akademischen Abschlüssen sehr zeitintensiv ist. So liegen zwischen dem Zeitpunkt der Ersteinschreibung und der Erstberufung zur Professorin beziehungsweise zum Professor in Deutschland etwa 20 Jahre. Mit den steigenden Frauenanteilen bei Jungakademikern und dem

▶ Tab 9 **Frauenanteile in verschiedenen Stadien der akademischen Laufbahn — in Prozent**

	Studien-anfängerinnen und -anfänger	Studierende	Absolventinnen und Absolventen	Promotionen	Hochschul-personal insgesamt	Hauptberufliches wissenschaftliches und künstlerisches Personal	Professorinnen und Professoren	C4-Professorinnen und Professoren[1]
2001	49,4	46,7	46,0	35,3	51,2	27,0	11,2	7,7
2002	50,6	47,4	47,0	36,4	51,2	27,7	11,9	8,0
2003	48,2	47,4	48,4	37,9	51,3	28,6	12,8	8,6
2004	48,8	47,7	48,7	39,0	51,2	29,2	13,6	9,2
2005	48,8	47,8	49,5	39,6	51,2	30,2	14,3	9,7
2006	49,4	47,8	50,5	40,9	51,3	31,4	15,2	9,9
2007	49,8	47,7	50,8	42,2	51,2	32,8	16,2	10,0
2008	49,7	47,8	51,1	41,9	52,1	34,3	17,4	10,3
2009	49,9	47,8	51,0	44,1	51,8	35,0	18,2	10,5
2010	49,5	47,8	51,4	44,1	51,7	35,8	19,2	10,6
2011	46,6	47,3	50,7	44,9	51,8	36,5	19,9	10,7

1 C4 ist die höchste Besoldungsstufe.

zunehmenden Ersatzbedarf an Hochschullehrern dürften sich die Karrierechancen von Frauen an deutschen Hochschulen weiter erhöhen. Aufgrund des Facharbeitskräftemangels im Bereich Natur- und Ingenieurwissenschaften ist absehbar, dass sich die Nachfrage nach promovierten und habilitierten Akademikern in Zukunft insbesondere auf die Fächergruppen konzentrieren wird, die bislang die niedrigsten Frauenanteile in der Gruppe des wissenschaftlichen Nachwuchses aufweisen.

Ausländische Studierende

Im Wintersemester 2011/2012 waren an deutschen Hochschulen 265 000 Studierende mit ausländischer Nationalität immatrikuliert. Der Ausländeranteil an der Gesamtzahl der Studierenden hatte in den Wintersemestern 2004/2005 und 2005/2006 mit jeweils fast 13 % einen Höchststand erreicht und ist zum Wintersemester 2011/2012 leicht gesunken (11 %). ▶ Abb 12

Von den insgesamt 265 000 Studierenden mit ausländischer Nationalität waren 72 000 (27 %) sogenannte Bildungsinländer, die ihre Hochschulzugangsberechtigung im deutschen Bildungssystem erworben haben. Hier handelt es sich meist um Kinder von Zuwanderern, die teilweise bereits in der zweiten oder dritten Generation in Deutschland leben und die Staatsangehörigkeit ihres Herkunftslandes behalten haben, sowie Kriegsflüchtlinge und Asylsuchende. Die mit Abstand größte Gruppe unter den Bildungsinländern bildeten Studierende mit türkischer Staatsangehörigkeit (21 900), gefolgt von 4 100 Studierenden italienischer Herkunft und 3 600 Studierenden mit kroatischer Herkunft.

An der Gesamtzahl der Studierenden hatten die Studierenden ausländischer Nationalität (Bildungsinländer) nur einen Anteil von 3 %, obwohl der Ausländeranteil in Deutschland bei insgesamt 8 % lag. Deutsche Studierende mit Migrationshintergrund können allerdings in der Studierendenstatistik nicht gesondert nachgewiesen werden. ▶ Abb 13

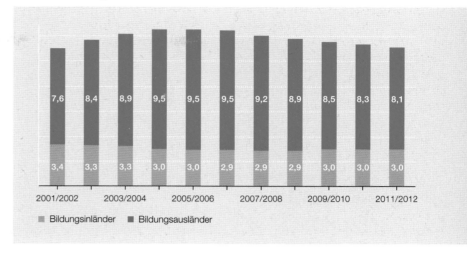

▶ Abb 12 **Anteil ausländischer Studierender an den Studierenden insgesamt — in Prozent**

▶ Abb 13 **Bildungsinländerinnen und -inländer nach Herkunftsländern im Wintersemester 2011/12**

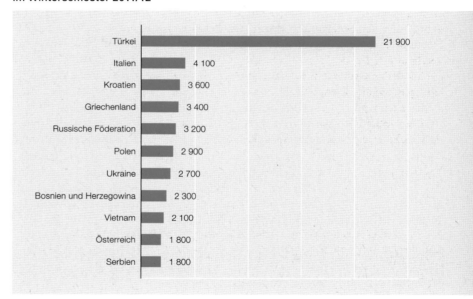

Bei den sogenannten Bildungsausländern handelt es sich um die Gruppe der ausländischen Studierenden, die grenzüberschreitend mobil sind und ihre Hochschulzugangsberechtigung außerhalb Deutschlands erworben haben. Ihre Zahl hat im Wintersemester 2005/2006 den höchsten Anteil an der Gesamtzahl der Studierenden mit fast 10 % (189 500) Bildungsausländern erreicht und war seitdem leicht rückläufig. Im Wintersemester 2011/2012 gab es einen Höchststand mit rund 192 900 Bildungsausländern an deutschen Hochschulen. Aufgrund der gestiegenen Gesamtzahl der Studierenden entsprach dies einem Anteil von 8 %. Die meisten ausländischen Nachwuchsakademiker kamen im Wintersemester 2011/2012 aus China (23 900), gefolgt von der Russischen Förderation

▶ Abb 14   **Bildungsausländerinnen und -ausländer nach Herkunftsländern im Wintersemester 2011/12**

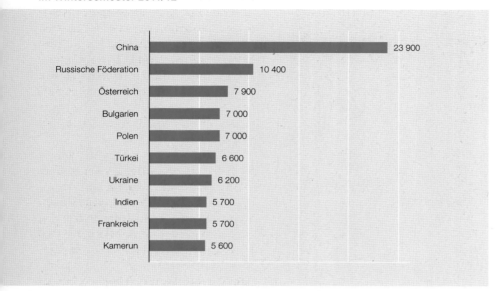

▶ Info 3

»Studierenden-BAföG«

Ausbildungsförderung für Studierende nach dem Bundesausbildungsförderungs-gesetz (BAföG) wird für den Besuch von höheren Fachschulen, Akademien und Hochschulen gewährt. Im Hochschulbe-reich wird die Ausbildungsförderung je zur Hälfte als Zuschuss und als unver-zinsliches Darlehen geleistet. In bestimmten Fällen wurde seit 1996 anstelle von Zu-schuss und unverzinslichem Darlehen ein verzinsliches Darlehen gewährt, zum Beispiel nach Überschreiten der Förderungshöchstdauer.

mit 10 400 Studierenden und Österreich mit 7 900 Studierenden. ▶ Abb 14

Auch für deutsche Studierende ist ein Studium im Ausland attraktiv. Im Jahr 2010 waren etwa 127 000 deutsche Studie-rende an ausländischen Hochschulen eingeschrieben. Die drei beliebtesten Zielländer waren 2010 Österreich mit 22 % aller deutschen Studierenden im Ausland, die Niederlande mit 19 % und das Vereinigte Königreich mit 12 %. Es folgten die Schweiz (11 %), die Vereinigten Staaten (7 %) und Frankreich (5 %). In diesen sechs Ländern zusammen lebten damit gut drei Viertel der im Ausland studierenden Deutschen.

Ausbildungsförderung für Studierende

Von den durchschnittlich 419 000 geför-derten Studierenden im Jahr 2011 waren 277 000 an Universitäten und 134 000 an Fachhochschulen eingeschrieben. Rund 62 % aller geförderten Studierenden er-hielten nur eine Teilförderung, die geleistet wird, wenn die Einkommen der Geförder-ten oder ihrer Eltern festgelegte Grenzen

übersteigen. Rund 38 % der Geförderten erhielten eine Vollförderung, also den maximalen Förderungsbetrag. ▶ Info 3

Insgesamt wurden von Bund und Ländern für die Studierendenförderung 2,27 Milliarden Euro aufgewendet. Im Durchschnitt erhielt in Deutschland ein geförderter Student beziehungsweise eine geförderte Studentin 452 Euro im Monat. Die durchschnittliche Zahl der Geförder-ten lag 2011 um 58 % höher als 2001. Im gleichen Zeitraum erhöhte sich der Finanzaufwand für die Studienförderung um 95 %. ▶ Tab 10, Abb 15

3.1.5 Lebenslanges Lernen

Viele Erwerbstätige müssen damit rech-nen, ihren ursprünglich erlernten Beruf in einer Zeit raschen technologischen Wandels nicht ein Leben lang ausüben zu können. Lebenslanges Lernen ist erfor-derlich, um mit den gesellschaftlichen und technologischen Entwicklungen Schritt zu halten, um auch künftig Chan-cen auf dem Arbeitsmarkt zu haben und am gesellschaftlichen Leben teilnehmen zu können.

Lernaktivitäten im Erwachsenenalter

Der Adult Education Survey erhebt unter anderem Informationen über drei Lern-formen im Erwachsenenalter: die formale Bildung (reguläre Bildungsgänge in allge-meinbildenden und beruflichen Schulen und Hochschulen), die nicht formale Bil-dung (im Folgenden als Weiterbildung bezeichnet) und das informelle Lernen/ Selbstlernen. Bei der Weiterbildung wird zwischen betrieblicher Weiterbildung, individueller berufsbezogener Weiterbil-dung und nicht berufsbezogener Weiter-bildung unterschieden. Das informelle Lernen/Selbstlernen wurde im Adult Education Survey 2012 über die Frage erfasst, ob man sich selbst bewusst etwas beigebracht habe, sei es in der Arbeitszeit oder in der Freizeit, allein oder zusam-men mit anderen. Die Tabelle zeigt die Teilnahmequoten der drei erfassten Lern-formen. ▶ Tab 11, Info 4

Rund 12 % der 18- bis 64-Jährigen be-suchten in den letzten zwölf Monaten vor der Befragung wenigstens einen regulären Bildungsgang in einer allgemeinbildenden oder beruflichen Schule oder Hochschule

▶ Tab 10   **Ausbildungsförderung nach dem Bundesausbildungsförderungsgesetz (BAföG)**

	Geförderte[1] (durchschnittlicher Monatsbestand)	Finanzieller Aufwand	Durchschnittlicher Förderungsbetrag je Person
	in 1 000	in Millionen Euro	in Euro je Monat
	Studierende		
2001	265	1 162	365
2003	326	1 446	370
2005	345	1 555	375
2007	331	1 491	375
2009	360	1 876	434
2011	419	2 270	452
	BAföG-Empfänger insgesamt (einschließlich Schülerinnen und Schülern)		
2001	408	1 655	338
2003	505	2 097	346
2005	544	2 280	349
2007	524	2 188	348
2009	559	2 703	403
2011	615	3 180	431

1 Da sich die Förderung zum Teil nicht über das ganze Jahr erstreckt, liegt der Monatsdurchschnitt niedriger als die Gesamtzahl der Geförderten in Abb. 15.

▶ Abb 15   **Geförderte nach dem Bundesausbildungs-förderungsgesetz (BAföG) — in Tausend**

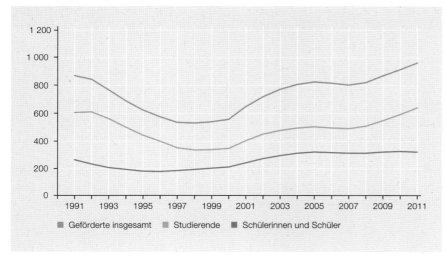

■ Geförderte insgesamt   ■ Studierende   ■ Schülerinnen und Schüler

oder waren in einer Berufsausbildung. An wenigstens einer Weiterbildungsaktivität nahmen 49 % der Befragten teil. Im Bereich der betrieblichen Weiterbildung liegt die Teilnahmequote am höchsten (35 %), gefolgt von der nicht berufsbezogenen (13 %) und der individuellen berufsbezo-genen Weiterbildung (9 %). Rund 48 % haben sich selbst bewusst etwas beige-bracht, also informell gelernt. Insgesamt sind 71 % der 18- bis 64-Jährigen »Lern-aktive«, das heißt sie haben an mindestens einer der drei Lernformen teilgenommen. Rund 54 % haben an mindestens einer der beiden organisierten Lernformen teilge-nommen und sind somit »Bildungsaktive«.

Erwerbstätige waren wesentlich aktiver als Nichterwerbstätige: 56 % der Erwerbs-tätigen haben an mindestens einer Weiter-bildungsveranstaltung teilgenommen, Arbeitslose und Nichterwerbstätige (ohne Schülerinnen, Schüler und Studierende) beteiligten sich mit 29 % beziehungs-weise 24 % dagegen deutlich seltener an Weiterbildung.

Die Weiterbildungsquote der Frauen lag mit 47 % leicht unter der der Männer (51 %), wobei die Gründe dafür nicht geschlechtsspezifisch sind, sondern vor allem auf die verschiedenartigen Er-werbssituationen von Männern und Frauen zurückzuführen sind. Entspre-chend fiel bei Männern (39 %) die Teil-nahmequote an betrieblicher Weiter-bildung höher aus als bei Frauen (31 %). Dafür beteiligten sich Frauen häufiger an nicht berufsbezogener Weiterbildung als Männer (15 % gegenüber 10 %). Im Bereich der individuellen berufsbezoge-nen Weiterbildung findet sich dagegen kaum ein Unterschied (Männer: 8 %; Frauen: 10 %).

Hochqualifizierte Männer und Frauen nahmen auch im Beobachtungszeitraum des Adult Education Survey 2012 deut-lich häufiger an Weiterbildung teil als Ge-ringqualifizierte. So bildeten sich 68 % der Akademikerinnen und Akademiker wei-ter, aber nur 37 % der Personen ohne beruflichen Abschluss.

Die Teilnahme an regulären Bildungs-gängen konzentrierte sich stark auf die Altersgruppe der 18- bis 24-Jährigen (64 %) und – in schwächerem Ausmaß – auf die 25- bis 34-Jährigen (13 %). In den älteren Vergleichsgruppen liegt die Teil-nahmequote an regulären Bildungsgängen in den letzten zwölf Monaten dagegen jeweils bei höchstens 2 %. Personen im Alter von 35 bis 64 Jahren erwerben dem-nach nur in Ausnahmefällen noch einen allgemeinen oder beruflichen Bildungs-abschluss. Bei der Weiterbildung und beim informellen Lernen/Selbstlernen sind die altersmäßigen Unterschiede nicht so groß. Hier ist erst in der Gruppe

▶ Tab 11   **Teilnahme an Lernformen in den letzten zwölf Monaten vor der Erhebung (Adult Education Survey 2012)**

	Insgesamt	Männer	Frauen
	in % der Bevölkerung im Alter von 18 bis 64 Jahren		
Formale Bildung (Reguläre Bildungsgänge in Schulen und Hochschulen)	12	13	10
Nicht formale Bildung (Weiterbildung)	49	51	47
↳ Betriebliche Weiterbildung	35	39	31
↳ Individuelle berufsbezogene Weiterbildung	9	8	10
↳ Nicht berufsbezogene Weiterbildung	13	10	15
Informelles Lernen (sich selbst etwas beibringen)	48	49	47
Lernaktive (Teilnahmequote insgesamt)[1]	71	72	69
Bildungsaktive (Formale und nicht formale Bildung)[2]	54	57	52

1 Teilnahme an mindestens einer der drei Lernformen.
2 Teilnahme an mindestens einer der beiden organisierten Lernformen.
Quellen: Bundesministerium für Bildung und Forschung: Weiterbildungsverhalten in Deutschland, 2013. AES 2012 Trendbericht; AES 2012. Zusatzauswertungen von TNS Infratest Sozialforschung.

▶ Info 4

»LEBENSLANGES LERNEN«

Seit 1979 wird in dreijährigem Abstand im Auftrag des Bundesministeriums für Bildung und Forschung eine repräsentative Umfrage bei 19- bis 64-Jährigen unter dem Titel Berichtssystem Weiterbildung (BSW) durchgeführt. Bei der Erhebung 2007 wurde das nationale Konzept mit dem neuen Konzept des europäischen Adult Education Surveys (AES) kombiniert. Seit der Erhebungsrunde 2010 wird ausschließlich das AES-Konzept herangezogen. Dies bedeutet, dass die Erhebung zusätzlich auch die 18-Jährigen einbezieht. Die aktuelle deutsche Erhebungsrunde (AES 2012) ist Teil der ersten verpflichtenden europäischen Befragung.

▶ Tab 12   **Teilnahme an Lernformen in den letzten zwölf Monaten vor der Erhebung nach Alter (Adult Education Survey 2012) — in Prozent der Bevölkerung der jeweiligen Altersgruppe**

	Formale Bildung (reguläre Bildungsgänge)	Nicht formale Bildung (Weiterbildung)	Informelles Lernen/ Selbstlernen	Lernaktive[1]	Bildungsaktive[2]
Im Alter von … bis … Jahren					
18–24	64	49	53	88	81
25–34	13	51	51	73	52
35–44	2	52	47	70	52
45–54	1	51	47	68	52
55–64	1	38	44	61	61
Insgesamt	**12**	**49**	**48**	**71**	**54**

1 Teilnahme an mindestens einer der drei Lernformen.
2 Teilnahme an mindestens einer der beiden organisierten Lernformen.
Quellen: Bundesministerium für Bildung und Forschung: Weiterbildungsverhalten in Deutschland, 2013. AES 2012 Trendbericht; AES 2012. Zusatzauswertungen von TNS Infratest Sozialforschung.

der 55- bis 64-Jährigen eine geringere Beteiligung zu beobachten. ▶ Tab 12

Aufstiegsfortbildungsförderung

Im Jahr 2011 erhielten 166 000 Personen Leistungen nach dem Aufstiegsfortbildungsförderungsgesetz (AFBG) oder auch kurz »Meister-BAföG« genannt. Dies war gegenüber 2001 ein Anstieg von rund 197 %. Ursächlich hierfür sind un-

ter anderem zwei Änderungsgesetze, die die Förderbedingungen und die Förderleistungen verbessert haben. Nach dem Aufstiegsfortbildungsförderungsgesetz können Personen gefördert werden, die sich nach abgeschlossener Erstausbildung auf einen Fortbildungsabschluss, zum Beispiel zum Handwerksmeister oder Fachwirt, vorbereiten. Diese Förderung wurde überwiegend von

männlichen Fachkräften genutzt (68 %), nur 32 % der Geförderten waren Frauen. Der finanzielle Aufwand betrug 2011 insgesamt 539 Millionen Euro (als Darlehen 365 Millionen und als Zuschuss 174 Millionen Euro). Rund 67 000 (40 %) der Geförderten nahmen an einer Vollzeitfortbildung teil, davon 27 % Frauen und 73 % Männer. Eine Teilzeitfortbildung machten 99 000 Geförderte, da-

▶ Info 5

Aufstiegsförderung »Meister-BAföG«

Die Aufstiegsförderung nach dem Aufstiegsfortbildungsförderungsgesetz (AFBG) soll Nachwuchskräften helfen, ihre Weiterbildung für einen Fortbildungsabschluss zu finanzieren, der einen beruflichen Aufstieg ermöglicht. Die Förderung nach dem Aufstiegsfortbildungsförderungsgesetz (auch »Meister-BAföG« genannt) wurde zum 1. Januar 1996 eingeführt. Dieses Gesetz gewährt allen Fachkräften einen Rechtsanspruch auf staatliche Unterstützung für alle Formen der beruflichen Aufstiegsfortbildung. Der angestrebte Abschluss muss über dem Niveau einer Facharbeiter-, Gesellen-, Gehilfenprüfung oder eines Berufsfachschulabschlusses liegen. Damit erstreckt sich die Förderung auf alle Bildungsmaßnahmen im Bereich der gewerblichen Wirtschaft, der freien Berufe, der Hauswirtschaft und der Landwirtschaft, die gezielt auf anerkannte Prüfungen, zum Beispiel nach der Handwerksordnung, vorbereiten. Hierzu gehören auch Fortbildungen in den Gesundheits- und Pflegeberufen sowie an staatlich anerkannten Ergänzungsschulen. Eine Maßnahme in Vollzeitform muss mindestens 400 Unterrichtsstunden umfassen und darf in der Regel eine Dauer von 24 Monaten nicht überschreiten. Bei Teilzeitform beträgt die maximale Dauer in der Regel bis zu 48 Monate. Die Leistungen für alle Teilnehmerinnen und Teilnehmer bestehen aus einem sogenannten Maßnahmebeitrag (für Lehrgangs- und Prüfungsgebühren) bis zu einer Höhe von 10 226 Euro, der mit einem Anteil von 30,5 % als Zuschuss und im Übrigen als Darlehen gewährt wird. Geförderte in Vollzeitform können darüber hinaus monatliche Zuschüsse und Darlehen für den Lebensunterhalt und die Kinderbetreuung erhalten.

▶ Tab 13 **Aufstiegsförderung nach dem Aufstiegsfortbildungsförderungsgesetz (AFBG) — in Tausend Euro**

	Geförderte	Finanzieller Aufwand		
		insgesamt	davon	
			Zuschuss	Darlehen
2001	56 051	182 902	26 960	155 945
2003	121 817	387 780	127 970	259 809
2005	140 847	392 621	119 408	273 213
2007	133 592	356 024	105 580	250 444
2009	157 543	455 691	140 621	315 070
2011	166 467	538 971	173 864	365 108

von 35 % Frauen und 65 % Männer. Rund 15 % der Geförderten bildeten sich in Maßnahmen mit einer Dauer von bis zu einem Jahr, 58 % bis zu zwei Jahren und 86 % bis zu drei Jahren fort. Weitere 14 % besuchten Kurse, die länger als drei Jahre dauern. Die Geförderten waren überwiegend zwischen 20 und 35 Jahre alt. Am stärksten vertreten war die Gruppe der 25- bis 29-Jährigen (34 %), gefolgt

von den 20- bis 24-Jährigen (33 %) und den 30- bis 34-Jährigen (15 %). ▶ Info 5, Tab 13

3.1.6 Bildungsniveau der Bevölkerung

Die Qualifikation der Bevölkerung ist von großer gesamtwirtschaftlicher Bedeutung, da vor allem die Qualität der menschlichen Arbeitskraft (sogenanntes Humankapital) das Leistungsvermögen einer

Volkswirtschaft bestimmt. Für den Einzelnen verbessert ein hoher Bildungsstand die Erwerbschancen sowie die Chancen auf eine individuelle Lebensführung und die aktive Teilhabe am gesellschaftlichen Leben. Aktuelle Angaben über den Bildungsstand der Gesamtbevölkerung werden jährlich aus dem Mikrozensus gewonnen, der größten jährlich durchgeführten Haushaltsbefragung Deutschlands (siehe Kapitel 2.1, Seite 43).

Auf Basis des Mikrozensus 2011 hatten 48 % der Befragten ab 25 Jahren einen sogenannten »höherwertigen« Schulabschluss, 21 % besaßen einen Realschulabschluss und 27 % Abitur oder Fachhochschulreife. In der Gruppe der 25- bis 29-Jährigen konnten bereits gut 76 % einen solchen Abschluss vorweisen (32 % Realschulabschluss, 45 % Fachhochschul- oder Hochschulreife). Von den Altersjahrgängen ab 60 Jahren hatten dagegen lediglich 13 % eine Realschule und 15 % ein Gymnasium erfolgreich absolviert. ▶ Tab 14

Im Jahr 2011 besaßen 54 % der Befragten ab 25 Jahren eine Lehre als höchsten beruflichen Bildungsabschluss. Rund 1 % hatte einen Fachschulabschluss, der in der ehemaligen DDR erworben wurde, 8 % einen Fachschulabschluss (einschließlich einer Meister-/Technikerausbildung sowie Abschluss einer Schule des Gesundheitswesens), 15 % einen Fachhochschul- oder Universitätsabschluss und 20 % hatten (noch) keinen beruflichen Abschluss. Von den 30- bis 39-Jährigen hatten immerhin 20 % ein Fachhochschul- oder Hochschulstudium erfolgreich abgeschlossen. Unter den 60-Jährigen und Älteren befanden sich dagegen nur knapp 11 % Akademikerinnen und Akademiker. ▶ Tab 15

Heute werden die Angebote des allgemeinen Bildungssystems von Frauen und Männern gleichberechtigt wahrgenommen, sodass bei der jüngeren Generation mittlerweile mehr Frauen als Männer einen höheren Bildungsabschluss nachweisen. In der Altersgruppe der 25- bis 29-Jährigen hatten 42 % der Männer und 47 % der Frauen Abitur oder Fachhochschulreife. Von den Personen ab 60 Jahren

▶ Tab 14 **Allgemeiner Schulabschluss der Bevölkerung 2011**

Im Alter von … bis … Jahren	Insgesamt[1]	Noch in schulischer Ausbildung	Mit allgemeinem Schulabschluss					Ohne Schulabschluss[2]
			Haupt-(Volks-)schulabschluss	Abschluss der Polytechnischen Oberschule	Realschul- oder gleichwertiger Abschluss	Fachhochschul- oder Hochschulreife	ohne Angabe	
			in 1 000					
25–29	4 941	27	964	–	1 562	2 216	8	155
30–39	9 783	/	2 171	351	2 954	3 853	24	401
40–49	13 506	/	3 621	1 785	3 377	4 148	26	522
50–59	11 808	/	4 206	1 750	2 347	3 008	21	447
60 und älter	22 011	/	13 494	1 136	2 920	3 338	69	851
Zusammen	**62 048**	**42**	**24 456**	**5 021**	**13 161**	**16 564**	**148**	**2 376**
			in %					
25–29	100	0,5	19,5	–	31,6	44,8	0,2	3,1
30–39	100	/	22,2	3,6	30,2	39,4	0,2	4,1
40–49	100	/	26,8	13,2	25,0	30,7	0,2	3,9
50–59	100	/	35,6	14,8	19,9	25,5	0,2	3,8
60 und älter	100	/	61,3	5,2	13,3	15,2	0,3	3,9
Zusammen	**100**	**0,1**	**39,4**	**8,1**	**21,2**	**26,7**	**0,2**	**3,8**

1 Einschließlich 280 000 Personen, die keine Angaben zur allgemeinen Schulausbildung gemacht haben.
2 Einschließlich Personen mit Abschluss nach höchstens sieben Jahren Schulbesuch.
/ keine Angaben, da Zahlenwert nicht sicher genug.
– nichts vorhanden.
Ergebnisse des Mikrozensus.

▶ Tab 15 **Beruflicher Bildungsabschluss der Bevölkerung 2011**

Im Alter von … bis … Jahren	Insgesamt[1]	Mit beruflichem Bildungsabschluss						Ohne beruflichen Bildungsabschluss[5]
		Lehr-/Anlernausbildung[2]	Fachschulabschluss[3]	Fachschulabschluss in der ehemaligen DDR	Fachhochschulabschluss/ Verwaltungsfachhochschulabschluss[4]	Hochschulabschluss	Promotion	
		in 1 000						
25–29	4 941	2 508	403	–	269	521	18	1 199
30–39	9 783	5 132	920	13	701	1 156	138	1 675
40–49	13 506	7 745	1 328	204	868	1 174	193	1 931
50–59	11 808	6 771	1 077	242	709	1 004	157	1 782
60 und älter	22 011	11 625	1 455	447	891	1 222	247	5 795
Zusammen	**62 048**	**33 782**	**5 183**	**906**	**3 437**	**5 078**	**752**	**12 382**
		in %						
25–29	100	50,8	8,2	–	5,4	10,6	0,4	24,3
30–39	100	52,5	9,4	0,1	7,2	11,8	1,4	17,1
40–49	100	57,3	9,8	1,5	6,4	8,7	1,4	14,3
50–59	100	57,3	9,1	2,0	6,0	8,5	1,3	15,1
60 und älter	100	52,8	6,6	2,0	4,0	5,6	1,1	26,3
Zusammen	**100**	**54,4**	**8,4**	**1,5**	**5,5**	**8,2**	**1,2**	**20,0**

1 Einschließlich 386 000 Personen, die keine Angaben zum beruflichen Bildungsabschluss und 143 000 Personen, die keine Angaben zur Art des beruflichen Bildungsabschlusses gemacht haben.
2 Einschließlich eines gleichwertigen Berufsfachschulabschlusses, Vorbereitungsdienst für den mittleren Dienst in der öffentlichen Verwaltung.
3 Einschließlich einer Meister-/Technikerausbildung sowie Abschluss einer Schule des Gesundheitswesens.
4 Einschließlich Ingenieurschulabschluss.
5 Einschließlich Berufsvorbereitungsjahr und berufliches Praktikum, da durch diese keine berufsqualifizierenden Abschlüsse erworben werden.
– nichts vorhanden.
Ergebnisse des Mikrozensus.

besaßen im Jahr 2011 dagegen 22 % der männlichen, aber nur 10 % der weiblichen Bevölkerung Abitur oder Fachhochschulreife.

Bei einem Vergleich der allgemeinen Schulabschlüsse der deutschen und ausländischen Bevölkerung fällt Folgendes auf: Die in Deutschland lebenden Ausländerinnen und Ausländer besaßen zu 16 % einen Realschulabschluss, die deutsche Bevölkerung zu 22 %. Über Abitur und Fachhochschulreife verfügten 28 % der Ausländerinnen und Ausländer, jedoch nur 27 % der deutschen Bevölkerung. Bemerkenswert ist in diesem Zusammenhang der hohe Anteil der Ausländerinnen mit Fachhochschul- oder Hochschulreife (29 % gegenüber 24 % bei den deutschen Frauen).

Knapp 19 % der ausländischen Bevölkerung besaßen jedoch keinen allgemeinen Schulabschluss; bei der deutschen Bevölkerung waren es rund 2 %. Etwa die Hälfte der Ausländerinnen und Ausländer in Deutschland hatte auch keinen beruflichen Bildungsabschluss (53 % gegenüber 24 % der Deutschen). Einen Lehrabschluss konnten knapp 53 % der Deutschen, aber nur 28 % der ausländischen Bürgerinnen und Bürger vorweisen. Bei den Universitäts- und Fachhochschulabschlüssen (einschließlich Promotionen) waren die Anteile nahezu identisch (jeweils rund 13 %).

3.1.7 Das Bildungsbudget für Deutschland

Die Höhe der Bildungsausgaben beeinflusst die Entwicklung des Bildungswesens entscheidend. Einen Überblick zur Ressourcenausstattung des Bildungswesens gibt das Bildungsbudget. Es orientiert sich an der Konzeption des lebenslangen Lernens. Der größte Teil des Bildungsbudgets entfällt auf die Ausgaben für formale Bildungsprogramme (zum Beispiel Kindergärten, Schulen, Hochschulen, betriebliche Ausbildung im dualen System) gemäß der Internationalen Standardklassifikation des Bildungswesens (ISCED). Als nationale Ergänzung umfasst das Bildungsbudget zusätzlich Ausgaben für nicht formale

▶ Info 6

Wie setzen sich die Ausgaben im Rahmen des Bildungsbudgets zusammen?

Sie umfassen die Ausgaben für das formale Bildungssystem in Abgrenzung der Internationalen Standardklassifikation des Bildungswesens (ISCED). Dazu zählen direkte Ausgaben für Bildungseinrichtungen, Ausgaben für Bildungsdienste und Güter außerhalb von Bildungseinrichtungen und Ausgaben für die Förderung der Teilnehmenden an formalen Bildungsprogrammen.

Bei den direkten Ausgaben für formale Bildungseinrichtungen (Kindergärten, Schulen, Ausbildungsbetriebe, Hochschulen) handelt es sich um Ausgaben für das Lehr- und sonstige Personal, für die Beschaffung von Lehr- und Lernmitteln, für Heizung, Elektrizität, die Reinigung und Erhaltung von Schulgebäuden sowie die Ausgaben für den Bau von Schulgebäuden und für andere Investitionsgüter. Entsprechend internationaler Konventionen enthalten die Ausgaben für formale Bildungseinrichtungen auch die Ausgaben an Hochschulen für Forschung und Entwicklung.

Bei den Ausgaben außerhalb von formalen Bildungseinrichtungen handelt es sich zum Beispiel um Ausgaben, die von den Lernenden zur Vorbereitung, zum Besuch und zur Nachbereitung des Unterrichts geleistet werden (zum Beispiel für Nachhilfeunterricht, zur Anschaffung von, Büchern, Taschenrechnern und Schreibwaren). Zur Förderung von Teilnehmenden an formalen Bildungsprogrammen zählt zum Beispiel das »BAföG«.

Zusätzliche bildungsrelevante Ausgaben in nationaler Abgrenzung

Sie umfassen Ausgaben für nicht formale Bildungseinrichtungen wie Krippen und Horte, betriebliche Weiterbildungskurse, die Förderung von Teilnehmenden an Weiterbildungsmaßnahmen, Volkshochschulen, Einrichtungen der Lehrerfortbildung und Einrichtungen der Jugendarbeit.

Das Bildungsbudget basiert auf der Auswertung zahlreicher Erhebungen. Dabei sind die Jahresrechnungsergebnisse der Gebietskörperschaften (Bund, Länder, Kommunen) die wichtigsten Datenquellen.

Bildung (zum Beispiel Kinderkrippen, betriebliche Weiterbildung). ▶ Info 6

Die Ausgaben für formale und nicht formale Bildung zusammen betrugen im Jahr 2011 nach vorläufigen Berechnungen 178,1 Milliarden Euro und lagen damit um 5,6 Milliarden Euro über dem Wert des Vorjahres. Der Anteil der Bildungsausgaben am Bruttoinlandsprodukt (BIP) blieb wie im Jahr 2010 bei 6,9 %.

Die Ausgaben für formale Bildungsprogramme nach internationaler Abgrenzung beliefen sich 2011 auf 157,1 Milliarden Euro. Sie lagen damit um 5,7 Milliarden Euro über dem Wert des Vorjahres. Mit 137,0 Milliarden Euro wurde der überwiegende Teil dieser Mittel für öffentliche und private Bildungseinrichtungen verwendet (2010: 131,6 Milliarden Euro). Die Ausgaben für die Förderung von

Bildungsteilnehmenden in ISCED-Programmen sowie die Ausgaben der privaten Haushalte für Nachhilfeunterricht, Lernmittel und dergleichen betrugen 2011 rund 20,1 Milliarden Euro (2010: 19,9 Milliarden Euro).

Die Ausgaben für nicht formale Bildung lagen im Jahr 2011 bei 20,9 Milliarden Euro gegenüber 21,0 Milliarden Euro im Vorjahr. Die Ausgaben für die betriebliche Weiterbildung stiegen von 10,0 Milliarden Euro im Jahr 2010 auf 10,2 Milliarden Euro im Jahr 2011. Für die Förderung von Teilnehmenden an Weiterbildungsmaßnahmen wurden 2011 nur 1,0 Milliarden Euro gegenüber 1,1 Milliarden Euro im Vorjahr ausgegeben. Die Mittel für weitere Bildungsangebote sanken von 9,9 Milliarden Euro im Jahr 2010 auf 9,8 Milliarden Euro im Jahr 2011. ▶ Tab 16

▶ Tab 16   **Bildungsausgaben und deren Anteile am Bruttoinlandsprodukt (BIP)**

		Bildungsausgaben		Anteile am BIP	
		2009	2010[1]	2009	2010[1]
		in Milliarden Euro		in Prozent des BIP	
A	Bildungsbudget in internationaler Abgrenzung gemäß ISCED-Gliederung	151,5	157,1	6,1	6,1
A30	Ausgaben für Bildungseinrichtungen in öffentlicher und privater Trägerschaft	131,6	137,0	5,3	5,3
A31	ISCED 0 – Elementarbereich	15,1	/	0,6	/
A32	ISCED 1–4 – Schulen und schulnaher Bereich	81,7	/	3,3	/
A33	ISCED 5/6 – Tertiärbereich	32,6	/	1,3	/
A34	Sonstiges (keiner ISCED-Stufe zugeordnet)	2,2	/	0,1	/
A40/50	Übrige Ausgaben in internationaler Abgrenzung	19,9	20,1	0,8	0,8
B	Zusätzliche bildungsrelevante Ausgaben in nationaler Abgrenzung	21,0	20,9	0,8	0,8
B10	Betriebliche Weiterbildung	10,0	10,2	0,4	0,4
B20	Ausgaben für weitere Bildungsangebote	9,9	9,8	0,4	0,4
B30	Förderung von Teilnehmenden an Weiterbildung	1,1	1,0	0,0	0,0
A+B	Bildungsbudget insgesamt	172,4	178,1	6,9	6,9

1   Vorläufige Angaben.
/   keine Angabe, da Zahlenwert nicht sicher genug.

3.1.8 Zusammenfassung

Jeder 16. Jugendliche, der 2011 eine allgemeinbildende Schule verließ, hatte keinen Abschluss. Rund 71 % der hauptberuflichen Lehrkräfte an allgemeinbildenden Schulen waren 2011 Frauen.

Im Jahr 2011 machten 2,0 Millionen Personen eine berufliche Ausbildung. Davon erhielten ein Viertel eine schulische Berufsausbildung und drei Viertel eine Ausbildung im dualen System. Der Frauenanteil an den hauptberuflichen Lehrkräften betrug 2011 an beruflichen Schulen nur 48 %.

Gymnasien wurden hauptsächlich von Kindern besucht, deren Eltern Abitur oder Fachhochschulreife aufwiesen (61 %). Nur 10 % der Gymnasiasten wuchsen 2011 in Familien auf, in denen die Eltern einen Hauptschulabschluss oder keinen allgemeinen Schulabschluss als höchsten allgemeinen Schulabschluss besaßen.

Die Ausgaben je Schülerin und Schüler an öffentlichen Schulen lagen 2010 bei 5 800 Euro.

Fast jede beziehungsweise jeder Vierte mit neu abgeschlossenem Ausbildungsvertrag 2011 besaß Abitur oder Fachhoch-schulreife. Der Anteil der ausländischen Auszubildenden an allen Auszubildenden lag 2011 mit 5 % weiterhin auf einem sehr niedrigen Niveau.

Im Studienjahr 2011 entschieden sich nur 22 % aller Studienanfängerinnen und -anfänger für die Fächergruppe Ingenieurwissenschaften und knapp 18 % für Mathematik/Naturwissenschaften. Die meisten Erstsemester (32 %) schrieben sich in der Fächergruppe Rechts-, Wirtschafts- und Sozialwissenschaften ein. Rund 80 % der Studienanfänger (erstes Fachsemester) im Wintersemester 2011/2012 waren in einem Bachelor- oder Masterstudiengang (ohne Lehramts-Bachelor und -Master) eingeschrieben. Das durchschnittliche Alter bei Abschluss eines Erststudiums lag im Prüfungsjahr 2011 bei 27 Jahren. Nur jede neunte Professorenstelle in der höchsten Besoldungsstufe (C4) an Hochschulen war 2011 mit einer Frau besetzt.

Die laufenden Grundmittel je Studierenden (laufende Finanzierung durch die Hochschulträger) beliefen sich 2010 auf 7 200 Euro. Im Jahr 2011 gab die öffentliche Hand 3,2 Milliarden Euro für das Studenten- und Schüler-BAföG aus.

Mehr als die Hälfte der 18- bis 64-Jährigen konnte 2012 als »Bildungsaktive« bezeichnet werden, da sie in den letzten zwölf Monaten an mindestens einer Lernform (reguläre Bildungsgänge in Schulen und Hochschulen und/oder an einer Weiterbildung) teilgenommen haben.

Im Jahr 2011 hatten 24 % der Deutschen (noch) keinen beruflichen Abschluss, bei den in Deutschland lebenden Ausländerinnen und Ausländern waren es 53 %.

Die Ausgaben für Bildung betrugen 2011 rund 178,1 Milliarden Euro. Der Anteil der Bildungsausgaben am Bruttoinlandsprodukt blieb damit 2011 wie im Vorjahr bei 6,9 %.

4
Wirtschaft
und öffentlicher Sektor

4.1
Volkswirtschaftliche Gesamtrechnungen

Tanja Mucha

Destatis

Die Aufgabe von Wirtschaftsstatistiken ist es, wirtschaftliche Vorgänge in der Volkswirtschaft zu erfassen, die Daten aufzubereiten und sie der Öffentlichkeit zugänglich zu machen.

Das wichtigste statistische Instrumentarium für die Wirtschaftsbeobachtung sind die Volkswirtschaftlichen Gesamtrechnungen (VGR). Sie haben die Aufgabe, für einen bestimmten, abgelaufenen Zeitraum – das sind typischerweise Jahre und Quartale – ein möglichst umfassendes, übersichtliches und hinreichend gegliedertes, quantitatives Gesamtbild des wirtschaftlichen Geschehens in einer Volkswirtschaft zu geben. ▶ Info 1

Die deutschen Volkswirtschaftlichen Gesamtrechnungen folgen den Vorgaben des Europäischen Systems Volkswirt-schaftlicher Gesamtrechnungen (ESVG). Dort werden Definitionen, Konzepte, Abgrenzungen, Begriffe, Klassifikationen sowie der Zeitpunkt und die Häufigkeit der Lieferung von VGR-Ergebnissen an die europäische Statistikbehörde, dem Statistischen Amt der Europäischen Gemeinschaften (Eurostat), geregelt. Das Europäische System Volkswirtschaftlicher Gesamtrechnungen wird in mehrjährlichen Abständen aktualisiert, um geänderten wirtschaftlichen Rahmenbedingungen Rechnung zu tragen. Die Überarbeitung der aktuellen Version ESVG 1995 soll ab September 2014 als neues ESVG 2010 rechtswirksam werden. Das Europäische System Volkswirtschaftlicher Gesamtrechnungen hat als Verordnung der Europäischen Union (EU)

▶ Info 1

Das System der Volkswirtschaftlichen Gesamtrechnungen

Die Volkswirtschaftlichen Gesamtrechnungen (VGR) erfassen die wirtschaftlichen Tätigkeiten aller Wirtschaftseinheiten, die – unabhängig von ihrer Staatsangehörigkeit – ihren ständigen Sitz im Wirtschaftsgebiet haben (sogenanntes Inlandskonzept). Ein Wirtschaftsgebiet kann die gesamte Volkswirtschaft (zum Beispiel Deutschland) oder ein Teil davon (zum Beispiel ein Bundesland) sein. Wirtschaftseinheiten sind alle Personen und Institutionen, die produzieren, konsumieren, investieren, verteilen oder finanzieren. Sie werden zur Darstellung der Wirtschaftsstruktur zu Wirtschafts- beziehungsweise Produktionsbereichen oder (entsprechend ihres wirtschaftlichen Verhaltens) zu sogenannten Sektoren zusammengefasst (nicht finanzielle Kapitalgesellschaften, finanzielle Kapitalgesellschaften, Staat, private Haushalte, private Organisationen ohne Erwerbszweck). Der Sektor »Übrige Welt« bezeichnet alle Einheiten beziehungsweise Aktivitäten außerhalb des jeweiligen Wirtschaftsgebietes.

Die Ergebnisse der amtlichen VGR werden in Form eines geschlossenen Kontensystems mit doppelter Buchung aller nachgewiesenen Vorgänge ermittelt. In ergänzenden Tabellen werden die Kontenpositionen tiefer untergliedert, teilweise nach besonderen Gesichtspunkten zusammengefasst oder in sonstiger Hinsicht erweitert (zum Beispiel um preisbereinigte Angaben, Angaben pro Kopf, je Stunde oder Quoten). Darüber hinaus werden in speziellen Input-Output-Tabellen die produktions- und gütermäßigen Verflechtungen in der Volkswirtschaft gezeigt.

Für die Aufstellung der deutschen VGR werden alle geeigneten laufenden wirtschaftsstatistischen Erhebungen verwendet, die zum jeweiligen Veröffentlichungs- beziehungsweise Rechentermin vorliegen. Darüber hinaus werden administrative Daten (zum Beispiel Finanzstatistiken, Zahlen der Bundesagentur für Arbeit), Haushaltsbefragungen, Geschäftsstatistiken und Jahresabschlüsse großer Unternehmen sowie Informationen von Verbänden ausgewertet. Je aktueller die Berechnungen sind, desto unvollständiger ist in der Regel die Datenbasis und desto höher ist der Schätzanteil. Dies führt zu regelmäßigen Revisionen der VGR-Ergebnisse, wenn neue statistische Ausgangsdaten verfügbar sind, die in die Berechnungen einbezogen werden können.

Gesetzescharakter und ist daher für alle Mitgliedstaaten verbindlich. Damit ist sichergestellt, dass europaweit harmonisierte Ergebnisse für politische und wirtschaftliche Entscheidungen zur Verfügung stehen.

Auf die Angaben der Volkswirtschaftlichen Gesamtrechnungen stützen sich Politik, Wirtschaft und Verwaltung. Sie dienen unter anderem als Grundlage für Gutachten, Wachstumsprognosen, Steuer-schätzungen, Rentenanpassungen und Tarifverhandlungen. Nationale Nutzer sind in erster Linie die Bundesministerien, der Sachverständigenrat zur Begutachtung der gesamtwirtschaftlichen Entwicklung, die Wirtschaftsforschungsinstitute, Banken – allen voran die Deutsche Bundesbank – sowie Wirtschaftsverbände, Gewerkschaften, Universitäten und Medien.

International werden VGR-Ergebnisse vor allem von der Europäischen Kommis-sion, der Europäischen Zentralbank (EZB), der Organisation für wirtschaftliche Zusammenarbeit und Entwicklung (OECD) und vom Internationalen Währungsfonds (IWF) genutzt. Eine besondere Bedeutung haben die Ergebnisse der Volkswirtschaftlichen Gesamtrechnungen für die Europäische Kommission: Das Bruttonationaleinkommen (BNE) ist Grundlage für die Berechnung der EU-Eigenmittel, also der Mitgliedsbeiträge der einzelnen Staaten an die Europäische Union. Darüber hinaus werden VGR-Daten für die Überwachung und Steuerung der europäischen Wirtschafts- und Währungspolitik benötigt. So basieren die Konvergenzkriterien für die Europäische Währungsunion im Wesentlichen auf Größen der Volkswirtschaftlichen Gesamtrechnungen (Maastricht-Defizit und -Schuldenstand des Staates, Bruttoinlandsprodukt).

4.1.1 Das Bruttoinlandsprodukt

Eine zentrale Größe der Volkswirtschaftlichen Gesamtrechnungen ist das Bruttoinlandsprodukt (BIP). Es ist ein Maß für die in einem bestimmten Zeitraum in einer Volkswirtschaft erbrachte gesamtwirtschaftliche Leistung. ▶ Info 2

Bei der Berechnung stehen die Produktion von Waren und Dienstleistungen sowie die dabei entstandene Wertschöpfung im Vordergrund. Prinzipiell kann das BIP auf drei Wegen berechnet und dargestellt werden: ▶ Abb 1

Die Entstehungsrechnung zeigt, wie die wirtschaftliche Leistung von der Produktionsseite her entstanden ist. Sie ermittelt die Wertschöpfung der einzelnen Wirtschaftsbereiche und verdeutlicht, wie diese zum gesamtwirtschaftlichen Ergebnis beigetragen haben (siehe Abschnitt 4.1.2).

Die Verwendungsrechnung beschreibt, für was das erarbeitete gesamtwirtschaftliche Ergebnis verwendet wurde. Es kann konsumiert, investiert oder exportiert werden. Das BIP lässt sich daher auch als Summe aus Konsum, Investitionen und Außenbeitrag (Exporte minus Importe) errechnen (siehe Abschnitt 4.1.3).

▶ Abb 1 **Bruttoinlandsprodukt**

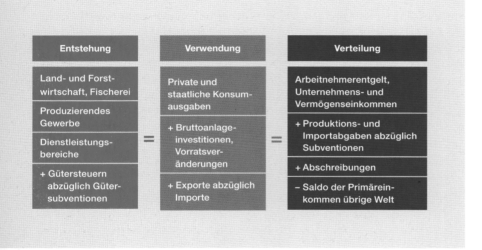

▶ Abb 2 **Bruttoinlandsprodukt preisbereinigt, Kettenindex (2005 = 100)**
— Veränderung gegenüber dem Vorjahr in Prozent

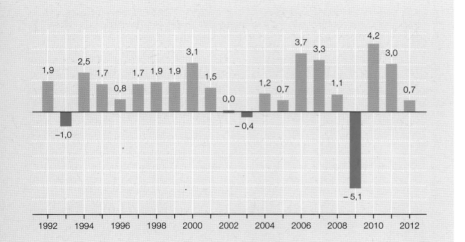

Die Verteilungsrechnung zeigt, welche Einkommen entstanden sind und wie diese auf die Wirtschaftsteilnehmer verteilt wurden. Es wird nach Einkommensarten unterschieden (zum Beispiel Arbeitnehmerentgelt, Unternehmens- und Vermögenseinkommen), die im Wirtschaftsprozess entstanden sind (siehe Abschnitt 4.1.4).

Darstellung des Bruttoinlandsprodukts

Das jährliche BIP kann in jeweiligen Preisen oder preisbereinigt dargestellt werden. Darüber hinaus ist auch eine kalenderbereinigte Darstellung sinnvoll, weil die Anzahl der verfügbaren Arbeitstage in einem Jahr Einfluss auf das Ergebnis hat.

Das BIP in jeweiligen Preisen wird sowohl durch die Veränderung des Volumens als auch durch die Preisentwicklung beeinflusst. Bei einer preisbereinigten Rechnung wird der Einfluss der Preisentwicklung ausgeschaltet. Dabei werden alle Tranksaktionen in tiefer Gliederung mit spezifischen Preisindizes aus dem gesamten Datenangebot der Preisstatistiken deflationiert (bereinigt). Das preisbereinigte BIP wird auf der Grundlage einer jährlich wechselnden Preisbasis (Vorjahrespreisbasis) berechnet und anschließend verkettet. Diese im Jahr 2005 eingeführte Methode gewährleistet, dass stets die aktuellen Preisrelationen in der Rechnung berücksichtigt werden. Die jährlichen Veränderungsraten des preisbereinigten BIP können als Maßstab der (realen) Wirtschaftsentwicklung betrachtet werden.

Entwicklung des Bruttoinlandsprodukts

In Deutschland hat das reale BIP zwischen 1991 und 2012 um knapp 32 % zugenommen. Im Durchschnitt ist es seit der deutschen Vereinigung pro Jahr um 1,3 % gewachsen. In dieser Zeit gab es lediglich drei sogenannte rezessive Jahre, in denen das reale BIP im Vergleich zum Vorjahr gesunken ist: 1993 (−1,0 %), 2003 (−0,4 %) sowie zuletzt 2009 (−5,1 %), als die deutsche Wirtschaft durch die Folgen der weltweiten Finanz-

▶ Info 2

Misst das Bruttoinlandsprodukt (BIP) den Wohlstand eines Landes?

Die Frage, wie man den Wohlstand und die Lebensqualität der Menschen in einem Land adäquat statistisch messen kann, war in der Vergangenheit zumeist konzentriert auf rein wirtschaftliche Größen wie das Bruttoinlandsprodukt (BIP) und dessen Wachstumsrate. Der im September 2009 vorgelegte Bericht der sogenannten »Stiglitz-Sen-Fitoussi-Kommission« hat die Diskussion über eine umfassende Messung von Wohlstand und sozialem Fortschritt noch einmal neu entfacht. Zahlreiche Aktivitäten und Initiativen sind in der Folge dieses Berichts entstanden. Sie reichen von allumfassenden, in einer Zahl ausgedrückten Gesamtindikatoren bis zu breit gefächerten Sets von Indikatoren, die unterschiedliche Dimensionen von Wohlstand und Lebensqualität abbilden. Trotz unterschiedlicher Ausgestaltung und Reichweite haben diese Vorschläge eines gemeinsam: Die ehemals weit verbreitete Gleichung »BIP-Wachstum = Wohlstands-Wachstum« wird heute immer mehr infrage gestellt.

Die wichtigsten Kritikpunkte am BIP als Wohlfahrtsindikator sind:

· Die in privaten Haushalten erbrachten unentgeltlichen Versorgungs-, Erziehungs- oder Pflegeleistungen, die nicht über den Markt vermittelt werden, sowie ehrenamtliches Engagement der Bürgerinnen und Bürger werden im BIP nicht erfasst.
· Durch wirtschaftliche Aktivitäten ausgelöste Schäden oder Beeinträchtigungen (sogenannte externe Kosten) werden im BIP zumeist nicht oder nicht ausreichend erfasst.
· Das BIP enthält Abschreibungen, das heißt den rechnerischen Aufwand zum Ersatz des im Produktionsprozess verbrauchten Sachkapitals.
· Das BIP sagt nichts über die Verteilung des Wohlstandes auf gesellschaftliche Gruppen und Individuen aus.
· Wirtschaftliche Aktivitäten zur Beseitigung von Schäden durch Naturkatastrophen oder Unfälle erhöhen das BIP, obwohl sie bestenfalls das zuvor schon erreichte Wohlstandsniveau wiederherstellen.
· Das BIP sagt nichts über die Nachhaltigkeit der Entwicklung aus, also darüber, inwieweit das gegenwärtige Wohlstandsniveau zu Lasten künftiger Generationen erwirtschaftet wurde.

Als Folge dieser Debatte hat sich inzwischen ein weitgehender gesellschaftlicher Konsens darüber durchgesetzt, dass es sinnvoll ist, über die rein wirtschaftliche Entwicklung einer Gesellschaft hinaus weitere unparteiische Analysen durch eine umfassende und konsistente Sozialberichterstattung bereitzustellen, die auch Aspekte der Nachhaltigkeit beinhaltet.

Dies schlägt sich auch in den Debatten der zurzeit laufenden Enquete-Kommission des Deutschen Bundestages zum Thema »Wachstum, Wohlstand, Lebensqualität« nieder. Deren Projektgruppe 2 hat sich mit dem Thema »Entwicklung eines ganzheitlichen Wohlstands- beziehungsweise Fortschrittsindikators« beschäftigt und Ende Januar 2013 ihren Abschlussbericht vorgelegt, der noch im Laufe dieses Jahres im Plenum der Kommission und im Bundestag abschließend diskutiert werden wird. Darin spricht sich die Projektgruppe für ein Set von zehn Indikatoren zu den Bereichen »Materieller Wohlstand«, »Soziales und Teilhabe« sowie »Ökologie« aus. Ergänzt werden soll dieses Set durch zehn sogenannte »Warnlampen/Hinweislampen«. Das sind Indikatoren, die nur im Bedarfsfall die Aufmerksamkeit gezielt auf sich abzeichnende Fehlentwicklungen lenken sollen.

Das derzeitige Indikatorenset setzt sich zusammen aus: BIP, Einkommensverteilung, Staatsschulden, Beschäftigung, Bildung, Gesundheit, Freiheit, Treibhausgase, Stickstoff und Artenvielfalt. Ein großer Teil der Daten zu diesen relevanten Gesellschaftsbereichen wird bereits von der amtlichen Statistik erhoben und publiziert – unter anderem in dieser Veröffentlichung. Das Indikatorenset bringt jedoch auch neue Anforderungen an die amtliche Statistik mit sich, wie beispielsweise eine verbesserte Messung der Einkommens- und Vermögensverteilung, aktualisierte Daten im Bereich der Umweltstatistiken sowie eine regelmäßige Erhebung über die Zeitverwendung der Menschen.

und Wirtschaftskrise regelrecht einbrach und die schlimmste Rezession der Nachkriegszeit erlebte. Im Jahr 2012 erwies sich die deutsche Wirtschaft dagegen in einem schwierigen wirtschaftlichen Umfeld als widerstandsfähig und trotzte der europäischen Rezession mit einem BIP-Wachstum von + 0,7 %. In den beiden vorangegangenen Jahren war das BIP zwar sehr viel kräftiger gestiegen (2010 um 4,2 % und 2011 um 3,0 %), dabei handelte es sich aber um Aufholprozesse nach der weltweiten Wirtschaftskrise 2009. ▶ Abb 2

4.1.2 Die Entstehungsrechnung des Bruttoinlandsprodukts

Im Rahmen der Entstehungsrechnung wird die wirtschaftliche Leistung einer Volkswirtschaft aus dem Blickwinkel der Produzenten ermittelt. Man spricht daher auch vom Produktionsansatz. Vom Wert der von allen Wirtschaftseinheiten in einer Periode produzierten Waren und Dienstleistungen (Produktionswert) wird der Verbrauch an Vorleistungen abgezogen und so die Bruttowertschöpfung ermittelt. Vorleistungen sind Waren und

Dienstleistungen, die im Zuge der Produktion verbraucht, verarbeitet oder umgewandelt werden. Sie umfassen unter anderem Roh-, Hilfs- und Betriebsstoffe, Brenn- und Treibstoffe sowie Reparaturleistungen. Die Bruttowertschöpfung eignet sich besonders, um die Wirtschaftskraft verschiedener Wirtschaftsbereiche zu vergleichen. Den gedanklichen Anknüpfungspunkt für ihre Berechnung bilden die einzelnen Wirtschaftseinheiten, die zu Wirtschaftsbereichen aggregiert werden. Die Wirtschaftsbereiche sind entsprechend der jeweils gültigen Klassifikation der Wirtschaftszweige (WZ) gegliedert. In den Volkswirtschaftlichen Gesamtrechnungen wird die WZ 2008 verwendet. In tiefer Gliederung werden Angaben nach bis zu 64 Wirtschaftsbereichen veröffentlicht.

Verschiebungen in der Wirtschaftsstruktur

Anhand der nominalen Bruttowertschöpfung der zusammengefassten Wirtschaftsbereiche lässt sich die Struktur der Wirtschaft und ihre Veränderung im Zeitablauf

darstellen: Während das Produzierende Gewerbe (ohne Baugewerbe) in Deutschland 1991 noch knapp ein Drittel (30 %) der gesamten nominalen Wertschöpfung produzierte, war es 2012 nur noch gut ein Viertel (26 %). Dagegen wurden im Jahr 2012 rund 69 % der gesamtwirtschaftlichen Bruttowertschöpfung von den Dienstleistungsbereichen erbracht. Im Jahr 1991 waren es noch 63 % gewesen. ▶ Tab 1, Abb 3

Die Zahlen verdeutlichen, wie weit die sogenannte Tertiarisierung der deutschen Wirtschaft – also der Strukturwandel von einer Industrie- zu einer Dienstleistungsgesellschaft – seit der deutschen Vereinigung fortgeschritten ist. Bei ihrer Interpretation ist allerdings zu berücksichtigen, dass sich die Gewichte zwischen den Wirtschaftsbereichen auch durch Auslagerungsprozesse oder den Einsatz von Leiharbeitern – der zum Wirtschaftsbereich der Unternehmensdienstleister zählt – verschieben können.

Aus der Summe der Bruttowertschöpfung aller Wirtschaftsbereiche ergibt sich das BIP, indem die Gütersteuern hinzugefügt und die Gütersubventionen

---

▶ Abb 3   **Bruttowertschöpfung nach Wirtschaftsbereichen 1991 und 2012 — in Prozent**

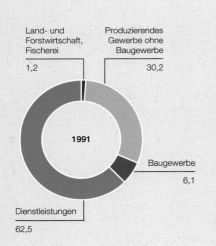
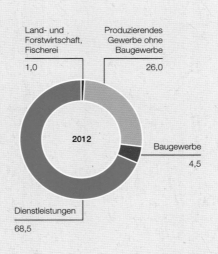

▶ Abb 4   **Struktur der inländischen Verwendung 2012 — in Prozent des Bruttoinlandsprodukts**

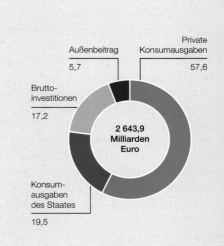

abgezogen werden. Das ist notwendig, weil die Bruttowertschöpfung (und die Produktionswerte) der Wirtschaftsbereiche ohne die auf den Gütern lastenden Steuern (Gütersteuern), aber einschließlich der empfangenen Gütersubventionen dargestellt werden (Konzept zu Herstellungspreisen). Gütersteuern und -subventionen sind solche Abgaben beziehungsweise Zuschüsse, die mengen- oder wertabhängig von den produzierten Gütern sind (zum Beispiel Tabak-, Mineralöl- oder Mehrwertsteuer). Damit das BIP (zu Marktpreisen) sowohl von der Entstehungs- als auch von der Verwendungsseite her gleich ist, schließt es die Nettogütersteuern ein. Aus diesem Grund müssen die Gütersteuern abzüglich der Gütersubventionen der Bruttowertschöpfung (zu Herstellungspreisen) hinzugefügt werden, um das BIP zu errechnen. ▶ Tab 2

4.1.3 Die Verwendungsrechnung des Bruttoinlandsprodukts

Die Verwendungsrechnung – auch Ausgabenansatz genannt – als zweite Säule der Inlandsproduktsberechnung zeigt, wie die inländischen Waren und Dienstleistungen verwendet werden. Sie können konsumiert, investiert oder exportiert werden. ▶ Info 3

Verwendungsstruktur des Bruttoinlandsprodukts

Das BIP setzt sich aus der inländischen Verwendung und dem Außenbeitrag zusammen. Die inländische Verwendung umfasst die privaten und staatlichen Konsumausgaben sowie die Bruttoinvestitionen, die wiederum aus den Bruttoanlageinvestitionen und den Vorratsveränderungen bestehen. ▶ Abb 4

In den vergangenen Jahren entfiel in Deutschland jeweils über die Hälfte des nominalen BIP auf die privaten Konsumausgaben. Darunter wird im Wesentlichen der Kauf von Waren und Dienstleistungen durch inländische private Haushalte verstanden. Dazu zählen beispielsweise die Ausgaben für Lebensmittel, Bekleidung und Haushaltsgeräte, für Wohnungsmieten und Energie sowie für Freizeit und Unterhaltung. Die

▶ Tab 1   **Ergebnisse der Entstehungsrechnung nach Wirtschaftsbereichen 2012**

	Produktionswert	Vorleistungen	Bruttowert-schöpfung
	in jeweiligen Preisen, in Milliarden Euro		
Land- und Forstwirtschaft, Fischerei	56,50	33,46	23,04
Produzierendes Gewerbe ohne Baugewerbe	1 952,76	1 338,06	614,70
↳ Verarbeitendes Gewerbe	1 742,55	1 214,91	527,64
Baugewerbe	248,14	140,57	107,57
Handel, Verkehr, Gastgewerbe	777,17	398,28	378,89
Information und Kommunikation	203,98	112,58	91,40
Finanz- und Versicherungsdienstleister	249,16	154,78	94,38
Grundstücks- und Wohnungswesen	367,22	97,30	269,92
Unternehmensdienstleister	447,49	194,72	252,77
Öffentliche Dienstleister, Erziehung, Gesundheit	635,22	208,44	426,78
Sonstige Dienstleister	153,29	48,23	105,06
Alle Wirtschaftsbereiche	**5 090,93**	**2 726,42**	**2 364,51**
	preisbereinigt, verkettet, Veränderung zum Vorjahr in %		
Land- und Forstwirtschaft, Fischerei	2,0	2,3	1,5
Produzierendes Gewerbe ohne Baugewerbe	−1,2	−1,4	−0,7
↳ Verarbeitendes Gewerbe	−1,4	−1,6	−1,0
Baugewerbe	−2,9	−3,2	−2,5
Handel, Verkehr, Gastgewerbe	0,2	−0,4	0,8
Information und Kommunikation	2,8	2,2	3,5
Finanz- und Versicherungsdienstleister	0,9	0,3	1,7
Grundstücks- und Wohnungswesen	1,2	−0,7	1,8
Unternehmensdienstleister	2,8	2,8	2,9
Öffentliche Dienstleister, Erziehung, Gesundheit	0,8	0,9	0,8
Sonstige Dienstleister	0,4	−0,5	0,8
Alle Wirtschaftsbereiche	**0,0**	**−0,6**	**0,7**

▶ Tab 2   **Ableitung des Bruttoinlandsprodukts, in jeweiligen Preisen — in Milliarden Euro**

	2009	2010	2011	2012
Produktionswert	4 364,84	4 677,63	5 006,76	5 090,93
− Vorleistungen	2 247,49	2 441,00	2 689,33	2 726,42
= Bruttowertschöpfung	**2 117,35**	**2 236,63**	**2 317,43**	**2 364,51**
+ Gütersteuern	263,15	265,78	281,52	285,75
− Gütersubventionen	6,00	6,21	6,35	6,36
= Bruttoinlandsprodukt	**2 374,50**	**2 496,20**	**2 592,60**	**2 643,90**

▶ Info 3

Ansätze der Verwendungsrechnung

Zur Ermittlung des Bruttoinlandsprodukts über die Verwendungsseite kommen grundsätzlich drei Ansätze in Betracht: Die Käufer beziehungsweise Verwender der Güter können nach ihren Ausgaben gefragt werden. Es ist aber auch möglich, die Produzenten der Waren und Dienstleistungen über ihre Lieferungen an Konsumenten, Investoren und die übrige Welt zu befragen. Schließlich können mithilfe der Güterstrommethode die Verwendungsstrukturen für Waren und Dienstleistungen geschätzt werden. Theoretisch führen diese drei Ansätze zum gleichen Ergebnis, sodass die Entscheidung darüber, welcher Weg in der Praxis beschritten wird, vor allem von den statistischen Gegebenheiten und den Nutzeranforderungen an die Aktualität abhängt.

Konsumausgaben der privaten Organisationen ohne Erwerbszweck sind ebenfalls Teil der privaten Konsumausgaben.

Auf die Konsumausgaben des Staates entfiel knapp ein Fünftel des nominalen BIP. Dazu gehören die Aufwendungen des Staates für allgemeine Verwaltungsleistungen, Sicherheit, Bildung, Gesundheitswesen und Ähnliches, soweit sie der Allgemeinheit ohne ein zu entrichtendes Entgelt zur Verfügung gestellt werden.

Gut ein Sechstel des nominalen BIP wird investiert und erhöht damit den Bestand an Anlagen (Ausrüstungen, Bauten, sonstige Anlagen) oder verändert die Vorrats- und Wertsachenbestände.

Zur Nachfrageseite des BIP gehört neben der inländischen Verwendung auch der Außenbeitrag. Er stellt den Saldo aus Exporten und Importen von Waren und Dienstleistungen an die beziehungsweise aus der übrigen Welt dar. Die Bundesrepublik Deutschland hat eine stark exportabhängige Wirtschaft: Seit 1993 wurden stets Exportüberschüsse erzielt, wovon entsprechend positive Impulse für das Wirtschaftswachstum ausgingen. ▶ Tab 3

4.1.4 Die Verteilungsrechnung des Bruttoinlandsprodukts

Die Verteilungsrechnung stellt – neben der Entstehungs- und Verwendungsrechnung – einen dritten Weg dar, um das Bruttoinlandsprodukt (BIP) und das Bruttonationaleinkommen (BNE) zu ermitteln. Anders als bei den anderen beiden Berechnungsarten knüpft die Verteilungsrechnung nicht an der Güterseite an, sondern an der Entlohnung der Produktionsfaktoren Arbeit und Kapital. Ausgehend von den Einkommensarten wird das BIP beziehungsweise das BNE im Rahmen der Verteilungsrechnung entweder über die im Inland entstandenen (geleisteten beziehungsweise gezahlten) Einkommen oder über die von Inländern empfangenen Einkommen aus Produktionstätigkeit berechnet. ▶ Tab 4, 5

In Deutschland ist eine eigenständige und in sich geschlossene Verteilungsrechnung nicht möglich, weil über den Betriebsüberschuss beziehungsweise über die Unternehmenseinkommen nur lückenhafte basisstatistische Informationen vorliegen. Diese Größen werden daher als Saldengrößen aus dem gesamtwirtschaftlichen Kreislauf abgeleitet.

Der umfassendste Einkommensbegriff der Volkswirtschaftlichen Gesamtrechnungen ist das Bruttonationaleinkommen (BNE). Das BNE ist an die Stelle des früher benutzten Begriffs des Bruttosozialprodukts (BSP) getreten und stimmt mit diesem konzeptionell überein. Das BNE errechnet sich, indem vom BIP die Primäreinkommen abgezogen werden, die an die übrige Welt geflossen sind, und umgekehrt

▶ Tab 3   **Ergebnisse der Verwendungsrechnung**

	2009	2010	2011	2012
	in jeweiligen Preisen, in Milliarden Euro			
Konsumausgaben	1 866,85	1 920,76	1 987,43	2 037,02
Private Haushalte	1 354,13	1 393,77	1 445,70	1 478,46
Private Organisationen ohne Erwerbszweck	37,42	39,39	41,96	43,13
Staat	475,30	487,60	499,77	515,43
+ Bruttoinvestitionen	390,72	436,54	473,51	455,25
Bruttoanlageinvestitionen	408,65	435,26	469,85	464,68
Ausrüstungen	154,85	170,81	183,22	174,96
Bauten	226,91	236,81	258,09	260,49
Sonstige Anlagen	26,89	27,64	28,54	29,23
Vorratsveränderungen und Nettozugang an Wertsachen	−17,93	1,28	3,66	−9,43
= Inländische Verwendung	2 257,57	2 357,30	2 460,94	2 492,27
+ Außenbeitrag	116,93	138,90	131,66	151,63
Exporte	1 006,54	1 173,34	1 300,81	1 362,59
abzüglich: Importe	889,61	1 034,44	1 169,15	1 210,96
= Bruttoinlandsprodukt	2 374,50	2 496,20	2 592,60	2 643,90
preisbereinigt, verkettet, Veränderung gegenüber dem Vorjahr in %				
Konsumausgaben	0,8	1,1	1,5	0,8
Private Haushalte	0,0	0,9	1,7	0,7
Private Organisationen ohne Erwerbszweck	5,2	2,1	2,5	0,4
Staat	3,0	1,7	1,0	1,4
+ Bruttoinvestitionen	−15,2	9,8	7,2	−5,4
Bruttoanlageinvestitionen	−11,6	5,9	6,2	−2,5
Ausrüstungen	−22,5	10,3	7,0	−4,8
Bauten	−3,2	3,2	5,8	−1,5
Sonstige Anlagen	−2,9	3,3	3,9	3,2
Vorratsveränderungen und Nettozugang an Wertsachen	x	x	x	x
= Inländische Verwendung	−2,5	2,6	2,6	−0,4
+ Außenbeitrag	x	x	x	x
Exporte	−12,8	13,7	7,8	3,7
abzüglich: Importe	−8,0	11,1	7,4	1,8
= Bruttoinlandsprodukt	−5,1	4,2	3,0	0,7

x Tabellenfach gesperrt, weil Aussage nicht sinnvoll.

▶ Tab 4   **Ergebnisse der Verteilungsrechnung über die entstandenen und verteilten Einkommen — in Milliarden Euro**

	2009	2010	2011	2012
Bruttonationaleinkommen	2 432,47	2 546,66	2 640,91	2 695,27
+ Primäreinkommen an die übrige Welt	128,86	142,72	160,27	153,49
– Primäreinkommen aus der übrigen Welt	186,83	193,18	208,58	204,86
= Bruttoinlandsprodukt	2 374,50	2 496,20	2 592,60	2 643,90
+ Gütersubventionen	6,00	6,21	6,35	6,36
– Gütersteuern	263,15	265,78	281,52	285,75
= Bruttowertschöpfung	2 117,35	2 236,63	2 317,43	2 364,51
– Abschreibungen	374,54	379,53	390,22	399,31
= Nettowertschöpfung	1 742,81	1 857,10	1 927,21	1 965,20
+ Sonstige Subventionen	28,29	27,32	26,18	22,84
– Sonstige Produktionsabgaben	16,04	15,65	17,71	19,02
– Arbeitnehmerentgelt (Inland)	1 232,43	1 269,28	1 326,30	1 375,52
= Betriebsüberschuss/Selbst- ständigeneinkommen	522,63	599,49	609,38	593,50

▶ Tab 5   **Ergebnisse der Verteilungsrechnung über die empfangenen Einkommen — in Milliarden Euro**

	2009	2010	2011	2012
Bruttoinlandsprodukt	2 374,50	2 496,20	2 592,60	2 643,90
– Primäreinkommen an die übrige Welt	128,86	142,72	160,27	153,49
+ Primäreinkommen aus der übrigen Welt	186,83	193,18	208,58	204,86
= Bruttonationaleinkommen	2 432,47	2 546,66	2 640,91	2 695,27
– Abschreibungen	374,54	379,53	390,22	399,31
= Nettonationaleinkommen	2 057,93	2 167,13	2 250,69	2 295,96
+ Subventionen des Staates	27,86	27,87	26,87	23,67
– Produktions- und Import- abgaben an den Staat	273,54	275,69	292,94	298,34
= Volkseinkommen	1 812,25	1 919,31	1 984,62	2 021,29
– Arbeitnehmerentgelt der Inländer	1 233,41	1 270,98	1 327,97	1 377,29
= Unternehmens- und Vermögenseinkommen	578,84	648,33	656,65	644,00

▶ Tab 6   **Arbeitnehmerentgelt, Löhne und Gehälter (der Inländer) — in Milliarden Euro**

	2009	2010	2011	2012
Arbeitnehmerentgelt der Inländer	1 233,41	1 270,98	1 327,97	1 377,29
– Sozialbeiträge der Arbeitgeber	229,44	236,93	244,10	251,03
= Bruttolöhne und -gehälter	1 003,97	1 034,05	1 083,87	1 126,26
– Sozialbeiträge der Arbeitnehmer	173,57	179,67	189,66	196,48
– Lohnsteuer der Arbeitnehmer	162,44	156,72	168,42	178,92
= Nettolöhne und -gehälter	667,96	697,66	725,79	750,86

die Primäreinkommen hinzugefügt werden, die inländische Wirtschaftseinheiten von der übrigen Welt bezogen haben. Es hat insbesondere als Grundlage für die Berechnung der EU-Eigenmittel eine herausragende Bedeutung.

Eine wichtige Größe der Verteilungsrechnung ist das Volkseinkommen. Es ist die Summe der Erwerbs- und Vermögenseinkommen, die die inländischen Wirtschaftseinheiten in einer Periode empfangen haben. Das Volkseinkommen setzt sich aus dem Arbeitnehmerentgelt der Inländer und den Unternehmens- und Vermögenseinkommen zusammen.

Das Arbeitnehmerentgelt umfasst neben den Bruttolöhnen und -gehältern auch die Sozialbeiträge der Arbeitgeber und der Arbeitnehmerinnen und Arbeitnehmer sowie deren Lohnsteuer. Im Jahr 2012 entfielen 18 % des Arbeitnehmerentgelts auf die Sozialbeiträge der Arbeitgeber und 27 % auf die Abzüge der Arbeitnehmerinnen und Arbeitnehmer, welche sich etwa je zur Hälfte aus Sozialabgaben und Lohnsteuer zusammensetzten. In gesamtwirtschaftlicher Betrachtung blieben 2012 vom Arbeitnehmerentgelt knapp 55 % als Nettolöhne- und -gehälter bei den Arbeitnehmerinnen und Arbeitnehmern. Im Jahr 1991 waren es noch knapp 58 % gewesen. ▶ Tab 6

4.1.5 Gesamtwirtschaftliche Quoten

Das Arbeitnehmerentgelt pro Kopf beziehungsweise je geleisteter Arbeitnehmerstunde ist ein wichtiges Maß für die Kosten des Faktors Arbeit in einer Volkswirtschaft. Als Maß für das durchschnittliche Einkommen werden häufig die Bruttolöhne und -gehälter je Arbeitnehmerin beziehungsweise Arbeitnehmer oder je geleisteter Arbeitnehmerstunde herangezogen. Eine andere vielfach genutzte gesamtwirtschaftliche Quote ist die Arbeitsproduktivität, also das BIP beziehungsweise die Bruttowertschöpfung (für Wirtschaftsbereiche) je Erwerbstätigen oder je geleisteter Erwerbstätigenstunde. Die Arbeitsproduktivität wird häufig als Maß für die Produktivität einer Volkswirtschaft oder eines

▶ Tab 7   **Arbeitsproduktivität, Durchschnittslöhne und Lohnstückkosten im Inland**

	Arbeitsproduktivität[1]		Arbeitnehmerentgelt		Bruttolöhne und -gehälter		Lohnstückkosten[2]	
	je Erwerbs-tätigen	je geleisteter Erwerbstätigen-stunde	je Arbeitnehmer monatlich	je geleisteter Arbeitnehmer-stunde	je Arbeitnehmer monatlich	je geleisteter Arbeitnehmer-stunde	Personen-konzept	Stunden-konzept
	Index (2005 = 100)		in Euro				Index (2005 = 100)	
2009	99,15	102,61	2 861	26,50	2 328	21,56	105,01	104,98
2010	102,69	104,47	2 929	26,56	2 382	21,60	103,82	103,37
2011	104,36	106,19	3 018	27,33	2 462	22,29	105,24	104,63
2012	103,91	106,47	3 092	28,18	2 528	23,03	108,31	107,61

1 Bruttoinlandsprodukt (preisbereinigt, Kettenindex) je Erwerbstätigen beziehungsweise je geleisteter Erwerbstätigenstunde (jeweils umgerechnet auf Index 2005 = 100).
2 Arbeitnehmerentgelt je Arbeitnehmer beziehungsweise je geleisteter Arbeitnehmerstunde (jeweils umgerechnet auf Index 2005 = 100) in Relation zur Arbeitsproduktivität (je Erwerbstätigen beziehungsweise je geleisteter Erwerbstätigenstunde).
Quelle für geleistete Arbeitsstunden: Institut für Arbeitsmarkt- und Berufsforschung (IAB) der Bundesagentur für Arbeit (BA).

Wirtschaftsbereichs verwendet. Dabei muss aber beachtet werden, dass hier die gesamte Wirtschaftsleistung rechnerisch lediglich zum Produktionsfaktor Arbeit in Beziehung gesetzt wird. Andere Aspekte wie zum Beispiel die Kapitalproduktivität bleiben dabei außer Acht.

Setzt man das Arbeitnehmerentgelt pro Kopf beziehungsweise je geleisteter Arbeitnehmerstunde in Relation zur Arbeitsproduktivität, so erhält man die Lohnstückkosten. Aus der Entwicklung der Lohnstückkosten kann man darauf schließen, wie sich die Arbeitskosten je Produkteinheit verändert haben. Bei der Interpretation aller Quoten ist aber Vorsicht geboten: So erhöht zum Beispiel der Abbau von Arbeitsplätzen rechnerisch die Arbeitsproduktivität pro Kopf, was wiederum einem Anstieg der Lohnstückkosten entgegenwirkt. ▶ Tab 7

4.1.6 Zusammenfassung

Die Volkswirtschaftlichen Gesamtrechnungen (VGR) geben ein umfassendes quantitatives Gesamtbild des wirtschaftlichen Geschehens in einer Volkswirtschaft. Für ihre Erstellung werden zahlreiche unterschiedliche Basisstatistiken verwendet. Die deutschen Volkswirtschaftlichen Gesamtrechnungen folgen den Definitionen und Konzepten des Europäischen Systems Volkswirtschaftlicher Gesamtrechnungen (ESVG).

Zentrale Größe der Volkswirtschaftlichen Gesamtrechnungen ist das Bruttoinlandsprodukt (BIP), das ein Maß für die in einem bestimmten Zeitraum in einer Volkswirtschaft erbrachte gesamtwirtschaftliche Leistung ist. Es kann grundsätzlich auf drei verschiedene Arten berechnet werden: über die Entstehungsseite, die Verwendungsseite oder die Verteilungsseite. Die wichtigste Kenngröße der Entstehungsrechnung ist die Bruttowertschöpfung, die die Wirtschaftsleistung der Wirtschaftsbereiche darstellt: Seit der deutschen Vereinigung hat in der deutschen Wirtschaft ein beträchtlicher Strukturwandel von der Industrie- zur Dienstleistungsgesellschaft stattgefunden. Die Verwendungsseite des BIP besteht aus der inländischen Verwendung und dem Außenbeitrag. Den größten Anteil an der inländischen Verwendung haben die privaten Konsumausgaben. Das Wirtschaftswachstum im Jahr 2012 wurde jedoch maßgeblich vom Außenhandel getragen.

Das BIP ist ein weltweit verbreiteter und bewährter Indikator zur Messung der Wirtschaftsleistung. Allerdings werden unbezahlte Hausarbeit oder ehrenamtliche Tätigkeiten, die für gesellschaftlichen Fortschritt und Lebensqualität unverzichtbar sind, bei der Berechnung des BIP nicht berücksichtigt, während die Kosten für die Beseitigung negativer Begleiterscheinungen des Wachstums (zum

Beispiel für die Umwelt oder Arbeits- und Lebensbedingungen) sogar die Wertschöpfung erhöhen.

Neben der Berechnung der Wirtschaftsleistung sind daher weitere Kennzahlen nötig, die die sozialen und ökologischen Aspekte sowie die subjektiven Einschätzungen der Menschen zu ihrem Wohlbefinden mit einbeziehen, um zuverlässige Aussagen zum Wohlstand und zur Lebensqualität in einer Gesellschaft zu treffen.

4.2 Öffentliche Finanzen und öffentlicher Dienst

Renate Schulze-Steikow

Destatis

Die Finanzstatistiken liefern Daten zu wichtigen Fragen der öffentlichen Finanzwirtschaft. Sie zeigen, welche Einnahmen den Kern- und Extrahaushalten des öffentlichen Gesamthaushalts zugeflossen sind, welche Ausgaben damit finanziert wurden und in welchem Umfang auf Fremdmittel (Verschuldung am Kreditmarkt) oder Rücklagen zur Deckung eines etwaigen Finanzierungsdefizits (Ausgaben größer als Einnahmen) zurückgegriffen werden musste. Sind die öffentlichen Einnahmen höher als die öffentlichen Ausgaben, entsteht ein Finanzierungsüberschuss und es können Rücklagen gebildet oder Schulden getilgt werden. Im Zeitraum seit 1992, für den finanzstatistische Daten für das vereinigte Deutschland vorliegen, wiesen die Einheiten des öffentlichen Gesamthaushalts nur zweimal einen Finanzierungsüberschuss aus. Im Jahr 2000 war dies wegen einmaliger Einnahmen aus der Versteigerung von Mobilfunklizenzen der Fall. Damals betrug der Überschuss 18,6 Milliarden Euro. Ein weiterer Überschuss wurde im Jahr 2007 mit 9,0 Milliarden Euro erwirtschaftet. Ursache waren gestiegene Einnahmen aus Steuern und steuerähnlichen Abgaben aufgrund der guten wirtschaftlichen Entwicklung und der Erhöhung des Regelsatzes der Umsatzsteuer auf 19 % zum 1. Januar 2007.

Anhand der Staatsquote, die den Anteil der öffentlichen Ausgaben am Bruttoinlandsprodukt misst, lässt sich die bedeutende Rolle staatlichen Handelns für die Volkswirtschaft ablesen. Diese Quote betrug im Jahr 2011 rund 46 %. In den letzten Jahren bewegte sich die Staatsquote regelmäßig unterhalb der 50-Prozent-Marke. So bezifferte sie sich beispielsweise in den Jahren 2010 und 2009 auf jeweils rund 48 %, im Jahr 2008 lag sie mit 44 % darunter. Die soziale Sicherung ist hierbei der wichtigste Aufgabenbereich, der regelmäßig den größten Anteil der öffentlichen Ausgaben ausmacht. Kinder- und Elterngeld und der Ausbau der Kindertagesbetreuung sind Beispiele für Sozialleistungen und Maß-

nahmen, die der jüngeren Generation zugute kommen sollen. Weitere wichtige Aufgaben, die der Staat wahrnimmt, sind die Bereitstellung einer Justiz sowie der Polizei, um für öffentliche Sicherheit und Ordnung zu sorgen. In den Bereich der Bildung fließen ebenfalls umfangreiche öffentliche Gelder. In Deutschland existiert somit ein fürsorglicher Staat, der sich mit seinen vielfältigen Aufgaben um seine Bürgerinnen und Bürger kümmert und für die wirtschaftlichen und sozialen Rahmenbedingungen sorgt. Zur Finanzierung benötigt der Staat Einnahmen, die er hauptsächlich durch die Erhebung von Steuern, aber auch aus anderen Quellen erhält. Die Finanzstatistiken bilden die Ausgaben- und Einnahmenströme einer Berichtsperiode detailliert ab. Der »Staat« wird hier durch den »öffentlichen Gesamthaushalt« abgebildet, in dem die Kern- und Extrahaushalte des Bundes, der Länder, der Gemeinden und Gemeindeverbände, der Sozialversicherung sowie die EU-Anteile zusammengefasst werden. ▶ Info 1

In der Europäischen Wirtschafts- und Währungsunion kommt der stabilen öffentlichen Haushaltswirtschaft eine ganz besondere Bedeutung zu. Sie unterliegt daher einem Überwachungsverfahren, das im Maastricht-Vertrag festgelegt wurde. Die Einhaltung der jährlichen Grenzwerte für das Staatsdefizit (3 %) und den Stand der öffentlichen Schulden (60 %), jeweils gemessen am Bruttoinlandsprodukt (BIP), sind die wichtigen Zielgrößen des europäischen Stabilitätspakts. Für deren Berechnung stellen die Finanzstatistiken sowohl den Volkswirtschaftlichen Gesamtrechnungen des Statistischen Bundesamtes als auch der Deutschen Bundesbank wichtige Basisdaten zur Verfügung.

4.2.1 Ausgaben und Einnahmen des öffentlichen Gesamthaushalts

Die bereinigten Ausgaben des öffentlichen Gesamthaushalts stiegen 2011 auf 1 164,0 Milliarden Euro. Gegenüber dem Vorjahr entspricht dies einer Erhöhung

▶ Info 1

Öffentlicher Gesamthaushalt und öffentlicher Bereich

Seit den 1980er-Jahren ist die verstärkte Verlagerung öffentlicher Aufgaben auf Einheiten mit eigenem Rechnungswesen außerhalb der Kernverwaltung zu beobachten. Sofern die Kernhaushalte mit mehr als 50 % der Kapital- oder Stimmrechte beteiligt sind, werden sie als öffentliche Fonds, Einrichtungen und Unternehmen bezeichnet. Eine Folge hiervon ist, dass Einnahmen und Ausgaben nicht mehr in den Kernhaushalten von Bund, Ländern, Gemeinden/Gemeindeverbänden und Sozialversicherung enthalten sind. Vielmehr erscheinen in ihren Haushaltsplänen nur noch die Zahlungen an beziehungsweise von ausgegliederten Einheiten. Auch Schulden, Finanzvermögen und Personal werden im Falle einer Ausgliederung beziehungsweise Gründung eines öffentlichen Fonds, Unternehmens oder einer Einrichtung außerhalb der Kernhaushalte ausgewiesen. Da das Ausmaß dieses Prozesses bei Bund, Ländern, Kommunen und der Sozialversicherung unterschiedlich ausgeprägt ist, sind die öffentlichen Kernhaushalte – zum Beispiel die der Länder untereinander – nicht mehr vergleichbar. Die Aussagekraft finanzstatistischer Daten wird hierdurch beeinträchtigt. Um dennoch belastbare Daten über die öffentlichen Finanzen in Deutschland bereitzustellen, haben die Finanzstatistiken das Modell des Schalenkonzepts entwickelt. Den Kern bilden die Kernhaushalte des Bundes, der Länder, der Gemeinden/Gemeindeverbände und der Sozialversicherung. Die öffentlichen Fonds, Einrichtungen und Unternehmen des Staatssektors, die sogenannten Extrahaushalte, bilden die mittlere Schale. Einschließlich der Finanzanteile der Europäischen Union werden Kern- und Extrahaushalte zum öffentlichen Gesamthaushalt zusammengeführt. Der Berichtskreis des öffentlichen Gesamthaushalts in der Finanzstatistik entspricht dem Sektor Staat in den Volkswirtschaftlichen Gesamtrechnungen. In der äußeren Schale werden die sonstigen öffentlichen Fonds, Einrichtungen und Unternehmen dargestellt. Die sonstigen öffentlichen Fonds, Einrichtungen und Unternehmen bilden zusammen mit den Kern- und Extrahaushalten die Finanzen des öffentlichen Bereichs ab. Siehe Modell 1, Seite 111.

▶ Info 2

Öffentliche Finanz- und Personalwirtschaft

Zu den finanzstatistischen Erhebungen der öffentlichen Finanzen gehören die vierteljährliche Kassenstatistik, die Jahresrechnungsstatistik, die jährliche Schuldenstatistik, die Finanzvermögenstatistik, die vierteljährliche Erhebung der öffentlichen Fonds, Einrichtungen und Unternehmen und die Jahresabschlussstatistik. Die Personalstatistiken sind weitere Statistiken des öffentlichen Bereichs.

Die **vierteljährlichen Kassenergebnisse** des öffentlichen Gesamthaushalts zeigen regelmäßig ein sehr aktuelles und umfassendes Bild über die öffentlichen Finanzen in Deutschland. Sie zeigen für das jeweils abgelaufene Quartal die Ausgaben- und Einnahmenströme und den Schuldenstand. Neben den Kern- und Extrahaushalten des Bundes, der Länder, der Gemeinden/Gemeindeverbände und der Sozialversicherung umfassen sie auch die Finanzanteile der Europäischen Union. Für die Darstellung der öffentlichen Finanzen im Jahr 2011 wurden die vierteljährlichen Kassenergebnisse verwendet.

Der Darstellung der Ausgaben nach Aufgabenbereichen in Abschnitt 4.2.1 liegen die detaillierten **jährlichen Rechnungsergebnisse** des öffentlichen Gesamthaushalts zugrunde. Diese Ergebnisse werden nach den Rechnungsabschlüssen erstellt und umfassen im Erhebungsbereich den Bund und seine Sondervermögen, die Finanzanteile an der Europäischen Union, die Länder, die Gemeinden und Gemeindeverbände, die Zweckverbände und die Sozialversicherung.

Der Berichtskreis der **jährlichen Schuldenstatistik** und der **Statistik über das Finanzvermögen** ist der öffentliche Gesamthaushalt. Hierbei werden neben den Kernhaushalten der Gebietskörperschaften (Bund, Länder, Gemeinden/Gemeindeverbände) und der Sozialversicherung auch die Extrahaushalte erhoben.

Parallel zur Kassenstatistik werden die **Vierteljahresdaten der öffentlichen Fonds, Einrichtungen und Unternehmen** erhoben, die zum Staatssektor zählen (Extrahaushalte). Es werden lediglich ausgewählte Positionen der Jahresabschlussstatistik abgefragt.

In der **Jahresabschlussstatistik** erfolgt die umfangreichere Erhebung der Bilanzdaten aller öffentlichen Fonds, Einrichtungen und Unternehmen einschließlich der Daten der Gewinn- und Verlustrechnung sowie des Anlagenachweises.

Zu den **Personalstatistiken** gehören die Personalstandstatistik, die Versorgungsempfängerstatistik und die Sonderversorgungsempfängerstatistik. Aufgrund ihrer Struktur der Personalvergütungen und der Versorgungsleistungen ergänzen sich Personalstandstatistik und Versorgungsempfängerstatistik für weitergehende Untersuchungen mit den Finanzstatistiken.

Die öffentlichen Arbeitgeber entsprechen dem öffentlichen Bereich in den Finanzstatistiken. Der öffentliche Dienst umfasst nur Personal der öffentlichen Arbeitgeber, welches nicht bei privatrechtlichen Einrichtungen und Unternehmen beschäftigt ist.

von rund 2 %. Betrachtet man die Untergliederung nach Ebenen, zeigt sich, dass der größte Ausgabenblock mit 511,9 Milliarden Euro auf die Sozialversicherung entfiel. Diese umfasst die gesetzliche Kranken-, Renten- und Unfallversicherung, die soziale Pflegeversicherung, die Alterssicherung für Landwirte sowie die Bundesagentur für Arbeit. Der zweitgrößte Ausgabenanteil lag beim Bund in Höhe von 361,7 Milliarden Euro. Weitere 319,4 Milliarden Euro der öffentlichen Ausgaben wurden von den 16 Bundesländern und 194,5 Milliarden Euro von der kommunalen Ebene getätigt (Hinweis: Die Addition der Ebenen enthält Doppelzählungen und ist deshalb größer als die Summe der bereinigten Ausgaben).

Im Zeitraum 1992 bis 2011 sind die Ausgaben der Sozialversicherung mit 59 % überproportional angestiegen. Wesentliche Gründe für diese Entwicklung waren in der Vergangenheit die deutsche Vereinigung, die Einführung der sozialen Pflegeversicherung 1995 sowie zusätzliche Ausgaben zum Beispiel bei der Bundesagentur für Arbeit wegen zeitweise gestiegener Arbeitslosenzahlen. ▶ Info 2

Viele Dienstleistungen der öffentlichen Hand, wie beispielsweise Schulen, Hochschulen, Polizei und Rechtsschutz (Gerichtswesen, Justizvollzugsanstalten), Gesundheitswesen, Verteidigung, Bau-, Steuer- und Zollverwaltung, sind sehr personalintensiv. Hohe Anforderungen an das Dienstleistungsangebot des Staates erfordern entsprechendes Fachpersonal; daher fallen besonders die Personalausgaben ins Gewicht. Die Kern- und Extrahaushalte des öffentlichen Gesamthaushalts wendeten 2011 einen Betrag von 228,9 Milliarden Euro für das Personal (einschließlich Pensionen und Ähnlichem) auf. Das waren knapp 20 % ihrer Gesamtausgaben. In den Ländern, die in großem Umfang für die Durchführung und Finanzierung personalintensiver öffentlicher Aufgaben zuständig sind, erreichten sie 2011 einen Anteil von 37 % des Ausgabenvolumens. Im kommunalen Bereich machten die Personalausgaben einen Anteil von 26 % aus. Am niedrigsten waren sie beim Bund mit einem Anteil von 12 % seiner Gesamtausgaben.

Für Baumaßnahmen und sonstige Sachinvestitionen wurden in Deutschland 2011 öffentliche Ausgaben in Höhe von 44,2 Milliarden Euro getätigt. Rund 53 % hiervon entfielen allein auf den kommunalen Bereich. Die Zinsausgaben erreichten 2011 ein Volumen von 76,7 Milliarden Euro, wobei 65 % der Ausgaben zu Lasten des Bundes gingen. Weitere wichtige Ausgabenposten des öffentlichen Gesamthaushalts sind der laufende Sachaufwand mit 301 Milliarden Euro im Jahr 2011 (zum Beispiel Ausgaben für Heiz-, Energie- und Betriebskosten, für die Unterhaltung des unbeweglichen Vermögens, für Verbrauchsmittel und auch sämtliche militärischen Anschaffungen sind hierin enthalten) sowie Zuschüsse an private Haushalte (in erster Linie soziale Leistungen), an Unternehmen (Subventionen) sowie an soziale und sonstige Einrichtungen im In- und Ausland in Höhe von zusammen 461,1 Milliarden Euro.

Im Jahr 2011 standen den öffentlichen Ausgaben von 1 164,0 Milliarden Euro Einnahmen aus Steuern, steuerähnlichen Abgaben und anderen Einnahmenquellen (zum Beispiel Gebühren, Mieten, Verkaufserlöse für Beteiligungen und Sachvermögen, Zinsen) von insgesamt 1 152,0 Milliarden Euro gegenüber. An Krediten hatte der öffentliche Gesamthaushalt zusammen netto 18,3 Milliarden Euro (Saldo der Schuldenaufnahme und Schuldentilgung) aufgenommen.

Die Betrachtung nach Aufgabenbereichen im Jahr 2010 zeigt, dass der weitaus größte Ausgabenblock mit einem Anteil von 57 % auf die soziale Sicherung entfällt, die unter anderem die Familien-, Sozial- und Jugendhilfe, die Arbeitsmarktpolitik und die Sozialversicherung beinhaltet. Den zweithöchsten Anteil an den Ausgaben hatten mit 12 % die allgemeinen Dienste, zu denen Verteidigung, öffentliche Sicherheit und Ordnung, Rechtsschutz sowie politische Führung und zentrale Verwaltung gehören. Ausgaben für Bildung, Wissenschaft, Forschung und Kultur beanspruchten

10 %, gefolgt von den Ausgaben für den Schuldendienst mit 5 %. Für die Versorgung (zum Beispiel Ruhegehalt und Hinterbliebenenversorgung von Beamten und Richtern) wurden ebenfalls 5 % der Ausgaben aufgewendet. ▶ Abb 1

Die Einnahmen des öffentlichen Gesamthaushalts stiegen im Jahr 2011 gegenüber dem Vorjahr um fast 9 %. Grund dafür war die Zunahme der Einnahmen aus Steuern und steuerähnlichen Abgaben infolge der verbesserten Wirtschaftsentwicklung. Im Jahr 2011 flossen 982,4 Milliarden Euro Einnahmen aus Steuern und steuerähnlichen Abgaben in

die öffentlichen Kassen, das waren 6 % mehr als im Vorjahr. Steuern sind die originäre Einnahmenquelle der Gebietskörperschaften, ihre Bedeutung für die einzelnen Ebenen ist jedoch sehr unterschiedlich. Während sich Bund und Länder (mit rund 79 % beziehungsweise 66 %) überwiegend aus dieser Einnahmenquelle finanzierten, betrug der Anteil der Einnahmen aus Steuern und steuerähnlichen Abgaben bei den Kommunen lediglich 36 %. Auf kommunaler Ebene spielen Länderzuweisungen, vor allem Schlüsselzuweisungen im Rahmen des kommunalen Finanzausgleichs, eine be-

▶ Abb 1 **Ausgaben des öffentlichen Gesamthaushalts 2010 nach Aufgabenbereichen — in Prozent**

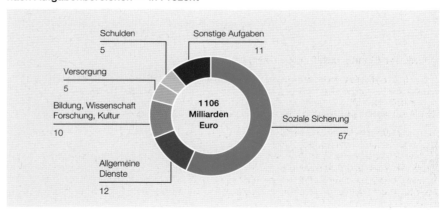

▶ Tab 1 **Die ergiebigsten Steuern — in Millionen Euro**

	Ertrag steht zu	2009	2010	2011
Lohnsteuer[1]	B/L/G	135 165	127 904	139 749
Umsatzsteuer	B/L/G/EU	141 907	136 459	138 957
Einfuhrumsatzsteuer	B/L/EU	35 084	43 582	51 076
Gewerbesteuer	G/B/L	32 421	35 711	40 424
Energiesteuer	B	39 822	39 838	40 036
Veranlagte Einkommensteuer	B/L/G	26 430	31 179	31 996
Nicht veranlagte Steuern vom Ertrag[2]	B/L	12 474	12 982	18 136
Tabaksteuer	B	13 366	13 492	14 414
Solidaritätszuschlag	B	11 927	11 713	12 781
Grundsteuer für Grundstücke	G	10 580	10 954	11 306
Versicherungsteuer	B	10 548	10 284	10 755
Kraftfahrzeugsteuer[3]	B/L	8 201	8 488	8 422

B = Bund; EU = Europäische Union; G = Gemeinden; L = Länder.
1 Nach Abzug von Kindergeld.
2 Nach Abzug von Erstattungen durch das Bundesamt für Finanzen.
3 Seit dem 1. Juli 2009 Bundessteuer, davor Landessteuer.

▶ Abb 2   **Ausgaben und Einnahmen des öffentlichen Gesamthaushalts — in Milliarden Euro**

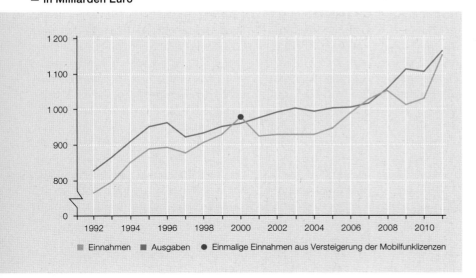

■ Einnahmen   ■ Ausgaben   ● Einmalige Einnahmen aus Versteigerung der Mobilfunklizenzen

▶ Abb 3   **Finanzierungssaldo des öffentlichen Gesamthaushalts — in Milliarden Euro**

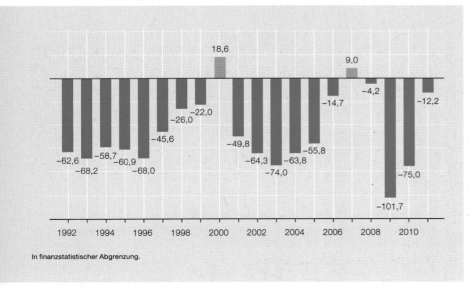

In finanzstatistischer Abgrenzung.

schaftsteuern waren die Umsatzsteuer (einschließlich Einfuhrumsatzsteuer) mit 190,0 Milliarden Euro und die Lohn- und veranlagte Einkommensteuer mit 171,7 Milliarden Euro am ertragreichsten. Bei den reinen Bundessteuern (99,1 Milliarden Euro) erbrachte die Energiesteuer die höchsten Einnahmen (40,0 Milliarden Euro). Von den Gemeindesteuern (53,0 Milliarden Euro) hatte die Gewerbesteuer mit 40,4 Milliarden Euro und bei den Landessteuern (13,1 Milliarden Euro) die Grunderwerbsteuer mit 6,4 Milliarden Euro den größten Stellenwert. Gegenüber dem Vorjahr stieg das Aufkommen an der Lohn- und veranlagten Einkommensteuer um 12,7 Milliarden Euro (+ 8 %), der Umsatzsteuer (einschließlich Einfuhrumsatzsteuer) um 10,0 Milliarden Euro (+ 6 %) und der Gewerbesteuer um 4,7 Milliarden Euro (+ 13 %). Die sechs aufkommensstärksten Steuern (Umsatz-, Lohn-, Energie-, Einfuhrumsatz-, Gewerbe- und veranlagte Einkommensteuer) erbrachten somit mehr als drei Viertel aller Steuereinnahmen. Das Aufkommen der einzelnen Steuern variiert im Zeitablauf insbesondere durch Gesetzesänderungen und die Wirtschaftsentwicklung, aber auch aufgrund von verändertem Konsumverhaltens der Steuerpflichtigen. ▶ Tab 1

Aus der Differenz zwischen Einnahmen und Ausgaben errechnet sich der Finanzierungssaldo (Defizit oder Überschuss) des öffentlichen Gesamthaushalts. Da seit den 1950er-Jahren die öffentlichen Ausgaben mehrheitlich die Einnahmen übertrafen, wurden die erforderlichen Mittel zur Finanzierung des Defizits überwiegend durch Schuldenaufnahmen am Kreditmarkt gedeckt. Die Summierung dieser jährlichen Schuldenzuwächse führte Ende 2011 zu einem Schuldenstand in Höhe von 2 025,4 Milliarden Euro. Daraus resultierende Zins- und Tilgungsansprüche werden die öffentlichen Haushalte auch in Zukunft belasten. ▶ Abb 2, 3

4.2.2 Länderfinanzausgleich
Aufgabe des Länderfinanzausgleichs ist es, die unterschiedliche Finanzkraft der

deutendere Rolle. Die Beitragseinnahmen der Sozialversicherung, die finanzstatistisch zu den steuerähnlichen Abgaben zählen, betrugen 407,8 Milliarden Euro. Bei den übrigen Haushaltsebenen bestehen die steuerähnlichen Abgaben vor allem aus Münzeinnahmen (beim Bund) und Spielbankabgaben (bei den Ländern). Die Steuereinnahmen, die im Jahr 2011 insgesamt 573,4 Milliarden Euro betrugen

und damit 42,8 Milliarden Euro beziehungsweise 8 % höher als 2010 waren, lassen sich nach der Ertragskompetenz, das heißt der Verteilung der Steuereinnahmen auf die Gebietskörperschaften, aufgliedern. Den größten Teil der Steuern 2011 machten die Gemeinschaftsteuern aus (403,6 Milliarden Euro). Das sind Steuern, die auf mehrere Gebietskörperschaften aufgeteilt werden. Innerhalb der Gemein-

Bundesländer durch Finanzhilfen angemessen auszugleichen. Dies geschieht zum einen dadurch, dass Länder mit – im Verhältnis zu ihrer Einwohnerzahl – hohen Steuereinnahmen an Länder mit niedrigeren Einnahmen Ausgleichszahlungen leisten (horizontaler Finanzausgleich). Zum anderen werden direkte Zahlungen des Bundes an finanzschwache Länder (vertikaler Finanzausgleich) geleistet. Konkret festgemacht wird dies an der zentralen Zielgröße des Länderfinanzausgleichs, der bundesdurchschnittlichen Steuerkraft je Einwohner. Unterschreiten die tatsächlichen Steuereinnahmen je Einwohner eines Landes den Bundesdurchschnitt, so ist es grundsätzlich ausgleichsberechtigt. Überschreiten sie ihn, ist das betreffende Land grundsätzlich ausgleichspflichtig. Beim Ausgleich sind jedoch Sicherungen eingebaut, die eine Übernivellierung vermeiden sollen. Die Leistungen im Rahmen des Länderfinanzausgleichs beliefen sich im Jahr 2011 auf 7,3 Milliarden Euro. ▶ Tab 2

4.2.3 Öffentliche Entwicklungszusammenarbeit

Die Aufmerksamkeit der deutschen Politik und Öffentlichkeit richtete sich in den vergangenen Jahren verstärkt auf die Ausgaben der öffentlichen Entwicklungszusammenarbeit (ODA = Official Development Assistance). Im Mai 2005 wurde vom EU-Ministerrat ein ODA-Stufenplan verabschiedet, in dessen Rahmen sich Deutschland verpflichtet, den Anteil der ODA am Bruttonationaleinkommen bis 2010 auf 0,51 % und bis 2015 auf 0,7 % zu erhöhen. Für das Berichtsjahr 2011 ergab sich eine ODA-Quote von 0,39 %. Das entspricht in absoluten Zahlen ausgedrückt ODA-Leistungen in Höhe von 10,1 Milliarden Euro, wobei sich 6,3 Milliarden Euro auf die bilaterale und 3,9 Milliarden Euro auf die multilaterale Zusammenarbeit beziehen. Den größten Anteil an den Ausgaben hatte mit 6,3 Milliarden Euro (62,4 %) das Bundesministerium für wirtschaftliche Zusammenarbeit und Entwicklung (BMZ). ▶ Info 3, Tab 3

▶ Tab 2   **Länderfinanzausgleich und Bundesergänzungszuweisungen 2011 — in Millionen Euro**

	Länderfinanzausgleich		Bundesergänzungszuweisungen	
Baden-Württemberg	(–)	1 779		–
Bayern	(–)	3 663		–
Berlin	(+)	3 043	(+)	2 533
Brandenburg	(+)	440	(+)	1 587
Bremen	(+)	516	(+)	227
Hamburg	(–)	62		–
Hessen	(–)	1 804		–
Mecklenburg-Vorpommern	(+)	429	(+)	1 204
Niedersachsen	(+)	204	(+)	83
Nordrhein-Westfalen	(+)	224		–
Rheinland-Pfalz	(+)	234	(+)	173
Saarland	(+)	120	(+)	122
Sachsen	(+)	918	(+)	2 814
Sachsen-Anhalt	(+)	540	(+)	1 721
Schleswig-Holstein	(+)	115	(+)	112
Thüringen	(+)	527	(+)	1 593
Ausgleichsvolumen insgesamt		**7 308**		**12 170**

Länderfinanzausgleich: ausgleichspflichtig (–), ausgleichsberechtigt (+); Bundesergänzungszuweisungen: Empfänger (+).
– nichts vorhanden.

▶ Tab 3   **Öffentliche Entwicklungszusammenarbeit**

	ODA-Leistungen insgesamt	Anteil am Bruttonationaleinkommen
	in Millionen Euro	in %
2006	8 313	0,36
2007	8 978	0,37
2008	9 693	0,38
2009	8 674	0,35
2010	9 804	0,39
2011	10 136	0,39

ODA = Official Development Assistance.

▶ Info 3
Öffentliche Entwicklungszusammenarbeit

Zur öffentlichen Entwicklungszusammenarbeit (ODA = Official Development Assistance) zählen vor allem die Ausgaben für die technische und die finanzielle Zusammenarbeit mit Entwicklungsländern für Nahrungsmittel-, Not- und Flüchtlingshilfe sowie Beiträge an multilaterale Institutionen für Entwicklungszusammenarbeit (zum Beispiel Vereinte Nationen) und Schuldenerlasse. Neben der ODA werden auch noch sonstige öffentliche und private Leistungen an Entwicklungsländer erbracht (zum Beispiel Leistungen aus Spenden und Mitgliedsbeiträgen, Direktinvestitionen, Exportkredite).

4.2.4 Schulden und Finanzvermögen des öffentlichen Gesamthaushalts

Soweit bei der Wahrnehmung öffentlicher Aufgaben die Ausgaben nicht durch Einnahmen der laufenden Periode oder durch in früheren Jahren gebildete Rücklagen gedeckt werden können, verschuldet sich der öffentliche Gesamthaushalt. Die Verschuldung setzt sich hierbei aus den Krediten des öffentlichen Gesamthaushalts beim

▶ Tab 4   **Schulden beim nicht öffentlichen Bereich am 31.12.2011 nach Ebenen und Schuldarten — in Millionen Euro**

	Insgesamt	Bund	Länder	Gemeinden/ Gemeinde- verbände	Sozial- versicherung
Kassenkredite beim nicht öffentlichen Bereich	55 139	7 313	3 748	44 020	58
Wertpapierschulden	1 468 298	1 121 370	346 746	181	–
Kredite beim nicht öffentlichen Bereich	502 001	150 899	264 905	85 432	765
Schulden beim nicht öffentlichen Bereich	**2 025 438**	**1 279 583**	**615 399**	**129 633**	**823**

– nichts vorhanden.

▶ Abb 4   **Entwicklung der Verschuldung des öffentlichen Gesamthaushalts — in Milliarden Euro**

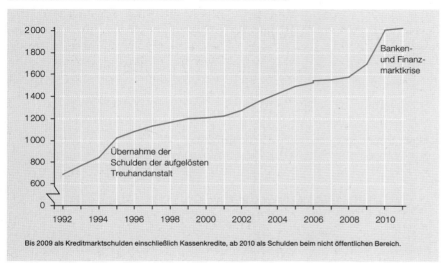

Bis 2009 als Kreditmarktschulden einschließlich Kassenkredite, ab 2010 als Schulden beim nicht öffentlichen Bereich.

▶ Tab 5   **Finanzvermögen beim nicht öffentlichen Bereich am 31.12.2011 nach Ebenen und Schuldarten — in Millionen Euro**

	Insgesamt	Bund	Länder	Gemeinden/ Gemeinde- verbände	Sozial- versicherung
Bargeld und Einlagen	142 310	21 869	30 232	31 241	58 968
Wertpapiere beim nicht öffentlichen Bereich[1]	168 299	117 968	32 152	3 659	14 520
Ausleihungen beim nicht öffentlichen Bereich	136 592	86 674	45 232	3 662	1 024
Sonstige Forderungen	78 812	24 751	22 458	18 661	12 942
Finanzvermögen beim nicht öffentlichen Bereich	**526 013**	**251 262**	**130 073**	**57 223**	**87 454**

1 Ohne Anteilsrechte und ohne Finanzderivate.

nicht öffentlichen Bereich, den Kassenkrediten beim nicht öffentlichen Bereich sowie den Wertpapierschulden zusammen und belief sich zum 31. Dezember 2011 auf 2 025,4 Milliarden Euro. Der Bund verzeichnete 1 279,6 Milliarden Euro, die Länder 615,4 Milliarden Euro, die kommunale Ebene 129,6 Milliarden Euro und die Sozialversicherung 823 Millionen Euro Schulden beim nicht öffentlichen Bereich. ▶ Tab 4

In den vergangenen zwanzig Jahren erhöhte sich die Verschuldung des öffentlichen Gesamthaushalts stetig. ▶ Abb 4

Die Schuldenlast stieg seit 1992 unter anderem infolge finanzpolitischer Anforderungen durch die deutsche Vereinigung und der Übernahme von Verbindlichkeiten der ehemaligen DDR. Die relativ hohe Schuldenzunahme zwischen 1994 und 1995 (+ 170,7 Milliarden Euro) war hauptsächlich begründet in der Übernahme der Schulden der aufgelösten Treuhandanstalt und der Errichtung des Erblastentilgungsfonds. Der Erblastentilgungsfonds führte als Sondervermögen des Bundes die Schulden der Treuhandanstalt und des Kreditabwicklungsfonds sowie Teile der alten Schulden der kommunalen Wohnungswirtschaft zusammen. Ein weiterer starker Anstieg der Verschuldung des öffentlichen Gesamthaushalts war zwischen dem 31. Dezember 2009 und dem 31. Dezember 2010 zu beobachten (+ 317,3 Milliarden Euro). Diese Erhöhung des Schuldenstandes resultierte überwiegend aus den Folgen der Banken- und Finanzmarktkrise. In den Berichtsjahren 2006 und 2010 wurde zudem der Berichtskreis der jährlichen Schuldenstatistik erweitert sowie ab dem Berichtsjahr 2010 auch das Erhebungsprogramm entsprechend den Anforderungen des Europäischen Systems Volkswirtschaftlicher Gesamtrechnungen (ESVG) 1995 angepasst. Die methodenbedingten Effekte auf den Schuldenstand Deutschlands waren jedoch vergleichsweise gering.

Zusammen mit der Schuldenstatistik bildet die Statistik über das Finanzvermögen die Grundlage für die Stabilitätsberichterstattung durch die Deutsche Bundesbank an die Europäische Kommission. Im Jahr 2011 stand den 2 025,4 Milliarden Euro Schulden des öffentlichen Gesamthaushalts ein Finanzvermögen in Höhe von 526,0 Milliarden Euro gegenüber. Davon entfielen 251,3 Milliarden Euro auf den Bund, 130,1 Milliarden auf die Länder, 87,4 Milliarden Euro auf die Sozialversicherung sowie weitere 57,2 Milliarden Euro auf die kommunale Ebene. Den größten Anteil am Finanzvermögen stellten am 31. Dezember 2011 die Wertpapiere vom nicht öffentlichen Bereich mit 168,3 Milliarden Euro, gefolgt von Bargeld und Einlagen mit 142,3 Milliarden Euro sowie den vergebenen Krediten an den nicht öffentlichen Bereich (136,6 Milliarden Euro). Die sonstigen Forderungen (unter anderem an Steuern, Sozialbeiträgen, Gebühren, Zahlungsrückständen) lagen bei 78,8 Milliarden Euro. ▶ Tab 5

Neben einer Darstellung der Schulden und des Finanzvermögens nach Ebenen kann auch eine vergleichende Analyse der Schulden- beziehungsweise der (Finanz-) Vermögenssituation der Bundesländer von Interesse sein. Aufgrund der unterschiedlichen Kommunalisierungsgrade sind hierbei die Angaben der Kommunen und der Länder insgesamt einzubeziehen.

Als Indikator eignet sich die Darstellung je Einwohner/-in. ▶ Abb 5

In Abbildung 5 wird das Finanzvermögen des nicht öffentlichen Bereichs je Einwohner/-in in Relation zum Schuldenstand je Einwohner/-in jeweils am 31. Dezember 2011 gegenübergestellt. Ergänzend sind als Senkrechte beziehungsweise Waagerechte die über alle Länder und Gemeinden/Gemeindeverbände durchschnittliche Pro-Kopf-Verschuldung und das durchschnittliche Pro-Kopf-Finanzvermögen eingetragen. Damit ergeben sich vier Quadranten mit Aussagen zur Finanzsituation der einzelnen Bundesländer. Im Quadranten I, der durch eine überdurchschnittliche Finanzvermögensausstattung und einen relativ niedrigen Schuldenstand gekennzeichnet ist, befinden sich die Länder Branden-

burg und Baden-Württemberg. Quadrant II beinhaltet hingegen die Länder, die zwar einerseits auch über ein überdurchschnittlich hohes Finanzvolumen verfügten, deren Verschuldungssituation aber über dem Mittelwert lag. Diese Situation war kennzeichnend für Nordrhein-Westfalen, Bremen (das Land mit der höchsten Pro-Kopf-Verschuldung 2011: 28 638 Euro) und Hamburg.

Die Quadranten III und IV sind durch ein unterdurchschnittliches Finanzvermögen charakterisiert, wobei im Quadrant III dieses mit einem überdurchschnittlichen Schuldenstand gepaart ist. Diese Situation war kennzeichnend für Hessen, Rheinland-Pfalz, das Saarland, Sachsen-Anhalt, Schleswig-Holstein und Berlin. Durch relativ geringes Finanzvermögen mit aber gleich-

▶ Abb 5   **Finanzvermögen und Schulden beim nicht öffentlichen Bereich der Länder und Gemeinden je Einwohner/-in am 31.12.2011**

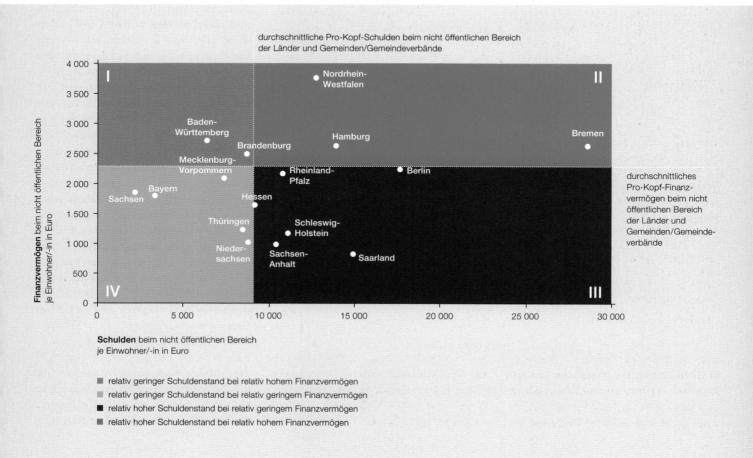

zeitig einem unterdurchschnittlichen Schuldenstand sind die Länder Sachsen, Bayern, Mecklenburg-Vorpommern, Thüringen und Niedersachsen geprägt. Mit Sachsen und Bayern sind hier im Quadranten IV auch die Länder mit der deutlich geringsten Pro-Kopf-Verschuldung am 31. Dezember 2011 (2 196 Euro beziehungsweise 3 380 Euro) enthalten.

4.2.5 Öffentliche Fonds, Einrichtungen und Unternehmen

In den 1980er-Jahren begann der Staat in größerem Umfang, bestimmte Aufgaben auf Einheiten außerhalb der öffentlichen Haushalte (Kernhaushalte) auszulagern. Eine wesentliche Rolle spielte dabei das Streben nach einer effizienteren Aufgabenerfüllung. Zum anderen wurde die Forderung nach einem »schlanken Staat«, der sich auf seine Kernaufgaben beschränkt, immer stärker; parallel dazu erfolgte eine Reihe von Neugründungen von öffentlichen Fonds, Einrichtungen und Unternehmen sowie der Einstieg der öffentlichen Haushalte in bestehende Unternehmen. Soweit die öffentlichen Haushalte maßgeblich, das heißt mit mehr als 50 % des Stimmrechts oder des Nennkapitals mittelbar beziehungsweise unmittelbar an diesen Einheiten beteiligt sind, werden sie in der Finanzstatistik unter dem Begriff »Öffentliche Fonds, Einrichtungen und Unternehmen« (kurz: öffentliche Unternehmen) zusammengefasst. Sie beziehen sich nicht nur auf ausgewählte Wirtschaftszweige; die Bandbreite reicht von Wohnungsbaugesellschaften, Krankenhäusern, Versorgungsunternehmen, Hochschulen bis zu den im Zuge der Finanzmarkt- und Wirtschaftskrise entstandenen Abwicklungsanstalten.

Öffentliche Fonds, Einrichtungen und Unternehmen verfügen über ein eigenes, kaufmännisches oder kamerales Rechnungswesen, sodass ihre Einnahmen und Ausgaben nicht mehr im jeweiligen Kernhaushalt enthalten sind.

Die dargestellten Ergebnisse basieren auf der Jahresabschlussstatistik, welche ausschließlich die Erhebung der öffentlichen Fonds, Einrichtungen und Unternehmen mit kaufmännischem Rechnungswesen umfasst. Im Berichtsjahr 2010 gab es 14 939 öffentliche Fonds, Einrichtungen und Unternehmen mit kaufmännischem Rechnungswesen, davon 13 357 (89 %) auf der kommunalen Ebene. Der Rest verteilte sich auf Beteiligungen der Länder (9 %) und des Bundes (2 %). Die meisten öffentlichen Unternehmen wurden in der Rechtsform der GmbH (58 %) und des Eigenbetriebs (26 %) geführt. Rund 7 % der öffentlichen Unternehmen waren Zweckverbände.

Die Schwerpunkte der wirtschaftlichen Haupttätigkeit öffentlicher Fonds, Einrichtungen und Unternehmen lagen 2010 in den Bereichen »Grundstücks- und Wohnungswesen« (12 %), »Wasserversorgung« (12 %), »Energieversorgung« (9 %), »Abwasserentsorgung« (9 %), »Öffentliche Verwaltung, Verteidigung, Sozialversicherung« (8 %) sowie »Verwaltung und Führung von Unternehmen und Betrieben, Unternehmensberatung« (7 %). ▶ Abb 6

Alle Bereiche zusammen erzielten im Jahr 2010 eine Bilanzsumme von rund 1,8 Billionen Euro, darunter entfielen die höchsten Bilanzsummen auf die Bereiche »Erbringung von Finanzdienstleistungen« (493,3 Milliarden Euro) und »Öffentliche

▶ Abb 6   **Öffentliche Fonds, Einrichtungen und Unternehmen nach ausgewählten Wirtschaftszweigen 2010**

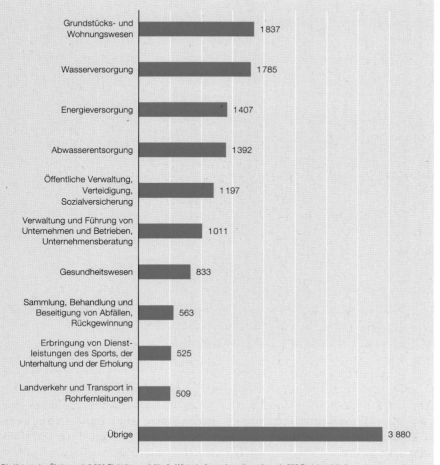

Die Kategorie »Übrige« mit 3 880 Einheiten enthält alle Wirtschaftszweige mit weniger als 500 Berichtseinheiten.

▶ Tab 6 **Ausgewählte Daten zur Gewinn- und Verlustrechnung, Bilanzsumme öffentlicher Fonds, Einrichtungen und Unternehmen 2010 — in Millionen Euro**

	Umsatzerlöse	Material-aufwand zusammen	Personal-aufwand zusammen	Jahresergebnis	Bilanzsumme
Insgesamt	**358 729**	**207 390**	**96 912**	**6 652**	**1 839 045**
Erbringung von Finanzdienstleistungen	8 223	4 128	733	2 540	493 271
Energieversorgung	136 595	114 995	7 242	2 182	117 223
Versicherungen, Rückversicherungen und Pensionskassen (ohne Sozialversicherung)	20 319	4 209	7 454	893	99 207
Mit Finanz- und Versicherungsdienstleistungen verbundene Tätigkeiten	481	42	59	412	17 632
Abwasserentsorgung	8 764	2 842	1 417	376	68 730
Lagerei sowie Erbringung von sonstigen Dienstleistungen für den Verkehr	19 611	9 357	6 018	370	68 803
Sammlung, Behandlung und Beseitigung von Abfällen, Rückgewinnung	10 485	5 475	2 532	354	18 988
Kreative, künstlerische und unterhaltende Tätigkeiten	519	395	1 713	−265	2 077
Verwaltung und Führung von Unternehmen und Betrieben, Unternehmensberatung	4 027	2 514	1 719	− 1 117	137 568

Die Sortierung erfolgt in absteigender Reihenfolge des Jahresgebnisses.

▶ Abb 7 **Entwicklung des Personalstandes im öffentlichen Dienst zum Stichtag 30.6. — in Millionen**

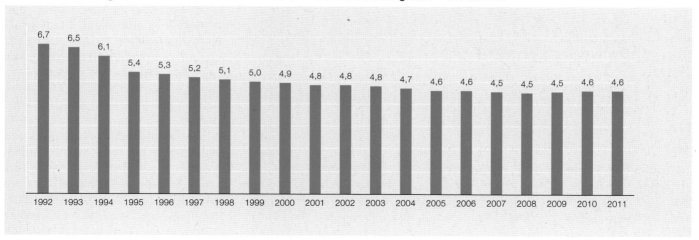

Verwaltung, Verteidigung, Sozialversicherung« (454,4 Milliarden Euro).

Die Zahlen der Gewinn- und Verlustrechnung wiesen für das Berichtsjahr 2010 einen Jahresüberschuss von rund 6,7 Milliarden Euro für alle öffentlichen Unternehmen aus. Zu diesem Ergebnis trugen wesentlich die Wirtschaftszweige »Erbringung von Finanzdienstleistungen« (2,5 Milliarden Euro) sowie »Energieversorgung« (2,2 Milliarden Euro) bei. Daneben erwirtschaftete der Bereich »Versicherungen, Rückversicherungen und Pensionskassen (ohne Sozialversicherung)« fast 900 Millionen Euro. Einen Jahresverlust beziehungsweise Fehlbetrag verzeichneten öffentliche Fonds, Einrichtungen und Unternehmen verstärkt in den Wirtschaftszweigen »Verwaltung und Führung von Unternehmen und Betrieben, Unternehmensberatung« (− 1,1 Milliarden Euro), sowie »Kreative, künstlerische und unterhaltende Tätigkeiten« (− 265 Millionen Euro). ▶ Tab 6

4.2.6 Personal im öffentlichen Dienst

Die öffentlichen Arbeitgeber (öffentlicher Dienst und Unternehmen mit überwiegend öffentlicher Beteiligung) beschäftigten Mitte 2011 in Deutschland insgesamt rund 5,7 Millionen Mitarbeiterinnen und Mitarbeiter (einschließlich Berufs- und Zeitsoldaten beziehungsweise -soldatinnen, aber ohne Grundwehrdienstleistende). Davon übten 3,9 Millionen Personen eine Vollzeit- und 1,8 Millionen eine Teilzeitbeschäftigung aus.

▶ Abb 8   **Beschäftigte im öffentlichen Dienst nach Aufgabenbereichen am 30.6.2011 — in Prozent**

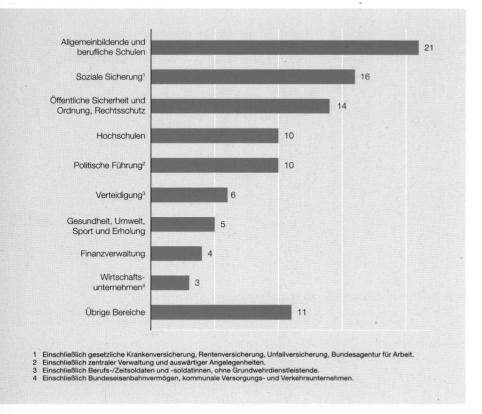

Allgemeinbildende und berufliche Schulen	21
Soziale Sicherung[1]	16
Öffentliche Sicherheit und Ordnung, Rechtsschutz	14
Hochschulen	10
Politische Führung[2]	10
Verteidigung[3]	6
Gesundheit, Umwelt, Sport und Erholung	5
Finanzverwaltung	4
Wirtschafts- unternehmen[4]	3
Übrige Bereiche	11

1 Einschließlich gesetzliche Krankenversicherung, Rentenversicherung, Unfallversicherung, Bundesagentur für Arbeit.
2 Einschließlich zentraler Verwaltung und auswärtiger Angelegenheiten.
3 Einschließlich Berufs-/Zeitsoldaten und -soldatinnen, ohne Grundwehrdienstleistende.
4 Einschließlich Bundeseisenbahnvermögen, kommunale Versorgungs- und Verkehrsunternehmen.

Gegenüber dem Vorjahr wurden 28 000 Vollzeitkräfte oder 0,7 % mehr beschäftigt. Die Zahl der Teilzeitkräfte hat sich um 11 000 Personen oder 0,6 % erhöht. Der Anteil der Frauen an den Vollzeitbeschäftigten betrug 40 %, bei den Teilzeitbeschäftigten waren es 81 %.

Die Bedeutung der öffentlichen Arbeitgeber für die Erwerbstätigkeit zeigt sich, wenn das durch die öffentliche Hand bezahlte Personal in Beziehung zur Gesamtzahl der abhängig Erwerbstätigen gesetzt wird. Gemessen an den 35,2 Millionen abhängig Erwerbstätigen ergibt sich für den Bereich der öffentlichen Arbeitgeber ein Anteil von rund 16 %.

Die Zahl der Beschäftigten im öffentlichen Dienst ist seit der deutschen Vereinigung deutlich gesunken. Im Jahr 1992 waren noch rund 6,7 Millionen Personen im öffentlichen Dienst beschäftigt, am 30. Juni 2011 dagegen lediglich 4,6 Millionen. Der massive Personalabbau im öffentlichen Dienst in den 1990er-Jahren resultierte in erster Linie aus der Notwendigkeit, die Personalausstattung der neuen Länder und der dortigen Kommunen an die Verhältnisse des früheren Bundesgebiets anzupassen. Hinzu kamen die Privatisierung der Deutschen Bundesbahn und Reichsbahn und der Deutschen Bundespost. Seit einigen Jahren gibt es auch einen zunehmenden Trend, kommunale Krankenhäuser zu privatisieren und kommunale Dienstleistungen wie etwa Abfallentsorgung oder Straßenreinigung an private Unternehmen auszulagern. Auch das führt zu einem Personalrückgang im öffentlichen Sektor. Mitte des Jahres 2009 war erstmalig wieder ein leichter Personalanstieg im öffentlichen Dienst zu verzeichnen. Er resultierte allerdings überwiegend aus einer Zunahme bei Arbeitskräften mit Zeitverträgen. ▶ Abb 7

Die Schwerpunkte des Personaleinsatzes im öffentlichen Dienst lagen 2011 bei den allgemeinbildenden und beruflichen Schulen (21 %), der sozialen Sicherung (16 %), der öffentlichen Sicherheit und Ordnung sowie dem Rechtsschutz (14 %). ▶ Abb 8

Die Gesamtzahl der pensionierten Beamten und Beamtinnen, Richter und Richterinnen sowie Berufssoldaten und Berufssoldatinnen und ihrer Hinterbliebenen (zusammen: Versorgungsempfängerinnen und -empfänger) ist seit der deutschen Vereinigung erheblich gestiegen. Im Zeitraum 1992 bis 2012 hat die Anzahl der Versorgungsempfängerinnen und -empfänger des öffentlichen Dienstes um rund 24 % zugenommen. Dies ist vor allem auf den Aufbau von Personal im Bildungsbereich in den 1960er- und 1970er-Jahren im früheren Bundesgebiet zurückzuführen, das nun seit einigen Jahren aus dem Erwerbsleben ausscheidet. Insgesamt erhielten am 1. Januar 2012 rund 1,6 Millionen Personen Leistungen des öffentlich-rechtlichen Alterssicherungssystems.

Die Versorgungsempfängerinnen und -empfänger sind aufgrund der unterschiedlichen Aufgabenstruktur des aktiven Personals ungleichmäßig auf die verschiedenen Beschäftigungsbereiche verteilt. Anfang 2012 erhielten ehemalige Bedienstete oder ihre Hinterbliebenen Versorgungsleistungen nach dem Beamten- und Soldatenversorgungsrecht: beim Bund 176 000, bei den Ländern 739 000, im kommunalen Bereich 113 000 sowie bei der Sozialversicherung 21 000 Personen. Beim Bundeseisenbahnvermögen (ehemals Deutsche Bundesbahn) gab es im Januar 2012 rund 181 000 sowie beim Bundes-Pensions-Service für Post und Telekommunikation (ehemals Deutsche Bundespost) 277 000 Versorgungsempfängerinnen und -empfänger. Die Zahl ehemaliger nach dem Krieg nicht übernommener Bediensteter des Deutschen Reiches und ihrer Hinterbliebenen betrug 2012 rund 17 000 Personen.

Für den Eintritt des aktiven Personals in den Ruhestand gibt es im Wesentlichen drei verschiedene Gründe: Entweder das Erreichen einer gesetzlich festgelegten Altersgrenze oder eine festgestellte Dienstunfähigkeit oder die Inanspruchnahme einer Vorruhestandsregelung. Insgesamt lag die Zahl der im Laufe des Jahres 2011 nach Beamten- und Soldatenversorgungsrecht in den Ruhestand versetzten Personen bei rund 52 000. Eine Mehrheit von 71 % der Neupensionierungen erfolgte aufgrund des Erreichens einer gesetzlichen Altersgrenze. Der Anteil der Pensionierungen wegen Dienstunfähigkeit unter den Neupensionären betrug 22 %, weitere 6 % nahmen eine Vorruhestandsregelung in Anspruch. ▶ Abb 9

4.2.7 Zusammenfassung

Finanzstatistiken liefern umfassende und detaillierte Informationen über die wirtschafts-, finanz- und geldpolitischen Auswirkungen der öffentlichen Finanzen und lassen außerdem erkennen, in welchen Aufgabenfeldern der Staat Finanzmittel eingesetzt hat. Sie sind dadurch unabdingbare Grundlage für wichtige politische Entscheidungen auf Bundes- und Landesebene und zugleich auch Basis für die Darstellung der Finanzen des Staates im Rahmen der Volkswirtschaftlichen Gesamtrechnungen. Aufgrund der Bedeutung der öffentlichen Finanzen nehmen die Ansprüche an die Belastbarkeit und Qualität der Daten stetig zu. Diese gestiegenen Anforderungen kommen in der Forderung nach belastbaren Daten zum Zwecke der Überwachung der nationalen Schuldenbremse, bei der Beschleunigung der Datenbereitstellung sowie bei den gestiegenen Anforderungen für die EU-Stabilitätsberichterstattung infolge der Finanzmarktkrise zum Ausdruck. So wurden die Mitgliedstaaten der Europäischen Union vom Rat der Europäischen Union in einer Richtlinie über die Anforderungen an die haushaltspolitischen Rahmen der Mitgliedstaaten aufgefordert, ein öffentliches Rechnungswesen

▶ Abb 9 **Pensionierungsgründe bei den Neupensionären im öffentlichen Dienst 2011 — in Prozent**

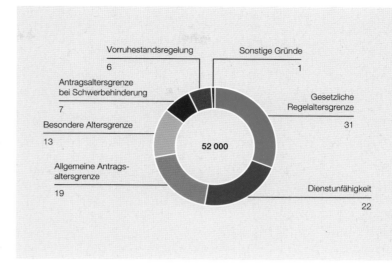

▶ Modell 1 **Das Schalenkonzept der öffentlichen Finanzwirtschaft**

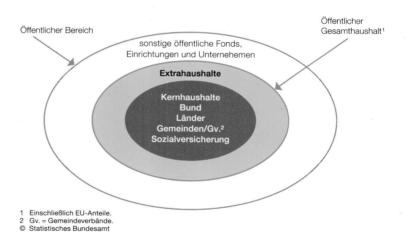

1 Einschließlich EU-Anteile.
2 Gv. = Gemeindeverbände.
© Statistisches Bundesamt

zu führen, das sämtliche Teilsektoren des Staates umfassend und kohärent, das heißt zusammenhängend beziehungsweise in sich schlüssig, abbilden kann. Des Weiteren sollen die Haushaltsdaten zeitnah nach Abschluss des Haushalts zur Verfügung stehen.

Für die umfassende Darstellung der gesamten öffentlichen Finanzwirtschaft haben die Finanzstatistiken das Modell des Schalenkonzepts entwickelt, in dem die Kern- und Extrahaushalte zum öffentlichen Gesamthaushalt aggregiert werden.

Somit wird der dynamische Prozess der wirtschaftlichen Umstrukturierung und Ausgliederung öffentlicher Einrichtungen vollständig erfasst, die Ausgaben- und Einnahmenströme sowie die Schulden vollständig abgebildet und damit ein konsistenter Vergleich der öffentlichen Finanzen weiterhin ermöglicht. Mit dem Modell des Schalenkonzepts hat sich die Finanzstatistik gewappnet, um auch in Zukunft die Qualität finanzstatistischer Daten auf einem gewohnt hohen Niveau zu halten. ▶ Modell 1

5 Arbeitsmarkt und Verdienste

5.1 Arbeitsmarkt

Frank Schüller, Christian Wingerter

Destatis

5.1.1 Deutschland als Arbeitsgesellschaft

Erwerbsarbeit spielt in Deutschland sowohl in gesellschaftlicher als auch in individueller Hinsicht eine zentrale Rolle. Unbestritten wird Arbeit als Hauptquelle zur Sicherung des Lebensunterhalts gesehen. Nicht minder wichtig ist die Bedeutung, die der ausgeübte Beruf und die berufliche Stellung für das Selbstverständnis jedes Einzelnen und seine gesellschaftliche Position haben. Für viele ist Arbeit ein wichtiger Teil der persönlichen Selbstentfaltung. Erwerbsarbeit hat auch für Frauen einen immer größeren Stellenwert, und die Erwerbsbeteiligung älterer Menschen nimmt seit einiger Zeit wieder zu. Das heißt der Teil der Bevölkerung wird größer, für den Erwerbsarbeit ein wesentlicher Teil des Alltags ist. Arbeitslosigkeit ist umgekehrt nicht nur in finanzieller Hinsicht, sondern auch wegen der gesellschaftlichen Stigmatisierung ein Problem. Die mit ihr einhergehenden Einkommensverluste zwingen meist nicht nur zum Konsumverzicht, sondern führen zu einer eingeschränkten Teilnahme der Arbeitslosen und aller von ihnen abhängigen Personen am gesellschaftlichen Leben. Eine auf den Arbeitsmarkt bezogene Perspektivlosigkeit kann darüber hinaus persönliche Krisen auslösen.

Ebenso groß ist die Bedeutung der Erwerbsarbeit auf gesellschaftlicher Ebene. Das Steuersystem und die Sozialversicherungssysteme finanzieren sich über Erwerbsbeteiligung. Für materiellen Wohlstand sind die Schaffung und der Erhalt von Arbeitsplätzen eine wichtige Voraussetzung. Dementsprechend groß ist auch die öffentliche und politische Diskussion um die Zukunft der Arbeitswelt.

Die weiterhin rasante technische Entwicklung, die zunehmende Globalisierung der Arbeitsmärkte, der demografische Wandel, veränderte Beschäftigungsformen, aber auch persönliche Ansprüche der Menschen an ihre Arbeit und deren Vereinbarkeit mit dem Privatleben werfen viele Fragen auf. Die öffentlich-politisch diskutierten Zukunftsszenarien sind schnelllebig und stark von aktuellen Ereignissen geprägt. In den 1990er-Jahren wurde – beeinflusst durch eine immer weiter steigende strukturelle Arbeitslosigkeit – das bevorstehende Ende der Arbeitsgesellschaft diskutiert. Wird uns durch die immer weiter steigende Produktivität bald die Arbeit ausgehen? Oder werden selbst qualifizierte Arbeitsplätze mit der Zeit nach Indien und China ausgelagert? Bislang ist die zentrale Bedeutung der Erwerbsarbeit in unserer Gesellschaft jedoch unangefochten. Seit den Reformen durch die Gesetze für moderne Dienstleistungen am Arbeitsmarkt (»Hartz IV-Gesetze«) mit nunmehr sinkenden Arbeitslosenzahlen und immer mehr Erwerbstätigen hat sich die Diskussion verlagert. Im Vordergrund stehen heute die zunehmende Heterogenität der Erwerbsformen und der damit verbundene Bedeutungsverlust von Normalarbeitsverhältnissen und die Frage inwieweit Erwerbsarbeit noch existenzielle Absicherung garantieren kann. Auf der anderen Seite wird vor dem Hintergrund des demografischen Wandels ein zunehmender Fachkräftemangel befürchtet und diskutiert, inwieweit ungenutztes beziehungsweise zusätzliches Arbeitskräftepotenzial aktiviert werden könnte.

Um die aktuelle Situation am Arbeitsmarkt angemessen analysieren zu können, bedarf es zuverlässiger Daten und der Möglichkeit, diese in umfassende

▶ Info 1

Arbeitsmarkt: Statistische Begriffe und Konzepte

Die Arbeitsmarktstatistik des Statistischen Bundesamtes folgt dem Labour-Force-Konzept der International Labour Organization (ILO), das internationale Vergleiche von Arbeitsmarktdaten ermöglicht. **Erwerbstätig** im Sinne der ILO-Definition ist jede Person ab 15 Jahren, die im Berichtszeitraum gegen Entgelt oder im Rahmen einer selbstständigen oder mithelfenden Tätigkeit gearbeitet hat, unabhängig vom zeitlichen Umfang. Auch wer sich in einem Beschäftigungsverhältnis befindet, das er im Berichtszeitraum vorübergehend nicht ausgeübt hat oder in einem Familienbetrieb mitgeholfen hat, gilt als erwerbstätig.

Als **erwerbslos** gilt jede Person im Alter von 15 bis 74 Jahren, die im Berichtszeitraum nicht erwerbstätig war und in den letzten vier Wochen vor der Befragung aktiv nach einer Tätigkeit gesucht hat. Auf den zeitlichen Umfang der gesuchten Tätigkeit kommt es dabei nicht an. Die Person muss in der Lage sein, eine neue Arbeit innerhalb von zwei Wochen aufzunehmen. Die Einschaltung einer Agentur für Arbeit oder eines kommunalen Trägers in die Suchbemühungen ist für die Einstufung nicht erforderlich. Fasst man Erwerbslose und Erwerbstätige zusammen, spricht man von **Erwerbspersonen**. Die verbleibende Gruppe, die nach diesem Konzept weder erwerbstätig ist, noch Arbeit auf dem Arbeitsmarkt anbietet, wird **Nichterwerbspersonen** genannt.

Arbeitslose sind Personen, die als solche amtlich registriert sind und sozialgesetzlichen Vorgaben entsprechen. Die Zahl der Arbeitslosen kann so durch Änderungen im Sozialgesetzbuch beeinflusst werden, wie Anfang 2005 durch die Einführung der Hartz IV-Gesetze geschehen. Registrierte Arbeitslose dürfen bis zu 15 Stunden pro Woche arbeiten, ohne ihren Status zu verlieren. Arbeitslose können Leistungen nach dem Rechtskreis des Zweiten und Dritten Buches des Sozialgesetzbuches (SGB II und III) beziehen. Im letzteren Fall handelt es sich um Leistungen aus der Arbeitslosenversicherung (in der Regel zwölf Monate), im ersteren Fall um staatliche Hilfe für erwerbsfähige Personen (Hartz IV).

Aus den unterschiedlichen Konzepten folgt, dass es Personen gibt, die im Sinne der ILO erwerbslos sind, die bei der Bundesagentur für Arbeit allerdings nicht als arbeitslos gezählt werden. Zum anderen gelten in der Statistik der Bundesagentur für Arbeit auch Personen als arbeitslos, die nach Definition der ILO nicht erwerbslos sind.

Nicht jeder registrierte Arbeitslose hat tatsächlich den Wunsch nach einer Arbeit. Die Meldung bei einer Arbeitsagentur kann allein geschehen sein, um die daraus resultierenden Lohnersatzleistungen zu bekommen. Mit wenigen Ausnahmen werden alle Erwerbsfähigen, die staatliche Leistungen beziehen, als Arbeitslose gezählt. Jeder Arbeitslose muss den Vermittlungsbemühungen der zuständigen Agentur oder des zuständigen kommunalen Trägers zur Verfügung stehen.

Umgekehrt werden registrierte Arbeitslose, die an Maßnahmen aktiver Arbeitsmarktpolitik teilnehmen, in der Statistik nicht als Arbeitslose gezählt ebenso wie ältere Personen ohne Arbeit, die der Arbeitsvermittlung nicht mehr zu Verfügung stehen. Arbeitsuchende, die sich nicht bei einer Arbeitsagentur melden (und damit insgesamt auf staatliche Leistungen verzichten), können in der Statistik nicht gezählt werden.

Die vom Statistischen Bundesamt veröffentlichten Zahlen zum ungenutzten Arbeitskräftepotenzial orientieren sich an einer EU-weit gültigen Konzeption und bilden den Übergangsbereich zwischen Erwerbstätigkeit und Erwerbslosigkeit ab. Dabei werden zum einen Erwerbstätige, die mehr arbeiten möchten, als **Unterbeschäftigte** erfasst. Zum anderen werden Nichterwerbspersonen, die gerne arbeiten würden, gemäß ILO-Konzept zur **Stillen Reserve** gezählt (genaue Definition siehe Abschnitt 5.1.5). Der von der Bundesagentur für Arbeit verwendete Begriff der Unterbeschäftigung unterscheidet sich vom hier verwendeten Konzept. Dabei werden registrierte Arbeitslose und Teilnehmer an Maßnahmen der Arbeitsmarktpolitik, die in der Statistik nicht als arbeitslos gezählt werden, zusammengefasst.

Um ein besseres Verständnis für die Rahmenbedingungen zu erlangen, zu denen die Menschen erwerbstätig sind, ermittelt das Statistische Bundesamt zusätzlich die Erwerbsformen, in denen gearbeitet wird, also ob Erwerbstätige selbstständig sind, sich in einem Normalarbeitsverhältnis befinden oder in einer Form atypischer Beschäftigung (genaue Definition siehe Abschnitt 5.1.6).

Zusammenhänge einzuordnen. Die amtlichen Arbeitsmarktstatistiken bedienen diesen Informationsbedarf durch eine kontinuierliche Arbeitsmarktberichterstattung. Mit weit zurückreichenden Zeitreihen bieten sie die Möglichkeit, den historischen Kontext mit in die Analysen einzubeziehen. Dies ist im Hinblick auf die Einschätzung künftiger Entwicklungen unverzichtbar. In den letzten zehn Jahren hat die Evaluierung arbeitsmarktpolitischer Maßnahmen an Bedeutung gewonnen. Neue Entwicklungen am Arbeitsmarkt und veränderte Erkenntnisinteressen der Politik bedürfen alternativer und aussagekräftiger Konzepte und Indikatoren. So hat die Pluralisierung der Erwerbsformen zu einer differenzierteren Betrachtung des Arbeitsmarktes über das Konzept der atypischen Beschäftigung geführt. Indikatoren zum ungenutzten Arbeitskräftepotenzial und zur Unterbeschäftigung gewinnen zunehmend an Bedeutung.

Kapitel 5.1 beleuchtet die Erwerbsbeteiligung der Bevölkerung und deren Abhängigkeit von Geschlecht, Alter und Bildungsstand, die Verbreitung einzelner Erwerbsformen, wie Selbstständigkeit, Normal- und atypische Beschäftigung, die Rolle von Erwerbsarbeit als Quelle für den Lebensunterhalt, die fortschreitende Entwicklung des Dienstleistungssektors (Tertiärisierung der Wirtschaft) und die damit einhergehende Veränderung bei traditionellen Berufen sowie das Ausmaß von Arbeits- oder Erwerbslosigkeit.

5.1.2 Wie erfasst die amtliche Statistik das Geschehen auf dem Arbeitsmarkt?

Amtliche Zahlen über den Arbeitsmarkt liefern das Statistische Bundesamt und die Bundesagentur für Arbeit. Das Statistische Bundesamt erstellt Statistiken mit dem Zweck der Betrachtung des erwerbsstatistischen Gesamtsystems. Es berechnet dazu unter anderem die Zahl der Erwerbstätigen und der Erwerbslosen nach dem Konzept der Internationalen Arbeitsorganisation (ILO). Außerdem führt es jährlich die Haushaltsbefragung Mikrozensus (siehe Kapitel 2.1, Seite 43) mit der integrierten Arbeitskräfteerhebung durch. Die Daten aus dem Mikrozensus sind eine wichtige Grundlage der Arbeitsmarktstatistik und fließen zugleich in die Bestimmung der Erwerbstätigenzahlen ein. Sie ermöglichen außerdem tiefer gehende Untersuchungen zum Erwerbsstatus und zur Arbeitssuche mit Bezug auf soziodemografische Merkmale wie Geschlecht, Alter oder Bildungsstand.

Die Statistiken der Bundesagentur für Arbeit basieren vorwiegend auf Verwaltungsdaten, die im Zusammenhang mit ihren Aufgaben der Arbeitsvermittlung und Leistungserbringung für Arbeitslose und Kurzarbeiter anfallen. Dementsprechend stellt die Bundesagentur für Arbeit Statistiken zu den registrierten Arbeitslosen, den gemeldeten offenen Stellen, zum Ausbildungsmarkt, zur Zahlung von Lohnersatzleistungen sowie zur Teilnahme an arbeitsmarktpolitischen Programmen zur Verfügung. Hinzu kommt die Beschäftigungsstatistik, die sich aus den Meldungen der Arbeitgeber an die Sozialversicherungsträger speist und insbesondere Informationen über sozialversicherungspflichtig und geringfügig entlohnte Beschäftigte beinhaltet.

Die einzelnen Statistiken unterscheiden sich nicht nur in den angewandten Erhebungsmethoden, sondern teilweise auch in den zugrunde liegenden Konzeptionen und Begriffsabgrenzungen. Oftmals werden in der Öffentlichkeit beispielsweise die Begriffe Erwerbslose und Arbeitslose synonym verwendet. Tatsächlich stecken dahinter im Sprachgebrauch der amtlichen Statistik unterschiedliche Konzepte, mit denen Personengruppen beschrieben werden, die nur teilweise identisch sind. ▶ Info 1

Die in diesem Kapitel vorgestellten Ergebnisse des Statistischen Bundesamtes (Abschnitt 5.1.3 bis 5.1.9) stützen sich auf zwei Quellen: die Erwerbstätigenrechnung im Rahmen der Volkswirtschaftlichen Gesamtrechnungen (VGR) und den Mikrozensus.

Die Erwerbstätigenrechnung wird zur Betrachtung der Beschäftigung im Kontext der gesamtwirtschaftlichen Entwicklung verwendet. Sie stützt sich zur Berechnung der Erwerbstätigenzahl auf eine Vielzahl von Daten, um möglichst alle verfügbaren Informationen in die Schätzung einfließen zu lassen. Im Rahmen der Haushaltserhebung Mikrozensus wird eine repräsentative Stichprobe von Haushalten in Deutschland befragt. Die Ergebnisse des Mikrozensus eignen sich zur Beantwortung sozialpolitischer und sozialwissenschaftlicher Fragestellungen.

Obwohl sowohl im Mikrozensus als auch in der Erwerbstätigenrechnung das ILO-Konzept zur Bestimmung der Erwerbstätigen angewendet wird, ergeben sich bei den Ergebnissen deutliche Abweichungen. Diese sind vor allem auf die methodischen und organisatorischen Unterschiede zwischen beiden Statistiken zurückzuführen. Zum einen ist die Arbeitskräfteerhebung als Teil des Mikrozensus mit einer gewissen Unschärfe belastet (Stichprobengröße 1% der Gesamtbevölkerung). Außerdem weicht die Definition der Internationalen Arbeitsorganisation zur Erwerbstätigkeit deutlich vom Alltagsverständnis ab, da zum Beispiel bezahlte Tätigkeiten bereits ab einem Umfang von einer Stunde pro Woche als Erwerbstätigkeit zu erfassen sind. Im Mikrozensus kann dies zu einer Untererfassung führen, wenn Befragte zum Beispiel kleinere Nebentätigkeiten

nicht angeben, weil sie sich hauptsächlich als Rentner, Arbeitslose, Hausfrauen oder Studierende verstehen.

Die Erwerbstätigenrechnung geht methodisch anders vor und greift im Bereich kleinerer Tätigkeiten überwiegend auf die Angaben aus den gesetzlich vorgeschriebenen Meldungen zur geringfügigen Beschäftigung zurück. Aufgrund dieser erhebungsmethodischen Unterschiede zwischen beiden Statistiken liegen die Ergebnisse für Erwerbspersonen und Erwerbstätige aus dem Mikrozensus auf einem insgesamt niedrigeren Niveau. Längerfristige Trends beider Statistiken zeigen dabei jedoch in die gleiche Richtung. Die Angaben in den Abschnitten 5.1.10 bis 5.1.12 basieren auf den Daten der Bundesagentur für Arbeit.

5.1.3 Entwicklung der Erwerbstätigkeit und Erwerbslosigkeit

Im Jahr 2012 gab es in Deutschland durchschnittlich rund 43,9 Millionen Erwerbspersonen. Von ihnen waren 41,6 Millionen erwerbstätig und 2,3 Millionen erwerbslos. Im Vergleich zu 1991 ist die Zahl der Erwerbspersonen um etwa 2,9 Millionen gestiegen. Kontinuierliche Zuwächse gab es vor allem im Zeitraum 1996 bis 2005, während die Zahl der Erwerbspersonen davor weitestgehend stagniert hatte. Seit 2011 ist wieder eine etwas stärkere Zunahme zu beobachten. ▶ Tab 1

Betrachtet man allein die Erwerbstätigen, werden konjunkturelle Entwick-

▶ Tab 1 **Erwerbspersonen, Erwerbstätige und Erwerbslose**

	Erwerbspersonen	Erwerbstätige	Erwerbslose	Erwerbslosenquote[1]
	in Millionen			in %
1991	40,93	38,77	2,16	5,3
1995	40,96	37,73	3,23	7,9
2000	42,39	39,26	3,14	7,4
2005	43,44	38,87	4,57	10,5
2010	43,49	40,55	2,95	6,8
2011	43,60	41,10	2,50	5,7
2012	43,86	41,55	2,32	5,3

1 Erwerbslosenquote: Anteil der Erwerbslosen an den Erwerbspersonen.
Ergebnisse der Erwerbstätigenrechnung.

▶ Tab 2   **Geleistete Arbeitsstunden insgesamt und je Erwerbstätigen**

	Arbeitsvolumen	Arbeitsstunden je Erwerbstätigen
	in Milliarden Stunden	in Stunden
1991	60,08	1 552,0
1992	59,74	1 564,4
1993	58,32	1 547,1
1994	58,19	1 544,8
1995	57,78	1 528,5
1996	57,07	1 511,0
1997	56,77	1 505,2
1998	57,19	1 499,1
1999	57,75	1 491,3
2000	57,92	1 470,8
2001	57,38	1 453,1
2002	56,59	1 441,4
2003	55,88	1 435,9
2004	56,06	1 436,2
2005	55,78	1 431,0
2006	55,81	1 424,0
2007	56,68	1 422,0
2008	57,36	1 421,7
2009	55,79	1 381,8
2010	57,00	1 404,5
2011	57,84	1 405,4
2012	57,97	1 393,3

Ergebnisse der Erwerbstätigenrechnung.

▶ Tab 3   **Erwerbsquoten nach Altersgruppen 2002 und 2012 — in Prozent**

	Deutschland		Früheres Bundesgebiet		Neue Länder und Berlin	
	2002	2012	2002	2012	2002	2012
Alter von … bis … Jahren						
15–19	30,6	28,4	30,2	29,0	31,8	24,7
20–24	71,0	69,3	70,5	69,6	72,5	68,3
25–29	80,6	82,8	80,0	82,7	83,1	83,2
30–34	86,1	86,9	85,1	86,3	90,7	89,1
35–39	87,5	88,0	86,2	87,4	92,5	90,9
40–44	88,6	89,9	87,4	89,3	92,8	92,4
45–49	87,7	89,5	86,6	89,1	91,6	90,9
50–54	82,1	86,5	80,4	86,2	88,1	87,7
55–59	68,2	79,1	66,4	78,5	74,9	81,2
60–64	25,1	49,6	26,4	49,6	20,7	49,6
65–69	5,6	11,2	6,3	12,0	3,0	8,0
70–74	2,7	5,1	3,1	5,7	1,1	3,1
75 und älter	0,9	1,4	1,0	1,6	0,2	0,6

Ergebnisse des Mikrozensus.

lungen deutlicher: Nach der deutschen Vereinigung war die Erwerbstätigenzahl rückläufig, bis sie 1997 ein Minimum von 37,6 Millionen erreichte. Nach einem Erwerbstätigenhoch im Jahr 2001 mit 39,3 Millionen ging sie parallel zur konjunkturellen Entwicklung erneut leicht zurück, blieb aber deutlich über dem Niveau von 1997. Seit 2006 ist wieder ein klarer Aufwärtstrend erkennbar. Selbst die deutliche negative konjunkturelle Entwicklung in Deutschland im Jahr 2009 führte lediglich zu einer verlangsamten Zunahme der Erwerbstätigen. 2012 hatten insgesamt 41,5 Millionen Personen eine bezahlte Arbeit – das waren 2,8 Millionen mehr als 1991.

Der Anstieg der Zahl der Erwerbstätigen relativiert sich, wenn man sie mit der Anzahl der geleisteten Arbeitsstunden, dem sogenannte Arbeitsvolumen, vergleicht. Im Jahr 2012 wurden von den Erwerbstätigen in Deutschland 58,1 Milliarden Arbeitsstunden geleistet. Diese Zahl hat im Laufe der letzten Jahre zugenommen – 2005 lag sie noch bei 55,8 Milliarden. Im Jahr 1991 allerdings hatte das geleistete Arbeitsvolumen noch bei 60,1 Milliarden Stunden gelegen und ist dann, teilweise bedingt durch die Umstrukturierungsprozesse der Wirtschaft in Ostdeutschland, nach und nach zurückgegangen. Ein anderer wesentlicher Faktor für den Rückgang des Arbeitsvolumens sind die je Erwerbstätigen pro Jahr geleisteten Arbeitsstunden. Diese sind in den zurückliegenden 20 Jahren fast kontinuierlich gesunken. Im Jahr 1991 leistete ein Erwerbstätiger rund 1 552 Arbeitsstunden pro Jahr, während es 2012 nur noch 1 393 Stunden waren. Dies entspricht einem Rückgang um 10 %. Ein wesentlicher Grund für diese Entwicklung war die zunehmende Zahl der Erwerbstätigen, die Teilzeit arbeiten – darunter insbesondere Frauen. Aber auch andere Formen atypischer Beschäftigung haben zugenommen, welche seltener in Vollzeit ausgeübt werden. Am niedrigsten war die Zahl der Arbeitsstunden je Erwerbstätigen im Jahr 2009, als der deutsche Arbeitsmarkt von der Wirtschaftskrise in Mitleidenschaft gezogen wurde. ▶ Tab 2

Die Zahl der Erwerbslosen verzeichnete in den letzten 20 Jahren zwei Phasen deutlicher Zunahme: Zwischen 1991 und 1997 stieg sie von 2,2 Millionen auf 3,8 Millionen und zwischen 2001 und 2005 von 3,2 Millionen auf 4,6 Millionen. Die dazwischen liegende konjunkturelle Aufschwungphase führte die Erwerbslosigkeit nicht auf ihr ursprüngliches Niveau von Anfang der 1990er-Jahre zurück, seit 2006 sank die Erwerbslosenzahl jährlich, lediglich unterbrochen durch einen geringfügigen Anstieg im Jahr 2009. Im Jahr 2010 lag die durchschnittliche Erwerbslosenzahl erstmals seit 1992 wieder unter 3 Millionen. Bis 2012 hat sie sich weiter deutlich verringert und lag bei 2,3 Millionen. Damit ist das Niveau von 1991 nahezu wieder erreicht. Die Erwerbslosenquote lag sowohl 1991 als auch 2012 im Jahresdurchschnitt bei 5,3 %. Die Zahl der registrierten Arbeitslosen wies im Vergleich zur Zahl der Erwerbslosen einen ähnlichen Verlauf auf, allerdings auf einem höheren Niveau.

5.1.4 Beteiligung am Erwerbsleben

Längere Ausbildungszeiten und das frühere Ausscheiden aus dem Erwerbsleben führten seit den 1990er-Jahren zu stetig sinkenden Erwerbsquoten. Dieser Trend hat sich mittlerweile umgekehrt. Im Jahr 2012 lag die Erwerbsquote, der Anteil der Erwerbspersonen an der Gesamtbevölkerung ab 15 Jahren, in Deutschland mit 59,5 % um 1,6 Prozentpunkte höher als 2002 (57,9 %) und damit so hoch wie seit 1992 nicht mehr. Die Zunahme resultiert vorwiegend aus einer gestiegenen Erwerbsquote der Frauen, die seit 2002 um 3,6 Prozentpunkte zugenommen hat und nunmehr bei 53,3 % liegt. Die Erwerbsquote der Männer war im Zeitraum seit 1991 teilweise sogar rückläufig, hat bis 2012 jedoch wieder leicht zugelegt und liegt bei rund 66 %. Auch die höhere Erwerbsbeteiligung älterer Personen hatte einen maßgeblichen Anteil für die insgesamt gestiegene Erwerbsquote.

Betrachtet man nur die Bevölkerung im erwerbsfähigen Alter von 15 bis 64 Jahren, lag die Erwerbsbeteiligung 2012 bei fast 77 %. Der entsprechende Wert lag 2002 noch bei rund 73 %. Ein differenzierterer Blick auf die Erwerbsbeteiligung einzelner Altersgruppen zeigt deutliche Zunahmen der Erwerbsquoten für die 55- bis 64-Jährigen. Sie stiegen zwischen 2002 und 2012 um fast 20 Prozentpunkte, was vermutlich die deutlich reduzierten Möglichkeiten einer frühen Verrentung widerspiegelt. Die am Arbeitmarkt aktivsten Altersgruppen im Jahr 2012 waren die 30- bis 54-Jährigen mit Quoten zwischen 86 % und 90 %.

Die Erwerbsbeteiligung in den neuen Ländern und Berlin lag 2002 für die 30- bis 59-Jährigen noch zwischen 5 und 10 Prozentpunkten über derjenigen im früheren Bundesgebiet. Im Jahr 2012 hatten sich diese weitestgehend jedoch angeglichen. Ursache war vor allem die steigende Erwerbsbeteiligung von Frauen in Westdeutschland. Ihre Erwerbsquote ist in dem Zehnjahreszeitraum insgesamt um 5,7 Prozentpunkte gestiegen. Die entsprechende Quote ostdeutscher Frauen ist dagegen um 4,4 Prozentpunkte gesunken. Die Erwerbsbeteiligung von Männern befand sich in Ost- und Westdeutschland bereits 2002 auf einem ähnlichen Niveau und hat sich seitdem kaum verändert. ▶ Tab 3, Abb 1

Neben Geschlecht, Alter und Region spielt der Bildungsstand eine wichtige Rolle bei der Erwerbsbeteiligung. Unter den 25- bis 54-Jährigen wiesen 2012 nur Personen ohne berufliche Qualifikation Erwerbsquoten unter der 80 %-Marke auf. Auch ohne berufliche Qualifikation waren immerhin über zwei Drittel (70 %) auf dem Arbeitsmarkt aktiv. Unter den Personen, die eine Anlernausbildung oder ein berufliches Praktikum absolviert hatten – und damit waren sie auch noch nicht formal beruflich qualifiziert – waren rund 83 % Erwerbspersonen. Personen, die über einen Meister-, Fachschul- oder Hochschulabschluss verfügten, beteiligten sich zu über 93 % am Erwerbsleben.

Die durchgehend hohen Erwerbsquoten stehen jedoch unterschiedlich hohen Erwerbslosenzahlen gegenüber: Die Erwerbslosenquoten derjenigen, die über keinen anerkannten beruflichen Abschluss verfügten (bezogen auf die 25- bis 64-Jährigen), waren mehr als viereinhalbmal höher als die Quoten von Personen mit tertiären Abschlüssen (siehe Kapitel 3.1, Seite 70) wie Meister, Techniker, Absolventen einer Berufsakademie oder einer Hochschule. So waren 2012 beispielsweise 11,7 % der Personen ohne berufliche Qualifikation erwerbslos, aber nur 2,5 % derjenigen mit einem Hochschulabschluss. ▶ Abb 2

Bei der Altersgruppe der 55- bis 64-Jährigen unterscheiden sich die Erwerbsquoten deutlicher nach Qualifikationsgrad und bewegten sich 2012 zwischen rund 49 % für diejenigen ohne einen beruflichen Abschluss und knapp 80 % für Hochschulabsolventen. Die niedrige Erwerbsbeteiligung gering Qualifizierter geht einher mit einer höheren Erwerbslosenquote von 9,9 % im Vergleich zu Personen mit Hochschulabschluss, deren Erwerbslosenquote bei nur 3,0 % liegt. Der grundlegende Zusammenhang von Bildung und Erwerbsbeteiligung ist für Frauen und Männer dieser Altersgruppe gleich, auch wenn sich die Erwerbsbeteiligung der Frauen auf einem insgesamt niedrigeren Niveau befindet. Je höher die berufliche Qualifikation, desto geringer der Unterschied in der Erwerbsbeteiligung.

5.1.5 Ungenutztes Arbeitskräftepotenzial

Im Zusammenhang mit den Diskussionen um mögliche Folgen des demografischen Wandels für den Arbeitsmarkt rücken Arbeitsmarktstatistiken in den Vordergrund, die das gegenwärtig ungenutzte Arbeitskräftepotenzial möglichst vollständig abbilden. Neben der »Erwerbslosigkeit« sind »Unterbeschäftigung« und »Stille Reserve« zusätzliche neue Indikatoren innerhalb des Labour-Force-Konzeptes, die im Jahr 2011 auf EU-Ebene festgelegt wurden.

Das ungenutzte Arbeitskräftepotenzial als Summe der Erwerbslosen, Unterbeschäftigten und der Stillen Reserve betrug im Jahr 2012 nach Ergebnissen der Arbeitskräfteerhebung insgesamt 6,8 Millionen Personen. Es setzte sich neben 2,3 Millionen Erwerbslosen aus knapp 3,3 Millionen Unterbeschäftigten und 1,1 Millionen Personen in der Stillen Reserve zusammen.

Ein Blick auf die sogenannten Unterbeschäftigten zeigt, dass auch bei den Erwerbstätigen noch ungenutztes Arbeitskräftepotenzial vorhanden ist. Personen in Unterbeschäftigung sind definiert als erwerbstätig, mit dem Wunsch nach zusätzlichen Arbeitsstunden, die für eine zusätzliche Arbeit innerhalb von zwei Wochen verfügbar wären.

Von den insgesamt 3,3 Millionen unterbeschäftigt Erwerbstätigen übten 1,8 Millionen eine Teilzeit- und 1,5 Millionen eine Vollzeittätigkeit mit mindestens 32 Wochenstunden aus. Unterbeschäftigung bei einer Vollzeittätigkeit ist eine Männerdomäne. Von den 1,5 Millionen Unterbeschäftigten in Vollzeit waren knapp 1,1 Millionen männlich. Bei den

▶ Abb 1   **Bevölkerung nach Alter und Beteiligung am Erwerbsleben 2012 — in Millionen**

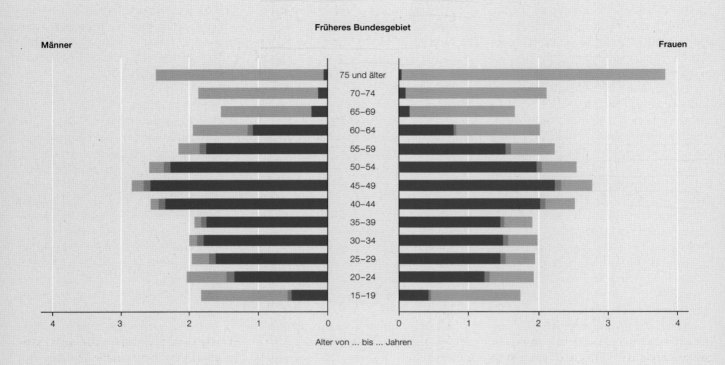

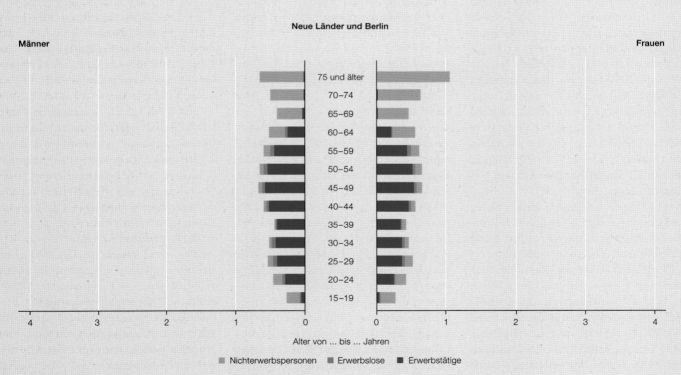

■ Nichterwerbspersonen   ■ Erwerbslose   ■ Erwerbstätige

Ergebnisse des Mikrozensus.

▶ Abb 2   **Erwerbstätige nach Alter und dem höchsten beruflichen Abschluss 2012 — in Prozent**

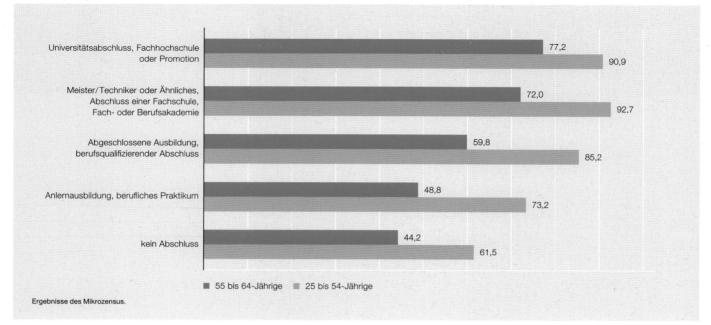

Ergebnisse des Mikrozensus.

Unterbeschäftigten in Teilzeit hingegen dominieren die Frauen: Hier waren von 1,8 Millionen betroffenen Personen 1,3 Millionen weiblich.

Personen in der Stillen Reserve gehen ebenso wie Erwerbslose überhaupt keiner Erwerbsarbeit nach. Sie zählen nach den strengen Kriterien der Internationalen Arbeitsorganisation nicht zu den Erwerbslosen, wünschen sich aber grundsätzlich eine Arbeit. Zur Stillen Reserve gehören Personen, die zwar Arbeit suchen, jedoch im Moment kurzfristig für eine Arbeitsaufnahme nicht zur Verfügung stehen. Ebenfalls dazu zählen Personen, die aus verschiedenen Gründen gerade keine Arbeit suchen, aber grundsätzlich gerne arbeiten würden und für diese Arbeit auch verfügbar sind.

Unter den gut 1,1 Millionen Personen in Stiller Reserve im Jahr 2012 waren etwas mehr Frauen (55 %) als Männer (45 %). Es gab 2012 zwar deutlich mehr Frauen als Männer, die sich nicht am Erwerbsleben beteiligten (12,1 Millionen gegenüber 8,7 Millionen), der Wunsch nach Arbeit ist unter den Männern je-

doch etwas ausgeprägter: So gehörten 6,0 % der männlichen Nichterwerbspersonen zur Stillen Reserve, während es bei den weiblichen Nichterwerbspersonen 5,1 % waren.

5.1.6 Atypische Beschäftigung, Normalarbeitsverhältnis und Selbstständigkeit

Die Zahl der Erwerbstätigen sagt zwar etwas darüber aus, wie viele Menschen zu einem bestimmten Zeitpunkt gearbeitet haben, aber noch nichts über den Umfang und die Dauerhaftigkeit der Erwerbstätigkeit. Der deutsche Arbeitsmarkt ist in den letzten 20 Jahren heterogener geworden. Arbeitsverträge werden in geringerem Umfang auf Basis von Flächentarifverträgen geregelt, Teilzeitbeschäftigung und geringfügige Beschäftigung haben zugenommen. Beschäftigungsformen, die Unternehmen mehr Flexibilität geben, wie befristete Beschäftigung oder Zeitarbeit, haben an Bedeutung gewonnen und bringen für die so Beschäftigten andere Beschäftigungsbedingungen mit sich als ein Normal-

arbeitsverhältnis. Die klassische Vorstellung von einer Arbeitsstelle ist eine unbefristete abhängige Beschäftigung. Sie geht von einer Vollzeittätigkeit aus, bei der der Arbeitnehmer unmittelbar bei oder direkt im Auftrag für einen Arbeitgeber arbeitet, mit dem er den Arbeitsvertrag geschlossen hat. In der Realität ist das auch nach wie vor der am häufigsten anzutreffende Fall. Dieses sogenannte Normalarbeitsverhältnis erhält seine Bedeutung durch seine ungebrochene Dominanz auf dem Arbeitsmarkt und der damit verbundenen Ausrichtung der Sozialsysteme auf diesen »Normalfall«. Dabei darf aber nicht übersehen werden, dass Beschäftigungsformen, die unter dem Sammelbegriff atypische Beschäftigung zusammengefasst werden, an Bedeutung zugenommen haben. Sie prägen das Arbeitsleben für eine nicht unwesentliche Zahl von Erwerbstätigen.

Selbstständige Tätigkeiten werden nicht arbeitsvertraglich geregelt und bringen allein dadurch vielfältigere Arbeitsbedingungen mit sich. Einkommen, Arbeitsumfang und ob eine

▶ Tab 4 **Kernerwerbstätige in einzelnen Erwerbsformen — in Millionen**

	Insgesamt	Selbstständige		Abhängig Beschäftigte						
		zusammen	darunter Solo-Selbstständige	zusammen	Normal-arbeit-nehmer/-innen	atypisch Beschäftigte				
						zusammen[1]	und zwar[2]			
							befristet Beschäftigte	Teilzeit-beschäf-tigte[3]	geringfügig Beschäftigte	Zeitarbeit-nehmer/-innen
1992	34,31	2,92	1,28	30,96	26,37	4,59	2,00	2,69	0,67	–
2002	33,43	3,43	1,72	29,67	23,62	6,05	2,05	4,22	1,85	–
2007	34,48	3,84	2,11	30,34	22,55	7,79	2,75	4,95	2,77	0,62
2008	34,91	3,82	2,10	30,83	22,98	7,85	2,83	4,92	2,58	0,64
2009	34,80	3,88	2,14	30,76	23,06	7,70	2,73	4,92	2,57	0,56
2010	35,15	3,92	2,17	31,08	23,13	7,95	2,86	4,94	2,52	0,74
2011	35,94	4,02	2,26	31,77	23,73	8,04	2,91	5,04	2,67	0,78
2012	36,28	4,01	2,25	32,12	24,23	7,89	2,74	5,02	2,55	0,75

Personen im Alter von 15 bis 64 Jahren, nicht in Bildung oder Ausbildung; ohne Zeit- und Berufssoldaten/Zeit- und Berufssoldatinnen sowie Grundwehr- und Zivildienstleistende.
Bis 2004 Ergebnisse einer Bezugswoche im Frühjahr; ab 2005 Jahresdurchschnittswerte sowie geänderte Erhebungs- und Hochrechnungsverfahren.
1 Vor 2006 ohne Zeitarbeitnehmer/-innen.
2 Mehrfachnennungen möglich.
3 Mit höchstens 20 Arbeitsstunden pro Woche.
– nichts vorhanden.
Ergebnisse des Mikrozensus.

Geschäftsbasis längerfristig die Existenz sichern kann, variieren stark. Aus diesem Grund wird Selbstständigkeit gesondert von Normal- und atypischer Beschäftigung betrachtet.

Von den 36,3 Millionen Erwerbstätigen im Alter von 15 bis 64 Jahren, die sich nicht mehr in Bildung oder Ausbildung befanden (sogenannte Kernerwerbstätige), waren 2012 rund 24,2 Millionen Personen normalerwerbstätig und 7,9 Millionen atypisch beschäftigt. Damit befand sich mehr als jeder fünfte Erwerbstätige (fast 22 %) in einem atypischen Beschäftigungsverhältnis, das mindestens eines der folgenden Elemente aufwies: eine Befristung (2,7 Millionen Personen), eine Teilzeitbeschäftigung mit maximal 20 Wochenstunden (5,0 Millionen Personen), Geringfügigkeit im Sinne des Sozialrechts (2,5 Millionen Personen) oder Zeit- beziehungsweise Leiharbeit (0,7 Millionen Personen). Im Jahr 2002 lag der Anteil atypischer Beschäftigung noch bei knapp 18 %.

Die Verschiebung der Anteile zwischen Normalbeschäftigung und atypischer Beschäftigung begann bereits 1993. Damals lag der Anteil atypisch Beschäftigter bei rund 13 %. Er stieg kontinuierlich an und liegt seit 2006 in etwa auf dem heutigen Niveau von rund 22 %. Zwischen 2006 und 2011 stieg die Zahl atypisch Beschäftigter noch um rund 460 000 Personen weiter an. Im Jahr 2012 ging sie jedoch wieder um 150 000 Personen zurück.

Bei der Normalbeschäftigung kehrte sich der Trend immer weiter sinkender Zahlen ab dem Jahr 2006 um. Sie ist seitdem kontinuierlich um rund 2,1 Millionen gestiegen. ▶ Tab 4

Personen mit einer geringeren beruflichen Qualifikation sind deutlich häufiger atypisch beschäftigt. Im Jahr 2012 waren 37 % der Erwerbstätigen ohne eine anerkannte Berufsausbildung atypisch beschäftigt und damit deutlich mehr als unter allen Erwerbstätigen (rund 22 %). Erwerbstätige mit einem (Fach-)Hochschulabschluss waren nur zu rund 14 % atypisch beschäftigt. Während hochqualifizierte Erwerbstätige dabei am häufigsten befristet oder in Teilzeit beschäftigt waren, befanden sich gering Qualifizierte überdurchschnittlich häufig in allen Formen atypischer Beschäftigung. Am häufigsten arbeiteten sie in einer Teilzeitbeschäftigung bis 20 Wochenstunden oder in geringfügiger Beschäftigung.

Im Jahr 2012 waren 4,0 Millionen der Kernerwerbstätigen (36,3 Millionen) selbstständig. Knapp 1,8 Millionen von ihnen führten ein Unternehmen mit mindestens einem Beschäftigten und 2,2 Millionen waren als sogenannte Solo-Selbstständige ohne Beschäftigte unternehmerisch tätig. Damit waren von den Kernerwerbstätigen 2012 rund 4,9 % Selbstständige mit Beschäftigten und 6,2 % solo-selbstständig.

In den zurückliegenden 20 Jahren hat die Zahl der Selbstständigen mit Beschäftigten weitestgehend stagniert und lag mit gut 1,6 Millionen im Jahr 1992 nur um 130 000 niedriger als 2012. Die Zahl der Solo-Selbstständigen ist im selben Zeitraum deutlich um 965 000 gestiegen. Hatte es Anfang der 1990er-Jahre noch mehr Selbstständige mit Beschäftigten als ohne gegeben, hat sich dies mittlerweile umgekehrt. Diese Entwicklung bei den Solo-Selbstständigen könnte ein Hinweis darauf sein, dass abhängig Beschäftigte verstärkt in die Selbstständigkeit drängen oder gedrängt werden, es also Substitutionsprozesse von abhängiger Beschäftigung in die Selbstständigkeit gibt. Auch die von den Arbeitsagenturen geförderten Selbstständigkeiten (Existenzgründungszuschüsse, Ich-AG, Einstiegsgelder) trugen zu dieser Entwicklung bei.

5.1.7 Erwerbstätigkeit als Unterhaltsquelle

Rund 50 % der Personen im Alter von 15 und mehr Jahren bestritten 2012 ihren Lebensunterhalt primär aus eigener Erwerbstätigkeit. Dieser Anteil hat sich gegenüber 2002 leicht erhöht. Damals lag er bei rund 47 %. Auch die Relevanz anderer Quellen des überwiegenden Lebensunterhaltes hat sich in den vergangenen zehn Jahren nur wenig verändert. Im Jahr 2012 lebten zum Beispiel 7,2 % der Bevölkerung hauptsächlich von Sozialleistungen wie Arbeitslosengeld, Leistungen nach Hartz IV oder BAföG, 2002 waren es 7,6 %. Fast 27 % finanzierten sich 2012 von Rente, Pension oder eigenem Vermögen, genauso hoch lag der Anteil vor zehn Jahren. Der Anteil derjenigen, deren Unterhalt hauptsächlich von Angehörigen finanziert wurde, sank leicht von 18 % auf rund 15 %. Neu hinzugekommen ist seit 2007 das Elterngeld, welches 2012 für 0,4 % der Bevölkerung ab 15 Jahren die wichtigste Quelle des Lebensunterhalts darstellte.

Während sich auf der Gesamtebene im Zehnjahresvergleich kaum Änderungen bei den Unterhaltsquellen zeigten, waren zwischen Ost- und Westdeutschland und zwischen Männern und Frauen unterschiedliche Trends zu beobachten. Im Jahr 2012 verdienten im früheren Bundesgebiet rund 59 % der Männer und fast 43 % der Frauen ihren überwiegenden Lebensunterhalt durch Erwerbstätigkeit. Im Vergleich zu 2002 blieb für die Männer dieser Anteil nahezu unverändert. Der Anteil der Frauen, die ihren Lebensunterhalt vorwiegend durch die eigene Erwerbstätigkeit finanzierten, ist jedoch um fünf Prozentpunkte gestiegen; er hatte 2002 lediglich bei rund 38 % gelegen. Trotzdem blieben westdeutsche Frauen deutlich – mit einem Unterschied von 16,2 Prozentpunkten – hinter den westdeutschen Männern zurück. Frauen in Westdeutschland sind auch weiterhin häufiger auf andere Finanzierungsquellen angewiesen als Frauen im Osten. Dort lebten 45 % der Frauen hauptsächlich von der eigenen Erwerbstätigkeit und der

Unterschied zum entsprechenden Anteil der Männer war mit 9,9 Prozentpunkten geringer. ▶ Abb 3

Bei den Anteilen anderer Unterhaltsquellen zeigen sich zwischen den Geschlechtern, aber auch im Vergleich von Ost- und Westdeutschland geringere Unterschiede. Die Bedeutung des Arbeitslosengeldes und anderer Sozialleistungen als primäre Unterhaltsquelle hat in Ost-

deutschland im betrachteten Zeitraum etwas abgenommen und ist bei beiden Geschlechtern von gut 14 % auf rund 11 % gesunken. Der Anteil der Personen mit Renten und eigenen Vermögen als Haupteinkommensquelle hat sich seit 2002 kaum verändert und lag bei rund einem Viertel (Männer: gut 26 %; Frauen rund 28 %). Auffällig ist der hohe Anteil an Frauen in Ostdeutschland, die zu

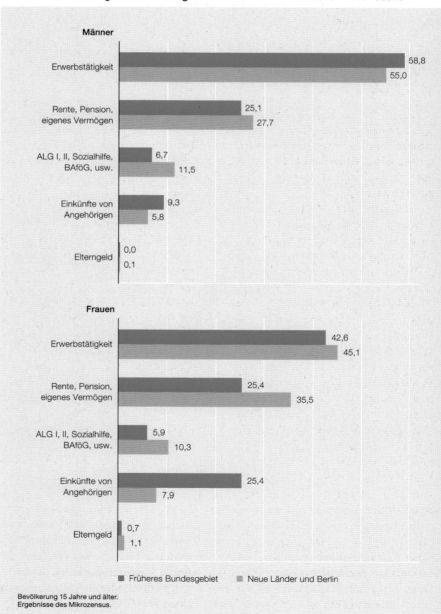

▶ Abb 3 **Bevölkerung nach überwiegendem Lebensunterhalt 2012 — in Prozent**

Männer

Erwerbstätigkeit	58,8 / 55,0
Rente, Pension, eigenes Vermögen	25,1 / 27,7
ALG I, II, Sozialhilfe, BAföG, usw.	6,7 / 11,5
Einkünfte von Angehörigen	9,3 / 5,8
Elterngeld	0,0 / 0,1

Frauen

Erwerbstätigkeit	42,6 / 45,1
Rente, Pension, eigenes Vermögen	25,4 / 35,5
ALG I, II, Sozialhilfe, BAföG, usw.	5,9 / 10,3
Einkünfte von Angehörigen	25,4 / 7,9
Elterngeld	0,7 / 1,1

■ Früheres Bundesgebiet   ■ Neue Länder und Berlin

Bevölkerung 15 Jahre und älter.
Ergebnisse des Mikrozensus.

▶ Abb 4   **Erwerbstätige nach Wirtschaftssektoren im früheren Bundesgebiet und Deutschland — in Prozent**

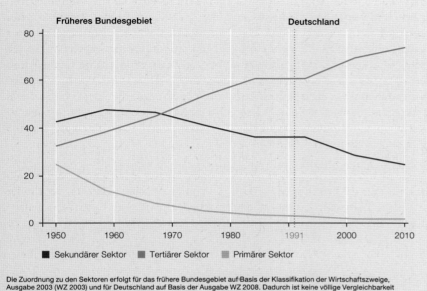

Die Zuordnung zu den Sektoren erfolgt für das frühere Bundesgebiet auf Basis der Klassifikation der Wirtschaftszweige, Ausgabe 2003 (WZ 2003) und für Deutschland auf Basis der Ausgabe WZ 2008. Dadurch ist keine völlige Vergleichbarkeit der Ergebnisse gegeben.
Ergebnisse der Erwerbstätigenrechnung.

▶ Abb 5   **Erwerbstätige nach Wirtschaftsbereichen 2012 — in Prozent**

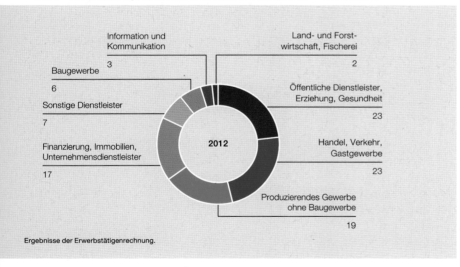

Ergebnisse der Erwerbstätigenrechnung.

knapp 36 % überwiegend von Renten, Pensionen oder eigenem Vermögen leben.

5.1.8 Erwerbstätige nach Wirtschaftsbereichen

Betrachtet man die Verteilung der Erwerbstätigen auf die Wirtschaftsbereiche des primären (Land- und Forstwirtschaft, Fischerei), sekundären (Produzierendes Gewerbe) und tertiären Sektors (Dienstleistungen), werden im Zeitverlauf strukturelle Veränderungen ersichtlich. Neue Produktions- und Fertigungsverfahren, zunehmende Automatisierung und Ratio-

nalisierung sowie die veränderte Nachfrage nach Gütern und Dienstleistungen haben zu einer erheblichen Umverteilung der Erwerbstätigen geführt. ▶ Abb 4

Am stärksten zurückgegangen sind in den letzten eineinhalb Jahrhunderten die Erwerbstätigen im primären Sektor: Im Jahr 2012 war laut Erwerbstätigenrechnung nur noch jeder 62. oder 1,6 % aller Erwerbstätigen dort beschäftigt. Im sekundären Sektor arbeiteten 2012 rund 25 % und im tertiären Sektor fast 74 % der Erwerbstätigen.

Parallel zur Abnahme im Agrarbereich stieg im Zuge der Industrialisierung in Deutschland die Zahl der Erwerbstätigen im Produzierenden Gewerbe an. Im früheren Bundesgebiet bot bis Anfang der 1970er-Jahre das Produzierende Gewerbe die meisten Arbeitsplätze (bis zu 50 %). Doch bereits seit Mitte der 1960er-Jahre waren sowohl die Zahl als auch der Anteil der Erwerbstätigen in diesem Sektor rückläufig und ab 1972 hatte der Dienstleistungssektor den sekundären Sektor in Westdeutschland in seiner Bedeutung für die Beschäftigung überholt. Im Jahr 2012 arbeiteten 10,3 Millionen Erwerbstätige im Produzierenden Gewerbe, darunter 7,3 Millionen im Verarbeitenden Gewerbe und 2,5 Millionen im Baugewerbe. Im Dienstleistungssektor waren 2012 mit 30,6 Millionen dreimal so viele Personen tätig wie im sekundären Sektor.

Innerhalb des Dienstleistungssektors kam 2012 den Wirtschaftsbereichen Öffentliche Dienstleistungen, Erziehung und Gesundheit mit 9,7 Millionen Erwerbstätigen die größte Bedeutung zu. Dazu zählen unter anderem die öffentliche Verwaltung, Personen, die bei Polizei oder Feuerwehr arbeiten, bei einer Sozialversicherung Tätige, alle Beschäftigten an Bildungseinrichtungen oder das Personal im Gesundheits- und Sozialwesen. Annähernd genauso viele Erwerbstätige arbeiteten in den Wirtschaftsbereichen Handel, Verkehr und Gastgewerbe. Zum Handel zählen sowohl Groß- als auch Einzelhandel. Der Abschnitt Verkehr umfasst alle Erwerbstätigen, die mit dem Verkehr zu Lande, auf dem Wasser oder in der Luft zu tun haben, aber auch Speditionen, Post- und Kurierdienste. ▶ Abb 5

Seit 2002 ist die Zahl der im Dienstleistungssektor Tätigen um 2,9 Millionen angestiegen. Besonders stark (+ 1,5 Millionen) hat sie im Wirtschaftsbereich Unternehmensdienstleistungen zugelegt. Damit ist dieser Bereich fast alleine verantwortlich für die gemeinsame Zunahme von 1,5 Millionen in den Abschnitten Finanzierung, Immobilien und Unternehmensdienstleistungen. Bei genauerer Betrachtung haben darin besonders stark die Rechts-, Steuer- und Unternehmensberatungen zugenommen, die Leiharbeitsbranche, sowie Sicherheits- und Reinigungsdienste. In der Finanzierungs- und Versicherungsdienstleistung war zwischen 2002 und 2012 sogar ein Rückgang der Beschäftigung um rund 93 000 Personen zu beobachten.

5.1.9 Berufe

Der Wandel der Wirtschaftsstrukturen, aber auch neue Produktions- und Fertigungsverfahren haben viele Berufe und Berufsfelder verändert. In der amtlichen Klassifikation der Berufe, die zuletzt 2010 überarbeitet wurde, werden 1 286 Berufsgattungen unterschieden. Dabei werden Berufe nicht nur in ihrer fachlichen Ausrichtung zugeordnet, sondern auch nach dem Qualifikationsniveau, das für das Ausüben der Tätigkeit vorausgesetzt wird, oder dahingehend, ob Führungs- oder Aufsichtsaufgaben übernommen werden. In Tabelle 5 werden die zusammengefassten 144 Berufsgruppen betrachtet.

Erwerbstätige Männer arbeiteten 2012 am häufigsten in Berufen der Maschinenbau- und Betriebstechnik (1,32 Millionen Männer). Dazu zählen Berufe der Anlagenführung, des Aufbaus, der Wartung und Instandhaltung von Maschinen und Anlagen. An zweiter Stelle stand die Berufsgruppe Lagerwirtschaft, Post, Zustellung und Güterumschlag mit 1,01 Millionen Männern gefolgt von Fahrzeugführerberufen mit 938 000. Rund 900 000 Männer waren in Berufen der Gruppe Unternehmensorganisation und -strategie

tätig. Dazu zählen Berufe wie Industriekaufleute, Betriebs- oder Fachwirte, Betriebsassistenten oder Unternehmensberater. Die am fünftstärksten besetzte Berufsgruppe war die der Fahrzeug-, Luft-, Raumfahrt- und Schiffbautechnik. Unter den zehn am stärksten besetzten Berufsgruppen zählten sieben zum Bereich des Produzierenden Gewerbes. Berufe der Lagerwirtschaft, Zustellung und Fahrzeugführer zählen zwar zum Dienstleistungsbereich, sind jedoch eng mit dem Produzierenden Gewerbe und stärker mit manuellen Tätigkeiten verbunden. Nur eine Berufsgruppe, die der Unternehmensorganisation und -strategie, ist den klassischen Büroberufen zuzuordnen. Berufe, die dem Einzelhandel, Sozialbereich oder modernen Dienstleistungen zugeordnet werden können, finden sich für die Männer unter den zehn am stärksten besetzten Berufen gar nicht.

Erwerbstätige Frauen konzentrierten sich in ihren ausgeübten Berufen stärker auf Berufsgruppen, die ausnahmslos dem Dienstleistungsbereich zuzuordnen sind. Sie waren 2012 am häufigsten in bürokaufmännischen oder Sekretariatsberufen (1,56 Millionen Frauen) tätig. 1,14 Millionen Frauen arbeiteten in Verkaufsberufen als Einzelhandelskauffrau, Kassiererin, Verkaufshilfe, Kundendienstberaterin oder Filialleiterin. Am dritthäufigsten waren Berufe der Erziehung, Sozialarbeit und Heilerziehungspflege, in denen 1,11 Millionen Frauen arbeiteten. Diese Berufsgruppe deckt Tätigkeiten von der Kindergartenhelferin über Behindertenpflegerin, Heimerzieherin, Jugendpflegerin, Sozialarbeiterin bis zur Heilpädagogin ab. Rund 1,07 Millionen Frauen arbeiteten in der Berufsgruppe Unternehmensorganisation und -strategie. An fünfter Stelle standen Reinigungsberufe, die auch

▶ Tab 5 **Erwerbstätige Männer und Frauen in den zehn am stärksten besetzten Berufsgruppen 2012**

		Erwerbstätige in 1 000
Männer		
1	Maschinenbau- und Betriebstechnik	1 318
2	Lagerwirtschaft, Post, Zustellung, Güterumschlag	1 007
3	Fahrzeugführung im Straßenverkehr	938
4	Unternehmensorganisation und -strategie	900
5	Fahrzeug-Luft-Raumfahrt-, Schiffbautechnik	594
6	Elektrotechnik	590
7	Metallbearbeitung	511
8	Metallbau und Schweißtechnik	509
9	Energietechnik	507
10	Hochbau	505
Frauen		
1	Büro- und Sekretariat	1 559
2	Verkauf (ohne Produktspezialisierung)	1 144
3	Erziehung, Sozialarbeit, Heilerziehungspflege	1 112
4	Unternehmensorganisation und -strategie	1 068
5	Reinigung	1 044
6	Gesundheitswesen, Krankenpflege, Rettungsdienst, Geburtshilfe	854
7	Verwaltung	852
8	Arzt- und Praxishilfe	633
9	Lehrtätigkeit an allgemeinbildenden Schulen	575
10	Lagerwirtschaft, Post, Zustellung, Güterumschlag	517

Ergebnisse des Mikrozensus.

Berufe der Textilreinigung, Maschinenreinigung sowie Hygienetechnikerin umfassen (1,04 Millionen Frauen). ▸ Tab 5

5.1.10 Registrierte Arbeitslose und gemeldete Arbeitsstellen

In diesem und den folgenden Abschnitten werden Ergebnisse für die nationale Arbeitsmarktbeobachtung aus der Statistik der Bundesagentur für Arbeit (BA) dargestellt.

Aufgrund verwaltungsrechtlicher Maßnahmen und Reformen – an dieser Stelle kann nur kurz auf die bedeutendsten eingegangen werden – ist die Aussagekraft der Zeitreihen zu den Arbeitslosen eingeschränkt. Seit 1. Januar 2005 haben sich mit der Überarbeitung des Zweiten Buches des Sozialgesetzbuches (SGB II) in Deutschland die Grundlagen der Arbeitsmarktstatistik geändert. Aus der Zusammenlegung von Arbeitslosen- und Sozialhilfe folgt zum einen eine deutliche Ausweitung der Zahl der Arbeitslosen, auch wenn die Definition von Arbeitslosigkeit im SGB III unverändert blieb. Seit der Reform gelten prinzipiell alle Personen ohne Arbeit als arbeitslos, die staatliche Hilfe beanspruchen, erwerbsfähig und zwischen 15 und 65 Jahren alt sind. Ausgenommen von dieser Regel sind nur Personen, die dem Arbeitsmarkt nicht zur Verfügung stehen (zum Beispiel durch Krankheit oder weil sie Schüler/Schülerinnen oder Studierende sind oder weil sie sich in arbeitsmarktpolitischen Maßnahmen befinden).

Durch diese Umstellung sind die Arbeitsagenturen nur noch für einen Teil der Arbeitslosen zuständig. Für die Grundsicherung für Arbeitsuchende nach SGB II sind neben den Arbeitsagenturen auch kommunale Träger verantwortlich. Die Bundesagentur für Arbeit führt die bisherige Arbeitsmarktstatistik unter Einbeziehung der Grundsicherung für Arbeitsuchende weiter.

Aufgrund der folgenden historischen Betrachtung ab den 1950er-Jahren beziehen sich die dargestellten Arbeitslosenquoten nur auf die abhängigen zivilen Erwerbspersonen und fallen damit höher

aus als die heute oft im Vordergrund stehenden Anteile an allen zivilen Erwerbspersonen.

Der Blick auf die Arbeitslosenzahlen seit Anfang der 1950er-Jahre zeigt, dass es auch zu Zeiten der Vollbeschäftigung Arbeitslose gab. Vollbeschäftigung ist nicht mit völliger Ausschaltung von Arbeitslosigkeit gleichzusetzen, denn saisonale Arbeitslosigkeit (zum Beispiel Winterarbeitslosigkeit im Baugewerbe) und friktionelle Arbeitslosigkeit (vorübergehende Beschäftigungslosigkeit bei einem Arbeitsplatzwechsel) lassen sich nie ganz vermeiden. Daher wird üblicherweise so lange von einem Zustand der Vollbeschäftigung gesprochen, wie die Zahl der Arbeitslosen die Zahl der offenen Stellen nicht übersteigt.

Zu Beginn der 1960er-Jahre wurde im früheren Bundesgebiet Vollbeschäftigung erreicht. Es herrschte sogar ein Mangel an Arbeitskräften, der nur durch die Anwerbung von Ausländern und Ausländerinnen gemildert werden konnte. Seit 1974 liegt die jahresdurchschnittliche Zahl der registrierten Arbeitslosen erheblich über der Zahl der gemeldeten offenen Stellen. Mit Ausnahmen von 1978 bis 1980 bewegt sie sich seit 1975 über der Millionen-Grenze. Im Jahr 1983 waren erstmals sogar mehr als 2 Millionen Menschen als arbeitslos registriert. Zwischen 1990 und 1992 fiel für das frühere Bundesgebiet aufgrund der positiven Impulse durch die deutsche Vereinigung die Arbeitslosenzahl noch einmal unter diese Marke. Im Jahr 1991 waren im früheren Bundesgebiet 1,6 Millionen Arbeitslose registriert, was einer Arbeitslosenquote von 6,2 % entsprach. Im gesamten Bundesgebiet waren 1991 2,6 Millionen oder 7,3 % der Erwerbspersonen ohne Arbeit.

Der Anstieg der Arbeitslosenzahlen, der nach der deutschen Vereinigung stattfand, ist nicht allein auf die wirtschaftlich schwache Situation in den neuen Bundesländern zurückzuführen. Ab 1992 sind auch in Westdeutschland die Arbeitslosenquoten merklich gestiegen. Im Jahr 1997 lag die Arbeitslosenquote im Westen

bei 10,8 % und erreichte nach einem Rückgang durch die folgende konjunkturelle Belebung dann 2005 einen neuen Höchstwert von genau 11 %. ▸ Tab 6

Die hohe Arbeitslosigkeit in den neuen Ländern ist hauptsächlich auf die Anpassung der Wirtschaftsstruktur zurückzuführen. Dadurch wurden zunächst mehr Arbeitskräfte freigesetzt als neu eingestellt. Im Jahresdurchschnitt 1991 hatte sich die Arbeitslosenquote in Ostdeutschland bereits auf 10,2 % erhöht. Bis zum Jahr 1997 stieg die Arbeitslosenquote stark an und bewegte sich seitdem konstant auf relativ hohem Niveau. Die Zahl der registrierten Arbeitslosen in Ostdeutschland betrug seitdem im Jahresdurchschnitt zwischen 1,5 Millionen und 1,6 Millionen und die Arbeitslosenquote lag zwischen 18,5 % und 20,6 %. Erst seit 2006 ist die Arbeitslosenzahl in Ostdeutschland wieder merklich rückläufig und sank 2012 auf eine Quote von 11,9 % beziehungsweise fast 900 000 Arbeitslose.

Die Entwicklung im gesamten Deutschland zeichnet sich in den Jahren 1994 bis 2007 durch zweistellige Arbeitslosenquoten aus, die auch während einer positiven Entwicklung zwischen 1998 und 2001 nicht unterschritten wurden. Die Zahl der Arbeitslosen bewegte sich in diesem Zeitraum um den Wert von 4 Millionen. Erst 2008 sank erstmals seit 15 Jahren die Zahl der Arbeitslosen unter 3,5 Millionen und die Arbeitslosenquote unter 10 %. Nach einem leichten Anstieg im Zuge der Wirtschaftskrise 2009 sank die Arbeitslosigkeit in den Folgejahren wieder und lag im Jahresdurchschnitt 2012 bei 2,9 Millionen Personen beziehungsweise 7,6 %.

Die Zahl der gemeldeten Arbeitsstellen lag 2012 durchschnittlich bei 477 500. Das waren deutlich mehr Stellen als im Jahr der Wirtschaftskrise 2009 (300 600 gemeldete Arbeitsstellen) und gleichzeitig der höchste Wert seit Beginn der Erfassung in der heutigen Form im Jahr 2000. Analog zu den Zahlen über registrierte Arbeitslose handelt es sich bei der Zahl gemeldeter

▶ Tab 6 **Registrierte Arbeitslose, offene Stellen und Arbeitslosenquoten**

	Registrierte Arbeitslose			Gemeldete Arbeitsstellen[1]	Gesamtwirtschaftliches Stellenangebot[2]	Arbeitslosenquote[3]		
	insgesamt	Männer	Frauen			insgesamt	Männer	Frauen
	in 1 000					in %		
Früheres Bundesgebiet und Berlin-West								
1950[4]	1 868,5	1 255,6	612,9	118,5	–	11,0	10,8	11,5
1960[4]	270,7	178,2	92,4	465,1	–	1,3	1,3	1,3
1970	148,8	92,9	55,9	794,8	–	0,7	0,7	0,8
1980	888,9	426,4	462,5	308,3	–	3,8	3,0	5,2
1990	1 883,1	967,7	915,4	313,6	–	7,2	6,3	8,4
Deutschland								
1991	2 602,2	1 280,6	1 321,6	362,8	–	7,3	6,4	8,5
1995	3 611,9	1 850,6	1 761,3	321,3	–	10,4	9,6	11,4
2000	3 889,7	2 053,4	1 836,3	450,1	–	10,7	10,5	10,9
2005	4 860,9	2 603,0	2 257,6	255,8	–	13,0	13,3	12,7
2006	4 487,3	2 337,5	2 149,7	354,3	938,8	12,0	12,0	12,0
2007	3 760,1	1 893,3	1 866,7	423,4	1 085,0	10,1	9,8	10,4
2008	3 258,5	1 662,8	1 595,6	389,0	912,5	8,7	8,6	8,9
2009	3 414,5	1 862,7	1 551,8	300,6	709,4	9,1	9,6	8,6
2010	3 238,4	1 759,7	1 478,7	359,3	813,8	8,6	9,1	8,1
2011	2 975,8	1 585,9	1 389,9	466,3	1 019,9	7,9	8,2	7,6
2012	2 897,0	1 550,3	1 346,7	477,5	970,1	7,6	7,9	7,3

1 Bis 1999 einschließlich geförderter Beschäftigungsverhältnisse. Grundlage ist die Meldung bei der Bundesagentur für Arbeit.
2 Schätzung für das gesamte Stellenangebot auf dem ersten Arbeitsmarkt. Grundlage ist eine Betriebsbefragung des IAB.
3 Arbeitslosenquoten bezogen auf abhängige zivile Erwerbspersonen.
4 Ohne Angaben für das Saarland.
– nichts vorhanden.
Quelle: Bundesagentur für Arbeit/Institut für Arbeitsmarkt- und Berufsforschung (IAB).

Arbeitsstellen ausschließlich um bei der Arbeitsvermittlung gemeldete Stellen mit Vermittlungsauftrag. Sie stellt somit nur einen Ausschnitt des gesamtwirtschaftlichen Stellenangebots dar. Seit dem Jahr 2000 werden ausschließlich ungeförderte Stellenangebote am sogenannten ersten Arbeitsmarkt erfasst.

Um das Stellenangebot umfassender abbilden zu können, führt das Institut für Arbeitsmarkt- und Berufsforschung der Bundesagentur für Arbeit quartalsweise eine Betriebsbefragung durch. Diese liefert vergleichbare Ergebnisse ab dem Jahr 2006 und ist repräsentativ für alle Betriebe mit mindestens einem sozialversicherungspflichtigen Angestellten. Im Jahr 2012 gab es demnach im Schnitt etwas weniger als eine Million zu besetzende Stellen auf dem ersten Arbeitsmarkt. Damit wird deutlich, dass es gesamtwirtschaftlich wesentlich mehr zu beset-

zende Stellen gibt, als der Arbeitsagentur gemeldet werden. Trotz eines Anstiegs im Vergleich zum Vorjahr, lag die Meldequote im Jahr 2012 lediglich bei 49%.

5.1.11 Fluktuation am Arbeitsmarkt
Von Januar bis Dezember 2012 meldeten sich in Deutschland 7,8 Millionen Menschen arbeitslos. Dieser Bestand ergibt sich aus einer großen Zahl an Zu- und Abgängen aus der Arbeitslosigkeit. So endete beispielsweise für 7,7 Millionen registrierte Arbeitslose die Arbeitslosigkeit in diesem Zeitraum. Auf dem Arbeitsmarkt gibt es also eine deutlich größere Fluktuation als man mit Blick auf den Rückgang der Arbeitslosigkeit von 80 000 Personen im Vergleich von 2011 und 2012 vermuten könnte: Zum einen waren Personen, die sich 2012 arbeitslos meldeten, nicht alle zuvor erwerbstätig und solche, die ihre Arbeitslosigkeit beendeten, hatten

nicht alle eine Arbeit gefunden. Es können auch Personen sein, die gerade eine Ausbildung oder ein Studium abgeschlossen haben sowie aus anderen Gründen sich nicht am Arbeitsmarkt beteiligt haben (und keine staatlichen Unterstützungsleistungen bezogen haben). Umgekehrt können sich Arbeitslose beispielsweise dazu entschließen, ihre Beschäftigungschancen durch eine Weiterqualifikation zu verbessern. Auch Teilnehmer an einer Reihe von Maßnahmen der aktiven Arbeitsmarktpolitik gelten nicht als arbeitslos und werden als Abgänge aus Arbeitslosigkeit verbucht, wenn sie eine solche Maßnahme aufnehmen. Zum anderen werden von der Bundesagentur für Arbeit jährlich deutlich mehr zu besetzende Arbeitsstellen gemeldet, als sich aufgrund der Bestandszahl schließen lässt. Für das Jahr 2012 waren dies knapp 478 000. Der Eingang neu zu besetzender Stellen lag

2012 bei gut 2 Millionen und war damit etwas geringer als noch 2011, was auf eine nachlassende Arbeitskräftenachfrage hinweist.

Die abgeschlossene Verweildauer in Arbeitslosigkeit hat im Jahr 2012 etwas abgenommen, sie lag bei 36,6 Wochen im Vergleich zu 36,9 Wochen im Jahr 2011. Sie liegt aber immer noch deutlich niedriger als im Jahr 2008 (38,1 Wochen). Sie berechnet sich als durchschnittliche Dauer, nach der die Arbeitslosigkeit beendet wird. Das derzeitige Niveau ist ein im langfristigen Vergleich recht niedriges, das heißt viele Personen, die ihren Arbeitsplatz verlieren, finden relativ schnell eine neue Beschäftigung. In der Gruppe der Arbeitslosen verbleiben Personen, die größere Schwierigkeiten haben, eine neue Stelle zu finden. Im Jahresdurchschnitt 2012 gab es 1,0 Millionen Langzeitarbeitslose, also Personen, die seit über einem Jahr arbeitslos waren. Ihr Anteil an allen Arbeitslosen betrug knapp 36 %.

Als analoge Kenngröße für die Angebotsseite des Arbeitsmarktes kann die sogenannte Vakanzzeit betrachtet werden. Sie misst die Zeit, die zwischen dem gewünschten und dem tatsächlichen Besetzungstermin einer gemeldeten offenen Stelle vergeht und gibt Aufschluss darüber, wie angespannt der Arbeitsmarkt ist. Die durchschnittliche Vakanzzeit der im Jahr 2012 gemeldeten Stellen lag bei 77 Tagen im Vergleich zu 64 Tagen im Vorjahr. Demnach hat es im Laufe des Jahres 2012 etwas länger gedauert, freie Stellen wieder zu besetzen.

5.1.12 Arbeitsmarktpolitische Maßnahmen und Kurzarbeit

Es gibt staatliche Maßnahmen passiver und aktiver Arbeitsmarktpolitik. Passive Arbeitsmarktpolitik gleicht die Einkommensverluste aus Arbeitslosigkeit aus und besteht im Wesentlichen aus Arbeitslosengeld I und II. Nach vorläufigen Berechnungen der Bundesagentur für Arbeit bezogen 2012 durchschnittlich 5,2 Millionen Menschen solche sogenannten Lohnersatzleistungen. Das waren 160 000 Personen weniger als im Jahr zuvor. Rund 848 000 Menschen bezogen Arbeitslosengeld I, 19 000 Personen mehr als im Vorjahr, und 4,4 Millionen Arbeitslosengeld II. Hinzu kamen 1,7 Millionen Personen, die als sogenannte nichterwerbsfähige Hilfebedürftige Leistungen bezogen. Dabei handelte es sich um Personen (größtenteils Kinder unter 15 Jahren), die in Bedarfsgemeinschaft mit erwerbsfähigen Beziehern von Lohnersatzleistungen lebten.

Die aktive Arbeitsmarktpolitik versucht einen Ausgleich zwischen Arbeitsangebot und -nachfrage herzustellen. Hier kam es seit 2003, unter anderem im Rahmen der Hartz IV-Reformen, zu Veränderungen und Einführung zahlreicher Instrumente. Arbeitsmarktpolitische Instrumente führen allein durch ihren Einsatz zu einer statistischen Entlastung des Arbeitsmarktes. So werden beispielsweise Teilnehmer an Arbeitsbeschaffungs- oder Qualifizierungsmaßnahmen nicht als Arbeitslose gezählt.

Endgültige Jahresergebnisse für 2012 lagen bei Redaktionsschluss noch nicht vor. Hochgerechnet befanden sich im Jahresdurchschnitt 960 000 Personen in Maßnahmen aktiver Arbeitsmarktpolitik. Dabei lag der größte Anteil bei Maßnahmen, die auf die Verbesserung der Beschäftigungsfähigkeit abzielten. 360 000 Personen befanden sich in Maßnahmen zur Förderung der Berufswahl und Berufsausbildung oder der beruflichen Weiterbildung. Zudem befanden sich gut 140 000 Geförderte in Maßnahmen zur Aktivierung und beruflichen Eingliederung, bei denen sie hinsichtlich ihres individuellen Bedarfs speziell gefördert werden. Gut 190 000 Personen wurden gefördert, um die Aufnahme einer Erwerbstätigkeit zu unterstützen, beispielsweise durch einen Eingliederungszuschuss für abhängig Beschäftigte oder einen Gründungszuschuss für Personen, die eine selbstständige Tätigkeit aufnehmen wollen. Knapp 170 000 Personen nahmen an Beschäftigung schaffenden Maßnahmen teil, zu denen auch die sogenannten 1-Euro-Jobs zählen.

Parallel zur sinkenden Arbeitslosigkeit ging in den letzten Jahren die Zahl der durch Maßnahmen der aktiven Arbeitsmarktpolitik geförderten Personen zurück. Im Vergleich zum Jahr 2011 (1,18 Millionen Personen) sank die Zahl der Geförderten 2012 (957 000 Personen) um 19 %. Im Jahr 2008 waren noch 1,71 Millionen Personen gefördert worden.

Um in konjunkturellen Krisenzeiten Kündigungen zu vermeiden, gehen die Unternehmen oftmals auf sogenannte Kurzarbeit über. Dabei wird durch die Arbeitsagentur kurzarbeitenden Arbeitnehmerinnen und Arbeitnehmern der durch die verringerte Arbeitszeit entstehende Verdienstausfall zu einem Teil ausgeglichen. Dieses Instrument war eine zentrale Maßnahme, um die negativen Auswirkungen der Wirtschaftskrise 2009 auf dem Arbeitsmarkt so gering wie möglich zu halten. Entsprechend erreichte die Zahl der Kurzarbeiter im Jahresdurchschnitt 2009 mit 1,14 Millionen ein seit Anfang der 1990er-Jahre nicht mehr erreichtes Niveau. Danach war die Zahl der Kurzarbeiter wieder deutlich zurückgegangen und lag 2012 nur noch bei 110 000 Personen.

Schon Mitte der 1970er- und in der ersten Hälfte der 1980er-Jahre waren hohe Kurzarbeiterzahlen von rund 700 000 im früheren Bundesgebiet zu verzeichnen. Höchstwerte erreichte die Zahl der Kurzarbeiter mit bis zu 1,76 Millionen nach der deutschen Vereinigung 1991. Infolge des Zusammenbruchs des planwirtschaftlichen Systems erlebten damals die neuen Länder einen enormen Abbau der Erwerbstätigkeit. Diese Entwicklung sollte durch vermehrte Kurzarbeit abgeschwächt werden. Der hohe Stand an Kurzarbeit reduzierte sich aber in den Folgejahren wieder erheblich auf teilweise weniger als 100 000 Kurzarbeiter pro Jahr.

5.2 Verdienste und Arbeitskosten

Mirjam Bick

Destatis

Für viele Menschen ist der Verdienst der wichtigste Teil ihres Einkommens. Verdienste sind Arbeitseinkommen, die Arbeitnehmerinnen und Arbeitnehmer für ihre Tätigkeiten regelmäßig beziehen. Sie entscheiden wesentlich über den Lebensstandard und die Möglichkeiten der sozialen Sicherung von Familien und Alleinstehenden. Aus Sicht des Arbeitgebers stellen die Verdienste der Arbeitnehmer Kosten dar. Sie machen zusammen mit den Lohnnebenkosten (insbesondere Aufwendungen des Arbeitgebers zur Sozialversicherung) die Arbeitskosten aus.

5.2.1 Tarifverdienste

Für rund die Hälfte der Arbeitnehmerinnen und Arbeitnehmer in Deutschland regeln Tarifverträge Verdienste und Arbeitsbedingungen. Tarifverträge werden von einem oder mehreren Arbeitgebern oder Arbeitgeberverbänden mit einer oder mehreren Gewerkschaften abgeschlossen. Sie sind ausschließlich für ihre Mitglieder bindend (Tarifbindung). Aber auch viele nicht tariflich gebundene Unternehmen und Arbeitnehmer orientieren sich an bestehenden Tarifverträgen.

Tarifverdienste 2005 bis 2012

Die tariflichen Monatsverdienste der Arbeitnehmerinnen und Arbeitnehmer im Produzierenden Gewerbe und im Dienstleistungsbereich erhöhten sich in den Jahren 2005 bis 2012 in Deutschland durchschnittlich um 16,0 %. Die Verbraucherpreise stiegen im gleichen Zeitraum um 12,5 %. Die Tarifverdienste der Arbeitnehmer sind jedoch nicht gleichmäßig gestiegen: 2006 bis 2007 sowie im Jahr 2011 stiegen die Verbraucherpreise stärker als die durchschnittlichen Tarifverdienste, in den Jahren 2008 bis 2010 sowie im Jahr 2012 war es umgekehrt.

Von den Tariferhöhungen profitierten nicht alle Beschäftigten gleichermaßen. In den Jahren 2005 bis 2012 gab es überdurchschnittliche Tariferhöhungen von mehr als 20 %, beispielsweise für die Arbeitnehmerinnen und Arbeitnehmer in der Energieversorgung, in der chemischen Industrie, im Metallgewerbe und im Maschinenbau. Deutlich niedriger waren die Tariferhöhungen in anderen Bereichen wie dem Baugewerbe (15,5 %), bei Bund, Ländern und Gemeinden (15,3 %) oder bei Finanz- und Versicherungsdienstleistungen (13,2 %). Im Einzelhandel lagen sie mit 11,8 % und in der Gebäudebetreuung, Garten- und Landschaftsbau mit 10,5 % unter dem Anstieg der Verbraucherpreise. Betrachtet werden regelmäßig gezahlte Grundvergütungen ohne Sonderzahlungen.

Tarifrunde 2012

Die Tarifverdienste stiegen 2012 in Deutschland durchschnittlich um 3,0 % gegenüber dem Vorjahr. Damit lagen die durchschnittlichen Tarifsteigerungen deutlich über denen aus den Jahren 2011 mit 1,5 % und 2010 mit 1,6 %. Grund für diese Entwicklung sind die vergleichsweise hohen Neuabschlüsse im Jahr 2012 sowie deutliche Tarifsteigerungen, die bereits in den Vorjahren von Gewerkschaften und Arbeitgebern vereinbart worden waren. Die Tariferhöhungen in den Jahren 2010 und 2011 beruhten dagegen zum Teil noch auf Verträgen, die mitten in der Wirtschaftskrise verhandelt worden waren. Diese sahen entsprechend niedrige Tarifsteigerungen vor.

Der erste große Tarifabschluss wurde zu Beginn des Jahres 2012 im öffentlichen Dienst bei Bund und Gemeinden erzielt. Er brachte den Beschäftigten ein tarifliches Plus von 3,5 % ab März 2012 sowie von jeweils 1,4 % ab Januar und August 2013. In der Metall- und Elektroindustrie einigten sich die Tarifvertragsparteien auf eine Tariferhöhung von 4,3 % ab Mai 2012 und in der chemischen Industrie auf 4,5 % ab Sommer 2012. Auch in kleineren Branchen stiegen die Tarifverdienste um 3,5 % und mehr, so im Hotel- und Gaststättengewerbe in Bremen (durchschnittlich 4,1 %), im Kraftfahrzeughandel (Baden-Württemberg: 4,0 %, Hessen: 3,8 %) oder im Elektrohandwerk (Baden-Württemberg: 4,0 %; Schleswig-Holstein: 3,5 %). Niedrigere

Tariferhöhungen wurden beispielsweise für Medizinische Fachangestellte und Arzthelferinnen oder für Ärztinnen und Ärzte an kommunalen Krankenhäusern mit jeweils durchschnittlich 2,9 % neu abgeschlossen. Andere Tariferhöhungen resultierten noch aus Abschlüssen aus den Vorjahren. Sie fielen in der Regel niedriger aus. Dies gilt beispielsweise für den Groß- und Außenhandel (2,4 %), das Baugewerbe West (2,3 %), die ostdeutsche Textilindustrie (2,3 %), den Einzelhandel (2,0 %) oder den öffentlichen Dienst der Länder (1,9 % plus 17 Euro). ▶ Tab 1

Tarifverdienste nach Branchen und Regionen

Je nach Branche und Region unterscheiden sich die Tarifverdienste erheblich. In der chemischen Industrie, der Metallindustrie sowie bei Banken und Versicherungen erhielten die Beschäftigten in der Regel höhere Tarifverdienste als im Handel oder der Bekleidungs- und der Ernährungsindustrie.

Das unterste tarifliche Monatsentgelt für Mitarbeiterinnen und Mitarbeiter mit einer abgeschlossenen dreijährigen Berufsausbildung lag Ende 2012 beispielsweise in der chemischen Industrie zwischen 2 581 Euro in Bayern und 2 728 Euro in Baden-Württemberg. Im privaten Bankgewerbe waren es deutschlandweit 2 252 Euro. Angestellten im Einzelhandel steht nach Abschluss ihrer Ausbildung laut Tarifvertrag zwischen 1 528 Euro (Bremen) und 1 772 Euro (Berlin, Brandenburg) zu. In der Druckindustrie betrug der Tariflohn für Facharbeiterinnen und Facharbeiter im Westen je Stunde mindestens 16,55 Euro und im Osten 15,24 Euro, in der Bauindustrie 14,16 Euro in den neuen Ländern und 15,64 Euro im früheren Bundesgebiet. Deutlich niedrigere Tarifverdienste galten für ausgelernte Friseurinnen und Friseure im ersten Berufsjahr (Bayern: 7,72 Euro, Nordrhein-Westfalen: 7,91 Euro), für ausgebildete Hotelfachkräfte und Köchinnen und Köche (Sachsen-Anhalt: 8,06 Euro; Niedersachsen: 9,76 Euro) oder für Berufskraftfahrer im privaten Verkehrsgewerbe (Niedersachsen: 9,84 Euro; Hamburg: 9,88 Euro).

Diese Unterschiede galten auch für gering Qualifizierte. So lag der tarifliche Stundenverdienst eines Doormans sowie einer Hilfskraft in Küche, Service oder am Bankett im Hotel- und Gaststättengewerbe in Nordrhein-Westfalen bei 7,18 Euro. In der Systemgastronomie lag der niedrigste Tarifverdienst für Hilfskräfte im Osten bei 6,83 Euro und im Westen bei 7,48 Euro je Stunde. Im Einzelhandel standen Angestellten der untersten Tarifgruppe zwischen 7,51 Euro (Schleswig-Holstein) und 9,46 Euro (Westberlin) zu. Dagegen waren es im Bankgewerbe deutschlandweit 11,71 Euro je Stunde. Einige Tarifverdienste lagen damit unter dem derzeit kontrovers diskutierten Vorschlag für einen gesetzlichen Mindestlohn von 8,50 Euro je Stunde.

5.2.2 Bruttoverdienste

Die Daten über die Bruttoverdienste der Arbeitnehmerinnen und Arbeitnehmer bilden tatsächlich gezahlte Bruttolöhne und -gehälter ab, die sich zum Teil deutlich von den Tarifverdiensten unterscheiden. So werden beispielsweise nicht alle

▶ Tab 1　**Ausgewählte Tariferhöhungen 2012**

	Tarifbereich	Tariferhöhungen
November 2012	Textil- und Bekleidungsindustrie	240 Euro Pauschale 3,0 % ab Mai 2013 2,0 % ab Juni 2014
September 2012	Papiergewerbe	3,1 % ab November 2012 3,0 % ab November 2013
Juni 2012	Bankgewerbe	350 Euro Pauschale 2,9 % ab Juli 2012 2,5 % ab Juli 2013
Mai 2012	Chemische Industrie	4,5 % ab Juli 2012 Beginn der Tariferhöhung regional abweichend
Mai 2012	Metall- und Elektroindustrie	4,3 % ab Mai 2012
März 2012	Öffentlicher Dienst Bund, Gemeinden (TVöD)	3,5 % ab März 2012 1,4 % ab Januar 2013 1,4 % ab August 2013
März 2012	Medizinische Fachangestellte / Arzthelferinnen	2,9 % ab April 2012
Januar 2012	Ärzte und Ärztinnen an kommunalen Krankenhäusern (TV-Ärzte)	440 Euro Pauschale 2,9 % ab Januar 2012
Juli 2011	Versicherungsgewerbe	2,2 % ab Oktober 2012
Juni–August 2011	Einzelhandel	2,0 % ab Juni 2012 Beginn der Tariferhöhung regional abweichend
Juni–August 2011	Groß- und Außenhandel	2,4 % ab April 2012 Beginn der Tariferhöhung regional abweichend
April 2011	Transport- und Verkehrsgewerbe Rheinland-Pfalz	2,1 % ab April 2012
April 2011	Baugewerbe, West	2,3 % ab Juni 2012
März 2011	Öffentlicher Dienst Länder (TV-L)	1,9 % plus 17 Euro monatlich ab Januar 2012
März 2011	Textilindustrie, Ost	2,3 % ab April 2012

Arbeitnehmer in Deutschland nach Tarif bezahlt oder das Tarifniveau wird aufgrund der wirtschaftlichen Lage des Betriebes über- oder unterschritten. Die Ergebnisse der Vierteljährlichen Verdiensterhebung zeigen, wie sich die tatsächlich gezahlten Bruttoverdienste von Arbeitnehmerinnen und Arbeitnehmern entwickeln.

Bruttoverdienste 2012

Vollzeitbeschäftigte Arbeitnehmerinnen und Arbeitnehmer im Produzierenden Gewerbe und im Dienstleistungsbereich (insgesamt) verdienten in Deutschland 2012 durchschnittlich im Monat 3 391 Euro brutto. Im früheren Bundesgebiet lag der durchschnittliche Bruttomonatsverdienst bei 3 517 Euro, in den neuen Ländern waren es 2 639 Euro. In diesen Verdienstangaben sind Sonderzahlungen nicht enthalten. Das sind Zahlungen, die nicht regelmäßig erfolgen, wie Weihnachts- und Urlaubsgeld, Nach- und Einmalzahlungen bei neuen Tarifabschlüssen sowie jährlich einmalig gezahlte Provisionen oder Boni. ▸ Tab 2

Die Bruttomonatsverdienste einschließlich Sonderzahlungen Vollzeit-, Teilzeit- und geringfügig Beschäftigter stiegen im Jahr 2012 im Vergleich zum Vorjahr um durchschnittlich 2,5 %. Da sich die Verbraucherpreise im selben Zeitraum um 2,0 % erhöhten, betrug der Anstieg der Reallöhne 0,5 %.

Bruttoverdienste nach Bundesländern

Im Jahr 2012 verdienten Voll- und Teilzeitbeschäftigte (ohne geringfügig Beschäftigte) im Produzierenden Gewerbe sowie im Dienstleistungsbereich in Deutschland je Stunde 19,33 Euro brutto. Sonderzahlungen wurden in diesem Durchschnittswert nicht berücksichtigt. Bei den Bundesländern führte Hamburg (21,83 Euro) das Ranking vor Hessen (21,26 Euro) und Baden-Württemberg (20,93 Euro) an. Den niedrigsten Stundenlohn der Länder im früheren Bundesgebiet verzeichnete Schleswig-Holstein mit 17,99 Euro. Die geringsten Bruttostundenverdienste wurden in Sachsen-Anhalt (14,80 Euro) sowie in Mecklen-

burg-Vorpommern und Thüringen (jeweils 14,78 Euro) gezahlt. ▸ Tab 3

Der Hauptgrund für die Verdienstabstände zwischen den Bundesländern lag in unterschiedlichen Produktivitätsniveaus. Je höher der Wert der von den Erwerbstätigen hergestellten Waren und erbrachten Dienstleistungen ist, desto höhere Verdienste können den Beschäftigten gezahlt werden. Im Jahr 2012 lag

das Bruttoinlandsprodukt je Erwerbstätigen in den alten Bundesländern 30,2 % über dem Durchschnitt der neuen Länder. Der Verdienstabstand zwischen West- und Ostdeutschland betrug ebenfalls rund ein Drittel und ist fast vollständig durch die unterschiedlichen Produktivitätsniveaus erklärbar. Bei der Produktivität und auch bei den Verdiensten belegten Hamburg und Hessen die vorderen Plätze

▸ Tab 2 **Arbeitszeiten und Verdienste (ohne Sonderzahlungen) vollzeitbeschäftigter Arbeitnehmerinnen und Arbeitnehmer 2012**

	Bezahlte Wochenarbeitszeit	Bruttostundenverdienst	Bruttomonatsverdienst
	in Stunden	in Euro	
Produzierendes Gewerbe und Dienstleistungsbereich	39,0	19,98	3 391
Produzierendes Gewerbe	38,5	20,71	3 467
↳ Bergbau und Gewinnung von Steinen und Erden	40,6	21,14	3 726
↳ Verarbeitendes Gewerbe	38,3	21,40	3 565
↳ Energieversorgung	38,5	26,76	4 480
↳ Wasserversorgung [1]	40,6	17,15	3 022
↳ Baugewerbe	39,0	16,91	2 866
Dienstleistungsbereich	39,4	19,56	3 345
↳ Handel [2]	39,1	18,84	3 198
↳ Verkehr und Lagerei	40,3	16,39	2 868
↳ Gastgewerbe	39,4	11,68	2 002
↳ Information und Kommunikation	39,1	25,99	4 413
↳ Erbringung von Finanz- und Versicherungsdienstleistungen	38,7	26,63	4 478
↳ Grundstücks- und Wohnungswesen	38,5	21,19	3 550
↳ Erbringung von freiberuflichen wissenschaftlichen und technischen Dienstleistungen	39,2	23,82	4 058
↳ Erbringung von sonstigen wirtschaftlichen Dienstleistungen	38,6	12,92	2 167
↳ Öffentliche Verwaltung, Verteidigung, Sozialversicherung	39,9	18,83	3 268
↳ Erziehung und Unterricht	39,8	22,76	3 938
↳ Gesundheits- und Sozialwesen	39,5	19,48	3 339
↳ Kunst, Unterhaltung und Erholung	39,4	19,58	3 353
↳ Erbringung von sonstigen Dienstleistungen	39,0	18,70	3 170

1 Einschließlich Abwasser- und Abfallentsorgung, Beseitigung von Umweltverschmutzungen.
2 Einschließlich Instandhaltung und Reparatur von Kraftfahrzeugen.

▶ Tab 3   **Bruttostundenverdienste und Bruttoinlandsprodukt je Erwerbstätigen 2012**

	Bruttostundenverdienst		Bruttoinlandsprodukt in jeweiligen Preisen je Erwerbstätigen
	in Euro	Deutschland = 100	
Deutschland	19,33	100	100
Früheres Bundesgebiet und Berlin	20,10	104,0	103,4
Neue Länder ohne Berlin	14,99	77,5	79,4
Hamburg	21,83	112,9	129,8
Hessen	21,26	110,0	112,0
Baden-Württemberg	20,93	108,3	105,6
Nordrhein-Westfalen	20,27	104,9	102,9
Bayern	20,20	104,5	105,5
Bremen	20,05	103,7	105,3
Rheinland-Pfalz	19,29	99,8	96,2
Saarland	18,88	97,7	96,3
Berlin	18,56	96,0	92,7
Niedersachsen	18,53	95,9	94,8
Schleswig-Holstein	17,99	93,1	92,8
Brandenburg	15,47	80,0	84,7
Sachsen	15,02	77,7	77,0
Sachsen-Anhalt	14,80	76,6	82,8
Mecklenburg-Vorpommern	14,78	76,5	79,6
Thüringen	14,78	76,5	74,7

Bruttostundenverdienst ohne Sonderzahlungen von Vollzeit- und Teilzeitbeschäftigten im Produzierenden Gewerbe und im Dienstleistungsbereich. Geringfügig Beschäftigte sind nicht enthalten.
Quelle: Arbeitskreis »Volkswirtschaftliche Gesamtrechnungen der Länder«.

▶ Tab 4   **Bruttomonatsverdienste vollzeitbeschäftigter Arbeitnehmer im Produzierenden Gewerbe und im Dienstleistungsbereich nach Leistungsgruppen 2012**

	Anteile der Arbeitnehmer in Leistungsgruppen			Durchschnittliche Bruttomonatsverdienste (ohne Sonderzahlungen)		
	insgesamt	Männer	Frauen	insgesamt	Männer	Frauen
	in %			in Euro		
Deutschland						
Insgesamt	100	100	100	3 391	3 595	2 925
1	11,9	13,3	8,7	6 111	6 418	5 043
2	24,4	24,1	24,9	4 026	4 222	3 595
3	43,6	42,4	46,3	2 838	2 958	2 588
4	14,1	14,7	12,8	2 332	2 445	2 035
5	6,1	5,5	7,3	1 951	2 023	1 828
Früheres Bundesgebiet und Berlin						
Insgesamt	100	100	100	3 517	3 731	3 006
1	12,3	13,8	8,6	6 247	6 531	5 161
2	25,0	24,9	25,1	4 133	4 322	3 684
3	42,5	41,1	45,7	2 953	3 083	2 672
4	14,0	14,5	12,8	2 421	2 536	2 109
5	6,3	5,6	7,8	1 993	2 065	1 869
Neue Länder ohne Berlin						
Insgesamt	100	100	100	2 639	2 696	2 542
1	9,4	9,8	8,7	5 063	5 361	4 489
2	20,8	18,8	24,2	3 265	3 344	3 161
3	50,1	50,6	49,1	2 258	2 282	2 217
4	15,0	16,1	13,0	1 839	1 907	1 694
5	4,7	4,6	5,0	1 618	1 680	1 521

der Rangfolge. In Thüringen und Mecklenburg-Vorpommern war die Produktivität am geringsten. Diese Struktur zeigt sich seit mehreren Jahren und kann daher als Erklärung für den Verdienstabstand von 34,2 % im Jahr 2012 zwischen Ost- und Westdeutschland herangezogen werden.

Bruttomonatsverdienste nach Leistungsgruppen

Arbeitnehmerinnen und Arbeitnehmer werden zur besseren Analyse der Durchschnittsverdienste in Leistungsgruppen eingeteilt. Diese stellen eine grobe Abstufung der Arbeitnehmertätigkeiten nach dem Qualifikationsprofil des Arbeitsplatzes dar. Es wird unterschieden zwischen Arbeitnehmern in leitender Stellung (Leistungsgruppe 1), herausgehobenen Fachkräften (Leistungsgruppe 2), Fachkräften (Leistungsgruppe 3), angelernten Arbeitnehmern (Leistungsgruppe 4) und ungelernten Arbeitnehmern (Leistungsgruppe 5). Arbeitnehmer in leitender Stellung verdienten 2012 mit durchschnittlich 6 111 Euro mehr als dreimal so viel wie ungelernte Arbeitnehmer (1 951 Euro). Im Durchschnitt aller beobachteten Wirtschaftszweige gehörten 13,3 % der Männer in Deutschland dieser Personengruppe an, aber nur 8,7 % der Frauen. In Leistungsgruppe 5 kehrt sich dieses Verhältnis um: 7,3 % ungelernte Arbeitnehmerinnen stehen hier 5,5 % ungelernten Arbeitnehmern gegenüber. ▶ Tab 4

Im früheren Bundesgebiet und Berlin sind 13,8 % der vollzeitbeschäftigten Männer in Leistungsgruppe 1, aber nur 8,6 % der Frauen. Rund 5,6 % der männlichen Beschäftigten sind ungelernte Arbeitnehmer (Frauen: 7,8 %). In den neuen Ländern ist diese Verteilung etwas ausgewogener: auf leitende Arbeitnehmer entfallen hier 9,8 % der Männer und 8,7 % der Frauen, ungelernt sind 4,6 % der Männer und 5,0 % der Frauen.

Bruttoverdienste nach Branchen

Zwischen den einzelnen Branchen im Produzierenden Gewerbe und im Dienstleistungsbereich bestehen große Verdienstunterschiede. Die Spanne reichte

2012 in Deutschland von 4 480 Euro für Beschäftigte im Bereich Energieversorgung bis 2 002 Euro im Gastgewerbe. Bei den Unterpositionen war die Spannbreite bei den Verdiensten noch ausgeprägter. Die Branche »Gewinnung von Erdöl und Erdgas« (6 862 Euro) führte hier das Ranking an, vor »Kokerei und Mineralölverarbeitung« (5 244 Euro) und »Verwaltung und Führung von Unternehmen und Betrieben; Unternehmensberatung« (4 889 Euro). Die niedrigsten Verdienste verzeichneten die Bereiche »Vermittlung

und Überlassung von Arbeitskräften« (1 841 Euro), »Gastronomie« (1 968 Euro) sowie »Beherbergung« (2 032 Euro). Diese Angaben beziehen sich auf den regelmäßig monatlich gezahlten Verdienst. Die Verdienstunterschiede zwischen den Branchen vergrößern sich tendenziell noch, wenn die Sonderzahlungen berücksichtigt werden. So lag beispielsweise der Anteil der Sonderzahlungen an der Grundvergütung im Gastgewerbe mit 5,1 % deutlich unter dem bei Betrieben der Erbringung von Finanz- und Versicherungsdienst-

leistungen (20,2 %). Im Durchschnitt wurden 10,6 % Sonderzahlungen erreicht. Generell war der Anteil der Sonderzahlungen an der Gesamtvergütung in Branchen mit hohen Verdiensten höher als in Branchen mit niedrigen Verdiensten. ▶ Tab 5

Alle hier veröffentlichten Verdienstangaben sind Durchschnittswerte (arithmetisches Mittel). Wichtig für die Interpretation dieser Werte ist eine Vorstellung über die Verteilung der Beschäftigten um diesen Mittelwert: Aus der Verdienststrukturerhebung 2010 ist bekannt, dass knapp

▶ Tab 5 **Bruttomonatsverdienste vollzeitbeschäftigter Arbeitnehmerinnen und Arbeitnehmer 2012**

	Anteil der Arbeitnehmer	Bruttomonatsverdienst		Anteil der Sonderzahlungen an der Grundvergütung
		ohne Sonderzahlungen (Grundvergütung)	Sonderzahlungen	
	in %	in Euro		in %
Produzierendes Gewerbe und Dienstleistungsbereich	**100**	**3 391**	**359**	**10,6**
Bergbau und Gewinnung von Steinen und Erden	0,3	3 726	449	12,1
↳ Gewinnung von Erdöl und Erdgas	0,0	6 862	965	14,1
Verarbeitendes Gewerbe	29,2	3 565	464	13,0
↳ Kokerei und Mineralölverarbeitung	0,1	5 244	889	17,0
Energieversorgung	1,1	4 480	714	15,9
Wasserversorgung[1]	1,0	3 022	272[2]	9,0
Baugewerbe	6,0	2 866	192	6,7
Handel[3]	12,4	3 198	379	11,9
Verkehr und Lagerei	5,1	2 868	245	8,6
Gastgewerbe	1,9	2 002	103[2]	5,1
↳ Beherbergung	1,0	2 032	105[2]	5,2
↳ Gastronomie	0,9	1 968	–	–
Information und Kommunikation	3,2	4 413	626	14,2
Erbringung von Finanz- und Versicherungsdienstleistungen	3,5	4 478	904	20,2
Grundstücks- und Wohnungswesen	0,8	3 550	474[2]	13,4
Erbringung von freiberuflichen, wissenschaftlichen und technischen Dienstleistungen	5,8	4 058	550	13,6
↳ Verwaltung und Führung von Unternehmen und Betrieben; Unternehmensberatung	1,3	4 889	945	19,3
Erbringung von sonstigen wirtschaftlichen Dienstleistungen	5,4	2 167	123	5,7
↳ Vermittlung und Überlassung von Arbeitskräften	2,9	1 841	–	–
Öffentliche Verwaltung, Verteidigung; Sozialversicherung	9,8	3 268	159	4,9
Erziehung und Unterricht	4,3	3 938	133	3,4
Gesundheits- und Sozialwesen	7,5	3 339	210	6,3
Kunst, Unterhaltung und Erholung	0,7	3 353	245[2]	7,3
Erbringung von sonstigen Dienstleistungen	2,1	3 170	272	8,6

1 Einschließlich Abwasser- und Abfallentsorgung, Beseitigung von Umweltverschmutzungen.
2 Aussagewert eingeschränkt, da der Zahlenwert statistisch relativ unsicher ist.
3 Einschließlich Instandhaltung und Reparatur von Kraftfahrzeugen.
– nichts vorhanden.

zwei von drei Vollzeitbeschäftigten (62 %) weniger verdienen als den gesamtwirtschaftlichen Durchschnittswert; nur ein gutes Drittel hat höhere Bruttoverdienste. Dieses Drittel hat so hohe Verdienste, dass der Durchschnittswert für alle Beschäftigten »nach oben« gezogen wird.

Verdienste von Vollzeit- und Teilzeitbeschäftigten

Teilzeitbeschäftigte Arbeitnehmerinnen und Arbeitnehmer wiesen im Jahr 2012 mit 15,99 Euro einen um 20 % niedrigeren durchschnittlichen Bruttostundenverdienst auf als Vollzeitbeschäftigte (19,98 Euro). Woran liegt das? Ein Vergleich der Verdienste von Vollzeit- und Teilzeitbeschäftigten nach Leistungsgruppen macht deutlich, dass 11,9 % der Vollzeitbeschäftigten leitende Arbeitnehmer waren. Bei den Teilzeitbeschäftigten waren es lediglich 6,2 %. Demgegenüber gehörten 6,1 % der Vollzeit- aber 14,8 % der Teilzeitbeschäftigten zu den ungelernten Arbeitnehmern. ▸ Tab 6

Da der Verdienst mit dem am Arbeitsplatz erforderlichen Qualifikationsniveau entsprechend ansteigt, wird der durchschnittliche Bruttostundenverdienst teilzeitbeschäftigter Arbeitnehmerinnen und Arbeitnehmer demnach durch einen höheren Anteil »niedriger« Stundenverdienste gedrückt. Entspräche die Verteilung der Teilzeitbeschäftigten auf die Leistungsgruppen der von Vollzeitbeschäftigten, ergäbe sich nur noch ein Verdienstunterschied von 12 %. Ein weiterer Grund für die Unterschiede beim Bruttostundenverdienst Vollzeit- und Teilzeitbeschäftigter liegt in der Verteilung der jeweiligen Beschäftigungsarten auf einzelne Branchen. Teilzeitbeschäftigte finden sich verstärkt in Branchen mit niedrigeren Verdiensten. Berechnet man einen Stundenverdienst mit den Verdiensten der Teilzeitbeschäftigten und der Branchenstruktur der Vollzeitbeschäftigten, beträgt die Abweichung nur noch 15 %. Beide Effekte zusammengenommen erklären knapp zwei Drittel des Verdienstabstandes zwischen Voll- und Teilzeitbeschäftigten.

Verdienstunterschied zwischen Männern und Frauen

In den letzten Jahren wächst das Interesse an den bestehenden Verdienstunterschieden zwischen Männern und Frauen, dem »Gender Pay Gap«. Um geschlechtsspezifische Lohnunterschiede zu analysieren, stehen zwei Indikatoren zur Verfügung: Der bereinigte Gender Pay Gap ermittelt die Höhe des Verdienstunterschiedes von Frauen und Männern mit vergleichbaren Eigenschaften (zum Beispiel: Tätigkeit, Ausbildung, Berufserfahrung). Der unbereinigte Gender Pay Gap betrachtet den geschlechtsspezifischen Verdienstunterschied in allgemeiner Form, das heißt ohne Berücksichtigung struktureller Unterschiede in den Beschäftigungsverhältnissen von Männern und Frauen. Auf diese Weise wird auch der Teil des Lohnabstands erfasst, der zum Beispiel durch unterschiedliche Zugangschancen beider Geschlechtergruppen auf bestimmte Tätigkeitsfelder oder Leistungsgruppen verursacht wird, die möglicherweise ebenfalls das Ergebnis benachteiligender Strukturen sind.

In den vergangenen Jahren lag der unbereinigte Gender Pay Gap in Deutschland bei 22 %, das heißt der durchschnittliche Bruttostundenverdienst von Frauen fiel um 22 % geringer aus als der von Männern. Analysen auf Grundlage der in mehrjährigen Abständen durchgeführten Verdienststrukturerhebung 2010 zeigen, dass in Deutschland rund zwei Drittel (66 %) des unbereinigten Gender Pay Gap auf Strukturunterschiede zwischen Arbeitnehmerinnen und Arbeitnehmern zurückzuführen sind. Wichtigste Unterschiede waren, dass Frauen und Männer unterschiedliche Leistungsgruppen besetzen und sich hinsichtlich der Berufs- beziehungsweise Branchenwahl unterscheiden. Schließlich sind Frauen eher teilzeitbeschäftigt und teilweise schlechter ausgebildet. Rund ein Drittel (34 %) des unbereinigten Verdienstunterschieds konnte nicht mithilfe derartiger Unterschiede erklärt werden. Der bereinigte Verdienstunterschied liegt demnach bei rund 7 %. Dies bedeutet, dass weibliche Arbeitnehmer je Stunde 7 % weniger als Männer verdienten, auch unter der Voraussetzung, dass sie

· die gleiche Tätigkeit ausübten,
· über einen äquivalenten Ausbildungshintergrund verfügten,
· in einem vergleichbar großen privaten beziehungsweise öffentlichen Unternehmen tätig wären, das auch regional ähnlich zu verorten ist (Ost/West, Ballungsraum/kein Ballungsraum),
· einer vergleichbaren Leistungsgruppe angehörten,
· einem ähnlich ausgestalteten Arbeitsvertrag (befristet/unbefristet, mit/ohne Tarifbindung, Altersteilzeit ja/nein, Zulagen ja/nein) unterlagen,

▸ Tab 6   **Anteil der Vollzeit- und Teilzeitbeschäftigten nach Leistungsgruppen 2012**

| | Bruttostundenverdienst ohne Sonderzahlungen | | | |
| | Vollzeitbeschäftigte | | Teilzeitbeschäftigte (ohne geringfügig Beschäftigte) | |
	Anteil in %	in Euro	Anteil in %	in Euro
Insgesamt	68,6	19,98	21,0	15,99
1	11,9	35,61	6,2	27,97
2	24,4	23,69	17,9	21,21
3	43,6	16,76	42,6	15,48
4	14,1	13,74	18,6	12,06
5	6,1	11,66	14,8	10,29

Anteil an allen Arbeitnehmern im Produzierenden Gewerbe und im Dienstleistungsbereich.

▶ Abb 1 **Verdienstunterschied zwischen Männern und Frauen, Bruttostundenverdienst — in Euro**

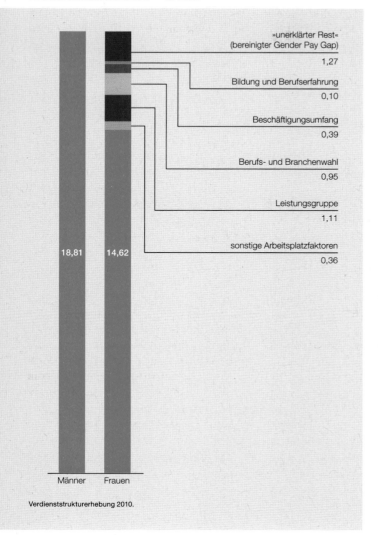

»unerklärter Rest« (bereinigter Gender Pay Gap) — 1,27

Bildung und Berufserfahrung — 0,10

Beschäftigungsumfang — 0,39

Berufs- und Branchenwahl — 0,95

Leistungsgruppe — 1,11

sonstige Arbeitsplatzfaktoren — 0,36

18,81   14,62

Männer   Frauen

Verdienststrukturerhebung 2010.

▶ Info 1
Was sind Niedriglöhne?

Der Begriff »Niedriglöhne« wird unterschiedlich verwendet. Das Statistische Bundesamt berechnet die Niedriglohngrenze, unterhalb derer alle Verdienste als Niedriglohn gelten, gemäß einem Ansatz, der unter anderem von der Organisation für wirtschaftliche Zusammenarbeit und Entwicklung (OECD) und der Internationalen Arbeitsorganisation (ILO) angewandt wird.

Diese grenzt den Niedriglohnbereich relativ zur Verteilung der Verdienste aller betrachteten Beschäftigten ab. Dazu wird zunächst der Medianverdienst berechnet: Dieser teilt die betrachteten Verdienste in genau zwei Hälften, das heißt, genau eine Hälfte der Beschäftigten verdient weniger und die andere Hälfte mehr als diesen Wert. Gemäß der Definition wird von Niedriglohn gesprochen, wenn der Verdienst eines Beschäftigten kleiner als zwei Drittel des Medianverdienstes ist.

Die Daten zu Niedriglöhnen basieren auf der Verdienststrukturerhebung, die alle vier Jahre detaillierte Informationen zu den Erwerbseinkommen abhängig Beschäftigter bereitstellt. Aussagen zu Erwerbseinkommen von Selbstständigen können mithilfe dieser Erhebung nicht gemacht werden. Durch die Ausweitung der erhobenen Wirtschaftszweige im Jahr 2010 wurden nun auch die Branchen der nicht marktbestimmten Dienstleistungen abgedeckt und somit Wirtschaftszweige einbezogen, in denen die öffentliche Hand stark vertreten ist, darunter öffentliche Verwaltung, Bildung und Gesundheitswesen. Allerdings sind Zeitvergleiche mit vorangegangenen Erhebungen dadurch nur eingeschränkt möglich. Weiterhin unberücksichtigt bleiben die Land- und Forstwirtschaft sowie die privaten Haushalte mit Hauspersonal. Dadurch und durch die Beschränkung der Befragung auf Betriebe ab zehn Beschäftigten, kann nicht gesagt werden, wie viel Niedrigentlohnte es in Deutschland im Jahr 2010 genau gab. Da andere Datenquellen zeigen, dass in kleinen Firmen ein erhöhtes Risiko für Niedriglöhne besteht, sind die veröffentlichten Zahlen und Anteilswerte zu Niedriglohnverdienern als Untergrenze zu betrachten.

Für den Vergleich der Erwerbseinkommen wird der Bruttostundenverdienst herangezogen. Er ist am besten geeignet, da so festgestellte Verdienstunterschiede nicht aus unterschiedlich langen Arbeitszeiten resultieren können und Einflüsse von Steuern und Abgaben außen vor bleiben. Die Analyse wurde auf sogenannte Kernerwerbstätige eingeschränkt, also Beschäftigte im Alter von 15 bis 64 Jahren ohne Auszubildende. Beschäftigte in Altersteilzeit wurden wegen ihrer besonderen Verdienstsituation ebenfalls ausgeschlossen.

· das gleiche Dienstalter und die gleiche potenzielle Berufserfahrung aufwiesen sowie
· einer Beschäftigung vergleichbaren Umfangs (Vollzeit/Teilzeit) nachgingen.

In diesem Zusammenhang sollte jedoch berücksichtigt werden, dass der bereinigte Gender Pay Gap möglicherweise geringer ausfallen würde, wenn weitere lohnrelevante Eigenschaften für die Analysen zur Verfügung gestanden hätten. So konnte beispielsweise im Rahmen der Auswertungen weder der Familienstand oder die tatsächliche Berufserfahrung noch das individuelle Verhalten in Lohnverhandlungen einbezogen werden. ▶ Abb 1

Niedriglöhne
In den letzten Jahren wird immer wieder über Niedriglöhne und das damit einhergehende Armutsrisiko für die Beschäftigten diskutiert. Dabei wird der Begriff »Niedriglohn« unterschiedlich definiert. Das Statistische Bundesamt verwendet eine unter anderem bei der Organisation für wirtschaftliche Zusammenarbeit und Entwicklung (OECD) und der Internationalen Arbeitsorganisation (ILO) übliche Definition. Demnach liegt die Niedriglohngrenze bei zwei Dritteln des Medianverdienstes. ▶ Info 1

Die so definierte Niedriglohngrenze lag 2010 in Deutschland bei 10,36 Euro brutto je Stunde. Knapp 21 % aller Arbeitnehmerinnen und Arbeitnehmer erhielten einen Verdienst unterhalb dieser Grenze. Bei den sogenannten atypisch Beschäftigten (Teilzeitbeschäftigte mit 20 Stunden

▶ Tab 7 **Beschäftigte mit Niedriglohn 2010 — in Prozent**

	Insgesamt	Normalarbeit-nehmer/-innen	Atypisch Beschäftigte	Darunter:			
				Teilzeit-beschäftigte	befristet Beschäftigte	geringfügig Beschäftigte	Zeitarbeit-nehmer/-innen
Insgesamt	**20,6**	**10,8**	**49,8**	**20,9**	**33,5**	**84,3**	**67,7**
Männer	15,8	8,1	53,7	34,3	31,6	83,4	65,4
Frauen	26,5	15,1	47,6	19,2	35,5	84,8	72,9
Alter von … bis … Jahren							
15–24	51,3	31,4	68,1	51,9	48,3	89,1	76,0
25–34	22,7	13,1	44,1	27,3	23,8	82,3	64,5
35–44	16,3	8,8	42,2	16,1	28,9	82,1	63,9
45–54	16,2	8,9	48,2	19,1	39,2	84,2	69,3
55–64	20,0	10,1	57,5	23,9	46,4	84,0	68,6
Früheres Bundesgebiet	18,0	7,7	47,7	19,5	29,6	83,5	63,5
Neue Länder	36,8	29,0	67,5	45,2	53,6	92,0	89,4
Ohne Berufsausbildung	52,8	22,7	77,8	44,7	62,2	88,1	85,5
Mit Berufsausbildung	17,7	12,1	39,4	17,1	36,2	77,2	57,6
Hochschulabschluss	1,7	0,5	8,3	2,7	5,7	61,4	20,7
Wirtschaftsabschnitte							
Bergbau und Gewinnung von Steinen und Erden	5,6	3,5	28,9	22,1	9,3	71,8	–
Verarbeitendes Gewerbe	13,7	9,2	49,3	22,2	32,5	84,2	–
Energieversorgung	2,6	1,1	17,3	2,2	10,8	69,2	–
Wasserversorgung[1]	16,8	11,5	48,3	17,1	44,1	77,9	–
Baugewerbe	15,3	10,7	46,9	23,8	31,7	67,6	–
Handel[2]	26,9	15,1	59,6	27,5	42,1	86,1	–
Verkehr und Lagerei	29,1	20,3	56,9	23,6	39,1	88,6	–
Gastgewerbe	69,2	56,5	83,9	66,5	77,1	93,4	–
Information und Kommunikation	12,4	4,2	49,1	21,5	35,1	86,5	–
Erbringung von Finanz- und Versicherungsdienstleistungen	2,6	0,6	14,4	3,0	18,0	77,8	–
Grundstücks- und Wohnungswesen	16,6	7,5	51,1	15,4	28,7	84,2	–
Erbringung von freiberuflichen, wissenschaftlichen und technischen Dienstleistungen	14,4	6,5	41,6	18,4	28,1	77,8	–
Erbringung von sonstigen wirtschaftlichen Dienstleistungen	65,6	44,8	75,9	73,2	75,5	93,1	67,7
Öffentliche Verwaltung, Verteidigung; Sozialversicherung	2,9	0,3	15,0	1,6	19,1	84,8	–
Erziehung und Unterricht	9,3	0,8	28,9	5,3	16,2	83,6	–
Gesundheits- und Sozialwesen	18,6	11,0	33,2	12,5	28,4	72,5	–
Kunst, Unterhaltung und Erholung	33,0	14,7	59,6	28,0	38,0	86,5	–
Erbringung von sonstigen Dienstleistungen	28,2	18,3	46,9	20,5	45,9	73,1	–

Niedriglohngrenze bei zwei Dritteln des Medians vom Bruttostundenverdienst (10,36 Euro).
1 Einschließlich Abwasser- und Abfallentsorgung, Beseitigung von Umweltverschmutzungen.
2 Einschließlich Instandhaltung und Reparatur von Kraftfahrzeugen.
– nichts vorhanden.

oder weniger, geringfügig Beschäftigte, befristet Beschäftigte sowie Zeitarbeiter) war es sogar jeder Zweite. Dabei unterschieden sich die Anteile der Niedrigentlohnten je nach Beschäftigungsform deutlich: So arbeiteten mehr als vier von fünf geringfügig Beschäftigten (84 %) und zwei von drei Zeitarbeitern (68 %) für einen Niedriglohn. Für befristet Beschäftigte (34 %) und Teilzeitbeschäftigte (21 %) waren die Anteile zwar geringer, aber immer noch deutlich über dem Niveau für Normalarbeitnehmerinnen und -arbeitnehmer mit 11 %. Als Normalarbeitsverhältnisse gelten unbefristete, voll sozialversicherungspflichtige Beschäftigungen mit über 20 Wochenstunden, die nicht als Zeitarbeit ausgeübt werden.

Das bedeutet, dass von den gut 22 Millionen Beschäftigten, über die die Verdienststrukturerhebung repräsentative Aussagen macht, 1,8 Millionen Normalbeschäftigte und rund 2,8 Millionen atypisch Beschäftigte einen Niedriglohn erhielten. Berücksichtigt man, dass Betriebe mit weniger als zehn Beschäftigten und insbesondere die Wirtschaftsabschnitte Land- und Forstwirtschaft, Fischerei sowie Private Haushalte durch die Erhebung nicht erfasst werden, dürfte die Zahl der Niedriglohnbezieherinnen und -bezieher noch höher liegen. ▶ Tab 7

Niedriglöhne sind in den einzelnen Wirtschaftszweigen unterschiedlich stark verbreitet. Beschäftigte im Gastgewerbe bekommen häufiger als in allen anderen Wirtschaftsabschnitten Bruttostundenverdienste unterhalb der Niedriglohngrenze. So bezogen in dieser Branche rund 57 % der Normalbeschäftigten einen Niedriglohn. In den anderen Wirtschaftsabschnitten war der Anteil der Niedriglohnbezieherinnen und -bezieher unter den Normalbeschäftigten wesentlich geringer. Allerdings überstiegen in allen Wirtschaftsabschnitten die Anteile der gering entlohnten atypisch Beschäftigten deutlich die der Normalbeschäftigten. So erhielten im Abschnitt Finanz- und Versicherungsdienstleistungen gerade 0,6 % der Normalbeschäftigten aber rund 14 % der atypisch Beschäftigten einen Niedrig-

lohn. Im Verarbeitenden Gewerbe war der Anteil der niedrig entlohnten atypisch Beschäftigten mit 49 % rund 40 Prozentpunkte höher als der entsprechende Anteil für die Normalbeschäftigten.

Bei noch feingliedrigerer Betrachtung der Wirtschaftszweige sind die Branchen mit den höchsten Anteilen Normalbeschäftigter mit Niedriglohn der Betrieb von Taxis sowie Friseur- und Kosmetiksalons. Hier bezogen jeweils über 80 % der Normalarbeitnehmer einen Niedriglohn. Neben den beiden bereits genannten Branchen ergaben sich hohe Anteile in Wäschereien und chemischen Reinigungen, in Restaurants und Gaststätten sowie in der Gebäudereinigung.

Auch die durchschnittlich geringere Bezahlung von Frauen spiegelt sich in einem größeren Anteil niedrig entlohnter Frauen wider. Der Anteil der Niedriglohnbezieherinnen an allen Arbeitnehmerinnen war mit 27 % mehr als zehn Prozentpunkte höher als der entsprechende Anteil bei den Männern mit 16 %.

Je jünger Beschäftigte sind, desto höher ist die Wahrscheinlichkeit, dass Niedriglöhne bezogen werden. Mehr als jeder zweite Beschäftigte von 15 bis 24 Jahren bekam einen Niedriglohn. Dies sind mehr als doppelt so viele wie in jeder anderen Altersgruppe. Eine Ausnahme stellten die geringfügig Beschäftigten dar. Hier liegt der Anteil der Niedriglohnverdiener in allen Altersgruppen bei über 80 %. Unter den befristet Beschäftigten hatten zusätzlich zu der jüngsten Altersgruppe (Niedriglohnanteil: 48 %) auch ältere Beschäftigte ab 55 Jahren häufiger einen Niedriglohn (Niedriglohnanteil: 46 %). Hier zeichnen sich eventuell Folgen unsteter werdender Erwerbskarrieren ab. Durch häufigere Arbeitsplatz- und Berufswechsel müssen eher Verdiensteinbußen hingenommen werden, als dass Verbesserungen möglich sind. Gerade bei befristet Beschäftigten ist häufiger mit Erwerbsverläufen zu rechnen, die Brüche aufweisen.

Auch die berufliche Qualifikation ist ein bedeutender Faktor, der die Verdiensthöhe beeinflusst. Je höher die per-

sönliche berufliche Qualifikation, desto niedriger ist die Wahrscheinlichkeit eines Niedriglohns. Insgesamt bezogen 53 % der Arbeitnehmerinnen und Arbeitnehmer ohne einen beruflichen Bildungsabschluss einen Niedriglohn. Bei Beschäftigten mit einer abgeschlossenen Berufsausbildung waren es 18 % und bei Beschäftigten mit Hochschulabschluss rund 2 %.

5.2.3 Mindestlöhne

In Deutschland gab es am 1. Mai 2013 keinen allgemeinen, branchenübergreifenden gesetzlichen Mindestlohn, sondern ausschließlich verbindliche Mindestlöhne für einzelne Branchen und Berufe. Im Mai 2013 galten Mindestlöhne in vier Baubranchen, für Sicherheitsdienstleistungen, für die Abfallwirtschaft, die Gebäudereinigung, die Pflegebranche sowie für pädagogisches Personal in der beruflichen Aus- und Weiterbildung. Zudem gilt in der Zeitarbeit (Arbeitnehmerüberlassung) eine Lohnuntergrenze. ▶ Tab 8

In Deutschland regeln verschiedene Gesetze, unter welchen Bedingungen branchenspezifische Mindestlöhne festgesetzt werden können. Sind Mindestlöhne vom Gesetzgeber verabschiedet, gelten Sie für alle Arbeitgeber und Arbeitnehmer dieser Branche.

In der Europäischen Union gab es am 1. Januar 2013 in 20 der 27 Mitgliedsländer einen gesetzlichen Mindestlohn. Am niedrigsten waren die monatlichen Mindestlöhne in den mittel- und osteuropäischen Ländern: Sie betrugen, bezogen auf einen Vollzeitbeschäftigten, im Juli 2012 zwischen 157 Euro in Rumänien und 377 Euro in Polen. In den südeuropäischen Ländern lag der Mindestlohn monatlich zwischen 566 Euro in Portugal und 784 Euro in Slowenien. Deutlich höhere Mindestlöhne gab es in den westeuropäischen Ländern. Sie reichten von 1 264 Euro im Vereinigten Königreich bis zu 1 874 Euro in Luxemburg. ▶ Abb 2

Die verschiedenen Mindestlohnniveaus spiegeln auch die wirtschaftliche Leistungskraft und die Lebenshaltungskosten in den einzelnen Ländern wider. Die Höhe des Mindestlohns ist unter anderem eine

▶ Tab 8 **Mindestlöhne 2013 — in Euro je Stunde**

	Früheres Bundesgebiet und Berlin	Neue Länder ohne Berlin
Abfallwirtschaft	8,68	8,68
Baugewerbe		
↳ Werker, Maschinenwerker	11,05	10,25
↳ Fachwerker, Maschinisten, Kraftfahrer	13,70 13,55 (Berlin)	10,25
Berufliche Aus- und Weiterbildung	12,60	11,25
Dachdecker	11,20	11,20
Elektrohandwerk	9,90 8,85 (Berlin)	8,85
Gebäudereinigung		
↳ Innen- und Unterhaltungsreinigungsarbeiten	9,00	7,56
↳ Glas- und Fassadenreinigung	11,33	9,00
Maler und Lackierer		
↳ ungelernte Arbeitnehmer	9,90	9,90
↳ gelernte Arbeiter, Gesellen	12,15	9,90
Pflegebranche	8,75	7,75
Sicherheitsdienstleistungen	7,50 – 8,90[1]	7.50
Zeitarbeit	8,19 7,50 (Berlin)	7,50

Stand: 1. Mai 2013.
1 Bundeslandspezifische Regelung. Mindestlohn in Euro je Stunde: Baden-Württemberg: 8,90; Bayern: 8,42; Nordrhein-Westfalen: 8,23; Hessen: 7,76; Niedersachsen, Bremen, Hamburg, Berlin, Rheinland-Pfalz, Saarland, Schleswig-Holstein: 7,50.

▶ Abb 2 **Gesetzliche monatliche Mindestlöhne in der Europäischen Union 2013 — in Euro**

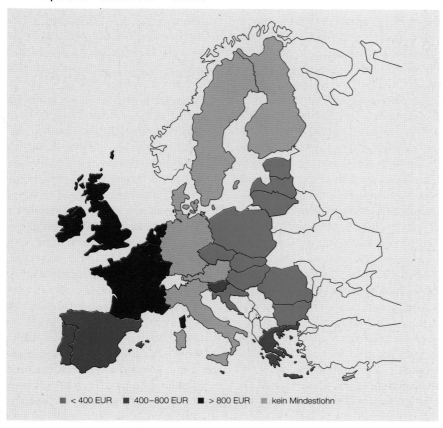

■ < 400 EUR ■ 400–800 EUR ■ > 800 EUR ■ kein Mindestlohn

politische Entscheidung: Gemessen am durchschnittlichen Bruttoverdienst der Arbeitnehmer in der Industrie und im Dienstleistungssektor schwankte der Mindestlohn 2011 zwischen rund 33 % (Tschechien, Bulgarien) und über 50 % (Slowenien, Griechenland) der durchschnittlichen Bruttomonatsverdienste.

5.2.4 Nettoverdienste nach Haushaltstypen (Modellrechnung)

Das Statistische Bundesamt berechnet mittels einer Modellrechnung Nettoverdienste für verschiedene Haushaltstypen im früheren Bundesgebiet und in den neuen Ländern. Der Nettoverdienst ist der durchschnittliche Bruttomonatsverdienst (einschließlich Sonderzahlungen) vollzeitbeschäftigter Frauen und Männer im Produzierenden Gewerbe und im Dienstleistungsbereich abzüglich der Steuern (Lohnsteuer und Solidaritätszuschlag) sowie der Beiträge des Arbeitnehmers zur Sozialversicherung. Die Zahlung von Kindergeld beziehungsweise die steuerliche Berücksichtigung von Kinderfreibeträgen bleiben bei der Berechnung der Nettoverdienste unberücksichtigt. Die Modellrechnung stellt dar, wie sich Lohnsteuer, Solidaritätszuschlag und Arbeitnehmerbeiträge zur Sozialversicherung auf die Höhe der Nettoverdienste verschiedener Haushaltstypen auswirken, wenn die Allein- oder Doppelverdiener jeweils den durchschnittlichen Bruttomonatsverdienst aller vollzeitbeschäftigten Frauen und Männer erzielen.

Der Anteil des Bruttomonatsverdienstes, über den die Haushaltstypen frei verfügen können, schwankt erheblich. Die höchsten Abzüge hatten ledige Männer ohne Kind im früheren Bundesgebiet, ihnen blieben im Jahr 2012 noch 59,2 % netto. Zum Vergleich: Ehepaaren mit zwei Kindern und alleinverdienendem Ehemann in den neuen Ländern blieben 72,2 %. ▶ Tab 9

5.2.5 Arbeitskosten und Lohnnebenkosten

Verdienste sind für Arbeitnehmerinnen und Arbeitnehmer der wichtigste Bestandteil des persönlichen Einkommens. Für die Arbeitgeber stellen sie Kosten dar. Sie sind der Gegenwert für die Arbeitsleistung der Arbeitnehmer.

Die Bruttoverdienste machen zwar den größten Teil der Arbeitskosten aus, dazu kommen aber noch die Lohnnebenkosten. In Deutschland wird dieser Begriff uneinheitlich gebraucht. Das Statistische Bundesamt verwendet eine bei der Internationalen Arbeitsorganisation (ILO) übliche Definition. Bruttoverdienste kommen den Arbeitnehmern »direkt« zugute, sie werden deshalb international als direkte Kosten bezeichnet. Weniger sichtbar für die Arbeitnehmer sind Kosten, welche die Arbeitgeber noch zusätzlich zahlen: Die »indirekten« Kosten, für die nun der Begriff »Lohnnebenkosten« verwendet wird. Der größte Teil der Lohnnebenkosten sind Aufwendungen der Arbeitgeber, um den Sozialschutz für die Arbeitnehmerinnen und Arbeitnehmer zu finanzieren. ▶ Abb 3, Info 2

Die Lohnnebenkosten im Produzierenden Gewerbe wuchsen seit 1966 mit einem Anteil von rund 17 % der Bruttoverdienste auf einen Höchststand von 32 % im Jahr 1996 an und lagen 2008 bei 29 %. Aktuellere Daten liegen noch nicht vor, sie werden für 2012 voraussichtlich Mitte des Jahres 2014 veröffentlicht. Das Wachstum stammt vor allem aus den per Gesetz vorgeschriebenen Beiträgen der Arbeitgeber zur Finanzierung der Sozialversicherungen. Das sind zunächst die weitgehend paritätisch von Arbeitgebern und Arbeitnehmern gezahlten Beiträge zur Renten-, Kranken-, Arbeitslosen- und Pflegeversicherung (siehe Kapitel 8.4, Seite 272 f.). Hinzu kommen die ausschließlich vom Arbeitgeber getragenen Kosten für die Entgeltfortzahlung bei Krankheit und Mutterschutz, die gesetzliche Unfallversicherung und für Umlagen zur Finanzierung von Insolvenzgeld und weiteren Leistungen.

Diese gesetzlichen Lohnnebenkosten nahmen am stärksten in den 1970er-Jahren zu, als das soziale Netz ausgebaut wurde. Zum einen erhöhten sich die paritätischen Beitragssätze deutlich, zum anderen wurden Leistungen eingeführt, die ausschließlich vom Arbeitgeber zu finanzieren sind, etwa im Jahr 1970 die volle Entgeltfortzahlung im Krankheitsfall für alle Arbeitnehmerinnen und Arbeitnehmer, 1972 die Winterbauförderung im Baugewerbe (heute Wintergeld) und 1974 das Konkursausfallgeld (heute Insolvenzgeld).

In den 1990er-Jahren stiegen die Beitragssätze zur Renten- und Arbeitslosenversicherung im Zuge der deutschen Vereinigung. Im Jahr 1995 wurde die Pflegeversicherung eingeführt. Seitdem sind die gesetzlichen Lohnnebenkosten auf etwa 23 % des Bruttoverdienstes abgesunken, was unter anderem auf sinkende Beitragssätze, beitragsfreie Verdienstbestandteile und geringere Entgeltfortzahlungsleistungen aufgrund des abnehmenden Krankenstands zurückzuführen war.

Auch die nicht gesetzlich geregelten Lohnnebenkosten wuchsen seit 1966 von rund 4 % auf einen Höchststand von knapp 8 % in den 1990er-Jahren, um zuletzt im Jahr 2008 auf 6 % der Bruttoverdienste zurückzugehen. Dieser

▶ Tab 9 **Modellrechnung für Nettoverdienste 2012 — Anteil des Netto- am Bruttoverdienst in Prozent**

	Lediger Mann ohne Kind	Ehepaar, Doppelverdiener ohne Kind	Ehepaar, alleinverdienender Ehemann, zwei Kinder	Alleinerziehende Mutter, zwei Kinder
Früheres Bundesgebiet und Berlin	59,2	60,3	67,9	63,3
Neue Länder ohne Berlin	63,3	63,7	72,2	65,8

Vollzeitbeschäftigte Arbeitnehmerinnen und Arbeitnehmer im Produzierenden Gewerbe und im Dienstleistungsbereich.

▶ Abb 3 **Lohnnebenkosten im Produzierenden Gewerbe — in Prozent der Bruttoverdienste**

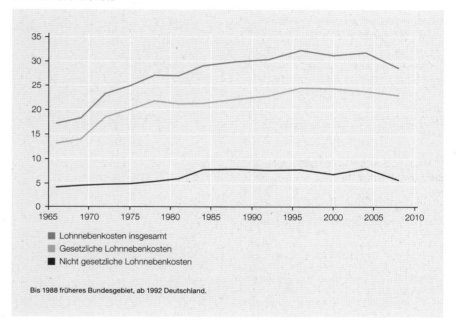

■ Lohnnebenkosten insgesamt
■ Gesetzliche Lohnnebenkosten
■ Nicht gesetzliche Lohnnebenkosten

Bis 1988 früheres Bundesgebiet, ab 1992 Deutschland.

▶ Info 2

Was sind Lohnzusatzkosten?

Oft werden Begriffe wie Lohnnebenkosten, Lohnzusatzkosten oder Personalzusatzkosten verwendet, ohne dass dabei stets eindeutig wäre, was gemeint ist. Das Statistische Bundesamt verwendet den Begriff »Lohnnebenkosten« für die international einheitlich definierten »indirekten Arbeitskosten«.

Im Koalitionsvertrag von CDU, CSU und FDP vom Oktober 2009 setzte sich die Bundesregierung das Ziel, die »Lohnzusatzkosten« unter 40 % vom Lohn zu halten. Dabei sind mit »Lohnzusatzkosten« die von Arbeitgebern und Arbeitnehmern gezahlten Beiträge zur Renten-, Kranken-, Arbeitslosen- und Pflegeversicherung gemeint. Sie werden in Prozent des beitragspflichtigen Arbeitsentgelts per Gesetz festgelegt. Im Vergleich zu den gesetzlichen »Lohnnebenkosten« des Statistischen Bundesamtes sind hier zum einen auch die Beiträge der Arbeitnehmer enthalten, zum anderen aber alle nicht paritätisch finanzierten Aufwendungen der Arbeitgeber ausgeschlossen, wie zum Beispiel die gesetzliche Unfallversicherung oder die Entgeltfortzahlung.

Die Entwicklung der Lohnzusatzkosten verlief ähnlich zu den Lohnnebenkosten. Der höchste Stand wurde 1997/1998 und 2003/2004 mit 42,10 % erreicht. Zu Jahresbeginn 2013 sank der Anteilswert auf 38,55 %. Dabei ist der zusätzliche Beitragssatz zur Krankenversicherung von 0,90 % nicht mitgezählt, der zum 1. Juli 2005 eingeführt wurde und allein von den Arbeitnehmern zu zahlen ist. Das war der niedrigste Stand seit 1993. ▶ Info Abb 1

Die Bundesregierung beabsichtigt mit der Senkung der Lohnzusatzkosten in erster Linie Wachstum und Beschäftigung zu stimulieren. Wachsen die Beiträge der Sozialpartner zu den Sozialversicherungen, treiben sie einen immer größeren Keil zwischen die Kosten, welche die Arbeitgeber für einen Arbeitsplatz tragen, und die Verdienste, welchen den Arbeitnehmern netto nach Abzug aller Pflichtabzüge verbleiben. Aus Sicht der meisten Ökonomen können hohe Sozialabgaben Arbeit zu teuer machen für Arbeitgeber und zu wenig lohnend für Arbeitnehmer. Beides schade hinsichtlich des Aufbaus neuer Arbeitsplätze.

Nach Berechnungen der OECD für das Jahr 2011 lag dieser »Abgabenkeil« in Deutschland für einen alleinstehenden, kinderlosen Durchschnittsverdiener bei 49,8 %. Von dem Geld, das der Arbeitgeber für diesen Arbeitsplatz ausgab, floss damit fast die Hälfte an Staat und Sozialkassen und nur 50,2 % auf das Konto des Arbeitnehmers. Das war der zweithöchste Abgabenkeil unter den OECD-Ländern nach Belgien (55,5 %), weit höher als etwa in den Vereinigten Staaten mit 29,5 % oder im Vereinigten Königreich mit 32,5 %. Die Sozialversicherungsbeiträge beziehungsweise Lohnzusatzkosten machen zwar den größten Teil davon aus, aber die OECD bezog auf Arbeitnehmerseite auch die Lohnsteuern und auf Arbeitgeberseite weitere Lohnnebenkosten ein.

▶ Info Abb 1

Lohnzusatzkosten — in Prozent des beitragspflichtigen Arbeitsentgelts

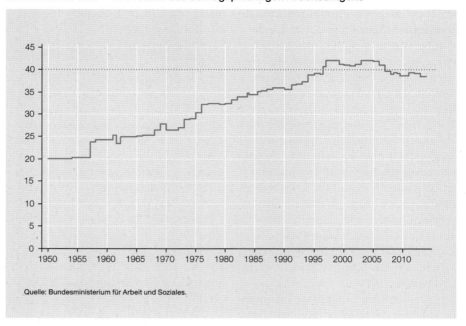

Quelle: Bundesministerium für Arbeit und Soziales.

Teil der Lohnebenkosten setzte sich aus den Aufwendungen für die betriebliche Altersversorgung (3,7 % der Bruttoverdienste im Jahr 2008), den Kosten der beruflichen Aus- und Weiterbildung (0,6 %), den Aufwendungen für Entschädigungen und Abfindungen wegen Personalabbaus (1,1 %) und den sonstigen Kosten (Anwerbungskosten, Berufskleidung, freiwillige Sozialleistungen; 0,3 %) zusammen.

Im Jahr 2008 lagen die Lohnebenkosten in Deutschland für alle Unternehmen der Privatwirtschaft mit etwa 28 Euro auf 100 Euro Bruttoverdienst im Mittelfeld der Staaten der Europäischen Union. Rund 27 Euro entfielen dabei auf Beiträge der Arbeitgeber, um den Sozialschutz für die Arbeitnehmerinnen und Arbeitnehmer zu finanzieren. Davon waren 22 Euro gesetzlich veranlasst: 19 Euro als Beiträge für die Sozialversicherungen und 3 Euro als Leistungen der Entgeltfortzahlung für Krankheit und Mutter-

schutz. Weitere 5 Euro entfielen auf tariflich beziehungsweise freiwillig gewährte Beiträge zur betrieblichen Altersversorgung und sonstige betriebliche Sozialleistungen.

Die Arbeitgeber finanzierten im Jahr 2008 über diese Teile der Lohnebenkosten 35 % der gesamten Sozialleistungen in Deutschland. Dieser Finanzierungsanteil lag nach Angaben des Statistischen Amtes der Europäischen Union (Eurostat) im Vergleich mit den anderen Staaten der Europäischen Union ebenfalls im Mittelfeld.

5.2.6 Zusammenfassung

In den Jahren 2005 bis 2012 nahmen die tariflichen Monatsverdienste durchschnittlich um 16,0 % zu. Die Verbraucherpreise stiegen im gleichen Zeitraum um 12,5 %. Von diesen Tariferhöhungen profitierten jedoch nicht alle Beschäftigten gleichermaßen. Überdurchschnittliche Tariferhöhungen gab es beispielsweise in der Energieversorgung, der chemischen Industrie, im Metallgewerbe und im Maschinenbau, unterdurchschnittliche Tariferhöhungen bei Bund, Ländern und Gemeinden, bei Finanz- und Versicherungsdienstleistungen und im Einzelhandel. Die 2012 in Kraft getretenen Tariferhöhungen brachten den Beschäftigten in Deutschland durchschnittlich ein Tarifplus von 3,0 % gegenüber dem Vorjahr, 2011 waren es 1,5 % gewesen.

Die durchschnittlichen Bruttomonatsverdienste einschließlich Sonderzahlungen von Vollzeit-, Teilzeit- und geringfügig Beschäftigten stiegen 2012 im Vergleich zum Vorjahr um 2,5 %, während sich die Verbraucherpreise um 2,0 % erhöhten. Folglich stiegen die Reallöhne, also die preisbereinigten Verdienste, gegenüber 2011 um 0,5 %.

Der durchschnittliche Bruttomonatsverdienst im Produzierenden Gewerbe und im Dienstleistungsbereich lag 2012 für vollzeitbeschäftigte Arbeitnehmerinnen und Arbeitnehmer in Deutschland bei 3 391 Euro (ohne Sonderzahlungen). Im früheren Bundesgebiet waren es durchschnittlich 3 517 Euro und in den neuen Ländern 2 639 Euro. Die Bruttoverdienste differierten unter anderem nach Branche, Beruf, Leistungsgruppe, Ausbildung und vertraglicher Wochenarbeitszeit. Im Jahr 2012 erhielten die Beschäftigten im Bereich Energieversorgung durchschnittlich 4 480 Euro und im Gastgewerbe 2 002 Euro. Arbeitnehmer in leitender Stellung hatten mit durchschnittlich 6 111 Euro brutto je Monat mehr als dreimal so viel wie ungelernte Arbeitnehmer. Teilzeitbeschäftigte hatten mit 15,99 Euro einen um 20 % niedrigeren durchschnittlichen Bruttostundenverdienst als Vollzeitbeschäftigte (19,98 Euro).

Der durchschnittliche Bruttostundenverdienst von Frauen lag um 22 % unter dem der Männer (unbereinigter Gender Pay Gap). Rund zwei Drittel lassen sich darauf zurückführen, dass sich Männer und Frauen bei der Branchen- und Berufswahl unterscheiden, unterschiedliche Leistungsgruppen besetzen und Frauen tendenziell eher teilzeitbeschäftigt und teilweise schlechter ausgebildet sind.

Im Jahr 2010 erhielt in Deutschland jeder fünfte Beschäftigte einen Bruttostundenverdienst unterhalb der Niedriglohngrenze von 10,36 Euro (zwei Drittel des Medianverdienstes). Fast jeder zweite atypisch Beschäftigte, aber immerhin auch 11 % der Normalbeschäftigten arbeiteten für einen Niedriglohn.

In Deutschland gibt es keinen branchenübergreifenden Mindestlohn, sondern nur branchenspezifische Mindestlöhne. Am 1. Mai 2013 galten Mindestlöhne in vier Bauberufen sowie in der Abfallwirtschaft, der Gebäudereinigung, in der Pflegebranche, für pädagogisches Personal in der Aus- und Weiterbildung sowie bei Sicherheitsdienstleistungen. Zudem galt in der Zeitarbeit (Arbeitnehmerüberlassung) eine Lohnuntergrenze.

Der Anteil des Bruttomonatsverdienstes, über den die Haushaltstypen frei verfügen können, schwankt erheblich. Die höchsten Abzüge hatten ledige Männer ohne Kind im früheren Bundesgebiet, ihnen blieben im Jahr 2012 noch 59,2 % netto. Zum Vergleich: Ehepaaren mit zwei Kindern und alleinverdienendem Ehemann in den neuen Ländern blieben 72,2 % übrig.

Die Bruttoverdienste machen in Deutschland den größten Teil der Arbeitskosten aus. Dazu kommen die Lohnnebenkosten. Seit 1966 sind die Lohnnebenkosten im Produzierenden Gewerbe von 17 % auf 29 % gestiegen. Sie lagen 2008 in Deutschland mit 28 Euro auf 100 Euro Bruttoverdienst im Mittelfeld der Staaten der Europäischen Union.

6
Private Haushalte – Einkommen, Ausgaben, Ausstattung

6.1
Einnahmen, Ausgaben und Ausstattung privater Haushalte, private Überschuldung

Hannah Alter, Claudia Finke,
Kristina Kott, Sabine Touil

Destatis

Einnahmen, Ausgaben und die Ausstattung privater Haushalte in Verbindung mit sozioökonomischen Merkmalen beschreiben die unterschiedlichen Lebensbedingungen in Deutschland. Wie hoch sind die Einkommen und Einnahmen privater Haushalte und aus welchen Quellen stammen sie? Wofür wird das Geld verwendet? In welcher Höhe sind private Haushalte mit Abgaben an den Staat belastet? Auch der Frage, inwieweit sich die Einkommens- und Ausgabenstrukturen unterschiedlicher Haushaltstypen unterscheiden, wird hier nachgegangen. Darüber hinaus ist die Ausstattung der Haushalte mit traditionellen und neuen technischen Gebrauchsgütern dargestellt.

Im Mittelpunkt des folgenden Kapitels stehen die Ergebnisse der Laufenden Wirtschaftsrechnungen (LWR). Bei dieser amtlichen Erhebung werden rund 8 000 private Haushalte jährlich unter anderem zu ihren Einnahmen und Ausgaben sowie zu ihrer Ausstattung mit Gebrauchsgütern befragt. Es nehmen Haushalte der unterschiedlichsten sozialen Schichten an den Laufenden Wirtschaftsrechnungen teil mit Ausnahme der Haushalte von Selbstständigen und Landwirten beziehungsweise Landwirtinnen und ohne Haushalte mit einem monatlichen Haushaltsnettoeinkommen von 18 000 Euro und mehr. Zum Stichtag am 1. Januar geben diese Haushalte Auskunft über ihre Ausstattung mit ausgewählten Gebrauchsgütern und führen dann über drei Monate ein Haushaltsbuch, in dem sie ihre Einnahmen und Ausgaben in detaillierter Form notieren. Es werden die zum Zeitpunkt der Erstellung des Datenreports aktuell vorliegenden Ergebnisse der Laufenden Wirtschaftsrechnungen 2011 herangezogen.

Ein weiteres Thema dieses Kapitels ist die private Überschuldung. Zwar gibt es in der amtlichen Statistik keine aktuellen Angaben zur Anzahl der Personen, die von Überschuldung betroffen sind, dennoch liefert sie Informationen zur Anzahl der privaten Schuldner, die ein Insolvenzverfahren in Anspruch nehmen. Dieses Verfahren eröffnet Privatpersonen seit 1999 die Möglichkeit, nach einer »Wohlverhaltensphase« von ihren Restschulden befreit zu werden. Die Überschuldungsstatistik stellt darüber hinaus Informationen zu den sozioökonomischen Strukturen überschuldeter Personen bereit. Zudem gibt die Erhebung einen Überblick über die Auslöser der finanziellen Notlage sowie über die Art und Anzahl der Hauptgläubiger. Die Daten in Abschnitt 6.1.5 beruhen auf den Angaben der Schuldnerberatungsstellen und den Auskünften der Insolvenzgerichte.

6.1.1 Bruttoeinkommen privater Haushalte

Ein erster Indikator für die Darstellung der Einkommens- und Ausgabensituation privater Haushalte ist das Haushaltsbruttoeinkommen, das sich aus verschiedenen Einkommensarten zusammensetzt. ▶ Info 1

Haushaltsbruttoeinkommen – Struktur, Entwicklung und regionaler Vergleich

Das durchschnittliche monatliche Bruttoeinkommen der Privathaushalte in Deutschland belief sich 2011 auf 3 871 Euro. Wichtigste Einnahmequelle mit einem Anteil von 62 % waren die Einkünfte aus Erwerbstätigkeit: Durchschnittlich 2 400 Euro im Monat stammten aus unselbstständiger und selbstständiger Tätigkeit. Knapp 23 % ihres Bruttoeinkommens beziehungsweise durchschnittlich 884 Euro im Monat erhielten die privaten Haushalte in

▶ Info 1

Haushaltsbruttoeinkommen

Die Einnahmen eines Haushalts aus

· selbstständiger und
  unselbstständiger Erwerbstätigkeit,
· Vermögen,
· öffentlichen und nichtöffentlichen
  Transferzahlungen (zum Beispiel
  Arbeitslosengeld) und
· Untervermietung

bilden das Haushaltsbruttoeinkommen.

Das Bruttoeinkommen aus Erwerbstätigkeit sowie die öffentlichen Transferzahlungen (zum Beispiel Renten, Arbeitslosengeld, Sozialhilfe, Kindergeld) werden personenbezogen erfasst, das heißt für jedes Haushaltsmitglied einzeln. Zum Bruttoeinkommen aus Erwerbstätigkeit zählen auch Sonderzahlungen, Weihnachtsgeld, zusätzliche Monatsgehälter sowie Urlaubsgeld. Das Einkommen aus unselbstständiger Erwerbstätigkeit enthält keine Arbeitgeberbeiträge zur Sozialversicherung. Einkünfte aus nichtöffentlichen Transferzahlungen (außer Betriebs- und Werksrenten), Einkünfte aus Vermögen sowie aus Vermietung und Verpachtung werden nicht personenbezogen, sondern für den Haushalt insgesamt erfasst. Die Einnahmen aus Vermögen beinhalten (nach internationalen Konventionen) eine sogenannte unterstellte Eigentümermiete (Nettowert). Aufwendungen für die Instandhaltung des selbstgenutzten Wohneigentums werden von der errechneten Eigentümermiete abgezogen.

Haushaltsnettoeinkommen

Das Haushaltsnettoeinkommen errechnet sich, indem vom Haushaltsbruttoeinkommen Einkommensteuer, Kirchensteuer und Solidaritätszuschlag sowie die Pflichtbeiträge zur Sozialversicherung (Beiträge zur Arbeitslosenversicherung, zur gesetzlichen Rentenversicherung sowie zur Kranken- und Pflegeversicherung) abgezogen werden.

▶ Abb 1   **Struktur des Haushaltsbruttoeinkommens privater Haushalte 2011 — in Prozent**

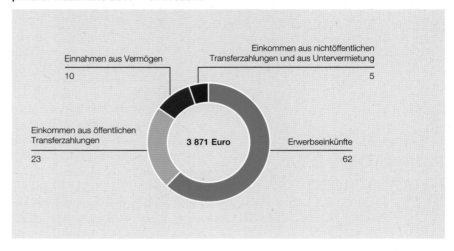

Einnahmen aus Vermögen
10

Einkommen aus nichtöffentlichen Transferzahlungen und aus Untervermietung
5

Einkommen aus öffentlichen Transferzahlungen
23

3 871 Euro

Erwerbseinkünfte
62

▶ Tab 1   **Struktur des Haushaltsbruttoeinkommens privater Haushalte in Deutschland**

	2006		2011	
Anzahl der erfassten Haushalte	7 724		7 706	
Hochgerechnete Haushalte (in 1 000)	35 887		36 701	
	in Euro	in %	in Euro	in %
Haushaltsbruttoeinkommen	**3 489**	**100**	**3 871**	**100**
Bruttoeinkommen aus unselbstständiger Arbeit	2 062	59,1	2 381	61,5
Bruttoeinkommen aus selbstständiger Arbeit	16	0,5	19	0,5
Einnahmen aus Vermögen	337	9,7	385	9,9
Einkommen aus öffentlichen Transferzahlungen	872	25,0	884	22,8
Einkommen aus nichtöffentlichen Transferzahlungen und Untervermietung	203	5,8	202	5,2

Deutschland aus öffentlichen Transferzahlungen wie beispielsweise Renten der gesetzlichen Rentenversicherung, staatliche Pensionen, Kindergeld, Arbeitslosengeld I und II sowie Sozialhilfe. Knapp 10 % des Bruttoeinkommens stammten aus Vermögenseinnahmen (385 Euro). Den geringsten Anteil am Haushaltsbruttoeinkommen hatten mit durchschnittlich 5 % die Einkommen aus nichtöffentlichen Transferzahlungen und aus Untervermietung (202 Euro). ▶ Abb 1

Das monatliche Bruttoeinkommen der privaten Haushalte ist seit dem Jahr 2006 (3 489 Euro) um rund 11 % (+382 Euro) gestiegen. Die Anteile der verschiedenen Einkommensarten am Haushaltsbruttoeinkommen haben sich unterschiedlich entwickelt: Während der Einkommensanteil aus Erwerbstätigkeit im Vergleich zu 2006 um rund 2 Prozentpunkte gestiegen ist, blieb der Anteil der Einnahmen aus Vermögen sowie aus nichtöffentlichen Transferzahlungen und Untervermietung

nahezu unverändert. Leicht rückläufig hingegen waren die Einkommen aus öffentlichen Transferzahlungen: Im Jahr 2006 stammten noch durchschnittlich 25 % des monatlichen Bruttoeinkommens aus öffentlicher Hand, 2011 waren es nur noch knapp 23 %. ▶ Tab 1

Der regionale Vergleich zeigt, dass sowohl die Höhe als auch die Struktur des Haushaltsbruttoeinkommens bei den Haushalten im früheren Bundesgebiet ohne Berlin-West sowie den neuen

▶ Tab 2   **Struktur des Haushaltsbruttoeinkommens privater Haushalte 2011**

	Früheres Bundesgebiet ohne Berlin-West		Neue Länder und Berlin	
Anzahl der erfassten Haushalte	5 957		1 749	
Hochgerechnete Haushalte (in 1 000)	28 773		7 928	
	in Euro	in %	in Euro	in %
Haushaltsbruttoeinkommen	**4 090**	**100**	**3 080**	**100**
Bruttoeinkommen aus unselbstständiger Arbeit	2 528	61,8	1 849	60,0
Bruttoeinkommen aus selbstständiger Arbeit	20	0,5	17[1]	0,6
Einnahmen aus Vermögen	431	10,5	216	7,0
Einkommen aus öffentlichen Transferzahlungen	889	21,7	868	28,2
Einkommen aus nichtöffentlichen Transferzahlungen und Untervermietung	221	5,4	130	4,2

1 Aussagewert eingeschränkt, da der Zahlenwert statistisch relativ unsicher ist.

▶ Tab 3   **Ausgabefähige Einkommen und Einnahmen privater Haushalte**
— je Haushalt und Monat in Euro

	Deutschland		Früheres Bundesgebiet ohne Berlin-West		Neue Länder und Berlin	
	2010	2011	2010	2011	2010	2011
Haushaltsbruttoeinkommen	**3 758**	**3 871**	**3 970**	**4 090**	**2 996**	**3 080**
abzüglich:						
Einkommen-, Kirchensteuer und Solidaritätszuschlag	377	398	412	436	251	259
Pflichtbeiträge zur Sozialversicherung	488	519	516	548	388	411
Haushaltsnettoeinkommen	**2 922**	**2 988**	**3 075**	**3 144**	**2 368**	**2 424**
zuzüglich:						
Zuschüsse der Arbeitgeber und Rentenversicherungsträger	29	33	33	38	11	14
Einnahmen aus dem Verkauf von Waren und sonstige Einnahmen	59	63	66	70	39	42
Ausgabefähige Einkommen und Einnahmen	**2 981**	**3 052**	**3 140**	**3 213**	**2 406**	**2 467**

Ländern und Berlin unterschiedlich sind: Zum einen verfügten die Haushalte im Westen über ein monatliches Bruttoeinkommen von durchschnittlich 4 090 Euro; den Haushalten im Osten standen mit 3 080 Euro lediglich 75 % des Westniveaus zur Verfügung. Zum anderen war im Osten der Anteil der Einkommen aus öffentlichen Transferzahlungen am gesamten Bruttoeinkommen mit 28 % um 6 Prozentpunkte höher als im früheren Bundesgebiet. Dagegen waren in den neuen Ländern und Berlin die Einnahmen aus Vermögen (7 %) niedriger als im Westen (knapp 11 %). ▶ Tab 2

Die Höhe der Bruttoeinkommen privater Haushalte unterscheidet sich je nach Haushaltstyp. Die höchsten Bruttoeinkommen fanden sich 2011 in den Haushalten von Paaren mit Kind(ern) (5 716 Euro) und Paaren ohne Kind (4 449 Euro). Alleinerziehende hatten monatlich ein Haushaltsbruttoeinkommen von durchschnittlich 2 656 Euro.

Alleinlebende verfügten mit durchschnittlich 2 371 Euro über das niedrigste Bruttoeinkommen.

6.1.2 Nettoeinkommen, ausgabefähige Einkommen und Einnahmen privater Haushalte

Die Bruttoeinkommen lassen nur begrenzt Aufschlüsse über die den Haushalten tatsächlich zur Verfügung stehenden Einkommen zu, da sie noch abzuführende Steuern und Sozialversicherungsbeiträge enthalten. Der Abzug dieser Abgaben vom Bruttoeinkommen führt zum Nettoeinkommen der privaten Haushalte. Durchschnittlich verfügten die Haushalte 2011 über ein Nettoeinkommen von 2 988 Euro im Monat. Im Vergleich zu 2010 war dies eine Zunahme um rund 2 % (2010: 2 922 Euro). Damit fiel der Anstieg geringer aus als bei den durchschnittlichen Haushaltsbruttoeinkommen (+ 3 %). Ursache dafür ist, dass die Steuern und Abgaben mit + 6 % deutlich stärker gestiegen waren als die Bruttoeinkommen.

Steuern und Sozialabgaben

Die Steuern und Abgaben bei den Privathaushalten 2011 betrugen monatlich im Durchschnitt 917 Euro. Durchschnittlich 398 Euro davon entfielen auf Einkommen- und Kirchensteuer sowie Solidaritätszuschlag. Beiträge zur Kranken- und Pflegeversicherung, zur gesetzlichen Rentenversicherung und zur Arbeitslosenversicherung machten durchschnittlich 519 Euro je Haushalt und Monat aus. Insgesamt wurden den Haushalten für Steuern und Abgaben durchschnittlich knapp 24 % ihres Bruttoeinkommens abgezogen.

Die Steuer- und Abgabenbelastung war 2011 im früheren Bundesgebiet mit durchschnittlich rund 24 % beziehungsweise 984 Euro höher als in den neuen Ländern und Berlin mit knapp 22 % beziehungsweise 670 Euro. Ursache dafür ist vor allem die stärkere Belastung der höheren Einkommen im Westen aufgrund der Steuerprogression: Der Anteil der Steuern am Haushaltsbruttoeinkommen lag im Westen bei knapp 11 % (436 Euro), im Osten bei 8 % (259 Euro). ▶ Tab 3

Ein Vergleich der Haushaltstypen untereinander verdeutlicht, dass Paarhaushalte mit Kind(ern) die höchste Steuer- und Abgabenlast zu tragen hatten: Sie zahlten monatlich durchschnittlich 1 484 Euro beziehungsweise einen Anteil von 26 % ihres Bruttoeinkommens. Aufgrund der höheren Einkommen aus Erwerbstätigkeit im Vergleich zu anderen Haushaltstypen waren auch ihre Steuerabgaben mit 654 Euro wert- und anteilsmäßig (11 % vom Bruttoeinkommen) am höchsten. Bei Paaren ohne Kind betrug der Anteil der Steuern und Abgaben 22 % (997 Euro) und bei den Alleinlebenden 23 % (546 Euro). Die niedrigsten Abgaben hatten Haushalte von Alleinerziehenden mit durchschnittlich 18 % beziehungsweise 479 Euro zu leisten. ▶ Abb 2

Verteilung des Haushaltsnettoeinkommens

Im Jahr 2011 lag das Haushaltsnettoeinkommen von 29 % aller Privathaushalte in Deutschland bei unter 1 700 Euro im Monat, allein 19 % der Haushalte mussten mit weniger als 1 300 Euro monatlich auskommen. Rund 22 % aller Haushalte hatten zwischen 1 700 bis unter 2 600 Euro im Monat zur Verfügung. Rund 19 % der Privathaushalte konnten über 2 600 bis unter 3 600 Euro monatlich verfügen und 16 % hatten ein Haushaltsnettoeinkommen von 3 600 bis unter 5 000 Euro im Monat. Einem Anteil von 14 % aller Privathaushalte standen 5 000 bis unter 18 000 Euro zur Verfügung.

Zwischen dem früheren Bundesgebiet und den neuen Ländern war die Einkommensverteilung 2011 weiterhin unterschiedlich. Während im früheren Bundesgebiet ohne Berlin-West 74 % der Haushalte ein monatliches Nettoeinkommen von 1 700 Euro und mehr hatten, waren es in den neuen Ländern und Berlin knapp 60 %. ▶ Abb 3

Haushaltsnettoeinkommen nach sozialer Stellung

Die Höhe des Nettoeinkommens privater Haushalte variiert in starkem Maße mit der sozialen Stellung der Person, die den höchsten Beitrag zum Haushaltsnettoeinkommen leistet, der sogenannten Haupteinkommensperson. Haushalte von Arbeitnehmern und Arbeitnehmerinnen hatten ein durchschnittliches Nettoeinkommen von 3 711 Euro im Monat. Haushalte von arbeitslosen Haupteinkommenspersonen hatten im Durchschnitt ein Nettoeinkommen von 1 210 Euro monatlich. Sie bezogen nur 40 % des Durchschnittseinkommens aller Haushalte. Relativ groß war die Einkommensspanne innerhalb der Gruppe der Nichterwerbstätigenhaushalte, die ein durchschnittliches Haushaltsnettoeinkommen von 2 210 Euro erzielten. Hier war das Nettoeinkommen der Haushalte von Pensionären und Pensionärinnen mit 3 901 Euro

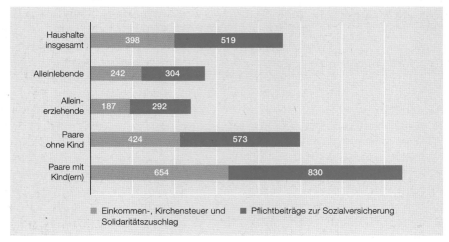

▶ Abb 2 **Steuer- und Abgabenlast privater Haushalte nach Haushaltstyp 2011 — in Euro**

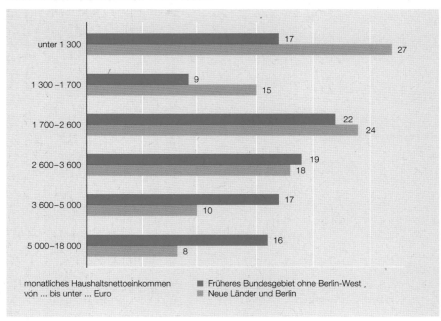

▶ Abb 3 **Einkommensverteilung 2011 nach dem monatlichen Haushaltsnettoeinkommen — in Prozent**

▶ Abb 4   **Monatliches Haushaltsnettoeinkommen nach sozialer Stellung der Haupteinkommensperson 2011 — in Euro**

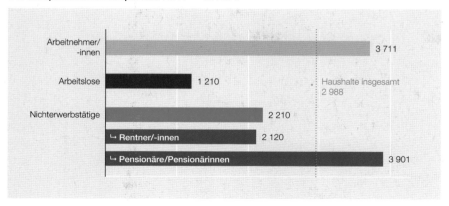

▶ Abb 5   **Struktur der Konsumausgaben privater Haushalte 2011 — in Prozent**

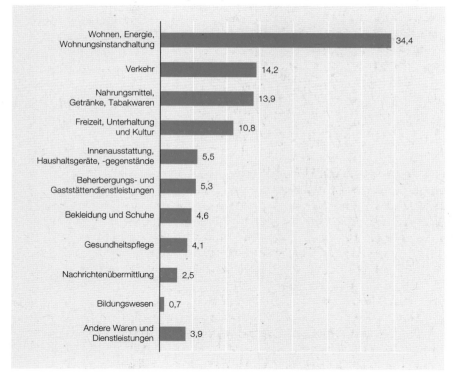

bezeichnet. Im Jahr 2011 hatte das ausgabefähige Einkommen der Haushalte eine durchschnittliche Höhe von 3 052 Euro im Monat (siehe Tabelle 3). Gegenüber 2010 (2 981 Euro) war das ein Anstieg um gut 2 %.

6.1.3 (Konsum-)Ausgaben privater Haushalte

Der größte Teil der ausgabefähigen Einkommen und Einnahmen wird für den privaten Konsum, das heißt für Essen, Wohnen, Bekleidung, Reisen und Anderes verwendet. Im Jahr 2011 gaben die Haushalte in Deutschland für Konsumzwecke im Schnitt monatlich 2 252 Euro aus, das waren knapp 74 % ihres ausgabefähigen Einkommens. Die Konsumausgaben der Haushalte in den neuen Ländern und Berlin waren mit 1 866 Euro zwar niedriger als die der Haushalte im früheren Bundesgebiet (2 358 Euro), bedingt durch das geringere ausgabefähige Einkommen lag die Konsumquote mit knapp 76 % jedoch im Osten höher als im Westen (73 %).

Die mit Abstand höchsten Ausgaben tätigten die Privathaushalte für den Bereich Wohnen, Wohnungsinstandhaltung und Energie: Dafür wurde 2011 ein Drittel (34 %) des Konsumbudgets ausgegeben. Danach folgten die Verkehrsausgaben mit einem Anteil von gut 14 % an den privaten Konsumausgaben und die Ausgaben für Nahrungsmittel, Getränke und Tabakwaren mit knapp 14 %. Für Freizeit, Unterhaltung und Kultur (siehe auch Kapitel 12.1.3, Seite 341–345) wurden anteilig rund 11 % aufgewendet.

Mit deutlicherem Abstand folgten dann die Ausgaben für Innenausstattung, Haushaltsgeräte und Haushaltsgegenstände (knapp 6 %), danach Beherbergungs- und Gaststättendienstleistungen sowie Bekleidung und Schuhe mit je 5 %. Die Ausgaben für die Gesundheitspflege machten einen Anteil von 4 % und die Ausgaben für die Nachrichtenübermittlung von 3 % am Konsumbudget aus. Den geringsten Anteil machten die Ausgaben für das Bildungswesen mit unter einem Prozent aus. ▶ Abb 5

im Durchschnitt fast doppelt so hoch wie das der Haushalte von Rentnern und Rentnerinnen mit 2 120 Euro. ▶ Abb 4

Ausgabefähige Einkommen und Einnahmen

Die Geldeinkünfte, die den privaten Haushalten in Deutschland zum Wirtschaften und zur Lebensführung zur Verfügung stehen, setzen sich aus ihren Nettoeinkommen zuzüglich geringfügiger Zusatzeinkünfte aus dem Verkauf von Waren (zum Beispiel Gebrauchtwagen) und sonstigen Einnahmen (zum Beispiel Dosen- und Flaschenpfand, Energiekostenrückerstattungen) zusammen. Diese ausgabefähigen Einkommen und Einnahmen werden auch als verfügbares Einkommen

▶ Info

Verbraucherpreisindex für Deutschland

Der Verbraucherpreisindex für Deutschland misst die durchschnittliche Preisentwicklung aller Waren und Dienstleistungen, die private Haushalte für Konsumzwecke kaufen. Single-Haushalte sind ebenso berücksichtigt wie Rentnerehepaare oder Großfamilien. Der Verbraucherpreisindex folgt dem Inlandskonzept, das heißt es werden alle Ausgaben berücksichtigt, die in Deutschland getätigt werden, zum Beispiel auch die Ausgaben ausländischer Touristinnen und Touristen. Er liefert ein Gesamtbild der Teuerung in Deutschland, bei dem nicht nur alle Haushaltstypen, sondern auch alle Regionen von Deutschland und sämtliche dort nachgefragten Waren und Dienstleistungen einbezogen sind – Mieten, Nahrungsmittel und Bekleidung ebenso wie etwa Kraftfahrzeuge oder Dienstleistungen wie Friseur, Reinigung oder Reparaturen. Die Veränderung des Verbraucherpreisindex zum Vorjahresmonat beziehungsweise zum Vorjahr wird umgangssprachlich auch als Inflationsrate bezeichnet.

Im Jahresdurchschnitt 2012 sind die Preise aller Waren und Dienstleistungen für den privaten Verbrauch um 2,0 % gegenüber dem Vorjahr gestiegen. Nachdem im Jahr 2011 mit + 2,1 % die höchste Jahressteuerungsrate seit 2008 zu beobachten war, gab es im Jahr 2012 wieder einen etwas schwächeren Preisanstieg. ▶ Info Abb 1

Für die Verbraucher sind im Jahresdurchschnitt 2012 gegenüber 2011 insbesondere Energieprodukte teurer geworden (Haushaltsenergie und Kraftstoffe; + 5,7 %). Bei der Haushaltsenergie erhöhten sich vor allem die Preise für Umlagen der Zentralheizung und Fernwärme (+ 9,0 %) sowie für leichtes Heizöl (+ 8,9 %). Die Kraftstoffpreise sind im Jahresdurchschnitt 2012 um 5,6 % gestiegen. Überdurchschnittliche Preiserhöhungen gegenüber 2011 zeigten sich auch bei den Nahrungsmitteln (+ 3,4 %). Insbesondere Fleisch und Fleischwaren (+ 5,5 %), Fisch und Fischwaren (+ 4,9 %) sowie Obst (+ 5,4 %) waren teurer als im Vorjahr. Günstiger waren Speisefette und Speiseöle (– 3,2 %; darunter Butter: – 13,4 %). ▶ Info Abb 2

Weitere Informationen und aktuelle Ergebnisse zum Verbraucherpreisindex finden Sie auf unserer Homepage (www.destatis.de > Zahlen & Fakten > Preise > Verbraucherpreise).

▶ Info Abb 1 **Inflationsrate – gemessen am Verbraucherpreisindex für Deutschland, Veränderung gegenüber dem Vorjahr — in Prozent**

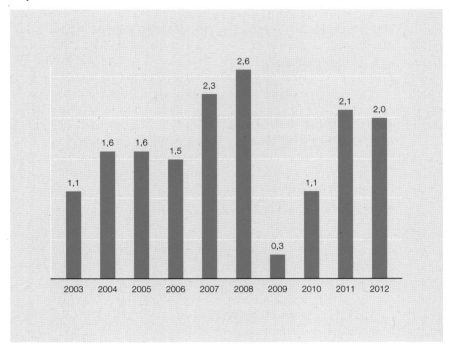

▶ Info Abb 2 **Verbraucherpreisindex für Deutschland insgesamt und für ausgewählte Produkte (2010 = 100)**

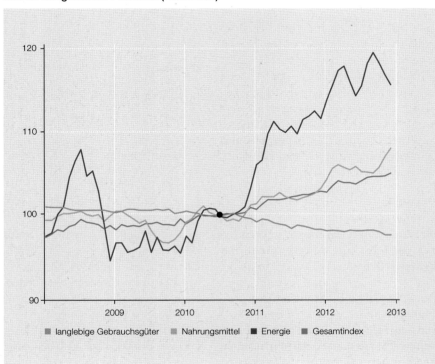

■ langlebige Gebrauchsgüter ■ Nahrungsmittel ■ Energie ■ Gesamtindex

Obwohl die privaten Haushalte 2011 in den neuen Ländern und Berlin im Monat durchschnittlich 492 Euro weniger als die westlichen Haushalte für den Konsum ausgaben, teilten die Haushalte ihre Konsumbudgets ähnlich auf die einzelnen Ausgabenbereiche auf. Unterschiede ergaben sich bei den Ausgabenanteilen für Wohnen, Gesundheitspflege sowie Freizeit, Unterhaltung und Kultur. Für den Bereich Wohnen, Energie und Wohnungsinstandhaltung setzten die Haushalte in den neuen Ländern und Berlin mit knapp 34 % einen etwas kleineren Anteil ein als die Haushalte im früheren Bundesgebiet mit 35 %.

Aufgrund des niedrigeren Gesamtbudgets waren die Ausgaben für Ernährung in den neuen Ländern und Berlin – anders als im früheren Bundesgebiet – der zweitgrößte Ausgabenbereich. Hier setzten die Haushalte 2011 mit durchschnittlich knapp 15 % einen etwas größeren Anteil ein als die Haushalte im früheren Bundesgebiet ohne Berlin-West mit knapp 14 %. Die absoluten Ausgaben für Ernährung lagen dagegen mit 271 Euro monatlich in den neuen Ländern niedriger als im früheren Bundesgebiet (324 Euro). Die Ausgaben für Verkehr machten mit durchschnittlich knapp 14 % den drittgrößten Ausgabenblock in den neuen Ländern und Berlin aus, während sie im früheren Bundesgebiet mit gut 14 % den zweitgrößten Ausgabenblock stellten.

Die Verbrauchsstrukturen werden unter anderem auch von der sozialen Stellung der Haupteinkommenspersonen, dem Haushaltstyp sowie dem Haushaltsnettoeinkommen bestimmt.

Private Konsumausgaben nach sozialer Stellung

Während die Unterschiede hinsichtlich des Konsumniveaus im Vergleich der sozialen Stellungen der Haupteinkommenspersonen zum Teil beträchtlich sind, ist die Konsumstruktur praktisch identisch. Mit zunehmender Höhe der Konsumausgaben nimmt der Anteil der Aufwendungen für die Grundbedürfnisse Ernährung, Bekleidung und Wohnen ab.

Haushalte von Arbeitnehmern und Arbeitnehmerinnen gaben 2011 für die Grundbedürfnisse Ernährung, Bekleidung und Wohnen 1 335 Euro aus; das war gut die Hälfte (51 %) ihrer gesamten Konsumausgaben (2 631 Euro). Bei den Haushalten von Nichterwerbstätigen waren es 1 049 Euro; der Anteil an den gesamten Konsumausgaben in Höhe von 1 889 Euro betrug damit 56 %. Die Haushalte von arbeitslosen Haupteinkommenspersonen hatten mit 1 066 Euro zwar die geringsten monatlichen Konsumausgaben, dafür war der Ausgabenanteil für Ernährung, Bekleidung und Wohnen mit 71 % (759 Euro) am höchsten. ▶ Abb 6

Gut ein Drittel (34 % oder 775 Euro) ihrer Konsumausgaben wendeten die privaten Haushalte in Deutschland für den Ausgabenbereich Wohnen, Wohnungsinstandhaltung und Energie auf. Mit durchschnittlich 837 Euro im Monat gaben die Arbeitnehmerhaushalte 32 % ihrer Ausgaben für diesen Bereich aus. Bei den Haushalten von Nichterwerbstätigen machten diese Ausgaben mit 726 Euro bereits einen Anteil von 39 % aus. Arbeitslosenhaushalte gaben für

▶ Abb 6   **Ausgaben privater Haushalte für Grundbedürfnisse nach sozialer Stellung der Haupteinkommensperson 2011 — in Prozent**

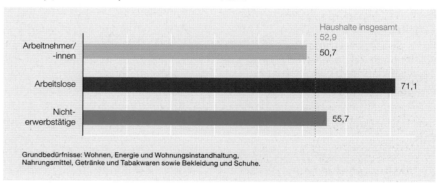

Grundbedürfnisse: Wohnen, Energie und Wohnungsinstandhaltung, Nahrungsmittel, Getränke und Tabakwaren sowie Bekleidung und Schuhe.

▶ Tab 4   **Konsumausgaben privater Haushalte nach sozialer Stellung der Haupteinkommensperson 2011**

	Arbeitnehmer/ -innen[1]		Arbeitslose		Nichterwerbs- tätige[2]	
	in Euro	in %	in Euro	in %	in Euro	in %
Private Konsumausgaben	**2 631**	**100**	**1 066**	**100**	**1 889**	**100**
Nahrungsmittel, Getränke, Tabakwaren	362	13,7	205	19,2	256	13,6
Bekleidung und Schuhe	136	5,2	32	3,0	67	3,6
Wohnen, Energie, Wohnungsinstandhaltung	837	31,8	522	48,9	726	38,5
Innenausstattung, Haushaltsgeräte und Haushaltsgegenstände	156	5,9	37	3,5	93	4,9
Gesundheitspflege	88	3,4	19	1,8	113	6,0
Verkehr	416	15,8	84	7,9	214	11,3
Nachrichtenübermittlung	66	2,5	45	4,2	44	2,3
Freizeit, Unterhaltung, Kultur	294	11,2	64	6,0	200	10,6
Bildungswesen	24	0,9	4[3]	0,4[3]	7	0,4
Beherbergungs- und Gaststättendienstleistungen	147	5,6	21	2,0	95	5,0
Andere Waren und Dienstleistungen	105	4,0	31	2,9	72	3,8

1 Beamte/Beamtinnen, Angestellte und Arbeiter/-innen.
2 Pensionäre/Pensionärinnen, Rentner/-innen, Sozialhilfeempfänger/-innen, Altenteiler/-innen,
   nicht mehr im Erwerbsleben stehende Personen und Studierende mit eigenem Haushalt.
3 Aussagewert eingeschränkt, da der Zahlenwert statistisch relativ unsicher ist.

Wohnen mit 522 Euro zwar am wenigsten aus, der Anteil an deren gesamten Konsumausgaben war mit 49 % jedoch am höchsten. Für Verkehr gaben Arbeitnehmerhaushalte mit 416 Euro (16 %) rund fünf Mal mehr aus als die Haushalte von Arbeitslosen (84 Euro, 8 %). Nichterwerbstätige hatten Verkehrsausgaben in Höhe von 214 Euro (11 %). ▶ Tab 4

Private Konsumausgaben nach Haushaltstyp

Deutliche Unterschiede in Niveau und Struktur zeigen sich dagegen bei den Konsumausgaben ausgewählter Haushaltstypen. Die höchsten Konsumausgaben tätigten im Jahr 2011 Paarhaushalte mit Kind(ern) mit durchschnittlich 3 184 Euro gefolgt von den Paaren ohne Kind mit 2 651 Euro monatlich. Unter dem Bundesdurchschnitt von 2 252 Euro lagen die Konsumausgaben der Haushalte von Alleinerziehenden (1 735 Euro) und Alleinlebenden (1 461 Euro). Berücksichtigt man, dass in Haushalten von Alleinerziehenden im Durchschnitt 2,3 Personen leben und in Paarhaushalten mit Kind(ern) durchschnittlich 3,7 Personen, so haben Alleinerziehende mit 754 Euro die niedrigsten Pro-Kopf-Konsumaus-

gaben (Paarhaushalte mit Kindern: 861 Euro). Im Vergleich dazu hatten die Alleinlebenden mit 1 461 Euro die höchsten Pro-Kopf-Konsumausgaben. Alleinerziehende wendeten mit 59 % den größten Teil ihres Konsumbudgets für Ernährung, Bekleidung und Wohnen auf. Am niedrigsten lag der Grundversorgungsanteil bei den Paarhaushalten ohne Kind beziehungsweise mit Kind(ern) jeweils bei 51 %. In der anteilsmäßigen Zusammensetzung der Grundbedürfnisse weisen die einzelnen Haushaltstypen folgende Unterschiede auf: Während Paarhaushalte mit Kind(ern) und Alleinerziehende rund 15 % ihres gesamten Konsums für Nahrungsmittel, Getränke und Tabakwaren ausgaben, waren es bei den Alleinlebenden nur 12 %. Diese hatten aber mit 40 % den höchsten Ausgabenanteil für Wohnen, gefolgt von den Alleinerziehenden mit 38 %. Dagegen hatten Paarhaushalte mit Kind(ern) den geringsten Wohnkostenanteil (31 %).

Mit 16 % hatten Paarhaushalte mit Kind(ern) für den Bereich Verkehr den höchsten Ausgabenanteil. Alleinlebende und Alleinerziehende wiesen hier nur 12 % beziehungsweise 9 % auf. Unterschiede in den Ausgabenanteilen für den

Bereich Freizeit, Unterhaltung und Kultur gab es zwischen den einzelnen Haushaltstypen kaum: Die Spanne lag bei 0,7 Prozentpunkten. Bei den Paarhaushalten mit Kind(ern) betrug der Ausgabenanteil 11,2 % und bei den Alleinlebenden lag er bei 10,5 %. Restaurant- und Hotelbesuche waren bei Paaren ohne Kind besonders beliebt: Für Beherbergungs- und Gaststättendienstleistungen verwendeten sie 6 % ihres Konsumbudgets. Alleinerziehende hatten hier mit rund 4 % den niedrigsten Ausgabenanteil.

Für die Gesundheitspflege waren die Ausgabenanteile bei Paaren ohne Kind und bei Alleinlebenden mit rund 5 % beziehungsweise 4 % höher als bei Alleinerziehenden und bei Paaren mit Kind(ern) (jeweils unter 3 %). Die Gründe dürften hauptsächlich in den höheren Anteilen älterer Personen bei den Haushalten von Alleinlebenden und Paaren ohne Kind liegen.

Der Konsumbereich Nachrichtenübermittlung hat bei Alleinerziehenden einen vergleichsweise hohen Stellenwert: Ihr Budgetanteil für diesen Bereich war mit knapp 4 % am größten. Am geringsten war er bei den Paaren ohne Kind (2 %). ▶ Tab 5

▶ Tab 5 **Konsumausgaben privater Haushalte nach ausgewählten Haushaltstypen 2011**

| | Alleinlebende | | Allein-erziehende | | Paare | | | | | |
| | | | | | insgesamt | | ohne Kind | | mit Kind(ern) | |
	in Euro	in %	in Euro	in %	in Euro	in %	in Euro	in %	in Euro	in %
Private Konsumausgaben	**1 461**	**100**	**1 735**	**100**	**2 809**	**100**	**2 651**	**100**	**3 184**	**100**
Nahrungsmittel, Getränke, Tabakwaren	179	12,2	257	14,8	399	14,2	370	14,0	469	14,7
Bekleidung und Schuhe	60	4,1	93	5,3	130	4,6	111	4,2	175	5,5
Wohnen, Energie, Wohnungsinstandhaltung	587	40,2	665	38,3	902	32,1	872	32,9	975	30,6
Innenausstattung, Haushaltsgeräte und Haushaltsgegenstände	69	4,7	79	4,6	170	6,0	163	6,2	185	5,8
Gesundheitspflege	62	4,3	51	2,9	123	4,4	137	5,2	89	2,8
Verkehr	170	11,7	156	9,0	419	14,9	380	14,3	511	16,0
Nachrichtenübermittlung	43	2,9	62	3,6	62	2,2	57	2,1	74	2,3
Freizeit, Unterhaltung und Kultur	154	10,5	187	10,8	312	11,1	294	11,1	355	11,2
Bildungswesen	8	0,5	24[1]	1,4[1]	20	0,7	7	0,2	53	1,7
Beherbergungs- und Gaststättendienstleistungen	70	4,8	77	4,4	163	5,8	159	6,0	172	5,4
Andere Waren und Dienstleistungen	59	4,0	84	4,9	109	3,9	102	3,8	125	3,9

1 Aussagewert eingeschränkt, da der Zahlenwert statistisch relativ unsicher ist.

Private Konsumausgaben nach Haushaltsnettoeinkommen

Haushalte mit einem monatlichen Nettoeinkommen von unter 1 300 Euro gaben im Jahr 2011 durchschnittlich 967 Euro im Monat für den privaten Konsum aus. Mehr als viermal so viel (4 209 Euro) wendete die Haushaltsgruppe mit dem höchsten monatlichen Nettoeinkommen von 5 000 bis unter 18 000 Euro für ihren Konsum auf.

Je höher das Nettoeinkommen ist, desto mehr geben die Haushalte in den einzelnen Konsumbereichen aus. Grundsätzlich nehmen auch die Anteile der Ausgaben für die jeweiligen Konsumbereiche bezogen auf das gesamte Konsumbudget mit steigendem Einkommen zu. Der Ausgabenanteil für die Grundbedürfnisse Ernährung, Wohnen und Bekleidung nimmt allerdings mit steigendem Einkommen ab: Während im Jahr 2011 die Haushalte der Einkommensgruppe unter 1 300 Euro durchschnittlich knapp 68 % (656 Euro) ihrer monatlichen Konsumausgaben zur Deckung der Grundbedürfnisse aufwendeten, machten diese Ausgaben bei den Haushalten der höchsten Einkommensgruppe anteilig knapp 46 % (1 919 Euro) aus. Innerhalb der Grundbe-

dürfnisse weist allein der Bereich Bekleidung und Schuhe mit zunehmenden Einkommen auch steigende Ausgabenanteile auf. Höhere Einkommen bieten hier möglicherweise größere Spielräume für höherwertige Käufe. ▶ Abb 7

Auch die Ausgaben für Nachrichtenübermittlung waren 2011 prozentual gesehen mit steigendem Einkommen rückläufig. So wendeten die Haushalte mit

weniger als 1 300 Euro Nettoeinkommen dafür anteilig im Durchschnitt knapp 4 % (37 Euro monatlich) auf, während Haushalte mit einem monatlichen Nettoeinkommen zwischen 5 000 und 18 000 Euro 2 % (83 Euro monatlich) dafür ausgaben.

Für Freizeit, Unterhaltung und Kultur gaben die Haushalte mit dem höchsten monatlichen Nettoeinkommen fast das Sechsfache (486 Euro, knapp 12 %) dessen

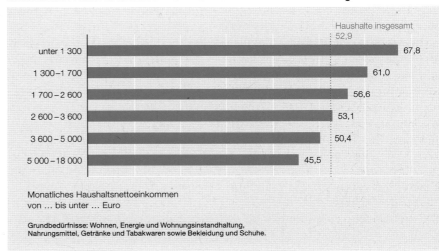

▶ Abb 7   **Ausgaben privater Haushalte für die Grundbedürfnisse nach dem monatlichen Haushaltsnettoeinkommen 2011 — Anteil an den Ausgaben in Prozent**

Monatliches Haushaltsnettoeinkommen von … bis unter … Euro

Grundbedürfnisse: Wohnen, Energie und Wohnungsinstandhaltung, Nahrungsmittel, Getränke und Tabakwaren sowie Bekleidung und Schuhe.

▶ Tab 6   **Konsumausgaben privater Haushalte nach dem monatlichen Haushaltsnettoeinkommen 2011**

| | Monatliches Haushaltsnettoeinkommen von … bis unter … Euro | | | | | | | | | | | |
| | unter 1 300 | | 1 300–1 700 | | 1 700–2 600 | | 2 600–3 600 | | 3 600–5 000 | | 5 000–18 000 | |
	in Euro	in %	in Euro	in %	in Euro	in %	in Euro	in %	in Euro	in %	in Euro	in %
Private Konsumausgaben	**967**	**100**	**1 372**	**100**	**1 819**	**100**	**2 386**	**100**	**3 090**	**100**	**4 209**	**100**
Nahrungsmittel, Getränke, Tabakwaren	163	16,9	218	15,9	268	14,7	340	14,2	421	13,6	494	11,7
Bekleidung und Schuhe	34	3,5	55	4,0	74	4,1	102	4,3	145	4,7	237	5,6
Wohnen, Energie, Wohnungsinstandhaltung	459	47,4	564	41,1	687	37,8	826	34,6	991	32,1	1 188	28,2
Innenausstattung, Haushaltsgeräte, Haushaltsgegenstände	36	3,7	54	3,9	89	4,9	140	5,9	184	6,0	266	6,3
Gesundheitspflege	22	2,3	45	3,3	60	3,3	87	3,6	121	3,9	254	6,0
Verkehr	68	7,1	141	10,2	240	13,2	338	14,2	490	15,9	701	16,7
Nachrichtenübermittlung	37	3,9	45	3,3	51	2,8	61	2,6	67	2,2	83	2,0
Freizeit, Unterhaltung und Kultur	83	8,6	132	9,6	192	10,6	261	11,0	349	11,3	486	11,6
Bildungswesen	4[1]	0,4[1]	11[1]	0,8[1]	9	0,5	15	0,6	24	0,8	42	1,0
Beherbergungs- und Gaststättendienstleistungen	30	3,1	58	4,2	81	4,5	122	5,1	175	5,7	279	6,6
Andere Waren und Dienstleistungen	30	3,1	52	3,8	66	3,6	94	3,9	122	4,0	180	4,3

1 Aussagewert eingeschränkt, da der Zahlenwert statistisch relativ unsicher ist.

aus, was die Haushalte mit dem geringsten monatlichen Einkommen (83 Euro, knapp 9 %) aufwendeten. ▶ Tab 6

6.1.4 Ausstattung privater Haushalte mit Gebrauchsgütern

Aussagen über den erreichten materiellen Lebensstandard der privaten Haushalte in Deutschland lassen sich auch aus der Verfügbarkeit ausgewählter Gebrauchsgüter gewinnen. Dazu gehört zum Beispiel die Ausstattung mit Haushaltsgeräten, der Besitz von Fahrzeugen sowie von Geräten der Unterhaltungselektronik (unter anderem Videokamera/Camcorder, CD-Player, DVD-Player). Auch die Ausstattung mit Produkten der Informations- und Kommunikationstechnik (IKT) wie Personalcomputer, Mobiltelefon oder Internetzugang lassen wichtige Rückschlüsse auf die Lebensverhältnisse der Haushalte zu. ▶ Info 2

Ausstattung mit elektrischen Haushaltsgeräten

Elektrische beziehungsweise elektronische Haushaltsgeräte zählen zu den klassischen Ausstattungsgegenständen, die seit vielen Jahren im Rahmen der Laufenden Wirtschaftsrechnungen (LWR) erfragt werden. »Traditionelle« Haushaltsgeräte wie der Kühlschrank sind in nahezu jedem Haushalt vorhanden. Hier lag der Ausstattungsgrad Anfang 2011 bei 99 %. Mikrowellengeräte standen in 72 % der Haushalte zur Verfügung. Hierbei konnten 67 % der privaten Haushalte eine Geschirrspülmaschine nutzen. Mit Ausstattungsgraden von knapp 69 % für das frühere Bundesgebiet ohne Berlin-West und knapp 61 % für die neuen Länder und Berlin gab es bei den Geschirrspülmaschinen allerdings einen leichten regionalen Unterschied. Ein weit größeres regionales Gefälle zeigte sich bei den

Gefrierschränken beziehungsweise Gefriertruhen. Im früheren Bundesgebiet besaßen 60 % der Haushalte mindestens einen Gefrierschrank, während in den neuen Ländern und Berlin lediglich 46 % der Haushalte über ein solches Haushaltsgerät verfügten. Noch deutlichere regionale Unterschiede waren bei der Ausstattung mit Wäschetrocknern zu erkennen: Bei einem Ausstattungsgrad von knapp 40 % im Bundesdurchschnitt standen sich hier Anfang des Jahres 2011 Werte von 44 % in Westdeutschland und 23 % in Ostdeutschland gegenüber. ▶ Tab 7

Bestimmend für die Ausstattung mit elektrischen Haushaltsgeräten ist unter anderem die Haushaltsgröße. In Einpersonenhaushalten lag der Ausstattungsgrad für Mikrowellengeräte, Geschirrspülmaschinen, Gefrierschränke und Wäschetrockner Anfang 2011 deutlich unter den ermittelten Durchschnittswerten. Mit zunehmender Zahl der Haushaltsmitglieder werden technische Haushaltshilfen verstärkt in Anspruch genommen. Außer bei den Einpersonenhaushalten lagen die Ausstattungsgrade der genannten Güter deutlich über den Durchschnittswerten für alle Haushalte. Geschirrspülmaschinen standen beispielsweise in 97 % aller Haushalte mit fünf und mehr Personen zur Verfügung, verglichen mit dem durchschnittlichen Ausstattungsgrad von 67 %. In 83 % dieser Haushalte gab es Mikrowellengeräte (Bundesdurchschnitt: 72 %), in 70 % gab es Wäschetrockner (Bundesdurchschnitt: knapp 40 %) und in 84 % gab es mindestens einen Gefrierschrank (Bundesdurchschnitt: 57 %).

Ausstattung mit Gütern der Unterhaltungselektronik

Anfang des Jahres 2011 besaßen 96 % der privaten Haushalte in Deutschland mindestens einen Fernseher. In nahezu jedem zweiten Haushalt (49 %) war dies bereits ein Flachbildfernseher. Bei der erstmaligen Frage danach im Jahr 2006 stand lediglich in 5 % der Haushalte ein solches Gerät. Ebenfalls stark angestiegen ist im gleichen Zeitraum der Ausstattungsbe-

---

▶ Info 2

Ausstattungsgrad und Ausstattungsbestand

Der Ausstattungsgrad ist das statistische Maß dafür, wie viele Haushalte ein bestimmtes Gebrauchsgut besitzen. Beispielsweise bedeutet ein Ausstattungsgrad von 90 % Mobiltelefonen, dass 90 von 100 Haushalten mindestens ein Mobiltelefon haben. Rechnerisch wird der Ausstattungsgrad ermittelt durch die Zahl der Haushalte mit einem entsprechenden Gebrauchsgut, bezogen auf die Zahl der hochgerechneten Haushalte multipliziert mit 100.

Der Ausstattungsbestand ist das statistische Maß dafür, wie viele Gebrauchsgüter in 100 Haushalten vorhanden sind. Beispielsweise bedeutet ein Ausstattungsbestand von 166 Mobiltelefonen je 100 Haushalte, dass einige Haushalte mehr als ein Handy besitzen. Bei einer solchen Mehrfachausstattung ist der Ausstattungsbestand größer als der Ausstattungsgrad. Rechnerisch wird der Ausstattungsbestand ermittelt durch die Zahl des in den Haushalten vorhandenen jeweiligen Gebrauchsgutes, bezogen auf die Zahl der hochgerechneten Haushalte multipliziert mit 100.

▶ Tab 7 **Ausstattungsgrad privater Haushalte mit ausgewählten Haushaltsgeräten 2011**

	Deutschland	Früheres Bundesgebiet ohne Berlin-West	Neue Länder und Berlin
Anzahl der erfassten Haushalte	7 888	6 122	1 766
Hochgerechnete Haushalte (in 1 000)	36 640	28 694	7 946
Ausstattungsgrad je 100 Haushalte			
Geschirrspülmaschine	67,0	68,8	60,6
Mikrowellengerät	72,0	71,8	72,7
Gefrierschrank, Gefriertruhe	57,2	60,3	46,2
Wäschetrockner	39,7	44,2	23,3

stand: Während sich 2006 sechs Flachbildfernseher in 100 Haushalten befanden,
waren es Anfang 2011 mit 64 Geräten je
100 Haushalte mehr als zehnmal so viele
Geräte. Mehr als 46 % der Haushalte besaßen mehr als einen Fernsehapparat.
Rund 24 % der Haushalte hatten mehr als
einen Flachbildfernseher.

Der Empfang der Fernseh- beziehungsweise Radioprogramme erfolgte Anfang
2011 in 25 % der Privathaushalte über
DVB-T-Receiver. Das waren doppelt so
viele Haushalte wie im Jahr 2007 (12 %),
als erstmals nach dieser Empfangsart gefragt wurde. Auch der Ausstattungsgrad
mit Satellitenempfangsgeräten erhöhte
sich in diesem Zeitraum von 39 % auf
42 %. Der Anteil der Haushalte mit Kabel-
anschlüssen ging dagegen von 50 % auf
46 % zurück. Auch bei diesen Empfangs-
geräten gab es regionale Unterschiede in
der Ausstattung zwischen dem früheren
Bundesgebiet ohne Berlin-West und den
neuen Ländern und Berlin. ▸ Abb 8

Anfang 2011 besaßen 88 % der Haushalte einen Fotoapparat. Die Betrachtung
digitaler und analoger Geräte ergab folgendes Bild: Während Anfang 2004 – bei der
erstmaligen Frage nach digitalen Fotoapparaten – in jedem fünften Haushalt (19 %)
digital fotografiert werden konnte, waren
es zu Beginn des Jahres 2011 bereits knapp
72 %. Im gleichen Zeitraum verringerte
sich der Ausstattungsgrad mit analogen
Fotoapparaten von 76 % auf 51 %. ▸ Abb 9

Auch bei Camcordern (Videokameras)
ist der Trend von analoger hin zu digitaler
Technologie erkennbar. Jeder fünfte Haushalt (22 %) in Deutschland besaß mindestens einen Camcorder (Videokamera).
Über Camcorder mit analoger Technik
verfügten 11 % der Haushalte, knapp 13 %
konnten digital filmen. Der Ausstattungsgrad mit digitalen Geräten steigt seit Jahren
stetig an (2004: 6 %), während die Ausstattung mit analogen Geräten im gleichen
Zeitraum rückläufig ist. ▸ Abb 10

Geräte der modernen Unterhaltungselektronik finden sich vor allem in Haushalten mit Kindern. Während Anfang
2011 der Anteil der Haushalte, die im Besitz
eines DVD-Players/-Recorders waren, bei

▸ Abb 8 **Ausstattungsgrad privater Haushalte mit Satellitenempfangsgerät, Kabelanschluss und DVB-T-Gerät 2011 — in Prozent**

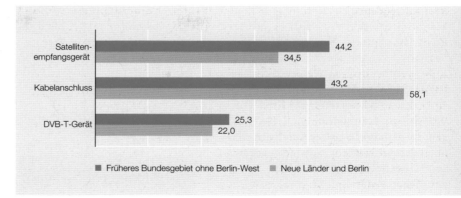

▸ Abb 9 **Ausstattungsgrad privater Haushalte mit Fotoapparaten — in Prozent**

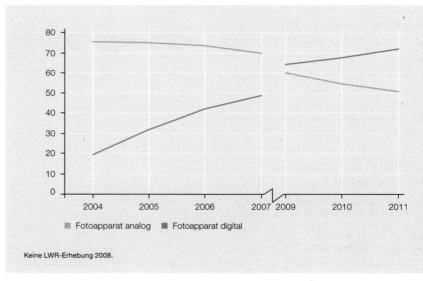

Keine LWR-Erhebung 2008.

▸ Abb 10 **Ausstattungsgrad privater Haushalte mit Camcordern — in Prozent**

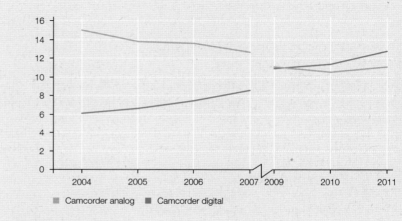

Keine LWR-Erhebung 2008.

rund 71 % lag, waren Alleinerziehende (82 %) und Paare mit Kind(ern) (93 %) weit überdurchschnittlich damit ausgestattet. Ein ähnliches Bild zeigt sich beim CD-Player/-Recorder: Im Bundesdurchschnitt besaßen 79 % aller privaten Haushalte Anfang 2011 einen CD-Player/-Recorder; rund 93 % der Alleinerziehenden und 90 % der Paarhaushalte mit Kind(ern) verfügten über ein solches Gerät. Bei MP3-Playern und Spielkonsolen zeigt sich der überdurchschnittliche Ausstattungsgrad von Haushalten mit Kindern noch deutlicher: Während Anfang 2011 im Bundesdurchschnitt 42 % der Haushalte einen MP3-Player besaßen, konnte bereits in 64 % der Haushalte von Alleinerziehenden und in 73 % der Haushalte von Paaren mit Kind(ern) Musik über dieses Medium abgespielt werden. Spielkonsolen waren durchschnittlich in jedem vierten Haushalt (24 %) in Deutschland vorhanden. In 59 % der Haushalte von Alleinerziehenden und in 62 % der Haushalte von Paaren mit Kind(ern) war ein solches Gerät verfügbar. ▶ Tab 8

Ausstattung mit Telefon und Navigationssystem

Die Ausstattung im Bereich der Informations- und Kommunikationstechnologie (IKT) nahm in den privaten Haushalten in Deutschland in den zurückliegenden Jahren deutlich zu. Die Haushalte partizipierten jedoch unterschiedlich an den neuen Technologien. Die Ausstattung der Haushalte mit Computer und Internetzugang sowie deren Nutzung wird ausführlich in Kapitel 12.1.2, Seite 335–341 beschrieben.

Das Handy gehört heute bereits ganz selbstverständlich zum Leben. Anfang des Jahres 2000 verfügten nahezu alle privaten Haushalte in Deutschland über ein Festnetztelefon (96 %), rund 30 % der Haushalte konnten bereits mobil, das heißt mit dem Handy telefonieren. Dieses Bild hat sich in den letzten elf Jahren stark gewandelt. Die Gesamtzahl der in den Privathaushalten vorhandenen Mobiltelefone stieg von 12,2 Millionen im Jahr 2000 auf 60,7 Millionen Mobiltelefone Anfang 2011. In 90 % aller privaten Haushalte konnte Anfang 2011 mit dem Handy telefoniert werden.

Die Entwicklung des Ausstattungsbestandes zeigt deutlich den technologischen Wandel in der Telekommunikation. Kamen Anfang 2000 auf durchschnittlich 103 Festnetztelefone je 100 Haushalte nur 36 Mobiltelefone, so hatte sich das Verhältnis Anfang 2011 deutlich umgekehrt: Auf durchschnittlich 115 Festnetztelefone in 100 Haushalten kamen 166 Handys. Anfang 2011 gab es rein rechnerisch 1,8 Mobiltelefone in jedem Handybesitzer-Haushalt. ▶ Tab 9

Auch das Alter der Haupteinkommensperson spielt eine Rolle beim Besitz von stationären oder mobilen Telefonen. Mit steigendem Alter der Haupteinkommenspersonen in den Haushalten war auch der Ausstattungsgrad dieser Haushalte mit Festnetztelefonen höher, während der Ausstattungsgrad mit Handys mit zunehmendem Alter stetig abnahm. So waren

96 % beziehungsweise 97 % der Haushalte mit Haupteinkommenspersonen von 25 bis 54 Jahren mit Mobiltelefonen ausgestattet sowie 90 % der Haushalte von 55- bis 69-Jährigen und von den 80-Jährigen und Älteren besaßen knapp 58 % der Haushalte ein solches Gerät. ▶ Tab 10

Ob und wie viele Mobil- beziehungsweise stationäre Telefone in den Haushalten vorhanden sind, wird deutlich vom Haushaltstyp beeinflusst, das heißt ob eine oder mehrere Personen und ob Kinder in den Haushalten leben. Alle Haushaltstypen – mit Ausnahme der alleinlebenden Männer – zeigten Anfang 2011 einen Ausstattungsgrad mit Festnetztelefonen von über 88 %. Die Verfügbarkeit von Mobiltelefonen unterschied sich bei den einzelnen Haushaltstypen allerdings erheblich. Haushalte mit Kindern erreichten die höchsten Ausstattungsgrade mit Mobiltelefonen: Paare mit Kind(ern) waren zu 99 % mit Handys ausgerüstet. Bei den

▶ Tab 8   **Ausstattungsgrad privater Haushalte mit Unterhaltungselektronik nach dem Haushaltstyp 2011 — in Prozent**

	Haushalte insgesamt	Alleinlebende	Allein-erziehende	Paare ohne Kind	Paare mit Kind(ern)
Spielkonsolen	23,9	9,1	59,0	10,6	62,1
MP3-Player	42,3	26,9	63,5	30,8	73,0
CD-Player/-Recorder	79,0	70,7	92,9	79,7	89,9
DVD-Player/-Recorder	71,3	56,3	82,0	74,4	92,7

▶ Tab 9   **Ausstattung privater Haushalte mit Festnetz- und Mobiltelefonen**

	Festnetztelefon			Mobiltelefon		
	Deutschland	Früheres Bundesgebiet ohne Berlin-West[1]	Neue Länder und Berlin[2]	Deutschland	Früheres Bundesgebiet ohne Berlin-West[1]	Neue Länder und Berlin[2]
	Ausstattungsgrad					
2000	96,4	96,7	95,4	29,8	30,2	28,4
2011	92,7	93,6	89,5	90,0	89,9	90,2
	Ausstattungsbestand je 100 Haushalte					
2000	102,8	104,2	97,0	35,5	35,9	33,9
2011	114,6	117,9	102,5	165,7	168,1	156,8

1 2000: Früheres Bundesgebiet.
2 2000: Neue Länder und Berlin-Ost.

▶ Tab 10　**Ausstattungsgrad privater Haushalte mit Festnetz- und Mobiltelefon nach dem Alter der Haupteinkommensperson 2011**

	Haushalte insgesamt	Alter der Haupteinkommensperson von ... bis ... Jahre							
		18–24	25–34	35–44	45–54	55–64	65–69	70–79	80 und älter
Anzahl der erfassten Haushalte	7 888	42[1]	530	1 190	2 112	1 896	699	1 135	284
Hochgerechnete Haushalte (in 1 000)	36 640	368[1]	2 919	5 261	9 509	8 623	3 200	5 372	1 388
Ausstattungsgrad je 100 Haushalte									
Festnetztelefon	92,7	69,2[1]	79,7	93,2	92,4	95,3	93,8	95,8	97,3
Mobiltelefon	90,0	100,0[1]	97,0	96,9	95,6	90,1	89,0	77,8	57,5

1 Aussagewert eingeschränkt, da der Zahlenwert statistisch relativ unsicher ist.

▶ Tab 11　**Ausstattungsgrad und -bestand privater Haushalte mit Festnetz- und Mobiltelefon nach Haushaltstyp 2011**

	Haushalte insgesamt	Alleinlebende		Allein- erziehende	Paare	
		Frauen	Männer		ohne Kind	mit Kind(ern)
Anzahl der erfassten Haushalte	7 888	1 411	757	225	2 922	1 152
Hochgerechnete Haushalte (in 1 000)	36 640	10 308	4 616	1 118	10 657	4 655
Ausstattungsgrad je 100 Haushalte						
Festnetztelefon	92,7	91,0	80,9	88,6	96,1	97,1
Mobiltelefon	90,0	79,5	87,3	98,1	92,8	99,0
Ausstattungsbestand je 100 Haushalte						
Festnetztelefon	114,6	95,1	89,6	101,6	126,0	129,3
Mobiltelefon	165,7	86,4	106,2	178,2	163,3	263,5

Alleinerziehenden waren es 98 %. Auch 93 % der Haushalte von Paaren ohne Kind besaßen ein Handy und waren damit überdurchschnittlich ausgestattet. Deutlich unterdurchschnittlich waren dagegen Mobiltelefone bei den Alleinlebenden verbreitet. Rund 87 % der alleinlebenden Männer verfügten Anfang 2011 über ein Mobiltelefon; bei den alleinlebenden Frauen waren es knapp 80 %. ▶ Tab 11

Haushalte mit Kind(ern) besaßen generell mehr als ein Handy. Bei den Haushalten von Paaren mit Kind(ern) kamen Anfang 2011 durchschnittlich knapp 264 Geräte auf 100 Haushalte. Ebenfalls sehr hoch war der Ausstattungsbestand bei den Alleinerziehenden mit durchschnittlich 178 Mobiltelefonen je 100 Haushalte.

Anfang 2011 besaßen knapp 39 % der privaten Haushalte in Deutschland ein Navigationsgerät. Obwohl Navigationsgeräte als Aktionsangebote auch von Lebensmitteldiscountmärkten angeboten werden, ist für den Besitz eines solchen Gerätes immer noch die Höhe des Haushaltseinkommens von Bedeutung. Die Ausstattung mit Navigationsgeräten steigt mit zunehmendem Einkommen. Während Anfang 2011 der Anteil der Haushalte mit Navigationsgeräten in den Einkommensklassen bis unter 2 600 Euro netto monatlich bei höchstens 45 % lag, waren 57 % der Haushalte mit einem monatlichen Nettoeinkommen von 2 600 Euro bis unter 3 600 Euro im Besitz eines Navigationssystems. Zwei von drei Haushalten der Nettoeinkommensklasse von 3 600 bis unter 5 000 Euro besaßen ein solches Gerät, und 74 % der Haushalte mit 5 000 bis unter 18 000 Euro monatlichem Haushaltseinkommen ließen sich von einem eigenen Navigationssystem leiten. ▶ Abb 11

Ausstattung mit Fahrzeugen

Die Laufenden Wirtschaftsrechnungen liefern auch Informationen über die Aus-

stattung der privaten Haushalte in Deutschland mit Fahrrädern und Personenkraftwagen (Pkw) und damit über die Mobilitätsmöglichkeiten der Haushalte.

Das Fahrradfahren erfreut sich nach wie vor großer Beliebtheit. Zu Beginn des Jahres 2011 standen 67,3 Millionen Fahrräder in den privaten Haushalten. Der Ausstattungsgrad liegt seit dem Jahr 2009 konstant bei rund 81 %.

Haushalte, in denen Kinder leben, sind am besten mit Fahrrädern ausgestattet. Bei den Haushalten von Alleinerziehenden lag der Ausstattungsgrad Anfang 2011 bei knapp 95 % und bei den Haushalten von Paaren mit Kind(ern) bei knapp 98 %. Von den Einpersonenhaushalten verfügten nur 69 % über mindestens ein Fahrrad (Männer: 73 %, Frauen: 67 %). Paare ohne Kind lagen mit 83 % leicht über dem Bundesdurchschnitt.

Fahrräder sind in den Haushalten meist mehrfach vorhanden. Von den 29,7 Millionen

▶ Abb 11   **Ausstattungsgrad privater Haushalte mit Navigationssystemen nach dem monatlichen Haushaltsnettoeinkommen 2011 — in Prozent**

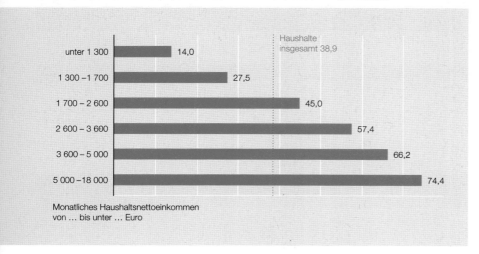

▶ Abb 12   **Ausstattung privater Haushalte mit einem Fahrrad oder mehreren Fahrrädern 2011 — in Prozent**

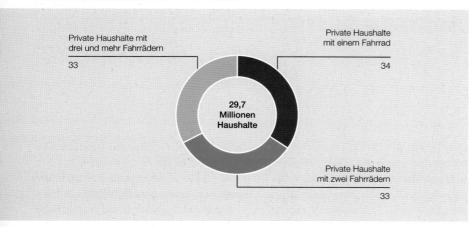

Rund 47 % der Privathaushalte besaßen Anfang 2011 einen oder sogar mehrere Gebrauchtwagen, in 36 % der Haushalte stand ein Neuwagen. Der Anteil der Haushalte mit geleasten Pkw lag Anfang 2011 bei knapp 4 %. ▶ Tab 12

Die Entscheidung zwischen »neu« oder »gebraucht« beim Kauf eines Pkw wird unter anderem durch die Höhe des monatlichen Nettoeinkommens der Haushalte beeinflusst. Mit steigendem Nettoeinkommen nimmt auch der Ausstattungsgrad der Haushalte mit Neuwagen zu. Dieser lag Anfang 2011 bei einem monatlichen Haushaltsnettoeinkommen von 5 000 bis unter 18 000 Euro mit rund 56 % weit über dem Durchschnittswert aller privaten Haushalte von 36 %. Im Gegensatz dazu lag der Neuwagenanteil in Haushalten der beiden untersten Einkommensgruppen (unter 1 300 Euro sowie 1 300 bis unter 1 700 Euro) bei 19 % beziehungsweise bei 32 %. Betrachtet man die Anzahl der Pkw in den privaten Haushalten, werden die einkommensabhängigen Unterschiede noch deutlicher: Während in 100 Haushalten der untersten Nettoeinkommensklasse 50 Pkw zu finden waren, besaßen die Haushalte der höchsten Einkommensklasse mit 191 Pkw je 100 Haushalte knapp viermal so viele Autos.

Bei der Ausstattung mit Pkw gibt es auch ein Altersgefälle sowohl in Richtung der Haushalte mit älteren als auch jüngeren Haupteinkommenspersonen. Haushalte mit 80-jährigen und älteren Haupteinkommenspersonen (55 %) beziehungsweise mit 70- bis 79-jährigen Haupteinkommenspersonen (74 %) sowie auch Haushalte mit bis 24-Jährigen (56 %) waren deutlich geringer mit Pkw ausgestattet als die Altersgruppen von 35 bis 64 Jahre. In diesen Altersgruppen wurden Anfang 2011 Ausstattungsgrade von über 79 % erreicht. ▶ Tab 13

Bei den Haushalten von Paaren mit Kind(ern) lag 2011 der Ausstattungsgrad mit Pkw (95 %) sehr viel höher als bei Haushalten von Alleinerziehenden (71 %) und Alleinlebenden (58 %). Rund 92 % der Haushalte von Paaren ohne Kind besaßen ein Auto.

Haushalten mit Fahrrädern verfügte Anfang 2011 mehr als ein Drittel (34 %) über ein Fahrrad. Jeweils ein Drittel besaß zwei Fahrräder und ein weiteres Drittel drei und mehr Fahrräder. Rein rechnerisch besaß somit ein Fahrradhaushalt 2,3 Fahrräder. ▶ Abb 12

Überdurchschnittlich mit Fahrrädern ausgestattet waren Anfang 2011 die Haushalte mit 25- bis 64-jährigen Haupteinkommenspersonen. Mit einem Ausstattungsgrad von 91 % war der Anteil bei den 35- bis 44-Jährigen am höchsten. Selbst in den Haushalten mit 70- bis 79-jährigen

Haupteinkommenspersonen betrug der Anteil der Haushalte mit mindestens einem Fahrrad noch 70 %. Der Besitz eines Fahrrads ist auch in den Haushalten von 80-Jährigen und Älteren durchaus keine Seltenheit: 42 % besaßen mindestens ein Fahrrad – wobei die Ausstattung nichts über die tatsächliche Nutzung verrät.

Anfang 2011 stand in 78 % der privaten Haushalte in Deutschland mindestens ein Auto. In den neuen Ländern und Berlin lag der Anteil bei 71 %, während im früheren Bundesgebiet ohne Berlin-West 80 % der Haushalte über ein Auto verfügten.

▶ Tab 12 **Ausstattungsgrad und -bestand privater Haushalte mit Personenkraftwagen 2011**

	Deutschland	Früheres Bundesgebiet ohne Berlin-West	Neue Länder und Berlin
	Ausstattungsgrad je 100 Haushalte		
Personenkraftwagen	77,9	79,7	71,4
fabrikneu gekauft	36,2	37,1	33,2
gebraucht gekauft	46,7	47,9	42,2
geleast[1]	3,6	3,9	2,3[2]
	Ausstattungsbestand je 100 Haushalte		
Personenkraftwagen	102,5	105,2	92,7
fabrikneu gekauft	40,8	41,8	37,2
gebraucht gekauft	57,8	59,1	53,0
geleast[1]	3,9	4,3	2,5[2]

1 Auch vom Arbeitgeber oder vom eigenen Unternehmen zur Verfügung gestellt. Keine Ratenkäufe.
2 Aussagewert eingeschränkt, da der Zahlenwert statistisch relativ unsicher ist.

▶ Tab 13 **Ausstattungsgrad und -bestand privater Haushalte mit Personenkraftwagen nach Alter der Haupteinkommensperson 2011**

	Haushalte insgesamt	Alter der Haupteinkommensperson von ... bis ... Jahre							
		18–24	25–34	35–44	45–54	55–64	65–69	70–79	80 und älter
Ausstattungsgrad (in %)	77,9	55,8[1]	70,0	85,3	81,8	79,4	77,0	73,7	55,3
Ausstattungsbestand (Anzahl je 100 Haushalte)	102,5	76,6[1]	90,1	116,6	118,6	107,6	88,6	80,7	57,1

1 Aussagewert eingeschränkt, da der Zahlenwert statistisch relativ unsicher ist.

6.1.5 Überschuldung und Privatinsolvenz

Bei Personen, die als absolut überschuldet gelten, sind die Zahlungsrückstände so gravierend, dass als letzter Ausweg nur die Privatinsolvenz bleibt. Verlässliche Daten zur absoluten Überschuldung von Privatpersonen – nicht Haushalten – liefern die Gerichte.

Seit Einführung der neuen Insolvenzordnung im Jahr 1999 nutzten bis Ende 2011 rund 800 000 Privatpersonen, die als Verbraucher in eine Notlage geraten sind, ein Verbraucherinsolvenzverfahren, um nach einer sogenannten Wohlverhaltensphase von ihren restlichen Schulden befreit zu werden. Weitere 450 000 Personen, die ebenfalls als absolut überschuldet gelten, wurden durch das Scheitern einer selbstständigen Tätigkeit zahlungsunfähig. Auch sie haben die Möglichkeit, ihre Schulden gerichtlich regulieren zu lassen. Die Gesamtzahl der Privatinsolvenzen hat, mit Ausnahme von 2008 und 2011, von Jahr zu Jahr zugenommen. Im Jahr 2011 gab es rund 103 000 Verbraucherinsolvenzen. Dabei muss der Auslöser für die Überschuldung nicht in der Gegenwart liegen, sondern kann viele Jahre zurückreichen. ▶ Abb 13

Die gerichtlichen Akten informieren zwar vollständig über die Zahl der Privatinsolvenzen, nicht jedoch über die Gesamtzahl aller überschuldeten Personen. Sie enthalten auch keine Informationen zum Personenkreis und zu den Umständen, die zur Überschuldung geführt haben. Um zumindest Aussagen zu den sozioökonomischen Strukturen der überschuldeten Personen treffen zu können sowie die Ursachen und Hauptgläubiger statistisch zu belegen, werden seit dem Jahr 2006 zusätzlich Schuldnerberatungsstellen nach ihrer Klientel befragt. Mit dieser freiwilligen Erhebung kann über die Insolvenzstatistik hinaus ein wesentlicher Beitrag zur Darstellung der Schuldensituation von Privatpersonen geleistet werden.

Schuldnerberatungsstellen haben die Aufgabe, Menschen, die in wirtschaftliche oder existenzielle Not geraten sind oder zu geraten drohen, eine angemessene Hilfestellung zu leisten. Diese zielt auf eine Sanierung der wirtschaftlichen Verhältnisse der Betroffenen ab. Darüber hinaus gehört auch die Erörterung von Präventionsmaßnahmen zum Beratungsangebot. Durch ihre Tätigkeit verfügen die Beratungsstellen über einen großen Datenpool zur Überschuldungssituation, der sich auch für statistische Zwecke nutzen lässt. Von 220 der rund 1 000 Beratungsstellen, die unter der Trägerschaft der Verbraucher- und Wohlfahrtsverbände sowie der Kommunen stehen, wurden für das Jahr 2011 die Daten von etwa 74 000 Personen übermittelt. Allerdings müssen diese Personen nicht zwangsläufig überschuldet sein, teilweise ist auch nur eine

▶ Abb 13   **Entwicklung der Verbraucherinsolvenzen — in Tausend**

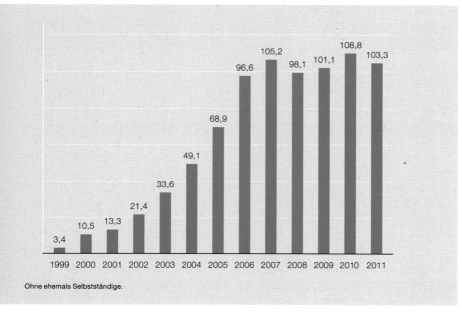

Ohne ehemals Selbstständige.

▶ Abb 14   **Beratene Personen nach dem Hauptauslöser der Überschuldung, ausgewählte Ergebnisse 2011 — in Prozent**

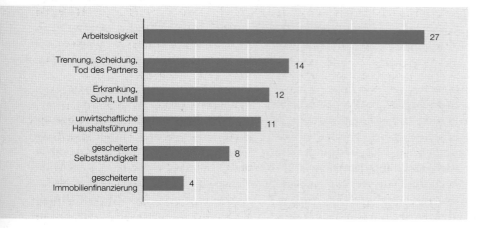

haltsführung oder gescheiterter Immobilienfinanzierung waren bei etwa 15 % der beratenen Personen ausschlaggebend für die Inanspruchnahme des Dienstes einer Beratungsstelle. Bei rund 8 % der beratenen Personen lag der Grund für die Überschuldung im Scheitern der Selbstständigkeit. ▶ Abb 14

Gut ein Drittel (35 %) aller beratenen Personen hatten nicht mehr als vier Gläubiger. Im Durchschnitt beliefen sich die Schulden aller einbezogenen Personen auf knapp 35 000 Euro. Dabei ist zu berücksichtigen, dass in dieser Summe auch die hypothekarisch gesicherten Kredite für die Immobilienfinanzierung und die Verbindlichkeiten aus früherer Selbstständigkeit enthalten sind. Diese Schulden sind überwiegend höher als andere Schuldenarten.

Bei Ausschluss der Personen mit Hypothekenverbindlichkeiten und der ehemals Selbstständigen lässt sich eine Schuldenlast von durchschnittlich etwa 23 000 Euro errechnen. Wird an dieser Stelle statt des Durchschnitts der Median berechnet, ergibt sich ein Wert von gut 12 000 Euro. Der Median ist rechnerisch die Zahl, die genau in der Mitte liegt, wenn man die Werte der Größe nach sortiert. Für die Überschuldung bedeutet das, dass die Schulden von 50 % der Schuldner über 12 000 Euro liegen. Bei den anderen 50 % dieser Schuldner jedoch liegen die Zahlungsrückstände darunter.

Auch bei Personen, die weder Verpflichtungen aus Hypothekenverbindlichkeiten haben noch früher selbstständig waren, entfallen knapp die Hälfte aller Schulden auf Banken in Form von Raten- und Dispositionskrediten. Mit großem Abstand folgen die Schulden bei Inkassobüros (14 %) sowie öffentlichen Gläubigern wie beispielsweise Finanzämtern (10 %). Personen, die ihren Verpflichtungen für in Anspruch genommene Ratenkredite nicht mehr nachkommen können, stehen bei ihren Banken im Durchschnitt mit rund 23 000 Euro im Soll. Hat eine Person Schulden bei anderen Privatpersonen, so belaufen sich diese auf durchschnittlich etwa 11 000 Euro. Für

vorübergehende Zahlungsstörung eingetreten oder die Folgen einer Zahlungsunwilligkeit sollen ausgeräumt werden.

Menschen die – verschuldet oder unverschuldet – in finanzielle Not geraten sind, verlieren häufig ihren sozialen Status. Nicht selten kommt es zur gesellschaftlichen Ausgrenzung, denn Arbeitslosigkeit und unerwartete gravierende Änderungen der Lebensumstände stellen für sich genommen schon eine schwere

Belastung dar, auch ohne die damit verbundenen finanziellen Folgen. Arbeitslosigkeit wurde für rund 27 % der beratenen Personen als Grund für ihre finanziellen Schwierigkeiten genannt. Bei rund einem Viertel (26 %) waren kritische Lebensereignisse wie eine Scheidung, der Tod des Partners, eine Krankheit oder ein Unfall Auslöser der Misere. Selbstverschuldete Zahlungsschwierigkeiten wegen unwirtschaftlicher Haus-

nicht geleistete Unterhaltsverpflichtungen ergibt sich ein durchschnittlicher Rückstand von knapp 8 000 Euro.

Je nach Alter und Lebensform gibt es unterschiedliche Schwerpunkte, was die Art und die Höhe der Schulden anbelangt. Aus den Erkenntnissen, die die Überschuldungsstatistik bietet, sind einige beispielhaft herausgegriffen: So sind die bis 24-jährigen Überschuldeten zwar mit der niedrigsten Summe an Ratenkrediten in Rückstand (durchschnittlich knapp 6 000 Euro), weisen allerdings mit durchschnittlich etwa 2 000 Euro die höchsten nicht beglichenen Telefonrechnungen aller Altersklassen auf. Personen ab 55 Jahren haben unter allen Altersklassen mit knapp 3 000 Euro die höchsten durchschnittlichen Schulden bei Versandhäusern. Die höchsten durchschnittlichen Mietrückstände besitzen die 45- bis 54-Jährigen sowie Personen, die in einer Ehe oder in einer Lebensgemeinschaft leben (jeweils etwa 4 000 Euro). Schulden aus Unterhaltsverpflichtungen haben vor allem Männer: alleinlebende Männer verfügten dabei durchschnittlich über 8 000 Euro Schulden, in einer (neuen) Ehe beziehungsweise Lebensgemeinschaft Lebende über rund 9 000 Euro. ▶ Abb 15

6.1.6 Zusammenfassung
Rund 62 % der Haushaltsbruttoeinkommen stammten 2011 aus Erwerbseinkünften. Das Bruttoeinkommen im Osten betrug 75 % des Westniveaus. Im Osten war der Anteil der öffentlichen Transferleistungen mit 28 % am Bruttoeinkommen um sechs Prozentpunkte höher als im Westen.

Knapp 24 % ihres Bruttoeinkommens führten die Haushalte 2011 als Steuern und Abgaben ab. Der Anteil der reinen Steuerbelastung war im früheren Bundesgebiet mit knapp 11 % höher als in den neuen Ländern und Berlin mit 8 %.

In 29 % aller privaten Haushalte lag das durchschnittliche monatliche Haushaltsnettoeinkommen unter 1 700 Euro, während 14 % aller Privathaushalte über ein monatliches Haushaltsnettoeinkommen von 5 000 bis unter 18 000 Euro verfügten.

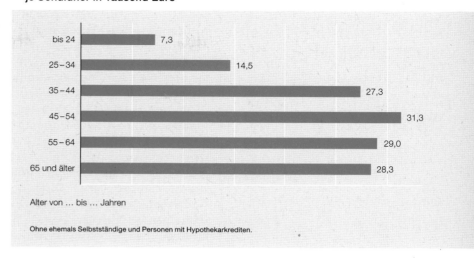

▶ Abb 15 **Durchschnittliche Schulden nach Altersklassen 2011 — je Schuldner in Tausend Euro**

bis 24 — 7,3
25 – 34 — 14,5
35 – 44 — 27,3
45 – 54 — 31,3
55 – 64 — 29,0
65 und älter — 28,3

Alter von ... bis ... Jahren

Ohne ehemals Selbstständige und Personen mit Hypothekarkrediten.

Im Bundesdurchschnitt wurden knapp 74 % der ausgabefähigen Einnahmen für den privaten Konsum verwendet. Mit einem Drittel (34 %) hatten die Wohnkosten den größten Anteil an den privaten Konsumausgaben. Die anteiligen Ausgaben für Verkehr sowie für Nahrungsmittel waren fast gleich hoch (14 %). Je geringer das Haushaltseinkommen, desto größer war der Anteil der Ausgaben für die Grundbedürfnisse Wohnen, Essen und Bekleidung.

Die Ausstattung der Haushalte mit Gebrauchsgütern lässt Schlüsse auf den erreichten materiellen Wohlstand zu. Bei vielen elektrischen Haushaltsgeräten war Anfang 2011 eine Vollversorgung erreicht, ebenso bei herkömmlichen Unterhaltungsgeräten (wie zum Beispiel bei Fernsehern). Mit neueren elektronischen Unterhaltungsgeräten sind Haushalte mit Kindern besser ausgestattet als der Durchschnittshaushalt. In vielen Haushalten sind mittlerweile mehrere Handys vorhanden. Ob mit dem Handy oder im Festnetz telefoniert wird, hängt stark vom Alter des Hauptverdieners ab.

Rund 78 % der Haushalte besaßen Anfang 2011 ein Auto und 81 % der Haushalte mindestens ein Fahrrad. Im Osten lag der Ausstattungsgrad mit Autos um rund acht

Prozentpunkte niedriger als im Westen. Von zentraler Bedeutung für die Entscheidung, einen Neu- oder Gebrauchtwagen anzuschaffen, ist vor allem die Höhe des monatlichen Haushaltsnettoeinkommens. Rund 36 % der Personenkraftwagen der privaten Haushalte in Deutschland waren Anfang 2011 fabrikneu gekauft.

Im Jahr 2011 gab es rund 103 000 Verbraucherinsolvenzen. Schuldner, die dieses Verfahren durchlaufen, gelten als absolut überschuldet. Die Privatinsolvenz eröffnet ihnen die Möglichkeit, nach einer Wohlverhaltensphase von ihren Restschulden befreit zu werden.

Hauptauslöser für Überschuldung waren 2011 Arbeitslosigkeit (27 %), Tod des Partners, Trennung beziehungsweise Scheidung (14 %) und Unfall, Erkrankung beziehungsweise Sucht (12 %). Die durchschnittliche Last der Schuldner betrug (ohne Personen mit Hypothekenverbindlichkeiten und ehemals selbstständige Schuldner) rund 23 000 Euro. Je nach Alter und Lebenssituation unterscheiden sich die Schulden in der Höhe und im Verschuldungsgrund.

6.2 Einkommensungleichheit, Armut und materielle Entbehrung

Silvia Deckl

Destatis

Die Förderung der sozialen Integration von Menschen, die unter Armut und sozialer Ausgrenzung leiden, ist fest in der europäischen Sozialpolitik verankert. Im Rahmen der sogenannten »Offenen Methode der Koordinierung« definieren die Mitgliedstaaten der Europäischen Union auf freiwilliger Basis gemeinsame sozialpolitische Ziele und entsprechende Kennzahlen (Sozialindikatoren), um die Entwicklungen in den Mitgliedstaaten vergleichbar zu machen. Im Frühjahr 2010 beschloss der Rat der Europäischen Union zudem die Wachstumsstrategie »Europa 2020«. Eines der Kernziele dieser Strategie ist die Verminderung von Armut und sozialer Ausgrenzung in der Europäischen Union.

Die im vorliegenden Kapitel dargestellten Ergebnisse für Deutschland wurden aus der jährlich durchgeführten und europaweit vergleichbaren Statistik über Einkommen und Lebensbedingungen der Bevölkerung (European Union Statistics on Income and Living Conditions – EU-SILC) ermittelt. Diese Statistik ist die zentrale, amtliche Datenquelle für die europäische und die nationale Sozialberichterstattung sowie für den Armuts- und Reichtumsbericht der Bundesregierung. EU-SILC bietet umfassende Informationen über die Lebensbedingungen der privaten Haushalte und der Bevölkerung in Europa. Die Bezeichnung der deutschen EU-SILC-Erhebung lautet LEBEN IN EUROPA. ▶ Info 1

Die Ergebnisse zur Armutsgefährdung werden im Abschnitt 6.2.1 für die Einkommensbezugsjahre 2009 und 2010 (die 2010 und 2011 erhoben wurden) dargestellt. In den Abschnitten 6.2.2 und 6.2.3 werden Ergebnisse zu wirtschaftlichen Belastungen, materieller Entbehrung und zu Belastungen im Zusammenhang mit den Wohnbedingungen der Bevölkerung für 2011 dargestellt.

6.2.1 Einkommensungleichheit und Armutsgefährdung

In der Wissenschaft wird Armut auf verschiedene Weise definiert. Die gängigste Definition bezeichnet Armut als eine Situation wirtschaftlichen Mangels, die verhindert, ein »angemessenes« Leben zu führen. Im Gegensatz zu vielen Entwicklungsländern bedeutet »angemessen« in den meisten Industriestaaten jedoch nicht das rein physische Überleben, sondern die Möglichkeit der Teilhabe am gesellschaftlichen Leben. Daher werden in Deutschland und in der EU meist die »relative Armut« und die »relative Armutsgefährdung« betrachtet. Nach diesem Konzept ist armutsgefährdet, wer im Vergleich zum Durchschnitt der Bevölkerung eine festgelegte Einkommensgrenze unterschreitet.

Als Grundlage für die Berechnung von Einkommensungleichheit und Armut wird zunächst aus dem Haushaltsnettoeinkommen das sogenannte Nettoäquivalenzeinkommen gebildet. ▶ Info 2, 3

Die Armutsgefährdungsquote ist einer der wichtigsten Indikatoren in der europäischen Sozialberichterstattung. Sie gibt den Anteil der Menschen in der Bevölkerung

---

▶ Info 1

LEBEN IN EUROPA: Die Statistik zu Einkommen und Lebensbedingungen

In Deutschland wird EU-SILC (European Union Statistics on Income and Living Conditions) unter der Bezeichnung LEBEN IN EUROPA seit 2005 jährlich durchgeführt und liefert eine Vielzahl von Sozialindikatoren für Deutschland. Die Befragung erfolgt schriftlich in vier aufeinanderfolgenden Jahren und besteht aus einem Haushaltsfragebogen und einem Personenfragebogen für Haushaltsmitglieder ab 16 Jahren. An LEBEN IN EUROPA nehmen jedes Jahr zwischen 13 000 und 14 000 Privathaushalte teil, wobei jedes Jahr ein Viertel der Stichprobe neu ersetzt wird (Rotationspanel). Derzeit liegen Daten für die Jahre 2005 bis 2011 vor.

an, die weniger als 60 % des mittleren Nettoäquivalenzeinkommens der Gesamtbevölkerung zur Verfügung haben. Der mittlere Wert oder der sogenannte »Median« markiert die Einkommensgrenze, die die Bevölkerung in eine untere und eine obere Hälfte teilt, und wird im Gegensatz zum Durchschnittswert durch Ausreißer nach oben oder unten nicht beeinflusst.

Anhand des Nettoäquivalenzeinkommens lässt sich die Einkommensverteilung in der Gesamtbevölkerung abbilden, die neben der Armutsquote ebenfalls von großem Interesse für eine effiziente und zielgerichtete Sozialpolitik ist.

Einkommensungleichheit

Wie hoch sind die durchschnittlichen Einkommen und die Einkommensunterschiede zwischen den verschiedenen sozialen Gruppen? Welche Einkommenszuwächse oder -verluste treten bei einzelnen Personengruppen auf? Um diese Fragen zu beantworten, wird zunächst die Entwicklung des Medians der Nettoäquivalenzeinkommen der Jahre 2009 und 2010 beschrieben, die aus den Erhebungen 2010 und 2011 stammen.

Das Nettoäquivalenzeinkommen alleine reicht jedoch nicht aus, um genauere Aussagen über den materiellen Wohlstand der Bevölkerung zu treffen, da Einkommen in unterschiedlichem Maß auf die verschiedenen sozialen Gruppen verteilt sind. Erkenntnisse über diese Einkommensverteilung in der Gesamtbevölkerung sind sehr wichtig für eine effiziente und zielgerichtete Sozialpolitik. Das Ausmaß und die Struktur der Einkommensungleichheit werden mit dem sogenannten »S80/S20-Verhältnis« beziehungsweise mit dem sogenannten »Gini-Koeffizienten« beschrieben. ▶ Info 4

Zwischen 2009 und 2010 ist der Median der Nettoäquivalenzeinkommen der Gesamtbevölkerung in Deutschland von jährlich 18 797 Euro im Jahr 2009 auf 19 043 Euro im Jahr 2010 angestiegen. Der Einkommenszuwachs war bei Frauen zwischen 2009 und 2010 etwas höher (252 Euro) als bei Männern (203 Euro). Allerdings bestehen nach wie vor deutliche Unterschiede zwischen den Einkommen von Männern und Frauen: Der Median des Nettoäquivalenzeinkommens von Frauen war 2010 mit 18 700 Euro um 689 Euro niedriger als der von Männern (19 389 Euro). ▶ Tab 1

In der Untergliederung nach Altersgruppen zeigt sich, dass das mittlere Äquivalenzeinkommen bei Menschen zwischen 25 und 54 Jahren mit 20 703 Euro im Jahr 2010 deutlich über dem Wert für die Gesamtbevölkerung lag. Menschen in der Altersgruppe 55 bis 64 Jahre verfügten mit 19 087 Euro ebenfalls über ein leicht über dem Durchschnitt liegendes Einkommen. Anders bei den 65-Jährigen und Älteren: Hier lag das mittlere Einkommen mit 17 611 Euro unter dem Bundesdurchschnitt.

Haushalte mit zwei Personen unter 65 Jahren ohne Kind erzielten 2010 mit 23 742 Euro jährlich die höchsten Einkommen. Die niedrigsten Einkommen hatten Menschen in Haushalten von Alleinerziehenden mit 12 887 Euro. Der Einkommensanstieg war jedoch bei den Alleinerziehenden zwischen 2009 und 2010 mit einem Plus von 451 Euro (das entspricht 3,6 %) am höchsten, während das Einkommen in Haushalten von zwei

---

▶ Info 2

Haushaltsnettoeinkommen

Grundlage für Einkommens- und Armutsanalysen bei LEBEN IN EUROPA ist das verfügbare Haushaltsnettoeinkommen aus dem Vorjahr der Erhebung (Einkommensbezugsjahr), das sich ergibt aus dem Bruttoeinkommen eines Haushalts nach Abzug von:

· Steuern,
· Sozialversicherungsbeiträgen,
· regelmäßigen Vermögensteuern und
· regelmäßig zwischen Privathaushalten geleisteten Zahlungen.

Das Bruttoeinkommen eines Haushalts besteht aus haushalts- und personenbezogenen Komponenten.
Zum haushaltsbezogenen Bruttoeinkommen zählen:

· Einkommen aus Vermietung und Verpachtung,
· Familienleistungen (Kindergeld) und Wohnungsbeihilfen,
· Sozialgeld, Sozialhilfe, bedarfsorientierte Grundsicherung,
· regelmäßig empfangene Geldtransfers zwischen privaten Haushalten (zum Beispiel Unterhaltszahlungen),
· Zinsen, Dividenden und Gewinne aus Kapitalanlagen,
· Einkünfte von Haushaltsmitgliedern unter 16 Jahren.

Hinweis: Schätzwerte für unterstellte Mieten bei selbst genutztem Wohneigentum (sogenannte Eigentümermietwerte) werden hier, anders als in anderen amtlichen Statistiken (zum Beispiel der Einkommens- und Verbrauchsstichprobe), nicht zum verfügbaren Haushaltseinkommen hinzugerechnet.

Zum personenbezogenen Bruttoeinkommen zählen:

· Bruttoeinkommen aus unselbstständiger Tätigkeit in Form von Geld oder geldwerten Sachleistungen und/oder Sachleistungen (zum Beispiel Firmenwagen),
· Bruttogewinne und -verluste aus selbstständiger Tätigkeit in Form von Geldleistungen (einschließlich Lizenzgebühren),
· Arbeitslosengeld I und II, Übertragungen der Arbeitsförderung,
· Alters- und Hinterbliebenenleistungen,
· Krankengeld und Invaliditätsleistungen,
· ausbildungsbezogene Leistungen.

Erwachsenen mit einem Kind sogar leicht (– 0,3 %) zurückging (um 60 Euro).

Die Zuordnung zum überwiegenden Erwerbsstatus erfolgt bei LEBEN IN EUROPA aufgrund der Selbsteinschätzung der Befragten. Die Gruppe der Arbeitslosen verfügte weiterhin sowohl in der Untergliederung nach dem überwiegenden Erwerbsstatus als auch bezogen auf die Gesamtbevölkerung über die mit Abstand niedrigsten Jahreseinkommen. So standen im Jahr 2010 Arbeitslosen 9 485 Euro zur Verfügung. Das waren 479 Euro (5,3 %) mehr gegenüber 2009 (9 006 Euro). Die höchsten Einkommen hatten Menschen, die überwiegend erwerbstätig waren. Auch sie hatten mit einem Plus von 503 Euro jährlich (2,3 %) einen Zuwachs zu verzeichnen. Bei Menschen im Ruhestand war der Einkommensanstieg dagegen moderat (1,4 %). Sie verfügten 2010 über 17 183 Euro im Jahr, 2009 waren es noch 16 953 Euro gewesen. Damit blieben die Ruheständler 2010 in der Höhe ihres Einkommens deutlich hinter dem Bundesmedian zurück.

Ein hoher Bildungsstatus geht mit einem entsprechend hohen Einkommen einher: Der Median des Nettoäquivalenzeinkommens lag 2009 bei hoch gebildeten Personen bei 23 521 Euro und stieg 2010 um 360 Euro auf 23 881 Euro an. Menschen mit niedrigem Bildungsstatus hatten mit jährlich 15 355 Euro (2009) beziehungsweise 15 515 Euro (2010) ein weit unterdurchschnittliches Einkommen zur Verfügung (Bildungsstatus siehe Kapitel 2.1 Infokasten 2, Seite 45). Bei Personen mit einem mittleren Bildungsstand stieg der Median des Nettoäquivalenzeinkommens von 18 616 Euro im Jahr 2009 um 297 Euro auf 18 913 Euro im Jahr 2010 und lag damit knapp unter dem Bundesdurchschnitt.

Dass die Einkommen ungleich auf die verschiedenen soziodemografischen Gruppen verteilt sind, zeigt auch der Gini-Koeffizient, der sowohl 2009 als auch 2010 den Wert 0,29 annahm. Das bedeutet, dass das Ausmaß der Einkommensungleichheit im betrachteten Zweijahreszeitraum konstant geblieben ist. Das Verhältnis der

▶ Info 3

Nettoäquivalenzeinkommen

Das Nettoäquivalenzeinkommen ist ein Pro-Kopf-Einkommen, das berücksichtigt, in welcher Art von Haushalt die Menschen leben, um das Wohlstandsniveau von Haushalten unterschiedlicher Größe und Zusammensetzung vergleichbar zu machen.

Es ist eine fiktive Rechengröße, die aus der Haushaltszusammensetzung und dem Haushaltsnettoeinkommen abgeleitet wird. Bei diesem Verfahren wird dem ersten erwachsenen Haushaltsmitglied ein Bedarfsgewicht von 1,0 und jedem weiteren Haushaltsmitglied ab 14 Jahren ein Bedarfsgewicht von 0,5 sowie Haushaltsmitgliedern unter 14 Jahren ein Bedarfsgewicht von 0,3 zugeordnet (nach modifizierter OECD-Skala).

Ein Beispiel: Zwei Erwachsene mit zwei Kindern unter 14 Jahren erhalten nach der modifizierten OECD-Skala ein Gesamtgewicht von 2,1 (1,0 + 0,5 + 0,3 + 0,3). Beläuft sich das verfügbare Nettoeinkommen eines solchen Haushalts auf 2 000 Euro monatlich, so ergibt sich als Nettoäquivalenzeinkommen 952,38 Euro monatlich (= 2 000 Euro geteilt durch 2,1), das jedem Haushaltsmitglied zugewiesen wird. Es wird also nicht die Zahl der Köpfe zugrunde gelegt, sondern ein Bedarfsgewicht, das (mit Ausnahme von Einpersonenhaushalten) immer niedriger ist, als die tatsächliche Anzahl der Personen im Haushalt, da in größeren Haushalten wirtschaftliche Einspareffekte auftreten (zum Beispiel durch gemeinsame Nutzung von Wohnraum und Haushaltsgeräten). Der Vier-Personen-Beispielhaushalt mit zwei erwachsenen Personen und zwei Kindern unter 14 Jahren benötigt bei der Berechnung also deshalb nicht das vierfache, sondern nur das 2,1-fache des Einkommens eines Einpersonenhaushalts, um das gleiche Wohlstandsniveau wie der Einpersonenhaushalt zu erreichen.

▶ Info 4

Wie groß ist die Ungleichheit in der Einkommensverteilung? S80/S20 Verhältnis und Gini-Koeffizient

Um den relativen Einkommensabstand zwischen dem oberen und unteren Rand der Einkommensverteilung (das sogenannte S80/S20-Verhältnis) zu beschreiben, wird das Nettoäquivalenzeinkommen der Personen der Höhe nach geordnet und in Quintile (fünf gleich große Teile) geteilt. Das unterste Quintil repräsentiert dabei das Fünftel der Bevölkerung mit den niedrigsten Einkommen, das oberste Quintil das Fünftel der Bevölkerung mit den höchsten Einkommen. Die Summe der Einkommen aus dem obersten Quintil, dividiert durch die Summe der Einkommen aus dem untersten Quintil, ergibt dann den Wert für das S80/S20-Verhältnis. Dieser Wert beschreibt, um wie viel höher das Einkommen des obersten Fünftels im Vergleich zum untersten Fünftel ist.

Ein anderes, häufig benutztes Verteilungsmaß ist der Gini-Koeffizient, ein statistisches Konzentrationsmaß. Wendet man ihn auf Einkommensdaten an, zeigt er, wie gleich oder ungleich Einkommen über eine Personengruppe verteilt sind. Bei der Berechnung wird die Ungleichheit in der Einkommensverteilung auf Basis aller individuellen Nettoäquivalenzeinkommen einer Personengruppe ermittelt. Der Gini-Koeffizient kann Werte zwischen Null (absolute Gleichheit) und 1 (absolute Konzentration) annehmen. Je näher der Wert an 1 ist, desto größer ist die Ungleichheit in der Einkommensverteilung.

Einkommen der 20 % einkommensstärksten Personen zu dem der 20 % einkommensschwächsten Personen blieb zwischen 2009 und 2010 ebenfalls konstant: Das obere Fünftel der Bevölkerung verfügte zusammen über ungefähr viereinhalbmal so viel Einkommen wie das untere Fünftel der Bevölkerung. ▶ Tab 2

Armutsgefährdung

Der Anteil der armutsgefährdeten Bevölkerung (Armutsgefährdungsquote) wird ermittelt, indem das Nettoäquivalenz-

einkommen jeder Person mit einem Referenzwert (Schwellenwert für Armutsgefährdung) verglichen wird. Dieser Referenzwert wird aus der Einkommensverteilung abgeleitet und ist für die gesamte Bevölkerung gültig. Eine Person gilt als armutsgefährdet, wenn sie über ein Nettoäquivalenzeinkommen verfügt, das geringer ist als der Schwellenwert für Armutsgefährdung.

Im Rahmen der nationalen und europäischen Sozialpolitik hat man sich bei der Bestimmung der Armutsgefährdung

▶ Tab 1   **Nettoäquivalenzeinkommen — in Euro pro Jahr**

	Median des Nettoäquivalenzeinkommens	
	2009	2010
Insgesamt	**18 797**	**19 043**
Männer	19 186	19 389
Frauen	18 448	18 700
Altersgruppen		
unter 18 Jahren	17 607	17 707
18 bis 24 Jahre	18 199	18 565
25 bis 54 Jahre	20 600	20 703
55 bis 64 Jahre	19 160	19 087
65 Jahre oder älter	17 167	17 611
Haushaltstypen		
Alleinlebende	15 697	15 671
Personen in Haushalten von …		
… zwei Erwachsenen, beide jünger als 65 Jahre	23 471	23 742
… zwei Erwachsenen, davon mindestens eine Person 65 Jahre oder älter	17 652	18 039
… Alleinerziehenden	12 436	12 887
… zwei Erwachsenen mit einem Kind	21 353	21 293
… zwei Erwachsenen mit zwei Kindern	19 429	19 616
Überwiegender Erwerbsstatus [1]		
Erwerbstätig	21 502	22 005
Arbeitslos	9 006	9 485
Im Ruhestand	16 953	17 183
Bildungsstatus [2]		
ISCED 0 bis 2 – niedrig	15 355	15 515
ISCED 3 bis 4 – mittel	18 616	18 913
ISCED 5 bis 6 – hoch	23 521	23 881

1 Personen ab 18 Jahren. Zuweisung zum überwiegenden Erwerbsstatus nach Selbsteinschätzung der Befragten.
2 Personen ab 18 Jahren. Aktueller Bildungsstatus nach der Internationalen Standardklassifikation im Bildungswesen (ISCED 97).
    ISCED 0 bis 2: Vorschule, Primärbereich und Sekundarstufe I. ISCED 3 bis 4: Sekundarstufe II und Post-Sekundarbereich.
    ISCED 5 bis 6: Tertiärbereich.

▶ Tab 2   **Einkommensungleichheit**

	Einkommensbezugsjahr	
	2009	2010
Gini-Koeffizient (Einkommensungleichheit)		
Insgesamt	**0,29**	**0,29**
Quintilsverhältnis (S80/S20-Rate)		
Insgesamt	**4,5**	**4,5**
Männer	4,6	4,6
Frauen	4,4	4,3
unter 65 Jahren	4,7	4,6
Männer	4,8	4,7
Frauen	4,6	4,5
65 Jahre oder älter	3,8	3,9
Männer	4,0	4,0
Frauen	3,6	3,7

auf einen Wert in Höhe von 60 % des Medians des Äquivalenzeinkommens der Gesamtbevölkerung geeinigt. Demnach gilt eine Person als armutsgefährdet, wenn ihr Nettoäquivalenzeinkommen niedriger ist als 60 % des mittleren Äquivalenzeinkommens der Bevölkerung. Der Schwellenwert für die Armutsgefährdung lag in Deutschland 2009 bei 11 278 Euro und 2010 bei 11 426 Euro pro Jahr. Das entsprach monatlich einem Betrag von 940 Euro (2009) beziehungsweise 952 Euro (2010).

Nach Zahlung staatlicher Sozialleistungen waren 2010 insgesamt 15,8 % der Bevölkerung armutsgefährdet. Gegenüber dem Jahr 2009 (15,6 %) hat sich die Quote damit etwas erhöht. Frauen waren auch 2010 mit 16,8 % stärker armutsgefährdet als Männer mit 14,9 % (Frauen 2009: 16,4 %; Männer 2009: 14,9 %). ▶ Tab 3

Die Betrachtung verschiedener Altersgruppen zeigt, dass junge Menschen zwischen 18 und 24 Jahren (2010: 19,0 %) sowie 55- bis 64-Jährige (2010: 20,4 %)

in höherem Maße armutsgefährdet sind als andere Altersgruppen. Junge Menschen befinden sich häufig noch in einer Ausbildung oder stehen am Anfang des Berufslebens. In dieser Altersgruppe treten auch die größten Unterschiede zwischen den Geschlechtern auf. Mehr als jede fünfte Frau (21,8 %) zwischen 18 und 24 Jahren war 2010 armutsgefährdet, unter den gleichaltrigen Männern waren es dagegen nur 16,2 %. Ähnlich hoch war der Abstand bei 65-Jährigen und Älteren (2010 Frauen: 16,2 %; Männer: 12,0 %). Anders bei Personen im Alter von 55 bis 64 Jahren: in dieser Altersgruppe war der Abstand zwischen den Armutsgefährdungsquoten 2010 bei Frauen (21,1 %) und Männern (19,5 %) geringer. Auch bei den 25- bis 54-Jährigen fiel der Unterschied mit 0,2 Prozentpunkten (Frauen 2010: 14,9 %; Männer: 14,7 %) viel niedriger aus als bei den Jüngeren. Im Jahr 2009 hatte der Abstand noch 1,5 Prozentpunkte (Frauen: 14,8 %; Männer: 13,3 %) betragen.

Bezogen auf verschiedene Haushaltstypen zeigt sich, dass 2010 mit 37,1 % weit mehr als jede dritte Person in Haushalten von Alleinerziehenden armuts-

▶ Tab 3   **Schwellenwert für Armutsgefährdung und Armutsgefährdungsquote nach Zahlung staatlicher Sozialleistungen**

	Einkommensbezugsjahr	
	2009	2010
Schwellenwert für Armutsgefährdung (Euro/Jahr)	11 278	11 426
Armutsgefährdungsquote nach Zahlung von Sozialleistungen in %		
Insgesamt	**15,6**	**15,8**
Geschlecht und Altersgruppen		
Männer	14,9	14,9
Frauen	16,4	16,8
unter 18 Jahren	17,5	15,6
Männer	17,9	14,6
Frauen	17,2	16,8
18 bis 24 Jahre	18,9	19,0
Männer	16,0	16,2
Frauen	21,7	21,8
25 bis 54 Jahre	14,1	14,8
Männer	13,3	14,7
Frauen	14,8	14,9
55 bis 64 Jahre	18,9	20,4
Männer	19,6	19,5
Frauen	18,2	21,1
65 Jahre oder älter	14,1	14,2
Männer	12,1	12,0
Frauen	15,9	16,2
Haushaltstypen		
Alleinlebende	30,0	32,3
Männer	30,7	32,3
Frauen	29,5	32,2
Personen in Haushalten von …		
… zwei Erwachsenen, beide jünger als 65 Jahre	10,3	11,3
… zwei Erwachsenen, davon mindestens eine Person 65 Jahre oder älter	10,8	10,3
… Alleinerziehenden	43,0	37,1
… zwei Erwachsenen mit einem Kind	9,0	9,8
… zwei Erwachsenen mit zwei Kindern	8,8	8,7
Überwiegender Erwerbsstatus [1]		
Erwerbstätig	7,2	7,7
Arbeitslos	70,3	67,8
Im Ruhestand	13,4	14,0
Bildungsstatus [2]		
ISCED 0 bis 2 – niedrig	25,3	25,8
ISCED 3 bis 4 – mittel	14,1	14,7
ISCED 5 bis 6 – hoch	7,9	7,7

1 Personen ab 18 Jahren. Zuweisung zum überwiegenden Erwerbsstatus nach Selbsteinschätzung der Befragten.
2 Personen ab 18 Jahren. Aktueller Bildungsstatus nach der Internationalen Standardklassifikation im Bildungswesen (ISCED 97).
  ISCED 0 bis 2: Vorschule, Primärbereich und Sekundarstufe I. ISCED 3 bis 4: Sekundarstufe II und Post-Sekundarbereich.
  ISCED 5 bis 6: Tertiärbereich.

▶ Tab 4   **Armutsgefährdungslücke — in Prozent**

	Einkommensbezugsjahr	
	2009	2010
Insgesamt	**20,7**	**21,4**
Männer	21,5	22,6
Frauen	19,6	20,6
unter 18 Jahren	17,8	17,2
Männer	17,9	17,2
Frauen	17,4	17,2
18 bis 64 Jahre	22,7	24,5
Männer	23,7	25,3
Frauen	21,8	22,8
65 Jahre oder älter	16,6	17,6
Männer	18,0	17,3
Frauen	15,5	17,8

gefährdet war. Ähnlich hoch war das Armutsrisiko im Jahr 2010 jedoch auch bei Alleinlebenden (Frauen: 32,2 %; Männer: 32,3 %). Deutlich seltener waren dagegen unter 65-jährige Paare ohne Kind (2010: 11,3 %) und Paare ohne Kind mit mindestens einer Person im Alter von 65 Jahren oder älter (2010: 10,3 %) von Armut betroffen. Auch Paare mit einem Kind (2010: 9,8 %) und mit zwei Kindern (2010: 8,7 %) hatten niedrigere Armutsgefährdungsquoten.

Erwerbstätigkeit und ein hoher Bildungsstatus schützen auch am besten vor einer prekären Einkommenssituation. Das zeigen die Armutsgefährdungsquoten für die Erwerbstätigen und die Hochgebildeten, die im Zeitverlauf weit unterdurchschnittliche Werte aufweisen: Dennoch waren 2010 immerhin noch jeweils 7,7 % der Erwerbstätigen und 7,7 % der Hochgebildeten von Armut bedroht, ein Jahr zuvor (2009) lagen die Quoten bei 7,2 % (Erwerbstätige) und 7,9 % (Hochgebildete). Unter der Bevölkerung mit niedrigem Bildungsstand war sowohl 2009 (25,3 %) als auch 2010 (25,8 %) mehr als jede beziehungsweise jeder Vierte

▶ Info 5

Materielle Entbehrung

»Materielle Entbehrung« umfasst einerseits verschiedene Formen wirtschaftlicher Belastung (zum Beispiel Hypotheken- oder Mietschulden, Zahlungsrückstände oder Probleme, die Rechnungen von Versorgungsbetrieben zu begleichen) und andererseits einen aus finanziellen Gründen erzwungenen Mangel an Gebrauchsgütern, wobei der Mangel durch die unfreiwillige Unfähigkeit (im Unterschied zur Wahlfreiheit) bedingt ist, für gewisse Ausgaben aufkommen zu können. Materielle Entbehrung liegt nach der EU-Definition für EU-SILC dann vor, wenn aufgrund der Selbsteinschätzung des Haushalts mindestens drei der folgenden neun Kriterien erfüllt sind:

1. Finanzielles Problem, die Miete oder Rechnungen für Versorgungsleistungen rechtzeitig zu bezahlen;
2. Finanzielles Problem, die Wohnung angemessen heizen zu können;
3. Finanzielles Problem, unerwartete Ausgaben in einer bestimmten Höhe aus eigenen finanziellen Mitteln bestreiten zu können;
4. Finanzielles Problem, jeden zweiten Tag Fleisch, Fisch oder eine gleichwertige vegetarische Mahlzeit einnehmen zu können;
5. Finanzielles Problem, jährlich eine Woche Urlaub woanders als zu Hause zu verbringen;
6. Fehlen eines Personenkraftwagens im Haushalt aus finanziellen Gründen;
7. Fehlen einer Waschmaschine im Haushalt aus finanziellen Gründen;
8. Fehlen eines Farbfernsehgeräts im Haushalt aus finanziellen Gründen;
9. Fehlen eines Telefons im Haushalt aus finanziellen Gründen.

Sind aufgrund der Selbsteinschätzung des Haushalts mindestens vier der oben genannten neun Kriterien erfüllt, so spricht man von »Erheblicher materieller Entbehrung«.

von Armut bedroht. Mit einer Quote von 67,8 % im Jahr 2010 (2009: 70,3 %) waren auch mehr als zwei Drittel der Arbeitslosen armutsgefährdet. Arbeitslose stellen damit weiterhin die am stärksten von Armut bedrohte soziale Gruppe der Gesamtbevölkerung in Deutschland dar. Bei den Ruheständlern und Ruheständlerinnen stieg die Armutsgefährdungsquote im Zeitvergleich zwar etwas an, sie lag nach 13,4 % im Jahr 2009 und 14,0 % im Jahr 2010 jedoch deutlich unter dem Bundesdurchschnitt.

Armutsgefährdungslücke

Neben der Frage, ob Armutsgefährdung besteht oder nicht, ist im Rahmen der Armutsanalysen von Interesse, wie weit das Einkommen der Armutsgefährdeten vom Schwellenwert für Armutsgefährdung entfernt liegt. Hierüber gibt die Differenz zwischen dem Median des Einkommens der Armutsgefährdeten und dem Schwellenwert selbst Aufschluss. Für den Indikator, der als »Armutslücke« bezeichnet und als relativer Abstand in Prozent des Schwellenwertes ausgedrückt wird, ergab sich 2010 der Wert 21,4 %

(2009: 20,7 %) für die armutsgefährdete Bevölkerung. Der relative Abstand hat sich demnach in den beiden Jahren insgesamt nur wenig verändert. Zwischen den sozialen Gruppen variiert der Wert der Armutslücke: Bei älteren Menschen ab 65 Jahren fiel der relative Abstand zur Armutsschwelle im Vergleich zum Durchschnitt der Bevölkerung 2010 mit 17,6 % deutlich geringer aus als etwa bei den 18- bis 64-Jährigen mit 24,5 %. ▶ Tab 4

6.2.2 Wirtschaftliche Belastungen und materielle Entbehrung

Um Wohlstand und Lebensstandard der Menschen in einer Gesellschaft beurteilen zu können, reicht die statistische Untersuchung von Einkommensungleichheit und Einkommensarmut nicht aus. Mangelnder Wohlstand und materielle Einschränkungen können auch Menschen betreffen, die rein statistisch gesehen nicht als armutsgefährdet gelten, da ihr Einkommen oberhalb der Armutsschwelle liegt. Wenn Einkommensarmut vorliegt, so geht dies für die Betroffenen in der Regel mit ganz erheblichen materiellen Entbehrungen und einer signifikanten

Einschränkung der Teilhabe am sozialen Leben einher. Armutsgefährdete können sich weniger leisten und fühlen sich durch finanzielle Verpflichtungen stärker belastet als andere. Die Unfähigkeit, sich verschiedene Ausgaben leisten zu können, die von den meisten Menschen als für eine angemessene Lebensführung wünschenswert oder gar notwendig angesehen werden, bezeichnet man als »materielle Entbehrung« (auch: materielle Deprivation).

Ein von der EU festgelegter Indikator, der aus der Erhebung EU-SILC ermittelt wird, ist die Quote der materiellen Entbehrung. Sie stellt den prozentualen Anteil der Bevölkerung dar, der mindestens drei von neun festgelegten Kriterien für materielle Entbehrung erfüllt. Sind sogar mindestens vier der neun Kriterien erfüllt, spricht man von »erheblicher materieller Entbehrung«. ▶ Info 5

Die nachfolgend beschriebenen Ergebnisse aus LEBEN IN EUROPA vermitteln einen Eindruck über die wirtschaftlichen Belastungen und das Ausmaß der materiellen Entbehrung in der Bevölkerung. Dabei werden auch Vergleiche zwischen Armutsgefährdeten und nicht Armutsgefährdeten gezogen.

Ausgaben des täglichen Lebens, die selbstverständlich erscheinen mögen, stellen für Armutsgefährdete häufig eine unüberwindliche finanzielle Hürde dar. Insbesondere die Wohnkosten belasteten zahlreiche Armutsgefährdete im Jahr 2011 schwer (33 %). Die nachfolgend beschriebenen Ergebnisse zu den finanziellen Kapazitäten und Belastungen resultieren aus einer Selbsteinschätzung der Befragten zu ihrer allgemeinen wirtschaftlichen Lage.

Im Jahr 2011 konnte sich nach eigener Einschätzung mehr als jede vierte armutsgefährdete Person (27 %) keine regelmäßigen Mahlzeiten mit Fleisch, Geflügel oder Fisch (oder eine entsprechende vegetarische Mahlzeit) leisten, darunter mehr als ein Drittel der von Armut betroffenen Alleinlebenden (34 %) und 30 % der Personen in Haushalten von armutsgefährdeten Alleinerziehenden.

▶ Tab 5   **Finanzielle Belastungen nach Haushaltstypen 2011 — in Prozent der Bevölkerung**

	Insgesamt	Nicht armuts-gefährdete Bevölke-rung	Armuts-gefährdete Bevölke-rung		Insgesamt	Nicht armuts-gefährdete Bevölke-rung	Armuts-gefährdete Bevölke-rung
Es ist aus finanziellen Gründen nicht möglich … … die Wohnung angemessen warm zu halten				**Es ist aus finanziellen Gründen nicht möglich … … einen Computer zu haben oder anzuschaffen**			
Insgesamt	**5,2**	**3,0**	**16,8**	**Insgesamt**	**4,5**	**2,4**	**16,2**
Alleinlebende	8,6	4,4	17,5	Alleinlebende	12,4	6,4	25,1
Personen in Haushalten von …				Personen in Haushalten von …			
… zwei Erwachsenen, beide jünger als 65 Jahre	4,1	2,7	14,7	… zwei Erwachsenen, beide jünger als 65 Jahre	2,2	1,0	12,2
… zwei Erwachsenen, davon mindes-tens eine Person 65 Jahre oder älter	2,3	1,5	10,2	… zwei Erwachsenen, davon mindes-tens eine Person 65 Jahre oder älter	8,2	6,1	26,8
… Alleinerziehenden	14,0	8,7	23,0	… Alleinerziehenden	4,1	1,7	8,1
… zwei Erwachsenen mit einem Kind	4,5	3,1	16,9	… zwei Erwachsenen mit einem Kind	0,8	0,5	3,6
… zwei Erwachsenen mit zwei Kindern	3,2	1,7	19,1	… zwei Erwachsenen mit zwei Kindern	0,5	0,2	3,8
…jedes Jahr eine Woche Urlaub woanders als zu Hause zu verbringen				**… ein Auto zu haben oder anzuschaffen**			
Insgesamt	**22,8**	**15,8**	**60,1**	**Insgesamt**	**7,7**	**3,5**	**30,3**
Alleinlebende	31,9	17,5	62,3	Alleinlebende	21,1	10,2	44,1
Personen in Haushalten von …				Personen in Haushalten von …			
… zwei Erwachsenen, beide jünger als 65 Jahre	16,5	12,0	52,1	… zwei Erwachsenen, beide jünger als 65 Jahre	4,5	2,7	18,9
… zwei Erwachsenen, davon mindes-tens eine Person 65 Jahre oder älter	12,0	8,6	42,6	… zwei Erwachsenen, davon mindes-tens eine Person 65 Jahre oder älter	3,6	2,0	17,8
… Alleinerziehenden	49,1	34,5	73,9	… Alleinerziehenden	23,1	13,9	38,8
… zwei Erwachsenen mit einem Kind	21,7	17,6	59,5	… zwei Erwachsenen mit einem Kind	3,1	1,8	16,0
… zwei Erwachsenen mit zwei Kindern	17,6	14,7	48,8	… zwei Erwachsenen mit zwei Kindern	2,0	0,7	15,4
… jeden zweiten Tag eine vollwertige Mahlzeit mit Fleisch, Geflügel oder Fisch (oder eine entsprechende vegetarische Mahlzeit) einzunehmen				**Es ist sehr schwierig, mit dem monatlichen Einkommen zurechtzukommen**			
Insgesamt	**8,8**	**5,4**	**27,0**	**Insgesamt**	**3,1**	**1,4**	**12,0**
Alleinlebende	16,6	8,7	33,5	Alleinlebende	5,1	1,8	11,9
Personen in Haushalten von …				Personen in Haushalten von …			
… zwei Erwachsenen, beide jünger als 65 Jahre	6,6	4,7	21,5	… zwei Erwachsenen, beide jünger als 65 Jahre	2,1	1,0	10,7
… zwei Erwachsenen, davon mindes-tens eine Person 65 Jahre oder älter	6,2	4,5	20,7	… zwei Erwachsenen, davon mindes-tens eine Person 65 Jahre oder älter	0,9	0,3	5,4
… Alleinerziehenden	18,9	12,6	29,6	… Alleinerziehenden	8,8	6,5	12,9
… zwei Erwachsenen mit einem Kind	6,8	4,8	24,7	… zwei Erwachsenen mit einem Kind	2,3	1,4	10,3
… zwei Erwachsenen mit zwei Kindern	3,6	2,4	17,1	… zwei Erwachsenen mit zwei Kindern	2,3	1,3	12,7
… unerwartet anfallende Ausgaben in Höhe von mindestens 930 Euro aus eigenen Mitteln zu bestreiten				**Die gesamten Wohnkosten stellen eine große Belastung dar**			
Insgesamt	**34,5**	**26,8**	**75,9**	**Insgesamt**	**19,8**	**17,4**	**33,0**
Alleinlebende	48,0	32,6	80,5	Alleinlebende	18,0	13,1	28,3
Personen in Haushalten von …				Personen in Haushalten von …			
… zwei Erwachsenen, beide jünger als 65 Jahre	29,2	24,5	66,0	… zwei Erwachsenen, beide jünger als 65 Jahre	14,2	12,5	27,0
… zwei Erwachsenen, davon mindes-tens eine Person 65 Jahre oder älter	17,9	14,9	45,0	… zwei Erwachsenen, davon mindes-tens eine Person 65 Jahre oder älter	12,9	10,9	30,3
… Alleinerziehenden	69,8	56,5	92,5	… Alleinerziehenden	33,7	30,4	39,4
… zwei Erwachsenen mit einem Kind	33,3	28,4	78,5	… zwei Erwachsenen mit einem Kind	20,7	19,0	36,4
… zwei Erwachsenen mit zwei Kindern	29,8	25,8	72,6	… zwei Erwachsenen mit zwei Kindern	23,1	21,3	42,4

Angaben beruhen auf der Selbsteinschätzung der Befragten.

► Tab 5

	Insgesamt	Nicht armutsgefährdete Bevölkerung	Armutsgefährdete Bevölkerung
In den letzten zwölf Monaten gab es Rückstände bei Hypotheken- oder Mietzahlungen			
Insgesamt	**2,4**	**1,6**	**6,9**
Alleinlebende	2,7	1,8	4,5
Personen in Haushalten von …			
… zwei Erwachsenen, beide jünger als 65 Jahre	1,4	1,0	4,1
… zwei Erwachsenen, davon mindestens eine Person 65 Jahre oder älter	0,6	0,5	1,4
… Alleinerziehenden	8,0	3,3	16,1
… zwei Erwachsenen mit einem Kind	3,5	2,5	12,6
… zwei Erwachsenen mit zwei Kindern	1,9	1,6	4,7
In den letzten zwölf Monaten gab es Rückstände bei Rechnungen von Versorgungsbetrieben			
Insgesamt	**3,9**	**2,4**	**12,2**
Alleinlebende	4,0	2,2	7,9
Personen in Haushalten von …			
… zwei Erwachsenen, beide jünger als 65 Jahre	2,7	1,8	9,2
… zwei Erwachsenen, davon mindestens eine Person 65 Jahre oder älter	1,3	0,9	5,2
… Alleinerziehenden	11,5	5,6	21,9
… zwei Erwachsenen mit einem Kind	4,0	3,3	10,8
… zwei Erwachsenen mit zwei Kindern	2,8	1,7	15,6

Angaben beruhen auf der Selbsteinschätzung der Befragten.

Bei der nicht armutsgefährdeten Bevölkerung war dies immerhin bei 5 % der Fall. Noch gravierender waren die finanziellen Probleme, wenn es darum ging, unerwartete Ausgaben (in Höhe von mindestens 930 Euro), die beispielsweise bei Reparaturen oder Anschaffungen anfallen, bewältigen zu müssen. Bereits mehr als ein Viertel (27 %) der Menschen, die nicht armutsgefährdet waren, gaben an, dass dies für den eigenen Haushalt problematisch sei. Ungleich schwieriger war diese Situation für Armutsgefährdete: Mehr als drei Viertel (76 %) dieser Menschen standen bei unerwartet anfallenden Ausgaben in dieser Höhe vor großen Problemen, besonders schwer hatten es armutsgefährdete Alleinerziehende (93 %). ► Tab 5

Mit dem Verzicht oder starken Einschränkungen mussten Armutsgefährdete 2011 auch bei der Finanzierung von Erholungsreisen leben. Etwa drei von fünf (60 %) armutsgefährdeten Personen konnten sich keine einwöchige Urlaubsreise im Jahr leisten. In armutsgefährdeten Haushalten von Alleinerziehenden war dies sogar für 74 % der Menschen unerschwinglich. Das Beheizen der Wohnung stellte Armutsgefährdete ebenfalls weit häufiger vor finanzielle Probleme als den Rest der Bevölkerung. Hier gaben 17 % an, aus finanziellen Gründen ihre Unterkunft nicht angemessen warm halten zu können, unter den nicht Armutsgefährdeten waren es nur 3 %.

Insgesamt hatten 2011 nach eigener Einschätzung 3 % der Bevölkerung in Deutschland große Schwierigkeiten, mit ihrem monatlichen Einkommen zurechtzukommen. Da dies die obere von fünf möglichen Antwortkategorien im Frageprogramm war (übrige Kategorien: schwierig, relativ schwierig, relativ leicht, ohne Probleme), spiegelt der Anteil von 3 % den Extremfall wider, in dem die finanziellen Schwierigkeiten als ganz erheblich eingestuft wurden. Rund 12 % der Armutsgefährdeten gaben »große Schwierigkeiten« an (nicht Armutsgefährdete: 1 %).

Belastet fühlten sich die Menschen 2011 auch durch ihre monatlich anfallenden Wohnkosten: Hier gab nahezu jeder Fünfte (20 %) der Gesamtbevölkerung an, stark belastet zu sein, unter den Armutsgefährdeten sogar jeder Dritte (33 %). Wenn Armutsgefährdung vorliegt, offenbart sich die prekäre wirtschaftliche Lage der Menschen auch in der Häufigkeit von Zahlungsschwierigkeiten. So haben 7 % der Armutsgefährdeten zum Befragungszeitpunkt in den zurückliegenden zwölf Monaten Mühe gehabt, ihren finanziellen Verpflichtungen in Bezug auf Hypotheken- oder Mietzahlungen nachzukommen (nicht Armutsgefährdete: 2 %). Auch bei Rechnungen von Versorgungsbetrieben waren 12 % der Armutsgefährdeten in Zahlungsverzug (nicht Armutsgefährdete: 2 %). ► Abb 1

Nahezu jeder Dritte (30 %) in der armutsgefährdeten Bevölkerung sah sich aufgrund der eigenen Finanzlage zudem außerstande, ein Auto anzuschaffen oder zu unterhalten (nicht Armutsgefährdete: 4 %). Rund 16 % der Armutsgefährdeten mussten aus finanziellen Gründen auf einen Computer verzichten (nicht Armutsgefährdete: 2 %).

Insgesamt lag im Jahr 2011 bei 12 % der Bevölkerung materielle Entbehrung vor (mindestens drei von neun Kriterien erfüllt; siehe Infokasten 5, Seite 163), bei 5 % der Bevölkerung sogar erhebliche materielle Entbehrung (mindestens vier von neun Kriterien erfüllt).

▶ Abb 1   **Finanzielle Belastungen 2011 — Anteil der jeweiligen Bevölkerungsgruppe in Prozent**

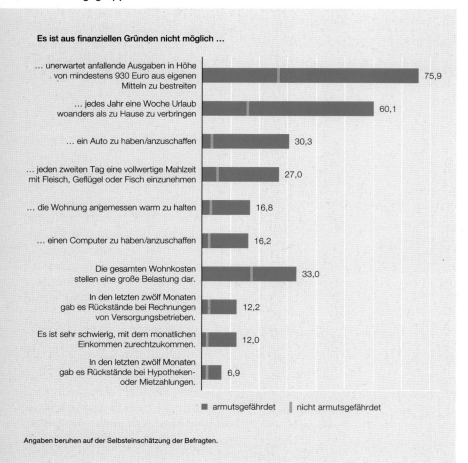

Es ist aus finanziellen Gründen nicht möglich …

... unerwartet anfallende Ausgaben in Höhe von mindestens 930 Euro aus eigenen Mitteln zu bestreiten — 75,9

... jedes Jahr eine Woche Urlaub woanders als zu Hause zu verbringen — 60,1

... ein Auto zu haben/anzuschaffen — 30,3

... jeden zweiten Tag eine vollwertige Mahlzeit mit Fleisch, Geflügel oder Fisch einzunehmen — 27,0

... die Wohnung angemessen warm zu halten — 16,8

... einen Computer zu haben/anzuschaffen — 16,2

Die gesamten Wohnkosten stellen eine große Belastung dar. — 33,0

In den letzten zwölf Monaten gab es Rückstände bei Rechnungen von Versorgungsbetrieben. — 12,2

Es ist sehr schwierig, mit dem monatlichen Einkommen zurechtzukommen. — 12,0

In den letzten zwölf Monaten gab es Rückstände bei Hypotheken- oder Mietzahlungen. — 6,9

■ armutsgefährdet | nicht armutsgefährdet

Angaben beruhen auf der Selbsteinschätzung der Befragten.

▶ Abb 2   **Belastungen in Zusammenhang mit der Wohnsituation 2011 — in Prozent der Bevölkerung**

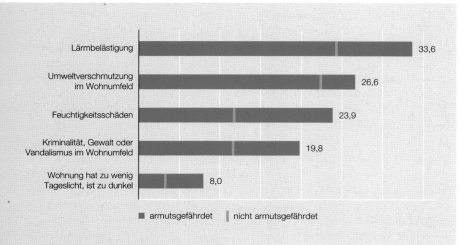

Lärmbelästigung — 33,6

Umweltverschmutzung im Wohnumfeld — 26,6

Feuchtigkeitsschäden — 23,9

Kriminalität, Gewalt oder Vandalismus im Wohnumfeld — 19,8

Wohnung hat zu wenig Tageslicht, ist zu dunkel — 8,0

■ armutsgefährdet | nicht armutsgefährdet

Angaben beruhen auf der Selbsteinschätzung der Befragten.

6.2.3 Belastungen in Zusammenhang mit Wohnung und Wohnumfeld

Neben Zahlungsschwierigkeiten und dem Verzicht auf Konsumgüter bringt die wirtschaftlich angespannte Situation Armutsgefährdeter eine Reihe von weiteren Folgeerscheinungen mit sich, die die soziale Ausgrenzung der Betroffenen festigen oder sogar vergrößern. Erhebliche Einbußen der Lebensqualität mussten Armutsgefährdete 2011 beim Wohnen in Kauf nehmen. Gravierende qualitative Mängel in oder an der selbst bewohnten Wohnung traten bei der armutsgefährdeten Bevölkerung weitaus häufiger auf. So gaben fast ein Viertel (24 %) der Armutsgefährdeten, aber nur 12 % der nicht Armutsgefährdeten an, es gebe in ihrer Wohnung Feuchtigkeitsschäden wie beispielsweise ein undichtes Dach, feuchte Fundamente, Wände, Böden oder Fensterrahmen. Über eine zu dunkle Wohnung mit zu wenig Tageslicht klagten 2011 rund 8 % der Armutsgefährdeten, aber nur 3 % der nicht Armutsgefährdeten. ▶ Abb 2, Tab 6

Auch Lärmbelästigung im Wohnumfeld wurde von Armutsgefährdeten mit 34 % weitaus häufiger beklagt als von der nicht armutsgefährdeten Bevölkerung (24 %). Von Umweltverschmutzung im eigenen Wohnumfeld fühlten sich 27 % der Armutsgefährdeten beeinträchtigt, im Gegensatz zu 22 % der nicht Armutsgefährdeten. Rund 20 % der Armutsgefährdeten waren nach eigener Einschätzung auch von Kriminalität, Gewalt und mutwilligen Beschädigungen im Wohnumfeld betroffen, dagegen nur 12 % der nicht Armutsgefährdeten.

6.2.4 Zusammenfassung

Zwischen 2009 und 2010 stieg der Median des Äquivalenzeinkommens in Deutschland. Die Ungleichheit der Einkommensverteilung ist konstant geblieben. Das einkommensstärkste (obere) Fünftel der Bevölkerung verfügte sowohl 2009 als auch 2010 zusammen über viereinhalbmal so viel Einkommen wie das einkommensschwächste (untere) Fünftel.

Im Jahr 2010 waren nach Zahlung staatlicher Sozialleistungen etwas mehr Menschen in Deutschland armutsgefährdet als 2009. Menschen im Alter zwischen 18 und 24 Jahren und zwischen 55 und 64 Jahren waren überdurchschnittlich häufig betroffen, ebenso Arbeitslose, Alleinlebende und Personen in Haushalten von Alleinerziehenden. Erwerbstätigkeit und ein hoher Bildungsstatus schützen vor Armutsgefährdung. Die Armutsgefährdungsquoten für Erwerbstätige und Menschen mit hohem Bildungsstatus liegen weit unter dem Bundesdurchschnitt.

Die Beschränkungen, die armutsgefährdete Menschen im täglichen Leben erfahren, sind vielfältig. Ihre finanziellen Möglichkeiten sind deutlich geringer als bei der übrigen Bevölkerung, wenn es etwa um Urlaubsreisen oder Ausgaben für Anschaffungen geht. Das Auskommen mit dem verfügbaren Einkommen ist oftmals schwierig und insbesondere die Wohnkosten stellen eine große Belastung dar. Auch das regelmäßige Einnehmen vollwertiger Mahlzeiten ist bei der armutsgefährdeten Bevölkerung in Deutschland aus finanziellen Gründen keineswegs immer gesichert. Erhebliche Einbußen der Lebensqualität müssen Armutsgefährdete im Vergleich zur übrigen Bevölkerung auch beim Wohnen in Kauf nehmen. Gravierende Wohnungsmängel treten bei der armutsgefährdeten Bevölkerung weitaus häufiger zutage. Die Lebens- und Wohnbedingungen Armutsgefährdeter sind auch häufiger geprägt von Lärmbelästigung, Umweltverschmutzung, Kriminalität, Gewalt und mutwilligen Beschädigungen im Wohnumfeld.

▶ Tab 6 **Belastungen in Zusammenhang mit der Wohnsituation 2011 — in Prozent der Bevölkerung**

	Insgesamt	Nicht armutsgefährdete Bevölkerung	Armutsgefährdete Bevölkerung
Es gibt Feuchtigkeitsschäden (zum Beispiel undichtes Dach, feuchtes Fundament, Fäulnis in Fensterrahmen oder Böden)			
Insgesamt	**13,7**	**11,8**	**23,9**
Alleinlebende	15,2	12,6	20,7
Personen in Haushalten von …			
… zwei Erwachsenen, beide jünger als 65 Jahre	13,5	12,5	21,3
… zwei Erwachsenen, davon mindestens eine Person 65 Jahre oder älter	7,1	6,7	10,5
… Alleinerziehenden	25,8	22,4	31,5
… zwei Erwachsenen mit einem Kind	14,2	13,5	21,4
… zwei Erwachsenen mit zwei Kindern	13,4	12,0	28,6
Wohnung hat zu wenig Tageslicht, ist zu dunkel			
Insgesamt	**4,1**	**3,3**	**8,0**
Alleinlebende	6,3	4,6	9,9
Personen in Haushalten von …			
… zwei Erwachsenen, beide jünger als 65 Jahre	4,3	4,1	5,7
… zwei Erwachsenen, davon mindestens eine Person 65 Jahre oder älter	2,1	2,1	2,2
… Alleinerziehenden	8,2	7,6	9,2
… zwei Erwachsenen mit einem Kind	3,5	3,0	7,9
… zwei Erwachsenen mit zwei Kindern	2,6	2,7	2,2
Lärmbelästigung (zum Beispiel durch Nachbarn, Verkehrslärm, Geschäfte oder Industrie)			
Insgesamt	**25,8**	**24,3**	**33,6**
Alleinlebende	29,9	26,9	36,1
Personen in Haushalten von …			
… zwei Erwachsenen, beide jünger als 65 Jahre	28,5	28,0	32,8
… zwei Erwachsenen, davon mindestens eine Person 65 Jahre oder älter	21,1	20,9	22,5
… Alleinerziehenden	36,2	32,8	41,8
… zwei Erwachsenen mit einem Kind	27,4	26,6	34,4
… zwei Erwachsenen mit zwei Kindern	21,6	20,5	33,5
Umweltverschmutzung im Wohnumfeld (Verschmutzung, Ruß oder andere Umweltbelastungen durch Industrie, Straßen- oder Flugverkehr)			
Insgesamt	**23,1**	**22,4**	**26,6**
Alleinlebende	26,1	25,2	28,1
Personen in Haushalten von …			
… zwei Erwachsenen, beide jünger als 65 Jahre	25,0	24,9	25,7
… zwei Erwachsenen, davon mindestens eine Person 65 Jahre oder älter	17,7	17,8	16,7
… Alleinerziehenden	27,2	27,7	26,5
… zwei Erwachsenen mit einem Kind	24,9	24,3	29,9
… zwei Erwachsenen mit zwei Kindern	19,7	19,4	21,9
Kriminalität, Gewalt oder Vandalismus im Wohnumfeld			
Insgesamt	**12,9**	**11,6**	**19,8**
Alleinlebende	16,4	13,5	22,4
Personen in Haushalten von …			
… zwei Erwachsenen, beide jünger als 65 Jahre	12,6	11,9	18,9
… zwei Erwachsenen, davon mindestens eine Person 65 Jahre oder älter	8,9	8,7	10,0
… Alleinerziehenden	18,6	16,8	21,5
… zwei Erwachsenen mit einem Kind	15,1	14,3	22,2
… zwei Erwachsenen mit zwei Kindern	10,4	9,6	19,0

Angaben beruhen auf der Selbsteinschätzung der Befragten.

6.3 Einkommens- entwicklung – Verteilung, Angleichung, Armut und Dynamik

Jan Goebel, Peter Krause
DIW Berlin
Roland Habich
WZB

WZB/SOEP

Die Einkommen der privaten Haushalte bilden die zentralen Ressourcen der Bürger für die Erreichung und Sicherung des individuellen Lebensstandards und wirken sich nicht zuletzt auch auf das Niveau der wahrgenommenen Lebensqualität aus. Die Verteilung der Einkommen in einer Gesellschaft gibt somit auch wesentlich darüber Auskunft, ob und inwieweit einzelne Bevölkerungsgruppen von der gesellschaftlichen Teilhabe ausgeschlossen sind oder von einem Ausschluss gefährdet sind. In einer langjährigen Betrachtung sind zwar Zugewinne in allen Einkommensgruppen zu verzeichnen, der Abstand zwischen Armen und Reichen in der Verteilung der verfügbaren Einkommen der privaten Haushalte hat sich in Deutschland jedoch erhöht.

In diesem Kapitel werden mit den Daten des Sozio-oekonomischen Panels (SOEP) die langjährigen Einkommensentwicklungen in Deutschland insbesondere nach der deutschen Vereinigung für den Zeitraum 1992 bis 2011 beschrieben.[1]

Neben der mittleren Einkommensentwicklung werden dabei auch die Angleichung der Einkommensverhältnisse zwischen Ost- und Westdeutschland, die Einkommensungleichheit, die Betroffenheit von Niedrigeinkommen und Einkommensarmut sowie das Ausmaß der Einkommens- und Armutsdynamik in Deutschland im zeitlichen Verlauf dargestellt. ▶ Info 1

6.3.1 Einkommensentwicklung und Verteilung

Die verfügbaren durchschnittlichen Äquivalenzeinkommen (arithmetisches Mittel) der privaten Haushalte sind nach den Daten des SOEP bei der Bevölkerung in Deutschland nominal von monatlich 1 003 Euro im Jahr 1992 auf 1 602 Euro im Jahr 2011 gestiegen, real (zu Preisen von 2010) haben sich die Monatseinkommen im

---

▶ Info 1

Daten und Methoden

Die Einkommen werden im SOEP im Rahmen der jährlichen Befragungen detailliert erfasst: Zum einen wird das monatliche Haushaltsnettoeinkommen erfragt, also die regelmäßigen Einkünfte nach Abzug von Steuern und Sozialabgaben zuzüglich erhaltener Sozialtransfers; zum anderen werden jeweils für das zurückliegende Jahr alle individuellen (Brutto-)Einkommen aller aktuell im Haushalt befragten Personen erhoben. Diese individuellen Einkommenskomponenten werden über den Haushalt aufsummiert und liefern so, mithilfe einer Schätzung der Steuer- und Sozialabgaben, die Jahresnettoeinkommen des Vorjahres. Bei den Jahreseinkommen sind neben einmaligen Sonderzahlungen (13., 14. Monatsgehalt, Weihnachtsgeld, Urlaubsgeld et cetera) auf diese Weise auch Steuerrückzahlungen implizit berücksichtigt. (Ergänzend wird in einzelnen Grafiken auch die Einkommensentwicklung in Westdeutschland ab 1985 berücksichtigt.)

Die erhobenen Monatseinkommen bilden die zum Interviewmonat aktuell verfügbaren ökonomischen Ressourcen ab für alle zu diesem Zeitpunkt im Haushalt lebenden Personen. Die Jahreseinkommen beschreiben demgegenüber die von jeder aktuell im Haushalt lebenden Person im Vorjahr erzielten Markt- und Nettoeinkünfte. Beide Einkommenskonzepte unterscheiden sich damit nicht nur hinsichtlich des zeitlichen Bezugsrahmens, sondern auch in ihrer Konzeption. Im Folgenden werden deshalb sowohl Daten über das direkt erfragte monatliche Haushaltsnettoeinkommen in seiner ursprünglichen Form (der Anteil der Haushalte ohne Angaben beträgt zwischen vier und sieben Prozent) als auch über das generierte Jahresnettoeinkommen der Haushalte (jeweils für das zurückliegende Jahr; fehlende Werte werden geschätzt (imputiert)) präsentiert.

Um die Einkommenssituation von Haushalten unterschiedlicher Größe und Zusammensetzung vergleichbar zu machen, werden alle Haushaltseinkommen entsprechend dem inzwischen EU-weit standardisierten Vorgehen unter Verwendung der neuen (revidierten) OECD-Skala in sogenannte »Äquivalenzeinkommen« – das sind unter Bedarfsgesichtspunkten modifizierte Pro-Kopf-Einkommen – umgerechnet. Alle Einkommensangaben werden in Euro ausgewiesen. Die Analysen erfolgen auf Personenebene und repräsentieren die in privaten Haushalten lebende gesamte Bevölkerung in Deutschland. Die Anstaltsbevölkerung (zum Beispiel in Altersheimen) bleibt unberücksichtigt.

selben Zeitraum von 1 363 auf 1 566 Euro erhöht. Die entsprechenden Jahreseinkommen lagen nominal – und real – im Jahr 2011 bei circa 21 600 Euro.[2] ▶ Abb 1, Tab 1

Während die Nominaleinkommen durchgehend stiegen, zeigen die Realeinkommen seit Beginn der 1990er-Jahre ein insgesamt gesehen eher geringes Einkommenswachstum mit deutlichen konjunkturellen Schwankungen. In der ersten Hälfte der 1990er-Jahre sind in Folge des Vereinigungsbooms sowie der hohen Einkommenszuwächse in Ostdeutschland zunächst Einkommenssteigerungen zu beobachten, die sich mit dem Abflachen der Konjunktur in der Mitte der 1990er-Jahre jedoch wieder verringerten. Gegen Ende der 1990er-Jahre sowie um 2010 erfolgten weitere Einkommensanstiege.

Die Betrachtung von Mittelwerten sagt allein allerdings noch nichts darüber aus, wie gleich oder ungleich die Einkommen in der Bevölkerung verteilt sind.

▶ Abb 1   **Entwicklung der Einkommen der privaten Haushalte in Deutschland[1] 1985–2011 (Median)**

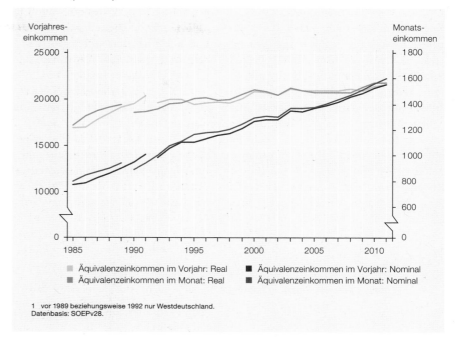

■ Äquivalenzeinkommen im Vorjahr: Real   ■ Äquivalenzeinkommen im Vorjahr: Nominal
■ Äquivalenzeinkommen im Monat: Real   ■ Äquivalenzeinkommen im Monat: Nominal

1 vor 1989 beziehungsweise 1992 nur Westdeutschland.
Datenbasis: SOEPv28.

▶ Tab 1   **Haushaltsnettoeinkommen der privaten Haushalte in Deutschland 1992–2011**

	1992	1995	2000	2005	2010	2011
Mittelwert des Äquivalenzeinkommens (real, zu Preisen von 2010)						
im Monat	1 363	1 448	1 510	1 492	1 563	1 566
im Vorjahr	19 580	19 426	20 828	20 924	21 387	21 591
Änderungsrate (in %)[1]						
im Monat		6,2	4,3	–1,2	4,8	0,1
im Vorjahr		–0,8	7,2	0,5	2,2	1,0
Median des Äquivalenzeinkommens (real, zu Preisen von 2010)						
im Monat	1 140	1 182	1 264	1 224	1 284	1 265
im Vorjahr	16 291	16 037	17 035	17 098	17 356	17 424
Änderungsrate (in %)[1]						
im Monat		3,7	6,9	–3,2	4,9	–1,5
im Vorjahr		–1,6	6,2	0,4	1,5	0,4
Einkommensanteile (Äquivalenzeinkommen im Monat)						
der ärmsten 20 %	10,1	9,9	10,3	9,5	9,3	9,2
der reichsten 20 %	34,5	35,5	34,4	36,0	36,6	36,6
Einkommensungleichheit						
Gini (Äquivalenzeinkommen im Monat)	0,243	0,255	0,241	0,262	0,272	0,272
Gini (Äquivalenzeinkommen im Vorjahr)	0,249	0,265	0,251	0,278	0,285	0,282
Preisindizes[2]						
Westdeutschland	74,6	80,6	85,7	92,5	100,0	102,1
Ostdeutschland	68,4	79,9	85,7	92,5	100,0	102,1

1 Prozentuale Steigerung gegenüber dem in der Vorspalte angegebenen Zeitpunkt.
2 Die Preisindizes beziehen sich bei Jahresangaben jeweils auf das Einkommensjahr (Vorjahr). Quelle: Destatis 2013, eigene Berechnungen.
Datenbasis: SOEP v28.

Allgemeine Indikatoren zur Beschreibung der Einkommensungleichheit sind die Anteile am Gesamteinkommen nach Einkommensschichten sowie der Gini-Koeffizient. Hier zeigt sich, dass die ärmsten 20 % der Bevölkerung (das unterste Quintil) bis zum Jahr 2000 über knapp 10 % des monatlichen Gesamteinkommens verfügten. Nach dem Jahr 2000 ging der Einkommensanteil des ärmsten Quintils stetig zurück und lag im Jahr 2011 noch bei 9 %. Die reichsten 20 % (das oberste Quintil) hatten demgegenüber bis 2000 etwa 35 % des monatlichen Gesamteinkommens zur Verfügung, seit Beginn der 2000er-Jahre stieg

bis 2011 der Anteil allmählich auf fast 37 % an. Die Ungleichheit der verfügbaren Einkommen im Haushalt hat sich damit erhöht – oder um ein viel zitiertes Bild zu nutzen: Die Schere zwischen Arm und Reich hat sich weiter geöffnet. Dies geht auch aus dem Gini-Koeffizienten, einem zusammenfassenden Ungleichheitsmaß, hervor: dieser hat sich bezogen auf die monatlich verfügbaren Einkommen von 0,243 im Jahr 1992 auf 0,272 im Jahr 2011 erhöht. Die jahresbezogenen Einkommen der privaten Haushalte sind im Allgemeinen etwas ungleicher verteilt als die enger gefassten monatlichen: die Ungleichheit der verfügbaren Vorjahres-

einkommen ist im selben Zeitraum von 0,249 im Jahr 1992 auf 0,282 im Jahr 2011 gestiegen. Seit der Jahrhundertwende ist die gesamtdeutsche Ungleichheit[3] der Einkommen angewachsen. Inzwischen liegt das Ausmaß der Einkommensungleichheit deutlich höher als in den beiden Dekaden zuvor. ▶ Tab 1

Anhand des jahresbezogenen Einkommenskonzeptes lassen sich zudem auch Ungleichheitsziffern für die zugrunde liegenden Markteinkommen (brutto), die sich vor Eingriff des Staates ergeben, also ohne direkte Steuern und Sozialtransfers. Hieran wird deutlich, dass die Ungleichheit der in den privaten

▶ Abb 2   **Entwicklung der Einkommensungleichheit (Gini) bei Haushaltsnetto- und Markteinkommen 1985–2011**

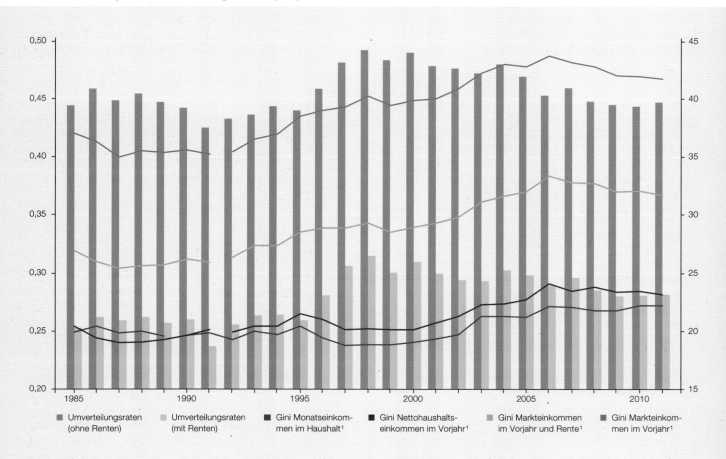

Umverteilungsraten (ohne Renten) | Umverteilungsraten (mit Renten) | Gini Monatseinkommen im Haushalt[1] | Gini Nettohaushaltseinkommen im Vorjahr[1] | Gini Markteinkommen im Vorjahr und Rente[1] | Gini Markteinkommen im Vorjahr[1]

1   Bei Monatseinkommen von 1985 bis 1989 nur Westdeutschland; bei den Vorjahreseinkommen von 1985 bis 1991 nur Westdeutschland.
Datenbasis: SOEPv28.

Haushalten jeweils erwirtschafteten Markteinkommen (mit und ohne Renten) noch erheblich stärker gestiegen ist: der Gini-Koeffizient der in den privaten Haushalten erzielten Markteinkommen hat sich seit der deutschen Vereinigung bis 2006 stetig erhöht, ist seitdem etwas rückläufig, verharrt aber weiterhin auf sehr hohem Niveau. Diese erhebliche Zunahme an Ungleichheit der überwiegend aus Erwerbstätigkeit erzielten Markteinkommen hat dann auch zu einer Zunahme der Ungleichheit der daraus abgeleiteten Nettoeinkommen der privaten Haushalte geführt. ▸ Abb 2

Die Ungleichheit der haushaltsbezogenen Markt- und Nettoeinkommen resultiert aus Entwicklungen am Arbeitsmarkt, sozio-demografischen Veränderungen sowie Maßnahmen im Bereich der sozialstaatlichen Sicherung. Die relative Differenz dieser beiden Koeffizienten (Ungleichheit des Brutto- und Nettohaushaltseinkommens) illustriert so die Reduktion an Ungleichheit, die durch sozialstaatliche Eingriffe in Form von direkten Steuern und Transfers erreicht wird. Im Zuge der deutschen Vereinigung stieg der Einfluss der sozialstaatlichen Umverteilung in den 1990er-Jahren stark an. Die durch staatliche Maßnahmen erfolgte Reduzierung an Ungleichheit hat sich in der letzten Dekade wieder etwas verringert, sie liegt nach Einschluss der Rentenleistungen weiterhin noch höher als in den 1980er- und zu Beginn der 1990er-Jahre – ohne Berücksichtigung der Rentenleistungen hingegen etwa auf dem Niveau zum Zeitpunkt der deutschen Vereinigung.

6.3.2 Einkommensschichtung und relative Armut

Die Zunahme der Ungleichheit geht mit einer Veränderung der Einkommensschichtung einher. Bei der Schichtung der Bevölkerung nach Einkommen werden verschiedene Einkommensklassen in prozentualer Relation zum jeweiligen Mittelwert betrachtet. Die unterste Einkommensschicht mit weniger als der Hälfte der mittleren bedarfsgewichteten Einkommen (unter 50 %) lebt im Niedrigeinkommensbereich, die höchste Einkommensklasse ab dem doppelten der mittleren bedarfsgewichteten Einkommen (ab 200 %) kennzeichnet den Bevölkerungsanteil mit ausgeprägtem materiellen Wohlstand. Die relative Einkommensschichtung differenziert den bei der Einkommensungleichheit beschriebenen Trend. Die Bevölkerungsanteile am oberen und unteren Rand der Einkommensverteilung haben sich in der letzten Dekade erhöht. Entsprechend gehen die Anteile in den dazwischen liegenden mittleren Einkommensschichten insgesamt zurück, wobei deren weitere Differenzierungen keinen einheitlichen Trend aufweisen mit Schwankungen im zeitlichen Verlauf sowohl bei den über- wie auch unterdurchschnittlichen Einkommenslagen.

Der hier verwendete Armutsbegriff beruht wie auch die Berechnungen im

▸ Tab 2 **Einkommensschichtung und Einkommensarmut 1992–2011**

	1992	1995	2000	2005	2010	2011
Äquivalenzeinkommen im Monat (real)						
Bevölkerungsanteile nach Einkommensschichten (Durchschnittswert = 100 %)						
> 200 %	3,7	3,6	3,1	4,3	4,3	4,5
150 bis 200 %	9,1	7,3	8,7	7,3	8,2	7,6
125 bis 150 %	9,7	9,6	10,6	9,6	10,3	8,3
100 bis 125 %	19,2	18,8	16,2	18,1	15,9	18,2
75 bis 100 %	26,4	27,5	31,1	26,0	25,7	24,1
50 bis 75 %	24,5	24,1	22,3	24,7	24,1	25,5
0 bis 50 %	7,4	9,1	8,0	10,0	11,4	11,8
Armutsschwelle 60 %-Median						
FGT (0) (Armutsquote)	10,3	11,2	10,9	12,6	13,8	13,5
FGT (1) (Armutslücke)	2,3	2,3	2,1	2,7	2,9	2,9
FGT (2) (Armutsintensität)	0,794	0,744	0,704	0,959	1,005	1,050
Äquivalenzeinkommen im Vorjahr (real)						
Armutsschwelle 60 %-Median						
FGT (0) (Armutsquote)	11,2	13,0	10,5	14,2	14,7	13,9
FGT (1) (Armutslücke)	2,5	3,3	2,4	3,4	3,4	3,2
FGT (2) (Armutsintensität)	0,948	1,444	0,929	1,325	1,269	1,225

Datenbasis: SOEPv28.

vorherigen Kapitel 6.2 auf dem so genannten relativen Armutskonzept und orientiert sich an der Definition der Europäischen Union. Gemäß den vom Statistischen Amt der EU (Eurostat) empfohlenen Schwellenwerten gilt demnach als arm, wer in einem Haushalt lebt, dessen Äquivalenzeinkommen weniger als 60% des Medians der Einkommen in der gesamten Bevölkerung beträgt.[4] Früher verwendete, auf dem arithmetischen Mittel basierende Kennziffern zur Abgrenzung von »Armut« (50%-Schwelle) und

Niedrigeinkommen, dem sogenannten »prekären Wohlstand«, (75%-Schwelle) sind in der Einkommensschichtung mit ausgewiesen (Tabelle 2 oberer Teil). Die auf den Median bezogenen Armutsgrenzen sind weniger anfällig für Extremwerte am oberen Rand der Verteilung und liefern somit robustere Ergebnisse als die aus dem arithmetischen Mittel abgeleiteten Schwellenwerte.

Die Berechnung der Armutsgrenzen erfolgt auf Grundlage der gesamtdeutschen Einkommensverteilung anhand der

Realeinkommen zu Preisen von 2010. Die auf dem Median basierenden Armutsquoten werden anhand des sogenannten FGT-Maßes (nach den Autoren Foster/Greer/Thorbecke) weiter differenziert: Neben der Armutsquote, die den Umfang der Armutspopulation in Prozent ausweist, werden weitere Kennziffern der Armutsintensität ausgewiesen: Diese sind aus der sogenannten Armutslücke abgeleitet, also dem Einkommensbetrag, der erforderlich wäre um die Armutsgrenze zu überwinden. ▶ Tab 2

Gemessen an der medianbasierten Armutsschwelle auf Grundlage der *monatlichen Haushaltsnettoeinkommen* lebten im Jahr 2011 13,5% der gesamtdeutschen Bevölkerung in Einkommensarmut, damit ist die Armutsrisikoquote im Vergleich zum Vorjahr etwas gesunken. Die einfache Armutsintensität FGT(1) – diese misst den durchschnittlichen prozentualen Abstand zur Armutsschwelle im Mittel der gesamten Bevölkerung – beträgt 2,9% gemessen am Monatseinkommen und 3,2% bei Zugrundelegen des Jahreseinkommens. Die längerfristige Entwicklung belegt eine deutliche Zunahme der Armutsrisiken in der zurückliegenden Dekade im Vergleich zu den 1990er-Jahren. Die Zunahme der Armutsrisiken erstreckt sich nicht nur auf die 60%-Schwelle. Übereinstimmend weisen Monats- und Jahreseinkommen auch bei Betrachtung strengerer Armut (50%-Schwelle) sowie des Niedrigeinkommensbereichs (70%-Schwelle) in der letzten Dekade eine deutliche Erhöhung gegenüber den 1990er-Jahren auf. Alle Indizes haben sich in der letzten Dekade erhöht, das Ausmaß an Niedrigeinkommen und Armut ist am Ende der letzten Dekade auf eines der höchsten Niveaus der letzten beiden Jahrzehnten angestiegen; zugleich haben sich die Einkommen der Armen immer weiter von der Armutsschwelle entfernt und die Intensität der Armut hat sich erhöht. In den letzten Jahren setzt sich dieser Trend indes nicht in gleicher Weise fort: Armuts- und Ungleichheitsziffern stagnieren derzeit auf allerdings höherem Niveau als

▶ Abb 3   **Bevölkerungsanteile in Niedrigeinkommen und Armut nach unterschiedlichen Schwellenwerten 1992–2011**

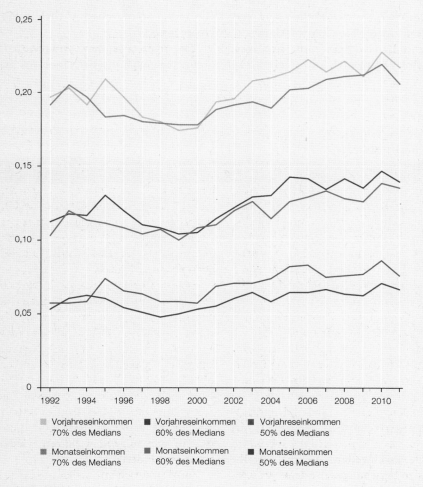

Vorjahreseinkommen 70% des Medians
Vorjahreseinkommen 60% des Medians
Vorjahreseinkommen 50% des Medians
Monatseinkommen 70% des Medians
Monatseinkommen 60% des Medians
Monatseinkommen 50% des Medians

Datenbasis: SOEPv28.

▶ Abb 4   **Entwicklung des monatlichen Haushaltsnettoäquivalenzeinkommens 1992–2011 — in Euro**

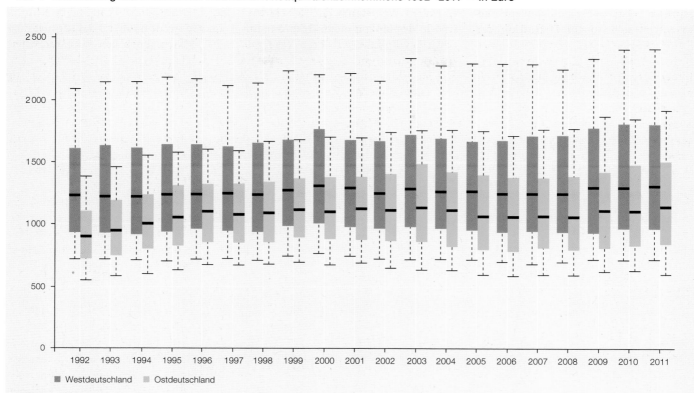

■ Westdeutschland   ■ Ostdeutschland

Datenbasis: SOEP v28.

noch in den beiden Dekaden zuvor und weisen bei der Betrachtung des Ausmaßes und der Intensität von Einkommensarmut im Vergleich von Monats- und Jahreseinkommen gegenwärtig wiederum eher leicht rückläufige Tendenzen auf. ▶ Abb 3

6.3.3 Angleichung der Einkommen in Ost- und Westdeutschland

Bei der Betrachtung der gesamtdeutschen Einkommensverteilung sind auch heute noch erhebliche Unterschiede zwischen Ost- und Westdeutschland zu beobachten. Daneben zeigen sich aber auch weitere regional unterschiedliche Trends.

Die Angleichung der Einkommensverhältnisse zwischen Ost- und Westdeutschland lässt sich anschaulich dokumentieren anhand der Entwicklung der verschiedenen Einkommensschwellen der verfügbaren Haushaltseinkommen. Bei dieser Darstellung werden Niveau und Verteilung der Einkommen gleichzeitig betrachtet: Die Breite der sogenannten Boxplots in Abbildung 4 zeigt den jeweiligen Bevölkerungsumfang an; die mittlere Linie der Blöcke stellt den jeweiligen Median dar, also den Einkommensschwellenwert, der von jeweils der Hälfte der Bevölkerung unter- beziehungsweise überschritten wird. In analoger Form geben die Ober- und Untergrenzen der Blöcke die Einkommensschwellen wieder, die zusammen 50 % der Bevölkerung mit mittlerem Einkommen umfassen; die äußeren Linien veranschaulichen schließlich die sogenannten Dezilsschwellen, die die jeweils reichsten beziehungsweise ärmsten 10 % der Bevölkerung abgrenzen; sie beschrei-

ben also die Einkommensspanne, die das Wohlstandsniveau von 80% der jeweiligen Bevölkerung ohne die jeweils reichsten und ärmsten 10 % umfasst und kennzeichnen so auch das Ausmaß an Einkommensungleichheit. ▶ Abb 4

Die Grafik zeigt anschaulich, wie sich die Verteilung der Realeinkommen in den Ostdeutschland vor allem in der ersten Hälfte der 1990er-Jahre schrittweise an die Entwicklung der Westeinkommen angeglichen hat. In den Jahren 2004 bis 2008 ist jedoch konjunkturbedingt eine wiederum zunehmende Diskrepanz zwischen West- und Ostdeutschen Einkommen zu beobachten, die sich in den folgenden Jahren wieder etwas vermindert.

In Westdeutschland haben sich die Abstände zwischen unteren und höheren Ein-

▶ Tab 3a   **Betroffenheit von Armut in Deutschland nach Bevölkerungsgruppen, 2000 – 2002, 2005 – 2007 und 2009 – 2011, Mittelwert zu Dreijahresperioden — in Prozent**

Armutsschwelle: 60% Median	Deutschland (gesamt)				Ostdeutschland[1]			
	Bevölke-rungsanteil	Armutsquote			Bevölke-rungsanteil	Armutsquote		
	2009–2011	2000–2002	2005–2007	2009–2011	2009–2011	2000–2002	2005–2007	2009–2011
Bevölkerung insgesamt	100	11,7	13,0	13,2	100	15,1	19,8	19,3
Geschlecht								
Männlich	49,1	10,8	12,3	12,4	49,9	14,3	19,9	18,5
Weiblich	50,9	12,5	13,6	14,1	50,1	16,2	19,8	20,2
Alter								
0–10 Jahre	8,1	14,0	12,9	12,8	8,7	20,7	24,4	23,7
11–20 Jahre	10,0	17,4	18,8	17,2	6,8	23,4	30,3	25,6
21–30 Jahre	12,2	15,4	17,8	19,1	13,5	21,0	27,5	31,2
31–40 Jahre	12,3	9,1	10,2	9,6	11,9	14,9	19,3	14,9
41–50 Jahre	16,9	9,4	12,8	11,3	16,2	15,3	23,4	20,8
51–60 Jahre	14,3	9,4	12,8	14,3	16,6	15,0	23,7	22,4
61–70 Jahre	12,4	10,9	9,0	11,5	11,6	8,5	8,3	10,7
71 Jahre und älter	13,7	10,4	10,7	11,6	14,7	7,4	6,8	8,4
Migrationshintergrund								
Ohne Migrationshintergrund	80,5	9,8	11,3	11,3	96,2	14,8	19,1	18,8
Mit Migrationshintergrund	19,5	20,2	19,9	21,5	3,8	28,8	38,8	32,3
Region								
Region Nord-West	42,8	10,4	11,6	12,2				
Region Süd-West	34,1	10,9	11,2	11,4				
Stadtstaaten	6,9	13,2	12,8	13,6				
Region Ost	16,2	15,5	20,1	19,5				
Gemeindegrößenklasse								
Unter 2 000 Einwohner	6,2	14,6	15,7	14,4	13,0	16,3	17,4	17,9
2 000 bis 20 000 Einwohner	33,9	11,9	12,5	12,3	35,7	14,2	18,5	18,6
20 000 bis 100 000 Einwohner	28,0	10,6	12,7	13,7	24,1	17,5	24,3	22,9
100 000 bis 500 000 Einwohner	15,9	12,0	14,6	15,2	11,6	14,8	20,5	19,1
Über 500 000 Einwohner	16,0	11,0	11,4	12,0	15,7	12,1	16,7	17,3
Mieter-Status								
Eigentümerhaushalt	49,4	6,6	6,6	6,6	40,9	10,2	12,4	10,4
Mieterhaushalt	50,6	16,2	18,4	19,5	59,1	18,5	24,5	25,5

1 Ostdeutschland inklusive Berlin.
Datenbasis: SOEP v28.

kommen langjährig stufenweise erhöht. In Ostdeutschland waren die Einkommen im Vergleich dazu von vornherein weit weniger ungleich verteilt. Zu Beginn der 1990er-Jahre erfolgte hier ein Anstieg der Ungleichheit, der sich aber bald verlangsamte. In den letzten Jahren ist auch in Ostdeutschland ein neuerlicher Anstieg der Ungleichheit zu verzeichnen, ohne allerdings das höhere Ungleichheitsniveau Westdeutschlands zu erreichen. Die Grafik macht nicht nur deutlich, dass die Streuung der Einkommen in Ostdeutschland weit weniger ausgeprägt ist als in Westdeutschland, sondern zeigt auch, dass dies zunächst vor allem an der geringeren Differenzierung im oberen Einkommenssegment lag. Der wesentliche Einkommensunterschied zwischen West- und Ostdeutschland bestand demzufolge vor allem in der geringeren Spreizung der höheren Einkommen. In der letzten Dekade hat sich die Annäherung auch der höheren Einkommen weiter fortgesetzt, zugleich sind aber im untersten Einkommensbereich die Abstände zwischen Ost- und Westdeutschland wieder gestiegen.

Weiterführende Analysen zeigen, dass bei einer regional differenzierten Betrachtung auch innerhalb Westdeutschlands Unterschiede zutage treten (Tabelle 3a); insbesondere bei den Stadt-

▶ Tab 3b   **Betroffenheit von Armut in Deutschland nach Bildungs- und Beschäftigungsmerkmalen, 2000 – 2002, 2005 – 2007 und 2009 – 2011, Mittelwert zu Dreijahresperioden — in Prozent**

Armutsschwelle: 60% Median	Deutschland (gesamt)				Ostdeutschland[1]			
	Bevölke-rungsanteil	Armutsquote			Bevölke-rungsanteil	Armutsquote		
	2009 – 2011	2000 – 2002	2005 – 2007	2009 – 2011	2009 – 2011	2000 – 2002	2005 – 2007	2009 – 2011
Insgesamt, Bevölkerung ab 18 Jahren		10,5	12,0	12,6		12,8	18,1	17,7
Familienstand								
Verheiratet / zusammen lebend	56,8	8,0	8,5	8,8	54,3	8,2	12,2	11,0
Verheiratet / getrennt lebend	0,8	21,4	21,7	16,1	0,6	29,8	23,1	24,7
Ledig	28,4	15,0	18,1	18,2	30,3	22,4	29,6	30,4
Geschieden	6,2	19,9	24,7	22,8	6,9	26,3	32,9	25,4
Verwitwet	7,9	10,6	8,4	11,5	7,9	7,5	5,4	8,1
Bildungsabschluss								
Hauptschule o. Abschluss	10,1	21,0	25,1	28,8	5,6	24,9	30,4	38,1
RS, FHS, Gymnasium o. Abschluss	3,5	11,4	14,0	17,2	3,2	20,8	33,3	32,2
Hauptschule m. Abschluss	25,6	9,6	10,6	11,5	18,9	13,8	18,5	20,5
Realschule m. Abschluss	24,5	7,7	10,5	10,5	38,7	14,5	20,9	18,7
FHS, Gymnasium m. Abschluss	9,4	10,5	10,9	10,8	7,6	18,4	16,9	18,0
Sonstiges m. oder o. Abschluss	5,6	19,8	22,4	25,0	1,5	24,9	45,8	45,9
FH, Universität	19,0	4,1	4,4	5,3	23,1	5,1	6,7	6,5
In Ausbildung, Schule, Studium	2,4	17,0	16,5	18,6	1,5	21,7	26,0	34,6
Erwerbsstatus								
Erwerbstätig Vollzeit	38,2	4,2	4,0	4,5	38,4	6,1	7,1	7,6
Erwerbstätig Teilzeit	17,2	12,3	12,7	13,5	13,7	17,4	19,5	19,6
Arbeitslos	6,5	37,3	50,6	56,1	11,4	41,6	62,0	68,4
In Ausbildung	4,2	21,4	21,4	23,9	4,2	25,2	28,9	34,1
Nicht erwerbstätig	33,9	12,1	11,6	13,4	32,4	10,5	11,8	12,4
Berufliche Stellung								
Un- / Angelernter Arbeiter	14,3	13,6	15,6	20,4	12,3	18,1	23,3	31,3
Facharbeiter, Meister	14,0	4,8	5,6	5,7	19,2	6,4	10,1	7,1
Selbständige	9,9	10,4	9,0	10,2	12,4	17,1	15,4	20,4
Auszubildende, Volontäre	4,4	21,9	24,8	23,6	4,9	24,1	35,1	37,1
Einfache Angestellte	13,9	6,3	9,6	9,5	13,8	9,3	14,6	11,7
Qualifizierte Angestellte	22,9	2,1	2,3	2,8	20,7	3,0	4,0	6,3
Leitende Angestellte	14,4	0,9	0,6	1,2	12,5	1,2	2,4	2,3
Einfache / mittlere Beamte	1,9	1,6	0,9	0,7	2,2	6,1	0,0	0,3
Gehobene / höhere Beamte	4,4	0,7	0,3	1,3	2,0	2,3	0,1	0,0

1 Ostdeutschland inklusive Berlin.
Datenbasis: SOEP v28.

staaten sind phasenweise erhöhte Einkommensrisiken zu beobachten. Dazu wurde Westdeutschland nach Nord (Hessen, Niedersachsen, Nordrhein-Westfalen, Schleswig-Holstein) und Süd (Bayern, Baden-Württemberg, Rheinland-Pfalz, Saarland) unterteilt und die Stadtstaaten (Berlin, Hamburg, Bremen) als eigene Kategorie erfasst.[5] Die regio-

nale Differenzierung auf der Ebene der Bundesländer zeigt zwar so auch Variationen in der Einkommensverteilung und im Armutsrisiko, es wird aber deutlich, dass in Ostdeutschland das Einkommensniveau und die Einkommensungleichheit weiterhin niedriger und das Armutsrisiko der Bevölkerung wesentlich höher ist als in Westdeutschland.

6.3.4 Armut in verschiedenen Bevölkerungsgruppen

Innerhalb der zurückliegenden Dekade haben sich also seit dem Jahr 2000 die Armutsrisiken in der Bevölkerung deutlich erhöht. Um die Differenzierungen und Trends bei der Betroffenheit von Armut in der Bevölkerung auch für kleine Bevölkerungsgruppen in robuster Weise

▶ Tab 3c   **Betroffenheit von Armut in Deutschland nach Haushaltsmerkmalen, 2000–2002, 2005–2007 und 2009–2011, Mittelwert zu Dreijahresperioden — in Prozent**

Armutsschwelle: 60% Median	Deutschland (gesamt)				Ostdeutschland[1]			
	Bevölke-rungsanteil	Armutsquote			Bevölke-rungsanteil	Armutsquote		
	2009–2011	2000–2002	2005–2007	2009–2011	2009–2011	2000–2002	2005–2007	2009–2011
Insgesamt	100	11,7	13,0	13,2	100	15,1	19,8	19,3
Haushaltsgröße								
1-Personen-Haushalt	20,2	15,4	17,7	18,9	21,7	21,4	26,3	28,0
2-Personen-Haushalt	33,9	8,7	9,6	10,4	37,7	10,4	13,5	14,1
3-Personen-Haushalt	18,6	9,7	12,7	12,0	20,4	12,3	21,2	14,9
4-Personen-Haushalt	18,6	9,2	10,2	9,9	14,0	11,8	15,8	18,1
5- und mehr Personen-Haushalt	8,7	23,1	21,5	21,3	6,2	38,4	40,5	38,0
Alter des Haushaltsvorstands								
16–34 Jahre	14,0	15,9	16,5	18,1	18,0	21,5	25,4	27,9
35–54 Jahre	47,2	10,8	13,5	12,1	43,1	17,3	24,6	20,0
55–74 Jahre	29,4	10,8	11,0	13,0	29,8	9,8	13,2	16,1
75 Jahre und älter	9,5	10,7	10,0	12,6	9,1	8,9	5,2	9,4
Personengruppen								
Haushaltsvorstand	53,4	12,0	13,6	14,1	55,4	15,9	20,4	20,5
(Ehe-)Partner	22,8	8,2	8,9	9,1	23,6	9,8	13,4	11,9
Kind(er) unter 18 Jahren	14,9	15,1	15,0	13,9	12,9	22,1	25,7	23,4
Kind(er) ab 18 Jahre	8,6	12,9	16,8	18,0	7,9	15,5	26,1	27,0
Weitere Haushaltsmitglieder	0,3	20,2	19,0	21,3	0,2	18,3	22,8	26,6
Haushaltstypen								
Single-Haushalt	20,2	15,4	17,7	18,9	21,7	21,4	26,3	28,0
Partner-Haushalt	29,9	6,6	7,3	8,0	32,5	7,0	9,6	9,4
Familien-Haushalt	30,6	11,4	11,8	10,7	25,4	15,5	20,9	17,0
Ein-Eltern-Haushalt	4,7	32,9	33,0	32,4	6,1	43,6	48,4	44,3
Post-Eltern-Haushalt	14,3	9,5	13,2	15,6	14,1	10,2	20,3	23,1
Anderer Haushalt	0,4	25,7	9,3	15,4	0,3	22,1	16,4	20,5
Haushalts-/Lebenszyklus								
Haushaltsvorstand 16–34 Jahre								
Single-Haushalt	4,0	20,9	24,0	25,6	5,2	31,7	35,1	34,5
Paar-Haushalt (ohne Kind)	3,5	7,0	8,8	7,7	2,8	15,7	14,2	12,5
Haushaltsvorstand 35–54 Jahre								
Single-Haushalt	5,4	12,7	18,2	15,8	6,2	27,1	33,9	29,6
Paar-Haushalt (ohne Kind)	6,3	4,0	6,8	5,6	7,0	9,9	19,0	11,5
Haushalt mit Kind(ern) unter 18 Jahren								
Paar-Haushalt mit 1 Kind	13,2	8,3	11,7	9,6	13,6	12,0	19,9	14,6
Paar-Haushalt mit 2 Kindern	12,9	9,6	10,2	9,5	8,3	12,0	18,1	17,2
Paar-Haushalt mit 3+ Kindern	4,6	22,3	16,6	17,1	3,5	38,6	35,1	25,7
Ein-Eltern-Haushalt mit 1 Kind	2,6	27,1	33,1	33,7	3,2	37,7	53,9	44,4
Ein-Eltern-Haushalt mit 2+ Kindern	2,1	41,5	32,9	30,8	2,8	55,5	39,8	44,2
Haushalt mit Kind(ern) ab 18 Jahren	14,3	9,5	13,2	15,6	14,1	10,2	20,3	23,1
Haushaltsvorstand 55–74 Jahre								
Paar-Haushalt ohne Kind	15,3	7,3	7,2	8,8	17,8	5,4	7,2	8,9
Single-Haushalt	6,8	15,3	15,8	18,6	6,6	19,1	24,5	28,8
Haushaltsvorstand 75 Jahre und älter								
Paar-Haushalt (ohne Kind)	4,8	7,2	7,0	9,1	5,0	3,7	2,4	6,4
Single-Haushalt	4,0	13,6	13,7	16,6	3,7	11,8	8,8	14,4
Sonstige Haushalte	0,4	25,7	9,3	15,4	0,3	22,1	16,4	20,5

1 Ostdeutschland inklusive Berlin.
Datenbasis: SOEP v28.

abzubilden, werden die Armutsquoten zu den ausdifferenzierten Personengruppen über jeweils drei Jahre gemittelt – wir betrachten dazu drei Perioden zu Beginn (2000 bis 2002), in der Mitte (2005 bis 2007) sowie am Ende der Dekade (2009 bis 2011). Die Armutsrisiken der erwachsenen Bevölkerung sind in diesen Perioden von 11 % auf 12 % und weiter auf 13 % gestiegen. Die erwachsene Bevölkerung in Ostdeutschland war dabei überproportional vom Armutsanstieg betroffen: hier sind die entsprechenden Armutsrisiken von 13 % auf 18 % gestiegen und liegen auch weiter bei 18 %. Die Armutsquoten in der Gesamtbevölkerung (inklusive Kinder unter 18 Jahren) liegen etwas höher bei ähnlichem zeitlichem Verlauf, wobei sich der Anstieg der Armutsrisiken nicht nur auf sozial besonders gefährdete Gruppen beschränkt. Im Folgenden wird daher gezeigt, welche Bevölkerungsgruppen, Familien- und Haushaltsformen über- oder unterdurchschnittlich von Armut betroffen sind. Die Kennziffern beziehen sich auf die Verteilung des monatlichen Haushaltsnettoeinkommens innerhalb der gesamten Bevölkerung in den genannten Dreijahresperioden. Neben der gesamtdeutschen Darstellung wird hier in Anbetracht der erhöhten Armutsrisiken die Entwicklung in Ostdeutschland ergänzend eigenständig ausgewiesen. ▸ Tab 3a, b ,c

Frauen sind in beiden Landesteilen zumeist etwas stärker als Männer von Einkommensarmut betroffen. Das Armutsrisiko von Kindern im Alter bis zu 10 Jahren ist im hier betrachteten Zeitraum rückläufig, in Ostdeutschland sind Kinder weiterhin stärker von Armut betroffen, aber auch hier mit stagnierendem Trend. Im Unterschied dazu hat sich die Armut von Jugendlichen im Alter von 11 bis 20 Jahren innerhalb der letzten Dekade in beiden Landesteilen erhöht. Am höchsten sind die Armutsquoten in der Altersgruppe von 21 bis 30 Jahren. In Ostdeutschland lebt in dieser Periode mehr als jeder vierte Jugendliche (11 bis 20 Jahre) und nahezu jeder dritte junge Erwachsene (21 bis 30 Jahre) in unzureichenden Einkommensverhältnissen. Die

Altersgruppen der jungen Erwerbstätigen (31 bis 40 Jahre) sind unterdurchschnittlich von Armutsrisiken betroffen, wogegen sich die Armutsrisiken der älteren Erwerbstätigen erhöht haben. In Ostdeutschland sind die niedrigsten Armutsquoten bei den Personen über 60 Jahren zu finden, bei allerdings steigendem Trend; die derzeitigen ostdeutschen Rentnergenerationen profitieren dabei noch von systembedingten Unterschieden in der Arbeitsmarktbeteiligung aus der Zeit vor der Vereinigung. Allerdings weisen die vor allem in Ostdeutschland stark erhöhten Armutsquoten in den Altersgruppen der 40- bis 60-Jährigen auf steigende Risiken der Altersarmut hin.

Personen mit Migrationshintergrund sind unverändert einem doppelt so hohen Armutsrisiko ausgesetzt wie die Bevölkerung ohne Migrationshintergrund. In Ostdeutschland ist die Armutsbetroffenheit bei Migranten noch höher, allerdings ist ihr Bevölkerungsanteil hier weit geringer als in Westdeutschland.

Bei der regionalen Differenzierung wird nochmals deutlich, dass die Armutsrisiken in Ostdeutschland weiterhin höher sind als in anderen Landesteilen. Weniger stark unterscheiden sich die Armutsrisiken zwischen Stadt und Land. Mieterhaushalte sind erwartungsgemäß stärker von Armutsrisiken betroffen als Eigentümer – diese auch in Ostdeutschland ausgeprägte Diskrepanz hat sich innerhalb der letzten Dekade weiter verstärkt.

Verheiratet zusammen Lebende sind nach wie vor am geringsten von Armut betroffen, Ledige und Geschiedene tragen ein deutlich erhöhtes Armutsrisiko. Für Personen ohne Bildungsabschluss beziehungsweise mit geringer Bildung hat sich das 2000 bis 2002 bereits überproportionale Armutsrisiko noch weiter erhöht. Aber auch bei Personen mit hohem Bildungsstand ist das vormals sehr niedrige Armutsrisiko leicht angestiegen.

Arbeitslose tragen nach wie vor ein überproportionales Armutsrisiko. Sie sind in den Jahren 2009 bis 2011 mit 56 % in Gesamtdeutschland und mit 68 % in Ostdeutschland die Bevölkerungsgruppe

mit der höchsten Armutsbetroffenheit. Im Vergleich zu 2000 bis 2002 – also vor der Arbeitsmarktreform – hat sich die Quote nochmals erheblich erhöht. Die niedrige Armutsquote bei Vollzeiterwerbstätigen sowie die mittlere Armutsquote bei Nichterwerbstätigen hat sich gegenüber dem Jahr 2000 bis 2002 im Niveau gehalten; die in der letzte Dekade erfolgte Erhöhung der Armutsziffern erfasste daher vor allem Erwerbslose.

Nach den Auszubildenden und Volontären finden sich innerhalb der beruflichen Statusgruppen die höchsten Armutsquoten unter den un- und angelernten Arbeitern. Bei beiden Gruppen hat sich das Armutsrisiko gegenüber 2000 bis 2002 weiter erhöht. Insbesondere un- und angelernte Arbeiter in Ostdeutschland befinden sich in erheblichem Ausmaß in prekären Lebenslagen. Bei einfachen Angestellten ist das Armutsrisiko gegenüber 2000 bis 2002 zum Teil deutlich gestiegen, wogegen Beamte sowie qualifizierte und hochqualifizierte Angestellte unverändert ein sehr geringes Armutsrisiko tragen. Die in der letzten Dekade zunehmenden Armutsquoten haben demzufolge insbesondere gering qualifizierte Arbeiter und einfache Angestellte erfasst.

Betrachtet man einzelne Haushaltstypen, dann zeigt sich, dass in den letzten zehn Jahren eher bei Haushalten mit jüngeren Haushaltsvorständen sowie Single-Haushalten das Armutsrisiko gestiegen ist, in Ostdeutschland ist zudem ein Anstieg der Armutsquoten beim Eintritt in den Ruhestand zu beobachten. Die niedrigsten Armutsquoten sind bei Paarhaushalten ohne Kinder, die höchsten hingegen bei Familienhaushalten mit mehr als drei Kindern sowie vor allem bei Einelternhaushalten zu finden. Von den Personen in Einelternhaushalten leben in Deutschland derzeit insgesamt ein Drittel und in Ostdeutschland 44 % in Armut. Ordnet man die unterschiedlichen Haushaltstypen nach dem Ablauf im Lebenszyklus, so fällt zuerst der Anstieg der Armutsquote bei jungen Alleinlebenden ins Auge. Ältere Paarhaushalte ohne Kinder weisen ein geringes Armutsrisiko auf.

Bei Singlehaushalten im Alter von 55 bis 74 Jahren sowie im Alter ab 75 Jahren hat sich das Armutsrisiko im Laufe der zurückliegenden Dekade erhöht; insbesondere in Ostdeutschland ist bei den Single-Haushalten ein starker Anstieg der Armutsbetroffenheit beim Eintritt in den Ruhestand zu beobachten. Ungeachtet der insgesamt niedrigen Altersarmut gibt es offenkundig auch innerhalb der Älteren wiederum Gruppen mit wachsenden Armutsrisiken.

6.3.5 Dynamik von Einkommen und Armut

Die Stabilität beziehungsweise die Dynamik von Einkommen und Armut gibt Auskunft über die Chancen und Risiken zur Verbesserung beziehungsweise Verschlechterung der materiellen Grundlagen in einer Gesellschaft. Deshalb ist die Veränderung von Einkommenspositionen im Zeitverlauf ein entscheidender Hinweis dafür, ob es Personen und Haushalten gelingt, defizitäre Positionen zu überwinden und welchem Risiko sie ausgesetzt sind, in unzureichende Einkommenslagen zu gelangen. Die hier angesprochene Mobilität zwischen verschiedenen Einkommenspositionen im zeitlichen Verlauf kann auf mehrere Arten berechnet und dargestellt werden. Bei so genannten Mobilitätsmatrizen wird berechnet, welcher Bevölkerungsanteil zu zwei Zeitpunkten in denselben Einkommensklassen (Quintilen) geblieben, beziehungsweise in höhere oder niedrigere Einkommensschichten gewechselt ist.

Um die Mobilitätsmuster bei längeren Zeitabständen darzustellen, werden Verbleib und Übergänge in/aus Einkommensquintilen in einem vierjährigen Abstand zu drei verschiedenen Perioden betrachtet: 1992 bis 1996, 2002 bis 2006 sowie 2007 bis 2011. Hier zeigt sich, dass sich das Risiko, im untersten Quintil zu verbleiben, über die Jahre hinweg deutlich erhöht hat (von 54 % in den 1990er-Jahren auf 64 % im Zeitraum 2007 bis 2011). Der Übergang von der untersten in gehobene Einkommenslagen hat sich entsprechend verringert. Auch der Verbleib im zweiten und dritten Quintil hat sich im hier betrachteten Zeitraum seit 1990 erhöht. Im zweiten Quintil geht dies zeitweilig mit einem Rückgang des Übergangs in niedrigere Einkommenslagen einher, im mittleren Einkommensbereich ist dies jedoch eher mit einem nachlassenden Aufstieg in höhere Einkommensschichten verbunden. Der Verbleib in den obersten Einkommensquintilen hat sich ebenfalls erhöht, die Risiken des Abstiegs in untere Einkommenslagen sind gesunken. Ungeachtet der zuletzt wieder leicht ansteigenden Übergänge vom untersten in mittlere und höhere Quintile haben sich insgesamt im Verlauf der letzten beiden Dekaden, die Aufstiegschancen der unteren Einkommensgruppen eher verringert und die Einkommensrisiken im unteren Einkommensbereich erhöht; im oberen Einkommensbereich haben sich hingegen die Abstiegsrisiken verringert und der Verbleib in den oberen Einkommensschichten hat zugenommen. Weiterführende Analysen mit zusätzlichen zusam-

▶ Tab 4   **Einkommensdynamik: Quintilsmatrizen im Zeitverlauf**
Stabiler/Mobiler Bevölkerungsanteil gegenüber Ausgangszeitpunkt — in Prozent

Von der Bevölkerung im Ausgangsquintil (zum Beispiel 1. Quintil) im Jahr A waren vier Jahre später, im Jahr B, xx,x % der Bevölkerung im Quintil (zum Beispiel 2. Quintil)				
Ausgangs-quintil	Übergang in Quintil	1992–1996	2002–2006	2007–2011
1. Quintil	1. Quintil	54,2	60,2	64,4
1. Quintil	2. Quintil	24,2	24,2	15,1
1. Quintil	3. Quintil	11,1	8,7	10,1
1. Quintil	4. Quintil	7,1	4,6	6,6
1. Quintil	5. Quintil	3,5	2,3	3,8
2. Quintil	1. Quintil	23,9	23,3	31,0
2. Quintil	2. Quintil	35,4	41,7	42,2
2. Quintil	3. Quintil	23,2	20,6	15,2
2. Quintil	4. Quintil	13,1	10,8	7,8
2. Quintil	5. Quintil	4,5	3,7	3,8
3. Quintil	1. Quintil	10,5	8,5	11,5
3. Quintil	2. Quintil	25,1	20,1	19,0
3. Quintil	3. Quintil	34,0	40,6	47,8
3. Quintil	4. Quintil	23,0	23,3	16,7
3. Quintil	5. Quintil	7,4	7,5	5,0
4. Quintil	1. Quintil	7,4	4,3	4,4
4. Quintil	2. Quintil	10,9	10,5	7,0
4. Quintil	3. Quintil	22,2	22,3	25,9
4. Quintil	4. Quintil	36,1	40,7	43,8
4. Quintil	5. Quintil	23,6	22,1	18,8
5. Quintil	1. Quintil	3,2	2,9	2,2
5. Quintil	2. Quintil	4,4	4,2	2,7
5. Quintil	3. Quintil	9,0	6,6	5,7
5. Quintil	4. Quintil	21,6	20,7	21,1
5. Quintil	5. Quintil	61,8	65,6	68,1

Quintil = 20 % der nach der Höhe des Einkommens geschichteten Bevölkerung;
1. Quintil = unterstes (ärmstes) Quintil; 5. Quintil = oberstes (reichstes) Quintil.
Datenbasis: SOEP v28.

menfassenden Mobilitätskennziffern bestätigen, dass die Einkommensschichten weniger durchlässig geworden sind. ▶ Tab 4

Abschließend wird der Frage nachgegangen, in welchem Umfang die Bevölkerung in verschiedenen Einkommensschichten eines Jahres in den zurückliegenden vier Jahren Einkommensarmut persönlich erfahren hat. Dabei bleibt unbeachtet, ob diese individuellen Armutserfahrungen zuvor im selben oder einem anderen Haushalt gemacht wurden.[6] Die Grafiken weisen die zurückliegenden individuellen Armutserfahrungen für die Ausgangsjahre 2000 (1996 bis 1999), 2007 (2003 bis 2006) und 2011 (2007 bis 2010) aus; für das Jahr 2011 wird diese zudem für die jüngste Altersgruppe bis 20 Jahre und für die Älteren ab 60 Jahren nochmals getrennt dargestellt. ▶ Abb 5

Die Ergebnisse zeigen, dass 81 % der Personen, die im Jahr 2011 in der untersten Einkommensschicht und damit in relativer Einkommensarmut lebten, bereits in den vier Vorjahren (2007 bis 2010) zumindest einmal von Armut betroffen waren, darunter sind nahezu 40 % der Personen in diesem Zeitraum dauerhaft arm. Die unterste Einkommensschicht setzt sich im Jahr 2011 demnach in folgender Weise zusammen: 39 % aller Personen in dieser Einkommensschicht sind permanent arm, 42 % haben in den zurückliegenden vier Jahren Ein- und Ausstiege in und aus Armut erlebt und weitere 19 % sind meist erstmalig im prekären Einkommensbereich und haben zuvor keinerlei Armutserfahrung gemacht. Im Vergleich dazu setzte sich die Einkommensschichtung im Jahr 2000 noch in folgender Weise zusammen: 27 % aller Personen in dieser Einkommensschicht waren permanent arm, 52 % hatten einen transitorischen Armutsverlauf und weitere 21 % hatten zuvor keinerlei Armutserfahrung. Der Anteil an Personen, die im zurückliegenden Zeitraum von vier Jahren mindestens einmal unter der Armutsgrenze lagen, hat konjunkturbedingt vor allem in der Mitte der letzten Dekade zugenommen, wobei insbesondere die mehrfachen und dauerhaften Armuts-

▶ Abb 5   **Armutsdynamik im zeitlichen Verlauf — in Prozent**

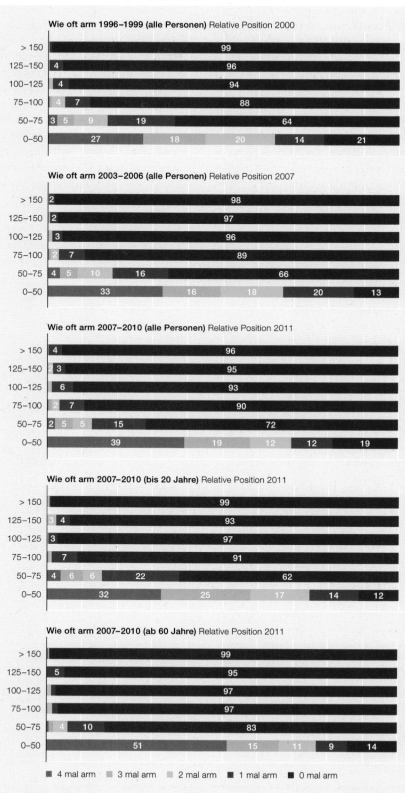

Wie oft arm 1996–1999 (alle Personen) Relative Position 2000

Wie oft arm 2003–2006 (alle Personen) Relative Position 2007

Wie oft arm 2007–2010 (alle Personen) Relative Position 2011

Wie oft arm 2007–2010 (bis 20 Jahre) Relative Position 2011

Wie oft arm 2007–2010 (ab 60 Jahre) Relative Position 2011

■ 4 mal arm   ■ 3 mal arm   ■ 2 mal arm   ■ 1 mal arm   ■ 0 mal arm

Datenbasis: SOEPv28.

episoden in dieser Einkommensschicht weiter angestiegen sind.

Mit zunehmender Höhe der Einkommen nimmt der Personenkreis mit Armutserfahrungen erwartungsgemäß ab. Im Bereich des prekären Wohlstands (50- bis 75 %-Schwelle) hat etwa ein Drittel der Personen zumindest einmal innerhalb der zurückliegenden vier Jahre unterhalb der Armutsgrenze gelebt – mit leicht rückläufiger Tendenz. Kurzfristige Armutserfahrungen reichen bis in die mittleren Einkommenslagen hinein. Selbst im Bereich überdurchschnittlicher Einkommen finden sich noch circa 4 % an Personen, die zumindest kurzfristige Armutserfahrungen gemacht hatten. Insgesamt haben sich insbesondere die Risiken anhaltender Armutsepisoden erhöht.

Die Muster der Armutsdauer variieren mit dem Lebensalter. Kinder und Jugendliche befinden sich in der Querschnittsbetrachtung häufiger in relativer Einkommensarmut als Erwachsene im erwerbsfähigen Alter. Hinsichtlich des Profils der zurückliegenden Armutserfahrung erscheint in dieser Altersgruppe insbesondere der hohe Anteil an zumeist eher kurzen Armutserfahrungen im untersten und zweiten Einkommensegment bemerkenswert. Ältere weisen zwar insgesamt im Querschnitt keine überdurchschnittlichen Armutserfahrungen mehr auf. Wer allerdings im Alter ab 60 Jahren im unteren Einkommensbereich angelangt ist, der trägt offenkundig ein hohes Risiko, länger im unteren Einkommensbereich zu verbleiben.

---

1 Bei der Berechnung der Jahreseinkommen werden hier nur rein monetäre Einkünfte betrachtet; Einkommensvorteile durch selbstgenutztes Wohneigentum (imputed rent) bleiben hierbei ebenso unberücksichtigt wie Unterhaltsleistungen et cetera.

2 Bei dieser gesamtdeutschen Betrachtung sind allerdings die Unterschiede in den Preisniveaus im zeitlichen Verlauf sowie die, insbesondere unmittelbar nach der Vereinigung, bedeutsamen Kaufkraftunterschiede zwischen West- und Ostdeutschland noch nicht berücksichtigt. Die nachfolgenden Berechnungen werden deshalb auf der Basis von Realeinkommen zum Basisjahr 2010 durchgeführt, wobei die Einkommen West- und Ostdeutschlands bis 1997 jeweils getrennt an die entsprechende Preisentwicklung angepasst wurden.

3 Bei gesamtdeutscher Betrachtung war unmittelbar nach der deutschen Vereinigung, als die Einkommen West- und Ostdeutschlands noch weiter voneinander entfernt lagen, der Gini-Koeffizient höher als bei alleiniger Betrachtung der westdeutschen Verteilung und ist im Zuge der Einkommensangleichung Ostdeutschlands im Verlauf der 1990er-Jahre zunächst gesunken.

4 Genau genommen wird ab dieser Schwelle von einem deutlich erhöhten Armutsrisiko gesprochen, da Einkommen nur einen indirekten Indikator für Armut darstellt. Deshalb wird häufig der Begriff Armutsrisikoquote genutzt, wir verwenden in diesem Artikel die Begriffe Armutsquote und Armutsrisikoquote synonym.

5 Die Definition Ostdeutschland ist bei der Regionseinteilung nach Bundesländern ohne Berlin-Ost, bei der Gegenüberstellung von Gesamtdeutschland mit Ostdeutschland aber inklusive Berlin-Ost; dadurch ergibt sich die leicht unterschiedliche Armutsquote für Region Ost und Ostdeutschland.

6 Die aktuelle Einkommensschichtung wird anhand der Relation zum arithmetischen Mittel abgebildet, die zurückliegende Armutserfahrung wird als kumulative Messung (n-mal von Armut betroffen) unterhalb der Armutsgrenze von 60% des jeweils jahresspezifischen gesamtdeutschen Medians berechnet.

7 Sozialstruktur und soziale Lagen

7.1 Soziale Lagen und soziale Schichtung*

*Überarbeitung der Version von 2008, die von Roland Habich und Heinz-Herbert Noll erstellt worden war.

Roland Habich
WZB

WZB / SOEP

Probleme der sozialen Ungleichheit und der Verteilung finden gegenwärtig insbesondere angesichts der verschärften wirtschaftlichen Situation und der stagnierenden Einkommensentwicklung wieder große Aufmerksamkeit. Mit den veränderten Rahmenbedingungen sind politische Diskussionen und Konflikte verbunden, aber auch unmittelbare Konsequenzen für die Verteilung des Wohlstands sowie die soziale Lage und Stellung verschiedener Bevölkerungsgruppen in der gesellschaftlichen Statushierarchie. Zudem ist neuerdings auch die Strukturierung der Gesellschaft in soziale Klassen und Schichten wieder ins Blickfeld der Öffentlichkeit gerückt, nachdem deren Existenz zuvor von manchen Sozialwissenschaftlern zunehmend in Frage gestellt und die »klassenlose« oder »entschichtete« Gesellschaft als Folge einer weitgehenden Individualisierung proklamiert worden war. ▶ Info 1

7.1.1 Soziale Lagen in Deutschland

Im Folgenden wird ein übergreifendes Bild der Sozialstruktur der Bundesrepublik präsentiert, das auf die Konzepte der sozialen Lage, der Klassenlage und der subjektiven Schichteinstufung zurückgreift. Für die Unterscheidung von sozialen Lagen wird die erwachsene Bevölkerung zunächst getrennt nach Männern und Frauen, in unter und über 60-Jährige sowie nach ihrer Stellung zum und im Erwerbsleben aufgegliedert. Daraus ergeben sich insgesamt 18 soziale Lagen von Erwerbstätigen und Nichterwerbstätigen. Im Blickpunkt steht die Sozialstruktur im Jahr 2010 in West- und Ostdeutschland. Durch den Vergleich mit dem Jahr 1991 in Ostdeutschland beziehungsweise 1990 in Westdeutschland können zudem die Richtung des sozialen Wandels insgesamt sowie insbesondere auch die sozialstrukturellen Veränderungen in Ostdeutschland in dieser Periode der gesellschaftlichen Transformation betrachtet werden. Das Interesse richtet sich vor allem auch darauf, inwieweit mit den unterschiedlichen sozialen Lagen auch unterschiedliche objektive Lebensbedingungen einhergehen und welche Unterschiede in Dimensionen der subjektiven Wahrnehmung und Bewertung mit den verschiedenen sozialen Lagen verbunden sind. ▶ Abb 1

Weitreichende Konsequenzen für die Sozialstruktur waren mit den massiven Umwälzungen verbunden, die nach 1990

▶ Info 1

Konzepte der Struktur sozialer Ungleichheit

Konzepte wie »soziale Schichtung«, »Klassenlagen«, oder »soziale Lagen« beziehen sich auf die Strukturen der sozialen Ungleichheit in einer Gesellschaft und auf die Position von Personen in der Statushierarchie. Soziale Schichtung bezeichnet generell eine strukturelle Ungleichheit zwischen sozialen Positionen, die sich zum Beispiel in Einkommens-, Prestige- und Einflussdifferenzen ausdrückt. Die Klassenlage von Personen und Haushalten ist demgegenüber spezifischer und verweist auf Positionen in der vertikalen Statushierarchie, die mit typischen Erwerbs- und Lebenschancen verbunden sind. Das Konzept der »sozialen Lage« umfasst darüber hinaus auch weitere Ungleichheitsdimensionen, darunter auch sogenannte neue soziale Ungleichheiten, die alte Ungleichheiten überlagern, verstärken oder abschwächen können. Dabei werden neben objektiven Merkmalen oder Benachteiligungen zum Teil auch subjektive Merkmale betrachtet.

▶ Abb 1 **Soziale Lagen in Ost- und Westdeutschland 2010 — in Prozent**

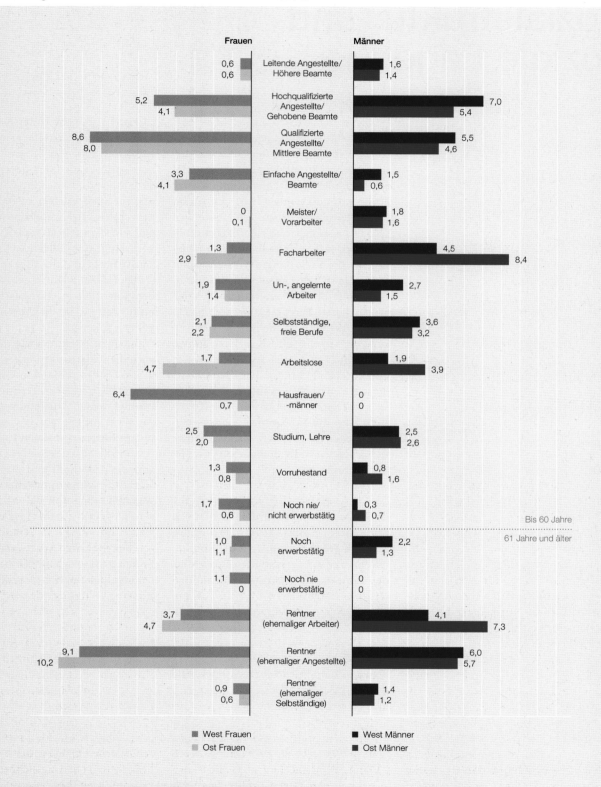

Datenbasis: ALLBUS 2010 GESIS-Leibniz-Institut für Sozialwissenschaften: ALLBUS 2010 – Allgemeine Bevölkerungsumfrage der Sozialwissenschaften. GESIS Datenarchiv Köln, ZA4610 Datenfile Vers. 1.0.0 (2011-05-30), doi=10.4232/1.0445.

▶ Tab 1 **Soziale Lagen in Ost- und Westdeutschland 1990/91–2010 — in Prozent**

	Ost		West		Ost		West	
	Männer	Frauen	Männer	Frauen	Männer	Frauen	Männer	Frauen
	1991		1990		2010			
Bis 60 Jahre								
Leitende Angestellte/Höhere Beamte	0,8	0,3	1,3	0,4	1,4	0,6	1,6	0,6
Hochqualifizierte Angestellte/Gehobene Beamte	5,5	6,8	7,3	3,2	5,4	4,1	7,0	5,2
Qualifizierte Angestellte/Mittlere Beamte	2,3	10,9	5,1	6,8	4,6	8,0	5,5	8,6
Einfache Angestellte/Beamte	1,7	4,6	1,3	4,0	0,6	4,1	1,5	3,3
Meister/Vorarbeiter	4,3	0,9	2,0	0,2	1,6	0,1	1,8	0
Facharbeiter	11,9	5,0	6,6	0,6	8,4	2,9	4,5	1,3
Un-, angelernte Arbeiter	1,9	1,7	2,2	1,6	1,5	1,4	2,7	1,9
Selbstständige, freie Berufe	2,8	2,3	3,6	1,8	3,2	2,2	3,6	2,1
Arbeitslose	2,9	4,9	0,7	1,0	3,9	4,7	1,9	1,7
Hausfrauen/-männer	--	1,2	0,1	11,6	0	0,7	0	6,4
Studium, Lehre	1,0	0,5	4,8	2,6	2,6	2,0	2,5	2,5
Vorruhestand	1,9	3,5	1,1	1,2	1,6	0,8	0,8	1,3
Noch nie/nicht erwerbstätig	0,2	0,2	0,7	2,6	0,7	0,6	0,3	1,7
61 Jahre und älter								
Noch erwerbstätig	1,1	0,3	1,2	0,4	1,3	1,1	2,2	1,0
Noch nie erwerbstätig	--	--	0	1,9	0	0	0	1,1
Rentner (ehemalige Arbeiter)	3,9	3,3	4,0	4,7	7,3	4,7	4,1	3,7
Rentner (ehemalige Angestellte)	3,6	5,4	4,5	5,9	5,7	10,2	6,0	9,1
Rentner (ehemalige Selbständige)	0,7	1,6	1,6	1,4	1,2	0,6	1,4	0,9
Insgesamt	100		100		100		100	

-- Fallzahlen zu gering.
Datenbasis: ALLBUS kumuliert, ALLBUS 2010.

auf dem ostdeutschen Arbeitsmarkt stattfanden. Aus einer ursprünglich vollbeschäftigten Arbeitsgesellschaft entwickelte sich infolge der gesellschaftlichen Transformation nach der deutschen Vereinigung zunächst eine zerklüftete Beschäftigungsstruktur, die sich erst im Zeitverlauf allmählich an die westdeutschen Strukturen angenähert hat. Arbeitslosigkeit, Vorruhestand und Hausfrauenrolle sind für einen erheblichen Teil der ehemals Erwerbstätigen in der DDR im Verlauf des Transformationsprozesses zumeist ungewollte neue Lebensformen geworden. Eine Veränderung der Sozialstruktur in Westdeutschland in vergleichbarer Größenordnung stellt lediglich die Abnahme des Anteils der Nichterwerbstätigen dar, das heißt vor allem eine Halbierung des Anteils von Hausfrauen und damit einhergehend

die Zunahme der Frauenerwerbstätigkeit. Dabei ist bei den Frauen zugleich ein deutlicher Anstieg von qualifizierten Angestelltenpositionen festzustellen. ▶ Tab 1

In Westdeutschland dominieren unter den Erwerbstätigen die Angestellten und Beamten. Während die alte Bundesrepublik insofern bereits über einen längeren Zeitraum als eine »Angestelltengesellschaft« bezeichnet werden kann, hat sich die ausgeprägte »Facharbeitergesellschaft« der damaligen DDR mittlerweile teilweise aufgelöst, wenngleich Arbeiterpositionen – vor allem bei den Männern – hier nach wie vor einen leicht größeren Stellenwert haben.

Ein Zeitvergleich (Westdeutschland 1990 bis 2006; Ostdeutschland 1991 bis 2006) verdeutlicht die Unterschiede zwischen den vielfältigen Umbrüchen während der Transformation in Ostdeutsch

land und der eher kontinuierlichen undramatischen Entwicklung im Westen Deutschlands. Im Osten Deutschlands finden sich markante Veränderungen in fast allen sozialen Lagen, wobei sich die Probleme des Arbeitsplatzabbaus in einem anhaltend hohen Bestand an Arbeitslosen – insbesondere bei den Frauen – sowie in den vergleichsweise hohen Anteilen der Rentner und vor allem Rentnerinnen manifestieren. Positiv hat sich dagegen der Anteil der Selbständigen entwickelt, der diesen Daten zufolge im Jahr 2010 im Osten Deutschlands sogar größer ist als in Westdeutschland.

Soziale Lagen sind auch als Handlungskontexte von Bedeutung, die unterschiedliche Chancen der Lebensgestaltung bieten. Die Ungleichheit in den objektiven Lebensbedingungen, die mit der Zugehörigkeit zu den hier unterschiede

▶ Tab 2   **Indikatoren der objektiven Lebensbedingungen in Ost- und Westdeutschland nach sozialen Lagen 2010 — in Prozent**

	Quintile des Haushaltseinkommens pro Kopf						Wohneigentum		Eigene wirtschaftliche Lage ist sehr gut/gut	
	West			Ost			West	Ost	West	Ost
	Unterstes	Mittleres	Oberstes	Unterstes	Mittleres	Oberstes				
Bis 60 Jahre										
Leitende Angestellte/Höhere Beamte	6	3	72	--	--	--	77	--	88	--
Hochqualifizierte Angestellte/Gehobene Beamte	3	13	44	7	10	41	61	57	73	74
Qualifizierte Angestellte/Mittlere Beamte	6	25	29	9	24	14	54	58	58	52
Einfache Angestellte/Beamte	21	17	9	29	32	5	42	50	35	32
Meister/Vorarbeiter	0	33	6	--	--	--	68	--	47	--
Facharbeiter	7	19	13	--	--	--	48	56	40	35
Un-, angelernte Arbeiter	32	25	1	22	30	2	28	36	29	16
Selbstständige, freie Berufe	8	17	35	41	23	5	61	65	51	54
Arbeitslose	70	8	5	27	12	22	23	36	10	11
Hausfrauen/-männer	17	22	12	70	6	2	67	--	54	--
Studium/Lehre	39	17	20	--	--	--	49	38	46	49
Vorruhestand	20	14	26	--	--	--	55	62	37	33
Noch nie/nicht erwerbstätig	48	19	13	--	--	--	--	--	34	--
61 Jahre und älter										
Noch erwerbstätig	11	11	36	--	--	--	71	--	68	--
Rentner (ehemalige Arbeiter)	34	21	4	35	19	0	71	58	60	55
Rentner (ehemalige Angestellte, Beamte)	9	24	25	16	35	4	64	55	51	55
Rentner (ehemalige Selbständige)	29	6	26	--	--	--	71	--	74	--

1   Bedarfsgewichtetes Haushaltsnettoeinkommen pro Kopf.
2   Anteil der Personen, die angeben, dass sie im eigenem Haus/ in der eigenen Wohnung (auch Familienbesitz) wohnen.
3   Eigene wirtschaftliche Situation ist »sehr gut« oder »gut«.
--   Fallzahlen zu gering.
Datenbasis: ALLBUS 2010.

nen sozialen Lagen verbunden ist, äußert sich unter anderem in Einkommensunterschieden, im allgemeinen Lebensstandard – zum Beispiel gemessen am Wohneigentum – sowie in der Bewertung der eigenen wirtschaftlichen Lage. Dabei zeigt sich, dass mit einer höheren Position in der hierarchischen Struktur der Gesellschaft erwartungsgemäß auch eine vorteilhaftere materielle Situation verbunden ist. Selbstständige, freie Berufe sowie hochqualifizierte oder leitende Angestellte und Beamte befinden sich überwiegend im oberen Segment der Einkommensverteilung, während die Zugehörigkeit zu Arbeiterpositionen eher mit einem mittleren oder niedrigeren Einkommen verbunden ist. Vergleicht man die finanzielle Situation der verschiedenen sozialen Lagen in Ost- und Westdeutschland, dann sind die Differenzen bei den (Fach-)Arbeitern und einfachen Angestellten geringer als bei höher qualifizierten Gruppen. ▶ Tab 2

Die Betrachtung des Anteils von Wohneigentümern als einem relevanten Indikator für den allgemeinen Lebensstandard verdeutlicht, dass mit den differentiellen sozialen Lagen auch Unterschiede in den Möglichkeiten der Ressourcenverwendung einhergehen: In Ost- und Westdeutschland finden sich unterdurchschnittliche Eigentümerquoten vor allem in den wenig qualifizierten Arbeiter- und Angestelltenpositionen.

Die differentiellen materiellen Verhältnisse, die mit diesen sozialen Lagen verbunden sind, spiegeln sich auch in der subjektiven Beurteilung der eigenen wirtschaftlichen Situation wider. Während Personen in privilegierten sozialen Lagen ihre wirtschaftliche Situation vorwiegend auch als »sehr gut« oder »gut«

bewerten, fällt die Bewertung bei Personen in schlechteren sozialen Lagen erwartungsgemäß weniger günstig aus.

Mit den unterschiedlichen sozialen Lagen gehen auch deutliche Differenzen in der subjektiven Beurteilung einher, ob man glaubt, einen gerechten Anteil am allgemeinen Lebensstandard zu erhalten. Es zeigt sich, dass soziale Lagen, die durch Arbeiter- oder einfache Angestelltenpositionen bestimmt sind, aber vor allem Arbeitslose seltener als andere einen gerechten Anteil am gesellschaftlichen Wohlstand zu erhalten glauben. Nur 28 % der Arbeitlosen in Westdeutschland und 10 % in Ostdeutschland betrachten ihren Anteil am Lebensstandard als gerecht. ▶ Tab 3

Die einzelnen sozialen Lagen repräsentieren auch unterschiedliche soziale Positionen in der subjektiv wahrgenom-

▶ Tab 3 Indikatoren der subjektiven Wohlfahrt in Ost- und Westdeutschland nach sozialen Lagen 2010

	Gerechter Anteil am Lebensstandard Anteil »gerecht/mehr als gerecht«		Einstufung auf der Unten-Oben-Skala[1]		Allgemeine Lebens zufriedenheit[2]	
	West	Ost	West	Ost	West	Ost
	in %		Durchschnittswert			
Bis 60 Jahre						
Leitende Angestellte/Höhere Beamte	86	--	6,9	--	8,4	--
Hochqualifizierte Angestellte/Gehobene Beamte	74	48	6,6	6,5	7,8	7,6
Qualifizierte Angestellte/Mittlere Beamte	63	43	6,1	6,1	7,5	7,5
Einfache Angestellte/Beamte	56	28	5,4	5,4	7,0	7,1
Meister/Vorarbeiter	47	--	6,1	--	7,3	--
Facharbeiter	45	20	5,5	5,3	7,2	6,6
Un-, angelernte Arbeiter	44	20	5,0	4,4	6,6	6,7
Selbstständige, freie Berufe	67	41	6,5	5,8	7,7	6,9
Arbeitslose	28	10	4,1	4,3	5,1	5,3
Hausfrauen/-männer	72	--	5,8	--	7,5	--
Studium, Lehre	75	63	6,5	6,1	7,8	7,8
Vorruhestand	54	24	5,4	--	6,7	--
Noch nie/nicht erwerbstätig	69		5,4		6,6	
61 Jahre und älter						
Noch erwerbstätig	75	--	6,5	--	7,9	--
Rentner (ehemalige Arbeiter)	58	34	5,0	5,2	7,3	6,8
Rentner (ehemalige Angestellte, Beamte)	75	38	6,1	5,7	7,8	7,2
Rentner (ehemalige Selbständige)	77	--	5,9	--	7,9	--

1 Mittelwerte auf der Unten-Oben-Skala von 1 bis 10.
2 Mittelwerte auf Zufriedenheitsskala von 0 bis 10.
-- Fallzahlen zu gering.
Datenbasis: ALLBUS 2010.

menen vertikalen Gliederung der Gesellschaft, wie an ihrer Einstufung auf der »Unten-Oben-Skala« (1 bis 10) abzulesen ist. Am höchsten ordnen sich erwartungsgemäß leitende und höhere Angestellte und Beamte ein, aber auch diejenigen, die in ihrem zurückliegenden Erwerbsleben eine solche Position ausgeübt haben (Rentner) oder den Aufstieg in eine entsprechenden Positionen für die Zukunft erwarten (noch in Ausbildung). Ganz unten ordnen sich dagegen un- und angelernte Arbeiter sowie Arbeitslose ein. Die Differenz zwischen den sozialen Lagen mit der höchsten und niedrigsten Einstufung beträgt immerhin mehr als zwei Skalenpunkte. Bemerkenswert ist der Befund, dass sich die Ostdeutschen auch im Jahr 2010 mit ganz wenigen Ausnahmen durchgängig niedriger einstufen als die Westdeutschen.

Die allgemeine Lebenszufriedenheit ist das bilanzierende Maß der Bewertung aller Lebensumstände. Hier wird noch deutlicher als bei der wahrgenommenen sozialen Position in der gesellschaftlichen Hierarchie, dass mit den unterschiedlichen sozialen Lagen auch ein unterschiedlich hohes Niveau an Lebensqualität verbunden ist. Dabei ist auch hier darauf hinzuweisen, dass die ostdeutsche Bevölkerung immer noch in nahezu allen sozialen Lagen über ein geringeres subjektives Wohlbefinden verfügt.

7.1.2 Klassenlagen
Neben dem Konzept der sozialen Lage wird für sozialstrukturelle Analysen – insbesondere Analysen zur sozialen Mobilität – vielfach auch das auf Max Weber zurückgehende Konzept der Klassenlage verwendet. Die beiden Konzepte weisen

Ähnlichkeiten, aber auch einige Unterschiede auf. Sowohl das Konzept der sozialen Lage als auch das der Klassenlage betonen die Zentralität des Erwerbssystems und gehen davon aus, dass die Position auf dem Arbeitsmarkt und im Beruf die Lebenschancen der Gesellschaftsmitglieder insgesamt und nachhaltig prägt. Die Unterschiede liegen insbesondere darin, dass sich das Konzept der Klassenlage bei der Klassifizierung der Personen allein auf Merkmale der Berufstätigkeit stützt, die eigene aktuelle oder frühere, beziehungsweise die der Partnerin.

Betrachtet man die Verteilung der Bevölkerung auf die elf unterschiedenen Klassenlagen, dann zeigt sich, dass die Klassenstrukturen in West- und Ostdeutschland mittlerweile (2010) überraschend große Ähnlichkeiten, aber weiterhin auch charakteristische Unterschiede aufweisen. Die Unterschiede manifestieren sich in etwas geringeren Anteilen der Bevölkerung in Ostdeutschland, die auf die beiden Dienstklassen und die einfachen Büroberufe entfallen, sowie in nach wie vor deutlich höheren Anteilen der

Klassenlagen der Facharbeiter. Insgesamt entfällt im Jahr 2010 einschließlich der sogenannten »Arbeiterelite« mit 46 % fast die Hälfte der ostdeutschen Bevölkerung auf Arbeiterklassenlagen (Westdeutschland 36 %), darunter 25 % auf die der Facharbeiter. In Westdeutschland werden

mehr als vier von zehn Personen den beiden Dienstklassen zugeordnet, gegenüber gut einem Drittel in Ostdeutschland. In mehr als der Hälfte der unterschiedenen Klassenlagen – einschließlich der Selbständigen – sind zwischen West- und Ostdeutschland allerdings praktisch keine Unterschiede mehr festzustellen. ▶ Abb 2

7.1.3 Subjektive Schichtzugehörigkeit

Eine relevante Ergänzung des im Wesentlichen auf objektiven Informationen zur Stellung zum und im Erwerbsleben beruhenden Bildes der Lebenslagen- und Klassenstruktur liefern Informationen über die subjektive Schichteinstufung. Angaben darüber, wie sich Personen in eine vorgegebene Rangordnung sozialer Schichten einstufen, bieten vor allem Aufschlüsse darüber, wie verschiedene Bevölkerungsgruppen innerhalb der Gesellschaft ihren eigenen Status im Vergleich zu anderen wahrnehmen und bewerten, welchem sozialen Milieu sie sich zuordnen und aus welcher Perspektive sie am gesellschaftlichen Leben teilhaben können – Fragen, die auch im Jahr 2012 im Vergleich von Ost- und Westdeutschland von erheblichem Interesse sind. ▶ Abb 3

In Westdeutschland ordnete sich im Jahr 2012 jeder Vierte der erwachsenen Bevölkerung der Unter- oder Arbeiterschicht zu, etwas über zwei Drittel der Mittelschicht und knapp jeder Achte der oberen Mittel- oder Oberschicht. In Ostdeutschland stufte sich 2010 zum ersten Mal die Hälfte der Bevölkerung in die Mittelschicht ein – dieser Anteil nimmt bis 2012 noch leicht zu (53 %). 43 % identifizieren sich weiterhin mit der Unteroder Arbeiterschicht und lediglich 5 % mit der oberen Mittel- oder Oberschicht. Der Unterschicht im engeren Sinne zugehörig betrachtet sich in West- wie Ostdeutschland mit 2 beziehungsweise 4 % nur ein sehr kleiner Teil der Bevölkerung.

Die Unterschiede in der Struktur der sozialen Schichtung, die sich auf der Basis der subjektiven Einstufung der Befragten im Vergleich von West- und Ostdeutschland ergeben, sind damit auch heute noch beachtenswert. Die in den früheren

▶ Abb 2   **Klassenlagen in West- und Ostdeutschland 2010 — in Prozent**

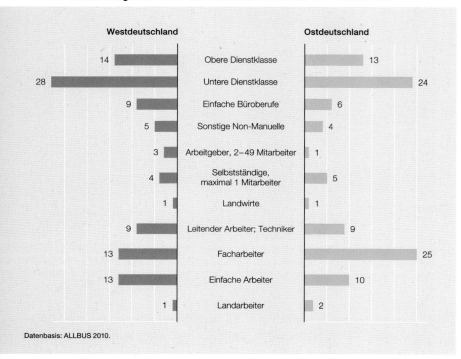

Datenbasis: ALLBUS 2010.

▶ Abb 3   **Subjektive Schichtzugehörigkeit 1990 und 2012 — in Prozent**

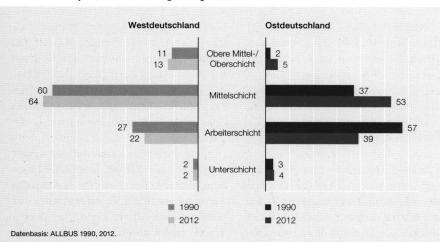

Datenbasis: ALLBUS 1990, 2012.

Jahren in Ostdeutschland zu beobachtende pyramidenförmige Schichtstruktur einer Arbeitergesellschaft hat sich allmählich der zwiebelförmigen – für Mittelschichtgesellschaften charakteristischen – Verteilung in Westdeutschland angenähert. Ob sich damit bereits ein signifikanter Wandel in der Wahrnehmung der eigenen Position in der hierarchischen Struktur der Gesellschaft abzeichnet, kann jedoch noch nicht abschließend beurteilt werden. ▶ Tab 4

Auch in Westdeutschland hat der Anteil derjenigen, die sich der Arbeiterschicht zugehörig fühlen, in den letzten Jahren zunächst leicht, dann deutlicher abgenommen, nachdem zuvor allerdings eine Zunahme zu beobachten war. Betrachtet man die Entwicklung über den gesamten Zeitraum seit 1980, dann zeigt sich jedoch, dass die subjektive Schichteinstufung in Westdeutschland über die vergangenen 30 Jahre weitgehend unverändert geblieben, das heißt außer zyklischen Schwankungen kein Trend zu beobachten ist. Aktuelle Thesen über das Entstehen einer »neuen Unterschicht« und ein erhebliches Schrumpfen der Mittelschicht finden zumindest auf der Grundlage der subjektiven Schichtidentifikation keine empirische Bestätigung.

Die subjektive Schichtzugehörigkeit wird nicht nur von objektiven Faktoren bestimmt, sondern hängt darüber hinaus von dem jeweils zugrunde liegenden Bezugsrahmen und den verwendeten Vergleichs- und Bewertungsmaßstäben ab. Dennoch wird die subjektive Schichteinstufung auch maßgeblich durch den faktischen sozioökonomischen Status beziehungsweise die soziale Lage bestimmt, in Ostdeutschland allerdings stärker als in Westdeutschland. Personen, die eine Arbeiterposition einnehmen oder früher eingenommen haben (Rentner), identifizieren sich – insbesondere in Ostdeutschland – auch subjektiv weit überwiegend mit der Arbeiterschicht. Personen mit einem Angestellten- oder Beamtenstatus sowie Selbständige ordnen sich dagegen mit zum Teil überwiegender Mehrheit der Mittelschicht zu. In die obere Mittel-

▶ Tab 4   **Subjektive Schichtzugehörigkeit in Deutschland 1980–2012 — in Prozent**

	Unterschicht	Arbeiterschicht	Mittelschicht	Obere Mittel-/ Oberschicht
Westdeutschland				
1980	1	30	59	10
1982	1	35	55	10
1984	1	33	55	11
1986	1	27	62	11
1988	2	32	57	10
1990	2	27	60	11
1991	1	24	63	13
1992	2	26	60	12
1994	1	28	58	12
1996	2	30	58	11
1998	2	30	56	12
2000	1	28	61	10
2004	2	33	55	10
2006	3	31	58	9
2008	3	28	57	12
2010	3	22	62	13
2012	2	22	64	13
Ostdeutschland				
1991	3	57	37	2
1992	3	52	42	3
1994	2	56	39	3
1996	5	55	39	1
1998	6	52	40	2
2000	2	50	45	3
2004	4	54	39	3
2006	5	46	46	4
2008	7	44	46	4
2010	4	39	51	6
2012	4	39	53	5

Datenbasis: ALLBUS 1980–2010 kumuliert, 2012, ohne Ausländer.

und Oberschicht stufen sich zu größeren Anteilen insbesondere leitende und höhere Angestellte und Beamte ein, in Westdeutschland darüber hinaus auch Selbständige sowie Personen, die sich noch in einer Ausbildung befinden. ▶ Tab 5

Ostdeutsche identifizieren sich im Vergleich zu den Westdeutschen auch im Jahr 2010 noch über alle sozialen Lagen hinweg zu größeren Anteilen mit der Arbeiterschicht und zu geringeren Teilen mit der Mittel- oder gar der Oberschicht. Dieser Befund deutet darauf hin, dass

die weiterhin bestehenden auffälligen West-Ost-Differenzen in der subjektiven Schichteinstufung nur partiell mit Unterschieden in der Verteilung auf die verschiedenen Statuslagen erklärt werden können. Es ist vielmehr davon auszugehen, dass sich die ostdeutsche Bevölkerung innerhalb des gesamtgesellschaftlichen Schichtungsgefüges deshalb tendenziell niedriger einstuft, weil sie sich nach wie vor mit der westdeutschen vergleicht und aus dieser Perspektive Statusdefizite wahrnimmt.

▶ Tab 5   **Subjektive Schichtzugehörigkeit nach sozialen Lagen 2010 — in Prozent**

	Subjektive Schichtzugehörigkeit					
	Ostdeutschland			Westdeutschland		
	Unter-/ Arbeiterschicht	Mittelschicht	Obere Mittel-/ Oberschicht	Unter-/ Arbeiterschicht	Mittelschicht	Obere Mittel-/ Oberschicht
Bis 60 Jahre						
Leitende Angestellte / Höhere Beamte	--	--	--	5	60	35
Hochqualifizierte Angestellte / Gehobene Beamte	13	69	18	5	70	25
Qualifizierte Angestellte / Mittlere Beamte	29	68	4	16	76	8
Einfache Angestellte / Beamte	53	48	0	39	58	3
Meister / Vorarbeiter				42	58	0
Facharbeiter	70	29	1	60	39	1
Un-, angelernte Arbeiter	75	25	0	68	31	1
Selbstständige, freie Berufe	29	61	10	9	67	24
Arbeitslose	72	28	0	56	40	4
Hausfrauen /-männer	--	--	--	21	67	12
Studium / Lehre	9	80	11	8	70	22
Vorruhestand	--	--	--	41	49	10
Noch nie/nicht erwerbstätig	--	--	--	25	63	13
61 Jahre und älter						
Noch erwerbstätig	--	--	--	14	62	24
Rentner (ehemalige Arbeiter)	69	29	2	52	47	1
Rentner (ehemalige Angestellte, Beamte)	27	70	3	12	72	16
Rentner (ehemalige Selbständige)	--	--	--	17	67	17

-- Fallzahlen zu gering.
Datenbasis: ALLBUS 2010.

7.2 Soziale Mobilität

Reinhard Pollak
WZB

WZB / SOEP

In der politischen Debatte gewinnen Fragen nach der Möglichkeit eines sozialen Aufstiegs, nach Abstiegsängsten insbesondere der Mittelschicht und nach gleichen Chancen für soziale Auf- und Abstiege – unabhängig von der sozialen Herkunft – immer größere Bedeutung. Zentrale Bereiche des Lebens wie Einkommen, Gesundheit, Arbeitslosigkeit oder politische Teilhabe sind in unserer Gesellschaft nicht zufällig verteilt. Vielmehr gibt es Gruppen in der Gesellschaft, die sich hinsichtlich solcher Lebensbereiche in eher vorteilhaften beziehungsweise eher benachteiligten Lagen befinden. Zur Beschreibung dieser Lagen können verschiedene Maße herangezogen werden. Ein international gebräuchliches Maß für die Gliederung von Lebenschancen ist die Klassenlage beziehungsweise Klassenposition einer Person (vergleiche Kapitel 7.1). Die Klassenposition einer Person wirkt sich aber nicht nur auf die eigene Lebensführung aus. Sie beeinflusst – insbesondere in Deutschland – im hohen Maße die Bildungs- und Berufschancen der Kinder einer jeweiligen Person und damit die spätere Klassenposition dieser Kinder. Eltern mit einer vorteilhaften Klassenposition gelingt es viel häufiger, ihren Kindern durch gute Bildung und durch zusätzliche Unterstützung den Zugang zu vorteilhaften Klassenpositionen zu ermöglichen. Eltern in eher nachteiligen Klassenpositionen können ihren Kindern nicht so viele Ressourcen mit auf den Lebensweg geben. In der Tendenz nehmen ihre Kinder später selbst eher benachteiligte Klassenpositionen ein. Dadurch kommt es zwischen den Generationen nur in begrenztem Umfang zu sozialen Auf- oder Abstiegen.

Auf- beziehungsweise Abstiege zwischen den Generationen sind Ausdruck der (intergenerationalen) sozialen Mobilität in einer Gesellschaft: Soziale Mobilität beschreibt das Ausmaß, in dem sich Kindergenerationen in einer anderen Klassenposition befinden als ihre Elterngeneration. Das heißt es wird untersucht, wie gut es Kindern aus weniger vorteilhaften Klassenpositionen gelingt, für sich selbst vorteilhafte Klassenpositionen zu erreichen beziehungsweise inwieweit Kinder mit vorteilhafter Klassenherkunft später in weniger vorteilhafte Klassenpositionen absteigen. Der Umfang der sozialen Mobilität kann somit auch als Maß für die Chancengleichheiten für Kinder aus verschiedenen Klassen interpretiert werden.

Im Folgenden werden vier Aspekte der sozialen Mobilität in Deutschland näher untersucht: Hatten bereits die Eltern die gleiche Klassenposition, die ihre Kinder heute einnehmen? In welchem Ausmaß werden Klassenpositionen der Eltern direkt an ihre Kinder weitervererbt? Wie hoch ist das Ausmaß der Auf- und Abstiege in Deutschland? Und was bedeuten diese Auf- und Abstiege für die Chancengleichheit in der deutschen Gesellschaft? Bei der Beantwortung dieser Fragen wird ein besonderes Augenmerk auf die zeitliche Entwicklung der sozialen Mobilität, auf den Vergleich zwischen Ost- und Westdeutschland und auf die Unterschiede zwischen Männern und Frauen gerichtet.

7.2.1 Besetzung von Klassenpositionen nach sozialer Herkunft

Für die nachfolgenden Ergebnisse wurden verschiedene Bevölkerungsumfragen aus den Jahren 1976 bis 2010 zusammengefasst. Im Vergleich zu früheren Datenreport-Beiträgen wurde der Datensatz nicht nur durch aktuelle Umfragen ergänzt, sondern es wurden auch bisher nicht verfügbare Daten aus früheren Jahren hinzugefügt. Die betrachteten Personen waren zum Zeitpunkt der Befragung zwischen 18 und 64 Jahre alt, entweder berufstätig oder arbeitsuchend und hatten aus Vergleichsgründen alle die deutsche Staatsangehörigkeit. Für Ostdeutschland werden Bevölkerungsumfragen ab 1990 berücksichtigt. Als Maß für die soziale Herkunft, das heißt für die Position der Elterngeneration, wird die Klassenposition des Vaters zu dem Zeitpunkt herangezogen, als die jeweiligen Befragten ungefähr 15 Jahre alt waren. Angaben zur Klassenposition der Mutter wurden leider nicht oder nur lückenhaft erhoben.

Tabelle 1 beschreibt den Grad der Selbstrekrutierung bestimmter Klassenpositionen, das heißt den Anteil der Befragten, deren Väter bereits eine identische Klassenposition innehatten. Dabei werden sieben Klassenpositionen unterschieden: Obere Dienstklasse (zum Beispiel leitende Angestellte, freie Berufe); untere Dienstklasse (zum Beispiel hochqualifizierte Angestellte, gehobene Beamte); einfache Büroberufe (zum Beispiel Sekretärinnen, Buchhalter); Selbstständige bis zu 49 Mitarbeitern (in Handel und Handwerk); Landwirte; Facharbeiter (auch Meister und Techniker) und schließlich die Klasse der ungelernten Arbeiter und Angestellten.

Am anschaulichsten kann der Grad der Selbstrekrutierung anhand der Betrachtung der Landwirte (Männer) in Westdeutschland dargestellt werden: Circa 80 bis 90 % der Landwirte haben einen Vater, der ebenfalls Landwirt war, das heißt fast alle heutigen Landwirte kommen aus einer Bauernfamilie. Auch bei Arbeiterpositionen findet man eine beachtliche Selbstrekrutierungsquote. Im jüngsten Jahrzehnt hat ungefähr die Hälfte der Facharbeiter in Westdeutschland (50 %) auch einen Facharbeiter zum Vater. Dieser Anteil ist in der Tendenz über die letzten Jahrzehnte angewachsen, das heißt die Klasse der heutigen Facharbeiter ist bezüglich ihrer sozialen Herkunft homogener geworden. Die Gruppe der Selbstständigen ist dagegen deutlich heterogener geworden: Hatten die Selbstständigen in den 1970er- und 1980er-Jahren noch Selbstrekrutierungsraten von circa 36 %, so ist der Anteil im letzten Jahrzehnt auf 20 % gesunken. Bei allen anderen Klassen zeigen sich zwar leichte Schwankungen, ein deutlicher Trend bezüglich der Selbstrekrutierungsraten ist jedoch für diese Klassen nicht zu beobachten. Für Frauen in Westdeutschland sind hohe Selbstrekrutierungsraten unter den Landwirtinnen und bei Facharbeiterinnen zu finden. Diese fallen jedoch etwas geringer aus als bei westdeutschen

Männern. Bei den einzelnen Klassenpositionen ergeben sich ebenfalls nur wenige Veränderungen über die Zeit. Die obere Dienstklasse wird in der Tendenz homogener, ebenso die Klasse der Facharbeiterinnen. Dagegen wird die Gruppe der Landwirtinnen etwas heterogener.

Die Ergebnisse für Ostdeutschland sind aufgrund der Fallzahlen und der besonderen Umbruchsituation in den ersten Jahren nach der deutschen Vereinigung mit Vorsicht zu interpretieren. Es werden daher in den Tabellen nur solche Werte ausgewiesen, die auf belastbaren Fallzahlen basieren. Die meisten Beschäftigten in Ostdeutschland befinden sich in der oberen und unteren Dienstklasse sowie in der Facharbeiterklasse und der Klasse der ungelernten Arbeiter und Angestellten. Bei den Männern kann für die obere Dienstklasse eine deutliche Zunahme der Selbstrekrutierungsrate festgestellt werden: Während kurz nach der Wende nur circa 19 % der Mitglieder dieser Klasse auch aus einem solchen Elternhaus kam, waren es in dem Zeitraum 2000 bis 2010 bereits 30 % und damit sogar etwas mehr als in Westdeutschland. Bei der unteren Dienstklasse und der Klasse der ungelernten Arbeiter und Angestellten findet man keinen Trend, für Facharbeiter hingegen einen leichten Anstieg der Selbstrekrutierung und für Selbstständige in der Tendenz eine Abnahme. Es fällt auf, dass die Klasse der Facharbeiter in Ostdeutschland noch homogener ist als in Westdeutschland, circa 59 % der ostdeutschen Facharbeiter hatten bereits einen Facharbeiter als Vater. Der gleiche hohe Wert zeigt sich auch für ostdeutsche Frauen. Auch für Frauen wird diese Gruppe über die Zeit deutlich homogener und weist insgesamt eine deutlich stärkere Selbstrekrutierung auf als westdeutsche Facharbeiterinnen. Auch wird für ostdeutsche Frauen die obere Dienstklasse wie bei den ostdeutschen Männern über die Jahrzehnte homogener. Circa 31 % der Frauen in dieser Klasse hatten bereits einen Vater aus der gleichen Klasse. Dieser Wert unterscheidet sich kaum zwischen ostdeutschen

Männern und Frauen, jedoch liegt der Wert für ostdeutsche Frauen unter dem Wert für westdeutsche Frauen. Bei der unteren Dienstklasse erkennt man ebenfalls eine leichte Tendenz zu mehr Selbstrekrutierung. Einzig bei den ungelernten Arbeiterinnen und Angestellten in Ostdeutschland zeigt sich eine deutliche Abnahme der Selbstrekrutierungsraten. Bei allen genannten Unterschieden im Detail zeigt sich insgesamt für Westdeutschland eine recht hohe Stabilität in den Selbstrekrutierungsraten – mit Ausnahme der heterogener werdenden Klasse der Selbstständigen und der homogener werdenden Facharbeiterklasse. In Ostdeutschland dagegen werden die Klassen tendenziell homogener oder bleiben stabil. Einzige Ausnahme sind die ungelernten Arbeiterinnen und Angestellten. ▶ Tab 1

Angesichts der weiterhin angespannten Situation auf dem ostdeutschen Arbeitsmarkt (vergleiche Kapitel 5.1) ist zu prüfen, aus welchen Herkunftsklassen sich die weiterhin hohe Zahl an Arbeitslosen in Ostdeutschland rekrutiert. Zusätzliche – hier nicht im Einzelnen dargestellte – Analysen zeigen, dass von den heute arbeitslosen Männern und Frauen in Ostdeutschland mehr als drei Viertel einen Vater aus der Facharbeiterklasse beziehungsweise der Klasse der ungelernten Arbeiter und Angestellten haben. In Westdeutschland entstammen circa zwei Drittel einem solchen Haushalt. In beiden Landesteilen rekrutiert sich die Gruppe der arbeitslosen Männer und Frauen damit überproportional stark aus den beiden (Arbeiter-)Klassen, in Ostdeutschland ist dies noch etwas stärker ausgeprägt als in Westdeutschland.

7.2.2 Vererbung von Klassenpositionen nach sozialer Herkunft

In Tabelle 2 wird die Vererbung einer Klassenposition vom Vater auf den Sohn beziehungsweise die Tochter dargestellt. Die Zahlen geben an, wie groß der Anteil der Personen ist, deren Väter zum Beispiel eine obere Dienstklassenposition innehaben und die selbst wiederum eine Position in der oberen Dienstklasse erreichen.

▶ Tab 1   **Selbstrekrutierungsraten – Anteil von Männern und Frauen, deren Väter bereits eine identische berufliche Position innehatten 1976–2010 — in Prozent**

	Westdeutschland				Ostdeutschland	
	1976–1980	1981–1990	1991–1999	2000–2010	1991–1999	2000–2010
Männer						
I. Obere Dienstklasse	28	23	28	25	19	30
II. Untere Dienstklasse	18	17	16	17	20	20
IIIa. Einfache Routine-Tätigkeiten	12	17	14	15	--	--
IVab. Selbstständige	36	36	24	20	17	10
IVc. Landwirte	91	92	92	80	--	--
V/VI. Facharbeiter/Meister	46	48	54	50	55	59
VIIab/IIIb. Ungelernte Arbeiter/Tätigkeiten	38	33	36	39	32	31
Frauen						
I. Obere Dienstklasse	31	32	32	37	24	31
II. Untere Dienstklasse	18	17	16	15	16	19
IIIa. Einfache Routine-Tätigkeiten	13	15	12	14	--	7
IVab. Selbstständige	21	20	23	15	20	--
IVc. Landwirte	76	63	65	59	--	--
V/VI. Facharbeiter/Meister	43	43	47	45	51	59
VIIab/IIIb. Ungelernte Arbeiter/Tätigkeiten	27	30	27	30	31	22

-- Fallzahlen zu gering.
Datenbasis: ALLBUS, SOEP, ZUMA-Standarddemografie, ISJP, 1976–2010.

Aus dieser Perspektive heraus ist nicht mehr die Klassenposition der Befragten die Prozentuierungsgrundlage für die Ergebnisse, sondern die Klassenposition des Vaters. Deutlich wird dies erneut bei den Landwirten: Obwohl fast alle heutigen Landwirte einen Landwirt zum Vater haben (siehe oben), wird nur circa jeder fünfte Sohn eines Landwirtes in Westdeutschland ebenfalls Landwirt (die Werte schwanken zwischen 16 und 25 %). Ähnliche Vererbungsraten findet man in der Klasse der Selbstständigen und etwas stärker in der Klasse der ungelernten Arbeiter und Angestellten. Die höchsten Vererbungsraten gibt es in der oberen Dienstklasse und in der Klasse der Facharbeiter: Etwa 42 % der Väter in der oberen Dienstklasse haben im jüngsten Beobachtungszeitraum ihre vorteilhafte Position an ihren Sohn weiter »vererbt«, von den Facharbeitervätern waren es circa 41 %, die ihre Arbeiterposition an ihren Sohn weitergegeben haben. Die niedrigste Vererbungsrate findet man bei der Klasse der einfachen Büroberufe und in jüngster Zeit

auch bei den Landwirten (jeweils circa 16 %). Für die meisten Klassen haben sich Vererbungsraten in den vergangenen Jahrzehnten als weitgehend stabil erwiesen. Lediglich den Vätern der unteren Dienstklasse ist es zunehmend weniger gelungen, ihre Position an ihren Sohn weiterzugeben. In der Facharbeiterklasse deutet sich nach der Jahrtausendwende ebenfalls eine Entwicklung hin zu abnehmenden Vererbungsraten an. Dagegen scheinen die Vererbungsraten für die Klasse der ungelernten Arbeiter und Angestellten über die Zeit in der Tendenz zu steigen. Es bleibt abzuwarten, ob es sich bei diesen beiden Entwicklungen um einen robusten Trend handelt.

Da die Klassenpositionen auf beruflichen Positionen beruhen und da es in Deutschland nach wie vor von Männern beziehungsweise Frauen dominierte Berufsfelder gibt, sind die Vererbungsraten von Vätern auf ihre Töchter eher niedriger als die Vererbungsraten von Vätern auf ihre Söhne. Ausnahmen hiervon gibt es für westdeutsche Frauen bei der unteren

Dienstklasse, bei ungelernten Arbeiter- und Angestelltenpositionen und vor allem in der Klasse der einfachen Büroberufe. Im Schnitt nehmen mehr als 40 % der Töchter eines Vaters aus dieser Klasse eine Position in der Klasse der einfachen Bürotätigkeiten ein. Bei den Söhnen waren es im vergangenen Jahrzehnt nur 16 %. Ähnlich hoch sind die Vererbungsraten für westdeutsche Frauen in der unteren Dienstklasse und bei ungelernten Arbeiter- und Angestelltenpositionen. Etwa zwei Fünftel der Töchter nehmen die gleiche Klassenposition ein wie ihre jeweiligen Väter. Doch während es bei der unteren Dienstklasse und bei den einfachen Bürotätigkeiten nur Schwankungen über die Zeit gibt, findet man bei den ungelernten Arbeiter- und Angestelltenpositionen eine deutliche Abnahme der Vererbungsraten von 47 auf 39 %. Genau entgegengesetzt ist der Trend in der oberen Dienstklasse. In den 1970er-Jahren gelang es nur 15 % der Töchter aus dieser Klasse, ebenfalls eine solche vorteilhafte Position zu erreichen.

Bis zur aktuellsten Beobachtung hat sich dieser Anteil mehr als verdoppelt: Knapp ein Drittel der Frauen schafft es heute, diese vorteilhafte Position aus dem Elternhaus zu behaupten. Zwar haben die Söhne hier nach wie vor noch einen Vorsprung gegenüber den Töchtern, doch dieser Unterschied wird stetig kleiner. Die übrigen Klassen der Selbstständigen, Landwirte und Facharbeiter werden in Westdeutschland selten an die Töchter weitergegeben (um 10 %), und dies verändert sich auch nicht über die Zeit. Die entscheidenden Entwicklungen finden also am oberen und unteren Ende der Klassenskala statt. Westdeutschen Frauen gelingt es in zunehmendem Maße, ebenso gute Positionen wie ihre Väter einzunehmen. Gleichzeitig gelingt es ihnen immer häufiger, die weniger vorteilhafte Klasse der ungelernten Arbeiterinnen und Angestellten zu vermeiden.

Für Ostdeutschland können aufgrund der Fallzahlen für einige Klassenpositionen keine gesicherten Aussagen getroffen werden. Bei den Klassen, für die gesicherte Erkenntnisse vorliegen, fällt auf, dass für ostdeutsche Männer die Vererbungsraten meist etwas geringer sind als für westdeutsche Männer. Insbesondere in der oberen Dienstklasse gelingt es den ostdeutschen Männern deutlich seltener, eine ebenso vorteilhafte Position wie die ihrer Väter einzunehmen. Nur 27 % der ostdeutschen Männer vermögen in der jüngsten Zeit die oberste Klassenposition zu behaupten, in Westdeutschland sind es dagegen 42 %. Die Vererbungsrate in der unteren Dienstklasse ist in Ostdeutschland mit circa 24 % ähnlich zu der Vererbungsrate in der oberen Dienstklasse. Zwar gibt es auch für die untere Dienstklasse Unterschiede zwischen Ost- und Westdeutschland, jedoch gleichen sich die jeweiligen Raten über die Jahrzehnte hinweg allmählich an.

Deutliche Veränderungen sind in der Facharbeiterklasse und der Klasse der ungelernten Arbeiter- und Angestelltenpositionen zu verzeichnen. Während im ersten Jahrzehnt nach der deutschen Vereinigung knapp zwei Drittel der ostdeutschen Facharbeitersöhne ebenfalls eine Position in der Facharbeiterklasse einnahmen, ist dieser Anteil auf 54 % gefallen. Die abnehmende Vererbungsrate bei gleichzeitiger Zunahme der Selbstrekrutierungsrate deutet auf ein deutliches Schrumpfen solcher Positionen in Ostdeutschland hin. Bei den ungelernten Arbeiter- und Angestelltenpositionen hingegen kam es zu einem starken Anstieg der Vererbungsraten. Während in den 1990er-Jahren circa 18 % aus der Klasse der ungelernten Arbeiter- und Angestelltenpositionen mit der gleichen Position vorlieb nehmen mussten, ist dieser Anteil in diesem Jahrzehnt auf 29 % angewachsen. Für ostdeutsche Frauen sind innerhalb der ausgewiesenen Klassenpositionen kaum deutliche Veränderungen festzustellen. In den beiden Dienstklassen kam es jeweils zu einer leichten Zunahme der Vererbungsraten von 36 auf 40 % zu beobachten. Bemerkenswert ist dabei, dass die Vererbungsraten in der unteren Dienstklasse für Frauen in Ost- und Westdeutschland mittlerweile nahezu iden-

▶ Tab 2   **Vererbungsraten – Anteil von Männern und Frauen, die die gleiche berufliche Position einnehmen wie ihr Vater, nach sozialer Herkunft 1976–2010 — in Prozent**

	Westdeutschland				Ostdeutschland	
	1976–1980	1981–1990	1991–1999	2000–2010	1991–1999	2000–2010
Männer						
I. Obere Dienstklasse	44	49	46	42	26	27
II. Untere Dienstklasse	37	31	31	31	19	24
IIIa. Einfache Routine-Tätigkeiten	11	16	13	16	--	--
IVab. Selbstständige	21	26	21	20	22	21
IVc. Landwirte	21	21	25	16	--	--
V/VI. Facharbeiter/Meister	49	48	50	41	63	54
VIIab/IIIb. Ungelernte Arbeiter/Tätigkeiten	25	27	24	30	18	29
Frauen						
I. Obere Dienstklasse	15	26	28	32	21	25
II. Untere Dienstklasse	41	33	38	39	37	40
IIIa. Einfache Routine-Tätigkeiten	38	46	38	42	--	33
IVab. Selbstständige	12	11	15	12	24	--
IVc. Landwirte	12	10	9	9	--	--
V/VI. Facharbeiter/Meister	9	8	11	8	22	17
VIIab/IIIb. Ungelernte Arbeiter/Tätigkeiten	47	45	38	39	36	33

-- Fallzahlen zu gering.
Datenbasis: ALLBUS, SOEP, ZUMA-Standarddemografie, ISJP, 1976–2010.

tisch sind. Bei den Männern hingegen ist dieser Angleichungsprozess noch nicht so weit fortgeschritten. In der Klasse der Facharbeiter findet man bei ostdeutschen Frauen einen Rückgang der Vererbungsrate von 22 auf 17 %. Damit liegt die Vererbungsrate aber immer noch deutlich über dem Niveau für westdeutsche Frauen. Schließlich deutet sich an, dass es ostdeutschen Frauen aus ungelernten Arbeiter- und Angestelltenpositionen in zunehmendem Maße gelingt, eine solche Position für sich selbst zu vermeiden. Während für Männer hier ein deutlicher Anstieg der Vererbungsraten zu beobachten ist, sinkt die Rate für ostdeutsche Frauen leicht von 36 auf 33 %.

Bei der bisherigen Betrachtung einzelner Klassenpositionen fällt der zeitliche Wandel meist eher moderat aus. Bei westdeutschen Männern kommt es lediglich in der unteren Dienstklasse zu einer merklichen Verringerung der Vererbungsraten und somit zu mehr sozialer Mobilität für Kinder aus diesen Elternhäusern. Bei westdeutschen Frauen ragen zwei Trends deutlich heraus. Töchter aus der oberen Dienstklasse und aus der Klasse der ungelernten Arbeiter und Angestellten stellen sich jeweils besser, erstere durch zunehmende Vererbungsraten, letztere durch abnehmende Vererbungsraten. In Ostdeutschland sind vor allem die Tendenz zu mehr Vererbung in den beiden Dienstklassen und der starke Rückgang der Vererbungsraten in der Klasse der Facharbeiter bemerkenswert. ▶ Tab 2

Die Betrachtung einzelner Klassenpositionen lässt keine Schlüsse darauf zu, welche Klassenpositionen die Söhne und Töchter einnehmen, wenn sie nicht in die Fußstapfen ihres Vaters getreten sind. Es sollen daher im Folgenden nicht einzelne Klassenpositionen betrachtet werden, sondern es wird versucht, ein Gesamtbild der sozialen Mobilität aufzuzeigen. Eine solche Gesamtbetrachtung ermöglicht auch eine Aussage darüber, ob diejenigen, die nicht die Klassenposition ihrer Väter übernehmen, eher vorteilhaftere oder eher weniger vorteilhafte Klassenpositionen erreichen als ihre Väter.

7.2.3 Ausmaß von sozialen Auf- und Abstiegen

Um Auf- und Abstiege zu untersuchen, ist es erforderlich, die einzelnen Klassenpositionen in einer Rangfolge anzuordnen. Die vorteilhafteste Klassenlage erfahren diejenigen, die eine Position in der oberen Dienstklasse einnehmen. Etwas weniger gut, aber immer noch mit vielen Vorteilen ausgestattet (zum Beispiel Arbeitsplatzsicherheit, Einkommen, Karriereaussichten), sind Positionen in der unteren Dienstklasse. Am unteren Ende der Klassenhierarchie befinden sich ungelernte Arbeiter- beziehungsweise Angestelltenpositionen. In solchen Positionen sind die Menschen eher schlecht gegen Arbeitsplatzverlust abgesichert und es werden ihnen kaum Karrieremöglichkeiten geboten. Die verbleibenden Klassenlagen (einfache Büroberufe, Selbstständige bis zu 49 Mitarbeitern, Landwirte und Facharbeiter) lassen sich nur sehr schwer in eine Rangfolge bringen. Sie werden daher in einer großen – recht heterogenen – Gruppe zusammengefasst, die zwischen der unteren Dienstklasse und den ungelernten Arbeiter- beziehungsweise Angestelltenpositionen angesiedelt wird. Es werden daher insgesamt vier verschiedene Hierarchiestufen unterschieden: obere Dienstklasse, untere Dienstklasse, eine heterogene Gruppe mit mittleren Klassenpositionen und die Klasse der ungelernten Arbeiter- beziehungsweise Angestellten.

Die oberste Zeile in Tabelle 3 beschreibt das Ausmaß der Gesamtmobilität, das heißt wie groß der Anteil der Personen ist, die eine andere Position einnehmen als ihre Väter. Es fällt auf, dass Frauen aufgrund spezifischer Berufspräferenzen und Erwerbsmöglichkeiten – im Vergleich zu ihren Vätern – generell eine höhere Gesamtmobilität aufweisen als Männer. In Westdeutschland bleiben die Gesamtmobilitätsraten im Zeitvergleich praktisch konstant, in Ostdeutschland sind sie im Vergleich zu den 1990er-Jahren leicht gestiegen. Bei den Männern zeigt sich, dass die Mobilitätsrate in Ostdeutschland niedriger ist als in Westdeutschland, während sich die Gesamt-

mobilität für Frauen in Ost- und Westdeutschland nicht unterscheidet. Teilt man die Gesamtrate auf in vertikale Mobilität (Auf- und Abstiege) und in horizontale Mobilität (Mobilität auf der gleichen Hierarchieebene, zum Beispiel von Facharbeitern zu einfachen Büroberufen), so zeigen sich jedoch Unterschiede über die Zeit. Bei den westdeutschen Männern ist der Anteil an vertikaler Mobilität in den letzten 35 Jahren etwas gestiegen (von 51 auf 54 %), während die horizontale Mobilität um circa zwei Prozentpunkte abgenommen hat. Somit erhöht sich das Verhältnis zwischen diesen beiden Größen von 3,3 auf 4,1 zugunsten der vertikalen Mobilität, das heißt vertikale Mobilität kommt heute circa viermal so häufig vor wie horizontale Mobilität. In Ostdeutschland dagegen sinkt dieses Verhältnis für Männer von 5,2 auf 4,1 und erreicht damit den gleichen Wert wie in Westdeutschland. Dies liegt insbesondere an dem Anstieg der Mobilität innerhalb der mittleren Klassenpositionen von 10 auf 12 %. Bei den ostdeutschen Frauen ist dieser Trend noch stärker ausgeprägt. Das Ausmaß an vertikaler Mobilität ist geringfügig um drei Prozentpunkte gesunken, die horizontale Mobilität um sechs Prozentpunkte auf 17 % gestiegen, so dass das Verhältnis zwischen vertikaler und horizontaler Mobilität nur noch 3,5 zu 1 beträgt. Die Zunahme der horizontalen Mobilität in Ostdeutschland hat ihre Ursachen vor allem in dem Schrumpfen der Facharbeiterpositionen. Töchter von ostdeutschen Facharbeitern nehmen heute verstärkt Positionen in einfachen Büroberufen an, die Söhne machen sich selbstständig oder tendieren auch zu einfachen Büroberufen. Bei westdeutschen Frauen schwanken die Werte über die letzten Jahrzehnte hinweg. Das Ausmaß an horizontaler Mobilität nimmt zunächst zu, sinkt dann aber seit den 1980er-Jahren. Das Ausmaß der vertikalen Mobilität verändert sich dagegen kaum. Entsprechend ändert sich am Übergewicht von vertikaler Mobilität gegenüber der horizontalen Mobilität für westdeutsche Frauen wenig.

▶ Tab 3   Gesamtmobilität, vertikale und horizontale Mobilität, Auf- und Abstiegsraten 1976–2010 — in Prozent

	Westdeutschland				Ostdeutschland	
	1976–1980	1981–1990	1991–1999	2000–2010	1991–1999	2000–2010
Männer						
Gesamtmobilität	66	66	64	67	60	62
Gesamtmobilität umfasst						
Vertikale Mobilität	51	50	51	54	51	50
Horizontale Mobilität	15	16	13	13	10	12
Verhältnis vertikale/horizontale Mobilität	3,3	3,1	4,0	4,1	5,2	4,1
Vertikale Mobilität umfasst						
Aufwärtsmobilität	36	35	35	37	31	25
Abwärtsmobilität	15	15	16	17	20	24
Verhältnis Aufstiege/Abstiege	2,4	2,4	2,2	2,1	1,5	1,1
Frauen						
Gesamtmobilität	77	77	78	77	74	77
Gesamtmobilität umfasst						
Vertikale Mobilität	59	55	58	59	63	60
Horizontale Mobilität	18	22	19	18	11	17
Verhältnis vertikale/horizontale Mobilität	3,3	2,5	3,0	3,2	5,8	3,5
Vertikale Mobilität umfasst						
Aufwärtsmobilität	26	26	31	31	36	31
Abwärtsmobilität	33	28	27	27	28	29
Verhältnis Aufstiege/Abstiege	0,8	0,9	1,2	1,1	1,3	1,1

Datenbasis: ALLBUS, SOEP, ZUMA-Standarddemografie, ISJP, 1976–2010.

Die jeweils unteren Hälften der Teiltabellen zeigen an, ob es sich bei den vertikalen Bewegungen um Aufstiege oder um Abstiege im Klassengefüge gehandelt hat. Der zunehmende Anteil an vertikaler Mobilität für westdeutsche Männer resultiert sowohl aus einer leichten Zunahme von Aufstiegen als auch aus einer leichten Zunahme der Abstiege. Es gibt auch heute immer noch etwa doppelt so viele Aufstiege wie Abstiege (Verhältnis 2,1 zu 1), jedoch ist dieses Verhältnis in den vergangenen 35 Jahren für westdeutsche Männer etwas ungünstiger geworden. Bei westdeutschen Frauen ist ein gegenläufiger Trend zu beobachten. Es gelingt ihnen heute häufiger als früher, eine bessere Klassenposition einzunehmen als ihre Väter. Während in den 1970er-Jahren nur circa 26 % der westdeutschen Frauen eine bessere Klassenposition hatten als ihre Väter, stieg dieser Anteil bis heute auf 31 %. Gleichzeitig sank die Häufigkeit von Abstiegen deutlich von 33 auf 27 %. Setzt man die Auf-

und Abstiege ins Verhältnis zueinander, so verändert sich dieses Verhältnis von 0,8 auf 1,1. Für Frauen waren in den 1970er-Jahren Abstiege im Klassengefüge häufiger als Aufstiege. Dies hat sich über die Zeit jedoch nachhaltig geändert; heute kommen Aufstiege für Frauen etwas häufiger vor als Abstiege. Frauen in Westdeutschland nähern sich bei der Zahl der Aufstiege allmählich den Männern an. Die deutlich häufigeren Abstiege jedoch lassen sie den Männern gegenüber noch etwas benachteiligt erscheinen. Der Trend deutet für Westdeutschland jedoch auf eine weitere Angleichung hin.

Für Ostdeutschland dagegen ist der Befund sowohl für Männer als auch für Frauen ernüchternd. Während im Nachwendejahrzehnt knapp jeder dritte Sohn eine bessere Klassenposition erreichte als der Vater, gelingt dies im letzten Jahrzehnt nur noch jedem vierten Sohn. Gleichzeitig nahmen Abstiege deutlich zu. In den 1990er-Jahren nahm nur jeder fünfte Sohn eine schlechtere Position ein als der Vater.

Heute betrifft das jeden vierten Sohn. Auf- und Abstiege kommen mittlerweile im Osten Deutschlands praktisch gleich häufig vor, der Quotient zwischen Auf- und Abstiegen ist von 1,5 im ersten Jahrzehnt auf 1,1 im letzten Jahrzehnt gesunken. Detailliertere Analysen mit Geburtsjahrgängen deuten darauf hin, dass sich diese Entwicklung weiter fortsetzen wird.

Bei den ostdeutschen Frauen geht die Entwicklung in die gleiche Richtung wie bei ostdeutschen Männern. Hier nimmt der Anteil der Aufstiege merklich von 36 auf 31 % ab, das Ausmaß an Abstiegen hat gleichzeitig leicht von 28 auf 29 % zugenommen. Somit ergibt sich auch für Frauen ein nahezu ausgeglichenes Verhältnis zwischen Auf- und Abstiegen (1,1 zu 1), auch hier geht der Trend in eine wenig vorteilhafte Richtung für die Betroffenen. Während sich westdeutsche Frauen in der Tendenz immer besser stellen, teilen ostdeutsche Frauen die weniger guten Aussichten mit den ostdeutschen Männern. In beiden Landesteilen nähern sich somit die Unterschiede zwischen Männern und Frauen einander an. In Ostdeutschland ist jedoch das Niveau, auf dem sich Männer und Frauen angleichen, deutlich weniger vorteilhaft für die Betroffenen als in Westdeutschland. ▶ Tab 3

7.2.4 Chancengleichheit in der Gesellschaft

Die bisher dargestellten Ergebnisse beziehen sich auf die Mobilitätserfahrungen von Männern und Frauen seit Mitte der 1970er-Jahre in Westdeutschland und seit der deutschen Vereinigung in Ostdeutschland. Ein wesentlicher Faktor für die soziale Mobilität in dieser Zeit waren die Veränderungen in der Beschäftigtenstruktur. Die Anzahl der Facharbeiterpositionen ist in dieser Zeit gesunken, während zusätzliche Positionen vor allem bei einfachen Büroberufen und in der oberen Dienstklasse geschaffen wurden. Im Vergleich zu den Klassenpositionen der Väter ist dieser Wandel noch ausgeprägter: Facharbeiterpositionen und Positionen in der Landwirtschaft haben stark abgenommen. Gleichzeitig gab es zunehmend mehr Positionen in den beiden Dienstklassen und der Klasse der einfachen Büroberufe. Dieser strukturell bedingte Wandel beeinflusst die individuellen Mobilitätsmöglichkeiten. Wenn zum Beispiel Facharbeitersöhne aufgrund der abnehmenden Nachfrage nach Facharbeitern nicht mehr die gleiche Position wie ihre Väter einnehmen können, müssen sie zwangsläufig in andere Positionen ausweichen. Ein Teil der sozialen Mobilität – und damit auch mancher Auf- und Abstieg – beruht somit auf den Veränderungen in der Erwerbsstruktur.

Diese strukturell bedingte soziale Mobilität muss man aber herausrechnen, wenn man generell eine Aussage über die Chancengleichheit in der Gesellschaft treffen möchte. Daher vergleicht man die Auf- und Abstiegschancen einer Person aus einer bestimmten Herkunftsklasse in Relation mit den Auf- und Abstiegschancen einer Person aus einer anderen Herkunftsklasse. Man kann zum Beispiel fragen, um wie viel geringer die Chancen für

Personen aus der Facharbeiterklasse sind, eine Position in der oberen Dienstklasse zu erreichen, im Vergleich zu Personen, die bereits in der oberen Dienstklasse groß geworden sind – und inwieweit sich diese Chancen über die Zeit verändert haben. Es ist denkbar, dass sich für beide die Chancen erhöht haben, eine Position in der oberen Dienstklasse zu erreichen, da die Zahl entsprechender Positionen zugenommen hat. Wenn sich aber die Chancen für Personen aus Facharbeiterfamilien im genau gleichen Ausmaß erhöhen wie die Chancen der Personen aus der oberen Dienstklasse, dann bliebe die Chancengleichheit beziehungsweise Chancenungleichheit zwischen den beiden Herkunftsklassen nach wie vor unverändert.

Abschließend werden daher im Folgenden Chancengleichheiten beziehungsweise Chancenungleichheiten zwischen Personen mit unterschiedlicher Klassenherkunft untersucht. Für die 1970er-Jahre in Westdeutschland zeigt sich, dass Personen aus der oberen Dienstklasse circa 26-mal so große Chancen hatten, die obere Dienstklasse statt die Facharbeiterklasse zu erreichen wie Personen aus der Facharbeiterklasse. Diese großen Chancenungleichheiten sind charakteristisch für Deutschland. Im Vergleich mit anderen industrialisierten Ländern weist Deutschland mit die höchsten Chancenungleichheiten auf.

Die folgende Analyse beschreibt die Entwicklung der Chancenungleichheiten in Deutschland in den vergangenen 35 Jahren. Hierzu wurden für sämtliche Kombinationen von Klassenpositionen die oben dargestellten Chancenverhältnisse berechnet und diese in einem Modell zusammengefasst. Die Ergebnisse sind in den Abbildungen 1 und 2 dargestellt.

Abbildung 1 zeigt für Männer die Entwicklung der Stärke des Zusammenhangs zwischen der sozialen Herkunft und der eigenen Klassenposition. Die Stärke des Zusammenhangs ist auf der y-Achse dargestellt. Für das erste Jahr der Analyse – 1976 – wurde dieser Zusammenhang auf den Wert »0« als Ausgangsniveau festgesetzt. Die Abweichung zu diesem Wert gibt dann die prozentuale

Veränderung zu diesem Ausgangsniveau an, wobei negative Werte bedeuten, dass der Zusammenhang schwächer wird. Die dargestellte Linie ist eine an die einzelnen Jahresbeobachtungen angepasste Regressionskurve. Man kann für Männer in Westdeutschland sehen, dass die Stärke des Zusammenhangs im gesamten Zeitraum kontinuierlich abnimmt. Für die jüngsten Daten aus dem Jahr 2010 hat sich der ursprüngliche Zusammenhang zwischen der Herkunftsklasse und der eigenen Klassenposition um circa 21 % verringert. Der Einfluss der sozialen Herkunft auf die eigene Klassenposition hat sich somit seit 1976 deutlich abgeschwächt, das heißt die Chancengleichheit für Männer in Westdeutschland hat sich im betreffenden Zeitraum erhöht. Für ostdeutsche Männer ist dagegen eine umgekehrte Entwicklung zu beobachten. Hier hat sich der Zusammenhang zwischen sozialer Herkunft und eigener Klassenposition im Zeitverlauf verstärkt, das heißt die Bedeutung der Herkunftsklasse für die eigene spätere Klassenposition hat zugenommen. Das Ausmaß der Zunahme des Herkunftseffekts im Osten Deutschlands entspricht ungefähr dem Ausmaß der Abnahme des Effekts im Westen. Zwar ist der Einfluss der Herkunftsklasse für Männer in Ostdeutschland nach wie vor weniger stark ausgeprägt als in Westdeutschland, jedoch deuten die Kurven insgesamt auf eine Annäherung hin. Inwieweit sich dabei der Trend für Ostdeutschland in jüngster Zeit abgeflacht hat, bleibt abzuwarten und kann aufgrund der wenigen Daten für die letzten beiden Jahren heute noch nicht abschließend bewertet werden.

Bei den Frauen (Abbildung 2) zeigten sich nach der deutschen Vereinigung ebenfalls deutliche Unterschiede zwischen Ost- und Westdeutschland. Für ostdeutsche Frauen ist der Zusammenhang zwischen sozialer Herkunft und eigener Klassenposition deutlich schwächer. Allerdings hat auch für Frauen dieser Zusammenhang über die Zeit deutlich zugenommen. Während der Zusammenhang zwischen Herkunft und eigener Klassenposition in den

▶ Abb 1   **Relative Veränderungen des Zusammenhangs zwischen sozialer Herkunft und eigener Position für Männer in West- und Ostdeutschland 1976–2010**

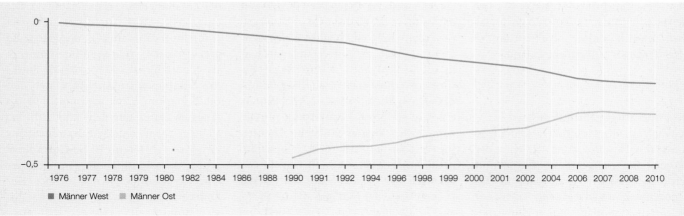

■ Männer West   ■ Männer Ost

▶ Abb 2   **Relative Veränderungen des Zusammenhangs zwischen sozialer Herkunft und eigener Position für Frauen in West- und Ostdeutschland 1976–2010**

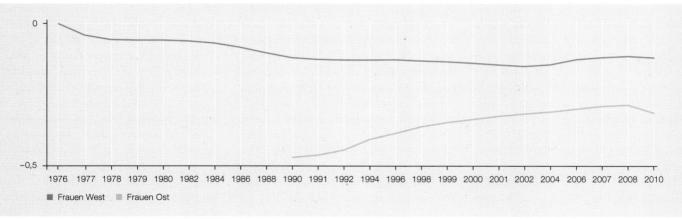

■ Frauen West   ■ Frauen Ost

Nachwendejahren verglichen mit dem westdeutschen Niveau um gut 30 Prozentpunkte geringer ausgeprägt war, beträgt die Differenz heute nur noch knapp die Hälfte. Für westdeutsche Frauen war in den 1970er- und 1980er-Jahren eine Abnahme des Zusammenhangs festzustellen. Seit den 1990er-Jahren gibt es jedoch keinen klaren Trend mehr. Hingegen hat die Chancengleichheit für ostdeutsche Frauen seit der deutschen Vereinigung sehr deutlich abgenommen. ▶ Abb 1, 2

7.2.5 Zusammenfassung

Die Herkunft aus einer bestimmten sozialen Klassenlage hat trotz der Betonung von Chancengleichheit im Bildungswesen und der Hervorhebung des Leistungsgedankens in der Berufswelt nach wie vor einen starken Einfluss auf die spätere Klassenposition von Männern und Frauen in Deutschland. Viele Personen, die heute eine bestimmte Klassenposition innehaben, kommen aus Familien, in denen bereits der Vater die gleiche Klassenposition hatte. Dies trifft insbesondere für Landwirte und Facharbeiter zu, aber auch abgeschwächt für die obere Dienstklasse und die Klasse der ungelernten Arbeiter- und Angestellten. Über die Zeit gab es hier nur wenige Veränderungen, die insbesondere die Facharbeiterpositionen und im

Osten Deutschlands die Dienstklassenpositionen betreffen. Bei der Vererbung von Klassenpositionen zeigen sich generell ebenfalls nur wenige Entwicklungen. Hervorzuheben ist allerdings die günstige Entwicklung für westdeutsche Frauen, die verstärkt vorteilhafte Positionen behaupten und unvorteilhafte Positionen vermeiden können. Bei der Gesamtbetrachtung von Auf- und Abstiegen zeigt sich mit Ausnahme der westdeutschen Frauen ein genereller Trend hin zu mehr Abstiegen. Gleichzeitig nehmen in Ostdeutschland die Aufstiege ab, so dass es dort sowohl für Frauen als auch für Männer mittlerweile genauso viele Aufstiege wie

Abstiege gibt. Bei westdeutschen Männern dagegen kommen Aufstiege knapp doppelt so häufig vor wie Abstiege. Die Tendenz für Frauen in Westdeutschland deutet ebenfalls auf ein vorteilhafteres Verhältnis von Auf- und Abstiegen hin. Insgesamt zeigen diese Trends, dass es weiterhin einen deutlichen Unterschied zwischen den Situationen in Ostdeutschland und Westdeutschland gibt.

Die Betrachtung der tatsächlichen Chancengleichheit – bereinigt um strukturelle Einflüsse – zeigt für westdeutsche Männer einen klaren kontinuierlichen Trend hin zu einem abnehmenden Einfluss der sozialen Herkunft auf die eigene Klassenposition. Der gleiche Trend hat sich für westdeutsche Frauen seit den 1990er-Jahren abgeflacht. Im Osten Deutschlands dagegen nimmt der Einfluss der sozialen Herkunft sehr deutlich zu. Die ehemals deutlich höhere Chancengleichheit für Männer und Frauen hat stark abgenommen, es kommt bei beiden Geschlechtern zu einer deutlichen Annäherung an das Westniveau. Es bleibt abzuwarten, ob sich diese gegenläufigen Trends auf einem gemeinsamen Niveau einpendeln werden oder ob die ungünstigeren Rahmenbedingungen in Ostdeutschland dazu führen, dass der Einfluss der sozialen Herkunft auf die eigene Klassenposition in den kommenden Jahren noch wichtiger wird als in Westdeutschland.

7.3
Lebenssituation von Migranten und deren Nachkommen

Ingrid Tucci
DIW Berlin

WZB / SOEP

Im Kapitel 2.1 wurden bereits Grunddaten zur Bevölkerung mit Migrationshintergrund auf der Grundlage des Mikrozensus präsentiert. In diesem Kapitel sollen darüber hinausgehend auf Basis des Soziooekonomischen Panels (SOEP) ergänzende Informationen zur Lebenssituation ausgewählter Bevölkerungsgruppen gegeben werden.

Die Bevölkerung mit Migrationshintergrund stellt keine homogene Gruppe dar; sie ist im Hinblick auf die Herkunftsländer und die Migrationsbiographien im Gegenteil äußerst heterogen. Seit der Zuwanderung der Arbeitsmigranten nach dem Zweiten Weltkrieg und der darauf folgenden Phase der Familienzusammenführung verlagerten zahlreiche Migranten ihren Lebensmittelpunkt nach Deutschland, wenngleich dies keineswegs bedeutet, dass sie die Brücken zu ihren Herkunftsländern abgebrochen hätten.

Nach dem Fall der Mauer siedelten viele Spätaussiedler aus Rumänien, Polen und den Gebieten der GUS-Staaten nach Deutschland über. Auch stellten in dieser Zeit zahlreiche Flüchtlinge aus den Balkangebieten Asylanträge in Deutschland. So wurden 1995 20 % der Asylerstanträge von Flüchtlingen aus dem ehemaligen Jugoslawien gestellt, 2011 hingegen 17 % von Flüchtlingen aus Afghanistan und 13 % aus dem Irak. Im gleichen Jahr waren Polen und Rumänien die Hauptherkunftsländer der Migranten.

Migranten und ihre Nachkommen nehmen in unterschiedlicher Weise an der deutschen Gesellschaft teil. Dies wird sowohl durch ihren rechtlichen als auch durch ihren sozialen Status beeinflusst. So ist beispielsweise die Bildungssituation der Nachkommen der Migranten aus den Anwerbeländern stark durch ihre soziale Herkunft aus Arbeiterfamilien geprägt. ▶ Info 1

Im Folgenden wird die Lebenssituation ausgewählter Gruppen (siehe Infokasten) im Jahr 2011 auf Grundlage der Daten des SOEP untersucht und miteinander verglichen. Folgende Lebensbereiche werden betrachtet: Allgemeine Lebensbedingungen, Bildungs- und Ausbildungssituation, Beschäftigungsstruktur und Einkommen, soziale Integration und kulturelle Orientierungen. Die Analysen beziehen sich auf Ost- und Westdeutschland.

7.3.1 Ausgewählte Merkmale der Lebensbedingungen von Personen mit Migrationshintergrund

Gut die Hälfte der Population mit Migrationshintergrund ab 16 Jahren besitzt die deutsche Staatsangehörigkeit, wobei dieser Anteil je nach Herkunftsregion variiert. Während die deutsche Staatsangehörigkeit unter den (Spät-)Aussiedlern (97 %) sowie den Personen mit osteuropäischem Hintergrund (73 %) sehr verbreitet ist, beträgt dieser Anteil innerhalb der Population türkischer beziehungsweise

---

▶ Info 1

Migranten und deren Nachkommen

Um die soziale und migrationsbedingte Heterogenität der Personen mit Migrationshintergrund zu berücksichtigen, werden Migranten und deren Nachkommen aus fünf Herkunftsgruppen betrachtet: aus der Türkei, aus den Staaten des ehemaligen Jugoslawiens, aus den ehemaligen Anwerbestaaten, die heute zur EU gehören (Italien, Spanien, Griechenland, Portugal), (Spät-)Aussiedler sowie Personen aus osteuropäischen Ländern. Daneben werden auch Unterschiede in der demografischen Struktur zwischen der Bevölkerung mit und ohne Migrationshintergrund berücksichtigt. Personen mit Migrationshintergrund sind entweder selbst zugewandert oder, wenn sie hier geboren wurden, haben mindestens einen zugewanderten Elternteil. In einigen Abschnitten wird die Situation der Nachkommen von Migranten gesondert dargestellt. Bei den Migrantennachkommen handelt es sich um die 16- bis 45-Jährigen, die entweder schon in Deutschland geboren wurden oder vor dem Alter von sieben Jahren nach Deutschland zugewandert sind und in Deutschland die Schule besucht haben.

südeuropäischer Herkunft lediglich 19 % beziehungsweise 21 %. Während Letztere aufgrund ihrer EU-Mitgliedschaft weniger Anreize besitzen, die deutsche Staatsangehörigkeit zu erwerben, stellt für Erstere die Aufgabe der bisherigen Staatsbürgerschaft ein zentrales Argument gegen eine Einbürgerung.

In Bezug auf den Familienstand lässt sich feststellen, dass Personen türkischer Herkunft (64 %), aus den Ländern des ehemaligen Jugoslawiens ebenso wie (Spät-)Aussiedler und Personen aus osteuropäischen Ländern (62 %) im Durchschnitt häufiger verheiratet sind als Personen ohne Migrationshintergrund (54 %).

Letztere weisen zudem einen überdurchschnittlichen Anteil an Verwitweten aus, verglichen mit Personen mit Migrationshintergrund was sich mit einem Verweis auf das höhere Durchschnittsalter in dieser Gruppe erklären lässt. ▶ Tab 1

Bei den untersuchten Herkunftsgruppen variieren auch die Einkommens-

▶ Tab 1 **Ausgewählte Merkmale der Lebenssituation von Deutschen, Zuwanderern und Aussiedlern 2011**

	Personen ohne Migrationshinter-grund	Personen mit Migrationshintergrund					
		Gesamt	Türkei	Länder des ehemaligen Jugoslawiens	Südwest-europa	(Spät-)Aussiedler	Osteuropa
Deutsche Nationalität (%)[1]	–	54	19	23	21	97	73
Mittelwert Aufenthaltsdauer (Jahre)[1]		26	30	30	37	23	18
In Deutschland geboren (%)[1]	–	38	38	26	46	16	14
Alter bei Einwanderung (Durchschnitt)[1]	–	23	18	21	19	26	27
in %							
Familienstand[1]							
Verheiratet	54	59	64	62	53	62	62
Ledig	28	28	28	26	34	18	29
Geschieden	10	9	6	6	10	12	7
Verwitwet	8	4	2	6	2	8	2
in Euro							
Einkommenssituation[2]							
Haushaltsäquivalenzeinkommen (Median)							
2009	1 640	1 280	1 040	1 320	1 410	1 310	1 350
2011	1 630	1 350	1 188	1 268	1 378	1 375	1 231
in %							
Einkommensverteilung 2009							
<60 % (Armutsrisikoquote)	12	24	33	25	19	25	18
60 % bis 100 %	34	43	53	44	37	38	43
100 % bis 150 %	33	22	11	23	32	28	26
>150 %	21	11	3	7	12	9	13
Einkommensverteilung 2011							
<60 % (Armutsrisikoquote)	15	23	33	26	17	22	28
60 % bis 100 %	33	40	46	42	43	40	37
100 % bis 150 %	31	24	16	22	25	24	23
>150 %	22	13	5	10	15	13	11
Wohnsituation							
Miethöhe (Mittelwert in Euro)	481	495	493	488	529	472	450
Durchschnittliche Haushaltsgröße (Mittelwert – Anzahl Personen)	1,9	2,5	3,1	2,4	2,5	2,3	2,4
Wohnfläche pro Person (Mittelwert in Quadratmeter)	57	42	32	42	43	46	38

1 Bevölkerung ab 17 Jahren.
2 Die Indikatoren zur Wohnsituation beziehen sich auf Haushalte.
– nichts vorhanden.
Datenbasis: SOEP 2011.

situationen, vor allem im Hinblick auf das Armutsrisiko. Dies wurde bereits im vorherigen Abschnitt angesprochen. Nach den Daten des SOEP sind türkischstämmige Personen mit einer Risikoquote von 33 % am stärksten von Armut betroffen, gefolgt von Personen aus Osteuropa (28 %) und aus den Staaten des ehemaligen Jugoslawiens (26 %). Im oberen Einkommensbereich (über 150 % des Medianeinkommens) sind Personen mit Migrationshintergrund stark unterrepräsentiert, wenngleich der Anteil in diesem Einkommensbereich für fast alle Herkunftsgruppen mit Ausnahme der Personen osteuropäischer Herkunft gestiegen ist. Personen türkischer Herkunft weisen mit 5 % den niedrigsten Anteil im oberen Einkommensbereich, Personen südwesteuropäischer Herkunft mit 15 % den höchsten unter den hier verglichenen Herkunftsgruppen.

Auch wenn Personen mit Migrationshintergrund im Durchschnitt geringere finanzielle Ressourcen als einheimische Deutsche aufweisen (1 350 Euro gegenüber 1 630 Euro im Monat), hat sich ihr verfügbares Haushaltseinkommen zwischen 2009 und 2011 leicht erhöht. Das verfügbare Einkommen der einheimischen Deutschen ist dagegen stabil geblieben. Für Personen aus den Ländern des ehemaligen Jugoslawiens, aus Südwesteuropa sowie für osteuropäische Migranten ist das verfügbare Einkommen gesunken. Die Betrachtung der Wohnsituation von Migrantenhaushalten macht deutlich, dass diese trotz im Durchschnitt niedrigeren Einkommen in etwa die gleiche Miete ausgeben müssen wie einheimische Haushalte. Aber sie verfügen im Durchschnitt über deutlich weniger Wohnfläche pro Person. Die Tatsache, dass ein Großteil der Zuwandererfamilien in größeren Städten lebt, trägt zu den Schwierigkeiten beim Zugang zu bezahlbaren und adäquaten Wohnungen bei.

7.3.2 Bildung und Ausbildung

Ein Blick auf das Qualifikationsniveau der Bevölkerung mit und ohne Migrationshintergrund zeigt auf, dass Erstere hin-

▶ Tab 2 **Bildungsniveau (berufliche Bildung) 2011 — in Prozent**

	Personen ohne Migrationshintergrund	Personen mit Migrationshintergrund					
		Gesamt	Türkei	Länder des ehemaligen Jugoslawiens	Süd west-europa	(Spät-) Aus-siedler	Ost-europa
Ohne Abschluss	15	35	60	37	47	24	34
Frauen	18	38	69	42	51	28	33
Berufsausbildung	65	49	35	53	44	54	47
Frauen	64	46	26	46	40	49	46
Akademischer Abschluss	20	17	4	9	9	22	19
Frauen	17	17	5	12	9	23	21

Datenbasis: SOEP 2011.

▶ Tab 3 **Bildungsniveau der Nachkommen von Migranten im Vergleich zur einheimischen Bevölkerung (17- bis 45-Jährige) 2011 — in Prozent**

	Personen ohne Migrationshintergrund	Personen mit Migrationshintergrund			
		Gesamt	Türkei	andere Anwerbe-länder	(Spät-) Aussiedler/ Osteuropa
Schulische Bildung					
Kein Abschluss	1	3	5	4	2
Frauen	1	3	5	5	0
Vater hat maximal Hauptschulabschluss	1	3	4	5	0
Hauptschulabschluss	19	32	54	37	16
Frauen	15	30	50	29	9
Vater hat maximal Hauptschulabschluss	27	39	57	43	25
Realschulabschluss	38	31	19	29	31
Frauen	41	33	20	29	36
Vater hat maximal Hauptschulabschluss	42	33	18	31	40
Abitur	42	33	20	25	51
Frauen	44	32	24	29	56
Vater hat maximal Hauptschulabschluss	29	22	21	12	31
Anderer Abschluss (im Ausland erworben)	0	2	1	5	1
Frauen	0	2	1	7	0
Vater hat maximal Hauptschulabschluss	0	3	0	8	4
Berufliche Bildung					
Ohne Abschluss	17	36	56	32	45
Frauen	16	35	59	33	33
Vater hat maximal Hauptschulabschluss	15	36	57	35	38
Berufsausbildung	61	50	40	56	37
Frauen	62	49	36	50	41
Vater hat maximal Hauptschulabschluss	71	54	39	57	52
Akademischer Abschluss	22	14	4	12	18
Frauen	23	16	5	16	25
Vater hat maximal Hauptschulabschluss	14	11	3	8	10

Datenbasis: SOEP 2011. Kursiv: N<100.

sichtlich der beruflichen Bildung strukturell heterogen polarisiert ist. Einerseits bleiben erhebliche Anteile ohne beruflichen Abschluss (35 %), andererseits nehmen die Unterschiede bei den höheren Abschlüssen allmählich ab: 17 % der Personen mit Migrationshintergrund haben einen akademischen Abschluss. Personen aus den ehemaligen sogenannten »Gastarbeiterländern« weisen eine ungünstigere Qualifikationsstruktur auf im Vergleich mit (Spät-)Aussiedlern und Personen aus osteuropäischen Ländern. Die Geschlechterunterschiede sind insbesondere bei den Personen türkischer Herkunft stark: 69 % der Frauen haben keinen beruflichen Abschluss. ▶ Tab 2

Betrachtet man nun die besondere Gruppe der Nachfolgegeneration – also derjenigen Migrantennachkommen, die selbst keine Migrationserfahrung haben oder nach Deutschland eingereist sind, bevor sie sieben Jahre alt waren – stellt man fest, dass diese im Durchschnitt weniger häufig das Abitur (33 %), zugleich aber häufiger einen Hauptschulabschluss (32 %) erlangen als die gleichaltrige einheimische Population (42 % und 19 %). ▶ Tab 3

Die Geschlechterunterschiede sind besonders stark unter den Migrantennachkommen türkischer, südeuropäischer und osteuropäischer Herkunft (inklusive [Spät-]Aussiedlern) zu finden: hier weisen Frauen einen höheren Anteil an Abiturienten gegenüber der jeweiligen Gesamtgruppe auf. Die vergleichsweise hohen Qualifikationen der Kinder von (Spät-)Aussiedlern und osteuropäischen Migranten spiegeln sich in dem entsprechenden Anteil an Abiturienten bei ihren Nachkommen wieder (51 %).

Der Vergleich der Bildungslage der Migrantennachkommen mit der gleichaltrigen einheimischen Bevölkerung ist jedoch verzerrt, solange nicht die soziale Herkunft kontrolliert wird, da Migranteneltern im Durchschnitt niedrigere Bildungsabschlüsse besitzen. Betrachtet man deshalb nur diejenigen Personen, deren Väter maximal einen Hauptschulabschluss besitzen, wird deutlich, dass die Unterschiede zwischen den Herkunftsgruppen

▶ Abb 1 **Erwerbsstatus nach Migrationshintergrund und Geschlecht 2011 — in Prozent**

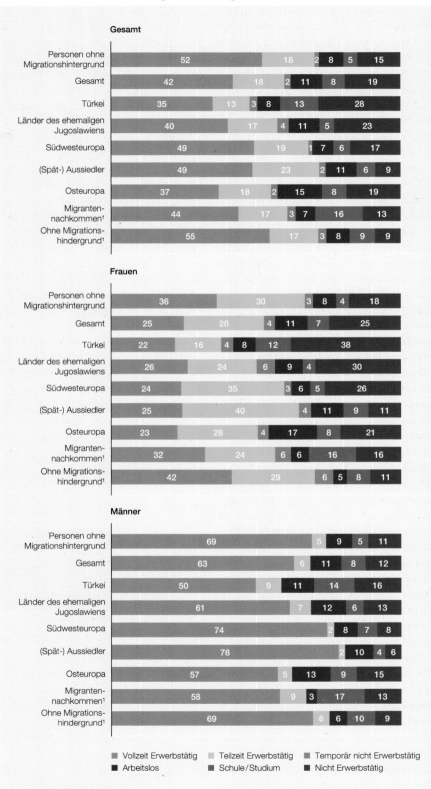

1 Bevölkerung zwischen 17 und 64 Jahren.
Datenbasis: SOEP 2011.

geringer ausfallen, insbesondere wenn es sich um den Zugang zu höheren Bildungsabschlüssen handelt. Jedoch verringern sich die Unterschiede nur leicht, wenn es um die niedrigeren Bildungszweige geht. Hier spielen neben dem sozioökonomischen Hintergrund weitere Faktoren wie die institutionelle Diskriminierung oder auch der Familien- und Schulkontext eine Rolle.

7.3.3 Beschäftigungsstruktur und Arbeitssituation

Eine zentrale Rolle für die gesellschaftliche Integration aller Bevölkerungsgruppen kommt dem Arbeitsmarkt zu. In diesem Abschnitt soll dementsprechend die Frage beantwortet werden, ob sich Personen mit Migrationshintergrund im Hinblick auf den Zugang zum Arbeitsmarkt, auf die Stellung innerhalb des Erwerbssystems sowie auf einige Aspekte der Qualität des Arbeitsplatzes systematisch und gegebenenfalls durchgängig von der deutschen Bevölkerung unterscheiden.

Die Bevölkerung mit Migrationshintergrund unterscheidet sich von der einheimischen Bevölkerung bereits beim Zugang zum Arbeitsmarkt. Betrachtet man die Gesamtbevölkerung im erwerbsfähigen Alter, so ist festzustellen, dass die Hälfte der Personen ohne Migrationshintergrund Vollzeit erwerbstätig ist, während dies auf nur 42 % der Personen mit Migrationshintergrund zutrifft. Der Unterschied ist insbesondere bei den Frauen größer als bei den Männern. Frauen mit Migrationshintergrund wiesen einen höheren Anteil an nicht Erwerbstätigen auf, insbesondere unter den Frauen türkischer Herkunft (38 %) und aus den Ländern des ehemaligen Jugoslawiens (30 %). Insgesamt sind Personen mit Migrationshintergrund etwas mehr von Arbeitslosigkeit betroffen als Personen ohne Migrationshintergrund (11 % gegenüber 8 %). Dies trifft aber 2011 insbesondere auf osteuropäische Frauen zu, deren Anteil in Arbeitslosigkeit 17 % ausmacht. ▶ Abb 1

Einen zentralen objektiven Indikator für die Qualität eines Arbeitsplatzes stellt zweifellos das erzielte Arbeitseinkommen

dar. Betrachtet man die Arbeitseinkommen in den untersuchten Gruppen, ist zunächst festzustellen, dass das Nettoarbeitseinkommen der Personen mit Migrationshintergrund im Erhebungsjahr unterhalb des Durchschnitts der Erwerbstätigen ohne Migrationshintergrund liegt. So verdienen Personen mit Migrationshintergrund im Jahr 2011 monatlich 200 Euro weniger. (Spät-)Aussiedler und Personen ohne Migrationshintergrund weisen mit 1 500 Euro den höchsten Einkommensbetrag auf. Junge Frauen mit Migrationshintergrund erzielen ein ähnlich hohes Arbeitseinkommen wie junge Frauen ohne Migrationshintergrund (1 100 Euro). ▶ Tab 4

Ein Grund für das niedrige Erwerbseinkommen bei Migranten und deren Nachkommen liegt in deren beruflicher Platzierung. So sind sie häufiger als un- oder angelernte Arbeiter tätig, wobei dies insbesondere auf Personen aus der Türkei (39 %) und aus den Ländern des ehemaligen Jugoslawiens (38 %) zutrifft. Aber auch (Spät-)Aussiedler und Personen osteuropäischer Herkunft sind zu einem Drittel als un- oder angelernte Arbeiter beschäftigt. Insgesamt befinden sich Personen mit Migrationshintergrund im unteren Bereich der Berufshierarchie. Gerade ab den mittleren Angestelltenpositionen und in den Beamtenberufen, aus denen ausländische Staatsbürger ausgegrenzt werden, sind sie deutlich unterrepräsentiert. (Spät-)Aussiedler sind die Einzigen, die es aufgrund ihres deutlich höheren Anteils an deutschen Staatsbürgern in Beamtenberufe in einem nennenswerten Umfang schaffen (5 %). Betrachtet man die berufliche Platzierung der Migrantennachkommen, fällt auf, dass deren Positionierung in der Berufshierarchie der der Gesamtbevölkerung mit Migrationshintergrund ähnelt, wenngleich sich der Anteil der Personen, die als Arbeiter tätig sind zu Gunsten eines höheren Anteils an Facharbeitern und einfachen Angestellten verringert. Diese leichte Aufstiegstendenz trifft im Besonderen auf Frauen zu, die zu 30 % in den mittleren Angestelltenberufen zu finden sind. ▶ Tab 5

7.3.4 Kulturelle Orientierungen und Erfahrung von Benachteiligung

In diesem Abschnitt werden Indikatoren der kulturellen Orientierung und sozialen

▶ Tab 4   **Arbeitseinkommen und Renteneinkommen nach Migrationshintergrund und Geschlecht 2011 — in Euro (Median)**

	Individuelles Nettoerwerbseinkommen		
	Gesamt	Frauen	Männer
Personen ohne Migrationshintergrund	1 500	1 113	1 800
Personen mit Migrationshintergrund	1 300	1 000	1 700
Türkei	1 200	750	1 600
Länder des ehemaligen Jugoslawiens	1 200	1 050	1 630
Südwesteuropa	1 300	950	1 612
(Spät-)Aussiedler	1 500	1 100	1 780
Osteuropa	1 200	890	1 700
17- bis 45-Jährige			
Migrantennachkommen	1 200	1 100	1 500
Ohne Migrationshintergrund	1 400	1 100	1 650

Datenbasis: SOEP 2011.

▶ Tab 5 **Berufliche Stellung nach Migrationshintergrund und Geschlecht 2011 — in Prozent**

	Personen ohne Migrationshintergrund	Personen mit Migrationshintergrund						17 bis 45-Jährige	
		Gesamt	Türkei	Länder des ehemaligen Jugoslawiens	Südwesteuropa	(Spät-)Aussiedler	Osteuropa	Migrantennachkommen	Ohne Migrationshintergrund
Arbeiter	14	28	39	38	27	34	34	17	14
Männer	14	28	43	38	26	40	35	20	16
Frauen	13	27	35	37	28	29	33	10	11
Facharbeiter/Meister	14	14	17	20	25	14	11	17	13
Männer	22	24	27	39	33	29	23	26	21
Frauen	5	4	5	3	12	2	1	8	5
Einfache Angestellte	14	19	20	18	20	14	18	24	16
Männer	8	12	12	8	15	3	7	15	9
Frauen	22	26	29	27	26	23	28	34	23
Mittlere Angestellte	25	18	13	17	14	18	21	21	26
Männer	16	10	8	7	6	8	13	13	17
Frauen	35	27	19	26	24	26	28	30	36
Höhere Angestellte	16	11	3	2	10	10	9	12	16
Männer	20	15	3	2	14	15	13	16	20
Frauen	11	7	2	2	4	6	4	8	12
Selbstständige	10	8	9	5	5	5	7	6	8
Männer	12	8	8	7	5	2	8	6	9
Frauen	8	7	10	4	4	7	6	6	6
Beamte	7	3	0	0	1	5	1	3	7
Männer	8	3	0	0	0	4	1	3	7
Frauen	6	2	0	0	1	6	1	3	7

Datenbasis: SOEP 2011.

Partizipation betrachtet. Die Erfahrung von Benachteiligung aufgrund der Herkunft gibt Aufschluss darüber, inwieweit Migranten und deren Kinder in ihrem alltäglichen Handeln Abweisung durch die Mehrheitsgesellschaft erfahren. Über die Erfahrung, aufgrund der Herkunft benachteiligt worden zu sein, berichten die Herkunftsgruppen in unterschiedlichem Ausmaß. Dabei geben im Jahr 2011 8 % der Personen mit Migrationshintergrund und darunter 10 % der Migrantennachkommen an, häufig Situationen erlebt zu haben, in denen sie aufgrund ihrer Herkunft abgewiesen beziehungsweise benachteiligt wurden.

Dabei berichten die Personen türkischer Herkunft am häufigsten von Benachteiligung (13 %), während dieses auf nur 2 % der (Spät-) Aussiedler und 6 % der Personen aus Südwesteuropa zutrifft. Diese sind die Herkunftsgruppen, die sich am wenigsten große Sorgen um die Ausländerfeindlichkeit machen, während dies auf 37 % der Personen türkischer Herkunft und darunter auf 40 % der jungen Menschen türkischer Herkunft zutrifft.

Bei fast allen Herkunftsgruppen schätzen mehr als drei Viertel der Personen ihre deutschen Sprachkenntnisse als »gut« bis »sehr gut« ein. Betrachtet man im Besonderen die Nachkommen von Migranten aus der Türkei, so fällt auf, dass diese im Vergleich zu der Gesamtgruppe der türkischstämmigen Migranten wesentlich häufiger angeben über mindestens gute deutsche Sprachkenntnisse zu verfügen (96 % gegenüber 72 %). Die eigenen deutschen Sprachkenntnisse werden von einer Generation zur nächsten zunehmend als »gut« bis »sehr gut« eingeschätzt. ▶ Tab 6

Drei Viertel der Personen mit Migrationshintergrund äußern im Jahr 2011 den Wunsch, für immer in Deutschland bleiben zu wollen. Die stärksten Anteile weisen (Spät-)Aussiedler (99 %) und Personen osteuropäischer Herkunft (91 %) auf.

▶ Tab 6   **Erfahrung von Benachteiligung aufgrund der Herkunft, Sprachkenntnisse, Bleibeabsichten, Überweisungen ins Ausland und Sorgen um die Ausländerfeindlichkeit 2011 — in Prozent**

	Wahrgenommene Benachteiligung wegen der Herkunft (häufig)	Deutsch sprechen (gut bis sehr gut)	In Deutschland für immer bleiben (Ja, %)	Überweisungen ins Ausland	Sorgen um die Ausländer-feindlichkeit (Anteil großer Sorgen)
Bevölkerung mit Migrationshintergrund					
Gesamt	8	80	78	4	20
Türkei	13	72	64	5	37
Länder des ehemaligen Jugoslawiens	8	83	81	8	18
Südwesteuropa	6	80	68	1	16
(Spät-)Aussiedler	2	91	99	6	19
Osteuropa	7	75	91	5	16
Migrantennachkommen					
Gesamt	10	97	74	2	21
Türkei	14	96	75	5	40
Andere ehemalige Anwerbeländer	10	97	67	1	14
(Spät-)Aussiedler/Osteuropa	0	100	94	2	19

Datenbasis: SOEP 2011.

7.3.5 Zusammenfassung

Die Bevölkerung mit Migrationshintergrund stellt keine homogene Gruppe dar. Vielmehr unterscheidet sich die soziale Situation der Migranten und deren Nachkommen je nach Herkunft, Migrationsgeschichte und Niederlassungskontext. Im Jahr 2011 ist die Lage der Personen mit Migrationshintergrund, obwohl die Mehrheit von ihnen Deutschland als Lebensmittelpunkt gewählt hat, eher von Benachteiligung geprägt – insbesondere im Hinblick auf das höhere Armutsrisiko bestimmter Herkunftsgruppen. Problematisch ist diese Situation für die Integration der zweiten und dritten Generation. Dies wirkt sich auf ihre Bildungschancen aus und diese sind von zentraler Bedeutung: Immer noch zu wenige Nachkommen von Migranten erreichen einen akademischen Abschluss; gleichzeitig erwerben viele von ihnen keine berufliche Qualifikation, wodurch ihnen der Zugang zu höheren Positionen in der Arbeitswelt, wie beispielsweise zu höheren Angestelltenpositionen, versperrt bleibt. Auch in Beamtenpositionen sind Migrantennachkommen unterpräsentiert, was zum einen darauf zurückzuführen ist, dass sie weniger häufig Eltern haben, die selbst Beamte sind beziehungsweise waren, und zum anderen auf das Nicht-Besitzen der deutschen Staatsbürgerschaft für viele unter ihnen.

7.4
Einstellungen und Kontakte zu Ausländern

Michael Blohm, Martina Wasmer
GESIS Mannheim

WZB / SOEP

In Deutschland lebten Ende 2011 ungefähr sieben Millionen ausländische Staatsbürger. Das entspricht einem Anteil von circa 9 % an der Gesamtbevölkerung. Die Mehrzahl der Ausländer lebt schon seit langem hier – die durchschnittliche Aufenthaltsdauer lag 2011 bei 19 Jahren. Die Frage, ob die Integration der ausländischen Bevölkerung in die deutsche Gesellschaft gelungen ist, wird in den letzten Jahren intensiv diskutiert, wobei häufig eher skeptische Töne zu vernehmen sind. Um ein Bild davon zu erhalten, wie es aus Sicht der deutschen Bevölkerung um das Verhältnis zwischen Einheimischen und Ausländern bestellt ist, wird im Folgenden untersucht, wie die Deutschen die hier lebenden Ausländer sehen, welche Einstellungen sie ihnen gegenüber haben und inwieweit Kontakte zwischen Deutschen und Ausländern in unterschiedlichen Lebensbereichen bestehen.

7.4.1 Einstellungen zu Ausländer diskriminierenden Forderungen

In der Allgemeinen Bevölkerungsumfrage der Sozialwissenschaften (ALLBUS) wurde seit 1980 wiederholt die Zustimmung zu verschiedenen Aussagen erfasst, die restriktive beziehungsweise diskriminierende Forderungen gegenüber Ausländern beinhalten. Im Einzelnen sind dies: ob die in Deutschland lebenden Ausländer ihren Lebensstil ein bisschen besser an den der Deutschen anpassen sollten, ob sie wieder in ihre Heimat zurückgeschickt werden sollten, wenn Arbeitsplätze knapp werden, ob ihnen jede politische Betätigung in Deutschland untersagt werden sollte und ob sie sich ihre Ehepartner unter ihren eigenen Landsleuten auswählen sollten.

Mit Abstand am meisten Zustimmung findet im Jahr 2012 die vergleichsweise gemäßigte Forderung nach »ein bisschen« mehr Lebensstilanpassung der hier lebenden Ausländer, die sowohl im Westen wie im Osten Deutschlands von ungefähr drei Viertel der befragten erwachsenen Deutschen unterstützt wird. Den anderen Aussagen, in denen Ausländern eine gleichberechtigte Teilhabe am gesellschaftlichen Leben abgesprochen wird, stimmt demgegenüber die Mehrheit der Befragten eher nicht zu. Das gilt insbesondere für die Forderung nach Endogamie, also danach, dass die Ausländer »unter sich« heiraten sollten, von der sich 86 % der Westdeutschen und 75 % der Ostdeutschen distanzieren. Auch bei den anderen beiden ausländerdiskriminierenden Aussagen fällt die Mehrheit für die ausländerfreundliche Position bei den Ostdeutschen weniger deutlich aus als bei den Westdeutschen. ▶ Abb 1

Während Männer und Frauen sich in ihren Einstellungen gegenüber in Deutschland lebenden Ausländern kaum unterscheiden, spielen Alter und Bildung eine bedeutende Rolle. In beiden Landesteilen äußern ältere Befragte mehr Vorbehalte gegenüber Ausländern als jüngere – mit einer Ausnahme: Die Forderung nach einem Heimschicken der Ausländer bei knapper Arbeit findet im Osten Deutschlands bei der mittleren Altersgruppe der 40- bis 59-Jährigen mit 24 % etwas mehr Unterstützung als bei den jüngeren und den älteren mit circa 20 %. Bei allen anderen Fragen liegt der Anteil derjenigen, die der jeweiligen Aussage zustimmen, bei den über 59-Jährigen jeweils um mindestens sechs Prozentpunkte höher als bei den unter 40-Jährigen. In Westdeutschland, wo größere Unterschiede zwischen der mittleren und der ältesten der hier unterschiedenen Altersgruppen zu beobachten sind als in Ostdeutschland, fällt der Alterseffekt etwas deutlicher aus. ▶ Tab 1

In West- und Ostdeutschland gilt: je gebildeter desto »ausländerfreundlicher«. Personen mit höherer formaler Bildung fordern deutlich seltener als Personen mit einem niedrigeren allgemeinbildenden Schulabschluss eine stärkere Anpassung der Ausländer an deutsche Gepflogenheiten und stimmen auch seltener den drei weiteren ausländerdiskriminierenden Aussagen zu. In West- und Ostdeutschland finden letztere nur bei einer kleinen Minderheit der Personen mit

▶ Abb 1   **Einstellungen gegenüber in Deutschland lebenden Ausländern 2012 — in Prozent**

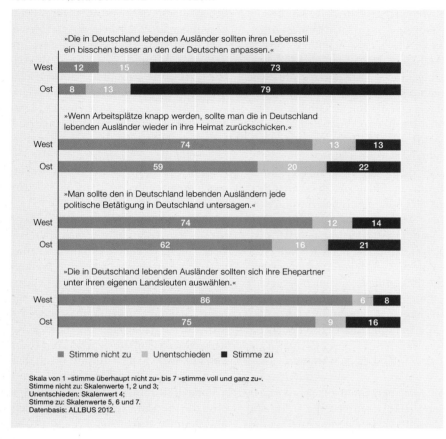

»Die in Deutschland lebenden Ausländer sollten ihren Lebensstil ein bisschen besser an den der Deutschen anpassen.«

	Stimme nicht zu	Unentschieden	Stimme zu
West	12	15	73
Ost	8	13	79

»Wenn Arbeitsplätze knapp werden, sollte man die in Deutschland lebenden Ausländer wieder in ihre Heimat zurückschicken.«

| West | 74 | 13 | 13 |
| Ost | 59 | 20 | 22 |

»Man sollte den in Deutschland lebenden Ausländern jede politische Betätigung in Deutschland untersagen.«

| West | 74 | 12 | 14 |
| Ost | 62 | 16 | 21 |

»Die in Deutschland lebenden Ausländer sollten sich ihre Ehepartner unter ihren eigenen Landsleuten auswählen.«

| West | 86 | 6 | 8 |
| Ost | 75 | 9 | 16 |

■ Stimme nicht zu   ■ Unentschieden   ■ Stimme zu

Skala von 1 »stimme überhaupt nicht zu« bis 7 »stimme voll und ganz zu«.
Stimme nicht zu: Skalenwerte 1, 2 und 3;
Unentschieden: Skalenwert 4;
Stimme zu: Skalenwerte 5, 6 und 7.
Datenbasis: ALLBUS 2012.

Fachhochschulreife oder Abitur Unterstützung, im Westen Deutschlands (sowie im Osten im Fall der Endogamieforderung) sogar nur bei 5 % oder weniger. Bei den Befragten mit höchstens Hauptschulabschluss liegen die Zustimmungsraten bei diesen drei Forderungen in jedem Fall zumindest etwa doppelt so hoch. Extrem sind die Unterschiede zwischen den Bildungsgruppen bei der Endogamieforderung mit 29 % gegenüber 5 % im Osten und 15 % gegenüber 2 % im Westen Deutschlands. Aber auch bei der Forderung nach Anpassung des Lebensstils sind starke Unterschiede zwischen Befragten mit den drei hier unterschiedenen Bildungsniveaustufen zu beobachten.

Was den Wandel der Einstellungen über die Zeit angeht, so ist in Westdeutschland von 1980 bis 1994 ein – mehr oder weniger starker – kontinuierlicher Rückgang der Zustimmung zu allen vier Aussagen zu beobachten, so dass man für diesen Zeitraum eine zunehmend tolerante Haltung gegenüber Ausländern konstatieren kann. Seit 1994 ist das Bild weniger eindeutig. Auffällig ist vor allem die Entwicklung bei der Forderung nach »ein bisschen mehr« Lebensstilanpassung, also

▶ Tab 1   **Einstellungen gegenüber den in Deutschland lebenden Ausländern in ausgewählten Bevölkerungsgruppen[1] 2012— in Prozent**

	Westdeutschland				Ostdeutschland			
	Lebensstil anpassen	In Heimat schicken wenn Arbeit knapp	Keine politische Betätigung	Unter sich heiraten	Lebensstil anpassen	In Heimat schicken wenn Arbeit knapp	Keine politische Betätigung	Unter sich heiraten
Insgesamt	**73**	**13**	**14**	**8**	**79**	**22**	**21**	**16**
Geschlecht								
Männer	74	14	15	8	80	21	22	16
Frauen	72	12	14	8	77	22	20	16
Altersgruppen								
18–39 Jahre	64	11	8	5	72	19	16	11
40–59 Jahre	71	12	14	7	77	24	22	16
60 Jahre und älter	84	17	22	13	86	21	25	19
Schulabschluss								
Hauptschule	86	21	25	15	89	30	28	29
Mittlere Reife	74	13	12	6	82	23	23	15
Fachhochschul-/ Hochschulreife	58	5	5	2	63	9	11	5

1 Anteil derjenigen, die der Aussage zustimmen.
Datenbasis: ALLBUS 2012.

bei der Aussage, die im Unterschied zu den anderen nicht direkt eine Diskriminierung oder Ausgrenzung der Ausländer thematisiert und somit auch nicht unbedingt als »ausländerfeindlich« zu bewerten ist. Hier ist seit 1994 eine starke Zunahme der Zustimmungsquoten zu verzeichnen, so dass der Ausgangswert des Jahres 1980 (66 %) mit 73 % im Jahr 2012 sogar übertroffen wird. Allerdings scheint diese Entwicklung gestoppt zu sein. In beiden Landesteilen ist die Zustimmung zur Forderung nach Anpassung an den Lebensstil der Deutschen in den Jahren 2010 und 2012 niedriger als 2006. Bei den Fragen zum Politikverbot, zur Heirat innerhalb der eigenen ethnischen Gruppe und der Forderung, Ausländer bei einer angespannten Arbeitsmarktsituation in ihre Heimat zurückzuschicken, ist im Westen Deutschlands tendenziell eine Fortsetzung des liberalen Trends zu beobachten. Die Anteile der zustimmenden Befragten liegen mittlerweile bei allen drei Fragen um mehr als 35 Prozentpunkte niedriger als beim ersten ALLBUS 1980. Im Osten Deutschlands sind seit 1994 ähnliche Entwicklungen wie im Westen – wenn auch auf einem höheren Niveau – zu beobachten. Dementsprechend hat sich auch an den zu beobachtenden West-Ost-Unterschieden nur wenig geändert. Lediglich bei der Frage nach der politischen Betätigung fällt der Rückgang der ausländerdiskriminierenden Einstellungen im Osten Deutschlands geringer aus als im Westen, so dass sich hier die West-Ost-Unterschiede seit 1994 vergrößert haben. ▶ Abb 2

Bei der Betrachtung der Zeitreihen für die vier Items muss man allerdings beachten, dass 1994 der bis dahin verwendete Begriff »Gastarbeiter« durch »in Deutschland lebende Ausländer« ersetzt wurde, um den veränderten Gegebenheiten und dem damit verbundenen geänderten Sprachgebrauch Rechnung zu tragen. Wie man an den Zahlen für 1994, als beide Formulierungsvarianten im Split bei jeweils der Hälfte der Befragten verwendet wurden, sehen kann, hatte dies allerdings kaum Auswirkungen auf das Antwortverhalten der Befragten.

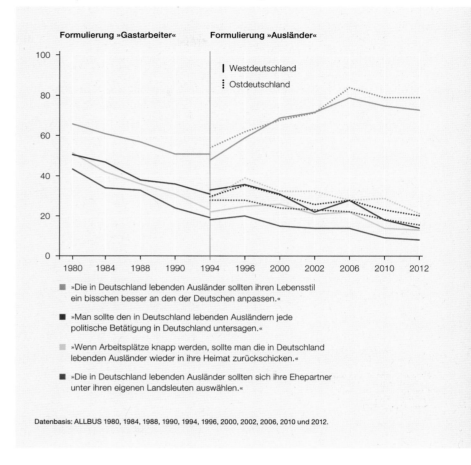

▶ Abb 2   **Diskriminierende Einstellungen gegenüber den in Deutschland lebenden Ausländern 1980–2012 — Zustimmung in Prozent**

■ »Die in Deutschland lebenden Ausländer sollten ihren Lebensstil ein bisschen besser an den der Deutschen anpassen.«

■ »Man sollte den in Deutschland lebenden Ausländern jede politische Betätigung in Deutschland untersagen.«

■ »Wenn Arbeitsplätze knapp werden, sollte man die in Deutschland lebenden Ausländer wieder in ihre Heimat zurückschicken.«

■ »Die in Deutschland lebenden Ausländer sollten sich ihre Ehepartner unter ihren eigenen Landsleuten auswählen.«

Datenbasis: ALLBUS 1980, 1984, 1988, 1990, 1994, 1996, 2000, 2002, 2006, 2010 und 2012.

Exkurs »Islam«

Im Jahr 2012 wurden im ALLBUS einige Fragen zu den Einstellungen der Deutschen gegenüber dem Islam beziehungsweise Muslimen gestellt. Da viele Ausländer in Deutschland – insbesondere die große Mehrheit der hier lebenden Türken – Muslime sind und die Muslime in Deutschland ganz überwiegend einen Migrationshintergrund aufweisen (zumeist Türkei oder Südosteuropa, zum Beispiel Bosnien), stellen einige dieser Fragen eine wichtige Ergänzung zu den bislang erhobenen Einstellungen dar. So wurde zum Beispiel nach der Zustimmung zu der Forderung gefragt, ob die Ausübung des islamischen Glaubens in Deutschland eingeschränkt werden sollte.

Dies bejahen 29 % der Westdeutschen und sogar 42 % der Ostdeutschen. Damit offenbaren hier etwa doppelt so viele eine restriktive Haltung wie bei den bereits erwähnten Forderungen aus den Bereichen Politik und Wirtschaft. Und die Tatsache, dass bei den neuen Fragen lediglich 16 % der Westdeutschen und 11 % der Ostdeutschen bejahen, dass der Islam in die deutsche Gesellschaft passt, rundet den Eindruck ab, den man bereits angesichts des ausgeprägten Wunsches der Deutschen nach Assimilationsbereitschaft der hier lebenden Ausländer gewinnen konnte: Der kulturellen Vielfalt, die mit der Anwesenheit der Migranten in Deutschland verbunden ist, begegnet die einheimische Bevölkerung mehrheitlich mit

Skepsis. Dies belegen auch die 44% der Westdeutschen und 56% der Ostdeutschen, die der Meinung sind, dass die Anwesenheit von Muslimen in Deutschland zu Konflikten führt. ▶ Abb 3

Aber was hält die deutsche Bevölkerung von konkreten Maßnahmen, die der Anwesenheit von etwa vier Millionen Muslimen in Deutschland Rechnung tragen? Den Bau von Moscheen in Deutschland befürwortet fast die Hälfte der Westdeutschen (47%), aber nur wenig

mehr als ein Viertel der Ostdeutschen (27%), wobei die Antworten der Gegner des Moscheebaus – vor allem im Osten Deutschlands – extremer ausfallen als die der Befürworter. ▶ Abb 4

Sehr deutliche Unterschiede zwischen beiden Landesteilen zeigen sich beim Islamunterricht. Im Jahr 2012 sprechen sich in Westdeutschland 46% der Befragten dafür aus, dass es an staatlichen Schulen in Deutschland auch Islamunterricht geben sollte, gegenüber lediglich 16% im

Osten. Allerdings hängt dies auch damit zusammen, dass viele Ostdeutsche (2012 62%) für gar keinen Religionsunterricht an staatlichen Schulen plädieren. Wenn man nur diejenigen betrachtet, die nicht generell gegen Religionsunterricht votieren, sind im Westen Deutschlands 62% (1996: 53%; 2002: 64%), im Osten 41% (1996: 35%; 2002: 48%) für Islamunterricht neben dem evangelischen beziehungsweise katholischen Religionsunterricht. Seit 2002 ist der Rückhalt in der Bevölkerung für diese Form der Integrationspolitik damit – im Westen Deutschlands geringfügig, im Osten deutlicher – gesunken, nachdem zuvor (zwischen 1996 und 2002) ein recht deutlicher Anstieg zu beobachten gewesen war. ▶ Tab 2

Diese Tendenz in Richtung einer islam- beziehungsweise- muslimfeindlicheren Haltung im Osten Deutschlands zeigt sich 2012 auch in Hinblick auf einen Indikator der individuellen sozialen Distanz. In den Jahren 2002 und 2012 waren die Befragten gebeten worden anzugeben, wie angenehm (auf einer siebenstufigen Skala von −3 »sehr unangenehm« bis +3 »sehr angenehm«) es ihnen wäre, wenn ein Angehöriger der beiden großen christlichen Konfessionen, ein Moslem, ein Jude oder ein Atheist in die Familie einheiraten würde. Dabei waren Menschen muslimischen Glaubens die Personengruppe, die in West- und Ostdeutschland bei weitem am häufigsten als Familienmitglied unerwünscht ist. 41% der Westdeutschen und 54% der Ostdeutschen gaben 2012 an, dass es ihnen unangenehm wäre, wenn ein Moslem in die eigene Familie einheiraten würde, nach 43% beziehungsweise 48% im Jahr 2002. ▶ Tab 3

7.4.2 Kontakte zu Ausländern

Begegnungen zwischen Deutschen und Ausländern können in verschiedenen Lebensbereichen stattfinden, bei der Arbeit, in der Nachbarschaft, in der Familie oder im Freundes- und Bekanntenkreis. Generell werden im Osten Deutschlands für alle diese Kontexte seltener Kontakte zu Ausländern berichtet. Der Anteil der Westdeutschen mit Kontakten zu Aus-

▶ Abb 3   **Einstellungen zum Islam 2012 — in Prozent**

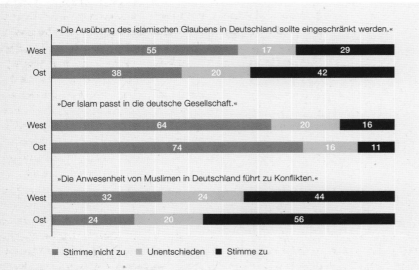

»Die Ausübung des islamischen Glaubens in Deutschland sollte eingeschränkt werden.«

	Stimme nicht zu	Unentschieden	Stimme zu
West	55	17	29
Ost	38	20	42

»Der Islam passt in die deutsche Gesellschaft.«

| West | 64 | 20 | 16 |
| Ost | 74 | 16 | 11 |

»Die Anwesenheit von Muslimen in Deutschland führt zu Konflikten.«

| West | 32 | 24 | 44 |
| Ost | 24 | 20 | 56 |

■ Stimme nicht zu   ■ Unentschieden   ■ Stimme zu

Skala von 1 »stimme überhaupt nicht zu« bis 7 »stimme voll und ganz zu«.
stimme nicht zu: Skalenwerte 1, 2 und 3;
unentschieden: Skalenwert 4;
stimme zu: Skalenwerte 5, 6 und 7.
Datenbasis: ALLBUS 2012.

▶ Abb 4   **Befürwortung des Baus von Moscheen in Deutschland 2012 — in Prozent**

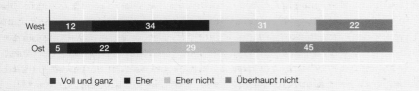

	Voll und ganz	Eher	Eher nicht	Überhaupt nicht
West	12	34	31	22
Ost	5	22	29	45

■ Voll und ganz   ■ Eher   ■ Eher nicht   ■ Überhaupt nicht

Skala von 1 »stimme überhaupt nicht zu« bis 7 »stimme voll und ganz zu«.
Stimme nicht zu: Skalenwerte 1, 2 und 3;
Unentschieden: Skalenwert 4;
Stimme zu: Skalenwerte 5, 6 und 7.
Datenbasis: ALLBUS 2012.

▶ Tab 2   **Einstellungen zur Einführung von Islamunterricht an staatlichen Schulen in Deutschland 1996, 2002 und 2012 — in Prozent**

An staatlichen Schulen in Deutschland sollte es geben:	1996		2002		2012	
	West-deutschland	Ost-deutschland	West-deutschland	Ost-deutschland	West-deutschland	Ost-deutschland
Auch Islamunterricht	39	12	48	21	46	16
Nur christlichen Religionsunterricht	35	22	28	23	28	23
Überhaupt keinen Religionsunterricht	27	67	24	56	26	62

Datenbasis: ALLBUS 1996, 2002 und 2012.

▶ Tab 3   **Soziale Distanz zu Angehörigen verschiedener Konfessionen[1] 2002 und 2012 — in Prozent**

	2002						2012					
	Westdeutschland			Ostdeutschland			Westdeutschland			Ostdeutschland		
	Ange-nehm	Weder noch	Unange-nehm	Ange-nehm	Weder noch	Unange-nehm	Ange-nehm	Weder noch	Unange-nehm	Ange-nehm	Weder noch	Unange-nehm
Moslem	11	46	43	6	45	48	15	44	41	7	40	54
Katholik	39	56	5	19	68	13	39	57	4	20	70	10
Protestant	38	58	4	23	66	11	38	57	5	22	69	10
Jude	15	58	27	10	62	28	18	57	25	12	60	28
Atheist	15	60	26	24	66	10	20	61	18	25	66	9

1 Beurteilung, wie angenehm es wäre, wenn ein Angehöriger dieser Konfession in die eigene Familie einheiraten würde.
   Antwortskala von –3 »sehr unangenehm« bis +3 »sehr angenehm«.
   Unangenehm: Skalenpunkte –3 bis –1; Weder noch: 0; Angenehm: +1 bis +3.
Datenbasis: ALLBUS 2002, 2012.

ländern ist jeweils ungefähr doppelt so hoch wie der der Ostdeutschen. Bei Kontakten zu Ausländern in der Nachbarschaft sind die Unterschiede sogar noch deutlicher, was angesichts des weitaus geringeren Ausländeranteils in Ostdeutschland – circa 2 % gegenüber circa 10 % im Westen Deutschlands – nicht verwundert. Während in Westdeutschland 87 % der Befragten mindestens in einem der Lebensbereiche Kontakt mit Ausländern haben, ist dies nur bei 56 % der Ostdeutschen der Fall. Am häufigsten – mit 67 % im Westen und 36 % im Osten Deutschlands – sind Kontakte im Freundes- und Bekanntenkreis. Diese Kontakte sind als Indikator für eine gelungene Integration insofern von besonderer Bedeutung, als es sich hier um freiwillige, selbst gewählte Beziehungen handelt. ▶ Tab 4

Vor allem unter jüngeren Menschen und Personen mit höherer Bildung sind – in beiden Landesteilen – Kontakte zu Ausländern in den verschiedenen Bereichen stärker verbreitet. Die Unterschiede zwischen den Bildungsgruppen sind in beiden Landesteilen bei den Kontakten am Arbeitsplatz und im Freundes- und Bekanntenkreis besonders hoch. Betrachtet man die verschiedenen Altersgruppen, so ist festzustellen, dass 85 % der 18- bis 39-jährigen Westdeutschen angeben, Kontakte zu Ausländern im Freundeskreis zu haben, während weniger als die Hälfte der über 59-Jährigen solche Kontakte hat. In Ostdeutschland liegen die entsprechenden Werte bei 55 % beziehungsweise 18 %. ▶ Tab 5

Eine interessante Frage ist, ob sich Personen mit Kontakten zu Ausländern und solche ohne Kontakte in ihren Einstellungen gegenüber Ausländern unterscheiden. Es zeigt sich, dass diejenigen, die Kontakte zu Ausländern haben, den vier Ausländer diskriminierenden Aussagen weitaus seltener zustimmen. So stimmen 71 % (West) beziehungsweise 73 % (Ost) der Befragten mit Kontakten zu Ausländern der Forderung zu, dass die Ausländer ihren Lebensstil ein bisschen besser anpassen sollten, gegenüber jeweils 87 % der Befragten in Westdeutschland und 85 % der Befragten in Ostdeutschland ohne Kontakte. Und Endogamiebefürworter stellen unter Befragten mit Kontakten zu Ausländern nur 6 % im Westen beziehungsweise 10 % im Osten Deutschlands, während von den Personen ohne Kontakte zu Ausländern 20 % im Westen und 23 % im Osten Deutschlands der Meinung sind, dass Ausländer unter sich heiraten sollten. In allen Bevölkerungsgruppen gehen Kontakte zu Ausländern mit einer positiveren Einstellung diesen gegenüber einher. ▶ Tab 6

▶ Tab 4   **Kontakte zu in Deutschland lebenden Ausländern 2012 — in Prozent**

	In eigener Familie und Verwandtschaft	Am Arbeitsplatz	In der Nachbarschaft	Im Freundes- und Bekanntenkreis	Kontakt, egal wo
Westdeutschland	36	62	51	68	87
Ostdeutschland	17	33	18	36	56

Datenbasis: ALLBUS 2012.

▶ Tab 5   **Kontakte zu in Deutschland lebenden Ausländern in verschiedenen Bevölkerungsgruppen 2012 — in Prozent**

	Westdeutschland				Ostdeutschland			
	In eigener Familie und Verwandtschaft	Am Arbeitsplatz	In der Nachbarschaft	Im Freundes- und Bekanntenkreis	In eigener Familie und Verwandtschaft	Am Arbeitsplatz	In der Nachbarschaft	Im Freundes- und Bekanntenkreis
Insgesamt	**36**	**62**	**51**	**68**	**17**	**33**	**18**	**36**
Geschlecht								
Mann	35	69	53	70	16	35	18	38
Frau	36	55	49	65	17	30	18	35
Altersgruppen								
18–39 Jahre	42	78	59	85	19	49	23	55
40–59 Jahre	39	71	54	71	18	38	20	40
60 Jahre und älter	26	33	39	47	14	10	13	18
Schulabschluss								
Hauptschule	30	48	42	51	12	17	14	20
Mittlere Reife	37	66	52	72	15	31	16	34
Fachhochschul-/ Hochschulreife	41	73	59	82	26	51	27	56

Datenbasis: ALLBUS 2012.

▶ Tab 6   **Einstellungen gegenüber den in Deutschland lebenden Ausländern in ausgewählten Bevölkerungsgruppen 2012 — in Prozent**

	Westdeutschland								Ostdeutschland							
	Lebensstil anpassen		In Heimat schicken wenn Arbeit knapp		Keine politische Betätigung		Unter sich heiraten		Lebensstil anpassen		In Heimat schicken wenn Arbeit knapp		Keine politische Betätigung		Unter sich heiraten	
	Ja	Nein	Ja	Nein	Ja	Nein	Ja	Nein	Ja	Nein	Ja	Nein	Ja	Nein	Ja	Nein
Insgesamt	**71**	**87**	**11**	**25**	**12**	**30**	**6**	**20**	**73**	**85**	**16**	**29**	**16**	**27**	**10**	**23**
Geschlecht																
Männer	73	86	13	26	13	33	7	20	77	85	14	30	17	30	10	24
Frauen	69	87	10	24	11	28	5	20	70	86	18	27	16	26	11	22
Altersgruppen																
18–39 Jahre	63	72	10	24	7	28	5	12	68	83	14	33	10	30	7	21
40–59 Jahre	71	80	11	37	13	25	6	15	73	85	17	35	19	27	12	25
60 Jahre und älter	81	91	15	22	18	32	9	22	84	87	16	23	22	27	12	23
Schulabschluss																
Hauptschule	84	90	19	28	21	38	11	26	90	88	27	33	20	33	20	34
Mittlere Reife	73	88	12	20	11	21	5	8	77	88	19	29	20	27	12	19
Fachhochschul-/ Hochschulreife	58	69	4	13	5	3	2	6	60	73	7	16	9	16	3	11

Datenbasis: ALLBUS 2012.

Die Kontakte zu den in Deutschland lebenden Ausländern haben im langfristigen Trend (im Westen Deutschlands seit 1980 und im Osten seit 1996) in allen Lebensbereichen zugenommen. In Westdeutschland findet sich ein kontinuierlicher Anstieg von 1980 bis 2012 bei den Kontakten zu Ausländern in der eigenen Familie und Verwandtschaft sowie in der Nachbarschaft. Bei den Kontakten am Arbeitsplatz und im Freundeskreis ist die Zunahme der Kontakte zwischen 1996 und 2012 nicht mehr so ausgeprägt wie in der Periode zwischen 1980 und 1996. Gleiches gilt für die Kontakte, egal wo diese stattfinden. Im Osten Deutschlands haben die Kontakte zu Ausländern zwischen 1996 und 2012 in allen Lebensbereichen – gemessen am niedrigen Ausgangsniveau – sehr stark zugenommen. Dennoch haben die Ostdeutschen in allen Lebensbereichen insgesamt nach wie vor deutlich weniger Kontakte zu Ausländern als Westdeutsche. ▶ Tab 7

7.4.3 Zusammenfassung

Zusammenfassend ist festzuhalten, dass es zwar keine Hinweise auf ein generell ausländerfeindliches Meinungsklima in Deutschland gibt, denn die Zustimmungsquoten zu den diskriminierenden Forderungen sind nicht allzu hoch und es ist – vor allem langfristig, aber auch mit Blick auf die neusten Zahlen – eine Ten-

▶ Tab 7   **Kontakte zu in Deutschland lebenden Ausländern 1980, 1996 und 2012 — in Prozent**

	Westdeutschland			Ostdeutschland	
	1980	1996	2012	1996	2012
In eigener Familie und Verwandtschaft	5	19	35	6	17
Am Arbeitsplatz	23	45	62	14	33
In der Nachbarschaft	20	37	51	7	18
Im Freundes- und Bekanntenkreis	15	51	68	16	36
Kontakt, egal wo	42	75	87	30	56

Datenbasis: ALLBUS 1980, 1996 und 2012.

denz hin zu einer wachsenden Ablehnung solcher Forderungen zu erkennen. Gleichzeitig scheint die Haltung der Deutschen zur multikulturellen Realität hierzulande von einer gewissen Skepsis gegenüber dem beziehungsweise den Fremden geprägt zu sein. Nach wie vor fordert eine große Mehrheit – in West- und Ostdeutschland sowie in allen hier unterschiedenen Subgruppen der Bevölkerung – eine größere Assimilationsbereitschaft der in Deutschland lebenden Ausländer ein, wenngleich die Meinung, dass Ausländer sich besser an den deutschen Lebensstil anzupassen hätten, nicht mehr ganz so einhellig vertreten wird wie zuletzt. Und was die Sicht der deutschen Bevölkerung auf den Islam und seine An-

hänger angeht, deuten die neuesten Zahlen darauf hin, dass diese 2012 eher noch kritischer als vor zehn Jahren ist.

Was die Verhaltensebene angeht, bleibt festzuhalten, dass 2012 die allermeisten Westdeutschen, aber inzwischen auch die Mehrheit der Ostdeutschen Kontakte zu Ausländern berichten. Diese Begegnungen finden zumeist im Freundes- und Bekanntenkreis statt. Die starke Zunahme der Kontakte zwischen Einheimischen und Ausländern im Laufe der Zeit ist vor allem deshalb wichtig, weil solche Kontakte im Allgemeinen mit einer ausländerfreundlicheren Haltung einhergehen.

7.5 Lebenssituationen älterer Menschen

Elke Hoffmann

DZA Berlin, DEAS-Projektgruppe*

*Texte und Analysen der DEAS-Daten basieren auf der Arbeit der DEAS-Projektgruppe unter Leitung von Andreas Motel-Klingebiel und Susanne Wurm (siehe Seite 226)

WZB / SOEP

Nach den Ergebnissen des Zensus sind im Jahr 2011 circa 9 Millionen der in Deutschland lebenden Personen (das sind 11 % der Bevölkerung) 65 bis 74 Jahre alt, weitere 7,5 Millionen Personen (9 %) haben das 75. Lebensjahr erreicht oder überschritten. Damit ist jeder fünfte Mensch in Deutschland 65 Jahre alt oder älter, in Sachsen und Sachsen-Anhalt ist es bereits jede vierte Person.

Nicht nur der Anteil sondern auch die Zahl der Älteren steigt seit einigen Jahrzehnten kontinuierlich an. In den letzten 20 Jahren nahm die Zahl der über 65-Jährigen um rund 40 % zu. Die Bundesländer Brandenburg und Mecklenburg-Vorpommern verzeichnen sogar Anstiege um mehr als 70 %, während in Hamburg und Bremen Zunahmen von etwas weniger als 20 % gemessen werden.

▶ Info 1

Deutsche Alterssurvey (DEAS)

Der Deutsche Alterssurvey (DEAS) ist eine langfristig angelegte bundesweite repräsentative Quer- und Längsschnittbefragung der über 40-jährigen Bevölkerung in Deutschland. Der DEAS wird aus Mitteln des Bundesministeriums für Familie, Senioren, Frauen und Jugend (BMFSFJ) gefördert. Die wissenschaftliche Leitung und Durchführung der Studie liegt beim Deutschen Zentrum für Altersfragen (DZA). Die umfassende Untersuchung von Personen im mittleren und höheren Erwachsenenalter dient dazu, Mikrodaten bereitzustellen, die sowohl für die sozial- und verhaltenswissenschaftliche Forschung als auch für die Sozialberichterstattung genutzt werden können. Die erste Befragung wurde im Jahr 1996 durchgeführt. Weitere Befragungen folgten in den Jahren 2002, 2008 und 2011, die nächste Erhebung findet im Jahr 2014 statt.

Insgesamt werden Informationen zu folgenden Themenbereichen erhoben:

· Arbeit und Ruhestand
· Generationen, Familie und soziale Netzwerke
· Außerberufliche Tätigkeiten und ehrenamtliches Engagement
· Wohnen und Mobilität
· Wirtschaftliche Lage und wirtschaftliches Verhalten
· Lebensqualität und Wohlbefinden
· Gesundheit und Gesundheitsverhalten
· Hilfe- und Pflegebedürftigkeit
· Einstellungen, Normen und Werte

Für Analysen sind derzeit die Querschnittsdaten der Basisstichproben bis zum Erhebungsjahr 2008 verfügbar.

▶ Info Abb 1   **Stichprobendesign des Deutschen Alterssurveys**

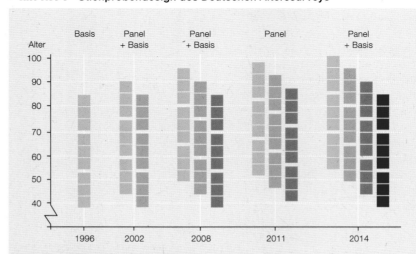

Stichproben des DEAS nach Erhebungswellen und Altersgruppen.
Weitere Informationen und Daten: www.deutscher-alterssurvey.de
Anonymisierte DEAS-Datensätze im Forschungsdatenzentrum des DZA: www.fdz-dza.de
DEAS-Indikatoren online im Statistischen Informationssystem GeroStat: www.gerostat.de

Die Gruppe der 65-Jährigen und Älteren umfasst 16,5 Millionen Menschen. Davon sind 57 % Frauen und 43 % Männer. Der Anteil der Seniorinnen und Senioren ohne deutsche Staatsbürgerschaft ist dabei mit 3 % relativ gering, jedoch verfügen bereits 8 % der über 65-Jährigen über einen Migrationshintergrund.

Alle Daten dieses einleitenden Abschnittes sind vorläufige Ergebnisse des Zensus 2011 (Stand: 31.05.2013). Die folgenden vier Abschnitte beschreiben anhand von Daten der amtlichen Statistik sowie des Deutschen Alterssurveys (DEAS, Basisstichproben bis zum Erhebungsjahr 2008) ausgewählte Lebenssituationen älterer Menschen in Deutschland. ▶ Info 1

7.5.1. Familiale Lebensformen, soziale Netzwerke

Familienstand und Lebensformen

Das paarweise Zusammenleben ist auch im Alter die dominierende Lebensform, wobei der Trauschein nach wie vor von großer Bedeutung ist: 46 % der Frauen ab 65 Jahren sind verheiratet und von den gleichaltrigen Männern sind es 74 %. Dieser Unterschied erklärt sich vor allem aus der kürzeren Lebenserwartung für Männer. Sie versterben früher als Frauen und sind deshalb seltener verwitwet (nur 13 % der Männer ab 65 Jahren) als Frauen (40 % dieser Altersgruppe). Erfreulicherweise verschiebt sich der Verlust der Lebenspartnerin beziehungsweise des Lebenspartners durch Verwitwung in ein immer höheres Lebensalter. So war der Anteil verwitweter Frauen ab 65 Jahren 1991 mit 55 % noch deutlich größer. Hier sind vor allem die Verbesserungen der Überlebenschancen älterer Männer sichtbar. ▶ Abb 1

Neben dem amtlich dokumentierten Familienstand beobachtet die amtliche Statistik auch Formen des Zusammenlebens der Bevölkerung. Diese spiegeln das familiale Beziehungsgefüge im privaten Haushalt. Danach lebt die Mehrzahl der älteren Menschen (94 % der Bevölkerung ab 65 Jahren) ohne Kinder im eigenen Haushalt. Nur selten sind mehrere

▶ Abb 1   **Familienstand der Bevölkerung ab 65 Jahren 2011 — in Prozent**

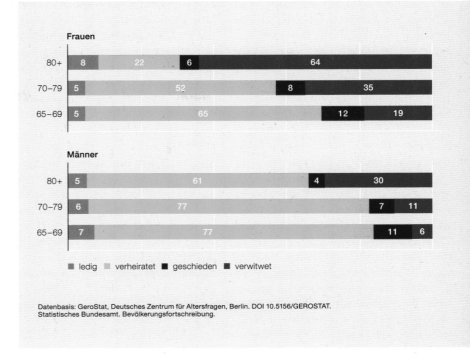

Datenbasis: GeroStat, Deutsches Zentrum für Altersfragen, Berlin. DOI 10.5156/GEROSTAT.
Statistisches Bundesamt. Bevölkerungsfortschreibung.

▶ Abb 2   **Lebensformen der Bevölkerung ab 65 Jahren 2011 — in Prozent**

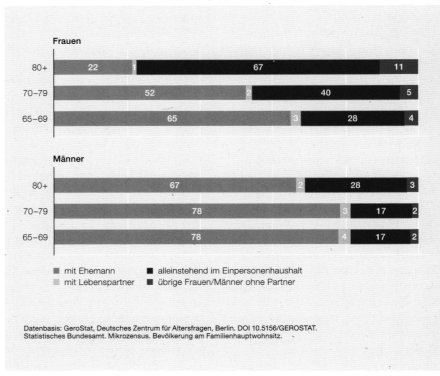

Datenbasis: GeroStat, Deutsches Zentrum für Altersfragen, Berlin. DOI 10.5156/GEROSTAT.
Statistisches Bundesamt. Mikrozensus. Bevölkerung am Familienhauptwohnsitz.

Generationen im gleichen Haushalt anzutreffen. Leben sie dennoch unter einem gemeinsamen Dach, dann zumeist in getrennten Haushalten. Alternative Lebensformen spielen (noch) eine untergeordnete Rolle: 3 % der Männer und 2 % der Frauen dieser Altersgruppe leben mit einer Partnerin beziehungsweise mit einem Partner in nichtehelicher Lebensgemeinschaft. Ergebnisse des DEAS belegen, dass die Qualität dieser Beziehungen genauso gut bewertet wird wie in Erst- und in Folgeehen (siehe Kapitel 2.1, Abbildung 1). ▶ Abb 2

Der mit steigender Lebenserwartung anhaltende Zugewinn an Lebenszeit wird von den meisten älteren Menschen also in partnerschaftlicher Gemeinsamkeit erlebt. Diese Entwicklung spiegelt sich auch in der Haushaltsgröße der älteren Bevölkerung. Während bei den Jüngeren ein Trend zu kleineren Haushalten anhält, bleibt die durchschnittliche Größe bei den ab 65-Jährigen mit 1,5 Personen je Haushalt in den letzten Jahrzehnten konstant.

Mit zunehmendem Alter wächst das Risiko, pflegebedürftig zu werden. Dennoch lebt die Mehrheit der älteren Bevölkerung in einem eigenen Haushalt. Nur 4 % der ab 65-Jährigen werden nach SGB XI (Sozialgesetzbuch – Elftes Buch – Soziale Pflegeversicherung) in einem Pflegeheim versorgt. In der Bevölkerung ab 85 Jahren sind es 18 %. Wie groß der Anteil älterer Menschen ist, der ohne amtlich anerkanntem Pflegebedarf nach SGB XI aus dem privaten Haushalt in eine Gemeinschaftsunterkunft umgezogen ist, werden weitere Ergebnisse des Zensus 2011 zeigen, die noch nicht vorliegen.

Soziale Netzwerke

Eine selbstständige Haushaltsführung bis ins hohe Alter wird durch die Einbindung in ein gut funktionierendes Netz sozialer und insbesondere familialer Beziehungen unterstützt. Neben der Lebenspartnerin und dem Lebenspartner sind die erwachsenen Kinder die wichtigsten Bezugspersonen im Alter. Auch wenn die Wohnentfernung zwischen den Generationen in den letzten Jahren zunimmt und immer weniger ältere Eltern

in der Nähe ihrer erwachsenen Kinder wohnen, wird weiterhin ein reger Kontakt gepflegt. So zeigt der DEAS für das Jahr 2008, dass 81 % der Eltern trotz der räumlichen Distanz im Durchschnitt mindestens einmal pro Woche mit ihren Kindern in Kontakt treten. Offensichtlich gelingt es den Generationen, die ungünstigen Bedingungen für persönliche Treffen durch alternative Kontaktformen moderner Medien zu kompensieren. Der DEAS kann eine soziale Vereinzelung im Alter nicht bestätigen. Trotz kleiner werdender Familienverbände sind Ältere nach wie vor in ein Gefüge von umfangreichen gegenseitigen Unterstützungen zwischen den Generationen eingebunden. Dabei werden für Ältere vorwiegend instrumentelle Hilfen für die Alltagsbewältigung im und außerhalb des Haushaltes bereitgestellt. Hingegen fließen Geld- und Sachmittel verstärkt von den Älteren an die Jüngeren. ▶ Abb 3

Hilfe bei der Betreuung von Enkelkindern ist ein weiterer Aspekt dieses intergenerationalen Austausches. Etwa 63 % der 55- bis 85-Jährigen haben Enkelkinder. Großelternschaft ist heute eine typische und für die soziale Integration wichtige Altersrolle. Etwa ein Viertel der Großeltern betreut seine Enkel. In der Altersgruppe der 55- bis 69-Jährigen sind es sogar 31 %. Großmütter sind diesbezüglich aktiver als Großväter. Ältere Frauen pflegen neben den familialen auch nichtfamiliale Beziehungen stärker als Männer.

Die hier beschriebenen informellen Unterstützungen werden vorrangig zwischen den Generationen geleistet und empfangen, richten sich jedoch auch an Freunde und Verwandte. Sie sind Ausdruck einer insgesamt guten Integration von älteren Menschen in soziale Beziehungsnetze. Neun von zehn Personen benennen mindestens eine wichtige Bezugsperson, mit der sie regelmäßig in Kontakt stehen und sie verweisen im Durchschnitt auf fünf enge Beziehungen, die sie regelmäßig pflegen. Auch wenn das Netz persönlicher Beziehungen im Alter etwas kleiner wird, gibt es keine Hinweise dafür, dass ältere Menschen ei-

nem erhöhten Risiko sozialer Isolation unterliegen. Weniger als 14 % der 55- bis 85-Jährigen äußern einen Bedarf nach mehr Rat oder Trost und eine deutliche Mehrheit (knapp 80 %) fühlt sich gar nicht oder nur selten einsam.

Zusammenfassung

11 % der in Deutschland lebenden Bevölkerung sind 65 bis 74 Jahre alt, weitere 9 % haben das 75. Lebensjahr erreicht oder überschritten. Die Mehrzahl der älteren Menschen (94 % der Bevölkerung ab 65 Jahren) lebt ohne Kinder im eigenen Haushalt, 58 % sind verheiratet, knapp zwei Drittel leben in einer Partnerschaft.

Trotz kleiner werdender Familienverbände sind Ältere nach wie vor gut in soziale Beziehungsnetze integriert. Eine Vereinzelung im Alter kann nicht bestätigt werden und es gibt keine Hinweise dafür, dass ältere Menschen einem erhöhten Risiko sozialer Isolation unterliegen.

7.5.2. Materielle Lage und Bewertung des Lebensstandards

Die materielle Lage im Alter ergibt sich aus den im Laufe des Lebens erworbenen Alterssicherungsansprüchen und aus dem privaten Vermögen. Daten der Einkommens- und Verbrauchsstichprobe (EVS) geben Auskunft über die Höhe der Einkommen und ihrer Quellen, über Vermögensbestände wie auch über Ausgaben privater Haushalte. Ergebnisse des Deutschen Alterssurveys (DEAS) informieren darüber, wie ältere Menschen ihren Lebensstandard bewerten.

Einkommensstruktur

Im Fokus der Betrachtungen stehen private Haushalte, deren Mitglieder ihren Lebensunterhalt überwiegend durch Renten oder Pensionen erzielen, im weiteren Text etwas verkürzt auch als »Ruhestand-Haushalte« bezeichnet. Ihr monatliches Bruttoeinkommen beträgt im Jahr 2008 in Westdeutschland 2 752 Euro, in Ostdeutschland 1 971 Euro. Hiervon werden Steuern und Sozialversicherungsbeträge abgezogen. Der so entstehende Betrag wird als Haushaltsnettoeinkommen bezeichnet. Er kann durch weitere kleinere Einnahmebeträge (zum Beispiel durch den Verkauf von Waren) aufgebessert werden und steht schließlich als ausgabefähiges Einkommen zur Verfügung. Gemessen am Ausgangswert, dem Bruttoeinkommen, verbleiben den Haushalten in Ost- und Westdeutschland jeweils 93 % als ausgabefähiger Betrag. Das sind im Westen Deutschlands 2 565 Euro monatlich, im Osten 1 831 Euro, was 71 % des westdeutschen Einkommensniveaus entspricht. (siehe Kapitel 6.1, Info 1 »Haushaltsbruttoeinkommen, Haushaltsnettoeinkommen«). ▶ Tab 1

Die Heterogenität von Alterseinkommen wird ganz wesentlich durch die im Erwerbsleben erreichte soziale Position geprägt. Sie bestimmt Quelle und Höhe der Alterseinkünfte und des vorhandenen Vermögens. Sehr markante Differenzierungen bestehen zum Beispiel zwischen Personen, die in einem öffentlich-rechtlichen Dienstverhältnis standen (Beziehende von Pensionen) und jenen, die sozialversicherungspflichtig beschäftigt waren (Beziehende von Renten der Gesetzlichen Rentenversicherung, GRV). Pensionsbeziehende leben fast ausschließlich in Westdeutschland, da es in der DDR keinen vergleichbaren Beamtenstatus gab und nach der Wende nur sehr restriktiv verbeamtet wurde. Im Folgenden sollen Einkommen von Pensionsbeziehenden im Westen Deutschlands, von Rentenbeziehenden im Westen Deutschlands und von Rentenbeziehenden im Osten Deutschlands verglichen werden.

Bei den gemäß der »neuen« OECD-Skala bedarfsgewichteten Nettoäquivalenzeinkommen erreichen Rentnerinnen und Rentner in Westdeutschland 60 % vom Niveau der in Westdeutschland lebenden pensionierten Personen. Für die Rentnerinnen und Rentner in Ostdeutschland sind es sogar nur 48 %: Während den pensionierten Personen monatlich 3 172 Euro zur Verfügung stehen, müssen Rentenbeziehende im Osten Deutschlands mit 1 524 Euro auskommen (siehe Kapitel 6.2, Info 3 »Nettoäquivalenzeinkommen«). ▶ Tab 2

▶ Abb 3   **Erhalt und Gabe von Leistungen in der Altersgruppe der 70- bis 85-Jährigen 2008 — in Prozent**

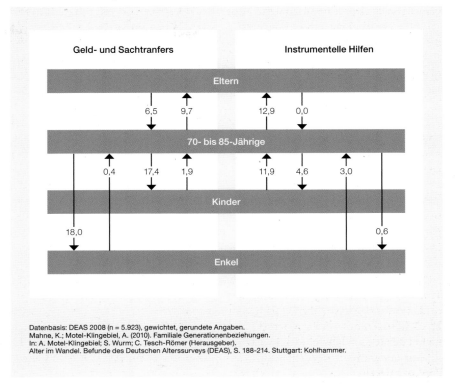

Datenbasis: DEAS 2008 (n = 5.923), gewichtet, gerundete Angaben.
Mahne, K.; Motel-Klingebiel, A. (2010). Familiale Generationenbeziehungen.
In: A. Motel-Klingebiel; S. Wurm; C. Tesch-Römer (Herausgeber).
Alter im Wandel. Befunde des Deutschen Alterssurveys (DEAS), S. 188-214. Stuttgart: Kohlhammer.

▶ Tab 1   **Einkommen privater Haushalte mit überwiegendem Lebensunterhalt aus Renten und Pensionen je Haushalt und Monat 2008 — in Euro**

	West	Ost
Haushaltsbruttoeinkommen	2 752	1 971
abzüglich		
Steuern	76	7
Pflichtbeiträge zur Sozialversicherung	151	155
Haushaltsnettoeinkommen	2 525	1 808
Ausgabefähiges Einkommen	2 565	1 831

Datenbasis: Statistisches Bundesamt. EVS 2008.

▶ Tab 2   **Einkommen von Personen mit Renten- und Pensionsbezügen je Haushalt und Monat 2008 — in Euro**

	West		Ost
	Personen mit Bezügen aus		
	Pensionen	Renten	Renten
Nettoäquivalenzeinkommen[1]	3 172	1 900	1 524
Median[2] des Nettoäquivalenzeinkommens	2 893	1 683	1 449
Relative Einkommensposition[3] (in Prozent)	163,3	95,0	81,8

1 Gewichtet nach modifizierter OECD-Skala.
2 Mittlerer Wert, der die Haushalte in genau zwei Hälften teilt: die eine hat mehr, die andere weniger zur Verfügung.
3 Anteil der jeweiligen Mediane in Zeile 2 am Median des Nettoäquivalenzeinkommens für Deutschland (= 1 772 Euro).
Datenbasis: Statistisches Bundesamt. EVS 2008.

▶ Tab 3 **Geld- und Immobilienvermögen sowie Schulden privater Haushalte mit überwiegendem Lebensunterhalt aus Renten und Pensionen 2008 — in Euro**

	West		Ost
	Haushalte mit überwiegendem Lebensunterhalt aus		
	Pensionen	Renten	Renten
	Durchschnittswert je Haushalt[1]		
Nettogeldvermögen	94 700	57 100	31 100
Gesamtschulden	15 800	7 500	2 800
Nettogesamtvermögen	245 600	143 800	53 500
	Median[1] errechnet an allen Haushalten[2]		
Nettogeldvermögen	45 400	17 300	16 800
Nettogesamtvermögen	170 900	44 400	23 300

1 Mittlerer Wert, der die Haushalte in genau zwei Hälften teilt: die eine hat mehr, die andere weniger zur Verfügung.
2 Bezogen auf die Anzahl der hochgerechneten Haushalte in der jeweiligen sozialen Gruppe.
Datenbasis: Statistisches Bundesamt. EVS 2008.

▶ Tab 4 **Einkommen privater Haushalte nach Renten- und Pensionsbezug je Haushalt und Monat 2008 — in Euro**

	West		Ost
	Haushalte mit überwiegendem Lebensunterhalt aus		
	Pensionen	Renten	Renten
Bruttoeinkommen aus Erwerbsarbeit	222	104	52
Einnahmen aus Vermögen	709	455	183
Einkommen aus öffentlichen Transferzahlungen	3 518	1 572	1 654
(Brutto) Renten der GRV	381	1 371	1 586
(Brutto) Pensionen	2 729	33	/
(Brutto) Renten der Zusatzversorgung des öffentlichen Dienstes	31	85	8
Renten der Gesetzlichen Unfallversicherung	5	10	9
Einkommen aus nichtöffentlichen Transferzahlungen	291	269	61
(Brutto) Werks- und Betriebsrenten	22	156	8
Leistungen aus privaten Versicherungen	162	18	8
Unterstützung von privaten Haushalten	81	84	39
Haushaltsbruttoeinkommen	**4 741**	**2 403**	**1 952**
abzüglich			
Steuern	343	29	5
Pflichtbeiträge zur Sozialversicherung	72	165	155
Haushaltsnettoeinkommen	**4 326**	**2 209**	**1 791**
Median des Haushaltsnettoeinkommens	**3 966**	**1 901**	**1 687**
Ausgabefähige Einkommen und Einnahmen	**4 388**	**2 245**	**1 814**

/ Keine Angabe, da aufgrund der geringen Haushaltszahl (weniger als 25 Haushalte) der Zahlenwert nicht sicher genug ist.
Datenbasis: Statistisches Bundesamt. EVS 2008.

▶ Info 2
S80/S20-Rate

Die S80/S20-Rate beschreibt den relativen Abstand zwischen dem oberen und dem unteren Rand der Einkommen in der jeweiligen Gruppe. Hierfür werden jeweils für Pensionierte sowie für Empfangende von Renten in Ost- und in Westdeutschland die höchsten Einkommen (im obersten Quintil) ins Verhältnis gesetzt zu den niedrigsten (im untersten Quintil). Je höher die Rate, desto größer ist dieser Abstand und damit die Ungleichheit innerhalb der jeweiligen Gruppe.

Noch sichtbarer sind die Unterschiede bei der Betrachtung von Vermögenswerten. Auch hier gilt: Am schlechtesten gestellt sind die Haushalte ostdeutscher Rentnerinnen und Rentner. Der Abstand zu den westdeutschen Rentenbeziehenden ist allerdings geringer als die Differenz zwischen Haushalten westdeutscher Rentenbeziehender und westdeutscher Pensionierter. ▶ Tab 3

Aber auch innerhalb der einzelnen sozialen Gruppen sind Differenzierungen messbar, die sich mit der sogenannten S80/S20-Rate bestimmen lassen (siehe Kapitel 6.2, Info 4 »Wie groß ist die Ungleichheit in der Einkommensverteilung?«). ▶ Info 2

Für Pensionierte wurde eine Rate von 3,1 gemessen. Am größten ist die Varianz der Einkommen bei Rentenempfangenden im Westen Deutschlands mit einer Rate von 4,0. Die Alterseinkommen von Rentnerinnen und Rentnern im Osten Deutschlands sind deutlich homogener (2,7), da sie noch überwiegend auf relativ einheitlichen Erwerbsbiografien mit langjähriger sozialversicherungspflichtiger Vollzeitbeschäftigung, auf einer hohen Erwerbsbeteiligung der Frauen sowie auf dem staatlichen Prinzip der Altersrente als Hauptform der Altersversorgung basieren. Zunehmende Vielfalt und Diskontinuitäten in den Erwerbsverläufen, prekäre Beschäftigungsverhältnisse und

Effekte der Rentenreformen werden bei den zukünftigen ostdeutschen Rentnergenerationen jedoch zu einer Ausdifferenzierung des Rentenniveaus führen.

Einkommensquellen

Die Bevölkerung im Ruhestand bezieht ihr Einkommen hauptsächlich aus öffentlichen Transferzahlungen: Im Jahr 2008 sind das in Westdeutschland 68 % und in Ostdeutschland 85 % der Bruttoeinkommen. Den größten Teil der öffentlichen Transfers – und somit vom Haushaltseinkommen insgesamt – machen Renten der GRV und Pensionszahlungen aus. Hinzu kommen Sozialtransfers wie Wohngeld, Grundsicherung im Alter, Pflegegeld, Renten der Gesetzlichen Unfallversicherung, Renten der Zusatzversorgung des öffentlichen Dienstes. Die zweitwichtigste Quelle für die Alterseinkommen sind Einnahmen aus Vermögen, gefolgt von nichtöffentlichen Transferzahlungen wie zum Beispiel Betriebsrenten und privaten Versicherungsleistungen. Einkommen aus eigener Erwerbsarbeit spielen im Seniorenalter kaum eine Rolle. ▶ Abb 4, Tab 4

Einkommensverwendung

Das ausgabefähige Einkommen ist jener Betrag, der den Haushalten für ihre Lebensführung zur Verfügung steht. Er fließt in recht unterschiedlichen Anteilen in drei Bereiche: 84 % davon werden für den privaten Konsum verbraucht. 13 % benötigen die Haushalte für übrige, nichtkonsumtive Ausgaben wie KFZ- und sonstige Steuern, Geldspenden, Versicherungs- und Mitgliedsbeiträge oder Zinsen für Baudarlehen und Konsumentenkredite. 3 % werden für die Bildung von Sach- und Geldvermögen gespart. ▶ Tab 5

Die Ausgaben für den privaten Konsum werden zu einem reichlichen Drittel für Wohnen, Energie und Wohnungsinstandhaltung getätigt, gefolgt von Ausgaben für Ernährung und für Freizeit. Kosten für den Kauf und die Nutzung von Fahrzeugen sowie für Verkehrsdienstleistungen stehen bei älteren Menschen an vierter Stelle. Insgesamt entfällt etwas mehr als die Hälfte aller Konsumausgaben auf die Befriedigung der Grundbedürfnisse Wohnen, Ernährung und Bekleidung.

Die mit der EVS erfassten Verbrauchsstrukturen spiegeln das Konsumverhalten der Bevölkerung. Sie geben Auskunft darüber, wohin das Geld fließt. Inwieweit dieses Verhalten tatsächlich die Bedürfnisse der Menschen befriedigt, können sie nicht messen. Darüber kann der Deutsche Alterssurvey informieren. Er befragt ältere Menschen, ob sie genug Geld haben, um ihre Konsumbedürfnisse befriedigen zu können.

Die Antworten bestätigen, dass hohe Einkommen überwiegend und fast völlig die Deckung eigener Bedarfe ermöglichen: Nahezu 80 % der Personen aus

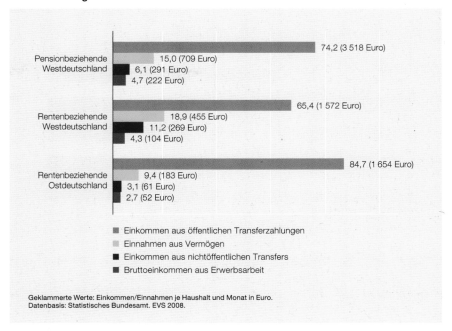

▶ Abb 4 **Quellen des Bruttoeinkommens privater Haushalte nach Renten- und Pensionsbezug 2008 — in Prozent**

- ■ Einkommen aus öffentlichen Transferzahlungen
- ■ Einnahmen aus Vermögen
- ■ Einkommen aus nichtöffentlichen Transfers
- ■ Bruttoeinkommen aus Erwerbsarbeit

Geklammerte Werte: Einkommen/Einnahmen je Haushalt und Monat in Euro.
Datenbasis: Statistisches Bundesamt. EVS 2008.

▶ Tab 5 **Ausgaben privater Haushalte nach Renten- und Pensionsbezug 2008**

	West		Ost
	Haushalte mit überwiegendem Lebensunterhalt aus		
	Pensionen	Renten	Renten
	je Haushalt und Monat in Euro		
Private Konsumausgaben	3 272	1 951	1 598
Übrige Ausgaben	834	269	168
↳ Versicherungsbeiträge	359	93	61
↳ Zinsen für Kredite	210	97	54
Ersparnis	282	25	48
Anteil an allen Ausgaben in %			
Private Konsumausgaben	74,6	86,9	88,1
Übrige Ausgaben	19,0	12,0	9,2
Sparquote	6,4	1,1	2,7

Datenbasis: Statistisches Bundesamt. EVS 2008.

▶ Abb 5 **Bewertung der Bedarfsdeckung durch die Bevölkerung im Ruhestand 2008 — in Prozent**

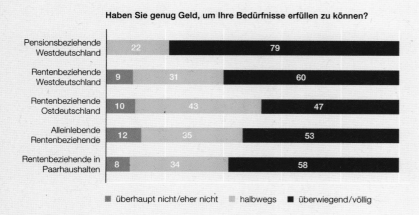

Haben Sie genug Geld, um Ihre Bedürfnisse erfüllen zu können?

Pensionsbeziehende Westdeutschland: 22 · 79
Rentenbeziehende Westdeutschland: 9 · 31 · 60
Rentenbeziehende Ostdeutschland: 10 · 43 · 47
Alleinlebende Rentenbeziehende: 12 · 35 · 53
Rentenbeziehende in Paarhaushalten: 8 · 34 · 58

■ überhaupt nicht/eher nicht ■ halbwegs ■ überwiegend/völlig

Datenbasis: DEAS 2008 (n = 867), gerundete Angaben, gewichtet.

▶ Abb 6 **Verwendung eines fiktiven Geldbetrages durch die Bevölkerung im Ruhestand 2008 — in Prozent**

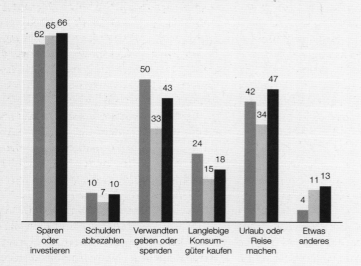

Stellen Sie sich vor, Sie bekommen unerwartet 12.000 Euro geschenkt. Wofür würden Sie dieses Geld verwenden?

Sparen oder investieren: 62 · 65 · 66
Schulden abbezahlen: 10 · 7 · 10
Verwandten geben oder spenden: 50 · 33 · 43
Langlebige Konsumgüter kaufen: 24 · 15 · 18
Urlaub oder Reise machen: 42 · 34 · 47
Etwas anderes: 4 · 11 · 13

■ Pensionsbeziehende Westdeutschland
■ Rentenbeziehende Westdeutschland
■ Rentenbeziehende Ostdeutschland

Datenbasis: DEAS 2008 (n = 881), gerundete Angaben, gewichtet. (Mehrfachnennungen möglich).

Haushalten mit Pensionsbezügen sind in dieser Situation. Am wenigsten möglich ist die Deckung der eigenen Bedarfe für Rentnerinnen und Rentner in Ostdeutschland. Personen, die in Paarhaushalten leben, bewerten die Situation etwas günstiger als Alleinlebende. ▶ Abb 5

Bei Entscheidungen über die Verwendung des ausgabefähigen Einkommens sind nicht nur die Höhe des verfügbaren Einkommens von Bedeutung, sondern auch persönliche Wertorientierungen, Interessen und Bedürfnisse. Um Informationen darüber zu erhalten, fragt der DEAS ältere Personen, wie sie einen Geldbetrag verwenden würden, den sie unerwartet geschenkt bekämen.

Fast zwei Drittel der bereits im Ruhestand befindlichen Personen würden diesen Betrag ganz oder teilweise sparen oder investieren. Diese Präferenz ist bei Personen in Ruhestand-Haushalten ziemlich gleich und scheinbar unabhängig von der tatsächlichen Einkommenslage. Das Ergebnis widerspricht der ökonomischen Theorie, wonach Personen vor allem in jenen Jahren sparen, in denen die Einkünfte höher sind (also beispielsweise in Zeiten der Erwerbstätigkeit), um in einkommensschwachen, weniger sparintensiven Zeiten (zum Beispiel im Ruhestand) den Konsum stabil halten zu können. Eine mögliche Erklärung für die im DEAS quantifizierte hohe Sparpräferenz könnte sein, dass ältere Menschen für unerwartete Fälle des Lebens abgesichert sein wollen, die mit hohen Kosten verbunden sind, wie es zum Beispiel bei Pflegebedürftigkeit der Fall wäre. ▶ Abb 6

Bewertung des Lebensstandards

Die Bewertung des eigenen Lebensstandards wie auch die allgemeine Lebenszufriedenheit stehen in engem Zusammenhang mit den verfügbaren materiellen Ressourcen. Das belegen Daten des Deutschen Altersurveys. Gute und sehr gute Einkommens- und Vermögenssituationen bedingen eine hohe Lebenszufriedenheit. Personen aus Haushalten mit überwiegendem Lebensunterhalt aus Pensionen bewerten ihren Lebensstandard besser als rentenbeziehende Personen und sehen auch der künftigen Entwicklung positiver entgegen. Signifikant sind auch die Unterschiede in der Lebenszufriedenheit hinsichtlich verschiedener Lebensformen: Alleinlebende Ältere sind weniger zufrieden als Personen, die in einem Paarhaushalt leben. ▶ Abb 7

Zusammenfassung

Ruhestand-Haushalte in Deutschland haben im Jahr 2008 ein durchschnittliches monatliches Haushaltsnettoeinkommen von 2 385 Euro. Die Einkommen der ostdeutschen Ruhestand-Haushalte erreichen nur 71 % des Niveaus der vergleichbaren Haushalte in Westdeutschland, obwohl die monatlichen Rentenzahlbeträge der Gesetzlichen Rentenversicherung (GRV) in Ostdeutschland höher sind als im Westen Deutschlands. Hier zahlen sich insbesondere die betriebliche und die private Altersvorsorge aus. In Ostdeutschland ist die Rente der GRV die vorrangigste Einkommensquelle. Die dort momentan noch relativ homogenen Alterseinkünfte werden sich zukünftig ausdifferenzieren.

Die Nettoäquivalenzeinkommen sind bei Pensionärinnen und Pensionären mit durchschnittlich 3 172 Euro monatlich am höchsten. Rentnerinnen und Rentner in Westdeutschland müssen mit durchschnittlich 1 900 Euro monatlich auskommen, jene in Ostdeutschland mit 1 524 Euro.

Zwischen 80 und 90 % der ausgabefähigen Einkommen fließen in den privaten Konsum. Hiervon wird mehr als die Hälfte für die Grundbedürfnisse Wohnen, Ernährung und Bekleidung ausgegeben.

Die ältere Bevölkerung ist umso zufriedener mit ihrer Lebenssituation, je besser ihre materielle Situation ist. Allen gemeinsam ist ein starkes Bedürfnis, Geld zu sparen.

7.5.3. Gesundheit: Körperliche Funktionsfähigkeit

Der Deutsche Alterssurvey erhebt Daten zur Gesundheit der Menschen in der

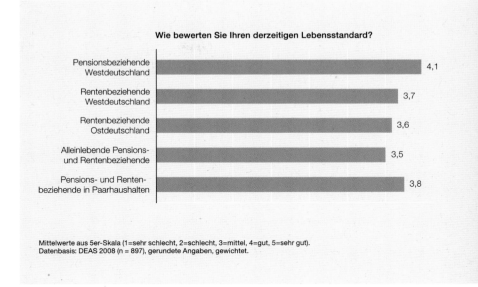

▶ Abb 7 **Bewertung des Lebensstandards durch die Bevölkerung im Ruhestand 2008 — Mittelwerte**

zweiten Lebenshälfte. Im Mittelpunkt stehen Fragen zur körperlichen und zur subjektiven Gesundheit sowie zur körperlichen Funktionsfähigkeit. Körperliche Gesundheit betrifft körperliche Erkrankungen, subjektive Gesundheit umreißt die Einschätzung der eigenen gesundheitlichen Situation und funktionale Gesundheit bezeichnet die Fähigkeit zur Mobilität und Selbstversorgung. Aus der Analyse der funktionalen Gesundheit werden hier einige zentrale Ergebnisse dargestellt. Die Altersgruppe der 40- bis 54-Jährigen wird in die Betrachtungen einbezogen, um Veränderungen im Alterungsprozess abbilden zu können.

Chronische Erkrankungen und Unfälle, wie beispielsweise Stürze, sind im höheren Lebensalter ein wesentlicher Auslöser für Einschränkungen der körperlichen Funktionsfähigkeit. Ebenso können Veränderungen des Bewegungsapparates infolge einer Abnahme der Muskulatur, der Dehnbarkeit der Sehnen, und der Gelenkbeweglichkeit zu funktionellen Einschränkungen führen, indem die Mobilität beeinträchtigt wird. Diese Funktionseinbußen beeinflussen die

selbstständige Lebensführung und die Teilhabe am sozialen Leben.

Wie ist die körperliche Funktionsfähigkeit?

Im Rahmen des DEAS wurde Mobilität mit der Subskala »Körperliche Funktionsfähigkeit (Mobilität / Aktivitäten des täglichen Lebens)« des SF-36-Fragebogens erfasst. Die Verbreitung von Einschränkungen kann anhand verschiedener Mobilitätsaspekte ermittelt werden. ▶ Abb 8

Der Anteil von Personen mit Mobilitätsbeeinträchtigungen steigt über die Altersgruppen hinweg deutlich. 85 % aller Personen im Alter zwischen 70 und 85 Jahren haben Probleme mit anstrengenden Tätigkeiten, über die Hälfte (55 %) dieser Altersgruppe hat Probleme bei Bewegungen wie Beugen, Knien oder Bücken. Mit Blick auf die selbstständige Lebensführung ist hierbei besonders der Anteil von Personen mit starken Einschränkungen wichtig. Dieser liegt auch bei den 70- bis 85-Jährigen für alle Mobilitätsaspekte unter 20 %, mit Ausnahme von anstrengenden Tätigkeiten. Mit starken Einschränkungen ist im Alter am

▶ Abb 8   **Mobilitätseinschränkungen nach Altersgruppen 2008 — in Prozent**

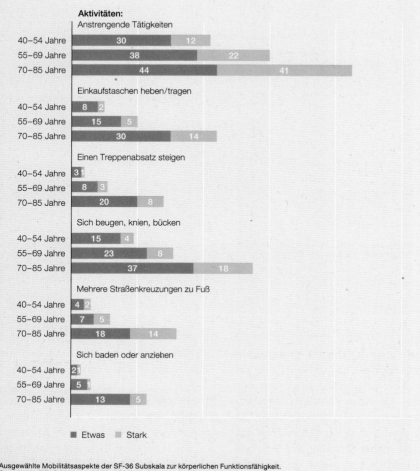

Ausgewählte Mobilitätsaspekte der SF-36 Subskala zur körperlichen Funktionsfähigkeit.
Datenbasis: DEAS 2008 (n = 6.015–6.022), gewichtet, gerundete Angaben.

▶ Abb 9   **Körperliche Funktionsfähigkeit nach
Altersgruppen und Bildung 2008 — in Prozent**

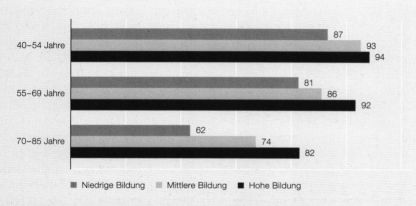

Transformierter Summenscore der Subskala »Körperliche Funktionsfähigkeit« des SF-36-Fragebogens.
Datenbasis: DEAS 2008 (n = 5.995), gewichtet, gerundete Angaben, Mittelwerte.

häufigsten das Beugen, Knien oder Bücken verbunden (18 %) und damit Bewegungsformen, die im Alltag relativ häufig vorkommen. Einschränkungen in basalen Aktivitäten des täglichen Lebens wie dem Sich-Baden oder Anziehen erleben insgesamt 18 % der 70- bis 85-Jährigen, jedoch nur 5 % berichten über starke Einschränkungen.

Die Ergebnisse weisen somit insgesamt auf relativ gute Mobilitätsmöglichkeiten im höheren Erwachsenenalter hin – auch unter Berücksichtigung dessen, dass die hier dargestellten Prävalenzdaten die tatsächlichen Mobilitätseinschränkungen eher unter- als überschätzen. Ein weiterer wichtiger Befund ist schließlich die Feststellung, dass einige Mobilitätseinschränkungen nicht erst im höheren Lebensalter, sondern bereits im mittleren Erwachsenenalter und somit im Erwerbsalter verbreitet sind. Anstrengende Tätigkeiten wie schnelles Laufen oder Heben schwerer Gegenstände sind für rund die Hälfte dieser Personen nur eingeschränkt möglich. Je nach Art der Erwerbstätigkeit kann das eine Minderung der Erwerbsfähigkeit bedeuten.

Neben der differenzierten Betrachtung einzelner Mobilitätsaspekte kann auf der Grundlage der eingesetzten Skala ein Gesamtmaß zur Mobilität gebildet werden. Der Wert 0 bedeutet hierbei, dass eine Person hinsichtlich aller erfragten Mobilitätsaspekte sehr eingeschränkt ist, der Wert 100 gibt an, dass eine Person über keinerlei Einschränkungen berichtet. Erwartungsgemäß zeigen sich auch für dieses Maß erhebliche Unterschiede zwischen den drei Altersgruppen. Darüber hinaus unterscheiden sich Frauen und Männer voneinander, mit einer insgesamt besseren Mobilität bei Männern.

Personen mit niedriger Bildung haben eine geringere körperliche Funktionsfähigkeit und damit höhere Mobilitätseinschränkungen als höher gebildete Personen. Dies gilt für alle untersuchten Altersgruppen, allerdings wird der Unterschied zwischen den Bildungsgruppen in den älteren Altersgruppen zunehmend größer. Dies bedeutet zugleich, dass die durchschnittliche körperliche Funktionsfähigkeit von 70- bis 85-Jährigen mit hoher Bildung etwa genauso gut ist wie jene der 55- bis 69-Jährigen mit geringer Bildung. ▸ Abb 9

Wie hat sich die körperliche Funktionsfähigkeit gewandelt?

Im Rahmen des DEAS wurde die körperliche Funktionsfähigkeit erstmals im Jahr 2002 mit in die Befragung einbezogen. Dadurch ist ein Vergleich der Verteilungen zwischen 2002 und 2008 möglich. Es ist zu erkennen, dass sich in den drei jüngeren Altersgruppen (das heißt im Alter zwischen 40 und 57 Jahren) die Mobilität über die Geburtskohorten hinweg nicht verbessert, sondern für die Altersgruppe der 46- bis 51-Jährigen sogar etwas verschlechtert hat. Für die Personen ab 58 Jahren zeigen sich hingegen leichte Verbesserungen ihrer körperlichen Funktionsfähigkeit. Diese sind jedoch nur für die Gruppen der 58- bis 63-Jährigen und der 70- bis 75-Jährigen statistisch signifikant (alle Analysen erfolgten unter Berücksichtigung von Erhebungsjahr, Altersgruppe, Geschlecht und Region). ▸ Abb 10

Die körperliche Funktionsfähigkeit für Personen aus unteren Bildungsschichten hat sich zwischen den Jahren 2002 und 2008 verschlechtert, für Personen mit höherer Bildung hat sie sich hingegen verbessert. Erst auf der Grundlage einer erneuten Befragung kann verlässlich eingeschätzt werden, ob sich diese Entwicklung tatsächlich als längerfristiger Trend einer Differenzierung beschreiben lässt.

Zusammenfassung

Mit steigendem Lebensalter nehmen Mobilitätseinschränkungen zu und sind ein Risiko für eine selbstständige Lebensführung. Ältere Frauen sind stärker eingeschränkt als ältere Männer. Es besteht ein deutlicher Bildungsschichteffekt: Die funktionale Gesundheit älterer Menschen ist in höheren Bildungsschichten besser.

▸ Abb 10 **Körperliche Funktionsfähigkeit im Kohortenvergleich nach Altersgruppen 2002 und 2008 — in Prozent**

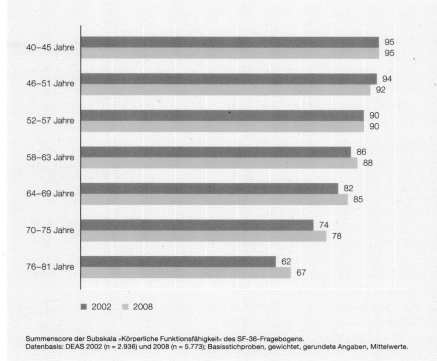

Summenscore der Subskala »Körperliche Funktionsfähigkeit« des SF-36-Fragebogens.
Datenbasis: DEAS 2002 (n = 2.936) und 2008 (n = 5.773); Basisstichproben, gewichtet, gerundete Angaben, Mittelwerte.

▸ Abb 11 **Erwerbstätigenquote[1] der Bevölkerung im Alter von 55 bis unter 65 Jahre, 1991–2011 — in Prozent**

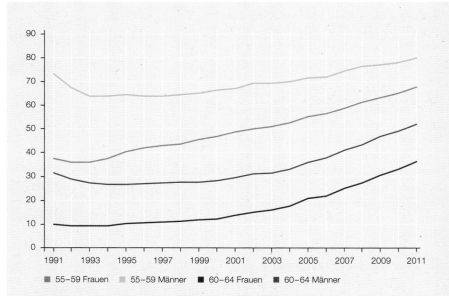

1 Erwerbstätigenquote: Erwerbstätige je 100 der Bevölkerung dieser Altersgruppe.
   Bis 2004 Erwerbstätige am Ort der Haupt- und Nebenwohnung, ab 2005 am Ort der Hauptwohnung.
Datenbasis: Statistisches Bundesamt. Mikrozensus 2011.
GeroStat, Deutsches Zentrum für Altersfragen, Berlin. DOI 10.5156/GEROSTAT.

7.5.4. Erwerbstätigkeit

Im Kontext der Anhebung der Regelaltersgrenze und des altenpolitischen Engagements ein Leitbild vom aktiven Altern zu etablieren, verändern sich die Übergänge in den Ruhestand und die Lebensgestaltung in der nachberuflichen Lebensphase. Die folgenden Analysen sollen einige Aspekte der Erwerbstätigkeit in der rentennahen Lebensphase und des Übergangs in den Ruhestand beleuchten.

Erwerbsbeteiligung vor dem Übergang in den Ruhestand

Seit Mitte der 1990er-Jahre steigt die Erwerbstätigenquote der Bevölkerung zwischen dem 55. und dem 65. Lebensjahr kontinuierlich an. Diese Entwicklung wird seit Mitte der 2000er-Jahre begleitet von sinkender Erwerbslosigkeit bei den 55- bis 59-Jährigen und von späteren Übergängen in die Altersrente. Im rentennahen Alter von 60 bis 64 Jahren hat sich die Erwerbslosenquote in den letzten zehn Jahren allerdings verdoppelt. Sie liegt 2011 mit 2,4 % jedoch auf einem niedrigen Niveau. ▶ Abb 11

Im Jahr 2011 sind 60 % der 55- bis 64-Jährigen erwerbstätig, 4 % sind erwerbslos, 22 % beziehen bereits eine Rente, 14 % sind nicht erwerbstätig und leben auch noch nicht hauptsächlich von einer Rente. Die reichliche Hälfte der Erwerbstätigen sind Angestellte, etwa ein Viertel sind Arbeiterinnen und Arbeiter. Im Trend zeigt sich, dass immer mehr Frauen dieser Altersgruppe erwerbstätig sind: Im Jahr 1991 war das nur jede Vierte, 2011 schon jede Zweite. Allerdings ist die Erwerbsbeteiligung unter Männern nach wie vor deutlich höher als bei Frauen. Sichtbar ist auch eine ansteigende Verbreitung von Teilzeitarbeit und geringfügiger Beschäftigung unter den älteren Erwerbstätigen, insbesondere bei den Frauen. ▶ Abb 12, Abb 13, Abb 14, Tab 6

Übergang in den Ruhestand

Das Durchschnittsalter beim Übergang in die Altersrente steigt kontinuierlich an. Im Jahr 2003 liegt es für Frauen und Männer bei 62,9 Jahren. Im Jahr 2011

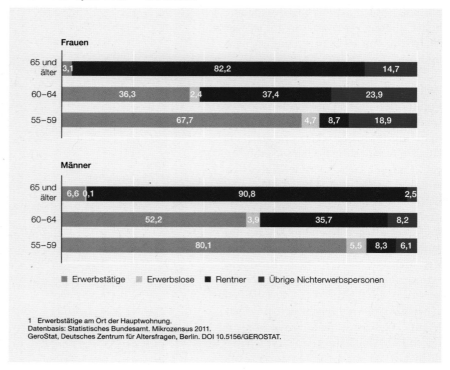

▶ Abb 12   **Erwerbsstatus[1] der Bevölkerung ab 55. Lebensjahr 2011 — in Prozent**

1 Erwerbstätige am Ort der Hauptwohnung.
Datenbasis: Statistisches Bundesamt. Mikrozensus 2011.
GeroStat, Deutsches Zentrum für Altersfragen, Berlin. DOI 10.5156/GEROSTAT.

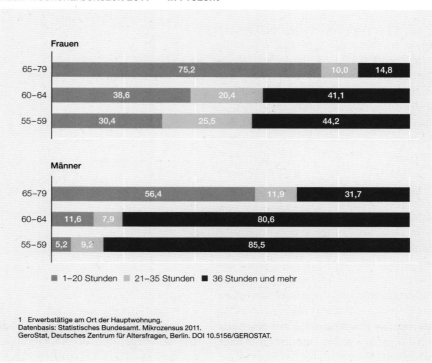

▶ Abb 13   **Erwerbstätige[1] im Alter von 55 bis unter 80 Jahre nach Wochenarbeitszeit 2011 — in Prozent**

1 Erwerbstätige am Ort der Hauptwohnung.
Datenbasis: Statistisches Bundesamt. Mikrozensus 2011.
GeroStat, Deutsches Zentrum für Altersfragen, Berlin. DOI 10.5156/GEROSTAT.

▶ Abb 14   **Erwerbstätige[1] ab 55. Lebensjahr
nach Stellung im Beruf 2011 — in Prozent**

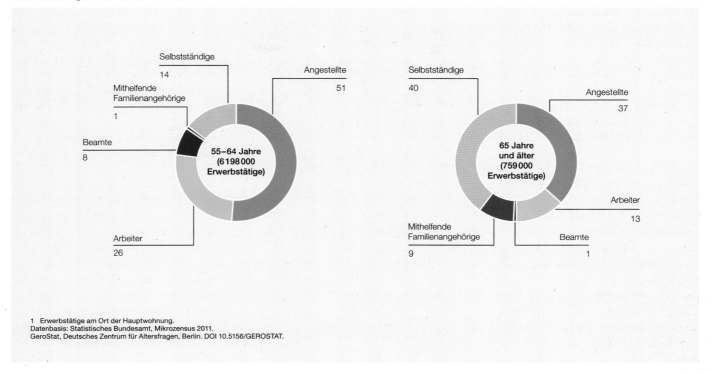

1 Erwerbstätige am Ort der Hauptwohnung.
Datenbasis: Statistisches Bundesamt, Mikrozensus 2011.
GeroStat, Deutsches Zentrum für Altersfragen, Berlin. DOI 10.5156/GEROSTAT.

▶ Tab 6   **Erwerbstätige[1] ab 55. Lebensjahr
nach Beschäftigungsverhältnis 2011 — in Prozent**

	Altersgruppen in Jahren		
	55–59	60–64	65 und älter
	Abhängig Erwerbstätige nach Vollzeit-/Teilzeittätigkeit		
Frauen			
in Vollzeit	49,9	45,2	9,0
in Teilzeit	50,1	54,8	91,0
Männer			
in Vollzeit	91,9	85,4	17,4
in Teilzeit	8,1	14,6	82,6
Erwerbstätige in geringfügiger Beschäftigung			
Frauen	14,4	22,2	50,2
Männer	3,6	8,2	33,3

1 Erwerbstätige am Ort der Hauptwohnung.
Datenbasis: Statistisches Bundesamt, Mikrozensus 2011.
GeroStat, Deutsches Zentrum für Altersfragen, Berlin. DOI 10.5156/GEROSTAT.

wechseln Frauen im Alter von 63,2 Jahren in den Altersruhestand, Männer mit 63,8 Jahren. Die gesetzliche Regelaltersgrenze wird demzufolge im Durchschnitt nach wie vor nicht erreicht, und nicht in jedem Fall entspricht das Erwerbsaustrittsalter auch dem Renteneintrittsalter.

Der Deutsche Alterssurvey widmet sich der Frage, ob es der Altersgruppe der 60- bis 64-Jährigen tatsächlich gelingt, nicht nur vermehrt, sondern wie reformpolitisch gewünscht, auch länger erwerbstätig zu sein. In diesem Fall müsste nicht nur das durchschnittliche Renteneintrittsalter, sondern auch das Alter beim Ausstieg aus der letzten Erwerbstätigkeit vor dem Ruhestand (Erwerbsaustrittsalter) signifikant gestiegen sein. Die Analysen basieren auf retrospektiven Angaben von Personengruppen, die zwischen 1996 und 2002 beziehungsweise zwischen 2002 und 2008 in den Ruhestand gegangen sind. Von beiden Gruppen wird die Differenz im Datum des Erwerbsaustritts und des Renteneintritts verglichen.

Personen, die direkt aus der Erwerbstätigkeit in den Ruhestand wechseln, haben sowohl länger gearbeitet und sind auch später in die Rente eingetreten: Das Erwerbsaustrittsalter steigt in dieser Gruppe signifikant von 61,0 auf 62,4 Jahre und das Renteneintrittsalter von 62,0 auf 63,3 Jahre. Die Unschärfen zwischen

Erwerbsaustritts- und Renteneintrittsalter ergeben sich aus Erinnerungseffekten der retrospektiven Befragung.

Auch unter denjenigen, die als Nichterwerbstätige in den Ruhestand wechseln, steigt das Renteneintrittsalter signifikant von 61,9 auf 63,0 Jahre. Allerdings hat sich für diese Gruppe die Dauer der Erwerbstätigkeit kaum erhöht. Diesen Personen, die im Durchschnitt kurz nach Erreichen ihres 50. Lebensjahres erwerbslos werden, gelingt es nicht, noch einmal eine neue Erwerbstätigkeit aufzunehmen. Da auch sie später in den Altersruhestand gehen, wächst die Zeitspanne bis zum Renteneintritt, die sie in einer prekären Situation erleben. Diese Befunde stimmen weitgehend mit den Statistiken der Deutschen Rentenversicherung überein. ▶ Abb 15

Wie gestaltet sich für diese Personen, die bereits außerhalb des Erwerbslebens stehen, der Übergang in den Ruhestand? Zwischen 1990 und 2008 verändert sich einiges: Mit dem Auslaufen gesetzlich fixierter Vorruhestandsregelungen schrumpft der Anteil von Personen im Vorruhestand erwartungsgemäß drastisch. Auch der Anteil der Personen mit Berufsunfähigkeitsrente oder Langzeiterkrankungen sinkt. Dafür verdreifacht sich der Anteil der Personen in der Freistellungsphase von Altersteilzeit nahezu. Der Anteil von Arbeitslosigkeit vor dem Ruhestand wächst ebenso. Markant ist auch der Anstieg des Anteils der unter der Kategorie »Sonstiges« zusammengefassten Personen. Das könnte ein Hinweis sein, dass beim Übergang in den Ruhestand zunehmend alternative und vielfältigere Wege jenseits der staatlichen Regelungen gesucht werden. ▶ Abb 16

Der Mikrozensus erfragt von Nichterwerbspersonen, die in den letzten drei Jahren ihre frühere Erwerbstätigkeit beendet haben, die Gründe dafür. Mit zunehmender Nähe zur Regelaltersgrenze stehen alters- und gesundheitsbezogene Gründe deutlich im Vordergrund. ▶ Tab 7

7.5.5 Zusammenfassung

Die Erwerbsdauer und die Ruhestandsübergänge wandeln sich. Die Erwerbsbeteiligung älterer Menschen erhöht und verlängert sich. Der Trend zur Frühverrentung konnte gestoppt werden. Das durchschnittliche Renteneintrittsalter steigt. Die gesetzliche Regelaltersgrenze wird im Durchschnitt jedoch nicht erreicht. Auch das Erwerbsaustrittsalter steigt, jedoch nur für Personen, die bis zum Renteneintritt erwerbstätig sind.

▶ Abb 15   **Entwicklung des durchschnittlichen Renteneintritts- und Erwerbsaustrittsalters zwischen 1996 und 2008 — in Jahren**

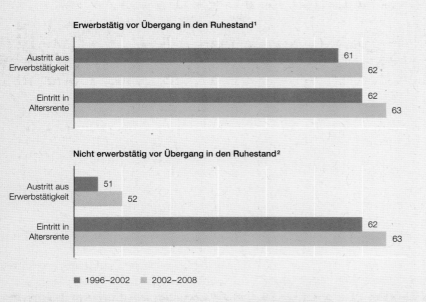

Retrospektive Angaben von Personen, die zwischen 1990 und 2008 in den Ruhestand (Altersrente/Pension) gewechselt sind.
1 Aus Erwerbstätigkeit in den Ruhestand gewechselt.
2 Aus Formen der Nicht-Erwerbstätigkeit in den Ruhestand gewechselt: Arbeitslosigkeit, Aus- und Weiterbildung, Freistellungsphase der Altersteilzeit, Vorruhestand, Berufsunfähigkeit und ähnlichem.
Datenbasis: DEAS 2002 (n = 362), 2008 (n = 690), gewichtet, gerundete Angaben.

▶ Abb 16   **Übergang in den Ruhestand aus der Nichterwerbstätigkeit zwischen 1990 und 2008 — in Prozent**

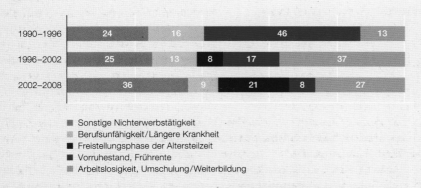

Retrospektive Angaben von Personen, die zwischen 1990 und 2008 in den Ruhestand (Altersrente/Pension) gewechselt sind.
Datenbasis: DEAS 1996 (n = 277), 2002 (n = 165) und 2008 (n = 359), gewichtet, gerundete Angaben.

▶ Tab 7   **Hauptgrund für die Beendigung der letzten Erwerbstätigkeit von Nichterwerbstätigen ab 55. Lebensjahr 2011 — in Prozent**

Gründe für Beendigung einer früheren Erwerbstätigkeit	Altersgruppe in Jahren		
	55–59	60–64	65 und älter
Entlassung	19,0	7,5	1,9
Befristeter Arbeitsvertrag	6,3	1,3	/
Eigene Kündigung	6,8	1,5	1,0
Ruhestand – vorzeitig nach Vorruhe-standsregelung oder Arbeitslosigkeit	10,0	25,0	7,7
Ruhestand aus gesundheitlichen Gründen	32,2	18,4	5,9
Ruhestand aus Alters- und sonstigen Gründen	4,5	40,7	80,0
Betreuung von Kindern oder pflege-bedürftigen / behinderten Personen	2,2	/	/
Sonstige Gründe	19,0	5,0	2,9

/   keine Angabe, da Zahlenwert nicht sicher genug.
Datenbasis: Statistisches Bundesamt. Mikrozensus 2011.
GeroStat, Deutsches Zentrum für Altersfragen, Berlin. DOI 10.5156/GEROSTAT.
Nichterwerbspersonen, die in den letzten 3 Jahren ihre Erwerbstätigkeit beendet haben, am Ort der Hauptwohnung.

Für Personen ohne direkten Übergang wächst das Risiko der Arbeitslosigkeit vor dem Ruhestand, zumal jetzt noch genutzte Möglichkeiten der Altersteilzeit zukünftig nicht mehr gefördert werden.

Die Prozesse des Älterwerdens und die Gestaltung der Lebensphase im Alter befinden sich im Wandel. Der Deutsche Alterssurvey beobachtet diese Prozesse. Weitere Analysen werden zeigen, ob sich die hier bis zum Jahr 2008 skizzierten Trends fortsetzen oder ob Brüche sichtbar sind.

Autorinnen und Autoren des
Deutschen Zentrums für Altersfragen

Dr. Elke Hoffmann,
wissenschaftliche Mitarbeiterin
und Projektleiterin des Statistischen
Informationssystems GeroStat

**wissenschaftliche Mitarbeiterinnen
und Mitarbeiter des Projektes
Deutscher Alterssurvey (DEAS):**

Heribert Engstler
(Leiter FDZ-DZA),

Dr. Oliver Huxhold,

Dr. Daniela Klaus,

Katharina Mahne
(Projektleiterin DEAS ab August 2013),

Prof. Dr. Andreas Motel-Klingebiel
(Projektleiter DEAS bis Juli 2013),

Dr. Dörte Naumann,

Dr. Laura Romeu Gordo,

Dr. Ina Schöllgen,

Prof. Dr. Clemens Tesch-Römer
(Institutsleiter DZA),

Dr. Maja Wiest,

Dr. Susanne Wurm
(stellvertretende Projektleiterin
DEAS bis August 2013)

8
Gesundheit und soziale Sicherung

8.1 Gesundheitszustand der Bevölkerung und Ressourcen der Gesundheitsversorgung

Karin Böhm

Destatis

Gesundheit ist ein wichtiger gesellschaftlicher und individueller Wert, der auch Leistungsfähigkeit und Wohlbefinden umfasst. Die Förderung und der Erhalt von Gesundheit benötigt dabei in der Regel geringere Ressourcen aus dem Gesundheitssystem als der Versuch, Gesundheit wiederherzustellen. Eine gute Gesundheit zu erhalten, verlangt vom Einzelnen, seine individuellen Gesundheitsressourcen zu mobilisieren und gesundheitliche Risikofaktoren zu vermeiden. Gesundheitsbewusstes Verhalten bedeutet unter anderem, regelmäßig Sport zu treiben oder auf das Rauchen zu verzichten. Aber auch gesundheitswirksame Faktoren außerhalb des Gesundheitswesens spielen für den Gesundheitszustand einer Bevölkerung eine Rolle. Die Reinhaltung der Luft oder Sicherheitsmaßnahmen zur Reduzierung von Unfallfolgen im Straßenverkehr sind zwei Beispiele dafür. Der Gesundheitszustand der Bevölkerung und die Ressourcen der Gesundheitsversorgung stehen folglich in einer engen wechselseitigen Beziehung.

Daten zur Gesundheit der Bevölkerung und zu den für den Erhalt und die Wiederherstellung der Gesundheit eingesetzten Ressourcen gehören daher zum grundlegenden Informationsbedarf für alle Beteiligten im Gesundheitswesen und am Thema Gesundheit interessierten Menschen. Der Politik liefern die Angaben wichtige Informationen für die Bearbeitung von Gesetzen und Regeln zur Ausgestaltung der Gesundheitsversorgung und des Gesundheitsschutzes der Bevölkerung. Die Wirtschaft interessiert sich für Gesundheitsangaben, weil sie Grundinformationen über die Gesundheit der Menschen als Arbeitskräfte, als Patientinnen und Patienten und als Konsumenten von Gesundheitsprodukten und -dienstleistungen liefern. Für die Bevölkerung sind gesundheitsbezogene Sachverhalte von Bedeutung, weil sie über einen lebensnahen Themenbereich informieren. Jeder Mensch sollte möglichst viel über Gesundheit und Krankheit wissen.

Die Angaben zur Gesundheit stammen aus gesundheitsbezogenen Erhebungen der Statistischen Ämter des Bundes und der Länder sowie aus Berechnungen des Statistischen Bundesamtes. Dabei handelt es sich um die Krankenhausstatistik, die fallpauschalenbezogene Krankenhausstatistik (DRG-Statistik), die Statistik schwerbehinderter Menschen, die Pflegestatistik, die Todesursachenstatistik, die Gesundheitspersonalrechnung und die Gesundheitsausgabenrechnung.

Die Gesundheitspersonalrechnung und die Gesundheitsausgabenrechnung des Statistischen Bundesamtes sind im Unterschied zu den anderen genannten gesundheitsbezogenen Erhebungen Sekundärstatistiken. Es sind Datenquellen, die im Bereich des Gesundheitswesens verfügbare Daten zur Ermittlung des Gesundheitspersonals und der Gesundheitsausgaben zusammenfassen und so einen Mehrwert an Informationen schaffen. Somit entstehen keine zusätzlichen Erhebungen und Belastungen von Auskunftgebenden. Dies gilt auch für die fallpauschalenbezogene Krankenhausstatistik, die auf Angaben aus der Datensammlung nach § 21 Krankenhausentgeltgesetz aufbaut. Die Zeiträume, für die Angaben aus den genannten Erhebungen vorliegen, sind unterschiedlich, da die Erhebungen zu verschiedenen Zeitpunkten eingeführt wurden und mit unterschiedlicher Periodizität durchgeführt werden.

▶ Abb 1 **Durchschnittliche Anzahl der Operationen und Behandlungsmaßnahmen je Krankenhausfall 2011**

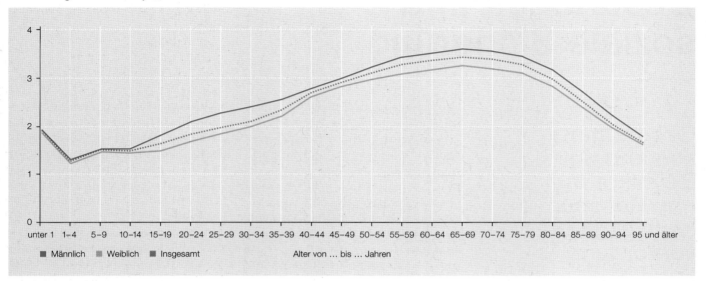

▶ Info 1

Die Diagnosestatistik und ihre Erweiterung um die fallpauschalenbezogene Krankenhausstatistik (DRG-Statistik)

Die Diagnosen der Krankenhauspatientinnen und -patienten bilden das gesamte voll-stationäre Geschehen in den deutschen Krankenhäusern ab. Alle Krankenhäuser in Deutschland sind aus-kunftspflichtig. Erfasst werden alle Patientinnen und Patienten, die im Berichtsjahr aus der vollstationären Behandlung eines Krankenhauses entlassen werden. Bei mehrfach im Berichtsjahr vollstationär behandelten Patientinnen und Patienten wird jeder einzelne Krankenhausaufenthalt als ein Fall nachgewiesen (Fallzahlenstatistik). Nicht nachgewiesen werden die vor- und nachstationären, teilstationären und ambulan-ten Behandlungsfälle. Die Angaben zur Diagnosestatistik entnehmen die Krankenhäuser der vorhandenen Patientendokumentation. Die Diagnoseangaben werden differenziert nach Hauptdiagnosen, Alter, Geschlecht, Verweildauer und Fachabteilungen dargestellt. Aufgrund geschlechts- und altersspezifischer Unterschiede im Hinblick auf Erkrankungen werden die Ergebnisse teilweise standardisiert und so um demografische Effekte berei-nigt. Dadurch sind vom Bevölkerungsaufbau unabhängige Aussagen möglich.

Seit dem Jahr 2005 wird die Diagnosestatistik der Krankenhauspatientinnen und -patienten um die fallpauschalenbezogene Krankenhausstatistik ergänzt. Hintergrund ist die Novel-lierung der Krankenhausfinanzierung im Jahr 2000, in deren Rahmen eine Umstellung des Vergütungssystems auf auf Fallpauschalen basierende DRG (Diagnosis Related Groups) vorgenommen wurde. Die Statistik umfasst alle Krankenhäuser, die nach dem DRG-Ver-gütungssystem abrechnen und dem Anwendungsbereich des § 1 des Krankenhausentgelt-gesetzes unterliegen (ohne psychiatrische und psychosomatische Einrichtungen). Die DRG-Statistik ist wie auch die Diagnosestatistik eine jährliche Vollerhebung, jedoch werden die Daten nicht direkt von den Statistischen Ämtern der Länder, sondern vom Institut für das Entgeltsystem im Krankenhaus erhoben. Die Daten für die DRG-Statistik werden den Datensätzen entnommen, die die Krankenhäuser zu Abrechnungszwecken an das Institut für das Entgeltsystem im Krankenhaus schicken und dem Statistischen Bundes-amt zur Verfügung stellen (Sekundärstatistik).

Gegenstand der Erhebung sind die von den berichtpflichtigen Krankenhäusern erbrachten Leistungen. Die vom Statistischen Bundesamt ausgewerteten Daten beziehen ebenfalls alle im Laufe des Berichtsjahres aus den oben genannten Einrichtungen entlassenen vollstatio-nären Patientinnen und Patienten ein. Nachgewiesen werden jedoch nicht vor-, nach-, teil-stationär oder ambulant behandelte Patientinnen und Patienten. Erfasst wird die konti-nuierliche vollstationäre Behandlung im Krankenhaus (Behandlungskette) unabhängig von der Zahl der dabei durchlaufenen Fachabteilungen. Schwerpunkte der Erhebung sind insbesondere Angaben zu Operationen und Prozeduren, Fallpauschalen (DRGs) sowie Haupt- und Nebendiagnosen.

8.1.1 Diagnose und Behandlung von Krankenhauspatientinnen und -patienten

Diagnosen

Krankenhausfälle werden in der Kranken-hausdiagnosestatistik erfasst. Es handelt sich hierbei um alle Krankenhausfälle einschließlich Sterbe-, Stundenfälle und gesunde Neugeborene. Während die Zahl der Behandlungsfälle bei Frauen im Zeit-raum 2001 bis 2011 um 237 300 (2,5 %) gestiegen ist, war sie bei den Männern sogar um 839 900 (10,7 %) höher (ohne die Zahl der gesunden Neugeborene, die erstmalig im Berichtsjahr 2004 nach-gewiesen wurden). Dabei zeigen die stan-dardisierten Raten, dass es sich bei diesen Daten um Auswirkungen der demogra-fischen Entwicklung handelt. Zwischen 2001 und 2011 ist die standardisierte Zahl der Behandlungsfälle insgesamt um 0,6 % zurückgegangen. Die Zahl der Be-handlungsfälle bei Frauen ist um 1,5 % auf 21 700 Behandlungsfälle je 100 000

▶ Abb 2   **Operationen und Behandlungsmaßnahmen von Krankenhauspatientinnen und -patienten 2011 — in Prozent**

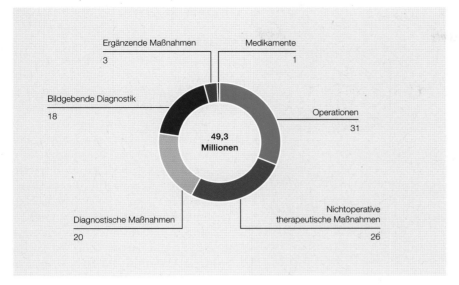

»Krankheiten des Kreislaufsystems« sowie »Endokrine (Drüsen), Ernährungs- und Stoffwechselkrankheiten« konstant.

Operationen und medizinische Behandlungsmaßnahmen

Nach den Ergebnissen der fallpauschalenbezogenen Krankenhausstatistik (DRG-Statistik) wurden bei den vollstationär in Krankenhäusern versorgten Patientinnen und Patienten 2011 insgesamt rund 49 Millionen Operationen und medizinische Prozeduren durchgeführt. Im Vergleich zum Vorjahr entspricht dies einer Zunahme um gut 4 %. Auf einen Krankenhausfall entfielen damit im Durchschnitt 2,8 Maßnahmen dieser Art. In allen Altersgruppen war die durchschnittliche Zahl der Operationen und Prozeduren je Krankenhausfall bei Männern durchweg höher als bei Frauen. ▶ Abb 1

Werden die erfolgten Maßnahmen nach einzelnen Kapiteln des Operationen- und Prozedurenschlüssels (OPS) differenziert, lagen die Operationen mit 31 % (15,4 Millionen Nennungen) an erster Stelle, an zweiter Stelle folgten mit 26 % nichtoperative therapeutische Maßnahmen (13,1 Millionen Nennungen). An dritter Stelle standen mit 20 % diagnostische Maßnahmen (9,8 Millionen Nennungen). ▶ Abb 2

An erster Stelle bei den durchgeführten Operationen lagen auch im Jahr 2011 Operationen an den Bewegungsorganen (4,4 Millionen), gefolgt von Operationen am Verdauungstrakt (2,3 Millionen) sowie Operationen an Haut und Unterhaut (1,2 Millionen). Eine detailliertere Betrachtung der Operationen zeigt, dass bei Frauen am häufigsten die Rekonstruktion weiblicher Geschlechtsorgane nach einer Ruptur/Dammriss (248 500 Fälle) durchgeführt wurde, gefolgt von anderen Operationen am Darm (193 700 Fälle) sowie der Kaiserschnitt (192 900 Fälle).

Bei Männern lag der Leistenbruch (Verschluss einer Hernia inguinalis) mit 158 100 Fällen an erster Stelle, an zweiter Stelle folgten die anderen Operationen am Darm (149 800) sowie die arthroskopische Operation am Gelenkknorpel und an den Menisken (149 400). ▶ Abb 3

Einwohner gesunken, die der Männer blieb konstant bei 18 000 Behandlungsfällen je 100 000 Einwohner. ▶ Info 1

Die häufigste Ursache für einen Krankenhausaufenthalt waren 2011 (wie bereits in den Vorjahren) Krankheiten des Kreislaufsystems. Nahezu 2,8 Millionen Behandlungsfälle waren dieser Krankheitsgruppe zuzuordnen, was einem Anteil von 15 % an allen Fällen entsprach. Im Vergleich zu 2001 ist die Zahl dieser Behandlungsfälle konstant geblieben. An zweiter Stelle folgten die Verletzungen und Vergiftungen und andere Folgen äußerer Ursachen. Sie stellten nach den Krankheiten des Kreislaufsystems die wichtigsten Diagnosegruppen mit insgesamt 1,9 Millionen Fällen (10 % an allen Behandlungsfällen) dar. Gegenüber 2001 ist ihre Zahl 2011 um fast 14 % gestiegen. An dritter Stelle lagen die Neubildungen (unter anderem Krebserkrankungen) mit knapp 1,9 Millionen Fällen und ebenfalls einem Anteil von 10 % an allen Diagnosen. Im Vergleich zu

2011 ging hier die Zahl deutlich zurück – und zwar um 7 %.

Der höchste Zuwachs war im Kapitel »Bestimmte Zustände mit Ursprung in der Perinatalperiode« zu beobachten, er betrug 60 % (2001: 109 300 Fälle; 2011: 175 000 Fälle). Die »Infektiösen und parasitären Krankheiten« haben sich innerhalb der Dekade um 58 % erhöht, die Position »Symptome und abnorme klinische und Laborbefunde, anderenorts nicht klassifiziert« hat um 55 % zugenommen und auch die »Krankheiten des Muskel-Skelett-Systems und des Bindegewebes« stiegen um knapp ein Drittel ihres Wertes von 2001 (32 %). »Faktoren, die den Gesundheitszustand beeinflussen und zur Inanspruchnahme des Gesundheitswesens führen«, sind um 53 % gesunken. Bei den »Krankheiten des Auges und der Augenanhangsgebilde« sowie den »Krankheiten des Ohres und des Warzenfortsatzes« waren Rückgänge von jeweils 18 % zu verzeichnen. Im direkten Vergleich blieben lediglich die Bereiche

▶ Abb 3   **Die zehn häufigsten Operationen von Krankenhauspatientinnen und -patienten 2011 — in Tausend**

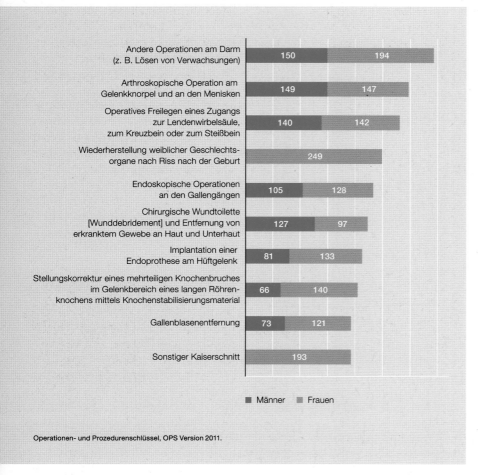

Männer   Frauen

Operationen- und Prozedurenschlüssel, OPS Version 2011.

8.1.2 Schwerbehinderung und Pflegebedürftigkeit

Schwerbehinderung

Im Unterschied zu einer akuten Krankheit oder einer Unfallschädigung mit kurzer Heilungsdauer ist eine Behinderung eine Beeinträchtigung in der Teilhabe am gesellschaftlichen Leben für längere Zeit, möglicherweise für das ganze Leben. Als schwerbehindert gelten Menschen, denen ein Grad der Behinderung von 50 oder mehr von den Versorgungsämtern zuerkannt wurde.

Am 31. Dezember 2011 waren 7,3 Millionen amtlich anerkannte schwerbehinderte Menschen mit gültigem Ausweis bei den Versorgungsämtern registriert. Das entsprach einem Anteil von rund 9 % an der Bevölkerung. Etwas mehr als die Hälfte (51 %) waren Männer. ▶ Tab 1

Behinderungen treten vor allem bei älteren Menschen auf: So waren deutlich mehr als ein Viertel (29 %) der schwerbehinderten Menschen 75 Jahre und älter. Knapp die Hälfte (46 %) gehörte der Altersgruppe von 55 bis 74 Jahren an. Dagegen fiel der Anteil der unter 25-Jährigen mit 4 % gering aus.

Die Schwerbehindertenquote beziehungsweise die Wahrscheinlichkeit, schwerbehindert zu sein, steigt mit zunehmendem Alter an. Während bei den 25- bis 34-Jährigen 2 % schwerbehindert waren, hatte in der Gruppe der ab 80-Jährigen jeder Dritte einen Schwerbehindertenausweis.

Männer waren – insbesondere in der Gruppe der älter als 55-Jährigen – eher schwerbehindert als Frauen. Dies ist zu einem gewissen Teil dadurch erklärbar, dass Männer im Allgemeinen häufiger am Erwerbsleben teilnehmen als Frauen, und dass Erwerbstätige beziehungsweise Arbeitsuchende ein größeres Interesse an einer Anerkennung der Behinderteneigenschaft haben können als Nichterwerbspersonen, denn ein Schwerpunkt der Leistungen des Schwerbehindertenrechts betrifft Regelungen zur Teilnahme am Arbeitsmarkt oder für einen früheren Übergang zur Rente.

Die weitaus meisten Behinderungen (83 % der Fälle) waren krankheitsbedingt. In 4 % der Fälle war die Behinderung angeboren und bei 2 % wurde das Leiden durch einen Unfall oder eine Berufskrankheit verursacht. Weitere 1 % der schwerbehinderten Menschen hatten dauernde Schäden im Krieg, im Wehr- oder im Zivildienst erlitten. Der Rest (10 %) entfiel auf sonstige, mehrere und ungenügend bezeichnete Ursachen.

Schwerbehinderte Menschen litten am häufigsten unter körperlichen Behinderungen (62 %): Bei 25 % der Personen waren die inneren Organe beziehungsweise Organsysteme betroffen. Bei 13 % waren Arme oder Beine in ihrer Funktion eingeschränkt, bei weiteren 12 % Wirbelsäule oder Rumpf. In 5 % der Fälle lag Blindheit beziehungsweise Sehbehinderung vor. Rund 4 % litten unter Schwerhörigkeit, Gleichgewichts- oder Sprachstörungen. Auf geistige oder seelische Behinderungen entfielen zusammen 11 % der Fälle, auf zerebrale Störungen 9 %. Bei den übrigen Personen (18 %) war die Art der Behinderung nicht ausgewiesen. ▶ Abb 4

Pflegebedürftigkeit

Pflegebedürftig im Sinne des Pflegeversicherungsgesetzes (Sozialgesetzbuch SGB XI) sind Menschen, die im täglichen

Leben auf Dauer – wegen einer Krankheit oder Behinderung – in erheblichem oder höherem Maße der Hilfe bedürfen. Die Entscheidung über das Vorliegen einer Pflegebedürftigkeit wird von den Pflegekassen beziehungsweise dem privaten Versicherungsunternehmen getroffen.

Im Dezember 2011 waren 2,5 Millionen Menschen in Deutschland pflegebedürftig. Die Mehrheit (83 %) der Pflegebedürftigen war 65 Jahre und älter. Ein gutes Drittel (36 %) war sogar älter als 85 Jahre. Die überwiegende Zahl (65 %) der Pflegebedürftigen waren Frauen.

Seit 1999 ist eine Zunahme der Zahl der Pflegebedürftigen zu beobachten: Im Jahr 1999 betrug sie 2,0 Millionen und stieg auf 2,5 Millionen im Jahr 2011 an. Ein wichtiger Faktor für den Anstieg ist die zunehmende Alterung der Bevölkerung. Im Jahr 1999 waren 2,9 Millionen Menschen 80 Jahre und älter. Im Jahr 2011 waren es bereits 4,4 Millionen.

Mit zunehmendem Alter sind Menschen in der Regel eher pflegebedürftig. Während bei den 70- bis 74-Jährigen jeder zwanzigste (5 %) aller Menschen dieser Altersgruppe pflegebedürftig war, wurde für die ab 90-Jährigen die höchste Pflegequote ermittelt: Der Anteil der Pflegebedürftigen an allen Menschen dieser Altersgruppe betrug 58 %. Auffallend ist, dass Frauen etwa ab dem 80. Lebensjahr eine deutlich höhere Pflegequote aufwiesen – also eher pflegebedürftig sind als Männer dieser Altersgruppen. So beträgt zum Beispiel bei den 85- bis 89-jährigen Frauen die Pflegequote 42 %, bei den Männern gleichen Alters hingegen lediglich 29 %. ▶ Abb 5

Neben Unterschieden in der gesundheitlichen Entwicklung bei Frauen und Männern kann ein Faktor für den unterschiedlichen Verlauf der Pflegequoten auch das Antragsverhalten bei Frauen und Männern sein: Ältere Frauen leben häufiger alleine. Bei Pflegebedarf kann somit schneller die Notwendigkeit bestehen, einen Antrag auf Leistungen zu stellen, während die pflegebedürftigen Männer zunächst häufiger zum Beispiel von ihren Frauen versorgt werden. Insofern könnte

zunächst auf eine Antragstellung verzichtet werden. In diesem Fall werden sie auch nicht in der Pflegestatistik erfasst.

Die Pflegequote variiert zwischen den einzelnen Bundesländern; sie ist dabei in Mecklenburg-Vorpommern und in Brandenburg – also im Nordosten Deutschlands – im Alter in der Regel am höchsten. Dort beträgt zum Beispiel der Anteil der Pflegebedürftigen bei den 85- bis 89-Jährigen 52 % in Mecklenburg-Vorpommern und 49 % in Brandenburg. Niedrige Anteile liegen in diesem Alter hingegen für Hamburg (33 %) sowie für

Schleswig-Holstein und für Baden-Württemberg vor (jeweils 34 %).

Auch beim Anteil der Pflegebedürftigen an der Bevölkerung insgesamt bestehen – bedingt durch die unterschiedlichen Alters- und Geschlechtsstrukturen der Bevölkerung sowie den unterschiedlichen Pflegequoten in den Altersgruppen der jeweiligen Länder – Unterschiede. In Mecklenburg-Vorpommern waren 4 % der Bevölkerung pflegebedürftig. Der Anteil in Baden-Württemberg betrug hingegen rund 3 %. Bundesweit lag der Anteil im Mittel bei 3 %.

▶ Tab 1   **Schwerbehinderte 2011**

	Insgesamt	Davon im Alter von … bis … Jahren			
		unter 25	25 bis 54	55 bis 64	65 und älter
	in 1 000	in %			
Männer	3 734	4,6	21,5	22,8	51,1
Frauen	3 555	3,3	20,5	20,4	55,7
Insgesamt	**7 289**	**4,0**	**21,0**	**21,7**	**53,4**

▶ Abb 4   **Schwerbehinderte Menschen nach Art der schwersten Behinderung 2011 — in Prozent**

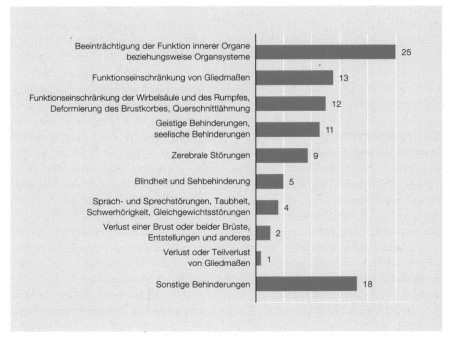

▶ Abb 5   **Pflegequoten 2011 — Anteil an der Bevölkerung des jeweiligen Alters in Prozent**

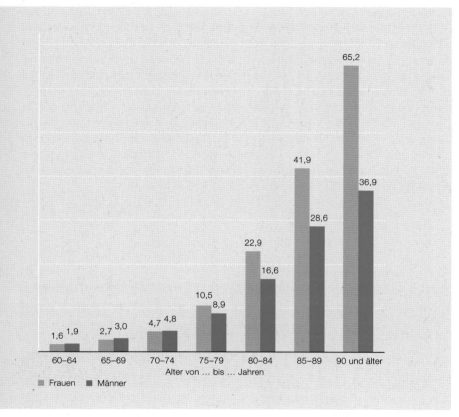

Alter von ... bis ... Jahren

■ Frauen ■ Männer

im Bereich Pflege und Betreuung. Gesundheits- und Krankenpfleger/-in oder Altenpflegerin beziehungsweise Altenpfleger waren dabei die wichtigsten Ausbildungsabschlüsse. Von den im Bereich Pflege und Betreuung Tätigen zusammen hatte fast jeder Zweite (45 %) entweder einen Abschluss als Altenpfleger/-in (33 %), Gesundheits- und Krankenpfleger/-in (12 %) oder Gesundheits- und Kinderkrankenpfleger/-in (1 %).

In den im Dezember 2011 insgesamt 12 300 zugelassenen ambulanten Pflegediensten arbeiteten 291 000 Menschen. Rund 70 % davon waren teilzeitbeschäftigt; der Frauenanteil lag bei 88 %. Der Haupteinsatzbereich des Personals war die Grundpflege. Hier hatten zwei Drittel (70 %) der Beschäftigten ihren Arbeitsschwerpunkt.

8.1.3 Todesursachen

Allgemeine Sterblichkeit

Die sogenannte allgemeine Sterblichkeit in Deutschland ist zwischen 1990 und 2011 kontinuierlich gesunken. Insgesamt sank die altersstandardisierte Sterbeziffer von 1 127 (1990) auf 721 (2011) Sterbefälle je 100 000 Einwohner. Dies entspricht einem Rückgang um über 36 %. Der Rückgang fiel bei den Männern mit 41 % höher aus als bei den Frauen mit 36 %. Im Jahr 2011 lag die Sterbeziffer bei den Frauen mit 744 Fällen je 100 000 Einwohner höher als die der Männer mit 651 Fällen je 100 000 Einwohner.

Die Sterbeziffer entwickelt sich nicht überall in Deutschland in gleichem Maße. So ist sie in den neuen Ländern ohne Berlin-Ost seit 1990 zwar um insgesamt 44 % zurückgegangen, lag aber mit 767 Sterbefällen je 100 000 Einwohner weiterhin über der Sterbeziffer im früheren Bundesgebiet und Berlin (712 Sterbefälle je 100 000 Einwohner). In den beiden Ländern Sachsen-Anhalt (816 Sterbefälle je 100 000 Einwohner) und Mecklenburg-Vorpommern (790 Sterbefälle je 100 000 Einwohner) war diese Rate am höchsten, in Baden-Württemberg mit 644 Sterbefällen je 100 000 Einwohner am niedrigsten. ▶ Tab 2

Mehr als zwei Drittel (70 % oder 1,76 Millionen) der Pflegebedürftigen wurden im Dezember 2011 in Deutschland zu Hause versorgt. Davon erhielten 1 182 000 Pflegebedürftige ausschließlich Pflegegeld, das bedeutet, sie wurden in der Regel zu Hause allein durch Angehörige gepflegt. Weitere 576 000 Pflegebedürftige lebten ebenfalls in Privathaushalten. Bei ihnen erfolgte die Pflege zusammen mit oder vollständig durch ambulante Pflegedienste. Rund 743 000 (30 %) Pflegebedürftige wurden in Pflegeheimen vollstationär betreut. ▶ Abb 6

Zwischen den Bundesländern zeigen sich auch bei den Versorgungsstrukturen zum Teil deutliche Unterschiede. Die größte Bedeutung hatte die vollstationäre Pflege in Heimen in Schleswig-Holstein: Rund 41 % aller Pflegebedürftigen wurden dort

vollstationär versorgt. In Brandenburg und in Hessen wurden hingegen nur rund 23 % beziehungsweise 24 % der Pflegebedürftigen vollstationär in Heimen betreut. In Deutschland waren es insgesamt 30 %.

Bundesweit gab es im Dezember 2011 rund 12 400 zugelassene voll- beziehungsweise teilstationäre Pflegeheime. Im Durchschnitt wurden in einem Pflegeheim 64 Pflegebedürftige betreut. Die meisten Heime (10 700) boten vollstationäre Dauerpflege an.

Personal in Pflegeeinrichtungen

In den Heimen waren insgesamt 661 000 Menschen beschäftigt – Teilzeitkräfte machten dabei mehr als die Hälfte (61 %) der Beschäftigten aus; die Mehrzahl (85 %) waren Frauen. Die meisten Beschäftigten (66 %) hatten ihren Arbeitsschwerpunkt

Ein Vergleich der ostdeutschen und westdeutschen Länder zeigt, dass sowohl Unterschiede insgesamt als auch zwischen den Altersgruppen bestehen. So lag die Sterbeziffer in den neuen Ländern insgesamt um fast 8 % über der im früheren Bundesgebiet. Noch größer ist der Unterschied bei den Altersgruppen der unter 1-Jährigen und der 45- bis 49-Jährigen: Während die Sterbeziffer bei den unter 1-Jährigen in den neuen Ländern um fast 30 % unter der des früheren Bundesgebietes (266 gegenüber 376 Gestorbenen je 100 000 Einwohner) liegt, ist sie bei der Altersgruppe der 45- bis 49-Jährigen um 34 % höher (275 gegenüber 205 Gestorbenen je 100 000 Einwohner).

Häufigste Todesursachen

Die häufigste Todesursache (Einzeldiagnose) war bei Männern wie Frauen gleich, es handelte sich um die chronische ischämische Herzkrankheit. Sie war für die meisten Todesfälle 2011 verantwortlich. An ihr verstarben etwa 70 600 Personen, davon waren 33 500 männlich und 37 100 weiblich. ▶ Abb 7

Fünf der zehn häufigsten Todesursachen waren dem Bereich der Herz-Kreislauferkrankungen zuzuordnen. Es handelte sich dabei um die chronische ischämische Herzkrankheit, den akuten Myokardinfarkt, die Herzinsuffizienz, den Schlaganfall und die hypertensive Herzkrankheit. Allein an diesen fünf Erkrankungen starben 2011 insgesamt 90 000 Männer und über 120 000 Frauen. Weitere wichtige Todesursachen waren die Krebsleiden (bösartige Neubildungen). Bei den Männern waren die »Bösartigen Neubildungen« der Bronchien und Lunge, der Prostata und des Dickdarms die Ursache für 52 000 Sterbefälle. Bei den Frauen waren es die »Bösartigen Neubildungen« der Brustdrüse (Brustkrebs), der Bronchien und Lunge sowie des Dickdarms; insgesamt 41 000 Frauen verstarben daran.

Sterblichkeit im Zeitvergleich

Die Sterblichkeit bei bestimmten Krankheitsgruppen ist im Zeitraum 1990 bis

▶ Abb 6   **Pflegebedürftige nach Versorgungsart 2011**

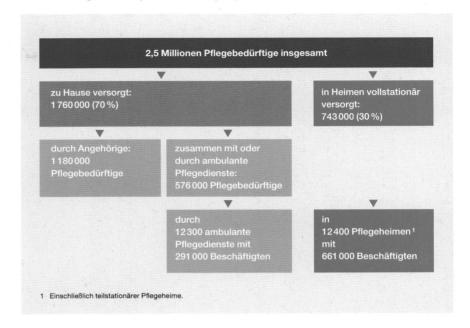

1 Einschließlich teilstationärer Pflegeheime.

▶ Tab 2   **Regionale Sterbeziffern 2011 — Sterbefälle je 100 000 Einwohner**

	Sterbeziffer		
	Insgesamt	Männer	Frauen
Baden-Württemberg	643,7	565,9	675,7
Bayern	700,3	620,9	732,3
Berlin	707,1	649,3	723,8
Brandenburg	763,1	700,8	775,6
Bremen	746,8	680,4	770,1
Hamburg	715,0	649,4	739,1
Hessen	690,0	608,2	724,4
Mecklenburg-Vorpommern	790,0	762,2	770,2
Niedersachsen	735,9	663,6	757,5
Nordrhein-Westfalen	742,8	670,0	766,0
Rheinland-Pfalz	732,8	651,9	761,7
Saarland	787,2	718,7	801,5
Sachsen	727,5	688,9	722,3
Sachsen-Anhalt	815,8	785,5	800,9
Schleswig-Holstein	735,5	656,7	765,2
Thüringen	778,3	720,1	791,5
Deutschland	**721,4**	**650,9**	**743,6**
Früheres Bundesgebiet und Berlin	712,1	636,7	739,2
Neue Länder	766,8	723,5	764,1

Altersstandardisiert.

▶ Abb 7   **Krankheitsbedingte Todesursachen 2011 — in Prozent**

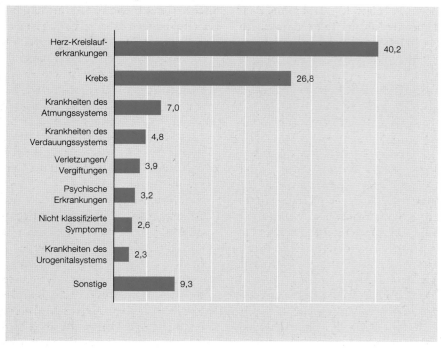

▶ Tab 3   **Durchschnittliches Sterbealter 2011**

	Durchschnittliches Sterbealter	Veränderung gegenüber 1990
	in Jahren	in %
Baden-Württemberg	78,1	+5,1
Bayern	77,9	+5,0
Berlin	75,8	+1,6
Brandenburg	76,4	+6,4
Bremen	77,0	+4,1
Hamburg	77,1	+2,7
Hessen	77,7	+4,0
Mecklenburg-Vorpommern	75,4	+7,4
Niedersachsen	77,5	+3,7
Nordrhein-Westfalen	77,3	+4,7
Rheinland-Pfalz	77,8	+4,7
Saarland	77,1	+5,0
Sachsen	78,1	+5,4
Sachsen-Anhalt	76,7	+6,4
Schleswig-Holstein	77,6	+3,2
Thüringen	77,2	+6,2
Deutschland	**77,4**	**+4,6**
Früheres Bundesgebiet und Berlin	77,5	+4,3
Neue Länder	77,0	+6,1

2011 gesunken. So ist die Sterblichkeit aufgrund von Krankheiten des Kreislaufsystems um 52 % zurückgegangen, bei den Todesfällen durch Krebserkrankungen um 20 %. Demgegenüber stehen aber einige Krankheitsgruppen, bei denen eine andere Entwicklung stattgefunden hat. Starke Zuwächse waren bis 2011 in folgenden Bereichen zu finden: Die Sterblichkeit durch psychische Störungen und Verhaltensstörungen ist zwischen den Jahren 1990 und 2011 um 74 % gestiegen, diejenige durch bestimmte infektiöse und parasitäre Krankheiten hat sich um 58 % erhöht und die durch Krankheiten des Nervensystems und der Sinnesorgane hat um 28 % zugenommen.

Die Sterblichkeit durch äußere Ursachen (Verletzungen, Vergiftungen) hat im betrachteten Zeitraum um 43 % abgenommen. Allerdings bestand hier ein deutlicher Unterschied zwischen Männern und Frauen: Während die Sterbeziffer bei den Frauen lediglich bei 23,2 Sterbefällen je 100 000 Einwohner lag, war sie bei den Männern mit 41,0 deutlich höher. In absoluten Zahlen ausgedrückt heißt das: Im Jahr 2011 verstarben insgesamt 33 000 Personen an Verletzungen und Vergiftungen. Davon waren 20 200 Männer und 12 800 Frauen.

Eine Unterposition der »Äußeren Ursachen« stellen die Suizide dar. Rund 10 100 Menschen setzten 2011 ihrem Leben vorsätzlich selbst ein Ende. 1990 waren es noch 13 900 Fälle. Im Jahr 2011 betrug der Anteil der Männer an den Sterbefällen durch Suizid 75 %.

Vorzeitige Sterblichkeit
Die vorzeitige Sterblichkeit beschreibt die Sterbeziffer derjenigen Menschen, die vor dem 65. Lebensjahr verstorben sind. In der Literatur wird diese Kennziffer auch häufig als Potential Years of Life Lost (PYLL) bezeichnet. Die Daten zeigen eine positive Entwicklung im Vergleich der Jahre 1990 und 2011. So ist die vorzeitige Sterblichkeit insgesamt um über 25 % auf 183 Sterbefälle (bezogen auf 100 000 Einwohner) zurückgegangen. Da in erster Linie Männer von der vorzei-

tigen Sterblichkeit betroffen waren, lag deren Sterbeziffer mit 224 Fällen um 89 Fälle höher als die der Frauen (135 Fälle). In den neuen Ländern lag die vorzeitige Sterblichkeit nach wie vor über der im früheren Bundesgebiet. Allerdings beruht der Wert nur auf dem höheren Wert der Männer.

Sterbealter

Das Sterbealter gibt einen wichtigen Hinweis auf die Lebensqualität und den Lebensstandard eines Landes. Aufgrund unterschiedlicher Berechnungsmethoden kann das Sterbealter nicht mit der Lebenserwartung gleichgesetzt werden, als zusätzliche Information aber herangezogen werden. Im Jahr 2011 lag das Sterbealter durchschnittlich bei 77,4 Jahren. Frauen starben im Durchschnitt mit 80,8 Jahren und damit über 7,1 Jahre später als Männer, die mit 73,7 Jahren verstarben. Im Vergleich der Jahre 1990 und 2011 war dies ein Anstieg der Lebenszeit um rund 3,4 Jahre, wobei von dieser Entwicklung gleichermaßen Männer wie Frauen profitiert haben. Am ältesten wurden die Menschen in den beiden Ländern Baden-Württemberg und Sachsen. Das durchschnittliche Sterbealter im Jahr 2011 betrug hier jeweils 78,1. Im Durchschnitt 2,7 Jahre früher (mit 75,4 Jahren) verstarben die Einwohnerinnen und Einwohner Mecklenburg-Vorpommerns. Aber auch hier gleichen sich wie in anderen Bereichen die Entwicklungen an: Zwar verstarben die Menschen im früheren Bundesgebiet nach wie vor in einem höheren Alter als in den neuen Ländern (77,5 Jahre gegenüber 77,0 Jahre), jedoch ist dieser Abstand gering. Das Sterbealter erhöhte sich in den neuen Ländern im Vergleich der beiden Jahre 1990 und 2011 stärker (+ 6,1 Jahre) als im früheren Bundesgebiet (+ 4,3 Jahre). ▸ Tab 3

Säuglingssterblichkeit

Die Säuglingssterblichkeit bezeichnet die Rate der im ersten Lebensjahr versterbenden Kinder. Sie ist ein wichtiges Maß für den allgemeinen Lebensstandard und die Qualität der medizinischen Versorgung. Sie wird im Folgenden als absolute Zahl und über die Zahl der Todesfälle bezogen auf 1 000 Lebendgeborene dargestellt.

Die Säuglingssterblichkeit hat sich seit den 1990er-Jahren halbiert und lag 2011 bei 3,6 Sterbefällen je 1 000 Lebendgeborenen. Dabei haben Jungen mit 4,0 Sterbefällen schlechtere Überlebenschancen als Mädchen mit 3,3 Sterbefällen. Im Jahr 2011 starben insgesamt 2 408 Säuglinge im ersten Lebensjahr, davon waren 1 347 Jungen und 1 061 Mädchen. Der Rückgang der absoluten Zahl der Säuglingssterbefälle zwischen 1990 und 2011 entsprach einer Minderung um 62 %, wobei bei Jungen ein größerer Rückgang (−64 %) zu verzeichnen war als bei Mädchen (−60 %).

Auch von Bundesland zu Bundesland variierte die Säuglingssterblichkeit. Grundsätzlich konnte sie in jedem Land deutlich gesenkt werden. Die größten Rückgänge hatten die neuen Länder mit rund 64 % zu verzeichnen. Hier waren es insbesondere die Länder Thüringen und Sachsen, die mit 71 % beziehungsweise 66 % die größten Erfolge zu verzeichnen hatten. Dies ist in diesem Fall nicht mit einem höheren Ausgangsniveau zu erklären, da die Sterbefälle je 1 000 Lebendgeborenen Anfang der 1990er-Jahre auch in den neuen Ländern auf einem niedrigen Niveau waren. Die höchste Rate mit 6,5 beziehungsweise 5,0 Sterbefällen je 1 000 Lebendgeborenen hatten Bremen und Niedersachsen, die geringste Rate mit 2,3 Sterbefällen gab es jeweils in Thüringen und in Sachsen.

8.1.4 Stationäre Versorgung: Krankenhäuser, Vorsorge- oder Rehabilitationseinrichtungen

Die medizinische Versorgung in Deutschland wird durch drei große Akteure geprägt: Die Erbringer ambulanter Leistungen (beispielsweise in Praxen niedergelassener Ärztinnen und Ärzte und in Apotheken), die Erbringer stationärer Leistungen (in Krankenhäusern, Vorsorge oder Rehabilitationseinrichtungen und Pflegeheimen) sowie die Leistungserbringer vorgelagerter Markt-

stufen (Hersteller von medizinisch-technischen Geräten und von Arzneimitteln). Letztere kommen dabei in der Regel nicht direkt mit den Nachfragern gesundheitlicher Güter und Leistungen in Kontakt.

Im folgenden Abschnitt werden zunächst das Leistungsangebot und die Inanspruchnahme der Krankenhäuser und der Vorsorge- oder Rehabilitationseinrichtungen beschrieben. Daran schließt sich eine Untersuchung der Anzahl und Struktur der Beschäftigten im Gesundheitswesen an.

Krankenhäuser und Vorsorge- oder Rehabilitationseinrichtungen sind Gegenstand der jährlich durchgeführten, seit 1991 bundeseinheitlichen, Krankenhausstatistik. Sie erfasst in erster Linie Angaben über die sachliche und personelle Ausstattung der Häuser (zum Beispiel Anzahl der Häuser, aufgestellte Betten und medizinische Großgeräte sowie ärztliches und nichtärztliches Personal). Darüber hinaus ermöglicht die Erhebung patientenbezogener Daten (Fallzahl und Berechnungs-/Belegungstage beziehungsweise Pflegetage) Aussagen über leistungsbezogene Kennziffern der Einrichtungen (Nutzungsgrad der Betten und durchschnittliche Verweildauer).

Ausstattung der Krankenhäuser

Im Jahr 2011 standen in insgesamt 2 045 Krankenhäusern rund 502 000 Betten für die stationäre Versorgung der Bevölkerung zur Verfügung. Gegenüber 1991 ist die Zahl der Krankenhäuser infolge von Schließungen und Fusionen um 15 % gesunken. Jedes vierte Krankenhausbett (25 %) wurde abgebaut. ▸ Tab 4

Auf Nordrhein-Westfalen, das bevölkerungsreichste Bundesland, entfielen 2011 ein Fünftel (20 %) aller Krankenhäuser und sogar ein Viertel (24 %) aller aufgestellten Betten. Für die Beurteilung des Versorgungsangebots in den einzelnen Bundesländern ist jedoch die absolute Zahl der Häuser beziehungsweise der Betten wenig aussagekräftig. Zu Vergleichszwecken wird die Zahl der Häuser und Betten je 100 000 Einwohner ermittelt. Der Bundesdurchschnitt lag bei

▶ Tab 4   **Krankenhäuser, Betten und Patientenbewegungen**

	Krankenhäuser				Patientenbewegungen			
	insgesamt		Betten insgesamt		durch-schnittliche Bettenzahl	Fallzahl	Berechnungs-/ Belegungstage	durch-schnittliche Verweildauer	durchschnitt-liche Betten-auslastung
	Anzahl	je 100 000 Einwohner	Anzahl	je 100 000 Einwohner	je Haus	in 1 000	in 1 000	in Tagen	in %
1991	2 411	3,0	665 565	832	276	14 577	204 204	14,0	84,1
1995	2 325	2,8	609 123	746	262	15 931	182 627	11,5	82,1
2000	2 242	2,7	559 651	681	250	17 263	167 789	9,7	81,9
2005	2 139	2,6	523 824	635	245	16 539	143 244	8,7	74,9
2010	2 064	2,5	502 749	615	244	18 033	141 942	7,9	77,4
2011	2 045	2,5	502 029	614	245	18 344	141 676	7,7	77,3
	in %								
Veränderung 2011 gegenüber 1991	−15,2	−17,0	−24,6	−26,2	−11,1	+25,8	−30,6	−44,7	−8,0

2,5 Krankenhäusern und 614 Betten je 100 000 Einwohner. Die Zahl der Häuser je 100 000 Einwohner sank im Vergleich zu 1991 um 17 %. Um gut ein Viertel (26 %) verringerte sich die Zahl der Betten je 100 000 Einwohner.

Ein Krankenhaus in Deutschland verfügte im Jahr 2011 über durchschnittlich 245 Betten (1991: 276 Betten). Die höchste durchschnittliche Bettenzahl je Krankenhaus gab es in Bremen mit 367 Betten, die niedrigste in Schleswig-Holstein mit 170 Betten.

Im Stadtstaat Bremen war auch das Angebot an Krankenhausbetten je 100 000 Einwohner mit 778 am höchsten. Mit deutlichem Abstand folgte Thüringen mit 727 Betten je 100 000 Einwohner. Auf Platz drei lag Sachsen-Anhalt mit 705 Betten für 100 000 Einwohner. Die geringste Bettendichte wies Baden Württemberg mit 528 Betten je 100 000 Einwohner auf. ▶ Abb 8

Informationen zum Personal in Krankenhäusern werden zum einen als Beschäftigtenzahl (sogenannte Kopfzahl) zum 31. Dezember eines Jahres, zum anderen in Form von Vollzeitäquivalenten erhoben. Die Beschäftigtenzahl berücksichtigt im Unterschied zum Vollzeitäquivalent keine unterschiedlichen

Beschäftigungsmodelle, zum Beispiel Teilzeit- oder geringfügige Beschäftigung. Um dem Rechnung zu tragen, werden die Beschäftigten auf die volle tarifliche Arbeitszeit, das heißt in Vollkräfte, umgerechnet. ▶ Info 2

Die Personalbelastungszahl wird jeweils für das ärztliche und das nichtärztliche Personal sowie innerhalb dieser Beschäftigtengruppe gesondert für den Pflegedienst der Krankenhäuser ermittelt. Dem Pflegedienst kommt im Bereich der Krankenhäuser eine besondere Bedeutung zu, da ihm alleine 45 % der Vollkräfte im nichtärztlichen Dienst zuzurechnen sind.

In allen genannten Beschäftigtengruppen ist die Personalbelastung nach Anzahl der pro Arbeitstag zu versorgenden belegten Betten zurückgegangen. Dies ist in erster Linie Folge des kontinuierlichen Rückgangs der Verweildauer (−45 %) seit 1991. Zugleich nahm aber auch die Zahl der Vollkräfte ab: im Pflegedienst um knapp 5 % und im nichtärztlichen Dienst insgesamt um 12 %. Folglich sank die Personalbelastung der Pflegevollkräfte 2011 gegenüber 1991 um 2,4 Betten (−27 %), die Belastung der Vollkräfte im nichtärztlichen Dienst insgesamt um 0,8 Betten (−21 %).

Die Personalbelastung im ärztlichen Dienst ist sogar um 15,4 belegte Betten (−53 %) zurückgegangen. Dieser Effekt ist auf die parallel zum Rückgang der Verweildauer verlaufende Zunahme der Vollkräfte im ärztlichen Dienst um 46 % zurückzuführen. ▶ Tab 5

Im Bundesdurchschnitt hatte eine Vollkraft im ärztlichen Dienst 2011 täglich 13,9 belegte Betten zu betreuen. Im Jahr 1991 waren es noch mehr als doppelt so viele (29,3 Betten). Die Rangliste nach Ländern führte Brandenburg mit einer Personalbelastung von 16,6 belegten Betten an. Auf den Plätzen zwei und drei rangierten Sachsen-Anhalt und Thüringen mit jeweils 15,3 Betten. In den Stadtstaaten Hamburg und Berlin war die Personalbelastung des ärztlichen Personals mit 11,1 beziehungsweise 11,6 täglich zu versorgenden belegten Betten am geringsten.

Eine Vollkraft im nichtärztlichen Dienst hatte 2011 im Bundesdurchschnitt täglich 2,8 Betten zu versorgen; 1991 waren es 3,6 Betten gewesen. Lediglich im Land Brandenburg lag die Personalbelastung einer nichtärztlichen Vollkraft fast noch auf dem Niveau von 1991 (3,5 Betten).

Eine Vollkraft im Pflegedienst war im Jahr 2011 im Bundesdurchschnitt pro

Arbeitstag für 6,2 belegte Betten zuständig (1991: 8,6 Betten). Die meisten Betten hatten Pflegevollkräfte in Brandenburg (6,7 Betten) und in Schleswig-Holstein (6,6 Betten) täglich zu versorgen. Die im regionalen Vergleich geringste Personalbelastung hatten Pflegekräfte in Bremen und im Saarland; sie versorgten jeweils 5,8 belegte Betten pro Tag.

Leistungen und Auslastung der Krankenhäuser

Rund 18,3 Millionen Patientinnen und Patienten wurden 2011 vollstationär im Krankenhaus behandelt, davon allein knapp ein Viertel (23 %) in den nordrhein-westfälischen Krankenhäusern. Die Zahl der Berechnungs-/Belegungstage lag bei 141,7 Millionen. Gegenüber 1991 ist die Fallzahl um 26 % gestiegen – zugleich ist die Zahl der Berechnungs-/Belegungstage um 31 % zurückgegangen.

Aus der Division von Berechnungs- und Belegungstagen durch die Zahl der Patientinnen und Patienten (Fälle) wird die durchschnittliche Verweildauer berechnet, die im Jahr 2011 im Bundesdurchschnitt bei 7,7 Tagen lag. Die Liegezeiten im Krankenhaus haben sich gegenüber 1991, als ein Aufenthalt noch durchschnittlich genau 14 Tage dauerte, drastisch verkürzt. Die längste durchschnittliche Verweildauer ergab sich im Jahr 2011 mit 8,1 Tagen in den Krankenhäusern Brandenburgs, die kürzeste mit 7,3 Tagen in den Krankenhäusern Mecklenburg-Vorpommerns. Die Verweildauer im Krankenhaus wird wesentlich von der Diagnose der Krankenhauspatientinnen und -patienten und damit der Fachabteilung, in der sich diese aufhalten, beeinflusst. Während ein Krankenhausaufenthalt in der Fachabteilung »Augenheilkunde« im Durchschnitt 3,2 Tage dauerte, mussten Patientinnen und Patienten in der Fachabteilung »Herzchirurgie« mit 10,8 Tagen gut dreimal so lange im Krankenhaus bleiben. Die längste durchschnittliche Verweildauer in einer allgemeinen Fachabteilung betrug 16,2 Tage in der »Geriatrie«. Der Aufenthalt in einer psy-

▶ Abb 8   **Betten je 100 000 Einwohner in Krankenhäusern 2011**

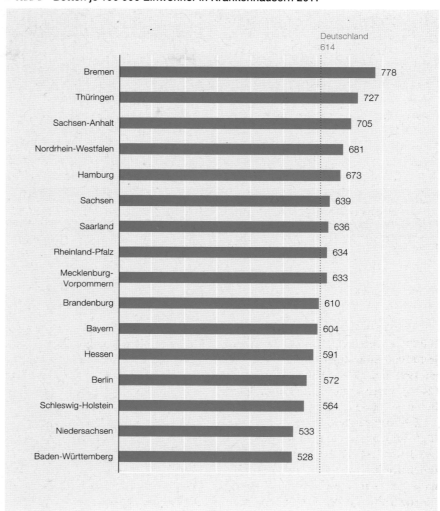

Deutschland
614

Bremen	778
Thüringen	727
Sachsen-Anhalt	705
Nordrhein-Westfalen	681
Hamburg	673
Sachsen	639
Saarland	636
Rheinland-Pfalz	634
Mecklenburg-Vorpommern	633
Brandenburg	610
Bayern	604
Hessen	591
Berlin	572
Schleswig-Holstein	564
Niedersachsen	533
Baden-Württemberg	528

▶ Info 2

Personalbelastungszahl – Vollkräfte

Ein Vergleich der Personalausstattung von Krankenhäusern und Vorsorge- oder Rehabilitationseinrichtungen in Deutschland nach Ländern basiert auf der Personalbelastungszahl bezogen auf belegte Betten. Diese Kennziffer gibt an, wie viele belegte Betten eine Vollkraft durchschnittlich pro Arbeitstag zu versorgen hat. Durch Einbeziehung der Jahresarbeitszeit einer Vollkraft wird dem Umstand Rechnung getragen, dass ein belegtes Bett 24 Stunden Betreuung pro Tag erfordert, eine Vollkraft jedoch an durchschnittlich 220 Arbeitstagen im Jahr (nur) acht Stunden täglich zur Verfügung steht. Die Personalbelastungszahl ergibt sich entsprechend als Quotient aus der Anzahl der Stunden, die die Betten in einem Jahr belegt waren (= Belegungsstunden der Betten im Jahr) und der Anzahl der Stunden, die die Vollkräfte für die Betreuung der Betten in einem Jahr zur Verfügung standen (= Jahresarbeitsstunden der Vollkräfte).

▶ Tab 5   **Ärztliches und nichtärztliches Personal der Krankenhäuser**

	Vollkräfte im Jahresdurchschnitt			Personalbelastungszahl je Vollkraft nach Betten[1]		
	ärztlicher Dienst	nichtärztlicher Dienst[2]		ärztlicher Dienst	nichtärztlicher Dienst[2]	
		zusammen	darunter Pflegedienst		zusammen	darunter Pflegedienst
	Anzahl					
1991	95 208	780 608	326 072	29,3	3,6	8,6
1995	101 590	785 974	350 571	24,5	3,2	7,1
2000	108 696	725 889	332 269	21,0	3,2	6,9
2005	121 610	674 488	302 346	16,2	2,9	6,5
2010	134 847	681 411	306 213	14,4	2,8	6,3
2011	139 068	686 127	310 815	13,9	2,8	6,2
	in %					
Veränderung 2011 gegenüber 1991	+46,1	−12,1	−4,7	−52,6	−21,1	−27,3
	Anzahl					
Bundesländer 2011						
Baden-Württemberg	17 569	88 818	37 181	12,4	2,5	5,9
Bayern	21 411	109 155	47 312	13,5	2,7	6,1
Berlin	7 059	28 641	12 604	11,6	2,8	6,5
Brandenburg	3 641	17 174	8 948	16,6	3,5	6,7
Bremen	1 506	6 809	3 473	13,3	2,9	5,8
Hamburg	4 481	17 215	8 285	11,1	2,9	6,0
Hessen	9 184	46 844	21 860	14,9	2,9	6,3
Mecklenburg-Vorpommern	3 153	14 682	6 751	12,9	2,8	6,0
Niedersachsen	11 524	60 517	26 631	14,6	2,8	6,3
Nordrhein-Westfalen	31 718	155 119	71 961	14,4	2,9	6,4
Rheinland-Pfalz	6 177	34 250	15 543	14,9	2,7	5,9
Saarland	1 901	10 697	4 806	14,7	2,6	5,8
Sachsen	7 167	33 409	16 532	14,6	3,1	6,3
Sachsen-Anhalt	4 001	21 295	10 107	15,3	2,9	6,1
Schleswig-Holstein	4 528	20 945	9 269	13,6	2,9	6,6
Thüringen	4 047	20 559	9 553	15,3	3,0	6,5

1 Anzahl der durchschnittlich je Vollkraft pro Arbeitstag zu versorgenden belegten Betten.
2 Ohne Personal der Ausbildungsstätten und ohne Schüler/-innen und Auszubildende.

▶ Tab 6   **Vorsorge- oder Rehabilitationseinrichtungen, Betten und Patientenbewegungen**

	Vorsorge- oder Rehabilitationseinrichtungen					Patientenbewegungen			
	insgesamt		Betten insgesamt		durch-schnittliche Bettenzahl	Fallzahl	Pflegetage	durch-schnittliche Verweildauer	durchschnitt-liche Betten-auslastung
	Anzahl	je 100 000 Einwohner	Anzahl	je 100 000 Einwohner	je Haus	in 1 000	in 1 000	in Tagen	in %
1991	1 181	1,5	144 172	180	122	1 473	45 729	31,0	86,9
1995	1 373	1,7	181 633	222	132	1 896	58 820	31,0	88,7
2000	1 393	1,7	189 822	231	136	2 046	52 852	25,8	76,1
2005	1 270	1,5	174 479	212	136	1 814	46 774	25,8	73,4
2010	1 237	1,5	171 724	210	139	1 975	50 219	25,4	80,1
2011	1 233	1,5	170 544	209	138	1 926	48 981	25,4	78,7
	in %								
Veränderung 2011 gegenüber 1991	+4,4	+2,5	+18,3	+15,7	+13,3	+30,7	+7,1	−18,1	−9,5

chiatrischen Fachabteilung dauerte zwischen 23,0 Tagen in der »Psychiatrie und Psychotherapie« und 41,0 Tagen in der »Kinder-/Jugendpsychiatrie und -psychotherapie«.

Während der Anstieg der Zahl der Patientinnen und Patienten ein Indiz für die Zunahme des Anteils älterer Menschen an der Bevölkerung mit entsprechend erhöhter Krankheitsanfälligkeit ist, lässt sich die Verkürzung der durchschnittlichen Verweildauer mit dem medizinischen Fortschritt einerseits und den Maßnahmen zur Kostendämpfung im Gesundheitsbereich andererseits erklären.

Im Jahr 2011 waren die Krankenhausbetten zu gut 77 % (1991: 84 %) ausgelastet. In diesem Wert kommt das Verhältnis aus tatsächlicher Bettenbelegung und maximaler Bettenbelegung zum Ausdruck. In den Bundesländern schwankte die Bettenauslastung zwischen 87 % im Saarland und 73 % in Rheinland-Pfalz. In allen psychiatrischen Fachabteilungen lag die Bettenauslastung über 91 % (maximal 94 % in der »Psychiatrie und Psychotherapie«). Im Bereich der allgemeinen Fachabteilungen hatte die »Geriatrie« mit 91 % die höchste, die »Nuklearmedizin« mit 55 % die geringste Bettenauslastung.

Ausstattung von Vorsorge- oder Rehabilitationseinrichtungen

Im Jahr 2011 gab es in Deutschland 1 233 Einrichtungen für Vorsorge- oder Rehabilitationsmaßnahmen mit 170 500 Betten. Von 1991 bis 1996 stieg die Zahl der Einrichtungen um 19 %. Die Zahl der Betten nahm bis 1998 um ein Drittel (32 %) des Ausgangswertes im Jahr 1991 zu. Seitdem ist sowohl die Zahl der Einrichtungen als auch die der Betten rückläufig. Insgesamt ist die Zahl der Vorsorge- oder Rehabilitationseinrichtungen im Zeitraum 1991 bis 2011 um 4 % und die Zahl der darin aufgestellten Betten um 18 % gestiegen. Der Schwerpunkt der Vorsorge- oder Rehabilitationseinrichtungen lag im Jahr 2011 mit 289 Einrichtungen und 31 400 Betten in Bayern. ▶ Tab 6

Für 100 000 Einwohner standen im Bundesdurchschnitt 1,5 Vorsorge- oder Rehabilitationseinrichtungen und 209 Betten zur Verfügung. Die Einrichtungsdichte ist gegenüber 1991 unverändert geblieben, die Bettendichte um 29 Betten gestiegen. Im Ländervergleich lag Mecklenburg-Vorpommern mit 3,8 Einrichtungen je 100 000 Einwohner deutlich an der Spitze, gefolgt von Bayern und Schleswig-Holstein mit jeweils 2,3 Einrichtungen je 100 000 Einwohner. Nordrhein-Westfalen und Sachsen-Anhalt waren die Flächenstaaten mit der niedrigsten Versorgungsquote von lediglich 0,8 Einrichtungen beziehungsweise 0,9 Einrichtungen je 100 000 Einwohner.

Auch beim Bettenangebot belegten die Bundesländer Mecklenburg-Vorpommern und Schleswig-Holstein die vorderen Plätze, was sich aus dem dort traditionellen Kur- und Bäderwesen erklärt. Dabei war die Zahl der Betten bezogen auf 100 000 Einwohner in Mecklenburg-Vorpommern mit 640 gut dreimal so hoch wie der Bundesdurchschnitt, in Schleswig-Holstein mit 371 Betten annähernd doppelt so hoch. Bei den Flächenstaaten bildeten Sachsen-Anhalt und Nordrhein-Westfalen wie bereits bei der Zahl der Einrichtungen je 100 000 Einwohner die Schlusslichter mit 154 und 116 Betten zur Vorsorge oder Rehabilitation je 100 000 Einwohner. ▶ Abb 9

▶ Abb 9   **Betten je 100 000 Einwohner in Vorsorge- oder Rehabilitationseinrichtungen 2011**

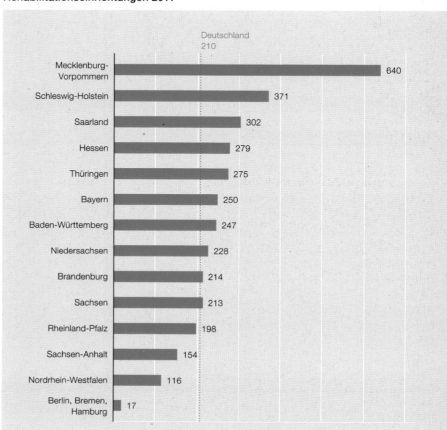

Deutschland
210

Mecklenburg-Vorpommern — 640
Schleswig-Holstein — 371
Saarland — 302
Hessen — 279
Thüringen — 275
Bayern — 250
Baden-Württemberg — 247
Niedersachsen — 228
Brandenburg — 214
Sachsen — 213
Rheinland-Pfalz — 198
Sachsen-Anhalt — 154
Nordrhein-Westfalen — 116
Berlin, Bremen, Hamburg — 17

Im Bundesdurchschnitt verfügte eine Vorsorge- oder Rehabilitationseinrichtung 2011 über 138 Betten (1991: 122 Betten). Die größten Einrichtungen gemessen an der Zahl der durchschnittlich aufgestellten Betten lagen in den neuen Bundesländern, angeführt von Brandenburg mit durchschnittlich 184 Betten und Sachsen mit 180 Betten je Einrichtung. Die Vorsorge- oder Rehabilitationseinrichtungen in Bayern waren mit durchschnittlich 109 Betten die kleinsten Einrichtungen.

Die Personalbelastung bezogen auf die täglich zu versorgenden belegten Betten ist in Vorsorge- oder Rehabilitations-einrichtungen sowohl für das ärztliche als auch für das nichtärztliche Personal deutlich höher als im Krankenhausbereich. Dies ist darauf zurückzuführen, dass die Versorgung der Patientinnen und Patienten in Vorsorge- oder Rehabilitationseinrichtungen weniger zeit- und betreuungsintensiv ist als im Krankenhaus. ▶ Tab 7

Die Personalbelastung nach Betten ist für alle betrachteten Beschäftigtengruppen trotz einer Zunahme der Pflegetage (entspricht der Anzahl der belegten Betten) um 3,3 Millionen im Vergleich zu 1991 gesunken, weil die Zahl der Vollkräfte deutlich stärker gestiegen ist. Die Zahl der Vollkräfte im ärztlichen Dienst und im Pflegedienst hat gegenüber 1991 um 39 % beziehungsweise 60 % zugenommen, die Zahl der Pflegetage um lediglich 7 %.

Eine ärztliche Vollkraft einer Vorsorge- oder Rehabilitationseinrichtung hatte 2011 im Bundesdurchschnitt täglich 81,1 belegte Betten zu betreuen. Im Jahr 1991 waren es noch 105,2 Betten. Mecklenburg-Vorpommern lag im Ländervergleich an der Spitze mit 106,1 Betten, gefolgt von Schleswig-Holstein mit 101,6 belegten Betten pro Tag. Die geringste Belastung ergab sich für das ärzt-

▶ Tab 7   **Ärztliches und nichtärztliches Personal der Vorsorge- oder Rehabilitationseinrichtungen**

	Vollkräfte im Jahresdurchschnitt			Personalbelastungszahl je Vollkraft nach Betten[1]		
	ärztlicher Dienst	nichtärztlicher Dienst[2]		ärztlicher Dienst	nichtärztlicher Dienst[2]	
		zusammen	darunter Pflegedienst		zusammen	darunter Pflegedienst
	Anzahl					
1991	5 926	72 148	13 103	105,2	8,6	47,6
1995	8 284	91 605	18 004	96,8	8,8	44,6
2000	8 299	89 547	21 010	86,8	8,0	34,3
2005	8 073	83 474	20 889	79,0	7,6	30,5
2010	8 214	84 142	21 140	83,4	8,1	32,4
2011	8 237	82 514	20 957	81,1	8,1	31,9
	in %					
Veränderung 2011 gegenüber 1991	+39,0	+14,4	+59,9	−22,9	−6,3	−33,0
	Anzahl					
Bundesländer 2011						
Baden-Württemberg	1 286	12 800	3 013	79,0	7,9	33,7
Bayern	1 524	16 659	4 338	76,4	7,0	26,8
Brandenburg	320	2 954	718	74,4	8,1	33,1
Hessen	875	8 013	1 734	76,3	8,3	38,5
Mecklenburg-Vorpommern	377	4 131	917	106,1	9,7	43,6
Niedersachsen	771	7 790	1 740	93,0	9,2	41,2
Nordrhein-Westfalen	1 134	11 018	3 498	76,8	7,9	24,9
Rheinland-Pfalz	393	3 974	967	83,2	8,2	33,8
Saarland	156	1 307	340	72,3	8,6	33,1
Sachsen	472	4 964	1 518	72,9	6,9	22,7
Sachsen-Anhalt	167	1 678	461	84,4	8,4	30,5
Schleswig-Holstein	412	3 923	815	101,6	10,7	51,4
Thüringen	270	2 551	626	83,5	8,8	36,0
Stadtstaaten zusammen:						
Berlin, Bremen, Hamburg	83	752	273	46,2	5,1	14,0

1 Anzahl der durchschnittlich je Vollkraft pro Arbeitstag zu versorgenden belegten Betten.
2 Ohne Personal der Ausbildungsstätten und ohne Schüler/-innen und Auszubildende.

liche Personal in den Stadtstaaten Berlin, Bremen und Hamburg mit 46,2 Betten.

Auf eine einzelne Vollkraft im nichtärztlichen Dienst von Vorsorge- oder Rehabilitationseinrichtungen entfielen durchschnittlich 8,1 täglich zu versorgende belegte Betten; im Jahr 1991 waren es 8,6 Betten gewesen. Nichtärztliche Vollkräfte in Schleswig-Holstein hatten täglich 10,7 belegte Betten zu betreuen, in den Stadtstaaten waren es nicht einmal halb so viele Betten (5,1).

Eine Pflegevollkraft versorgte im Bundesdurchschnitt 31,9 Betten täglich. Die höchste Personalbelastung bestand 2011 in Schleswig-Holstein mit 51,4 Betten pro Tag, gefolgt von Mecklenburg-Vorpommern mit 43,6 belegten Betten. Das Pflegepersonal in den Stadtstaaten hatte mit 14,0 Betten je Vollkraft die geringste Personalbelastung im Ländervergleich.

Leistungen und Auslastung von Vorsorge- oder Rehabilitationseinrichtungen

Die Zahl der Patientinnen und Patienten in Vorsorge- oder Rehabilitationseinrichtungen lag 2011 bei 1,9 Millionen und damit um knapp ein Drittel höher als 1991 (1,5 Millionen Patientinnen und Patienten). Die meisten Rehabilitationspatientinnen und -patienten (352 000 Fälle beziehungsweise 18 %) wurden 2011 in Bayern behandelt. Insgesamt verbrachten die Patientinnen und Patienten 49 Millionen Pflegetage in den Einrichtungen, 3,3 Millionen Pflegetage mehr als 1991.

Daraus ergibt sich eine rechnerische Verweildauer von 25,4 Tagen im Bundesdurchschnitt. Im Jahr 1991 lag diese noch bei 31 Tagen. Die längste Zeit mit durchschnittlich 29,9 Tagen verbrachten die Patientinnen und Patienten in Vorsorge- oder Rehabilitationseinrichtungen der Stadtstaaten. Die kürzeste Verweildauer ergab sich für Mecklenburg-Vorpommern und für Schleswig-Holstein mit jeweils 23,7 Tagen. In der Fachabteilung »Allgemeinmedizin« dauerte der Aufenthalt in einer Vorsorge- oder Rehabilitationseinrichtung 20,5 Tage. Mehr als dreimal so lange (durchschnittlich 64,2 Tage)

hielten sich Patientinnen und Patienten in der Fachabteilung »Psychiatrie und Psychotherapie« auf.

Die Betten in Vorsorge- oder Rehabilitationseinrichtungen waren 2011 zu knapp 79 % (1991: 87 %) ausgelastet. Die höchste Auslastung gab es in brandenburgischen Einrichtungen mit 90 %, die niedrigste im Saarland mit 74 %. Die in der Fachabteilung »Psychiatrie und Psychotherapie« aufgestellten Betten waren zu 88 % ausgelastet, gefolgt von der »Neurologie« mit 86 %. In der Fachabteilung »Haut- und Geschlechtskrankheiten« waren die Betten zu 59 % ausgelastet.

8.1.5 Gesundheitspersonal

Für eine hochwertige medizinische Versorgung der Bevölkerung ist qualifiziertes Fachpersonal unverzichtbar. Zudem wird im Gesundheitswesen eine große Zahl an Menschen beschäftigt, die nicht in der unmittelbaren Patientenversorgung, sondern beispielsweise als Verwaltungsfachleute, Reinigungskräfte oder Fachkräfte im Handwerk tätig sind. Daher hat das Gesundheitswesen eine große Bedeutung für den Arbeitsmarkt. Die Gesundheitspersonalrechnung ermittelte zum 31. Dezember 2011 rund 4,9 Millionen Beschäftigte im Gesundheitswesen. Dies entsprach 11 % aller Beschäftigten in Deutschland. Sämtliche Angaben zu den Beschäftigten beziehen sich auf Beschäftigungsfälle. Personen mit mehreren Arbeitsverhältnissen in verschiedenen Einrichtungen des Gesundheitswesens werden unabhängig von der geleisteten Arbeitszeit mehrfach gezählt. Bis auf ehrenamtlich Tätige und Beauftragte aus anderen Sektoren (zum Beispiel von einer Reinigungsfirma beschäftigtes Reinigungspersonal in Krankenhäusern) berücksichtigt die Gesundheitspersonalrechnung alle im Gesundheitswesen tätigen Personen.

Gesundheitspersonal nach Berufen

Beim Gesundheitspersonal werden fünf Berufsgruppen unterschieden: Gesundheitsdienstberufe, soziale Berufe, Gesundheitshandwerker, sonstige Gesund-

heitsfachberufe und andere Berufe im Gesundheitswesen.

Zwischen den Jahren 2006 und 2011 erhöhte sich die Zahl der Beschäftigten im Gesundheitswesen kontinuierlich um insgesamt 457 000 oder 10 %. Ein Großteil des Zuwachses geht vor allem auf den Beschäftigungsanstieg in den Gesundheitsdienstberufen mit insgesamt 285 000 zusätzlichen Arbeitsplätzen zurück. Einen Gesundheitsdienstberuf üben diejenigen Beschäftigten aus, die in der unmittelbaren Patientenversorgung tätig sind. Dazu zählen beispielsweise Ärztinnen und Ärzte sowie Gesundheits- und Krankenpflegerinnen und -pfleger. Im Jahr 2011 arbeitete über die Hälfte des Gesundheitspersonals (2,8 Millionen Personen oder 57 %) in einem Gesundheitsdienstberuf. Mit rund 29 % des Gesundheitspersonals bildeten die Beschäftigten in anderen Berufen die zweitgrößte Gruppe im Gesundheitswesen. Zu den anderen Berufen zählen alle Beschäftigten, die nicht einer der übrigen vier Berufsgruppen zugeordnet werden können (zum Beispiel Küchen- oder Reinigungspersonal in Krankenhäusern sowie Kurierdienste). Im Jahr 2011 übten rund 1,4 Millionen Personen einen anderen Beruf im Gesundheitswesen aus. Gegenüber 2006 war in dieser Berufsgruppe ein Zuwachs von rund 38 000 Stellen (3 %) zu verzeichnen. Einen sozialen Beruf übten im Jahr 2011 rund 470 000 Personen aus, das sind rund 10 % des Gesundheitspersonals. In dieser Berufsgruppe gab es zwischen den Jahren 2006 und 2011 einen starken Zuwachs von 123 000 Beschäftigten beziehungsweise um 36 %. Dieser geht vor allem auf den steigenden Bedarf an Altenpflegekräften zurück, wobei zu berücksichtigen ist, dass nur ein Teil der Altenpflegerinnen und Altenpfleger in der Gesundheitspersonalrechnung erfasst wird. So fließt zwar das Altenpflegepersonal der Altenpflegeheime, nicht aber das der Altenwohnheime mit ein. Im Gesundheitshandwerk, hierzu zählen beispielsweise Augenoptikerinnen und Augenoptiker, und in sonstigen Gesundheitsfachberufen, zum Beispiel

▶ Tab 8   **Gesundheitspersonal nach Berufen und Frauenanteil**

	2006			2011		
	Beschäftigte		Vollzeit-äquivalente	Beschäftigte		Vollzeit-äquivalente
	insgesamt	Frauenanteil		insgesamt	Frauenanteil	
	in 1 000	in %	in 1 000	in 1 000	in %	in 1 000
Gesundheitsdienstberufe	**2 509**	**79,8**	**1 908**	**2 793**	**79,8**	**2 102**
↳ Ärzte	311	40,0	281	342	43,8	304
↳ Zahnärzte	65	38,8	61	69	41,7	63
↳ Apotheker	57	64,5	44	61	68,2	47
↳ Arzthelfer/Zahnmedizinische Fachangestellte	614	99,2	452	647	98,8	471
↳ Gesundheits- und Krankenpfleger	772	86,4	560	826	85,5	590
↳ Medizinisch-technische Assistenten	93	92,5	72	99	91,7	77
↳ Physiotherapeuten, Masseure, Medizinische Bademeister	171	72,3	129	212	73,6	156
↳ Therapeutische Berufe	93	82,4	68	110	85,0	80
Soziale Berufe	**347**	**86,1**	**266**	**470**	**85,4**	**356**
↳ Altenpfleger	325	87,1	249	444	86,3	334
Gesundheitshandwerker	**139**	**50,3**	**123**	**148**	**51,0**	**130**
↳ Zahntechniker	68	50,6	60	67	52,9	58
Sonstige Gesundheitsfachberufe	**95**	**68,2**	**71**	**96**	**64,5**	**72**
↳ Pharmazeutisch-kaufmännische Angestellte	45	97,9	31	42	97,2	29
Andere Berufe im Gesundheitswesen	**1 373**	**60,1**	**1 037**	**1 412**	**61,9**	**1 048**
Berufe insgesamt	**4 463**	**73,1**	**3 405**	**4 920**	**74,0**	**3 708**

pharmazeutisch-kaufmännische Ange-stellte, waren im Jahr 2011 insgesamt 5 % des Gesundheitspersonals (245 000 Be-schäftigte) tätig. Gegenüber 2006 gab es in diesen beiden Berufsgruppen einen Zuwachs von insgesamt rund 10 000 Ar-beitsplätzen beziehungsweise 4 %.

Besonders charakteristisch für das Gesundheitspersonal ist der hohe Frau-enanteil. Im Jahr 2011 arbeiteten rund 3,6 Millionen Frauen im Gesundheits-wesen. Ihr Beschäftigungsanteil lag bei 74 %. Der Frauenanteil variierte jedoch stark zwischen den einzelnen Berufs-gruppen. Besonders hoch war er bei (zahn-)medizinischen Fachangestellten (99 %), pharmazeutisch-kaufmännischen Angestellten (97 %) und medizinisch-technischen Assistentinnen und Assis-tenten (92 %). Bei den Ärztinnen und Ärzten sowie den Zahnärztinnen und Zahnärzten war der Frauenanteil mit

44 % beziehungsweise 42 % dagegen ver-gleichsweise niedrig.

Beschäftigungszuwächse gab es in den zurückliegenden Jahren in beiden Berufsgruppen überwiegend bei den Frau-en: Im Jahr 2011 gab es 25 000 Ärztinnen, aber nur gut 6 000 Ärzte mehr als im Jahr 2006. Auch bei den Zahnärztinnen gab es zwischen den Jahren 2006 und 2011 einen Zuwachs von 3 000, hingegen blieb die Zahl der Zahnärzte nahezu unverändert. Im Gesundheitshandwerk und in den an-deren Berufen im Gesundheitswesen be-lief sich der Frauenanteil im Jahr 2011 auf 51 % beziehungsweise 62 %. ▶ Tab 8

Die Zahl der auf die volle Arbeitszeit umgerechneten Beschäftigten im Ge-sundheitswesen, das sogenannte Vollzeit-äquivalent, lag im Jahr 2011 bei rund 3,7 Millionen und erhöhte sich gegenüber 2006 um 303 000 beziehungsweise um 9 %. Hierdurch wird deutlich, dass sich

im Gesundheitswesen zwischen 2006 und 2011 nicht nur die Zahl der Beschäf-tigten, sondern auch das Beschäftigungs-volumen erhöht hat.

In Berufsgruppen mit vielen Teilzeit- und geringfügig Beschäftigten unterschei-det sich das Vollzeitäquivalent stark von der Zahl der Beschäftigten. Weiter gibt die Relation des Vollzeitäquivalents zu den Beschäftigten innerhalb einer Berufs-gruppe an, ob ein hoher Anteil an Teilzeit- und geringfügig Beschäftigten vorliegt: Im Jahr 2011 fiel diese Relation bei den Ärztinnen und Ärzten sowie den Zahnärz-tinnen und Zahnärzten mit 0,89 bezie-hungsweise 0,93 und bei den Zahntech-nikerinnen und Zahntechnikern mit 0,86 besonders hoch aus, da hier überwie-gend Vollzeit gearbeitet wird. Vergleichs-weise niedrig war die Relation des Vollzeit-äquivalents zu den Beschäftigten im Jahr 2011 bei den pharmazeutisch-kaufmännischen Angestellten (0,70), den Gesundheits- und Krankenpfleger/-innen einschließlich Hebammen und Entbindungspflegern (0,71) und den anderen Berufen im Gesundheitswesen (0,74).

Insgesamt gingen im Jahr 2011 rund 56 % des Gesundheitspersonals einer Vollzeitbeschäftigung, 32 % einer Teilzeitbeschäftigung und 12 % einer geringfügigen Beschäftigung nach. Während die Zahl der Vollzeitbeschäftigten zwischen den Jahren 2006 und 2011 um 135 000 beziehungsweise um 5 % gestiegen ist, hat die Teilzeitbeschäftigung um 280 000 oder 21 % und die geringfügige Beschäftigung um 41 000 oder 8 % zugenommen.

Auch bei der Beschäftigungsart zeigten sich im Jahr 2011 innerhalb des Gesundheitswesens deutliche geschlechtsspezifische Unterschiede: Mit einem Anteil von 80 % waren Männer wesentlich häufiger vollzeitbeschäftigt als Frauen (48 %). Dagegen übten lediglich 12 % der Männer, jedoch 39 % der Frauen eine Teilzeittätigkeit aus. Zudem gingen Frauen mit 13 % häufiger einer geringfügigen Beschäftigung nach als Männer (8 %). Die Relation des Vollzeitäquivalents zu den Beschäftigungsverhältnissen fiel daher im Jahr 2011 bei den Männern mit 0,86 deutlich höher aus als bei den Frauen (0,72). ▸ Abb 10

Gesundheitspersonal nach Einrichtungen

In der Gesundheitspersonalrechnung werden sieben Einrichtungen unterschieden: Gesundheitsschutz, ambulante Einrichtungen, stationäre- und teilstationäre Gesundheitsversorgung, Rettungsdienste, Verwaltung, sonstige Einrichtungen (unter anderem Ausbildungsstätten und Forschungseinrichtungen) und die Vorleistungsindustrien des Gesundheitswesens.

Der weitaus größte Teil des Gesundheitspersonals (84 %) arbeitete in ambulanten sowie stationären und teilstationären Einrichtungen. Im Jahr 2011 waren in der ambulanten 2,2 Millionen und in der (teil-)stationären Gesundheitsversorgung 2,0 Millionen Personen beschäftigt.

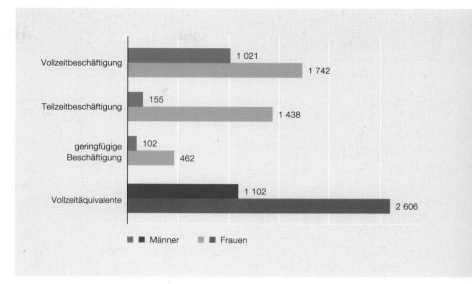

▸ Abb 10 **Gesundheitspersonal nach Art der Beschäftigung und Geschlecht 2011 — in Tausend**

Zwischen 2006 und 2011 wuchs die Zahl der Beschäftigten in ambulanten Einrichtungen stärker (241 000 oder 13 %) als in der stationären und teilstationären Gesundheitsversorgung (177 000 oder 10 %). Dies ist vor allem auf den Personalanstieg in den Praxen sonstiger medizinischer Berufe (95 000 oder 31 %) und in der ambulanten Pflege (76 000 oder 35 %) zurückzuführen. Beschäftigungszuwächse vollzogen sich zwischen 2006 und 2011 in allen ambulanten Einrichtungen.

In der stationären und teilstationären Gesundheitsversorgung stieg die Personalstärke zwischen 2006 und 2011 ebenfalls in allen Einrichtungen. Auch hier gab es einen starken Zuwachs in den Pflegeeinrichtungen (100 000 Personen oder 18 %). In Krankenhäusern waren 2011 insgesamt 65 000 Personen oder 6 % mehr beschäftigt als 2006. In den Vorleistungsindustrien des Gesundheitswesens arbeiteten 2011 rund 317 000 Beschäftigte (6 %), in der Verwaltung 196 000 (4 %), in Rettungsdiensten 55 000 (1 %) und in sonstigen Einrichtungen des Gesundheitswesens 185 000 (4 %). Lediglich das

Verwaltungspersonal sank zwischen 2006 und 2011 um 13 000 Beschäftigte oder rund 6 %. ▸ Tab 9

8.1.6 Ausgaben für Gesundheit

Seit 1992 wird in der Gesundheitsausgabenrechnung des Statistischen Bundesamtes jährlich der gesamte volkswirtschaftliche Ressourcenverbrauch ermittelt, der im Laufe eines Jahres für den Erhalt und die Wiederherstellung der Gesundheit der Bevölkerung aufgewendet wurde. Die Gesundheitsausgabenrechnung ist ein Rechensystem, in dem die Käufe für Güter und Dienstleistungen im Gesundheitswesen den Ausgabenträgern, den Leistungen und den diese Leistungen erbringenden Einrichtungen zugeordnet werden.

Im Jahr 2010 beliefen sich die gesamten Ausgaben für Gesundheit auf insgesamt 287,3 Milliarden Euro. Davon entfielen 277,3 Milliarden Euro auf laufende Gesundheitsausgaben und 10,0 Milliarden Euro wurden in Gebäude und Ausrüstungsgüter des Gesundheitswesens investiert. Zwischen den Jahren 2000

▶ Tab 9   **Gesundheitspersonal nach Einrichtungen und Teilzeitanteil**

	2006			2011		
	Beschäftigte		Vollzeit-äquivalente	Beschäftigte		Vollzeit-äquivalente
	insgesamt	darunter Teilzeit		insgesamt	darunter Teilzeit	
	in 1 000	in %	in 1 000	in 1 000	in %	in 1 000
Gesundheitsschutz	41	25,9	34	41	27,7	34
Ambulante Einrichtungen	1 918	29,0	1 459	2 159	31,3	1 633
↳ Arztpraxen	673	26,9	519	692	29,1	531
↳ Zahnarztpraxen	338	25,8	263	355	28,6	275
↳ Apotheken	171	29,6	129	180	29,6	138
↳ Ambulante Pflege	215	48,3	141	291	49,2	193
Stationäre/teilstationäre Einrichtungen	1 790	33,6	1 333	1 968	37,6	1 436
↳ Krankenhäuser	1 072	28,2	792	1 137	30,4	826
↳ Vorsorge-/Rehabilitationseinrichtungen	157	27,2	125	170	31,0	130
↳ Stationäre/teilstationäre Pflege	561	45,6	416	661	51,9	480
Rettungsdienste	47	18,7	39	55	21,2	45
Verwaltung	208	19,4	170	196	20,5	159
Sonstige Einrichtungen	151	25,4	118	185	27,2	143
Vorleistungsindustrien	307	18,9	253	317	19,7	259
Einrichtungen insgesamt	**4 463**	**29,4**	**3 405**	**4 920**	**32,4**	**3 708**

▶ Abb 11   **Entwicklung der Gesundheitsausgaben — in Milliarden Euro**

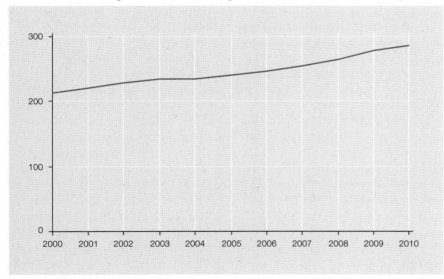

braucherpreisindex in diesem Zeitraum um 16,7 % erhöht, das Bruttoinlandsprodukt (in jeweiligen Preisen) ist um 21,9 % gewachsen. Im Ergebnis ist daher der Anteil der Gesundheitsausgaben am Bruttoinlandsprodukt im betrachteten Zeitraum von 10,4 % auf 11,6 % gestiegen und spiegelt damit die wachsende Bedeutung des Gesundheitswesens für die Volkswirtschaft wider.

Gesundheitsausgaben nach Ausgabenträgern

Die Analyse der Gesundheitsausgaben nach Ausgabenträgern zeigt, welche Institutionen die Käufe von Gütern und Dienstleistungen im Gesundheitswesen finanzieren. Eine besondere Bedeutung kommt dabei in Deutschland den Sozialversicherungen zu.

Die gesetzliche Krankenversicherung hatte im Jahr 2010 einen Anteil von 58 % an den Gesundheitsausgaben, das entspricht 165,5 Milliarden Euro. Der zweitgrößte Ausgabenträger waren die privaten Haushalte und privaten Organisationen ohne Erwerbszweck. Sie wendeten

und 2010 sind die Gesundheitsausgaben damit nominal (in jeweiligen Preisen) von 212,8 Milliarden Euro um insgesamt 74,5 Milliarden Euro beziehungsweise 35,0 % angestiegen. ▶ Abb 11

Um diese Entwicklung richtig einschätzen zu können, werden entsprechende Informationen über andere ökonomisch bedeutsame Größen benötigt. So hat sich beispielsweise der allgemeine Ver-

39,0 Milliarden Euro auf und hatten einen Anteil von 14 % an den gesamten Gesundheitsausgaben.

Mit 26,8 Milliarden Euro beziehungsweise 9 % folgte die private Krankenversicherung an dritter Stelle, vor der sozialen Pflegeversicherung mit Ausgaben in Höhe von 21,5 Milliarden Euro (8 %). ▶ Tab 10

Die Ausgaben der privaten Haushalte und privaten Organisationen ohne Erwerbszweck haben sich im Zeitraum 2000 bis 2010 um 13,9 Milliarden Euro erhöht. Das entspricht einer durchschnittlichen jährlichen Wachstumsrate von 4,5 %. Diese Steigerungsrate lag deutlich über der Wachstumsrate der gesamten Gesundheitsausgaben, die im Durchschnitt jährlich 3,0 % betrug. Ebenfalls überdurchschnittlich gesteigert haben sich die Gesundheitsausgaben der privaten Krankenversicherung um 9,2 Milliarden Euro oder 4,3 % jährlich und die Ausgaben der Arbeitgeber, unter die vor allem die Beihilfeleistungen und der betriebliche Gesundheitsdienst fallen. Diese Ausgaben wuchsen von 2000 bis 2010 um 3,3 Milliarden Euro beziehungsweise 3,3 % jährlich auf 12,0 Milliarden Euro. Für die gesetzliche Krankenversicherung ergab sich ein Anstieg von 41,6 Milliarden Euro (beziehungsweise 2,9 % jährlich). Die Ausgaben der sozialen Pflegeversicherung stiegen im gleichen Zeitraum mit durchschnittlich 2,6 % pro Jahr vergleichsweise moderat und betrugen zuletzt 21,5 Milliarden Euro.

Der überdurchschnittliche Anstieg der Ausgaben der privaten Haushalte spiegelt die vom Gesetzgeber gewünschte Stärkung der Eigenverantwortung der Patientinnen und Patienten wider, indem der Leistungsumfang der gesetzlichen Krankenversicherung begrenzt und die Zuzahlungen der privaten Haushalte zu den erbrachten Leistungen erhöht wurden. Sie ist der aus der wachsenden Einnahmen-Ausgaben-Problematik der gesetzlichen Krankenversicherung resultierenden »Kostendämpfungspolitik« geschuldet. Andererseits haben auch das geänderte Inanspruchnahmeverhalten von Gesundheitsgütern und -dienstleistungen als Folge eines er-

höhten Gesundheitsbewusstseins der Patientinnen und Patienten das Gewicht der Ausgaben der privaten Haushalte erhöht.

Gesundheitsausgaben nach Leistungsarten

Die Struktur der erbrachten Güter und Dienstleistungen des Gesundheitswesens kann mithilfe der Leistungsarten analysiert werden. Die Ausgaben für »Waren« lagen im Jahr 2010 mit 79,1 Milliarden Euro beziehungsweise einem Anteil von 28 % der Gesundheitsausgaben vor allen anderen Leistungsarten. Unter dem Begriff »Waren« versteht man die Aus-

gaben für Arzneimittel (einschließlich Verbandmittel), Hilfsmittel, die Material- und Laborkosten bei der Versorgung mit Zahnersatz sowie den sonstigen medizinischen Bedarf. Knapp hinter den Waren lagen ärztliche Leistungen mit 78,9 Milliarden Euro beziehungsweise 27 %. Die therapeutischen und pflegerischen Leistungen nahmen den dritten Rang ein (68,6 Milliarden Euro beziehungsweise 24 %). Danach folgten Ausgaben für Unterkunft/Verpflegung (20,2 Milliarden Euro beziehungsweise 7 %) sowie die Verwaltungsleistungen (15,1 Milliarden Euro beziehungsweise 5 %). ▶ Tab 11

▶ Tab 10 **Gesundheitsausgaben nach Ausgabenträgern 2010**

	Gesundheitsausgaben	
	in Millionen Euro	in %
Öffentliche Haushalte	13 829	4,8
Gesetzliche Krankenversicherung	165 548	57,6
Soziale Pflegeversicherung	21 535	7,5
Gesetzliche Rentenversicherung	4 054	1,4
Gesetzliche Unfallversicherung	4 613	1,6
Private Krankenversicherung	26 773	9,3
Arbeitgeber	11 975	4,2
Private Haushalte/private Organisationen ohne Erwerbszweck	38 965	13,6
Insgesamt	**287 293**	**100**

▶ Tab 11 **Gesundheitsausgaben nach Leistungsarten 2010**

	Gesundheitsausgaben	
	in Millionen Euro	in %
Prävention/Gesundheitsschutz	10 354	3,6
Ärztliche Leistungen	78 852	27,4
Pflegerische/therapeutische Leistungen	68 594	23,9
Unterkunft/Verpflegung	20 239	7,0
Waren	79 139	27,5
↳ Arzneimittel	46 297	16,1
↳ Hilfsmittel	14 230	5,0
↳ Zahnersatz (Material- und Laborkosten)	6 523	2,3
↳ Sonstiger medizinischer Bedarf	12 089	4,2
Transporte	4 980	1,7
Verwaltungsleistungen	15 092	5,3
Investitionen	10 043	3,5
Insgesamt	**287 293**	**100**

▶ Tab 12   Gesundheitsausgaben nach Einrichtungen 2010

	Gesundheitsausgaben	
	in Millionen Euro	in %
Gesundheitsschutz	1 858	0,6
Ambulante Einrichtungen	141 404	49,2
↳ Arztpraxen	43 114	15,0
↳ Zahnarztpraxen	17 727	6,2
↳ Apotheken	40 862	14,2
↳ Gesundheitshandwerk/-einzelhandel	18 975	6,6
↳ Ambulante Pflege	10 038	3,5
Stationäre/teilstationäre Einrichtungen	104 198	36,3
↳ Krankenhäuser	74 307	25,9
↳ Stationäre/teilstationäre Pflege	21 733	7,6
Rettungsdienste	3 093	1,1
Verwaltung	16 773	5,8
Sonstige Einrichtungen und private Haushalte	8 430	2,9
Ausland	1 494	0,5
Investitionen	10 043	3,5
Insgesamt	**287 293**	**100**

▶ Abb 12   Anteil der Gesundheitsausgaben am Bruttoinlandsprodukt — in Prozent

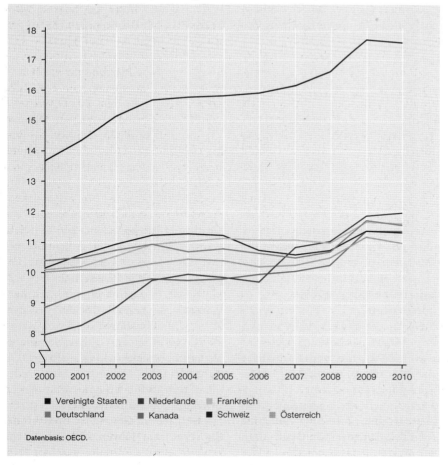

■ Vereinigte Staaten   ■ Niederlande   ■ Frankreich
■ Deutschland   ■ Kanada   ■ Schweiz   ■ Österreich

Datenbasis: OECD.

Gesundheitsausgaben nach Einrichtungen

Die Ausgaben fallen innerhalb des Gesundheitswesens in verschiedenen Einrichtungen an – zum Beispiel in Arztpraxen, in Krankenhäusern, aber auch in Apotheken oder im (teil-)stationären Pflegebereich. Das heißt überall dort, wo Patienten versorgt oder Leistungen für ihre Gesundheit erbracht werden. Die Leistungsschwerpunkte liegen dabei ganz eindeutig auf den Einrichtungen der ambulanten und (teil-)stationären Gesundheitsversorgung: Insgesamt 141,4 Milliarden Euro betrugen die Ausgaben für Gesundheitsleistungen der ambulanten Einrichtungen im Jahr 2010, was einem Anteil von 49 % an den gesamten Gesundheitsausgaben entspricht. Zu den bedeutsamsten ambulanten Einrichtungen gehörten dabei die Arztpraxen (43,1 Milliarden Euro) und Apotheken (40,9 Milliarden Euro).

Für Güter und Dienstleistungen des Gesundheitshandwerks und des -einzelhandels wurden 19,0 Milliarden Euro aufgewendet. Dahinter lagen die Zahnarztpraxen (17,7 Milliarden Euro) sowie die Einrichtungen der ambulanten Pflege mit Ausgaben in Höhe von 10,0 Milliarden Euro. Rund 104,2 Milliarden Euro beziehungsweise 36 % wurden für die (teil-)stationären Einrichtungen, zu denen Krankenhäuser (74,3 Milliarden Euro) und (teil-)stationäre Pflegeheime (21,7 Milliarden Euro) zählen, benötigt.

Der Bereich »Verwaltung«, bei dem hauptsächlich die Verwaltungsausgaben der Ausgabenträger nachgewiesen werden, hatte 2010 Ausgaben in Höhe von 16,8 Milliarden Euro (6 %) zu verzeichnen. Weitere 8,4 Milliarden Euro (3 %) fielen für Leistungen der sonstigen Einrichtungen und privaten Haushalte an. Hier sind insbesondere die Pflege von Angehörigen und das damit verbundene Pflegegeld, Taxifahrten für Krankentransporte oder der betriebliche Gesundheitsdienst enthalten. ▶ Tab 12

Gesundheitsausgaben im internationalen Vergleich

Grundlage für den internationalen Vergleich der Gesundheitsausgaben sind die

Daten der Organisation für wirtschaftliche Zusammenarbeit und Entwicklung (OECD). Die Definition der Gesundheitsausgaben in Deutschland ist dabei auf die von der OECD entwickelte Begriffsdefinition abgestimmt. Internationale Vergleiche zu den Gesundheitsausgaben werden mit den Kennziffern »Anteil der Gesundheitsausgaben am Bruttoinlandsprodukt (BIP)« und »Gesundheitsausgaben je Einwohner in US-Dollar Kaufkraftparitäten« durchgeführt. Diese Indikatoren können allerdings nicht die Unterschiede der Gesundheitssysteme messen. Internationalen Vergleichen von Gesundheitssystemen anhand von reinen ausgabenbezogenen Indikatoren sind daher Grenzen gesetzt.

Deutschland befindet sich im internationalen Vergleich des Anteils der Gesundheitsausgaben am Bruttoinlandsprodukt der OECD-Staaten in der Spitzengruppe. Wie bereits in den vergangenen Jahren lagen 2010 die Vereinigten Staaten mit einem Anteil von 17,6 % auf Platz eins. Es folgten die Niederlande mit 12,0 %. In Frankreich und in Deutschland wurden jeweils 11,6 % des Bruttoinlandsprodukts für Gesundheitsleistungen aufgewendet, dahinter lagen die Schweiz und Kanada mit jeweils 11,4 %. ▸ Abb 12

Bei Analysen von Zeitreihen ist zu beachten, dass nicht nur ein Anstieg oder Rückgang der Gesundheitsausgaben Einfluss auf die Kennziffer hat, sondern auch die Entwicklung des Bruttoinlandsproduktes ein Absinken oder Ansteigen des Indikators bewirken kann. Weder kann ein hoher Wert dieses Indikators als von sich aus gut noch ein niedriger Wert als entsprechend schlecht interpretiert werden. Zur Wertung der »Performance« eines Gesundheitssystems müssen noch viele andere Faktoren wie Qualität der Versorgung und Effizienz des Systems berücksichtigt werden.

Vergleicht man die Gesundheitsausgaben der OECD-Staaten in US-Dollar Kaufkraftparitäten je Einwohner, befindet sich Deutschland mit 4 340 US-Dollar pro Kopf im Jahr 2010 im oberen Viertel.

Auch bei diesem Vergleich wendeten die Vereinigten Staaten mit rund 8 230 US-Dollar pro Kopf am meisten für Gesundheitsleistungen auf. Die folgenden Staaten Norwegen (5 390 US-Dollar), die Schweiz (5 270 US-Dollar) und die Niederlande (5 060 US-Dollar) gaben schon erheblich weniger aus.

Der Anstieg der Gesundheitsausgaben in den vergangenen Jahren ist kein deutsches Phänomen, sondern lässt sich in allen westlichen Industrienationen beobachten. Auffallend dabei ist, dass im Vergleich mit anderen OECD-Staaten Deutschland bei beiden Kennziffern nur ein sehr geringes Wachstum zu verbuchen hatte. Von einer »Kostenexplosion« im deutschen Gesundheitswesen – wie vielfach in den Medien thematisiert – kann vor diesem Hintergrund nicht gesprochen werden.

8.1.7 Zusammenfassung

Das Gesundheitswesen in Deutschland durchläuft seit Jahren erhebliche Veränderungen in Organisations-, Versorgungs- und Finanzierungsstrukturen. Die Anforderungen aus dem demografischen Wandel und die Möglichkeiten durch den medizinisch-technischen Fortschritt haben daran maßgeblichen Anteil. Mit den gesundheitsstatistischen Angaben lassen sich das Ausmaß und die zeitliche Entwicklung dieser Veränderungen anschaulich aufzeigen.

Die Zahl der wegen einer Krankheit des Kreislaufsystems 2011 im Krankenhaus behandelten Patienten ist im Vergleich zu 2001 konstant geblieben (2,8 Millionen). Im gleichen Zeitraum stiegen die Fallzahlen bei dem Kapitel »Bestimmte Zustände mit Ursprung in der Perinatalperiode« um 60 % auf 175 000 Behandlungsfälle im Jahr 2011. Bei den vollstationär in Krankenhäusern versorgten Patientinnen und Patienten wurden 2011 insgesamt rund 49 Millionen Operationen und medizinische Prozeduren durchgeführt. Im Vergleich zum Vorjahr entspricht dies einer Zunahme um rund 4 %. Auf einen Krankenhausfall entfielen damit im Durchschnitt 2,8

Maßnahmen dieser Art. In allen Altersgruppen war die durchschnittliche Zahl der Operationen und Prozeduren je Krankenhausfall bei Männern durchweg höher als bei Frauen. Im Zeitraum von 1991 bis 2011 wurde jedes vierte Krankenhausbett abgebaut und die Verweildauer für einen stationären Krankenhausaufenthalt hat sich um sechs Tage auf durchschnittlich acht Tage verkürzt.

In Deutschland waren 2011 rund 7,3 Millionen Menschen amtlich als Schwerbehinderte registriert, das entsprach einem Anteil von rund 9 % an der Bevölkerung. Die Wahrscheinlichkeit schwerbehindert zu sein, steigt mit zunehmendem Alter an. In der Gruppe der ab 80-Jährigen hatte jeder Dritte einen gültigen Schwerbehindertenausweis, in der Altersgruppe zwischen 25 bis 34 Jahren waren 2 % betroffen.

Im Dezember 2011 waren 2,5 Millionen Menschen in Deutschland pflegebedürftig im Sinne des Sozialgesetzbuchs SGB XI. Die Mehrheit (83 %) der Pflegebedürftigen war 65 Jahre und älter; ein Drittel (36 %) 85 Jahre und älter. Die höchste Pflegequote wurde mit 58 % bei den ab 90-Jährigen ermittelt. Frauen waren ab dem 80. Lebensjahr deutlich pflegebedürftiger als Männer dieser Altersgruppen. Bei den 85- bis 89-jährigen Frauen lag die Pflegequote bei 42 %, bei den Männern gleichen Alters bei 29 %.

Die allgemeine Sterbeziffer in Deutschland ist zwischen 1990 und 2011 kontinuierlich gesunken. Die Entwicklung der Sterblichkeit fand nicht überall in Deutschland in gleichem Maße statt. So ist sie in den neuen Ländern seit 1990 zwar um insgesamt 44 % zurückgegangen, lag aber mit 767 Sterbefällen je 100 000 Einwohner weiterhin über der Sterbeziffer im früheren Bundesgebiet mit 712 Sterbefällen je 100 000 Einwohner.

Mit 4,9 Millionen Beschäftigten war im Jahr 2011 jeder neunte Beschäftigte in Deutschland im Gesundheitswesen tätig. Zwischen den Jahren 2006 und 2011 erhöhte sich die Zahl der Beschäftigten im Gesundheitswesen kontinuierlich um insgesamt 457 000 oder 10 %.

Die Ausgaben für Gesundheit beliefen sich im Jahr 2010 auf insgesamt 287,3 Milliarden Euro oder knapp 12 % des Bruttoinlandsproduktes. Dieser Anteil ist gegenüber dem Jahr 2000 (gut 10 %) gestiegen. Auch er spiegelt die größer gewordene Bedeutung des Gesundheitswesens für die Volkswirtschaft wider.

Fachleute gehen davon aus, dass die Nachfrage nach Gesundheitsgütern und -leistungen künftig weiter steigen wird, da Menschen älter werden und viele Krankheiten und gesundheitlichen Beeinträchtigungen eine Altersabhängigkeit aufweisen. Außerdem erweitern sich durch den Fortschritt im Gesundheitswesen die diagnostischen und therapeutischen Möglichkeiten. Mit steigendem Lebensstandard nehmen die Gesundheitsbedürfnisse der Menschen zu. Der Entscheidungsspielraum der Verantwortlichen in Politik und Gesellschaft in Bezug auf die Ressourcen für die Gesundheitsversorgung der Bevölkerung unterliegt allerdings Grenzen. Die Gesundheit konkurriert unmittelbar mit anderen Bereichen der Sozialen Sicherung. Die Frage der Finanzierbarkeit einer weiter steigenden Nachfrage nach Gesundheitsgütern und -leistungen hängt auch entscheidend vom verantwortungsvollen Umgang der Beteiligten im Gesundheitswesen mit diesen Mitteln ab.

8.2 Gesundheit, Einstellungen und Verhalten

Markus M. Grabka
DIW Berlin

WZB / SOEP

Das Gesundheitssystem steht vor zentralen Herausforderungen, die fortwährenden Reformdruck erzeugen. Dies sind vor allem die demografische Entwicklung hin zu einem steigenden Anteil älterer Menschen in der Gesellschaft und ein fortwährender medizinischer Fortschritt. Beide Aspekte haben vor allem finanzielle Konsequenzen, die sich in Kostensteigerungen äußern. Insbesondere die Gesetzliche Krankenversicherung als der zentrale Pfeiler für die gesundheitliche Versorgung der Bevölkerung in Deutschland ist mit diesen Herausforderungen konfrontiert, was sich vorrangig für die Versicherten in steigenden Beitragssätzen, erhöhten Zuzahlungen oder Leistungsauslagerungen äußert.

Mit dem zum 1. Januar 2009 in Kraft getretenen Gesetz zur nachhaltigen und sozial ausgewogenen Finanzierung der Gesetzlichen Krankenversicherung (GKV-Finanzierungsgesetz – GKV-FinG) ist die finanzielle Belastung zu Ungunsten der Versicherten weiter verschoben worden, denn erstmals wurde der Beitragssatz für die Arbeitgeber zur Gesetzlichen Krankenversicherung festgeschrieben. Künftige Ausgabensteigerungen müssen daher vorrangig aus dem Kreis der Versicherten über Zusatzbeiträge gedeckt werden. Das zentrale Ziel der deutschen Gesundheitspolitik ist die Sicherstellung einer umfassenden Versorgung mit medizinischen Leistungen für alle Schichten und Gruppen der Bevölkerung, doch stellt sich die Frage, ob vor dem Hintergrund einer zunehmenden finanziellen Belastung für die Versicherten und Patienten dieses Ziel weiterhin erreicht werden kann.

Angesichts dieser Umbruchsituation ist die dauerhafte und detaillierte Beobachtung von Gesundheitszustand und gesundheitsbezogener Lebensqualität, von Indikatoren der Inanspruchnahme des Versorgungssystems und die Erfassung der individuellen Präferenzen von Versicherten und Patienten mehr denn je von Bedeutung, denn deren Berücksichtigung ist eine entscheidende Bedingung für die erfolgreiche Umsetzung der eingeleiteten Reformen.

8.2.1 Einschätzungen des Gesundheitszustandes und der Gesundheitszufriedenheit

Angaben zur Beschreibung des Gesundheitszustandes und zur Gesundheitszufriedenheit unterscheiden sich durch den Grad der subjektiven Prägung. Die Einschätzung des Gesundheitszustandes bildet stärker die »objektive« Bewertung ab, die Aussagen zur Zufriedenheit das »subjektive« Moment. Beide Bewertungen sind vorrangig vom tatsächlichen Krankheitsgeschehen abhängig, sie sind aber auch abhängig vom jeweiligen Anspruch an das gesundheitliche Wohlbefinden. Wenn die Zufriedenheit sinkt, kann dies auf eine tatsächliche Verschlechterung des Gesundheitszustandes oder auf ein gestiegenes Anspruchsniveau zurückzuführen sein. Dies erklärt zum Beispiel den Befund, dass bei vergleichbarem gesundheitlichem Status die Zufriedenheit älterer Menschen höher ist als die jüngerer. Diese Differenzierung wird noch deutlicher, wenn die Veränderungen der beiden Indikatoren nicht gleichförmig verlaufen, wenn also mit einer Verbesserung der Gesundheitszustandsbeschreibung eine Verschlechterung der Zufriedenheit verbunden ist.

In Tabelle 1 wird die Einschätzung des Gesundheitszustandes differenziert nach sozialen Merkmalen in den Jahren 1995, 2000, 2005 und 2011 ausgewiesen. Wird nach Altersgruppen unterschieden, bestätigt sich der Zusammenhang zwischen dem tatsächlichen Gesundheitszustand und der Einschätzung durch die Befragten, denn mit höherem Alter nimmt die Wahrscheinlichkeit zu, an einer oder an mehreren Krankheiten zu leiden. Über die Zeit hinweg hat jedoch der Anteil der Personen im Alter von 60 und mehr Jahren, die ihren Gesundheitszustand als gut bezeichnen, leicht zugenommen. Dieser Befund kann ein Hinweis darauf sein, dass die allgemein steigende Lebens-

▶ Tab 1   **Bewertung des Gesundheitszustandes nach soziodemografischen Merkmalen 1995, 2000, 2005 und 2011 — in Prozent**

	Bewertung des Gesundheitszustandes											
	Gut				Zufriedenstellend				Schlecht			
	1995	2000	2005	2011	1995	2000	2005	2011	1995	2000	2005	2011
Insgesamt	**46**	**49**	**46**	**45**	**34**	**34**	**34**	**34**	**20**	**17**	**20**	**21**
Geschlecht												
Männer	51	52	48	47	33	33	34	34	16	15	19	18
Frauen	42	46	45	43	34	35	34	35	23	20	22	22
Alter												
Unter 40 Jahren	67	71	69	68	25	22	23	25	8	7	8	7
40–59 Jahren	42	48	44	43	37	36	37	36	21	17	19	21
60 Jahre und älter	23	24	23	26	41	45	42	42	36	31	35	33
Berufsbildung												
Ohne Abschluss	45	45	47	46	30	33	31	31	25	22	23	24
Mittlerer Abschluss	45	48	44	42	35	35	35	37	19	17	20	21
Fachhoch-, Hochschule	53	59	53	54	35	30	31	30	12	11	15	16
Erwerbstätigkeit												
Voll erwerbstätig	57	61	58	56	32	29	31	32	12	10	11	12
Teilzeitbeschäftigt	54	55	52	49	33	34	33	36	13	11	15	15
Nicht erwerbstätig	37	37	36	35	36	37	36	36	28	25	28	29
Monatliches Haushaltseinkommen[1]												
Bis unter 1 000 Euro	32	37	34	33	36	33	33	34	32	30	33	34
1 000 bis 2 000 Euro	40	42	40	38	35	37	35	38	25	21	25	24
2 000 bis 3 000 Euro	51	52	50	49	33	33	34	34	17	15	16	18
Mehr als 3 000 Euro	57	59	56	58	32	31	31	29	11	10	13	12
Kassenwechsler (nur GKV)												
Nein	–	48	46	44	–	34	34	35	–	18	20	21
Ja	–	65	57	58	–	25	28	27	–	10	16	15
Region												
Westdeutschland	47	50	47	46	33	33	34	33	20	17	20	21
Ostdeutschland	45	46	45	42	37	36	34	39	18	18	22	20

1 Inflationsbereinigte Nettoeinkommen in Preisen von 2005.
– nichts vorhanden.
Datenbasis: SOEP v28, 2011 ohne Sample J.

erwartung mit einem Zuwachs an gesunden Lebensjahren verbunden ist, was im Einklang mit der sogenannten Kompressionsthese in den Gesundheitswissenschaften wäre. Ein höheres Bildungs- als auch Einkommensniveau sind mit einer besseren Einschätzung des Gesundheitszustands verbunden. Dies steht im Einklang mit gesundheitswissenschaftlichen Analysen, die die Bedeutung von individuell zur Verfügung stehenden Ressourcen für den Gesundheitszustand betonen. Insbesondere ein höheres Bildungsniveau geht oftmals mit einem gesundheitsbewussten Verhalten einher. ▶ Tab 1

Daneben finden sich aber auch geschlechtsspezifische Unterschiede: Frauen beurteilen ihren Gesundheitszustand kritischer als Männer. Diese Unterschiede spiegeln allerdings keine realen Morbiditätsdifferenzen wider. Bisher gibt es für diese Differenzen noch keine umfassenden und allgemein akzeptierten Erklärungen. Im Hinblick auf die Erwerbsbeteiligung zeigt sich eine bessere Einschätzung des Gesundheitszustands bei Vollzeitbeschäftigten gegenüber denjenigen in Teilzeit. Dieser Befund ist aber vorrangig auf die unterschiedliche geschlechtsspezifische Einschätzung des

Gesundheitszustands zurückzuführen und spiegelt wiederum keine realen Morbiditätsunterschiede wider. Zwischen den beiden Landesteilen gilt unverändert, dass in Westdeutschland der Gesundheitszustand etwas besser bewertet wird als in Ostdeutschland.

Die stärker subjektive Komponente der Einschätzung der gesundheitlichen Situation wird in Abbildung 1 anhand der Zufriedenheit mit der Gesundheit dargestellt. Die Zufriedenheit wird dabei anhand einer 11er-Skala erhoben, die zwischen den Werten 0 »ganz und gar unzufrieden« bis 10 »ganz und gar zufrieden«

▶ Abb 1   **Entwicklung der Zufriedenheit mit der Gesundheit 1990–2011 — Mittelwerte auf der Zufriedenheitsskala von 0 bis 10**

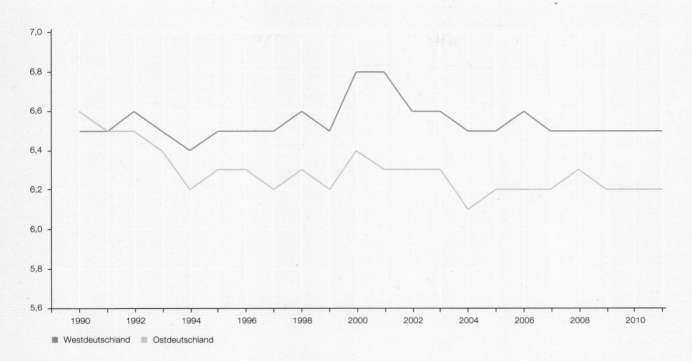

■ Westdeutschland   ■ Ostdeutschland

Datenbasis: SOEP v28.

variiert. Vergleicht man die Entwicklung zwischen den beiden Landesteilen über die vergangenen 20 Jahre, so zeigt sich der überraschende Befund, dass im Jahr 1990 die Zufriedenheit in Ostdeutschland knapp über dem Niveau in Westdeutschland lag. Seitdem entwickeln sich die beiden Landesteile in ihren Zufriedenheitsniveaus auseinander. Im Jahr 2001 war bislang der größte Unterschied zu konstatieren; dieser hat sich seitdem nur geringfügig verringert. Die unterschiedlichen Zufriedenheitsniveaus in den beiden Landesteilen dürften dabei vor allem auf eine unterschiedliche demografische Entwicklung zurückzuführen sein, da der Anteil jüngerer und damit für gewöhnlich gesundheitlich zufriedenerer Menschen in Ostdeutschland seit der deutschen Vereinigung abgenommen hat. ▶ Abb 1

8.2.2 Sorgen um die eigene Gesundheit

Ein weiterer subjektiver Indikator, der die psychosoziale Dimension von Gesundheit zu erfassen versucht, ist die Sorge um die eigene Gesundheit. Dieser Indikator kann als negatives Maß des subjektiven Wohlbefindens und subjektiv empfundener Unsicherheit verstanden werden und unterscheidet sich von der Zufriedenheit mit der Gesundheit darin, dass nicht vorrangig die aktuelle gesundheitliche Verfassung beschrieben wird, sondern dass stärker eine Erwartungskomponente in der subjektiven Einschätzung enthalten ist. Dabei spielt für das gesundheitsrelevante Verhalten die Einstellung zur eigenen Gesundheit eine wichtige Rolle. Ist eine Person in besonderem Maße um ihre Gesundheit besorgt,

kann dies zu einer Umstellung ihres Verhaltens führen. Die Antwortkategorien zur Frage nach den Sorgen um die eigene Gesundheit sind »große Sorgen«, »einige Sorgen« und »keine Sorgen«. In Tabelle 2 wird der Anteil der Personen ausgewiesen, die angeben große Sorgen zu haben. ▶ Tab 2

Insgesamt sind mehr als ein Fünftel aller Personen um ihre Gesundheit sehr besorgt. Seit 2000 nimmt der Anteil der sehr Besorgten etwas zu, was zunächst der allgemein steigenden Lebenserwartung zugeschrieben werden kann. Zwar gilt, dass mit zunehmendem Alter auch die großen Sorgen um die Gesundheit zunehmen, in der Gruppe der über 60-Jährigen hat sich das Sorgenniveau im Vergleich zu 2000 jedoch nicht verändert. Im Gegensatz dazu kann ein deutlicher

▶ Tab 2 **Große Sorgen über die eigene Gesundheit 2000, 2005, 2010 und 2011**
— in Prozent

	2000	2005	2010	2011
Insgesamt	**19**	**20**	**21**	**22**
Geschlecht				
Männer	17	19	20	19
Frauen	21	22	23	24
Alter				
Unter 40 Jahren	10	11	13	12
40 – 59 Jahren	18	19	21	22
60 Jahre und älter	30	33	31	30
Berufsbildung				
Ohne Abschluss	24	25	32	26
Mittlerer Abschluss	19	20	22	22
Fochhoch-, Hochschule	11	14	13	14
Erwerbstätigkeit				
Voll erwerbstätig	12	12	14	15
Teilzeitbeschäftigt	14	14	17	17
Nicht erwerbstätig	26	28	29	28
Monatliches Haushaltseinkommen[1]				
Bis unter 1 000 Euro	31	30	35	36
1 000 bis 2 000 Euro	23	26	26	25
2 000 bis 3 000 Euro	16	18	19	19
Mehr als 3 000 Euro	11	11	13	12
Kassenwechsler (nur GKV)				
Nein	19	21	22	22
Ja	11	16	15	17
Region				
Westdeutschland	18	20	21	21
Ostdeutschland	21	25	25	26
Gesundheitszustand				
Sehr gut	4	4	4	5
Gut	5	5	8	7
Zufriedenstellend	15	16	19	17
Weniger gut	57	55	54	56
Schlecht	92	91	86	87

1 Inflationsbereinigte Nettoeinkommen in Preisen von 2005.
Datenbasis: SOEP v28, 2011 ohne Sample J.

Zuwachs bei der mittleren Altersgruppe der 40-59-Jährigen festgestellt werden. Ob dies auf reale Veränderungen oder sich verändernde Präferenzen/Erwartungen zurückgeführt werden kann, kann hier nicht weiter beleuchtet werden.

Generell gilt zudem, dass Frauen mehr größere Sorgen um ihre Gesundheit haben als Männer, was auf einen bewussteren Umgang mit ihrer Gesundheit schließen lässt. Personen mit niedrigem Einkommen als auch diejenigen, die über einen schlechten Gesundheitszustand verfügen, sind häufiger besorgt. Überraschend ist hierbei, dass in der Gruppe mit einem schlechten Gesundheitszustand seit 2000 der Anteil mit großen Sorgen deutlich abgenommen hat. Hier dürften neben Gewöhnungseffekten aber vermutlich auch Fortschritte in der medizinischen Behandlung einen Beitrag leisten, positiver in die Zukunft zu blicken.

8.2.3 Übergewicht und Adipositas in Deutschland

Adipositas (Fettsucht) gehört unbestritten zu den größten Risikofaktoren für eine Reihe von Krankheiten. So besteht ein deutlicher Zusammenhang mit Herz-Kreislauf-Erkrankungen und Diabetes. Deshalb ist die kontinuierliche Beobachtung des Körpergewichts in der Bevölkerung eine wichtige Aufgabe der Gesundheitsberichterstattung und der (Primär-) Prävention. Das international am weitesten verbreitete Instrument zur Einteilung nach Gewichtsklassen ist der Body-Mass-Index (BMI). Dieser berechnet sich aus dem Körpergewicht in Kilogramm dividiert durch die Körpergröße in Metern im Quadrat. In Tabelle 3 sind Kategorien aufgeführt, die einer Festlegung durch die WHO entsprechen. Gezeigt werden auch die jeweiligen Risiken für Begleiterkrankungen, die von der Weltgesundheitsorganisation (WHO) formuliert worden sind. ▶ Tab 3

Umstritten ist, ob bereits die Gruppe »Präadipositas« – immerhin mehr als ein Drittel der erwachsenen Bevölkerung – als Zielgruppe für Aktionen zur Gewichtsreduzierung gehören sollte, denn nach einer umfassenden Metastudie ist geringfügiges Übergewicht nicht mit einem höheren Mortalitätsrisiko assoziiert. Zudem wird von der Gruppe mit Präadipositas ein hohes Maß an Wohlbefinden berichtet. Unstrittig dagegen ist, dass diejenigen, die einen BMI von 30 und mehr aufweisen und die deshalb als adipös (fettsüchtig) zu bezeichnen sind, mit einem erheblichen Risiko für Begleiterkrankungen rechnen müssen. Entsprechend finden sich bei Adipösen auch höhere Inanspruchnahmeraten in Form von vermehrten Arztbesuchen oder Krankenhausaufenthalten im Vergleich zu denjenigen mit Normalgewicht.

In beiden Landesteilen hat der Anteil der Adipösen zwischen 2002 und 2010 zugenommen. Dies steht weitgehend im Einklang mit internationalen Trends. Mehr als jeder Sechste der Bevölkerung hat derzeit einen BMI von mehr als 30. Dabei ist der Zuwachs an Adipö-

▶ Tab 3   **Body-Mass-Index in West- und Ostdeutschland 2002–2010 — in Prozent**

Kategorie	BMI	Risiko für Begleit-erkrankungen	Westdeutschland					Ostdeutschland				
			2002	2004	2006	2008	2010	2002	2004	2006	2008	2010
Untergewicht	< 18,5	Niedrig	3	3	2	2	2	3	4	3	2	2
Normalgewicht	18,5–24,9	Durchschnittlich	48	47	46	45	44	46	43	44	43	43
Übergewicht	> 25											
↳ Präadipositas	25–29,9	Gering erhöht	36	36	36	36	36	36	36	36	36	36
↳ Adipositas Grad I	30–34,9	Erhöht	11	11	12	13	13	13	14	13	15	15
↳ Adipositas Grad II	35–39,9	Hoch	2	2	3	3	4	2	2	4	3	4
↳ Adipositas Grad III	> 40	Sehr hoch	1	1	1	1	2	1	1	1	1	1

Datenbasis: SOEP v28.

▶ Tab 4   **Adipositas (BMI > 30) nach Geschlecht und Alter 2002–2010 — in Prozent**

	2002			2004			2006			2008			2010		
	Insge-samt	Männer	Frauen	Insge-samt	Männer	Frauen	Insge-samt	Männer	Frauen	Insge-samt	Männer	Frauen	Insge-samt	Männer	Frauen
	14	14	14	15	15	15	16	17	16	17	18	17	18	19	17
Altersgruppen															
Unter 20	2	2	2	4	4	3	4	6	2	6	5	6	4	5	2
20 bis unter 30	7	6	7	7	7	7	8	9	8	9	8	9	10	11	9
30 bis unter 40	10	11	9	10	10	10	12	11	12	14	14	14	14	14	13
40 bis unter 50	15	15	15	17	17	17	17	19	15	18	19	16	19	22	16
50 bis unter 60	17	19	15	18	20	17	22	24	20	23	25	22	25	27	24
60 bis unter 70	20	19	21	21	21	21	21	21	22	23	24	21	23	24	22
70 und älter	16	13	18	17	14	18	18	17	20	21	19	22	20	20	21

Datenbasis: SOEP v28.

sen in Westdeutschland stärker als in Ostdeutschland, wenngleich hier weiterhin mehr Personen mit ausgeprägtem Übergewicht leben.

Der zunehmende Anteil von Personen mit ausgeprägtem Übergewicht kann mit der Alterung der Bevölkerung einhergehen. In der Tabelle 4 wird deshalb eine nach Alter und Geschlecht differenzierte Aufschlüsselung nur für diejenigen Personen dargestellt, die einen BMI von 30 und mehr aufweisen. Während 2002 noch Männer und Frauen gleich häufig von Adipositas betroffen waren, ist der Zuwachs mit rund fünf Prozentpunkten unter Männern größer als bei Frauen. ▶ Tab 4

Der Anteil der Übergewichtigen steigt zunächst mit zunehmendem Alter an, um dann im höheren Alter von mehr als 70 Jahren wieder leicht zurückzugehen. Erhebliche Unterschiede in den Anteilen

von Übergewichtigen bestehen zwischen Männern und Frauen sowie zwischen den einzelnen Altersgruppen. Während sich in den Altersgruppen der 20- bis unter 40-Jährigen die Anteile der Übergewichtigen bei Männern und Frauen weitgehend gleichen, sind in der Gruppe der 40- bis unter 70-Jährigen die entsprechenden Anteile der Männer höher als die der Frauen. Im Alter ab 70 Jahren neigen insgesamt die Frauen stärker zur Adipositas.

8.2.4 Inanspruchnahme von ambulanten Gesundheitsleistungen

Indikatoren zur Inanspruchnahme von Gesundheitsleistungen dokumentieren nicht nur das Krankheitsgeschehen der Bevölkerung, sondern bilden auch eine wichtige Basis zur Einschätzung der Versorgungssituation. Struktur und Ent-

wicklung der Inanspruchnahme von Gesundheitsleistungen geben zudem auch Hinweise für die Beurteilung der Kosten im Gesundheitswesen sowie auf Versorgungsdefizite, Überkapazitäten und Ineffizienzen. Diese Indikatoren stellen damit auch eine empirische Basis zur Beurteilung der Bedarfsgerechtigkeit dar.

Die ambulante Inanspruchnahme wird hier mit zwei Indikatoren beschrieben. Die »Quartalsinanspruchnahme« bezieht sich auf den Anteil derjenigen Personen, die in den letzten drei Monaten vor der Befragung mindestens einmal einen Arzt aufgesucht haben. Der Indikator »Kontaktfrequenz« pro Patient im letzten Quartal bezieht sich stärker auf einzelne Krankheitsepisoden und sagt auch etwas über die Entscheidungen der Ärzte und ihr therapeutisches Handeln aus. Die Kontakthäufigkeiten innerhalb

▶ Tab 5   **Arztbesuche und durchschnittliche Anzahl der Arztbesuche pro Patient im letzten Quartal 1995, 2000, 2005 und 2011**

	Arztbesuche				Kontaktfrequenz			
	1995	2000	2005	2011	1995	2000	2005	2011
	in %				Mittelwert			
Insgesamt	**72**	**69**	**70**	**69**	**4,5**	**4,0**	**3,9**	**3,5**
Geschlecht								
Männer	64	62	64	62	4,1	3,8	3,7	3,5
Frauen	79	75	75	75	4,8	4,1	4,0	3,5
Alter								
Unter 40 Jahren	63	59	60	58	3,3	3,3	3,2	2,9
40–59 Jahren	70	64	66	63	4,6	3,8	3,7	3,4
60 Jahre und älter	87	84	85	84	5,7	4,7	4,5	4,0
Berufsbildung								
Ohne Abschluss	74	70	69	67	4,7	4,3	4,0	3,3
Mittlerer Abschluss	72	68	70	69	4,6	4,0	3,9	3,7
Fachhoch-, Hochschule	70	68	72	71	3,5	3,4	3,6	3,3
Erwerbstätigkeit								
Voll erwerbstätig	62	59	61	58	3,7	3,3	3,1	3,0
Teilzeitbeschäftigt	71	68	70	69	3,6	3,4	3,5	3,3
Nicht erwerbstätig	80	77	77	78	5,1	4,5	4,4	3,9
Monatliches Haushaltseinkommen[1]								
Bis unter 1 000 Euro	80	76	72	68	5,4	4,8	4,3	3,7
1 000 bis 2 000 Euro	74	71	73	72	4,9	4,2	4,1	3,7
2 000 bis 3 000 Euro	72	66	68	68	4,2	3,8	3,7	3,4
Mehr als 3 000 Euro	65	65	67	68	3,7	3,4	3,4	3,2
Kassenwechsler (nur GKV)[2]								
Nein	72	69	70	69	4,5	4,0	3,9	3,5
Ja	–	65	64	66	–	3,5	3,4	3,0
Region								
Westdeutschland	72	68	70	69	4,7	4,1	3,9	3,6
Ostdeutschland	74	72	72	71	3,8	3,5	3,6	3,2
Gesundheitszustand								
Sehr gut	43	45	44	46	2,4	2,1	2,1	2,0
Gut	62	58	58	58	2,8	2,5	2,5	2,4
Zufriedenstellend	78	77	77	74	3,9	3,7	3,4	3,2
Weniger gut	92	91	91	85	7,2	6,0	5,7	5,0
Schlecht	98	97	95	92	10,9	10,0	8,6	7,8

1   Inflationsbereinigte Nettoeinkommen in Preisen von 2005.
2   Gesetzliche Krankenversicherung.
–   nichts vorhanden.
Datenbasis: SOEP v28, 2011 ohne Sample J.

der Krankheitsepisoden werden deshalb auch durch das Überweisungs- beziehungsweise Wiederbestellverhalten der jeweiligen Ärzte bestimmt. ▶ Tab 5

Mehr als zwei Drittel der Bevölkerung hatten in den vergangenen drei Monaten einen Arztkontakt. Dieser Anteil hat sich insgesamt in den letzten Jahren kaum verändert. Auch die Unterschiede zwischen Frauen und Männern sowie zwischen den einzelnen Altersgruppen sind im Verlauf der Jahre ähnlich geblieben. Stets gilt sowohl, dass Frauen häufiger zum Arzt gehen als Männer, als auch, dass bei einem schlechteren Gesundheitszustand mehr Arztkontakte vorliegen. Dies korrespondiert auch mit dem Befund, dass mit höherem Lebensalter erwartungsgemäß auch die Wahrscheinlichkeit zunimmt einen Arzt aufzusuchen.

Beim Haushaltseinkommen zeigte sich Mitte der 1990er-Jahre noch ein höherer Anteil von Arztbesuchen bei niedrigeren Einkommensgruppen. Dieser Unterschied ist bis zum Jahr 2011 nahezu verschwunden. Eine mögliche Ursache für diesen starken Rückgang könnte in der Einführung der Praxisgebühr gesehen werden, da diese eine monetäre Barriere für die Erst-Inanspruchnahme

▶ Abb 2   **Entwicklung der durchschnittlichen Zahl der Arztbesuche pro Patient im letzten Quartal 1995–2011**

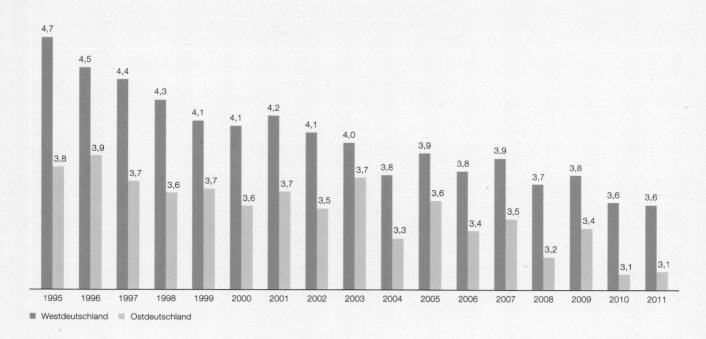

■ Westdeutschland   ■ Ostdeutschland

Datenbasis: SOEP v28.

ambulanter Leistungen darstellt, der besonders sensitiv für untere Einkommensgruppen ist. Bezogen auf die Kontaktfrequenz zeigt sich ein vergleichbarer Befund: Während Mitte der 1990er-Jahre untere Einkommensgruppen eine höhere Zahl von Arztkontakten hatte, hat sich die Kontaktfrequenz für alle Einkommensgruppen auf niedrigem Niveau nahezu angeglichen.

Ein ähnliches Muster zeigt sich auch beim Gesundheitszustand. Personen mit einem weniger guten oder schlechten Gesundheitszustand berichten sowohl einen überdurchschnittlichen Rückgang der Quartalsinanspruchnahme als auch bei der Kontaktfrequenz. Ob allerdings medizinisch notwendige Behandlungen aufgeschoben oder sogar vermieden werden, kann auf Grundlage dieser Befunde hier nicht beurteilt werden.

Die längerfristige Entwicklung der ambulanten Inanspruchnahme ist in Abbildung 2 ausgewiesen, wobei hier zusätzlich nach Ost- und Westdeutschland differenziert wird. ▶ Abb 2

Insgesamt zeigen die Daten einen kontinuierlichen Trend zu einer Senkung der Zahl der Arztbesuche, wobei der deutliche Rückgang von 2003 auf 2004 auf die Einführung der Praxisgebühr zurückzuführen sein dürfte. In den darauf folgenden Jahren steigt die Zahl der Arztkontakte aber wieder auf das Niveau der Vorjahre an und folgt wieder dem langjährigen Trend. Bemerkenswert ist darüber hinaus, dass die Zahl der Kontakte im Osten Deutschlands stets niedriger ist als im Westen. Möglicherweise zeigt sich immer noch der Einfluss der in der DDR vorherrschenden Form der ambulanten Versorgung durch Polikliniken.

Diese Form der Versorgung wies deutliche Parallelen zu Strukturen auf, wie sie mit den neuen Formen der Versorgung (integrierte Versorgung; medizinische Versorgungszentren) angestrebt werden. Der Unterschied in der ambulanten Inanspruchnahme hat sich aber zwischen den beiden Landesteilen seit 1995 verringert. 2011 betrug dieser nur noch rund 0,4 Arztbesuche pro Quartal.

8.2.5 Stationäre Inanspruchnahme – Krankenhausaufenthalte

Die stationäre Inanspruchnahme wird durch zwei Indikatoren abgebildet. Die erste Kennziffer erfasst den Anteil derjenigen Personen, die im letzten Jahr mindestens eine Nacht als Patient im Krankenhaus verbracht haben. Die zweite Kennziffer ist die Gesamtzahl der im letzten Jahr im Krankenhaus verbrachten

▶ Tab 6   **Krankenhausaufenthalt im letzten Jahr und Dauer des Aufenthalts 1995, 2000, 2005 und 2011 — pro Patient**

	Krankenhausaufenthalt				Durchschnittliche Anzahl der Nächte			
	1995	2000	2005	2011	1995	2000	2005	2011
	Anteil in %				Mittelwert			
Insgesamt	13	12	12	13	19	16	15	12
Geschlecht								
Männer	10	11	11	11	22	17	16	12
Frauen	15	14	13	14	18	16	13	11
Alter								
Unter 40 Jahren	10	10	9	8	11	11	10	8
40 – 59 Jahren	11	10	10	10	18	14	14	9
60 Jahre und älter	18	17	18	20	27	21	17	14
Berufsbildung								
Ohne Abschluss	14	13	13	12	21	17	15	13
Mittlerer Abschluss	13	13	12	14	19	17	15	12
Fachhoch-, Hochschule	10	10	11	12	17	14	12	9
Erwerbstätigkeit								
Voll erwerbstätig	8	10	10	9	13	11	10	7
Teilzeitbeschäftigt	8	8	7	10	12	10	9	8
Nicht erwerbstätig	17	15	15	16	22	20	17	14
Monatliches Haushaltseinkommen[1]								
Bis unter 1 000 Euro	19	15	15	17	25	23	20	14
1 000 bis 2 000 Euro	14	14	14	15	21	17	16	13
2 000 bis 3 000 Euro	12	12	11	11	17	15	13	10
Mehr als 3 000 Euro	9	9	9	10	13	14	10	9
Kassenwechsler (nur GKV)[2]								
Nein	13	12	12	13	19	16	15	12
Ja	–	9	10	9	–	15	11	8
Region								
Westdeutschland	13	12	12	13	19	17	14	12
Ostdeutschland	12	13	14	14	19	15	15	11

1   Inflationsbereinigte Nettoeinkommen in Preisen von 2005.
2   Gesetzliche Krankenversicherung.
–   nichts vorhanden.
Datenbasis: SOEP v28, 2011 ohne Sample J.

Nächte pro Patient. Da die niedergelassenen Ärzte über die stationäre Einweisung entscheiden, ist die Höhe des Anteils derer, die mindestens einmal im Jahr im Krankenhaus waren, auch vom Verhalten der Ärzte abhängig. Die Gesamtzahl der im Krankenhaus verbrachten Nächte – die Verweildauer – ist ein zentraler Indikator für die stationäre Versorgung. Von der Verringerung der Verweildauer verspricht man sich eine deutliche Senkung der Ausgaben für das Gesundheitswesen. Denn die Ausgaben für die stationäre Versorgung machen gut ein Drittel der gesamten Gesundheitsausgaben aus. ▶ Tab 6

Im internationalen Vergleich wies und weist Deutschland eine überdurchschnittliche Dauer von Krankenhausaufenthalten auf, weshalb die Politik die Prämisse »ambulant vor stationär« setzte, um vorrangig die Ausgaben im stationären Sektor zu begrenzen. Von 1995 auf 2011 ist zwar der Anteil der Personen mit einem Krankenhausaufenthalt gleich geblieben, die Verweildauer ist aber deutlich um nahezu die Hälfte gesunken.

Bedingt durch das höhere durchschnittliche Alter von Frauen haben diese eine etwas höhere Häufigkeit von Krankenhausaufenthalten. Zudem gilt, dass mit zunehmendem Alter auch die Zahl

und Dauer von Krankenhausaufenthalten zunehmen. Die Gruppe der Älteren ist aber auch gleichzeitig diejenige, für die über die Zeit hinweg die stärkste Reduktion in der Verweildauer zu beobachten ist. Zwischen 1995 und 2011 ist ein Rückgang um 12 Tage auf nunmehr 14 Tage zu konstatieren. Dieser Rückgang geht einher mit einer zunehmenden Bedeutung ambulanter Pflegedienste, die die weitere Versorgung von aus dem Krankenhaus entlassenen Patienten mitleisten. Die Gefahr bei einer starken Reduktion der Verweildauer besteht aber darin, dass Patienten zu früh aus der stationären Behandlung entlassen werden

▶ Tab 7   **Versicherte der Gesetzlichen Krankenversicherung mit einer privaten Zusatzversicherung 2000–2010 — in Prozent**

	2000	2002	2004	2006	2008	2010
Private Zusatzversicherung						
Ja	9,5	10,4	11,4	14,4	18,8	21,5
Leistungsumfang (Mehrfachnennungen möglich)						
Krankenhausbehandlung	7,1	7,8	8,3	9,2	10,7	10,7
Zahnersatz	3,7	4,4	5,6	8,8	13,3	15,4
Heil- und Hilsmittel	2,7	3,2	3,8	5,8	7,8	8,0
Auslandsaufenthalt	2,6	3,2	3,8	5,6	7,5	6,8
Sonstiges	1,4	1,5	2,0	2,3	2,4	2,1
Geschlecht						
Männer	9,2	10,0	11,0	13,5	17,2	19,6
Frauen	9,8	10,7	11,8	15,1	20,3	23,1
Alter						
Unter 40 Jahren	9,2	10,1	11,4	15,1	19,1	20,3
40–59 Jahren	10,7	11,5	12,9	15,8	20,1	24,3
60 Jahre und älter	8,8	9,6	9,9	12,0	17,2	19,5
Berufsbildung						
Ohne Abschluss	5,6	5,9	6,4	7,9	10,1	9,7
Mittlerer Abschluss	9,8	11,2	12,1	15,4	19,9	22,7
Fachhoch-, Hochschule	17,8	17,5	19,8	23,8	30,2	35,6
Erwerbstätigkeit						
Voll erwerbstätig	11,2	12,9	14,8	17,9	23,6	26,6
Teilzeitbeschäftigt	11,9	13,2	15,1	19,0	23,6	27,4
Nicht erwerbstätig	7,8	8,1	8,5	11,1	14,3	16,6
Monatliches Haushaltseinkommen [1]						
Bis unter 1 000 Euro	4,6	3,7	3,7	5,6	7,9	7,8
1 000 bis 2 000 Euro	6,4	7,1	8,2	10,8	15,9	16,4
2 000 bis 3 000 Euro	9,8	10,6	11,5	17,6	21,5	24,6
Mehr als 3 000 Euro	18,3	20,0	21,8	24,7	29,8	35,4
Kassenwechsler (nur GKV) [2]						
Nein	9,3	10,2	11,2	14,3	18,5	21,1
Ja	13,6	14,1	14,2	16,8	25,0	33,0
Region						
Westdeutschland	10,9	11,9	12,8	15,9	20,6	23,1
Ostdeutschland	4,2	4,6	5,8	8,2	11,6	14,8
Gesundheitszustand						
Sehr gut	10,2	10,7	12,1	16,5	21,1	23,9
Gut	10,8	12,0	11,9	16,0	21,3	24,3
Zufriedenstellend	9,2	10,4	11,9	14,0	18,5	20,7
Weniger gut	7,7	7,6	10,3	12,7	14,9	18,8
Schlecht	5,7	5,4	6,3	6,3	10,5	12,2

1 Inflationsbereinigte Nettoeinkommen in Preisen von 2005.
2 Gesetzliche Krankenversicherung.
Datenbasis: SOEP v28.

und es zu den sogenannten Drehtüreffekten kommen kann, wenn bei Komplikationen eine erneute Einweisung in das Krankenhaus notwendig wird.

Bei der Inanspruchnahme des stationären Sektors gibt es auch einen Zusammenhang mit dem Einkommen. Personen mit geringem Einkommen weisen nicht nur häufigere Krankenhausaufenthalte auf, auch deren Verweildauer ist deutlich höher als bei denjenigen aus der höchsten Einkommensgruppe. Die untere Gruppe der Einkommensbezieher weist allerdings den stärksten Rückgang bei der Verweildauer auf. Dieser fällt mit 11 Tagen seit 1995 vergleichbar groß aus wie bei den Personen im Alter von 60 Jahren und mehr.

8.2.6 Private Krankenzusatzversicherungen

Die Gesetzliche Krankenversicherung hat einen weitgehend vereinheitlichten Leistungskatalog, von dem einzelne Krankenkassen nur in geringem Umfang zum Beispiel bei der Gewährung alternativer Heilmethoden abweichen dürfen. Über diesen gesetzlich festgelegten Leistungskatalog hinaus werden von privaten Versicherungen (zum Teil in Kooperation mit Gesetzlichen Krankenkassen) Zusatzversicherungen angeboten, die einen stärker individuellen Krankenversicherungsschutz ermöglichen. Gründe für den wachsenden Markt an privaten Krankenzusatzversicherungen lassen sich an den Leistungsmerkmalen erkennen, die auch Hinweise auf die Motive geben, derartige Policen abzuschließen. Im Prinzip können die privaten Krankenzusatzversicherungen in fünf Bereiche eingeteilt werden: Zahnversorgung, Krankenhausbehandlung, Pflege, Tagegelder und Ergänzungsversicherungen zum Beispiel zur Absicherung des Krankenversicherungsschutzes bei Auslandsreisen. ▶ Tab 7

Seit dem Jahr 2000 hat sich der Anteil der Versicherten in der Gesetzlichen Krankenversicherung mit einer privaten Zusatzversicherung mehr als verdoppelt. Mehr als jeder fünfte in der Gesetzlichen Krankenversicherung verfügt demnach über zusätzlichen Versicherungsschutz. Den größten Anteil haben Zusatzversicherungen, die über zusätzliche Leistungen beim Zahnersatz verfügen. Hier ist auch der größte Zuwachs mit mehr als einer Verdreifachung seit 2000 zu beobachten. Diese Entwicklung geht vermutlich darauf zurück, dass seit 2005 in der Gesetzlichen Krankenversicherung für Zahnersatz nur noch ein befundbezogener Festzuschuss für eine Regelversorgung vorgesehen ist, der unabhängig von den tatsächlichen Behandlungskosten ist. Die am zweithäufigsten genannte Zusatzversicherung umfasst den Bereich der Krankenhausbehandlung, wenngleich Zusatzversicherungen für Heil- und Hilfsmittel – unter anderem Brillen und andere Sehhilfen – überdurchschnittlich an Bedeutung gewonnen haben.

Private Zusatzversicherungen schließen Frauen und Personen mittleren Alters besonders häufig ab. Zudem kann ein klarer Zusammenhang mit Bildung und Einkommen beobachtet werden. Personen mit einem Fachhochschul- oder Universitätsabschluss haben dreimal häufiger eine Zusatzversicherung als Personen ohne beruflichen Bildungsabschluss. Vergleichbares gilt auch beim Haushaltseinkommen, wenngleich der Unterschied zwischen der unteren und oberen Einkommensgruppe noch ausgeprägter ist. Versicherte, die eine Krankenkasse gewechselt haben, haben im Durchschnitt häufiger eine Zusatzversicherung als Nichtwechsler. Dies ist ein Hinweis darauf, dass diese Angebote auch ein Anreiz für den Wechsel der Krankenkasse sein können.

Personen mit einem sehr guten oder guten Gesundheitszustand sind häufiger im Besitz einer Zusatzversicherung als diejenigen, die ihren Gesundheitszustand schlechter einschätzen. Dies darf nicht im Sinne unterschiedlicher Präferenzen für einen individuellen Gesundheitsschutz interpretiert werden, sondern hier dürfte das generell in der privaten Krankenversicherung geltende Äquivalenzprinzip im Gegensatz zum in der Gesetzlichen Krankenversicherung angewendeten Solidarprinzip wirken; danach bemisst sich die Höhe einer privaten Versicherung nach dem Risiko, das maßgeblich von dem aktuellen Gesundheitszustand und dem Alter abhängt. Dies bedeutet, dass Personen mit Vorerkrankungen einen deutlich höheren Preis für eine private Zusatzversicherung zahlen müssen, was diese entsprechend weniger attraktiv macht.

Die Zahlen zur Struktur der privaten Krankenzusatzversicherung sind auch Ausdruck eines verstärkten, politisch gewünschten Wettbewerbs zwischen den gesetzlichen Kassen. Sie zeigen, dass für Versicherte und Patienten Leistungsumfang und Leistungsqualität zunehmend an Bedeutung gewinnen.

8.2.7 Zusammenfassung

Internationale Vergleichsstudien zeigen weiterhin, dass die Kosten für die Gesundheitsversorgung in Relation zum Bruttoinlandsprodukt in Deutschland nach den USA und der Schweiz am höchsten sind. Gleichwohl nimmt Deutschland im Vergleich der Qualität der Gesundheitsversorgung in einzelnen Bereichen keinen vorderen Rangplatz ein. Dennoch kann die Gesundheitsversorgung insgesamt als durchaus zufriedenstellend beurteilt werden. Hervorzuheben ist insbesondere die im internationalen Vergleich bisher breite Abdeckung gesundheitlicher Risiken durch das deutsche Krankenversicherungssystem. Allerdings wird sich diese Abdeckung im Zuge des nachhaltigen Umbaus des Gesundheitssystems ebenso ändern wie vor allem die finanzielle Belastung für die Versicherten und Patienten. Deshalb wird ständig zu prüfen sein, ob das Prinzip der Sicherstellung eines gleichen Zugangs zu den Einrichtungen des medizinischen Versorgungssystems durch die eingeleiteten Reformen nicht gefährdet wird.

8.3
Gesundheitliche Ungleichheit

Thomas Lampert, Lars Eric Kroll,
Benjamin Kuntz, Thomas Ziese
Robert Koch-Institut
Abteilung für Epidemiologie und
Gesundheitsmonitoring

WZB / SOEP

Der Begriff »gesundheitliche Ungleichheit« beschreibt soziale Unterschiede im Gesundheitszustand, im Gesundheitsverhalten und in der Gesundheitsversorgung der Bevölkerung. Mit der Sozialepidemiologie hat sich in den letzten Jahren eine eigenständige Forschungsdisziplin etabliert, die den Schwerpunkt auf die Analyse der gesundheitlichen Ungleichheit legt. Auch die Gesundheitsberichterstattung präsentiert mittlerweile regelmäßig Daten und Fakten zum Ausmaß und zur Entwicklung der gesundheitlichen Ungleichheit. Im Folgenden wird auf verschiedene Datenquellen zurückgegriffen, wie zum Beispiel das Sozio-oekonomische Panel (SOEP), den Mikrozensus und das Gesundheitsmonitoring des Robert Koch-Institutes, um die gesundheitliche Ungleichheit in Deutschland zu beschreiben. ▶ Info 1

8.3.1 Einkommen und Gesundheit

Das Einkommen vermittelt den Zugang zu den meisten Bedarfs- und Gebrauchsgütern und ist eine wichtige Grundlage der Vermögensbildung, der Vorsorge und der sozialen Absicherung. Neben den materiellen Aspekten ist auf die Bedeutung des Einkommens für die soziale Integration und soziokulturelle Teilhabe sowie für das psychosoziale Wohlbefinden und die gesundheitsbezogene Lebensqualität zu verweisen. So lässt sich zeigen, dass Personen, die einem Armutsrisiko (vergleiche dazu auch die entsprechenden Abschnitte in Kapitel 6.2 und 6.3) ausgesetzt sind, ihren allgemeinen Gesundheitszustand häufiger als weniger gut oder schlecht bewerten. Allerdings bestehen in dieser Hinsicht auch Unterschiede zwischen den

Angehörigen der mittleren und höheren Einkommensgruppe. Diese Einkommensabhängigkeit zeichnet sich bei Männern und Frauen in allen betrachteten Altersgruppen deutlich ab. Bei statistischer Kontrolle des Alterseffektes zeigt sich, dass bei Männern aus der armutsgefährdeten Gruppe das Risiko eines weniger guten oder schlechten allgemeinen Gesundheitszustandes im Verhältnis zu Männern aus der hohen Einkommensgruppe um den Faktor 3,2 erhöht ist. Bei Frauen beträgt das entsprechende Verhältnis 2,2:1. ▶ Abb 1

Bezüglich der Verbreitung chronischer Krankheiten und Beschwerden lässt sich für die Altersspanne ab 45 Jahre feststellen, dass viele Erkrankungen in der Armutsrisikogruppe vermehrt auftreten, so zum Beispiel Herzinfarkt, Schlaganfall, Angina pectoris, Hypertonie, Diabetes, chronische Bronchitis, chronische Lebererkrankung, Osteoporose, Arthrose und Depression. Bei Männern besteht außerdem ein Zusammenhang zwischen Armutsrisiko und Herzinsuffizienz, Arthritis sowie chronischer Niereninsuffizienz. Bei Frauen treten neben den zuvor genannten Erkrankungen und Beschwerden auch Asthma bronchiale und erhöhte Blutfettwerte in der Armutsrisikogruppe vermehrt auf.

Viele chronische Krankheiten und Beschwerden können auf Risikofaktoren zurückgeführt werden, die mit dem Gesundheitsverhalten in Zusammenhang stehen. Neben dem Tabak- und Alkoholkonsum sowie körperlicher Inaktivität und Fehlernährung gilt dies auch für Übergewicht, insbesondere für Adipositas als starker Ausprägungsform (Body-Mass-Index ≥ 30). Wie die Daten der Studie

▶ Info 1

Statistische Kennziffern

Im Rahmen der Gesundheitsberichterstattung werden neben den bekannten statistischen Maßen der deskriptiven Statistik, wie zum Beispiel relativen Häufigkeiten und Mittelwerten, auch sogenannte altersadjustierte Odds Ratios ausgewiesen. Diese werden zumeist durch logistische Regressionen ermittelt und geben an, um welchen Faktor das Risiko eines Gesundheitsproblems oder -ereignisses in der betrachteten Gruppe im Verhältnis zu einer definierten Referenzgruppe erhöht beziehungsweise erniedrigt ist, wenn die Gruppen die gleiche Alterszusammensetzung aufweisen würden.

▶ Abb 1   **Selbsteinschätzung des allgemeinen Gesundheitszustandes (»weniger gut« oder »schlecht«) nach drei Einkommensgruppen 2011 — in Prozent**

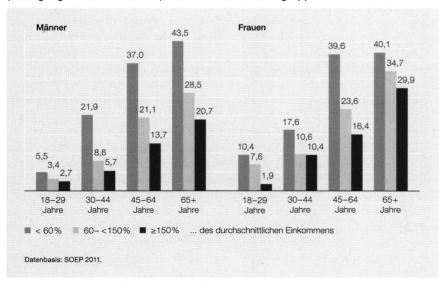

■ < 60 %   ■ 60–<150 %   ■ ≥150 %   ... des durchschnittlichen Einkommens

Datenbasis: SOEP 2011.

▶ Abb 2   **Adipositas (BMI ≥ 30) nach Einkommen 2011 — in Prozent**

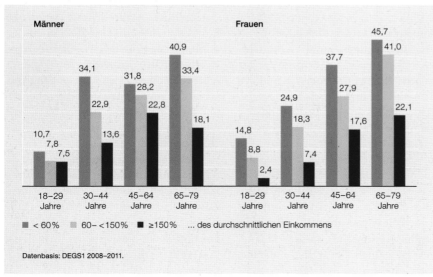

■ < 60 %   ■ 60–<150 %   ■ ≥150 %   ... des durchschnittlichen Einkommens

Datenbasis: DEGS1 2008–2011.

▶ Tab 1   **Lebenserwartung bei Geburt nach Einkommen — Mittelwert**

Einkommen	Männer	Frauen
	Jahre	
< 60 % des durchschnittlichen Einkommens	70,1	76,9
60–< 80 % des durchschnittlichen Einkommens	73,4	81,9
80–< 100 % des durchschnittlichen Einkommens	75,2	82,0
100–< 150 % des durchschnittlichen Einkommens	77,2	84,4
≥ 150 % des durchschnittlichen Einkommens	80,9	85,3
Insgesamt	**75,3**	**81,3**

Datenbasis: SOEP und Periodensterbetafeln 1995–2005.

zur Gesundheit Erwachsener in Deutschland (DEGS1) deutlich machen, sind Männer und Frauen, die einem Armutsrisiko ausgesetzt sind, in fast allen Altersgruppen deutlich häufiger adipös als Männer und Frauen aus den höheren Einkommensgruppen. Bei statistischer Kontrolle des Alterseffektes haben Männer aus der niedrigen im Vergleich zu Männern aus der hohen Einkommensgruppe ein um den Faktor 2,0 erhöhtes Risiko adipös zu sein. Bei Frauen aus der niedrigen Einkommensgruppe ist das Risiko sogar um den Faktor 3,1 erhöht. ▶ Abb 2

Aufschluss über Einkommensunterschiede in der Mortalität und Lebenserwartung geben Daten des SOEP. Demnach haben Männer und Frauen, deren Einkommen unterhalb der Armutsrisikogrenze liegt, im Verhältnis zur hohen Einkommensgruppe ein 2,7- beziehungsweise 2,4-fach erhöhtes Mortalitätsrisiko. Die mittlere Lebenserwartung bei Geburt von Männern der niedrigen Einkommensgruppe liegt fast elf Jahre unter der von Männern der hohen Einkommensgruppe. Bei Frauen beträgt die Differenz rund acht Jahre. Auffallend ist dabei, dass sich auch zwischen den mittleren Einkommensgruppen Unterschiede zeigen, so dass von einer graduellen Abstufung der Lebenserwartung ausgegangen werden kann. ▶ Tab 1

Auch in der ferneren Lebenserwartung ab einem Alter von 65 Jahren zeichnen sich die Unterschiede zwischen den Einkommensgruppen deutlich ab. Einer aktuellen Studie zufolge beträgt die Differenz bei Männern 5,3 Jahre und bei Frauen 3,5 Jahre. Die Differenzen in der ferneren Lebenserwartung lassen sich der Studie zufolge zum Teil auf eine erhöhte psychische und physische Belastung im Lebenslauf sowie auf geringere materielle, kulturelle und soziale Ressourcen in der unteren Einkommensgruppe zurückführen.

Auch auf sozialräumlicher Ebene ist der Zusammenhang zwischen Einkommen und Lebenserwartung zu beobachten. Im Allgemeinen gilt, dass in den Regionen mit den niedrigsten Armutsrisikoquoten die mittlere Lebenserwartung bei Geburt am höchsten ist. Bei Männern beträgt die

▶ Abb 3   **Zusammenhang zwischen mittlerer Lebenserwartung bei Geburt und Armutsrisikoquote auf Ebene der Raumordnungsregionen 2009 — in Prozent**

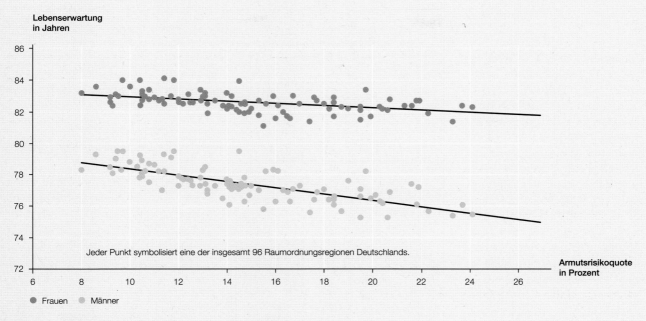

Jeder Punkt symbolisiert eine der insgesamt 96 Raumordnungsregionen Deutschlands.

● Frauen   ● Männer

Datenbasis: INKAR 2009, Mikrozensus 2009.

Differenz in der Lebenserwartung zwischen den Regionen mit den höchsten und niedrigsten Armutsrisikoquoten etwa vier, bei Frauen etwa zwei Jahre. ▶ Abb 3

8.3.2 Bildung als Ressource für Gesundheit

Neben dem Einkommen besitzt auch die Bildung einen hohen Stellenwert für die Gesundheit. Durch den Zusammenhang zwischen formalen Bildungsabschlüssen und der Stellung in der Arbeitswelt ergeben sich Bezüge zu berufsbezogenen Belastungen und Ressourcen sowie zur Einkommenssituation. Bildung drückt sich außerdem in Wissen und Handlungskompetenzen aus, die eine gesundheitsförderliche Lebensweise und den Umgang mit Belastungen und Gesundheitsproblemen unterstützen. Eine wichtige Rolle spielen dabei Einstellungen, Überzeugungen und Werthaltungen, die sich bereits früh im Leben unter dem Einfluss der elterlichen Erziehung und der Bildungsinstitutionen entwickeln. ▶ Info 2

Gesundheitliche Probleme und Krankheiten, welche die Ausübung alltäglicher Aktivitäten dauerhaft einschränken, sind mit negativen Konsequenzen für die Lebensqualität der Betroffenen verbunden, haben Auswirkungen auf ihr soziales Umfeld und stellen auch die sozialen Sicherungssysteme vor große Herausforderungen. Nach den Daten der GEDA-Studie 2010 (»Gesundheit in Deutschland aktuell«) geben Personen mit niedriger Bildung in jedem Alter vermehrt an, aufgrund einer chronischen Krankheit in der Alltagsgestaltung erheblich eingeschränkt zu sein. Im Verhältnis zur hohen Bildungsgruppe drückt sich dies bei Männern mit niedriger Bildung in einem um das 3,9-Fache und bei Frauen um das 2,7-Fache erhöhten Risiko für funktionelle Einschränkungen aus. ▶ Abb 4

In den letzten vier Wochen immer oder oft unter starken Schmerzen gelitten zu haben, wird von Personen mit niedriger Bildung signifikant häufiger berichtet als von Personen mit mittlerer und hoher

Bildung. Der Zusammenhang zwischen Bildung und Schmerzen ist bei Männern und Frauen in allen Altersgruppen zu beobachten. Kontrolliert man den Alterseinfluss, haben Männer der niedrigen im Vergleich zu denen der hohen Bildungsgruppe ein 2,8-mal so hohes Risiko, von starken körperlichen Schmerzen betroffen zu sein. Bei Frauen beträgt das entsprechende Verhältnis 2,3:1. Auch zwischen der mittleren und hohen Bildungsgruppe sind signifikante Unterschiede im Vorkommen von Schmerzen festzustellen. ▶ Abb 5

Die Bedeutung der Bildung für das Gesundheitsverhalten lässt sich mit Befunden zum Tabakkonsum verdeutlichen. Personen mit niedriger Bildung rauchen weitaus häufiger als Personen mit mittlerer Bildung und insbesondere als Personen mit hoher Bildung. Bei statistischer Kontrolle des Alterseffektes ist das Risiko zu rauchen bei Männern und Frauen mit niedriger im Vergleich zu denen mit hoher Bildung um den Faktor 2,5 beziehungsweise 2,3 erhöht. Am Verhältnis von ehemaligen und aktuellen Rauchern und Raucherinnen wird zudem deutlich, dass Personen mit niedriger Bildung seltener beziehungsweise später das Rauchen wieder aufgeben. ▶ Tab 2

Auch in der sportlichen Aktivität treten Unterschiede nach dem Bildungsniveau zutage. In den letzten drei Monaten keinen Sport getrieben zu haben, trifft auf Personen mit niedriger Bildung deutlich häufiger zu als auf Personen mit mittlerer und hoher Bildung. Dies gilt für alle betrachteten Altersgruppen. Unter Berücksichtigung der unterschiedlichen Alterszusammensetzung der Bildungsgruppen lässt sich feststellen, dass Männer mit niedriger Bildung im Vergleich zu Männern mit hoher Bildung ein 3,2-mal höheres Risiko aufweisen, keinen Sport zu treiben. Frauen in der niedrigen Bildungsgruppe sind 2,9-mal häufiger sportlich inaktiv als Frauen aus der höher gebildeten Vergleichsgruppe. ▶ Tab 3

Unterschiede zeigen sich darüber hinaus in Bezug auf die Inanspruchnahme von Präventionsangeboten, das Gesundheitswissen und die Krankheitsbewältigung. Beispielsweise nehmen Personen mit niedriger Bildung seltener an den Krebsfrüherkennungsuntersuchungen und anderen Präventionsangeboten teil, die größtenteils zum Leistungskatalog der gesetzlichen Krankenkassen gehören, also ohne Zuzahlungen in Anspruch genommen werden können. Personen mit niedriger Bildung kennen deutlich weniger typische Symptome für Schlaganfall und Herzinfarkt als Personen mit mittlerer und hoher Bildung. Interessant ist auch, dass Diabetiker mit niedriger Bildung seltener an Diabetikerschulungen teilnehmen und weitaus größere Schwierigkeiten haben, die Behandlung der Erkrankung im Alltag umzusetzen.

Die Relevanz der Bildung für die Gesundheit zeigt sich auch hinsichtlich der Lebenserwartung. Die Ergebnisse eines Vergleichs der Geburtskohorten 1925 und 1955 legen nahe, dass der allgemeine Anstieg der mittleren Lebenserwartung in engem Zusammenhang mit der Ausweitung der Bildungsbeteiligung der Bevölkerung zu

▶ Info 2

Bildungsniveau

Zur Ermittlung des Bildungsniveaus wird im Folgenden auf die CASMIN-Klassifikation (»Comparative Analyses of Social Mobility in Industrial Nations«) zurückgegriffen, die in den 1970er-Jahren für international vergleichende Analysen zur sozialen Mobilität entwickelt wurde. Im Jahr 2003 wurde eine überarbeitete Version vorgestellt, die aktuellen Entwicklungen der Bildungssysteme, insbesondere in Großbritannien, Frankreich und Deutschland, Rechnung trägt. Die CASMIN-Klassifikation ist an Bildungszertifikaten orientiert, wobei sowohl schulische als auch berufsbildende Abschlüsse berücksichtigt werden. Die Bildungsabschlüsse werden entsprechend ihrer funktionalen Äquivalenz im Ländervergleich neun Kategorien zugeordnet, von denen ausgehend ein niedriges, mittleres und hohes Bildungsniveau (»primary«, »secondary« and »tertiary« education) abgegrenzt werden kann.

▶ Abb 4   **Erhebliche krankheitsbedingte Einschränkungen in der Alltagsbewältigung nach Bildung 2010 — in Prozent**

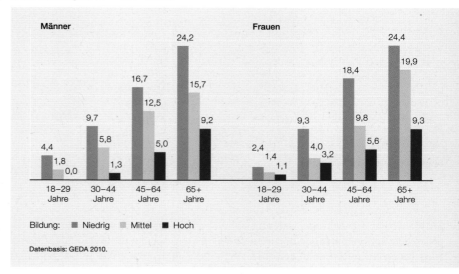

Datenbasis: GEDA 2010.

▶ Abb 5   **Starke körperliche Schmerzen in den letzten vier Wochen (»immer« oder »oft«) nach Bildung 2010 — in Prozent**

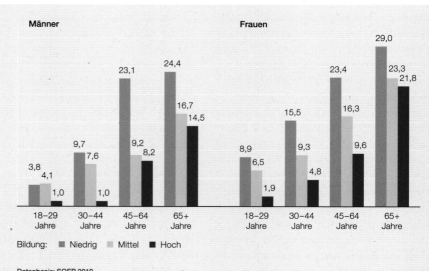

Datenbasis: SOEP 2010.

▶ Tab 2 **Rauchverhalten nach Bildung 2010 — in Prozent**

	Männer			Frauen		
	Raucher	Ex-Raucher	Nie-Raucher	Raucherinnen	Ex-Raucherinnen	Nie-Raucherinnen
18–29 Jahre						
Niedrige Bildung	51,9	13,8	34,4	41,5	15,3	43,2
Mittlere Bildung	39,8	14,4	45,8	35,3	17,3	47,4
Hohe Bildung	31,4	9,5	52,2	25,8	16,6	57,5
30–44 Jahre						
Niedrige Bildung	59,1	20,5	20,4	52,1	16,1	31,8
Mittlere Bildung	45,3	21,0	33,6	34,8	22,8	42,4
Hohe Bildung	25,3	23,2	51,5	18,4	22,9	58,6
45–64 Jahre						
Niedrige Bildung	39,1	35,6	25,4	35,3	23,9	40,8
Mittlere Bildung	36,9	35,4	27,7	28,5	26,6	44,8
Hohe Bildung	20,5	36,0	43,5	19,3	26,8	53,9
65+ Jahre						
Niedrige Bildung	15,4	52,3	32,4	8,5	17,3	74,2
Mittlere Bildung	13,0	54,3	32,6	10,6	27,3	62,1
Hohe Bildung	9,6	49,4	41,0	6,2	31,0	62,8

Datenbasis: GEDA 2010.

▶ Tab 3 **Sportliche Aktivität in den letzten drei Monaten nach Bildung 2010 — in Prozent**

	Männer			Frauen		
	Kein Sport	< 2 Stunden pro Woche	2+ Stunden pro Woche	Kein Sport	< 2 Stunden pro Woche	2+ Stunden pro Woche
18–29 Jahre						
Niedrige Bildung	20,9	14,4	64,7	25,7	25,1	49,3
Mittlere Bildung	14,2	17,0	68,8	23,0	24,0	53,0
Hohe Bildung	11,1	23,0	65,9	14,4	29,8	55,8
30–44 Jahre						
Niedrige Bildung	51,1	14,0	35,0	54,2	17,0	28,8
Mittlere Bildung	37,2	19,5	43,3	31,9	26,0	42,1
Hohe Bildung	17,0	29,0	54,1	22,7	32,3	45,0
45–64 Jahre						
Niedrige Bildung	51,2	14,5	34,3	46,5	21,5	32,1
Mittlere Bildung	40,8	19,1	40,1	32,3	24,4	43,3
Hohe Bildung	21,9	22,7	55,4	18,1	28,5	53,4
65+ Jahre						
Niedrige Bildung	54,7	13,2	32,0	52,6	18,9	28,6
Mittlere Bildung	42,6	16,7	40,6	41,2	20,2	38,6
Hohe Bildung	32,8	16,3	51,0	28,9	24,0	47,1

Datenbasis: GEDA 2010.

sehen ist. Männer im Alter von 45 Jahren, die das Abitur oder Fachabitur erworben haben, leben im Durchschnitt 5,3 Jahre länger als gleichaltrige Männer mit Hauptschulabschluss oder ohne Schulabschluss.

8.3.3 Arbeitsweltbezogene Einflüsse auf Gesundheit

Krankheits- oder unfallbedingte Fehlzeiten sind ein zentraler Indikator arbeitsweltbezogener Einflüsse auf die Gesundheit. Sie machen auf Gesundheitsrisiken und Belastungen aufmerksam, bevor Berufskrankheiten entstehen oder es zu vorzeitigen krankheitsbedingten Renteneintritten kommt. Die Fehlzeiten lassen sich zudem nach Diagnosen differenzieren und geben dadurch einen Überblick über die Krankheitslast in der erwerbstätigen Bevölkerung. Im Jahr 2011 gingen nach Ergebnissen der Bundesanstalt für Arbeitsmedizin und Arbeitsschutz 22 % der krankheitsbedingten Fehlzeiten in der deutschen Wirtschaft auf Muskel- und Skeletterkrankungen zurück, 14 % auf Atemwegserkrankungen, 13 % auf psychische und Verhaltensstörungen, 12 % auf Unfälle und Verletzungen und 6 % auf Herz-Kreislauferkrankungen. Die Kosten des durch die Arbeitsunfähigkeit bedingten Produktionsausfalls werden für Deutschland auf 46 Milliarden Euro geschätzt.

Die Daten zeigen außerdem, dass es im Jahr 2011 pro 100 Versicherte 116,8 Krankheitsfälle gab, die durchschnittlich 11,0 Tage andauerten, wobei Männer und Frauen mit manuellen Tätigkeiten oder in einfachen Dienstleistungsberufen

▶ Tab 4   **Arbeitsunfähigkeitsgeschehen von Versicherten der gesetzlichen Krankenkassen nach Berufsgruppen 2011 — Mittelwerte**

Berufsgruppen (KldB-92)	Männer		Frauen	
	Fälle je 100	Tage je Fall	Fälle je 100	Tage je Fall
Ingenieure, Chemiker, Physiker, Mathematiker	66,0	8,5	76,3	7,5
Schriftwerkschaffende, künstlerische Berufe	64,2	11,1	70,8	9,1
Dienstleistungskaufleute	99,7	8,9	133,3	8,0
Organisations-, Verwaltungs-, Büroberufe	92,7	9,3	123,9	8,8
Warenkaufleute	97,0	9,1	109,0	10,4
Hilfsarbeiter	100,2	9,3	114,1	9,9
Techniker	101,3	10,0	113,5	8,5
Berufe der Land-, Forstwirtschaft, im Gartenbau	96,6	12,2	96,1	11,7
Gesundheitsdienstberufe	95,6	11,4	128,3	10,3
Sozial- und Erziehungsberufe	88,3	10,3	140,2	10,2
Elektroberufe	125,5	9,8	166,1	10,2
Ernährungsberufe	86,4	11,7	119,5	13,6
Maschinisten	127,9	12,5	126,3	12,0
Berufe in der Holz- und Kunststoffverarbeitung	132,3	10,5	169,6	9,9
Ordnungs- und Sicherheitsberufe	99,3	14,2	91,2	13,5
Maler, Lackierer	127,6	9,9	125,5	9,0
Metall- und Maschinenbauberufe	146,6	10,2	140,8	10,1
Berufe in der Lederherstellung, -verarbeitung	133,8	11,8	143,1	13,2
Ausbauberufe, Polsterer	122,5	12,0	142,3	11,8
Bergleute, Mineralgewinner, -aufbereiter, Steinbearbeiter, Baustoffhersteller	118,4	12,7	102,5	10,8
Textil- und Bekleidungsberufe	112,4	12,8	137,0	12,7
Verkehrsberufe	111,2	13,1	118,3	12,2
Hoch-, Tiefbauberufe	114,1	13,4	130,4	11,9
Warenprüfer, Versandfertigmacher	123,2	11,7	146,3	13,1
Berufe in der Papierherstellung und im Druck	139,7	12,2	149,4	12,4
Berufe in der Holzbearbeitung	132,0	12,6	144,1	13,7
Montierer	134,9	11,4	171,7	12,6
Chemie-, Kunststoffberufe	150,3	11,6	168,6	12,2
Keramik-, Glasberufe	139,1	12,8	157,3	12,7
Berufe in der Metallerzeugung, Gießereiberufe	154,3	12,8	160,8	13,4

KldB-92: Klassifikation der Berufe des Statistischen Bundesamtes aus dem Jahr 1992.
Datenbasis: BAuA, Bericht »Sicherheit und Gesundheit bei der Arbeit 2011«.

deutlich häufiger und länger arbeitsunfähig waren als Männer und Frauen in hochqualifizierten und wissensbasierten Berufen. Allerdings ist zu beachten, dass in diese Statistik nur Arbeitsunfähigkeitszeiten von mehr als drei Kalendertagen eingehen, wodurch das tatsächliche Ausmaß der Fehlzeiten unterschätzt wird. ▸ Tab 4

Krankheitsbedingte Fehlzeiten sind in engem Zusammenhang mit Arbeitsbelastungen zu sehen. Beschäftigte mit niedrigem Berufsstatus sind sowohl körperlichen als auch psychosozialen Belastungen häufiger ausgesetzt als Beschäftigte mit höherem Berufsstatus, was unter anderem auf ein Ungleichgewicht zwischen Verausgabung und Belohnung bei der Arbeit oder auch zwischen Arbeitsanforderungen und Einflussmöglichkeiten der Erwerbstätigen zurückgeführt wird.

Das Ausmaß der Arbeitsbelastung und der Unzufriedenheit mit der Arbeit von Erwerbstätigen kann für das Jahr 2011 ihrem Lohn gegenübergestellt werden. Der Lohn der Beschäftigten wird über den Bruttostundenlohn erfasst und nach internationalen Vorgaben ins Verhältnis zum Median der Einkommensbezieher gesetzt. Beschäftigte mit weniger als zwei Dritteln des Medians (etwa 9 Euro im Jahr 2011) werden als Niedrigeinkommensbezieher und solche mit mehr als 150 % als Hocheinkommensbezieher angesehen. Die Ergebnisse verdeutlichen, dass sowohl die körperliche und psychosoziale Arbeitsbelastung als auch die Unzufriedenheit mit der eigenen Tätigkeit bei Männern und Frauen der niedrigen Lohngruppe größer sind als in der mittleren und hohen Lohngruppe. ▸ Abb 6

Gesundheitsschädigende Arbeitsbelastungen entstehen im Wechselspiel zwischen Belastungen und Ressourcen der Arbeitnehmer. Die selbst wahrgenommene gesundheitliche Belastung durch die Arbeit ist ein guter Indikator um Gesundheitsrisiken von Erwerbstätigen abzubilden. Hierbei zeigt sich ein enger Zusammenhang mit der Qualifikation der Beschäftigten. Demnach fühlen sich hoch qualifizierte Erwerbstätige deutlich seltener gesundheitlich stark belastet als

▸ Abb 6   **Arbeitsbelastung und Zufriedenheit nach Bruttostundenlohn bei 30- bis 64-jährigen Erwerbstätigen 2011 — in Prozent**

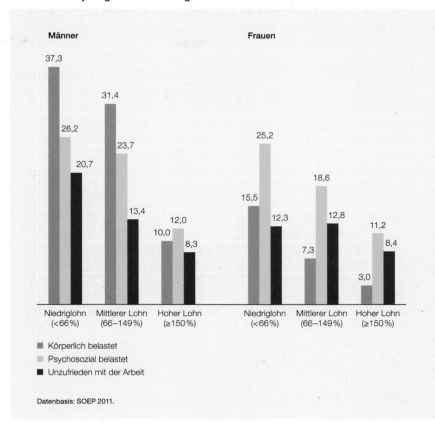

Datenbasis: SOEP 2011.

▸ Abb 7   **Starke gesundheitliche Belastung durch die Arbeit bei Vollzeiterwerbstätigen nach beruflicher Qualifikation 2010 — in Prozent**

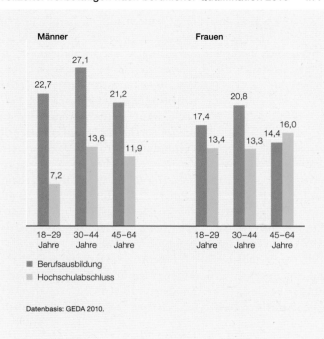

Datenbasis: GEDA 2010.

▶ Tab 5   **Arbeitsunfähigkeitstage je 100 Versicherte nach Diagnose und Versicherungsstatus 2011**

Diagnosen	Männer			Frauen		
	Angestellte Tage je 100	Arbeitslose Tage je 100	Verhältnis in %	Angestellte Tage je 100	Arbeitslose Tage je 100	Verhältnis in %
Psychische und Verhaltensstörungen	178	737	413	253	935	370
Endokrine, Ernährungs- und Stoffwechselkrankheiten	8	26	337	9	20	229
Krankheiten des Muskel-Skelett-Systems und des Bindegewebes	233	899	386	240	722	301
Krankheiten des Nervensystems	24	87	363	35	74	211
Krankheiten des Kreislaufsystems	61	173	283	37	68	182
Neubildungen	36	98	275	65	114	174
Krankheiten der Haut und der Unterhaut	15	29	197	12	20	161
Symptome und abnorme klinische und Laborbefunde	42	81	194	60	89	150
Verletzungen und Vergiftungen	135	251	186	112	166	149
Faktoren, die den Gesundheitszustand beeinflussen	28	39	140	44	64	143
Krankheiten des Urogenitalsystems	12	25	211	36	42	118
Krankheiten des Auges	8	16	192	8	12	157
Krankheiten des Verdauungssystems	67	106	159	66	81	122
Krankheiten des Ohres	12	17	140	14	19	136
Infektiöse und parasitäre Krankheiten	53	37	71	58	41	70
Krankheiten des Atmungssystems	172	128	74	221	135	61
Insgesamt	**1 087**	**2 763**	**254**	**1 307**	**2 640**	**202**

Arbeitslos = betrachtet werden Empfänger von ALG I; Verhältnis: Verhältnis von Tagen je 100 Versicherte im Vergleich von Arbeitslosen und Angestellten.
Datenbasis: BKK, »Gesundheitsreport 2012«.

Erwerbstätige, die eine Lehre oder Ausbildung an einer Berufs- oder Fachschule abgeschlossen haben. Bei Männern zeigt sich dieser Zusammenhang in allen Altersgruppen, bei Frauen nur bei den Erwerbstätigen im Alter von 18 bis 44 Jahren. Im Alter von 45 bis 64 Jahren berichten hochqualifizierte Frauen sogar etwas häufiger von einer starken Belastung als Frauen, die eine Lehre absolviert haben. ▶ Abb 7

8.3.4 Arbeitslosigkeit und Gesundheit

Der Verlust des Arbeitsplatzes hat nicht nur Konsequenzen für die Einkommenssituation und den Lebensstandard, sondern ist auch mit psychosozialen Belastungen und einer Verminderung des Selbstwerts verbunden. Auswirkungen auf die Gesundheit sind vor allem dann zu erwarten, wenn die Arbeitslosigkeit länger andauert und die Aussichten auf eine Rückkehr in den Arbeitsmarkt nur gering sind. Der Zusammenhang zwischen Arbeitslosigkeit und Gesundheit ist darüber hinaus unter dem Gesichtspunkt zu sehen, dass gesundheitlich eingeschränkte Personen einem höheren Risiko unterliegen, ihren Arbeitsplatz zu verlieren und sie schlechtere Chancen auf eine berufliche Wiedereingliederung haben.

Hinweise auf Krankheiten und Beschwerden, die bei arbeitslosen Männern und Frauen vermehrt auftreten, liefert die Arbeitsunfähigkeitsstatistik der gesetzlichen Krankenkassen. Dem Gesundheitsreport der Betriebskrankenkassen kann entnommen werden, dass arbeitslose Versicherte im Jahr 2011 mit durchschnittlich 27,0 Tagen pro Mitglied deutlich häufiger arbeitsunfähig waren als pflichtversicherte Angestellte und freiwillig versicherte Beschäftigte mit 12,2 beziehungsweise 6,0 Tagen.

Eine diagnosespezifische Betrachtung verdeutlicht, dass die Unterschiede zwischen arbeitslosen und angestellten Versicherten insbesondere bei Arbeitsunfähigkeitstagen infolge von psychischen und Verhaltensstörungen (inklusive Suchterkrankungen), Stoffwechselkrankheiten, Krankheiten des Muskel-Skelett-Systems und Krankheiten des Nervensystems hervortreten. Die Unterschiede sind bezüglich der meisten Diagnosen bei Männern noch etwas stärker ausgeprägt als bei Frauen, bei denen sie sich aber auch deutlich abzeichnen. Zusammengenommen wurden im Jahr 2011 für arbeitslose Versicherte etwa doppelt so viele Arbeitsunfähigkeitstage verzeichnet wie für angestellte Versicherte. ▶ Tab 5

Nicht erst Arbeitslosigkeit, sondern bereits Arbeitsplatzunsicherheit ist mit einem häufigeren Auftreten von Gesundheitsproblemen assoziiert. Arbeitslose und Beschäftigte, die ihren Arbeitsplatz als gefährdet ansehen, sind deutlich häufiger und länger von körperlichen und emotionalen Beschwerden betroffen als die Vergleichsgruppe der erwerbstätigen Männer und Frauen in ungefährdeten

▶ Abb 8   Durchschnittliche Anzahl von Tagen im letzten Monat mit körperlichen beziehungsweise emotionalen Beschwerden nach Erwerbssituation bei Männern und Frauen im Alter von 18 bis 64 Jahren 2010

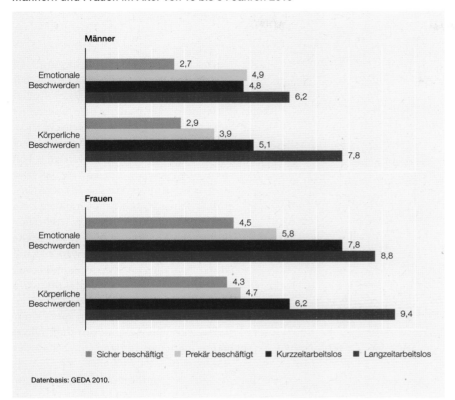

Datenbasis: GEDA 2010.

▶ Tab 6   Verhaltenskorrelierte Risikofaktoren nach Erwerbssituation und Geschlecht 2010/2011 — in Prozent

	Männer			Frauen		
	Rauchen	Kein Sport	Adipositas	Rauchen	Kein Sport	Adipositas
18–29 Jahre						
Langzeitarbeitslos	59,9	49,2	9,7	69,9	65,1	24,4
Kurzzeitarbeitslos	43,8	34,3	18,6	50,2	35,9	5,4
Prekär beschäftigt	49,7	33,8	22,5	43,6	33,7	3,0
Sicher beschäftigt	40,0	19,0	9,7	32,3	17,4	5,9
30–44 Jahre						
Langzeitarbeitslos	68,1	48,8	27,8	55,2	64,7	20,3
Kurzzeitarbeitslos	58,0	40,5	17,9	42,4	23,7	14,3
Prekär beschäftigt	41,1	39,1	17,9	35,9	39,1	17,9
Sicher beschäftigt	35,2	22,3	16,0	27,2	26,2	12,3
45–64 Jahre						
Langzeitarbeitslos	66,7	71,1	19,1	49,2	78,0	37,5
Kurzzeitarbeitslos	26,9	55,9	27,3	22,7	44,3	22,3
Prekär beschäftigt	41,3	62,7	28,7	39,5	48,6	23,9
Sicher beschäftigt	31,3	34,1	23,3	28,7	28,4	16,5

Datenbasis: SOEP 2010 (Rauchen und Adipositas) und 2011 (Kein Sport).

Beschäftigungsverhältnissen. Zudem sind arbeitslose und von Arbeitslosigkeit bedrohte Männer und Frauen, wenn sie körperliche oder emotionale Probleme haben, stärker in der Verrichtung alltäglicher Aktivitäten eingeschränkt als die Vergleichsgruppe. ▶ Abb 8

Beim Blick auf das Gesundheitsverhalten und die gesundheitsbezogenen Einstellungen zeigt sich, dass Arbeitslose und durch Arbeitslosigkeit bedrohte Männer und Frauen im Vergleich zu Erwerbstätigen in sicheren Positionen einen insgesamt ungesünderen Lebensstil haben. Dies lässt sich für den Tabakkonsum, die sportliche Inaktivität und Adipositas belegen. Nach statistischer Kontrolle für den Alterseffekt ist das Risiko zu rauchen, sportlich inaktiv oder adipös zu sein bei arbeitslosen im Verhältnis zu erwerbstätigen Männern und Frauen deutlich erhöht. Bei Langzeitarbeitslosen sind besonders viele verhaltensbezogene Gesundheitsrisiken festzustellen. ▶ Tab 6

Weniger eindeutig sind die Ergebnisse zum Alkoholkonsum. Die Krankenhausstatistik verweist allerdings darauf, dass Arbeitslose häufiger als Erwerbstätige in Folge der Diagnose »Psychische und Verhaltensstörungen durch Alkohol« (ICD10:F10) stationär behandelt werden. Somit scheint zumindest der Alkoholmissbrauch bei Arbeitslosen stärker verbreitet zu sein als bei Erwerbstätigen.

Die vorliegenden Studien sprechen darüber hinaus dafür, dass der Zusammenhang zwischen Arbeitslosigkeit und Gesundheit nicht nur auf gesundheitliche Folgen von Arbeitslosigkeitserfahrungen, sondern auch auf schlechtere Beschäftigungschancen von Personen mit gesundheitlichen Beeinträchtigungen zurückzuführen ist. Nach den Ergebnissen der GEDA-Studie 2010 gehen 17 % der Männer und 14 % der Frauen mit Arbeitslosigkeitserfahrungen in den letzten fünf Jahren davon aus, dass ihre beeinträchtigte Gesundheit mit ein Grund für den Verlust des Arbeitsplatzes war. Die überwiegende Mehrheit der betroffenen Männer und Frauen berichtet außerdem, dass sich ihr Gesundheitszustand

▶ Abb 9   **Kranke und Unfallverletzte nach Migrationshintergrund 2009 — in Prozent**

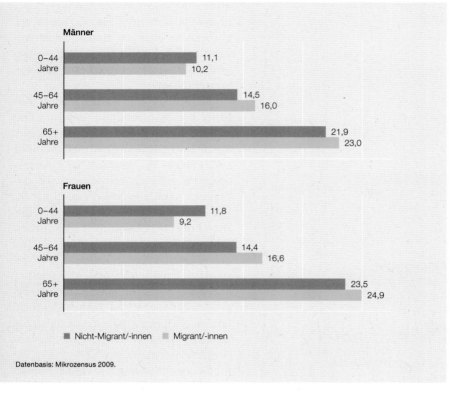

Datenbasis: Mikrozensus 2009.

▶ Abb 10   **Starke körperliche Schmerzen in den letzten vier Wochen
(»immer« oder »oft«) nach Migrationshintergrund 2010 — in Prozent**

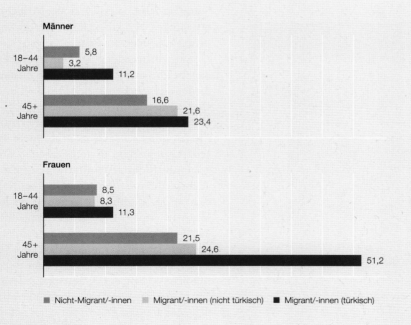

Datenbasis: SOEP 2010.

nach Eintritt in die Arbeitslosigkeit nicht wieder verbessert oder sogar noch weiter verschlechtert hat (jeweils 88 % der Männer und Frauen).

8.3.5 Migration und Gesundheit

Menschen mit Migrationshintergrund stellen eine überaus heterogene Gruppe dar, unter anderem in Bezug auf Herkunftsland, Migrationserfahrung, Aufenthaltsdauer und soziale Integration (vergleiche dazu auch Kapitel 7.3). Wenn nach Besonderheiten der gesundheitlichen Situation von Migranten gefragt wird, sind auch psychosoziale Belastungen, die sich aus der Migrationserfahrung und Schwierigkeiten der sozialen Integration ergeben, zu berücksichtigen. Außerdem spielen kulturelle Unterschiede im Gesundheits- und Krankheitsverständnis sowie die Verbreitung von Erkrankungen und Risikofaktoren im jeweiligen Herkunftsland eine Rolle.

Vergleichende Aussagen zum Krankenstand von Migranten und Nicht-Migranten sind anhand der Daten des Mikrozensus 2009 möglich. Im Alter bis 44 Jahre geben Migranten etwas seltener als die übrige Bevölkerung an, in den letzten vier Wochen krank oder unfallverletzt gewesen zu sein. Bei den 45- bis 64- und den 65-Jährigen und Älteren hingegen sind Männer und Frauen mit Migrationshintergrund etwas häufiger von einer Krankheit oder Unfallverletzung betroffen als die Vergleichsgruppen ohne Migrationshintergrund. ▶ Abb 9

In einigen Bereichen treten erst bei einer nach Herkunftsland differenzierten Betrachtung gesundheitliche Unterschiede zwischen Migranten und Nicht-Migranten zutage. So berichten türkischstämmige Migranten deutlich häufiger als Personen ohne Migrationshintergrund oder Migranten aus anderen Herkunftsländern von körperlichen Schmerzen in den letzten vier Wochen. Dies zeigt sich insbesondere mit Blick auf türkischstämmige Frauen in der zweiten Lebenshälfte. Nach Kontrolle für die unterschiedliche Altersstruktur haben türkischstämmige Männer und Frauen ein gegenüber Nicht-Migranten 1,8- beziehungsweise 2,5-fach erhöhtes

Risiko, von körperlichen Schmerzen betroffen zu sein. Bei Migranten aus anderen Herkunftsländern ist hingegen kein erhöhtes Risiko für das Auftreten körperlicher Schmerzen festzustellen. ▶ Abb 10

Unterschiede zwischen Personen mit und ohne Migrationshintergrund lassen sich auch bei verhaltensbedingten Gesundheitsrisiken beobachten. Dabei zeigt sich, dass Migranten und Migrantinnen häufiger adipös sind. Allerdings treten diese Unterschiede erst ab einem Alter von 45 Jahren und insbesondere bei Frauen zutage. ▶ Abb 11

Beim Rauchverhalten von Migranten bestehen ebenfalls ausgeprägte, aber geschlechtsspezifische Unterschiede zur Bevölkerung ohne Migrationshintergrund. Der Anteil aktueller Raucher liegt bei Männern mit Migrationshintergrund in allen Altersgruppen deutlich über dem der Männer ohne Migrationshintergrund (37 % gegenüber 30 %). Bei Migrantinnen ist der Anteil dagegen etwas niedriger als bei Frauen ohne Migrationshintergrund (23 % gegenüber 25 %).

Menschen mit Migrationshintergrund stellen eine zunehmend an Bedeutung

▶ Abb 11   **Adipositas (BMI ≥ 30) nach Migrationshintergrund 2009 — in Prozent**

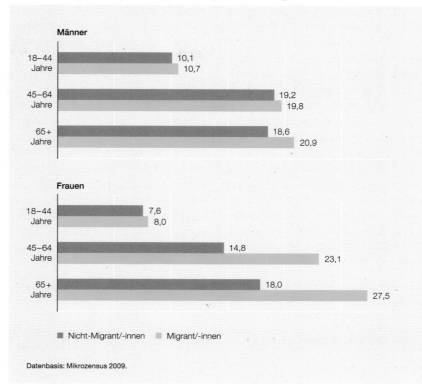

Datenbasis: Mikrozensus 2009.

▶ Abb 12   **Fernere Lebenserwartung ab einem Alter von 60 Jahren bei Deutschen und Ausländern 1994–2008 — Mittelwerte**

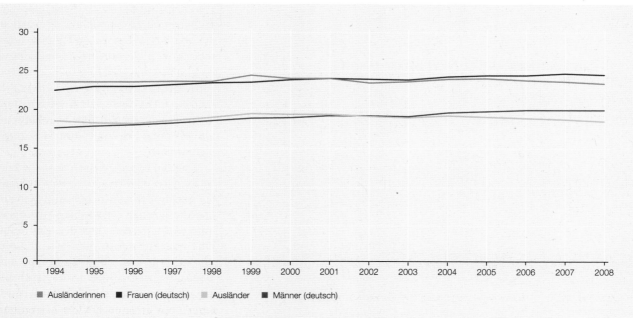

Datenbasis: Gesetzliche Rentenversicherung 1994-2008, BAMF-Bericht »Morbidität und Mortalität von Migranten in Deutschland« 2011, Zahlen für 2008 von Martin Kohls.

gewinnende Nutzergruppe des medizinischen und pflegerischen Versorgungssystems dar. Dabei unterscheiden sie sich in ihrem Inanspruchnahmeverhalten und in ihren Bedürfnissen von der Mehrheitsbevölkerung ohne Migrationshintergrund. Die vorliegenden Studien zeigen, dass Migranten und Migrantinnen in bestimmten Situationen häufiger Rettungsstellen als Hausärzte aufsuchen, seltener Vorsorgeleistungen in Anspruch nehmen und im Falle eines in der Familie aufgetretenen Pflegefalls seltener auf ambulante Pflegedienste zurückgreifen. Außerdem ist festzustellen, dass Menschen mit ausländischer Staatsangehörigkeit

seltener Maßnahmen der medizinischen Rehabilitation in Anspruch nehmen sowie einen geringeren Rehabilitationserfolg und höhere Frühberentungsquoten aufweisen.

Mit Daten der gesetzlichen Rentenversicherung kann die fernere Lebenserwartung ab einem Alter von 60 Jahren analysiert werden. Im Zeitraum von 1994 bis 2001 lag diese bei ausländischen Rentenempfängern etwas höher als bei deutschen Rentenempfängern. In den Folgejahren hat sich der Trend umgekehrt. Im Jahr 2008 betrug die Differenz 1,5 beziehungsweise 1,2 Jahre zu Ungunsten ausländischer Männer und Frauen. ▶ Abb 12

Eine nach Krankheitsgruppen differenzierende Analyse der häufigsten Todesursachen im Jahr 2011 kommt zu dem Ergebnis, dass in der Bevölkerung mit deutscher Nationalität die meisten Sterbefälle auf Herz-Kreislauferkrankungen zurückzuführen sind, während in der ausländischen Bevölkerung Deutschlands der größte Teil der Sterbefälle auf Krebserkrankungen zurückgeht.

8.3.6 Zeitliche Entwicklungen und Trends

Zeitliche Entwicklungen und Trends der gesundheitlichen Ungleichheit in Deutschland sind bislang nur vereinzelt untersucht worden. Mit den Daten des SOEP lassen sich Veränderungen in der Selbsteinschätzung des allgemeinen Gesundheitszustandes im Zeitraum von 1994 bis 2011 untersuchen. Für die 30- bis 64-jährige Bevölkerung zeigt sich im Vergleich von vier Beobachtungszeiträumen (1994 bis 1998, 1999 bis 2003, 2004 bis 2008 und 2009 bis 2011), dass in der niedrigen Einkommensgruppe der Anteil der Männer und Frauen, die ihren allgemeinen Gesundheitszustand als weniger gut oder schlecht beurteilen, im Verlauf der letzten rund 20 Jahre zugenommen hat. In der hohen Einkommensgruppe und bei Frauen auch in der mittleren Einkommensgruppe ist eine gegenläufige Entwicklung zu beobachten. Bezüglich des Risikos eines weniger guten oder schlechten allgemeinen Gesundheitszustandes lässt sich nach Kontrolle des Alterseinflusses die Aussage treffen, dass die Differenz zwischen der niedrigen und hohen Einkommensgruppe bei Männern um 82 % und bei Frauen um 54 % zugenommen hat. ▶ Tab 7

Darüber hinaus können zeitliche Entwicklungen und Trends im Rauchverhalten und in der sportlichen Aktivität für die Altersgruppe der 30- bis 64-Jährigen untersucht werden. Für den Zeitraum 1999 bis 2010 weisen die Daten für die mittlere und hohe Bildungsgruppe auf einen deutlichen Rückgang des Rauchens hin. In der niedrigen Bildungsgruppe ist der Anteil der Raucher im Zeitverlauf nahezu konstant geblieben, während sich

▶ Tab 7   Entwicklung der Selbsteinschätzung des allgemeinen Gesundheitszustandes (»weniger gut« oder »schlecht«) bei 30- bis 64-jährigen Männern und Frauen nach drei Einkommensgruppen 1994–2011 — in Prozent

	1994–1998	1999–2003	2004–2008	2009–2011
Männer				
<60 % des durchschnittlichen Einkommens	26,6	27,7	33,1	32,1
60–<150 % des durchschnittlichen Einkommens	15,7	15,2	16,4	16,1
≥150 % des durchschnittlichen Einkommens	12,2	10,6	11,2	11,4
Frauen				
<60 % des durchschnittlichen Einkommens	26,3	26,0	28,7	30,1
60–<150 % des durchschnittlichen Einkommens	19,1	16,4	16,9	17,7
≥150 % des durchschnittlichen Einkommens	14,6	12,5	13,3	12,8

Datenbasis: SOEP 1994–2011.

▶ Abb 13   Entwicklung des Rauchens bei 30- bis 64-jährigen Männern und Frauen nach Bildung 1999–2010 — in Prozent

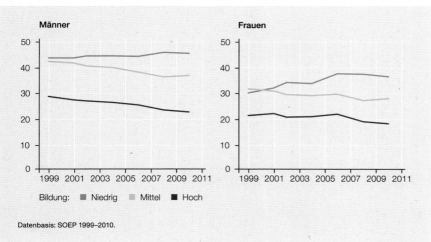

Datenbasis: SOEP 1999–2010.

der Anteil der Raucherinnen sogar noch erhöht hat. Infolgedessen haben die Unterschiede im Rauchverhalten der Bildungsgruppen weiter zugenommen, bezogen auf das alterskontrollierte Risiko um 46 % bei Männern und um 67 % bei Frauen. ▶ Abb 13

Für die Sportbeteiligung ist im Zeitraum 1994 bis 2011 eine deutliche Zunahme festzustellen. Dabei fällt auf, dass in der Altersspanne von 30 bis 64 Jahren der Anteil der Männer und Frauen, die in den letzten vier Wochen keinen Sport getrieben haben, in allen Bildungsgruppen abgenommen hat. Bei Personen mit hoher Bildung zeichnet sich diese Entwicklung aber noch deutlicher ab als bei Personen mit mittlerer und niedriger Bildung. Nach Kontrolle des Alterseffektes kann die Zunahme des Risikos für sportliche Inaktivität im Vergleich der niedrigen zur hohen Bildungsgruppe bei Männern mit 75 % und bei Frauen mit 61 % beziffert werden. ▶ Abb 14

8.3.7 Zusammenfassung

In den letzten Jahren ist die gesundheitliche Ungleichheit zu einem zentralen Thema der Forschung, Berichterstattung und Politik geworden. Die präsentierten Ergebnisse zeigen eindrücklich, dass viele Krankheiten und Beschwerden bei Personen mit geringem Einkommen, unzureichender Bildung und niedriger beruflicher Stellung vermehrt vorkommen. Darüber hinaus schätzen sie ihren allgemeinen Gesundheitszustand und ihre gesundheitsbezogene Lebensqualität schlechter ein. Ein Grund hierfür dürften die beobachteten Unterschiede im Gesundheitsverhalten sein, zum Beispiel in Bezug auf den Tabak- und Alkoholkonsum, die Ernährung und körperlich-sportliche Aktivität sowie zum Teil auch der Inanspruchnahme von Präventions- und Versorgungsangeboten. Die stärkere Verbreitung von Krankheiten, Gesundheitsproblemen und Risikofaktoren findet letztlich in einer höheren vorzeitigen Sterblichkeit und geringeren Lebenserwartung der benachteiligten Einkommens-, Bildungs- und Berufsgruppen einen starken Ausdruck. Darüber hinaus ist Arbeitslosigkeit mit einer schlechteren Gesundheit assoziiert. Die Auswirkungen der Arbeitslosigkeit auf die Gesundheit sind zum einen unter materiellen Aspekten zu sehen, zum Beispiel dem engeren finanziellen Handlungsspielraum und dem geringeren Lebensstandard, zum anderen sind psychosoziale Belastungen von Bedeutung, die zum Beispiel aus Zukunftssorgen oder Ausgrenzungserfahrungen resultieren können.

Menschen mit Migrationshintergrund weisen in einigen Bereichen eine schlechtere Gesundheit als die übrige Bevölkerung auf. Auch in Bezug auf die Prävention und die medizinische und pflegerische Versorgung stellt sich die Situation von Migranten und Migrantinnen zum Teil ungünstiger dar als in der Bevölkerung ohne Migrationshintergrund. Von einer generellen gesundheitlichen Benachteiligung von Migranten und Migrantinnen kann aber nicht gesprochen werden. Die vorliegenden Forschungsergebnisse legen eine differenzierte Bewertung nahe, wobei neben den jeweiligen Lebensbedingungen und Teilhabechancen auch kulturelle Besonderheiten, die Migrationserfahrungen sowie die soziale und gesundheitliche Lage im Herkunftsland berücksichtigt werden sollten.

Aussagen zu zeitlichen Entwicklungen und Trends sind auf Grundlage der vorhandenen Daten nur zum Teil möglich. Die vorliegenden Erkenntnisse sprechen dafür, dass die gesundheitliche Ungleichheit in den letzten 20 Jahren zugenommen hat. Dies lässt sich beispielsweise für den allgemeinen Gesundheitszustand, das Rauchverhalten und die sportliche Aktivität belegen. Auch Studien aus anderen Ländern deuten eher auf eine Ausweitung als auf eine Verringerung der sozial bedingten Unterschiede in der Gesundheit und Lebenserwartung hin.

▶ Abb 14   **Entwicklung der sportlichen Inaktivität bei 30- bis 64-jährigen Männern und Frauen nach Bildung 1994–2011 — in Prozent**

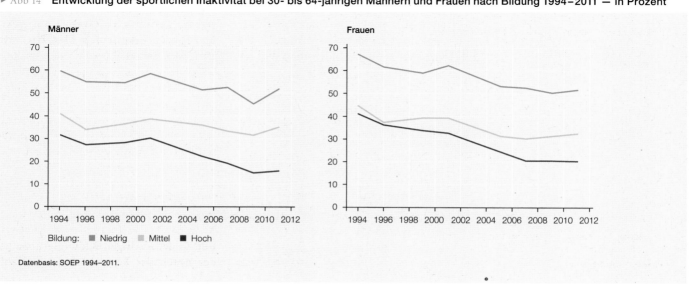

Bildung: ■ Niedrig   ■ Mittel   ■ Hoch

Datenbasis: SOEP 1994–2011.

8.4
Soziale Sicherung

Klaus-Jürgen Duschek,
Sascha Krieger, Stefanie Lehmann,
Heiko Pfaff

Destatis

Die Sozialgesetzgebung in Deutschland soll dazu beitragen, allen Bürgerinnen und Bürgern ein menschenwürdiges Dasein zu sichern. Hierzu gehören das Schaffen gleicher Voraussetzungen für die freie Entfaltung der Persönlichkeit, insbesondere auch für junge Menschen, sowie der Schutz und die Förderung der Familie. Zudem soll die Sozialgesetzgebung den Erwerb des Lebensunterhalts durch eine frei gewählte Tätigkeit ermöglichen und besondere Belastungen des Lebens, auch durch Hilfe zur Selbsthilfe, abwenden oder ausgleichen.

Ein hoher Anteil der Ausgaben der öffentlichen Haushalte (einschließlich der Sozialversicherungsträger und der Bundesagentur für Arbeit) fließt daher heute in die soziale Sicherung. Seit einigen Jahren wird jedoch – auch angesichts von Finanzierungsfragen – eine rege Debatte über Reformen der Sozialsysteme geführt. Beispiele hierfür sind die schrittweise Erhöhung der Regelaltersgrenze für Rentnerinnen und Rentner seit 2012, die vom Bundesverfassungsgericht auferlegte Neuberechnung der sogenannten Hartz-IV-Regelsätze durch die Bundesregierung oder die Diskussion über die weitere Ausgestaltung der Pflegeversicherung.

Auch die Familienpolitik steht im Mittelpunkt der gesellschaftlichen Diskussion: So haben die Eltern von Kindern, die das erste Lebensjahr vollendet haben, seit dem 1. August 2013 einen Rechtsanspruch auf Kindertagesbetreuung. Für insgesamt 780 000 Kinder unter drei Jah-

ren soll ein Betreuungsangebot bereitgestellt werden. Eltern, die kein entsprechendes, mit öffentlichen Mitteln gefördertes Angebot in Anspruch nehmen, erhalten ein Betreuungsgeld.

8.4.1 Das Sozialbudget

Einen Überblick über das System der sozialen Sicherung bietet das Sozialbudget der Bundesregierung. Hier werden die verschiedenen Leistungen des Sicherungssystems jährlich zusammengestellt. Außerdem ist die Höhe der jeweiligen Finanzierung durch öffentliche Zuweisungen sowie durch die Beiträge der Versicherten und der Arbeitgeber ablesbar.

Die Leistungen des Sozialbudgets insgesamt beliefen sich 2011 für Deutschland auf rund 767,6 Milliarden Euro. Die Sozialleistungsquote, das Verhältnis dieser Sozialleistungen im Vergleich zum Bruttoinlandsprodukt, betrug 2011 für Deutschland 30%. ▶ Info 1

Wer finanziert das soziale Netz? Drei große Beitragszahler sind auszumachen: Der Staat (Bund, Länder und Gemeinden), die privaten Haushalte und die Arbeitgeber. ▶ Abb 1

Im Jahr 2011 floss der größte Anteil des Sozialbudgets in die »Sozialversicherungssysteme«. Die Leistungen der Kranken-, Pflege-, Unfall- und Arbeitslosenversicherung sowie der Rentenversicherung beliefen sich dabei zusammen auf 471,3 Milliarden Euro. Die »Förder- und Fürsorgesysteme« bildeten mit 146,5 Milliarden Euro das zweitgrößte

---

▶ Info 1

Darstellung im Sozialbudget

Um eine Vergleichbarkeit der einzelnen Bereiche untereinander und mit den umfassenderen Volkswirtschaftlichen Gesamtrechnungen (siehe Kapitel 4.1, Seite 93–100) zu ermöglichen, werden für die Darstellung im Sozialbudget die Leistungen und deren Finanzierung bereinigt. Beispielsweise werden im Sozialbudget die Sozialleistungen insgesamt um die Selbstbeteiligung der Leistungsempfängerinnen und -empfänger und um die Beiträge des Staates zur Kranken-, Pflege-, Arbeitslosen- und Rentenversicherung für Empfängerinnen und Empfänger sozialer Leistungen bereinigt.

Aus diesem Grund und wegen methodischer Unterschiede weichen die Angaben (zum Beispiel zur Rentenversicherung) teilweise von den in den folgenden Abschnitten dargestellten Statistiken ab.

System im Sozialbudget. Zu diesem Leistungsbereich gehören das Kindergeld und der Familienleistungsausgleich sowie das Erziehungsgeld/Elterngeld. Außerdem ist die Grundsicherung für Arbeitsuchende, die Arbeitslosenhilfe/sonstige Arbeitsförderung und die Ausbildungs- und Aufstiegsförderung hier zugeordnet. Des Weiteren werden hier die Sozialhilfe, Kinder- und Jugendhilfe sowie das Wohngeld zugerechnet.

Für die »Arbeitgebersysteme« wurden insgesamt 66,8 Milliarden Euro aufgewendet. Hierzu zählen die Entgeltfortzahlungen im Krankheitsfall, die betriebliche Altersversorgung und die Zusatzversorgung im öffentlichen Dienst sowie sonstige Arbeitgeberleistungen (zum Beispiel Bereitstellung von Betriebswohnungen). Die »Systeme des öffentlichen Dienstes« hatten 2011 mit 60,6 Milliarden Euro einen Anteil von knapp 8 % am Sozialbudget. Wie bei den »Sozialversicherungssystemen« steht auch hier die Altersversorgung, und zwar die des öffentlichen Dienstes, im Vordergrund.

Die sogenannten »Sondersysteme« hatten zusammen einen Leistungsumfang von 25,6 Milliarden Euro. Dazu zählen die private Kranken- und Pflegeversicherung, die private Altersvorsorge sowie die Versorgungswerke für freiberuflich Tätige und die Alterssicherung der Landwirte. Die Bedeutung der »Entschädigungssysteme« verliert mit zunehmendem Abstand von der Zeit des Nationalsozialismus 1933 bis 1945 an Gewicht. Im Jahr 2011 wurden 3,1 Milliarden Euro für Entschädigungen verschiedener Art ausgegeben. ▶ Tab 1

8.4.2 Gesetzliche Rentenversicherung

Die Alters- und die Hinterbliebenensicherung wird in Deutschland insbesondere von folgenden Institutionen geleistet: der gesetzlichen Rentenversicherung, den Pensionen im öffentlichen Dienst, der Zusatzversicherung im öffentlichen Dienst, der Alterssicherung für Landwirte, den Versorgungswerken (zum Beispiel für Apotheker oder Architekten), der Zusatzversicherung

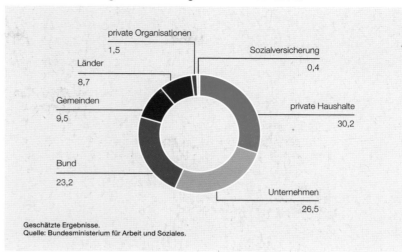

▶ Abb 1 **Finanzierung des Sozialbudgets 2011 — in Prozent**

private Organisationen
1,5

Länder
8,7

Gemeinden
9,5

Bund
23,2

Sozialversicherung
0,4

private Haushalte
30,2

Unternehmen
26,5

Geschätzte Ergebnisse.
Quelle: Bundesministerium für Arbeit und Soziales.

für einzelne Berufe sowie vertraglichen und freiwilligen Arbeitgeberleistungen. Im Zuge der Einführung der »Riester-Rente« im Jahr 2002 und der »Rürup-Rente« im Jahr 2005 wurde zudem das System der privaten Vorsorge gestärkt. Wichtigster und umfassendster Bereich ist die gesetzliche Rentenversicherung. Ihre Leistungen lagen 2011 nach dem Sozialbudget bei rund 255,6 Milliarden Euro.

Insgesamt wurden Mitte 2011 in Deutschland 24,9 Millionen Renten bezahlt. Davon waren 77 % Versichertenrenten, der Rest (23 %) ging an Hinterbliebene von Versicherten (Hinterbliebenenrente).

Die durchschnittliche monatliche Versichertenrente lag 2011 für Männer bei 977 Euro, für Frauen bei 549 Euro. Der Unterschied in der Rentenhöhe ergibt sich unter anderem dadurch, dass die heute anspruchsberechtigten Frauen im Verlauf ihres Arbeitslebens im Durchschnitt geringer entlohnte Tätigkeiten ausführten. Außerdem haben viele Frauen – vor allem aus familiären Gründen – ihre Erwerbstätigkeit zeitweise unterbrochen oder frühzeitig beendet. ▶ Tab 2

Die Rentenversicherung finanziert sich seit der Rentenreform von 1957 nach dem sogenannten »Umlageverfahren«.

Das bedeutet, dass die Beschäftigten von heute im Rahmen des »Generationenvertrages« die Renten der früheren Arbeitnehmerinnen und Arbeitnehmer tragen.

Die Beiträge von Arbeitnehmern und Arbeitgebern sind die wichtigste Finanzierungsquelle der gesetzlichen Rentenversicherung. Im Jahr 2012 lag die Beitragshöhe bei 19,6 % des Bruttolohns. Diese Beitragseinnahmen machten insgesamt rund 67 % der Gesamteinnahmen aus. Betrachtet man die wichtige Bedeutung der Beitragszahlungen, werden die viel diskutierten Probleme des Umlageverfahrens deutlich: Solange das Verhältnis zwischen Beitragszahlern und Rentenempfängern konstant bleibt oder die Zahl der Beitragszahler sogar steigt, funktioniert das Verfahren. Im Zuge der Alterung der Gesellschaft (siehe Kapitel 1.1, Seite 11, 21–24) wird jedoch erwartet, dass sich dieses Verhältnis verschiebt, sodass immer weniger Beitragszahler für die Finanzierung von immer mehr Renten aufkommen müssen. Um diese Entwicklung zu kompensieren, wurde auch die allmähliche Anhebung der Regelaltersgrenze, die »Rente mit 67« beschlossen. Die Regelaltersgrenze wird beginnend mit dem Geburtsjahrgang 1947 seit 2012 bis zum Jahr 2029 schrittweise auf 67 Jahre angehoben.

▶ Tab 1 **Leistungen und Finanzierung des Sozialbudgets 2011**

	Leistungen insgesamt	Finanzierung durch		
		Sozialbeiträge der Versicherten[1]	Sozialbeiträge der Arbeitgeber	Zuschüsse des Staates
	in Milliarden Euro	in Millionen Euro		
Sozialbudget insgesamt [2]	767,6	244 602	274 247	290 751
Sozialversicherungssysteme	471,3	202 348	174 096	107 394
Rentenversicherung	255,6	84 502	86 812	81 903
Krankenversicherung	177,9	90 802	56 269	16 687
Pflegeversicherung	21,9	13 042	7 842	–
Unfallversicherung	12,2	1 464	10 135	753
Arbeitslosenversicherung	29,3	12 538	13 038	8 052
Sondersysteme	25,6	36 135	3 095	5 775
Alterssicherung der Landwirte	2,9	644	–	2 251
Versorgungswerke	4,1	6 812	695	–
Private Altersvorsorge	0,2	9 894	–	3 524
Private Krankenversicherung	17,7	17 185	2 000	–
Private Pflegeversicherung	0,7	1 600	400	–
Systeme des öffentlichen Dienstes	60,6	251	25 258	32 389
Pensionen	44,6	251	15 340	27 498
Familienzuschläge	3,1	–	–	2 346
Beihilfen	12,9	–	9 918	2 544
Arbeitgebersysteme	66,8	5 868	71 798	526
Entgeltfortzahlung	31,0	–	31 029	–
Betriebliche Altersversorgung	23,2	4 678	28 100	–
Zusatzversorgung	10,9	1 190	11 030	526
Sonstige Arbeitgeberleistungen	1,6	–	1 639	–
Entschädigungssysteme	3,1	–	–	3 167
Soziale Entschädigung	2,1	–	–	2 195
Lastenausgleich	0,0	–	–	29
Wiedergutmachung	0,9	–	–	891
Sonstige Entschädigungen	0,1	–	–	52
Förder- und Fürsorgesysteme	146,5	–	–	141 501
Kindergeld und Familienleistungsausgleich	41,6	–	–	41 620
Erziehungsgeld/Elterngeld	4,9	–	–	4 886
Grundsicherung für Arbeitsuchende	41,5	–	–	37 008
Arbeitslosenhilfe/sonstige Arbeitsförderung	0,6	–	–	83
Ausbildungs- und Aufstiegsförderung	2,5	–	–	2 466
Sozialhilfe	26,6	–	–	26 566
Kinder- und Jugendhilfe	27,3	–	–	27 257
Wohngeld	1,6	–	–	1 615

Geschätzte Ergebnisse.
1 Arbeitnehmer, Selbstständige, Eigenbeiträge sowie Übrige.
2 Konsolidiert um die umgeleiteten Sozialbeiträge für Empfängerinnen und Empfänger sozialer Leistungen zwischen den Institutionen. Ohne Beiträge des Staates. Entsprechend sind die Gesamtsummen des Sozialbudgets niedriger als die addierten Werte aus den einzelnen Institutionen.
– nichts vorhanden.
Quelle: Bundesministerium für Arbeit und Soziales.

▶ Tab 2 **Gesetzliche Rentenversicherung 2011**

	Deutschland	Allgemeine Rentenversicherung	Knappschaftliche Rentenversicherung
	in 1 000		
Rentenbestand[1]	24 933	23 876	1 057
in Milliarden Euro			
Einnahmen	283,5	268,6	14,9
↳ Beiträge (Ist)	189,9	189,0	0,9
Ausgaben	264,6	249,7	14,9
in Euro			
Durchschnittliche-Versichertenrente[1]			
Frauen	549	547	751
Männer	977	961	1 220

1 Juli 2011. Ohne ruhende Renten.
Quelle: Bundesministerium für Arbeit und Soziales.

8.4.3 Gesetzliche Krankenversicherung

Zur Sicherung im Bereich der Gesundheit dienen vor allem folgende Institutionen des Sozialbudgets: die gesetzliche Kranken- und Unfallversicherung sowie die Pflegeversicherung, die Entgeltfortzahlung im Krankheitsfall durch den Arbeitgeber, die Beihilfen im öffentlichen Dienst sowie die private Krankenversicherung.

Die gesetzliche Krankenversicherung spielt für die finanzielle Absicherung des Krankheitsrisikos eine entscheidende Rolle. Pflichtmitglieder sind die in einem Arbeiter- oder Angestelltenverhältnis Beschäftigten, deren regelmäßiger Jahresverdienst die Beitragsbemessungsgrenze nicht übersteigt, sowie Rentnerinnen und Rentner, Auszubildende, Studierende und Arbeitslose. Ferner sind unter anderem die landwirtschaftlichen Unternehmer und ihre mitarbeitenden Familienangehörigen sowie einige kleinere Gruppen von Selbstständigen pflichtversichert.

Seit dem 1. April 2007 besteht für Personen ohne anderweitigen Anspruch auf Absicherung im Krankheitsfall, die davor zuletzt gesetzlich krankenversichert waren, eine Versicherungspflicht in der gesetzlichen Krankenversicherung. Das Gleiche gilt für Personen, die bisher niemals gesetzlich oder privat kranken-

▶ Tab 3   **Ausgaben der gesetzlichen Krankenversicherung — in Milliarden Euro**

	2010	2011
Ausgaben insgesamt	176,0	179,6
Behandlung durch Ärzte und Zahnärzte	36,7	37,5
Arzneimittel, Heil- und Hilfsmittel, Zahnersatz	43,9	43,3
Krankenhausbehandlung	56,7	58,5
Krankengeld	7,8	8,5
Verwaltungskosten	9,5	9,4

versichert waren und der gesetzlichen Krankenversicherung zuzuordnen sind.

Im Jahresdurchschnitt standen 2011 insgesamt 69,6 Millionen Bürgerinnen und Bürger unter dem Schutz der gesetzlichen Krankenversicherung. Rund 29,9 Millionen waren Pflichtmitglieder, 4,9 Millionen freiwillige Mitglieder und 16,8 Millionen waren Rentnerinnen beziehungsweise Rentner. Weitere 18,0 Millionen waren als Familienangehörige mitversichert.

Die Leistungen der gesetzlichen Krankenversicherung beliefen sich 2011 nach der Berechnung für das Sozialbudget (siehe Tabelle 1) auf rund 177,9 Milliarden Euro. Den stärksten Kostenblock bildeten mit rund 58,5 Milliarden Euro die Krankenhausbehandlungen. ▶ Tab 3

8.4.4 Soziale Pflegeversicherung

Seit 1995 ist das Sozialsystem mit der Pflegeversicherung um eine weitere Säule ergänzt worden. Sie soll Schutz vor den finanziellen Folgen der Pflegebedürftigkeit bieten. Ihre Leistungen sollen den Betroffenen ein möglichst selbstständiges und selbstbestimmtes Leben erlauben. Die Pflegeversicherung ist eine Pflichtversicherung – gesetzlich Versicherte sind in der Regel über ihre Krankenkasse in der zugehörigen Pflegekasse versichert, privat

versicherte bei ihrem privaten Versicherungsunternehmen. Seit April 1995 gibt es Leistungen für die häusliche (ambulante) Pflege, seit Juli 1996 auch für die stationäre Pflege in Heimen (zur Versorgung von Pflegebedürftigen siehe Kapitel 8.1.2, Seite 230–232). Die Höhe der Zahlungen der gesetzlichen Pflegeversicherung richtet sich nach dem jeweiligen Hilfebedarf, der grundsätzlich in drei Stufen eingeteilt ist. Zudem ist entscheidend, ob ambulante, teilstationäre oder stationäre Pflege erfolgt. Berücksichtigt wird der Umfang des Hilfebedarfs bei der Körperpflege, Ernährung, Mobilität, und zusätzlich bei der hauswirtschaftlichen Versorgung. Die Pflegestufe III zeigt den höchsten Bedarf.

Für die vollstationäre Pflege in der Pflegestufe I liegen zum Beispiel die monatlichen Leistungen der Pflegeversicherung seit Jahresbeginn 2013 bei 1 023 Euro.

In der ambulanten Pflege unterscheidet man Pflegegeld und Pflegesachleistungen. Bei Pflegesachleistungen erfolgt die Pflege durch einen ambulanten Pflegedienst. Mit dem Pflegegeld kann der oder die Betroffene die pflegerische Versorgung, zum Beispiel durch Angehörige, selbst sicherstellen. In der Pflegestufe I wird Pflegegeld in Höhe von 235 Euro gewährt. Die Pflegesachleistungen in der Pflegestufe I für ambulante Pflegedienste betragen 450 Euro. Kombinationen aus Geld- und Sachleistungen sind bei ambulanter Pflege möglich. Die zur Jahresmitte 2008 erfolgte Pflegereform und auch das Gesetz zur Neuausrichtung der Pflegeversicherung zum Jahresanfang 2013 sehen zudem zusätzliche Leistungen für an Demenz Erkrankte vor.

Im Jahr 2011 waren in der sozialen Pflegeversicherung 69,7 Millionen Personen versichert. Leistungen aus der Pflegeversicherung erhielten rund 2,3 Millionen gesetzlich versicherte Pflegebedürftige. Rund 1,6 Millionen (69 %) von ihnen wurden ambulant versorgt und 0,7 Millionen (31 %) stationär. Von den Leistungsausgaben entfielen 53 % auf den Bereich der stationären Pflege, 23 % wurden für Pflegegeld und 14 % für Pflege-

sachleistungen verwendet, 10 % verteilten sich auf weitere Leistungsausgaben.

Insgesamt 21,9 Milliarden Euro des Sozialbudgets 2011 machten die Leistungen der Pflegeversicherung aus. Dies entspricht – verglichen mit der Renten- beziehungsweise Krankenversicherung (255,6 Milliarden beziehungsweise 177,9 Milliarden) – einem eher geringen Anteil (2,7 %). Finanziert wird die Pflegeversicherung je zur Hälfte durch die Beiträge der Arbeitnehmerinnen beziehungsweise Arbeitnehmer und Arbeitgeber. Um den Beitrag von Arbeitgeberseite zu gewährleisten, war in den meisten Bundesländern ein gesetzlicher Feiertag im Jahr weggefallen. Bis Mitte 1996 lag der Beitrag bei 1 % des Bruttoarbeitsentgelts. Mit der Einführung der stationären Pflegeleistungen wurde er auf 1,7 % erhöht. Rentnerinnen und Rentner zahlen seit 2004 den vollen Beitragssatz alleine. Zum 1. Juli 2008 erfolgte eine Beitragserhöhung auf 1,95 %, zum 1. Januar 2013 auf 2,05 %. Seit dem 1. Januar 2005 müssen Kinderlose grundsätzlich einen erhöhten Beitrag zur gesetzlichen Pflegeversicherung in Höhe von zusätzlich 0,25 % je Monat zahlen. Zur Finanzierung der Pflegeversicherung werden keine öffentlichen Mittel zugewiesen.

8.4.5 Arbeitslosenversicherung

Mit der sogenannten »Hartz-IV-Reform« ist die soziale Sicherung von Arbeitslosen zum Jahresbeginn 2005 umstrukturiert worden. Dadurch entstand ein zweigliedriges System der sozialen Sicherung für arbeitslose beziehungsweise bedürftige Personen, dessen erste Stufe aus einer lohnabhängigen Versicherungsleistung – dem Arbeitslosengeld – besteht. Die zweite Stufe der sozialen Absicherung bei Arbeitslosigkeit bildet seit Jahresbeginn 2005 die steuerfinanzierte Fürsorgeleistung »Grundsicherung für Arbeitsuchende«.

Das Arbeitslosengeld ist im Sozialgesetzbuch SGB III geregelt. Die Voraussetzungen für einen Anspruch auf Arbeitslosengeld sind gegeben, wenn man arbeitslos ist, sich persönlich bei der Bundesagentur für Arbeit arbeitslos

▶ Tab 4   **Empfängerinnen und Empfänger von Leistungen der sozialen Mindestsicherung am Jahresende 2011 und Bruttoausgaben 2011**

	Empfängerinnen und Empfänger	Ausgaben	Ausgaben je Einwohner[1]
	Anzahl	in Milliarden Euro	in Euro
Leistungen nach dem SGB II insgesamt (Dezember)	6 119 846	32,7[2]	400,1
↳ Arbeitslosengeld II	4 426 901	.	.
↳ Sozialgeld	1 692 945	.	.
Mindestsicherungsleistungen im Rahmen der Sozialhilfe nach dem SGB XII insgesamt	952 245	5,2	63,3
↳ Hilfe zum Lebensunterhalt außerhalb von Einrichtungen (Laufende Leistungen am Jahresende)	108 215	0,6	7,5
↳ Grundsicherung im Alter und bei Erwerbsminderung (Laufende Leistungen am Jahresende)	844 030	4,6	55,8
Regelleistungen nach dem Asylbewerberleistungsgesetz (Jahresende)	143 687	0,7	8,0
Laufende Leistungen der Kriegsopferfürsorge (Laufende Leistungen im Inland am Jahresende)	42 001	0,5[3]	5,8
Insgesamt	**7 257 779**	**39,0**	**477,3**

1 Bruttoausgaben für die jeweilige Sozialleistung pro Person und Jahr. Bevölkerungsstand: Jahresdurchschnitt 2011.
2 Ausgaben für Leistungen, die unmittelbar für Kosten des Lebensunterhalts gezahlt werden (passive Leistungen).
3 Gesamtausgaben der Kriegsopferfürsorge. Exakte Untergliederung der Ausgaben nach »laufenden Leistungen« nicht möglich.
. Zahlenwert unbekannt oder geheim zu halten.

gemeldet hat und gewisse Anwartschaftszeiten durch ein vorangegangenes versicherungspflichtiges Beschäftigungsverhältnis erfüllt hat. Die Höhe des Arbeitslosengeldes richtet sich nach dem versicherungspflichtigen Entgelt, das der oder die Arbeitslose im Durchschnitt des letzten Jahres vor Eintritt der Arbeitslosigkeit erhalten hat. Arbeitslose mit mindestens einem Kind im Sinne des Steuerrechts erhalten 67 % des letzten Nettoentgelts, alle weiteren Arbeitslosen 60 %. Die Anspruchsdauer des Arbeitslosengeldes richtet sich nach der Dauer der vorangegangenen Versicherungszeiten und dem Alter der arbeitslosen Personen. Sie liegt zwischen mindestens 3 und höchstens 24 Monaten.

Im Jahresdurchschnitt 2011 erhielten rund 800 000 Menschen Arbeitslosengeld. Für sie wurden rund 13,8 Milliarden Euro für das Arbeitslosengeld aufgewendet. Die Leistungen der Arbeitslosenversicherung im Sozialbudget betrugen insgesamt 29,3 Milliarden Euro. Weitere Leistungen der Arbeitslosenversicherung sind beispielsweise Eingliederungszuschüsse, Förderung zur Teilhabe (schwer-)behinderter Menschen am Arbeitsleben und Leistungen bei Kurzarbeit. Zusätzliche Informationen zu arbeitsmarktpolitischen Maßnahmen sowie ausführliche Angaben zum Arbeitsmarkt sind in Kapitel 5.1, Seite 113 ff., enthalten.

Bei der zweiten Stufe der sozialen Absicherung von erwerbsfähigen Personen handelt es sich um die Grundsicherung für Arbeitsuchende (gesetzlich geregelt im Sozialgesetzbuch SGB II). Diese Leistung konzentriert sich auf Hilfebedürftige, die entweder keine Arbeit haben oder deren Einkommen nicht ausreicht, um ihren Lebensunterhalt zu bestreiten. Anders als das Arbeitslosengeld ist die Grundsicherung für Arbeitsuchende keine Versicherungsleistung, sondern eine steuerfinanzierte Fürsorgeleistung. Somit orientiert sich die Anspruchshöhe nicht am letzten Arbeitslohn, sondern am erforderlichen Bedarf der leistungsberechtigten Personen, um den notwendigen Lebensunterhalt abzusichern.

8.4.6 Mindestsicherungssysteme
Transferleistungen der sozialen Mindestsicherungssysteme sind finanzielle Hilfen des Staates, die zur Sicherung des grundlegenden Lebensunterhalts an leistungsberechtigte Personen ausgezahlt werden. Dazu zählen in der Sozialberichterstattung der amtlichen Statistik folgende Leistungen:
· Arbeitslosengeld (ALG) II und Sozialgeld nach dem Sozialgesetzbuch SGB II,
· Hilfe zum Lebensunterhalt außerhalb von Einrichtungen (zum Beispiel Krankenhäuser und Pflegeheime) im Rahmen der Sozialhilfe nach dem SGB XII,
· Grundsicherung im Alter und bei Erwerbsminderung im Rahmen der Sozialhilfe nach dem SGB XII,
· Regelleistungen nach dem Asylbewerberleistungsgesetz (AsylbLG),
· Leistungen der Kriegsopferfürsorge nach dem Bundesversorgungsgesetz (BVG).

Am Jahresende 2011 erhielten in Deutschland insgesamt fast 7,3 Millionen Menschen die oben genannten Transferleistungen, um ihren grundlegenden Lebensunterhalt zu bestreiten. Damit waren 9 % der in Deutschland lebenden Menschen auf existenzsichernde finanzielle Hilfen des Staates angewiesen. Im

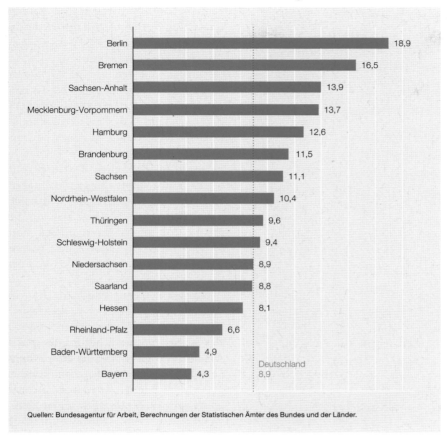

▶ Abb 2   **Empfängerinnen und Empfänger von sozialer Mindestsicherung am Jahresende 2011 — Anteil an der Gesamtbevölkerung in Prozent**

Berlin	18,9
Bremen	16,5
Sachsen-Anhalt	13,9
Mecklenburg-Vorpommern	13,7
Hamburg	12,6
Brandenburg	11,5
Sachsen	11,1
Nordrhein-Westfalen	10,4
Thüringen	9,6
Schleswig-Holstein	9,4
Niedersachsen	8,9
Saarland	8,8
Hessen	8,1
Rheinland-Pfalz	6,6
Baden-Württemberg	4,9
Bayern	4,3

Deutschland 8,9

Quellen: Bundesagentur für Arbeit, Berechnungen der Statistischen Ämter des Bundes und der Länder.

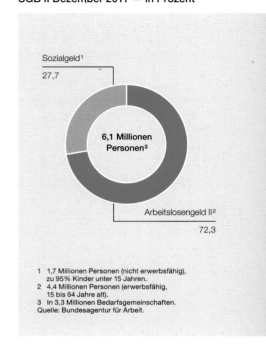

▶ Abb 3   **Empfängergruppen der Grundsicherung für Arbeitsuchende nach dem SGB II Dezember 2011 — in Prozent**

Sozialgeld[1]
27,7

6,1 Millionen Personen[3]

Arbeitslosengeld II[2]
72,3

1 1,7 Millionen Personen (nicht erwerbsfähig), zu 95 % Kinder unter 15 Jahren.
2 4,4 Millionen Personen (erwerbsfähig, 15 bis 64 Jahre alt).
3 In 3,3 Millionen Bedarfsgemeinschaften.
Quelle: Bundesagentur für Arbeit.

Jahr 2011 gab der Staat für diese Leistungen 39,0 Milliarden Euro aus. ▶ Tab 4

Vor allem Menschen in den Stadtstaaten und den neuen Ländern waren verstärkt auf Leistungen der Mindestsicherung angewiesen. In Berlin war ihr Anteil mit knapp 19 % an der Bevölkerung am höchsten. Besonders selten bezogen die Menschen in den südlichen Bundesländern Leistungen der Mindestsicherung. So erhielten in Baden-Württemberg und Bayern am Jahresende 2011 jeweils weniger als 5 % der Einwohnerinnen und Einwohner entsprechende Leistungen. ▶ Abb 2

Arbeitslosengeld II und Sozialgeld nach dem Sozialgesetzbuch II

Der mit Abstand größte Teil der Empfängerinnen und Empfänger und damit auch der Ausgaben für Mindestsicherungsleistungen entfiel auf das ALG II und das Sozialgeld nach dem SGB II. ALG II erhalten erwerbsfähige Personen, die das 15. Lebensjahr vollendet, die Altersgrenze nach § 7a SGB II noch nicht erreicht haben und ihren Lebensunterhalt nicht aus eigenen Mitteln bestreiten können. Ihre im Haushalt lebenden nicht erwerbsfähigen Familienangehörigen (vor allem Kinder) erhalten Sozialgeld. Personen die vor dem 1. Januar 1947 geboren sind, erreichen die Altersgrenze mit Ablauf des Monats, in dem sie das 65. Lebensjahr vollenden. Beginnend mit dem Geburtsjahrgang 1947 wird die Altersgrenze seit dem 1. Januar 2012 bis zum Jahr 2029 schrittweise auf 67 Jahre angehoben. Für das vorliegende Berichtsjahr 2011 gilt letztmals die Altersgrenze von

65 Jahren. Im Dezember 2011 wurden die umgangssprachlich mit »Hartz IV« bezeichneten Leistungen der »Grundsicherung für Arbeitsuchende« nach dem SGB II an insgesamt rund 6,1 Millionen Personen unter 65 Jahren ausgezahlt. Die Ausgaben für passive Leistungen – das sind Leistungen, die unmittelbar zur Deckung des Lebensunterhalts verwendet werden – beliefen sich im Jahr 2011 auf 32,7 Milliarden Euro. ▶ Abb 3

Insgesamt lebten die registrierten SGB-II-Empfänger am Jahresende 2011 in rund 3,3 Millionen Bedarfsgemeinschaften. Davon bestanden die meisten aus einer Person (56 % beziehungsweise 1,9 Millionen Bedarfsgemeinschaften). Rechnerisch lebten im Durchschnitt 1,9 Personen in einer Bedarfsgemeinschaft. In ungefähr jeder dritten Bedarfsgemeinschaft wuchsen

▶ Abb 4   **Empfängerinnen und Empfänger von Leistungen nach dem SGB II im Dezember 2011 — Anteil der Bevölkerung unter 65 Jahren in Prozent**

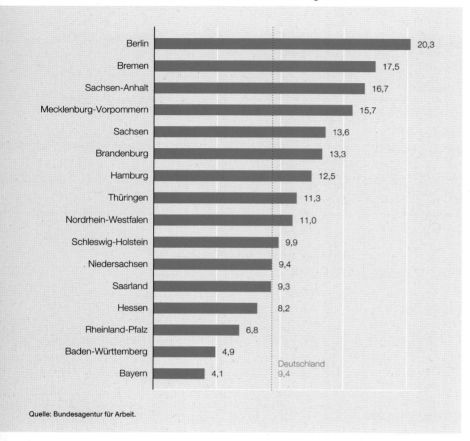

Quelle: Bundesagentur für Arbeit.

Der Anteil an allen Hartz-IV-Empfängern lag 2011 bei 28 %. Die Sozialgeldempfänger waren zu 95 % Kinder unter 15 Jahren. Der Anteil der Kinder an allen Beziehern von Hartz-IV-Leistungen lag im Bundesdurchschnitt bei 26 %. In den neuen Ländern war der Anteil der Kinder mit 24 % niedriger als in den alten Bundesländern mit 28 %. Insgesamt bezogen knapp 15 % aller in Deutschland lebenden Kinder unter 15 Jahren Leistungen nach dem SGB II.

Etwa 4,4 Millionen der insgesamt 6,1 Millionen Empfänger von Leistungen nach dem SGB II waren 2011 erwerbsfähig und erhielten ALG II. Etwas mehr als die Hälfte von ihnen waren Frauen (gut 51 %). Bei den 55-jährigen und älteren ALG-II-Empfängern überwogen Männer leicht mit einem Anteil von 52 %. ▶ Abb 5

Wesentlich deutlicher fällt der Geschlechterunterschied bei Alleinerziehenden aus. Von den insgesamt rund 608 000 alleinerziehenden ALG-II-Empfängerinnen und Empfängern waren 94 % Frauen. Lediglich rund 34 000 der alleinerziehenden ALG-II-Empfänger waren Männer.

Mit der Reform des sozialen Sicherungssystems zum Jahresbeginn 2005 war vornehmlich das Ziel verknüpft, Arbeitslosigkeit – insbesondere strukturelle und lang andauernde Arbeitslosigkeit – in Deutschland zu bekämpfen. Die Grundsicherung für Arbeitsuchende ist folglich darauf ausgerichtet, den Bedürftigen die Wiedereingliederung in den Arbeitsmarkt, soweit möglich, zu erleichtern. Doch nicht jeder erwerbsfähige Hilfebedürftige ist gleichzeitig auch arbeitslos gemeldet und steht dem Arbeitsmarkt zur Verfügung. Von den Ende 2011 registrierten rund 4,4 Millionen erwerbsfähigen ALG-II-Empfängern waren mit knapp 1,9 Millionen Personen deutlich weniger als die Hälfte (43 %) tatsächlich arbeitslos gemeldet. Rund ein Drittel (30 %) war erwerbstätig.

Nach Berechnungen der Bundesagentur für Arbeit erzielten im Dezember 2011 gut 1,3 Millionen beziehungsweise 30 % der ALG-II-Bezieher gleichzeitig ein eigenes Erwerbseinkommen. Darunter

Kinder unter 15 Jahren auf (früheres Bundesgebiet: 32 %, neue Länder: 26 %). Kinderreich waren etwa 4 % aller Bedarfsgemeinschaften. Dort wurden drei oder mehr Kinder unter 15 Jahren groß.

Von den rund 6,1 Millionen registrierten SGB-II-Empfängern waren nach Angaben der Bundesagentur für Arbeit am Jahresende 2011 etwa 1,2 Millionen Ausländerinnen und Ausländer. Bezogen auf die ausländische Bevölkerung unter 65 Jahren entsprach dies einem Anteil von 17 %. Die Bezugsquote von ausländischen Leistungsempfängern war in den neuen Ländern mit 26 % deutlich höher als im früheren Bundesgebiet; dort lag sie bei 16 %.

In den Stadtstaaten und den neuen Ländern waren deutlich mehr Personen

auf die Leistungen nach dem SGB II angewiesen als in den westdeutschen Flächenländern. In Berlin war 2011 der Anteil an der Bevölkerung mit 20 % am höchsten. Deutlich über dem bundesdeutschen Durchschnitt von gut 9 % lagen außerdem Bremen (18 %) und Sachsen-Anhalt (17 %). Ebenfalls hohe Empfängerquoten hatten die übrigen ostdeutschen Länder und Hamburg. Am seltensten nahmen die Einwohner in Bayern und in Baden-Württemberg mit jeweils weniger als 5 % SGB-II-Leistungen in Anspruch. ▶ Abb 4

Wie oben angesprochen, erhalten nicht erwerbsfähige Familienangehörige von ALG-II-Empfängern das sogenannte »Sozialgeld«. Ende 2011 wurden rund 1,7 Millionen Sozialgeldempfänger registriert, rund 4 % weniger als Ende 2010.

waren mehr als 1,2 Millionen abhängig Erwerbstätige und gut 125 000 Selbstständige. Mit 54 % war mehr als die Hälfte aller abhängig beschäftigten Menschen mit ALG-II-Bezug geringfügig beschäftigt. Sie verdienten weniger als 400 Euro brutto monatlich. Das ist der Betrag bei dem die im Berichtsjahr gültige Entgeltgrenze für geringfügig entlohnte Beschäftigung lag. Lediglich 46 % der abhängig erwerbstätigen ALG-II-Bezieher verdienten mehr als 400 Euro brutto im Monat.

Kurz vor der Einführung des SGB II waren im Dezember 2004 noch rund 4,5 Millionen Menschen arbeitslos. Mit seinem Inkrafttreten zum Jahresbeginn 2005 stieg die Arbeitslosigkeit zunächst an und erreichte im Februar 2005 ihren Höhepunkt. Begründet wird dies von der Bundesagentur für Arbeit mit einem statistischen Effekt. Durch die Umstellung wurden zahlreiche Arbeitslose, die zuvor nicht arbeitslos gemeldet waren, erstmals statistisch erfasst.

Seit der Einführung des SGB II sank die Arbeitslosigkeit in Deutschland bis Dezember 2011 deutlich und nahezu kontinuierlich. Waren im Februar 2005 noch 5,3 Millionen Arbeitslose registriert, waren es Ende 2011 nur noch 2,8 Millionen Personen. ▶ Abb 6

Dieser Rückgang ist hauptsächlich auf das Sinken der Zahl der Empfänger von Arbeitslosengeld gemäß SGB III zurückzuführen. Umgangssprachlich wird das Arbeitslosengeld zur Abgrenzung von ALG II nach dem SGB II auch als ALG I bezeichnet. Während die Zahl der ALG-II-Bezieher seit Februar 2005 von 2,6 Millionen Arbeitslosen um 25 % auf knapp 2,0 Millionen Arbeitslose im Dezember 2011 reduziert werden konnte, sank die Zahl der ALG-I-Bezieher im gleichen Zeitraum von 2,7 Millionen Arbeitslosen um 69 % auf gut 813 000 Arbeitslose.

Begründet wird diese Entwicklung von der Bundesagentur für Arbeit mit der größeren Arbeitsmarktnähe der ALG-I-Bezieher. So profitieren diese vor allem aufgrund des häufigeren Vorhandenseins eines Berufsabschlusses, eines geringeren

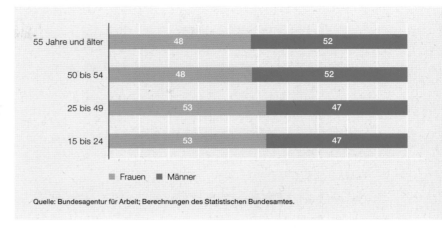

▶ Abb 5 **Empfänger von Arbeitslosengeld II nach Geschlecht im Dezember 2011 — in Prozent**

Quelle: Bundesagentur für Arbeit; Berechnungen des Statistischen Bundesamtes.

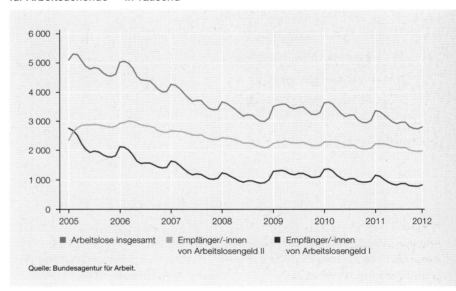

▶ Abb 6 **Arbeitslose seit Einführung der Grundsicherung für Arbeitsuchende — in Tausend**

Quelle: Bundesagentur für Arbeit.

Anteils an Älteren über 50 Jahren und eines höheren Anteils von Kurzzeitarbeitslosen unter drei Monaten eher von einem konjunkturellen Aufschwung als ALG-II-Empfänger. Dabei werden auch regionale Unterschiede deutlich. Der Anteil der Bezieher von ALG I an allen Arbeitslosen lag im Dezember 2011 im Westen Deutschlands bei 31 %, im Osten waren es gut 25 %. Deutschlandweit erhielten im Dezember 2011 rund drei von zehn Arbeitslosen

(29 %) ALG I und rund sieben von zehn Arbeitslosen (71 %) ALG II.

Sozialhilfe nach dem Sozialgesetzbuch SGB XII

Im Rahmen der Sozialhilfe nach dem SGB XII erhielten am Jahresende 2011 rund 952 000 Personen Hilfe zum Lebensunterhalt außerhalb von Einrichtungen oder Grundsicherung im Alter und bei Erwerbsminderung. Der Staat gab für diese

▶ Abb 7   **Empfängerinnen und Empfänger von Hilfe zum Lebensunterhalt am Jahresende 2011 (außerhalb von Einrichtungen) — je 1 000 Einwohner**

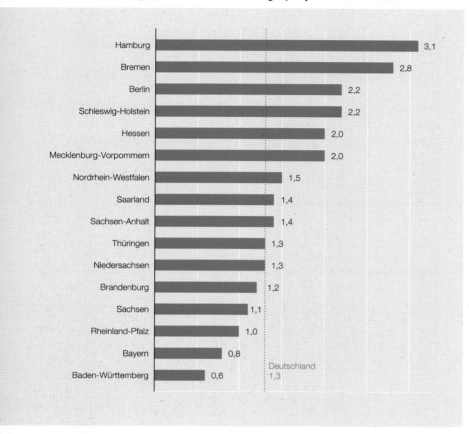

Hamburg	3,1
Bremen	2,8
Berlin	2,2
Schleswig-Holstein	2,2
Hessen	2,0
Mecklenburg-Vorpommern	2,0
Nordrhein-Westfalen	1,5
Saarland	1,4
Sachsen-Anhalt	1,4
Thüringen	1,3
Niedersachsen	1,3
Brandenburg	1,2
Sachsen	1,1
Rheinland-Pfalz	1,0
Bayern	0,8
Baden-Württemberg	0,6

Deutschland 1,3

beiden Leistungen der Mindestsicherung im Jahr 2011 rund 5,2 Milliarden Euro brutto aus.

Die Sozialhilfe bildet das unterste soziale Auffangnetz für bedürftige ältere Menschen und für Personen, die aufgrund einer schweren Erkrankung oder einer dauerhaft vollen Erwerbsminderung nicht mehr ins reguläre Erwerbsleben integriert werden können, sowie für deren im Haushalt lebende Kinder unter 15 Jahren.

Die Hilfe zum Lebensunterhalt nach dem Dritten Kapitel des SGB XII »Sozialhilfe« soll den Grundbedarf vor allem an Nahrung, Kleidung, Unterkunft und Heizung decken (sogenanntes soziokulturelles Existenzminimum). Infolge des zum 1. Januar 2005 in Kraft getretenen

Vierten Gesetzes für moderne Dienstleistungen am Arbeitsmarkt (Hartz IV) ging die Zahl dieser Hilfebezieher stark zurück. Ende 2004, also unmittelbar vor Inkrafttreten von Hartz IV, bezogen noch rund 2,9 Millionen Personen oder knapp 4 % der Bevölkerung Sozialhilfe im engeren Sinn.

Seit Anfang 2005 existiert die Sozialhilfe in der bis dahin gültigen Form nicht mehr. Damals wurden erwerbsfähige Sozialhilfeempfänger samt ihren Familienangehörigen zusammen mit den bisherigen Empfängern von Arbeitslosenhilfe in die Grundsicherung für Arbeitsuchende nach dem SGB II integriert.

Am Jahresende 2011 erhielten in Deutschland knapp 332 000 Personen

Hilfe zum Lebensunterhalt, darunter rund 108 000 Personen außerhalb von Einrichtungen. Damit bezogen 1,3 von 1 000 Einwohnern Hilfe zum Lebensunterhalt außerhalb von Einrichtungen.

Rund 14 000 der 108 000 Hilfeempfänger außerhalb von Einrichtungen waren Ausländer. Diese nahmen damit die Hilfeleistungen mit knapp 1,9 Hilfeempfängern je 1 000 ausländischen Einwohnern etwas häufiger in Anspruch als die deutsche Bevölkerung. Unter allen rund 14 000 ausländischen Hilfebezieher kamen 18 % aus einem EU-Staat, 3 % waren Asylberechtigte und knapp 1 % waren Bürgerkriegsflüchtlinge.

Am Jahresende 2011 waren die Empfänger von Hilfe zum Lebensunterhalt außerhalb von Einrichtungen mit 81 % mehrheitlich im Alter zwischen 18 und 64 Jahren. Rund 17 % der Empfänger waren Kinder unter 18 Jahren und 2 % der Hilfebezieher waren 65 Jahre oder älter.

In den neuen Ländern und Berlin wurden die Leistungen der Hilfe zum Lebensunterhalt außerhalb von Einrichtungen mit 1,5 Empfängern je 1 000 Einwohner häufiger in Anspruch genommen als im früheren Bundesgebiet ohne Berlin mit 1,3 Empfängern je 1 000 Einwohner. Im Westen Deutschlands schwankten die Werte zwischen 0,6 Empfängern je 1 000 Einwohner in Baden-Württemberg und 3,1 Empfängern je 1 000 Einwohner in Hamburg. Im Osten war die Spannbreite deutlich geringer: Dort waren zwischen 1,1 Empfängern je 1 000 Einwohner in Sachsen und 2,2 Empfängern je 1 000 Einwohner in Berlin auf diese Hilfe angewiesen.

Am seltensten nahmen die Menschen in Baden-Württemberg und Bayern (0,6 beziehungsweise 0,8 Empfänger je 1 000 Einwohner) Leistungen der Hilfe zum Lebensunterhalt außerhalb von Einrichtungen in Anspruch, am häufigsten in den Stadtstaaten Hamburg und Bremen (3,1 beziehungsweise 2,8 Empfänger je 1 000 Einwohner). Unter den westdeutschen Flächenländern war die Inanspruchnahme in Schleswig-Holstein mit 2,2 Empfängern je 1 000 Einwohner am höchsten. ▶ Abb 7

Die rund 108 000 Empfänger von Hilfe zum Lebensunterhalt außerhalb von Einrichtungen lebten Ende 2011 in knapp 100 000 Bedarfsgemeinschaften. Hierzu zählen alle Haushaltsangehörigen, die in die gemeinsame Berechnung des Sozialhilfeanspruchs einbezogen werden. Im Durchschnitt bestand eine Bedarfsgemeinschaft aus 1,1 Empfängern. Drei Viertel dieser Gemeinschaften waren Einpersonenhaushalte, knapp 15 % Zweipersonenhaushalte und knapp 10 % waren Haushalte mit drei oder mehr Personen.

Die Hilfe zum Lebensunterhalt außerhalb von Einrichtungen wird im Wesentlichen in Form von Regelsätzen, Mehrbedarfszuschlägen und durch die Übernahme der Unterkunftskosten einschließlich der Heizkosten gewährt. Darüber hinaus können auch Beiträge zur Krankenversicherung, Pflegeversicherung und Alterssicherung übernommen werden. Die Summe aus den vorgenannten Bedarfspositionen für den Haushaltsvorstand und dessen Haushaltsangehörige ergibt den Bruttobedarf einer Bedarfsgemeinschaft. Zieht man hiervon das angerechnete Einkommen ab, erhält man den Nettobedarf. Durchschnittlich hatte eine Bedarfsgemeinschaft mit Bezug von Hilfe zum Lebensunterhalt außerhalb von Einrichtungen am Jahresende 2011 einen monatlichen Bruttobedarf von 717 Euro, wovon 296 Euro auf die Aufwendungen für Unterkunft und Heizung entfielen. Unter Berücksichtigung des angerechneten Einkommens in Höhe von durchschnittlich 240 Euro wurden je Bedarfsgemeinschaft im Durchschnitt 477 Euro monatlich ausgezahlt – also rund zwei Drittel (67 %) des Bruttobedarfs.

Fast zwei Drittel (64 %) der Bedarfsgemeinschaften mit Bezug von Hilfe zum Lebensunterhalt außerhalb von Einrichtungen verfügten über ein oder mehrere Einkommen. Am häufigsten erhielten diese Bedarfsgemeinschaften Renten wegen Erwerbsminderung (52 %), Kindergeld (24 %) oder Altersrente (17 %).

Für die Hilfe zum Lebensunterhalt außerhalb von Einrichtungen wendete der Staat im Jahr 2011 noch rund 633 Millionen Euro brutto auf. Im Jahr 2004, also vor Inkrafttreten von »Hartz IV«, lagen die Ausgaben bei 9,8 Milliarden Euro brutto.

Leistungen der Grundsicherung im Alter und bei Erwerbsminderung nach dem Vierten Kapitel des SGB XII »Sozialhilfe« erhalten dauerhaft voll erwerbsgeminderte Personen ab 18 Jahren sowie Personen, die die Altersgrenze nach § 7a SGB II erreicht haben und ihren Lebensunterhalt nicht aus eigenen Mitteln aufbringen können. Personen, die vor dem 1. Januar 1947 geboren wurden, erreichen die Altersgrenze mit Ablauf des Monats, in dem sie das 65. Lebensjahr vollenden. Beginnend mit dem Geburtsjahrgang 1947 wird die Altersgrenze seit dem 1. Januar 2012 bis zum Jahr 2029 schrittweise auf 67 Jahre angehoben. Für das Berichtsjahr 2011 gilt letztmals die Altersgrenze von 65 Jahren. Am Jahresende 2011 bezogen in Deutschland rund 844 000 Personen Leistungen der »Grundsicherung im Alter und bei Erwerbsminderung«. Das waren rund 47 000 Empfänger mehr als im Vorjahr.

Rund 12,3 von 1 000 volljährigen Einwohnern waren Ende 2011 in Deutschland auf die Grundsicherung gemäß SGB XII angewiesen. Mit 12,5 Empfängern je 1 000 Einwohner ab 18 Jahren waren die Menschen im früheren Bundesgebiet ohne Berlin häufiger auf diese Leistungen angewiesen als in den neuen Ländern und Berlin mit 11,5 Empfängern je 1 000 Volljährige. Am höchsten war die Inanspruchnahme in Bremen und in Berlin (23,0 beziehungsweise 21,1 Empfänger je 1 000 volljährige Einwohner) und am geringsten in Sachsen und in Thüringen (7,2 beziehungsweise 7,3 Empfänger je 1 000 volljährige Einwohner). ▶ Abb 8

Unter den rund 844 000 Grundsicherungsempfängern waren 408 000 Personen im Alter von 18 bis 64 Jahren, die diese Leistungen aufgrund einer dauerhaft vollen Erwerbsminderung erhielten. Diese Menschen werden dem allgemeinen Arbeitsmarkt voraussichtlich auch künftig nicht mehr zur Verfügung stehen. Rund 436 000 Grundsicherungsempfänger waren 65 Jahre und älter. Damit

konnten am Jahresende 2011 deutschlandweit 25,8 von 1 000 Einwohnern im Rentenalter ab 65 Jahren ihren Lebensunterhalt lediglich mithilfe von Grundsicherungsleistungen abdecken.

Bei den 65-Jährigen und Älteren gibt es regionale (Ost-West) und auch geschlechtsspezifische Unterschiede: Ende 2011 bezogen in Deutschland 28,8 von 1 000 Frauen im Rentenalter Grundsicherungsleistungen, bei den Männern waren es 21,9.

Während im früheren Bundesgebiet ohne Berlin 31,5 von 1 000 Frauen im Rentenalter Leistungen der Grundsicherung erhielten, waren es in den neuen Ländern und Berlin 19,5 von 1 000 Frauen. Bei den gleichaltrigen Männern lag die Inanspruchnahme bei 23,2 von 1 000 im Westen Deutschlands und bei 16,7 von 1 000 im Osten Deutschlands.

Eine Ursache für die geringeren Grundsicherungsquoten der älteren Menschen in den ostdeutschen Bundesländern kann die höhere Erwerbsbeteiligung – vor allem auch der Frauen – in der ehemaligen DDR gewesen sein. Daraus resultieren heute höhere Rentenansprüche, die meist zur Sicherung des Lebensunterhalts im Alter ausreichen. Eine weitere mögliche Ursache für die geringere Inanspruchnahme in Ostdeutschland ist ein geringeres Mietenniveau als in Westdeutschland.

Der Anteil der Ausländer an der Gesamtzahl der Empfänger von Grundsicherungsleistungen lag Ende 2011 bei 15 %. Insgesamt 19,8 von 1 000 Personen mit ausländischer Staatsangehörigkeit und 11,5 von 1 000 Personen mit deutscher Staatsangehörigkeit erhielten am Jahresende 2011 Grundsicherungsleistungen. Vor allem ältere Ausländer nahmen diese Sozialleistung vergleichsweise häufig in Anspruch. Rund 126,6 von 1 000 ausländischen Mitbürgern erhielten Grundsicherung im Alter. Damit bezogen sie diese Leistung rund sechsmal so häufig wie Deutsche entsprechenden Alters (21,2 von 1 000 Personen). Gründe dafür können vor allem geringere Einkommen der Ausländer während ihrer Erwerbszeit sowie kürzere Versicherungszeiten in der

▶ Abb 8   **Empfängerinnen und Empfänger von Grundsicherung im Alter und bei Erwerbsminderung am Jahresende 2011 — Anteil an der Bevölkerung ab 18 Jahren je 1 000 Einwohner in Prozent**

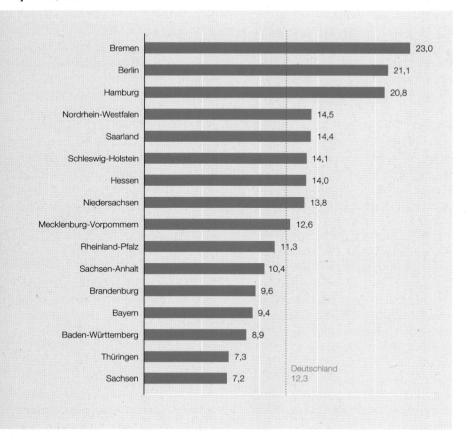

▶ Abb 9   **Durchschnittliche monatliche Leistung der Grundsicherung im Alter und bei Erwerbsminderung am Jahresende 2011 — in Euro**

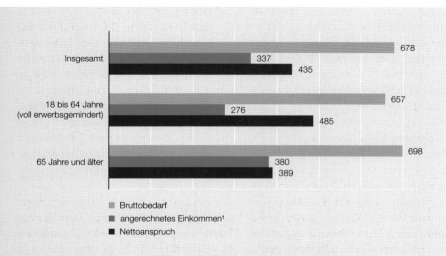

1 Durchschnittsbeträge beziehen sich ausschließlich auf Empfänger mit angerechnetem Einkommen.

gesetzlichen Rentenversicherung sein, wodurch die Bedürftigkeit wahrscheinlicher ist als bei den Deutschen.

Die monatlichen Leistungen der Grundsicherung im Alter und bei Erwerbsminderung werden wie die Leistungen nach dem SGB II und der Hilfe zum Lebensunterhalt nach Regelsätzen erbracht. Neben dem Regelsatz werden sowohl die angemessenen Kosten für Unterkunft und Heizung als Bedarf anerkannt als auch eventuell anfallende Beiträge für Krankenversicherung, Pflegeversicherung und Mehrbedarfszuschläge. Die Gesamtsumme dieser Bedarfspositionen ergibt den Bruttobedarf, also den Betrag, den der jeweilige Antragsteller für seinen Lebensunterhalt monatlich benötigt. Zieht man hiervon das anrechenbare Einkommen des Empfängers ab, erhält man den Nettobedarf.

Im Durchschnitt errechnete sich für einen Empfänger von Grundsicherung im Alter und bei Erwerbsminderung zum Jahresende 2011 ein monatlicher Bruttobedarf von 678 Euro. Durchschnittlich 332 Euro wurden pro Monat für den Regelsatz aufgewendet. Fielen Aufwendungen für Unterkunft und Heizung an, gingen diese mit durchschnittlich 302 Euro in die Bedarfsberechnung ein. Hatten die Empfänger ein anrechenbares Einkommen, so lag dies bei durchschnittlich 337 Euro. Der Nettobedarf je Leistungsberechtigten betrug durchschnittlich 435 Euro. Der durchschnittliche Nettobedarf war damit um 8 Euro höher als im Jahr 2010.

Für voll erwerbsgeminderte Personen zwischen 18 und 64 Jahren ergab sich ein durchschnittlicher monatlicher Bedarf von 657 Euro brutto beziehungsweise 485 Euro netto. Die Empfängerinnen und Empfänger von Grundsicherung im Alter hatten einen durchschnittlichen monatlichen Bedarf von 698 Euro brutto beziehungsweise 389 Euro netto. ▶ Abb 9

In den neuen Ländern lag der Bedarf 2011 brutto (einschließlich Unterkunfts- und Heizkosten) wie netto – wie in den Vorjahren – deutlich unter dem Bundesdurchschnitt.

In den ersten Jahren nach Einführung des Grundsicherungsgesetzes sind die Empfängerzahlen stark angestiegen: Bei der erstmaligen Erhebung am Jahresende 2003 wurden rund 439 000 Grundsicherungsempfänger gemeldet. Seitdem hat sich die Zahl der Empfänger von Grundsicherung gemäß SGB XII bis zum Jahresende 2011 nahezu verdoppelt (+ 92 %). Grund dafür war beispielsweise ein in der Anfangszeit nicht unerheblicher Rückstand der Antragsbearbeitung bei den durchführenden Kommunen. Aufgrund des demografischen Wandels, des zunehmenden Anteils prekärer Beschäftigung und von unterbrochenen Erwerbsbiografien ist in den kommenden Jahren mit einer weiter steigenden Zahl von Bedürftigen zu rechnen.

Insgesamt wandten die Kommunen und die überörtlichen Träger für Leistungen der Grundsicherung im Alter und bei Erwerbsminderung im Jahr 2011 brutto rund 4,6 Milliarden Euro auf. Netto – nach Abzug insbesondere von Erstattungen anderer Sozialleistungsträger – gaben sie rund 4,4 Milliarden Euro aus. Dies entsprach nahezu einem Fünftel (19 %) der gesamten Nettoausgaben für Sozialhilfe nach dem SGB XII im Jahr 2011.

Asylbewerberleistungen

In Deutschland lebende Asylbewerber erhalten seit 1993 anstelle von Sozialhilfe bei Bedarf Asylbewerberleistungen, um ihren Lebensunterhalt und ihre spezielle Bedarfssituation zu sichern. Die vom Bundesamt für Migration und Flüchtlinge ermittelte Zahl der Asylanträge ist bis zum Jahr 2008 zunächst nahezu kontinuierlich und deutlich gesunken. Parallel hierzu haben sich sowohl die Zahl der Empfänger als auch die Ausgaben für Asylbewerberleistungen entwickelt. Während die Zahl der Asylanträge seit 2009 wieder steigt, wachsen die Zahl der Empfänger von Asylbewerberleistungen und die diesbezüglichen Ausgaben seit 2010 wieder. Am Jahresende 2011 erhielten knapp 144 000 Personen laufende Asylbewerberleistungen (Regelleistungen). Hierfür gab der Staat brutto rund 655 Millionen Euro aus.

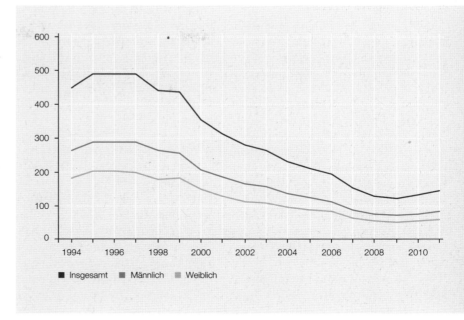

▶ Abb 10   **Empfängerinnen und Empfänger von Regelleistungen nach dem Asylbewerberleistungsgesetz am Jahresende — in Tausend**

Die von der amtlichen Statistik nachgewiesenen Leistungen nach dem Asylbewerberleistungsgesetz umfassen die sogenannten Regelleistungen und die besonderen Leistungen. Die Regelleistungen dienen zur Deckung des täglichen Bedarfs und werden entweder in Form von Grundleistungen oder als Hilfe zum Lebensunterhalt gewährt. Die Grundleistungen sollen den notwendigen Bedarf an Ernährung, Unterkunft, Heizung, Kleidung, Gesundheits- und Körperpflege sowie Gebrauchs- und Verbrauchsgütern des Haushalts durch Sachleistungen decken. Unter besonderen Umständen können – anstelle der Sachleistungen – auch Wertgutscheine oder andere vergleichbare, nicht bare Abrechnungen sowie Geldleistungen erbracht werden. Zusätzlich erhalten die Leistungsempfänger einen monatlichen Geldbetrag (Taschengeld) für die persönlichen Bedürfnisse des täglichen Lebens. Die so gewährte individuelle Hilfeleistung ist insgesamt geringer als die korrespondierenden Leistungen der Hilfe zum Lebensunterhalt. In speziellen Bedarfssituationen werden besondere Leistungen gewährt: Dazu gehören etwa Leistungen bei Krankheit, Schwangerschaft und Geburt, Leistungen in Form von Bereitstellung von Arbeitsgelegenheiten oder sonstige Leistungen.

Ende des Jahres 2011 wohnten die 144 000 Empfänger von Regelleistungen in insgesamt rund 87 000 Haushalten. Die Zahl der Leistungsbezieher stieg gegenüber dem Vorjahr um 10 %. Den höchsten Stand seit Einführung der Statistik im Jahr 1994 erreichte die Zahl der Regelleistungsempfänger Ende 1996 mit rund 490 000 Personen, den niedrigsten Stand am Jahresende 2009 mit rund 121 000 Beziehern. ▶ Abb 10

Rund 59 % der Empfänger von Regelleistungen waren Männer. Beinahe die Hälfte der Bezieher (48 %) war jünger als 25 Jahre. Rund 53 % der Regelleistungsempfänger waren dezentral untergebracht, während die Übrigen in Gemeinschaftsunterkünften oder Aufnahmeeinrichtungen lebten.

Mit einem Anteil von gut 46 % stammten die meisten Bezieher von Regelleistungen aus Asien, gefolgt von Personen aus Europa (33 %) und aus Afrika (12 %). Die rund 47 900 europäischen Empfänger von Regelleistungen waren mit 58 % überwiegend im Besitz eines serbischen, kosovarischen oder montenegrinischen Passes oder deren Vorgängerstaaten (Bundesrepublik Jugoslawien, Serbien und Montenegro). Rund 16 % stammten aus der Türkei und 11 % aus der Russischen Föderation. Die knapp 66 800 asiatischen Bezieher von Regelleistungen kamen vornehmlich aus Afghanistan (18 %), dem Irak (16 %), Syrien (13 %), dem Iran und Libanon (jeweils 9 %) sowie Aserbaidschan (6 %).

Für Leistungen nach dem Asylbewerberleistungsgesetz gab der deutsche Staat im Jahr 2011 gut 908 Millionen Euro brutto aus. Nach Abzug der Einnahmen (insbesondere Erstattungen von Sozialleistungsträgern) von knapp 20 Millionen Euro beliefen sich die Nettoausgaben auf rund 889 Millionen Euro. Gegenüber dem Vorjahr stiegen die Nettoausgaben um rund 12 %. Der größte Teil der Bruttoausgaben wurde für Regelleistungen aufgewandt (655 Millionen Euro).

Kriegsopferfürsorge

Eine weitere Leistung der sozialen Mindestsicherung ist die Kriegsopferfürsorge. Sie wird in erster Linie Personen gewährt, die bei militärischen Diensten geschädigt wurden. Dazu zählen neben Opfern des Krieges und deren Familienangehörigen weitere Personen mit einem sozialen Entschädigungsrecht wie Zivildienstleistende, Opfer von Gewalttaten, Impfgeschädigte sowie politische Häftlinge in der ehemaligen DDR.

Aufgabe der Kriegsopferfürsorge ist es, sich der Geschädigten und ihrer Familienmitglieder sowie der Hinterbliebenen in allen Lebenslagen anzunehmen, um die Folgen der Schädigung oder des Verlustes von Angehörigen (zumindest

materiell) angemessen auszugleichen oder zu mildern.

Die Anzahl der Leistungsempfänger und die Höhe der Ausgaben für diese Mindestsicherungsleistung sind seit Mitte der 1990er-Jahre stark rückläufig. Am Jahresende 2010 erhielten rund 42 000 Personen Kriegsopferfürsorge; die Bruttoausgaben beliefen sich auf rund 478 Millionen Euro.

8.4.7 Förderungssysteme

Wohngeld

Das Wohngeld ist ein je zur Hälfte vom Bund und von den Ländern getragener Zuschuss zu den Wohnkosten. Gemäß den Vorschriften des Wohngeldgesetzes wird es einkommensschwächeren Haushalten gewährt, damit diese die Wohnkosten für angemessenen und familiengerechten Wohnraum tragen können. Wohngeld wird entweder als Mietzuschuss für Mietobjekte oder als Lastenzuschuss für Haus- und Wohnungseigentum geleistet. Die Höhe des Zuschusses richtet sich nach der Anzahl der Haushaltsmitglieder, deren monatlichem Gesamteinkommen sowie der zu berücksichtigenden Miete beziehungsweise Belastung. ▶ Info 2

Zum Jahresende 2011 bezogen 903 000 Haushalte in Deutschland Wohngeld. Das waren 2,2 % aller Privathaushalte. Von den Wohngeldhaushalten waren rund 770 000 Haushalte (85 %) reine Wohngeldhaushalte und 133 000 Haushalte (15 %) wohngeldrechtliche Teilhaushalte. In reinen Wohngeldhaushalten leben ausschließlich wohngeldberechtigte Haushaltsmitglieder. Dagegen wohnen in Mischhaushalten wohngeldberechtigte und nicht wohngeldberechtigte Personen zusammen. Zum wohngeldrechtlichen Teilhaushalt zählen die wohngeldberechtigten Mitglieder eines Mischhaushalts. Im Jahr 2011 gab der Staat für Wohngeldleistungen rund 1,5 Milliarden Euro aus. Das waren rein rechnerisch rund 18 Euro je Einwohnerin beziehungsweise je Einwohner.

Gegenüber dem Jahr 2010 ging die Zahl der Wohngeldhaushalte insgesamt

um 15 % zurück. Bei den wohngeldrechtlichen Teilhaushalten war der Rückgang mit 35 % deutlich stärker als bei den reinen Wohngeldhaushalten mit 10 %. Die nicht nach reinen Wohngeldhaushalten und wohngeldrechtlichen Teilhaushalten differenzierbaren Wohngeldausgaben sanken im gleichen Zeitraum um 16 %.

Das Wohngeld kommt in erster Linie Mietern zugute: Mehr als neun von zehn Wohngeldhaushalten (92 %) erhielten Ende 2011 ihr Wohngeld als Mietzuschuss. Der Rest (8 %) erhielt es als Lastenzuschuss.

Die nun folgenden Ergebnisse beziehen sich, sofern nicht anders erwähnt, ausschließlich auf reine Wohngeldhaushalte, die am Jahresende 2011 den überwiegenden Teil der Wohngeldhaushalte (85 %) ausmachten.

Ende 2011 waren ungefähr die Hälfte (47 %) der Empfängerinnen und Empfänger von Wohngeld Rentner oder Pensionäre, etwa ein Drittel (36 %) ging einer beruflichen Tätigkeit nach. Rund ein Zehntel (11 %) der Wohngeldempfänger studierte noch oder war aus sonstigen Gründen nicht erwerbstätig. Rund 6 % waren arbeitslos. ▶ Abb 11

Mehr als die Hälfte (56 %) der reinen Wohngeldhaushalte waren am Jahresende 2011 Einpersonenhaushalte, in rund einem Viertel (23 %) der Wohngeldhaushalte lebten mindestens vier Personen. Rund 13 % der Wohngeldhaushalte waren Zweipersonenhaushalten und 8 % Dreipersonenhaushalte. ▶ Abb 12

Das Wohngeld wird als Mietzuschuss überwiegend an kleinere Haushalte gezahlt, als Lastenzuschuss dagegen eher an größere Haushalte. So wurde der Mietzuschuss zu 72 % an Einpersonen- und Zweipersonenhaushalte gezahlt, wobei bereits am Jahresende 2011 mehr als die Hälfte der Empfängerinnen und Empfänger von Mietzuschuss (59 %) allein lebte. In den Haushalten mit Lastenzuschuss wohnten dagegen überwiegend (55 %) mehr als drei Personen.

Am 31. Dezember 2011 hatte ein reiner Wohngeldhaushalt einen durchschnittlichen monatlichen Anspruch auf

▶ Info 2
Änderungen beim Wohngeld seit 1. Januar 2009

Infolge des zum 1.Januar 2009 in Kraft getretenen Artikels 1 des Gesetzes zur Neuregelung des Wohngeldrechts und zur Änderung des Sozialgesetzbuches sowie des Artikels 1 des ersten Gesetzes zur Änderung des Wohngeldgesetzes ergaben sich für das Wohngeldrecht erhebliche Veränderungen. Zunächst wurden vor dem Hintergrund gestiegener Energiepreise über einen nach der Haushaltsgröße gestaffelten festen Betrag erstmals Heizkosten bei der Ermittlung des Wohngeldes berücksichtigt. Außerdem wurde für Haushalte, die für einen der Monate Oktober 2008 bis März 2009 Wohngeld erhielten, ein nach der Personenzahl gestaffelter einmaliger zusätzlicher Wohngeldbetrag geleistet, der dem durchschnittlichen finanziellen Vorteil der Wohngeldnovelle für die Monate Oktober bis Dezember 2008 entspricht. Des Weiteren wurden die Höchstbeträge für Miete und Belastung über die Abschaffung der Baualtersklassen auf Neubauniveau vereinheitlicht und zusätzlich um 10 % erhöht. Neben den genannten Änderungen wurden auch die Tabellenwerte um 8 % angehoben. Infolgedessen hat sich die Anzahl der in der Wohngeldstatistik erfassten Haushalte deutlich erhöht.

Die Berücksichtigung der Heizkosten wurde ab 1. Januar 2011 dann durch das Haushaltsbegleitgesetz wieder aufgehoben. Danach sanken erneut sowohl die Anzahl der Haushalte mit Wohngeldbezug als auch die Wohngeldausgaben.

▶ Abb 11 **Reine Wohngeldhaushalte nach sozialer Stellung des Antragstellers am 31.12.2011 — in Prozent**

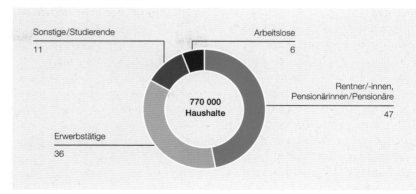

▶ Abb 12 **Reine Wohngeldhaushalte nach Art des Wohngeldes und Haushaltsgröße am 31.12.2011 — in Prozent**

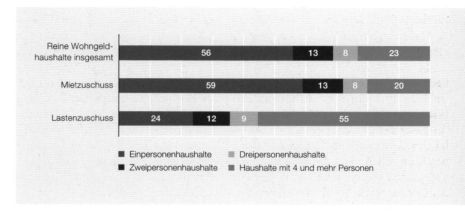

Wohngeld in Höhe von 114 Euro. Die Haushalte mit Lastenzuschuss hatten in der Regel höhere Wohnkosten zu tragen. An sie wurden mit durchschnittlich 142 Euro deutlich höhere Beträge gezahlt als an die Haushalte mit Mietzuschuss in Höhe von 112 Euro. Grundsätzlich ist der Wohngeldanspruch umso höher, je größer der Haushalt ist und je geringer das der Berechnung zugrunde liegende Gesamteinkommen. ▶ Tab 5

Das Wohngeld stellt immer nur einen Zuschuss zur Miete oder Belastung dar. Ein Teil der Wohnkosten muss in jedem Fall von der Antragstellerin beziehungsweise dem Antragsteller getragen werden. Durch den Bezug von Wohngeld sanken die durchschnittlichen tatsächlichen Wohnkosten je Wohngeldempfängerhaushalt von 398 Euro auf 284 Euro.

Die Höhe der Miete beziehungsweise der Belastung sind zentrale Größen bei der Festlegung des Wohngeldes. Zur zuschussfähigen Miete gehören auch bestimmte Umlagen, Zuschläge und Vergütungen, zum Beispiel die Kosten des Wasserverbrauchs, der Abwasser- und Müllbeseitigung, der Treppenhausbeleuchtung und Ähnliches. Außer Betracht bleiben dagegen die Heizungs- und Warmwasserkosten, weswegen hier zuweilen auch von der »Bruttokaltmiete« gesprochen wird. Zur Belastung bei den Eigentümerhaushalten zählen der Kapitaldienst (Zinsen, Tilgung) sowie die Aufwendungen für die Bewirtschaftung des Wohnraums, zu denen Instandhaltungs-, Betriebs- und Verwaltungskosten zu rechnen sind.

Die monatliche Bruttokaltmiete reiner Wohngeldhaushalte mit Mietzuschuss betrug Ende 2011 durchschnittlich 6,59 Euro je Quadratmeter Wohnfläche, die monatliche Belastung der entsprechenden Haushalte mit Lastenzuschuss lag mit durchschnittlich 4,60 Euro je Quadratmeter Wohnfläche niedriger.

Das hat im Wesentlichen zwei Gründe: Einerseits sind die durchschnittlichen Mieten je Quadratmeter in kleinen Wohnungen höher als in größeren. Zusätzlich überwiegen unter den Haushalten mit Mietzuschuss Einpersonenhaushalte, die in der Regel über eine kleine Wohnfläche verfügen. Andererseits leben in Wohn-

▶ Tab 5   **Reine Wohngeldhaushalte nach Haushaltsgröße und Höhe des monatlichen Wohngeldes am 31.12.2011**

	Insgesamt		Davon mit einem monatlichen Wohngeld von ... bis unter ... Euro			Durchschnittlicher Wohngeldanspruch/Monat
			unter 50	50–150	150 und mehr	
	Anzahl	in %	in % von Spalte 1			in Euro
Insgesamt	**770 369**	**100**	**23,4**	**51,0**	**25,6**	**114**
Mietzuschuss	703 259	91,3	23,7	51,8	24,5	112
Lastenzuschuss	67 110	8,7	20,7	42,6	36,7	142
Haushalte ...						
von Alleinstehenden	431 900	56,1	30,5	58,8	10,8	83
mit 2 Haushaltsmitgliedern	98 379	12,8	22,9	50,9	26,2	112
mit 3 Haushaltsmitgliedern	61 256	8,0	17,0	46,8	36,2	132
mit 4 Haushaltsmitgliedern	89 826	11,7	11,6	41,8	46,7	153
mit 5 Haushaltsmitgliedern	55 179	7,2	7,6	29,8	62,6	190
mit 6 und mehr Haushaltsmitgliedern	33 829	4,4	4,4	17,7	77,9	270

▶ Abb 13   **Wohngeldausgaben und Wohngeldhaushalte nach Ländern 2011**

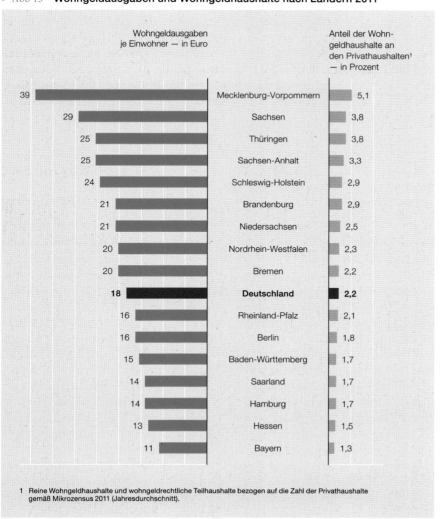

Wohngeldausgaben je Einwohner — in Euro / Anteil der Wohngeldhaushalte an den Privathaushalten[1] — in Prozent

39	Mecklenburg-Vorpommern	5,1
29	Sachsen	3,8
25	Thüringen	3,8
25	Sachsen-Anhalt	3,3
24	Schleswig-Holstein	2,9
21	Brandenburg	2,9
21	Niedersachsen	2,5
20	Nordrhein-Westfalen	2,3
20	Bremen	2,2
18	**Deutschland**	**2,2**
16	Rheinland-Pfalz	2,1
16	Berlin	1,8
15	Baden-Württemberg	1,7
14	Saarland	1,7
14	Hamburg	1,7
13	Hessen	1,5
11	Bayern	1,3

1 Reine Wohngeldhaushalte und wohngeldrechtliche Teilhaushalte bezogen auf die Zahl der Privathaushalte gemäß Mikrozensus 2011 (Jahresdurchschnitt).

geldhaushalten mit Lastenzuschuss zumeist vier und mehr Haushaltsmitglieder in größeren Wohnungen mit mindestens 80 Quadratmetern zusammen. Zusätzlich ist die Belastung bei Wohngeldhaushalten mit Lastenzuschuss besonders niedrig, wenn für Wohnraum keine Belastung aus dem Kapitaldienst mehr besteht, sondern nur noch die Belastung aus der Bewirtschaftung (Instandhaltungs- und Betriebskosten).

Bei der Wohngeldförderung existiert in Deutschland ein Ost-West- und ein Nord-Süd-Gefälle. Zum Jahresende 2011 waren im früheren Bundesgebiet und Berlin 1,9 % aller privaten Haushalte reine Wohngeldhaushalte oder wohngeldrechtliche Teilhaushalte. In den neuen Bundesländern war dieser Anteil mit 3,7 % fast doppelt so hoch. In den alten Bundesländern gab es vor allem in den nördlichen Ländern und in den drei Stadtstaaten überdurchschnittlich viele Wohngeldempfängerhaushalte. Hier war der Anteil der Wohngeldhaushalte an den Privathaushalten in Schleswig-Holstein mit 2,9 % am höchsten, es folgten Niedersachsen mit 2,5 %, Nordrhein-Westfalen mit 2,3 % und Bremen mit 2,2 %. In den Stadtstaaten Berlin und Hamburg bezogen 1,8 % beziehungsweise

1,7 % der Haushalte Wohngeld. Am seltensten erhielten die Haushalte in Bayern (1,3 %) sowie in Hessen (1,5 %) Wohngeld. In den neuen Ländern hatte – wie im Vorjahr – Mecklenburg-Vorpommern (5,1 %) den höchsten und Brandenburg (2,9 %) den niedrigsten Anteil an Wohngeldhaushalten. ▶ Abb 13

In den Ländern mit dem höchsten Anteil an Haushalten mit Wohngeldbezug waren im Jahr 2011 im Allgemeinen auch die Pro-Kopf-Wohngeldausgaben am höchsten. Die Wohngeldausgaben je Einwohnerin beziehungsweise je Einwohner waren in Mecklenburg-Vorpommern mit 39 Euro mehr als dreimal so hoch wie in Bayern mit 11 Euro.

Im früheren Bundesgebiet lag dabei der durchschnittliche monatliche Wohngeldanspruch von reinen Wohngeldhaushalten am Jahresende 2011 bei 121 Euro, in den neuen Ländern bei 96 Euro und bundesweit bei 114 Euro. Die durchschnittliche monatliche Miete beziehungsweise Belastung von reinen Wohngeldhaushalten belief sich im Dezember 2011 auf 6,27 Euro je Quadratmeter Wohnfläche. In den alten Bundesländern lagen die durchschnittlichen Wohnkosten bei 6,45 Euro je Quadratmeter, in den neuen Bundesländern bei 5,70 Euro je Quadratmeter.

Elterngeld

Das seit 1. Januar 2007 eingeführte Elterngeld soll es Müttern und Vätern erleichtern, vorübergehend ganz oder teilweise auf eine Erwerbstätigkeit zu verzichten, um mehr Zeit für die Betreuung ihrer Kinder zu haben. Gültige Rechtsgrundlage ist das Bundeselterngeld- und Elternzeitgesetz.

Das Elterngeld beträgt mindestens 300 Euro und höchstens 1 800 Euro monatlich. In der Höhe orientiert es sich am durchschnittlich verfügbaren Erwerbseinkommen, das das betreuende Elternteil im Jahr vor der Geburt erzielt hat. Bei einem Voreinkommen zwischen 1 000 und 1 200 Euro ersetzt das Elterngeld das nach der Geburt wegfallende Einkommen zu 67 %. Für Nettoeinkommen ab 1 200 Euro und mehr vor der Geburt des Kindes sinkt die Ersatzrate des Elterngeldes von 67 % auf 65 % (bei Voreinkommen von 1 240 Euro und mehr auf 65 %, bei Voreinkommen von 1 220 Euro auf 66 %). Für Geringverdiener mit einem Einkommen unter 1 000 Euro steigt die Ersatzrate schrittweise auf bis zu 100 %: je geringer das Einkommen, desto höher die Ersatzrate.

Der Mindestbetrag von 300 Euro wird in jedem Fall gezahlt, auch wenn vor der Geburt des Kindes kein Einkommen erzielt wurde. Je nach Familiensituation erhöht sich der Elterngeldanspruch um einen Geschwisterbonus und/oder einen Mehrlingszuschlag. Einem Elternteil wird das Elterngeld für bis zu zwölf Monate gewährt. Nehmen beide Partner Elterngeld in Anspruch, so wird die Bezugsdauer auf 14 Monate verlängert. Eine Verdopplung der Bezugsdauer ist bei Halbierung des Elterngeldsatzes möglich. Anspruch auf Elterngeld haben Mütter und Väter, die

· ihre Kinder nach der Geburt selbst betreuen und erziehen,
· nicht mehr als 30 Stunden in der Woche erwerbstätig sind,
· mit ihren Kindern in einem Haushalt leben und
· einen Wohnsitz oder ihren gewöhnlichen Aufenthalt in Deutschland haben.

Ehe- oder Lebenspartner oder -partnerinnen, die das Kind nach der Geburt betreuen – auch wenn es nicht ihr eigenes ist –, können unter denselben Voraussetzungen Elterngeld erhalten.

Die Statistik zum Bundeselterngeld wird vierteljährlich erhoben. Sie gibt Auskunft über Mütter und Väter, deren Elterngeldbezug bereits geendet hat. Insgesamt wurden im zweiten Quartal 2011 rund 162 000 Kinder geboren. Für diese Kinder bezogen rund 195 000 Mütter und Väter Elterngeld. Für 44 000 Kinder wurde jeweils vom Vater Elterngeld beantragt. Dies entspricht einer Beteiligung der Väter von 27 % gegenüber 25 % für im zweiten Quartal 2010 geborene Kinder. Drei Jahre zuvor lag die entsprechende Beteiligung der Väter noch bei knapp 21 %. Die Inanspruchnahme des Elterngeldes durch Mütter lag für alle Erfassungszeiträume bei konstant über 95 %.

▶ Tab 6   **Im zweiten Quartal 2011 geborene Kinder, nach Anzahl und Anteil der Kinder, deren Vater Elterngeld bezogen hat**

	Geborene Kinder insgesamt	Kinder, deren Vater Elterngeld bezogen hat	
		Anzahl	in %
Baden-Württemberg	21 662	6 396	29,5
Bayern	25 255	8 950	35,4
Berlin	8 197	2 586	31,5
Brandenburg	4 453	1 365	30,7
Bremen	1 332	282	21,2
Hamburg	4 163	1 224	29,4
Hessen	12 708	3 406	26,8
Mecklenburg-Vorpommern	3 203	756	23,6
Niedersachsen	14 885	3 587	24,1
Nordrhein-Westfalen	34 808	7 147	20,5
Rheinland-Pfalz	7 548	1 741	23,1
Saarland	1 734	326	18,8
Sachsen	8 457	3 017	35,7
Sachsen-Anhalt	4 031	860	21,3
Schleswig-Holstein	5 237	1 242	23,7
Thüringen	4 124	1 359	33,0
Deutschland	**161 797**	**44 244**	**27,3**

▶ Abb 14   **Höhe des Elterngeldanspruchs im ersten Bezugsmonat für im zweiten Quartal 2011 geborene Kinder — in Prozent**

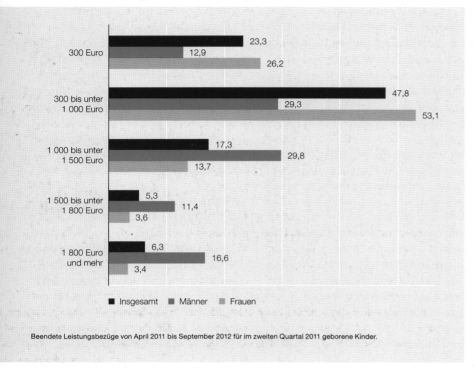

Beendete Leistungsbezüge von April 2011 bis September 2012 für im zweiten Quartal 2011 geborene Kinder.

Am häufigsten bezogen Väter in Sachsen (36 %) und in Bayern (35 %) Elterngeld, gefolgt von Thüringen (33 %) und Berlin (32 %). Am niedrigsten lag die Väterbeteiligung im Saarland (19 %) sowie in Nordrhein-Westfalen, in Bremen und in Sachsen-Anhalt (jeweils 21 %). ▶ Tab 6

Die Mehrheit der Väter (77 %) der im zweiten Quartal 2011 geborenen Kinder bezog das Elterngeld für zwei Monate. Einen zwölfmonatigen Eltergeldbezug nahmen lediglich 7 % der Väter in Anspruch. Mütter bezogen bundesweit in neun von zehn Fällen (89 %) Elterngeld für zwölf Monate (zwei Monate: unter 1 %).

Etwa jede vierte Mutter (26 %), deren Kind im zweiten Quartal 2011 geboren wurde, bezog den Mindestbetrag für Elterngeld in Höhe von monatlich genau 300 Euro. Dies war bei 13 % der Väter ebenfalls so. Ein monatliches Elterngeld von mehr als 300 bis unter 1 000 Euro erhielt 29 % der Väter und gut die Hälfte der Mütter (53 %). Einen Anspruch von

mehr als 1 000 Euro hatten 58 % der Väter und 21 % der Mütter. Die unterschiedlich hohen Elterngeldansprüche von Müttern und Vätern liegen unter anderem darin begründet, dass Väter häufiger vor der Geburt ihres Kindes erwerbstätig waren als Mütter und in der Regel ein höheres anrechenbares Einkommen erzielten. ▶ Abb 14

Der größte Teil (89 %) der Väter und zwei Drittel (66 %) der Mütter, die für ihr im zweiten Quartal 2011 geborenes Kind Elterngeld bezogen, waren vor der Geburt erwerbstätig (Elterngeldbeziehende insgesamt 71 %). Der durchschnittliche Elterngeldanspruch von vor der Geburt erwerbstätigen Vätern lag im ersten Bezugsmonat bundesweit mit 1 204 Euro deutlich höher als der vergleichbare Anspruch von Müttern mit durchschnittlich 868 Euro. Leistungbeziehende, die vor der Geburt des Kindes nicht erwerbstätig waren, erhielten – bedingt durch die Verbindung mit Geschwisterbonus und/oder Mehrlingszuschlag – im Durchschnitt

330 Euro Elterngeld (Mütter: 331 Euro, Väter: 322 Euro).

Kinder- und Jugendhilfe

Das Spektrum der erzieherischen Hilfen im Sinne des Kinder- und Jugendhilfegesetzes als Achtem Buch Sozialgesetzbuch SGB VIII ist weit gefächert. Es umfasst einerseits familienunterstützende Hilfen, die einen Verbleib der jungen Menschen in der Familie ermöglichen (»ambulante Hilfen«), und andererseits familienersetzende Hilfen, die außerhalb des Elternhauses erbracht werden (überwiegend »stationäre Hilfen«). Zu den ambulanten Hilfen zählen Erziehungsberatung, Unterstützung durch einen Erziehungsbeistand oder Betreuungshelfer, soziale Gruppenarbeit und sozialpädagogische Familienhilfe. Zu den Hilfen, die außerhalb des Elternhauses erfolgen, zählen Erziehung in einer Tagesgruppe, Vollzeitpflege in einer anderen Familie und Heimerziehung oder Unterbringung in einer sonstigen betreuten Wohnform. Intensiver sozialpädagogischer Einzelbetreuung wird ein eigenständiges Profil zwischen ambulanter und stationärer Hilfe zugewiesen.

Wenn eine »dem Wohl des Kindes oder Jugendlichen entsprechende Erziehung nicht gewährleistet ist und die Hilfe für seine Entwicklung geeignet und notwendig ist«, räumt das Kinder- und Jugendhilfegesetz den Sorgeberechtigten einen Rechtsanspruch auf Hilfe zur Erziehung ein. In Krisensituationen – zum Beispiel bei Erziehungsschwierigkeiten, Trennung oder Scheidung der Eltern, Gewalt unter Jugendlichen, Drogenkonsum – bietet die Kinder- und Jugendhilfe eine ganze Reihe von spezifischen Unterstützungen an, und zwar für Eltern, Mädchen und Jungen und für junge Erwachsene.

Die Leistungen des Kinder- und Jugendhilfegesetzes richten sich an »junge Menschen«, das heißt Personen, die noch nicht 27 Jahre alt sind. Die Zielgruppe der Kinder- und Jugendhilfe in der entsprechenden Altersgruppe umfasste 2011 21,9 Millionen Personen, das sind 27 % der Bevölkerung. Im Jahr 2011 erhielten insgesamt 877 000 junge Menschen in Deutschland eine erzieherische Hilfe nach dem SGB VIII (beendete und am Jahresende bestehende Hilfen).

Kinder- und Jugendhilfe hilft jungen Menschen zum größten Teil innerhalb ihrer Familie. So wurden im Jahr 2011 rund drei Viertel der erzieherischen Hilfen innerhalb der Familie geleistet, und zwar als Erziehungsberatung (51 %), als Betreuung einzelner junger Menschen (6 %), als flexible (ambulante/teilstationäre) Einzelhilfe (2 %) oder als sozialpädagogische Familienhilfe (12 %) beziehungsweise als flexible Familienhilfe (3 %).

Etwa jede fünfte erzieherische Hilfe (21 %) fand außerhalb der Herkunftsfamilie statt: in Form von Heimerziehung beziehungsweise sonstiger betreuter Wohnform (11 %), Vollzeitpflege (9 %), intensiver sozialpädagogischer Einzelbetreuung (1 %) oder flexibler stationärer Einzelhilfe (0,4 %). Schließlich wurden noch 3 % der Hilfen teilstationär, und zwar in einer Tagesgruppe geleistet. Hier wird die Fremdunterbringung dadurch vermieden, dass die Kinder und Jugendlichen in ihrer Familie bleiben, aber wochentags zeitweise außerhalb des Elternhauses betreut werden. ▶ Tab 7

Unter den ambulanten Hilfen wird die Erziehungsberatung am häufigsten in Anspruch genommen. Sie ist auch die zahlenmäßig bedeutendste Hilfeart im Gesamtspektrum der erzieherischen Hilfen. Im Jahr 2011 beendeten 312 000 junge Menschen eine Erziehungsberatung. Gegenüber 1991, dem Jahr des Inkrafttretens des Kinder- und Jugendhilfegesetzes, ist die Nachfrage nach dieser Hilfe nahezu kontinuierlich gestiegen und hat sich bis 2011 insgesamt verdoppelt. Die Beratungsquote nahm von 84 auf 195 je 10 000 junger Menschen unter 21 Jahren zu.

Hilfe für einzelne junge Menschen in Problem- und Konfliktsituationen wird durch Erziehungsbeistände beziehungsweise Betreuungshelfer oder in sozialer Gruppenarbeit geleistet. Im Jahr 2011 haben 69 000 junge Menschen eine der vorgenannten individuellen Betreuungsleistungen erhalten (beendete und über den Jahreswechsel andauernde Hilfen). Damit hat sich die Anzahl gegenüber 1991 mehr als verdreifacht.

Eine Sonderstellung unter den ambulanten Hilfearten nehmen die sozialpädagogische und die flexible Familienhilfe ein. Hier ist die ganze Familie der Adressat der Hilfe, wobei eine Unterstützung im Familienalltag angeboten wird. Zu diesem Zweck kommt eine Fachkraft in die Familie und bietet kontinuierliche Unterstützung bei der Erziehung, bei der Bewältigung von Alltagsproblemen und bei Schwierigkeiten mit Außenstehenden an. Damit soll unter anderem die Unterbringung minderjähriger Kinder außerhalb der Familien vermieden werden. Im Jahr 2011 wurden rund 126 000 Familien durch eine sozialpädagogische oder flexible Familienhilfe unterstützt (beendete und am Jahresende bestehende Hilfen). Im Jahr 1991 hatten nur 13 000 Familien eine familienorientierte Hilfe in Anspruch genommen.

Auch die Hilfen außerhalb des Elternhauses sind gestiegen: Während Ende 1991 insgesamt 115 000 bestehende Hilfen außerhalb des Elternhauses registriert wurden, lag die Zahl 20 Jahre später, am Jahresende 2011, bei 150 000. Dies bedeutet einen Anstieg um rund 31 %. Die einzelnen Hilfearten nahmen während dieses Zeitraums eine deutlich unterschiedliche Entwicklung. Während sich die Zahl der Hilfen in einer Tagesgruppe von 6 000 auf gut 17 000 nahezu verdreifacht hat, erhöhte sich die Zahl der jungen Menschen in Vollzeitpflege um 41 % von 44 000 auf 62 000. Die Zahl der im Heim oder einer sonstigen betreuten Wohnform untergebrachten jungen Menschen erhöhte sich leicht um 2 % auf etwas über 65 000. Die Intensive sozialpädagogische Einzelbetreuung verzeichnete den größten Zuwachs (+ 410 %) auf 3 500 Hilfen, allerdings bezogen auf eine geringe Ausgangszahl von rund 700 Hilfen am Jahresende 1991.

Differenziert nach Ländern ergeben sich deutliche Unterschiede in der Häufigkeit der verschiedenen gewährten Hilfen. Dies trifft sowohl auf die ambulanten Hilfen wie auch auf die Hilfen außerhalb des Elternhauses zu. Betrachtet man die Quote der begonnenen Hilfen je 1 000 junge Menschen unter 21 Jahren (ohne die unterschiedliche Zahl junger Menschen in den Ländern insgesamt zu berücksichtigen), so wurden die wenigsten ambulanten Hilfen (ohne Erziehungsberatung) in Bayern gewährt. Hier liegt die Quote bei 4,1. Die meisten ambulanten

▶ Tab 7 **Erzieherische Hilfen nach Hilfearten 2011**

	Anzahl der Hilfen	Anteil in %
Insgesamt	877 310	100
Ambulante Hilfen		
Erziehungsberatung	451 194	51,4
Sozialpädagogische Familienhilfe	104 209	11,9
Einzelbetreuung	52 468	6,0
Flexible familienorientierte Hilfe	21 685	2,5
Soziale Gruppenarbeit	16 735	1,9
Flexible Hilfe (ambulant/teilstationär)	20 601	2,3
Teilstationäre Hilfe		
Erziehung in einer Tagesgruppe	26 447	3,0
Stationäre Hilfen		
Heimerziehung, sonstige betreute Wohnform	97 895	11,2
Vollzeitpflege	75 780	8,6
Intensive sozialpädagogische Einzelbetreuung	6 391	0,7
Flexible Hilfe (stationär)	3 905	0,4

Am Jahresende 2011 bestehende und im Jahr 2011 beendete Hilfen.

▶ Abb 15 **Begonnene Erziehungsberatungen, ambulante Hilfen und Hilfen außerhalb des Elternhauses 2011 — je 1 000 junger Menschen unter 21 Jahren**

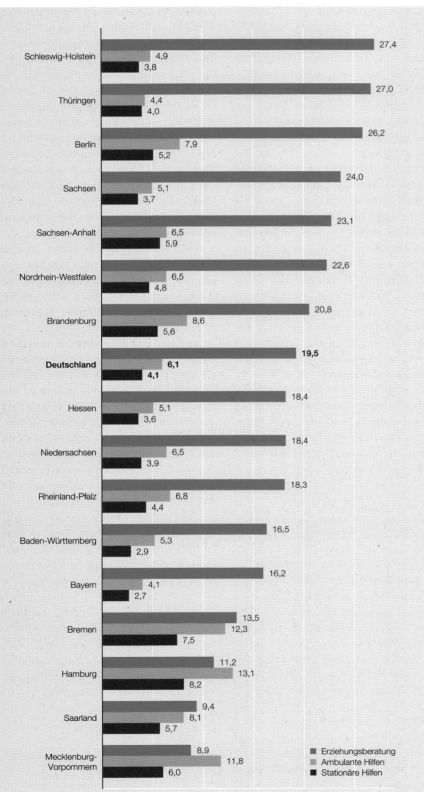

Hilfen haben 2011 in Hamburg begonnen: Mit 13,1 Hilfen je 1 000 junger Menschen unter 21 Jahren war die Quote hier mehr als dreimal so hoch als in Bayern.

Auch bei den neu gewährten Hilfen außerhalb des Elternhauses hat Bayern mit einer Quote von 2,7 Hilfen je 1 000 junger Menschen unter 21 Jahren den geringsten und Hamburg mit 8,2 Hilfen den höchsten relativen Wert. In allen Bundesländern ist die Quote außerhalb des Elternhauses in Anspruch genommener Hilfen (ohne Erziehungsberatung) niedriger als die Quote der ambulanten Hilfen (ohne Erziehungsberatung).

Beobachtet man die Inanspruchnahme von Erziehungsberatungen auf Länderebene werden ebenfalls klare Unterschiede deutlich. Schleswig-Holstein erreicht mit 27,4 begonnenen Beratungen je 1 000 junger Menschen unter 21 Jahren den höchsten relativen Wert, dagegen liegen Mecklenburg-Vorpommern mit einer Quote von 8,9 und das Saarland mit mit einer Quote von 9,4 neu gewährten Beratungen weit dahinter. ▶ Abb 15

Die unterschiedlichen Häufigkeiten einzelner Hilfearten in den Ländern hängen unter anderem davon ab, dass belastende Lebenssituationen für Kinder und Eltern regional nicht gleich verteilt sind. Arbeitslosigkeit, Arbeitslosengeld II und Sozialhilfebezug, insbesondere von Minderjährigen (Abschnitt 8.4.5 und 8.4.6, Seite 275–284), sind in einigen Ländern (vor allem in den Stadtstaaten) häufiger anzutreffen. Auch Trennung und Scheidung und die daraus resultierende – oft problematische – Situation Alleinerziehender sind nicht in allen Ländern gleich verteilt. Dabei gilt, dass keiner dieser Umstände zwangsläufig einen Bedarf an erzieherischer Hilfe verursacht. Arbeitslose, Sozialhilfeempfänger und Alleinerziehende erziehen ihre Kinder auch ohne vom Jugendamt vermittelte professionelle pädagogische Unterstützung. Sozioökonomische Belastungen sind zwar häufige Gründe innerhalb der vielfältigen Faktoren, die zur Inanspruchnahme erzieherischer Hilfen führen, aber sie sind nicht zwingend und nicht ausschließlich. Hinzu kommt die individuelle Wahrnehmung der Mitarbeiterinnen und Mitarbeiter in den Jugendämtern, die bei der Gewährung von erzieherischer Hilfe eine Rolle spielt und die bei durchaus ähnlich gelagerten Problemsituationen zu unterschiedlichen Hilfeentscheidungen führen kann.

Die Statistik der Ausgaben und Einnahmen der öffentlichen Jugendhilfe weist Ausgaben nach, die aus öffentlichen Mitteln für Zwecke der Jugendhilfe nach dem Achten Buch Sozialgesetzbuch SGB VIII – Kinder- und Jugendhilfe – geleistet werden, sowie die entsprechenden Einnahmen. Diese werden getrennt für Einzel- und Gruppenhilfen und andere Aufgaben nach dem SGB VIII und für Einrichtungen der Kinder- und Jugendhilfe erfasst (unter anderem Kindertageseinrichtungen). Die Ausgaben für Einzel- und Gruppenhilfen werden gegliedert nach Hilfeart und Art der Ausgabe erhoben.

Für den gesamten Bereich der Kinder- und Jugendhilfe wendeten die öffentlichen Träger im Jahr 2011 brutto 30,5 Milliarden Euro auf. Rund 60 % dieser Ausgaben fielen in den Bereich der Kindertagesbetreuung (19,0 Milliarden Euro). Leistungen der Hilfe zur Erziehung kosteten die Träger der Kinder- und Jugendhilfe 2011 insgesamt 7,8 Milliarden Euro. Davon entfielen 4,3 Milliarden Euro (55 %) auf die Unterbringung junger Menschen außerhalb des Elternhauses in Vollzeitpflege und Heimerziehung oder sonstiger betreuter Wohnform.

8.4.8 Zusammenfassung

Die Leistungen des Sozialbudgets insgesamt beliefen sich 2011 auf rund 767,6 Milliarden Euro, davon entfielen 471,3 Milliarden Euro auf die Sozialversicherungssysteme. Die Sozialleistungsquote, das Verhältnis der Sozialleistungen zum Bruttoinlandsprodukt, betrug 2011 für Deutschland 30 %.

Die gesetzliche Rentenversicherung tätigte im Jahr 2011 Leistungen in Höhe von 255,6 Milliarden Euro. Insgesamt 24,9 Millionen Renten wurden gezahlt, drei Viertel (77 %) davon waren Versichertenrenten und rund ein Viertel

(23 %) waren Hinterbliebenenrenten. Die durchschnittliche Versichertenrente lag 2011 für Frauen bei 549 und für Männer bei 977 Euro.

Die gesetzliche Krankenversicherung hatte 2011 Ausgaben in Höhe von 177,9 Milliarden Euro zu bestreiten. Rund 69,6 Millionen Bürgerinnen und Bürger waren insgesamt gesetzlich krankenversichert. Im Sozialbudget erbrachte die Pflegeversicherung Leistungen in Höhe von 21,9 Milliarden Euro. Rund 2,3 Millionen gesetzlich Versicherte erhielten 2011 Leistungen aus der Pflegeversicherung.

Für die Arbeitslosenversicherung wurden 2011 rund 29,3 Milliarden ausgegeben. Auf rund 13,8 Milliarden beliefen sich die Ausgaben für Arbeitslosengeld. Im Durchschnitt bezogen 2011 rund 800 000 Menschen Arbeitslosengeld.

Insgesamt 6,1 Millionen Personen in 3,3 Millionen Bedarfsgemeinschaften erhielten 2011 Arbeitslosengeld II oder Sozialgeld. Die Ausgaben zur Deckung des Lebensunterhalts für diesen Personenkreis beliefen sich 2011 auf rund 32,7 Milliarden Euro. In den Stadtstaaten und den neuen Bundesländern waren erheblich mehr Personen auf Leistungen nach dem SGB II angewiesen als in den westdeutschen Flächenländern. Insgesamt 15 % der in Deutschland lebenden Kinder unter 15 Jahren erhielten Unterstützungsleistungen in Form von Sozialgeld.

Hilfe zum Lebensunterhalt erhielten 2011 rund 332 000 Personen. Etwa 108 000 Personen außerhalb von Einrichtungen bezogen Hilfe zum Lebensunterhalt.

Rund 844 000 Personen nahmen am Jahresende 2011 Leistungen der »Grundsicherung im Alter und bei Erwerbsminderung« in Anspruch. Somit waren 12,3 von 1 000 Menschen ab 18 Jahren auf diese Leistungen nach dem SGB XII angewiesen. Mehr als die Hälfte – rund 436 000 – von ihnen waren älter als 65 Jahre. Somit konnten bei dieser Altersgruppe 25,8 von 1 000 Menschen ihren Lebensunterhalt nur mithilfe der Grundsicherung im Alter bestreiten.

Zum Jahresende 2011 erhielten 144 000 Personen Regelleistungen nach dem Asyl-

bewerberleistungsgesetz. Nachdem die Zahl der Empfänger bis zum Jahr 2009 deutlich gesunken war, stieg sie ab dem Jahr 2010 wieder leicht an.

Die Zahl der Empfängerinnen und Empfänger von Kriegsopferfürsorge ist in den letzten Jahren weiter gesunken. Am Jahresende 2010 bezogen rund 42 000 Menschen entsprechende Leistungen.

Rund 195 000 Mütter und Väter haben zwischen April 2011 und September 2012 Elterngeld für Kinder bezogen, die im zweiten Vierteljahr 2011 geboren wurden. Für 27 % dieser Kinder hat der Vater Elterngeld in Anspruch genommen. Der monatliche Elterngeldanspruch von Vätern liegt in der Regel über dem der Mütter. Väter bezogen – anders als die Mütter (89 %) – zu einem erheblich geringeren Anteil (7 %) das Elterngeld für ein ganzes Jahr. Mehr als drei Viertel der Väter (77 %) erhielt Elterngeld nur für zwei Monate.

Kinder- und Jugendhilfe unterstützt junge Menschen zum größten Teil innerhalb ihrer Familie. So wurden im Jahr 2011 fast drei Viertel der erzieherischen Hilfen innerhalb der Familie geleistet, und zwar als Erziehungsberatung (51 %), Betreuung einzelner junger Menschen (6 %), flexible (ambulante/teilstationäre) Einzelhilfe (2 %) oder sozialpädagogische Familienhilfe (12 %) beziehungsweise flexible Familienhilfe (3 %). Für den gesamten Bereich der Kinder- und Jugendhilfe wendeten die öffentlichen Träger im Jahr 2011 brutto 30,5 Milliarden Euro auf. Rund 60 % dieser Ausgaben fielen in den Bereich der Kindertagesbetreuung an (19,0 Milliarden Euro).

Mit rund 903 000 Haushalten bezogen 2,2 % aller deutschen Privathaushalte zum Jahresende 2011 Wohngeld. Die Wohngeldausgaben betrugen insgesamt 1,5 Milliarden Euro. Dabei betrug der durchschnittliche Wohngeldanspruch pro Haushalt 114 Euro.

8.5 Zur Entwicklung und Verteilung der Altersrenten in den alten und neuen Bundesländern

Ralf Himmelreicher
Technische Universität Dortmund

WZB / SOEP

Im Oktober 1990 erfolgte mit dem Beitritt der DDR zur Bundesrepublik Deutschland eine Transformation der Rechtsordnung, indem das Grundgesetz im sogenannten Beitrittsgebiet in Kraft trat. Der Beitritt ermöglichte rund 3,8 Millionen Rentnerinnen und Rentnern aus der DDR eine Eingliederung in die gesetzliche Rentenversicherung (gRV). Diese Eingliederung ist Ausdruck einer enormen kollektiven Solidarität im vereinten Deutschland. Für Neurentner werden Löhne und Erwerbsbiografien zu DDR-Zeiten im Grundsatz so behandelt, als ob die Personen im damaligen Westdeutschland gelebt hätten.

Im Folgenden werden monatliche persönliche Entgeltpunkte (siehe Infokasten) von Zugängen in Altersrente unter Berücksichtigung des Zugangsfaktors (im Wesentlichen Abschläge bei Rentenzugang vor Erreichen der Regelaltersgrenze) analysiert. Die Entgeltpunkte können mit dem jeweiligen aktuellen Rentenwert für Ost- und Westdeutschland multipliziert werden, um näherungsweise die Höhe der jeweiligen monatlichen Altersrente zu ermitteln. Mit Zeitreihenanalysen für den Zeitraum seit der deutschen Vereinigung kann dann anschaulich gezeigt werden, welche unterschiedlichen Wohlstandspositionen sich für Männer und Frauen in West- und Ostdeutschland am Ende ihrer Erwerbsbiografie ergeben. ▶ Info 1

Betrachtet werden in Deutschland wohnende Versicherte mit erstmaligem Bezug einer Altersrente, die 60 Jahre und älter sind, das sind die sogenannten Inlandsrentner. Beziehende von Teilrenten, Renten mit scheidungsbedingtem Versorgungsausgleich sowie Erwerbsminderungs- und Hinterbliebenenrenten werden von der Analyse ausgeschlossen. Die Datenbasis sind Mikrodaten der Rentenzugangsstatistik der Jahrgänge 1993, 1998 und 2003 bis einschließlich 2011, die vom Forschungsdatenzentrum der Rentenversicherung (FDZ-RV) als faktisch anonymisierte Scientific Use Files (SUFs) aufbereitet und für wissenschaftliche Forschungsvorhaben zur Verfügung gestellt werden.

8.5.1 Lohnentwicklung

Versicherte Löhne und Gehälter (im Folgenden kurz Löhne genannt) stellen neben insbesondere Kindererziehung und Pflege die zentrale Größe dar, aus denen sich individuelle Ansprüche gegenüber der gesetzlichen Rentenversicherung speisen. Damit bestimmen die in Entgeltpunkten (EP) ausgedrückten relativen Löhne und die Länge der Erwerbsbiografie im Fall der Verrentung maßgeblich die Höhe der jeweiligen Altersrenten. Auf die beim Beitritt bestehenden unterschiedlichen Lohnniveaus in West- und Ostdeutschland wurde im Rentenüberleitungsgesetz (RÜG 1991) durch Höherwertung der Ostlöhne reagiert. ▶ Abb 1

▶ Info 1

Entgeltpunkte

In der gesetzlichen Rentenversicherung (gRV) werden die Anwartschaften der Versicherten in Entgeltpunkten (EP) bemessen. Diese Entgeltpunkte werden bestimmt, indem die jährlichen individuellen rentenversicherungspflichtigen Bruttoeinkommen durch das jährliche Durchschnittsentgelt aller Versicherten dividiert werden. Dadurch sind sie eine dimensionslose (preisbereinigte) Größe, die man als relative Wohlstandsposition interpretieren und als objektiven Indikator in die Sozialberichterstattung aufnehmen kann. Die sich über die gesamte Erwerbsbiografie ergebende Summe dieser Entgeltpunkte stellt eine valide Messgröße für die Höhe der Anwartschaften der Versicherten gegenüber der gesetzlichen Rentenversicherung dar. Allerdings wird die Spanne der Entgeltpunkte nach unten durch die Geringfügigkeitsgrenze (400 Euro) und nach oben durch die Beitragsbemessungsgrenze begrenzt; die Beitragsbemessungsgrenze der allgemeinen Rentenversicherung beträgt in Ostdeutschland 4 800 Euro, in Westdeutschland 5 500 Euro (Monatswerte für 2011). Über der Beitragsbemessungsgrenze liegende Arbeitseinkommen wirken sich nicht rentenerhöhend aus.

Die Entgelte in Ostdeutschland werden mit dem in Abbildung 1 (rechte Skala) ausgewiesenen Faktor höher gewertet; dies ist im Sozialgesetzbuch VI, Anlage 10, dokumentiert. Dieser Faktor wird berechnet, indem die jährlichen Bruttodurchschnittslöhne in Westdeutschland durch entsprechende Löhne in Ostdeutschland dividiert werden. Dieser Faktor weist in den ersten Jahren nach der deutschen Vereinigung eine schnelle Lohnannäherung aus, jedoch stagniert dieser Prozess seit Mitte der 1990er-Jahre. Seitdem liegen die Durchschnittslöhne in Westdeutschland etwa 20 % höher als die in Ostdeutschland. Erklärungsansätze für diese Lohndifferenzen in Ost- und Westdeutschland zielen häufig auf verschiedene Strukturen bei Branchen und Betriebsgrößen sowie Produktivitätsunterschiede ab; allerdings haben Erwerbstätige in Ostdeutschland höhere tatsächliche Arbeitszeiten als jene in den alten. Durch die sozialpolitische Kompensation der Ost-West-Lohnunterschiede im Rahmen der Höherwertung erfolgt somit eine Anhebung der durchschnittlichen Rentenanwartschaften in Ostdeutschland auf das westdeutsche Niveau.

8.5.2 Entwicklung der Altersrenten

Die Summe der persönlichen Entgeltpunkte spiegelt die Anwartschaften der Versicherten gegenüber der gesetzlichen Rentenversicherung wider. Sie können als Bilanz der gesamten Erwerbs- beziehungsweise Versicherungsbiografien interpretiert werden. Vor dem Hintergrund der unterschiedlichen Erwerbsbiografien von Frauen und Männern in den Regionen werden im Folgenden die empirischen Befunde differenziert nach Geschlecht sowie nach West- und Ostdeutschland in Dezilen ausgewiesen.

Für männliche Neurentner in Westdeutschland zeigt sich dabei ein deutlicher Rückgang ihrer Entgeltpunkte: Die Anwartschaften des Medianrentners (Median in Abbildung 2) sinken im Zeitverlauf von etwa 47 um knapp 11 % auf 42 Entgeltpunkte im Jahr 2011. Damit erhalten Neurentner des Jahres 2011 im Durchschnitt vergleichsweise geringere Altersrenten als Neurentner in den vorangegangenen Jahren. Dieser negative Trend erfasst insbesondere niedrige bis mittlere Renten aus der gesetzlichen Rentenversicherung. Nominal, das heißt ohne Berücksichtigung der Preisentwicklung, sinkt die Median-Bruttorente von 1 072 Euro im Jahr 1993 auf weniger als 1 000 Euro im Jahr 2011. ▶ Info 2 , Abb 2

Insgesamt hat die Spreizung der Entgeltpunkte und damit der Auszahlungen aus der gesetzlichen Rentenversicherung durch sinkende Niedrigrenten und geringfügig steigende Höchstrenten zugenommen: Die untersten zehn Prozent der Neurentner erreichten im Jahr 1993 ein

▶ Abb 1   **Nominale jährliche Bruttodurchschnittslöhne in West- und Ostdeutschland (linke Skala) und Höherwertung (rechte Skala), 1989–2011**

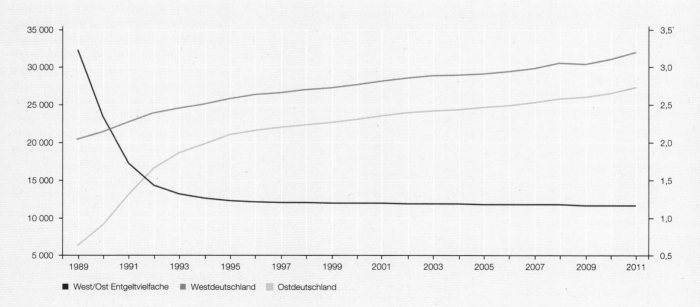

■ West/Ost Entgeltvielfache   ■ Westdeutschland   ▨ Ostdeutschland

Datenbasis: Rentenversicherung in Zeitreihen 2012, DRV-Schriften Band 22, Seite 262; eigene Berechnungen.

▶ Info 2

Medianrentner

Zur besseren Veranschaulichung wird die Verteilung der Entgeltpunkte in sogenannten Dezilen dargestellt. Das heißt, aus der Rangordnung nach der Höhe ihrer Entgeltpunkte werden zehn gleich große Gruppen gebildet. Die Dezile geben dann die Grenzen an, an denen die jeweils nächsthöhere Gruppe beginnt. Das erste Dezil grenzt die unteren zehn Prozent von den zweiten zehn Prozent ab und so weiter. Der Median bildet in dieser Rangordnung genau die Mitte: die Hälfte aller Personen liegt jeweils über beziehungsweise unter dem Median.

▶ Abb 2   **Entwicklung und Verteilung der Summe persönlicher Entgeltpunkte bei Altersrenten von Männern in Westdeutschland 1993–2011 — in Dezilen**

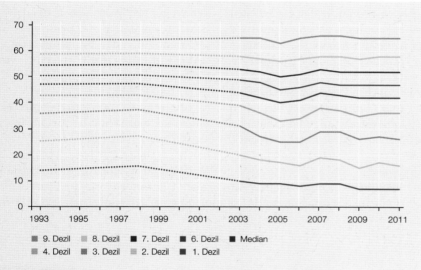

(Rentenzugang: 1993–2011).
Datenbasis: FDZ-RV-SUFRTZN93VXSB, SUFRTZN98VXSB, SUFRTZN03-11VXSB, eigene Berechnungen.

▶ Abb 3   **Entwicklung und Verteilung der Summe persönlicher Entgeltpunkte bei Altersrenten von Männern in Ostdeutschland 1993–2011 — in Dezilen**

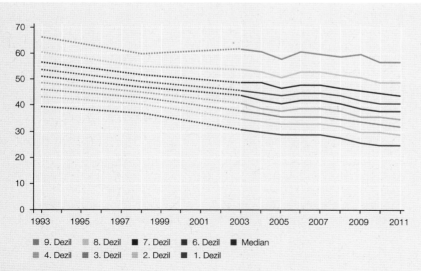

(Rentenzugang: 1993–2011)
Datenbasis: FDZ-RV-SUFRTZN93VXSB, SUFRTZN98VXSB, SUFRTZN03-11VXSB, eigene Berechnungen.

Rentenniveau von rund 22 % der obersten Rentnergruppe; dieser Anteil liegt im Jahr 2011 mit knapp 11 % deutlich niedriger. Abgesehen von den 30 % der wohlhabendsten Neurentner sind bei allen anderen im Zeitverlauf sinkende Anwartschaften und somit Rentenzahlungen festzustellen. Bei Neurentnern der drei unteren Dezile gingen die Anwartschaften um bis zu zehn Entgeltpunkte zurück. Demgegenüber verzeichnen Bezieher von Altersrenten der beiden höchsten Dezile im gesamten Beobachtungszeitraum ungefähr gleichbleibend hohe Entgeltpunkte.

Auch die männlichen Rentnerzugänge in Ostdeutschland weisen im Untersuchungszeitraum einen deutlichen Rückgang ihrer Anwartschaften auf. Die Entgeltpunkte des Medianrentners sinken seit der deutschen Vereinigung von 51 um rund 25 % auf 38 Entgeltpunkte im Jahr 2011. Nominal ergibt sich durch die Rentenanpassungen eine Steigerung der Median-Bruttorente von 844 Euro im Jahr 1993 auf knapp 900 Euro im Jahr 2011. ▶ Abb 3

Bei den männlichen Neurentnern in Ostdeutschland ist die Verteilung der Anwartschaften erkennbar ungleicher geworden: Neurentner des untersten Dezils erreichten 1993 noch fast 60 % der Entgeltpunkte des obersten Dezils; im Jahr 2011 sind dies lediglich etwa 44 %. Die Unterschiede innerhalb eines Rentenzugangsjahrgangs nehmen also mit zunehmendem zeitlichem Abstand zur deutschen Vereinigung zu und die Anwartschaften nehmen tendenziell ab. Anders formuliert: Je kürzer die DDR-geprägten Erwerbsbiografien (das heißt ohne Arbeitslosigkeit und mit geringer Lohnspreizung) sind, desto niedriger werden die Anwartschaften und umso höher deren Spreizung.

Bei den weiblichen Neuzugängen in die Altersrente ist eine etwas andere Entwicklung festzustellen. Die Summe der persönlichen Entgeltpunkte von Frauen in Westdeutschland hat bei der Medianrentnerin im Beobachtungszeitraum zwar um rund 22 % zugenommen, doch vollzieht sich diese relative Veränderung vor dem Hintergrund niedriger absoluter Werte: von 11,5 im Jahr 1993 auf 17 Entgeltpunkte im Jahr 2011 (Abbildung 4); in nominalen Beträgen (Median-Bruttorente) eine Steigerung von 261 Euro auf annähernd 400 Euro. Vergleichbar mit den männlichen Zugängen in Westdeutschland ist auch bei den Frauen die Spreizung der Rentenbezüge größer als in Ostdeutschland. Neurentnerinnen im untersten Dezil erreichten im Jahr 2011 mit fünf Entgeltpunkten lediglich knapp 14 % der Anwartschaften des obersten Dezils. Damit hat die Ungleichverteilung der Altersrenten bei westdeutschen Frauen im Beobachtungsfenster leicht zugenommen. ► Abb 4

Bei Neurentnerinnen in den unteren drei Dezilen gibt es im Zeitverlauf kaum Veränderungen, die Ansprüche bleiben auf niedrigem Niveau bei unter zehn Entgeltpunkten. Anders als Bezieherinnen mittlerer und hoher Renten der gesetzlichen Rentenversicherung konnte diese Gruppe keine nennenswerte Erhöhung ihrer Anwartschaften verzeichnen. Somit belaufen sich die Anwartschaften in der gesetzlichen Rentenversicherung von knapp jeder dritten westdeutschen Frau auf weniger als zehn Entgeltpunkte. Allerdings ist darauf hinzuweisen, dass diese Rentnerinnen im Haushaltskontext unter Umständen über ihre (Ehe-)Partner sowie weitere Alterseinkünfte hinreichend abgesichert sein können. Dennoch ist es politischer Wille, die eigenständige Altersvorsorge von insbesondere westdeutschen Frauen zu stärken, nicht zuletzt wegen zunehmender Scheidungen und meist fehlender Hinterbliebenenversicherung bei Produkten der (staatlich geförderten) privaten oder betrieblichen Altersvorsorge. Außerdem gehen die Anwartschaften der Männer – wie eben beschrieben – im Zeitverlauf tendenziell zurück, weshalb die Witwenrenten ebenfalls sinken.

Die Anwartschaften von Frauen in Ostdeutschland haben sich im untersuchten Zeitraum hingegen geringfügig reduziert: 1993 betrugen sie bei der Medianrentnerin 31, im Jahr 2011 lediglich 28 Entgeltpunkte. In nominalen Beträgen entspricht dies einer Median-Bruttorente von 447 Euro im Jahr 1993 und nahezu 650 Euro im Jahr 2011. Die Entwicklung

der Anwartschaften verläuft dabei nicht gleichmäßig: Während die Ansprüche in der gesetzlichen Rentenversicherung in den oberen drei Dezilen tendenziell auf einem Niveau verharren, gehen die Altersrenten für Neurentnerinnen in den darunter liegenden Dezilen tendenziell zurück. Ähnlich wie bei den männlichen

► Abb 4 **Entwicklung und Verteilung der Summe persönlicher Entgeltpunkte bei Altersrenten von Frauen in Westdeutschland 1993–2011 — in Dezilen**

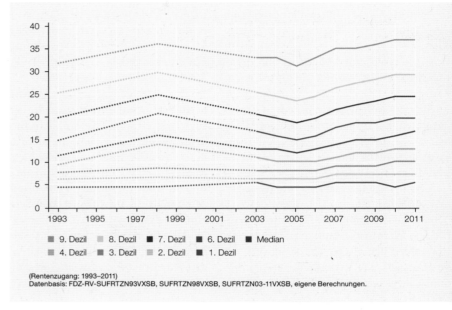

■ 9. Dezil ■ 8. Dezil ■ 7. Dezil ■ 6. Dezil ■ Median
■ 4. Dezil ■ 3. Dezil ■ 2. Dezil ■ 1. Dezil

(Rentenzugang: 1993–2011)
Datenbasis: FDZ-RV-SUFRTZN93VXSB, SUFRTZN98VXSB, SUFRTZN03-11VXSB, eigene Berechnungen.

► Abb 5 **Entwicklung und Verteilung der Summe persönlicher Entgeltpunkte bei Altersrenten von Frauen in Ostdeutschland 1993–2011 — in Dezilen**

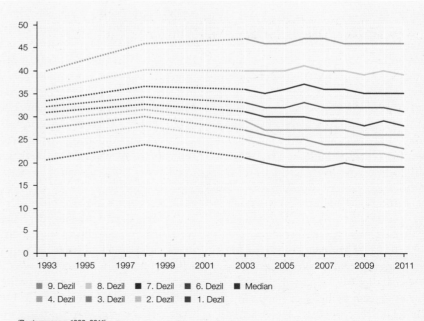

■ 9. Dezil ■ 8. Dezil ■ 7. Dezil ■ 6. Dezil ■ Median
■ 4. Dezil ■ 3. Dezil ■ 2. Dezil ■ 1. Dezil

(Rentenzugang: 1993–2011)
Datenbasis: FDZ-RV-SUFRTZN93VXSB, SUFRTZN98VXSB, SUFRTZN03-11VXSB, eigene Berechnungen.

Neurentnern in Ostdeutschland sind auch bei den Frauen die Unterschiede zwischen den niedrigsten und höchsten Renten der gesetzlichen Rentenversicherung vergleichsweise gering. ▶ Abb 5

Der Rückgang der Anwartschaften ist bei Männern in Ostdeutschland besonders ausgeprägt: Während Männer in Westdeutschland und Frauen insgesamt zumindest bis 1998 konstante beziehungsweise geringfügig steigende Entgeltpunkte verzeichnen konnten, sind diese Ansprüche der Männer in Ostdeutschland seit 1993 rückläufig. Auf der anderen Seite sind ostdeutsche Männer mit der geringsten Spreizung ihrer Altersrenten die homogenste Bezugsgruppe. Vom Aufwärtstrend für Frauen in Westdeutschland profitiert das obere Drittel stärker als Bezieherinnen mittlerer und niedriger Altersrenten. Hinsichtlich der Verteilung ihrer Anwartschaften sind Neurentnerinnen in Westdeutschland nach wie vor als besonders heterogen zu bezeichnen.

Ansätze, die Veränderungen der Ansprüche der Versicherten an die gesetzliche Rentenversicherung erklären können, zielen auf die in der Rentenformel genannten Parameter. Dies sind bei Altersrenten und bei gegebenem aktuellem Rentenwert die persönlichen Entgeltpunkte und der überwiegend um Abschläge reduzierte Zugangsfaktor. Eine Aufarbeitung des Einflusses unterschiedlicher Erwerbsverläufe, seien sie unterbrochen, diskontinuierlich oder perforiert – Schlagwort sind die sogenannten Patchwork-Biografien – und deren Zusammenhang mit Abschlägen beziehungsweise verschiedenen Entlohnungsregimen im Lebensverlauf der Versicherten, soll hier nicht durchgeführt werden. Stattdessen wird auf Veränderungen in den institutionellen Rahmenbedingungen der gesetzlichen Rentenversicherung fokussiert: Nach dem Rentenreformgesetz 1992 (RRG'92) können Altersrenten zeitlich vorgezogen in Anspruch genommen werden, allerdings werden pro Monat eines vorgezogenen Rentenzugangs Abschläge in Höhe von 0,3 % fällig; wird die Rente nach der Regelaltersgrenze bean-

tragt, werden Zuschläge in Höhe von 0,5 % pro Monat ausgezahlt. Hinsichtlich der Wirkung der Abschläge ist darauf hinzuweisen, dass neben rentenmindernden Abschlägen ein weiterer Aspekt zu berücksichtigen ist. Dieser bezieht sich darauf, dass bei einem vorgezogenen Rentenbeginn zugleich die Anwartschaft gemindert wird, weil die Versicherten nicht bis zum Erreichen der Regelaltersgrenze weitergearbeitet haben. Beide Effekte zusammengenommen können eine Reduzierung der Rente um mehr als 20 % bewirken.

Der Anteil der von solchen Abschlägen betroffenen Neurentner steigt im Untersuchungszeitraum insbesondere in Ostdeutschland tendenziell an. Rund 63 % der Neurentner beziehungsweise 82 % der Neurentnerinnen in Ostdeutschland sind im Jahr 2011 von solchen rentenmindernden Abschlägen betroffen; in Westdeutschland sind es rund 43 %. Der Anstieg der Renten mit Abschlägen spiegelt insbesondere die regionalen Besonderheiten auf den Arbeitsmärkten für über 60-jährige Versicherte wider. Neben der generellen Betroffenheit von Abschlägen spielt auch die Anzahl der Abschlagsmonate eine entscheidende Rolle für die Höhe der Altersrente. Und diese Anzahl der Abschlagsmonate liegt in Ostdeutschland knapp fünf Monate über jener in Westdeutschland. Zusammenfassend lässt sich festhalten, dass die Betroffenheit und Höhe von Abschlägen mit der Entwicklung und Verteilung der Anwartschaften insofern assoziiert ist, dass Neurentnerinnen und Neurentner in Ostdeutschland, deren Anwartschaften erheblich gesunken sind, auch überproportional häufig von höheren Abschlägen mit stark rentenmindernder Wirkung betroffen sind.

8.5.3 Zusammenfassung

Der Prozess der Angleichung der Löhne in West- und Ostdeutschland vollzog sich seit der deutschen Vereinigung zunächst schnell: Im Jahr 1989 waren die Westlöhne noch mehr als dreimal so hoch wie die Ostlöhne. Die Angleichung stoppte Mitte der 1990er-Jahre, seitdem sind die durchschnittlichen (sozialversicherungspflichti-

gen) Löhne in Westdeutschland knapp 20 % höher als die in Ostdeutschland. Insofern haben sich dauerhaft ungleiche Entlohnungsregime herausgebildet.

Damit sich die Lohndisparitäten zwischen West- und Ostdeutschland nicht direkt in Rentendisparitäten niederschlagen, werden die Entgelte in Ostdeutschland mit Hilfe des Höherwertungsfaktors aufgewertet. Trotz einer im Vergleich zu westdeutschen Durchschnittslöhnen derzeit überproportionalen Aufwertung der ostdeutschen Durchschnittslöhne sinken die Anwartschaften insbesondere von Männern in Ostdeutschland mit zunehmender zeitlicher Distanz zur deutschen Vereinigung. Das bedeutet: Je länger der Zeitraum zwischen deutscher Vereinigung und individuellem Rentenzugang ist, desto niedriger werden die Anwartschaften. Hieran werden die Probleme auf dem ostdeutschen Arbeitsmarkt für ältere Beschäftigte besonders deutlich.

Hinsichtlich der Entwicklung und Verteilung der Altersrenten beim Rentenzugang (1993 bis 2011) konnten verschiedene Trends festgestellt werden: Bei einem männlichen Medianrentner ist ein Rückgang der Altersrenten um mehr als 10 % auf 42 Entgeltpunkte in den alten und um rund 26 % auf 38 Entgeltpunkte in Ostdeutschland zu verzeichnen. Zudem ist eine Zunahme der Streuung, also der Ungleichheit der Anwartschaften in der gesetzlichen Rentenversicherung in beiden Landesteilen zu beobachten.

Bei Frauen zeigt sich ein anderes Bild: Medianrentnerinnen in Westdeutschland erzielen 2011 rund fünf Entgeltpunkte mehr als in den 1990er-Jahren. Allerdings erfolgt diese Zunahme zugunsten von Bezieherinnen mittlerer und höherer Altersrenten und vollzieht sich auf einem niedrigen absoluten Niveau: die Medianrentnerin hat lediglich 17 Entgeltpunkte im Jahr 2011. Die Entgeltpunkte der Medianrentnerin in Ostdeutschland sinken um rund 10 % auf 28 Entgeltpunkte im Jahr 2011. Im Unterschied zu Westrentnerinnen, bei denen die Abstände zwischen den höchsten und niedrigsten Anwartschaften zurückgingen, steigt die

Streuung im Osten Deutschlands und ist 2011 höher als zum Zeitpunkt kurz nach der deutschen Vereinigung.

Als zentraler Erklärungsansatz für die beobachtete Entwicklung und Verteilung der Anwartschaften wurden veränderte institutionelle Rahmenbedingungen, hier das Ausmaß und die Verteilung von Abschlägen, beschrieben. In der Rentenzugangskohorte 2011 zeigt sich, dass in Ostdeutschland insgesamt drei Viertel der Neurentnerinnen und -rentner von Abschlägen betroffen sind. In Westdeutschland ist der entsprechende Wert mit rund 40 % zwar deutlich niedriger, aber dennoch auf beachtenswertem Niveau. Diese Entwicklung ist für Rentnerinnen und Rentner in Ostdeutschland besonders problematisch, weil ihre Alterseinkünfte zu 92 % aus der gesetzlichen Rentenversicherung stammen, im Vergleich zu 59 % in Westdeutschland. Zudem ist zu berücksichtigen, dass Neuzugänge in Altersrente in Ostdeutschland weniger als 25 Jahre Zeit hatten, um private und/oder betriebliche Altersvorsorge zu betreiben oder Vermögen zu akkumulieren.

Neben den Abschlägen spielen in den beiden Landesteilen auch erwerbsbiografische Aspekte und unterschiedliche Chancen auf dem Arbeitsmarkt eine große Rolle. Unterschiedliche Löhne und Erwerbsbiografien in Ost- und Westdeutschland haben sich in den letzten Jahren eher verfestigt. So ist nicht zu erwarten, dass in den nächsten Jahren eine Angleichung des Lohnniveaus zwischen Ost- und Westdeutschland erfolgen wird. Allerdings sind zunehmende regionale Disparitäten auch innerhalb der beiden Landesteile festzustellen, zum Beispiel Schleswig-Holstein im Vergleich zu Hessen oder Mecklenburg-Vorpommern im Vergleich zu Brandenburg (siehe dazu auch Kapitel 10.2).

Im Koalitionsvertrag der Bundesregierung (17. Wahlperiode) findet sich zur Diskussion einer Rentenangleichung Ost / West die Formulierung: »Das gesetzliche Rentensystem hat sich auch in Ostdeutschland bewährt. Wir führen in dieser Legislaturperiode ein einheitliches Rentensystem in Ost- und Westdeutschland ein.« Allerdings werden keine konkreten Aussagen dazu gemacht, wie diese Vereinheitlichung aussehen könnte. Vor dem Hintergrund der dargestellten Entwicklungen ist eine Vereinheitlichung des Rentenrechts nicht zu rechtfertigen, weil sich die Einkommensverhältnisse nicht angeglichen haben. Da sie dies auf absehbare Zeit auch nicht tun werden, sollte eine transparente Lösung gefunden werden, die den weiterhin unterschiedlichen Löhnen in den beiden Landesteilen gerecht wird. In einer Drucksache des Deutschen Bundestages vom 16. Juli 2013 ist die Bundesregierung nun der Auffassung: »Die geltende Regelung ist fein austariert und berücksichtigt die unterschiedliche Lage in beiden Rechtskreisen.«

Hinsichtlich der sinkenden Rentenansprüche, insbesondere in Westdeutschland, ist anzumerken, dass diese in zunehmendem Ausmaß in einem Zusammenhang mit transnationalen Erwerbsbiografien stehen. Damit sind im Ausland arbeitende Deutsche gemeint, die ihre Anwartschaften gegenüber einem ausländischen und nicht dem deutschen Rentenversicherungsträger erhöhen, und vor allem im Inland arbeitende Ausländer aus insbesondere EU-Ländern, die oftmals lediglich kurze Erwerbsbiografien in Deutschland aufweisen, die geringe Anwartschaften in Deutschland zur Folge haben. Sinkende Rentenansprüche vor allem in Ostdeutschland, insbesondere vor dem Hintergrund geringer Anwartschaften gegenüber betrieblicher und privater Altersvorsorge, sind Indizien dafür, dass das sozialpolitische Ziel der »Lebensstandardsicherung im Alter« aus dem Blick gerät.

9 Öffentliche Sicherheit und Strafverfolgung

9.1 Wahrnehmung und Bewertung der öffentlichen Sicherheit

Jörg Dittmann
Fachhochschule Nordwestschweiz
Basel

WZB / SOEP

Das Bedürfnis nach öffentlicher Sicherheit gehört zu den wenigen Grundbedürfnissen, über die es einen allgemeinen Konsens in der Gesellschaft gibt. Die Garantie der öffentlichen Sicherheit – namentlich die Unversehrtheit der Rechtsordnung und der grundlegenden Einrichtungen des Staates sowie von Gesundheit, Ehre, Freiheit und Vermögen seiner Bürger – macht daher eine wesentliche Komponente der individuellen Wohlfahrt und der gesellschaftlichen Lebensqualität aus.

Für die Beurteilung der öffentlichen Sicherheit werden primär die faktische Kriminalitätsbelastung und die objektiven Risiken, Opfer einer Straftat zu werden, herangezogen. Aber auch das subjektive Sicherheitsempfinden der Bürger, das heißt Kriminalitätsängste und Besorgnisse, gewinnen als Maßstab für die Gewährleistung oder Beeinträchtigung der öffentlichen Sicherheit an Bedeutung. In den politischen Programmen und praktischen Maßnahmen der Kriminalprävention – etwa bei der Gestaltung öffentlicher Räume – wird das Sicherheitsempfinden der Bürger ebenfalls zunehmend berücksichtigt. Dabei sind die Zusammenhänge zwischen objektiver Kriminalitätsbelastung und subjektivem Sicherheitsempfinden vielschichtig.

Neben tatsächlichen Kriminalitätsrisiken sowie eigenen Opfererlebnissen oder Opfererfahrungen von Angehörigen beeinflussen eine Reihe zusätzlicher Faktoren die subjektive Wahrnehmung und Bewertung der öffentlichen Sicherheit. Dazu gehören gesellschaftliche Aspekte wie die Berichterstattung in den Medien, lokale Maßnahmen der Kriminalprävention (zum Beispiel Polizeistreifen im Wohngebiet) sowie das Erscheinungsbild des Wohnumfeldes (wie der Verfall der Wohnviertel).

Für die Einschätzung der öffentlichen Sicherheit sind zudem individuelle Merkmale von Bedeutung: insbesondere Sicherheitsansprüche und Toleranzniveau gegenüber Kriminalität, Ängstlichkeit und Verletzbarkeit sowie die Einschätzung der Möglichkeiten, sich selbst zu schützen und Risiken vorzubeugen. Darüber hinaus kann – wie die Umbruchsphase in Ostdeutschland nach der deutschen Vereinigung belegt – eine allgemeine gesellschaftliche Verunsicherung die Furcht vor Kriminalität nennenswert erhöhen.

Anhand verschiedener Indikatoren wird im Folgenden untersucht, wie groß die Kriminalitätsbetroffenheit ist und wie die öffentliche Sicherheit aus der Sicht der Bürger wahrgenommen wird. Das Interesse liegt dabei nicht allein auf Ausmaß, Veränderung und Unterschieden innerhalb Deutschlands, sondern schließt den Vergleich mit anderen europäischen Ländern ein.

9.1.1 Wahrnehmung der Kriminalität im Zeitverlauf

Die Wahrnehmung der öffentlichen Sicherheit hat sich in Deutschland in den letzten Jahren nennenswert verändert. Im Vergleich zu Mitte der 1990er-Jahre sind die Furcht vor Kriminalität und die Einschätzung des Risikos, Opfer einer Straftat zu werden, zurückgegangen. Auch wird Kriminalität gegenwärtig weniger als gesellschaftliches Problem wahrgenommen. So sind die Sorgen über die Kriminalitätsentwicklung im eigenen Land seit der zweiten Hälfte der 1990er-Jahre eindeutig rückläufig. Die damals noch beachtlichen Unterschiede im Kriminalitätsempfinden zwischen Ost- und Westdeutschen sind dabei deutlich geringer geworden. Mit 73 % lag das Besorgnisniveau im Jahr 1994 bei den Ostdeutschen mehr als 20 Prozentpunkte über den Kriminalitätssorgen der Westdeutschen. Diese Unterschiede sind durch den stärkeren Rückgang in Ostdeutschland zunehmend geringer geworden. Im Jahr 2011 sorgen sich 31 % der West- und 38 % der Ostdeutschen über die Kriminalitätsentwicklung im eigenen Land. Nachdem in den Jahren 2005 und 2010 in beiden Landesteilen ein leichter Anstieg zu beobachten war, liegt in den Jahren 2009 und 2011 das Ausmaß an Besorgnis auf dem niedrigsten Niveau seit Beginn der Beobachtung im Jahr 1994.

Personen mit eigener oder elterlicher Migrationserfahrung sorgen sich im Durchschnitt weniger um die Kriminalität in Deutschland, was zu einem erheblichen Teil durch die Alterszusammensetzung dieser Bevölkerungsgruppe erklärt werden kann. Die Gruppe der Migranten besteht im Durchschnitt aus einem höheren Anteil jüngerer Personen und Männer, als es in der Gruppe der Nichtmigranten der Fall ist. Jüngere und Männer fürchten sich in aller Regel weniger vor Kriminalität und sorgen sich weniger darüber. ▶ Abb 1

9.1.2 Opfererfahrungen und Kriminalitätsfurcht in der Bevölkerung

Die öffentliche Sicherheit wird von den Bürgern unterschiedlich erlebt und wahrgenommen. Hinsichtlich der persönlichen Betroffenheit von Kriminalität zeigt sich für Deutschland, dass ältere Menschen und Frauen seltener von Erfahrungen als Opfer berichten als andere Bevölkerungsgruppen. Zudem ist das Opferrisiko für Gewaltdelikte mit Ausnahme bei Kindern und Jugendlichen in den verschiedenen Altersgruppen sowie bei Männern und Frauen in Westdeutschland weiterhin höher als in Ostdeutschland.

In der Altersgruppe der über 60-Jährigen hat die Polizei im Jahr 2012 in Westdeutschland 58 Opfer und in Ostdeutschland 43 Opfer von Gewaltkriminalität je 100 000 Einwohner (der jeweils gleichen Altersgruppe) registriert. Bei den Frauen wurden im gleichen Jahr in Westdeutschland 174 und in Ostdeutschland 122 Gewaltopfer je 100 000 Einwohner verzeichnet. Im Vergleich dazu lag die Belastungszahl bei den Männern in Westdeutschland bei 418 und in Ostdeutschland bei 321 polizeilich bekannt

gewordenen Gewaltopfern je 100 000 Einwohner. Die Polizeiliche Kriminalstatistik (PKS) weist darauf hin, dass sich das Opferrisiko im Bereich Gewaltkriminalität im letzten Jahrzehnt vor allem bei den Heranwachsenden nochmals erhöht hat. 2002 registrierte die Polizei in Westdeutschland unter den 18- bis 21-Jährigen 1 066 Gewaltopfer je 100 000 Einwohner und in Ostdeutschland waren es im gleichen Jahr 809. 2012 waren es mit 1 205 Gewaltopfern je 100 000 Einwohner in West- und 1 049 in Ostdeutschland deutlich mehr. Das Opferrisiko der 14- bis unter 18-Jährigen hat sich zwischen Ost- und Westdeutschland angeglichen. Während unter den 14- bis unter 18-Jährigen im Jahr 2002 in West- 1 038 und in Ostdeutschland 758 Gewaltopfer je 100 000 Einwohner gezählt wurden, lag die Opferzahl im Jahr 2012 in beiden Landesteilen bei 802.

Wenngleich im Zehnjahresvergleich insbesondere bei den 18- bis 21-Jährigen eine Zunahme erkennbar ist, so sind die Opferzahlen seit einigen Jahren sowohl in West- als auch in Ostdeutschland rückläufig. Diese Trends dürften nicht allein auf eine veränderte Anzeigebereitschaft bei den Opfern, bei den Angehörigen der Opfer, in der Bevölkerung oder auf Veränderungen in der Polizeiarbeit zurückzuführen sein, sondern auch mit tatsächlichen Veränderungen in den Kriminalitäts- und Opferzahlen zusammenhängen.

Die Erklärungen für geringere Opfererfahrungen in Ostdeutschland sind vielschichtig. Wie auch bei anderen regionalen Vergleichen spielt die Bevölkerungsdichte für die Erklärung geringerer Opferraten eine wichtige Rolle. In Ostdeutschland gibt es deutlich weniger dicht besiedelte Gebiete als in Westdeutschland. ▶ Tab 1

Obwohl Frauen und ältere Menschen seltener von Kriminalität betroffen sind, fürchten sie sich mehr davor als Männer und Jüngere. Im »European Social Survey« aus dem Jahr 2010 gaben in Deutschland 33 % der Frauen an, dass sie sich ziemlich oder sehr unsicher fühlen, wenn sie nachts alleine in ihrer Wohngegend

▶ Abb 1   **Kriminalitätssorgen, 1994–2011, »Große Sorgen« — in Prozent**

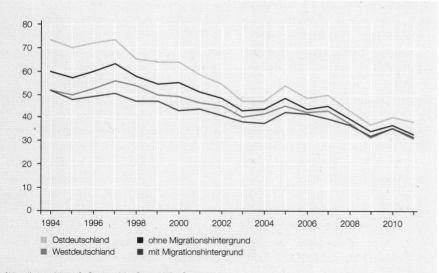

Ostdeutschland   ohne Migrationshintergrund
Westdeutschland   mit Migrationshintergrund

Antwortkategorien: große Sorgen, einige Sorgen, keine Sorgen.
Migrationshintergrund schließt eigene und elterliche Migrationserfahrung mit ein.
Datenbasis: SOEP 1994–2011. Eigene Berechnungen.

unterwegs sind. 26 % der über 60-Jährigen fühlen sich verunsichert. Dagegen fürchten sich in der mittleren Altersgruppe der 35- bis 44-Jährigen lediglich 19 % vor Kriminalität. ▸ Tab 2

Die höhere Furcht bei Frauen und bei älteren Menschen erklärt sich im Wesentlichen dadurch, dass sich beide Personengruppen im Falle einer Opferwerdung verletzbarer fühlen und ihre Möglichkeiten zur Bewältigung von Gefahren als gering einschätzen. Die Kriminalitätsfurcht steigt jedoch nicht linear mit dem Alter. Im »European Social Survey« 2010 sind die Anteile der Personen, die sich vor Kriminalität fürchten, in den mittleren Altersgruppen (35 bis 59 Jahre) geringer als in der jüngsten Altersgruppe der 18- bis 34-Jährigen.

Eine regionale Differenzierung innerhalb Deutschlands zeigt nicht nur, dass die Kriminalitätsfurcht in Ostdeutschland auch weiterhin höher ist als in Westdeutschland. Zudem wird deutlich, dass sich Personen, die in städtischen Gebieten leben, mehr vor Kriminalität fürchten als Personen, die auf dem Land leben. Allerdings steigt die Kriminalitätsfurcht auch hier nicht linear mit dem Urbanisierungsgrad. Die Kriminalitätsängste in den Vororten oder Randgebieten einer Großstadt sind höher als in der Großstadt selbst und in den Kleinstädten zeigt sich eine etwas höhere Kriminalitätsfurcht als in den Großstädten.

Die eigene Furcht vor Kriminalität hat sich in den letzten Jahren in Deutschland nicht wesentlich verändert. Im »European Social Survey« aus dem Jahr 2008 gaben insgesamt 21 % in der Bevölkerung an, dass sie sich unsicher fühlen, wenn sie nachts alleine in ihrer Wohngegend unterwegs sind, während dies im Jahr 2010 auf 22 % zutraf. Ein Blick auf die einzelnen Altersgruppen und das Wohnumfeld zeigt allerdings, dass bei den Menschen zwischen 35 und 44 Jahren sowie in Vororten oder Randgebieten einer Großstadt und in Ostdeutschland eine solche Konstanz nicht beobachtet werden kann. Hier steigt die Kriminalitätsfurcht zwischen 2008 und 2010 etwas an.

▸ Tab 1   **Opfer von Gewaltkriminalität in Deutschland 2002 und 2012**

	Westdeutschland		Ostdeutschland	
	2002	2012	2002	2012
Insgesamt	**280,2**	**294,0**	**230,4**	**220,0**
Geschlecht				
Männer	394,0	418,4	343,8	320,9
Frauen	171,6	174,1	121,8	122,0
Alter				
Unter 14 Jahre	134,8	109,5	157,2	117,3
14 bis unter 18 Jahre	1 038,0	802,1	757,9	801,7
18 bis unter 21 Jahre	1 066,0	1 205,0	809,4	1 049,1
21 bis unter 60 Jahre	305,2	354,0	226,1	279,2
60 Jahre und älter	68,6	57,9	60,1	43,3

Gewaltkriminalität umfasst folgende Straftaten: Mord, Totschlag und Tötung auf Verlangen, Vergewaltigung und sexuelle Nötigung, Raub, räuberische Erpressung und räuberische Körperverletzung mit Todesfolge, gefährliche und schwere Körperverletzung, erpresserischer Menschenraub, Geiselnahme, Angriff auf den Luft- und Seeverkehr.
Die Zahlen beziehen sich jeweils auf 100000 Einwohner der gleichen Alters- beziehungsweise Geschlechtergruppe.
Datenbasis: Polizeiliche Kriminalstatistik (PKS) 2002, 2012, Tabelle 91.

▸ Tab 2   **Kriminalitätsfurcht 2008 und 2010 — in Prozent**

»Wie sicher fühlen Sie sich oder würden Sie sich fühlen, wenn Sie nach Einbruch der Dunkelheit alleine zu Fuß in Ihrer Wohngegend unterwegs sind oder wären?« »Sehr unsicher oder unsicher.«	2008	2010
Insgesamt	**20,9**	**21,5**
Geschlecht		
Männer	10,0	10,3
Frauen	33,2	33,4
Alter		
18 bis unter 35 Jahre	22,3	23,4
35 bis unter 45 Jahre	17,2	19,1
45 bis unter 60 Jahre	17,7	15,7
60 Jahre und älter	26,3	25,8
Herkunft		
Migrationshintergrund	21,8	24,1
Wohnumfeld		
Land (Dorf, Bauernhof, Haus auf dem Land)	19,2	17,7
Stadt oder Kleinstadt	23,2	24,6
Vorort oder Randgebiet einer Großstadt	22,8	26,5
Großstadt	27,1	22,2
Region		
Ost (neue Bundesländer, einschließlich Ostberlin)	25,3	28,2
West (alte Bundesländer, einschließlich Westberlin)	19,9	20,0

Antwortkategorien: sehr sicher, sicher, unsicher, sehr unsicher.
Migrationshintergrund schließt eigene und elterliche Migrationserfahrung mit ein.
Datenbasis: European Social Survey Runde 4 und 5, 2008/2009 und 2010/2011.

9.1.3 Kriminalitätsfurcht und Kriminalitätsbetroffenheit im europäischen Vergleich

Wie wird die öffentliche Sicherheit in Deutschland im Vergleich zu anderen europäischen Ländern erlebt und wahrgenommen? Was die Kriminalitätsbetrof-fenheit, speziell die Opferwerdung im Bereich Einbruch oder Überfall anbelangt, so ist die Opferrate, auch Viktimisierungsrate genannt, in Deutschland im Vergleich zu den 24 anderen untersuchten europäischen Ländern (einschließlich der Türkei, aber ohne die Russische Föderation) mit am niedrigsten. 10 % der in Deutschland lebenden Personen gaben im Jahr 2010 an, dass sie oder ein Haushaltsmitglied in den letzten fünf Jahren Opfer eines Einbruchs oder Überfalls wurden. Aus früheren Studien ist bekannt, dass die Viktimisierungsrate in Deutschland vor allem für Einbruch rückläufig ist und deutlich unter den Raten der meisten europäischen Länder liegt. In den skandinavischen Ländern Schweden, Dänemark und Finnland sowie in Spanien sind die Viktimisierungsraten für Einbruch oder Überfall mit Anteilen von 23 bis 27 % gegenwärtig am höchsten. ▸ Abb 2

Auch das Sicherheitsempfinden unterscheidet sich zum Teil recht deutlich zwischen den europäischen Ländern und es deckt sich nicht ohne weiteres mit der dort herrschenden Kriminalitätsbetroffenheit. So gehören die Länder Finnland, Dänemark und Schweden zu den Ländern mit der niedrigsten Kriminalitätsfurcht, obwohl die Bürger dortzulande überdurchschnittlich häufig von Einbruchs- und Überfallsdelikten berichten. Mit Ausnahme von Slowenien und dem Vereinigten Königreich bestehen die größten Unterschiede in den Kriminalitätsbesorgnissen zwischen den EU-Ländern Nord- und Osteuropas. Kriminalitätsbesorgnisse sind in der Ukraine und in Litauen am stärksten ausgeprägt. In den südeuropäischen Ländern, insbesondere in Griechenland, aber auch in Portugal, ist die Kriminalitätsfurcht höher als in den meisten Ländern Mitteleuropas.

Das Furchtniveau liegt in Deutschland mit einem Anteil von 22 % leicht unterhalb des Mittelfeldes der untersuchten europäischen Länder. Obwohl die Kriminalitätsfurcht vor allem in Ostdeutschland im Langzeittrend gesunken ist, ist Deutschland mit Blick auf Kriminalitätsängste weiterhin zweigeteilt. Gegenwärtig liegt die Kriminalitätsfurcht in Westdeutschland im Durchschnitt der meisten mitteleuropäischen Länder, wohingegen die Kriminalitätsfurcht in Ostdeutschland im Vergleich zu den 24 unter-

▸ Abb 2   **Opfer eines Einbruchs oder Überfalls im Haushalt in den letzten 5 Jahren 2010 — in Prozent**

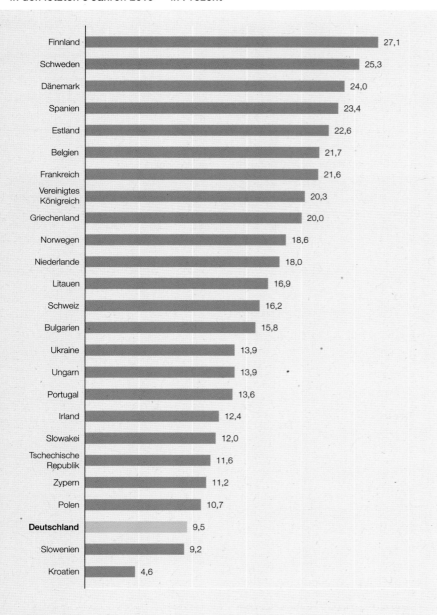

Land	Prozent
Finnland	27,1
Schweden	25,3
Dänemark	24,0
Spanien	23,4
Estland	22,6
Belgien	21,7
Frankreich	21,6
Vereinigtes Königreich	20,3
Griechenland	20,0
Norwegen	18,6
Niederlande	18,0
Litauen	16,9
Schweiz	16,2
Bulgarien	15,8
Ukraine	13,9
Ungarn	13,9
Portugal	13,6
Irland	12,4
Slowakei	12,0
Tschechische Republik	11,6
Zypern	11,2
Polen	10,7
Deutschland	9,5
Slowenien	9,2
Kroatien	4,6

Datenbasis: European Social Survey, Runde 5, 2010/2011.

suchten Ländern an siebthöchster Stelle liegt und mit dem Niveau von Portugal vergleichbar ist. ▸ Abb 3

9.1.4 Zufriedenheit mit der öffentlichen Sicherheit

Ein weiterer wichtiger subjektiver Indikator der öffentlichen Sicherheit ist die Zufriedenheit der Bürger mit den Institutionen, die von staatlicher Seite mit der Gewährleistung der öffentlichen Sicherheit betraut sind. Die Bürger in Deutschland sind gegenwärtig mit der öffentlichen Sicherheit überdurchschnittlich zufrieden. Dies gilt insbesondere auch im europäischen Vergleich und wird an der hohen Zufriedenheit mit der Polizeiarbeit besonders deutlich. Im Jahr 2010 wurde die Polizeiarbeit gerade einmal von 3 % der westdeutschen und 4 % der ostdeutschen Befragten als schlecht oder sehr schlecht bewertet. ▸ Tab 3

Im Jahr 2010 wurde die Präventionsarbeit der Polizei auf einer Skala von 0 (äußerst erfolglos) bis 10 (äußerst erfolgreich) von den in Deutschland lebenden Personen auf durchschnittlich 5,4 eingestuft. Im Vergleich mit 24 europäischen Ländern liegt die Zufriedenheit mit der polizeilichen Präventionsarbeit hierzulande damit an sechsthöchster Stelle. In osteuropäischen Ländern wie der Ukraine, Bulgarien und Litauen sowie in Griechenland wird die Verhinderung von Straftaten durch die Polizei als am wenigsten erfolgreich eingestuft. Dagegen wird die Präventionsarbeit der Polizei in Finnland und Dänemark sowie in Spanien und in der Schweiz am besten eingestuft. ▸ Abb 4

9.1.5 Zusammenfassung

Nachdem die wahrgenommene Kriminalitätsbedrohung zwischen Mitte der 1990er-Jahre und Anfang der 2000er-Jahre in Deutschland deutlich gesunken war, bewegt sich das Ausmaß der subjektiven Kriminalitätsbedrohung gegenwärtig auf gleichbleibend niedrigem Niveau.

Ältere Menschen und Frauen bilden weiterhin die Bevölkerungsgruppen mit der höchsten Kriminalitätsfurcht, obwohl sie faktisch seltener Opfer von Kriminali-

▸ Tab 3   **Zufriedenheit mit der Polizeiarbeit 2010 — in Prozent**

	Westdeutschland	Ostdeutschland
Sehr gut	8,5	4,3
Gut	72,1	67,1
Weder noch	16,4	24,4
Schlecht	2,4	3,8
Sehr schlecht	0,6	0,4

Fragestellung: »Wenn Sie an alles denken, was von der Polizei erwartet wird, würden Sie sagen, dass die Polizei gute Arbeit oder schlechte Arbeit leistet?«
Datenbasis: European Social Survey, Runde 5, 2010/2011.

▸ Abb 3   **Kriminalitätsfurcht im europäischen Vergleich[1] 2010 — in Prozent**

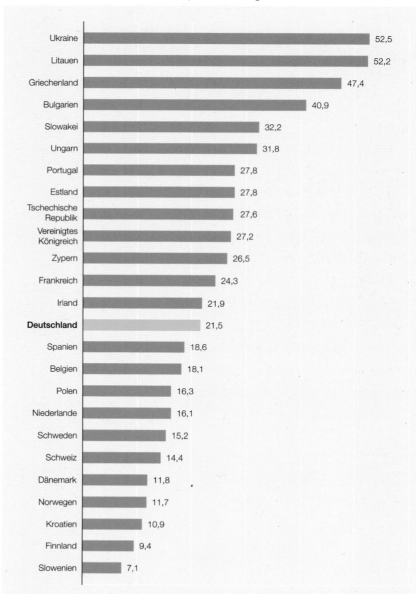

1   »Wie sicher fühlen Sie sich – oder würden Sie sich fühlen – wenn Sie nach Einbruch der Dunkelheit alleine zu Fuß in Ihrer Wohngegend unterwegs sind oder wären?« Ausgewiesen wird der Prozentanteil »sehr unsicher« und »unsicher«.
Datenbasis: European Social Survey, Runde 5, 2010/2011.

▶ Abb 4   **Einschätzung des Erfolgs der Polizei bei der Verhinderung von Straftaten 2010**

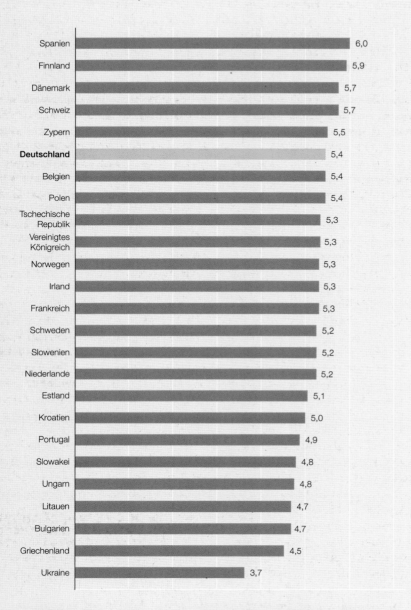

Land	Wert
Spanien	6,0
Finnland	5,9
Dänemark	5,7
Schweiz	5,7
Zypern	5,5
Deutschland	5,4
Belgien	5,4
Polen	5,4
Tschechische Republik	5,3
Vereinigtes Königreich	5,3
Norwegen	5,3
Irland	5,3
Frankreich	5,3
Schweden	5,2
Slowenien	5,2
Niederlande	5,2
Estland	5,1
Kroatien	5,0
Portugal	4,9
Slowakei	4,8
Ungarn	4,8
Litauen	4,7
Bulgarien	4,7
Griechenland	4,5
Ukraine	3,7

Fragestellung: »Wenn Sie von dem ausgehen, was Sie gehört oder selbst erlebt haben: Was glauben Sie, wie erfolgreich ist die Polizei in Deutschland darin, Straftaten zu verhindern, bei denen Gewalt ausgeübt oder angedroht wird?«
0 bedeutet äußerst erfolglos und 10 äußerst erfolgreich. Ausgewiesen wird der Durchschnittswert (arithmetisches Mittel).
Datenbasis: European Social Survey Runde 5 (2010/2011).

tät werden. Die Menschen mit eigener Migrationserfahrung und ihre Nachkommen fühlen sich weniger von Kriminalität bedroht, was mit dem höheren Anteil junger und männlicher Personen in der Gruppe der in Deutschland lebenden Migranten zusammenhängt.

Das Opferrisiko für Gewaltdelikte ist bei den Erwachsenen sowie bei Männern und Frauen in Westdeutschland höher als in Ostdeutschland. In der Opfergefährdung von Kindern und Jugendlichen gibt es zwischen Ost- und Westdeutschland dagegen keine nennenswerten Unterschiede. Die Kriminalitätsfurcht aber ist in Ostdeutschland weiterhin stärker ausgeprägt als in Westdeutschland. Die Unterschiede haben sich seit Mitte der 1990er-Jahre deutlich verringert. Es bleibt abzuwarten, ob sich der zwischen 2008 und 2010 in Ostdeutschland zu beobachtende Anstieg in der Kriminalitätsfurcht fortsetzt.

Im internationalen Vergleich liegt die Furcht vor Kriminalität in Westdeutschland knapp unter, in Ostdeutschland aber deutlich über dem europäischen Durchschnitt. Die tatsächliche Opferrate für Einbruchs- oder Überfalldelikte ist hierzulande im Vergleich zu 24 anderen europäischen Ländern mit am niedrigsten, was vor allem mit der besonders geringen Zahl an Wohnungseinbrüchen in Deutschland zu tun hat.

Die Mehrheit der Deutschen ist mit der öffentlichen Sicherheit, die der Staat durch die Kriminalitätsbekämpfung gewährleistet, zufrieden. Im europäischen Vergleich wird die Arbeit der Polizei hierzulande wesentlich positiver bewertet als in den meisten europäischen Ländern.

Es lässt sich also festhalten, dass die Deutschen der öffentlichen Sicherheit seit einigen Jahren ein besseres Zeugnis ausstellen als in den beiden Jahrzehnten zuvor.

10
Räumliche Mobilität und regionale Unterschiede

10.1
Art und Umfang der räumlichen Mobilität

Weert Canzler
WZB

WZB / SOEP

Gerne wird darauf verwiesen, dass die Zahl der Wege, die Jeder und Jede durchschnittlich am Tag zurücklegen, seit Jahrhunderten etwas höher als drei liegt. Das mag stimmen, obwohl der statistische Beweis über einen so langen Zeitraum schwer zu erbringen sein dürfte. Für das letzte Jahrzehnt zumindest ist gesichert, dass nicht nur die durchschnittliche Wegeanzahl, sondern auch die Wegelänge sowie die »Unterwegszeit pro Person« weitgehend konstant geblieben sind. Tabelle 1 belegt diese Ergebnisse aus zentralen Verkehrserhebungen in Deutschland seit Ende der 1990er-Jahre. Weitere relevante Kennziffern für den Verkehrsaufwand sind die durchschnittliche Wegelänge, der Modal Split nach Wegen und zurückgelegten Kilometern, das heißt die Verteilung auf verschiedene Verkehrsmittel, sowie die Wegezwecke. Bei allen diesen Kenngrößen fällt die Kontinuität auf. Die Abweichungen zwischen den verschiedenen Erhebungen sind gering. ▶ Info 1

Bei aller Kontinuität fällt aber auch auf: Leicht gestiegen sind die Wegelängen pro Tag und Strecke. Das kann kaum überraschen, denn die gelebte und die geforderte persönliche Mobilität hat in modernen Gesellschaften eine hohe Bedeutung. Es wird sozial eigentlich von fast allen erwartet, mobil zu sein. Das gilt für den Arbeitsmarkt ebenso wie für das Bildungswesen. Womit wir bei den Wegezwecken wären, die ebenfalls wichtige Kategorien jeder Verkehrsstatistik sind. ▶ Tab 1

Trotz aller Konvergenz der genannten Verkehrsstudien in den Globaldaten zur persönlichen Mobilität gibt es eine Reihe von signifikanten Unterschieden und Besonderheiten, die sich entlang verschiedener Siedlungsformen, Haushaltstypen und Lebenslagen finden.

10.1.1 Verkehrsaufwand und Siedlungstypen

Im Personenverkehr sind es die zurückgelegten Kilometer, die als entscheidende Kenngröße gelten. Bei diesen Personenkilometern gibt es die auffälligsten Unterschiede zwischen Stadt und Land, Arm und Reich sowie zwischen verschiedenen Haushaltstypen.

In der Verkehrsforschung ist der enge Zusammenhang zwischen Siedlungstyp und Verkehrsaufwand schon lange bekannt. Generell gilt: Je dichter die Siedlungsstruktur, desto geringer der alltägliche Radius der Aktivitäten und damit die Personenkilometer. Das zeigt sich deutlich bei den Tageskilometerleistungen in Abbildung 1: Während in der verdichteten

---

▶ Info 1

Daten zur räumlichen Mobilität

Die wichtigsten Erhebungen für den Personenverkehr in den letzten zehn Jahren in Deutschland sind zum einen die vom DIW Berlin in Kooperation mit Infas durchgeführte Haushaltsbefragung »Mobilität in Deutschland« (MiD 2002 und MiD 2008) und zum anderen die Befragungswellen des bundesweiten »Mobilitätspanels«, die vom Institut für Verkehrswesen der Universität Karlsruhe verantwortet wurden (MOP 2002 und MOP 2011). Hinzu kommen mehrere auf den Stadtverkehr fokussierte Verkehrserhebungen im Rahmen des »Systems repräsentativer Verkehrsverhaltensbefragungen (SrV)«, die seit den 1970er-Jahren am Friedrich-List-Institut der Technischen Universität Dresden erarbeitet wurden. Die letzte SrV 2008 bestätigt im Wesentlichen Ergebnisse der anderen bundesdeutschen Erhebungen. Die etwas abweichenden Zahlen aus der KONTIV von 1982 lassen sich in erster Linie erhebungstechnisch erklären, außerdem ist der zeitliche Abstand zu den hier berücksichtigten MiD- und MOP-Erhebungen mit 16 Jahren beträchtlich.

▶ Tab 1   **Zentrale Mobilitätskennziffern (Personen ab 10 Jahre) 1982 – 2008**

	KONTIV 1982	MOP 1998	MOP 2002	MOP 2011	MID 2002	MID 2008
Anteil mobiler Personen, insgesamt (in %)	82	91	91	92	85	89
Wege pro Person, gesamt (in Anzahl)	3,0	3,6	3,5	3,4	3,3	3,5
Wege pro mobiler Person (in Anzahl)	3,7	3,9	3,8	3,7	3,9	3,9
Tagesstrecke pro Person, gesamt (in km)	31	40	39	41	39	41
Tagesstrecke pro mobiler Person (in km)	37	43	42	45	45	46
Unterwegszeit pro Person, gesamt (in Minuten)	72	81	79	83	80	80
Unterwegszeit pro mobiler Person [1] (in Minuten)	87	88	86	87	87	90
Durchschnittliche Wegelänge [1]	10,0	11,1	11,0	12,0	11,7	11,8
Modal Split – Basis Wege				in %		
Zu Fuß	29	22	24	21	22	23
Fahrrad	11	8	10	15	9	10
MIV-Fahrer	37	45	43	46	48	47
MIV-Mitfahrer	13	14	14	13	13	12
ÖPNV	10	10	9	11	9	9
Modal Split – Basis Personenkilometer				in %		
Zu Fuß	3	3	3	2	3	3
Fahrrad	3	2	3	3	3	3
MIV-Fahrer	50	54	54	48	60	58
MIV-Mitfahrer	24	22	22	21	19	20
ÖPNV	20	19	18	24	15	16
Wegezweck				in %		
Arbeit	21	15	15	15	16	15
Ausbildung	8	4	5	5	5	4
Dienstlich/geschäftlich	6	5	5	6	8	7
Einkauf/ Erledigung	30	37	38	38	37	38
Freizeit	35	38	37	36	34	35

1 Ohne »regelmäßige berufliche Wege«.
Datenbasis: MiD 2002, MiD 2008; MOP, KONTV 82: Laufende Panelstatistik, Institut für Verkehrswesen, Universität Karlsruhe.

▶ Abb 1   **Zentrale Mobilitätskenngrößen nach Kreistypen 2008**

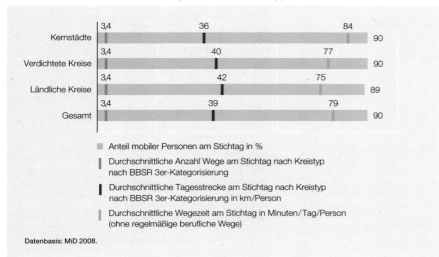

Datenbasis: MiD 2008.

Kernstadt die durchschnittliche Tagesstrecke 36 Kilometer beträgt, liegt sie in weniger verdichteten und in ländlichen Kreisen bei 40 beziehungsweise 42 Kilometer. Zugleich fällt auf, dass zwar der Anteil der mobilen Personen und die durchschnittliche Wegeanzahl in allen drei Kreistypen annähernd gleich sind; jedoch unterscheidet sich die Zeit, in der die Menschen in der Innenstadt, im Stadtumland oder im ländlichen Raum täglich unterwegs sind, signifikant. Für weniger Kilometer braucht der Städter länger als der Verkehrsteilnehmer außerhalb urbaner Siedlungsstrukturen. Er benötigt 7 beziehungsweise 9 Minuten mehr, um seine täglichen Wege zu absolvieren. ▶ Abb 1

Diese Unterschiede in den Reisezeiten haben nicht zuletzt etwas mit der Belastung der Verkehrsinfrastrukturen zu tun, die ja zwischen den Siedlungstypen in aller Regel sehr variieren. Insbesondere sind die Straßen für den motorisierten Individualverkehr (MIV) in weniger dicht besiedelten Gebieten freier, daher können höhere Reisegeschwindigkeiten erreicht werden. Das Auto ist hingegen in Städten langsamer und zugleich ist der Öffentliche Personennahverkehr (ÖPNV) attraktiver. Dies erklärt die deutlichen Unterschiede im Modal Split zwischen den verschiedenen Regionstypen: Während die tägliche Pkw-Nutzung in der Kernstadt 2008 im Durchschnitt 41 Prozent des gesamten Personenverkehrs beträgt (und gegenüber 2002 sogar um 3 Prozentpunkte gesunken ist), macht sie in ländlichen Regionen 58 Prozent aus. Umgekehrt haben der ÖPNV und auch das Fahrrad in Städten und verdichteten Räumen generell einen deutlich höheren Anteil. Bei der Fahrradnutzung erleben wir seit Jahren einen regelrechten Boom. ▶ Abb 2

10.1.2 Pkw-Verfügbarkeit

Trotz der Nutzungszuwächse beim Fahrrad und der Konsolidierung des ÖPNV ist der Personenverkehr in Deutschland wie auch in allen anderen entwickelten westlichen Gesellschaften von der Nutzung des Autos geprägt. Auch wenn aus den Verkehrserhebungen der letzten zehn

Jahre hervorgeht, dass der Anteil des MIV am Gesamtverkehrsmarkt leicht zurückgeht, ist der MIV nach wie vor dominierend. Was begünstigt nun den MIV? In lediglich einem knappen Fünftel der bundesdeutschen Haushalte gibt es kein Auto. Lassen sich Bedingungen identifizieren, die eine Autonutzung wahrscheinlich machen? Neben dem bereits angeführten Siedlungstyp sind es die

Haushaltsgröße und vor allem das Haushaltseinkommen, die mit der Autonutzung korrelieren. Wie aus Abbildung 3 hervorgeht, steigt die Anzahl der im Haushalt verfügbaren Pkw mit dem Nettoeinkommen. Während in 60 Prozent der Haushalte mit einem Nettoeinkommen von weniger als 900 Euro monatlich kein Pkw zur Verfügung steht, sind in den Gutverdienerhaushalten von mehr

als 3 000 Euro nur weniger als drei Prozent ohne Auto. Die Abnahme der autolosen Haushalte in den dazwischen liegenden Einkommensklassen zeigt die Korrelation deutlich: Je höher das Haushaltseinkommen, desto umfänglicher die Pkw-Ausstattung; ab 2 000 Euro steigt zudem der Anteil der Zweit- und Drittwagen kräftig an. Bei den Haushalten mit mehr als 4 000 Euro Nettoeinkommen macht der

▶ Abb 2   **Übliche Nutzung des PKW nach Kreistypen 2002 und 2008 — in Prozent**

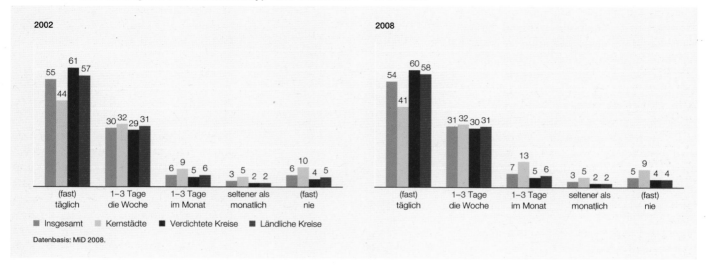

Datenbasis: MiD 2008.

▶ Abb 3   **Anzahl der PKW in den Haushalten nach Einkommensklassen 2008 — in Prozent**

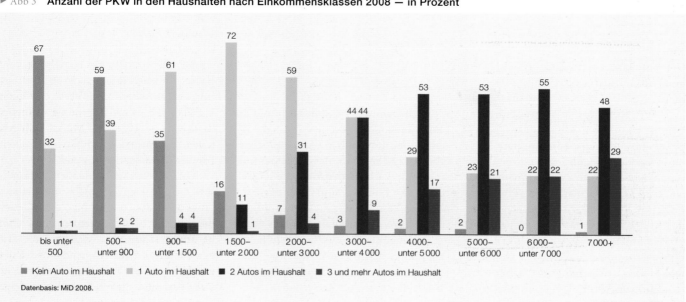

Datenbasis: MiD 2008.

Anteil der Mehr-Pkw-Haushalte bereits mehr als 70 Prozent aus. ► Abb 3, Tab 2

Aufschlussreich ist auch die Verfügbarkeitsrate von Pkw. Insgesamt verfügen im Jahr 2008 72 Prozent der Bundesbürger jederzeit über ein Auto. Lediglich 17 Prozent haben keinen Zugang zu einem Auto oder keinen Führerschein. Hier findet sich übrigens immer noch ein auffälliger Unterschied zwischen West- und Ostdeutschland: 64 Prozent der Ostdeutschen haben jederzeit Zugriff auf einen Pkw, während es in Westdeutschland zehn Prozent mehr sind. Wie aus Tabelle 2 hervorgeht, sind vor allem die Einpersonenhaushalte ohne Auto, während die Haushalte mit einem Kind unter 14 Jahren, mit Ausnahme der Alleinerziehenden, zu mehr als 4/5 über mindestens ein Auto verfügen. Die Faustformel lautet also: Sind kleine Kindern im Haushalt, ist das private Auto als Hauptverkehrsmittel sehr wahrscheinlich. Gebrochen wird diese Formel in erster Linie durch die ökonomische Situation eines Haushaltes. Haushalte mit niedrigem oder sehr niedrigem Einkommen verfügen lediglich zur Hälfte über ein eigenes Auto. Das betrifft viele Alleinerziehende. Weiterhin gilt wie auch hier: Je größer die Gemeinde, desto kleiner ist der Anteil derjenigen, die nicht ständig über ein Auto verfügen.

10.1.3 Wahl der Verkehrsmittel und Lebensphase

Die Autoverfügbarkeit ist ausschlaggebend dafür, welches Verkehrsmittel am meisten genutzt wird. Gerade das Auto befördert eine flexible Verwendung, es kommt komplexen Alltagsabläufen entgegen und erlaubt eine autonome Zeit- und Wegekettengestaltung. Und vor allem vereinfacht das Auto eine routinemäßige Nutzung. Es wird im Alltag oft verwendet, ohne im Einzelnen über Alternativen nachzudenken. Ist das Auto erst einmal verfügbar, drängt es andere Verkehrsmittel gerne an den Rand, in der Verkehrs- und Mobilitätsforschung wird daher vom »Kuckuckseffekt« infolge der Anschaffung eines Automobils gesprochen.

Auch wenn der Siedlungstyp und die Einkommenssituation der Haushalte die wahrscheinlich wichtigsten Einflussfaktoren für die Wahl der Verkehrsmittel sind, spielt die Lebensphase ebenfalls eine große Rolle. Es sind die Jungen, die noch nicht über ein eigenes Auto verfügen, die einen besonders hohen Anteil am so genannten Umweltverbund haben. Das heißt: Sie nutzen ihre Muskelkraft und den Öffentlichen Verkehr häufiger als fast alle anderen Altersgruppen. Bisher waren es die Rentner, die auf noch höhere Anteile beim Umweltverbund kommen. In Tabelle 3 werden die Modal Split-Anteile je Lebensphase und in Abhängigkeit vom Siedlungsraum für das Jahr 2008 ersichtlich. In allen Siedlungsräumen steigt der Anteil des MIV von Lebensphase zu Lebensphase bis zum Rentenbeginn. Die Erwachsenenhaushalte sind besonders auto-affin, während die Studenten- und Alleinerziehendenhaushalte am stärksten die Verkehrsmittel des Umweltverbundes nutzen (müssen), wie in der Tabelle 3 zu sehen. ► Tab 3

► Tab 2 **Verfügbarkeit von Pkw in den Haushalten 2008 — in Prozent**

| | Verfügbarkeit eines PKW (als Fahrer) | |
| | Jederzeit | Gar nicht / habe keinen Führerschein |
	in %[1]	
Insgesamt	**72**	**17**
Region		
Westdeutschland	74	15
Ostdeutschland	64	25
Haushaltstyp		
Junge Alleinlebende	59	22
Alleinlebende mittleren Alters	75	18
Ältere Alleinlebende	50	45
Junge Zweipersonenhaushalte	70	15
Zweipersonenhaushalte mittleren Alters	80	10
Ältere Zweipersonenhaushalte	76	18
Haushalte mit mind. 3 Erwachsenen	71	11
Haushalte mit mind. 1 Kind unter 6 Jahren	82	5
Haushalte mit mind. 1 Kind unter 14 Jahren	80	6
Haushalte mit mind. 1 Kind unter 18 Jahren	68	14
Alleinerziehende	69	20
Ökonomische Situation des Haushaltes		
Sehr niedrig	50	33
Niedrig	51	33
Mittel	73	17
Hoch	80	10
Sehr hoch	86	6
Regionaler Kreistyp		
Kernstädte	61	26
Verdichtete Kreise	76	13
Ländliche Kreise	77	14
Gemeindegröße (Auswahl)		
Unter 2 000	82	10
20 000 – 50 000	74	15
50 000 – 100 000	73	16

1 Die Differenz zu 100 % entfällt auf die Merkmalsausprägung »gelegentlich« sowie die fehlenden Werte.
Datenbasis: MiD 2008.

▶ Tab 3   **Lebensphase des Haushalts und Verkehrsmittelnutzung 2008 — in Prozent**

	Agglomerationsraum			Verstädterter Raum			Ländlicher Raum		
	zu Fuß, Fahrrad	per MIV	mit ÖPNV	zu Fuß, Fahrrad	per MIV	mit ÖPNV	zu Fuß, Fahrrad	per MIV	mit ÖPNV
Lebensphase des Haushalts									
Alleinstehende Rentner	49	36	15	49	43	8	61	34	6
Rentner-Haushalte	39	54	7	37	59	4	34	61	4
Alleinlebende	34	55	11	32	63	5	31	66	3
Zusammenlebende	28	63	10	28	67	5	28	68	4
Erwachsenen-Haushalte	25	63	12	25	70	6	22	72	6
Haushalte mit Schulkindern	32	56	12	33	57	10	29	63	9
Haushalte mit Kleinkindern	35	59	6	34	63	3	31	65	4
Alleinerziehende	43	40	17	34	58	9	40	53	7
Studenten	47	23	31	59	27	14	34	40	26
Auszubildende, Schüler	25	32	43	43	36	21	35	34	31
Sonstiges	35	54	11	32	60	8	30	65	6

Datenbasis: MiD 2008.

10.1.4 Mobilität im Zeitverlauf

Es finden sich in den jüngeren Verkehrserhebungen Anzeichen dafür, dass sich in der bisherigen Prägung der Lebensphasen auf die Wahl der verschiedenen Verkehrsmittel künftig etwas ändern wird. Grund ist der demografische Wandel. Zwar wird der Anteil der älteren Verkehrsteilnehmer sukzessive steigen und damit das Verkehrsgeschehen insgesamt gedämpft, weil die beruflichen Wege wegfallen. Doch zugleich werden die künftigen »Jungen Alten« auf einem erhöhten Aktivitätsniveau länger mobil sein. Denn die künftigen Rentner werden zu einem größeren Teil als die Vorgängergenerationen erfahrene Autofahrer sein und mit hohen Führerscheinquoten die Erwerbsarbeitsphase hinter sich lassen. Schon in der Vergleichsphase von 2002 bis 2008 ist ihr Wegeanteil überproportional gestiegen, wie Abbildung 4 zeigt. ▶ Abb 4

Die demografisch bedingten Veränderungen im Verkehr sind in letzter Zeit in den Fokus der Aufmerksamkeit geraten. Die Daten aus den vorliegenden Verkehrserhebungen lassen darüber hinaus Kontinuität und eine fast verblüffende Stabilität in der Mobilität vermuten. Doch schon vertiefende Analysen der Durchschnittswerte nach räumlichen und einkommensstrukturellen Kriterien zeigen, wie bunt und breit gefächert das Bild tatsächlich ist. Globale Durchschnittszahlen verdecken diese Differenzen oft. Was fehlt, ist eine Ergänzung der bestehenden Verkehrserhebungen durch eine qualitative Komponente. Hilfreich könnten dabei Daten sein, mit denen auch Veränderungen im Verkehrsverhalten in Abhängigkeit von Siedlungsentscheidungen, Haushaltszusammensetzung und Lebensphase sowie der Kostenentwicklungen identifiziert werden können.

Möglicherweise verstärken sich die bestehenden Unterschiede noch, etwa zwischen Kernstädten und ländlichen Regionen, zwischen Geringverdienern und Haushalten mit einem hohen verfügbaren Einkommen, innerhalb der Abfolge der Lebensphasen. Bei den Jungen mehren sich die Hinweise, dass die Informations- und Kommunikationstechnik die Bewegung im Raum grundlegend ändert und das Auto zugleich seinen Status als bevorzugtes Prestigeobjekt einbüßt. Eine Reihe von Unsicherheiten und Gefährdungen der Grundlagen der modernen Mobilität zeichnen sich ab. Dazu gehören vor allem mögliche drastische Kostensteigerungen im Verkehr. Die Ära des »billigen Öls« scheint vorbei zu sein. Die

▶ Abb 4   **Veränderungen von Altersgruppen und Verkehrsaufkommen 2008 gegenüber 2002 — in Prozent**

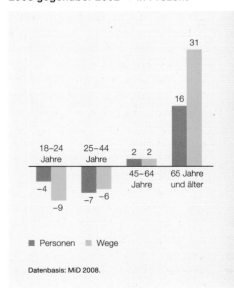

Datenbasis: MiD 2008.

Kosten der Raumüberwindung könnten deutlich zunehmen und damit die soziale Schere der Hochmobilen einerseits und der eingeschränkt Mobilen andererseits noch weiter auseinander gehen lassen.

10.2 Regionale Disparitäten

Roland Habich
WZB
Annette Spellerberg
Technische Universität Kaiserslautern

WZB / SOEP

Ökonomische und demografische Prozesse tragen zu einer stärkeren Auseinanderentwicklung der unterschiedlichen Räume in Deutschland bei. Die wirtschaftsstärksten Agglomerationen sind zu Metropolregionen avanciert und erhalten verstärkte Aufmerksamkeit. Abwanderung, Alterung und periphere Lage sind dagegen Merkmale problematischer Wirtschafts- und Lebensräume. In einigen strukturschwachen Regionen geraten bereits heute technische und kulturelle Infrastrukturen an die Tragfähigkeitsgrenzen, und grundlegende Dienstleistungen sind kaum noch aufrechtzuerhalten. Wachsende regionale Ungleichheiten beinhalten die Gefahr, Räume zu schaffen, in denen die Menschen schlechtere Lebenschancen vorfinden und von der allgemeinen Entwicklung abgekoppelt werden.

Auf EU-Ebene und auf Bundesebene wurde bislang mit enormen Ausgleichszahlungen und Förderungen schrittweise eine wirtschaftliche und soziale Annäherung von Staaten und Regionen erreicht. Die auf »Gleichwertigkeit« ausgelegten Mechanismen der Regulierung auf der Nationalstaatenebene und auf europäischer Ebene können Disparitäten jedoch nur in bedingtem Maße und zunehmend schlechter ausgleichen. Unter dem Motto »Stärken stärken« sollen Fördermittel vorrangig in Metropolregionen gelenkt werden. Diese Regionen sollen mit ihrer Kraft auch die weniger starken mitziehen und zu weiterer Entwicklung befähigen. In der raumordnerischen Diskussion steht infolgedessen das verfassungsmäßig verankerte Leitbild der gleichwertigen Lebensbedingungen in den Regionen in Frage und Mindeststandards einer ausreichenden Daseinsvorsorge werden in den Mittelpunkt gerückt.

Regionen versuchen sich unter den veränderten Rahmenbedingungen neu aufzustellen, endogene Potentiale zu ermitteln, diese gezielt zu fördern und eine zukunftsfähige Entwicklung anzustoßen. Die Akteure aus der Wirtschaft und Wirtschaftspolitik orientieren sich an einer Stärkung regionaler Cluster, der Koppelung von Forschung, Existenzgründung und Verwertungsketten oder Regionalmarketing. Vorhandenes Humanvermögen, Infrastruktur und politische Akteure beeinflussen maßgeblich die regionalen Entwicklungen. Für die Sicherung von Lebensstandard und Lebensqualität spielen Regionen damit eine zunehmende Rolle.

Um die Lebensverhältnisse in den Regionen zu ermitteln, werden im Folgenden Bevölkerung und Bevölkerungsentwicklung, Wirtschaftskraft, Haushaltseinkommen sowie die Wohnverhältnisse untersucht. Schließlich wird zu zeigen sein, wie die Bevölkerung in verschiedenen regionalen Räumen ihre Lebensbedingungen wahrnimmt und bewertet. Ein Ziel der empirisch orientierten Bestandsaufnahme regionaler Disparitäten besteht darin zu überprüfen, inwieweit sich die Lebensbedingungen in den Regionen West- und Ostdeutschlands immer noch deutlich voneinander unterscheiden.

10.2.1 Siedlungsstruktur und Bevölkerungsdichte

Regionen werden unterschiedlich definiert. Sie beziehen sich in verwaltungspolitischer Hinsicht auf eine mittlere Ebene zwischen der Gemeinde und dem Bundesland, das heißt auf Länder, Bezirke und Kreise. Zugleich wird mit Region ein Verflechtungsraum bezeichnet, der wirtschaftlich, geografisch und kulturell bestimmt ist. Bislang liegen jedoch nur für verwaltungsmäßig abgegrenzte Raumeinheiten ausreichend statistische Informationen zu Lebensbedingungen und Lebensstandard vor.

Das Bundesinstitut für Bau-, Stadt- und Raumforschung (BBSR) unterteilt darüber hinaus in Zentral-, Zwischen- und Peripherieräume. Daneben wird zwischen den drei siedlungsstrukturellen Typen Agglomeration, verstädterter und ländlicher Raum unterschieden, die in einem zweiten Schritt tiefer gegliedert werden: Agglomerationen in Kernstädte, hoch verdichtete Kreise, verdichtete Kreise und ländliche Kreise, die durchaus in großer

Nähe zu Agglomerationen existieren (zum Beispiel rund um Berlin oder auch Braunschweig). Die verstädterten Räume werden unterteilt in Kernstädte mit mehr als 100 000 Einwohnern, verdichtete Kreise und ländliche Kreise. Im ländlichen Raum gibt es Kreise höherer (zwischen 100 und 150 Einwohner pro Quadratkilometer) und geringerer Dichte (unter 100 Einwohner pro Quadratkilometer). In neueren Berichten wird dagegen lediglich zwischen vier Kreistypen unterschieden: kreisfreie Großstädte, städtische Kreise, ländliche Kreise mit Verdichtungsansätzen sowie dünn besiedelte ländliche Kreisen.

Die Daten in Tabelle 1 dokumentieren eine der vielfältigen regionalen Gliederungsmöglichkeiten. Bereits hier wird ersichtlich, dass in den unterscheidbaren Räumen differenzierte Lebensbedingungen vorzufinden sind. Überwiegend städtische Gemeinden machen ein Fünftel der Gesamtfläche Deutschlands aus: Hier leben zwei Drittel der Bevölkerung und befinden sich drei Viertel aller Arbeitsplätze. Im Gegensatz dazu nimmt der ländliche Raum zwar 60 % der Fläche ein: dort leben allerdings nur 18 % der Bevölkerung, die lediglich 10 % aller Arbeitsplätze vorfinden. Knapp die Hälfte der Bürger lebt in sehr zentralen Orten, jeder Vierte in peripheren oder sogar sehr peripheren Orten. ▶ Tab 1

Der ostdeutsche Norden und Teile Niedersachsens weisen eine Bevölkerungsdichte von weniger als 50 Einwohner pro Quadratkilometer auf: Kreise Müritz (38 E / km²), Mecklenburg-Strelitz (37 E / km²), Lüchow-Dannenberg (40 E / km²), Ludwigslust (49 E / km²), Altmarkkreis (39 E / km²), Demmin (41 E / km²), Güstrow (48 E / km²), Nordvorpommern (49 E / km²), Prignitz (39 E / km²), Ostprignitz-Ruppin (41 E / km²), Parchim (43 E / km²), Uckermark (42 E / km²) und Uecker-Randow (44 E / km²). Am dichtesten besiedelt sind die Städte Berlin (3899 E / km²), München (4355 E / km²) und Herne (3355 E / km²) mit mehr als 3000 Einwohnern pro Quadratkilometer.

▶ Tab 1   **Siedlungsstrukturelle Typisierungen der Gemeindeverbände , Anteil der Gemeinden am 13. Dezember 2007 — in Prozent**

Siedlungsstrukturelle Prägung	Fläche	Bevölkerung	Beschäftigte
Insgesamt			
Sehr peripher	18,9	4,4	3,1
Peripher	43,2	21,2	18,3
Zentral	26,3	28,3	26,7
Sehr zentral	11,6	46,1	51,8
Darunter			
Ländlich, insgesamt	60,6	18,1	10,6
Sehr peripher	17,5	3,2	1,9
Peripher	31,9	9,9	6,0
Zentral	10,6	4,5	2,5
Sehr zentral	0,7	0,4	0,2
Teilweise städtisch, insgesamt	19,1	15,1	13,6
Sehr peripher	1,2	0,8	0,9
Peripher	8,3	6,1	6,2
Zentral	7,9	6,5	5,2
Sehr zentral	1,7	1,7	1,3
Überwiegend städtisch, insgesamt	20,3	66,8	75,8
Sehr peripher	0,2	0,3	0,3
Peripher	2,9	5,2	6,2
Zentral	7,9	17,3	19,1
Sehr zentral	9,3	44	50,3

Datenbasis: Laufende Raumbeobachtung des BBSR. Raumtypen nach dem Raumordnungsbericht 2010.

Eine dünne Besiedlung ist neben einem durch Land- und Forstwirtschaft geprägten Siedlungs- und Landschaftsraum der entscheidende Indikator für ländliche Regionen. Der Anteil der in der Landwirtschaft Beschäftigten ist dabei mit einem Anteil von 0,79 % inzwischen sehr gering. Nur noch in einem Landkreis (Rhein-Pfalz-Kreis mit 10,95 %) geht der Anteil über die 10-Prozentmarke hinaus. Ostdeutsche Länder haben mit Ausnahme von Sachsen einen vergleichsweise hohen Anteil an ländlichen Regionen. In westdeutschen Bundesländern weisen Bayern, Niedersachsen und Schleswig-Holstein einen beachtlichen Anteil ländlicher Gebiete auf.

Abbildung 1 stellt dar, wie sich die Bundesrepublik Deutschland gegenwärtig von Großstädten bis hin zu ländlichen Gemeinden strukturiert. Auf diese Weise werden unabhängig von administrativen Grenzen genauere Beschreibungen ländlicher Räume möglich und Probleme insbesondere peripherer Gebiete bis auf Gemeindeebene deutlicher erkennbar. ▶ Abb 1

Im innerdeutschen Maßstab zeigt sich, dass überdurchschnittliche Distanzen zum nächsten Oberzentrum oder zur nächsten Autobahn wirtschaftliche Ansiedlungen, Absatzmärkte und Zugangschancen der Bevölkerung zu Infrastrukturen behindern. Die periphere Lage eines Kreises wird an der durchschnittlichen Pkw-Fahrzeit vom Kreis zum nächsten Oberzentrum gemessen. In ländlichen Räumen hat der Pkw eine höhere Bedeutung, um die Einrichtungen von Oberzentren (zum Beispiel Theater, Museen, Fachkliniken, Hochschulen oder Regionalbehörden) zu erreichen als in dichter besiedelten Regionen, in denen der öffentliche Nahverkehr ausgebaut ist und zudem kurze Taktzeiten aufweist.

▶ Abb 1   **Stadt- und Gemeindetypen 2013**

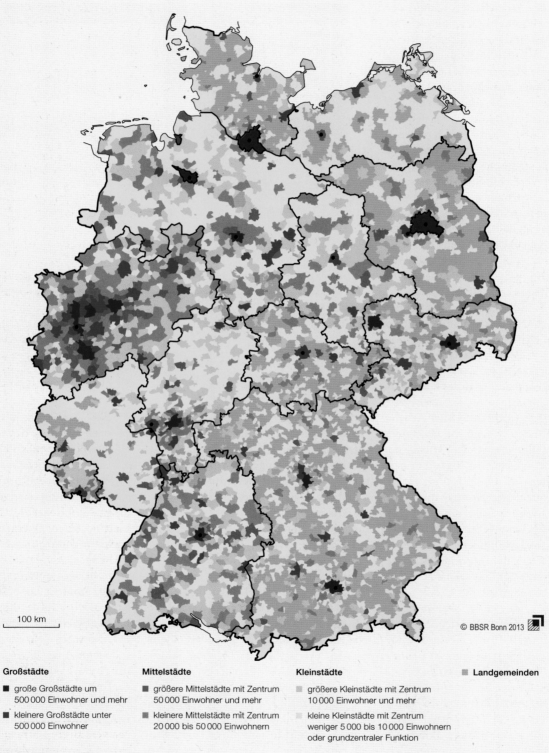

100 km

© BBSR Bonn 2013

Großstädte

■ große Großstädte um
500 000 Einwohner und mehr

■ kleinere Großstädte unter
500 000 Einwohner

Mittelstädte

■ größere Mittelstädte mit Zentrum
50 000 Einwohner und mehr

■ kleinere Mittelstädte mit Zentrum
20 000 bis 50 000 Einwohnern

Kleinstädte

■ größere Kleinstädte mit Zentrum
10 000 Einwohner und mehr

■ kleine Kleinstädte mit Zentrum
weniger 5 000 bis 10 000 Einwohnern
oder grundzentraler Funktion

■ **Landgemeinden**

Datenbasis: Laufende Raumbeobachtung des BBSR.
Geometrische Grundlage: BKG, Gemeinden und Gemeindeverbände, 31.12.2011.

▶ Abb 2 **Durchschnittliche Pkw-Fahrtzeit zum nächsten Oberzentrum 2012 — in Minuten**

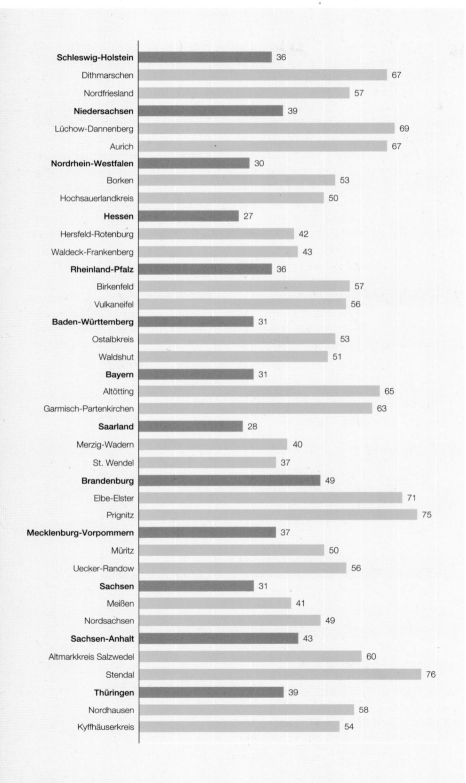

Datenbasis: INKAR 2012.

In Abbildung 2 sind in jedem Bundesland die Kreise mit den längsten Fahrzeiten zum nächsten Oberzentrum aufgeführt. Dünne Besiedlung und landschaftliche Besonderheiten (Mittelgebirge, Alpen) erhöhen die Fahrzeiten. In ostdeutschen ländlichen Kreisen ist die Distanz zu einem Oberzentrum im Mittel höher als in ländlichen Kreisen Westdeutschlands. Die Länder sind in der durchschnittlichen Fahrzeit von einem Kreis zum nächsten Oberzentrum angeordnet. Hier fällt nach wie vor auf, dass insbesondere Sachsen-Anhalt und deutlich abgeschlagen Brandenburg im Mittel durch lange Fahrzeiten geprägt sind. In den Kreisen Stendal, Elbe-Elster und Prignitz beträgt die durchschnittliche Fahrtzeit zum nächsten Oberzentrum etwa 1 1/4 Stunden. ▶ Abb 2

Die Wirtschaftskraft, gemessen am Bruttoinlandsprodukt (BIP) 2009, ist in 24 der 26 schwer erreichbaren Kreise niedriger als im jeweiligen Landesdurchschnitt. Somit besteht ein fast durchgehender Zusammenhang zwischen peripheren Lagen und eigener Wirtschaftskraft. In einem der entlegenen Kreise liegt das regionale BIP jedoch über dem bundesdeutschen Durchschnitt (Altötting als Wallfahrtsort mit 41 800 Euro pro Einwohner).

Ein bedeutendes Problem stellt der Ärztemangel dar, da in dünn besiedelten ländlichen Kreisen im Jahr 2010 pro Arzt etwa 735 Einwohner gegenüber etwa 428 Personen in kreisfreien Großstädten versorgt werden mussten. Zudem liegt die Einwohnerdichte mit 150 Personen pro Quadratkilometer in Ostdeutschland 2010 deutlich niedriger als die entsprechende Ziffer (263) in Westdeutschland und die Anzahl der Allgemeinärzte sank von 2005 bis 2010 stärker als in anderen Regionen im Osten Deutschlands um insgesamt −11,2 % gegenüber −5,2 % in Westdeutschland.

10.2.2 Bevölkerungsentwicklung
Die Bevölkerungsentwicklung verlief in den verschiedenen regionalen Typen im letzten Jahrzehnt unterschiedlich. In Ostdeutschland (ohne Berlin) ist durch die

geringe Geburtenrate und die fortwährende Ost-West-Wanderung seit 1990 ein erheblicher Bevölkerungsverlust zu konstatieren, dessen Ausmaß sich zuletzt mit einem weiteren Rückgang von −2,5 % zwischen 2005 bis 2010 fortgesetzt, aber etwas verlangsamt hat. Dies betrifft alle Kreistypen, mit Ausnahme kreisfreier Großstädte (+ 2,1 %). Allerdings hat auch diese Suburbanisierungswelle nachgelassen, so dass auch rund um Berlin, Leipzig und Dresden kein größeres Bevölkerungswachstum mehr erwartet wird. In Abbildung 3 ist die Bevölkerungsentwicklung von 2005 bis 2010 und als Prognose von 2009 bis 2030 dargestellt. ▶ Abb 3

Die bisherige Schrumpfung bis etwa 2005 betraf vor allem die Kernstädte in verstädterten Räumen; hier haben sich die bisherigen dramatischen Verluste nicht mehr im gleichen Tempo fortsetzen können oder die Situation hat sich auf niedrigem Niveau stabilisiert. So lag der Bevölkerungsverlust zwischen den Jahren

1995 bis 2005 in Frankfurt / Oder bei −21 % und in Cottbus bei −17 %, in den letzten fünf Jahren bis 2010 hat der weitere Verlust »nur« noch −5,4 % in Frankfurt / Oder und −3,6 % in Cottbus betragen. Ähnliche Entwicklungen treffen auf Halle mit zuvor −16,1 % (zuletzt −1,8 %), Gera −15,9 % (zuletzt −4,5 %) zu. Magdeburg konnte nach einem Rückgang von −11 % zwischen 1995 und 2005 zuletzt sogar leicht hinzugewinnen (+ 1,0 %). Erhebliche Schrumpfungsprozesse sind allerdings in den letzten Jahren verstärkt außerhalb der Kernstädte in verstädterten Räumen zu beobachten. Größere Bevölkerungsverluste zwischen 2005 und 2010 haben beispielsweise Hoyerswerda, Suhl und Dessau-Roßlau zu verzeichnen.

Bevölkerungsverluste verzeichneten auch die ohnehin sehr dünn besiedelten ländlichen Räume im Norden sowie im Westen Thüringens und entlang der Elbe in Sachsen-Anhalt. Die verdichteten Kreise in verstädterten Räumen weisen

nach zunächst herben Verlusten in den letzten Jahren einen geringen Bevölkerungsverlust auf. Höhere Werte galten insbesondere für die Kreise Altenburger Land, Vogtland, Greiz, Weimarer Land, Gotha, Weißenfels, Eisleben, Quedlinburg, Kamenz, Bautzen oder Löbau-Zittau. Insgesamt haben gut 93 % aller Gemeinden und Gemeindeverbände in Ostdeutschland auch zwischen 2005 und 2010 Bevölkerungsverluste von im Durchschnitt −6,0 % aufzuweisen, so dass sich die vorangegangene Schrumpfung der 1990er-Jahre fortgesetzt hat und eine regionale Polarisierung der demografischen Entwicklung zu konstatieren ist. Nach den Prognosen wird sich die Schrumpfung in vielen ostdeutschen Regionen in den nächsten 20 Jahren zudem deutlich beschleunigen.

In Westdeutschland ist überwiegend eine gegenläufige Entwicklung zu beobachten. Hier sind die ländlichen Kreise in Agglomerationsnähe, Kernstädte in

▶ Abb 3   **Bevölkerungsentwicklung 2005–2010 und Prognose 2009–2030 — in Prozent**

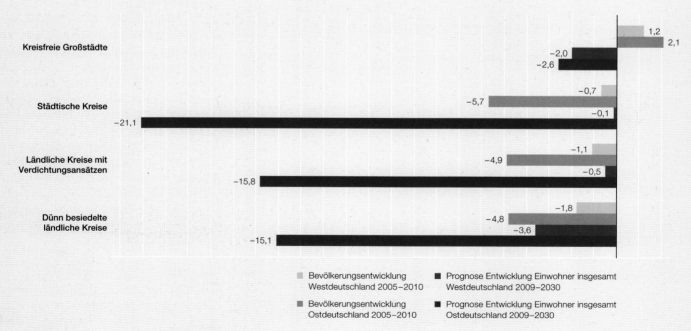

Datenbasis: INKAR 2012.

Agglomerationsnähe und verstädterten Räumen sowie die (hoch-)verdichteten Kreise gewachsen. Die These einer generellen Reurbanisierung in Deutschland, eines Zuzugs in die Stadtkerne, wird durch die Daten allerdings nicht bestätigt. Kernstädte in Agglomerationsräumen hatten von 1990 bis 2005 keinen Bevölkerungsgewinn zu verzeichnen, in den nächsten zwei Jahrzehnten wird nunmehr sogar ein Verlust von −1,5 % prognostiziert. Lediglich einzelne wirtschaftsstarke und / oder attraktive Städte konnten bislang von überregionalen Wanderungsbewegungen profitieren.

Die demografischen Prozesse lassen sich bis 2030 zuverlässig berechnen. Dabei stehen erheblichen regionalen Schrumpfungsprozessen auch Regionen mit wachsenden Bevölkerungszahlen gegenüber. Entsprechende Prognosen aus dem Bundesinstitut für Bau-, Stadt- und Raumforschung (BBSR) beschreiben ein Entwicklungsszenario, das von rückläufigen Bevölkerungszahlen bis über −30 % etwa im brandenburgischen Kreis Oberspreewald-Lausitz bis zu einem regionalen Bevölkerungswachstum bis zu +21 % im Landkreis München reicht. Insgesamt gesehen werden etwa 70 % aller heutigen kreisfreien Städte und Landkreise bis 2030 mit zum Teil drastisch schrumpfenden Bevölkerungszahlen rechnen müssen. ▶ Abb 4a, 4b

Mit solchen Schrumpfungsprozessen gehen in zahlreichen Regionen zudem zwei Veränderungen der heute bestehenden Altersstruktur einher, die mit den Begriffen »Unterjüngung« und »Überalterung« der Gesellschaft thematisiert

▶ Abb 4a **Prognosen der Bevölkerungsentwicklung 2009−2030 — in Prozent**

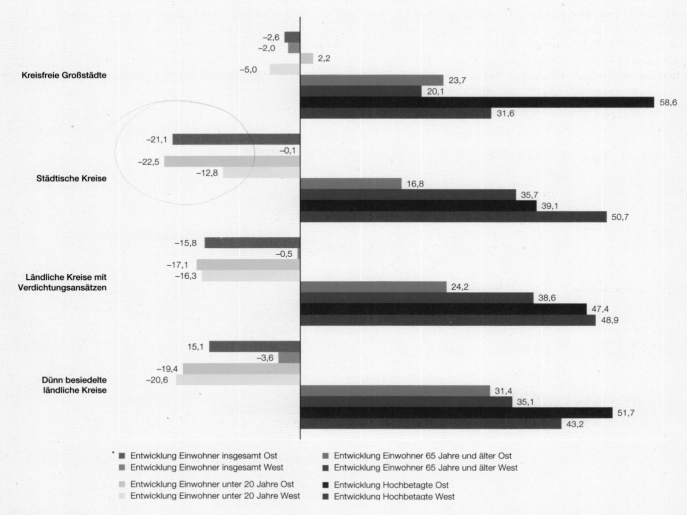

Datenbasis: INKAR 2012.

werden. Insbesondere in stark schrumpfenden Regionen wird sich die Zahl der älteren Personen, zum Beispiel der über 60-Jährigen bis zum Jahr 2030 um bis zu 75 % im Vergleich zu 2009 erhöhen. Dies trifft gleichermaßen auf west- wie ostdeutsche Städte und Kreise zu. Die höchsten Zuwachsraten verzeichnet der bayrische Landkreis Erding, gefolgt vom mecklenburgischen Bad Doberan und dem brandenburgischen Potsdam-Mittelmark. In mehr als acht von zehn aller Städte und Landkreise wird der Anteil der über 60-Jährigen bis 2030 um mehr als 50 % steigen.

Doch nicht in allen betrachteten Landkreisen und Städten führen derartige Prozesse zugleich zu einer disparaten Altersverteilung, die in der Öffentlichkeit oftmals als »Vergreisung« der Gesellschaft in einem negativen Sinne beschrieben wird. Dies ist nur in solchen Regionen der Fall, in denen in der weiteren Bevölkerungsentwicklung eine Zunahme der älteren Bevölkerung zeitgleich mit einer deutlichen Unterjüngung einhergehen, also mit einer rapiden Abnahme jüngerer Bevölkerungsgruppen durch Geburtenrückgang und / oder durch massive Abwanderungen in wohlhabendere deutsche Regionen. Unter all den Regionen, in denen nach diesen Prognosen im Jahr 2030 mehr als 40 % der Bevölkerung über 60 Jahre alt sein werden, sind nahezu ausschließlich ostdeutsche Regionen zu finden sowie einige ehemalige westdeutsche sogenannte Zonenrandgebiete. Die »älteste« Region Deutschlands wird die kreisfreie Stadt Suhl (52 %) sein, gefolgt von den eher peripheren brandenburgischen Kreisen Oberspreewald-Lausitz, Elbe-Elster, Uckermark, Prignitz und Spree-Neiße (jeweils um 50 %).

Vom Bundesinstitut für Bau-, Stadt- und Raumforschung (BBSR) wird vorhergesagt, dass die Altersgruppe der Personen unter 20 Jahren wegen des Geburtenrückgangs Anfang der 1990er-Jahre und der Wanderungsverluste in Ostdeutschland bis 2030 um weitere − 11 % zurückgehen wird. Während diese Altersgruppe in den ostdeutschen Großstädten sogar leicht zunehmen wird (+ 2,2 %), beträgt die Abnahme in städtischen Kreis − 23 % und in dünn besiedelten ländlichen Kreisen knapp − 20 %. Diese Verschiebungen der Bevölkerungsstruktur werden enorme kommunale Anstrengungen im Bereich der Daseinsvorsorge und Infrastruktur fordern.

▶ Abb 4b   **Vorausberechneter Bevölkerungsanteil verschiedener Altersgruppen 2030 — in Prozent**

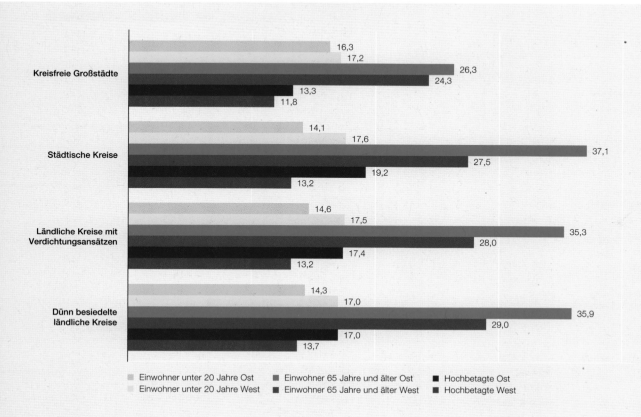

Datenbasis: INKAR 2012.

10.2.3 Wirtschaftskraft und Beschäftigung

Das Bruttoinlandsprodukt (BIP), die Beschäftigungsquote und Arbeitslosigkeit geben Auskunft über die Wirtschaftskraft einer Region. Die Deindustrialisierung Ostdeutschlands und der ökonomische Rückstand drücken sich nach wie vor auch in einem niedrigeren Bruttoinlandsprodukt aus (BIP: 47 400 Euro pro Erwachsenem in Thüringen bis zu 50 000 Euro pro Erwachsenem in Sachsen-Anhalt und 55 100 Euro pro Erwachsenem in Berlin bis zu 74 900 Euro pro Erwachsenem in Hamburg).

Hessen, Bayern und Baden-Württemberg sind die Flächenländer mit dem höchsten Wohlstand gemessen am BIP, in kleinräumiger Betrachtung weisen die westdeutschen Kreise München (Landkreis: 111 200 Euro pro Erwerbstätigem), Düsseldorf (86 400 Euro pro Erwerbstäti-gem) und Frankfurt am Main (85 300 Euro pro Erwerbstätigem) das höchste BIP auf. Die wirtschaftsschwächsten Landkreise in Ostdeutschland sind Eisenach (35 500 Euro pro Erwerbstätigem), Ostvorpommern (41 800 Euro) sowie Uecker-Randow und der Erzgebirgskreis mit jeweils 42 900 Euro. In Tabelle 2 wird das BIP für die Länder und einzelne Kreise dargestellt. ▶ Tab 2

In den Ländern mit einem hohen Bruttoinlandsprodukt ist die Arbeitslosigkeit

▶ Tab 2   **Bruttoinlandsprodukt pro Erwerbstätigem nach Bundesländern und ihren stärksten beziehungsweise schwächsten Kreisen 2009 — in 1 000 Euro je Erwerbstätigem**

Gebiet		BIP	Gebiet		BIP
Bundesgebiet	Bund	59,5	**Bayern**		63,7
Schleswig-Holstein		57,6	Freyung-Grafenau	Landkreis	50,5
Ostholstein	Landkreis	47,7	Hof	kreisfreie Stadt	50,5
Schleswig-Flensburg	Landkreis	50,1	Starnberg	Landkreis	80,3
Steinburg	Landkreis	70,5	München	Landkreis	111,2
Pinneberg	Landkreis	71,4	**Saarland**		56,4
Hamburg		74,9	Merzig-Wadern	Landkreis	52,1
Bremen		68,6	Neunkirchen	Landkreis	52,5
Berlin		55,1	Stadtverband Saarbrücken	Landkreis	57,5
Niedersachsen		55,9	Saarlouis	Landkreis	60,0
Wittmund	Landkreis	44,9	**Brandenburg**		51,2
Ammerland	Landkreis	48,1	Potsdam	kreisfreie Stadt	45,4
Helmstedt	Landkreis	69,8	Havelland	Landkreis	45,4
Wesermarsch	Landkreis	73,9	Dahme-Spreewald	Landkreis	67,6
Nordrhein-Westfalen		60,2	Spree-Neiße	Landkreis	70,4
Bottrop	kreisfreie Stadt	45,7	**Mecklenburg-Vorpommern**		48,5
Höxter	Landkreis	48,5	Ostvorpommern	Landkreis	41,8
Essen	kreisfreie Stadt	78,8	Uecker-Randow	Landkreis	42,9
Düsseldorf	kreisfreie Stadt	86,4	Rostock	kreisfreie Stadt	53,5
Hessen		69,0	Wismar	kreisfreie Stadt	54,1
Vogelsbergkreis	Landkreis	54,1	**Sachsen**		47,9
Waldeck-Frankenberg	Landkreis	55,1	Erzgebirgskreis	Landkreis	42,9
Main-Taunus-Kreis	Landkreis	82,5	Sächsische Schweiz-Osterzgebirge	Landkreis	43,6
Frankfurt am Main	kreisfreie Stadt	85,3	Mittelsachsen	Landkreis	53,2
Rheinland-Pfalz		55,1	Leipzig	Landkreis	53,5
Cochem-Zell	Landkreis	46,7	**Sachsen-Anhalt**		50,0
Vulkaneifel	Landkreis	48,3	Halle (Saale)	kreisfreie Stadt	44,0
Mainz-Bingen	Landkreis	65,9	Mansfeld-Südharz	Landkreis	45,0
Ludwigshafen am Rhein	kreisfreie Stadt	80,0	Saalekreis	Landkreis	59,6
Baden-Württemberg		61,2	Börde	Landkreis	61,0
Breisgau-Hochschwarzwald	Landkreis	51,6	**Thüringen**		47,4
Hohenlohekreis	Landkreis	53,5	Eisenach	kreisfreie Stadt	35,5
Stuttgart	kreisfreie Stadt	68,3	Gera	kreisfreie Stadt	43,4
Mannheim	kreisfreie Stadt	71,2	Wartburgkreis	Landkreis	52,5
			Saalfeld-Rudolstadt	Landkreis	53,2

Datenbasis: INKAR 2012.

▶ Tab 3 **Beschäftigtenindikatoren im regionalen Vergleich 2010 — in Prozent**

	Beschäftigtenquote 2010	Anteil weibliche Beschäftigte 2010	Anteil hochqualifizierte Beschäftigte 2010
Westdeutschland			
Kreisfreie Großstädte	48,3	46,1	14,6
Städtische Kreise	51,8	44,2	9,0
Ländliche Kreise mit Verdichtungsansätzen	52,6	44,5	6,2
Dünn besiedelte ländliche Kreise	51,7	45,4	5,5
Ostdeutschland			
Kreisfreie Großstädte	46,4	52,1	15,9
Städtische Kreise	55,3	48,8	9,6
Ländliche Kreise mit Verdichtungsansätzen	56,1	48,2	9,5
Dünn besiedelte ländliche Kreise	54,6	48,4	7,7

Datenbasis: INKAR 2012.

▶ Tab 4 **Entwicklung der Zahl der sozialversicherungspflichtig Beschäftigten nach Ländern und Kreisen mit niedrigsten und höchsten Werten 2005–2010 — in Prozent**

Gebiet				Gebiet		
Schleswig-Holstein		7,0		**Bayern**		7,0
Flensburg	kreisfreie Stadt	4,6		Fürth	kreisfreie Stadt	− 5,4
Kiel	kreisfreie Stadt	5,4		Kronach	Landkreis	−1,6
Neumünster	kreisfreie Stadt	11,5		Erlangen	kreisfreie Stadt	15,3
Nordfriesland	Landkreis	11,7		Pfaffenhofen a.d. Ilm	Landkreis	16,8
Hamburg		11,1		**Saarland**		2,6
Niedersachsen		6,5		Neunkirchen	Landkreis	− 0,9
Osterode am Harz	Landkreis	− 3,3		Merzig-Wadern	Landkreis	0,2
Salzgitter	kreisfreie Stadt	− 2,6		Saarpfalz-Kreis	Landkreis	4,0
Emsland	Landkreis	17,8		St. Wendel	Landkreis	5,6
Leer	Landkreis	17,8		**Berlin**		10,8
Bremen		5,5		**Brandenburg**		7,5
Bremen	kreisfreie Stadt	4,6		Cottbus	kreisfreie Stadt	1,3
Bremerhaven	kreisfreie Stadt	10,3		Spree-Neiße	Landkreis	1,8
Nordrhein-Westfalen		4,7		Havelland	Landkreis	14,8
Remscheid	kreisfreie Stadt	− 3,7		Dahme-Spreewald	Landkreis	15,0
Solingen	kreisfreie Stadt	−1,9		**Mecklenburg-Vorpommern**		5,4
Paderborn	Landkreis	10,6		Neubrandenburg	kreisfreie Stadt	− 0,7
Herne	kreisfreie Stadt	12,5		Schwerin	kreisfreie Stadt	1,4
Hessen		4,6		Rostock	kreisfreie Stadt	9,9
Groß-Gerau	Landkreis	− 3,3		Greifswald	kreisfreie Stadt	16,1
Werra-Meißner-Kreis	Landkreis	−1,6		**Sachsen**		5,8
Main-Taunus-Kreis	Landkreis	9,3		Erzgebirgskreis	Landkreis	0,9
Kassel	kreisfreie Stadt	11,2		Vogtlandkreis	Landkreis	1,2
Rheinland-Pfalz		6,0		Dresden	kreisfreie Stadt	8,3
Neustadt an der Weinstraße	kreisfreie Stadt	− 0,4		Leipzig	kreisfreie Stadt	11,9
Südwestpfalz	Landkreis	0,5		**Sachsen-Anhalt**		4,0
Rhein-Pfalz-Kreis	Landkreis	14,5		Dessau-Roßlau	kreisfreie Stadt	− 0,2
Alzey-Worms	Landkreis	14,8		Harz	Landkreis	0,5
Baden-Württemberg		4,6		Mansfeld-Südharz	Landkreis	5,4
Rastatt	Landkreis	− 2,9		Anhalt-Bitterfeld	Landkreis	17,5
Enzkreis	Landkreis	− 0,7		**Thüringen**		4,2
Bodenseekreis	Landkreis	10,6		Suhl	kreisfreie Stadt	− 7,4
Hohenlohekreis	Landkreis	10,9		Kyffhäuserkreis	Landkreis	− 2,3
				Jena	kreisfreie Stadt	16,2
				Ilm-Kreis	Landkreis	16,8

Datenbasis: INKAR 2012.

▶ Tab 5   **Atypische Beschäftigung im regionalen Vergleich 2005–2010 — in Prozent**

	Aufstocker 2010	Kurzarbeiter 2009/2010	Entwicklung Minijobs (ausschließlich) 2005–2010	Entwicklung Minijobs (Nebenverdienst) 2005–2010
Westdeutschland				
Kreisfreie Großstädte	25,7	24,2	5,2	32,7
Städtische Kreise	28,5	43,4	2,4	32,7
Ländliche Kreise mit Verdichtungsansätzen	30,2	41,9	3,7	42,3
Dünn besiedelte ländliche Kreise	30,1	31,4	3,3	45,2
Ostdeutschland				
Kreisfreie Großstädte	31,0	13,2	8,7	40,1
Städtische Kreise	34,8	36,9	−1,9	28,1
Ländliche Kreise mit Verdichtungsansätzen	31,4	33,9	−1,2	28,6
Dünn besiedelte ländliche Kreise	32,3	23,7	3,5	34,3

Datenbasis: INKAR 2012.

deutlich niedriger als in den Ländern mit einem niedrigen, das heißt in Ostdeutschland ist die Arbeitslosigkeit deutlich höher als im Westen Deutschlands und im Norden etwas höher als im Süden Deutschlands. Während in Baden-Württemberg, Bayern und Rheinland-Pfalz die Arbeitslosenquoten 2010 bei maximal 5,7 % lagen, betrugen sie in den ostdeutschen Ländern maximal 12,7 % in Mecklenburg-Vorpommern.

Im Hinblick auf die Beschäftigtenquoten zeigt sich, dass in Westdeutschland und Ostdeutschland die kreisfreien Großstädte leicht hinter den anderen Kreistypen liegen. Sie weisen mit unter 50 % die niedrigsten Werte (2010) auf. Ländliche Kreise mit Verdichtungsansätzen können in Ost- und Westdeutschland deutlich bessere Beschäftigungschancen bieten.

Die Beschäftigungsquote von Frauen unterscheidet sich in Westdeutschland nicht stark nach Kreistypen und liegt zwischen 44 und 46 %. In Ostdeutschland ist die Frauenerwerbstätigkeit immer noch weiter verbreitet als im Westen Deutschlands und weist daher generell ein höheres Niveau auf, zwischen 52 % in kreisfreien Städten und 48 % in den anderen Kreistypen. In beiden Landesteilen zeichnen sich Großstädte durch einen überdurchschnittlich hohen Anteil an hochqualifizierten Beschäftigten aus; hier liegen insbesondere die dünn besiedelten ländlichen Kreise deutlich zurück. ▶ Tab 3

Die Anzahl der Beschäftigten ist für den Zeitraum 2005 bis 2010 in allen Bundesländern gestiegen. Dabei ist der Zuwachs für Ostdeutschland mit + 6,5 % leicht höher als der Zuwachs für Westdeutschland mit + 5,7 %. Die höchsten Zugewinne konnten die Stadtstaaten Hamburg (+ 11,1 %) und Berlin (+ 10,8 %) sowie Brandenburg mit + 7,5 % verzeichnen. Die niedrigsten Werte sind für das Saarland (+ 2,6 %), Sachsen-Anhalt (+ 4,0 %) und Thüringen (+ 4,2 %) zu vermelden. ▶ Tab 4

Hervorzuheben ist allerdings, dass mit diesen Zuwächsen auch zunehmende Anteile von atypischer Beschäftigung (Aufstocker, Kurzarbeiter, Minijobber) einhergehen. So finden sich in Ostdeutschland mit über 30 % generell höhere Anteile an sogenannten Aufstockern unter allen Leistungsbeziehern nach ALG II (Hartz IV): in Suhl, Cottbus und im Saale-Holzland-Kreis gehen bereits knapp 40 % der ALG II-Bezieher einer finanziell nicht ausreichenden Beschäftigung nach und müssen entsprechend »aufgestockt« werden. Der Anteil an Kurzarbeit an allen sozialversicherungspflichtigen Beschäftigten ist im Zeitraum 2009/2010 sehr unterschiedlich verbreitet, die Quoten reichen von 13 % in ostdeutschen Großstädten bis zu 43 % in westdeutschen städtischen Kreisen. Beachtenswert ausgeprägt hohe Werte an Kurzarbeit sind zum Beispiel in Eisenach (2009/10: 74 %) und im Wartburgkreis (70 %) zu finden und ein Großteil der beobachteten Beschäf-

tigungszuwächse geht sicherlich auf die zum Teil erheblichen Steigerungsraten bei Minijobs zurück, wobei ausschließliche Minijobs im Aggregat betrachtet in Westdeutschland mit Raten zwischen zwei und fünf Prozent eher mäßig ansteigen. Minijobs im Nebenverdienst weisen dagegen deutlichere Steigerungsraten bis zu 45 % auf. In der Stadt Potsdam und im angrenzenden Havelland wachsen allerdings auch ausschließliche Minijobs zwischen 2005 und 2010 um 50 %, im Havelland verdoppeln sich die Nebenverdienst-Minijobs im gleichen Zeitraum. ▶ Tab 5

10.2.4 Lebensstandard

Für die Betrachtung des Lebensstandards werden die Indikatoren Haushaltseinkommen und Arbeitnehmerentgelte herangezogen. Bezogen auf die Flächenstaaten liegen diese in Hessen, Baden-Württemberg und Bayern über denjenigen in den norddeutschen Ländern. Die Arbeitnehmerentgelte (Bruttolöhne und -gehälter sowie Sozialbeiträge der Arbeitgeber) differieren 2009 um etwa 600 Euro zwischen Schleswig-Holstein und Hessen. In Ostdeutschland sind kaum länderspezifische Unterschiede festzustellen; die Entgelte liegen dabei zwischen 2 410 Euro in Brandenburg (durch die Nähe zu Berlin bedingt) und 2 250 Euro in Mecklenburg-Vorpommern. Nach wie vor besteht ein ausgeprägtes Einkommensgefälle zwischen West- und Ostdeutschland.

▶ Tab 6   **Lebensstandard im regionalen Vergleich 2009**

	Haushaltseinkommen	Arbeitnehmerentgelte	Ein- und Zweifamilienhäuser	Wohnfläche
	in Euro je Einwohner	in Euro je Arbeitnehmer	in %	
Westdeutschland				
Kreisfreie Großstädte	1 679,5	3 202,4	64,1	39,1
Städtische Kreise	1 685,2	2 867,2	86,5	43,6
Ländliche Kreise mit Verdichtungsansätzen	1 583,2	2 692,5	90,8	46,2
Dünn besiedelte ländliche Kreise	1 503,0	2 618,1	91,4	47,7
Ostdeutschland				
Kreisfreie Großstädte	1 316,1	2 651,8	55,6	38,6
Städtische Kreise	1 303,4	2 301,8	75,2	40,0
Ländliche Kreise mit Verdichtungsansätzen	1 327,1	2 305,4	81,8	39,3
Dünn besiedelte ländliche Kreise	1 310,6	2 271,9	85,9	41,1

Datenbasis: INKAR 2012.

Bezüglich des Haushaltseinkommens finden sich unter den 50 »ärmsten« Kreisen und Kreisregionen 47 ostdeutsche Regionen, mit dem saarländischen Merzig-Wadern und Gelsenkirchen zwei westdeutsche Regionen sowie die Hauptstadt Berlin. Demgegenüber ist unter den 250 »reichsten« Regionen keine einzige ostdeutsche zu finden. Erst dann folgt mit den Kreisen Teltow-Fläming und Dahme-Spreewald der »Speckgürtel« um Berlin und den zukünftigen Flughafen Schönefeld.

Angesichts geringerer Lebenshaltungskosten auf dem Land bedeuten die nominellen Unterschiede jedoch keine gleich starke Reduktion der Kaufkraft. Die Arbeitnehmerentgelte unterscheiden sich entsprechend. Der Unterschied zwischen West- und Ostdeutschland tritt dabei in den jeweiligen Kreistypen jedoch deutlich stärker hervor als beim Haushaltseinkommen, das auch Transferzahlungen berücksichtigt. ▶ Tab 6

Bei der Untersuchung der Haushaltseinkommen in den einzelnen Kreisen fällt auf, dass sich am oberen Ende der Rangfolge seit 15 Jahren dieselben Kreise befinden. Die höchsten Einkommen haben die Haushalte seit 1995 in den Landkreisen Heilbronn, Starnberg, München und Hochtaunuskreis. Bis auf einige Ausnahmen (besonders negative Entwicklung in den kreisfreien Städten Weimar und Jena und im Landkreis Köthen) blei-

ben auch die Strukturen am unteren Ende der Rangfolge erhalten. Der Kyffhäuserkreis (1 190 Euro/Einwohner und die Landkreise Uecker-Randow (1 160 Euro/Einwohner) und Ostvorpommern (1 220 Euro/Einwohner) weisen seit Jahren bundesweit die geringsten Haushaltseinkommen auf. Dabei sind besonders hohe Zuwächse bei den Haushaltseinkommen in den Kreisen zu verzeichnen, die ohnehin die höchsten Haushaltseinkommen aufweisen. Im Landkreis Starnberg (2 430 Euro/Einwohner) betrug das durchschnittliche Haushaltseinkommen 2009 das 1,5-Fache des Bundesdurchschnitts (1 580 Euro/Einwohner), während es in der kreisfreien Stadt Weimar (1 160 Euro/Einwohner) lediglich das 0,7-Fache betrug.

In Bezug auf den Wohnstandard haben die ostdeutschen Regionen deutlich aufgeholt, wobei die regionsspezifischen Unterschiede nicht sehr ausgeprägt sind (Wohnfläche zwischen 39 Quadratmeter pro Person und 41 Quadratmeter). Westdeutsche verfügen über 43,5 Quadratmeter im Durchschnitt, wobei die vergleichsweise größten Wohnungen in den ländlichen Kreisen zu finden sind.

10.2.5 Bewertung der räumlichen Lebensbedingungen

Der objektive Lebensstandard kommt auch in der Zufriedenheit der Bürger zum Ausdruck. So findet auch das Gefälle in

den hier vorgestellten Regionstypen seinen Niederschlag im subjektiven Wohlbefinden. In Tabelle 7 werden dazu Zufriedenheitsbewertungen hinsichtlich ausgewählter Lebensbedingungen nach fünf grundlegenden Raumtypen, von Großstadt bis zur Landgemeinde, präsentiert. Dabei wird deutlich, dass ostdeutsche Bürger ihre Lebensqualität, ihren Wohnort, ihre Wohnumgebung und die wahrgenommenen Umweltbedingungen fast durchweg kritischer bewerten als die westdeutschen Bürger. Ein klares und übergreifendes Muster zwischen den hier betrachteten Raumtypen ist allerdings nicht festzustellen. Dass die Umweltbedingungen vor allem in Großstädten zurückhaltend bewertet werden, ist nachvollziehbar. Die größten Spannbreiten in den Zufriedenheitsbewertungen finden sich bei der allgemeinen Lebenszufriedenheit. In einer Gesamtbilanz bewerten ostdeutsche anders als die westdeutschen Bürger sowohl ihren Wohnort als auch ihre allgemeine Lebenszufriedenheit unterschiedlich nach Regionstyp. Darauf bezogen kann man festhalten, dass die Regionen vor allem in Ostdeutschland sich nicht nur hinsichtlich objektiver Aspekte unterscheiden, sondern dass sie ihren Bürgern auch ein unterschiedliches Ausmaß an Lebensqualität bieten. ▶ Tab 7

▶ Tab 7 **Zufriedenheiten mit ausgewählten Lebensbedingungen nach Regionstypen 2003–2011 — Mittelwerte[1]**

	Großstadt		Mittelstadt		Größere Kleinstadt		Kleine Kleinstadt		Landgemeinde	
	West	Ost	West	Ost	West	Ost	West	Ost	West	Ost
Zufriedenheit mit dem Leben										
2003	5,3	5,2	5,4	5,2	5,7	5,4	5,3	5,0	5,9	5,1
2004	5,4	5,2	5,5	5,2	5,6	5,2	5,3	5,1	5,6	5,2
2005	5,6	5,1	5,4	5,1	5,6	5,1	5,6	5,1	5,8	4,9
2006	5,5	5,0	5,6	5,1	5,5	5,1	5,7	5,2	5,6	5,2
2007	5,7	5,2	5,8	5,3	5,7	5,3	5,6	5,4	5,7	5,3
2008	5,6	5,1	5,6	5,4	5,6	5,3	5,7	4,9	5,8	5,4
2009	5,7	5,3	5,7	5,1	5,6	5,2	5,7	5,5	5,7	5,4
2010	5,6	4,6	5,6	5,5	5,6	5,5	5,7	5,3	6,0	5,0
2011	5,8	5,6	5,8	4,9	5,9	5,3	5,8	5,5	6,0	5,7
Zufriedenheit mit der Stadt / Gemeinde										
2003	5,3	5,3	5,5	4,9	5,5	5,2	5,5	5,0	5,8	5,3
2004	5,5	5,2	5,6	4,9	5,5	5,0	5,3	5,1	5,6	5,2
2005	5,5	5,4	5,6	5,1	5,7	5,2	5,5	5,2	5,8	5,3
2006	5,5	5,1	5,5	4,9	5,5	5,0	5,6	5,6	5,8	5,7
2007	5,4	5,5	5,6	5,0	5,7	5,2	5,7	5,3	5,5	5,6
2008	5,6	5,4	5,8	5,2	5,6	5,5	5,6	5,3	5,9	5,8
2009	5,6	5,4	5,6	5,2	5,6	5,3	5,9	5,6	5,8	5,5
2010	5,4	5,2	5,5	5,3	5,6	5,3	5,7	5,0	5,8	5,3
2011	5,6	5,8	5,5	5,0	5,7	5,2	5,6	5,3	5,9	5,5
Zufriedenheit mit Wohnumgebung										
2003	5,2	5,5	5,5	5,5	5,8	5,7	5,6	5,5	6,2	6,0
2004	5,5	5,4	5,7	5,5	5,7	5,6	5,6	5,7	6,1	5,6
2005	5,5	5,5	5,6	5,7	5,8	5,7	5,7	5,6	6,0	5,7
2006	5,6	5,2	5,7	5,2	5,8	5,8	5,9	5,7	5,9	6,2
2007	5,4	5,2	5,7	5,4	5,8	5,2	5,8	5,6	5,8	5,8
2008	5,5	5,4	5,7	5,6	5,8	5,8	6,0	5,5	6,1	6,0
2009	5,7	5,5	5,8	5,7	5,8	5,6	6,1	6,0	5,9	5,9
2010	5,5	5,3	5,7	5,7	5,8	5,5	6,1	5,4	6,1	5,7
2011	5,6	5,7	5,7	5,7	5,9	5,7	5,9	5,8	6,0	5,5
Zufriedenheit mit Umweltbedingungen (zum Beispiel Lärm)										
2003	4,7	4,9	5,2	5,2	5,5	5,7	5,5	5,4	6,1	5,6
2004	5,2	5,1	5,6	5,3	5,7	5,4	5,5	5,6	5,9	5,7
2005	5,2	5,1	5,3	5,4	5,6	5,4	5,7	5,5	5,6	5,8
2006	5,3	5,1	5,4	4,7	5,5	5,5	5,7	5,5	5,8	6,0
2007	5,1	4,8	5,5	5,0	5,4	5,2	5,6	5,0	6,1	5,4
2008										
2009	5,3	5,1	5,6	5,4	5,7	5,8	5,9	5,7	5,8	5,8
2010	5,1	5,0	5,5	5,5	5,6	5,6	6,0	5,6	5,9	5,5

1 Zufriedenheitsskala von 1 (= sehr unzufrieden) bis 7 (= sehr zufrieden).
Datenbasis: LebensRäume 2000–2011. Eigene Berechnungen.

11 Umwelt und Nachhaltigkeit

11.1 Umwelt- ökonomische Trends und Nachhaltigkeit

Regina Hoffmann-Müller,
Ursula Lauber

Destatis

Die Aktivitäten in einer Volkswirtschaft, die statistisch durch die Volkswirtschaftlichen Gesamtrechnungen (VGR) beschrieben werden (siehe Kapitel 4.1, Seite 93), sind wesentliche Auslöser von Umweltbelastungen. Um die Wechselwirkungen zwischen Wirtschaft und Umwelt abzubilden, wurden die Umweltökonomischen Gesamtrechnungen (UGR) des Statistischen Bundesamtes als Ergänzung zu den VGR entwickelt. Ein Ausgangspunkt für die Einrichtung der Umweltökonomischen Gesamtrechnungen war die Erkenntnis, dass eine Volkswirtschaft für ihre wirtschaftlichen Aktivitäten (Produktion und Konsum) nicht nur Arbeit und produziertes Vermögen einsetzt, sondern auch nicht produziertes Naturvermögen. Zu den Naturvermögensbestandteilen zählen vor allem Rohstoffe wie Energieträger, Erze, andere Mineralien und Wasser sowie die Bodenfläche als Standort für Produktions-, Konsum- und Freizeitaktivitäten. Ein weiterer wichtiger Bestandteil des Naturvermögens sind die Ökosysteme und sonstige natürliche Systeme (zum Beispiel die Atmosphäre), die dazu beitragen, umweltschädigende Auswirkungen der wirtschaftlichen Aktivitäten zu kompensieren. Dazu gehören die Aufnahme und der Abbau der bei der Produktion oder beim Konsum entstandenen Rest- und Schadstoffe wie Emissionen in Luft und Wasser oder Abfälle.

In der Nachhaltigkeitsstrategie der Bundesregierung aus dem Jahr 2002 wird die politische Bedeutung nachhaltigen Wirtschaftens für die Lebenssituation künftiger Generationen unterstrichen. Ein Bestandteil dieser Strategie ist die Beobachtung der Entwicklung anhand von Indikatoren und quantifizierten Zielwerten. Mit dem Leitbild der Nachhaltigkeit wird angestrebt, die Lebensqualität der gegenwärtigen Generation stetig zu verbessern, ohne dass dadurch die Zukunftsperspektive künftiger Generationen verschlechtert wird. Dabei sind wichtige Aspekte von Nachhaltigkeit gleichermaßen zu berücksichtigen wie:

· der Schutz der Umwelt vor einer übermäßigen Nutzung durch Wirtschaft und Haushalte,
· der Erhalt einer funktionsfähigen Wirtschaft und
· der Schutz lebenswerter sozialer Bedingungen.

Um diese Aspekte zu verknüpfen, ist eine integrierende Betrachtungsweise erforderlich, denn unterschiedliche Belange von Nachhaltigkeit können durchaus in Konkurrenz zueinander stehen. Mithilfe der Gesamtrechnungssysteme ist es möglich, die statistische Entwicklung der verschiedenen Merkmale in der erforderlichen Weise in Beziehung zu setzen. ▶ Info 1

11.1.1 Umweltökonomische Trends

Die Frage, wie nachhaltig Wirtschaft und Gesellschaft mit der Umwelt umgehen, wird nicht allein durch die absoluten Zahlen zu Umweltnutzungen und -belastungen beantwortet, sondern vor allem durch die Kenntnis darüber, in welche Richtung sich deren Trends bewegen: Hat sich die Situation im Zeitablauf verbessert oder verschlechtert? Im Folgenden werden die umweltökonomischen Trends der Jahre zwischen 2000 und 2011 dargestellt. In den Umweltökonomischen Gesamtrechnungen liegt das Augenmerk auf Nutzung und Verbrauch der Umweltressourcen Primärenergie, Rohstoffe, Wasser und Bodenfläche sowie auf den Emissionen von Schadstoffen in die Luft und der Abgabe von Abwasser. Um den Vergleich mit der gesamten Wirtschaftsentwicklung zu ermöglichen, werden

▶ Info 1

Umweltökonomische Gesamtrechnungen

Anfang der 1990er-Jahre wurde im Statistischen Bundesamt mit den Umweltökonomischen Gesamtrechnungen (UGR) begonnen. Sie stehen in einem engen Bezug zu den schon länger bestehenden Volkswirtschaftlichen Gesamtrechnungen (VGR), die die wirtschaftlichen Aktivitäten unserer Volkswirtschaft – Produktion und Konsum – und deren Einsatzfaktoren – Kapital und Arbeit – statistisch erfassen (siehe Kapitel 4.1, Seite 93). Darüber hinaus gehören zu den Einsatzfaktoren jedoch auch die Ressourcen und Leistungen der Natur. Die UGR erweitern daher den – in Geldwert gemessenen – Begriff des Kapitalvermögens um das Naturvermögen, das in diesem Fall aber nur in physischen Größen gemessen wird. Aus den Rechnungen der UGR ergeben sich statistische Informationen über die Wechselwirkungen zwischen Wirtschaft und Umwelt. Dabei wird den folgenden Fragen nachgegangen:

· Welche wirtschaftlichen Aktivitäten verursachen welche Belastungen der Umwelt?
  Solche Aktivitäten sind zum Beispiel die Entnahme von Rohstoffen aus der Umwelt (zum Beispiel Energieträger wie Kohle oder Erdgas, dazu Wasser und sonstige Rohstoffe) oder die Abgabe nicht verwertbarer Stoffe aus der Wirtschaft an die Umwelt (Luftemissionen, wie CO_2, NO_x, SO_2, oder Abfälle, Abwasser), aber auch die Nutzung der Flächen und der Ökosysteme für Siedlungs- und Verkehrszwecke sowie andere Aktivitäten.

· Wie verändert sich infolgedessen der Umweltzustand oder das Naturvermögen?
  Diese Veränderungen sind quantitativer Natur (zum Beispiel werden die Rohstoffvorkommen geringer), haben aber auch viele qualitative Aspekte (die Luftqualität verschlechtert sich aufgrund von Schadstoffemissionen).

· Was geben Staat und Wirtschaft für Umweltschutz aus?
  Die Umweltökonomischen Gesamtrechnungen machen es möglich, die Verwirklichung des Leitbilds einer nachhaltigen Entwicklung zu überprüfen.

▶ Tab 1   **Einsatz von Umweltressourcen für wirtschaftliche Zwecke**

	Maßeinheit	2000	2005	2010	2011[1]
Primärenergieverbrauch	Petajoule	14 401	14 558	14 217	13 521
Rohstoffentnahme und Import[2]	Millionen Tonnen	1 400	1 297	1 245	1 323
Wasserentnahme aus der Natur[3]	Millionen Kubikmeter	44 929	40 537[4]	38 104	–
Siedlungs- und Verkehrsfläche	Quadratkilometer	43 939	46 050	47 702	47 971
Treibhausgase	Millionen Tonnen CO_2-Äquivalent	1 096	1 095	1 071	…
↳ Kohlendioxid (CO_2)	Millionen Tonnen	949	963	953	…
Abschreibungen (preisbereinigt)	Milliarden Euro	301	337	369	373
Arbeitsstunden	Milliarden Stunden	57,9	55,8	57,1	57,9
Bruttoinlandsprodukt (in jeweiligen Preisen)	Milliarden Euro	2 048	2 224	2 496	2 593

1 Zum Teil vorläufige Ergebnisse.   – nichts vorhanden.
2 Nur verwertete Entnahme.   … Angabe fällt später an.
3 Einschließlich Fremd- und Regenwasser.
4 2004.

auch ökonomische Faktoren wie Bruttoinlandsprodukt (BIP), Arbeitsstunden oder Abschreibungen einbezogen.

In den Jahren zwischen 1960 und 1980 hatte der jährliche Verbrauch von Ressourcen und die Abgabe von Emissionen in Deutschland noch zugenommen. Seit den 1980er-Jahren jedoch ist die Umweltnutzung rückläufig. Auch für den hier näher betrachteten Zeitraum zwischen den Jahren 2000 und 2011 waren für fast alle untersuchten Faktoren (mit Ausnahme der CO_2-Emissionen) rückläufige Zahlen feststellbar, wenn auch in unterschiedlich starker Ausprägung und Geschwindigkeit.

Der Primärenergieverbrauch beispielsweise lag bei der Ressourcennutzung im Jahr 2011 bei 13 521 Petajoule und damit um 6 % unter dem Verbrauch des Jahres 2000. Der Rohstoffverbrauch (energetische und andere abiotische Rohstoffe, das heißt ohne land- und forstwirtschaftliche Erzeugnisse) ging um 5 % auf 1 323 Millionen Tonnen 2011 zurück. Dies ist vor allem auf einen Rückgang bei der Nachfrage nach Baurohstoffen zurückzuführen. Bei der Wasserentnahme lagen die Mengen im Jahr 2010 mit 38 104 Millionen Kubikmetern (− 15 %) deutlich unter den Werten von 2000. Der Rückgang basiert auf einer – durch wasserrechtliche Vorschriften – gesunkenen Nachfrage sowie stark gestiegenen Wasser- und Abwasserpreisen.

Die Neuinanspruchnahme von Flächen für Siedlungs- und Verkehrszwecke ist von durchschnittlich 129 Hektar je Tag im Jahr 2000 auf 81 Hektar je Tag 2011 (− 37 %) zurückgegangen. Bei den genannten Werten handelt es sich um Vierjahresdurchschnittswerte, da die einzelnen Jahreswerte aus methodischen Gründen (Umstellung der Statistik) seit 2000 starken Schwankungen unterlagen. Der Rückgang des täglichen Zuwachses darf jedoch nicht darüber hinwegtäuschen, dass der Gesamtumfang der Siedlungs- und Verkehrsflächen (insgesamt 47 971 Quadratkilometer im Jahr 2011) weiterhin in beachtlichem Ausmaß zunimmt.

Auch bei den Emissionen ist insgesamt ein deutlicher Rückgang zu verzeichnen. So konnte die Freisetzung der Treibhausgase nach den Ergebnissen der Umweltökonomischen Gesamtrechnungen zwischen 2000 und 2010 um 2 % reduziert werden. Während unter den Treibhausgasen insbesondere Methan (CH_4) und in geringerem Umfang die Stickoxide (N_2O) zurückgingen, erhöhten sich die Emissionen von Kohlendioxid (CO_2) leicht um 0,4 %. CO_2-Emissionen entstehen vor allem bei der Verbrennung fossiler Energieträger und machten den weitaus größten Anteil der insgesamt emittierten Treibhausgase aus.

Luftschadstoffe wurden ebenfalls seltener freigesetzt. Gegenüber dem Jahr 2000 verminderten sich die Emissionen von Schwefeldioxid (SO₂) um 26 %, gefolgt von Stickstoffoxiden NOₓ (−24 %) und NMVOC (flüchtige Kohlenwasserstoffe, −23 %). Am geringsten war der Rückgang bei dem überwiegend aus der Landwirtschaft stammenden Ammoniak NH₃ (−9 %). ▶ Tab 1

Die aufgezeigten Veränderungen beim Einsatz von Umweltressourcen geben Anhaltspunkte zur Beurteilung der nachhaltigen Umweltnutzung. Die in physischen Mengen ausgedrückte Umweltnutzung kann nun auch zur Bevölkerung oder zu den ökonomischen Entwicklungen in Bezug gesetzt werden. So können zum Beispiel Fragen beantwortet werden wie: Haben sich die Umweltbelastungen parallel zu den ökonomischen Faktoren verändert? Verlief die Entwicklung der Ressourcennutzung oder der Schadstoffabgabe parallel zu der des Bruttoinlandsprodukts oder sind Effizienzgewinne festzustellen?

Zwischen 2000 und 2011 ist die Kapitalnutzung (gemessen an den preisbereinigten Abschreibungen) um 24 % angestiegen, während das Arbeitsvolumen (gemessen an den geleisteten Arbeitsstunden) in etwa gleich geblieben ist (−0,1 %). Das preisbereinigte BIP ist im genannten Zeitraum um 14 % angestiegen. Dies bedeutet, dass mit etwa gleich viel Arbeit eine höhere Wirtschaftsleistung erbracht wurde. Gleichzeitig ist die Kapitalproduktivität gesunken und die gestiegene wirtschaftliche Leistung wurde im genannten Zeitraum mit einem höheren Kapitaleinsatz erzielt. ▶ Abb 1

Die Effizienz der Nutzung von Einsatzfaktoren (zum Beispiel Energie, Rohstoffe, Arbeit) wird in den Umweltökonomischen Gesamtrechnungen durch sogenannte »Produktivitäten« ausgedrückt. Die Produktivität ergibt sich aus dem Quotienten von wirtschaftlicher Leistung (preisbereinigtes BIP) eines Jahres und dem gewählten Einsatzfaktor für dasselbe Jahr. Nicht nur für Arbeit, auch für die Umweltnutzung ist eine Steigerung der Produktivität erwünscht. Neben dem Aspekt von Umweltbelastungen und quantitativen Ressourcenknappheiten spielen

dabei die Kosten (für Arbeit genauso wie für die Beseitigung oder den Ausgleich von Umweltschäden oder für steigende Ressourcenpreise) eine Rolle. Der Umweltverbrauch sollte also nicht im gleichen Maße steigen wie das Wirtschaftswachstum, sondern beide Entwicklungen sollten sich »entkoppeln« – am besten absolut, das heißt verbunden mit einem Rückgang des Umweltverbrauchs. Bei der Darstellung der Produktivität als Effizienzmaß muss man sich immer darüber im Klaren sein, dass die Entwicklung des Umweltfaktors (zum Beispiel der Verbrauch von Energie) sich im Quotienten verbirgt. Die Produktivität kann steigen – was erwünscht ist –, obwohl sich die Umweltbelastungen nicht wunschgemäß verringern. Dies wäre zum Beispiel der Fall, wenn die Steigerung des BIP größer ist als die Zunahme des Ressourcenverbrauchs. Deshalb ist es sinnvoll, bei der Messung von Produktivitäten zusätzlich immer

auch die Entwicklung der einzelnen Umweltfaktoren selbst zu betrachten.

Zwischen 2000 und 2011 hat sich die Produktivität für alle betrachteten Umweltfaktoren erhöht. Der Anstieg der Produktivität der Einsatzfaktoren Rohstoffe und Energie zwischen 2000 und 2011 lag bei 20 % beziehungsweise 21 %. Im Jahresdurchschnitt waren das jeweils + 1,7 %. Die Produktivität bei der Siedlungs- und Verkehrsfläche hat zwischen 2000 und 2011 um 4 % insgesamt oder pro Jahr durchschnittlich um 0,4 % zugenommen. Die Produktivitätssteigerung bei der Wasserentnahme aus der Natur lag zwischen 2000 und 2010 bei 2,7 % im Jahresdurchschnitt. ▶ Abb 2

Auch die Produktivitäten der Nutzung der Umwelt als sogenannte Senke für Rest- und Schadstoffe sind deutlich angestiegen. Hierbei werden die bei der Produktion oder beim Konsum von Gütern entstandenen Rest- und Schadstoffe in die

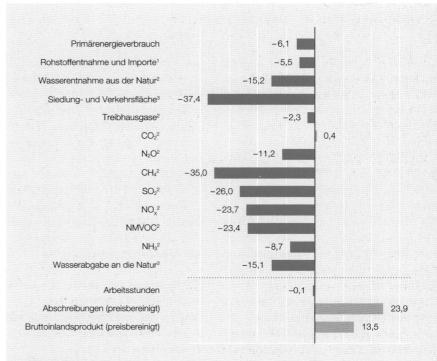

▶ Abb 1 **Veränderung der Mengen eingesetzter Umweltressourcen, 2011 gegenüber 2000 — in Prozent**

Primärenergieverbrauch	−6,1
Rohstoffentnahme und Importe[1]	−5,5
Wasserentnahme aus der Natur[2]	−15,2
Siedlung- und Verkehrsfläche[3]	−37,4
Treibhausgase[2]	−2,3
CO₂[2]	0,4
N₂O[2]	−11,2
CH₄[2]	−35,0
SO₂[2]	−26,0
NOₓ[2]	−23,7
NMVOC[2]	−23,4
NH₃[2]	−8,7
Wasserabgabe an die Natur[2]	−15,1
Arbeitsstunden	−0,1
Abschreibungen (preisbereinigt)	23,9
Bruttoinlandsprodukt (preisbereinigt)	13,5

1 Abiotisch.
2 Veränderung 2010 gegenüber 2000.
3 Mittelwert aus den jeweils vier letzten Jahren, bezogen auf das letzte Jahr.

▸ Abb 2   **Entwicklung der Produktivitäten der eingesetzten Umweltressourcen, durchschnittliche jährliche Veränderung 2000 bis 2011 — in Prozent**

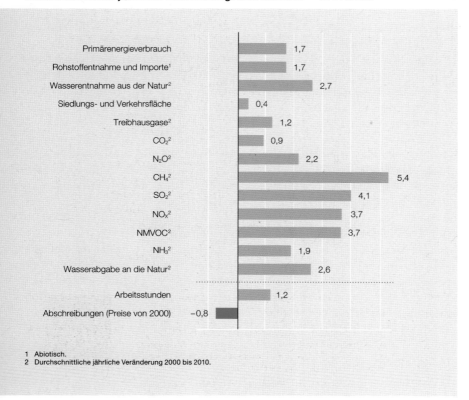

1 Abiotisch.
2 Durchschnittliche jährliche Veränderung 2000 bis 2010.

Luft oder in Gewässer abgegeben oder als Abfälle in die Umwelt »versenkt« und dort im günstigen Fall auf natürlichem Wege abgebaut. Bei den Treibhausgasen betrug der Anstieg zwischen 2000 und 2011 insgesamt 13 % (1,2 % im Jahresdurchschnitt). Darunter nahm CO_2 insgesamt um 10 % (beziehungsweise 0,9 % im Jahresdurchschnitt) zu. Bei den Luftschadstoffen lagen die Produktivitätssteigerungen bei den Emissionen von SO_2 im Berichtszeitraum zwischen 2000 und 2010 bei insgesamt 49 % (oder 4 % pro Jahr) und waren damit immer noch hoch. Die Zeiten der großen Produktivitätssteigerungen bei SO_2 durch den Einsatz von neuen Rauchgasentschwefelungsanlagen waren allerdings in den Jahren 1995 bis 2000 (181 %) zu verzeichnen. Weitere Minderungserfolge wären nur mit hohem Aufwand zu erzielen. Die Produktivitäten bei den Emissionen

von NO_x erhöhten sich um 44 % insgesamt (2000 bis 2010) und um 4 % im Jahresdurchschnitt.

Interessant ist der Vergleich der Produktivitäten für Umweltressourcen mit der Entwicklung des Einsatzes von Arbeit. Zwischen 2000 und 2011 blieb die Zahl der geleisteten Arbeitsstunden nahezu unverändert. Die Arbeitsproduktivität hat sich um 14 % (1,2 % im Jahresdurchschnitt) erhöht. Die Kapitalproduktivität ging im Betrachtungszeitraum um 8 % (0,8 % jährlich) zurück.

11.1.2 Indikatoren zur nationalen Nachhaltigkeitsstrategie

Mit der nationalen Strategie für nachhaltige Entwicklung »Perspektiven für Deutschland« aus dem Jahr 2002 hat die Bundesregierung das Prinzip der Nachhaltigkeit zu einer zentralen Leitlinie der

Politik in Deutschland gemacht. Um die Wirksamkeit der Nachhaltigkeitsstrategie zu messen, existiert ein Satz von derzeit 38 Schlüsselindikatoren für nachhaltige Entwicklung. Diese Indikatoren sind vier übergeordneten Handlungsfeldern (Generationengerechtigkeit, Lebensqualität, Sozialer Zusammenhalt, Internationale Verantwortung) und 21 Themenbereichen zugeordnet. Die Bundesregierung aktualisiert die Nachhaltigkeitsstrategie im Abstand von vier Jahren (zuletzt im »Fortschrittsbericht zur nationalen Nachhaltigkeitsstrategie 2012«). Das Statistische Bundesamt veröffentlicht seit 2006 alle zwei Jahre einen Indikatorenbericht zur nachhaltigen Entwicklung in Deutschland (zuletzt Indikatorenbericht 2012). ▸ Info 2

Analysen liefern die Grundlagen zur Formulierung von politischen Maßnahmen. Dabei macht ein so übergreifendes Thema wie die Nachhaltigkeit die Integration verschiedener Nachhaltigkeitsaspekte erforderlich. Bei der Indikatorenberichterstattung kommt der Analyse der Zusammenhänge zwischen den auslösenden Faktoren in der Wirtschaft und deren Auswirkungen generell eine große Bedeutung zu. Für die Analyse der Zusammenhänge zwischen Wirtschaftsentwicklung und Umwelt bieten Gesamtrechnungssysteme (wie die Volkswirtschaftlichen und die Umweltökonomischen Gesamtrechnungen) eine konsistente Datenbasis. Der größte Teil der Daten zu den Indikatoren der Nachhaltigkeitsstrategie stammt aus der amtlichen Statistik.

Im Vergleich zu den nationalen Nachhaltigkeitsstrategien anderer Länder ist es eine Besonderheit für Deutschland, dass die Nachhaltigkeitsindikatoren mehrheitlich mit quantitativen Zielwerten und mit Zieljahren versehen sind. Soweit Zieljahre festgelegt sind, liegen sie in der Regel im Zeitraum zwischen den Jahren 2010 und 2020, bei einigen Indikatoren aus dem Umweltbereich reichen sie aber auch schon bis in das Jahr 2050 (Stand: Indikatorenbericht 2012). Um dem Nutzer eine schnelle Übersicht zu geben, weisen die Indikatorenberichte für jeden Indikator eines von vier plakativen »Wettersymbolen« aus. Auch die

▶ Info 2

Liste der Indikatoren der nationalen Nachhaltigkeitsstrategie

1a	*Energieproduktivität*	*11c*	*Anteil des Schienenverkehrs an der Güterbeförderungsleistung*
1b	*Primärenergieverbrauch*	*11d*	*Anteil der Binnenschifffahrt an der Güterbeförderungsleistung*
1c	*Rohstoffproduktivität*	*12a*	*Stickstoffüberschuss*
2	*Treibhausgasemissionen*	*12b*	*Anbaufläche des ökologischen Landbaus*
3a	*Anteil erneuerbarer Energien am Endenergieverbrauch*	*13*	*Schadstoffbelastung der Luft*
3b	*Anteil des Stroms aus erneuerbaren Energiequellen am Stromverbrauch*	14a,b	Vorzeitige Sterblichkeit (bei Männern und Frauen)
		14c,d	Raucherquote von Jugendlichen und Erwachsenen
4	*Anstieg der Siedlungs- und Verkehrsfläche*	14e	Anteil der Menschen mit Adipositas (Fettleibigkeit)
5	*Artenvielfalt und Landschaftsqualität*	15	Straftaten
6a	*Staatsdefizit*	16a,b	Erwerbstätigenquote (insgesamt und bei Älteren)
6b	*Strukturelles Defizit*	17a,b	Ganztagsbetreuung für Kinder (0- bis 2-Jährige, 3- bis 5-Jährige)
6c	*Schuldenstand*	18	Verdienstabstand zwischen Frauen und Männern
7	*Verhältnis der Bruttoanlageinvestitionen zum Bruttoinlandsprodukt*	19	Ausländische Schulabsolventen mit Schulabschluss
8	*Private und öffentliche Ausgaben für Forschung und Entwicklung*	20	Anteil öffentlicher Entwicklungsausgaben am Bruttonationaleinkommen
9a	18- bis 24-Jährige ohne Abschluss des Sekundarbereichs II und nicht in Bildung und Ausbildung befindlich	21	Deutsche Einfuhren aus Entwicklungsländern
9b	30- bis 34-Jährige mit tertiärem oder postsekundarem nicht-tertiären Abschluss		
9c	Studienanfängerquote		
10	*Bruttoinlandsprodukt je Einwohner*		
11a	*Gütertransportintensität*		
11b	*Personentransportintensität*		

Die auf Umwelt und Ökonomie bezogenen Nachhaltigkeitsindikatoren (kursiv) werden durch das Statistische Bundesamt im Internet regelmäßig aktualisiert. Weitere Informationen finden Sie im Internet unter www.destatis.de im Bereich Zahlen & Fakten > Indikatoren > Nachhaltigkeitsindikatoren. Stand: Indikatorenbericht 2012.

Nachhaltigkeitsberichterstattung der Europäischen Union verwendet diese Symbole. Sie verdeutlichen den Status der Indikatoren in Abhängigkeit vom Erfolg der bisherigen Entwicklung und der Fortschreibung dieser Entwicklung bis zum Zieljahr.

In der Tabelle 2 werden Nachhaltigkeitsindikatoren aus dem Gesamtset der Indikatoren dargestellt, die vor allem einen Bezug zu Umwelt und Ökonomie haben. Diese ausgewählten Indikatoren werden auch unabhängig von den Veröffentlichungsterminen der Indikatorenberichte im Statistischen Bundesamt regelmäßig aktualisiert und online zur Verfügung gestellt (www.destatis.de im Bereich Zahlen & Fakten > Indikatoren > Nachhaltigkeitsindikatoren). Für die Bewertung der Indikatoren wird von folgenden Fragen ausgegangen: Wie weit sind die Indikatoren heute von den gesetzten Zielen in der Zukunft entfernt? Und könnten sie die Ziele im verbleibenden Zeitraum erreichen, wenn sie sich einfach genauso weiterentwickeln würden wie bisher? Dafür wird die Entwicklung der Indikatoren in der Vergangenheit berechnet (in der Regel als durchschnittliche jährliche Veränderung für den Zeitraum der letzten fünf Jahre bis zum aktuell vorliegenden Berichtsjahr). Der Fünfjahreszeitraum wurde gewählt, weil der Trend in der jüngeren Vergangenheit am ehesten als Erwartungswert für die künftige jährliche Veränderung dienen kann. ▶ Tab 2

Die rechnerische Fortschreibung der Entwicklung der letzten Jahre lässt erkennen, welchen Wert der Indikator bei einer weiterhin gleichbleibenden Entwicklung im festgelegten Zieljahr erreichen würde. Es handelt sich bei diesem Verfahren nicht um eine politische Bewertung und auch nicht um eine Prognose. Die Angabe für den Status eines Indikators ergibt sich aus der Differenz zwischen den Zielvorgaben und dem Wert, der bei der Fortschreibung der bisherigen Entwicklung im Zieljahr erreicht werden würde. Wurde der Zielwert bereits vorzeitig erreicht oder würde er entsprechend der Fortschreibung im Zieljahr erreicht werden (bei einer Abweichung von weniger als 5 % von der Wegstrecke zwischen Start- und Zielwert), erhält ein Indikator das Symbol einer »Sonne« als bestmögliche Bewertung. Hat sich ein Indikator in der Vergangenheit zwar in die gewünschte Richtung entwickelt, würde das Ziel bei gleichbleibender Entwicklung aber nicht erreichen, erhält der Indikator je nach seiner Entwicklungsgeschwindigkeit entweder das Symbol »leicht bewölkt« oder »bewölkt«. Das

▶ Tab 2   **Soll – Ist Vergleich von Indikatoren mit Bezug zu Umwelt und Ökonomie aus der nationalen Nachhaltigkeitsstrategie**

	Indikator	Aktuelles Jahr, aktueller Wert	Zieljahr und Zielwert	Durchschnittliche jährliche Veränderung (% oder %-Punkte)		Status[2]
				in den letzten 5 Jahren bis zum aktuellen Rand (Ist-Entwicklung)[1]	Soll zur Erreichung des Ziels (Soll-Entwicklung)	
1a	Energieproduktivität[3] 1990 = 100	2012 148,8	2020 200	2007–2012 1,7	2012–2020 3,8	
1b	Primärenergieverbrauch 1990 = 100	2012 90,7	2020 76,3	2007–2012 −1,0	2012–2020 −2,1	
1c	Rohstoffproduktivität[3] 1994 = 100	2011 143,6	2020 200	2006–2011 1,8	2011–2020 3,7	
2	Treibhausgasemissionen Millionen Tonnen CO_2-Äquivalente; Basiswert = 100	2011 73,1	2008–2012 79	2006–2011 −1,7	2011–2012 Ziel erreicht	
3a	Erneuerbare Energien Anteil am Endenergieverbrauch (in %)	2011 12,1	2020 18,0	2006–2011 8,6	2011–2020 4,5	
3b	Erneuerbare Energien Anteil am Stromverbrauch (in %)	2011 20,5	2020 35,0	2006–2011 12,1	2011–2020 6,1	
4	Anstieg der Siedlungs- und Verkehrsfläche[4] (Hektar pro Tag)	2011 80,9	2020 30	2006–2011 −6,5	2011–2020 −10,4	
5	Artenvielfalt und Landschaftsqualität 2015 = 100	2009 66,9	2015 100	1999–2009 −1,1	2009–2015 7,0	
6a	Staatsdefizit[3] in % des Bruttoinlandsprodukts	2012 0,2	< 3,0			
6b	Strukturelles Defizit[3] in % des Bruttoinlandsprodukts	2012 0,4	<= 0,5			
6c	Schuldenstand[5] in % des Bruttoinlandsprodukts	2011 80,5	<= 60,0			
7	Verhältnis der Bruttoanlageinvestitionen zum BIP	2012 17,6	Soll steigen	2007–2012 −1,0	Mindestens 0,1	
10	BIP je Einwohner 1 000 Euro	2012 30,1	Soll steigen	2007–2012 0,8	Mindestens 0,1	
11a	Gütertransportintensität[3] 1999 = 100	2010 110,6	2010 98	2005–2010 0,1	2010–2010 –	
11b	Personentransportintensität[3] 1999 = 100	2010 94,4	2010 90	2005–2010 −0,5	2010–2010 –	
11c	Anteil des Schienenverkehrs an der Güterbeförderungsleistung (in %)	2010 18,0	2015 25	2005–2010 0,9	2010–2015 6,7	
11d	Anteil der Binnenschifffahrt an der Güterbeförderungsleistung (in %)	2010 10,5	2015 14	2005–2010 −2,0	2010–2015 6,0	
12a	Stickstoffüberschuss[6] Gesamtbilanz (Kilogramm pro Hektar)	2009 95,0	2010 80	2004–2009 −2,0	2009–2010 −15,8	
12b	Anbaufläche des Ökolandbaus Anteil an der landwirtschaftlichen Nutzfläche (in %)	2011 6,1	in den nächsten Jahren 20	2006–2011 4,5	kein Zieljahr[7]	
13	Schadstoffbelastung der Luft (gemittelter Index) 1990 = 100	2011 41,6	2010 30	2005–2010 −1,8	2010–2010 –	

Stand: März 2013.
1 Bei Indikator 5 für die letzten 10 Jahre.
2 Kein statistisch signifikanter Trend bei Indikator 1a, 7, 11a, 11b, 11c und 12a.
3 Datenstand Bruttoinlandsprodukt: Januar 2013.
4 Bezogen auf den Mittelwert aus den jeweils letzten vier Jahren.
5 Datenstand Deutsche Bundesbank: Februar 2013.
6 Gleitender Dreijahresdurchschnitt, Bezug auf das mittlere Jahr.
7 Zieljahr 2010 wurde zum Indikatorenbericht 2006 aufgegeben. Bei Fortsetzung der bisherigen Entwicklung würde das Ziel im Jahr 2038 erreicht.
– nichts vorhanden.

☀ Zielwert des Indikators ist erreicht oder erreichbar (Abweichung vom Zielwert weniger als 5%).
⛅ Indikator entwickelt sich in die richtige Richtung, aber der Zielwert würde um 5% bis 20% verfehlt.
☁ Indikator entwickelt sich in die richtige Richtung, aber der Zielwert würde um mehr als 20% verfehlt.
⛈ Indikator entwickelt sich in die falsche Richtung, Ziel wäre nicht erreichbar.

Symbol für Gewitter als schlechteste Bewertungsmöglichkeit wird vergeben, wenn sich der Indikator in den letzten Jahren in die falsche Richtung entwickelt hat, sich also vom Ziel entfernt. Zusätzlich wird angegeben, ob die Entwicklung in den letzten Jahren einen statistischen Trend erkennen lässt.

In der dargestellten Auswahl von Nachhaltigkeitsindikatoren mit Bezug zu Umwelt und Ökonomie (Stand: März 2013) fallen von den 20 Indikatoren acht in die beste oder zweitbeste Kategorie. Besonders erfolgreich erscheint die Entwicklung zum Beispiel bei den Treibhausgasemissionen (Indikator 2) oder bei den erneuerbaren Energien (Indikatoren 3a, 3b). Besonders negativ zeigt sich die Situation dagegen zum Beispiel für die Indikatoren zu Artenvielfalt und Landschaftsqualität (Indikator 5, siehe auch die gesonderte Darstellung weiter unten), zum Schuldenstand (Indikator 6c) und zu zwei Indikatoren aus dem Verkehrsbereich (Indikatoren 11a, 11d).

Über die plakativen Bewertungssymbole hinaus kommt bei der Wahrnehmung der Erfolge oder Misserfolge der Nachhaltigkeitsstrategie den Hintergrundinformationen und Analyseergebnissen in den Texten der Indikatorenberichte eine große Bedeutung zu. Beispielsweise wurde die festgestellte Erhöhung der Energieproduktivität (Indikator 1a) zu einem erheblichen Teil nicht durch einen sparsameren Umgang mit der Energie in den einzelnen Branchen erreicht, sondern ist auf den wirtschaftlichen Strukturwandel zurückzuführen. Ebenso ist zum Beispiel der festgestellte Anstieg der Rohstoffproduktivität (Indikator 1c) in der Vergangenheit nicht auf einen im Durchschnitt sparsameren Einsatz der Rohstoffe zurückzuführen, sondern auf einen Strukturwandel hin zu weniger rohstoffintensiven Branchen und darauf, dass der Materialeinsatz zunehmend durch Importe gedeckt wurde. Was die positive Entwicklung bei den Treibhausgasen angeht, ist zu berücksichtigen, dass Deutschland unter den Industrienationen auch weiterhin zu den größten Emittenten gehört.

Artenvielfalt und Landschaftsqualität (Indikator 5 der nationalen Nachhaltigkeitsstrategie)

Als Beispiel für einen umweltbezogenen Nachhaltigkeitsindikator wird an dieser Stelle Indikator 5 zu Artenvielfalt und Landschaftsqualität ausführlicher vorgestellt (Stand: Indikatorenbericht 2012). Der Indikator beruht auf Berechnungen des Bundesamtes für Naturschutz.

Eine große Artenvielfalt an Tieren und Pflanzen ist eine wesentliche Voraussetzung für einen leistungsfähigen Naturhaushalt und bildet eine wichtige Lebensgrundlage des Menschen. Natur und Landschaft in Deutschland sind durch Jahrhunderte während Nutzungen geprägt. Zur Erhaltung der daraus entstandenen und der natürlich gewachsenen Vielfalt reicht ein kleinflächiger Schutz von Arten und Lebensräumen nicht aus. Vielmehr sind nachhaltige Formen der Landnutzung in der Gesamtlandschaft, eine Begrenzung von Emissionen und ein schonender Umgang mit der Natur erforderlich. Auf diese Weise kann die Artenvielfalt erhalten und zugleich die Lebensqualität des Menschen gesichert werden.

Der Indikator liefert Informationen zur Artenvielfalt, zur Landschaftsqualität und zur Nachhaltigkeit der Landnutzungen. Der Berechnung des Indikators liegt die Entwicklung der Bestände von 59 ausgewählten Vogelarten zugrunde, die die wichtigsten Landschafts- und Lebensraumtypen in Deutschland repräsentieren (Agrarland, Wälder, Siedlungen, Binnengewässer, Küsten und Meere sowie die Alpen). Die Größe der Bestände (nach Anzahl der Reviere beziehungsweise Brutpaare) spiegelt die Eignung der Landschaft als Lebensraum für die ausgewählten Vogelarten wider. Da neben Vögeln auch andere Arten an eine reichhaltig gegliederte Landschaft mit intakten, nachhaltig genutzten Lebensräumen gebunden sind, bildet der Indikator indirekt auch die Entwicklung zahlreicher weiterer Arten in der Landschaft und die Nachhaltigkeit der Landnutzung ab. Ein Expertengremium hat für jede einzelne Vogelart Bestandszielwerte für das Jahr 2015 festgelegt, die erreicht werden könnten, wenn europäische und nationale rechtliche Regelungen mit Bezug zum Naturschutz und die Leitlinien einer nachhaltigen Entwicklung zügig umgesetzt werden. Aus dem Grad der Zielerreichung bei allen 59 Vogelarten wird jährlich ein Wert für den Gesamtindikator berechnet. ▶ Abb 3

Der Wert des Indikators für Artenvielfalt und Landschaftsqualität lag im Jahr 1990 deutlich unter den Werten, die für die Jahre 1970 und 1975 rekonstruiert wurden. In den letzten zehn Beobachtungsjahren (1999 bis 2009) hat sich der Indikatorwert (statistisch signifikant) verschlechtert. Im Jahr 2009 lag er bei knapp 67 % des Zielwerts. Bei gleichbleibender Entwicklung kann das Ziel von 100 % im Jahr 2015 nicht ohne erhebliche zusätzliche Anstrengungen von Bund, Ländern und auf kommunaler Ebene in möglichst allen betroffenen Politikfeldern mit Bezug zum Natur- und Landschaftsschutz erreicht werden.

Die Teilindikatoren für Agrarland (66 % des Zielwerts im Jahr 2009), für Siedlungen (59 %), für Küsten und Meere (56 %) sowie für die Alpen (77 %) entfernten sich in den letzten zehn Jahren bis 2009 statistisch signifikant vom Ziel. Für Wälder und Binnengewässer (jeweils bei 70 %) ist in diesem Zeitraum kein statistisch signifikanter Trend feststellbar.

Die wichtigsten Ursachen für den Rückgang der Artenvielfalt sind – regional unterschiedlich – eine intensive land- und forstwirtschaftliche Nutzung, Zerschneidung und Zersiedelung der Landschaft, die Versiegelung von Flächen sowie Stoffeinträge. Hierbei werden Rest- und Schadstoffe in die Umwelt abgegeben (zum Beispiel Säurebildner oder Nährstoffe). Im Siedlungsbereich wirken sich Verluste an naturnahen Flächen und dörflichen Strukturen durch Bebauung und Flächenversiegelung negativ aus. Gefährdungsfaktoren für Lebensräume an der Küste sind Störungen durch eine gestiegene Freizeitnutzung und Verbauung, die zum Beispiel durch Küstenschutzmaßnahmen entsteht.

Die Veränderung des Klimas, die wesentlich durch die Emission von Treibhausgasen verursacht wird, führt bereits heute zu einer Verschiebung der Verbreitungsgebiete vieler Tier- und Pflanzenarten und beginnt, die Landschaften in Deutschland umzuformen. Die Artenvielfalt und das Artenspektrum könnten sich auch künftig verändern, da durch den vom Menschen verursachten Klimawandel neue Tierarten einwandern und andere Tier- oder Pflanzenarten aussterben. Auch Grünlandumbruch und zunehmender Energiepflanzenanbau können negative Auswirkungen auf die Landschaftsqualität und die Artenvielfalt haben. Offen ist bisher, in welcher Weise sich der demografische Wandel in Abwanderungsgebieten auswirken wird. Der Indikator hat direkte und indirekte Querbezüge zu vielen Indikatoren der nationalen Nachhaltigkeitsstrategie, unter anderem zu Rohstoffproduktivität, Treibhausgasemissionen,

erneuerbaren Energien, Anstieg der Siedlungs- und Verkehrsfläche, den Indikatoren zur Mobilität, zur Landbewirtschaftung (Stickstoffüberschuss, ökologischer Landbau) und zur Schadstoffbelastung der Luft.

11.1.3 Umweltschutzausgaben

Ein wichtiger Ansatzpunkt für die statistische Beschreibung von Umweltschutzmaßnahmen sind monetäre Größen wie die Ausgaben für Umweltschutzeinrichtungen. Sie umfassen die Investitionen und laufenden Ausgaben für den Betrieb von Umweltschutzeinrichtungen in den Bereichen Abfallbeseitigung, Gewässerschutz, Lärmbekämpfung, Luftreinhaltung, Naturschutz und Landschaftspflege, Bodensanierung, Klimaschutz sowie Reaktorsicherheit. Einbezogen sind die Ausgaben des Staates, des Produzierenden Gewerbes und die der privatisierten öffentlichen Unternehmen – soweit sie Entsorgung von Abfall und Abwasser betreiben.

Im Jahr 2010 wurden insgesamt 35,8 Milliarden Euro an Umweltschutzausgaben getätigt, das waren 1,4 % des BIP. Davon entfielen rund 8,8 Milliarden Euro auf das Produzierende Gewerbe, 8,3 Milliarden Euro auf die öffentlichen Haushalte (Staat) und 18,7 Milliarden Euro auf die privatisierten öffentlichen Entsorgungsunternehmen. Die Ausgaben für Umweltschutzinvestitionen hatten einen Anteil von 25 %, während die laufenden Ausgaben für den Betrieb der Umweltschutzeinrichtungen mit 75 % eindeutig überwogen.

Die Analyse der Ausgabenströme nach Umweltbereichen macht die Dominanz des Gewässerschutzes und der Abfallbeseitigung deutlich, die beide in erster Linie beim Staat oder den privatisierten öffentlichen Entsorgungsunternehmen angesiedelt sind. Auf diese beiden Umweltschutzbereiche entfielen im Jahr 2010 rund 80 % der gesamten

▶ Abb 3   **Artenvielfalt und Landschaftsqualität, Index 2015 = 100**

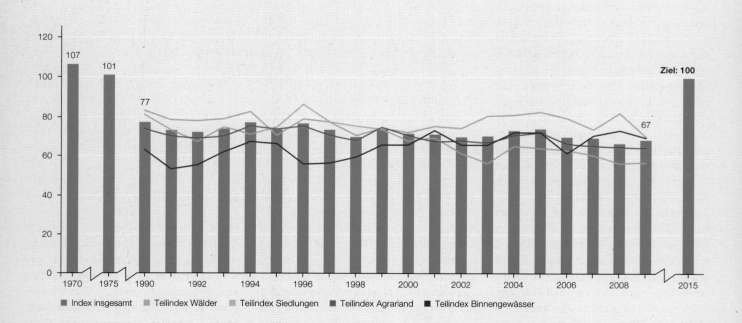

Werte einiger Vogelarten in den Lebensräumen der Küsten/Meere, Binnengewässer und
Alpen wurden in einzelnen Jahren extrapoliert, das heißt in einem mathematischen Verfahren näherungsweise bestimmt.
Quelle: Bundesamt für Naturschutz, 2011.

Umweltschutzausgaben. Die Maßnahmen für die Luftreinhaltung, die sich fast ausschließlich im Produzierenden Gewerbe finden, erreichten einen Ausgabenanteil von 7 %. Für den Klimaschutz wurden 6 % der Umweltschutzausgaben verwendet. Auf die übrigen Bereiche (Lärmschutz, Naturschutz, Bodensanierung und Reaktorsicherheit) entfielen auch 6 % der Gesamtausgaben. ▶ Tab 3

Im Vergleich von 2010 zu 2000 sind die Umweltschutzausgaben aller drei Bereiche, also Staat, Produzierendes Gewerbe und privatisierte öffentliche Entsorgungsunternehmen, um 2,7 Milliarden Euro gestiegen. Dabei gingen die Investitionen für Umweltschutz (von 9,5 Milliarden Euro auf 8,9 Milliarden Euro) zurück, während die laufenden Ausgaben von 23,6 Milliarden Euro auf 26,9 Milliarden Euro stiegen. Betrachtet man allein das Produzierende Gewerbe, haben sich die Investitionen zwischen 2000 und 2010 verdoppelt und lagen zuletzt bei 3,3 Milliarden Euro. Dies liegt daran, dass seit 2006 der Klimaschutz als weiterer Umweltbereich in die Rechnung einfließt. Außerdem werden die in den Produktionsprozess integrierten Investitionen erst seit 2003 erfasst. Ihr Wert lag 2010 bei 2,3 Milliarden Euro. Kostenintensivere, dem Produktionsprozess in der Regel nachgeschaltete Umweltschutzanlagen, sogenannte »End-of-pipe-Anlagen«, machten nur noch den geringeren Anteil an den Gesamtinvestitionen aus (rund 1,0 Milliarden Euro). Der Staat tätigte 2010 Investitionen für den Umweltschutz in Höhe von 1,9 Milliarden Euro, bei den privatisierten öffentlichen Entsorgungsunternehmen waren es 3,7 Milliarden Euro.

In der Diskussion über Maßnahmen zum Umweltschutz sind neben den Umweltschutzausgaben die umweltbezogenen Steuern von besonderem Interesse. Sie gehören zu den wirtschaftlichen Instrumenten in der Umweltpolitik. Zu den Umweltsteuern zählen in Deutschland die Energiesteuer (früher: Mineralölsteuer), die Kraftfahrzeugsteuer, die Stromsteuer sowie die 2011 erstmals erhobene Kernbrennstoffsteuer und die Luftverkehrsteuer. Die

▶ Tab 3 **Umweltschutzausgaben nach Umweltbereichen 2010, in jeweiligen Preisen — in Millionen Euro**

	Produzierendes Gewerbe[1]	Staat	Privatisierte öffentliche Entsorgungsunternehmen	Insgesamt
Abfallentsorgung	1 310	3 050	10 600	14 960
Gewässerschutz	2 340	3 280	8 140	13 750
Lärmbekämpfung	190	160	–	360
Luftreinhaltung	2 660	.		2 660
Naturschutz und Landschaftspflege[2]	30	1 370	–	1 400
Bodensanierung	90	–	–	90
Klimaschutz	2 140	–	–	2 140
Reaktorsicherheit	–	420	–	420
Insgesamt	**8 760**	**8 270**	**18 740**	**35 770**

Vorläufige Ergebnisse. Abweichungen in den Summen durch Runden der Zahlen.
1 Ohne die Wirtschaftsbereiche Wasserversorgung, Abwasser- und Abfallentsorgung sowie Baugewerbe.
2 Staat einschließlich Luftreinhaltung.
– nichts vorhanden.
. Zahlenwert unbekannt oder geheim zu halten.

▶ Abb 4 **Umweltbezogene Steuereinnahmen 2011 — in Prozent**

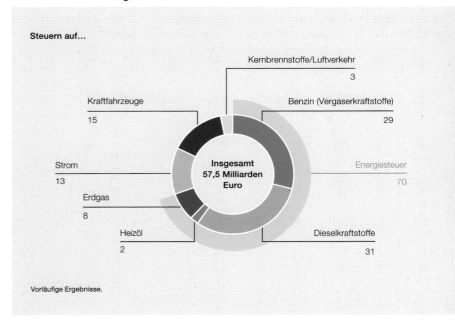

Vorläufige Ergebnisse.

»Ökosteuer« wurde in Deutschland zum 1. April 1999 eingeführt. Sie umfasste eine schrittweise Erhöhung der Energiebesteuerung durch Anhebung der Mineralölsteuersätze (bis 2003) und die Einführung der Stromsteuer. Bereits zuvor war die Mineralölsteuer im Laufe der 1990er-Jahre mehrfach angehoben und die Kraftfahrzeugsteuer auf eine andere Basis gestellt worden.

Im Jahr 2011 beliefen sich die umweltbezogenen Steuereinnahmen auf 57,5 Milliarden Euro. Davon entfielen 40,0 Milliarden Euro auf die Energiesteuer (Benzin, Dieselkraftstoffe, Heizöl und Erdgas), 8,4 Milliarden Euro auf die Kraftfahrzeugsteuer und 7,2 Milliarden Euro auf die Stromsteuer. Auf je rund 900 Millionen Euro beliefen sich die Einnahmen aus der Kernbrennstoffsteuer und aus der Luftverkehrssteuer. Von 2000 bis 2011 hat sich das Aufkommen an umweltbezogenen Steuern um 19 % erhöht. Dabei stiegen die Einnahmen aus der Energiesteuer um 6 %, die Einnahmen aus der Kraftfahrzeugsteuer erhöhten sich im gleichen Zeitraum um 20 %. Die Einnahmen aus der Stromsteuer haben sich seit 2000 mehr als verdoppelt (+ 116 %). Die gesamten Steuereinnahmen der öffentlichen Haushalte sind im genannten Zeitraum um 23 % gestiegen. Der Anteil umweltbezogener Steuern am gesamten Steueraufkommen in Deutschland lag damit 2011 bei 10 % und war deutlich niedriger als 2003 mit 13 %. ▸ Abb 4

11.1.4 Zusammenfassung

Die Umweltökonomischen Gesamtrechnungen liefern Daten und Analysen zu den Wechselwirkungen zwischen Wirtschaft und Umwelt. Überwiegend bilden die UGR physische Größen ab zu Nutzung und Verbrauch von Umweltressourcen durch Wirtschaft und Haushalte (Primärenergie, Rohstoffe, Wasser, Bodenfläche) und zur Abgabe von Stoffen in die Umwelt (Emissionen in Luft und Wasser, Abfälle). Monetäre Größen werden nur für den Bereich der Umweltschutzausgaben und Umweltsteuern bereitgestellt.

Die Ergebnisse in Form der umweltökonomischen Trends für die Jahre 2000 bis 2011 zeigten für fast alle untersuchten Faktoren eine rückläufige Umweltnutzung. Gleichzeitig wurden die Einsatzfaktoren effizienter genutzt; die Umweltproduktivitäten sind in allen Fällen angestiegen. Mit den gleichen Umweltressourcen wurde also eine höhere wirtschaftliche Leistung erzielt. Die Ergebnisse und Analysen gehen auch in den Indikatorenbericht des Statistischen Bundesamtes zur nationalen Nachhaltigkeitsstrategie ein. Sowohl für Indikatoren aus den Bereichen Umwelt und Wirtschaft als auch für die anderen Bereiche der Nachhaltigkeitspolitik werden Erfolge und Misserfolge an der Entwicklung dieser Indikatoren gemessen.

12 Freizeit und gesellschaftliche Partizipation

12.1 Freizeit und Mediennutzung

Kristina Kott, Sabine von Thenen, Silvia Vogel

Destatis

Zur Untersuchung von Freizeitaktivitäten werden verschiedene statistische Informationsquellen genutzt. Außerhalb der Statistik wird häufig zwischen Kultur und Unterhaltung unterschieden. Eine strikte Trennung dieser beiden Aspekte ist jedoch kaum möglich, da kulturelle Angebote (zum Beispiel von Theatern und Museen) und Kulturgüter (zum Beispiel Bücher und Filme), die im ersten Teil des Beitrags untersucht werden, auch zur Unterhaltung beitragen.

Einen großen Teil ihrer privaten Zeit verwenden die Menschen mittlerweile zur Nutzung von Informations- und Kommunikationstechnologien, die im zweiten Abschnitt (12.1.2) beleuchtet werden. Insbesondere die Entwicklung des Internets hat das Freizeitverhalten der Menschen in den letzten Jahren beeinflusst. Voraussetzung für die Internetnutzung im privaten Bereich ist die Ausstattung der Haushalte mit Computer und Internet-zugang. Wie häufig werden Computer und Internet im privaten Bereich genutzt und wozu? Gibt es geschlechtsspezifische Unterschiede? Hängt die Nutzung vom Alter oder vom Bildungsstand ab?

Unter 12.1.3 werden die privaten Ausgaben für Freizeitaktivitäten in den Blick genommen, die aus den Laufenden Wirtschaftsrechnungen (LWR) hervorgehen: Wie hoch sind die Ausgaben für Freizeitaktivitäten? Wofür wird das Geld ausgegeben? Gibt es Unterschiede zwischen einzelnen Haushaltstypen? Welche Rolle spielt die Höhe des Haushaltseinkommens? ▶ Info 1

12.1.1 Freizeit, Kultur und Sport

Theater

In der Spielzeit 2010/2011 gab es in 127 Gemeinden in Deutschland 140 öffentliche Theaterunternehmen mit 890 Spielstätten und rund 278 000 Plätzen. Bezogen

---

▶ Info 1

Wie viele arbeitsfreie Tage stehen Arbeitnehmern und Arbeitnehmerinnen zur Verfügung?

Nach dem Bundesarbeitsgesetz steht allen Arbeitnehmerinnen und Arbeitnehmern in Deutschland ein gesetzlicher Mindesturlaub von 24 Werktagen (vier Wochen) zu. In den Tarifverträgen sind jedoch meist längere Zeiten vereinbart. Im Jahr 2012 lag die tariflich vereinbarte Urlaubsdauer im früheren Bundesgebiet durchschnittlich bei 31 und in den neuen Ländern bei 30 Arbeitstagen. Dabei werden fünf Arbeitstage pro Woche zugrunde gelegt. Im Jahr 2012 hatten 77 % aller Tarifbeschäftigten im früheren Bundesgebiet und 64 % in den neuen Ländern Anspruch auf sechs oder mehr Wochen Urlaub.

Tariflich erfasste Arbeitnehmer/-innen nach Urlaubsdauer — in Prozent

Wochen	Früheres Bundesgebiet		Neue Länder (und Berlin-Ost)	
	1995	2012	1995	2012
4 bis unter 5	1	2	2	4
5 bis unter 6	20	20	51	32
6 oder mehr	79	77	47	64

Quelle: Bundesministerium für Arbeit und Soziales.

auf die Bevölkerungszahl dieser Gemeinden entspricht das einem Platzangebot von rund elf Plätzen je 1 000 Einwohner. Die insgesamt knapp 68 000 Aufführungen an öffentlichen Theatern verzeichneten in der Spielzeit 2010/2011 rund 19,0 Millionen Besucherinnen und Besucher, also durchschnittlich 281 je Veranstaltung.

Zehn Jahre zuvor – in der Spielzeit 2000/2001 – gab es mehr Theaterunternehmen, aber weniger Spielstätten (150 öffentliche Theaterunternehmen und 728 Spielstätten) und weniger Veranstaltungen (rund 63 000). Die Veranstaltungen wurden damals durchschnittlich von mehr Menschen besucht: Insgesamt wurden 20,1 Millionen Besucherinnen und Besucher gezählt, also durchschnittlich 318 je Veranstaltung.

Mit rund 5,7 Millionen Zuschauerinnen und Zuschauern lagen Opern und Tanz (Ballette) in der Saison 2010/2011 bei den Besuchszahlen an der Spitze. Es folgten Schauspiele mit 5,3 Millionen sowie Kinder- und Jugendstücke mit 2,8 Millionen Gästen; Operetten und Musicals sahen sich 1,9 Millionen Besucherinnen und Besucher an. Die Konzerte der Theaterorchester besuchten rund 1,6 Millionen Personen. Zum Vergleich: Die rund 47 000 Veranstaltungen der 200 Privattheater (Spielstätten) hatten 2010/2011 rund 7,3 Millionen Besucherinnen und Besucher. ▶ Abb 1

Die öffentlichen Theater erhalten zur Deckung ihrer laufenden Kosten seit jeher Betriebszuschüsse. Der Anteil der Ausgaben, den sie aus eigenen Einnahmen – im Wesentlichen aus dem Kartenverkauf – finanzieren, stieg an. In der Spielzeit 2000/2001 deckten die eigenen Betriebseinnahmen 15 % der Betriebsausgaben, was einen Betriebszuschuss von 91 Euro je Besucher zur Folge hatte. Zehn Jahre später betrug der Anteil rund 18 %. Der Betriebszuschuss lag bei rund 110 Euro je Besucher.

Kinos

Kinos (ortsfeste Leinwände) sind fester Bestandteil des Kulturangebots und leisten nach wie vor einen wichtigen Unter-

haltungsbeitrag. Im Jahr 2011 gab es in Deutschland 4 509 Kinos, das waren 150 weniger als im Jahr 2001 (4 659). Die Produktion deutscher sowie deutsch/ausländischer Koproduktionen von Spielfilmen (einschließlich Kinder- und Jugendfilme) hat in den vergangenen Jahren hingegen stark zugenommen: von 83 Produktionen im Jahr 2001 auf 123 im Jahr 2011. Trotzdem wurden 2011 nur noch 130 Millionen Filmbesuche (–27 %) in den Kinos in Deutschland gezählt. Im Jahr 2001 waren es rund 178 Millionen Besuche gewesen. Damit sank die Zahl der Kinobesuche pro Jahr je Einwohner in diesem Zeitraum von 2,2 (2001) auf 1,6 (2011).

Museen

Einen bedeutenden Faktor im kulturellen Leben stellen die 4 835 Museen unterschiedlicher Fachgebiete und Trägerschaften in Deutschland dar. Rund 44 % aller Einrichtungen sind Volks- und Heimatkundemuseen, gefolgt von kulturgeschichtlichen Spezialmuseen (rund 14 %) und naturwissenschaftlichen und technischen Museen (rund 12 %). Alle Museen zusammen zählten im Jahr 2011 insgesamt rund 110 Millionen Besuche. Im Vergleich dazu lag die Besuchszahl im Jahr 2001 bei 103 Millionen. Dies entspricht einem Anstieg von 6 %. Den größten Zuspruch fanden 2011 die historischen und archäologischen Museen mit 18,9 Millio-

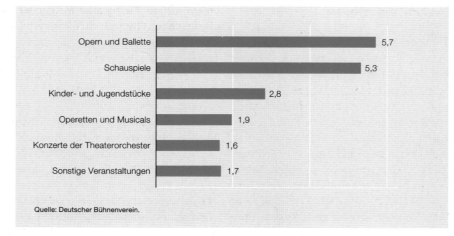

▶ Abb 1   **Theaterbesuche an öffentlichen Theatern 2010/2011 — in Millionen**

- Opern und Ballette: 5,7
- Schauspiele: 5,3
- Kinder- und Jugendstücke: 2,8
- Operetten und Musicals: 1,9
- Konzerte der Theaterorchester: 1,6
- Sonstige Veranstaltungen: 1,7

Quelle: Deutscher Bühnenverein.

▶ Tab 1   **Museumsarten und Zahl der Besuche 2011**

	Anzahl	Besuche in Millionen
Volks- und Heimatkundemuseen	2 123	15
Kunstmuseen	537	19
Schloss- und Burgmuseen	235	13
Naturkundliche Museen	214	8
Naturwissenschaftliche und technische Museen	572	17
Historische und archäologische Museen	360	19
Kulturgeschichtliche Spezialmuseen	694	11
Sonstige museale Einrichtungen	100	7
Insgesamt	**4 835**	**110**

Quelle: Institut für Museumsforschung.

nen Besuchen sowie die Kunstmuseen mit 18,6 Millionen Besuchen. ▶ Tab 1

Bücher und Bibliotheken

Trotz der zunehmenden Verbreitung elektronischer Medien haben Bücher ihre Bedeutung als Infomationsquelle und als Unterhaltungsmedium nicht eingebüßt. Im Jahr 2001 hatte die Erstauflage an Buchtiteln rund 64 600 Stück betragen, darunter gut 5 200 Taschenbücher. Im Jahr 2011 zeugten insgesamt rund 82 000 Erstauflagen (+ 27 %) – darunter knapp 10 400 Taschenbücher (+ 99 %) – von einem gestiegenen Interesse. Nach Sachgruppen gegliedert, entfiel 2011 die größte Anzahl der Erstauflagen auf Literatur (rund 30 000), Sozialwissenschaften (rund 16 500) und Technik, Medizin, angewandte Wissenschaften (rund 14 200). ▶ Tab 2

Der Zugang zur Literatur wird durch Bibliotheken erleichtert. Im Jahr 2011 gab es in Deutschland 8 131 öffentliche Bibliotheken mit einem Bestand von rund 124 Millionen Medieneinheiten (insbesondere Bücher und Zeitschriften, aber auch Kassetten, CDs, DVDs und Spiele). Es wurden rund 380 Millionen Entleihungen an knapp 8 Millionen Bibliotheksbenutzerinnen und -benutzer registriert. Die 250 wissenschaftlichen Bibliotheken in Deutschland (ohne die Spezialbibliotheken) verfügten 2011 über 239 Millionen Bände und Dissertationen. Hier entfielen auf 2,8 Millionen Bibliotheksbenutzerinnen und -benutzer rund 92 Millionen Entleihungen.

Sport

Sport ist ein wichtiger Teil der Alltagskultur. Er trägt zur Lebensqualität bei und prägt die Freizeitgestaltung. Der Deutsche Olympische Sportbund (DOSB) hatte als Dachorganisation des deutschen Sports im Jahr 2012 insgesamt 27,8 Millionen Mitglieder in 91 080 Sportvereinen. Er ist damit die größte Personenvereinigung Deutschlands.

Gemessen an den Mitgliederzahlen rangierte 2012 der Deutsche Fußball-Bund (DFB) mit 6,8 Millionen an der Spitze der Sportverbände. Er hatte damit mehr als ein Viertel aller Mitglieder des Deutschen Olympischen Sportbunds. Ihm folgten der Deutsche Turner-Bund und der Deutsche Tennis Bund (5,0 beziehungsweise 1,5 Millionen Mitglieder). Unter den zehn mitgliedsstärksten Verbänden waren mit dem Deutschen Alpenverein (Bergsport) und den Sportfischern auch zwei nicht olympische Verbände vertreten. Über 628 000 Menschen mit Behinderungen sind im Deutschen Behindertensportverband, Deutschen Gehörlosen-Sportverband und Special Olympics Deutschland organisiert. ▶ Tab 3

Der Frauenanteil in allen Sportverbänden insgesamt lag im Jahr 2012 bei rund 40 %. Der Deutsche Turner-Bund gehörte neben dem Deutschen Tanzsportverband und der Deutschen Reiterlichen Vereinigung zu den wenigen Sportverbänden, bei denen Frauen in den Vereinen zahlenmäßig dominierten. In den Fußballvereinen lag 2012 der Frauenanteil bei 16 %.

Sportvereine leisten einen wichtigen Beitrag zur Gesundheitsförderung. Fast jeder dritte Verein bot 2011 spezielle Aktivitäten im Gesundheitsbereich an. Gemessen an allen Sportangeboten entfielen knapp 12 % auf Angebote des Gesundheitssports mit Zielsetzung Gesundheitsförderung, Prävention und Rehabilitation.

Sportvereine werden auch getragen vom ehrenamtlichen Engagement ihrer Mitglieder. Insgesamt engagierten sich 2011 in deutschen Sportvereinen Mitglieder in 1,75 Millionen Positionen ehrenamtlich. Davon waren mehr als 800 000 Mitglieder auf der Vorstandsebene und in unterstützenden Funktionen aktiv. Sie waren im Durchschnitt rund 15,4 Stunden pro Monat für ihren Verein tätig. Dies entspricht einer monatlichen Arbeitsleistung von 12,5 Millionen Stunden. Rund eine weitere Million Ehrenamtliche bekleidete auf Dauer angelegte ausführende Funktionen (zum Beispiel Positionen für Trainer, Übungsleiter, Schieds- und Kampfrichter). Der gesamte Beitrag der Sportvereine zum bürgerschaftlichen Engagement in Deutschland wird ersichtlich, wenn man zusätzlich die 7 Millionen Menschen be-

▶ Tab 2   **Buchproduktion nach ausgewählten Sachgruppen 2011**

	Erstauflagen
Insgesamt	82 048
↳ Literatur	30 043
↳ Sozialwissenschaften	16 529
↳ Technik, Medizin, angewandte Wissenschaften	14 201
↳ Künste und Unterhaltung	10 282
↳ Geschichte und Geografie	7 702

Einschließlich Mehrfachzählungen in den Sachgruppen.
Quelle: Deutsche Nationalbibliografie, VLB 2012 und Berechnungen des Börsenvereins des Deutschen Buchhandels.

▶ Tab 3   **Die zehn mitgliederstärksten Sportverbände 2012**

	Mitglieder in 1 000
Deutscher Fußball-Bund	6 800
Deutscher Turner-Bund	4 967
Deutscher Tennis Bund	1 504
Deutscher Schützenbund	1 394
Deutscher Alpenverein	919
Deutscher Leichtathletik-Verband	860
Deutscher Handballbund	819
Deutsche Reiterliche Vereinigung	719
Verband Deutscher Sportfischer	628
Deutscher Golf Verband	625

Quelle: Deutscher Olympischer Sportbund.

rücksichtigt, die als freiwillige Helferinnen und Helfer unentgeltlich bei gesonderten Arbeitseinsätzen aktiv waren. Fasst man alle zusammen, so waren unter dem Dach des Deutschen Olympischen Sportbunds 8,8 Millionen Personen ehrenamtlich engagiert. Allerdings ist bei dieser Zahl zu beachten, dass Personen in formalen ehrenamtlichen Positionen zum Teil auch zusätzlich sporadisch unbezahlte Aufgaben im Sportverein übernehmen.

12.1.2 Private Nutzung von Informations- und Kommunikationstechnologien

Mit der europäischen Erhebung zur Nutzung von Informations- und Kommunikationstechnologien wird die Ausstattung

▶ Info 2

Datenerhebung zur privaten Nutzung von Informations- und Kommunikationstechnologien

Mit der Befragung über die private Nutzung von Informations- und Kommunikationstechnologien werden Daten zur Ausstattung und zur Nutzung entsprechender Geräte, insbesondere Computer und Internet, erhoben. Die Schwerpunkte liegen auf Fragen zur Art, Häufigkeit und ausgewählten Zwecken der Internetnutzung. Zusätzlich werden Informationen darüber erhoben, welche Bedenken und Hindernisse die Menschen vom Kontakt zu neuen Technologien abhalten. Die Erhebung ist eine europäische Erhebung, die jährlich seit 2002 durchgeführt wird. Ziel ist es, Informationen über die Verbreitung und über unterschiedliche Nutzungsaspekte von Computer und Internet bereitzustellen. Die Erhebung wird in Deutschland als schriftliche Befragung durchgeführt und besteht aus zwei Erhebungsteilen (Haushalts- und Personenfragebogen). Über einen Haushaltsfragebogen werden Informationen zur Ausstattung der privaten Haushalte mit Informations- und Kommunikationstechnologien erhoben. Um ein genaues Bild über die Nutzungsgewohnheiten der Einzelpersonen im Haushalt ermitteln zu können, erhält jede im Haushalt lebende Person ab 10 Jahren einen Personenfragebogen mit Fragen zur individuellen Computer- und Internetnutzung. Fragen zum Bildungsstand und zur Erwerbstätigkeit beziehen sich auf Personen ab 16 Jahren. Die Auskunftserteilung ist freiwillig.

▶ Info 3

Was sind private Haushalte?

Als Privathaushalt gelten Personen, die zusammen wohnen und wirtschaften, die in der Regel ihren Lebensunterhalt gemeinsam finanzieren beziehungsweise die Ausgaben für den Haushalt teilen. Zu einem Privathaushalt gehören auch die vorübergehend abwesenden Personen, zum Beispiel Berufspendler, Studierende, Auszubildende, Personen im Krankenhaus, Urlaub, Wehr- und Zivildienst. Entscheidend ist, dass die Abwesenheit nur vorübergehend ist und die Person normalerweise im Haushalt wohnt und lebt beziehungsweise mit ihrem ersten Wohnsitz an der Adresse des Haushalts gemeldet ist. Personen, die in einem Haushalt nur für sich selbst wirtschaften (Alleinlebende oder Wohngemeinschaften ohne gemeinsame Haushaltsführung) gelten als eigenständige Privathaushalte. Untermieter, Gäste und Hausangestellte gehören nicht zum Haushalt.

▶ Abb 2   **Ausstattung privater Haushalte mit PC und Internetzugang — in Prozent**

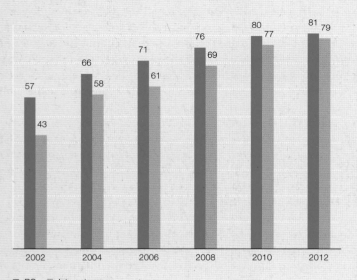

▪ PC ▪ Internetzugang

privater Haushalte mit entsprechenden Geräten und deren Nutzung für den privaten Gebrauch untersucht. Die Ergebnisse beziehen sich, sofern nicht anders angegeben, auf das erste Quartal 2012. ▶ Info 2

Ausstattung privater Haushalte

Die Nutzung von Technologien setzt voraus, dass entsprechende Geräte und Anschlüsse vorhanden sind. In erster Linie geht es hier um die Ausstattung privater Haushalte mit einem Computer (stationärer PC oder Laptop) und einem Internetzugang. Zusätzlich wurde im Jahr 2012 auch die Nutzung mobiler Geräte erfasst.

Die Ergebnisse im Zeitablauf zeigen, dass die Ausstattung privater Haushalte mit Computern und Internet seit 2002 kontinuierlich angestiegen ist. Der Anteil der Haushalte mit einem Computer erhöhte sich von 57 % im Jahr 2002 auf 81 % im Jahr 2012. Eine ähnliche, noch dynamischere Entwicklung ist beim Internetzugang zu beobachten: Der Anteil der Haushalte mit Internetanschluss lag 2002 bei 43 % und erreichte 2012 bereits 79 %. ▶ Info 3 , Abb 2

Die Ausstattung privater Haushalte ist abhängig von der Haushaltsgröße. So verfügten Haushalte mit Kindern unter 16 Jahren zum Beispiel eher über einen eigenen Internetzugang als andere Haushaltsformen. Je höher die Zahl der Haushaltsmitglieder, desto eher stand ein Internetzugang zur Verfügung. ▶ Abb 3

Als wichtiger Indikator für die Intensität der Mediennutzung der privaten Haushalte gilt der Anteil der Haushalte, die über einen Breitbandanschluss (zum Beispiel DSL-Anschluss) verfügen. Die Zahl der Haushalte, die über einen solchen Breitbandanschluss verfügen, hat in den letzten Jahren stark zugenommen. Sie lag im Jahr 2006 erst bei der Hälfte der Haushalte (50 %), im Jahr 2012 waren es bereits 95 % der Haushalte. Lediglich 3 % der Haushalte, die einen Internetzugang hatten, gaben 2012 »Analoges Modem oder ISDN-Modem/ISDN-Karte« als Zugangsart an. Im Jahr 2006 hatte deren Anteil noch bei 54 % gelegen.

▶ Abb 3   **Haushalte mit Internetzugang 2012 — in Prozent**

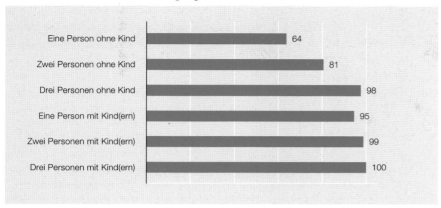

Eine Person ohne Kind	64
Zwei Personen ohne Kind	81
Drei Personen ohne Kind	98
Eine Person mit Kind(ern)	95
Zwei Personen mit Kind(ern)	99
Drei Personen mit Kind(ern)	100

▶ Tab 4   **Computernutzung — in Prozent**

	Insgesamt	Männlich	Weiblich
2002	61	66	55
2006	73	77	68
2008	76	81	71
2010	78	83	74
2012	79	83	74

▶ Info 4

Wie wird der Bildungsstand definiert?

Die drei im Text verwendeten Kategorien hoher, mittlerer und niedriger Bildungsstand beruhen auf der international vergleichbaren Klassifikation formaler Bildungsabschlüsse »International Standard Classification of Education« (ISCED). Personen mit einem hohen Bildungsstand verfügen über einen akademischen Abschluss oder Fachschulabschluss. Berufsqualifizierende Abschlüsse oder das (Fach-)Abitur gehören zur Kategorie mittlerer Bildungsstand und alle übrigen Abschlüsse (einschließlich fehlendem Schul- oder Bildungsabschluss) zur Kategorie niedriger Bildungsstand.

Computernutzung

Die Ausstattung eines Haushalts mit Informations- und Kommunikationstechnologien allein sagt noch nichts darüber aus, wie verbreitet die Nutzung dieser Technologien innerhalb der Bevölkerung tatsächlich ist. Nicht immer nutzen alle Mitglieder eines Haushalts die vorhandenen Geräte oder Zugangsmöglichkeiten. Auch können Menschen, die zu Hause auf Computer oder Internetzugang verzichten, an anderen Orten auf diese Technologien zugreifen. Daher wird im Folgenden der Blick auf die Nutzung von Computern und Internet gerichtet, nicht auf die Ausstattung.

Die Nutzung von Computern ist in den vergangenen Jahren kontinuierlich angestiegen: Während 2002 rund 61 % der Bevölkerung ab einem Alter von zehn Jahren den PC in den letzten drei Monaten vor dem Befragungszeitraum, sei es privat, beruflich oder im Rahmen der Schule oder Ausbildung, genutzt haben, waren es 2012 bereits 79 %. Das

entspricht etwa 62 Millionen Menschen ab zehn Jahren. ▶ Tab 4

Ob der Computer im Alltag genutzt wird, hängt stark vom Alter ab: Bei den 10- bis 15-Jährigen hatten 2012 fast alle (97 %) den Computer genutzt, ebenso bei den 16- bis 24-Jährigen (98 %) und den 25- bis 44-Jährigen (97 %). Mit einem Anteil von 82 % ist die Computernutzung bei den 45- bis 64-Jährigen ebenso nicht mehr wegzudenken. Erst in der Altersgruppe der 65-Jährigen und Älteren war die Nutzung deutlich geringer. Jedoch lässt sich in der Altersgruppe der über 65-Jährigen auch der größte Anstieg in der Nutzung verzeichnen. So stieg der Anteil von 27 % im Jahr 2007 auf 36 % im Jahr 2012.

Auch zeigt sich bei der Computernutzung in den letzten drei Monaten vor der Befragung eine stärkere Differenzierung zwischen den Geschlechtern, wenn die unterschiedlichen Altersgruppen betrachtet werden. Insgesamt lag der Anteil der Computer nutzenden Männer

2012 mit 83 % nach wie vor über dem der Frauen (74 %). Im Zeitablauf ist der Abstand zwischen Männern und Frauen seit 2002 mit neun Prozentpunkten weitgehend konstant geblieben. Die Differenzen basierten jedoch größtenteils auf unterschiedlichem Verhalten bei den Älteren. Während Männer und Frauen bis zum Alter von 44 Jahren bei der Computernutzung gleichauf lagen, sah es in den Altersklassen ab 45 Jahren anders aus:

In der Altersklasse von 45 bis 64 Jahre nutzten Männer (84 %) bereits etwas häufiger den Computer als Frauen (80 %). Bei den 65-Jährigen und Älteren waren die geschlechtsspezifischen Unterschiede deutlicher: Der Anteil lag hier bei den Männern (48 %) fast doppelt so hoch wie bei den Frauen (26 %).

Unterschiede bei der Computernutzung ergaben sich auch nach dem Bildungsstand. Rund 62 % der Personen mit niedrigem Bildungsstand hatten 2012 in den letzten drei Monaten vor der Befragung einen Computer genutzt. Bei Personen mit mittlerem Bildungsstand (zum Beispiel Abitur oder duale Berufsausbildung) waren es 79 %. Der Anteil der Computernutzer mit hohem Bildungsstand lag 2012 bei 89 %. ▶ Info 4

Personen, die einen Computer nutzen, tun dies meist sehr intensiv. So zeigen die Zahlen aus dem Jahr 2012, dass 80 % der Computernutzer täglich oder fast täglich vor dem Bildschirm saßen. Auch hier werden Unterschiede zwischen den Altersgruppen offensichtlich: So nutzten in der Altersgruppe der 65-Jährigen und Älteren 62 % der Computernutzer diesen jeden Tag oder fast jeden Tag. Dagegen lag der Anteil bei den 16- bis 24-Jährigen bei 90 %. Bei den 25- bis 44-Jährigen (87 %) und in der Altersgruppe 45 bis 64 Jahre (78 %) lagen die Anteile ebenfalls deutlich höher. ▶ Tab 5

Internetnutzung

Auch das Internet ist wesentlicher Bestandteil des Lebensalltags von immer mehr Menschen. Im Jahr 2012 waren 77 % der befragten Personen in den letzten drei Monaten vor dem Befragungszeitraum im Internet aktiv. Im Jahr 2006 hatte dieser Anteil noch bei 65 % gelegen. Wer heute einen Computer nutzt, geht in der Regel auch ins Internet: So lag der Anteil der Internetsurfer mit 77 % nur um zwei Prozentpunkte niedriger als der Anteil der Personen, die überhaupt einen Computer 2012 nutzten (79 %).

Differenziert man die Ergebnisse nach dem Alter der Nutzer, zeigen sich wie bei der Computernutzung teilweise deutliche Unterschiede. Bis zum Alter von 64 Jahren lag die Internetnutzung innerhalb der Bevölkerung auf sehr hohem Niveau. Im Befragungszeitraum nutzten bei den 10- bis 15-Jährigen und bei den 25- bis 44-Jährigen jeweils 96 % das Internet. Von den Personen zwischen 16 und 24 Jahren waren es sogar 98 %. In der Altersgruppe der 45- bis 64-Jährigen hatten 80 % der Personen vom Internet Gebrauch gemacht. 65-Jährige und Ältere waren deutlich seltener online: Nur rund ein Drittel (32 %) dieser Altersgruppe nutzte 2012 dieses Medium.

Auch bei der Intensität der Internetaktivität gibt es Parallelen zur Computernutzung. Wer das Internet nutzt, tut dies auch regelmäßig. Drei Viertel (77 %) der Internetnutzer waren jeden

▶ Tab 5   **Häufigkeit der Computernutzung nach Altersgruppen 2012 — in Prozent**

	Insgesamt	Alter von ... bis ... Jahren				
		10–15	16–24	25–44	45–64	65 und älter
Von allen Befragten nutzten den Computer in den letzten drei Monaten mindestens einmal	79	97	98	97	82	36
Darunter nutzten ihn						
jeden Tag oder fast jeden Tag	80	66	90	87	78	62
mindestens einmal in der Woche	15	27	9	10	17	27

▶ Tab 6   **Häufigkeit der Internetnutzung nach Altersgruppen 2012 — in Prozent**

	Insgesamt	Alter von ... bis ... Jahren				
		10–15	16–24	25–44	45–64	65 und älter
Von allen Befragten nutzten das Internet in den letzten drei Monaten mindestens einmal	77	96	98	96	80	32
Darunter nutzten es						
jeden Tag oder fast jeden Tag	77	63	90	84	71	59
mindestens einmal in der Woche	18	28	8	12	21	29

▶ Tab 7   **Internetaktivitäten 2012 — in Prozent**

	Insgesamt	Männlich	Weiblich
Kommunikation			
Senden und empfangen von E-Mails	91	90	91
Telefonieren/Videotelefonate (mit Webcam)	27	30	24
Mitteilungen in soziale Netzwerke, Foren, Blogs oder Chaträume einstellen	42	43	42
Informationssuche, Nutzung von Onlinediensten			
Informationen über Waren und Dienstleistungen	88	90	87
Nutzen von Reisedienstleistungen	58	58	58
Nutzen von Internetradio/-fernsehen	38	44	30
Hochladen eigener Inhalte (zum Beispiel Text, Bilder, Fotos, Videos, Musik)	29	30	27
Lesen/herunterladen von Onlinenachrichten, Zeitungen oder Zeitschriften	64	69	59
Bankgeschäfte, Verkauf von Waren und Dienstleistungen			
Internetbanking	50	53	48
Verkauf von Waren und Dienstleistungen	27	30	25
Kontakt mit Behörden/öffentlichen Einrichtungen (E-Government) in den letzten zwölf Monaten	59	59	60
↳ Informationssuche auf Webseiten von Behörden	58	58	59
↳ Herunterladen amtlicher Formulare	34	36	32
↳ Versenden ausgefüllter Formulare über das Internet	16	18	14

Internetaktivitäten zu privaten Zwecken innerhalb der letzten drei Monate.

oder fast jeden Tag online. Im Jahr 2006 hatte dieser Anteil noch 56 % betragen. Den größten Anteil an täglichen Nutzern hatten 2012 die 16- bis 24-Jährigen (90 %), gefolgt von den 25- bis 44-Jährigen (84 %) und den Onlinern zwischen 45 und 64 Jahren (71 %). Sowohl bei den ganz jungen Nutzern zwischen 10 und 15 Jahren als auch bei den älteren Menschen ab 65 Jahren surften mit 63 % beziehungsweise 59 % nicht ganz so viele jeden oder fast jeden Tag im Internet. ▶ Tab 6

Die Anteile der Internetnutzer unterscheiden sich zwischen Männern und Frauen entsprechend der Computernutzung: So surften 81 % der Männer im World Wide Web, der Anteil der Frauen lag bei 73 %. Auch hier ergab sich das niedrigere Niveau bei den Frauen durch das Verhalten der 65-Jährigen und Älteren. In dieser Altersgruppe waren 2012 lediglich 24 % der Frauen im Internet aktiv, bei den Männer dagegen 44 %. Bei der Altersgruppe der 45- bis 64-Jährigen betrug der geschlechtsspezifische Unterschied vier Prozentpunkte (Frauen: 78 %, Männer: 82 %). Bei den Jüngeren (bis 44 Jahre) gab es, wie bereits in den letzten Jahren, keinen Unterschied. ▶ Abb 4

Ein Blick auf den Bildungsstand der Internetnutzer zeigt: 87 % der Personen mit einem hohen Bildungsstand nutzten 2012 das Internet innerhalb der letzten drei Monate vor dem Befragungszeitraum. Bei Personen mit mittlerem Bildungsstand lag der Anteil bei 77 %, bei Personen mit niedrigem Bildungsstand bei 61 %.

Die dargestellten Ergebnisse zeigen den Verbreitungsgrad und den allgemeinen Einsatz des Internets in der Bevölkerung. Unberücksichtigt blieb dabei, ob das Internet für private oder für berufliche Zwecke verwendet wird. Nachfolgend wird nun der Frage nachgegangen, für welche Zwecke das Internet im privaten Bereich eingesetzt wird.

Im Jahr 2012 wurde das Internet in den letzten drei Monaten vor dem Befragungszeitraum am häufigsten für Kommunikation und für die Informa-

tionssuche beziehungsweise Nutzung von Onlineservices verwendet. Insgesamt nutzten 91 % der Internetnutzer die Möglichkeit zum Versenden von E-Mails, 88 % suchten nach Informationen und nutzten Onlinedienste. Für Bankgeschäfte wurde das Internet von 50 % der Nutzer verwendet, private Verkäufe von Waren und Dienstleistungen wurden von 27 % getätigt. Insgesamt gaben 59 % der Internetnutzer an, sich auf den Internetseiten von Behörden Informationen verschafft zu haben oder über das Internet Kontakt zu Behörden aufgenommen zu haben. ▶ Tab 7

Bei vielen Internetaktivitäten zu privaten Zwecken können keine oder nur geringfügige geschlechterspezifische Unterschiede festgestellt werden, wie zum Beispiel bei der Nutzung des Internets für E-Mails oder auch für die allgemeine Suche nach Informationen zu Waren oder Dienstleistungen. Sehr große Unterschiede waren jedoch beispielsweise beim Herunterladen von Software, beim Spielen oder Herunterladen von Spielen, Bildern, Filmen oder Musik und auch beim Konsum von Internetradio beziehungsweise Internetfernsehen zu beobachten. Internetradio oder -fernsehen wurde von 44 % der Männer, jedoch nur von 30 % der Frauen genutzt. Ferner haben 39 % der Männer, aber nur 33 % der Frauen Filme und Musik online erworben. Auch beim Einkauf von Büchern und Zeitschriften über das Internet zeichnet sich ein Unterschied zwischen den Geschlechtern ab. Zwar ist der Erwerb von Büchern und Zeitschriften bei Männern wie bei Frauen häufiger als der von Filmen und Musik, jedoch liegen hier die Frauen mit 56 % vor den Männern mit 45 %.

Verhältnismäßig geringe Unterschiede zwischen den Altersgruppen waren beim Senden und Empfangen von E-Mails zu finden, wobei auffälligerweise die 10- bis 15-jährigen Nutzer mit 71 % den geringsten Anteil hatten. Hier zeigt sich der Trend gerade bei den Jüngeren, Mitteilungen über Onlinenetzwerke oder Foren weiterzugeben. Chatten, der Besuch von (Diskussions-)Foren oder das Einstellen

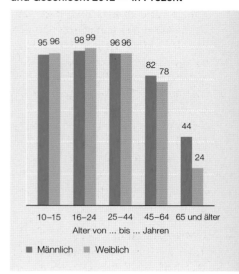

▶ Abb 4 **Internetnutzung nach Alter und Geschlecht 2012 — in Prozent**

von Mitteilungen über Onlinenetzwerke war bei Personen der Altersgruppe der 16- bis 24-Jährigen sehr beliebt (86 %) und nahm in den nachfolgenden Altersgruppen deutlich ab. Die 10- bis 15-Jährigen belegten bei der Nutzung von sozialen Netzwerken den zweiten Platz, wenn auch mit einem deutlich geringeren Anteil als die 16- bis 24-Jährigen. Ähnlich verhielt es sich beim Spielen oder Herunterladen von Spielen, Bildern, Filmen oder Musik, das am meisten von den Onlinern zwischen 10 und 15 Jahren sowie zwischen 16 und 24 Jahren genutzt wurde. Zur Informationssuche über Waren und Dienstleistungen nutzen insbesondere die Altersklassen der über 16-Jährigen das Internet häufig. Hier liegt der Anteil durchgehend bei über 80 %. ▶ Abb 5

Auch die mobile Internetnutzung hat in den letzten Jahren zugenommen und wird mit der weiteren Verbreitung neuer Technologien in den nächsten Jahren sicherlich weiter an Bedeutung gewinnen. Insgesamt gaben 37 % aller Internetnutzer an, innerhalb der letzten drei Monate das Internet mit einem mobilen Gerät genutzt zu haben. Die größte Bedeutung kommt dabei Laptops/Notebooks und Smart-

▶ Abb 5 **Ausgewählte Internetaktivitäten nach Altersgruppen 2012 — in Prozent**

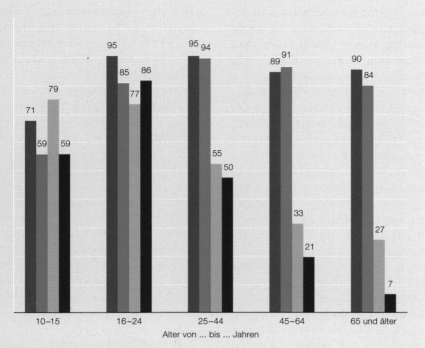

Senden und empfangen von E-Mails

Informationssuche über Waren und Dienstleistungen

Spiele, Bilder, Filme oder Musik (ab)spielen/herunterladen

Mitteilungen in soziale Netzwerke, Foren, Blogs oder Chaträumen einstellen

▶ Abb 6 **Personen, die Onlineeinkäufe tätigen — in Prozent**

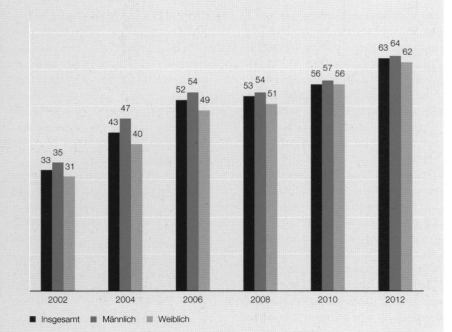

Insgesamt **Männlich** **Weiblich**

phones zu, welche von 71 % respektive 75 % der mobilen Internetuser genutzt wurden. Weniger verbreitet sind Tablets (15 %) und andere Handheld-Geräte als Smartphones (12 %).

Genau wie bei der Nutzung von Internetanschlüssen im Büro oder in der eigenen Wohnung gibt es bei der mobilen Internetnutzung große Unterschiede zwischen den Altersgruppen: Bei den 65-Jährigen und Älteren ist der Anteil mit 13 % am geringsten, gefolgt von den 45 bis 64-Jährigen mit knapp 25 %. Ein etwas höherer Anteil (29 %) der 10- bis 15-jährigen Internetnutzer gibt an, auch mit mobilen Geräten ins Internet zu gehen. Höher liegt jedoch der Anteil in der Altersgruppen der 25- bis 24-Jährigen (46 %). Mit Abstand führend sind die Onliner im Alter zwischen 16 und 24 mit 59 % mobiler Nutzung.

Unter den Befragten, die zwar das Internet innerhalb der letzten drei Monate genutzt hatten, jedoch keine mobilen Geräte dazu verwendeten, gaben 90 % als Grund an, keinen Bedarf zu haben und 26 % verwiesen auf zu hohe Kosten. Weniger häufig wurden Bedenken hinsichtlich des Datenschutzes (14 %), unzureichende Kenntnisse (11 %) sowie die unkomfortable Bedienung durch zu kleine Bildschirme (10 %) genannt.

Onlineeinkäufe

Seit immer mehr Waren und Dienstleistungen über das Internet zu beziehen sind, ist auch der Anteil an Menschen stetig gestiegen, die Einkäufe oder Bestellungen von Waren und Dienstleistungen im Internet vornehmen. Der Anteil der Internetnutzer ab zehn Jahren, die Onlineeinkäufe im ersten Quartal des Befragungsjahres tätigten, lag 2002 erst bei 33 %. 2012 ist der Anteil auf 63 % angestiegen. Das entspricht knapp 36 Millionen Menschen in Deutschland. Insbesondere die Generation im Alter von 25 bis 44 Jahren nutzte die Möglichkeit, über das Internet einkaufen zu können. Insgesamt 80 % der Personen dieser Altersgruppe hatten 2012 Waren oder Dienstleistungen innerhalb der letzten drei

Monate vor dem Befragungszeitraum online gekauft beziehungsweise bestellt. In den Altersgruppen von 16 bis 24 Jahren sowie von 45 bis 64 Jahren lag der Anteil bei jeweils 61 %. Bei den 65-Jährigen und Älteren kauften oder bestellten immerhin vier von zehn (44 %) Waren oder Dienstleistungen online. Der Anteil der 10- bis 15-Jährigen am Onlineeinkauf war allein schon aufgrund des Alters am geringsten, dennoch waren es 22 % dieser Altersgruppe, die online einkauften oder bestellten. ▶ Abb 6

In der Erhebung zur Nutzung von Informations- und Kommunikationstechnologien des Jahres 2012 wurde auch untersucht, ob die Befragten innerhalb des letzten Jahres Internetkäufe per Handy oder Smartphone tätigten. Der Anteil derer, die ein dafür nötiges Handheld-Gerät nutzten, lag jedoch nur bei 10 % der Onlineeinkäufer. Der größte Teil (90 %) tat dies nicht.

Auch der Onlineeinkauf ist altersabhängig: So gaben im Jahr 2012 rund 42 % der Personen ab 65 Jahren an, noch nie Waren oder Dienstleistungen über das Internet bezogen zu haben. In der Altersklasse der 45- bis 64-Jährigen lag dieser Anteil bei 23 %. Deutlich geringer ist dagegen der Anteil der jüngeren Nutzer (ausgenommen der 10- bis 15-Jährigen), die noch nie im Internet eingekauft haben. In der Altersgruppe der 25- bis 44-Jährigen betrug der Anteil 7 %, bei den Internetnutzern zwischen 16 und 24 Jahren waren es 19 %.

Bei der Betrachtung der Art der Güter und Dienstleistungen, die im Internet in den zwölf Monaten vor dem Befragungszeitraum gekauft oder bestellt wurden, spielte der Einkauf von Kleidung und Sportartikeln eine große Rolle. So hatten mehr als die Hälfte (63 %) der Internetkäufer und -käuferinnen solche Waren über das Internet bezogen. Ebenfalls sehr verbreitet war der Onlineeinkauf von Büchern, Magazinen und Zeitungen (50 %), dicht gefolgt von Gebrauchsgütern (49 %). Auch Filme oder Musik (36 %) waren sehr beliebt. Rund 42 % der Internetkäufer und -käuferinnen hatten

Urlaubsunterkünfte (wie Zimmerreservierungen in Hotels) online bestellt. Weitere Dienstleistungen für Urlaubsreisen, wie Fahrkarten- oder Mietwagenbestellung, wurden von 31 % der Internetnutzer vorgenommen. Rund 40 % der Onlineeinkäufer und -einkäuferinnen besorgten sich Karten für Theater- oder Konzertveranstaltungen, Kino sowie Sportveranstaltungen im Netz. Ein Drittel (33 %) der Internetnutzer suchten anstatt des stationären Handels lieber den digitalen Marktplatz auf, um Elektronikartikel und Digitalkameras zu erwerben. Der Kauf von Lebensmitteln und anderen Gütern des täglichen Bedarfs wurde dagegen mit 14 % weniger häufig über das Internet vorgenommen.

Ein Vergleich der Onlineeinkäufe nach Geschlecht macht deutlich, dass Frauen und Männer unterschiedliche Produkte im Internet nachfragen. Rund 71 % der Frauen kauften 2012 online Kleidung oder Sportartikel, bei den Männern waren es 55 %. Anders sah es bei Software für Computer- und Videospiele und beim Einkauf anderer Computersoftware (auch Upgrades) aus. Bei Computer- und Videospielen war der Anteil der Männer doppelt so hoch wie bei den Frauen, bei sonstiger Software sogar dreimal so hoch. Einige Produkte wurden von Männern und Frauen ähnlich häufig online gekauft. Dazu zählten insbesondere Urlaubsunterkünfte und andere Dienstleistungen für Urlaubsreisen. Allerdings ist fraglich, ob diese Unterschiede (und auch Gemeinsamkeiten) allein auf geschlechterspezifische Besonderheiten beim Onlineeinkauf zurückzuführen sind. Vielmehr ist naheliegend, dass einige Produkte generell stärker von Männern und andere Waren und Dienstleistungen eher von Frauen nachgefragt werden, was sich beim Einkauf im Internet widerspiegelt.

Zusammenfassend lässt sich sagen, dass für immer mehr Menschen in Deutschland die Nutzung moderner Informations- und Kommunikationstechnologien im privaten Bereich und in der Freizeit kaum noch wegzudenken ist. Die Verbreitung der Computer- und Internet-

nutzung hat weiter zugenommen und inzwischen ein recht hohes Niveau erreicht. Zwar wird das Internet von einer breiten Masse in erster Linie für Kommunikations- und Informationszwecke genutzt, jedoch auch andere Internetaktivitäten wie das Chatten oder Einstellen von Mitteilungen in Onlinenetzwerken hat – insbesondere bei den jüngeren Nutzergruppen – in letzter Zeit zugelegt. Andere Aktivitäten, wie zum Beispiel das Abonnieren von Onlinenachrichtendiensten oder der Onlineeinkauf von Lebensmitteln sind bislang weniger verbreitet. Es ist jedoch damit zu rechnen, dass sich die Nutzungsmöglichkeiten des Internets ausweiten und der Einsatz weiterer Dienstleistungen und Internetaktivitäten im Zusammenhang mit Computer, Internet und Handy zunehmen wird, insbesondere wenn man die Möglichkeiten der mobilen Internetnutzung mit berücksichtigt.

12.1.3 Private Ausgaben für Freizeitaktivitäten

Die gesamten Konsumausgaben der privaten Haushalte in Deutschland lagen 2011 nach den Ergebnissen der Laufenden Wirtschaftsrechnungen (LWR) bei durchschnittlich 2 252 Euro pro Monat. Der Anteil, den die Haushalte davon für Freizeit, Unterhaltung und Kultur ausgaben, betrug knapp 11 % (244 Euro). ▶ Info 5

▶ Info 5

Laufende Wirtschaftsrechnungen (LWR)

Die Laufenden Wirtschaftsrechnungen erfassen im Rahmen der Ausgaben für Freizeitaktivitäten neben den Ausgaben für Freizeit- und Kulturdienstleistungen auch Ausgaben für den Kauf von Zeitungen, Büchern und Schreibwaren, Spielwaren und Hobbys, Blumen und Gartenerzeugnissen, Haustieren, Musikinstrumenten, Ausrüstungen für Sport und Camping, Datenverarbeitungsgeräten und Zubehör, Bild- und Tonträgern sowie Ausgaben für Pauschalreisen.

Jährlich werden dazu rund 8 000 private Haushalte (ohne Haushalte mit einem monatlichen Haushaltsnettoeinkommen von 18 000 Euro und mehr) zu ihren Einnahmen und Ausgaben befragt.

▶ Abb 7   **Ausgaben privater Haushalte für Freizeit, Unterhaltung und Kultur — Anteil am Freizeitbudget 2011 in Prozent**

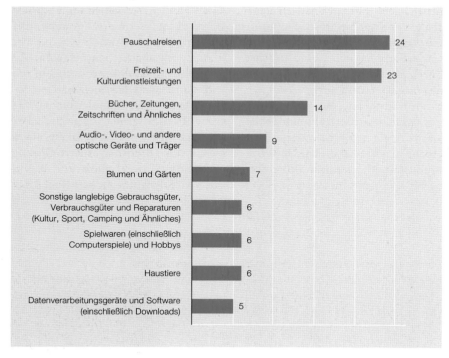

(23 %) auf Platz 2 lagen die Ausgaben für Dienstleistungen im Freizeit- und Kulturbereich, zu denen unter anderem Eintrittsgelder für Theater-, Konzert- und Museumsbesuche gehören. Die Ausgaben für Bücher, Zeitungen und Zeitschriften folgten mit größerem Abstand. Die Haushalte gaben hierfür durchschnittlich 34 Euro pro Monat (14 %) aus. ▶ Abb 7

Die Struktur der Ausgaben für Freizeit, Unterhaltung und Kultur in den westdeutschen Haushalten entsprach derjenigen der ostdeutschen Haushalte. Die Haushalte in den neuen Ländern und Berlin wendeten mit 26 % ihres Freizeitbudgets allerdings einen größeren Ausgabenanteil für Pauschalreisen auf als die Haushalte im früheren Bundesgebiet (24 %). Die Haushalte im früheren Bundesgebiet investierten geringfügig höhere Anteile ihres Freizeitbudgets in langlebige Gebrauchsgüter für Kultur, Sport und Camping. Auch für Bücher und Zeitschriften gaben sie anteilsmäßig mehr aus als die Haushalte in den neuen Ländern und Berlin. ▶ Tab 8

Ausgaben nach Einkommensklassen

Mit steigendem monatlichen Nettoeinkommen der privaten Haushalte erhöhen sich die Ausgaben für Freizeit und Kultur. Im Jahr 2011 gaben Haushalte mit einem monatlichen Nettoeinkommen zwischen 5 000 und 18 000 Euro mit 486 Euro im Monat durchschnittlich nahezu sechsmal so viel für den Freizeitbereich aus wie Haushalte mit einem monatlichen Nettoeinkommen von unter 1 300 Euro (83 Euro). ▶ Tab 9

Auch die Anteilswerte der Freizeitausgaben am jeweiligen Konsumbudget wachsen mit steigendem Einkommen. Im Jahr 2011 lagen die Anteile in den einzelnen Einkommensgruppen zwischen 9 % und 12 %. Der im Durchschnitt geringere Ausgabenanteil in den unteren Einkommensklassen deutet darauf hin, dass die Ausgaben für den Freizeitbereich sehr variabel sind. Ernährungsausgaben beispielsweise können als lebensnotwendige Ausgaben nur sehr schwer unter ein bestimmtes Niveau abgesenkt werden und

▶ Tab 8   **Ausgaben privater Haushalte für den Bereich Freizeit, Unterhaltung und Kultur 2011 — Durchschnitt je Haushalt und Monat in Euro**

	Deutschland	Früheres Bundesgebiet ohne Berlin-West	Neue Länder und Berlin
Freizeit, Unterhaltung und Kultur	**244**	**251**	**218**
Audio-, Video- und andere optische Geräte und Träger	23	23	19
Datenverarbeitungsgeräte und Software (einschließlich Downloads)	12	13	11
Sonstige langlebige Gebrauchsgüter, Verbrauchsgüter und Reparaturen (Kultur, Sport, Camping und Ähnliches)	15	16	10
Spielwaren (einschließlich Computerspiele) und Hobbys	15	15	13
Blumen und Gärten	16	16	15
Haustiere	14	15	11
Freizeit- und Kulturdienstleistungen	56	58	51
Bücher, Zeitungen, Zeitschriften und Ähnliches	34	35	28
Pauschalreisen	59	60	57

Die im Rahmen der Laufenden Wirtschaftsrechnungen erhobenen Ausgaben von 244 Euro pro Monat für Freizeit, Unterhaltung und Kultur setzen sich aus unterschiedlichen Einzelpositionen zusammen: Mit durchschnittlich 59 Euro im Monat gaben die Haushalte 2011 ein Viertel (24 %) ihres Freizeit- und Unterhaltungsbudgets für Pauschalreisen aus. Mit durchschnittlich 56 Euro im Monat machen deshalb bei Haushalten mit niedrigen Einkommen im Haushaltsvergleich immer den höchsten Anteil aus. Im Gegensatz dazu nehmen diese Haushalte bei den Freizeitausgaben eher Abstriche vor.

Ausgaben nach Haushaltstypen

Die Ausgaben für Freizeitaktivitäten steigen mit zunehmender Haushaltsgröße, sind aber auch abhängig von der Personenstruktur der Haushalte. Nach den Ergebnissen der Laufenden Wirtschaftsrechnungen 2011 waren die Freizeitausgaben mit durchschnittlich 154 Euro pro Monat bei den Alleinlebenden am niedrigsten. Am meisten gaben mit durchschnittlich 355 Euro monatlich Paarhaushalte mit Kind(ern) aus. ▶ Tab 10

Ein Vergleich der Anteile der Ausgaben für Freizeitaktivitäten am jeweiligen Konsumbudget zeigt, dass dieser sowohl bei den Paarhaushalten mit Kind(ern) als auch ohne Kind mit durchschnittlich 11,1 % beziehungsweise 11,2 % am höchsten war. Bei Alleinerziehenden lag er bei durchschnittlich 10,8 %. Alleinlebende und sonstige Haushalte gaben 10,5 % ihres Konsumbudgets für diesen Bereich aus.

Die Struktur der Freizeitausgaben ist bei den betrachteten Haushaltstypen relativ ähnlich, sie wiesen im Einzelnen jedoch einige Besonderheiten auf: Die höchsten Ausgabenanteile verwendeten 2011 alle Haushaltstypen – mit Ausnahme der Paare ohne Kind – für Freizeit- und Kulturdienstleistungen wie Zoo-, Museums-, Theater- und Kinobesuche. Die Haushalte gaben dafür zwischen 24 % und 31 % ihres Freizeitbudgets aus. Paare mit Kind(ern) investierten hierfür durchschnittlich 92 Euro und Alleinlebende 38 Euro im Monat. Bei kinder-

▶ Tab 9 **Ausgaben privater Haushalte für Freizeit, Unterhaltung und Kultur nach Haushaltsnettoeinkommen 2011**

	Monatliches Haushaltsnettoeinkommen von … bis unter … Euro					
	unter 1 300	1 300–1 700	1 700–2 600	2 600–3 600	3 600–5 000	5 000–18 000
	Durchschnitt je Haushalt und Monat in Euro					
Private Konsumausgaben	967	1 372	1 819	2 386	3 090	4 209
↳ Freizeit, Unterhaltung und Kultur	83	132	192	261	349	486
in %						
Anteil der Ausgaben für Freizeit, Unterhaltung und Kultur an den privaten Konsumausgaben	8,6	9,6	10,6	11,0	11,3	11,6

▶ Tab 10 **Ausgaben privater Haushalte für Freizeit, Unterhaltung und Kultur nach Haushaltstyp 2011**

	Alleinlebende	Alleinerziehende	Paare ohne Kind	Paare mit Kind(ern)	Sonstige Haushalte
	Durchschnitt je Haushalt und Monat in Euro				
Freizeit, Unterhaltung und Kultur	**154**	**187**	**294**	**355**	**322**
Audio-, Video- und andere optische Geräte und Träger	14	19	27	31	35
Datenverarbeitungsgeräte und Software (einschließlich Downloads)	7	8[1]	12	20	23
Sonstige langlebige Gebrauchsgüter, Verbrauchsgüter und Reparaturen (Kultur, Sport, Camping und Ähnliches)	7	12	13	44	18
Spielwaren (einschließlich Computerspiele) und Hobbys	7	16	14	39	16
Blumen und Gärten	10	7	23	19	20
Haustiere	10	11	16	18	22
Freizeit- und Kulturdienstleistungen	38	57	57	92	77
Bücher, Zeitungen, Zeitschriften und Ähnliches	24	23	40	40	40
Pauschalreisen	37	35[1]	91	52	72
in %					
Anteil der Ausgaben für Freizeit, Unterhaltung und Kultur an den privaten Konsumausgaben	10,5	10,8	11,1	11,2	10,5

1 Aussagewert eingeschränkt, da der Zahlenwert statistisch relativ unsicher ist.

losen Paarhaushalten standen mit 31 % die Ausgaben für Pauschalreisen an erster Stelle. Im Vergleich dazu war dieser Anteil am Freizeitbudget mit knapp 15 % bei Paaren mit Kind(ern) nur halb so groß.

Für Spielwaren (einschließlich Computerspiele) und Hobbys verwendeten Paare mit Kind(ern) und Alleinerziehende 11 % beziehungsweise knapp 9 % ihrer Freizeitbudgets, während Alleinlebende und Paare ohne Kind nur jeweils 5 % hierfür einsetzten. Auffällig ist im Vergleich der Haushaltstypen, dass Paare mit Kind(ern) mit rund 12 % den mit Abstand höchsten Ausgabenanteil für sonstige langlebige Gebrauchs-, Verbrauchsgüter und Reparaturen, für Kultur, Sport, Camping und Hobby ausgeben. Als nächstes folgen die Alleinerziehenden mit gut 6 %.

Blumen und Gärten scheinen für kinderlose Haushalte eine größere Bedeutung zu haben als für Haushalte mit Kind(ern): Alleinlebende gaben hierfür anteilig knapp 7 % (10 Euro im Monat) ihres Freizeitbudgets aus, und Paare ohne Kind verwendeten durchschnittlich 8 % (23 Euro). Im Gegensatz dazu hatten Paare mit Kind(ern) anteilige Ausgaben für Blumen und Gärten von rund 5 % (19 Euro) und Alleinerziehende von knapp 4 % (7 Euro) ihrer Freizeitbudgets.

Ausgaben nach dem Alter der Haupteinkommensperson

Das Alter der Person im Haushalt, die den größten Beitrag zum Haushaltsnettoeinkommen leistet, spielt für die Höhe der Freizeitausgaben ebenfalls eine Rolle. Je nach Lebensphase werden durchaus unterschiedlich hohe Ausgaben für Freizeit, Unterhaltung und Kultur getätigt. Haushalte mit Haupteinkommenspersonen im Alter von 35 bis 44 Jahren sowie von 45 bis 54 Jahren hatten im Jahr 2011 mit durchschnittlich 257 Euro beziehungsweise 294 Euro im Monat die höchsten Freizeitausgaben. Die geringsten Beträge mit durchschnittlich 168 Euro und 163 Euro im Monat gaben dagegen die jungen Haushalte (18 bis 24 Jahre) sowie die Haushalte mit Haupteinkommenspersonen von 80 Jahren und älter für den Freizeitbereich aus. ▶ Abb 8

Vergleicht man die Anteile der Freizeitausgaben am jeweiligen Konsumbudget der einzelnen Altersklassen miteinander, ergibt sich ein etwas differenzierteres Bild: Hier hatten die Haushalte mit Haupteinkommenspersonen von 45 bis 54 Jahren sowie von 65 bis 69 Jahren mit 12 % die höchsten Freizeitausgabenanteile. Haushalte mit Haupteinkommenspersonen von 80 Jahren und älter gaben

▶ Abb 8   **Ausgaben privater Haushalte für Freizeit, Unterhaltung und Kultur nach Alter der Haupteinkommensperson 2011 — in Euro je Monat**

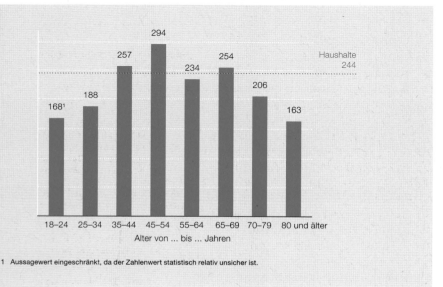

1 Aussagewert eingeschränkt, da der Zahlenwert statistisch relativ unsicher ist.

▶ Abb 9   **Ausgaben privater Haushalte für Freizeit, Unterhaltung und Kultur nach Alter der Haupteinkommensperson 2011 — in Prozent**

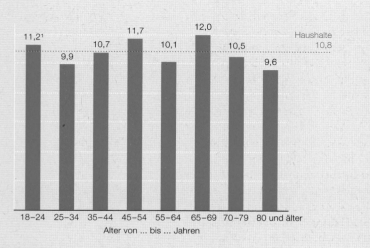

1 Aussagewert eingeschränkt, da der Zahlenwert statistisch relativ unsicher ist.

▶ Tab 11   **Ausgewählte Freizeitausgaben nach dem Alter der Haupteinkommensperson 2011 — in Prozent**

	Alter der Haupteinkommensperson von ... bis ... Jahren							
	18–24	25–34	35–44	45–54	55–64	65–69	70–79	80 und älter
Freizeit, Unterhaltung und Kultur								
Audio-, Video- und andere optische Geräte und Träger	7,7[1]	12,8	10,5	10,2	8,1	8,3	6,3	5,5[1]
Datenverarbeitungsgeräte und Software (einschließlich Downloads)	/	5,9	5,4	5,8	5,1	4,3	2,9	1,8[1]
Blumen und Gärten	2,4[1]	3,7	5,4	5,4	8,1	7,1	9,2	8,6

1   Aussagewert eingeschränkt, da der Zahlenwert statistisch relativ unsicher ist.
/   Keine Angabe, da Zahlenwert nicht sicher genug.

mit knapp 10 % den geringsten Anteil aus. Die geringen absoluten Freizeitausgaben der jungen Haushalte (18 bis 24 Jahre) machen dagegen gut 11 % ihres Konsumbudgets aus und lagen damit leicht über dem Bundesdurchschnitt. ▶ Abb 9

Die Haushalte aller Altersgruppen gaben die größten Anteile ihres Freizeitbudgets für Freizeit- und Kulturdienstleistungen, Bücher und Zeitungen sowie für Pauschalreisen aus. Bei näherer Betrachtung fällt allerdings eine Zweiteilung auf: Die Haushalte mit Haupteinkommenspersonen bis 44 Jahre gaben mit 27 % bis 32 % den höchsten Anteil ihres Freizeitbudgets für Dienstleistungen im Freizeit- und Kulturbereich aus. Der Ausgabenschwerpunkt in Haushalten mit Haupteinkommenspersonen ab 45 Jahren hingegen lag auf den Ausgaben für Pauschalreisen (23 % bis 35 %).

Auch bei den Ausgaben für Unterhaltungselektronik sowie für Datenverarbeitungsgeräte zeigt sich der Zusammenhang mit dem Alter der Haupteinkommenspersonen: Mit zunehmendem Alter der Hauptverdiener nehmen die entsprechenden Ausgabenanteile ab. ▶ Tab 11

Blumen und Gärten hingegen haben im Alter anscheinend eine höhere Bedeutung als in jungen Jahren: Während in jungen Haushalten bis 24 Jahre mit durchschnittlich 4 Euro im Monat rund 2 % des Freizeitbudgets für Blumen und Gärten ausgegeben wurden, betrug dieser Anteil bei den Haushalten ab 70 Jahren im Schnitt 9 % (19 Euro beziehungsweise 14 Euro).

12.1.4 Zusammenfassung

In der Spielzeit 2010/2011 gab es 140 Theaterunternehmen, die an 890 Spielstätten 68 000 Aufführungen anboten. Die Zahl der öffentlichen Theaterunternehmen in Deutschland ist seit 2000/2001 um zehn zurückgegangen. Die Zahl der Besucherinnen und Besucher hat sich in diesem Zeitraum von 20,1 Millionen auf 19,0 Millionen in der Spielzeit 2010/2011 verringert.

Im Jahr 2011 wurden in allen Museen insgesamt rund 110 Millionen Besuche gezählt. Dies entspricht einem Anstieg von 6 % gegenüber 2001.

Trotz elektronischer Medien ist das Interesse an Büchern nach wie vor groß. Die Zahl der Erstauflagen stieg innerhalb von zehn Jahren um 27 % auf 82 000 im Jahr 2011.

Sowohl die Computer-, als auch die Internetnutzung sind in allen Altersgruppen in den letzten Jahren kontinuierlich gestiegen. Im Befragungszeitraum 2012 nutzten 79 % der über 10-Jährigen den PC, 2002 waren es nur 61 % gewesen. Grundlage hierfür ist die verbesserte Ausstattung privater Haushalte mit Computern und Internetanschluss: Der Anteil der Haushalte mit einem Computer lag im Jahr 2012 bei 81 % (2002: 57 %), über einen Internetanschluss verfügten 2012 bereits 79 % (2002: 43 %).

Für Freizeit, Unterhaltung und Kultur gaben private Haushalte in Deutschland im Jahr 2011 im Durchschnitt 244 Euro monatlich aus.

▶ Info

Was gibt der Staat für Freizeit und Kultur aus?

Auch die öffentlichen Haushalte wendeten 2010 erhebliche Beträge für den Freizeitbereich auf. So wurden rund 5,9 Milliarden Euro von Bund, Ländern und Kommunen für Sport und Erholung ausgegeben (Nettoausgaben). Das waren 0,5 % der gesamten Ausgaben der öffentlichen Haushalte. Von den 5,9 Milliarden Euro wurden 2,5 Milliarden Euro für Sportstätten verwendet, 1,7 Milliarden Euro für Park- und Gartenanlagen, 1,1 Milliarden Euro für die Sportförderung und 600 Millionen Euro für öffentliche Schwimmbäder.

Außerdem gab die öffentliche Hand 2010 rund 9,3 Milliarden Euro für den kulturellen Bereich aus. Mit 3,8 Milliarden Euro entfielen davon rund 41 % auf Theater und Musik, weitere 1,4 Milliarden Euro (15 %) wurden für Museen, Sammlungen und Ausstellungen sowie 600 Millionen Euro (6 %) für den Denkmalschutz und die Denkmalpflege aufgewendet.

12.2 Religiosität und Säkularisierung

Heiner Meulemann
Universität zu Köln

WZB / SOEP

Weil jeder Mensch weiß, dass er sterben wird, muss er zwischen der erfahrbaren, diesseitigen Welt und dem nicht erfahrbaren, nur vorstellbaren Jenseits differenzieren. Die Unterscheidung zwischen Diesseits und Jenseits – also zwischen Immanenz und Transzendenz – wirft die religiöse Frage nach dem Woher und Wohin der Welt und des eigenen Lebens auf. Religion ist ein System von Lehren, das eine Antwort auf diese religiöse Frage anbietet. *Religiosität* hingegen ist ein Merkmal von Personen; man kann sie definieren als die Einstellung zur religiösen Frage. Doch werden Antworten der Religion heute zunehmend kritisch betrachtet, sie werden vielmehr in der Philosophie und verschiedenen Weltanschauungen gesucht. Menschen gewinnen eine Antwort auf die religiöse Frage nicht mehr aus den Glaubenslehren der Religion über transzendente Welten, sondern aus Überzeugungen, die in dieser Welt gewonnen wurden und sich auf das Leben in ihr richten. Diese Bewegung hin zu diesseitigen Antworten auf die religiöse Frage kann man als *Säkularisierung* bezeichnen. Empirisch erfassen kann man sie in einer gegebenen Bevölkerung als Rückgang von Durchschnittswerten der Religiosität.

▶ Abb 1   **Konfessionsmitgliedschaft und Kirchgangshäufigkeit in West- und Ostdeutschland 1991–2012 — in Prozent**

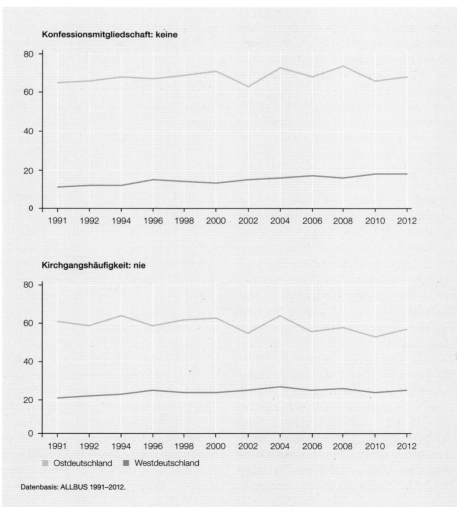

Konfessionsmitgliedschaft: keine

Kirchgangshäufigkeit: nie

■ Ostdeutschland   ■ Westdeutschland

Datenbasis: ALLBUS 1991–2012.

Die Säkularisierung ist in Europa zwischen 1945 und 1990 auf zwei unterschiedliche Weisen vorangetrieben worden. In den damals staatssozialistischen Ländern Osteuropas wurde die Religion von der Politik bekämpft, in den kapitalistisch-demokratischen Ländern Westeuropas hingegen verlor sie ohne jeglichen Zwang ihre Anhänger.

Im Folgenden werden die erzwungene und die freiwillige Säkularisierung der beiden früheren Landesteile Deutschlands von 1990 bis 2012 an fünf Formen der Religiosität untersucht: der *Mitgliedschaft* in Kirchen; der öffentlich-kirchlichen Praxis des *Kirchgangs*; der privat-religiösen Praxis des *Gebets*; der *diffusen Religiosität*, die als religiöse Selbsteinschätzung gemessen wird und schließlich den *religiösen Weltbildern*, die entweder eine christliche oder eine immanente Antwort auf die religiöse Frage geben. Erwarten muss man, dass die erzwungene Säkularisierung in Ostdeutschland 1990 weiter fortgeschritten ist als die freiwillige Säkularisierung in Westdeutschland. Die Frage ist jedoch, ob der ostdeutsche Vorsprung bis 2012 bestehen bleibt oder zusammenschmilzt.

12.2.1 Kirchenmitgliedschaft und Kirchgangshäufigkeit

Zunächst betrachten wir diejenigen Personen, die *keiner Religionsgemeinschaft* angehören. In Westdeutschland sind dies im Jahr 1991 11 % und im Jahr 2012 18 %; in Ostdeutschland im Jahr 1991 65 % und im Jahr 2012 68 %. Die Differenz zwischen den Landesteilen schwankt ohne Tendenz zwischen 48 und 58 Prozentpunkten (siehe obere Hälfte der Abbildung 1). Die Ostdeutschen wurden in der DDR »entkirchlicht« und finden auch in der neuen Bundesrepublik nicht wieder zu den Kirchen zurück. ▶ Abb 1

In der gesamten Bevölkerung einschließlich der Konfessionslosen gehen im 1991 und 2012 im Westen 21 % und 25 %, im Osten 61 % und 57 % »nie« zur Kirche, sodass die Prozentsatzdifferenz zwischen den beiden Landesteilen von 40 Prozent-

▶ Abb 2 **Häufigkeit des Gebets in West- und Ostdeutschland 1991–2012 — in Prozent**

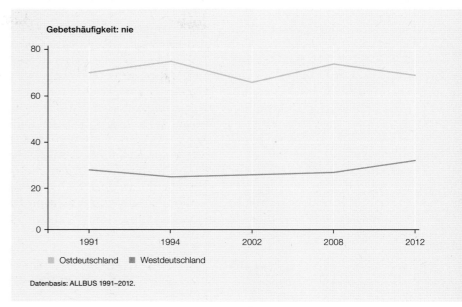

Datenbasis: ALLBUS 1991–2012.

▶ Abb 3 **Selbsteinschätzung der Religiosität in Westdeutschland 1982–2012 und in Ostdeutschland 1992–2012: Mittelwerte[1]**

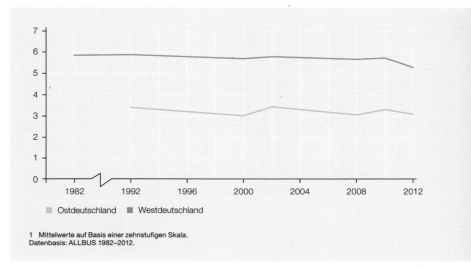

1 Mittelwerte auf Basis einer zehnstufigen Skala.
Datenbasis: ALLBUS 1982–2012.

punkten auf 32 Prozentpunkte zurückgeht (untere Hälfte der Abbildung 1).

Die geringere Kirchgangshäufigkeit in Ostdeutschland spiegelt die Entkirchlichung Ostdeutschlands wider, denn Konfessionslose gehen seltener in die Kirche als Konfessionsmitglieder und Protestanten seltener als Katholiken. In Ostdeutschland sind nun zugleich Konfessionslose und Protestanten stärker vertreten. In der Tat nivellieren sich die Landesteilunterschiede der Kirchgangshäufigkeit fast vollständig, wenn man die Konfessionslosigkeit konstant hält, sodass die Kirchgangshäufigkeit letztlich die Landesteilunterschiede der Konfessionsmitgliedschaft widerspiegelt.

13.2.2 Häufigkeit des Gebets

Nicht nur in der Kirche wird gebetet, sondern auch zu Hause. Die Frage »Wie oft beten Sie?« bezieht sich zunächst auf beides. Aber durch die Antwortvorgaben, die von »täglich« bis »nie« reichen, wird deutlich, dass das private Gebet im Hause gemeint ist. Die Verteilung in dieser Variable ist in beiden Landesteilen zweigipflig: der häufigste Wert ist »nie«, der zweithäufigste »täglich«, alle mittleren Kategorien sind seltener besetzt. Daher ist es am besten, den Prozentsatz »nie« zu betrachten. ▶ Abb 2

Abbildung 2 zeigt, dass Nichtbeten zwischen 1991 und 2012 in Ostdeutschland um 37 bis 50 Prozentpunkte häufiger ist als in Westdeutschland. Die Differenz schwankt unregelmäßig. Die erzwungene Säkularisierung ist also nicht nur eine »Entkirchlichung«, sie bringt auch eine Säkularisierung des privaten religiösen Verhaltens mit sich. Betrachtet man die Gebetshäufigkeit getrennt für Protestanten, Katholiken und Konfessionslose, so wird der Unterschied zwischen den Landesteilen zwar kleiner, verschwindet aber nicht. Die erzwungene Säkularisierung Ostdeutschlands hat also bis heute auch unabhängig von der Konfessionsmitgliedschaft Nachwirkungen auf die Gebetshäufigkeit.

12.2.3 Diffuse Religiosität

Die selbst eingeschätzte Religiosität wurde im ALLBUS 1982, 1992, 2000, 2002 und 2012 auf einer zehnstufigen Skala und im ISSP 2008 auf einer siebenstufigen Skala, die auf zehn Stufen umgerechnet wurde, erfragt. Die Mittelwerte der Antworten sind in Abbildung 3 dargestellt. ▶ Abb 3

Die Westdeutschen schätzen sich konstant religiöser ein als die Ostdeutschen. Ihr Vorsprung schwankt unregelmäßig zwischen 2,2 und 2,5 Skalenpunkten. Auch hier bleiben die Nachwirkungen der erzwungenen Säkularisierung unvermindert bis heute bestehen.

12.2.4 Religiöse Weltbilder

Die Religion ist die erste soziale Macht, die die religiöse Frage beantwortet. Aber die Religion des Abendlands, das Christentum, hat in den letzten zwei Jahrhunderten zunehmend an Macht verloren, ihre Lehre durchzusetzen, sodass andere Mächte – Weltanschauungen und die Wissenschaft – mit ihr konkurrieren und religiöse Weltbilder Gegenstand der Wahl oder Konstruktion, kurz Privatsache, geworden sind. Man kann also religiöse Weltbilder nach ihrem Säkularisierungsgrad betrachten – danach, wie weit sie auf einem Glauben an transzendente oder immanente Mächte beruhen, christlich oder säkular sind. Drei Säkularisierungsstufen werden dazu erfragt:

1. die theistische und deistische, die hier zusammenfassend als *christlich* bezeichnet werden,
2. die *immanenten*, die den Sinn des Lebens im Leben selber sehen, und schließlich
3. *Sinnlosigkeit.*

Christliche Weltbilder werden durch vier Aussagen erfasst (siehe Infokasten). Das *immanente* Weltbild wird durch existenzialistische und naturalistische Vorgaben erfasst. *Sinnlosigkeit* wird durch eine Aussage erfasst. ▶ Info 1

In *Westdeutschland* wird die existenzialistische Aussage stärker unterstützt als die beiden naturalistischen, diese werden stärker als die vier christlichen und diese wiederum stärker als die Sinnlosigkeit unterstützt. Die Rangfolge bleibt über die Jahre konstant – mit nur einer Ausnahme: 1982 hat FÜRUNS etwas mehr Anhänger als die beiden naturalistischen Aussagen. Die Weltbilder liegen gleichsam wie Schichten übereinander, die die Historie spiegeln: Die Religion des Abendlandes wird von modernen Weltanschauungen, dem Naturalismus und dem Existenzialismus überlagert. Das Christentum ist heute in Westdeutschland nicht mehr die vorherrschende religiöse Weltdeutung. ▶ Abb 4

In *Ostdeutschland* finden alle immanenten Aussagen deutlich mehr Zustimmung als die christlichen Vorgaben und die Sinnlosigkeit. Es liegen hier die

---

▶ Info 1

Religiöse Weltbilder

Christliches Weltbild:
Zustimmung zu folgenden Aussagen:
- »Es gibt einen Gott, der sich mit jedem Menschen persönlich befasst« (PERSÖN)
- »Es gibt einen Gott, der Gott für uns sein will« (FÜRUNS)
- »Das Leben hat nur eine Bedeutung, weil es einen Gott gibt« (GOTT)
- »Das Leben hat einen Sinn, weil es nach dem Tod noch etwas gibt« (TOD)

Immanentes Weltbild:
Zustimmung zu folgenden Aussagen:

Existenzialistisch:
- »Das Leben hat nur dann einen Sinn, wenn man ihm selber einen Sinn gibt« (SINN)

Naturalistisch:
- »Unser Leben wird letzten Endes bestimmt durch die Gesetze der Natur« (NATGES)
- »Das Leben ist nur ein Teil der Entwicklung der Natur« (NATENT)

Sinnlosigkeit:
Zustimmung zu folgender Aussage:
- »Das Leben hat meiner Meinung nach wenig Sinn« (WENSINN)

Für alle Aussagen werden fünf Zustimmungsstufen von 1 »stimme voll und ganz zu« bis 5 »stimme überhaupt nicht zu« vorgegeben sowie eine Vorgabe »darüber habe ich noch nicht nachgedacht«, die mit der mittleren Stufe (»habe dazu keine feste Meinung«) zusammengefasst wurde. Die Antworten der westdeutschen Bevölkerung 1982, 1991, 1992, 2002, 2007 und 2012 und der ostdeutschen Bevölkerung 1991, 1992, 2002, 2007 und 2012 sind in Abbildung 4 dargestellt. Zur besseren Lesbarkeit sind die Mittelwerte der christlichen Aussagen mit durchgezogenen Linien, die Mittelwerte der übrigen Aussagen mit gepunkteten Linien verbunden. ▶ Abb 4

gleichen Schichten übereinander wie in Westdeutschland. Auch hier gewinnen die christlichen Aussagen leicht, aber auch alle säkularen Aussagen mit Ausnahme von NATENT. Dennoch fällt ein Unterschied auf: Das existenzialistische und das naturalistische Weltbild liegen enger zusammen und weiter vom christlichen entfernt.

In *beiden Landesteilen* rangieren also immanente Weltbilder vor christlichen, doch hat die zwangsweise Entkirchlichung der DDR christliche Weltbilder in Ostdeutschland stärker zurückgedrängt als die freiwillige Säkularisierung in Westdeutschland.

12.2.5 Zusammenfassung

Sowohl die Erwartung, dass die Ostdeutschen 1990 weniger religiös seien als die Westdeutschen, als auch die Frage, ob der ostdeutsche Vorsprung bestehen bleibt, werden bestätigt. Während politische Einstellungen und moralische Überzeugungen

sich in den mehr als zwanzig Jahren nach der deutschen Vereinigung angeglichen haben, verbleibt die geringere Religiosität der Ostdeutschen als einer der stärksten Einstellungsunterschiede zwischen den beiden Landesteilen bestehen. Warum?

Vermutlich konnte die erzwungene Säkularisierung deshalb leichter fortwirken, weil ihre Folgen mit der neuen Sozialordnung weniger in Widerspruch gerieten als andere Nötigungen des Staatssozialismus. Die politische Ordnung des Staatssozialismus ist durch ihren Zusammenbruch diskreditiert, der ihre Ineffizienz und Ungerechtigkeit offenlegte. Daher haben die meisten Ostdeutschen sich auch innerlich von ihr gelöst. Ebenso hat sich die »sozialistische Moral«, die in der DDR einen Gemeinschaftssinn stiften sollte, als desorientierend in einer Sozialordnung erwiesen, in der unterschiedliche Interessen anerkannt und Konflikte zwischen ihnen gelöst werden müssen. Deshalb haben fast alle Ostdeutschen sich

von dieser Moral distanziert. Gleichzeitig haben sie nach der deutschen Vereinigung keinen Anlass, sich von ihrer säkularen Weltsicht zu lösen. Sie hat sich weder wie die staatssozialistische Ordnung diskreditiert noch in der neuen Sozialordnung als desorientierend erwiesen. Im Gegenteil: sie ist – wie die nahezu gleiche Unterstützung immanenter Weltbilder in beiden Landesteilen zeigt – mit der neuen Sozialordnung vereinbar.

In Westdeutschland schreitet die freiwillige Säkularisierung eher voran, als dass sie zurückgeht. Die Konfessionen verlieren leicht an Mitgliedern, die Kirchen leicht an Besuchern, die christlichen Überzeugungen leicht an Anhängern; die Gebetshäufigkeit und die diffuse Religiosität bleiben hingegen konstant.

Von einer Wiederkehr der Religion kann also in keinem Landesteil die Rede sein.

▶ Abb 4   **Religiöse Weltbilder in Westdeutschland 1982–2012 und in Ostdeutschland 1991–2012: Mittelwerte[1]**

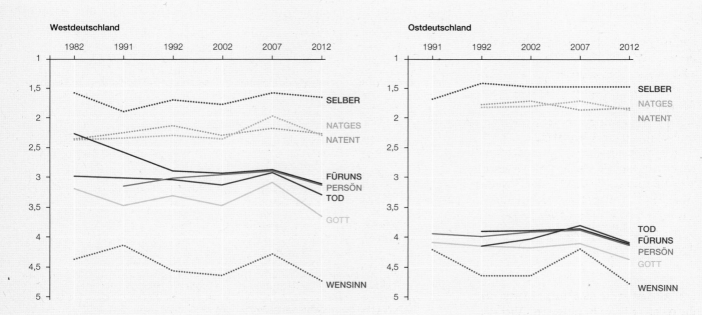

1   Mittelwerte auf Basis einer Zustimmungsskala von 1 »stimme voll und ganz zu« bis 5 »stimme überhaupt nicht zu«.
Datenbasis: 1982–2002, 2012 Allgemeine Bevölkerungsumfrage der Sozialwissenschaften, 2007 Bertelsmann Religionsmonitor.

12.3 Zivilgesell-schaftliches Engagement

Mareike Alscher, Eckhard Priller
WZB

WZB / SOEP

Für das Funktionieren der Gesellschaft, die Stärkung des gesellschaftlichen Zusammenhalts und für die Erhöhung der individuellen Lebensqualität hat das zivilgesellschaftliche Engagement einen unverzichtbaren Stellenwert. Die Bedeutung des zivilgesellschaftlichen Engagements nimmt angesichts der zunehmenden Individualisierung, des demografischen Wandels und des allgemeinen Verlusts sozialer Bindungen weiter zu. Unter zivilgesellschaftlichem Engagement wird ein individuelles Handeln verstanden, das sich durch Freiwilligkeit, fehlende persönliche materielle Gewinnabsicht und eine Ausrichtung auf das Gemeinwohl auszeichnet. Ein Engagement kann die Bereitstellung von Zeit beinhalten, es kann aber auch durch das Spenden von Geld oder anderen materiellen Gütern erfolgen. Das Engagement findet im öffentlichen Raum statt, das heißt in zivilgesellschaftlichen Organisationen oder in weniger organisationsgebundenen Zusammenschlüssen.

Die zivilgesellschaftlichen Organisationen bilden die wesentliche institutionelle Infrastruktur für das Engagement. Es handelt sich bei der Gesamtheit dieser Organisationen um jenen gesellschaftlichen Bereich, der zwischen den Polen Markt, Staat und Familie angesiedelt ist. Die Organisationen sind durch eine formale Struktur, organisatorische Unabhängigkeit vom Staat, eigenständige Verwaltung, gemeinnützige Ausrichtung und freiwilliges Engagement gekennzeichnet. Das zivilgesellschaftliche Engagement in nicht organisationsgebundenen Zusammenschlüssen ist im Unterschied dazu in keine formale Struktur gebettet. Es erfolgt eher spontan im Alltag, ist in der Regel zeitlich und räumlich eher befristet sowie zumeist personell (zum Beispiel Nachbarschaft, Bekanntenkreis) gebunden.

12.3.1 Zivilgesellschaftliche Organisationen als Infrastruktur des Zivilengagements

Organisationen wie Vereine, Verbände, Stiftungen, gemeinnützige Gesellschaften mit beschränkter Haftung bis hin zu weniger formalisierten Organisationen der Bürgerinitiativen bilden die institutionelle und infrastrukturelle Seite des Zivilengagements in Deutschland. Insgesamt ist dieser Bereich sehr vielschichtig, dynamisch und durchdringt die gesamte Gesellschaft in ihren einzelnen Bereichen. Gleichwohl wird die Gesamtzahl

▶ Abb 1   **Entwicklung der Anzahl der Vereine in Deutschland 1960–2011 — in Tausend**

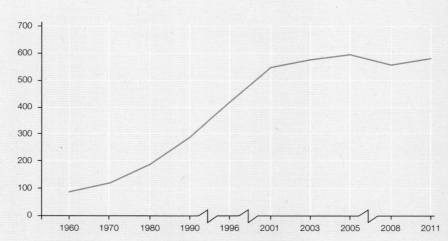

Datenbasis: Johns Hopkins Project; Vereinsstatistik V & M Service GmbH, Konstanz.

der Organisationen in ihrer unterschiedlichen Größe, Zusammensetzung und Rechtsform bislang nicht systematisch erfasst. Nur für einzelne Organisationsformen wie eingetragene Vereine und rechtsfähige Stiftungen bürgerschaftlichen Rechts liegen aktuelle Angaben vor.

Die Vereinslandschaft weist anhand der Angaben der Vereinsregister bei den deutschen Amtsgerichten ein hohes Wachstum auf. Zu diesen eingetragenen Vereinen kommen schätzungsweise mehrere Hunderttausend nicht eingetragene Vereine, die keine Eintragung in den Vereinsregistern anstreben und zu deren Anzahl keine Informationen vorliegen. ▸ Abb 1

In den letzten 50 Jahren ist die Zahl der in Deutschland eingetragenen Vereine beträchtlich gestiegen: Sie hat sich von rund 86 000 im Jahr 1960 (Westdeutschland) auf rund 580 000 im Jahr 2011 (Gesamtdeutschland) mehr als versechsfacht. Die steil ansteigende Kurve der eingetragenen Vereine veranschaulicht ein Wachstum, wie es nur in wenigen gesellschaftlichen Bereichen zu beobachten ist. Gleichwohl entstehen aus den Veränderungen in den einzelnen Tätigkeitsbereichen berechtigte Annahmen dahingehend, dass strukturelle Bewegungen

und thematische Gewichtsverlagerungen bei den Vereinsgründungen erfolgen. So weist die Vereinsstatistik für den Zeitraum 2005 bis 2008 eine besondere Zunahme der Kultur-, Interessen- und Freizeitvereine sowie einen Rückgang bei den Umweltvereinen aus. Eine etwas andere Dynamik ist für den Zeitraum 2008 bis 2011 erkennbar: Weiterhin befinden sich Interessen- und Kulturvereine in besonderem Maße auf Wachstumskurs, wohingegen die Bereiche Freizeit sowie Beruf/Wirtschaft und Politik nur eine geringfügige Zunahme an Vereinen verzeichnen. Gleichzeitig ist bei Umweltvereinen ein deutlicher prozentualer Zuwachs erkennbar.

Doch nicht nur die Zahl der eingetragenen Vereine ist – über einen längeren Zeitraum betrachtet – absolut angestiegen, auch ihre Dichte, bezogen auf je 100 000 Einwohner, hat stark zugenommen: Sie stieg zwischen 1960 und 2011 von 160 auf 709 Vereine und hat sich damit mehr als vervierfacht. Da der überwiegende Anteil des Engagements in Vereinen stattfindet, sind Veränderungen in diesem Feld hierfür von zentraler Bedeutung.

Neben den Vereinen kommt den Verbänden in Deutschland ein besonderer Stellenwert zu. Nach der Rechtsform handelt es sich dabei in der Regel um Vereine. Häufig sind sie als Dachverbände ein Zusammenschluss von Organisationen. Als solche üben sie koordinierende Aufgaben aus und vertreten die Interessen der Mitgliedsorganisationen gegenüber der Politik und in der Gesellschaft. Allein die in der Bundesarbeitsgemeinschaft zusammengeschlossenen sechs Spitzenverbände der Freien Wohlfahrtspflege (BAGFW) verfügten Ende 2008 über insgesamt 102 393 Einrichtungen und Dienste, in denen 1 541 829 Voll- und Teilzeitbeschäftigte arbeiteten, das sind knapp 4 % aller Erwerbstätigen in Deutschland.

Einen bedeutenden Aufschwung hat neben dem Vereinswesen auch das Stiftungswesen in Deutschland erlebt. Ende des Jahres 2012 bestanden 19 551 rechtsfähige Stiftungen bürgerlichen Rechts. Allerdings haben sich die Zuwachsraten seit 2007 verringert. Während in diesem Jahr noch 1 134 Stiftungen neu entstanden, wurden in 2012 nur noch 645 Stiftungen neu gegründet. Stiftungen sind bis auf die Ausnahme der speziellen Form der Bürgerstiftungen im Unterschied zu Vereinen weniger bedeutende Engagementträger, dafür fördern sie dieses in hohem Maße. ▸ Abb 2

▸ Abb 2 **Stiftungsgründungen in Deutschland 1990–2012**

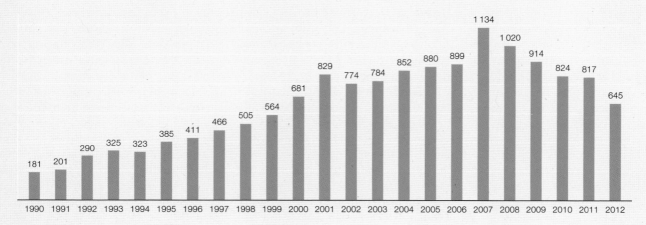

Datenbasis: Bundesverband Deutscher Stiftungen 2010.

Der Bestand an Stiftungen in West- und Ostdeutschland ist nach wie vor sehr ungleichgewichtig. Im Jahr 2012 gab es in Ost- 1 300 und in Westdeutschland (einschließlich Berlin) 18 251 Stiftungen. Je 100 000 Einwohner bestanden insgesamt 24 Stiftungen. Die Stiftungen verfügten über ein Vermögen von mehr als 100 Milliarden Euro, das jedoch durch die Finanzkrise geschrumpft ist. Allerdings ist zu vermerken, dass es in Deutschland im Unterschied zu den USA nur wenige große Stiftungen gibt, die über hohe Vermögenserträge verfügen. Der überwiegende Teil der Stiftungen hat einen eher geringen Vermögensstock. Im Jahr 2012 hatten 28 % der Stiftungen ein Vermögen von bis zu 100 000 Euro, bei 45 % lag es bis zu 1 Million, bei 22 % bis zu 10 Millionen, bei 4 % bis zu 100 Millionen Euro und 1 % der Stiftungen besaß ein Vermögen von mehr als 100 Millionen Euro.

Zivilgesellschaftliche Organisationen erleben in den letzten Jahren einige Veränderungen. Die äußeren Rahmenbedingungen verlangen von ihnen ein stärker wirtschaftlich ausgerichtetes Handeln, wodurch sich Tendenzen einer zunehmenden Ökonomisierung ihrer Arbeit bemerkbar machen. Dies führt aber nicht nur zu einer höheren Wirtschaftlichkeit, sondern auch zu Problemen: So werden in neueren Untersuchungen besonders die Planungsunsicherheit aufgrund unklarer Einnahmeentwicklungen sowie die Konfrontation mit einer Zunahme marktförmiger Strukturen, die zu einem verstärkten Effizienz- und Konkurrenzdruck führen, von den Organisationen benannt. Neben den ökonomisch gelagerten Herausforderungen bestehen Schwierigkeiten in sozialer Hinsicht. Eine Überalterung der aktiven Personen, das nachlassende Gemeinschaftsgefühl in den Organisationen und das Problem, freiwillig Engagierte für die eigene Arbeit zu gewinnen, sind dabei von zentraler Bedeutung; vielen Organisationen gelingt es bisher, dieser Herausforderungen gerecht zu werden. ▶ Abb 3

12.3.2 Zivilgesellschaftliches Engagement

Das freiwillige und unentgeltlich geleistete Engagement ist ein unverzichtbares Kernelement der zivilgesellschaftlichen Organisationen. An das Zivilengagement wird ein ganzes Bündel von Erwartungen geknüpft. Aus dem breiten Spektrum heben sich allgemein die Sicherung der Partizipationschancen des Bürgers durch seine stärkere unmittelbare Beteiligung an gesellschaftlichen Belangen hervor. Das Engagement beschränkt sich dabei nicht nur auf das Wirken der Bürger in speziellen Organisationen der politischen oder allgemeinen Interessenvertretung, sondern die Palette reicht von Sport und Freizeit über Kultur und Soziales bis zu Umwelt und Tierschutz. Als Basis demokratischer Gesellschaften tragen die Aktivitäten in diesen Organisationen zur Interessenbündelung und -artikulation bei. Durch die Herausbildung von demokratischen Normen, sozialen Netzen und Vertrauensverhältnissen fördert es die Kooperation, hält Reibungsverluste gering und führt damit letztendlich dazu, dass die Gesellschaft insgesamt besser funktioniert.

Einen besonderen Stellenwert besitzt das Zivilengagement bei der Sicherung des gesellschaftlichen Zusammenhalts. Es hilft, die sich in der sozial verstärkt ausdifferenzierenden Gesellschaft geforderten Fähigkeiten zum Kompromiss und zu einem zivilen Umgang herauszubilden. Es trägt dazu bei, die Kommunikationsbereitschaft und -fähigkeit, das wechselseitige Verständnis, die gemeinsame Beratung und den Austausch von Argumenten der Bürger untereinander, aber auch zwischen Bürgern und Institutionen zu praktizieren.

Die Rolle des zivilgesellschaftlichen Engagements ist dabei sehr unterschiedlich. Beispielsweise weist es im Rahmen eines Sportvereins andere Ausprägungen auf als in Bürgerinitiativen und solchen Organisationen, die als sogenannte Themenanwälte in Bereichen wie Umwelt oder internationale Aktivitäten tätig sind. Letztere haben in den zurückliegenden Jahrzehnten unter dem Gesichtspunkt einer stärkeren Einmischung des Bürgers in gesellschaftliche Belange einen beträchtlichen Zulauf und bedeutenden Aufschwung erfahren. Doch auch die Rolle zahlreicher Sportvereine ist mit der Zeit über ihren engen Tätigkeitskontext hinausgewachsen und ihre integrative Funktion, die sie vor allem auf lokaler Ebene spielen, darf nicht unterschätzt werden.

Nach einer Langzeitbetrachtung ist der Anteil der Engagierten in der Bevölkerung ab 16 Jahre von 23 % im Jahr 1985 auf 33 % im Jahr 2011 gestiegen. ▶ Abb 4

Die Unterscheidung zwischen einem regelmäßigen Engagement (zumindest monatlich) und einem selteneren Engagement zeigt, dass besonders das regelmäßige Engagement zugenommen hat (2011 rund 19 %). Dabei lag der Anteil der wöchentlich Engagierten bei fast 11 %.

Weitere Längsschnittanalysen ergeben zudem den überraschenden Befund, dass beachtliche Teile des Engagements durch relativ kurzfristige Ein- und Austritte gekennzeichnet sind. Ein durchgehendes Engagement in der Biografie ist also selten geworden. Das Engagement in zivilgesellschaftlichen Organisationen wird stärker durch Engagementepisoden geprägt. Dies macht deutlich, dass die Bindung an die Organisationen zurückgegangen ist.

Differenzierte Angaben zum Engagement liefern die Daten des Freiwilligensurveys. Mit seinen bislang drei Erhebungszeitpunkten 1999, 2004 und 2009 und mit jeweils mindestens 15 000 per Telefon geführten Interviews stellt er eine fundierte Datenbasis dar. Zu den Hauptaussagen des Freiwilligensurveys zählt, dass sich ein hoher Anteil der Bevölkerung freiwillig engagiert. Engagierte übernehmen ganz unterschiedliche Aufgaben. Die einen führen eine Leitungsfunktion aus, andere organisieren Veranstaltungen und wieder andere sind Lesepaten. Der Anteil der Engagierten ist über die Jahre konstant geblieben. Während 1999 die Zahl der freiwillig Engagierten bei 34 % lag, erhöhte sich deren Anteil 2004 leicht auf 36 % und blieb 2009 auf diesem Niveau. ▶ Tab 1

Hinter der hohen Stabilität in der Engagementbeteiligung stecken eine Reihe von gruppenbezogenen Unterschieden und gegenläufigen Tendenzen. Sie werden bereits sichtbar, wenn die Entwicklung des Engagements nach Altersgruppen näher betrachtet wird. Während in einigen Gruppen die Engagementquote weiter ansteigt, ist sie in anderen rückläufig.

Obwohl Jugendliche eine zivilgesellschaftlich aktive Gruppe sind, fiel ihr Engagement von 1999 bis 2009 langsam, aber kontinuierlich ab. Zu den Ursachen zählen eine gestiegene räumliche Mobilität und die Verringerung der zeitlichen Freiräume durch Veränderungen im Zeitregime von Schule und Studium (zum Beispiel durch Ganztagsschule). In der mittleren Altersgruppe (30 bis 59 Jahre) ist das Engagement hingegen angestiegen. Eine Ursache besteht darin, dass das Engagement für Familien mit Kindern immer wichtiger wird. Eltern werden in Bereichen aktiv, denen sie besondere Bedeutung für ihre Kinder beimessen, in denen sie aber unzufrieden mit den vorhandenen

▶ Abb 3 **Probleme zivilgesellschaftlicher Organisationen 2011/2012 — in Prozent**

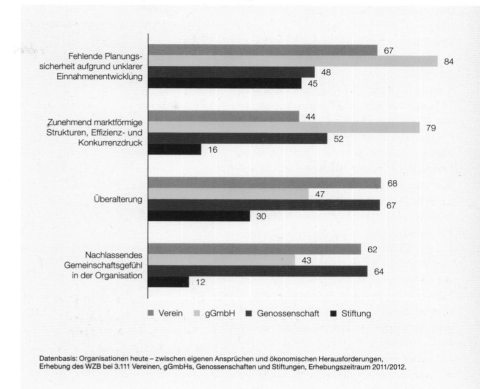

Datenbasis: Organisationen heute – zwischen eigenen Ansprüchen und ökonomischen Herausforderungen, Erhebung des WZB bei 3.111 Vereinen, gGmbHs, Genossenschaften und Stiftungen, Erhebungszeitraum 2011/2012.

▶ Abb 4 **Entwicklung der Engagementbeteiligung 1985–2011 — in Prozent**

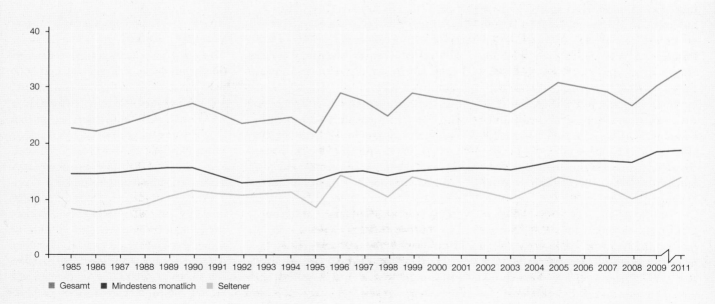

Datenbasis: SOEP 1985–2011, eigene Berechnungen.

Zuständen sind. Schwerpunkte sind Engagementaktivitäten in den Bereichen Kindergarten und Schule, Sport, Kultur und Musik, aber auch in der Kirche und der Jugendarbeit. Bei den älteren Menschen gab es eine deutliche und kontinuierliche Steigerung des Engagements. Dies ist Ausdruck eines aktiven Alterns und einer Zunahme des lebenslangen Lernens.

Weitere Faktoren wie ein höherer Bildungsabschluss oder eine Erwerbstätigkeit, aber auch die enge kirchliche Bindung, das Vorhandensein von Kindern im Haushalt sowie eine gute wirtschaftliche Situation sind noch immer wichtige Faktoren, die das Engagement befördern.

12.3.3 Geringes organisationsgebundenes Engagement

Neben dem organisationsgebundenen Engagement, also jenem in den zivilgesellschaftlichen Organisationen, finden auch in anderen Zusammenschlüssen Aktivitäten des freiwilligen Engagements statt. Es handelt sich dabei um ein geringer organisationsgebundenes Engagement, das in Selbsthilfegruppen, Initiativen, Projekten und selbstorganisierten Gruppen erfolgt. Die beiden Engagementformen unterscheiden sich vor allem in organisatorischer Hinsicht. Das Engagement in geringer formalisierten Zusammenschlüssen folgt häufig keinen so festen Regeln und hierarchischen Strukturen, wie sie zum Beispiel im Sport oder in Wohlfahrtsorganisationen zu finden sind. Die Engagierten bestimmen selbstständig und autonomer über Ziele oder Aktivitäten, da bestimmte Gremien wie Vorstände fehlen. Einer geringeren Kontinuität und Planbarkeit des Engagements stehen dabei größere Spielräume für Kreativität und Improvisation gegenüber.

Das Engagement in Selbsthilfegruppen, Initiativen, Projekten und selbstorganisierten Gruppen ist in den letzten Jahren stabil geblieben. Im Jahr 2009 erfolgen 15 % des Engagements durch geringer organisationsgebundene Zusammenschlüsse. Dabei ist das weniger formalisierte Engagement bei einigen

▶ Tab 1   **Zivilengagement nach soziografischen Gruppen 1999, 2004 und 2009 — in Prozent**

	Zivilengagement			Davon: Gering organisationsgebundenes Engagement		
	1999	2004	2009	1999	2004	2009
Insgesamt	**34**	**36**	**36**	**14**	**13**	**15**
Geschlecht						
Männer	38	39	40	11	11	12
Frauen	30	33	32	17	16	18
Alter						
14 bis 29 Jahre	35	35	35	15	17	19
30 bis 59 Jahre	38	40	40	13	13	14
60 und älter	26	30	31	13	12	12
Erwerbsstatus						
Erwerbstätige	38	40	40	13	11	13
Arbeitslose	24	27	26	11	16	15
Schüler / Auszubildende / Studenten	37	38	38	18	19	21
Hausfrauen und -männer	38	37	36	14	14	17
Rentner / Pensionäre	25	28	30	13	13	14
Bildungsniveau [1]						
Einfaches Bildungsniveau	25	26	23	12	11	11
Mittleres Bildungsniveau	37	37	37	12	13	14
Hohes Bildungsniveau	41	43	45	17	14	15
Region						
Ost	28	31	30	15	16	17
West	36	37	37	13	13	14

1 Einfaches Niveau: kein bzw. Volks- oder Hauptschulabschluss, Abschluss 8. Klasse; mittleres Niveau: mittlere und Fachhochschulreife, Abschluss 10. Klasse; hohes Niveau: Abitur/Hochschulreife beziehungsweise abgeschlossenes Hochschulstudium.
Datenbasis: Freiwilligensurvey 1999, 2004, 2009, eigene Berechnungen.

gesellschaftlichen Gruppen stärker ausgeprägt als bei anderen. ▶ Tab 1

Deutliche Unterschiede bestehen zwischen den Altersgruppen: Das Engagement in geringer organisationsgebundenen Kontexten nimmt mit zunehmendem Alter ab. Personen im Alter von 14 bis 29 Jahren engagieren sich im Jahr 2009 zu 19 % in Selbsthilfegruppen, Initiativen, Projekten, selbstorganisierten Gruppen und anderen eher losen Zusammenschlüssen; dies tun dagegen nur 12 % der 60-Jährigen und Älteren. Die Ergebnisse im Zeitablauf zeigen, dass sich die Diskrepanz zwischen Jung und Alt verstärkt hat. Das geringer organisationsgebundene Engagement von jungen Menschen ist zwischen 1999 und 2009 um 4 % gestiegen. Die größeren Freiheitsgrade und Spielräume, die dieses Engage-

ment bietet, sind offenbar eher für jüngere Menschen attraktiv.

Auffällig bei dem geringer organisationsgebundenen Engagement sind auch die Unterschiede zwischen Frauen und Männern. Frauen engagieren sich auf diese Weise zu 18 %, Männer dagegen nur zu 12 %. Die insgesamt etwas geringere Engagementbeteiligung von Frauen hebt sich also im stärker selbstorganisierten Engagement zu ihren Gunsten auf.

Der geschlechtsspezifische Unterschied in Bezug auf dieses Engagement erklärt sich anhand der Aktivitätsbereiche, in denen das geringer organisationsgebundene Engagement stattfindet. Hierbei handelt es sich in erster Linie um die Bereiche Schule und Kindergarten, Gesundheit sowie Soziales, die allgemein stärker durch ein weibliches Engagement geprägt sind.

▶ Tab 2   **Spenden 1999–2009 — in Prozent**

	1999	2004	2009
Insgesamt	**63**	**64**	**58**
Geschlecht			
Männer	62	62	56
Frauen	65	66	60
Alter			
14 bis 29 Jahre	43	38	33
30 bis 59 Jahre	67	66	59
60 und älter	75	78	74
Erwerbsstatus			
Erwerbstätige	65	66	60
Arbeitslose	46	44	29
Schüler/Auszubildende/Studenten	41	36	30
Hausfrauen und -männer	70	70	58
Rentner/Pensionäre	74	77	74
Bildungsniveau [1]			
Einfaches Bildungsniveau	61	62	54
Mittleres Bildungsniveau	62	65	60
Hohes Bildungsniveau	71	71	67
Region			
Ost	54	52	49
West	66	67	61

1 Einfaches Niveau: kein beziehungsweise Volks- oder Hauptschulabschluss, Abschluss 8. Klasse;
   mittleres Niveau: mittlere und Fachhochschulreife, Abschluss 10. Klasse;
   hohes Niveau: Abitur/Hochschulreife beziehungsweise abgeschlossenes Hochschulstudium.
   Datenbasis: Freiwilligensurvey 1999, 2004, 2009, eigene Berechnungen.

Ein Vergleich zwischen Ost- und Westdeutschland zeigt, dass es bei dem Engagement in Selbsthilfegruppen, Initiativen, Projekten und selbstorganisierten Gruppen regionale Unterschiede gibt: In Ostdeutschland (17 %) ist dieses Engagement etwas stärker ausgeprägt als in Westdeutschland (14 %). Die Unterschiede zwischen Ost- und Westdeutschland sind zum Teil auf das Engagement von arbeitslosen Personen, deren Anteil in Ostdeutschland noch immer bedeutend höher ist, zurückzuführen. Neben jungen Menschen und Frauen sind auch sie stärker in weniger formalisierten Zusammenschlüssen engagiert. Grundsätzlich minimiert ein Erwerbsstatus, der durch ein geregeltes Einkommen und feste Arbeitszeiten gekennzeichnet ist, die Wahrscheinlichkeit in weniger formalisierten Kontexten freiwillig engagiert zu sein. Das geringer organisationsgebundene Engagement ist des Weiteren vom Bildungsniveau abhängig. Auch selbstorganisiertes Engagement wird eher von Personen mit hohem als mit einfachem Bildungsniveau ausgeübt. Personen mit einem niedrigen Bildungsstatus sind insgesamt weniger engagiert. Allerdings hat sich der Unterschied zwischen den Bildungsgruppen in dieser Engagementform nach den Angaben des Freiwilligensurveys nicht vergrößert.

12.3.4 Spenden

Neben dem Spenden von Zeit engagieren sich Menschen durch das Spenden von Geld für gemeinwohlorientierte Zwecke. Spenden sind ein freiwilliger sowie unentgeltlicher Transfer, bei dem der Spender keine äquivalente materielle Gegenleistung erhält. Die Spenden gehen zumeist an zivilgesellschaftliche Organisationen, die sie in der Regel an Bedürftige weiterleiten oder damit ausgewählte Projekte finanzieren.

Nach den Angaben des Freiwilligensurveys spendet ein beachtlicher Anteil der Deutschen. Während 1999 und 2004 deutlich mehr als 60 % der über 14-Jährigen angab, in den letzten zwölf Monaten für soziale oder gemeinnützige Zwecke gespendet zu haben, ging dieser Anteil 2009 auf 58 % zurück. Andere Erhebungen gelangen zu deutlich geringeren Spenderanteilen. Das SOEP ermittelte einen Anteil von 40 % der Bundesbürger, die 2009 spendeten. Alle Untersuchungen kommen jedoch zu dem Ergebnis, dass sich an Spendenaktivitäten nicht alle Bevölkerungsgruppen in gleichem Maße beteiligen. Die Spendenbeteiligungsquote der Westdeutschen liegt im Durchschnitt um zehn Prozentpunkte höher als jene der Ostdeutschen. Dies Gefälle zeigt sich ebenfalls bei der Spendenhöhe. Während nach den Angaben des SOEP im Jahr 2009 die Westdeutschen Spender im Durchschnitt 213 Euro spendeten, lag der Wert bei den Ostdeutschen mit 136 Euro deutlich niedriger. Die geschlechtsspezifischen Unterschiede im Spendenverhalten zeigen – das belegen ebenfalls alle Untersuchungen – dass Frauen in Deutschland zu einem leicht höheren Anteil spenden. Für die unterschiedliche Spendenbeteiligung beider Geschlechter wird oft die durchschnittlich längere Lebenserwartung von Frauen verantwortlich gemacht, da ältere Personen häufiger spenden als jüngere. ▶ Tab 2

Mit zunehmendem Alter wächst die Spendenbeteiligung. Besonders gering fallen die Geldspendenanteile bei den Befragten im Alter von 14 bis 29 Jahren aus. In dieser Gruppe spendet nach Angaben des Freiwilligensurvey 2009 nur jeder Dritte. Viele Menschen beginnen offensichtlich erst im mittleren Alter mit dem Spenden. In den Altersgruppen über 60 Jahre steigt die Spendenbereitschaft drastisch an – drei von vier Personen spenden hier kontinuierlich über den betrachteten Zeitraum. Bei den Gründen für den deutlichen Einfluss des Alters auf das Spendenverhalten geht man davon aus, dass Menschen gleichen Alters zu einem ähnlichen Verhalten tendieren, da sie gleiche beziehungsweise ähnliche Erfahrungen in ihrer Kindheit (zum Beispiel Krieg, Solidarität) gemacht haben. Nach sozioökonomischen Erklärungsansätzen führt man die größere Spendenbereitschaft der älteren Personen eher auf deren höheres und gesichertes Einkommen, das angesammelte Vermögen sowie damit insgesamt auf deren bessere wirtschaftliche Situation zurück.

Wie bei dem zeitgebundenen zivilgesellschaftlichen Engagement gehen auch beim Spendenverhalten von den Bildungsmerkmalen gravierende Einflüsse aus. Zu einem besonders hohen Anteil spenden Personen mit einem hohen Bildungsniveau Geld, während die Spenderquote bei einem einfachen Bildungsniveau weit geringer ausfällt.

Der Erwerbsstatus beeinflusst ebenfalls die Spendenbereitschaft. Arbeitslose spenden erklärtermaßen aus ihrer wirtschaftlichen Situation heraus seltener als Erwerbstätige. Nichterwerbstätige, zu denen besonders Personen im Rentenalter gehören, haben die höchste Spenderquote. Dies ist offensichtlich Ausdruck ihrer allgemeinen Lebenssituation und der guten wirtschaftlichen Absicherung eines großen Teils dieser sozialen Gruppe.

Insgesamt geht also ein nachhaltiger Einfluss vom Einkommen auf das Spendenverhalten aus: Zur Erklärung des Zusammenhangs zwischen Einkommen und Spendenverhalten wird oft angeführt, dass höherer Wohlstand den Personen die Möglichkeit bietet, einen Teil ihres Vermögens anderen Menschen oder Projekten zukommen zu lassen, ohne selbst in wirtschaftliche Schwierigkeiten zu geraten oder Verzicht leisten zu müssen. Bezieher von hohen Einkommen verkraften demnach eine finanzielle Förderung gemeinnütziger Zwecke leichter und dementsprechend nimmt die Spendenfreudigkeit mit steigender Prosperität zu.

12.3.5 Zusammenfassung

Das zivilgesellschaftliche Engagement in Deutschland ist zu einer festen Größe der Gesellschaft geworden. Die Anzahl der zivilgesellschaftlichen Organisationen, in denen das Engagement häufig ausgeübt wird, ist über die Jahre angestiegen. Gleichwohl oder auch gerade deshalb haben diese Organisationen zunehmend Probleme, Engagierte zu finden. In den verschiedenen Engagementformen: organisationsgebunden, geringer organisationsgebunden oder Spenden, sind einzelne Bevölkerungsgruppen stärker vertreten als andere. Personen, die sich in einer Organisation engagieren oder spenden, sind in der Regel mindestens mittleren Alters, erwerbstätig und wirtschaftlich abgesichert. Im Vergleich dazu sind Personen, die sich in weniger formalisierten Zusammenschlüssen engagieren eher jung und nicht erwerbstätig. Es haben also demnach einerseits nicht alle Personen die gleichen Zugangschancen zu den zivilgesellschaftlichen Engagementformen, andererseits ermöglichen die unterschiedlichen Engagementgelegenheiten einem breiteren Personenkreis ein Engagement.

13 Demokratie und politische Partizipation

13.1 Teilnahme am politischen Leben

Brigitte Gisart

Destatis

Ein freier und demokratischer Staat ist auf die aktive Mitwirkung der Bürgerinnen und Bürger angewiesen. Inwieweit die Menschen ihre durch die Verfassung garantierten Rechte wirklich nutzen und Politik, Wirtschaft oder Kultur mit gestalten – darüber kann die amtliche Statistik wegen der meist sehr komplexen Zusammenhänge nur Anhaltspunkte liefern.

13.1.1 Wahlen

Für die Lebendigkeit der Demokratie ist es von entscheidender Bedeutung, in welchem Maße die Bürgerinnen und Bürger von ihren in der Verfassung garantierten Rechten Gebrauch machen und damit Einfluss auf die politische Willensbildung nehmen. Die Ausübung des Wahlrechts, mit der über die Zusammensetzung der demokratischen Vertretungen in Gemeinde, Land und Bund entschieden wird, spielt dabei eine zentrale Rolle. Da in der Bundesrepublik Deutschland keine gesetzliche Wahlpflicht besteht, wird die Wahlbeteiligung – unter gewissen Einschränkungen – auch als Gradmesser für das politische Interesse der Menschen herangezogen. Sie weist deutliche Unterschiede auf, je nachdem ob es sich um Bundestags-, Landtags-, Kommunalwahlen oder Wahlen zum Europäischen Parlament handelt.

Die Wahl zum 18. Deutschen Bundestag fand am Sonntag, dem 22. September 2013 statt. Die Ergebnisse lagen erst kurz vor der Drucklegung dieser Ausgabe vor, sodass hier nicht ausführlich darauf eingegangen werden kann. Weiterführende Angaben sind online erhältlich unter www.bundeswahlleiter.de > Bundestagswahlen > Bundestagswahl 2013 oder dem QR-Code.

Bei der Bundestagswahl am 22. September 2013 waren 61,9 Millionen

Deutsche wahlberechtigt. Mit 71,5 % lag die Wahlbeteiligung um 0,7 Prozentpunkte über der Wahlbeteiligung von 2009 (70,8 %).

Die Wahlbeteiligung bei der Bundestagswahl 2013 lag in acht Ländern über dem Durchschnitt. In Baden-Württemberg war sie mit 74,3 % am höchsten und in Sachsen-Anhalt mit 62,1 % am niedrigsten. In allen neuen Ländern lag die Wahlbeteiligung unter dem Bundesdurchschnitt. Bereits bei den drei letzten Bundestagswahlen war in allen neuen Ländern eine unterdurchschnittliche Wahlbeteiligung zu beobachten. ▶ Tab 1

Mit der Erststimme entscheiden die Wählerinnen und Wähler für 299 Bundes-

▶ Tab 1 **Wahlberechtigte und Wahlbeteiligung bei den Bundestagswahlen**

	Wahlberechtigte	Wahlbeteiligung
	in 1 000	in %
1949[1]	31 208	78,5
1953[1]	33 121	86,0
1957	35 401	87,8
1961	37 441	87,7
1965	38 510	86,8
1969	38 677	86,7
1972	41 446	91,1
1976	42 058	90,7
1980	43 232	88,6
1983	44 089	89,1
1987	45 328	84,3
1990	60 437	77,8
1994	60 452	79,0
1998	60 763	82,2
2002	61 433	79,1
2005	61 871	77,7
2009	62 168	70,8
2013	61 947	71,5

Bis 1987 früheres Bundesgebiet (ohne Berlin-West),
ab 1990 Deutschland.
1 Ohne Saarland.

tagswahlkreise, wer sie im Deutschen Bundestag vertreten soll. Für die Bundestagswahl 2013 wurden insgesamt 32 Wahlkreise neu abgegrenzt, davon 21 Wahlkreise aufgrund der Bevölkerungsentwicklung in den Ländern beziehungsweise in den Wahlkreisen. Eine Neuregelung gibt es auch für Auslandsdeutsche: Sie sind wahlberechtigt, sofern sie entweder nach Vollendung ihres 14. Lebensjahres mindestens drei Monate in Deutschland gelebt haben und dieser Aufenthalt nicht länger als 25 Jahre zurück liegt oder sie persönlich und unmittelbar mit den politischen Verhältnissen vertraut sind und von ihnen betroffen sind. Eine weitere Neuregelung betrifft das Sitzberechnungsverfahren für den deutschen Bundestag, bei dem unter anderem Überhangmandate durch Ausgleichsmandate ausgeglichen werden, um den Grundcharakter der Verhältniswahl zu wahren. Einzelheiten hierzu gibt es auf den Internetseiten des Bundeswahlleiters.

Die Zweitstimmen sind grundsätzlich für die Gesamtzahl der Abgeordneten der Parteien und für das Stärkeverhältnis im Deutschen Bundestag ausschlaggebend. ▸ Abb 1

Die CDU erreichte im Herbst 2013 einen Zweitstimmenanteil von 34,1 % und wurde damit stärkste Partei. Gegenüber der Bundestagswahl 2009 gewann sie 6,8 Prozentpunkte.

Die SPD erzielte bei der Bundestagswahl 2013 25,7 % aller gültigen Zweitstimmen im Wahlgebiet. Im Vergleich zur Bundestagswahl 2009, bei der ihr Zweitstimmenanteil 23,0 % betragen hatte, gewann sie 2,7 Prozentpunkte.

DIE LINKE gewann bei der letzten Bundestagswahl 8,6 % der gültigen Zweitstimmen. Das war gegenüber der Bundestagswahl 2009 ein Verlust von 3,3 Prozentpunkten.

Die GRÜNEN erhielten 2013 von allen gültigen Zweitstimmen 8,4 % und verloren damit gegenüber der Bundestagswahl 2009 2,3 Prozentpunkte an Zweitstimmen.

Die CSU konnte im Herbst 2013 einen Gewinn an Zweitstimmen verzeichnen. Der Zweitstimmenanteil stieg von 42,5 % (2009) auf 49,3 % der in Bayern abgegebenen Stimmen. Damit erzielte die CSU 2013 noch 7,4 % aller gültigen Zweitstimmen im Bundesgebiet – ihr Zweitstimmenanteil stieg damit gegenüber der Bundestagswahl 2009 um 0,9 Prozentpunkte.

Die FDP bekam 2013 nur 4,8 % der gültigen Zweitstimmen und somit 9,8 Prozentpunkte weniger als bei der Bundestagswahl 2009. Damit ist sie erstmals seit Gründung der Bundesrepublik nicht im Bundestag vertreten. ▸ Abb 2 , Abb 3

Frauen sind im Deutschen Bundestag immer noch deutlich unterrepräsentiert. Obwohl mehr als die Hälfte aller Wahlberechtigten Frauen sind und der Anteil der weiblichen Abgeordneten in den letzten 20 Jahren kontinuierlich gestiegen ist, stellen sie im 18. Deutschen Bundestag mit 229 Mandaten nur gut ein Drittel der 631 Abgeordneten. Dabei wurden 62 Direktmandate von Frauen gewonnen. Im 12. Deutschen Bundestag 1990 lag der Frauenanteil noch bei rund 20 %.

Scheiden Abgeordnete während der Legislaturperiode aus dem Bundestag aus, werden sie aus der Landesliste derjenigen Partei ersetzt, für die sie bei der Wahl angetreten sind (Listennachfolge).

Landtagswahlen

Die Wahlbeteiligung bei Landtagswahlen liegt im Vergleich zu Bundestagswahlen grundsätzlich niedriger. Die Unterschiede sind jedoch von Bundesland zu Bundesland unterschiedlich stark ausgeprägt. Die höchste Wahlbeteiligung bei den jeweils letzten Landtagswahlen wurde in Hessen im Jahr 2013 mit 73,2 % erreicht. Deutlich niedriger war sie mit 51,2 % bei der Wahl 2011 in Sachsen-Anhalt. ▸ Tab 2

Die SPD regiert nur in Hamburg allein. In Rheinland-Pfalz, in Bremen, in Niedersachsen sowie in Nordrhein-Westfalen regiert sie mit den GRÜNEN und in Schleswig-Holstein gemeinsam mit den GRÜNEN und dem SSW (Südschleswigscher Wählerverband). In Sachsen regiert die CDU und in Bayern die CSU jeweils allein. Große Koalitionen (SPD und CDU) regieren in Berlin, in Mecklenburg-Vorpommern, im Saarland, in Sachsen-Anhalt und in Thüringen. In Brandenburg ist die SPD mit der Partei DIE LINKE eine Koalition eingegangen. Die GRÜNEN koalieren in Baden-Württemberg mit der SPD und stellen seit 2011 erstmals in der Geschichte der Bundesrepublik auch den Ministerpräsidenten. In Hessen ist die Regierungsbildung zurzeit noch nicht abgeschlossen.

▸ Abb 1   **Stimmanteile der Parteien bei der Bundestagswahl 2013 — in Prozent**

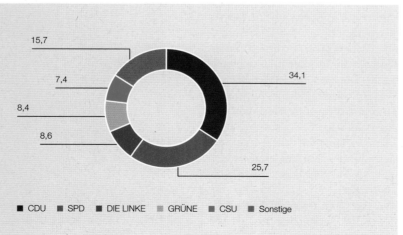

15,7
7,4
8,4
8,6
34,1
25,7

■ CDU ■ SPD ■ DIE LINKE ■ GRÜNE ■ CSU ■ Sonstige

▶ Abb 2   **Stimmanteile der Parteien bei der Bundestagswahl 2013 — in Prozent**

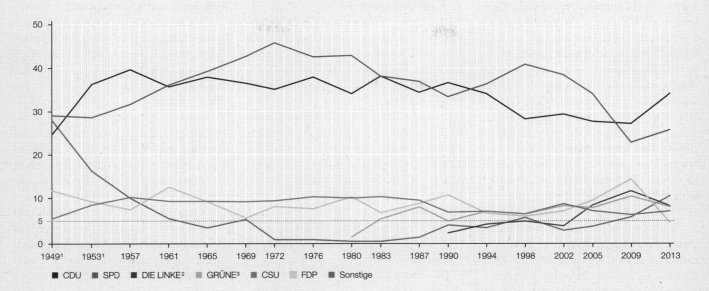

Seit 1953 Zweitstimmen, bis 1987 früheres Bundesgebiet, ab 1990 Deutschland.
1 Ohne Saarland.
2 Bis zur Namensänderung durch Parteitagsbeschluss vom 17. Juli 2005: PDS.
3 1990 einschließlich Bündnis 90/Grüne.

▶ Abb 3   **Sitzverteilung im Deutschen Bundestag**

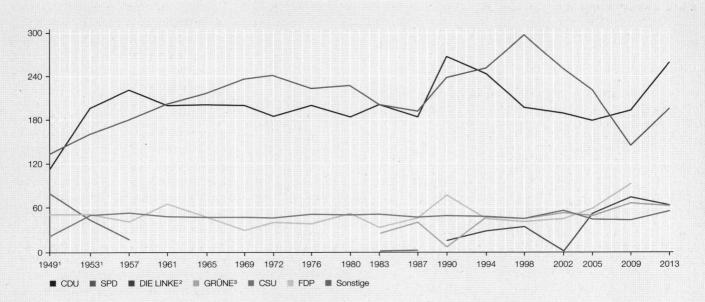

Bis 1987: früheres Bundesgebiet einschließlich der Abgeordneten von Berlin-West, ab 1990 Deutschland.
1 Ohne Saarland.
2 Bis zur Namensänderung durch Parteitagsbeschluss vom 17. Juli 2005: PDS.
3 1990 einschließlich Bündnis 90/Grüne.

Europawahlen

Seit 1979 wählen die Bürgerinnen und Bürger der Europäischen Union in fünfjährigem Abstand die Abgeordneten des Europäischen Parlaments. Die nächste Wahl steht im Frühjahr 2014 an. Deutschland ist derzeit mit 99 Sitzen im EU-Parlament vertreten. Davon entfallen auf die CDU 34, die SPD 23, die GRÜNEN 14, die CSU 8, DIE LINKE 8 und die FDP 12 Sitze.

Im Europäischen Parlament haben sich die Mitglieder zu acht Fraktionen zusammengeschlossen. Sie setzen sich nicht nach der Staatsangehörigkeit, sondern nach politischen Richtungen zusammen.

Insgesamt waren im Juni 2009 rund 375 Millionen Unionsbürgerinnen und -bürger wahlberechtigt. In Belgien, Luxemburg und Griechenland besteht Wahlpflicht mit Sanktionen. Die Wahlbeteiligung war bisher bei den Wahlen zum Europäischen Parlament in der Bundesrepublik Deutschland – wie übrigens auch in den anderen Mitgliedstaaten – wesentlich niedriger als bei nationalen Wahlen. Von den 62,2 Millionen bundesdeutschen Wahlberechtigten machten am 7. Juni 2009 nur 43,3 % von ihrem Stimmrecht Gebrauch. Dies bedeutet eine geringe Zunahme der Wahlbeteiligung um 0,3 Prozentpunkte gegenüber 2004. Die Wahlbeteiligung war in Malta mit 78,8 % (2004: 82,4 %), in Italien mit 65,1 % (2004: 73,1 %) und in Dänemark mit 59,5 % (2004: 47,9 %) am höchsten. In Polen war sie mit 24,5 % (2004: 20,9 %), in Litauen mit 21,0 % (2004: 48,4 %) und in der Slowakei mit 19,6 % (2004: 17,0 %) am niedrigsten. In dreizehn EU-Staaten war die Wahlbeteiligung höher als in Deutschland. Der stärkste Rückgang der Wahlbeteiligung betrug 27,4 Prozentpunkte und wurde in Litauen registriert.

Zusammenfassend ist festzustellen, dass in neun EU-Staaten die Wahlbeteiligung gegenüber 2004 zwischen 0,3 und 17,1 Prozentpunkten gestiegen ist und in allen anderen 18 EU-Staaten zwischen 0,1 und 27,4 Prozentpunkten zurückging. ▶ Abb 4

13.1.2 Mitgliedschaft in Parteien

Die Parteien spielen in der Bundesrepublik Deutschland eine wichtige Rolle. Nach dem Grundgesetz (Artikel 21) haben sie die Aufgabe, an der politischen Willensbildung des Volkes mitzuwirken. Ihre Gründung ist frei, ihre innere Ordnung muss demokratischen Grundsätzen entsprechen.

Parteien, die nach ihren Zielen oder nach dem Verhalten ihrer Anhängerschaft darauf ausgerichtet sind, die freiheitliche demokratische Grundordnung zu beeinträchtigen oder zu beseitigen oder den Bestand der Bundesrepublik Deutschland zu gefährden, sind verfassungswidrig und können vom Bundesverfassungsgericht verboten werden. Von dieser Möglichkeit wurde bisher zweimal Gebrauch gemacht: 1952 wurde die Sozialistische Reichspartei – eine extreme Rechtspartei – verboten, 1956 wurde die KPD für verfassungswidrig erklärt und aufgelöst.

Die politische Landschaft in der Bundesrepublik Deutschland war bis in die

▶ Tab 2   **Wahlbeteiligung und Stimmabgabe bei den letzten Landtagswahlen**

	Wahl	Wahlbeteiligung	Stimmen				
			CDU/CSU[1]	SPD	FDP	GRÜNE	DIE LINKE
			in %				
Baden-Württemberg	2011	66,3	39,0	23,1	5,3	24,2	2,8
Bayern[2]	2013[3]	63,6	47,7	20,6	3,3	8,6	2,1
Berlin[4]	2011	60,2	23,3	28,3	1,8	17,6	11,7
Brandenburg[4]	2009	67,0	19,8	33,0	7,2	5,7[5]	27,2
Bremen	2011	55,5	20,4	38,6	2,4	22,5	5,6
Hamburg[4]	2011	57,3	21,9	48,4	6,7	11,2[6]	6,4
Hessen[4]	2013	73,2	38,3	30,7	5,0	11,1	5,2
Mecklenburg-Vorpommern[4]	2011[7]	51,5	23,0	35,6	2,8	8,7	18,4
Niedersachsen[4]	2013	59,4	36,0	32,6	9,9	13,7	3,1
Nordrhein-Westfalen[4]	2012[8]	59,6	26,3	39,1	8,6	11,3	2,5
Rheinland-Pfalz[4]	2011	61,8	35,2	35,7	4,2	15,4	3,0
Saarland	2012[9]	61,6	35,2	30,6	1,2	5,0	16,1
Sachsen[4]	2009[10]	52,2	40,2	10,4	10,0	6,4	20,6
Sachsen-Anhalt[4]	2011	51,2	32,5	21,5	3,8	7,1	23,7
Schleswig-Holstein[4]	2012[11]	60,2	30,8	30,4	8,6	13,2	2,3
Thüringen[4]	2009	56,2	31,2	18,5	7,6	6,2	27,4

1 CSU nur in Bayern.
2 Gesamtstimmen = Erst- und Zweitstimmen.
3 Die FW FREIEN WÄHLER erzielten 9,0% der Stimmen.
4 Zweitstimmen.
5 GRÜNE/B 90.
6 GRÜNE/GAL.
7 Die NPD erzielte 6,0% der Stimmen.
8 Die PIRATEN erzielten 7,8% der Stimmen.
9 Die PIRATEN erzielten 7,4% der Stimmen.
10 Die NPD erzielte 5,6% der Stimmen.
11 Die PIRATEN erzielten 8,2% und die SSW erzielte 4,6% der Stimmen.

1990er-Jahre vor allem von vier Parteien geprägt: Sozialdemokratische Partei Deutschlands (SPD), Christlich Demokratische Union Deutschlands (CDU), Christlich-Soziale Union in Bayern e. V. (CSU) und Freie Demokratische Partei (FDP).

Zu Beginn der 1980er-Jahre zogen die GRÜNEN erstmals in einer Reihe von Landesparlamenten und seit 1983 auch in den Bundestag ein. Seit der ersten gesamtdeutschen Wahl 1990 ist auch DIE LINKE (früher PDS) im Deutschen Bundestag vertreten. Nur 1998, 2005 und 2009 erreichte sie einen Zweitstimmenanteil von über 5 %. In den Jahren 1990, 1994 und 2002 kam sie aufgrund von Sonderregelungen beziehungsweise Direktmandaten in den Bundestag. Schon immer kandidierten bei Bundestagswahlen auch kleinere Parteien. Bei der ersten Bundestagswahl 1949 konnten diese zusammen 27,8 % der Stimmen auf sich vereinen, danach sind ihre Stimmenanteile stark zurückgegangen. Zu ihrer relativen Bedeutungslosigkeit auf Bundes- und Landesebene hat nicht zuletzt die Fünfprozentklausel beigetragen.

In der Bundesrepublik Deutschland haben gegenwärtig rund 1,3 Millionen Männer und Frauen das Mitgliedsbuch einer Partei (Quelle: Prof. Oskar Niedermayer, Arbeitshefte a. d. Otto-Stammer-Zentrum, FU Berlin 2013). Das entspricht einem Anteil von rund 2 % der Bevölkerung im wahlberechtigten Alter, und es sind rund 40 % weniger als 1990.

Bis zum Frühjahr 2008 war die SPD die Partei mit der größten Mitgliedschaft. Bei ihrer Wiedergründung nach dem Zweiten Weltkrieg knüpfte sie an ihre bis ins 19. Jahrhundert zurückreichende Tradition als Arbeiterpartei an. Mit der Verabschiedung des Godesberger Programms 1959 vollzog sie die Öffnung zur Volkspartei. Ihre Mitgliederzahl betrug 1946 rund 711 000. Ende 2012 besaßen rund 480 000 Bürgerinnen und Bürger das Mitgliedsbuch dieser Partei, die 1976 mit 1 022 000 Mitgliedern ihren bisher höchsten Stand erreicht hatte. Der Anteil der Frauen in der SPD erhöhte sich von 15 % im Jahr der Wiedergründung auf 31,5 % Ende 2012.

Im Unterschied zur katholischen Zentrumspartei der Weimarer Zeit wenden sich die nach dem Ende der Herrschaft des Nationalsozialismus neu gegründeten Unionsparteien – CDU und CSU – an Wählerinnen und Wähler beider christlicher Konfessionen. Sie betrachten ihre Gründung als Antwort auf die verhängnisvolle Zerrissenheit der Demokraten in der Weimarer Republik. Die CDU besitzt keinen bayerischen Landesverband, während die CSU nur in Bayern vertreten ist. Im Bundestag bilden beide Parteien eine gemeinsame Fraktion. Die Mitgliederzahl der CDU belief sich im Dezember 2012 auf rund 480 000, von ihnen waren 26 % Frauen. Die CSU, deren Mitgliederzahl im Jahr 1946 bei 69 000 lag, hatte Ende 2012 insgesamt 148 000 Mitglieder, darunter 20 % Frauen.

Die ebenfalls nach dem Krieg neu gegründete FDP will als liberale Partei besonders die Freiheit jedes Einzelnen in allen Lebensbereichen stärken. Das liberale Manifest von 1985 geht von einem umfassenden Freiheitsbegriff aus. Die FDP will eine »Versöhnung von moderner Marktwirtschaft und einer offenen und veränderungsbereiten gesellschaftlichen Kultur«. Ende 2012 hatte die FDP rund 59 000 Parteimitglieder, davon waren 23 % Frauen.

Seit Mitte der 1970er-Jahre hat sich eine zunehmende Zahl von Bürgerinnen und Bürgern außerhalb der etablierten Parteien in »Bürgerinitiativen« engagiert. Sie richten sich vielfach gegen politische Maßnahmen von lokaler oder regionaler Bedeutung, die als umweltschädigend betrachtet werden, so zum Beispiel gegen Kernkraftwerke, Autobahnausbau, Müllverbrennungsanlagen. Aus dieser Bewegung sind auch die »grünen« Parteien mit ihren über den Umweltschutz hinausgehenden politischen Programmen hervorgegangen. Die GRÜNEN hatten sich vor der Europawahl 1979 bundesweit als »Sonstige Politische Vereinigung (SPV) DIE GRÜNEN« zusammengeschlossen, ehe sie sich 1980 als Partei auf Bundesebene konstituierten. Im Jahr 1993 haben

▶ Abb 4 **Sitzverteilung im Europäischen Parlament, nach Fraktionen**

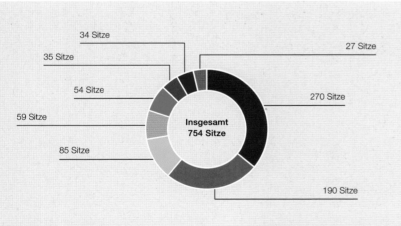

- ■ Fraktion der Europäischen Volkspartei (Christdemokraten)
- ■ Fraktion der Progressiven Allianz der Sozialisten und Demokraten im Europäischen Parlament
- ■ Fraktion der Allianz der Liberalen und Demokraten für Europa
- ■ Fraktion der Grünen/Freie Europäische Allianz
- ■ Europäische Konservative und Reformisten
- ■ Konföderale Fraktion der Vereinigten Europäischen Linken/Nordische Grüne Linke
- ■ Fraktion „Europa der Freiheit und der Demokratie"
- ■ Fraktionslos

Stand: März 2013.
Quelle: Europaparlament.

sich die GRÜNEN und das BÜNDNIS 90, ein 1991 entstandener Zusammenschluss der Bürgerbewegung gegen die SED-Regierung in der ehemaligen DDR, zu der Partei BÜNDNIS 90/DIE GRÜNEN (GRÜNE) zusammengeschlossen. Ihre Mitgliederzahl lag Ende 2012 bei rund 60 000, etwa 38 % waren Frauen.

»Die Linke.« (früher PDS) hatte Ende 2006 insgesamt 60 000 Parteimitglieder. Der Frauenanteil lag bei 44 %. Bei den letzten Landtagswahlen in den neuen Ländern lag der Anteil der Partei DIE LINKE mit Ausnahme der Landtagswahl in Mecklenburg-Vorpommern (18,4 %) meist deutlich über 20 %. Im Juni 2007 fusionierte »Die Linke.« mit der »Wahlalternative Arbeit und Soziale Gerechtigkeit (WASG)« zur Partei DIE LINKE. Für Ende 2012 sind die Mitgliederzahlen mit rund 64 000 beziffert, davon etwa 38 % weibliche Mitglieder.

13.1.3 Zusammenfassung

Bei der Wahlbeteiligung lässt sich ein leichter Aufwärtstrend verzeichnen. Bei der Bundestagswahl 2013 lag sie bei 71,5 %. Das sind 0,7 Prozentpunkte mehr als bei der Bundestagswahl 2009 mit der seit Bestehen der Bundesrepublik Deutschland bislang niedrigsten Wahlbeteiligung in Höhe von 70,8 %. Bei den jeweils letzten Landtagswahlen stieg die Wahlbeteiligung in zehn Ländern (in Baden-Württemberg sogar um 12,9 Prozentpunkte), in sechs ging sie zurück. Der höchste Rückgang war in Schleswig-Holstein mit − 13,4 Prozentpunkten zu verzeichnen. Die Zahl der Parteimitglieder der im Deutschen Bundestag vertretenen Parteien nahm von 1990 bis 2012 um fast die Hälfte ab. Sie lag 2012 nur noch bei knapp 1,3 Millionen gegenüber 2,4 Millionen im Jahr 1990.

13.2 Politische Integration und politisches Engagement

Bernhard Weßels
WZB

WZB/SOEP

In sich immer stärker sozial und kulturell differenzierenden Gesellschaften wie der Bundesrepublik Deutschland ist die Frage der Integration und Teilhabe von zentraler Bedeutung für den Zusammenhalt. Das gilt nicht zuletzt für den Bereich der Politik in einer demokratischen Gesellschaft. Demokratie bedeutet die Möglichkeit der gleichen Teilhabe an den politischen Willensbildungs- und Entscheidungsprozessen. Durch gleiche Wahlen bestimmen die Bürger ihre politischen Repräsentanten, durch politische Beteiligung können sie Einfluss auf die Politik nehmen. In welchem Maße sich die Bürger engagieren und in welchem Ausmaß es einer Demokratie gelingt, Bürger in das politische Geschehen einzubeziehen, ist von zentraler Bedeutung für gleiche Teilhabechancen und politische Integration. Unter politischer Integration versteht man den Prozess, in dessen Verlauf die Bürger durch ihre eigene politische Beteiligung in die politische Willensbildung einbezogen werden und dadurch sowohl die demokratischen »Spielregeln« anerkennen, als auch Loyalitätsbeziehungen gegenüber den politischen Institutionen und Akteuren entwickeln. Die Frage, wie viel Bürgerbeteiligung eine Demokratie braucht, bleibt offen und ist letztlich nur normativ zu beantworten.

Es ist aber davon auszugehen, dass es ein Warnsignal für eine Demokratie ist, wenn eine Gesellschaft hinter ein bereits erreichtes Ausmaß politischer Integration der Bürger zurückfällt oder starke regionale oder soziale Unterschiede in der Beteiligung der Bürger an der Politik darauf verweisen, dass eine gleichmäßige Integration der Bürger in die Politik nicht gelingt. Die Debatten über die »Mitgliederkrise« der Großorganisationen sowie über Politik- und Parteienverdrossenheit legen es nahe, danach zu fragen, ob sich die Bürger heute weniger politisch beteiligen als früher. Dies ist insbesondere im Hinblick auf die jüngeren Altersgruppen und ihr »Hineinwachsen« in die Demokratie von Interesse. Und selbst mehr als zwei Jahrzehnte nach der deutschen Vereinigung stellt sich die Frage, ob die Bürger Ostdeutschlands in vergleichbarer Weise wie die Westdeutschlands politisch integriert sind und in ähnlicher Stärke Zugang zum politischen Willensbildungsprozess finden.

13.2.1 Politisches Interesse und politische Partizipation

Das Ausmaß, in dem sich die Bürger für Politik interessieren, ist ein wichtiger Gradmesser, inwieweit sie das politische Geschehen registrieren und an ihm teilnehmen. Das politische Interesse ist ein guter Indikator dafür, ob Politik von den Bürgern als etwas betrachtet wird, das für sie wichtig genug ist, um sich darüber zu informieren und sich gegebenenfalls auch dafür zu engagieren. Das politische Interesse der Bürger wird durch die einfache Frage »Wie stark interessieren Sie sich für Politik: sehr stark, stark, mittel, wenig oder überhaupt nicht?« bereits seit 1969 in repräsentativen Bevölkerungsumfragen erfasst.

In den letzten Jahrzehnten hat sich der Anteil derjenigen, die sich stark oder sogar sehr stark für Politik interessieren, beständig und sehr dynamisch verändert. Im Zeitraum um die deutsche Vereinigung 1990 war er am höchsten und ist danach deutlich abgesunken. Seit 1994 liegt der Anteil derjenigen, die sich stark oder sogar sehr stark für Politik interessieren in Westdeutschland im Durchschnitt bei 30 %. Hieraus einen generellen Niedergang des politischen Interesses abzuleiten, greift allerdings zu kurz. Die Wendezeit mit ihrer hohen politischen Mobilisierung war eine Ausnahmeperiode. Der langfristige Vergleich zeigt, dass heute mehr Bürger am politischen Geschehen interessiert sind als noch Ende der 1960er-Jahre. So waren 1969 lediglich 18 % stark oder sogar sehr stark an Politik interessiert. In Ostdeutschland sind im Durchschnitt etwas weniger Bürger stark oder sehr stark an Politik interessiert als in Westdeutschland – im Durchschnitt der Jahre 1994 bis heute etwa 27 %. Im Jahr 2010 ist dieser Unterschied allerdings verschwunden.

Deutlicher ist der Unterschied im Ausmaß des politischen Interesses zwischen den jüngeren und älteren Bürgern, der in West- und Ostdeutschland gleichermaßen zu beobachten ist. Unter den bis 29-Jährigen finden sich weit weniger politisch Interessierte als im Bevölkerungsdurchschnitt. Dieser Unterschied zwischen den Altersgruppen existiert seit 1991. Davor war das Interesse der Jüngeren nur unmaßgeblich geringer ausgeprägt. Im Durchschnitt der Jahre 1994 bis heute lag das Interesse an der Politik bei den 18- bis 29-Jährigen mit 21 % in West- und 19 % in Ostdeutschland etwa acht bis neun Prozentpunkte unter dem Bevölkerungsdurchschnitt. 2010 lag das Interesse der Jüngeren in Westdeutschland sogar 14 Prozentpunkte unter dem Bevölkerungsdurchschnitt. Im Jahr 2012 ist die Differenz zwischen Jüngeren und dem Bevölkerungsdurchschnitt wieder auf sechs bis sieben Prozentpunkte zurückgegangen. ▸ Abb 1

Diese Lücke zwischen jüngerer Bevölkerung und Bevölkerungsdurchschnitt findet sich nicht nur beim politischen Interesse, sondern zum Beispiel auch bei der Wahlbeteiligung.

Neben der Tatsache, dass die Wahlbeteiligung bei den Bundestagswahlen von 1990 bis 2009 niedriger lag als bei allen Bundestagswahlen zwischen 1953 und 1987, lässt sich festhalten, dass die Wahlbeteiligung bei den Erst- (18 bis 20 Jahre) und Jungwählern (21 bis 25 Jahre) sogar stärker abgesunken ist als im Durchschnitt. Nur die hier als Jungwähler bezeichnete Altersgruppe lässt sich seit 1961 beobachten, da die Volljährigkeit und damit die Wahlberechtigung mit 18 Jahren erst seit 1972 gelten. Die durchschnittliche Wahlbeteiligung der Jungwähler lag, mit kleineren Schwankungen zwischen 1961 und 1983, etwa 8,6 Prozentpunkte unter dem Gesamtdurchschnitt. 1987 lag sie bereits zehn Prozentpunkte darunter, seitdem immer etwa zehn Prozentpunkte unter der Gesamtwahlbeteiligung.

Bürger können neben institutionellen Formen der Beteiligung wie zum Beispiel Wahlen auch Formen nicht institutionalisierter Beteiligung wie Unterschriftensammlungen, Demonstrationen oder auch Bürgerinitiativen nutzen, um ihren Interessen Ausdruck zu verleihen und am politischen Leben teilzuhaben. Diese Arten politischer Aktivität haben in Deutschland seit Ende der 1950er-Jahre kontinuierlich zugenommen. In diesem Zusammenhang ist von einer »partizipatorischen Revolution« gesprochen worden, mit der sich nicht nur in Deutschland, sondern in allen modernen Demokratien neue Formen der Beteiligung als normale politische Handlungsformen etablierten. Die Anteile derjenigen, die angaben, an den beiden häufigsten Formen der sogenannten »unkonventionellen« politischen Beteiligung, der Beteiligung an Unterschriftensammlungen und Demonstrationen, mitgewirkt zu haben, sind in den 1990er-Jahren recht stabil und steigen am

▸ Abb 1   **Politisches Interesse in der Bundesrepublik 1980–2012 — in Prozent**

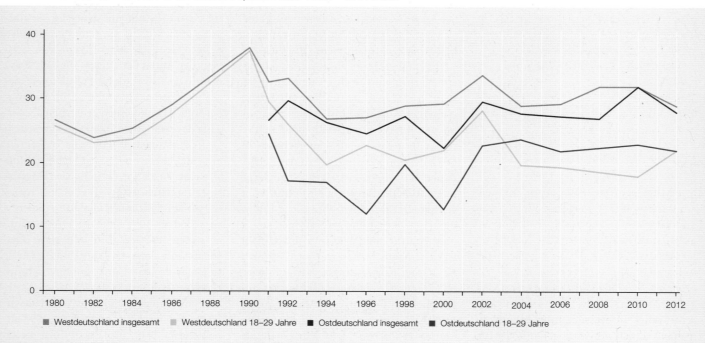

■ Westdeutschland insgesamt   ■ Westdeutschland 18–29 Jahre   ■ Ostdeutschland insgesamt   ■ Ostdeutschland 18–29 Jahre

Datenbasis: ALLBUS 1980–2012; bei Haushaltsstichproben transformationsgewichtet. Eigene Berechnungen.

Anfang des neuen Jahrtausends sogar an. 1998 lag der Anteil bei 37 %, 2002 mit 63 % sehr hoch und 2008 dann bei knapp der Hälfte der Bürger. An Demonstrationen hatte in den 1990er-Jahren knapp ein Fünftel der Bevölkerung teilgenommen, 2002 waren es sogar über 30 %, 2008 über 20 %. Nicht-institutionalisierte, sogenannte »unkonventionelle« Formen der Beteiligung werden häufig den Jüngeren zugeschrieben. Dementsprechend ist bei diesen Formen der Beteiligung eine Lücke zu Lasten der Jüngeren nicht zu erwarten, sondern eher, dass der Durchschnitt der Bevölkerung sich deutlich weniger in dieser Form beteiligt als die Jüngeren. Aber dieser Unterschied existiert nicht mehr. Die »Konventionalisierung des Unkonventionellen« hat stattgefunden und Unterschriftensammlungen und Demonstrationen gehören inzwischen zu den normalen politischen Beteiligungsformen aller Bürger. ▶ Abb 2

Auch die Unterschiede zwischen den Bürgern in West- und Ostdeutschland sind kaum noch vorhanden und waren es bezogen auf Demonstrationen ohnehin nicht. Anders sieht es bei der Mitarbeit in Bürgerinitiativen aus. Westdeutsche Bürger sind mit Anteilen von 10 bis 20 % etwas stärker engagiert als Bürger in Ostdeutschland mit Anteilen zwischen 6 und 13 %. Der Unterschied zwischen Jüngeren und dem Bevölkerungsdurchschnitt geht zu Lasten der Jüngeren – wiederum ein Zeichen, wie »normal« sogenannte unkonventionelle Formen der Partizipation inzwischen geworden sind. ▶ Abb 3

13.2.2 Bindung an Interessengruppen und politische Parteien

Die Mitgliedschaft in Interessengruppen und politischen Parteien ist ein weiterer Indikator für die Integration der Bürger in den politischen Prozess. Diese Organisationen sind häufig durch gesellschaftliche Selbstorganisation entstanden und dienen dem Zweck der Vertretung gemeinsamer politischer, wirtschaftlicher, sozialer oder kultureller Interessen. Interessengruppen setzen sich auf verschiedene Weise für die Anliegen ihrer Mitglieder ein, zum

Beispiel durch das Einwirken auf Parteien, Parlamente, Regierungen und Behörden oder die Öffentlichkeit im Allgemeinen. Politische Parteien sind unmittelbare Akteure des Regierungssystems.

Da die Mitgliedschaft freiwillig ist, ist der Grad, zu dem Bürger sich in Interessengruppen und politischen Parteien organisieren, ein zentrales Merkmal der politischen Integration. Anders als die Wahlbeteiligung oder Formen nichtinstitutionalisierter Beteiligung, die für den Einzelnen singuläre Ereignisse bleiben können, zeichnen sich Mitgliedschaften

▶ Abb 2 **Nicht-institutionalisierte Beteiligung unter Jüngeren und im Durchschnitt 1996, 2002 und 2008 — in Prozent**

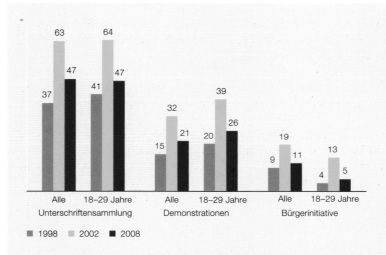

Datenbasis: ALLBUS 1980–2012; bei Haushaltsstichproben transformationsgewichtet. Eigene Berechnungen.

▶ Abb 3 **Nicht-institutionalisierte Beteiligung in Ost- und Westdeutschland 1996, 2002 und 2008 — in Prozent**

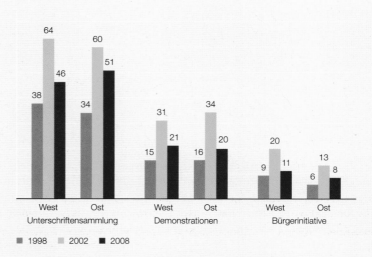

Datenbasis: ALLBUS 1998–2008; bei Haushaltsstichproben transformationsgewichtet. Eigene Berechnungen.

▶ Tab 1   **Mitgliedschaft in Organisationen 1976–1998 — in Prozent**

	Westdeutschland					Ostdeutschland	
	1976	1980	1986	1992	1998	1992	1998
Arbeit und Wirtschaft							
Gewerkschaften (total)	17	16	15	16	13	27	15
DGB	13	13	14	14	9	25	14
DAG	4	3	2	2	4	3	1
CGB	0	–	0	0	0	0	0
Beamtenbund	3	2	2	2	2	1	0
Berufsverbände							
Selbständige, Freiberufler	–	–	1	1	1	1	2
Andere	4	3	5	5	5	5	3
ULA, leitende Angestellte	–	–	0	0	1	0	0
Bauernverband	2	1	1	1	1	0	0
Gewerbeverband	2	1	2	1	2	2	2
Wirtschafts- und Arbeitgebervereine	1	1	0	0	1	0	0
Politisch oder wertgebunden							
Bürgerinitiativen	1	1	1	1	2	0	1
Politische Parteien	6	5	4	4	3	3	2
Andere politische Vereinigungen	–	0	0	1	2	0	1
Religiöse Organisationen	5	6	6	6	3	2	1
Soziales							
Vertriebenenverband	2	1	1	1	1	0	1
Sozial- oder Wohlfahrtsvereine	2	3	4	3	4	1	1
Jugendorganisationen	2	1	1	1	1	1	0
Freizeit							
Gesangvereine	6	7	6	6	6	2	2
Sportvereine	22	23	29	30	28	10	12
Heimat-Vereine	7	6	6	5	6	1	1
Sonstige gesellige Vereine (zum Beispiel Kegelclub)	–	11	8	5	7	1	3
Andere Freizeitvereine	–	5	5	8	11	3	4
Andere Organisationen	11	10	13	11	6	8	6
Mitglieder insgesamt	**54**	**59**	**63**	**63**	**59**	**53**	**41**
Mitglieder in Interessengruppen	32	29	31	31	31	40	25
Mitglieder in Freizeitvereinen	29	39	42	43	43	16	20
Mitglieder nur in Freizeitvereinen	16	24	26	27	26	9	12
N = 100 Prozent	**2 036**	**2 955**	**3 070**	**2 308**	**2 070**	**1 141**	**1 012**

– nichts vorhanden.
»Andere politische Vereinigungen«: ALLBUS 1980–1992 Nennungen »Menschenrechtsverein«, »politischer Verein«, »Minderheitengruppe«, »internationale Beziehungen« auf Nachfrage
zu »Anderen Organisationen«, entsprechend bei »Andere Organisationen« abgezogen, ALLBUS 1998 Kategorie »alternative politische Gruppe«. 1980–1992 Nennungen »Berufsverbände«,
»Berufsvereine« auf Nachfrage zu »Anderen Organisationen« wurden der Kategorie »Berufsverbände, – andere« zugeordnet und entsprechend bei »Andere Organisationen« abgezogen.
Datenbasis: ZUMA-Bus 1 1976 (ungewichtet) 1980, 1986 und 1992 aus kumuliertem Allbus (bei Haushaltsstichproben transformationsgewichtet), Allbus 1998 jeweils erwachsene
deutsche Wohnbevölkerung in Privathaushalten.

in Interessengruppen und politischen Parteien dadurch aus, dass sie in der Regel langfristig sind.

Verliert die Mitgliedschaft in Interessengruppen und politischen Parteien für den Einzelnen an Attraktivität, so ist dies zunächst ein Warnsignal für die je-weilige Organisation. Geschieht dies jedoch in großem Umfang, weist es dar-über hinaus auch auf generelle Probleme der Interessenvermittlung in einem poli-tischen Gemeinwesen hin.

Im internationalen Vergleich zeichnet sich Westdeutschland durch einen mitt-leren Organisationsgrad von 55 bis 60 % aus, wenn alle Organisationen – sowohl Interessengruppen als auch Freizeitverei-nigungen – betrachtet werden. In West-europa sind nur die Bürger der Nieder-lande und der skandinavischen Länder stärker organisiert. Der Anteil der Bürger,

▶ Tab 2   **Mitgliedschaft und Aktivität in Organisationen 2010 — in Prozent**

	Insgesamt		Westdeutschland		Ostdeutschland	
	Mitglied	Aktives Mitglied/ Ehrenamt	Mitglied	Aktives Mitglied/ Ehrenamt	Mitglied	Aktives Mitglied/ Ehrenamt
Arbeit und Wirtschaft						
Gewerkschaften[1]	12	1	13	1	8	1
Wirtschafts-, Berufsverbände[2]	7	2	7	2	4	1
Politisch oder wertgebunden						
Politische Parteien	3	–	3	–	2	–
Menschrechtsorganisationen	1	0	2	1	0	0
Naturschutzorganisationen	7	2	7	2	6	3
Bürgerinitiativen	2	1	2	1	2	1
Wohltätigkeitsvereine	10	5	10	5	9	6
Elternorganisationen	3	2	3	2	3	2
Gesundheitsvereine	4	2	4	2	5	4
Rentner-, Seniorenvereine	2	1	2	1	2	1
Freizeit						
Kultur-, Musikvereine	11	8	12	8	7	6
Sportvereine	31	23	32	24	23	16
Sonstige Hobbyvereine	11	8	10	7	11	10
Mindestens einmal Mitglied/aktives Mitglied						
Alle gelisteten Organisationen, ohne Wirtschafts-/Berufsverband	56	–	57	–	49	–
Alle gelisteten, ohne Gewerkschaften, Wirtschafts-/Berufsverband, Partei	50	38	52	39	45	34
Interessengruppen ohne Wirtschafts-/Berufsverband	32	–	33	–	28	–
Interessengruppen, ohne Gewerkschaften, Wirtschafts-/Berufsverband, Partei	21	12	21	11	21	16
Freizeitorganisationen	41	33	43	34	34	26

N = 100%; 2008: 3.469; 2010: 2.827
1 Gewerkschaften: »Mitgliedschaft« 2010; »Akt. Mitglied/Ehrenamt« 2008.
2 Berufsverbände: »Mitgliedschaft«, »Akt. Mitglied/Ehrenamt« 2008.
– nichts vorhanden.
Datenbasis: ALLBUS 2008, 2010. transformationsgewichtet.
Eigene Berechnungen.

die Mitglieder in Interessengruppen im engeren Sinne waren, lag zwischen 1986 und 1998 in Westdeutschland relativ konstant bei etwa 30 %. Demgegenüber ist im selben Zeitraum der Anteil der Bevölkerung, der in Freizeitorganisationen – allen voran den Sportvereinen – organisiert ist, von 29 auf 43 % gestiegen. Der Anteil derjenigen, die nur in Freizeitvereinigungen Mitglied sind, hat sich von knapp 16 auf 26 % erhöht.

In Ostdeutschland lag 1992 der Anteil derjenigen, die in Interessengruppen organisiert waren, noch neun Prozentpunkte über dem Anteil in Westdeutschland, der

Anteil der Mitglieder in Freizeitvereinigungen dagegen 26 Prozentpunkte unter dem westdeutschen Durchschnitt. Bezogen auf die Mitgliedschaft in Interessengruppen hat es in Ostdeutschland eine dramatische Entwicklung gegeben, die vor allem zu Lasten der Gewerkschaften gegangen ist. Zwischen 1992 und 1998 ist der Prozentsatz derjenigen, die in Interessengruppen organisiert waren, von knapp 40 auf 25 % zurückgegangen. Im Freizeitbereich lässt sich in Ostdeutschland eine kleine Steigerung der Mitgliederanteile um drei Prozentpunkte feststellen. ▶ Tab 1

Relativ gesehen haben sich also politikbezogene und freizeitbezogene Mitgliedschaften auseinanderentwickelt. Interessengruppen konnten an dem Aufwärtstrend der Mitgliedschaften generell nicht teilhaben.

Jüngere Daten für 2010, die aufgrund unterschiedlicher Erhebungsverfahren nicht immer unmittelbar mit früheren Daten vergleichbar sind, verweisen darauf, dass die Mitgliedschaft in Interessengruppen weiter zurückgegangen ist. Die Mitgliederanteile lagen Ende der 1990er-Jahre noch bei über 30 % in Westdeutschland, 2010 nur noch bei 23 %. In

▶ Abb 4   **Gewerkschaftsmitgliedschaft 1980–2012 — in Prozent**

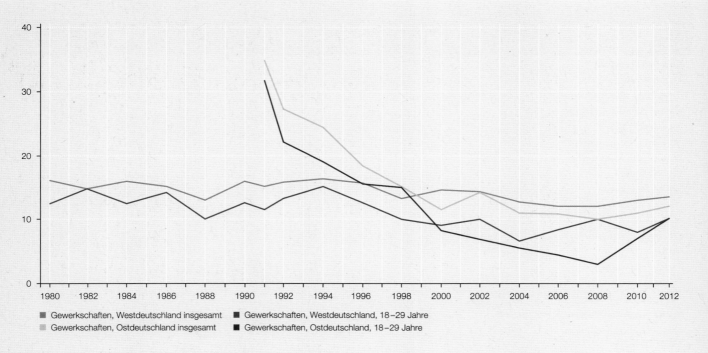

■ Gewerkschaften, Westdeutschland insgesamt   ■ Gewerkschaften, Westdeutschland, 18–29 Jahre
■ Gewerkschaften, Ostdeutschland insgesamt   ■ Gewerkschaften, Ostdeutschland, 18–29 Jahre

Datenbasis: ALLBUS 1980–2012, bei Haushaltsstichproben transformationsgewichtet. Eigene Berechnungen.

Ostdeutschland ist der Anteil von 25 auf 17 % zurückgegangen.

Die Freizeitorganisationen verzeichnen keine Rückgänge, in Ostdeutschland sogar leichte Zuwächse. Die Mitgliederanteile in Freizeitorganisationen gleichen sich damit zwischen Ost- und Westdeutschland immer stärker an. ▶ Tab 2

Für 2010 kann auch der Anteil der aktiv oder ehrenamtlich Tätigen in Organisationen (siehe auch Kapitel 12.3) bestimmt werden. Es lässt sich festhalten, dass freiwillige Aktivitäten im Freizeitbereich weitaus häufiger sind als im Bereich der Interessengruppen. Während im Freizeitbereich etwa drei Viertel der Mitglieder auch für den Verein aktiv werden, ist dies im Bereich der organisierten Interessen im Durchschnitt allenfalls für die Hälfte der Fall. Die Unterschiede zwischen den Organisationen sind allerdings beträchtlich (Tabelle 2).

Die Zahlen zu ehrenamtlich aktiven Mitgliedern erlauben es nicht, dem von vielen Freiwilligenorganisationen beklagten Trend zum Rückzug aus der Aktivität nachzugehen. Träfe er zu, würde nicht nur mit dem Trend absinkender Mitgliederzahlen bei den Interessengruppen die Mitgliederkrise anhalten, sondern auch die Leistungsfähigkeit der Organisationen mangels Engagement absinken.

Wie sich der Mitgliederrückgang in langfristiger Perspektive entwickelt hat, lässt sich bei den Gewerkschaften genauer beobachten. Der massive Rückgang der Mitgliederanteile an der erwachsenen Bevölkerung in den Jahren 1992 bis 1998 hat sich zwar deutlich abgeschwächt, seit 2002 dann langsam weiter fortgesetzt, scheint aber ab 2005 zu einem Halt gekommen zu sein. Die Unterschiede zwischen Ost- und Westdeutschland im durchschnittlichen Organisationsgrad

sind fast verschwunden. Auch die deutliche Kluft zwischen der jüngeren Bevölkerung der 18- bis 29-Jährigen und dem Durchschnitt, die besonders deutlich zwischen der Jahrtausendwende und 2008 zu beobachten war, wird geringer. Das trifft sowohl in Ost- als auch in Westdeutschland zu. ▶ Abb 4

Obgleich die Mitgliederrückgänge bei den Gewerkschaften seit der deutschen Vereinigung sehr stark waren, fallen sie doch – relativ gesehen – zu dem, was die politischen Parteien erleben mussten, noch moderat aus. Anhand der von den Parteien berichteten Mitgliederzahlen lässt sich nachvollziehen, dass die politischen Parteien innerhalb von zwei Jahrzehnten mehr als eine Million und damit deutlich über 40 % ihrer Mitglieder verloren haben. 1990 waren noch 3,8 % der Wahlberechtigten in politischen Parteien organisiert, 2012 waren es nur noch 2 %. ▶ Abb 5

▶ Abb 5 **Parteimitgliedschaft im Zeitverlauf 1990–2012**

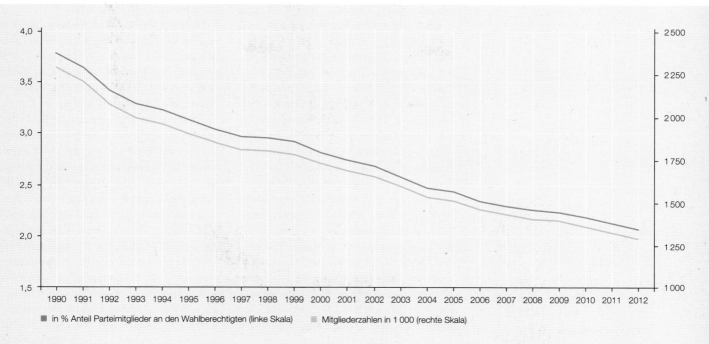

■ in % Anteil Parteimitglieder an den Wahlberechtigten (linke Skala)   ■ Mitgliederzahlen in 1 000 (rechte Skala)

Datenbasis: Niedermayer, Oskar: Parteimitglieder in Deutschland: Version 2013. Arbeitshefte a. d. Otto-Stammer-Zentrum, Nr. 20, FU Berlin 2013.

Bei den Interessenorganisationen einschließlich Gewerkschaften und politische Parteien zusammengenommen sind das drastische Entwicklungen, die die Frage aufwerfen, ob und inwieweit primär auf die politische Interessenvertretung und Interessenvermittlung ausgerichtete Organisationen zukünftig noch in der Lage sein werden, ihren Beitrag zur politischen Willensbildung und politischen Integration zu leisten.

13.2.3 Zusammenfassung

Zusammengefasst verweisen die Ergebnisse einerseits darauf, dass der Grad politischer Integration bezogen auf die traditionellen institutionalisierten Formen der Beteiligung in den vergangenen zwei Jahrzehnten deutlich zurückgegangen ist. Die Politik findet nicht mehr so viel Interesse bei den Bürgern wie noch 1990; Interessengruppen und Parteien verlieren an Mitgliederattraktivität. Andererseits haben nicht institutionalisierte Formen politischer Beteiligung nicht an Bedeutung verloren. Politik spielt für die Bürger nach wie vor eine große Rolle, ein vollständiger Rückzug findet nicht statt. Dass sich die Unterschiede zwischen Ost- und Westdeutschland ebenso wie die zwischen Jüngeren und der Gesamtbevölkerung vermindern oder sogar ganz zu verschwinden scheinen, ist positiv zu vermerken. Allerdings sollte es als Warnsignal beachtet werden, dass die traditionellen Formen der Politik und politischen Beteiligung an Attraktivität für die Bürger verlieren und sich das Ausmaß politischer Integration in die institutionalisierte Politik abgeschwächt hat.

13.3 Einstellungen zu Demokratie und Sozialstaat

Dieter Fuchs Universität Stuttgart
Institut für Sozialwissenschaften
Edeltraud Roller Johannes
Gutenberg-Universität Mainz
Institut für Politikwissenschaft

WZB / SOEP

Die Stabilität und das Funktionieren einer demokratischen Herrschaftsordnung hängen davon ab, dass die Bürger der Demokratie positiv gegenüberstehen. Sie sollten deshalb zum einen die Demokratie als Staatsform allgemein befürworten und zum anderen die Demokratie im eigenen Land positiv beurteilen. Da das staatssozialistische System der DDR unter aktiver Beteiligung der Bürger zusammengebrochen ist und sich die überwältigende Mehrheit der Ostdeutschen für die deutsche Vereinigung ausgesprochen hat, wurde erwartet, dass die Mehrheit der Ostdeutschen nicht nur die Demokratie allgemein, sondern auch die Demokratie in Deutschland befürworten. Nach den bisher vorliegenden Befunden präferieren die Ostdeutschen zwar mehrheitlich die Demokratie allgemein, sie stehen jedoch der Demokratie in Deutschland kritischer gegenüber. Eine wichtige und bislang offene Frage ist, ob die Ostdeutschen mit zunehmender Erfahrung mit der bundesrepublikanischen Demokratie ein positiveres Verhältnis zur Demokratie in Deutschland entwickeln. Das gilt insbesondere für die jüngeren Generationen in Ostdeutschland, die in diesem demokratischen System aufwachsen.

Der Sozialstaat ist eine bedeutende Quelle der Legitimität der Demokratie in Deutschland. Nach der deutschen Vereinigung im Jahr 1990 ist der Sozialstaat weiter umgebaut worden, und es werden neue soziale Probleme diskutiert. Mindestens zwei Entwicklungen dürften einen Einfluss auf die Einstellungen der Bürger zum Sozialstaat haben. Erstens die Leistungskürzungen und Abbaumaßnahmen, die seither die Sozialpolitik dominieren. Prominenteste Beispiele sind die Agenda 2010 (2003–2005), die ein Bündel verschiedener sozial- und arbeitsmarktpolitischer Maßnahmen umfasst, sowie die Rente mit 67 (2007). Ausgehend von diesen Reformen stellt sich die Frage, ob und in welchem Ausmaß die Bürger bereit sind, ihre Ansprüche an die sinkenden Leistungen des Sozialstaats anzupassen. Für die Ostdeutschen stellt sich diese Frage in radikalerer Weise. Denn mehrheitlich waren sie der Ansicht, dass es sich bei der umfassenden sozialen Absicherung um einen der wenigen Vorzüge des sozialistischen System der DDR handelte (»sozialistische Errungenschaft«), und sie hatten viel höhere Erwartungen an die Rolle des Staates ausgebildet als die Westdeutschen. Eine zweite Entwicklung, die die Einstellungen der Bürger beeinflussen dürfte, ist die Zunahme der sozialen Ungleichheit, die insbesondere seit der Jahrtausendwende in Deutschland beobachtet wird. Indizien sind der Anstieg des Gini-Koeffizienten, eines Maßes für Einkommensungleichheit, und die Zunahme der Armut (vergleiche die Ausführungen in den Kapiteln 6.2 und 6.3). Diese Entwicklung hat zu einer verstärkten Diskussion um die soziale Gerechtigkeit in Deutschland geführt. Die Frage ist, ob die zunehmende Ungleichheit und die Gerechtigkeitsdebatte bei den Bürgern zu einer Zunahme der Forderungen nach staatlicher Umverteilung geführt haben.

13.3.1 Akzeptanz der Demokratie als Staatsform

Die grundlegende Einstellung zur Demokratie als Herrschaftsordnung wird mit einem Indikator erhoben, der direkt danach fragt, ob die Demokratie die beste Staatsform sei oder ob es eine andere gäbe, die besser ist. In dieser Frage werden alternative Herrschaftsordnungen (zum Beispiel kommunistisch-autoritäre Regime, Herrschaft eines starken Mannes) nicht vorgegeben. Die in Tabelle 1 präsentierten Daten dokumentieren, dass kurz nach der Vereinigung im Jahr 1991 die Ostdeutschen sich mit einer großen Mehrheit von 70 % für die Demokratie als beste Staatsform aussprechen. Die Zustimmung der Westdeutschen ist mit 86 % noch deutlich höher. Im Zeitverlauf schwanken die Urteile der Ost- und Westdeutschen um diese jeweils hohen Werte. Vor allem in den Jahren 2005 und 2006 werden die Unterschiede zwischen Ost- und Westdeutschen etwas größer, weil die

Zustimmung in Ostdeutschland abnimmt. Im Jahr 2006 beträgt die Differenz 26 Prozentpunkte. Dabei handelt es sich jedoch um keinen längerfristigen Trend. Nach den letzten verfügbaren Daten aus dem Jahr 2008 steigt in Ostdeutschland die Zustimmung zur Demokratie als Herrschaftsordnung wieder an und die Differenz zwischen Ost- und Westdeutschen reduziert sich erneut auf knapp unter 20 Prozentpunkte. ▶ Tab 1

Im Jahr 2008 wird also nach wie vor die Demokratie allgemein von einer klaren Mehrheit der deutschen Bürger als die beste Staatsform angesehen, nur eine ganz kleine Minderheit präferiert eine andere Staatsform. Dies gilt sowohl für West- als auch für Ostdeutschland, auch wenn die Unterstützung in Ostdeutschland etwas geringer ausgeprägt ist.

13.3.2 Zufriedenheit mit dem Funktionieren der Demokratie in Deutschland

Ein etwas anderes Bild zeigt sich bei der Zufriedenheit mit dem Funktionieren der Demokratie in Deutschland. Diese Einstellung bezieht sich weniger auf die Verfassungsnorm, das heißt die in der Verfassung implementierte Form der Demokratie, als vielmehr auf die Verfassungsrealität oder die Wirklichkeit der Demokratie in Deutschland. In die Beurteilung dieser Verfassungsrealität können verschiedene Aspekte eingehen. Insbesondere das Funktionieren institutioneller Mechanismen (zum Beispiel der Austausch von Regierung und Opposition, Gewährleistung der Gleichheit vor dem Gesetz), die Handlungen der Regierenden (zum Beispiel Berücksichtigung von Interessen verschiedener Bevölkerungsgruppen, Amtsmissbrauch) und die Ergebnisse dieses Handelns (zum Beispiel wirtschaftliche und sozialpolitische Leistungen) dürften bei der Beurteilung des Funktionierens der Demokratie eine Rolle spielen.

Auch bei der Zufriedenheit mit dem Funktionieren der Demokratie in Deutschland wird eine deutliche Differenz zwischen Ost und West ermittelt. Im

▶ Tab 1 **Demokratie ist die beste Staatsform 1991–2008 — in Prozent**

	Westdeutschland					Ostdeutschland				
	1991	2000	2005	2006	2008	1991	2000	2005	2006	2008
»Die Demokratie ist die beste Staatsform.«	86	92	85	89	86	70	78	64	63	68
»Es gibt eine andere Staatsform, die besser ist.«	3	3	6	3	3	7	8	22	12	11
»Unentschieden«	11	5	9	8	11	23	14	14	25	21

Datenbasis: Allensbacher Jahrbuch der Demoskopie, Band 9: 560 (Jahr 1991); Konsolidierung der Demokratie in Mittel- und Osteuropa 2000; Bürger und Gesellschaft 2005; European Social Survey – Deutsche Teilstudie 2006, 2008.

▶ Abb 1 **Zufriedenheit mit dem Funktionieren der Demokratie[1] 1991–2012 — in Prozent**

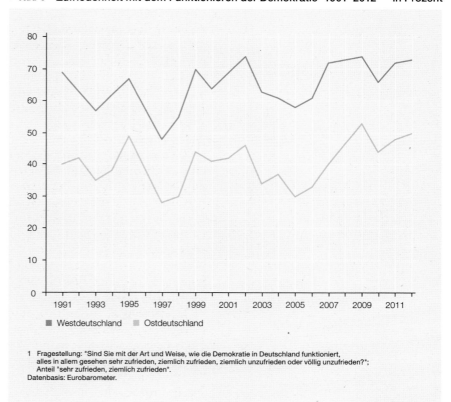

1 Fragestellung: "Sind Sie mit der Art und Weise, wie die Demokratie in Deutschland funktioniert, alles in allem gesehen sehr zufrieden, ziemlich zufrieden, ziemlich unzufrieden oder völlig unzufrieden?"; Anteil "sehr zufrieden, ziemlich zufrieden". Datenbasis: Eurobarometer.

Zeitraum von 1991 und 2012 ist im Westen Deutschlands durchschnittlich eine deutliche Mehrheit von 65 % der Bürger zufrieden, im Osten ist es dagegen lediglich eine Minderheit von rund 40 %. Es gibt erhebliche Schwankungen im Zeitverlauf, die parallel in Ost- und Westdeutschland zu beobachten sind. Das heißt, dass die Bürger in beiden Teilen Deutschlands ganz ähnlich auf bestimmte Ereignisse reagieren – das aber auf un-

terschiedlichem Niveau. Hinsichtlich der Struktur dieser Schwankungen ist bemerkenswert, dass zu den Bundestagswahlen in der Regel ein Anstieg der Demokratiezufriedenheit erfolgt (1994, 1998, 2005, 2009), dass die Zufriedenheit danach aber wieder abfällt. Die nach der Bundestagswahl 2009 im Jahr 2010 erfolgte Abnahme in der Demokratiezufriedenheit dürfte auf die europäische Staatsschuldenkrise zurückgehen, die seither die deutsche und europäische Politik bestimmt. Diese Abnahme umfasst in West und Ost aber weniger als zehn Prozentpunkte und ist nicht von Dauer, denn ab 2011 nimmt die Demokratiezufriedenheit bis zum letzten Erhebungszeitpunkt im Jahr 2012 wieder zu. Bislang lassen sich also keine längerfristigen negativen Auswirkungen der europäischen Staatsschuldenkrise auf die Zufriedenheit mit der Demokratie in Deutschland beobachten. ▶ Abb 1

Insgesamt zeichnet sich bei diesen zeitlichen Schwankungen zwischen 1991 und 2012 sowohl in West- als auch Ostdeutschland ein leichter Trend einer Zunahme der Zufriedenheit mit dem Funktionieren der Demokratie ab. Der Abstand zwischen West- und Ostdeutschen schwankt ebenfalls, aber hier ist kein eindeutiger Trend auszumachen. Mehr als zwanzig Jahre nach der deutschen Vereinigung gibt es keine Hinweise darauf, dass sich mit zunehmenden Erfahrungen der Ostdeutschen mit der Demokratie die Kluft in der Demokratiezufriedenheit zwischen Ost- und Westdeutschen verringert hat.

Wie ist diese Zufriedenheit mit dem Funktionieren der Demokratie in Deutschland einzuschätzen? Darüber kann ein Vergleich mit den anderen 26 Mitgliedsländern der Europäischen Union (EU) Aufschluss geben. Die Daten aus dem Frühjahr 2012 zeigen zudem, wie sich die Staatsschuldenkrise auf die Demokratiezufriedenheit der Bürger in den anderen EU-Mitgliedsländern ausgewirkt hat. ▶ Abb 2

Danach rangiert die Demokratiezufriedenheit in Westdeutschland über dem westeuropäischen Durchschnitt. Lediglich in den skandinavischen Ländern und in den Niederlanden ist die Zufriedenheit mit dem Funktionieren der Demokratie noch höher. Demgegenüber liegt die Zufriedenheit mit dem Funktionieren der Demokratie in Ostdeutschland unter dem Durchschnitt der westeuropäischen Länder. Niedrigere Zufriedenheitswerte weisen lediglich die von der EU-Staatsschuldenkrise besonders betroffenen südeuropäischen Länder auf. Vergleicht man Ostdeutschland hingegen mit den anderen osteuropäischen EU-Mitgliedsländern, so liegt der Wert der Ostdeutschen deutlich über dem Durchschnitt dieser Länder; lediglich in Polen lässt sich eine noch höhere Demokratiezufriedenheit beobachten.

13.3.3 Einstellung zum Sozialismus

Warum sind die Ostdeutschen deutlich unzufriedener mit dem Funktionieren der Demokratie in Deutschland als die Westdeutschen? Diese vergleichsweise skeptische Einstellung der Bürger im Osten Deutschlands kann zum einen damit erklärt werden, dass sie ihre Interessen immer noch zu wenig berücksichtigt sehen und ihre soziale und ökonomische

▶ Abb 2   **Zufriedenheit mit dem Funktionieren der Demokratie im eigenen Land 2012 — in Prozent**

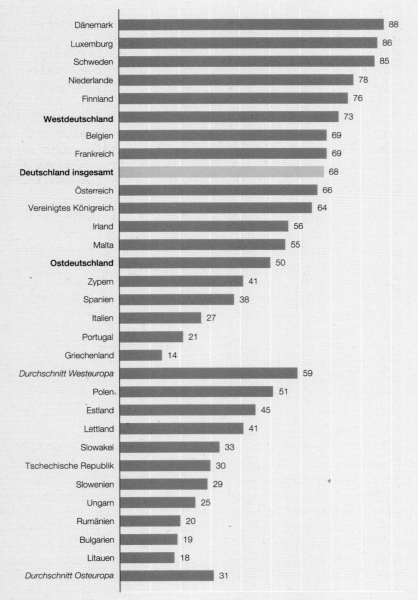

Dänemark 88
Luxemburg 86
Schweden 85
Niederlande 78
Finnland 76
Westdeutschland 73
Belgien 69
Frankreich 69
Deutschland insgesamt 68
Österreich 66
Vereinigtes Königreich 64
Irland 56
Malta 55
Ostdeutschland 50
Zypern 41
Spanien 38
Italien 27
Portugal 21
Griechenland 14
Durchschnitt Westeuropa 59
Polen 51
Estland 45
Lettland 41
Slowakei 33
Tschechische Republik 30
Slowenien 29
Ungarn 25
Rumänien 20
Bulgarien 19
Litauen 18
Durchschnitt Osteuropa 31

Datenbasis: Eurobarometer Frühjahr 2012.

Lage schlechter beurteilen. Eine andere Erklärung könnte darin liegen, dass die Bürger im Osten Deutschlands zwar mehrheitlich die Demokratie als Staatsform befürworten, aber ein anderes Demokratiemodell präferieren als dasjenige, das in Deutschland realisiert ist.

Einen Hinweis auf das Vorliegen eines solchen anderen Demokratiemodells gibt die Antwort auf die Frage nach dem Sozialismus. Um so weit wie möglich Assoziationen mit dem realsozialistischen System der früheren DDR zu vermeiden, wird allgemein danach gefragt, ob der Sozialismus eine gute Idee sei, die nur schlecht ausgeführt worden ist.

Aus der Abbildung 3 wird ersichtlich, dass der Sozialismus als Idee über den gesamten Zeitraum von 1991 bis 2010 in Ostdeutschland erheblich stärker befürwortet wird als in Westdeutschland. Im Osten Deutschlands sind es durchschnittlich 76 % der Bürger, die den Sozialismus für eine gute Idee halten, die nur schlecht ausgeführt wurde. Der Anteil in Westdeutschland liegt immerhin auch bei durchschnittlich 45 %. Zudem ist im Westen Deutschlands ab dem Jahr 2000 ein Anstieg der Zustimmung zu verzeichnen, sodass die Differenz zwischen beiden Teilen Deutschlands danach etwas geringer geworden ist. ▸ Abb 3

Trotz der negativen Erfahrungen mit dem realen Sozialismus in der DDR halten also rund drei Viertel aller Ostdeutschen den Sozialismus immer noch für eine gute Idee und diese Einstellung hat sich zwischen 1991 und 2010 nicht grundlegend verändert. Dies kann als ein Indiz dafür gewertet werden, dass die Mehrheit der Ostdeutschen ein Modell einer sozialistischen Demokratie präferiert. Dieses verbindet zentrale Vorstellungen einer liberalen Demokratie wie die Gewährleistung von Freiheitsrechten und kompetitiven Wahlen mit Vorstellungen einer ausgeprägten sozialen Sicherheit und Gleichheit.

13.3.4 Einstellungen verschiedener Bevölkerungsgruppen zur Demokratie

In der Tabelle 2 sind die bisher untersuchten Einstellungen zur Demokratie und zum Sozialismus nach Geschlecht, Alter, beruflicher Stellung, ideologischer Orientierung (Links-Rechts) und Parteipräferenz aufgeschlüsselt. Im Westen Deutschlands zeigen sich auffällige Abweichungen vom Durchschnitt erstens für die Arbeitslosen, die mit der Demokratie als Staatsform sowie mit dem Funktionieren der Demokratie in Deutschland unzufriedener sind als die Westdeutschen insgesamt und deutlich stärker die Idee des Sozialismus befürworten; zweitens präferieren die ideologisch rechtsorientierten Bürger erwartungsgemäß unterdurchschnittlich den Sozialismus; drittens betrachten die Anhänger von DIE LINKE die Demokratie als Staatsform skeptischer und den Sozialismus deutlich positiver als die Westdeutschen insgesamt; viertens präferieren die Anhänger von CDU/CSU deutlich weniger die sozialistische Idee als der westdeutsche Durchschnitt. ▸ Tab 2

Im Osten Deutschlands lässt sich ein ähnliches Muster für die Bevölkerungsgruppen beobachten. Erstens verzeichnen die Arbeitslosen eine unterdurchschnittliche Zustimmung zur Demokratie als Staatsform und eine unterdurchschnittliche Zufriedenheit mit der Demokratie in Deutschland; zweitens präferieren die ideologisch rechtsorientierten Bürger auch hier unterdurchschnittlich den Sozialismus; drittens liegt bei den Anhängern von DIE LINKE eine vergleichsweise stärkere Befürwortung des Sozialismus und bei den Anhängern von CDU/CSU eine vergleichsweise stärkere Ablehnung des Sozialismus vor als bei den Ostdeutschen insgesamt. Zudem erweisen sich die SPD-Anhänger im Osten Deutschlands als überdurchschnittlich starke Befürworter der Demokratie als Staatsform.

Auffällig ist die Ähnlichkeit zwischen den verschiedenen Altersgruppen in Ostdeutschland. Es war erwartet worden, dass insbesondere die nachwachsenden Generationen vom neuen demokratischen System geprägt werden und eine positivere Haltung zu diesem System herausbilden. Diese positiven Sozialisati-

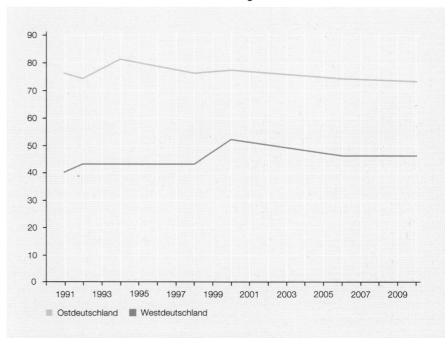

▸ Abb 3 **Sozialismus[1] 1991–2010 — Zustimmung in Prozent**

☐ Ostdeutschland   ■ Westdeutschland

1 »Der Sozialismus ist im Grunde eine gute Idee, die nur schlecht ausgeführt wurde«.
Datenbasis: Allbus 1991, 1992, 1994, 1998, 2000, 2006, 2010.

▶ Tab 2 **Einstellungen verschiedener Bevölkerungsgruppen zur Demokratie 2008, 2010 und 2012 — in Prozent**

	»Die Demokratie ist die beste Staatsform.«		»Sozialismus ist eine gute Idee, die schlecht ausgeführt wurde.«		»Zufriedenheit mit dem Funktionieren der Demokratie in Deutschland«	
	2008		2010		2012	
	West	Ost	West	Ost	West	Ost
Insgesamt	86	68	46	73	73	50
Geschlecht						
Männer	86	72	44	70	74	53
Frauen	86	64	49	76	72	48
Altersgruppen						
18–34 Jahre	79	74	42	67	74	55
35–59 Jahre	87	65	42	70	71	46
60 Jahre und älter	89	68	56	80	75	51
Berufliche Stellung						
Selbstständige	86	61	45	72	81	41
Abhängig Beschäftigte	86	70	–	–	72	52
Beamte	–	–	41	68	–	–
Angestellte	–	–	40	64	–	–
Arbeiter	–	–	44	73	–	–
Arbeitslose	73	56	64	81	53	37
Rentner/Pensionäre	89	68	55	80	74	50
Ideologische Orientierung						
Links	88	70	54	81		
Mitte	87	68	46	70		
Rechts	87	69	34	55		
Parteipräferenz						
DIE LINKE	76	63	69	87	–	–
Bündnis 90/Die Grünen	85	75	46	73	–	–
SPD	92	84	55	76	–	–
FDP	96	67	40	59	–	–
CDU/CSU	91	77	35	54	–	–

– nichts vorhanden.
Datenbasis: European Social Survey – Deutsche Teilstudie 2008, Allbus 2010, Eurobarometer 2012.

Arbeitslosen sind, die der Demokratie – der Demokratie als Staatsform allgemein und der Demokratie in Deutschland – vergleichsweise kritischer gegenüberstehen. Trotz ihrer unterdurchschnittlichen Werte befürwortet in Ost- und Westdeutschland aber nach wie vor eine Mehrheit der Arbeitslosen die Demokratie als Staatsform. Im Unterschied zur Demokratie ist die Einstellung zum Sozialismus vergleichsweise strittiger, hier stehen sich vor allem ideologisch Rechte und Linke sowie Anhänger rechter und linker Parteien gegenüber.

13.3.5 Zuständigkeit des Staates für soziale Absicherung

Im Zentrum des bundesrepublikanischen Sozialstaats steht die soziale Absicherung, die vor allem über Sozialversicherungssysteme wie Renten-, Arbeitslosen-, Unfall- und Krankenversicherung geregelt ist. Die Zustimmung zu diesem sogenannten institutionellen Kern des Sozialstaats wird mit einer Frage erfasst, ob der Staat dafür sorgen soll, dass man bei Krankheit, Not, Arbeitslosigkeit und im Alter ein gutes Auskommen hat.

Nach den in Abbildung 4 präsentierten Befunden ist in beiden Teilen Deutschlands die Zustimmung zu diesem institutionellen Kern des Sozialstaats über den gesamten Zeitraum von 1991 bis 2010 sehr stark ausgeprägt. Sie liegt in Westdeutschland bei durchschnittlich 85 % und wird von Ostdeutschland mit durchschnittlich 93 % sogar noch übertroffen. Allerdings nimmt in beiden Landesteilen die Zustimmung in einem allmählichen Prozess kontinuierlich ab; im Westen Deutschlands sinkt die Zustimmung von 90 % auf 80 % (minus 10 Prozentpunkte) und im Osten von 98 % auf 87 % (minus 11 Prozentpunkte). Bei der sozialen Absicherung gibt es danach Anzeichen für eine Reduktion der Ansprüche der Bürger, und zwar nicht nur im Westen, sondern gleichermaßen auch im Osten Deutschlands. Jedoch ist es im Jahr 2010 sowohl in Ost- als auch in Westdeutschland immer noch die überwiegende

onseffekte haben sich bei den beiden Einstellungen zur Demokratie – Demokratie als Staatsform allgemein, Zufriedenheit mit der Demokratie in Deutschland – bislang allerdings noch nicht eingestellt. Ein solcher Generationeneffekt lässt sich jedoch bei der Einstellung zum Sozialismus beobachten. In Ostdeutschland präferieren die jüngeren Altersgruppen in deutlich geringerem Maß als die über 60-Jährigen den Sozialismus. Dies könnte als Hinweis darauf gewertet werden, dass die Zustimmung zum Sozialismus in Ostdeutschland bei den nachwachsenden Generationen verblasst, die keine oder vergleichsweise weniger direkte persönliche Erfahrungen mit dem alten sozialistischen System gemacht haben. Dasselbe Muster zwischen den Altersgruppen lässt sich aber auch in Westdeutschland beobachten. Hier sind es ebenfalls die jüngeren Altersgruppen, die im Unterschied zu den über 60-Jährigen den Sozialismus weniger stark befürworten. In diesem Fall dürfte jedoch ein anderer Erklärungsmechanismus greifen, und zwar ein zunehmender Konservatismus der nachwachsenden Generationen in Westdeutschland.

Zusammenfassend kann festgehalten werden, dass es in Ost und West die

Mehrheit der Bürger, die sich für eine staatliche Zuständigkeit im Bereich der sozialen Absicherung aussprechen. ▶ Abb 4

Insgesamt sind bei dieser Aufgabe der sozialen Absicherung die Ost-West-Unterschiede von Beginn an vergleichsweise gering. Das dürfte daran liegen, dass hier der bundesdeutsche Sozialstaat und der sozialistische Sozialstaat der DDR ähnliche Regelungen und Programme entwickelt haben. Im Mittelpunkt des sozialistischen Sozialstaats der DDR standen ebenfalls Sozialversicherungssysteme, die Risiken wie Krankheit, Unfall und Alter abdeckten. Auch zwei Jahrzehnte nach der deutschen Vereinigung sind die vergleichsweise geringen Unterschiede in den Einstellungen der Ost- und Westdeutschen nach wie vor existent.

13.3.6 Zuständigkeit des Staates für Abbau von Einkommensunterschieden

Deutlich größere Unterschiede zwischen Ost- und Westdeutschen gibt es dagegen bei der sozialstaatlichen Aufgabe des Abbaus von Einkommensunterschieden. Im Zuge der zunehmenden Ungleichheit und der Debatte um die soziale Gerechtigkeit, die seit Anfang/Mitte der 2000er-Jahre in Deutschland verstärkt geführt wird, ist diese Aufgabe in den Mittelpunkt der Aufmerksamkeit gerückt. Die Zustimmung dazu wird mit einer Frage erfasst, ob der Staat Maßnahmen ergreifen soll, um Unterschiede in den Einkommensniveaus zu reduzieren. Die Zeitreihe beginnt erst im Jahr 2002 und erstreckt sich bis zum Jahr 2010.

Im Vergleich zur Aufgabe der sozialen Absicherung ist die Zustimmung zur Einkommensreduktion im Osten und Westen Deutschlands deutlich geringer. Sie liegt in Westdeutschland bei durchschnittlich 55 % und in Ostdeutschland bei durchschnittlich 79 %. Außerdem ist die Differenz zwischen Osten und Westen vergleichsweise größer, was auch damit erklärt werden kann, dass geringe Einkommensunterschiede ein charakteristisches Merkmal des sozialistischen Systems waren. ▶ Abb 5

▶ Abb 4 **Zuständigkeit des Staates für soziale Absicherung[1] 1991–2010 — in Prozent**

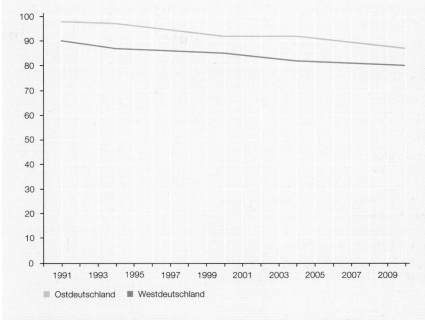

■ Ostdeutschland ■ Westdeutschland

1 »Der Staat muss dafür sorgen, dass man bei Krankheit, Not, Arbeitslosigkeit und im Alter ein gutes Auskommen hat«;
Anteil »stimme voll zu, stimme eher zu« – in Prozent.
Datenbasis: Allbus 1991, 1994, 2000, 2010.

▶ Abb 5 **Zuständigkeit des Staates für Abbau von Einkommens-unterschieden[1] 2002–2010 — in Prozent**

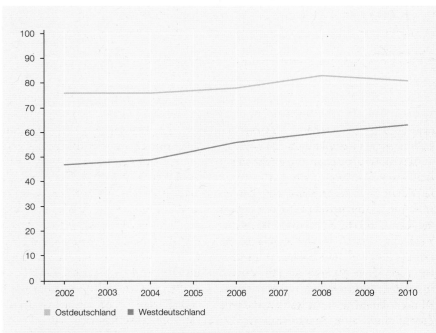

■ Ostdeutschland ■ Westdeutschland

1 »Sollte der Staat Maßnahmen ergreifen, um Unterschiede in den Einkommensniveaus zu reduzieren?«;
Anteil »ganz bestimmt, wahrscheinlich« – in Prozent.
Datenbasis: European Social Survey 2002, 2004, 2006, 2008, 2010.

Wie hat sich diese Einstellung zur Rolle des Staates beim Abbau von Einkommensunterschieden entwickelt? In Westdeutschland nimmt die Zustimmung zu diesem Aufgabenbereich von 47 % im Jahr 2002 kontinuierlich bis auf 63 % im Jahr 2010 zu (plus 16 Prozentpunkte). In Ostdeutschland, wo bereits im Jahr 2002 mit 76 % die überwiegende Mehrheit der Bürger dieser Aufgabe zustimmt, steigt die Zustimmung – mit einer kleinen Verzögerung – nach dem Jahr 2004 an und erreicht über 80 % (plus 5 Prozentpunkte). Ganz offenbar haben die Bürger auf die steigende Ungleichheit und die damit verbundene Debatte um soziale Gerechtigkeit mit zunehmenden Forderungen nach staatlichen Aktivitäten zur Reduktion der Einkommensunterschiede reagiert. Auffällig ist, dass die Westdeutschen sehr viel stärker mit einer Anspruchszunahme reagiert haben. Zwischen 2002 und 2010 kommt es zu einer Abnahme der Ost-West-Differenzen. Diese Abnahme geht vor allem auf die Westdeutschen zurück, die sich an die Ostdeutschen angenähert haben. Im letzten Erhebungsjahr 2010 sind die Ansprüche der Ostdeutschen bei dieser Aufgabe aber nach wie vor größer als die der Westdeutschen.

13.3.7 Einstellungen verschiedener Bevölkerungsgruppen zur Rolle des Staates

Der unterschiedliche Stellenwert dieser beiden sozialstaatlichen Aufgaben, der sozialen Absicherung einerseits und des Abbaus von Einkommensunterschieden andererseits, dokumentiert sich auch bei den Einstellungen verschiedener Bevölkerungsgruppen.

Für die soziale Absicherung, den sogenannten institutionellen Kern des Sozialstaats, lassen sich weder im Osten noch im Westen Deutschlands Unterschiede bei den verschiedenen Bevölkerungsgruppen – Geschlecht, Alter, beruflicher Stellung, ideologischer Orientierung (Links-Rechts) und Parteipräferenz – auffinden. Danach liegt bei dieser Aufgabe ein Konsens zwischen den Vertretern der klassischen Konfliktlinie Kapital und Arbeit vor, also zwischen den Selbständigen und Arbeitern, zwischen Rechten und Linken und zwischen Anhängern rechter und linker Parteien. Lediglich in Ostdeutschland weichen die Beamten mit unterdurchschnittlichen Zustimmungswerten vom ostdeutschen Durchschnitt ab. ▸ Tab 3

Ganz anders sieht es dagegen bei der Aufgabe des Abbaus von Einkommensunterschieden aus. Im Westen und im Osten Deutschlands sprechen sich erstens die Arbeitslosen für mehr staatliche Zuständigkeit in diesem Bereich aus, zweitens präferieren die ideologisch rechtsorientierten Bürger deutlich weniger staatliche Zuständigkeit und drittens sind die Anhänger von DIE LINKE überdurchschnittlich und die FDP-Anhänger unterdurchschnittlich für eine staatliche Zuständigkeit beim Abbau von Einkommensunterschieden. Im Osten Deutschlands weicht zudem die Gruppe der Selbständigen mit geringen Zustimmungswerten vom Durchschnitt ab. Diese egalitäre Aufgabe des Sozialstaats steht damit im Schnittpunkt der klassischen Konfliktlinie zwischen Kapital und Arbeit und wird von den Vertretern beider Seiten vergleichsweise kontrovers beurteilt. Besonders hervorzuheben ist dabei, dass diese Polarisierung nicht nur im Westen, sondern gleichermaßen auch im Osten Deutschlands existiert.

▸ Tab 3 **Einstellungen verschiedener Bevölkerungsgruppen zur Rolle des Staates 2010 — in Prozent**

	»Der Staat muss dafür sorgen, dass man auch bei Krankheit, Not, Arbeitslosigkeit und im Alter ein gutes Auskommen hat.«		»Sollte der Staat Maßnahmen ergreifen, um Unterschiede in den Einkommensniveaus zu reduzieren?«	
	West	Ost	West	Ost
Insgesamt	80	87	63	81
Geschlecht				
Männer	79	86	60	80
Frauen	82	89	68	83
Altersgruppen				
18–34 Jahre	88	90	64	79
35–59 Jahre	81	86	65	78
60 Jahre und älter	74	88	63	87
Berufliche Stellung				
Selbstständige	75	83	57	62
Abhängig Beschäftigte	–	–	65	78
Beamte	78	71	–	–
Angestellte	82	83	–	–
Arbeiter	85	89	–	–
Arbeitslose	87	92	74	91
Rentner/Pensionäre	75	90	62	90
Ideologische Orientierung				
Links	85	89	70	84
Mitte	80	88	64	82
Rechts	75	80	53	70
Parteipräferenz				
DIE LINKE	86	88	84	95
Bündnis 90/Die Grünen	82	94	74	76
SPD	81	83	70	81
FDP	77	83	40	50
CDU/CSU	76	83	55	72

– nichts vorhanden.
Datenbasis: Allbus 2010; European Social Survey 2010.

14
Werte und Einstellungen

14.1
Wertorientierungen, Ansprüche und Erwartungen

Angelika Scheuer
GESIS Mannheim

WZB / SOEP

Für das subjektive Wohlbefinden sind die persönlichen Wertorientierungen, Ansprüche und Erwartungen von großer Bedeutung. Sie definieren den Bezugsrahmen, innerhalb dessen die bestehenden Lebensumstände und -bedingungen beurteilt werden. Wertorientierungen und individuelle Erwartungen sind keine unveränderlichen Größen, sondern unterliegen dem gesellschaftlichen Wandel und den sich wandelnden wirtschaftlichen Bedingungen. In diesem Kapitel soll untersucht werden, wie sich die Wertorientierungen, Ansprüche und Zukunftserwartungen der Deutschen in Ost- und Westdeutschland seit 1990 verändert haben. Untersucht wird dazu der Wertewandel von materiellen zu postmateriellen Werten, der nach Ronald Inglehart in allen westlichen Ländern stattfindet und unter anderem auf einem stetig steigenden Wohlstand beruht. Parallel wird betrachtet, wie sich die Wahrnehmung der wirtschaftlichen Rahmenbedingungen in den letzten Jahren verändert hat. Die Gegenüberstellung beider Entwicklungen erlaubt Einblicke in die Grundlage des Wertewandels in Deutschland und in die aktuelle Befindlichkeit der Deutschen.

14.1.1 Materielle und postmaterielle Werte

Gesellschaftliche Wertorientierungen haben einen entscheidenden Einfluss auf die Handlungsentscheidungen und deren Rechtfertigung in einer Gesellschaft, wobei theoretisch davon ausgegangen wird, dass in den letzten Jahrzehnten ein Wertewandel stattgefunden hat. Es gibt verschiedene Typologien von Werten. Die Wertewandeltheorie von Ronald Inglehart, die hier zugrunde gelegt wird, wurde kontrovers diskutiert, ist aber auf einer breiten Datenbasis für lange Zeiträume

untersucht worden. Inglehart postuliert für die westlichen Industrieländer eine Abwendung von materiellen Werten – dem Streben nach Wohlstand – und eine Zuwendung zu postmateriellen Werten, die über den materiellen Wohlstand hinausgehen und vor allem im Bereich der Selbstverwirklichung und der Bürgerbeteiligung liegen. Der Wertewandel wird anhand von zwei Hypothesen erklärt: der Mangelhypothese, nach der mit Befriedigung der grundlegenden materiellen Bedürfnisse die Neigung zu »höheren« Werten zunimmt, und der Sozialisationshypothese, nach der im Wohlstand aufwachsende Generationen stärker postmaterielle Werte entwickeln als »Mangelgenerationen«.

Der bekannte Inglehart-Index erfasst die Werteprioritäten, indem er die Befragten aus zwei materiellen Zielen – »Aufrechterhaltung von Ruhe und Ordnung« und »Kampf gegen steigende Preise« – und zwei postmateriellen Zielen – »Schutz des Rechtes auf freie Meinungsäußerung« und »Mehr Einfluss der Bürger auf die Entscheidungen der Regierung« – das wichtigste und das zweitwichtigste Ziel auswählen lässt. Werden die beiden materiellen Ziele ausgewählt, wird der Befragte als »Materialist« eingestuft; wählt er die beiden postmateriellen Ziele aus, wird er als »Postmaterialist« bezeichnet. Ist das wichtigste Ziel ein materielles und das zweitwichtigste ein postmaterielles, handelt es sich um einen »materialistischen Mischtyp«, im umgekehrten Falle um einen »postmaterialistischen Mischtyp«.

Die ALLBUS-Studien erheben den Inglehart-Index seit 1980 und ermöglichen somit die Untersuchung des Wertewandels in Deutschland in den letzten knapp drei Jahrzehnten. Insbesondere der Vergleich von Ost- und Westdeutschland bietet die Möglichkeit zu beobachten, ob unterschiedliche Lebensumstände verschiedene Werteprioritäten bedingen beziehungsweise ob die Angleichung des Lebensstandards auch zu einer Annäherung der Wertestrukturen führt. Im Folgenden wird zunächst die Wichtigkeit der vier Ziele einzeln im Zeitverlauf betrachtet und dann die Verteilung der Wertetypen in der Bevölkerung und deren Veränderung beleuchtet.

In beiden Teilen Deutschlands war den Bürgern bis zur Jahrhundertwende die »Aufrechterhaltung von Ruhe und Ordnung« – also ein materielles Ziel – am wichtigsten (vergleiche Tabelle 1). Sprachen sich Anfang der 1980er-Jahre noch rund die Hälfte der Westdeutschen dafür aus, waren es in den 1990er-Jahren rund 40 % und im Jahr 2012 noch 30 %. In Ostdeutschland nannten in den 1990ern über 50 % der Befragten die »Aufrechterhaltung von Ruhe und Ordnung« das mit Abstand wichtigste Ziel, doch sank die Zahl rasch auf 39 % im Jahr 2000 und 32 % im Jahr 2012 ab. In beiden Teilen Deutschlands gab dieses materielle Ziel nach der Jahrtausendwende den ersten Rang an ein postmaterielles Ziel ab, nämlich »Mehr Einfluss der Bürger auf die Entscheidungen der Regierung«. In Westdeutschland hat sich der Anteil der Nennungen von 16 % Anfang der 1980er-Jahre auf 34 % im Jahr 2012 verdoppelt; in Ostdeutschland belegte dieses Ziel zu Beginn der Messung gleich hohe Werte wie in Westdeutschland und kommt im Jahr 2012 auf 40 % der Nennungen. Das Ziel »Schutz des Rechtes auf freie Meinungsäußerung« ist in beiden Teilen Deutschlands von geringerer Dringlichkeit; im Westen Deutschlands nennt es jeder Fünfte, im Osten jeder Zehnte. Das materielle Ziel »Kampf gegen steigende Preise« hat unter den vier Werteprioritäten in Westdeutschland die geringste und in Ostdeutschland die zweitgeringste Bedeutung; der Anteil liegt bei einem Zehntel der Nennungen. Einen heftigen Ausschlag zeigt jedoch die Erhebung aus dem Jahr 2008. Nennt üblicherweise jeder Zehnte die Inflationsbekämpfung als vordringliches Ziel, war es in Folge der Finanzkrise rund jeder Vierte. Erstaunlich schnell hat sich dieser Wert in beiden Teilen Deutschlands jedoch seit 2010 wieder normalisiert. ▶ Tab 1

Die Verschiebungen in den Werteprioritäten finden ihren Niederschlag in der Verteilung der Wertetypen (vergleiche Abbildung 1). In Westdeutschland hat sich der Anteil der reinen Postmaterialisten seit 1980 von 13 % auf ein erstes Maximum 1990 von 31 % bewegt, das er 2012 mit 30 % ein zweites Mal erreicht. Nimmt man Postmaterialisten und post-

▶ Tab 1   **»Welches Ziel erscheint Ihnen persönlich am wichtigsten?« 1980–2012 — in Prozent**

	Westdeutschland				Ostdeutschland			
	Materialistische Ziele		Postmaterialistische Ziele		Materialistische Ziele		Postmaterialistische Ziele	
	Aufrecht-erhaltung von Ruhe und Ordnung	Kampf gegen die steigenden Preise	Mehr Einfluss der Bürger auf Entscheidungen der Regierung	Schutz des Rechtes auf freie Meinungs-äußerung	Aufrecht-erhaltung von Ruhe und Ordnung	Kampf gegen die steigenden Preise	Mehr Einfluss der Bürger auf Entscheidungen der Regierung	Schutz des Rechtes auf freie Meinungs-äußerung
1980	48	22	16	15				
1982	51	19	16	14				
1984	39	18	24	19				
1986	46	8	26	21				
1988	42	9	24	25				
1990	37	8	34	22				
1991	36	8	33	24	52	9	32	8
1992	37	14	31	19	50	11	35	5
1994	41	9	34	17	55	7	34	5
1996	40	7	31	23	54	6	33	7
1998	42	12	27	20	47	12	33	9
2000	39	7	36	19	39	11	40	10
2002	31	15	31	23	37	15	36	11
2004	32	15	37	17	29	14	46	11
2006	34	16	33	18	31	15	42	12
2008	27	24	30	21	27	28	35	10
2010	28	10	42	21	27	12	46	15
2012	30	9	34	27	32	13	40	15

Datenbasis: ALLBUS 1980–2012.

materialistische Mischtypen zusammen, verdoppelte sich der Anteil zwischen 1980 und 2012 von 30 auf 61 %. Allerdings ist dies keine stetige Entwicklung, sondern starken Schwankungen unterworfen. Über den Zeitraum von drei Jahrzehnten zeigt der Postmaterialismus in Westdeutschland eine wellenförmige Entwicklung, allerdings mit leicht ansteigender Grundtendenz. In Ostdeutschland hat sich der Anteil der reinen Postmaterialisten zwischen 1991 und 2012 von 15 % auf 24 % gesteigert. Postmaterialisten und postmaterialistische Mischtypen zusammen erfuhren im gleichen Zeitraum einen Zuwachs von 30 auf 55 %. Entgegen dem Großtrend zu postmaterialistischen Werten erhalten materialistische Werte vor allem in wirtschaftlich schwierigen Zeiten größeren Zuspruch: im Westen Deutschlands geschieht dies Anfang der 1980er-Jahre, in den späten 1990ern- und in den mittleren 2000er-Jahren; im Osten Deutschlands in den gesamten 1990ern sowie im Krisenjahr 2008.

Insgesamt verschob sich das Verhältnis der Prioritäten im Westen Deutschlands von 70:30 zugunsten materialistischer Werte im Jahr 1980 zu 40:60 zugunsten postmaterialistischer Werte im Jahr 2012. Im Osten Deutschlands begann die Entwicklung im Jahr 1991 mit dem Verhältnis 60:40 zugunsten materialistischer Werte und liegt im Jahr 2012 bei 55:45 zugunsten postmaterialistischer Werte. Seit 2004 liegt der Anteile aller postmaterialistischen Typen bei Ostdeutschen gleich hoch wie bei Westdeutschen. Der Anteil der reinen Postmaterialisten liegt in Ostdeutschland weiterhin unter dem in Westdeutschland, jedoch hat sich der Abstand zwischen beiden Teilen Deutschlands verringert. Der Rhythmus der Schwankungen läuft in West- und Ostdeutschland zunehmend parallel. Bemerkenswert ist der starke Ausschlag zugunsten materialistischer Werte im Jahr 2008, der durch den starken Bedeutungsanstieg der Inflationsbekämpfung bedingt war. Bereits seit 2010 kehrt das Kräfteverhältnis zu einem noch stärkeren Übergewicht der postmateriellen Werte zurück. ▶ Abb 1

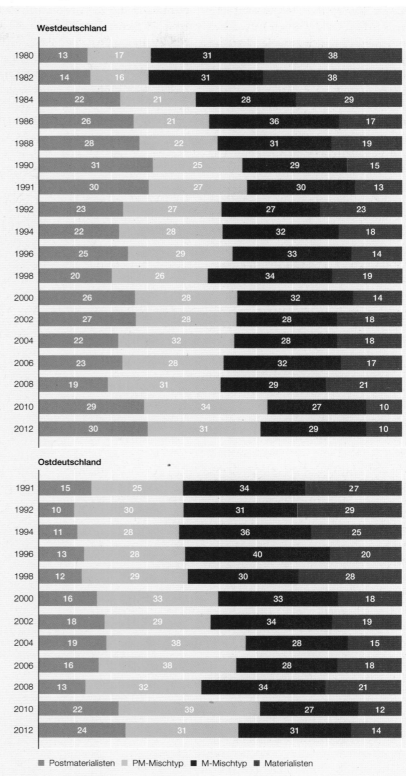

▶ Abb 1   **Entwicklung der Anteile reiner Materialisten, reiner Postmaterialisten und deren Mischtypen in Deutschland zwischen 1980 und 2012 — in Prozent**

Westdeutschland

Jahr	Postmaterialisten	PM-Mischtyp	M-Mischtyp	Materialisten
1980	13	17	31	38
1982	14	16	31	38
1984	22	21	28	29
1986	26	21	36	17
1988	28	22	31	19
1990	31	25	29	15
1991	30	27	30	13
1992	23	27	27	23
1994	22	28	32	18
1996	25	29	33	14
1998	20	26	34	19
2000	26	28	32	14
2002	27	28	28	18
2004	22	32	28	18
2006	23	28	32	17
2008	19	31	29	21
2010	29	34	27	10
2012	30	31	29	10

Ostdeutschland

Jahr	Postmaterialisten	PM-Mischtyp	M-Mischtyp	Materialisten
1991	15	25	34	27
1992	10	30	31	29
1994	11	28	36	25
1996	13	28	40	20
1998	12	29	30	28
2000	16	33	33	18
2002	18	29	34	19
2004	19	38	28	15
2006	16	38	28	18
2008	13	32	34	21
2010	22	39	27	12
2012	24	31	31	14

■ Postmaterialisten ▨ PM-Mischtyp ■ M-Mischtyp ■ Materialisten

Datenbasis: ALLBUS 1980–2012.

Eine Betrachtung von Alterskohorten gibt Aufschluss darüber, welcher Dynamik der Wertewandel unterliegt. Der Theorie zufolge sollten jüngere Menschen allgemein eher postmaterielle Werte bevorzugen als ältere Menschen und historisch früher Geborene eher materielle Werte bevorzugen als später Geborene. Betrachtet man die Entwicklung der reinen Materialisten nach Alterskohorten, so fällt zunächst der starke Rückgang Anfang der 1980er-Jahre auf, der durch alle Altersgruppen ging (vergleiche Abbildung 2). Danach schwanken die Anteile auf stabilem Niveau, bis sie seit 2010 erneut stark abfallen. Hierbei bewegen sich die Kohorten der vor 1960 Geborenen völlig parallel, während die Kohorten der ab 1960 Geborenen seit Mitte der 1990er-Jahre eine leichte Zunahme von Materialisten verzeichnet. Diese jüngeren Altersgruppen sind materialistischer als sie sein müssten, würden sie das Muster der Älteren fortführen. Auch die Gebildeten geben keinen besonderen Impuls zum Wertewandel zu mehr postmaterialistischen Werten (nicht dargestellt). Jedoch zeigen auch die Jüngeren die 2010 einsetzende allgemeine starke Abwendung vom Materialismus.

Die Entwicklung der Postmaterialisten in den Alterskohorten zeigt ein komplementäres Bild mit interessanten Abweichungen. So hat sich der Anteil von Postmaterialisten bei den vor 1945 Geborenen nicht verändert. Der große Zulauf zum Postmaterialismus fand bei den 1945 – 1975 Geborenen statt. Bis Mitte der 1990er-Jahre hatte er sich jedoch wieder verflüchtigt. Konjunkturell hat der reine Postmaterialismus – von den »goldenen« 1980er-Jahren abgesehen – in Deutschland kein Terrain gewinnen können. Zudem zeigt die jüngste Kohorte deutlich geringere Anteile, als bei einer Fortsetzung des Musters der Älteren zu erwarten wäre. Damit kommt ein Wertewandel zum Halten, der einen deutlichen Abstand zwischen den Vorkriegs- und Nachkriegsgeborenen geschaffen hat. Zwischen den Kohorten der Nachkriegsgeborenen zeigen keine oder kaum Differenzen, die auf unterschiedliche Sozialisation hindeuten. Der Wertewandel von Materialismus zu Postmaterialismus ist somit in Deutschland weitgehend ein Generationen-Phänomen, das sich von den Vorkriegskohorten über die Kriegskohorten bis zu den Nachkriegskohorten entfaltet hat. Alle nach 1960 Geborenen unterscheiden sich in ihrer Werteausrichtung nicht mehr von der jeweils vorangegangenen Generation. Seit Beginn der Finanzkrise zeigen sich starke Schwankungen in den Werteprioritäten, die von allen Alterskohorten außer denen der Vorkriegszeit gleich stark vollzogen werden. Sie korrelieren auffällig mit der Entwicklung der wirtschaftlichen Lage in Deutschland. Zukünftige Erhebungen werden zeigen, ob die starke Verschiebung von Materialismus zu Postmaterialismus seit 2010 eine kurz- oder langfristige Veränderung darstellt. ▶ Abb 2

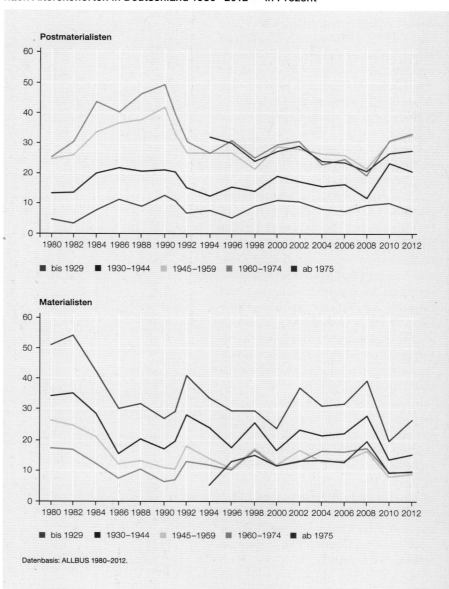

▶ Abb 2   **Anteile von reinen Materialisten und Postmaterialisten nach Alterskohorten in Deutschland 1980 – 2012 — in Prozent**

Datenbasis: ALLBUS 1980–2012.

14.1.2 Ansprüche an den Lebensstandard und ihre Erfüllung

Die Bürger beurteilen ihre persönliche Situation im Vergleich mit anderen. Um ihre Bewertung ihrer eigenen Situation zu erfassen, eignet sich die Frage danach, ob sie im Großen und Ganzen ihren »gerechten Anteil« am Wohlstand zu erhalten glauben. Bei dieser Einschätzung zeigt sich ein stabiler West-Ost-Unterschied: Im Westen Deutschlands meinen zwei Drittel der Befragten, ihren gerechten Anteil oder mehr zu erhalten, und ein Drittel nicht, während im Osten Deutschlands dieses Verhältnis exakt umgekehrt ist (vergleiche Abbildung 3). Nach einer leichten Verbesserung der ostdeutschen Selbsteinschätzung in den 1990er-Jahren hat sich daran nichts mehr geändert. Der Abstand zwischen West- und Ostdeutschland bleibt stabil, wobei beide Teile Deutschlands parallele Schwankungen aufweisen, mit denen sie auf die sich wandelnden Rahmenbedingungen reagieren. Im Jahr 2004, als Deutschland noch als der »kranke Mann Europas« galt, ebenso wie im Jahr 2008, als die Finanzkrise sich negativ auf die deutsche Wirtschaft auswirkte, nahm in West- und Ostdeutschland der Anteil derjenigen zu, die weniger oder sehr viel weniger als den gerechten Anteil zu erhalten meinten. In den guten Jahren 2006 und 2010 normalisiert sich das Verhältnis wieder auf zwei Drittel in Ostdeutschland und ein Drittel in Westdeutschland. ▶ Abb 3

Betrachtet man die Veränderungen in verschiedenen Bevölkerungsgruppen in den Jahren 1992, 2002 und 2010, so zeigt sich, welche gesellschaftlichen Positionen zum Vorteil oder Nachteil zu gereichen scheinen. Ein Vergleich der Altersgruppen zeigt ein stabiles Muster (vergleiche Tabelle 2). Mit einem mindestens gerechten Anteil am Wohlstand beteiligt sehen sich die älteste Altersgruppe (66 Jahre und älter) und die jüngste Altersgruppe (18–34 Jahre). Die zweitjüngste Altersgruppe (35–49 Jahre) zeigt durchschnittliche Bewertungen ihres Anteils am Wohlstand, während die zweitälteste Altersgruppe (50–65 Jahre) allgemein ihren Anteil im Vergleich häufiger als weniger gerecht ansieht. Letzteres ist 2010 besonders in Ostdeutschland ausgeprägt, während in Westdeutschland besonders die älteste Gruppe besonders häufig ihren Anteil als gerecht bewertet. Entsprechend finden bei den Erwerbsgruppen die Rentner in Westdeutschland ihren Anteil am Wohlstand eher gerecht als die Erwerbstätigen, während in Ostdeutschland die Erwerbstätigen ihren Anteil häufiger als die Rentner als gerecht ansehen. Im Westen Deutschlands haben wiederum Hausfrauen häufiger als früher den Eindruck, einen gerechten Anteil oder mehr am Wohlstand zu erhalten.

In Ost- und Westdeutschland und zu allen drei Zeitpunkten meinen zwei Gruppen besonders häufig, weniger als den gerechten Anteil zu erhalten: die Arbeitslosen und die Geschiedenen. Im Westen Deutschlands hat sich das Gefühl der Benachteiligung bei den Arbeitslosen

▶ Abb 3 **Gerechtigkeitsbewertung, »eigener Anteil« an der Verteilung des Wohlstands, 1992–2010 — in Prozent**

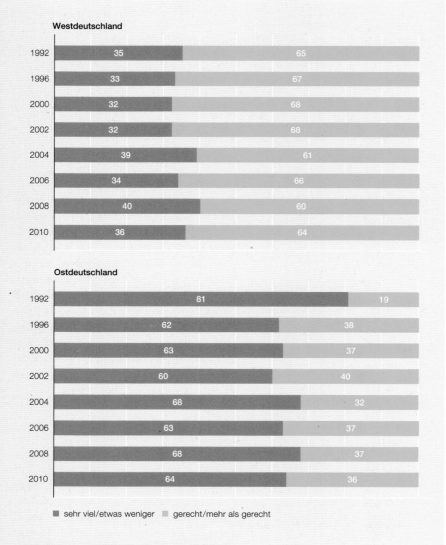

Westdeutschland

Jahr	sehr viel/etwas weniger	gerecht/mehr als gerecht
1992	35	65
1996	33	67
2000	32	68
2002	32	68
2004	39	61
2006	34	66
2008	40	60
2010	36	64

Ostdeutschland

Jahr	sehr viel/etwas weniger	gerecht/mehr als gerecht
1992	81	19
1996	62	38
2000	63	37
2002	60	40
2004	68	32
2006	63	37
2008	68	37
2010	64	36

■ sehr viel/etwas weniger   ■ gerecht/mehr als gerecht

Datenbasis: ALLBUS 1992, 1996, 2000, 2002, 2004, 2006, 2008, 2010.

▶ Tab 2   Gerechtigkeitsbewertung[1] des »eigenen Anteils« am Wohlstand in Deutschland 1992, 2002 und 2010 — in Prozent

	Sehr viel weniger / etwas weniger als den gerechten Anteil						Gerechten Anteil / mehr als den gerechten Anteil					
	Westdeutschland			Ostdeutschland			Westdeutschland			Ostdeutschland		
	1992	2002	2010	1992	2002	2010	1992	2002	2010	1992	2002	2010
Gesamt	35	32	36	81	60	64	65	68	64	19	40	36
Geschlecht												
Männer	32	32	34	81	60	62	67	68	66	19	40	38
Frauen	37	33	37	82	59	66	63	67	63	18	41	34
Alter												
18–34 Jahre	36	30	37	81	52	58	64	70	73	19	48	42
35–49 Jahre	35	35	36	84	61	67	65	65	64	16	39	33
50–65 Jahre	34	32	39	82	67	70	65	68	61	18	33	30
66 Jahre und älter	36	30	29	76	57	61	64	70	71	24	43	39
Erwerbsstatus												
Erwerbstätig	32	33	37	80	56	62	68	67	63	20	44	38
Schüler / Student	21	11	25	--	--	--	79	89	75	--	--	--
Rentner	37	31	32	78	63	66	63	69	68	22	37	34
Arbeitslos	55	65	65	90	75	85	45	35	35	10	25	15
Hausfrau/-mann	39	32	29	--	--	--	61	68	78	--	--	--
Familienstand												
Ledig	34	32	40	80	51	64	66	68	60	20	49	36
Verheiratet	32	30	32	82	62	62	67	70	68	18	38	37
Verwitwet	42	37	32	78	59	70	58	61	68	22	41	30
Geschieden	51	50	51	86	69	71	49	50	49	14	31	29

1   Frage: im Vergleich dazu, wie andere hier in Deutschland leben: »Glauben Sie, dass Sie Ihren gerechten Anteil erhalten, mehr als Ihren gerechten Anteil, etwas weniger oder viel weniger?«
-- Fallzahlen zu gering.
Datenbasis: ALLBUS 1992, 2002, 2010.

▶ Tab 3   Zukunftserwartungen für einfache Leute 1992–2012 — in Prozent

	Verschlechterung für die einfachen Leute ist zu erwarten: Bin derselben Meinung						
	1992	2000	2004	2006	2008	2010	2012
Gesamt							
West	71	71	87	85	89	83	76
Ost	66	81	94	89	94	86	83
Erwerbstätige							
West	72	69	87	85	88	84	77
Ost	63	80	92	87	92	85	80
Rentner							
West	66	69	88	88	90	83	80
Ost	69	82	96	93	94	86	86
Arbeitslose							
West	81	81	88	93	91	88	88
Ost	74	89	98	91	96	95	91
Auszubildende							
West	61	57	82	68	82	60	57
Ost	--	--	--	--	--	--	--
Hausfrauen/-männer							
West	61	57	82	84	93	85	73
Ost	--	--	--	--	--	--	--

-- Fallzahlen zu gering.
Datenbasis: ALLBUS 1992, 2000, 2004–2012.

seit der Jahrtausendwende stärker festgesetzt; nun empfinden zwei Drittel (2012: 65 %) der westdeutschen Arbeitslosen ihren Anteil am Wohlstand als weniger als gerecht. Im Osten Deutschlands empfinden sich vier von fünf Arbeitslosen als übervorteilt (2012: 85 %). Beim Familienstand sehen vor allem die Geschiedenen ihren Anteil am Wohlstand als zu gering an. Zwar ist dies ist in Ost- und Westdeutschland zu beobachten, doch tritt der Abstand zur Durchschnitt im Westen Deutschlands deutlicher hervor. ▶ Tab 2

14.1.3 Zukunftserwartungen

Eine recht elementare Reaktion auf Veränderungen in den Lebensbedingungen ist die Vermutung, dass »eine Verschlechterung der Lebensbedingungen für die einfachen Leute« zu erwarten sei. In den letzten zehn Jahren zeigten vor allem die Krisenjahre 2004 und 2008 deutliche Ausschläge nach oben, wobei die

Befürchtungen im Osten Deutschlands noch stärker ausgeprägt sind als im Westen Deutschlands (vergleiche Tab 3). Bemerkenswerterweise zeigt die Kurve für die letzten beiden Befragungszeitpunkte 2010 und 2012 nach unten: Zuletzt erwarten »nur« noch 76 % der Westdeutschen und 83 % der Ostdeutschen eine Verschlechterung für die einfachen Leute. Die zeitlichen Schwankungen lassen sich durch alle Bevölkerungsgruppen beobachten. Darüber hinaus erhält diese Sorge bei den Arbeitslosen besonders großen Zuwachs: neun von zehn erwarten eine Verschlechterung der Verhältnisse. Dementgegen hegen westdeutsche Schüler und Studenten deutlich unterdurchschnittlich häufig solche Bedenken. ▸ Tab 3

Die Zukunftserwartungen zur allgemeinen wirtschaftlichen Entwicklung sind der wohl volatilste der hier betrachteten Indikatoren. Im Jahr 2008 zeigten sich hier die deutlichsten Auswirkungen der Finanzkrise, als der Zukunftsoptimismus der Westdeutschen mit 13 % wieder auf dem zweitniedrigen Niveau seit 1992 angekommen war (vergleiche Abbildung 4). Auch bei den Ostdeutschen zeigt der Optimismus hinsichtlich der allgemeinen wirtschaftlichen Lage (11 %) den niedrigsten bisher gemessenen Wert (vergleiche Abbildung 5). Überraschend hellen sich die wirtschaftlichen Zukunftsaussichten 2010 auf, trüben jedoch 2012 genauso stark wieder ein: Wie schon im Jahr 2008 erwarten West- und Ostdeutsche zu 10 % eine Verbesserung, zur Hälfte gleichbleibende Verhältnisse und zu 40 % eine Verschlechterung. Trotz guter wirtschaftlicher Lage herrscht also eine kritische Sicht auf die wirtschaftliche Entwicklung vor. ▸ Abb 4, 5

Wesentlich stabiler zeigt sich die Entwicklung der Zukunftserwartung hinsichtlich der persönlichen wirtschaftlichen Lage. Üblicherweise beurteilen die Deutschen ihre persönliche wirtschaftliche Zukunft etwas positiver als die allgemeine wirtschaftliche Lage, weil sie bei Verschlechterung der wirtschaftlichen Aussichten für sich selbst eher gleichbleibende Verhältnisse erwarten. Besonders deutlich wird dies im Kontrast zwischen

den schwankenden und pessimistischen wirtschaftlichen Zukunftserwartungen und den stabilen gedämpft optimistischen persönlichen Zukunftserwartungen in den Jahren 2008 – 2012. Zwei Drittel gehen von gleichbleibenden persönlichen Verhältnissen aus, während ein Fünftel eine Verbesserung und ein Sechstel eine Verschlechterung erwartet. Im beobachteten Zeitverlauf findet dabei eine Angleichung der Bewertungsprofile zwischen West- und Ostdeutschland statt.

▸ Abb 4   **Zukunftserwartungen der wirtschaftlichen Lage in Westdeutschland 1992 – 2012 — in Prozent**

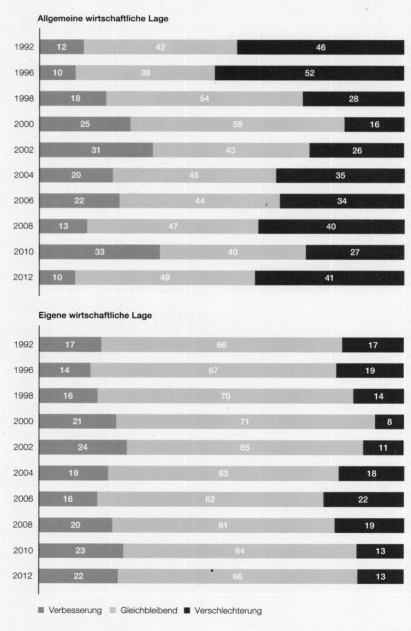

Datenbasis: ALLBUS 1992–2012.

▶ Abb 5   **Zukunftserwartungen der wirtschaftlichen Lage in Ostdeutschland 1992–2012 — in Prozent**

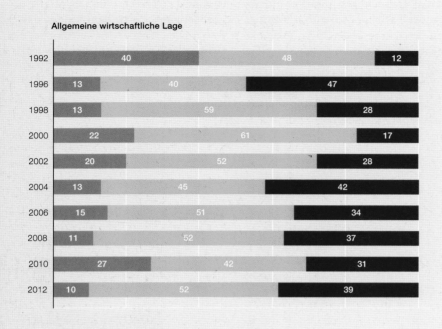

Allgemeine wirtschaftliche Lage

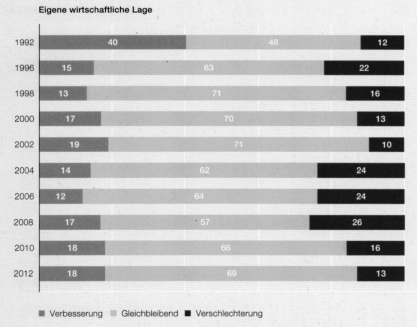

Eigene wirtschaftliche Lage

■ Verbesserung   ■ Gleichbleibend   ■ Verschlechterung

Datenbasis: ALLBUS 1992–2012.

14.1.4 Zusammenfassung

Eine Zusammenschau der in diesem Beitrag dargestellten Ergebnisse zeigt eine Bevölkerung, die auf stark schwankende Rahmenbedingungen mit einem hohen Maß an Stabilität begegnet, aber zugleich hohe Wachsamkeit an den Tag legt. Dabei gleichen sich die Einstellungen zwischen Ost- und Westdeutschland teilweise an. Die Betrachtung der Werteprioritäten hat gezeigt, dass der generationale Wertewandel hin zu mehr Postmaterialismus zum Stillstand gekommen ist. Die Schwankungen in den Werteprioritäten reagieren nun vorwiegend auf aktuelle Bedrohungen der Preisstabilität oder empfundenen Mangel an Bürgereinfluss. Die Verteilungen der Wertetypen in Ost- und Westdeutschland unterscheiden sich nur noch unwesentlich voneinander.

In Bezug auf ihren eigenen Anteil am Wohlstand bleiben die deutsch-deutschen Unterschiede bestehen, zwei Drittel in West- und ein Drittel in Ostdeutschland empfinden ihren Anteil am Wohlstand als gerecht oder mehr als gerecht an.

Die Befürchtung, dass sich die Lage für die einfachen Leute verschlechtern würde, ist auf den niedrigsten Wert seit dem Jahr 2000 zurückgegangen. Die Sorge ist in Ostdeutschland etwas stärker als in Westdeutschland. Die Zukunftserwartungen zur wirtschaftlichen Lage haben sich nach dem Krisenjahr 2008 nur kurzzeitig wieder erholt; trotz guter wirtschaftlicher Lage ist der Blick nach vorne skeptisch. Die Zukunftserwartungen zur persönlichen Lage hingegen bestehen im Erhalt gleichbleibender Verhältnisse. Ost- und Westdeutsche zeigen sich in ihren Zukunftserwartungen inzwischen sehr ähnlich. Die starke wirtschaftliche Lage nach dem Krisenjahr 2008 hat für eine Beruhigung in den Zukunftserwartungen geführt, doch herrscht eine eher gespannte Ruhe vor, die auch auf plötzliche Verschlechterungen in den Lebensbedingungen gefasst ist.

14.2 Einstellungen zur Rolle der Frau

Michael Blohm
GESIS Mannheim

WZB / SOEP

Die Notwendigkeiten und Möglichkeiten zur Vereinbarkeit von Familie und Erwerbsarbeit für Frauen hat sich in den letzten Jahrzehnten verändert: Die Zahl der Ehescheidungen war im Jahr 2012 höher als zu Beginn der 1990er-Jahre, die Erwerbsquote der Frauen nahm, insbesondere im Westen Deutschlands, zu. Zugleich erhöhte sich die Kinderbetreuungsquote seit 2002, nachdem sie in Ostdeutschland in den 1990er-Jahren stark zurückgegangen war.

Im Folgenden wird untersucht, wie sich verschiedene Einstellungen zur Rolle der Frau in Familie und Beruf verändert haben, die wichtige Indikatoren für das gesellschaftliche Klima bezüglich der Gleichstellung von Mann und Frau darstellen. Während die Daten für Westdeutschland bis 1982 zurückreichen, kann die Entwicklung für Ostdeutschland seit 1991 nachgezeichnet werden. In einem ersten Schritt werden zunächst einige Einstellungen zur Rolle der Frau im Zeitvergleich zusammenfassend dargestellt, in einem zweiten Schritt schließlich Ergebnisse zu einzelnen zentralen Fragen präsentiert.

14.2.1 Traditionelle und egalitäre Einstellungen

Hinsichtlich der Einstellungen zur Rolle der Frau können mit den Daten der Allgemeinen Bevölkerungsumfrage der Sozialwissenschaften (ALLBUS) zwei theoretisch bedeutsame Dimensionen unterschieden werden: die Vorstellungen zur Rollenverteilung zwischen Mann und Frau und die Einstellungen zu den Konsequenzen der Frauenerwerbstätigkeit. Erstere bezieht sich auf Vorstellungen über die geschlechtsspezifische Arbeitsteilung hinsichtlich der Erwerbsarbeit sowie auf Vorstellungen über den Stellenwert der Berufstätigkeit der Frau. Letztere betrifft die Einstellungen zu den Konsequenzen der Berufstätigkeit von Frauen insbesondere für die Erziehung und die Entwicklung der Kinder. ▶ Info 1

▶ Info 1

Traditionelle und egalitäre Einstellungen zur Rolle der Frau

Die Fragen können anhand einer 4-stufigen verbalisierten Skala beantwortet werden. Als Zustimmung gewertet werden: »Stimme voll und ganz zu« beziehungsweise »Stimme eher zu«. Eine Ablehnung kann mit »Stimme eher nicht zu« beziehungsweise »Stimme überhaupt nicht zu« zum Ausdruck gebracht werden.

Frageformulierung	Zuordnung der Antworten zu einem traditionellen oder modernen Rollenverhältnis	
	Zustimmung	Ablehnung
Vorstellungen zur Rollenverteilung zwischen Mann und Frau		
1 »Es ist für alle Beteiligten viel besser, wenn der Mann voll im Berufsleben steht und die Frau zu Hause bleibt und sich um den Haushalt und die Kinder kümmert.«	traditionell	egalitär
2 »Für eine Frau ist es wichtiger, ihrem Mann bei seiner Karriere zu helfen, als selbst Karriere zu machen.«	traditionell	egalitär
3 »Eine verheiratete Frau sollte auf eine Berufstätigkeit verzichten, wenn es nur eine begrenzte Anzahl von Arbeitsplätzen gibt und wenn ihr Mann in der Lage ist, für den Unterhalt der Familie zu sorgen.«	traditionell	egalitär
Konsequenzen der Erwerbstätigkeit der Frau		
4 »Ein Kleinkind wird sicherlich darunter leiden, wenn seine Mutter berufstätig ist.«	traditionell	egalitär
5 »Eine berufstätige Mutter kann ein genauso herzliches und vertrauensvolles Verhältnis zu ihren Kindern finden wie eine Mutter, die nicht berufstätig ist.«	egalitär	traditionell
6 »Es ist für ein Kind sogar gut, wenn seine Mutter berufstätig ist und sich nicht nur auf den Haushalt konzentriert.«	egalitär	traditionell

Die vorliegende Analyse unterscheidet zwischen einem »traditionellen« und einem »egalitären« Verständnis der Frauenrolle. Als »traditionell« wird ein Rollenverständnis dann bezeichnet, wenn eine Frau primär zu Hause bleiben und ihr die Erziehung der Kinder und der Haushalt zufallen soll, der Mann für die Erwerbstätigkeit zuständig ist und die berufliche Karriere der Frau demnach einen nur geringen Stellenwert hat. In einem »egalitären« Rollenverständnis hingegen wird nicht nach den Geschlechtern differenziert, vielmehr wird eine Rollenangleichung von Mann und Frau befürwortet. Bei der Beantwortung der Geschlechterrollen-Vorstellung ist zu berücksichtigen, dass einer Erwerbs-

beteiligung von Frauen nicht nur im Sinne einer Gleichstellung der Geschlechter zugestimmt werden kann, sondern auch aus ökonomischen Gründen. Werden die Konsequenzen der Erwerbstätigkeit der Frau für deren Kinder als positiv beziehungsweise als nicht negativ eingeschätzt, so werden diese Einstellungen als »egalitär« gewertet. Wird die Erwerbstätigkeit von Frauen hingegen als hinderlich für die Entwicklung der Kinder betrachtet, so gelten diese Einstellungen als »traditionell«.

Den Tabellen 1 und 2 ist zu entnehmen, dass der Anteil von – in diesem Sinne – egalitären Einstellungen über die Jahre in West- und Ostdeutschland zunimmt. Für die Einstellungen zur Rollenverteilung zwischen Mann und Frau

ist für beide Landesteile – nach nur geringen Veränderungen in den 1990er-Jahren – zwischen 2000 und 2004 eine verstärkte Zunahme egalitärer Einstellungen festzustellen. Dieser Trend ist in Westdeutschland auch bis 2012 zu verzeichnen. In Ostdeutschland schwächte sich diese Entwicklung allerdings ab. Für das Jahr 2012 wurden vergleichbare Zustimmungswerte zu egalitären Einstellungen gemessen, wie schon im Jahr 2004. Auch für die Einschätzungen der Konsequenzen der Erwerbstätigkeit der Frau findet sich eine ähnliche Entwicklung. Die Einstellungen werden insgesamt in West- und Ostdeutschland egalitärer. Im Westen Deutschlands ist dieser Trend bis 2012 ungebrochen. In Ostdeutschland

▶ Tab 1 **Vorstellungen zur Rollenverteilung zwischen Mann und Frau 1982–2012 — in Prozent**

	Ostdeutschland						Westdeutschland						
	1991	1996	2000	2004	2008	2012	1982	1991	1996	2000	2004	2008	2012
	Anteil egalitärer Äußerungen, additiver Index der Items 1–3												
Insgesamt[1]	67	74	75	86	88	86	32	56	58	61	68	69	76
Geschlecht													
Männer	65	75	74	86	86	84	32	56	55	59	67	67	73
Frauen	70	74	77	86	89	87	32	56	60	62	70	70	79
Alter													
18–30 Jahre	83	86	82	92	94	92	57	73	81	80	84	86	87
31–45 Jahre	76	84	82	89	91	92	37	66	72	74	84	79	89
46–65 Jahre	62	67	73	86	90	87	21	47	45	55	63	73	79
Über 65 Jahre	34	59	59	74	77	73	10	25	22	28	33	41	46

1 Befragte mit deutscher Staatsangehörigkeit.
Datenbasis: ALLBUS 1982, 1991, 1996, 2000, 2004, 2008, 2012.

▶ Tab 2 **Konsequenzen der Erwerbstätigkeit der Frau 1982–2012 — in Prozent**

	Ostdeutschland						Westdeutschland						
	1991	1996	2000	2004	2008	2012	1982	1991	1996	2000	2004	2008	2012
	Anteil egalitärer Äußerungen, additiver Index der Items 4–6												
Insgesamt[1]	74	80	83	88	92	92	29	43	46	53	59	66	74
Geschlecht													
Männer	70	76	81	85	91	90	25	37	40	46	50	61	66
Frauen	77	84	85	92	93	95	32	49	52	60	67	70	82
Alter													
18–30 Jahre	79	78	84	85	86	84	37	50	55	65	61	76	78
31–45 Jahre	78	82	87	90	93	93	34	52	53	57	70	68	82
46–65 Jahre	70	79	80	90	95	95	24	36	42	50	55	68	76
Über 65 Jahre	64	80	82	87	91	93	16	28	26	41	40	53	57

1 Befragte mit deutscher Staatsangehörigkeit.
Datenbasis: ALLBUS 1982, 1991, 1996, 2000, 2004, 2008, 2012.

hingegen wurden 2012 keine egalitäreren Einstellungen gemessen als im Jahr 2008. Insgesamt äußern sich die Ostdeutschen im Hinblick auf die Vorstellungen zur Rollenverteilung zwischen Mann und Frau und die Konsequenzen der Berufstätigkeit der Frau deutlich egalitärer als Westdeutsche, wobei diese Unterschiede bei der Einschätzung der Konsequenzen der Berufstätigkeit der Frau größer sind als bei den Fragen zur Rollenverteilung. Dieser Befund ist sehr wahrscheinlich auf die unterschiedlichen sozialen und ökonomischen Kontextbedingungen zurückzuführen, die in Ostdeutschland eine bessere Vereinbarkeit von Familie und Erwerbstätigkeit ermöglichen beziehungsweise notwendig machen. ▶ Tab 1, 2

Interessant ist, dass sich die Einstellungen in beiden Dimensionen über die Jahre zwischen West- und Ostdeutschland nicht angleichen, obwohl dies nach den sozialpolitischen und ideologischen Änderungen insbesondere in Ostdeutschland nach der deutschen Vereinigung von vielen erwartet wurde. Es ist vielmehr so, dass sich die Unterschiede in den Vorstellungen zur Rollenverteilung zwischen Mann und Frau seit den frühen 1990er-Jahren zwischen West- und Ostdeutschland teilweise sogar vergrößerten. Erst zwischen 2008 und 2012 nähern sich die Einstellungen zwischen West- und Ostdeutschland an und der Unterschied ist 2012 für den gesamten Beobachtungszeitraum am geringsten. Zwar haben sich die Einstellungen der West- und Ostdeutschen bezüglich der Konsequenzen der Erwerbstätigkeit der Frau angenähert, aber nicht angeglichen. Diese Annäherung spiegelt wider, dass sich die Erwerbsquoten der Frauen in West- und Ostdeutschland im Trend annähern und sich zugleich die Zahl der Kinderbetreuungsmöglichkeiten in Westdeutschland vergrößert hat, aber im Vergleich zu Ostdeutschland immer noch deutlich niedriger ist.

Männer und Frauen unterscheiden sich kaum im Hinblick auf die Vorstellungen zur Rollenverteilung zwischen Mann und Frau, wobei Frauen sich geringfügig egalitärer äußern als Männer;

dies gilt für West- und Ostdeutschland. Frauen schätzen auch in beiden Landesteilen die Konsequenzen der Erwerbstätigkeit von Frauen für die Kinder weniger negativ ein als die Männer. Dieser Unterschied ist im Westen deutlich größer als im Osten Deutschlands. Auch diese Beobachtung kann mit der Erfahrung ostdeutscher Familien mit der Vereinbarkeit von Familie und Beruf erklärt werden: In Ostdeutschland konnten und können mehr Männer die Erfahrung machen, dass die Erwerbstätigkeit der Frau nicht zu negativen Konsequenzen bei der Entwicklung der Kinder führt so, wie es westdeutsche Männer offensichtlich befürchten. Zwischen 1991 und 2012 haben sich die Unterschiede in den Einstellungen der Geschlechter bezüglich der Konsequenzen der Erwerbstätigkeit der Frau in Westdeutschland vergrößert, in Ostdeutschland dagegen tendenziell verringert, da die egalitären Einstellungen der Männer stärker zugenommen haben als die der Frauen.

Einen großen Einfluss auf die Einstellungen zur Rolle der Frau im Erwerbsleben hat das Alter der Befragten. Im Großen und Ganzen sind jüngere Menschen egalitärer eingestellt als ältere. Dies gilt für beide untersuchten Dimensionen und trifft auf West- und Ostdeutschland gleichermaßen zu. Eine Ausnahme bildet die Einstellung zu den Konsequenzen der Erwerbstätigkeit. Hier sind die jüngsten Befragten in Ostdeutschland weniger egalitär eingestellt als ältere Befragte.

Aus Tabelle 1 ist ersichtlich, dass sich in Ostdeutschland die Einstellungen der unterschiedlichen Altersgruppen zur traditionellen Rollenverteilung zwischen 1991 und 2012 angenähert haben. Betrug die Differenz bei der Zustimmung 1991 noch 49 Prozentpunkte zwischen der Gruppe der 18- bis 30-Jährigen und den über 65-Jährigen, so hat sich diese bis 2012 auf 19 Prozentpunkte verringert. Im Gegensatz dazu näherten sich die Einstellungen der einzelnen Altersgruppen im Westen Deutschlands für den Zeitraum 1982 bis 2012 nicht an, sondern sind – mit Ausnahme von 1996 – relativ stabil. Eine

Trendwende hin zu eher traditionellen Vorstellungen, die sich bei den 18- bis 30-Jährigen in West- und Ostdeutschland zwischen 1996 und 2000 andeutete, kann nicht weiter festgestellt werden, da der Anteil egalitärer Einstellungen 2004 und 2008 wieder zugenommen hat beziehungsweise in Ostdeutschland konstant geblieben ist. Der Trend zu egalitären Werten bei den älteren Generationen ist dagegen im Westen Deutschlands über die Zeit ungebrochen. Im Osten Deutschlands lässt sich ab 2012 eine Abnahme egalitärer Einstellungen feststellen.

Für die Einschätzung der Konsequenzen der Erwerbstätigkeit der Frau ist festzustellen, dass die Unterschiede zwischen den Altersgruppen im Westen und im Osten Deutschlands über die Zeit relativ stabil bleiben. In Ostdeutschland finden sich dabei nur geringe Unterschiede zwischen den Altersgruppen, während in Westdeutschland die jüngeren Gruppen deutlich seltener als die älteren negative Konsequenzen für die Erziehung der Kinder erwarten, wenn die Frau erwerbstätig ist.

Im Folgenden werden nun drei ausgewählte Fragen zur Rolle der Frau etwas genauer betrachtet. Diese beziehen sich auf die traditionelle Arbeitsteilung zwischen Mann und Frau (vergleiche Infokasten Item 1), auf den Stellenwert der Berufstätigkeit der Frau (vergleiche Infokasten Item 2) und auf die Konsequenzen der Erwerbstätigkeit der Frau für ihre Kinder (vergleiche Infokasten Item 4).

14.2.2 Traditionelle Arbeitsteilung

Im Verlauf von mehr als zwei Jahrzehnten ist die Zustimmung zur traditionellen Arbeitsteilung von 1982 bis 2012 in Westdeutschland stark zurückgegangen. Nach einer Stagnation in den 1990er-Jahren ist für alle hier untersuchten Gruppen in nahezu gleicher Weise eine starke Abnahme traditioneller Einstellungen zur Arbeitsteilung zu verzeichnen.

Waren im Jahr 1982 noch insgesamt 70 % der Befragten in Westdeutschland der Ansicht, dass »es für alle Beteiligten viel besser sei, wenn der Mann voll im Berufsleben steht und die Frau zu Hause

▶ Tab 3   **Traditionelle Arbeitsteilung 1982–2012 — in Prozent**

	»Es ist für alle Beteiligten viel besser, wenn der Mann voll im Berufsleben steht und die Frau zu Hause bleibt und sich um den Haushalt und die Kinder kümmert.«												
	»Stimme voll und ganz zu.« beziehungsweise »Stimme eher zu.«												
	Ostdeutschland						Westdeutschland						
	1991	1996	2000	2004	2008	2012	1982	1991	1996	2000	2004	2008	2012
Insgesamt[1]	**33**	**26**	**31**	**17**	**17**	**16**	**70**	**50**	**50**	**49**	**40**	**39**	**29**
Geschlecht													
Männer	35	27	35	19	19	19	71	51	53	51	40	39	31
Frauen	30	26	27	16	16	12	70	49	47	47	40	39	26
Verheiratete Frauen[2]													
Berufstätig	22	18	19	6	8	6	54	31	30	30	21	20	13
Nicht berufstätig	37	30	36	21	21	20	83	58	65	62	53	52	41
Alter													
18–30 Jahre	23	18	21	10	11	13	48	33	30	29	22	23	18
31–45 Jahre	26	18	25	13	14	10	65	39	35	38	25	29	16
46–65 Jahre	37	31	34	18	15	21	79	60	62	54	47	36	27
Über 65 Jahre	53	38	46	29	27	28	90	77	80	78	71	65	55
Bildung													
Hauptschulabschluss	45	38	46	29	28	32	80	64	66	61	56	55	48
Mittlere Reife/ polytechnische Oberschule	27	19	25	15	14	12	62	43	43	41	30	35	25
Abitur/Fachabitur	19	16	17	5	9	7	44	27	25	33	21	21	13

1 Befragte mit deutscher Staatsangehörigkeit.
2 Verheiratet und mit dem Partner zusammenlebend.
Datenbasis: ALLBUS 1982, 1991, 1996, 2000, 2004, 2008, 2012.

bleibt«, so sind es 2012 nur 29 %. Junge Menschen sind bezüglich der Arbeitsteilung zwischen Mann und Frau weitaus egalitärer eingestellt als älteren Menschen. So stimmen im Jahr 2012 beispielsweise nur 18 % der unter 30-Jährigen einer traditionellen Arbeitsteilung zu, während dies bei 55 % der über 65-Jährigen der Fall ist. ▶ Tab 3

Für verheiratete Frauen lässt sich ein deutlicher Einfluss ihres Erwerbsstatus feststellen: Im Jahr 2012 stimmen in Westdeutschland 41 % der nicht berufstätigen, aber nur 13 % der berufstätigen Frauen den traditionellen Vorstellungen zu. In Ostdeutschland sind dies 20 % der nicht berufstätigen und nur 6 % der berufstätigen Frauen. Interessanterweise bleibt aber der Unterschied zwischen den berufstätigen und den nicht berufstätigen verheirateten Frauen über die Jahre sowohl im Westen wie auch im Osten Deutschlands relativ konstant. Im Hin-

blick auf den allgemeinbildenden Schulabschluss zeigt sich, dass mit steigendem Bildungsniveau die Zustimmung zur traditionellen Arbeitsteilung sinkt. Auch hier bleibt die Größe der Unterschiede zwischen den Bildungsgruppen über die Jahre stabil mit der Ausnahme, dass in Ostdeutschland Personen mit einem Hauptschulabschluss 2012 noch konservativere Einstellungen vertreten.

In Ostdeutschland ist die »Wiederbelebung« traditioneller Werte, die bei allen untersuchten Gruppen zwischen 1996 und 2000 zu beobachten war, nicht mehr festzustellen. Ihr folgt im Jahr 2004 eine umso stärkere Hinwendung zu einer Befürwortung einer egalitäreren Arbeitsteilung, die sich aber seit 2008 stabilisiert.

14.2.3 Stellenwert der Berufstätigkeit der Frau

Im Jahr 1982 waren in Westdeutschland 52 % der Befragten der Ansicht, dass es

für eine Frau wichtiger sei, ihrem Mann bei seiner Karriere zu helfen, als selbst Karriere zu machen. 2012 wird diese Einstellung nur noch von 19 % der Befragten geteilt. In Ostdeutschland reduziert sich der bereits 1991 geringe Anteil von 30 % auf nur 13 % im Jahr 2008. 2012 erhöht sich der Anteil wieder auf 19 %. ▶ Tab 4

Insgesamt lässt sich bei der Einschätzung des Stellenwerts der Frauenberufstätigkeit ein ähnliches Muster feststellen wie bei der Zustimmung zur Frage nach traditioneller Arbeitsteilung. Frauen sind darauf bezogen ähnlich egalitär eingestellt wie Männer, verheiratete berufstätige Frauen äußern sich egalitärer als nicht berufstätige verheiratete Frauen, junge Menschen äußern sich egalitärer als ältere und Menschen mit einem hohen Bildungsabschluss egalitärer als diejenigen mit einem niedrigeren Bildungsabschluss. Einer ähnlich starken Zustimmung zum Karriereverzicht von Frauen

▶ Tab 4 **Stellenwert der Berufstätigkeit der Frau 1982–2012 — in Prozent**

	»Für eine Frau ist es wichtiger, ihrem Mann bei seiner Karriere zu helfen, als selbst Karriere zu machen.«												
	»Stimme voll und ganz zu.« beziehungsweise »Stimme eher zu.«												
	Ostdeutschland						Westdeutschland						
	1991	1996	2000	2004	2008	2012	1982	1991	1996	2000	2004	2008	2012
Insgesamt[1]	30	25	28	13	13	19	52	32	34	32	24	26	19
Geschlecht													
Männer	30	23	30	14	13	18	50	30	34	33	24	25	19
Frauen	31	27	27	13	13	19	54	34	35	32	24	27	20
Verheiratete Frauen[2]													
Berufstätig	20	19	20	6	10	12	47	25	23	22	15	11	13
Nicht berufstätig	41	33	40	17	17	28	61	41	48	41	33	40	26
Alter													
18–30 Jahre	19	15	22	8	8	16	31	20	16	16	13	14	12
31–45 Jahre	23	16	23	11	12	8	47	20	22	21	12	18	9
46–65 Jahre	35	32	31	12	11	19	60	43	44	38	27	22	16
Über 65 Jahre	54	37	41	24	19	29	75	54	66	59	53	48	42
Bildung													
Hauptschulabschluss	46	40	39	22	21	33	61	42	47	45	37	38	34
Mittlere Reife / polytechnische Oberschule	22	15	24	11	10	16	42	30	26	25	17	21	12
Abitur/Fachabitur	16	12	16	4	6	8	29	16	18	16	10	12	10

1 Befragte mit deutscher Staatsangehörigkeit.
2 Verheiratet und mit dem Partner zusammenlebend.
Datenbasis: ALLBUS 1982, 1991, 1996, 2000, 2004, 2008, 2012.

in West- und Ostdeutschland in den 1990er-Jahren folgen 2004 und 2008 größere Unterschiede zwischen den Landesteilen, die insbesondere darauf zurückzuführen sind, dass im Osten Deutschlands die Zustimmung stärker abgenommen hat als im Westen. 2012 findet erstmals eine Angleichung zwischen West- und Ostdeutschland statt. Die Zustimmungswerte unterscheiden sich nur noch geringfügig. Interessant ist zudem die langfristige Entwicklung der Unterschiede zwischen den berufstätigen und den nichtberufstätigen verheirateten Frauen. Sowohl im Westen als auch im Osten Deutschlands nimmt bei den berufstätigen und den nicht berufstätigen verheirateten Frauen die Zustimmung zum Karriereverzicht von Frauen ab. Dabei stimmen aber im Schnitt ungefähr doppelt so viele nicht berufstätige wie berufstätige Frauen dem Karriereverzicht zu. Insgesamt sind die Unterschiede zwischen

West- und Ostdeutschland bei den nicht erwerbstätigen verheirateten Frauen und den über 65-Jährigen und Personen mit Hauptschulabschluss bis 2008 am größten. 2012 lassen sich deutliche Unterschiede nur noch bei den über 65-Jährigen feststellen.

14.2.4 Konsequenzen der Erwerbstätigkeit der Frau für die Kinder

Hinsichtlich der Einschätzung der Konsequenzen der Frauenerwerbstätigkeit für die Kinder zeigen sich größere Unterschiede zwischen West- und Ostdeutschen als bei den beiden vorherigen »normativen« Fragestellungen. Sind beispielsweise im Jahr 2012 49 % der Westdeutschen der Ansicht, dass ein Kleinkind darunter leidet, wenn seine Mutter berufstätig ist, so sind bei den Ostdeutschen nur 26 % dieser Ansicht. Auch bei der Einschätzung, dass das Kleinkind leidet, wenn die Mutter einer

Erwerbstätigkeit nachgeht, vergrößern sich die Unterschiede zwischen Westdeutschen und Ostdeutschen tendenziell bis 2008. Erst 2012 kommt es wieder zu einer Annäherung. Insbesondere zwischen den Jahren 2000 und 2004 sind die traditionellen Einstellungen im Osten stärker zurückgegangen als im Westen Deutschlands, haben sich aber 2012 im Vergleich zu 2008 wieder erhöht. ▶ Tab 5

Insgesamt sind die Differenzen zwischen den Alters- und den Bildungsgruppen sowie zwischen den erwerbstätigen und nicht erwerbstätigen verheirateten Frauen bezogen auf die Einstellungen zu den Konsequenzen der Erwerbstätigkeit der Frau im Osten durchweg niedriger als im Westen Deutschlands. Auch dies ist möglicherweise eine Folge der in Ostdeutschland weit verbreiteten generationenübergreifenden Erfahrung der Vereinbarkeit von Familie und Beruf.

▶ Tab 5   **Konsequenzen der Erwerbstätigkeit 1982–2012 — in Prozent**

	»Ein Kleinkind wird sicherlich darunter leiden, wenn seine Mutter berufstätig ist.«												
	»Stimme voll und ganz zu.« beziehungsweise »Stimme eher zu.«												
	Ostdeutschland						Westdeutschland						
	1991	1996	2000	2004	2008	2012	1982	1991	1996	2000	2004	2008	2012
Insgesamt [1]	58	49	41	29	24	26	88	76	76	71	63	56	49
Geschlecht													
Männer	59	49	43	35	28	30	88	79	80	77	70	61	53
Frauen	57	49	39	23	21	22	87	73	72	66	56	51	45
Verheiratete Frauen [2]													
Berufstätig	54	46	30	19	15	20	77	71	64	52	42	36	37
Nicht berufstätig	61	52	41	23	25	24	93	75	77	78	68	61	54
Alter													
18–30 Jahre	47	45	42	33	28	28	82	68	67	58	57	45	42
31–45 Jahre	55	43	39	27	23	26	87	70	69	66	53	51	39
46–65 Jahre	64	54	40	27	24	23	90	83	81	76	65	55	49
Über 65 Jahre	63	54	47	30	24	31	93	85	88	84	80	70	67
Bildung													
Hauptschulabschluss	63	52	45	29	27	39	88	81	82	77	73	67	63
Mittlere Reife/ polytechnische Oberschule	53	46	42	30	23	22	88	75	74	66	56	51	47
Abitur/Fachabitur	56	48	32	23	21	20	84	65	64	64	51	44	37

1 Befragte mit deutscher Staatsangehörigkeit.
2 Verheiratet und mit dem Partner zusammenlebend.
Datenbasis: ALLBUS 1982, 1991, 1996, 2000, 2004, 2008, 2012.

14.2.5 Zusammenfassung

Der Trend hin zu modernen egalitären Einstellungen bezüglich der Erwerbsbeteiligung von Frauen ist in den letzten Jahren in Westdeutschland für die Rollenvorstellungen und die Konsequenzen der Erwerbstätigkeit ungebrochen. In Ostdeutschland hingegen kann man zwischen 2008 und 2012 eine Stagnation beziehungsweise leichte Trendwende zu traditionelleren Einstellungen beobachten. Sowohl im Hinblick auf die Vorstellungen zur Rollenverteilung zwischen Mann und Frau als auch im Hinblick auf die Konsequenzen der Frauenerwerbstätigkeit findet sich in Ostdeutschland eine größere Zustimmung zu egalitären Werten als in Westdeutschland. Die Einstellungen zur Rolle der Frau näherten sich in West- und Ostdeutschland seit der deutschen Vereinigung nicht an, vielmehr vergrößerten sich die Unterschiede seit 1991 bis 2008 sogar, da im Osten die egalitären Einstellungen stärker zunahmen als im Westen Deutschlands. Erst 2012 kommt es bei den Rollenvorstellungen zu einer Annäherung zwischen West- und Ostdeutschland.

In Bezug auf ihre Einschätzung der Konsequenzen der Frauenerwerbsbeteiligung unterscheiden sich West- und Ostdeutsche in noch stärkerem Maße voneinander. Die höhere Zustimmung zu egalitären Werten darf aber nicht mit der Forderung nach gleichen Erwerbschancen oder nach weiblicher Selbstentfaltung gleichgesetzt werden. Vielmehr war die Erwerbsbeteiligung der Frau im Osten Deutschlands aufgrund unterschiedlicher sozialpolitischer und ideologischer Rahmenbedingungen beziehungsweise ist wegen ökonomischer Bedingungen weiter verbreitet als im Westen Deutschlands. Offenbar beeinflusst diese Erfahrung nachhaltig die Geschlechterrollenideologie sowie die Bewertung der Konsequenzen der Frauenerwerbsbeteiligung.

Einflüsse von Wanderungsbewegungen zw. Ost / West ?

15
Deutschland in Europa

15.1
Leben in der Europäischen Union

Johanna Mischke

Destatis

Die Europäische Union (EU) ist eine Gemeinschaft von 28 Mitgliedstaaten. Als jüngstes Mitglied trat am 1. Juli 2013 Kroatien bei. Bei Redaktionsschluss lagen zu den Themen dieses Kapitels für die gesamte Europäische Union allerdings nur Durchschnittswerte beziehungsweise Aggregate für die 27 bisherigen EU-Mitgliedstaaten (EU-27), also ohne Kroatien, vor.

15.1.1 Bevölkerung
In der EU-27 lebten zum Jahresbeginn 2012 rund 503,7 Millionen Menschen. Deutschland war mit 81,8 Millionen Einwohnern der bevölkerungsreichste Mitgliedstaat. Die beiden nächstgrößten EU-Staaten Frankreich und das Vereinigte Königreich zählten 65,4 Millionen beziehungsweise 63,0 Millionen Einwohner. Das kleinste EU-Land war Malta mit etwas mehr als 400 000 Einwohnern.

Bevölkerungsentwicklung
In den vergangenen Jahren ist die Bevölkerung der EU-27 stetig gewachsen. Allein im Jahr 2011 nahm sie um 1,3 Millionen Menschen zu. In den einzelnen Ländern verlief die demografische Entwicklung jedoch sehr unterschiedlich: in 8 Ländern schrumpfte die Bevölkerungszahl, in 19 Ländern wuchs sie. In Deutschland stieg die Bevölkerungszahl im Jahr 2011 um rund 92 000 Einwohner. ▶ Tab 1

Wie sich die Gesamtbevölkerung eines Landes entwickelt, hängt zum einen von der natürlichen Bevölkerungsveränderung (Differenz zwischen Geburtenzahl und Todesfällen) sowie dem Wanderungssaldo (Differenz zwischen Ein- und Auswanderung) ab.

Damit sich die Bevölkerung eines Landes auf natürliche Weise reproduzieren kann, ist Demografen zufolge in hoch entwickelten Ländern eine Zahl von durch-

schnittlich 2,1 Kindern je Frau erforderlich. Solange die Geburtenziffer, also die durchschnittliche Anzahl von Kindern je Frau, unter diesem Wert bleibt, wird jede folgende Generation und damit auch die Zahl der potenziellen Mütter kleiner als die vorherige. Nur Irland erreichte 2011 als einziger EU-Staat einen Durchschnittswert von 2,1 Kindern je Frau. Frankreich und das Vereinigte Königreich wiesen durchschnittlich 2,0 Kinder je Frau aus (2010). Die geringsten Geburtenziffern der EU verzeichneten 2011 Ungarn (1,2) sowie Lettland, Polen und Rumänien mit jeweils 1,3 Kindern je Frau. In zahlreichen EU-Staaten, darunter Deutschland, lag die durchschnittliche Kinderzahl je Frau mit 1,4 nur knapp darüber. Bei diesem niedrigen Wert umfasst die Kindergeneration rund ein Drittel weniger Menschen als die Elterngeneration. ▶ Abb 1

Neben der Geburtenrate hat auch die steigende Lebenserwartung (siehe Abschnitt 15.1.8) sowie die Stärke der Jahrgänge im potenziellen Elternalter Einfluss auf das natürliche Bevölkerungswachstum. Im Zusammenspiel der Faktoren nahm zum Beispiel die Bevölkerung Frankreichs 2011 auf natürliche Weise um rund 273 000 Personen zu. In Deutschland hingegen starben rund 190 000 Menschen mehr als zur Welt kamen.

Durch Zuwanderung wuchs die Gesamtbevölkerung der EU-27 im Jahr 2011 um rund 869 000 Menschen. Wichtigstes Zielland war Deutschland, das ein Plus von rund 282 000 Personen verzeichnete. Die höchste Nettoabwanderung gab es in Spanien mit einem Minus von rund 42 000 Personen.

Altenquotient
Ein Indikator, der die Folgen des demografischen Wandels veranschaulicht, ist

▶ Tab 1   **Bevölkerungsentwicklung 2011**

	Bevölkerungs-stand 1. Januar 2011	Wanderungs-saldo	Natürliche Bevölkerungs-veränderung	Gesamt-saldo	Bevölkerungs-stand 1. Januar 2012
	in Millionen	in 1 000			in Millionen
Belgien	11,0	15,6	25,0	40,6	11,0
Bulgarien	7,4	−4,8	−37,4	−42,2	7,3
Dänemark	5,6	13,4	6,5	19,9	5,6
Deutschland	**81,8**	**281,8**	**−189,6**	**92,1**	**81,8**
Estland	1,3	0,0	−0,6	−0,5	1,3
Finnland	5,4	16,6	9,4	26,0	5,4
Frankreich	65,0	76,8	272,7	349,5	65,4
Griechenland	11,3	−15,1	−4,7	−19,8	11,3
Irland	4,6	−33,0	45,7	12,6	4,6
Italien	60,6	241,1	−46,8	194,3	60,8
Lettland	2,1	−23,1	−9,7	−32,8	2,0
Litauen	3,1	−38,2	−6,7	−44,8	3,0
Luxemburg	0,5	11,0	1,8	12,8	0,5
Malta	0,4	−0,1	1,0	0,9	0,4
Niederlande	16,7	30,2	44,3	74,5	16,7
Österreich	8,4	37,1	1,6	38,8	8,4
Polen	38,5	−4,3	12,9	8,6	38,5
Portugal	10,6	−24,3	−6,0	−30,3	10,5
Rumänien	21,4	−2,8	−55,2	−58,0	21,4
Schweden	9,4	45,5	21,8	67,3	9,5
Slowakei	5,4	3,0	8,9	11,9	5,4
Slowenien	2,1	2,1	3,2	5,3	2,1
Spanien	46,2	−42,2	85,6	43,4	46,2
Tschechische Republik	10,5	16,9	1,8	18,7	10,5
Ungarn	10,0	12,8	−40,7	−28,0	10,0
Vereinigtes Königreich	62,5	235,4	255,5	490,9	63,0
Zypern	0,8	18,1	4,1	22,3	0,9
EU-27	**502,4**	**869,4**	**404,6**	**1 274,0**	**503,7**
Kroatien	4,4	−4,2	−9,8	−14,0	4,4

Quelle: Eurostat, Stand März 2013.

▶ Tab 2   **Entwicklung der jährlichen Geburtenzahlen zwischen 1971 und 2011 — in Prozent**

	Veränderung der Geburtenzahlen
Belgien	−7
Bulgarien	−48
Dänemark	−22
Deutschland [1]	**−35**
Estland	−34
Finnland	−2
Frankreich [2]	−9
Griechenland	−25
Irland	11
Italien	−40
Kroatien	−37
Lettland	−47
Litauen	−39
Luxemburg	27
Malta	−23
Niederlande	−21
Österreich	−28
Polen	−31
Portugal	−47
Rumänien	−51
Schweden	−2
Slowakei	−27
Slowenien	−22
Spanien	−30
Tschechische Republik	−30
Ungarn	−42
Vereinigtes Königreich	−10
Zypern	−17
EU-27	**−27**

1 1971 früheres Bundesgebiet und Gebiet der ehemaligen DDR.
2 Ohne Überseegebiete.

der Altenquotient. Er setzt die Zahl der potenziellen Empfänger von Leistungen der Rentenversicherung oder anderer Alterssicherungssysteme ins Verhältnis zur Zahl der Personen im Erwerbsalter. In allen EU-Staaten nimmt der Altenquotient zu, das heißt, der Bevölkerung im Erwerbsalter stehen immer mehr ältere Menschen gegenüber. Im Jahr 1991 kamen in der EU-27 auf 100 Personen im Erwerbsalter zwischen 15 und 64 Jahren 21 Personen, die 65 Jahre oder älter waren. Zwanzig Jahre später waren es bereits 26 Personen und im Jahr 2060 werden es EU-weit voraussichtlich 53 ältere Menschen sein. Zum Vergleich: In Deutschland kamen 1991 auf 100 Personen im erwerbsfähigen Alter 22 Personen im Rentenalter. Im Jahr 2011 waren es bereits 31 Personen und 2060 werden es voraussichtlich 60 ältere Menschen sein.

15.1.2 Haushalts- und Familienstrukturen

Im Jahr 2011 wurden in der EU-27 rund 5,2 Millionen Kinder geboren. Das waren rund 135 000 Kinder weniger als 2010.

Das wahre Ausmaß des Geburtenrückgangs offenbart jedoch erst ein Blick in die Geburtenstatistik der vergangenen Jahrzehnte: Anfang der 1970er-Jahre wurden in den 27 Staaten, die 2011 der EU angehörten, noch 7,1 Millionen Kinder geboren. Die jährliche Geburtenzahl ist zwischen 1971 und 2011 somit um rund 27 % zurückgegangen. Deutschland verzeichnete in diesen 40 Jahren ein noch deutlicheres Minus von 35 % (1971: 1,0 Millionen Geburten, 2011: 0,7 Millionen Geburten). In Rumänien, Bulgarien,

▶ Abb 1 **Durchschnittliche Kinderzahl je Frau 2011**

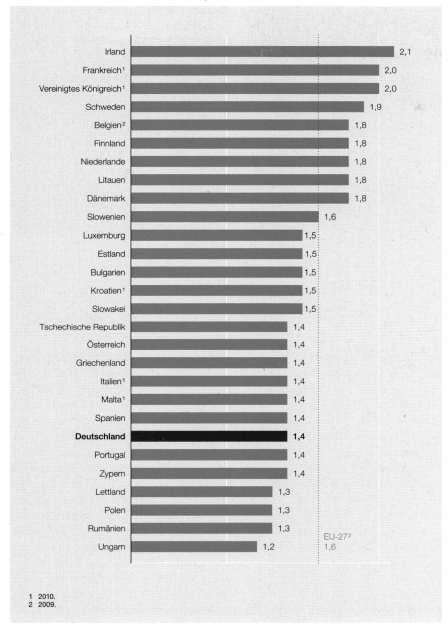

Irland	2,1
Frankreich[1]	2,0
Vereinigtes Königreich[1]	2,0
Schweden	1,9
Belgien[2]	1,8
Finnland	1,8
Niederlande	1,8
Litauen	1,8
Dänemark	1,8
Slowenien	1,6
Luxemburg	1,5
Estland	1,5
Bulgarien	1,5
Kroatien[1]	1,5
Slowakei	1,5
Tschechische Republik	1,4
Österreich	1,4
Griechenland	1,4
Italien[1]	1,4
Malta[1]	1,4
Spanien	1,4
Deutschland	**1,4**
Portugal	1,4
Zypern	1,4
Lettland	1,3
Polen	1,3
Rumänien	1,3
Ungarn	1,2
EU-27[2]	1,6

1 2010.
2 2009.

Spanien lebte in weniger als 20 % aller Haushalte nur eine Person. ▶ Abb 2

Nur in rund jedem dritten EU-27-Haushalt (31 %) lebten im Jahr 2011 Kinder. In Deutschland und Finnland wohnten sogar nur in 23 % aller Haushalte Kinder: Das war im EU-Vergleich die niedrigste Quote. In Irland, Polen und Rumänien, am oberen Ende der Skala, waren es hingegen über 40 %. Als Kinder galten alle unter 15-Jährigen sowie junge Menschen bis 24 Jahre, sofern sie noch keiner Erwerbstätigkeit nachgingen und mit mindestens einem Elternteil im Haushalt lebten. ▶ Abb 3

Eheschließungen und Scheidungen

Die Zahl der Eheschließungen in der EU ist rückläufig. Trotzdem werden jährlich immer noch mehr als 2 Millionen Ehen geschlossen. Die Heiratsfreudigkeit ist jedoch unterschiedlich ausgeprägt. Relativ häufig geheiratet wurde zum Beispiel in Zypern. Im Jahr 2011 kamen dort auf 1 000 Einwohner 7,3 Hochzeiten. Niedrige Eheschließungsziffern wiesen hingegen unter anderem Bulgarien und Slowenien auf (2,9 je 1 000 Einwohner beziehungsweise 3,2 je 1 000 Einwohner). In Deutschland gaben sich 2011 rund 378 000 Paare das Jawort. Das entsprach 4,6 Hochzeiten je 1 000 Einwohner.

Nicht alle Ehen erweisen sich als Bund fürs Leben. Jedes Jahr werden in der EU rund eine Million Ehen geschieden. Zu den Staaten mit hoher Scheidungsziffer zählte 2011 beispielsweise Lettland mit 4,0 Scheidungen je 1 000 Einwohner. In Malta waren es nur 0,1 Scheidungen und Deutschland kam auf 2,3 Scheidungen je 1 000 Einwohner.

15.1.3 Bildung und Forschung

Öffentliche Gesamtausgaben für Bildung

Erstklassige Bildungssysteme sind eine der wichtigsten Voraussetzungen für Europas Zukunftsfähigkeit in der globalisierten Welt. Jedoch wenden die EU-Mitgliedstaaten sehr unterschiedliche Anteile ihres Bruttoinlandsprodukts (BIP)

Lettland und Portugal sank die Zahl der Geburten sogar um rund die Hälfte. In Finnland und Schweden hat sich das Niveau seit 1971 nur sehr geringfügig verändert (jeweils – 2 %). Ein Geburtenplus gab es 2011 im Vergleich zu 1971 lediglich in Luxemburg (+ 27 %) und Irland (+ 11 %). ▶ Tab 2

Haushaltsstrukturen

Von allen EU-27-Haushalten waren 31 % Einpersonenhaushalte. Das Alleinleben war dabei in Schweden (50 % aller Haushalte) und Dänemark (41 %) am stärksten verbreitet. Im Süden Europas lag der Anteil der Einpersonenhaushalte deutlich niedriger: In Zypern, Malta, Portugal und

▶ Abb 2   **EU-27-Bevölkerung nach Haushaltstyp 2011 — in Prozent**

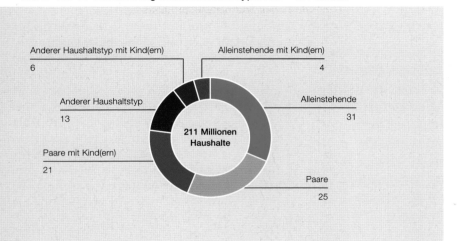

▶ Info 1
»Europa 2020«

»Europa 2020« ist die auf das Jahr 2020 ausgerichtete politische Strategie der Europäischen Union. Ziel ist die Schaffung von intelligentem, nachhaltigem und integrativem Wachstum in den EU-Mitgliedstaaten. Dafür wurden in den fünf Bereichen Beschäftigung, Forschung, Umwelt, Bildung und Armutsbekämpfung messbare Ziele aufgestellt, die bis zum Jahr 2020 erreicht werden sollen.

hierfür auf. So gab Dänemark 2009 mit 8,7 % des BIP anteilig am meisten für sein Bildungswesen aus. Länder wie Zpern, Schweden, Finnland oder Belgien investierten mit Anteilen zwischen 6,6 % und 8,0 % im EU-Vergleich ebenfalls überdurchschnittlich viel in diesen Sektor. Deutschland lag mit einem Anteil von 5,1 % des BIP unter dem EU-27-Durchschnitt von 5,4 %. ▶ Abb 4

Frühe Schulabgängerinnen und -abgänger

Junge Menschen, die die Schule frühzeitig oder nur mit einem niedrigen Bildungsabschluss verlassen, haben auf dem Arbeitsmarkt schlechtere Chancen als Gleichaltrige mit höherem Bildungsabschluss. Die EU hat sich deshalb im Rahmen der Zukunftsstrategie der EU »Europa 2020« das Ziel gesetzt, den Anteil der frühen Schulabgängerinnen und -abgänger in der EU bis zum Jahr 2020 auf 10 % aller 18- bis 24-Jährigen zu reduzieren. Damit sind junge Menschen gemeint, die höchstens die Sekundarstufe I (siehe Kapitel 3.1, Abbildung 1, Seite 70) abgeschlossen haben und nicht an Aus- oder Weiterbildungsmaßnahmen teilnehmen. Obwohl die

Tendenz in den vergangenen Jahren positiv war, verließen 2011 im Durchschnitt der EU-27 immer noch 14 % der 18- bis 24-Jährigen frühzeitig die Schule. Besonders hoch waren die Quoten in den südeuropäischen Ländern Malta (34 %), Spanien (27 %) und Portugal (23 %). Niedrige Quoten verzeichneten Kroatien und Slowenien (jeweils 4 %), die Tschechische Republik und die Slowakei (jeweils 5 %). In Deutschland lag der Anteil bei 12 %. In allen Ländern, außer Bulgarien, verließen junge Männer häufiger frühzeitig die Schule als junge Frauen. ▶ Info 1, Abb 5

PISA-Studie

Im Rahmen der von der OECD-initiierten PISA-Studie wird alle drei Jahre untersucht, inwieweit Schülerinnen und Schüler gegen Ende ihrer Pflichtschulzeit die Kenntnisse und Fähigkeiten erworben haben, die sie für eine erfolgreiche Teilhabe an der Wissensgesellschaft brauchen. Die Ergebnisse der PISA-Studie 2012 werden voraussichtlich im Dezember 2013 veröffentlicht. An der PISA-Studie 2009 nahmen weltweit eine halbe Million 15-jährige Schülerinnen und Schüler aus 65 Staaten teil. Schwerpunktthema war

die Lesefähigkeit. Hier erreichte Finnland Rang drei und war somit der erfolgreichste EU-Staat. Die Niederlande (10), Belgien (11), Estland (13), Polen (15) sowie Schweden (19) lagen im oberen Drittel der Skala. Ebenso Deutschland, das von insgesamt 65 Teilnehmerländern auf Rang 20 kam. Bei den Kenntnissen in Mathematik und Naturwissenschaften schnitten deutsche Schüler noch etwas erfolgreicher ab (weltweit Rang 16 beziehungsweise Rang 13). Sie erzielten damit bessere Ergebnisse als zum Beispiel ihre Altersgenossen in Schweden. Erfolgreichstes EU-Land war auch hier Finnland mit dem zweiten Platz in Naturwissenschaften und dem sechsten Platz im Bereich Mathematik.

Bildungsabschlüsse im Tertiärbereich

Einen wesentlichen Beitrag zur Ausbildung hoch qualifizierter Fachleute leisten die Bildungseinrichtungen des sogenannten Tertiärbereichs. In Deutschland zählen dazu Universitäten, Fachhochschulen, Verwaltungsfachhochschulen, Berufsakademien, Fachschulen, Fachakademien sowie die zwei- und dreijährigen Schulen des Gesundheitswesens. Laut der Zu-

▶ Abb 3 **Anteil der Haushalte, in denen Kinder lebten 2011 — in Prozent**

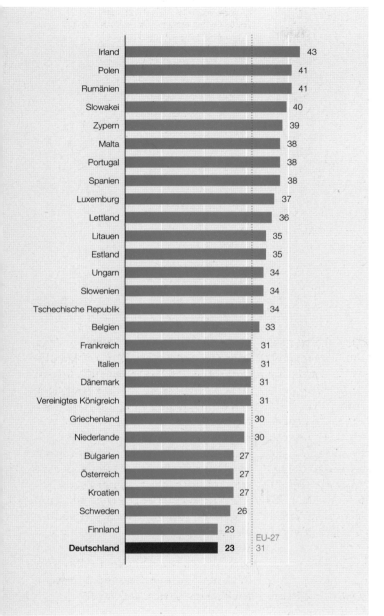

Irland	43
Polen	41
Rumänien	41
Slowakei	40
Zypern	39
Malta	38
Portugal	38
Spanien	38
Luxemburg	37
Lettland	36
Litauen	35
Estland	35
Ungarn	34
Slowenien	34
Tschechische Republik	34
Belgien	33
Frankreich	31
Italien	31
Dänemark	31
Vereinigtes Königreich	31
Griechenland	30
Niederlande	30
Bulgarien	27
Österreich	27
Kroatien	27
Schweden	26
Finnland	23
Deutschland	**23**

EU-27 31

▶ Abb 4 **Öffentliche Gesamtausgaben für Bildung 2009 — in Prozent des Bruttoinlandsprodukts**

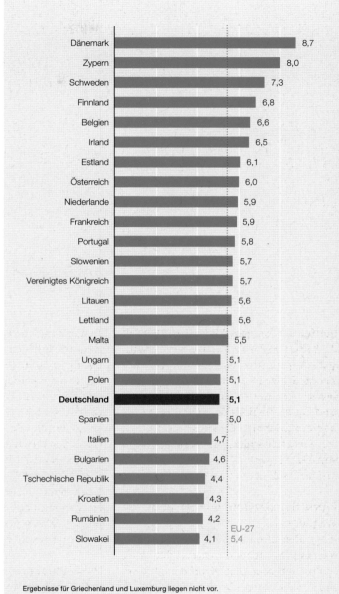

Dänemark	8,7
Zypern	8,0
Schweden	7,3
Finnland	6,8
Belgien	6,6
Irland	6,5
Estland	6,1
Österreich	6,0
Niederlande	5,9
Frankreich	5,9
Portugal	5,8
Slowenien	5,7
Vereinigtes Königreich	5,7
Litauen	5,6
Lettland	5,6
Malta	5,5
Ungarn	5,1
Polen	5,1
Deutschland	**5,1**
Spanien	5,0
Italien	4,7
Bulgarien	4,6
Tschechische Republik	4,4
Kroatien	4,3
Rumänien	4,2
Slowakei	4,1

EU-27 5,4

Ergebnisse für Griechenland und Luxemburg liegen nicht vor.

kunftsstrategie der EU »Europa 2020« soll der Anteil der 30- bis 34-Jährigen, die über einen Abschluss im Tertiärbereich verfügen, in der EU bis 2020 auf mindestens 40 % steigen. Tatsächlich erhöht sich die EU-weite Quote seit vielen Jahren. Im Jahr 2011 lag sie bereits bei 35 % und damit zwölf Prozentpunkte über dem Niveau des Jahres 2001 (23 %). Dabei hatten 13 EU-Länder 2011 die für 2020 angestrebte Zielmarke von 40 % bereits erreicht. Dazu zählten Irland (50 %), Luxemburg (48 %) und Schweden (47 %). Deutschland lag unter dem EU-Durchschnitt: 2011 verfügten hierzulande 31 % der 30- bis 34-Jährigen über einen Hochschul- oder gleichwertigen Abschluss. EU-weit besaßen in dieser Altersgruppe mehr Frauen als Männer

▶ Abb 5   Frühe Schulabgängerinnen und -abgänger 2011
— in Prozent aller 18- bis 24-Jährigen

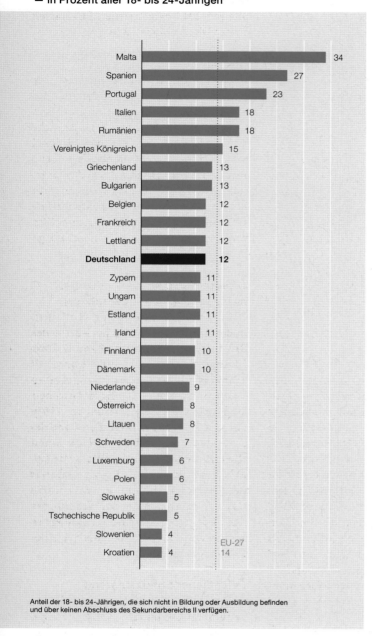

Anteil der 18- bis 24-Jährigen, die sich nicht in Bildung oder Ausbildung befinden
und über keinen Abschluss des Sekundarbereichs II verfügen.

▶ Abb 6   30- bis 34-Jährige mit Bildungsabschluss
im Tertiärbereich 2011 — in Prozent

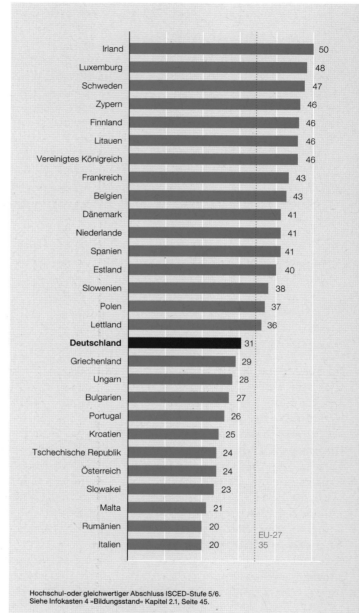

Hochschul-oder gleichwertiger Abschluss ISCED-Stufe 5/6.
Siehe Infokasten 4 »Bildungsstand« Kapitel 2.1, Seite 45.

einen weiterführenden Abschluss. Dieser
Abstand ist in den vergangenen Jahren
weiter gewachsen. ▶ Abb 6 , Abb 7

Studienanfängerquote
Voraussetzung für einen hohen Bevölkerungsanteil mit weiterführendem Bil-

dungsabschluss ist eine hohe Studien-
anfängerquote. Diese gibt an, wie hoch
der Anteil eines Bevölkerungsjahrgangs
ist, der ein Hochschulstudium im sogenannten Tertiärbereich A aufnimmt.
In Deutschland zählen dazu alle Hochschulen außer den Verwaltungsfachhoch-

schulen. Der Vergleich ausgewählter EU-
Staaten anhand von OECD-Daten für
das Jahr 2010 zeigt, dass die Studien-
anfängerquote in Deutschland mit 42 %
sehr niedrig war. In den meisten Staaten
der europäischen Union lag die Quote
über 50 %.

▶ Abb 7   **30- bis 34-Jährige in der EU-27 mit Bildungsabschluss im Tertiärbereich — in Prozent**

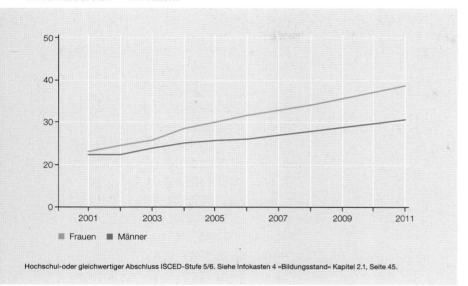

■ Frauen   ■ Männer

Hochschul-oder gleichwertiger Abschluss ISCED-Stufe 5/6. Siehe Infokasten 4 »Bildungsstand« Kapitel 2.1, Seite 45.

Forschung und Entwicklung

Um im globalen Wettbewerb mithalten zu können, müssen die europäischen Volkswirtschaften gute Rahmenbedingungen für die Wissenschaft bieten. Die EU-weiten jährlichen Ausgaben für Forschung und Entwicklung (FuE) sollen deshalb im Rahmen der Zukunftsstrategie der EU »Europa 2020« bis 2020 jährlich mindestens 3 % des Bruttoinlandsprodukts (BIP) erreichen. Finnland und Schweden wendeten bereits 2011 schon deutlich mehr für Forschung und Entwicklung auf (3,8 % beziehungsweise 3,4 % des BIP). Deutschland lag mit 2,8 % des BIP ebenfalls über dem EU-27-Durchschnitt von 2,0 % (Eurostat Stand: März 2012).

15.1.4 Wirtschaft

Wirtschaftsleistung

Das nominale Bruttoinlandsprodukt (BIP) der EU-27 lag 2012 bei rund 12,8 Billionen Euro. Davon erwirtschaftete Deutschland, die größte Volkswirtschaft der EU, rund ein Fünftel (2,6 Billionen Euro). Im Vergleich zum Vorjahr sank die Wirtschaftsleistung der EU im Jahr 2012 um 0,3 %. Die aktuelle Finanz- und Wirtschaftskrise belastet die Volkswirtschaften und öffentlichen Haushalte vieler EU-Staaten in hohem Maße: So schrumpfte beispielsweise die griechische Wirtschaftsleistung 2012 im Vergleich zum Vorjahr um 6,4 %, die portugiesische um 3,2 %. In 14 Ländern stieg hingegen das Bruttoinlandsprodukt im Jahr 2012. So konnten die drei baltischen Länder ein starkes Wirtschaftswachstum verzeichnen: Lettland um 5,6 %, Litauen um 3,6 % und Estland um 3,2 %. In Deutschland lag die Wachstumsrate bei 0,7 %. ▶ Abb 8

Wirtschaftsleistung pro Kopf

Unter Berücksichtigung der Bevölkerungsgröße und der unterschiedlichen Kaufkraft des Geldes in den einzelnen Ländern lag die deutsche Wirtschaftsleistung 2011 rund 21 % über dem EU-Durchschnitt und im EU-27-Ländervergleich an siebter Stelle. Die Spitzenposition nahm Luxemburg ein, dessen BIP pro Kopf preisniveaubereinigt fast dreimal so hoch lag wie der EU-Durchschnitt. An zweiter Stelle standen die Niederlande. Vergleichsweise wirtschaftsschwach waren hingegen alle seit 2004 beigetretenen EU-Staaten sowie Griechenland und Portugal. ▶ Abb 9

15.1.5 Finanzen

Für die Teilnahme an der Eurozone fordert der Europäische Rat im Rahmen des Stabilitäts- und Wachstumspakts Haushaltsdisziplin. Demnach soll das jährliche öffentliche Defizit eines Staates maximal 3 % des nominalen Bruttoinlandsprodukts (BIP) erreichen, der öffentliche Schuldenstand nicht mehr als 60 % des nominalen BIP betragen und die Preisentwicklung stabil sein (sogenannte Maastrichter Konvergenzkriterien). Im Sommer 2013 gehörten der Eurozone 17 EU-Länder an.

Öffentliches Defizit (Staatsdefizit beziehungsweise -überschuss)

Das durchschnittliche öffentliche Defizit in der Eurozone lag 2012 bei −3,7 % des BIP. Insgesamt verfehlten 11 von 17 Euro-Ländern die 3 %-Marke und das zum Teil sehr deutlich: So lag das Staatsdefizit in Spanien 2012 bei −10,6 %, in Griechenland bei −10,0 % und in Irland bei −7,6 % des jeweiligen BIP. Als einziges Land der Eurozone erzielte Deutschland einen Überschuss von 0,2 % des BIP. Unter den EU-Ländern außerhalb der Eurozone war das Vereinigte Königreich mit einem Defizit von −6,3 % des BIP das Schlusslicht. Die geringste Neuverschuldung verzeichnete Schweden mit einem Defizit von −0,5 % des BIP.

Öffentlicher Schuldenstand

Auch der öffentliche Schuldenstand bleibt weiterhin hoch: Im Jahr 2012 überstieg er in 12 der 17 Euro-Länder den vereinbarten Referenzwert von 60 % des BIP. Kritisch war die Lage der öffentlichen Haushalte vor allem in Griechenland und Italien: Dort betrug der Schuldenstand 2012 rund 157 % beziehungsweise 127 % des BIP. In Deutschland belief er sich auf 82 % des BIP. Die 60 %-Marke wurde hierzulande letztmalig 2002 eingehalten. Den niedrigsten Schuldenstand in der Eurozone verzeichnete 2012 Estland mit rund 10 % des BIP.

▶ Abb 8   **Veränderungsrate des realen Bruttoinlandsprodukts 2012 im Vergleich zum Vorjahr — in Prozent**

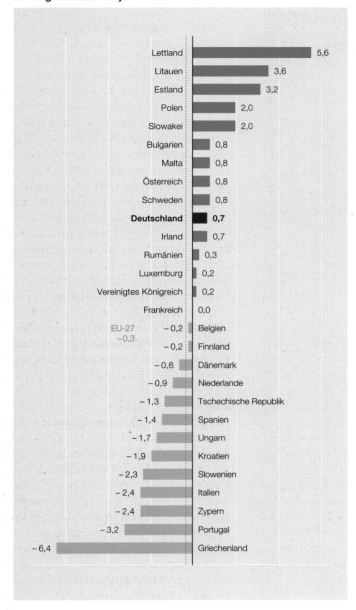

Lettland	5,6
Litauen	3,6
Estland	3,2
Polen	2,0
Slowakei	2,0
Bulgarien	0,8
Malta	0,8
Österreich	0,8
Schweden	0,8
Deutschland	**0,7**
Irland	0,7
Rumänien	0,3
Luxemburg	0,2
Vereinigtes Königreich	0,2
Frankreich	0,0
Belgien	− 0,2
Finnland	− 0,2
Dänemark	− 0,6
Niederlande	− 0,9
Tschechische Republik	− 1,3
Spanien	− 1,4
Ungarn	− 1,7
Kroatien	− 1,9
Slowenien	− 2,3
Italien	− 2,4
Zypern	− 2,4
Portugal	− 3,2
Griechenland	− 6,4

EU-27 −0,3

▶ Abb 9   **Wirtschaftsleistung pro Kopf unter Berücksichtigung der Kaufkraft 2011 — Index EU-27 = 100**

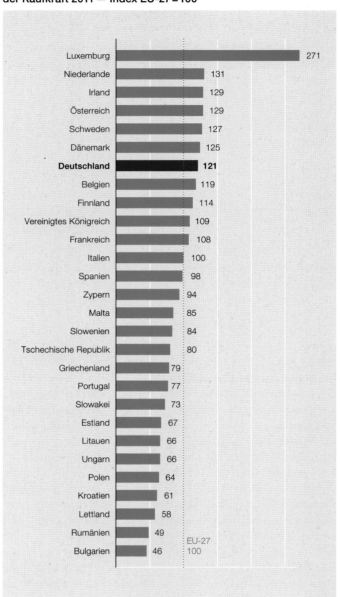

Luxemburg	271
Niederlande	131
Irland	129
Österreich	129
Schweden	127
Dänemark	125
Deutschland	**121**
Belgien	119
Finnland	114
Vereinigtes Königreich	109
Frankreich	108
Italien	100
Spanien	98
Zypern	94
Malta	85
Slowenien	84
Tschechische Republik	80
Griechenland	79
Portugal	77
Slowakei	73
Estland	67
Litauen	66
Ungarn	66
Polen	64
Kroatien	61
Lettland	58
Rumänien	49
Bulgarien	46

EU-27 100

Außerhalb der Eurozone hielten alle EU-Länder außer Ungarn und dem Vereinigten Königreich beim Schuldenstand den Referenzwert von 60 % des BIP ein. ▶ Tab 3

Preisentwicklung

Während für die Kontrolle der öffentlichen Finanzen die Regierungen der EU-Länder verantwortlich sind, obliegt die Überwachung der Preisniveaustabilität der Europäischen Zentralbank (EZB) und dem »Europäischen System der Zentralbanken« (ESZB). Nach der Definition der Europäischen Zentralbank ist Preisniveaustabilität in der Eurozone gegeben, wenn die Inflationsrate (= die Veränderungsrate des harmonisierten Verbraucherpreisindex) nahe oder unter 2 % gegen über dem Vorjahr liegt. Im Jahr 2012 lag die Inflationsrate in fast allen Ländern der Eurozone über 2,0 %. Am höchsten war die Inflationsrate mit 4,2 % in Estland. Deutschland verzeichnete eine Rate von 2,1 % und gehörte damit zu den drei preisstabilsten Ländern der Eurozone. Unter den EU-Staaten außerhalb der Eurozone war die Inflation mit 5,7 % in Un-

▶ Tab 3   Konvergenzkriterien (Maastricht-Kriterien) 2012

	Preisentwicklung (Inflationsrate)	Öffentliches Defizit (Staatsdefizit beziehungsweise -überschuss)	Öffentlicher Schuldenstand (konsolidierte Bruttoschulden)
	in %	in % des BIP	
Eurozone 17	**2,5**	**−3,7**	**90,6**
Belgien	2,6	−3,9	99,6
Deutschland	**2,1**	**0,2**	**81,9**
Estland	4,2	−0,3	10,1
Finnland	3,2	−1,9	53,0
Frankreich	2,2	−4,8	90,2
Griechenland	1,0	−10,0	156,9
Irland	1,9	−7,6	117,6
Italien	3,3	−3,0	127,0
Luxemburg	2,9	−0,8	20,8
Malta	3,2	−3,3	72,1
Niederlande	2,8	−4,1	71,2
Österreich	2,6	−2,5	73,4
Portugal	2,8	−6,4	123,6
Slowakei	3,7	−4,3	52,1
Slowenien	2,8	−4,0	54,1
Spanien	2,4	−10,6	84,2
Zypern	3,1	−6,3	85,8
EU-Staaten außerhalb der Eurozone			
Bulgarien	2,4	−0,8	18,5
Dänemark	2,4	−4,0	45,8
Kroatien	3,4	−4,1[1]	35,3[1]
Lettland	2,3	−1,2	40,7
Litauen	3,2	−3,2	40,7
Polen	3,7	−3,9	55,6
Rumänien	3,4	−2,9	37,8
Schweden	0,9	−0,5	38,2
Tschechische Republik	3,5	−4,4	45,8
Ungarn	5,7	−1,9	79,2
Vereinigtes Königreich	2,8	−6,3	90,0

1 2009.

fernt lagen Griechenland sowie Kroatien (jeweils 55 %). ▶ Abb 10

Beschäftigungsentwicklung

Die Folgen der letzten Finanz- und Wirtschaftskrise, die 2007 begann, waren in etlichen Ländern bereits ab 2008 auf dem Arbeitsmarkt zu spüren. Sehr ungünstig war die Entwicklung auch 2012 noch in Griechenland, wo die Beschäftigung bereits das vierte Jahr in Folge sank. Das Minus betrug gegenüber dem Vorjahr 8,3 %. Auch in Litauen (−6,7 %), Bulgarien (−4,3 %), Spanien und Portugal (je −4,2 %) sowie Zypern (−4,1 %) war der Beschäftigungsrückgang deutlich.

Die meisten EU-Staaten verzeichneten 2012 aber einen Zuwachs gegenüber dem Vorjahr, Deutschland beispielsweise um 1,1 %. Spitzenreiter war Lettland mit einem Beschäftigungswachstum von 2,6 %, nachdem das Land in den Jahren 2009 bis 2011 deutliche Verluste verzeichnet hatte. Im EU-27-Durchschnitt sank die Zahl der Erwerbstätigen 2012 gegenüber dem Vorjahr um 0,4 %. ▶ Tab 4

Ältere Erwerbstätige

Obwohl die Erwerbstätigenquote der 55- bis 64-Jährigen in der EU-27 in den vergangenen Jahren deutlich stieg, betrug sie auch 2012 lediglich 49 % (2002: 38 %). Der EU-weite Vergleich verdeutlicht zudem große Unterschiede: In Nordeuropa lagen die Erwerbstätigenquoten der 55- bis 64-Jährigen am höchsten. So gingen 2012 in Schweden 73 % der Älteren einer Arbeit nach. Deutschland lag mit rund 61 % auf dem zweiten Platz. Die geringste Quote in dieser Altersklasse wies Slowenien auf. Dort war nur ein Drittel (33 %) der 55- bis 64-Jährigen erwerbstätig.

Frauenerwerbstätigkeit

Auch wenn in der EU mehr Frauen erwerbstätig sind als noch vor zehn Jahren, bleiben sie auf dem Arbeitsmarkt weiterhin unterrepräsentiert. So betrug 2012 in der EU-27 die Erwerbstätigenquote der 20- bis 64-jährigen Frauen nur 62 % (2002: 58 %), die der gleichaltrigen Männer 75 %. Am häufigsten beteiligten

garn am höchsten, in Schweden mit 0,9 % am geringsten.

15.1.6 Arbeitsmarkt und Erwerbstätigkeit

Erwerbstätigkeit

Im Rahmen ihrer Zukunftsstrategie »Europa 2020« verfolgen die EU-Staaten das Ziel, die Erwerbstätigenquote der 20- bis 64-Jährigen bis zum Jahr 2020 auf 75 % zu erhöhen. Dieses Ziel erfüllten fünf EU-Staaten bereits im Jahr 2012, darunter auch Deutschland mit einer Quote von rund 77 %. Die höchste Erwerbstätigenquote erreichte Schweden mit 79 %. Unter dem EU-27-Durchschnitt und am weitesten von der 75 %-Zielmarke entfernt

▶ Abb 10   **Erwerbstätigenquote der 20- bis 64-Jährigen 2012**
— in Prozent

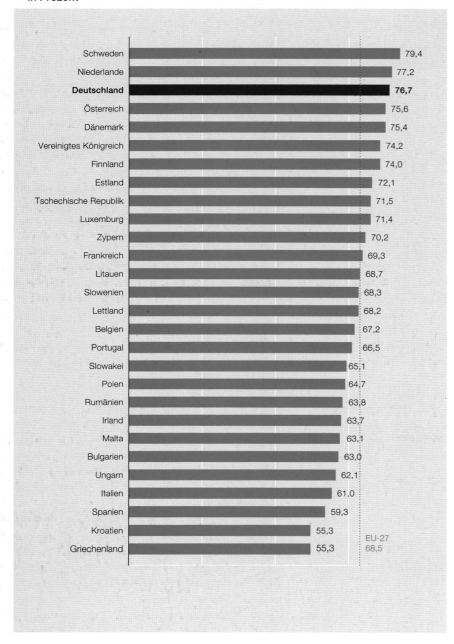

Schweden	79,4
Niederlande	77,2
Deutschland	**76,7**
Österreich	75,6
Dänemark	75,4
Vereinigtes Königreich	74,2
Finnland	74,0
Estland	72,1
Tschechische Republik	71,5
Luxemburg	71,4
Zypern	70,2
Frankreich	69,3
Litauen	68,7
Slowenien	68,3
Lettland	68,2
Belgien	67,2
Portugal	66,5
Slowakei	65,1
Polen	64,7
Rumänien	63,8
Irland	63,7
Malta	63,1
Bulgarien	63,0
Ungarn	62,1
Italien	61,0
Spanien	59,3
Kroatien	55,3
Griechenland	55,3

EU-27
68,5

▶ Tab 4   **Beschäftigungsentwicklung 2012**
im Vergleich zum Vorjahr — in Prozent

	Beschäftigungs-entwicklung
Griechenland	−8,3
Litauen	−6,7
Bulgarien	−4,3
Spanien	−4,2
Portugal	−4,2
Zypern	−4,1
Polen	−1,6
Slowenien	−1,3
Irland	−0,6
Dänemark	−0,5
EU-27	**−0,4**
Italien	−0,3
Niederlande	−0,1
Frankreich	0,0
Ungarn	0,1
Slowakei	0,1
Belgien	0,2
Finnland	0,3
Tschechische Republik	0,4
Schweden	0,7
Deutschland	**1,1**
Österreich	1,1
Rumänien	1,9
Estland	2,1
Malta	2,1
Lettland	2,6

Für das Vereinigte Königreich, Luxemburg und Kroatien
liegen keine Ergebnisse vor.

sich 2012 die Frauen in Schweden (77 %) und Finnland (73 %) am Erwerbsleben. Dänemark, die Niederlande und Deutschland lagen mit jeweils 72 % ebenfalls deutlich über dem EU-27-Durchschnitt. Am niedrigsten waren die Erwerbstätigenquoten der Frauen in den südlichen EU-Ländern Malta (47 %) und Griechenland (45 %). ▶ Abb 11

Verdienstunterschiede zwischen Frauen und Männern

Verdienstunterschiede zwischen Frauen und Männern werden anhand des Gender Pay Gap gemessen. Dieser gibt den prozentualen Unterschied im durchschnittlichen Bruttostundenverdienst von Frauen und Männern an. Im Jahr 2011 lag er in Deutschland bei rund 22 %. Einen höheren geschlechtsspezifischen Verdienstabstand wiesen nur Österreich (24 %) und

▶ Abb 11   **Erwerbstätigenquote der Frauen im Alter von 20 bis 64 Jahren 2012 — in Prozent**

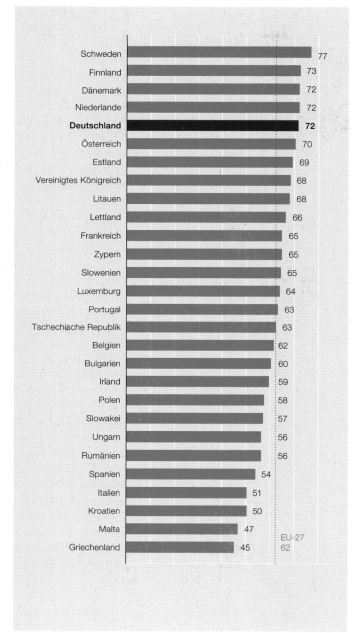

Schweden	77
Finnland	73
Dänemark	72
Niederlande	72
Deutschland	**72**
Österreich	70
Estland	69
Vereinigtes Königreich	68
Litauen	68
Lettland	66
Frankreich	65
Zypern	65
Slowenien	65
Luxemburg	64
Portugal	63
Tschechische Republik	63
Belgien	62
Bulgarien	60
Irland	59
Polen	58
Slowakei	57
Ungarn	56
Rumänien	56
Spanien	54
Italien	51
Kroatien	50
Malta	47
Griechenland	45

EU-27 62

▶ Abb 12   **Gender Pay Gap: Unbereinigter geschlechtsspezifischer Lohnunterschied 2011 — in Prozent**

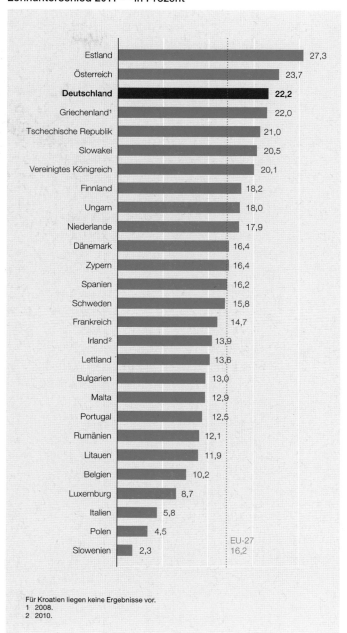

Estland	27,3
Österreich	23,7
Deutschland	**22,2**
Griechenland[1]	22,0
Tschechische Republik	21,0
Slowakei	20,5
Vereinigtes Königreich	20,1
Finnland	18,2
Ungarn	18,0
Niederlande	17,9
Dänemark	16,4
Zypern	16,4
Spanien	16,2
Schweden	15,8
Frankreich	14,7
Irland[2]	13,9
Lettland	13,6
Bulgarien	13,0
Malta	12,9
Portugal	12,5
Rumänien	12,1
Litauen	11,9
Belgien	10,2
Luxemburg	8,7
Italien	5,8
Polen	4,5
Slowenien	2,3

EU-27 16,2

Für Kroatien liegen keine Ergebnisse vor.
1   2008.
2   2010.

Estland (27 %) auf. Das Land mit den europaweit geringsten Unterschieden im Bruttostundenverdienst von Männern und Frauen war 2011 Slowenien mit 2 %. Im EU-Durchschnitt verdienten Frauen 16 % weniger pro Stunde als Männer. Diese Daten beziehen sich auf den unbereinigten Gender Pay Gap. Das heißt, die Verdienstunterschiede erklären sich zum großen Teil aus strukturellen Unterschieden, zum Beispiel dadurch, dass Frauen und Männer nicht vergleichbare Positionen besetzen, unterschiedlich häufig teilzeitbeschäftigt sind und bei der Berufs- und Branchenwahl andere Schwerpunkte setzen. Aussagen zu den Verdiensten von weiblichen und männlichen Beschäftigten bei gleichem Beruf, vergleichbarer Tätigkeit und äquivalentem Bildungsabschluss (bereinigter Gender-Pay-Gap) sind anhand dieses Indikators nicht möglich. Dennoch

▶ Abb 13   **Teilzeitquote der Erwerbstätigen zwischen 25 und 49 Jahren mit Kindern unter 18 Jahren 2011 — in Prozent**

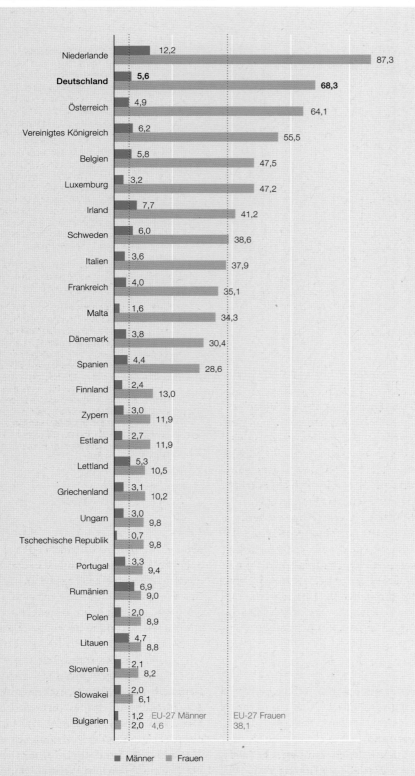

Niederlande — 12,2 / 87,3
Deutschland — **5,6** / **68,3**
Österreich — 4,9 / 64,1
Vereinigtes Königreich — 6,2 / 55,5
Belgien — 5,8 / 47,5
Luxemburg — 3,2 / 47,2
Irland — 7,7 / 41,2
Schweden — 6,0 / 38,6
Italien — 3,6 / 37,9
Frankreich — 4,0 / 35,1
Malta — 1,6 / 34,3
Dänemark — 3,8 / 30,4
Spanien — 4,4 / 28,6
Finnland — 2,4 / 13,0
Zypern — 3,0 / 11,9
Estland — 2,7 / 11,9
Lettland — 5,3 / 10,5
Griechenland — 3,1 / 10,2
Ungarn — 3,0 / 9,8
Tschechische Republik — 0,7 / 9,8
Portugal — 3,3 / 9,4
Rumänien — 6,9 / 9,0
Polen — 2,0 / 8,9
Litauen — 4,7 / 8,8
Slowenien — 2,1 / 8,2
Slowakei — 2,0 / 6,1
Bulgarien — 1,2 / 2,0

EU-27 Männer 4,6   EU-27 Frauen 38,1

■ Männer   ■ Frauen

Für Kroatien liegen keine Ergebnisse vor.

kann der unbereinigte Gender Pay Gap Niveauunterschiede durchschnittlicher Einkommen von Frauen und Männern – insbesondere im internationalen Vergleich – aufzeigen. ▶ Abb 12

Vereinbarkeit von Familie und Beruf

Teilzeitarbeit ist eine Möglichkeit, Beruf und Familie zeitlich besser miteinander zu vereinbaren. Das Mehr an Zeit für die Familie kann aber auch Nachteile mit sich bringen: Reduzierte Arbeitszeit bedeutet, auf Teile des Lohnes und der Rentenbeiträge zu verzichten. Teilzeitarbeit kann auch einen Karriereknick auslösen, denn Führungspositionen werden in der Praxis nach wie vor häufig mit Vollzeitbeschäftigten besetzt.

Teilzeitbeschäftigung

EU-weit ist Teilzeitbeschäftigung immer noch vorwiegend Frauensache. Am deutlichsten wird dies in den Niederlanden, wo 2011 in der Altersgruppe der erwerbstätigen 25- bis 49-Jährigen mit minderjährigen Kindern fast neun von zehn Müttern (87 %) verkürzt arbeiteten (Männer: 12 %). In Deutschland war der Anteil mit 68 % ebenfalls auffällig hoch. In den meisten Ländern Mittel- und Osteuropas bewegten sich die Quoten hingegen im einstelligen Bereich. So arbeiteten in Bulgarien nur 2 % der berufstätigen Mütter Teilzeit. Männer schränkten ihr berufliches Engagement mit der Vaterschaft hingegen kaum ein. In nahezu allen EU-Staaten lagen ihre Teilzeitquoten 2011 im einstelligen Bereich. ▶ Abb 13

Erwerbslosigkeit

Ähnlich wie die Erwerbstätigenzahlen sind auch die Erwerbslosenquoten 2012 in unterschiedlichem Ausmaß von der Finanz- und Wirtschaftskrise geprägt. In der EU-27 waren 2012 insgesamt 10,5 % der Erwerbsbevölkerung zwischen 15 und 74 Jahren ohne Arbeit. In Deutschland lag der Anteil bei 5,5 % und damit deutlich unter dem EU-27-Durchschnitt. Noch niedrigere Quoten als Deutschland verzeichneten nur Österreich, Luxemburg und die Niederlande. In 15 Ländern waren

▶ Abb 14   Erwerbslosenquoten von 15- bis 74-jährigen
Frauen und Männern in der EU-27 — in Prozent

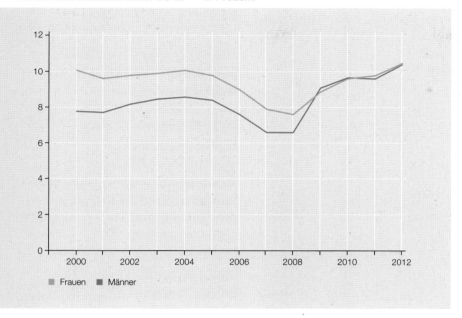

■ Frauen ■ Männer

▶ Info 2
Begriffsdefinitionen:
Erwerbstätige und Erwerbslose

Nach dem hier angewandten Erwerbs-
statuskonzept der Internationalen Arbeitsorganisation (ILO) sind **Erwerbstätige**
Personen, die in der statistischen Berichtswoche mindestens eine Stunde lang gegen
Bezahlung beziehungsweise als Selbstständige arbeiteten oder aber einen Arbeitsplatz hatten, von dem sie nur vorübergehend abwesend waren, zum Beispiel aufgrund von Krankheit, Urlaub oder Elternzeit.

Erwerbslose sind nach der Definition der
Internationalen Arbeitsorganisation Personen, die in der statistischen Berichtswoche ohne Arbeit waren, für eine Arbeit
sofort kurzfristig zur Verfügung standen,
in den vergangenen vier Wochen aktiv auf
Arbeitsuche waren oder eine Arbeit gefunden hatten, die sie innerhalb der nächsten
drei Monate aufnehmen würden.

Die **Erwerbstätigenquote** bezeichnet die
Erwerbstätigen als Anteil an der Gesamtbevölkerung der gleichen Altersgruppe.

Die **Erwerbslosenquote** ist der Anteil der
Erwerbslosen an der Erwerbsbevölkerung
der gleichen Altersgruppe. Die **Erwerbs-**
bevölkerung besteht aus allen Personen,
die ihre Arbeitskraft auf dem Arbeitsmarkt
anbieten und dabei entweder erwerbstätig
oder erwerbslos sind. Die hier genannte
Erwerbslosenquote, auf die in diesem
Kapitel Bezug genommen wird, ist nicht
vergleichbar mit der in Deutschland von der
Bundesagentur für Arbeit (BA) veröffentlichten Arbeitslosenquote, die sich nur auf
die bei der Bundesagentur registrierten
Arbeitslosen beziehen.

die Erwerbslosenquoten hingegen zwei-
stellig. Problematisch war die Situation
vor allem in Spanien und Griechenland.
Dort waren 25,0 % beziehungsweise
24,3 % der Bevölkerung zwischen 15 und
74 Jahren erwerbslos. Im EU-27-Durch-
schnitt lag die Frauenerwerbslosenquote
viele Jahre etwas höher als die Quote der
Männer, seit 2009 liegen jedoch beide
Quoten fast gleich auf (2012: Frauen
10,5 %, Männer 10,4 %). ▶ Abb 14

Jugenderwerbslosigkeit
Erwerbslosigkeit unter Jugendlichen ist in
der EU überdurchschnittlich stark verbreitet. In zahlreichen EU-Ländern gestaltet sich der Übergang von der Schule
ins Arbeitsleben äußerst problematisch.
Dabei hat sich die Lage in den letzten
Jahren noch einmal signifikant verschärft.
Im Jahr 2012 konnte EU-weit mehr als
jeder fünfte Jugendliche zwischen 15 und
24 Jahren (22,8 %), der Arbeit suchte,
keine finden. Besonders angespannt war
die Situation für Berufseinsteigerinnen
und -einsteiger in Spanien und Griechen-

land, was im Zusammenhang mit der
insgesamt ungünstigen Situation auf den
dortigen Arbeitsmärkten steht. In beiden
Ländern war 2012 mehr als jeder zweite
Jugendliche erwerbslos (Spanien 53,2 %,
Griechenland 55,3 %). Deutschland hatte
EU-weit mit 8,1 % die niedrigste Jugend-
erwerbslosigkeit. Auch Österreich und
die Niederlande verzeichneten geringe
Werte (8,7 % beziehungsweise 9,5 %).
Ausschlaggebend für die relativ niedrigen
Quoten in diesen Ländern war nicht nur
die bessere Lage am Arbeitsmarkt, sondern insbesondere in Deutschland und
Österreich auch die Struktur des Berufs-
bildungssystems mit unter anderem län-
geren Ausbildungszeiten. ▶ Abb 15 , Info 2

15.1.7 Private Haushalte:
Einkommen, Armut und
soziale Ausgrenzung

Einkommen
In der EU existiert ein beträchtliches
Wohlstandsgefälle. Zwischen nördlichen
und südlichen sowie den älteren und

neueren EU-Mitgliedsländern gibt es erhebliche Einkommensunterschiede. Ob
die Bevölkerung eines Landes finanziell
gut oder schlecht gestellt ist, sich viel
oder wenig leisten kann, ist jedoch nicht
allein aus der Einkommenshöhe in Euro
abzulesen. Dafür muss auch die unterschiedliche Kaufkraft des Geldes in den
einzelnen Ländern beachtet werden.
Demnach stehen die Deutschen im EU-
27-Vergleich gut da: So verfügten die
Menschen im Nachbarland Polen unter
Berücksichtigung der Preisunterschiede
2011 nur über rund 44 % des mittleren
Einkommens der Bevölkerung Deutschlands. Vergleichsweise am höchsten war

▶ Abb 15   **Erwerbslosenquote der 15- bis 24-Jährigen 2012 — in Prozent**

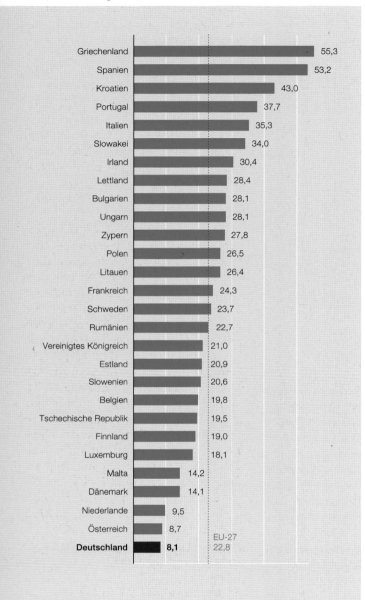

Griechenland	55,3
Spanien	53,2
Kroatien	43,0
Portugal	37,7
Italien	35,3
Slowakei	34,0
Irland	30,4
Lettland	28,4
Bulgarien	28,1
Ungarn	28,1
Zypern	27,8
Polen	26,5
Litauen	26,4
Frankreich	24,3
Schweden	23,7
Rumänien	22,7
Vereinigtes Königreich	21,0
Estland	20,9
Slowenien	20,6
Belgien	19,8
Tschechische Republik	19,5
Finnland	19,0
Luxemburg	18,1
Malta	14,2
Dänemark	14,1
Niederlande	9,5
Österreich	8,7
Deutschland	**8,1**
EU-27	22,8

▶ Abb 16   **Einkommen von Menschen ab 18 Jahren unter Berücksichtigung der Kaufkraft 2011 — Index Deutschland = 100**

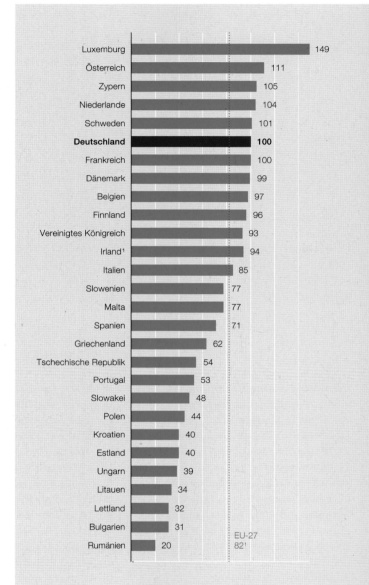

Luxemburg	149
Österreich	111
Zypern	105
Niederlande	104
Schweden	101
Deutschland	**100**
Frankreich	100
Dänemark	99
Belgien	97
Finnland	96
Vereinigtes Königreich	93
Irland[1]	94
Italien	85
Slowenien	77
Malta	77
Spanien	71
Griechenland	62
Tschechische Republik	54
Portugal	53
Slowakei	48
Polen	44
Kroatien	40
Estland	40
Ungarn	39
Litauen	34
Lettland	32
Bulgarien	31
Rumänien	20
EU-27	82[1]

Basis: Nettoäquivalenzeinkommen, nähere Erläuterungen siehe Infokasten 3 in Kapitel 6.2, Seite 160.
1   2010.

das Einkommen in Luxemburg (149 %), am geringsten in Bulgarien (31 %) und Rumänien (20 %). ▶ Abb 16

Armut und soziale Ausgrenzung

Obwohl Europa zu den reichsten Regionen der Welt zählt, gibt es auch in den EU-Mitgliedstaaten Armut und soziale Ausgrenzung. Im Rahmen der Zukunftsstrategie der EU »Europa 2020« streben die EU-Staaten an, die Zahl der Personen, die in der Europäischen Union von Armut und sozialer Ausgrenzung betroffen sind, bis 2020 um mindestens 20 Millionen gegenüber 2008 zu senken. Zu diesem Personenkreis zählen Menschen, deren Haushaltseinkommen unterhalb der Armutsgefährdungsschwelle liegt, die unter erheblicher materieller Entbehrung leiden oder in einem Erwerbslosenhaushalt leben. Entgegen der Zielsetzung ist die

▶ Abb 17   Armutsgefährdungsquote 2011 — in Prozent

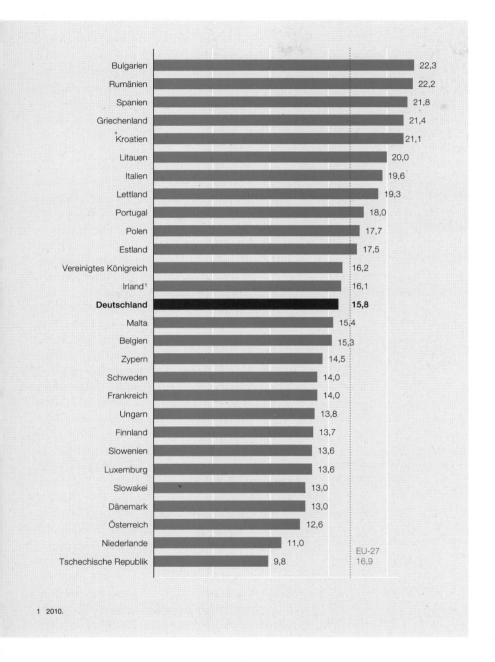

Bulgarien	22,3
Rumänien	22,2
Spanien	21,8
Griechenland	21,4
Kroatien	21,1
Litauen	20,0
Italien	19,6
Lettland	19,3
Portugal	18,0
Polen	17,7
Estland	17,5
Vereinigtes Königreich	16,2
Irland[1]	16,1
Deutschland	**15,8**
Malta	15,4
Belgien	15,3
Zypern	14,5
Schweden	14,0
Frankreich	14,0
Ungarn	13,8
Finnland	13,7
Slowenien	13,6
Luxemburg	13,6
Slowakei	13,0
Dänemark	13,0
Österreich	12,6
Niederlande	11,0
Tschechische Republik	9,8

EU-27
16,9

1 2010.

dungsquote 2011 bei 17 %. Das entsprach rund 84 Millionen EU-Bürgerinnen und -Bürgern. Die EU-weit höchste Armutsgefährdungsquote wiesen Bulgarien, Rumänien und Spanien mit jeweils 22 % auf. In Deutschland waren 2011 rund 16 % der Bevölkerung betroffen. Am geringsten war der Anteil in der Tschechischen Republik mit 10 %. Aus einer niedrigen Armutsgefährdungsquote kann man jedoch nicht schließen, dass das Wohlstandsniveau eines Landes besonders hoch ist. Sie besagt lediglich, dass nur ein vergleichsweise geringer Teil der Bevölkerung unterhalb der jeweiligen nationalen Armutsgrenze lebt. ▶ Abb 17

Differenziert nach Haushaltstypen, waren in der EU in der Altersgruppe unter 65 Jahren alleinlebende Erwachsene deutlich häufiger armutsgefährdet als Erwachsene, die zu zweit lebten (alleinlebend: 27 %, zu zweit lebend: 11 %). Besonders hoch war die Armutsgefährdung von Personen in Alleinerziehenden-Haushalten. Von ihnen waren im EU-27-Mittel 35 % betroffen. Am deutlichsten über dem EU-27-Durchschnitt lagen hier Malta (47 %), Luxemburg (46 %) und Griechenland (43 %). Auch in Deutschland waren 37 % der Personen in Alleinerziehenden-Haushalten armutsgefährdet. In vielen Ländern galt je mehr Kinder im Haushalt, desto höher das Armutsrisiko. Im EU-27-Durchschnitt waren 13 % der Haushalte mit zwei Erwachsenen und einem Kind von Armut bedroht. Mit zwei Kindern stieg die Quote auf 16 %, mit drei oder mehr Kindern lag sie bei 25 %. ▶ Abb 18

Erhebliche materielle Entbehrung
Innerhab der EU-27 litten 2011 vor allem in Bulgarien(44 %) und Lettland (31 %) viele Menschen unter erheblicher materieller Entbehrung. Aber auch in Rumänien (29 %) und Ungarn (23 %) mussten die Einwohner aus finanziellen Gründen auf viele Dinge verzichten. Deutschlands Bevölkerung ging es im europäischen Vergleich verhältnismäßig gut: Hierzulande waren rund 5 % der Bevölkerung von erheblicher materieller Entbehrung betroffen. In Luxemburg und Schweden lag

Zahl der Betroffenen zwischen 2008 und 2011 EU-weit allerdings um 3,9 Millionen gestiegen.

Armutsgefährdung
Als armutsgefährdet gelten Menschen in der EU, wenn sie nach Zahlung staatlicher Sozialleistungen weniger als 60 % des mittleren Einkommens der Bevölkerung zur Verfügung haben (siehe Kapitel 6.2, Seite 158). Die Gefährdungsquote ist somit ein relatives Armutsmaß und die Armutsschwelle variiert von Land zu Land. Im EU-27-Durchschnitt lag die Armutsgefähr-

▶ Abb 18   **Armutsgefährdungsquoten in der EU-27 nach Haushaltstyp 2011 — in Prozent**

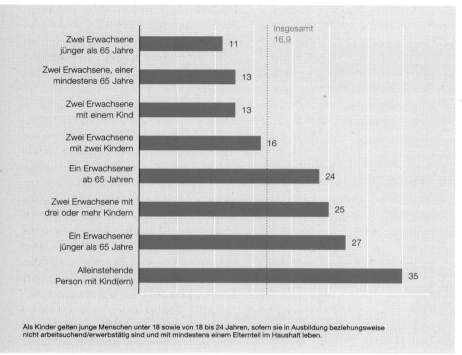

Zwei Erwachsene jünger als 65 Jahre   11
Zwei Erwachsene, einer mindestens 65 Jahre   13
Zwei Erwachsene mit einem Kind   13
Zwei Erwachsene mit zwei Kindern   16
Ein Erwachsener ab 65 Jahren   24
Zwei Erwachsene mit drei oder mehr Kindern   25
Ein Erwachsener jünger als 65 Jahre   27
Alleinstehende Person mit Kind(ern)   35

Insgesamt 16,9

Als Kinder gelten junge Menschen unter 18 sowie von 18 bis 24 Jahren, sofern sie in Ausbildung beziehungsweise nicht arbeitsuchend/erwerbstätig sind und mit mindestens einem Elternteil im Haushalt leben.

▶ Info 3

Erhebliche materielle Entbehrung

Bei der Analyse von Armut geht es auch darum, welche materiellen Dinge sich Menschen leisten können. Von Personen, die unter erheblicher materieller Entbehrung leiden, spricht man, wenn sie nach eigener Aussage finanzielle Schwierigkeiten haben, für mindestens vier der folgenden neun Ausgaben aufzukommen:

1. Miete und Versorgungsleistungen,
2. angemessene Beheizung der Wohnung,
3. unerwartete größere Ausgaben (zum Beispiel Reparaturen),
4. jeden zweiten Tag eine Mahlzeit mit Fleisch, Fisch oder eine gleichwertige vegetarische Mahlzeit,
5. einen einwöchigen Urlaub an einem anderen Ort,
6. ein Auto,
7. eine Waschmaschine,
8. einen Farbfernseher,
9. ein Telefon.

der Anteil bei rund 1 %. Der EU-27-Durchschnitt belief sich auf 9 %. ▶ Info 3

Erwerbslosenhaushalte

Erwerbslosigkeit erhöht die Armutsgefahr deutlich. Dabei sind nicht nur die Erwerbslosen selbst, sondern auch ihre Kinder von den finanziellen und sozialen Folgen betroffen. Rund 10 % der EU-27-Bevölkerung unter 60 Jahren lebten 2011 in einem sogenannten Erwerbslosenhaushalt. In Deutschland lag die Quote mit 11 % leicht darüber. In Erwerbslosenhaushalten waren die Erwachsenen im vorhergehenden Jahr zusammen weniger als 20 % ihrer möglichen Arbeitszeit (= 12 Monate je Erwachsenem) erwerbstätig.

15.1.8 Gesundheit

Die Gesundheit genießt in unserer Gesellschaft einen hohen Stellenwert, hat aber auch ihren Preis: Allein in Deutschland wurden 2010 rund 287 Milliarden Euro im Gesundheitsbereich ausgegeben. Doch wie ist es in Deutschland und den anderen EU-Staaten um das Gesundheitssystem bestellt und wie steht es um den Gesundheitszustand der Bevölkerung?

Medizinische Versorgung

Von den 21 EU-Ländern, für die Daten aus den Jahren 2008 bis 2010 vorlagen, hatte Österreich 2010 mit 478 praktizierenden Ärztinnen und Ärzten je 100 000 Einwohner das dichteste medizinische Versorgungsnetz. Auch Deutschland gehörte mit 373 praktizierenden Ärzten je 100 000 Einwohner zu den EU-Ländern mit hoher Ärztedichte. Die niedrigsten Zahlen wiesen Polen (218 Ärzte je 100 000 Einwohner) und Rumänien (237) auf. Bei der Zahl der Krankenhausbetten verzeichnete Deutschland 2010 mit 825 Betten je 100 000 Einwohner den mit Abstand höchsten Wert aller EU-27-Staaten. Die geringste Zahl wies Schweden mit 273 Betten je 100 000 Einwohner auf. Der EU-27-Durchschnitt lag bei 538 Betten, im Jahr 2000 waren es noch 640 Betten.

Lebenserwartung

Die Lebenserwartung ist in allen EU-Ländern in den vergangenen Jahrzehnten gestiegen. Es lassen sich aber deutliche Unterschiede beobachten: So hatte ein Junge, der 2011 in Schweden geboren wurde, eine durchschnittliche Lebenserwartung von 80 Jahren. Seine Altersgenossen in Deutschland hatten Aussicht auf 78 Lebensjahre, in Litauen hingegen lediglich auf rund 68 Jahre. Frauen hatten in allen EU-Ländern eine höhere Lebenserwartung als Männer. Doch auch hier gab es deutliche Unterschiede: 85 Jahre lagen im Durchschnitt vor einem 2011 in Spanien geborenen Mädchen. In Deutschland waren es 83 Jahre. In Rumänien und Bulgarien waren nur rund 78 Jahre zu erwarten.

Die im EU-27-Vergleich niedrige Lebenserwartung in vielen Ländern Mittel- und Osteuropas hat mehrere Gründe, unter anderem der im Vergleich zu Westeuropa niedrigere Lebensstandard, die schlechtere Gesundheitsversorgung, relativ schwere Arbeitsbedingungen sowie andere Ernährungsgewohnheiten. In Deutschland und einigen anderen west- und südeuropäischen Ländern hat sich die Lücke in der Lebenserwartung zwischen Männern und Frauen in den vergangenen Jahrzehnten verringert. Ein möglicher Grund für diese Entwicklung ist die zunehmende Angleichung der Lebensweise. So müssen Männer in ihren Berufen immer seltener dauerhaft unter körperlich anstrengenden Bedingungen arbeiten. Andererseits nähern sich die Erwerbstätigenquoten der Frauen denen der Männer an, ebenso wie gesundheitsbeeinträchtigende Gewohnheiten wie das Rauchen.

Gesundheitszustand

Die Menschen werden immer älter und ein Großteil der Menschen bleibt bis ins hohe Alter mit der eigenen Gesundheit zufrieden: Im Jahr 2011 schätzten mehr als zwei Drittel der EU-Bürger (69 %) ihren Gesundheitszustand selbst als gut oder sehr gut ein. Weitere 22 % empfanden ihn immer noch als ausreichend. Die Einschätzung erfolgte dabei rein subjektiv, hing also nicht von festen Determinanten, wie zum Beispiel der Häufigkeit der Arztbesuche, ab. Mit zunehmendem Alter sanken die Zufriedenheitswerte, doch immerhin erfreute sich 2011 in der EU selbst rund ein Viertel (25 %) der über 85-Jährigen aus eigener Sicht noch guter oder sehr guter Gesundheit. Weitere 39 % empfanden ihren Gesundheitszustand selbst in diesem hohen Alter als ausreichend. Die Erhebung ergab: Je niedriger das Einkommen und der Bildungsstand, desto schlechter wurde im Durchschnitt der eigene Gesundheitszustand eingeschätzt.

Todesursachen

Da Todesursachen je nach Alter und Geschlecht stark variieren, müssen bei Ländervergleichen die Effekte der unterschiedlichen Alters- beziehungsweise Bevölkerungsstruktur neutralisiert werden. Um dies zu gewährleisten, werden sogenannte standardisierte Sterbeziffern berechnet. Diese ermöglichen eine Darstellung von Todesursachen im Zeitablauf sowie eine Vergleichbarkeit zwischen verschiedenen Ländern. Zu den Hauptodesursachen in der EU zählten 2010 Krankheiten des Herz-Kreislaufsystems (209 Fälle je 100 000 Einwohner) sowie bösartige Neubildungen (Krebs) mit 167 Fällen je 100 000 Einwohner. In Deutschland lag die Sterbeziffer bei Krebs mit 159 leicht unter dem EU-27-Durchschnitt. Mittel- und osteuropäische EU-Staaten wiesen hingegen meist überdurchschnittlich hohe Werte auf. Dies galt insbesondere für Ungarn, wo die Sterbeziffer bei Krebs mit 239 je 100 000 Einwohner weit über dem Niveau anderer EU-Länder lag. Bei der Todesursache Herz-Kreislauf-Erkrankungen schwankten 2010 die Sterbeziffern in den EU-Staaten noch stärker. Sehr hohe Werte verzeichneten insbesondere Bulgarien (617) und Rumänien (540). Der Wert für Deutschland entsprach 2010 dem EU-27-Durchschnitt (209). Weit unter dem EU-27-Mittel lagen insbesondere die Mittelmeerstaaten Frankreich (115) und Spanien (138).

15.1.9 Verkehr, Umwelt und Nachhaltigkeit

Die räumliche Mobilität von Personen und Gütern ist eines der wesentlichen Merkmale der Globalisierung.

Personenverkehr

Das Auto hat mit Abstand die größte Bedeutung für die Personenbeförderung in der EU. Der Pkw-Anteil am motorisierten Personenverkehr lag 2010 in 21 der 27 EU-Staaten bei mindestens 80 %. Deutschland zählt beim Anteil des Pkw-Verkehrs mit 86 % neben Litauen (91 %), Polen (88 %), den Niederlanden, Slowenien und dem Vereinigten Königreich (je 87 %) zur Spitzengruppe. Der Personenverkehr per Bus und Bahn zusammen erreichte nur in der Tschechischen Republik (26 %) und Ungarn (37 %) einen Anteil von mehr als einem Viertel. In Deutschland waren es 14 %. Der inländische Flug- und Straßenbahnverkehr sowie zu Fuß oder mit dem Fahrrad zurückgelegte Wege blieben in der Betrachtung unberücksichtigt.

Güterverkehr

Im Jahr 2010 erfolgte im EU-27-Durchschnitt 76 % des Güterverkehrs auf der Straße. In zehn EU-Staaten (keine Daten für Malta und Zypern) wurde mindestens 20 % des Güterverkehrs auf der Schiene transportiert. Hierzu zählte auch Deutschland mit einem Anteil von 22 %. Spitzenreiter waren die drei baltischen Staaten mit Quoten zwischen 41 % und 62 %. Gering war die Quote zum Beispiel in Spanien (4 %) und Italien (10 %). Die Binnenschifffahrt spielte 2010 vor allem in den Niederlanden (33 %) sowie Rumänien (27 %), Bulgarien (21 %) und Belgien (18 %) eine wichtige Rolle. Deutschland kam auf 13 %.

Energieeffizienz im Verkehrssektor

Im Rahmen der EU-Strategie für nachhaltige Entwicklung will die EU Wirtschaftswachstum und den Energieverbrauch des Verkehrssektors entkoppeln. Gemessen am Referenzjahr 2000 = 100 ist dieses Verhältnis in der EU bis 2010 tatsächlich auf 93,3 gesunken. Das heißt, die Energienachfrage des Verkehrs stieg langsamer als das BIP. Die stärkste Entkopplung von Wirtschaftswachstum und Energieverbrauch des Verkehrs gelang in diesem Zeitraum Deutschland (85,6 im Jahr 2010). Das Vereinigte Königreich verzeichnet einen Wert von 85,9. In 11 von 27 EU-Staaten, darunter zum Beispiel Österreich und Polen, war das Verhältnis 2010 hingegen ungünstiger als im Jahr 2000.

Energieeffizienz insgesamt

Laut der Zukunftsstrategie der EU »Europa 2020« soll die Energieeffizienz in der EU zwischen 2005 und 2020 um insgesamt 20 % steigen. Gemessen werden soll dies anhand des Primärenergieverbrauchs, der EU-weit zwischen 2005 und 2020 um rund 14 % zurückgehen soll. Zwischen 2005 und 2010 sank der Verbrauch um 3 %.

Erneuerbare Energien

Zu den EU-Klimaschutzvereinbarungen im Rahmen der Strategie »Europa 2020« zählt auch die Erhöhung des Anteils erneuerbarer Energien am Bruttoendenergieverbrauch. Bis 2020 soll dieser Anteil EU-weit auf 20 % steigen. Dabei gilt für jedes EU-Mitgliedsland eine individuelle Zielvorgabe. Die ehrgeizigste hat Schweden, das den Anteil erneuerbarer Energien bis 2020 auf 49 % anheben möchte. Schon 2010 war das Ziel mit 48 % so gut wie erreicht. Für Deutschland gilt die weit geringere Zielmarke von 18 % bis 2020. Im Jahr 2010 wurden hierzulande 11 % des Bruttoendenergieverbrauchs aus erneuerbaren Energien erzeugt. ▶ Tab 5

Treibhausgasemissionen

Treibhausgase beeinflussen den globalen Klimawandel. Um den Prozess der Erderwärmung aufzuhalten, hat sich die internationale Staatengemeinschaft im

▶ Tab 5 **Anteil erneuerbarer Energien am Bruttoendenergieverbrauch — in Prozent**

	Stand 2010	Ziel 2020
Belgien	5	13
Bulgarien	14	16
Dänemark	22	30
Deutschland	**11**	**18**
Estland	24	25
Finnland	32	38
Frankreich	13	23
Griechenland	9	18
Irland	6	16
Italien	10	17
Kroatien	15	20
Lettland	33	40
Litauen	20	23
Luxemburg	3	11
Malta	0,4	10
Niederlande	4	14
Österreich	30	34
Polen	9	15
Portugal	25	31
Rumänien	23	24
Schweden	48	49
Slowakei	10	14
Slowenien	20	25
Spanien	14	20
Tschechische Republik	9	13
Ungarn	9	13
Vereinigtes Königreich	3	15
Zypern	5	13
EU-27	**13**	**20**

▶ Abb 19 **Emissionen von Treibhausgasen 2010, Veränderung gegenüber 1990 — in Prozent**

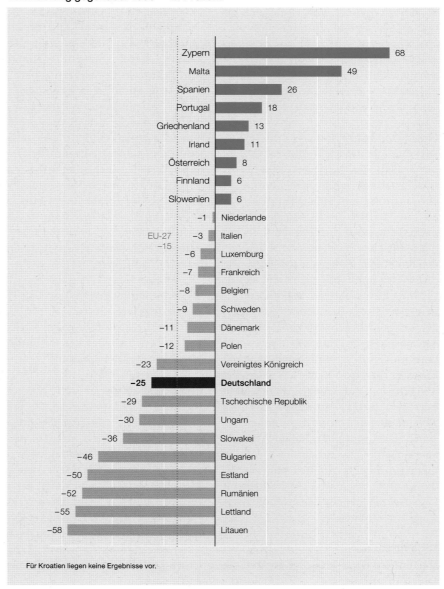

Für Kroatien liegen keine Ergebnisse vor.

Kyoto-Protokoll auf verbindliche Klimaschutzziele bis 2012 geeinigt. Eine Nachfolgevereinbarung steht bislang jedoch aus. Die EU hat sich aber für den Zeitraum bis 2020 das Ziel gesetzt, die Treibhausgasemissionen im Vergleich zu 1990 um 20 % zu senken. Die größten Einsparungen verzeichneten dabei bislang die ehemals sozialistischen EU-Staaten in Mittel- und Osteuropa, wo im Zuge des Übergangs zur Marktwirtschaft ein erheblicher Industrieabbau stattfand. So gingen in Litauen die Gesamtemissionen zwischen 1990 und 2010 um 58 % zurück, in Lettland um 55 %. Deutschland erreichte eine Reduktion um 25 %. In einigen EU-Ländern stiegen die Emissionen hingegen weiter. So verzeichnete zum Beispiel Österreich gegenüber 1990 eine Steigerung um 8 %. In Spanien stieg der jährliche Ausstoß um 26 % und in Zypern um 68 %. ▶ Abb 19

CO_2-Gesamtausstoß

Kohlenstoffdioxid (CO_2) macht in Deutschland rund 90 % der gesamten Treibhausgasemissionen aus. Es entsteht vor allem bei der Verbrennung fossiler Energieträger. Der Gesamtausstoß an Kohlendioxid lag 2011 hierzulande bei 810 Millionen Tonnen, womit Deutschland innerhalb der EU der größte Verursacher von CO_2-Emissionen war. Im Verhältnis zur Bevölkerungszahl relativiert sich dieser Wert. Dennoch zählt Deutschland auch hier zum oberen Viertel innerhalb der EU. Der CO_2-Gesamtausstoß der EU betrug 2011 rund 3,8 Milliarden Tonnen. Zum Vergleich: Die Vereinigten Staaten belasteten die Erdatmosphäre 2011 mit rund 5,4 Milliarden Tonnen CO_2. Der pro Kopf-Wert der EU-27 betrug mit 7,5 Tonnen jedoch weniger als die Hälfte des Pro-Kopf-Wertes der Vereinigten Staaten (17,3 Tonnen). ▶ Tab 6

15.1.10 Informationsgesellschaft

Abweichend von Kapitel 12.1 »Freizeit und Mediennutzung«, Seite 335, untersucht das Statistische Amt der Europäischen Union nicht das Nutzerverhalten der Bevölkerung ab zehn Jahren, sondern nur die Internetnutzung der 16- bis 74-Jährigen. Die Werte in beiden Kapiteln sind somit nicht direkt vergleichbar.

Privathaushalte mit Internetzugang

Im Jahr 2012 verfügten 75 % der EU-27-Privathaushalte über einen Internetzugang. Fünf Jahre zuvor betrug der Ausstattungsgrad erst 55 %. Regional sind jedoch noch immer große Unterschiede erkennbar: Während in den Niederlanden, Luxemburg, Schweden und Dänemark bereits mindestens 90 % der Haushalte einen Internetanschluss hatten, waren es in Bulgarien erst 51 %. Deutschland gehörte mit einer Haushaltsversorgungsdichte von 85 % zu den führenden EU-Staaten. ▶ Abb 20

▶ Tab 6 **CO_2-Ausstoß 2011**

	CO_2-Ausstoß	
	in Millionen Tonnen	in Tonnen pro Kopf
Belgien	105,6	9,8
Bulgarien	54,2	7,3
Dänemark	45,5	8,2
Deutschland	**810,0**	**9,9**
Estland	18,4	13,7
Finnland	55,3	10,3
Frankreich	360,0	5,7
Griechenland	92,8	8,1
Irland	42,9	9,5
Italien	410,0	6,7
Lettland	8,3	3,7
Litauen	15,5	4,7
Luxemburg	10,0	19,2
Malta	1,7	4,0
Niederlande	160,0	9,8
Österreich	72,2	8,6
Polen	350,0	9,1
Portugal	50,4	4,7
Rumänien	96,5	4,5
Schweden	45,9	4,9
Slowakei	40,9	7,5
Slowenien	18,4	9,0
Spanien	300,0	6,4
Tschechische Republik	123,0	11,7
Ungarn	56,9	5,7
Vereinigtes Königreich	470,0	7,5
Zypern	7,9	7,1
EU-27	**3 790,0**	**7,5**
Kroatien	27,8	6,3
Vereinigte Staaten	5 420,0	17,3

Bei diesen Werten werden Landnutzungsänderungen und forstwirtschaftliche Maßnahmen (zum Beispiel Wiederaufforstung) nicht berücksichtigt.
Quelle: Europäische Kommission.

Haushalte mit Breitbandzugang

Breitband hat sich in den vergangenen Jahren durchgesetzt: Verfügten 2007 EU-27-weit erst 42 % der Privathaushalte über einen Breitbandzugang, waren es 2012 bereits 72 %. Schweden lag hier mit 87 % an der Spitze. In Deutschland betrug der Ausstattungsgrad 82 %.

Internetaktivitäten

Neben der Informationssuche und E-Mail-Kommunikation nutzen viele EU-Bürgerinnen und -Bürger das Internet für den Austausch in Chatrooms, Onlineforen und ähnliche Anwendungen. EU-weit kommunizierten 2011 bereits 33 % der 16- bis 74-Jährigen auf diese Weise im Netz, in Deutschland 31 %. Rund ein Viertel der EU-Bürgerinnen und -Bürger (26 %) nutzte das Internet zum Telefonieren. In Deutschland waren Onlinetelefonate etwas weniger beliebt (20 %). Tauschforen für Musik und Computerspiele wurden EU-weit von 15 % der Befragten aufgesucht. Auch hier lag die Quote in Deutschland mit 5 % unter dem EU-27-Durchschnitt. Generell galt in allen EU-Ländern die Regel: Je jünger die Altersklasse, desto höher die Nutzung der verschiedenen Onlineanwendungen.

▶ Abb 20   **Privathaushalte mit Internetzugang 2012 — in Prozent**

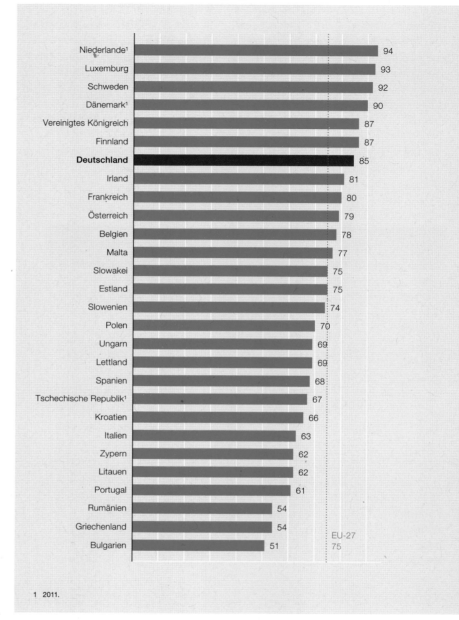

Land	%
Niederlande[1]	94
Luxemburg	93
Schweden	92
Dänemark[1]	90
Vereinigtes Königreich	87
Finnland	87
Deutschland	85
Irland	81
Frankreich	80
Österreich	79
Belgien	78
Malta	77
Slowakei	75
Estland	75
Slowenien	74
Polen	70
Ungarn	69
Lettland	69
Spanien	68
Tschechische Republik[1]	67
Kroatien	66
Italien	63
Zypern	62
Litauen	62
Portugal	61
Rumänien	54
Griechenland	54
Bulgarien	51
EU-27	75

1 2011.

▶ Info

Die Daten stammen, sofern nicht anders angegeben, vom Statistischen Amt der Europäischen Union (Eurostat). Eurostat harmonisiert in Zusammenarbeit mit den Mitgliedstaaten nationale Daten, um die Vergleichbarkeit auf europäischer Ebene herzustellen. Die Zahlen für Deutschland können dadurch von den nationalen Zahlen in den vorangegangenen Kapiteln abweichen. Einige der verwendeten Werte waren bei Redaktionsschluss noch vorläufig. Zugang zur Eurostat Datenbank erhalten Sie über die Website des EDS Europäischer Datenservice, dem Informationsdienst des Statistischen Bundesamtes zur europäischen Statistik.
www.destatis.de/europa

Datengrundlagen

Statistisches Bundesamt (Destatis)

Herausgeber

Kontakt zum Statistischen Bundesamt
www.destatis.de

Veröffentlichungen zum Download oder Bestellen
www.destatis.de/publikationen

Allgemeiner Informationsservice
www.destatis.de/kontakt
Telefon: +49 (0) 611/75 24 05
Montag bis Donnerstag 8 bis 17 Uhr
und Freitag 8 bis 15 Uhr

Europäischer Datenservice (EDS)
www.destatis.de/europa
www.destatis.de/kontakt
Telefon: +49 (0) 30/1 86 44 94 27
Montag bis Donnerstag 9 bis 17 Uhr
und Freitag 8 bis 15 Uhr

Pressestelle und journalistischer Informationsservice
presse@destatis.de
Telefon: +49 (0) 611/75 34 44
Montag bis Donnerstag 8 bis 17 Uhr
und Freitag 8 bis 15 Uhr

Informationen zu den Ergebnissen der Bundesstatistik

Die Beiträge vom Statistischen Bundesamt (Destatis) basieren auf amtlichen, durch Bundesgesetze geregelten, Statistiken. Für alle Statistiken werden Informationen zu den verwendeten Methoden und Definitionen sowie zur Qualität der statistischen Ergebnisse in den sogenannten **Qualitätsberichten** im Internet veröffentlicht.

Die Beiträge der sozialwissenschaftlichen Forschung liefern in einigen Fällen Informationen zu den gleichen Sachverhalten, greifen jedoch auf andere Datenquellen zurück. Dabei können die Ergebnisse voneinander abweichen. Die Ursachen liegen in methodischen und konzeptionellen Unterschieden bei der Datenerhebung. Dabei kann es sich um abweichende Berichtszeiträume oder Stichtage, unterschiedliche Definitionen und Abgrenzungen einzelner Merkmale oder unterschiedliche Methoden der Datengewinnung handeln.

Autorinnen und Autoren

Statistisches Bundesamt (Destatis)

Herausgeber

1.1 Bevölkerungsstand und Bevölkerungsentwicklung

Grobecker, Dr. Claire
Wanderungs- und Bevölkerungsstatistik

Krack-Roberg, Elle
Wanderungs- und
Bevölkerungsstatistik

Pötzsch, Olga
Demografischer Wandel

Sommer, Bettina
Geburten und Sterbefälle,
Demografischer Wandel

2.1 Lebensformen in der Bevölkerung, Kinder und Kindertagesbetreuung

Krack-Roberg, Elle
Ehescheidungen

Krieger, Sascha
Kindertagesbetreuung

Sommer, Bettina
Eheschließungen

Weinmann, Julia
Familien und Lebensformen
im Mikrozensus

2.2 Kinderlosigkeit

Pötzsch, Olga
Kinderlosigkeit

3.1 Bildungsbeteiligung, Bildungsniveau und Bildungsbudget

Kleinegees, Udo
BAföG, Bildungsniveau, Bildung, Weiterbildung

Krenner, Daniela
Sozioökonomischer Status von
Schülerinnen und Schülern

Krüger-Hemmer, Christiane
Bildung, Weiterbildung

Malecki, Andrea
Schulen

Vogel, Silvia
Bildungsfinanzen

Vollmar, Dr. Meike
Berufsausbildung

Wolters, Miriam
Hochschulen

4.1 Volkswirtschaftliche Gesamtrechnungen

Mucha, Tanja
Volkswirtschaftliche Gesamtrechnungen

4.2 Öffentliche Finanzen und öffentlicher Dienst

Altis, Dr. Alexandros
Personal im öffentlichen Dienst

Hammer, Klaus Jürgen
Steuern

Heil, Nora
Öffentliche Unternehmen

Scharfe, Simone
Schulden und Finanzvermögen
der öffentlichen Haushalte

Schulze-Steikow, Renate
Öffentliche Finanzen

5.1 Arbeitsmarkt

Schüller, Frank
Arbeitsmarkt

Wingerter, Christian
Arbeitsmarkt

5.2 Verdienste und Arbeitskosten

Bick, Mirjam
Verdienste und Arbeitskosten

Günther, Roland
Verdienste und Arbeitskosten

Klemt, Sandra
Verdienste und Arbeitskosten

6.1 Einnahmen, Ausgaben und Ausstattung privater Haushalte, private Überschuldung

Alter, Hannah
Überschuldung

Behrends, Sylvia
Einnahmen, Ausgaben,
Ausstattung privater Haushalte

Finke, Claudia
Privatinsolvenzen

Kott, Kristina
Einnahmen, Ausgaben,
Ausstattung privaterHaushalte

Touil, Sabine
Verbraucherpreise

6.2 Einkommensungleichheit, Armut und materielle Entbehrung

Deckl, Silvia
Einkommen, Armut und
soziale Ausgrenzung

8.1 Gesundheitszustand der Bevölkerung und Ressourcen der Gesundheitsversorgung

Afentakis, Anja
Gesundheitspersonal

Böhm, Karin
Gesundheit

Bölt, Ute
Stationäre Gesundheitsversorgung

Cordes, Michael
Gesundheitsausgaben

Pfaff, Heiko
Behinderung und Pflege

Schelhase, Torsten
Gesundheitsvorsorge, Todesursachen

8.4 Soziale Sicherung

Duschek, Dr. Klaus-Jürgen
Mindestsicherungssysteme, Wohngeld

Grundmann, Dr. Thomas
Kinder- und Jugendhilfe

Krieger, Sascha
Elterngeld

Lehmann, Stefanie
Kinder- und Jugendhilfe

Pfaff, Heiko
Sozialbudget und -versicherungen

11.1 Umweltökonomische Trends und Nachhaltigkeit

Hoffmann-Müller, Regina
Umwelt und Nachhaltigkeit

Lauber, Ursula
Umweltschutzausgaben

12.1 Freizeit und Mediennutzung

Kott, Kristina
Private Ausgaben für Freizeitaktivitäten

Thenen, Sabine von
Private Nutzung von Informations- und
Kommunikationstechnologien

Vogel, Silvia
Freizeit, Kultur und Sport

13.1 Teilnahme am politischen Leben

Gisart, Brigitte
Wahlen, Parteien

15.1 Leben in der Europäischen Union

Mischke, Johanna
Europäische Statistiken

Neubert, Haig
Europäische Statistiken

Datengrundlagen

Wissenschafts-zentrum Berlin für Sozial-forschung (WZB)

Herausgeber

Kontakt zum Wissenschaftszentrum Berlin für Sozialforschung
www.wzb.eu

Veröffentlichungen zum Download oder Bestellen
www.wzb.eu/de/publikationen

Allgemeiner Informationsservice
www.wzb.eu/de/kontakt
Telefon: +49 (0) 30/2 54 91-0

Pressestelle und journalistischer Informationsservice
www.wzb.eu/de/presse
Telefon: +49 (0) 30/2 54 91-513
Telefon: +49 (0) 30/2 54 91-511

Datengrundlagen der wissenschaftsbasierten Sozialberichterstattung in Deutschland

Roland Habich, Martin Wettig

Für eine wissenschaftsbasierte Sozialbericht-erstattung stehen in Deutschland eine Reihe von Daten aus langfristigen Erhebungsprogrammen der empirischen Sozialforschung zur Verfügung, die für die gesellschaftliche Dauerbeobachtung konzipiert worden sind, darunter insbesondere das Sozio-oekonomische Panel (SOEP) sowie die Allgemeine Bevölkerungsumfrage der Sozial-wissenschaften (ALLBUS). Darüber hinaus kön-nen für die Sozialberichterstattung in Deutsch-land zunehmend auch supranationale Surveys genutzt werden, die dann auch die Möglichkeit bieten, die Lebensverhältnisse in Deutschland in einem internationalen – insbesondere europäi-schen – Kontext zu betrachten und zu bewerten. Von Fall zu Fall werden zu einzelnen Themen auch weitere spezielle Datensätze herangezogen, auf die an dieser Stelle nicht umfassend einge-gangen wird.

Ein Großteil der sozialwissenschaftlichen Bei-träge dieses Datenreports beruht auf den Daten des Sozio-oekonomischen Panels – SOEP (www.diw.de/soep, 10.10.2013). Das SOEP ist eine repräsentative Längsschnitterhebung zur empirischen Beobachtung des sozialen Wandels, in der seit 1984 zwei Ausgangsstichproben (Deutsche und Ausländer) in der damaligen Bundesrepublik und West-Berlin jährlich befragt werden. Das SOEP zeichnet sich durch eine hohe Stichprobenstabilität aus. 1984 beteiligten sich in Westdeutschland 5863 Haushalte mit 16 099 erfolgreich befragten Personen an der Erhebung; nach 28 Wellen sind es im Jahr 2011 9288 Haushalte mit 19 630 Personen. In Ost-deutschland wurden 1990 2 158 Haushalte mit 6014 Personen befragt; 2011 gaben 5 823 Per-sonen in 2902 Haushalten Auskunft über ihre Lebenssituation. Die Zuwanderer-Stichprobe der Jahre 1994/95 behielt mit 306 Haushalten und 565 Personen im Jahre 2009 einen recht stabilen Umfang. Ausgehend von den 1910 Personen in 1056 Haushalten der Ergänzungsstichprobe aus dem Jahre 1998 konnten im Jahre 2009 1 024 Personen in 574 Haushalten erneut befragt wer-den. 2000 wurde eine weitere Stichprobe gezo-gen, um auf Basis einer großen Fallzahl bessere Analysen kleiner Teilgruppen der Bevölkerung zu ermöglichen. Für das Jahr 2009 stehen aus die-ser Stichprobe Informationen zu weiteren 10 890

Befragungspersonen in 6 052 Haushalten zur Verfügung. Im Jahr 2002 konnte schließlich eine Überrepräsentation von Haushalten von Hocheinkommensbeziehern realisiert werden. Diese Stichprobe umfasste 1 224 Haushalte mit 2 671 Befragungspersonen; davon nahmen 2009 noch 757 Haushalte mit insgesamt 1 487 Befragungspersonenteil. 2006 wurde eine weitere Ergänzungsstichprobe H von 1 506 Haushalten mit 2 616 Befragten realisiert. Im Jahr 2009 wurde die letzte Ergänzungsstichprobe I von 1 531 Haushalten mit 2 509 Personen ins SOEP einbezogen.

Das Sozio-oekonomische Panel wurde ursprünglich im Rahmen des durch die Deutsche Forschungsgemeinschaft (DFG) finanzierten Sonderforschungsbereichs 3 »Mikroanalytische Grundlagen der Gesellschaftspolitik« der Universitäten Frankfurt am Main und Mannheim konzipiert und wird nunmehr in der Form einer »forschungsbasierten Infrastruktureinrichtung für die Forschung« im Rahmen der Leibniz-Gemeinschaft (WGL) am Deutschen Institut für Wirtschaftsforschung (DIW Berlin) durchgeführt. Die SOEP-Gruppe gibt die Daten an die interessierte Fachöffentlichkeit weiter und erstellt eigene Analysen. Die Feldarbeit führt TNS Infratest Sozialforschung (München) durch. Als eine Längsschnitterhebung zielt das SOEP insbesondere darauf ab, Informationen über Veränderungen im Zeitablauf auf der Mikroebene von Individuen und Haushalten bereitzustellen. Die thematischen Schwerpunkte des SOEP liegen in den Bereichen des Einkommens und der Erwerbstätigkeit, aber es werden – im Rahmen variierender thematischer Vertiefungen – auch zu weiteren Aspekten der sozio- ökonomischen Lebensverhältnisse, wie zum Beispiel Weiterbildung und Qualifikation, Soziale Sicherung, Familie und soziale Netze und in begrenztem Umfang auch zu subjektiven Wahrnehmungen, Bewertungen und Einstellungen, Längsschnittinformationen erhoben.

Die Allgemeine Bevölkerungsumfrage der Sozialwissenschaften – ALLBUS (http://www.gesis.org/allbus 10.10.2013) ist eine Repräsentativbefragung, die in der Bundesrepublik seit 1980 in zweijährigem Turnus durchgeführt wird. Verantwortlich für das Forschungsprogramm und das Gesamtdesign der ALLBUS-Erhebungen ist eine Gruppe der Abteilung »Dauerbeobachtung der Gesellschaft« bei GESIS – Leibniz-Institut für Sozialwissenschaften in Mannheim. Die Datenaufbereitung, Archivierung und Weitergabe der Daten erfolgt über das Forschungsdatenzentrum (FDZ) ALLBUS bei GESIS in Köln. Mit wechselnden inhaltlichen Themenschwerpunkten und

der teilweisen Replikation von Fragen stellt der ALLBUS eine der meistgenutzten Datenquellen für die sozialwissenschaftliche Forschung und Lehre in Deutschland dar. Orientiert an den Zielsetzungen der deskriptiven Sozialberichterstattung, der Untersuchung des sozialen Wandels und der international vergleichenden Analyse werden regelmäßig Informationen zu den Bereichen Sozialstruktur und Sozialbeziehungen, Wertorientierungen und Grundeinstellungen sowie der Legitimität der sozialen und politischen Ordnung erhoben. Zu den thematischen Schwerpunkten des ALLBUS 2008 gehören »Einstellungen zur Rolle der Frau«, 2010 insbesondere »Einstellungen gegenüber ethnischen Gruppen in Deutschland« und 2012 »Religion und Weltanschauung« als Replikation von 1982, 1992 und 2002. Seit der Erhebung von 2000 wird der ALLBUS in der Form von computergestützten persönlichen Interviews (CAPI) durchgeführt. Die Grundgesamtheit der ALLBUS-Umfragen bestand bis einschließlich 1990 aus den wahlberechtigten Personen in der früheren Bundesrepublik und West-Berlin, die in Privathaushalten leben. Seit 1991 besteht die Grundgesamtheit aus der erwachsenen Wohnbevölkerung – Deutschen und Ausländern – in Deutschland. Die Stichprobengröße betrug bis 1991 rund 3 000 Befragte. Seit 1992 beträgt die Nettofallzahl 2 400 Befragte in den alten und 1 100 Befragte in Ostdeutschland.

Zu den supranationalen Surveys, die für einzelne Kapitel des Datenreport 2013 Verwendung finden, gehören insbesondere die Eurobarometer-Umfragen (EB) (http://ec.europa.eu/public_opinion/ index_en.htm, 10.10.2013) sowie der Européan Social Survey (ESS) (http://www.europeansocialsurvey.org/, 10.10.2013). Die Eurobarometer-Surveys werden von der Europäischen Kommission mindestens zweimal jährlich in allen Mitgliedsländern sowie darüber hinaus auch den Beitrittsländern der Europäischen Union durchgeführt. Sie umfassen ein breites Spektrum von gleichbleibenden und wechselnden Fragen zu verschiedenen gesellschafts- und europapolitisch relevanten Themen. Der European Social Survey (ESS) ist eine wissenschaftsbasierte Umfrage, die von der Europäischen Kommission, der European Science Foundation und den nationalen Forschungsförderungseinrichtungen finanziert wird. Der ESS wurde in einer ersten Welle in den Jahren 2002/2003 in 22 europäischen Ländern, in der zweiten Welle in den Jahren 2004/2005 in 24 Ländern, in der dritten Welle in den Jahren 2006/2007 in 25 Ländern, in der vierten Welle in den Jahren 2008/2009 in 30 Ländern und

in der fünften Welle 2010 in 27 Ländern durchgeführt. Der ESS umfasst sowohl ein gleichbleibendes Kernmodul von Fragen als auch wechselnde Themenschwerpunkte.

Für den Datenreport 2013 wurden Daten an der Schnittstelle zwischen amtlicher Statistik und wissenschaftlicher Sozialberichterstattung genutzt. Zum einen handelt es sich um sogenannte Scientific Use Files (SUF) der umfangreichen Daten der Deutschen Rentenversicherung, zum anderen um die einschlägigen Umfragen der Gesundheitsberichterstattung des Robert Koch-Institutes. Für den ersten Fall stellt das Forschungsdatenzentrum der Rentenversicherung (FDZ-RV), das beim Grundsatz- und Querschnittsbereich der Deutschen Rentenversicherung Bund angesiedelt ist, der Wissenschaft und Forschung Mikrodatensätze aus dem Bestand ihrer prozessproduzierten Daten zur Verfügung. Im zweiten Fall handelt es sich um »Daten zur Gesundheit in Deutschland Aktuell« (GEDA), wozu im Rahmen des bundesweiten Gesundheitsmonitorings das Robert Koch-Institut, Abteilung für Epidemiologie und Gesundheitsberichterstattung, regelmäßig telefonische Gesundheitsbefragungen bei 26 000 Personen (2012) durchführt.

Autorinnen und Autoren

Wissenschaftszentrum Berlin für Sozialforschung (WZB)

Herausgeber

Wissenschaftszentrum Berlin für Sozialforschung (WZB):

Dr. Roland Habich
Leiter des Zentralen Datenmanagements

Dr. Weert Canzler
Senior Fellow in der
Projektgruppe »Wissenschaftspolitik«

Dr. Eckhard Priller
Leitung der Projektgruppe
»Zivilengagement«

Mareike Alscher
wissenschaftliche Mitarbeiterin in
der Projektgruppe »Zivilengagement«

Dr. Reinhard Pollak
Leiter der Projektgruppe
»Nationales Bildungspanel: Berufsbildung
und lebenslanges Lernen«

PD Dr. Bernhard Weßels
wissenschaftlicher Mitarbeiter in der
Abteilung »Demokratie: Strukturen,
Leistungsprofil und Herausforderungen«.

Ansprechpartner:
roland.habich@wzb.eu

Robert Koch-Institut Berlin:

Dr. Thomas Ziese
Leiter der FG24 Gesundheitsberichterstattung
im Robert Koch-Institut Berlin

Dr. Thomas Lampert
stellvtr. Leiter dieser Gruppe

Dr. Lars Eric Kroll
Benjamin Kuntz
wissenschaftlicher Mitarbeiter
in dieser Gruppe

Deutsches Institut für Wirtschaftsforschung (DIW Berlin):

Prof. Dr. Jürgen Schupp
Honorarprofessor für Soziologie an der
FU Berlin und Leiter der Längsschnittstudie
»Das Sozio-oekonomische Panel«
(SOEP) am DIW Berlin

Dr. Jan Goebel
stellvertr. Leiter des SOEP

Dr. Markus M. Grabka
Dr. Peter Krause
Dr. Ingrid Tucci
wissenschaftliche Mitarbeiter/-innen
im SOEP

soepmail@diw-berlin.de

GESIS – Leibniz-Institut für Sozialwissenschaften, Mannheim:

Dr. Angelika Scheuer
wissenschaftliche Mitarbeiterin in der
Abteilung »Survey Design and Methodology«

Michael Blohm
Martina Wasmer
Dr. Stefan Weick
wissenschaftliche Mitarbeiter/-innen in der
Abteilung »Dauerbeobachtung der Gesellschaft«

Weitere Autoren:

Prof. Dr. Jörg Dittmann
Dozent am Institut für Sozialplanung
und Stadtentwicklung der
Fachhochschule Nordwestschweiz Basel

PD Dr. Ralf K. Himmelreicher
Dozent an der Fakultät
Erziehungswissenschaften und Soziologie
der Technischen Universität Dortmund.

Prof. em. Dr. Heiner Meulemann
Professor für Soziologie am Institut
für Soziologie und Sozialpsychologie
der Universität zu Köln

Prof. Dr. Annette Spellerberg
Professorin für Stadtsoziologie an der
Technischen Universität Kaiserslautern

Rembrandt D. Scholz
wissenschaftlicher Mitarbeiter
am Max-Planck-Institut
für demografische Forschung Rostock

Dr. rer. pol. Michaela Kreyenfeld
stellvtr. Leiterin des Arbeitsbereichs
Ökonomische und Soziale Demografie
am Max-Planck-Institut für
demografische Forschung Rostock

Sandra Krapf
wissenschaftliche Mitarbeiterin des
Arbeitsbereichs Ökonomische und
Soziale Demografie am Max-Planck-Institut
für demografische Forschung Rostock

Prof. Dr. Andreas Motel-Klingebiel
kooperierender Wissenschaftler des
Deutschen Zentrums für Altersfragen (DZA)

Dr. Elke Hoffmann
Leiterin des statistischen Informationssystems
GeroStat

Univ.-Prof. Dr. Edeltraud Roller
Professorin für Vergleichende Politikwissenschaft
am Institut für Politikwissenschaft der
Johannes Gutenberg-Universität Mainz

Prof. Dr. Dieter Fuchs
Lehrstuhlinhaber der Abteilung für
Politische Theorie und Empirische
Demokratieforschung am Institut für
Sozialwissenschaften der Universität Stuttgart.

Stichwortverzeichnis

Von A wie Abendschulen bis Z wie Zuwanderung